교회사전집 8
스위스 종교개혁

스위스 종교개혁

크리스찬
다이제스트

† 서문

이 책은 루터, 츠빙글리, 그리고 칼빈이 주도적인 역할을 했던 종교개혁의 생산적인 시기를 다루는 책으로, 16세기 말까지 독일, 이탈리아, 그리고 프랑스어권 스위스에서 일어난 프로테스탄트 운동을 추적하고 있다.

지난해, 가장 오래 지속되고 있는 공화정에 대한 600주년 기념식이 대단한 애국적 감격의 분위기 속에서 기념되었다. 1291년 8월 1일 우리(Uri), 슈비츠(Schwyz), 운터발덴(Unterwalden)의 자유민들은 안팎의 적들에 대항하여 자신들의 몸과 재산과 자유를 상호 보호하기 위해 "주님의 이름으로" 영구적인 동맹을 결성하였다. 1891년 같은 날, 이 위대한 사건을 기념하기 위해 스위스의 모든 마을이 종을 울리고 산에 조명을 하였다. 그 다음날인 주일에는 가톨릭과 프로테스탄트 교회들에서 모두 감사 예배를 드렸다. 7월 31일부터 8월 2일까지 슈비츠와 브룬넨(Brunnen)의 도시들에서 주요한 축제 행사들이 벌어졌는데, 여기에는 연방과 주(州)의 고위 인사들, 시민들과 군인들, 그리고 많은 구경꾼들이 참석하였다. 가장 흥미로운 순서는 스위스 역사 가운데 일어난 대표적인 사건들을 드라마로 표현한 것이었다. 슈비츠, 브룬넨, 그리고 그루틀리(Grutli)의 성스러운 맹세, 빌헬름 텔의 로맨틱한 전설, 오스트리아, 부르고뉴, 프랑스에 대항해 자유와 독립을 위해 이루어진 영웅적인 전투들, 슈탄스(Stans) 협약에서 평화의 중재자로 역할한 니콜라스 폰 데어 플루에(Nicolas von der Flue)라는 존경할 만한 인물, 종교개혁과 독립을 위한 혁명, 그리고 현대적 재건의 와중에서 일어났던 중요한 장면들이 드라마로 표현되었다. 이 드라마는 산과 들판과 루체른 호수가 보이는 야외에서 공연되었는데, 그것이 주는 감흥과 기량 면에서 저 유명한 오버람머가우(Oberammergau)의 그리스도 수난극(바이에른의 마을인 오버람머가우에서 1633년 역병이 물러간 데 감사해서 정기적으로 그리스도의 수난과 죽음을 극으로 표현하기 시작하였다:역자 주)에 필적했다고 한다. 유사한 기념행사들이 스위스의 모든 도시와 마을에서뿐만 아니라 스위스인들이 사는 외국의 거류지들에서도 행해졌는데, 특별히 뉴욕에서는 9월 5, 6, 7일에 거행되었다.

스위스와 미국 사이에는 항상 자연스러운 공감대와 우애가 있어 왔다. 두 나라는 모두 방종 없는 자유의 정부, 독재 없는 권위를 가진 정부, 상비군이 없어도 법과 질서가 유지되는 정부, 전능한 하나님의 유일한 주권 아래 있는 국민의 정부, 국민에 의한 정부, 국민을 위한 정부라는 이상을 실현하는 것을 목표로 하고 있다.

종교개혁 시기에 스위스는 초창기 미국과 똑같이 13개의 주를 가지고 있었다. 그 당시 스위스 의회는 국민들을 대표하는 것이 아니라 오로지 주들을 대표할 뿐인 느슨한 연합체였는데, 이것은 미국의 대륙 회의도 마찬가지였다. 그러나 미국 헌법의 모범을 따라 스위스 공화국은 1848년과 1874년의 헌법개정을 통해 독립적인 주들의 느슨하고 귀족적인 연합체로부터 중앙 집권적인 연방국가로 결합되었는데, 이로써 단지 주뿐만 아니라 국민까지도 대표하는 조직이 되었다. 어떤 점에서 현대 스위스 헌법은 미국 헌법보다 훨씬 더 민주적이다. 왜냐하면 스위스 헌법은 **발의**(Initiative)와 **국민투표**(Referendum)를 통해 국민들에게 전국적인 법안을 제안하거나 거부할 권리를 주고 있기 때문이다.

하지만 스위스와 미국간에는 여전히 정치적 제도의 유사성에 근거한 결속력보다 더 강하게 서로를 하나로 묶어주는 강력한 결속력이 존재한다. 츠빙글리와 칼빈은 종교개혁 운동이 서쪽으로 나아가 프랑스와 네덜란드, 영국, 스코틀랜드에까지 이르도록 영향력을 행사했으며, 간접적으로는 미국의 주요한 복음주의적 교회들에게 커다란 영향을 미쳤다. 미국 역사학자인 밴크로프트(George Bancroft)는 비록 자신은 칼빈주의자가 아니지만 미국의 공화주의 체제가 영국 청교도주의를 통해 유입된 칼빈주의에서 기원되었다고 보고 있다. 보다 최근의 저술가인 스코틀랜드 후예 캠벨(Douglas Campbell)은 네덜란드로부터 미국 공화정의 기원을 찾고 있는데, 네덜란드는 영국보다 제네바의 개혁자 즉 칼빈의 영향을 더 많이 받은 나라이다. 칼빈주의는 남성적이고, 자주적이고, 하나님만을 두려워하는 성실한 사람들을 길러 내며, 정치적 종교적 자유를 선호한다. 가장 초기에 미국에 정착했을 뿐 아니라 그 영향력 또한 가장 컸던 정착민들, 즉 영국의 청교도들, 스코틀랜드와 아일랜드의 장로교인들, 프랑스의 위그노들, 네덜란드와 신성로마제국 출신의 개혁주의 전통에 속한 사람들은 모두 칼빈주의 자들이었으며, 성경와 개혁주의 신앙고백서를 가지고 미국으로 들어왔다. 칼빈주의는 전체 식민지 기간 동안 뉴잉글랜드의 지배적인 신학이었으며, 지금까지도 장로교, 회중교회, 그리고 침례교회의 신학을 상당 부분 지배하고 있다.

자료들을 연구하면서 나는 스위스의 도서관들에게서 많은 유익을 얻었는데, 특별히 취리히 국립도서관은 귀중한 지믈러 선집(Simler collection)과 스위스 종교개혁에 관련된 모든 중요한 저술들을 보유하고 있어 큰 도움이 되었다. 계속적인 방문에도 친절하게 대해준 도서관장 비스(G. von Wyss) 박사와 도서관원 에셔(Escher) 박사에게 마음의 빚을 졌음을 기꺼이 표하고 싶다.

프랑스어권 스위스에서의 종교개혁에 관한 자료들은 이제 손쉽게 이용할 수 있게 되었다. 칼빈 작품에 대한 새로운 비평적 전집이 출간되었고, 아직 완결되지는 않았지만 프랑스어를 사용한 개혁자들간의 서신들을 모아놓은 허민야드 선집(Herminjard's collection)이 나오고 있으며, 칼빈이 활동했던 시기의 제네바의 역사에 대한 기록들이 출간되었는데, 여기에는 의회와 치리법원(Consistory)의 기록들이 포함되어 있다.

나는 칼빈의 정신과 마음을 가장 잘 드러내 주는 그의 작품들과 편지들을 자유롭게 인용하였다. 나는 또한 프랑스, 독일, 영국에서 활동하는 그의 주요 전기작가들의 도움을 받았다. 그 가운데 베자(Beza), 헨리(Henry), 슈테헬린(Stä helin), 분제너(Bungener), 도비녜(Merle D'Aubigné)는 열정적 지지자이고, 볼섹(Bolsec), 갈리프(Galiffe), 오댕(Audin)은 독기어린 비방자들이며, 다이어(Thomas H. Dyer)와 캄프슐테(Kampschulte)는 중립적인 비판자들이다. 헨리 박사의 책(1844)은 칼빈에 대한 최초의 그럴 듯한 전기였는데, 비록 잘 정리되고 요약되지는 못했지만 믿을 만한 자료들을 풍부하게 가지고 있다는 점에서 지금까지도 독보적이다. 도비녜 박사의 「종교개혁사」(*History of the Reformation*)는 1542년까지만 다루고 있다. 콘스탄티노플의 몰락에서부터 1871년까지를 다루고 있는 「근대 유럽의 역사」(*History of Modern Europe*)와 다른 역사적인 저작들의 저자인 다이어 박사는 최초로 영어로 읽을 만하게 「칼빈의 생애」(*Life of Calvin*)를 썼다. 이 책의 자료들은 주로 칼빈의 서신들과 루체트(Ruchat)와 헨리에게서 나왔는데, 세르베투스에 관한 장은 모스하임(Mosheim)과 트레첼(Trechsel)에 많이 의존하고 있다. 전체적으로 이 책은 정확하고 공정하지만 차갑고 냉정하다.

캄프슐테 교수의 훌륭한 저작은 자료들에 대한 완벽한 섭렵에 기반하고 있지만, 불행하게도 미완성으로 1542년까지만 다루고 있을 뿐이다. 2권과 3권을 위한 자료들은 그의 죽음(1872년 12월) 이후에 뮌헨의 코르넬리우스 교수에게 넘어갔으나 그는 지금까지 기껏 몇 항목만 기술했을 뿐이다. 칼빈의 천재성과 순수함에 대한 캄프슐테의 칭송은 될링거(Döllinger)가 루터에게 돌린 웅변적 칭송과 흥미로운 쌍벽을 이루고 있다. 구파 가톨릭 신자이자 로이쉬(Reusch)와 될링거의 절친한 친구였던 그는 칼빈의 신학과 교회 정치조직에 동의하지 않았는데, 그럼에도 불구하고 이러한 칭송을 했기 때문에 그의 칭송은 한결 더 가치가 있는 것이다.

역사가의 유일한 목표는 진리, 온전한 진리여야 하며, 오직 진리여야 한다.

나는 이 책을 고향 사람이자 스위스에 오래 살고 있는 친구들인 취리히의 비스 박사와 뇌사텔의 고데(Fréderic Godet) 박사에게 바치고자 한다. 전자는 독일어권, 후자는 프랑스어권 스위스를 대표하는 사람이다. 두 사람은 다 잘 알려져 있는데, 전자는 그의 역사적 저술들로, 후자는 주석적 저술들로 유명하다. 그들은 나와 같은 관심을 가지고 이 책의 준비과정에 함께하였으며, 교정쇄를 고치는 수고를 해주었다.

나는 내가 쓴 「교회사」가 국내와 해외에서 환영을 받고 있다는 사실로 인해 매우 고무되었다. 처음 세 권은 셰필드 목사(미국 선교회의 선교사)에 의해 중국어로, 스튜어트 목사(시알코트의 장로교 선교회 소속)에 의해 힌두어로 번역되었다.

나는 중세기 역사를 완결 지을 5권도 상당히 진행시켰다. 그것은 내가 로마와 피렌체를 다시 방문하여 종교개혁에 앞선 르네상스에 대해 좀 더 완전히 공부할 수 있을 때까지 연기되었다. 원래의 계획에 따르면 현재까지의 역사를 기술하기 위해서 앞으로 2-3권을 더 저술해야 할 것이다. 하지만 이 세상에는 얼마나 많은 저작들이 미완성인 채로 남아 있는가! 학문은 길고 인생은 짧다.

1892년 6월

† 후기

출판을 위해 앞의 서문을 준비하고 책을 거의 마무리하려고 하던 때인 작년 7월 15일에 (내가 여름을 지내던) 모혼크 호수에서 뇌졸중으로 인한 마비가 갑자기 찾아와 모든 것이 중단되었다. 그러나 하나님의 선한 섭리 안에서 건강은 거의 회복되었다. 이때의 경험은 감사와 찬양의 시편인 시편 103편에 잘 기록되어 있다.

나는 이 책의 17장과 18장을 충분히 기술하지 못한 점, 특히 유럽과 미국의 개혁교회들에 대한 칼빈의 영향(162절과 163절)에 대해 내가 하고 싶었던 만큼 충분히 다루지 못한 것을 아쉽게 생각한다. 내가 아플 때 우연히 옆에 있었던 친구 새뮤엘 잭슨 목사(Samuel Macauley Jackson)가 베자를 다루는 마지막 장을 도와주었다. 그는 이전의 연구들을 통해서 이 주제에 관해 잘 준비되어 있었다. 처음에 나는 프랑스 종교개혁사를 포함시킬 생각이었는데, 만약 그랬다면 이 책이 너무 방대해지고 출판도 지연되었을 것이다. 대신에 나는 파리에 있는 프랑스 프로테스탄트 역사학회 도서관에서 내가 이전에 준비했던 문헌 목록을 다소 수정하여 부록에 넣었다. 대부분의 책들은 내가 소장하고 있다.

이러한 심각한 중단사태에도 불구하고 내가 기뻐할 수 있는 것은 다음과 같은 사실들 때문이다. 나는 존경하는 스승 네안더(Neander)가 왕성한 활동을 하던 때인 1842년 12월에 베를린 대학교에서 가르치기 시작했는데, 교수생활 50주년을 맞기 전에 내 고국의 종교개혁사를 출간할 수 있게 되었다는 사실이다. 일년 후에 나는 네안더 교수와 톨룩(Tholuck)의 추천을 받아 미국에 있는 독일 개혁파 교회의 대회로부터 신학교수 초빙을 받았으며, 그 제안을 받아들인 것을 그 이후 한 번도 후회해 본 적이 없다. 왜냐하면 미국에서 그리스도의 나라를 위해 겸손하게 일할 수 있는 것은 하나의 커다란 특권이기 때문이다. 미국은 이번 달에 전체 문명세계와 더불어 그 발견 400주년을 축하하고 있다.

과거를 감사하며, 나는 소망 가운데 미래를 바라본다.

필립 샤프

뉴욕 유니온 신학교

1892년 10월 12일

✝ 제2판에 대한 서문

(1500부가 발행된) 제1판이 다 팔려나간 후에, 나는 이 책을 검토하고 많은 인쇄상의 오류들을 수정하였다. 그 오류의 대부분은 마지막 장들에 나오는 프랑스어 용어들에서 일어났다. 그 이외에 달리 손을 댄 부분은 없다.

필립 샤프

1893년 8월 9일

† 차례

제4장 스위스 종교개혁의 확산 ⋯⋯ 110

제5장 로마 가톨릭 주와 개혁파 주 사이의 내란 ⋯⋯ 165

제17장 해외에서의 칼빈 ······ 683

제18장 칼빈 생애의 마지막 장 ······ 702

제19장 테오도르 베자 723

근 대 교 회 사

스위스 종교개혁

THE
SWISS CONFEDERATION
OF THE
XIII CANTONS
circa 1648.
Boundary of the Confederation.
Territories subject to the Confederation.
Allies, Connections, Protégés.
Reference to Cantons.
I. Uri
II. Schwyz
III. Unterwalden
IV. Luzern
V. Zürich
VI. Glarus
VII. Zug
VIII. Bern
IX. Freiburg
X. Solothurn
XI. Basel
XII. Schaffhausen
XIII. Appenzell
Circa
1291
1332
1351
1352
1353
1481
1501
1513
The 8 original Cantons.
Rottwell
Anterior Austria
BADEN
BREISGAU
SUNDGAU
Mülhausen
MUMPELGARD (to Wurtemburg)
Basel
Bad. Basel
Schaffhausen
Rheinau
Constance
Thurgau
Frauenfeld
Abbey of St. Gallen
Appenzell
Vaduz
AUSTRIAN TYROL
FRANCHE COMTÉ (Spanish)
Neuenburg
Biel
Solothurn
Aargau
Zürich
Zug
Luzern
Schwiz
Glarus
Sargans
Gerichten-Bund
10
Oberer (Grauer) Bund
Grey League proper
League of the Jurisdictions
Razuns
Chur
To Austria
To Austria
GRAUBUNDEN
Bern
Thun
Interlaken
Unterwalden
Altorf
Urseren
Munster
Gotteshausbund
Bormio (Worms)
Chiavenna (Cläven)
To the 3 Leagues
Veltlin
Sondrio
Branson
Orbe
Echallens
Lausanne
Freiburg
Greyeres
VIII
Vaud
To Wallis
WALLIS
Siders
Sitter
Visp
Marti-nach
Tessin
Locarno
Bellinzona
Lugano
MILAN (Spanish)
PIEDMONT
REPUBLIC OF VENICE
GENEVA
SAVOY
FRANCE

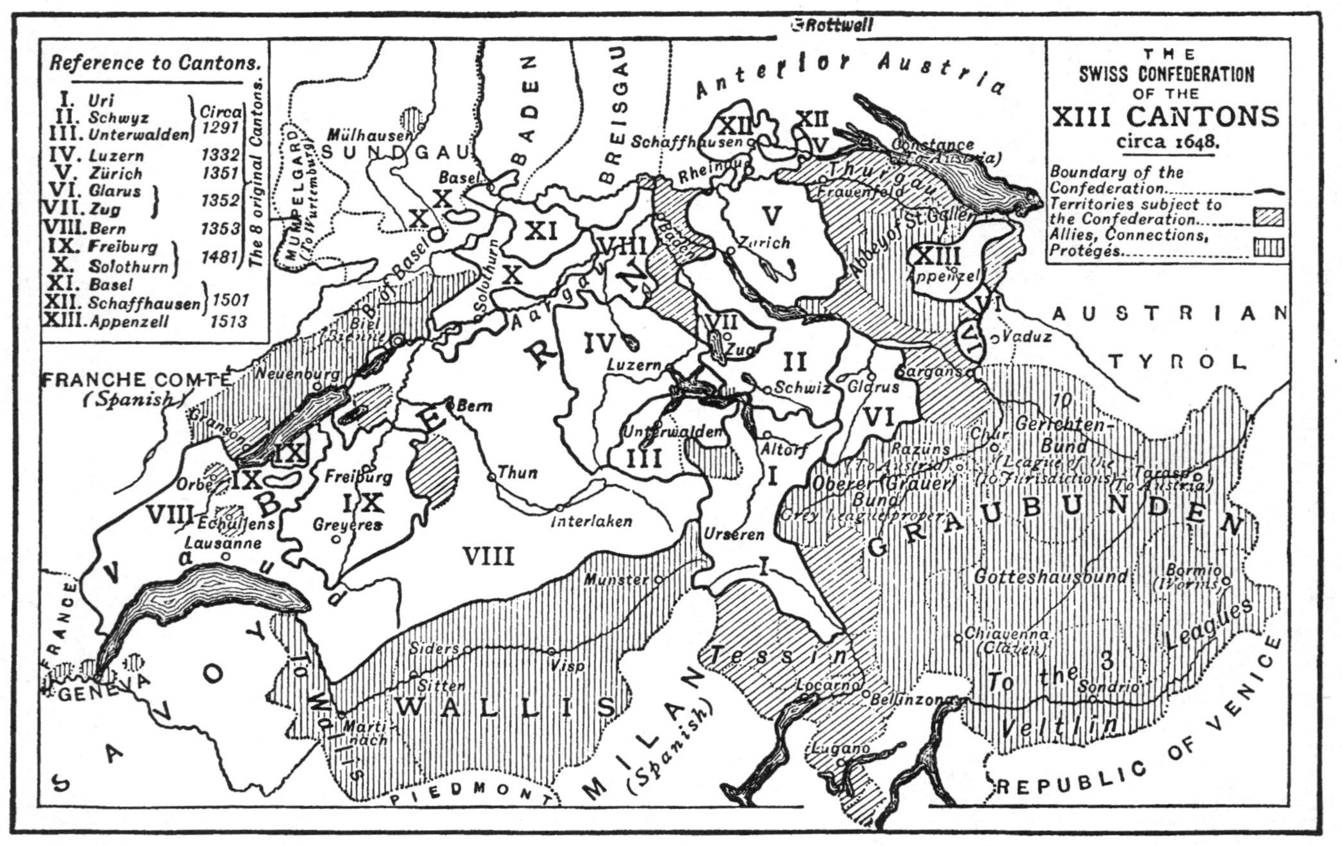

종교개혁 당시의 스위스

제 1 장

서론

1. 종교개혁 이전의 스위스

스위스는 국토의 크기와는 반비례하게 그 역사적인 중요성이 큰 나라들 가운데 하나이다. 하나님은 종종 작은 것을 들어서 커다란 일을 이루신다. 팔레스타인은 세상에 기독교를 가져다주었고, 작은 나라인 그리스로부터 철학과 예술이 발생하였다. 스위스는 개혁교회들의 요람이다. 눈 덮인 알프스는 거대한 강들의 원천이면서 동시에 개혁파 신앙의 근원이 되고 있는 것이다. 이는 독일이 루터파 신앙의 고향인 것과 마찬가지이다. 그리고 스위스 종교개혁의 원칙들은 라인강과 론강의 강물처럼 태양의 경로를 따라 서쪽으로 프랑스, 네덜란드, 영국, 스코틀랜드로 흘러가서, 츠빙글리와 칼빈이 이름만 들어 알고 있던 신대륙에까지 이르렀다. 지성적이고 도덕적인 성과들과 비교해 볼 때, 칼에 의한 정복은 아무것도 아닌 것이다. 사상이 세상을 지배하며, 사상은 불멸한다.

16세기가 되기 전까지 스위스는 유럽에서 별다른 영향력을 행사하지 못하였다. 다만 그곳 거주민들이 자신들의 자유를 방어할 때나 외국의 전쟁터에 나가서 용감하게 행동했다는 점만 두드러질 뿐이다. 하지만 16세기에 스위스는 근대사 전체에 영향을 미친 위대한 종교적 혁신을 이룬 점에서 독일 다음가는 위치에 섰다.[1]

---

1) Hallam(*Middle Ages*, II. 108 Am. ed.)은 이렇게 말한다. "스위스에서 일어나는 일들은 전 유럽의 역사를 놓고 보면 아주 작은 비중을 차지하지만, 어떤 측면에서는

　주변국들이 모두 군주제를 택하고 있는 와중에 오늘날까지 공화제를 유지해 오고 있는 스위스는 1291년 8월 1일에 세 개의 "삼림 지역 주(canton)"인 우리, 슈비츠, 운터발덴의 "영원한 맹약"에 의해 창설되어, 정복, 매입, 자유로운 연합을 통해 성장해 왔다. 루체른(네 번째 삼림 지역 주)은 1332년에, 취리히는 1351년에, 글라루스와 추크는 1352년에, 베른은 1353년에, 프라이부르크와 졸로투른(솔뢰르)은 1481년에, 바젤과 샤프하우젠은 1501년에, 아펜첼은 1513년에 이 동맹에 가입하였다. 이렇게 해서 종교개혁 당시에는 모두 13개의 주가 구성원이 되었다. 그리고 이후의 매입, 정복, 자유로운 동의를 통해 공동의 영토 혹은 자유 점령지(free bailiwicks)[2]가 된 지역들로는 아르가우, 투르가우, 발리스, 제네바, 그라우뷘덴(그리종, 래티아), 뇌샤텔과 발랑쟁 공국, 그리고 그 외의 몇몇 도시들(비엘, 뮐하우젠, 로트바일, 로카르노 등)이 있었다. 1798년 이후에 스위스 주는 22개로 증가하였으며, 인구는 (1890년에) 거의 300만 명에 달하였다. 미합중국도 13개 주로 시작해서, 매입과 정복, 그리고 새로운 영토를 조직화하고 편입시키는 작업을 통해 성장하였지만, 그 속도는 훨씬 빨랐으며 그 규모도 비교할 수 없이 컸다.

　스위스의 헤로도토스[3]라 불리는 애기디우스 추디(Aegidius Tschudi)와 스위스의 타키투스라 불리는 요한네스 폰 뮐러(Johannes von Müller)가 재미있게 들려주고 있는 고전적인 빌헬름 텔의 이야기는 프리드리히 실러의 시적인 천재성에 의해 윤색되었는데, 확실히 대중적인 소설의 영역에 속하는 것이다. 이는 스칸디나비아나 독일의 신화에 나오는 비슷한 이야기들도 마찬가지이다. 하지만 그럼에도 불구하고 이 이야기는 자신들의 생명보다 자유와 독립을 더욱 사랑하여 자신들의 영토로부터 외국의 침략자들을 축출해 낸 용감한 산사람들(mountaineers)의 기상을 드러내고 있다는 점에서 영속적인 진리를 담고 있다.

──────────

강대한 왕국의 혁명보다 더 흥미롭다. 스위스 이외의 다른 어떤 곳도 우리가 공감할 수 있는 타이틀을 그렇게 많이 가지고 있지는 못하다. 그리고 그렇게도 많은 미덕들을 아주 성공적으로 결합시키고 있는 곳도 찾아볼 수 없다.… 다른 국가들도 성벽을 쌓은 도시들을 방어하면서 무적의 결의를 보여주었지만, 라케다이몬(스파르타)에 대한 기억을 제외하고는, 전쟁터에서 스위스인들만큼 끈기있는 국민들은 없었다."

　2) gemeine Herrschaften, Vogteien, zugewandte Orte 등으로 불렸다.
　3) 그는 또한 스위스 역사 편찬의 아버지라고도 불렸다.

한 개인의 영광은 스위스 국민 전체에 속하는 것이다. 질리스베르크 산 아래에 있는 루체른 호숫가에서 이루어진 그루틀리인들의 성스러운 맹세(1306년 혹은 1308년?), 그리고 1315년 12월 9일 브룬넨에서의 보다 확실한 동맹은 모두 1291년에 있었던 맹약의 갱신이었다.[4]

스위스는 저 기념비적인 모르가르텐 전투("스위스의 마라톤 전투"라 할 수 있다, 1315), 젬파흐 전투(1386), 네펠스 전투(1388)에서 합스부르크가의 침략을 물리치고 자신들의 독립을 성공적으로 지켜 냈으며, 바젤 근처의 성 자콥에서 프랑스의 루이 11세를(스위스의 테르모필라이 전투라 할 수 있다, 1444), 그리고 그랑송, 무르텐(모라), 낭시에서는(1476년과 1477년) 부르고뉴의 용자라 불리던 샤를 공을 물리쳤다.

스위스의 자연과 역사가 이 나라를 연방 공화국으로 만들었다. 이 공화국은 원래 독립적인 주들로 구성된 하나의 느슨하고 귀족적인 동맹체였다. 단원제 의회가 이 공화국을 통치하였고, 의회에서 각 주들은 동일한 수의 대의원과 투표권을 소유하였다. 그래서 의회의 다수가 국민 다수의 뜻을 거스를 수도 있었다. 이러한 상황은 1848년까지 지속되었다. (로마 가톨릭 주들이 결성한 동맹인 **존더분트**가 타파된 후인) 1848년에 미국의 모범을 따라 민주적인 원칙들에 근거하여 헌법이 개정되었으며, 입법권이 양원에 주어졌는데, 그 중 하나(상원)는 22개의 주권적인 주에서 선출된 44인의 대표들로 구성되었고, 다른 하나(하원)는 인구 비례에 따라서 (2만 명당 한 명) 선출된 대표들로 구성되었다. 그리고 행정권은 입법 기관인 양원에 의해 3년의 임기로 선출된 7인 위원회에 일임되었다. 이렇게 해서 주들의 동맹체는 하나의 연방 국가로 변모하였으며, 중앙 정부는 국민 전체에 의해 선출되어 직접 국민의 뜻을 따라 행동하게 되었다.[5]

인구가 가장 많은 주들에서는 종교개혁이 승리를 거두었으면서도 정작 의회에서는 패하게 된 이유를 이해하려면 이러한 중앙 권력 체제상의 차이에 유념해

---

4) 스위스 연맹의 기원과 텔과 그뤼틀리인에 관한 전설에 대해서는 Kopp의 비판적인 연구들을 보라. *Urkunden zur Geschichte der eidgenössischen Bünde*, Luzern, 1835, 그리고 Wien, 1851, 전2권.

5) Staatenbund가 Bundesstaat로 되었다. 이와 동일한 차이가 독립 전쟁 중의 미국 연방(American Confederacy)과 전쟁 이후의 미합중국(United States) 사이에도 존재하며, 옛 독일 연방과 새로운 독일 제국 사이에도 존재한다.

야 한다.[6] 작은 삼림 지역의 주들이 취리히와 베른과 같은 훨씬 큰 주들과 동일한 수의 투표권을 가지고 있었고, 1848년이 될 때까지 자신들의 땅에 개신교를 들여 놓지 않았다. 마찬가지로, 독일 의회의 느슨한 성격과 중앙 집권화의 부재는 작센, 헤센, 그리고 다른 주들과 제국 도시들에서 개신교가 승리를 거둘 수 있도록 해주었다. 보름스 칙령의 시행을 거듭 명령한 의회의 적대적인 결의안에도 불구하고 개신교가 승리를 거둔 것이다.

스위스의 기독교화는 로마 가톨릭의 통치 아래 있던 3세기 혹은 4세기에, 프랑스와 이탈리아로부터 비롯되었다. 프랑스와 사보이를 접경지로 하고 있던 제네바에는 가장 오래된 교회와 주교구가 있는데, 이는 남부 갈리아 지방에 속한 비엔(빈과 다름)의 두 주교에 의해 설립된 것이다. 남동부 끝자락에 있는 쿠어(Coire)의 주교구는 452년 밀라노 대회 의사록에서 처음 등장하고 있다. 북쪽 지방과 내륙 지방은 7세기에 아일랜드계 선교사인 콜룸바누스와 갈루스에 의해 기독교화되었다. 갈루스는 장크트갈렌(St. Gall)의 수도원을 창설하였는데, 이는 이후에 알라마니아의 문명화를 위한 중심지가 되었다. 스위스 최초의 대학이자 오랫동안 유일한 대학이었던 바젤 대학(1460)에서는 세 개의 개혁 공의회 가운데 하나가 개최되었다(1430).

중세기 동안 온 나라가 유럽의 다른 나라들과 마찬가지로 로마 가톨릭 교구에 종속되었고, 로마 가톨릭 이외의 어떠한 종교도 용인되지 않았다. 스위스는 6개의 주교구로 나뉘어 있었는데, 제네바, 쿠어, 콘스탄츠, 바젤, 로잔, 그리고 시옹(지텐)이 그것이다. 교황은 스위스에 여러 명의 사절을 두어서, 정치적이고 군사적으로 자신을 대행하도록 하였으며, 이 소공화국을 마치 강대국과도 같이 취급하였다. 가장 영향력이 있던 주교인 시옹의 시너(Schinner of Sion)는 호전적인 교황이었던 율리우스 2세와 레오 10세에게 크게 공헌하여 추기경의 자리를 차지하기까지 하였다. 그를 잘 알고 있던 츠빙글리가 그의 모범을 따랐다면 그 역시도 추기경의 자리에 올랐을지 모른다.

---

6) 츠빙글리가 죽을 당시 프로테스탄트가 수적으로 우세하여 아마도 전체 인구의 3분의 2 정도 되었을 것이다. 프로테스탄트와 가톨릭 사이의 수적인 관계는 스위스에서 커다란 변화 없이 지속되었다. 1888년에 프로테스탄트는 1,724,257명, 로마 가톨릭은 1,190,008명, 유대교인은 8,386명이었다.

2. 스위스의 종교개혁

스위스 교회는 독일의 경우와 마찬가지로 너무 부패하여 개혁이 불가피한 상황에 놓여 있었다. 루체른 호수를 둘러싸고 있는 유서 깊은 주들에 살고 있던 거주민들은 아주 정직하고 경건한 신자들이었으며, 이 점은 오늘날까지도 마찬가지이다. 하지만 성직자들은 무식하고 미신적이고 부도덕하였으며, 평신도들에게 악한 본을 보였다. 수도원들도 쇠퇴기에 놓여 있었기 때문에, 학식이나 도덕적 감화력에 있어서 개혁자들에게 필적할 수 있는 인물을 한 명도 배출하지 못하였다. 성직자들의 독신 제도는 축첩을 일반적이고 용인되는 범죄로 만들어 버렸다. 콘스탄츠의 주교(Hugo von Hohenlandenberg)는 첩에게서 태어난 자녀 한 명당 4길더의 벌금을 물리고 범죄한 사제들을 용서해 주었는데, 전해지는 바에 따르면 그 수입이 한 해에 무려 7,500길더에 이르렀다(1522)고 한다.

종교개혁이 일어나기 직전에 씌어진 목회 서신에서 그는 많은 사제들의 부도덕함을 비난하였는데, 그들은 공공연하게 자신들의 집에 첩이나 창녀들을 두었고, 이들을 내보내고자 하지 않거나 내보냈다가도 비밀리에 다시 불러들였으며, 도박을 일삼고 평신도들과 함께 선술집에 앉아서 술에 취해서는 신성모독적인 언사를 내뱉었다.[7]

국민들은 외국 용병 제도(Reislaufen이라 불렸다)로 인해 부패하였다. 이 용병 제도 덕에 스위스인들이 용감하고 믿을 수 있다는 명성은 얻을 수 있었으나, 이 명성은 독립성과 도덕성을 대가로 치른 것이었다.[8] 외국의 왕과 교황들은 스위스 병사들을 확보하기 위해 서로 경쟁을 벌였으며, 그래서 종종 스위스인들은 외국의 전장에서 동족을 상대로 전투를 벌이기도 하였다. 이들은 풍족한 연금과 함께 방탕한 버릇들을 가지고 고향으로 돌아왔다. 츠빙글리는 이탈리아 군대에서 군목으로 사역한 경험이 있기 때문에 이러한 해악에 대해 잘 알고 있었다. 그

---

7) Schuler, *Huldreich Zwingli*, p. 196; Mörikofer, *Ulrich Zwingli*, vol. I. 67. 츠빙글리는 천명의 사제들과 수도사들 가운데 한 사람도 순결한 사람을 찾을 수 없다고 말했다고 기록되어 있다. Egli, *Actensammlung*, p. 62.

8) Reislaufen이란 전쟁에 돌입하다라는 뜻이다(Reis = Kriegszug, war). 외국의 군주들을 위한 스위스 군인들의 영웅적인 헌신은 조각가 토르발센에 의해 루체른에 세워진 상처 입은 사자상에 의해 영속되고 있다.

래서 그는 교회 개혁을 생각하기 전부터 용병 제도를 비판했고, 취리히로 오라는 청빙을 받고 나서도 계속해서 이에 대한 반대를 표하였다. 그리고 그는 결국 한 외국 용병의 손에 죽음을 맞았다.

다른 한편으로는 진보를 보여주는 희망적인 기미들도 얼마간 보였다. 콘스탄츠와 바젤의 개혁 공의회들은 아직 식자들 계층에서 완전히 잊혀진 것이 아니었다. 학문의 부흥은 사상의 자유를 고무시켰으며, 교회의 부패에 눈뜨게 해주었다. 바젤 대학은 학문 활동의 중심이 되어 계몽적인 영향력을 행사하였다. 이곳에서 비엘 출신의 토마스 비텐바흐는 1505년에서 1508년 사이에 신학을 가르치면서, 면죄부, 미사, 성직자들의 독신 제도를 공격하였다. 그는 다른 7명의 사제들과 함께 1524년에 결혼하였는데, 설교권은 박탈당하였으나 파문을 당하지는 않았다. 그는 서너 가지의 고위직을 겸직하였으나, 1526년에 극도의 가난 속에 세상을 떠났다. 츠빙글리는 1505년에 그의 강의를 듣고, 그에게서 많은 것을 배웠다.

자유주의 학문의 위대한 선각자인 에라스무스는 바젤에서 자신의 생애 가운데 가장 활동적인 몇 년(1514-1516과 1521-1529)을 보냈다. 그리고 친구 프로베니우스를 통하여 그리스어판 신약성경를 비롯한 대부분의 저서를 이곳에서 출판하였다. 바젤에서는 루터의 책도 서너 권 재인쇄되어 스위스 각처로 퍼져 나갔다. 카피토, 헤디오, 펠리칸, 그리고 오이콜람파디우스도 마찬가지로 이 도시에서 배우고, 가르치고, 또 설교하였다.

하지만 종교개혁은 바젤이 아니라 취리히에서 시작되었다. 그리고 그 길잡이 역할을 한 사람은 에라스무스의 인문주의적인 교양과 더불어 대중적인 설교가로서의 능력과 교회 개혁자로서의 실질적인 활력을 고루 갖추고 있었던 츠빙글리였다.

스위스 종교개혁은 다음과 같은 세 시기로 구분될 수 있을 것이다.

1) 1516년부터 츠빙글리의 죽음과 카펠 평화 조약이 있었던 1531년까지, 독일어권 주들에서 이루어진 츠빙글리의 종교개혁기.

2) 1531년에서 1564년 칼빈의 죽음에 이르기까지 프랑스어권 스위스에서의 칼빈주의적 종교개혁기.

3) 취리히에서의 불링거(1575년 사망)와 제네바에서의 베자(1605년 사망)의 사역 시기로서, 이들의 사역은 친구들과 선임자들의 사역을 굳게 하였다.

츠빙글리의 종교개혁 운동은 독일의 종교개혁과 거의 동시에 이루어졌으며, 마르부르크에서 독일과 15개의 신조 조항 가운데 14개 조항에서 합의에 이르렀다. 유일하게 중대한 차이점은 성찬 때에 그리스도가 임재하는 양식에 관한 문제였다. 비록 츠빙글리가 한창 때에 죽었지만, 적어도 개략적으로는 이미 개혁파 교회의 특징적인 면모들을 대부분 제시한 것이라고 할 수 있다.

하지만 칼빈이야말로 개혁파 교회의 가장 위대한 신학자이자 조직가요 교사였다. 그는 성찬론에 있어서는 개혁파 교회를 루터파 교회에 좀 더 근접시켰으나, 예정론에 있어서는 둘 사이의 간격을 더 벌려 놓았다.

츠빙글리와 불링거는 스위스 종교개혁을 독일, 헝가리, 그리고 보헤미아의 종교개혁과 연결시켰으며, 칼빈과 베자는 이를 프랑스, 네덜란드, 잉글랜드, 그리고 스코틀랜드와 연결시켰다.

3. 독일의 종교개혁과 비교해 본 스위스 종교개혁의 특징

교리와 규율, 그리고 예배에 있어서 획일성을 요구하는 로마 가톨릭에 비해 개신교는 개인과 민족의 자유를 훨씬 폭넓게 부여해 주며, 좀 더 다양한 발전을 가능하게 해준다. 개신교에는 눈에 보이는 중심인물이나 통수권자가 없으며, 비가시적인 그리스도의 수장권 아래 일단의 개별적이고 독립적인 조직체들로 구성되어 있다. 이는 마치 하나의 양 떼이지만, 여러 우리에 나뉘어 있는 것과 같다. 통일성 가운데 있는 다양성과 다양성 속의 통일성이 자연과 역사 속에 나타나는 하나님의 법칙이다. 개신교는 지금껏 다양성은 충분히 발전시켜 왔지만, 아직 그 통일성은 실현하지 못하고 있다.

복음주의적인 기독교권의 양대 원류는 루터파와 개혁파 신앙고백이다. 이 둘은 가톨릭의 양대 주류인 그리스와 로마가 각각 철학과 정치라는 민족적 기반에 근거해서 유사성과 차이를 보이는 것과 아주 유사한 모습을 보여준다. 이 둘은 모두 복음주의적이고, 유기적인 연합을 수용하고 있다. 이러한 유기적인 연합은 실제로 1817년 종교개혁 300주년 이후에 프로이센과 독일의 다른 지역들에서 구현된 바 있다.

이 둘의 차이는 종교적이라기보다는 신학적인 것들로서, 지적인 개념 작용에는 영향을 미치지만 경건의 마음과 영혼에는 영향을 미치지 못한다. 마르부르크에서 루터와 츠빙글리를 분열시켰던 유일하게 중대한 교리적 차이는 성찬에서 그리스도가 실제적으로 임재하는 양식에 대한 것이었다. 이는 수세기 동안 그리스 교회와 로마 교회를 갈라놓은 유일한 교리적 차이점이 성령의 이중 발출이었다는 것과 마찬가지이다. 하지만 교회 조직, 규율, 예배, 그리고 실제적인 관례들에 있어서의 차이들이 시간이 갈수록 점점 확장되어서, 이러한 신학적인 차이를 압도하게 되었다.

루터파는 루터의 이름을 내걸고 아우크스부르크 신앙고백을 수용하는 교회들을 모두 포용한다. 그리고 개혁파는(개혁파라는 용어를 역사적이고 일반적인 의미에서 사용할 때) 직접적으로 혹은 간접적으로 츠빙글리와 칼빈의 사역에 그 근원을 두는 교회들을 포함하고 있다.[9] 영국에서 제2차 혹은 청교도 종교개혁은 일단의 새로운 교파들을 낳았으며, 이 교파들은 1689년의 관용령(Toleration Act) 이후에 별개의 뚜렷한 교회들로 조직되었다. 18세기에는 웨슬리 신앙 부흥운동이 일어나, 영어 사용권에서 가장 규모가 크고 활동적인 교회 가운데 하나로 성장하였다.

이렇게 해서 16세기의 종교개혁은 그 세부적인 분파들은 거론하지 않는다 하더라도 적어도 6개의 복음주의적 교파들을 낳은 어머니와도 같은 존재이다. 루터교는 독일과 스칸디나비아에서, 개혁교회는 대영제국과 북아메리카에서 세력을 확장하였다.

개혁파 신앙고백은 다양한 형태로 발전하였다. 기독교와 문명의 길을 따라서 서진하면서 개혁파 신앙고백은 스위스보다는 네덜란드, 영국, 그리고 스코틀랜드에서 한층 세력을 얻었다. 하지만 이들의 신앙고백과 루터파 신앙고백을 구분

---

9) 유럽 대륙과 교회사에 관한 저술들에서 **개혁파**(Reformed)라는 칭호는 장로교, 감독 교회, 회중교회, 그리고 기타 비루터파 프로테스탄트들을 포함한다. 칼빈주의와 청교도주의는 하나의 구별되는 교회를 지칭하는 용어가 아니고, 개혁파 교회 내에 있는 학파나 파벌을 의미한다. 앵글리칸 개혁교회는 루터파와 칼빈주의의 영향을 받아 개혁된 공동체로서 자립적인 것이지만, 가톨릭과 프로테스탄트의 중간 위치를 점한다. 근대 영국과 미국에서는 **개혁파**라는 단어는 다음과 같이 특정 용어들과 연관해서만 사용되어 제한적인 의미를 지닌다. Reformed Dutch, Reformed German, Reformed Presbyterian, Reformed Episcopalian.

하는 중요한 차이점은 이미 츠빙글리와 칼빈에 의해 정리된 바 있다.

스위스와 독일의 종교개혁자들은 로마 가톨릭에 반대한다는 점에서 의견의 일치를 보였으나, 스위스 개혁자들은 훨씬 더 멀리 나아갔다. 스위스의 개혁자들은 하나님의 주권적인 영광을 수호하는 데 더욱 열광적이었으며, 제1,2 계명을 해석하는 데 있어서도 엄격하여, 피조물을 숭배하는 이교적인 요소들을 철폐하였다. 반면에 루터는 값없이 주시는 은혜와 양심의 평화에 대한 관심 때문에, 수도원적인 율법주의와 자기의(self-righteousness)라는 유대적인 요소에 대해 강력하게 공격하고자 하였다. 스위스 신학은 하나님의 은혜에서 시작해서 인간의 필요로 나아가고, 루터파는 인간의 필요에서 시작해서 하나님의 은혜로 나아간다.

양자는 모두 개신교의 세 가지 근본적인 원리들에 동의하고 있다. 그 세 가지란 신앙과 생활의 규범으로서 성경이 가지는 절대적인 우월성, 믿음을 통한 은혜에 의한 칭의, 만인 사제설이다. 하지만 첫 번째 원리와 관련하여, 개혁파 교회는 그것을 인간의 전통과 상반되는 쪽으로 보다 철저하게 적용함으로써, 성경에 기초를 두고 있지 않은 모든 것을 폐하였다. 반면에 루터는 성경에 어긋나지 않는 것들을 보전하였다. 이신칭의와 관련해서, 루터는 그것을 교회의 존립을 결정짓는 가장 중요한 교리로 삼았다. 반면에 츠빙글리와 칼빈은 이신칭의를 값없이 주시는 은혜에 의한 영원한 예정이라는 숨겨진 진리에 부속되는 것으로 보았으며, 선행과 엄격한 치리를 더욱 강조하였다. 양자는 모두 특별 사제직(a special priesthood)과 위계제도에 반대하였지만, 스위스 종교개혁자들은 일반 평신도에게 더 큰 중요성을 부여하고, 회중적이고 교회회의적인 자립과 자치가 행해지도록 하였다.

양자 모두 새로운 교회로 하여금 국가와 밀접한 관련을 가지도록 만들었지만, 스위스 개혁자들은 공화제적인 독립의 정신으로 국가를 통제하였다. 그래서 궁극적으로 세속 권력과 영적인 권력 사이의 분리, 혹은 (미합중국 내의 모든 교회나 프랑스어권 스위스 내의 자유 교회들에서 볼 수 있는 것처럼) 자유 국가 내에서의 자유 교회를 낳게 되었다. 루터와 멜란히톤은 군주제와 독일 제국에 대한 천성적인 경외심으로 인해 정치 문제에서 수동적인 복종을 가르쳤으며, 그래서 교회로 하여금 세속 권력 아래 속박되도록 하였다.

16세기와 17세기의 모든 복음적인 신학자들과 통치자들은 이론과 실천에 있어서 논리적 일관성도 없이 불관용적이었다. 하지만 교황청의 독재에 대항한 하나의 반란이자 강력한 해방 운동이었던 종교개혁은 그 당연한 귀결로 결국 종교적 자유의 승리를 가져왔다.

개혁교회는 특정한 한 사람의 이름을 내세우지도 않고, 힘 있는 한 개인에 의해 통솔되지도 않는다. 그와는 반대로 개혁교회는 취리히의 츠빙글리와 불링거, 바젤의 오이콜람파디우스, 베른의 할러, 제네바의 칼빈과 베자, 팔츠의 우르시누스와 올레비아누스, 영국의 크랜머, 래티머, 리들리, 그리고 스코틀랜드의 녹스의 영향을 받아 상이한 형태들을 취하였다. 루터 교회는 그 명칭이 말해 주는 바와 같이, 지울 수 없는 루터의 흔적을 지니고 있다. 비록 보다 온건하고 보다 진보적인 멜란히톤적인 경향이 루터 교회 내에서 합당한 존경을 받고 있고 그에 걸맞는 세력을 지니고 있으며, 칼릭스투스, 슈페너, 그리고 오늘날 온건한 루터파들의 진보적이고 교회 연합적인 움직임들을 통해 그러한 성향이 나타나고 있다고 할지라도 말이다.

칼빈주의는 독일인보다는 라틴족과 앵글로-색슨족들에게 더 강한 영향을 미친 반면, 루터주의는 본질적으로 독일적인 것이었으며, 다른 나라들에서 다소간의 변화를 겪었다.

칼빈은 신학뿐만 아니라 치리에 있어서도 개혁을 지향하였으며, 제네바에서는 신정 정치의 모범을 세웠는데, 이는 몇 세대에 걸쳐 지속되었다. 루터는 신앙과 교리의 개혁에 만족하였고, 그 실질적인 결과들은 시간에 맡겼다. 그렇지만 한때 작센에서 자신의 사역들을 무효화시키려는 징후를 보였던 율법 폐기론자들의 무질서와 악폐에 대해서는 신랄하게 비판하였다.

스위스 개혁자들은 예배를 극도로 단순화시켜서 꾸밈없는 영성이 표현되도록 하였다. 그 결과 목사의 개인적인 경건과 지적인 노력, 그리고 그의 설교와 기도가 어떠한가에 따라 예배가 신자들의 신앙심에 불을 지피기도 하고 찬물을 끼얹기도 하였다. 시인이자 음악가였던 루터는 미적이고 예술적인 여지를 많이 두었으며, 그래서 그의 교회는 성례전과 찬송가를 풍부하게 발전시켰다. 그러나 회중 찬송은 양 교파 모두에게서 융성하였다. 그리고 성공회는 가장 뛰어난 성례전을 만들어 내었다. 성공회의 이러한 위치는 오늘날까지 계속되고 있으며 더욱 널리 알려지게 되었다.

개혁교회는 자기절제, 자유, 활기, 그리고 모험에서 뛰어나며, 이교도들의 땅과 새로운 식민지에 복음을 전파하였다. 그리고 하나님을 경외하고, 용기 있고, 독립적이고, 영웅적인 성품의 소유자들을 길러내었는데, 우리는 이런 자들을 프랑스의 위그노, 영국의 청교도, 스코틀랜드의 개혁파, 피에몬테의 발도파에서 찾아볼 수 있다. 그리고 박해의 시기에는 감옥과 화형장으로 향하는 순교자들을 많이 배출하였다. 루터 교회는 진실하고, 신뢰할 만하고, 내면적이고, 신비적 스타일의 경건을 발전시킴과 더불어, 신학과 성경적이고 역사적인 연구를 발전시켜서, 철학과 종교의 가장 심오한 문제들과 씨름하였다.

하나님은 그 은사들을 지혜롭게 나누어 주셔서, 그의 나라를 세우는 데 충분히 활용되도록 하셨다.

4. 스위스 종교개혁에 관한 문헌

독일어권 스위스의 종교개혁에 관한 문헌들을 가장 많이 소장하고 있는 곳은 취리히의 시립 도서관(Wasserkirche에 있다)과 주립 도서관이다. 시립 도서관은 지믈러(Simler)가 수집한 귀중한 사본 200권과 「호팅게리아누스 사전」도 소장하고 있다. 나는 1886년 8월에 이 도서관들을 돌아보았는데, 프리취, 슈바이처, 비스 교수와 에셔 박사의 친절한 도움을 받았다. 그리고 1890년 7월에 다시 한 번 방문할 기회가 있었다.

스위스 역사 일반에 관한 책들의 목록을 알고 싶으면 다음과 같은 문헌들을 참조하는 것이 도움이 된다.

Gottlieb Emanuel von Haller: *Bibliothek der Schweizer-Geschichte und aller Theile, so dahin Bezug haben*(베른, 1785-1788, 전7권). 그리고 계속해서 Gerold Meyer von Knonau가 쓴 것(1840-1845, 취리히, 1850)과 Ludwig von Sinner가 쓴 것(1786-1851, 베른과 취리히, 1851). *Catalog der Stadtbibliothek in Zürich*(취리히, 1864-1867, 전 4권). E.Fr. von Mülinen: *Prodromus einer Schweizer. Historiographie*(베른, 1874). 저자는 대략 네 권의 책에서 스위스 연대기 편자들, 연보 작가들, 그리고 역사가들에 대한 완벽한 목록을 제공하겠다고 장담하고 있다.

I. Sources: The works of Zwingli, Œcolampadius, Leo Judæ, Bullinger, Watt (Vadianus), and other Reformers of the Swiss cantons.

Herminjard: *Correspondance des Réformateurs.* Genève, 1866–'86. 7 vols.

Bullinger (Heinrich, Zwingli's successor, d. 1575): *Reformationsgeschichte, nach den Autographen herausgeg. von J. J. Hottinger und H. H. Vögeli.* Frauenfeld, 1838–'40, 3 vols. 8°. From 1519 to 1532. In the Swiss-German dialect.

Kessler (Johannes, Reformer of St. Gallen): *Sabbata. Chronik der Jahre 1523–'39.* Ed. by *E. Götzinger.* St. Gallen, 1866–'68. 2 parts. Kessler was the student whom Luther met at Jena on his return to Wittenberg (*see* vol. VI. 385).

Simler (Joh. Jac.): *Sammlung alter und neuer Urkunden zur Beleuchtung der Kirchengeschichte, vornehmlich des Schweizerlandes.* Zürich, 1757–'63. 2 Bde in 6 Theilen. 8°. Also the first 30 vols. of his above-mentioned collection of MSS., which includes many printed pamphlets and documents.

Die Eidgenössischen Abschiede. Bd. III. Abth. 2: *Abschiede von 1500–'20, bearbeitet von Segesser* (Luzern, 1869); Bd. IV. 1 a: *A.D. 1521–'28, bearbeitet von Strickler* (Brugg, 1873); Bd. IV. 1 b: *A.D. 1529–'32* (Zürich, 1876); Bd. IV. 1 c: *A.D. 1533–'40, bearbeitet von Deschwanden* (Luzern, 1878); Bd. IV. 1 d: *A.D. 1541–'48, bearbeitet von Deschwanden* (Luzern, 1882). The publication of these official acts of the Swiss Diet was begun at the expense of the Confederacy, A.D. 1839, and embraces the period from 1245 to 1848.

Strickler (Joh.): *Actensammlung zur Schweizerischen Reformationsgeschichte in den Jahren 1521–'32.* Zürich, 1878–'84. 5 vols. 8°. Mostly in Swiss-German, partly in Latin. The fifth vol. contains Addenda, Registers, and a list of books on the history of the Reformation to 1533.

Egli (Emil): *Actensammlung zur Geschichte der Zürcher Reformation von 1519–'33.* Zürich, 1879. (Pages vii. and 947.)

Stürler (M. v.): *Urkunden der Bernischen Kirchenreform.* Bern, 1862. Goes only to 1528.

On the Roman Catholic side: *Archiv für die Schweizer. Reformations-Geschichte, herausgeg. auf Veranstaltung des Schweizer. Piusvereins.* Solothurn, 1868–'76. 3 large vols. This includes in vol. I. the *Chronik der Schweizerischen Reformation* (till 1534), by Hans Salat of Luzern (d. after 1543), a historian and poet, whose life and writings were edited by Baechtold, Basel, 1876. Vol. II. contains the papal addresses to the Swiss Diet, etc. Vol. III. 7–82 gives a very full bibliography bearing upon the Reformation and the history of the Swiss Cantons down to 1871. This work is over-looked by most Protestant historians. Bullinger wrote against Salat a book entitled *Salz zum Salat.*

II. Later Historical Works:

Hottinger (Joh. Heinrich, an eminent Orientalist, 1620–'67): *Historiæ Ecclesiasticæ Novi Test.* Tiguri [Turici], 1651–'67. 9 vols. 8°. The last four volumes of this very learned but very tedious work treat of the

Reformation. The seventh volume has a chapter of nearly 600 pages (24–618) *de Indulgentiis in specie!*

HOTTINGER (JOH. JACOB, 1652–1735, third son of the former): *Helvetische Kirchengeschichten*, etc. Zür., 1698–1729. 4 vols. 4°. Newly ed. by Wirz and Kirchhofer. *See below.*

MISCELLANEA TIGURINA *edita, inedita, vetera, nova, theologica, historica*, etc., ed. by J. J. ULRICH. Zür., 1722–'24. 3 vols. 8°. They contain small biographies of Swiss Reformers and important documents of Bullinger, Leo Judæ, Breitinger, Simler, etc.

FÜSSLIN (or FÜSSLI, JOH. CONR. F., 1704–1775): *Beiträge zur Erläuterung der Kirchenreformationsgeschichten des Schweizerlands.* Zür., 1740–'53. 5 vols. 8°. Contains important original documents and letters.

RUCHAT (ABRAH., 1680–1750): *Histoire de la Réformation de la Suisse, 1516–1556.* Genève, 1727, '28. 6 vols. 8°. New edition with Appendixes by L. VULLIEMIN. Paris and Lausanne, 1835–'38. 7 vols. 8°. Chiefly important for the French cantons. An English abridgment of the first four vols. in one vol. by J. COLLINSON (Canon of Durham), London, 1845, goes to the end of A.D. 1536.

WIRZ (LUDW.) and KIRCHHOFER (MELCH.): *Helvet. Kirchengeschichte. Aus Joh. Jac. Hottinger's älterem Werke und anderen Quellen neu bearbeitet.* Zürich, 1808–'19. 5 vols. The modern history is contained in vols. IV. and V. The fifth vol. is by KIRCHHOFER.

MERLE D'AUBIGNÉ (professor of Church history at Geneva, d. 1872): *Histoire de la Réformation du 16 siècle.* Paris, 1838 sqq. *Histoire de la Réformation au temps du Calvin.* Paris, 1863–'78. Both works were translated and published in England and America, in various editions.

TRECHSEL (FRIEDR., 1805–1885): *Beiträge zur Geschichte der Schweiz. Reformirten Kirche, zunächst derjenigen des Cantons Bern.* Bern, 1841, '42, 4 Hefte.

GIESELER (d. 1854): *Ch. History.* Germ. ed. III. A. 128 sqq.; 277 sqq. Am. ed. vol. IV. 75–99, 209–217. His account is very valuable for the extracts from the sources.

BAUR (d. at Tübingen, 1860): *Kirchengeschichte.* Bd. IV. 80–96. Posthumous, Tübingen, 1863.

HAGENBACH (KARL RUD., professor of Church history at Basel, d. 1874): *Geschichte der Reformation, 1517–1555.* Leipzig, 1834, 4th ed. 1870 (vol. III. of his general *Kirchengeschichte*). Fifth ed., with a literary and critical appendix, by Dr. F. NIPPOLD, Leipzig, 1887. English translation by Miss E. MOORE, Edinburgh and New York, 1878, '79, 2 vols.

CHASTEL (ÉTIENNE, professor of Church history in the University of Geneva, d. 1885): *Histoire du Christianisme, Tom. IV.: Age Moderne* (p. 66 sqq.). Paris, 1882.

BERNER BEITRÄGE *zur Geschichte der Schweizerischen Reformationskirchen. Von*

BILLETER, FLÜCKIGER, HUBLER, KASSER, MARTHALER, STRASSER. *Mit weiteren Beiträgen vermehrt und herausgegeben von* FR. NIPPOLD. Bern, 1884. (Pages 454.)

On the Confessions of the Swiss Reformation see SCHAFF: *Creeds of Christendom,* New York, 4th ed. 1884, vol. I. 354 sqq.

Biographies of ZWINGLI, ŒCOLAMPADIUS, LEO JUDÆ, BULLINGER, HALLER, etc., will be noticed in the appropriate sections.

III. GENERAL HISTORIES OF SWITZERLAND.

MÜLLER (JOH. VON, the classical historian of Switzerland, d. 1809): *Geschichte der Schweizerischen Eidgenossenschaft, fortgesetzt von* GLUTZ-BLOTZHEIM (d. 1818) *und* JOH. JAC. HOTTINGER. Vols. V. and VII. of the whole work. A masterpiece of genius and learning, but superseded in its earlier part, where he follows Tschudi, and accepts the legendary tales of Tell and Grütli. The Reformation history is by HOTTINGER (b. 1783, d. 1860), and was published also under the title *Gesch. der Eidgenossen während der Zeit der Kirchentrennung.* Zürich, 1825 and '29, 2 vols. It was continued by VULLIEMIN in his *Histoire de la confédération suisse dans les XVIe et XVIIe siècles.* Paris and Lausanne, 1841 and '42. 3 vols. The first of these three volumes relates to the Reformation in *French* Switzerland, which was omitted in the German work of Hottinger, but was afterwards translated into German by others, and incorporated into the German edition (Zürich, 1786–1853, 15 vols.; the Reformation period in vols. VI.–X.). There is also a complete French edition of the entire History of Switzerland by JOH. VON MÜLLER, GLUTZ-BLOTZHEIM, HOTTINGER, VULLIEMIN, and MONNARD (Paris et Genève, 1837–'51, 18 vols. Three vols. from Vulliemin, five from Monnard, and the rest translated).

Other general Histories of Switzerland by ZSCHOKKE (1822, 8th ed. 1849; Engl. transl. by Shaw, 1848, new ed. 1875), MEYER VON KNONAU (2 vols.), VÖGELIN (6 vols.), MORIN, ZELLWEGER, VULLIEMIN (German ed. 1882), DÄNDLIKER (Zürich, 1883 sqq., 3 vols., illustr.), Mrs. HUG and RICH. STEAD (London, 1890), and DIERAUER (Gotha, 1887 sqq.; second vol., 1892).

BLUNTSCHLI (J. C., a native of Zürich, professor of jurisprudence and international law at Heidelberg, d. 1881): *Geschichte des Schweizerischen Bundesrechts von den ersten ewigen Bünden bis auf die Gegenwart.* Stuttgart, 2d ed. 1875. 2 vols. Important for the relation of Church and State in the period of the Reformation (vol. I. 292 sqq.). L. R. VON SALIS: *Schweizerisches Bundesrecht seit dem 29. Mai 1874.* Bern, 1892. 3 vols. (also in French and Italian).

E. EGLI: *Kirchengeschichte der Schweiz bis auf Karl d. Gr.* Zürich, 1892.

Comp. RUD. STÄHELIN on the literature of the Swiss Reformation, from 1875–1882, in Brieger's "Zeitschrift für Kirchengeschichte," vols. III. and VI.

5. 츠빙글리에 관한 문헌

The **general literature in § 4, especially Bullinger's History and Egli's Collection.** The public libraries and archives in Zürich contain the various editions of Zwingli's works, and the remains of his own library with marginal notes, which were exhibited in connection with the Zwingli celebration in 1884. See *Zwingli-Ausstellung veranstaltet von der Stadtbibliothek in Zürich in Verbindung mit dem Staatsarchiv und der Cantonalbibliothek.* Zürich, 1884. A pamphlet of 24 pages, with a descriptive catalogue of Zwingli's books and remains. The annotations furnish fragmentary material for a knowledge of his theological growth. *See* Usteri's *Initia Zwingli*, quoted below.

I. SOURCES:

HULDREICH ZWINGLI: *Opera omnia*, ed. MELCHIOR SCHULER (d. 1859) and JOH. SCHULTHESS (d. 1836). Tiguri, 1828–'42. 8 vols. Vols. I. and II., the German writings; III.–VI., Scripta Latina; VII. and VIII., Epistolæ. A supplement of 75 pages was ed. by G. SCHULTHESS (d. 1866) and MARTHALER in 1861, and contains letters of Zwingli to Rhenanus and others. A new critical edition is much needed and contemplated for the "Corpus Reformatorum" by a commission of Swiss scholars. Zwingli's Correspond. in HERMINJARD, vols. I. and II.

The first edition of Zwingli's Works appeared at Zürich, 1545, in 4 vols. USTERI and VÖGELIN: *M. H. Zwingli's Schriften im Auszuge*, Zürich, 1819 and '20, 2 vols. (A systematic exhibition of Zwingli's teaching in modern German.) Another translation of select works into modern German by R. CHRISTOFFEL, Zür., 1843, 9 small vols.

Comp. also PAUL SCHWEIZER (Staatsarchivar in Zürich, son of Dr. Alexander Schweizer): *Zwingli-Autographen im Staats-Archiv zu Zürich.* 1885. (23 pages; separately publ. from the "Theol. Zeitschrift aus der Schweiz.")

JOANNIS ŒCOLAMPADII *et* HULDRICHI ZWINGLII *Epistolarum libri IV.* Basil. 1536.

HERMINJARD (A. L.): *Correspondance des Réformateurs.* Genève, 1866 sqq. Letters of Zwingli in vol. I. Nos. 82 and 146 (and eight letters to him, Nos. 17, 19, 32, etc.), and in vol. II. No. 191 (and nine letters to him).

Briefwechsel des BEATUS RHENANUS. *Gesammelt u. herausgeg. von Dr.* ADELBERT HORAWITZ *und Dr.* KARL HARTFELDER. Leipzig, 1886. Contains also the correspondence between Rhenanus and Zwingli.

II. BIOGRAPHIES OF ZWINGLI, INCLUDING SHORT SKETCHES:

OSWALD MYCONIUS: *De Vita et Obitu Zw.*, 1536. Republ. in *Vitæ quatuor Reformatorum*, with Preface by Neander, 1840. NÜSCHELER, Zürich, 1776. J. CASPAR HESS: *Vie d'Ulrich Zwingle*, Geneva, 1810; German ed. more than doubled by a literary appendix of 372 pages, by LEONH. USTERI, Zürich, 1811, 2 vols. (Engl. transl. from the French by AIKEN, Lond., 1812). ROTERMUND, Bremen, 1818. J. M. SCHULER: *H. Zw. Gesch. seiner Bildung zum Reformator seines Vaterlandes.* Zür., 1818, 2d ed. 1819. HORNER, Zür., 1818. L. USTERI, in the Appendix to his ed. of Zwingli's German works, Zür., 1819. Several sketches of Zwingli appeared in connection with the celebration of the Zürich Reformation in 1819, especially in the festal oration of J. J. HESS: *Emendationis sacrorum beneficium*, Turici, 1819. J. J. HOTTINGER, Zür., 1842 (translation by TH. C. PORTER: *Life and Times of U. Z.*, Harrisburg, Penn., 1857, 421 pages). ROBBINS, in "Bibliotheca Sacra," Andover, Mass., 1851. L. MAYER, in his "History of the German Ref. Church," vol. I., Philadelphia, 1851. DAN. WISE, Boston, 1850 and 1882. ROEDER, St. Gallen and Bern, 1855. R. CHRISTOFFEL, Elberfeld, 1857 (Engl. transl. by JOHN COCHRAN, Edinb., 1858). SALOMON VÖGELIN: *Erinnerungen an Zw.* Zür., 1865. W. M. BLACKBURN, Philad., 1868. * J. C. MÖRIKOFER, Leipzig, 1867 and '69, 2 vols. The best biography from the sources. Dr. VOLKMAR: *Vortrag*, Zür., 1870 (30 pages). G. FINSLER: *U. Zw., 3 Vorträge*, Zür., 1873. G. A. HOFF: *Vie d'Ulr. Zw.*, Paris, 1882 (pp. 305). JEAN GROB, Milwaukee, Wis., 1883, 190 pages (Engl. transl., N. York, 1884). CH. ALPHONSE WITZ: *Ulrich Zwingli, Vorträge*, Gotha, 1884 (pp. 144). GÜDER, in "Herzog's Encycl.," XVIII. 701–706; revised by R. STÄHELIN in second ed., XVII., 584–635. E. COMBE: *U. Z.; le réformateur suisse.* Lausanne, 1884 (pp. 40). H. RÖRICH: *U. Z. Notice biographique*, Genève, 1884 (pp. 40). J. G. HARDY: *U. Zwingli, or Zurich and its Reformer.* Edinb., 1888.

III. ON ZWINGLI'S WIFE:

SALOMON HESS: *Anna Reinhard, Gattin und Wittwe von U. Zwingli.* Zürich, 2d ed. 1820. (Some truth and much fiction.) GEROLD MEYER VON KNONAU: *Züge aus dem Leben der Anna Reinhard.* Erlangen, 1835. (Reliable.)

IV. COMMEMORATIVE ADDRESSES OF 1884 AT THE FOURTH CENTENNIAL OF ZWINGLI'S BIRTH:

Comp. the list in the *Züricher Taschenbuch auf das Jahr 1885*, pp. 265–268;

and FLAIGG, in *Theol. Zeitschrift aus der Schweiz*, 1885, pp. 219 sqq.   Some of
the biographies mentioned sub II. are commemorative addresses.

* ALEX. SCHWEIZER (d. 1888): *Zwingli's Bedeutung neben Luther.   Festrede in
der Universitätsaula, Jan. 6, 1884, weiter ausgeführt.*   Zur., 1884 (pp. 89).
Also a series of articles of Schweizer in the "Protestant. Kirchenzeitung,"
Berlin, 1883, Nos. 16, 17, 18, 23, 24, 26, 27, in defence of Zwingli against the
charges of Janssen.   JOH. MARTIN USTERI (pastor at Affoltern, then Prof.
at Erlangen, d. 1889): *Ulrich Zwingli, ein Martin Luther ebenbürtiger* [?]
Zeuge des evang. Glaubens.   Festschrift mit Vorrede von H. v. der Goltz.
Zürich, 1883 (144 pp.); *Zwingli und Erasmus,* Zürich, 1885 (39 pp.);
Initia Zwinglii, in the "Studien und Kritiken" for 1885 (pp. 607–672),
1886 (pp. 673–737), and 1889 (pp. 140 and 141).   RUD. STÄHELIN: *Hul-
dreich Zwingli und sein Reformationswerk.   Zum vierhundertjährigen Geburt-
stag Z.'s dargestellt.*   Halle, 1883 (pages 81).   ERNST STÄHELIN: *H. Z.'s
Predigt an unser Schweizervolk und unsere Zeit.*   Basel, 1884.   ERNST MÜL-
LER: *Ulrich Zw. Ein Bernischer Beitrag zur Zwinglifeier.*   Bern, 1884.
E. DIETZ: *Vie d'U. Z. à l'occasion du 400° anniversaire de sa naissance.*
Paris and Strasbourg, 1884 (pp. 48).   HERM. SPÖRRI: *Durch Gottes Gnade
allein.   Zur Feier des 400 jähr. Geb. tages Zw.'s.*   Hamburg, 1884.   JOH. G.
DREYDORFF: *U. Zw. Festpredigt.*   Leipzig, 1884.   SAL. VÖGELIN: *U. Z.*
Zür., 1884.   G. FINSLER (Zwingli's twenty-second successor as Antistes
in Zürich): *Ulrich Zw. Festschrift zur Feier seines 400 jähr. Geburtstags.*
Zür., 3d ed. 1884 (transl. into Romansch by DARMS, Coire, 1884).   FINSLER
and MEYER VON KNONAU: *Festvorträge bei der Feier des 400 jähr. Geburts-
tags U. Z.*   Zür., 1884 (pp. 24).   Finsler delivered also the chief address
at the unveiling of Zwingli's monument, Aug. 25, 1885.   ŒCHSLI: *Zur
Zwingli-Feier.*   Zür., 1884.   *Die Zwinglifeier in Bern,* Jan. 6, 1884.   Several
addresses, 80 pages.   ALFRED KRAUSS (professor in Strassburg): *Zwingli.*
Strassb., 1884 (pp. 19).   AUG. BOUVIER: *Foi,   Culture et Patriotisme.
Deux discours à l'occasion du quatrième centenaire de Ulrich Zwingli.*   Genève
and Paris, 1884.   (In "Nouvelles Paroles de Foi et de Liberté," and
separately.)   W. GAMPER (Reform. minister at Dresden): *U. Z. Fest-
predigt zur 400 jähr. Gedenkfeier seines Geburtstages.*   Dresden, 1884.
G. K. VON TOGGENBURG (pseudonymous R. Cath.): *Die wahre Union und
die Zwinglifeier.*   St. Gallen and Leipzig, 1884 (pp. 190).   *Zwingliana,* in
the "Theol. Zeitschrift aus der Schweiz."   Zür., 1884, No. II.   KAPPELER,
GROB und EGG: *Zur Erinnerung.   Drei Reden gehalten in Kappel, Jan. 6,
1884.*   Affoltern a. A. 1884 (pp. 27). — In America also several addresses
were delivered and published in connection with the Zwingli commem-
oration in 1883 and '84.   Besides, some books of Zwingli's were repub-
lished; *e.g.* the *Hirt* (Shepherd) by Riggenbach (Basel, 1884); the
Lehrbüchlein, Latin and German, by E. Egli (Zür., 1884).

V. ON THE THEOLOGY OF ZWINGLI:

EDW. ZELLER (professor of philosophy in Berlin): *Das theologische System
Zwingli's.*   Tübingen, 1853.

CH. SIGWART: *Ulrich Zwingli.   Der Charakter seiner Theologie mit besonderer
Rücksicht auf Picus von Mirandola dargestellt.*   Stuttg. und Hamb., 1855.

Herm. Spörri (Ref. pastor in Hamburg): *Zwingli-Studien.* Leipzig, 1886 (pp. 131). Discussions on Zwingli's doctrine of the Church, the Bible, his relation to humanism and Christian art.

* August Baur (D.D., a Würtemberg pastor in Weilimdorf near Stuttgart): *Zwingli's Theologie, ihr Werden und ihr System.* Halle, vol. I. 1885 (pp. 543) ; vol. II. P. I., 1888 (pp. 400), P. II., 1889. This work does for Zwingli what Jul. Köstlin did for Luther and A. Herrlinger for Melanchthon.

Alex. Schweizer, in his *Festrede,* treats more briefly, but very ably, of Zwingli's theological opinions (pp. 60–88).

VI. Relation of Zwingli to Luther and Calvin:

Merle d'Aubigné: *Le Lutheranisme et la Réforme.* Paris, 1844. Engl. translation: *Luther and Calvin.* N. York, 1845.

Hundeshagen: *Charakteristik U. Zwingli's und seines Reformationswerks unter Vergleichung mit Luther und Calvin,* in the " Studien und Kritiken," 1862. Compare also his *Beiträge zur Kirchenverfassungsgeschichte und Kirchenpolitik,* Bd. I. Wiesbaden, 1864, pp. 136–297. (Important for Zwingli's church polity.)

G. Plitt (Lutheran): *Gesch. der ev. Kirche bis zum Augsburger Reichstage.* Erlangen, 1867, pp. 417–488.

A. F. C. Vilmar (Luth.): *Luther, Melanchthon, Zwingli.* Frankf.-a.-M., 1869.

G. Uhlhorn (Luth.): *Luther and the Swiss,* translated by G. F. Krotel, Philadelphia, 1876.

Zwingli Wirth (Reformed): *Luther und Zwingli.* St. Gallen, 1884 (pp. 37).

VII. Special Points in Zwingli's History and Theology:

Kradolfer: *Zwingli in Marburg.* Berlin, 1870.

Emil Egli: *Die Schlacht von Cappel 1531. Mit 2 Plänen und einem Anhang ungedruckter Quellen.* Zür., 1873 (pp. 88). By the same: *Das Religionsgespräch zu Marburg.* Zür., 1884. In the " Theol. Zeitschrift aus der Schweiz."

Martin Lenz: *Zwingli und Landgraf Philipp,* in Brieger's "Zeitschrift für Kirchengeschichte" for 1879 (Bd. III.).

H. Bavinck: *De ethick van U. Zwingli.* Kampen, 1880.

Jul. Werder: *Zwingli als politischer Reformator,* in the " Basler Beiträge zur vaterländ. Geschichte," Basel, 1882, pp. 263–290.

Herm. Escher: *Die Glaubensparteien in der Schweiz. Eidgenossenschaft und ihre Beziehungen zum Auslande von 1527-'31.* Frauenfeld, 1882. (pp. 326.) Important for Zwingli's Swiss and foreign policy, and his views on the relation of Church and State.

W. Oechsli: *Die Anfänge des Glaubenskonfliktes zwischen Zürich und den Eidgenossen.* Winterthur, 1883 (pp. 42).

Marthaler: *Zw.'s Lehre vom Glauben.* Zür., 1884.

Aug. Baur: *Die erste Züricher Disputation.* Halle, 1883 (pp. 32).

A. Erichson: *Zwingli's Tod und dessen Beurtheilung durch Zeitgenossen, Strassb.,*

1883 (pp. 43) ; *U. Zw. und die elsässischen Reformatoren*, Strassb., 1884 (pp. 40).

FLÜCKIGER : *Zwingli's Beziehungen zu Bern*, in the "Berner Beiträge." Bern, 1884.

J. MART. USTERI : *Initia Zwinglii*, and *Zw. and Erasmus.* See above, p. 18.

H. FENNER : *Zw. als Patriot und Politiker.* Frauenfeld, 1884 (pp. 38).

G. HEER : *U. Zw. als Pfarrer von Glarus.* Zürich, 1884 (pp. 42).

GUST. WEBER (musical director and organist of the Grossmünster in Zürich) : *H. Zwingli. Seine Stellung zur Musik und seine Lieder.* Zürich and Leipzig, 1884 (pp. 68).

A. ZAHN : *Zwingli's Verdienste um die biblische Abendmahlslehre.* Stuttgart, 1884.

G. WUNDERLI : *Zürich in der Periode 1519–'31.* Zürich, 1888.

On Zwingli and the Anabaptists, see the literature in § 24.

VIII. In part also the biographies of ŒCOLAMPADIUS, BULLINGER, LEO JUDÆ, HALLER, etc.

The best books on Zwingli are Mörikofer's biography, Usteri on the education of Zwingli, Baur on his theology, Escher and Oechsli on his state and church polity, and Schweizer and R. Stähelin on his general character and position in history.

6. 츠빙글리의 출생과 교육

츠빙글리(Huldreich 혹은 Ulrich Zwingli)[1]는 루터보다 7주 늦게 1484년 1월 1일에 태어났다. 그가 태어난 곳은 지금은 장크트갈렌(생 갈) 주에 속해 있는 토겐부르크 지방의 빌트하우스에 있는 한 초라한 양치기의 움막이었다.

그는 이 한적한 마을의 지도적인 가문 출신이었다. 그의 아버지는 할아버지와 마찬가지로 마을 촌장(Ammann)이었고, 어머니는 사제(John Meili, 이후 1510–1523년에 투르가우 지방 피싱겐의 수도원장이 된다)의 누이였으며, 삼촌은 발렌슈타트 호숫가에 위치한 베센 지방의 참사회장이었다. 그는 7명의 형제(그는 셋째 아들이었다)와 두 명의 누이를 두었다.

빌트하우스 마을은 계곡의 가장 높은 쪽에 자리한데다가, 알프스 산맥의 초장 지대와 높은 산들로 이루어진 북동부 스위스의 절경에 둘러싸여 있었다. 이곳

---

1) 츠빙글리의 이름은 종종 Zwingel(루터에 의해) 혹은 Zwingle(영국과 미국의 저자들에 의해)로 잘못 씌어졌다.

H. ZWINGLI. From the original oil-painting of Hans Asper, in the City
Library of Zurich. Reproduced from a photograph of J. Ganz.

거주민들의 주업은 목축업이었으며, 명랑하고, 생기가 있으며, 활동적인 사람들로 묘사되고 있다. 이러한 특질들은 츠빙글리에게서도 그대로 발견되고 있다.[2] 종교개혁은 이곳에 1523년 소개되었다. 츠빙글리가 이후에 공적인 생애를 보내게 되는 글라루스, 아인지델른, 그리고 취리히는 모두 여기서 그리 멀지 않은 곳이었다.

츠빙글리는 하나님을 경외하는 부모님과 그의 삼촌에 의해 가톨릭 교육을 받았다. 베센의 참사회장이었던 그의 삼촌은 새로운 인문주의 학문에 호감을 느끼고 있었다. 츠빙글리는 건강하고 원기 왕성한 소년으로 자랐다. 그는 아주 어린 나이에 정직이 "모든 덕목들의 어머니"라고 인식하고, 어린 시절의 워싱턴처럼 결코 거짓말을 하려고 하지 않았다.

10살 때에 그는 베센에서 바젤의 라틴어 학당으로 보내졌으며, 오래지 않아 그곳에서 가르치던 주요 과목들인 라틴어 문법, 음악, 그리고 변증법에서 두각을 나타내었다.

1498년 그는 베른의 대학으로 진학하였는데, 당시 학장으로 있던 뵐플린(Heinrich Wölflin)은 스위스에서 가장 뛰어난 고전학자요 라틴 시인이라고 명성이 자자하였던 인물로, 1522년 종교개혁 운동에 동참하였다.[3]

1500년부터 1502년까지 츠빙글리는 빈 대학교에서 공부하였다. 이곳은 황제 막시밀리안 1세의 후원 아래 뛰어난 인문주의자인 코르비누스, 켈티스, 쿠스피니안 등의 학문과 노력으로 고전학의 중심지가 되어 있었다.[4] 그는 스콜라 철학, 천문학, 그리고 물리학을 공부하였지만, 가장 중점을 두었던 것은 고전학이었다. 그는 인문학에 열중하게 되었다. 그는 또한 자신의 음악적인 재능도 계발하여, 류트(16–17세기 유럽에서 유행한 현악기), 하프, 바이올린, 플루트, 덜시머(현악기의 일종), 수렵용 나팔과 같은 악기들을 수준급으로 연주할 수 있었다.

---

2) Mörikofer, *Ulrich Zwingli*, vol. I. 4.

3) Lupulus라고도 불렸는데, 그는 1524년 결혼 때문에 사제직에서 해임되었으나, 종교개혁이 도입된 후에 복직되었다. 그는 라틴어로 된 묘비명에서 츠빙글리의 요절을 한탄하였다(Mörikofer, I. 7).

4) 그가 빈에서 가톨릭 교회의 저명한 옹호자들인 에크와 파베르를 알게 되었다는 증거는 없으며, 또 그의 친구들인 글라레아누스와 바디아누스를 알게 되었다는 증거도 없다. Horawitz, *Der Humanismus in Wien*, 1883 참조.

츠빙글리가 태어난 빌트하우스의 생가

교황측의 적대자들은 이후에 그를 비꼬아 "복음주의 류트 연주자, 피리 부는 사람, 휘파람쟁이"라고 불렀다. 그는 이러한 무해한 오락이 마음을 맑게 하고 기질을 다스리는 도구가 된다고 생각하였다. 시적이고 음악적인 취향에 있어서 그는 루터를 닮았지만, 루터의 뛰어남에는 미치지 못하였다.

1502년 츠빙글리는 바젤로 돌아와 성 마르티누스 학당에서 라틴어를 가르치면서 고전학 연구를 계속하였으며, 1506년에는 인문학 석사학위를 취득하였다. 그래서 그는 통상 석사 울리히라고 불려진다. 그는 루터와 같이 신학박사가 되지는 못했다. 바젤에서 그는 레오 유트(Leo Jud 혹은 Judae로서, 석사 Leu라고도 불린다)를 알게 되었는데, 그와 함께 학교를 졸업하고 난 뒤 취리히에서 핵심적인 동역자가 되었다. 두 사람은 모두 1505년부터 신학을 가르치고 있던 비텐바흐(Thomas Wyttenbach)의 강의를 들으면서 상당한 유익을 얻었다. 츠빙글리는 비텐바흐를 친애하는 신실한 스승이라고 불렀다. 비텐바흐는 면죄부를 비롯한 교회의 몇 가지 폐해들에 츠빙글리가 눈을 뜰 수 있게 해주었고, "교회의 열쇠들을 의지하지 말고, 오직 그리스도의 죽음 안에서 죄사함을 구하며, 믿음의 열쇠

로써 이를 향한 길을 열라”고 가르쳤다.[5]

7. 글라루스에서의 츠빙글리

츠빙글리는 콘스탄츠의 주교에 의해 사제로 안수를 받았으며, 같은 이름의 주의 수도였던 글라루스의 목회자로 임명되었다.[6] 그는 교황의 지지를 받고 있던 경쟁자(취리히의 Göldli)를 매수하기 위해 100길더 이상의 돈을 지불해야 했으며, 교황청의 연금으로 이 손실을 충당하였다. 그는 래퍼쉬빌에서 첫설교를 하였고, 빌트하우스에서 처음으로 미사를 집전하였다. 그는 1506년에서 1516년까지 10년간 글라루스에서 사역하였는데, 대부분의 시간을 설교하고, 가르치고, 목회자의 책무를 하며, 신학 연구를 하는 데 사용하였다. 그는 신약성경 원문을 연구하기 위해 “선생을 두지 않고”[7] 그리스어를 배우기 시작하여,[8] 상당한 수준의 그리스어 실력을 갖추게 되었다. 그는 이후에 취리히에서 히브리어도 공부하였지만, 그 열심과 성과에 있어서는 그리스어에 미치지 못하였다. 그는 고대 그리스와 로마의 철학자들, 시인들, 웅변가들, 그리고 역사가들의 글을 상당히 열심히 읽었으며, 호메로스, 핀다로스, 데모스테네스, 키케로, 리비우스, 카이사르, 세네카, 플리니우스, 타키투스, 플루타르크에 대해 감탄을 발하였다. 그는 발레리우스 막시무스(Valerius Maximus)의 글에서 역사적인 모범들을 접하였다. 그는 루키아노스의 글에 대한 주석서들을 쓰기도 하였다. 그는 순교자 유스티누스, 알렉산드리아 교부들, 그리고 에라스무스와 마찬가지로, 이교도 철학자들과

---

5) *Werke*, I. A. 254; *Opera*, III. 544. 레오 유트는 츠빙글리의 신약 성경 주석에 부치는 서문에서 츠빙글리와 자신이 1515년에 행해진 비텐바흐의 강의들로부터 “우리에게 확고한 지식의 일이 되었던 것은 무엇이나” 끌어내었다고 쓰고 있다.

6) 그가 설교한 교회당은 로마 가톨릭과 프로테스탄트 신도들이 공동으로 점유하고 있어서, 교인들이 양분되어 있었다. 1861년에 옛 교회가 화재로 소실되어, 같은 장소에 새로 더 훌륭한 교회가 세워졌다.

7) 미코니우스는 츠빙글리에게 보내는 1518년 10월 28일자 편지에서 “Absque duce”(인도자 없이)라고 말하고 있다. *Opera*, VII. 51, 52.

8) 츠빙글리가 1513년 2월 23일 글라루스에서 요아킴 바트에게 보낸 편지를 참조하라(*Opera*, VII. 9).

시인들의 고상한 사상들 가운데서 성령의 역사를 지각하였다. 그는 성령의 역사는 팔레스타인 너머 전 세계에 미친다고 생각하였다. 그는 또한 피코 델라 미란돌라(1494년 사망)의 저작들을 연구하였는데, 이 저작들은 섭리와 예정에 관한 그의 견해에 영향을 미쳤다.

글라루스에 거하는 동안 그는 자신의 친구 글라루스의 로레티(Loreti)를 통해 에라스무스와 서신을 교환하게 되었다. 로레티는 글라레아누스라고 불리는 학식있는 인문주의자이자 계관시인으로서 당시 바젤에 거주하고 있었는데, 유명한 학자 에라스무스의 추종자 가운데 한 사람이었다. 츠빙글리는 또한 1515년 봄에 에라스무스를 직접 방문하였는데, 인생의 절정기에 있던 에라스무스는 그에게 체구는 작고 섬세하지만 상냥하고 매우 공손한 사람으로 여겨졌다. 츠빙글리는 그를 "가장 위대한 철학자요 신학자"라고 칭하면서 그의 "한정 없는 학식"에 경의를 표하였으며, 자신이 매일 밤 잠들기 전에 그의 책을 읽고 있다고 말하였다. 에라스무스는 이보다 더한 겸양으로 답례를 표하면서, 츠빙글리가 이전에 보낸 편지가 "기지와 지적인 통찰력이 넘치는" 것이었다고 말하였다.

1522년에 츠빙글리는 에라스무스에게 취리히에 와서 정착하라고 청하였으나, 그는 세계를 집으로 삼고자 하여 이를 사양하였다. 츠빙글리가 에라스무스에게 보낸 편지는 오직 하나가 남아 있을 뿐이지만, 츠빙글리에게 보내진 에라스무스의 편지는 6개가 남아 있다.[9] 이 위대한 학자가 츠빙글리에게 미친 영향은 해방시키고 빛을 던져주는 그런 것이었다. 츠빙글리는 비록 정확하게 말해서 에라스무스의 제자는 아니었지만, 그가 이교도의 고전을 높이 평가하고, 교회의 폐해를 비판하며, 그리고 성경 연구에 헌신한 점 등은 모두 에라스무스로부터 기인되었다는 것이 의심의 여지가 없다. 그리고 유전적인 죄와 죄악에 대해 온건한 견해를 가지고, 성찬 제정의 말씀에 대해서 상징적 해석을 처음 제시한 것도 에라스무스에게서 기인하였을 것이다.[10]

하지만 그는 에라스무스의 반(半)펠라기우스적 입장에는 반대하였으며, 예정론을 확고하게 신봉하였다. 종교개혁이 발전하는 동안에, 비록 이들이 개인적인 논쟁에 빠진 적은 없었으나 두 사람의 관계는 점차 소원해졌다. 1522년 9월 3일

---

9) *Opera*, VII. pp. 10, 12, 221, 222, 251, 307, 310.
10) 멜란히톤이 1529년 10월 12일 쓴 편지 참조(*Corp. Reform*. IV. 970).

자 편지에서 에라스무스는 단지 용감하게 싸울 뿐만 아니라 **신중하게** 싸울 것이며, 그럴 때에 그리스도께서 승리를 주실 것이라고 부드럽게 권고하였다.[11] 그는 츠빙글리의 요절을 애도하지 않았다. 글라레아누스 또한 츠빙글리에게서 떠나, 옛 교회에 잔류하였다. 하지만 츠빙글리는 에라스무스에 대한 자신의 존경심을 결코 잃지 않았으며, 심지어 에라스무스에게서 쫓겨난 후텐까지도 너그러운 친절로 대해 주었다.[12]

바젤을 방문했을 때 그는 미코니우스(Oswald Myconius)를 만나게 되었다. 미코니우스는 오이콜람파디우스의 후계자로서, 이후에 츠빙글리의 전기를 저술하게 된다(루터의 친구인 프리드리히 미코니우스와 혼동해서는 안 된다).

츠빙글리는 공공의 일들에 강한 관심을 가졌다. 스위스 관습에 따라, 그는 교황 율리우스 2세와 레오 10세가 프랑스를 상대로 벌이는 싸움에 출전하는 자기 회중 신병들의 군목으로 세 차례나 이탈리아까지 참전하였다. 그는 파비아의 함락(1512)[13]과 아마도 노바라에서의 승리(1513)까지, 그리고 마리냐노 전투에서의 패전(1515)도 목격하였다. 그는 동족들의 용맹성에 충분히 감탄하였지만, 외국 용병 제도가 풍기를 문란하게 한다는 점에 대해서는 분노와 통탄을 금하지 못하였다. 그는 공개적으로 이러한 관습을 공격하였으며, 그래서 친프랑스파 가운데 많은 적을 만들었다.

그의 첫 번째 책인 「미로」(*The Labyrinth*)는 이 시기의 타락을 비판하는 독일어 시로서, 1510년경에 씌어졌다.[14] 이 시는 이 세상의 미로 속에서 미노타우로스와 야수들을 상대로 벌이는 테세우스의 전투를 그리고 있다. 애꾸눈 사자(스페인), 왕관을 쓴 독수리(황제), 날개를 단 사자(베네치아), 수탉(프랑스), 수소(스위스), 곰(사보이)이 등장하고 있다. 반은 인간이고 반은 황소인 미노타우로스는 "민족의 아들들을 잡아먹는 바로 이 나라 스위스의 죄악, 패덕, 불신앙, 용병 제도"를 나타낸다고 그는 말하고 있다. 이 시기에 나온 그의 두 번째 시인 「수소의

---

11) *Opera*, VII. 221.

12) 츠빙글리와 에라스무스의 관계에 대해서는 Mörikofer, I. 23 이하, 176 이하와 함께 Usteri, *Zwingli und Erasmus*, Zürich ,1885를 참조하라.

13) 그는 자신의 친구 바디아누스에게 파비아에서 프랑스군에 대항한 스위스의 전쟁에 관해 라틴어로 생생하게 묘사해 주었다.

14) *Opera(Deutsche Schriften)*, Tom. II. B. pp. 243-247.

우화」(*The Fable of the Ox*)[15]도 마찬가지로 용병 제도에 대한 우화적인 공격이다. 바로 이 용병 제도로 인해 스위스가 외국 권력들, 특별히 프랑스의 노예가 되었다는 것이다.

그는 자신의 형제 2명과 글라루스의 몇몇 뛰어난 젊은이들의 교육을 직접 관할하였는데, 아이기디우스 추디(유명한 역사가), 발렌틴 추디, 헤르(Heer), 네젠, 엘머, 브룬너 등이 그들이다. 이들은 츠빙글리에게 헌신적이고 기꺼이 그를 따르면서 그의 권면과 위로를 구하였으며, 이러한 점은 그들의 편지에 잘 나타나 있다.

츠빙글리는 글라루스를 떠나기 전까지 스위스에서 가장 저명하고 영향력 있는 공인 가운데 한 사람이 되었다. 하지만 그는 그 당시에 신학자나 신앙적인 스승이라기보다는 인문주의자이자 애국자였다. 그는 지적인 문화와 정치적인 개혁은 열망하였지만, 교회의 영적인 복리에는 특별한 관심을 보이지 않았다. 그는 루터와 같이 격렬한 투쟁이나 극도의 위기를 경험한 것은 아니었지만, 부지런히 연구하고 탐구하여 진리에 관한 지식을 습득하였다. 그의 회심은 이 세상과의 급작스러운 절연이라기보다는 하나의 점진적인 지적인 과정이었다. 하지만 일단 성경을 자신의 길잡이로 선택한 이후에는 로마의 전통을 쉽게 털어내었다. 사실 로마의 전통들이 그를 강하게 사로잡았던 적은 없었다. 이러한 일련의 과정은 글라루스에서 시작되어 취리히에서 완성되었다.

불행하게도, 글라루스와 아인지델른에서의 그의 도덕적인 평판에 흠이 없었다고 할 수는 없다. 그는 금욕의 은사를 결여하고 있었기 때문에, 당시 사제들 사이에 창궐하고 있던 죄에 쉽사리 빠져들었다. 그리고 당시의 상황으로는 이를 그다지 크게 비난하는 사람들도 없었다. 그 자신이 이 사실을 정직하게 고백하였기 때문에 그의 친구들이 이를 잘 알고 있었지만, 그의 지위와 영향력에는 아무런 위해도 없었다. 왜냐하면 그는 사제로서 아주 평판이 좋았으며, 교황청의 연금까지 받고 있었기 때문이다. 그는 글라루스에서 이러한 점을 고치고자 결심하였으나, 아인지델른에서도 좋지 않은 사례들의 영향을 받아서 같은 실수를 저

---

15) *Fabelgedicht vom Ochsen und etlichen Thieren, Op.*, II. B. 257-269. 여기에서도 수소가 스위스의 상징으로 사용되었다. 262쪽 이하에 나오는 편집자들의 논평을 참조하라.

지르고 말았다. 그러나 취리히에서 결혼한 뒤에는 그 생활이 순전하고 올바르게 되어 적들의 비난을 피할 수 있었다.

8. 아인지델른에서의 츠빙글리

1516년에 츠빙글리는 글라루스를 떠났다. 이는 마리냐노 전투(1515)에서 프랑스가 승리를 거두자 세력을 잡게 된 친프랑스 정치 세력의 음모에 의한 것이었다. 아인지델른의 청빙을 받아들였으면서도 그는 글라루스 교구를 계속 유지하면서 다시 돌아가고 싶어하였다. 왜냐하면 회중들이 그를 무척 따랐으며, 그에게 새 사제관을 지어줄 것을 약속했기 때문이다. 그는 대리인을 통해 사제로서의 자신의 책무를 수행하면서, 취리히에 청빙을 받아 가면서 사임하기까지 2년간 봉급도 받았다.

아인지델른[16]은 가톨릭 주(州)인 슈비츠에 소재한 마을로서 베네딕투스회 수도원이 자리한 곳이다. 이곳은 그 당시뿐 아니라 지금까지도 기적을 행사하는 검은 동정녀 마리아 상을 보려고 순례자들이 자주 찾는 매우 유명한 곳이며, 이 마리아 상은 하늘에서 내려온 것이라고 여겨지고 있다. 스위스, 독일, 프랑스, 그리고 이탈리아에서 방문하는 순례자들이 매년 10만 명을 넘는다.

이곳은 설교자에게는 유용한 것들이 많은 곳이었다. 수도원의 도서관은 학문 연구를 위한 특별한 편의들을 제공해 주었다.

츠빙글리는 성경과 교부들에 대한 자신의 지식을 한층 발전시켰다. 그는 에라스무스의 주해들과 오리게네스, 암브로시우스, 히에로니무스, 그리고 크리소스토무스의 주석들을 읽었다. 취리히 도서관에 보존되어 있는 이들의 작품들을 복사해 읽으면서 그는 그 여백에 내용을 발췌해 적어 넣었다. 루터와 비교해 볼 때 그는 오리게네스, 히에로니무스, 그리고 크리소스토무스는 좀 더 높이 평가하고 아우구스티누스는 조금 덜 평가한 것 같다. 하지만 그 또한 저술하는 가운데 아우구스티누스를 자주 인용하고 있다.[17]

---

16) Maria-Einsiedeln, Deiparae Virginis Eremus, Eremitarum Caenobium in Helvetiis, Notre-Dame-des-Eremites.

취리히 시립 도서관에 보존되어 있는 필사본을 보면 그가 얼마나 그리스어 성경 연구에 열심을 보였는지 알 수 있다. 1517년에 그는 계속해서 편리하게 사용하기 위해 바울 서신들과 히브리서를 작은 책에 손수 깨끗하게 필사했던 것이다. 그는 에라스무스가 1516년 3월에 첫 출판한 성경를 필사하였는데, 일부 인쇄상의 오자들은 수정하면서 필사하였다. 그의 필사본은 필체가 알아보기 쉽고 한결같아서, 그리스어에 능숙한 사람이 필사했다는 것을 누구나 알아차릴 수 있다. 여백에는 에라스무스와 교부들 작품의 주해자들의 글에서 인용하여 라틴어로 각주를 달아 놓았는데, 너무 글씨가 작아서 거의 알아보기가 어려울 정도이다. 그는 마지막 페이지에 그리스어로 다음과 같은 말을 덧붙여 두었다.

"이 서신서들은 축복받은 하나님의 어머니의 땅인 아인지델른에서 토겐부르크 출신의 스위스 사람 츠빙글리에 의해, 1517년 6월에 씌어졌다.[18] 기쁨 속에 완결되었다."

동시에 그는 1518년 8월에 삼손(Samson)이 알프스를 넘을 때에 아인지델른의 강단에서 교회의 명백한 폐해들과 면죄부 판매에 대해 공격하기 시작하였다. 츠빙글리는 루터의 이름이 스위스에 알려지기 전부터 자신은 복음을 전하기 시작했다고 말하면서, 그렇지만 그 당시에 자신은 성경보다는 제롬(히에로니무스)과 다른 교부들에게 너무 많이 의존하였다고 덧붙이고 있다. 그는 1517년에 추기경 스키너에게 교황제는 성경적인 근거가 약하다고 말하였다. 미코니우스, 불링거, 그리고 카피토는 한결같이 츠빙글리가 아인지델른에서 교회의 폐해들을 비판하였고, 그리스도를 예배하고 성모 마리아를 예배하지 말라고 사람들에게 가르쳤다고 전하고 있다. 츠빙글리의 제안에 따라, 수도원 정문에 걸려 있던 완전한 죄사함을 약속하는 내용의 글자판이 제거되었다.[19]

---

17) Usteri는 츠빙글리의 교부 관련 장서에 나타나 있는 난외 주석을 연구하여서, 자신의 책 *Initia Zwinglii*, in "Studien und Kritiken," 1886, p. 681 이하에서 그 빈약한 결과물을 제시하고 있다. 츠빙글리의 장서는 1884년 1월 4일부터 13일까지 취리히에서 전시되고, 그 카탈로그가 인쇄되었다.

18) Skirophorion 즉 아테네 식 달력 12월로서, 6월 하순과 7월 초순에 해당한다. 여기서 언급되는 해(1517년)는 몇몇 전기사가들이 이 필사본을 글라루스 시기에 작성된 것으로 추정하는 것이 잘못된 것이라는 것을 지적해 준다. 거기다가 1516년 이전에는 그리스어 성경의 인쇄된 사본이 존재하지도 않았다.

레나누스(Beatus Rhenanus)는 1518년 12월 6일자 편지에서, 면죄부를 복원시킨 삼손에 대한 그의 공격을 칭송하면서, 츠빙글리야말로 그 근원으로부터 가장 순수한 그리스도의 철학을 설교한 사람이라고 말하였다.[20]

이러한 증언들에 힘입어, 많은 역사가들은 스위스 종교개혁이 루터의 종교개혁이 일어났던 1517년 10월 31일보다 일년 앞선 1516년에 시작되었다고 간주한다. 하지만 아인지델른에서 츠빙글리가 행한 설교는 루터의 95개 조항과 같은 그러한 결과물들을 만들어 내지 못하였다. 그는 사명을 감당할 수 있을 만큼 무르익지 않았으며, 그러한 일을 할 만한 위치에 있지도 못하였다. 그는 그 당시에 단순히 한 사람의 에라스무스주의자 혹은 로마 가톨릭 교회 내의 앞선 진보주의자였을 뿐이다. 그는 종교적인 혁신을 이루기보다는 더 고등한 교육을 받고자 애썼으며, 교회를 떠날 생각은 추호도 없었다. 그는 수도원장, 콘스탄츠의 주교, 추기경 스키너, 그리고 심지어 교황으로부터도 철저하게 신임을 받고 있었다. 스키너의 추천을 받아, 그는 로마 교황청으로부터 매년 연구 활동에 대한 격려금으로 50길더의 연금을 받기도 하였는데, 실제로 약 5년간(1515년에서 1520년까지) 이 연금을 받았다.

취리히의 교황 특사인 푸키우스(Anthonius Puccius)는 1518년 8월 24일자 편지에서 그를 교황청 목회자(Accolitus Capellanus)로 임명하고, 그 지위에 따르는 일체의 특권과 영예를 부여해 주었다. 그러면서 그는 이것이 "그의 뛰어난 미덕과 공로" 때문이라고 하면서 장차 더 큰 영광이 있을 것임을 약속하였다.[21] 그는 또한 츠빙글리가 교황측 주장을 널리 증진시켜 준다면 그가 받고 있는 연금을 두 배로 증액시켜 주고 바젤이나 쿠어 지역의 참사회원 자리까지 주겠다고 제안

---

19) 거기에는 "이것은 죄책과 형벌로부터의 모든 죄의 완전한 용서다"라는 글씨가 새겨져 있었다. 하지만 불링거가 말하는(I. 81) 성인 숭배, 순례, 맹세에 반대하는 설교는 그보다 후인 1522년에 츠빙글리가 아인지델른을 방문했을 때에 이루어진 것이다. Pestalozzi, *Leo Judaeae*, p. 16과 Gieseler, III. i. p. 138을 보라.

20) *Opera*, VII. A. 57. 여기서 그는 대부분의 사제들이 이교적이고 유대교적인 교리들을 가르친다고 불평하였다. 레나누스는 교부들을 스콜라 철학자들, 둔스 스코투스, 가브리엘 비엘과 대조하고 있다.

21) *Opera*, VII. A. 48 이하에 있는, 푸키우스가 츠빙글리에게 보낸 편지를 참조하라. 교황 특사가 서명하고 봉인을 한 1518년 9월 1일자의 이 임명장은 취리히 시립 도서관에 소장되어 있다.

하였다. 이에 대해 츠빙글리는 매우 적절하게도, 교황청 목회자 자리와 급여를 올려주겠다는 제안을 거절하였으며, 자신은 결코 돈 때문에 일점일획의 진리라도 희생시키지는 않을 것이라고 솔직하게 선포하였다. 하지만 이전부터 받고 있던 50길더의 연금은 아무런 조건 없이 주어지는 것이었기 때문에 그는 계속해서 그 돈을 받아 책을 구입하는 데 사용하였다. 그러다가 1520년에 가서 그는 이것마저도 거절하였는데, 더 일찍 그렇게 했어야만 했다.[22]

아인지델른 주재 교황청 사제 징크(Francis Zink)가 이 연금을 지급하고 있었는데, 그는 츠빙글리가 푸키우스와 면담하는 자리에 함께 있었다. 그는 후에 취리히의 관리에게 보낸 한 편지(1521)에서, 츠빙글리가 그 연금 없이는 생활하기 힘들었지만 연금을 받는 일을 무척 꺼려하였으며, 아인지델른으로 돌아갈 생각을 하고 있었다고 밝히고 있다.[23] 심지어 한참 뒤인 1523년 1월 23일에도 교황 하드리아누스 6세는 사태를 제대로 파악하지 못한 채, 츠빙글리에게 친절하고 존경하는 마음을 담아 편지하여, 그를 통해 취리히에 교황청의 영향력을 행사해 보고자 하였다.[24]

9. 츠빙글리와 루터

필생의 과업을 위한 츠빙글리의 훈련은 루터의 그것과는 사뭇 달랐다. 이러한 차이는 그들의 장래 사역에도 영향을 미쳐서, 두 사람이 반대자로서 글을 통해서 만났을 때, 그리고 (마르부르크에서) 서로 얼굴을 마주하고 실제적 임재를 둘

---

22) 츠빙글리는 자기 형제들에게 보낸 서신(1522)과 자신의 *Exposition of the Conclusions*(1523)에서 이 연금에 대해 깊이 후회하면서 매우 솔직하게 언급하고 있다. *Werke*, I. A. 86과 354.

23) *Opera*, VII. A. 179.

24) *Opera*, VII. A. 266. 교황은 츠빙글리에게 자신이 그를 특별히 신뢰한다고 말하면서 그의 행복을 기원하였다. 동시에 교황은 징크에게 편지를 보내어 교황청의 이익을 위해 츠빙글리를 설득하는 일에 최선을 다하라고 하였다. 미코니우스로부터, 교황이 그 보상으로 무엇을 약속했느냐는 질문을 받은 징크는 그에게 "교황좌에게까지 이르는 모든 것(Omnia usque ad thronum papalem)"이라고 대답하였다. 그러나 츠빙글리는 이 모든 것을 무시하였다. *Opera*, VII. A. p.266, note.

러싸고 논쟁을 벌였을 때 두 사람 사이에 일어난 충돌의 부분적인 이유가 되었다. 당파적 혹은 종파적인 느낌이 개입될 때는 두 사람에 대한 비교가 가증스러운 것이 되지만, 공정하기만 하다면 두 사람을 비교하는 것은 필요하고도 유용한 작업이라고 할 수 있다.

두 개혁자 모두 출신 계급은 낮은 편이었으나, 두 사람 사이에는 차이가 있다. 루터는 농민 출신인데다가 교육 과정도 제대로 밟지 못하였는데, 이러한 점은 그의 논쟁 스타일에 영향을 미쳤을 뿐 아니라 그로 하여금 일반 대중을 상대로 강한 설득력을 갖게 만들었다. 반면에 츠빙글리는 관리의 아들이자, 수석 사제이자 수도원장인 사람의 조카였으며, 도회적인 방식을 선호하는 인문주의자들의 영향 아래 교육을 받았다. 양자는 다 가톨릭 신앙 안에서 경건한 부모와 스승으로부터 양육받았지만, 루터가 츠빙글리보다 그 안에 훨씬 더 깊이 뿌리를 내려서, 일부 교리, 특히 성례론은 끝까지 완강하게 고수하였다. 그는 또한 로마 교회의 배타주의와 불관용적인 특징까지도 상당 부분 유지하였다. 그는 츠빙글리를 형제로 인정하기를 거부하였으며, 세례받지 못한 어린 아이들과 경건한 이교도들의 구원에 대한 츠빙글리의 견해를 혐오하였다.

츠빙글리는 에라스무스 학파에서 훈련받았으며, 이교도들의 고전으로부터 신약성경 연구로 바로 뛰어들었다. 그는 멜란히톤을 제외한 다른 어떤 개혁자들보다 르네상스 정신을 종교개혁과 잘 조화시켜 제시한 인물이다.[25] 그는 근대 자유주의 신학의 선구자였다. 루터는 타울러(Tauler)와 슈타우피츠(Staupitz)의 신비주의 학파와 수도원의 혹독한 도덕적 훈육을 거치면서 씨름한 후에야, 마침내 이신칭의론 안에서 평화와 위안을 발견하였다. 양자는 다 시와 음악을 신학 다음으로 사랑하였지만, 루터는 이것들을 공중 예배를 위해 보다 잘 사용하였으며, 오늘날까지도 불려지는 찬송들의 가사와 곡을 썼다.

두 사람은 모두 하나님의 섭리 가운데 있는 인물들로서, 거스를 수 없는 역사적인 사건들로 인해 자신들도 알아채지 못하는 사이에 교회의 개혁자들이 되었다. 양자는 하나님의 말씀으로부터 힘을 얻고 권위를 얻었다. 양자는 복음주의

---

25) Martin, *Histoire de France*, VIII. 156에서 마르탱은 이와 유사한 언급을 하고 있다. 그는 츠빙글리가 종교개혁에 대해 가장 폭넓은 사고와 가장 위대한 열정을 소유한 사람이라고 칭하고 있다(p. 168).

적인 진리라는 동일한 목적을 위해 독립적으로 사역하였는데, 한 사람은 보다 작은 영역에서, 다른 한 사람은 훨씬 넓은 영역에서 사역하였다. 루터가 츠빙글리의 도움을 받은 것은 전혀 없으며, 츠빙글리 역시 루터에게서 영향을 받은 것은 거의 없다. 두 사람은 모두 좋은 학자, 대 신학자, 대중적인 설교자, 영웅적인 인물들이었다.

츠빙글리는 교황제와 수월하고도 재빠르게 결별하였지만, 루터는 한 계단씩 밟아서, 그리고 극도의 양심적인 번민을 거쳐서 그런 결별을 이루었다. 츠빙글리는 루터보다 더욱 급진적이었지만, 항상 법과 질서의 한계 속에서 움직였고 광신으로 빠지지도 않았다. 반면에 루터는 한층 보수적이었으며, 그리스도 안에서의 자유를 주창하는 핵심 인물이었다. 츠빙글리는 합리주의에 기대었으나, 루터는 신비주의로 기울었다. 그렇지만 양자는 모두 성경의 절대적인 권위에 복종하였다. 츠빙글리는 루터에 비해 행동거지도 더 좋았고 논쟁을 할 때도 자제력을 잃지 않았다. 반면 루터는 기질적으로 더욱 풍부하고 쾌활한 인물이었다.

츠빙글리는 공화주의자였고, 교회의 개혁뿐 아니라 정치적이고 사회적인 개혁까지도 목표로 하였다. 반면 루터는 군주론자로서, 정치와 전쟁으로부터는 거리를 두고 신앙과 교리의 개혁에 자신의 힘을 집중시켰다. 츠빙글리는 지적인 명석함과 확신하는 바에 대한 용기에 있어서는 루터에 필적하였고, 예의바른 태도와 온건함과 관용에 있어서는 그보다 뛰어났으며, 독창성, 깊이, 그리고 설득력에 있어서는 그보다 뒤처졌다. 츠빙글리의 사역과 명성은 지역적인 것이었으나 루터의 그것은 전 유럽에 걸친 것이었다.

루터는 근대의 표준 독일어의 창시자이며, 자기 민족들에게 자국어로 된 성경을 선물하였는데, 이는 지금까지 널리 사용되고 있다. 츠빙글리는 라틴어를 사용하거나 투박한 방언과 씨름해야 했다. 그리고 그의 충실한 친구인 레오 유트가 만든 스위스어 성경은 독일어권 스위스 지역에만 한정되어 사용되기는 하였지만 보다 정확했으며, 성경 주석의 발전에 따라 일련의 개정을 거듭하였다. 츠빙글리는 루터가 독일인들을 열광시켰던 것만큼 자신의 동족들을 고무시킬 수는 없었다. 루터는 종교개혁의 가장 중요한 영웅이다. 그는 교회와 세상 앞에 놓여 있는 최전선에 서서, 교황의 교서나 황제의 금령에 도전하면서, 자유를 알리는 복음의 깃발 아래 하나님의 백성들을 바빌론의 포로 신분으로부터 해방시킨 인물이다.

　두 사람 모두 각기 적합한 곳에 있었던 적합한 인물이었다. 두 사람 다 서로의 사역을 결코 대신할 수 없었다. 루터는 독일을 위해, 츠빙글리는 스위스를 위해 예정된 사람들이었다. 츠빙글리는 루터보다 15년이나 앞서 한창때에 목숨을 잃었지만, 그가 루터보다 더 오래 살았다고 하더라도 루터만이 소유한 탁월함에는 미치지 못하였을 것이다. 독일의 루터.교회와 스위스의 개혁교회는 오늘날까지도 서로 구별되면서도 동일하게 복음적인 기독교적 사역과 특성을 고수하고 있다.

제 3 장

취리히 종교개혁(1519-1526)

10. 취리히로 청빙된 츠빙글리

설교자이자 애국자로서의 명성으로 인해 츠빙글리는 취리히 제1의 교회인 그로스뮌스터 교회의 주임 목회자로 청빙을 받을 수 있었다. 이 교회는 나중에 스위스에서 독일의 비텐베르크와 같은 위상을 갖게 된다. 많은 취리히 사람들은 아인지델른으로 순례를 갔다가 그의 설교를 들은 적이 있었다. 그의 적대자들은 그가 음악과 오락을 즐기는 것을 공격하면서, 그를 불순한 사람으로 비난하고 중상 모략하였다. 그의 친구인 미코니우스는 이 교회와 관련된 학교의 교사였는데, 자신의 영향력을 총동원하여 츠빙글리 편을 들어주었다. 그는 1518년 12월 10일에 24표 가운데 17표를 얻어 청빙자로 선출되었다.

츠빙글리는 그 달 27일에 취리히에 도착하여 환대를 받았다. 그는 자신의 책무를 성실히 수행할 것을 약속하면서, 마태복음 강해를 시작하겠다고 밝혔다. 그것은 사람들로 하여금 그리스도의 전 생애를 다시금 생각하게 하기 위함이었다. 이는 미리 지정된 복음서와 서신서 본문들을 따르던 당시의 관습에서는 벗어나는 일이었으나, 고대 교부들이 이러한 선례를 보인 일은 있었다. 크리소스토무스와 아우구스티누스도 성경 각 권을 계속 설교한 적이 있었던 것이다. 개혁파 교회들은 본문을 택할 수 있는 자유가 주어져야 한다고 거듭해서 주장한 반면에, 루터는 성경 구절을 지정하는 가톨릭 체제를 유지하였다.

독일어권 스위스에서 가장 번창하는 도시인 취리히는 비옥한 언덕들로 둘러싸이고, 같은 이름의 호수와 림마트 강의 제방들을 갖춘 아름다운 도시였다. 이 도시의 기원은 9세기 중반 독일 왕 루이가 이곳에 프라우엔뮌스터 수도원(853)을 창설할 당시로 거슬러 올라간다. 고대 로마 시대에 이곳은 조공으로 받은 물품들을 적치해 두는 곳으로 알려졌었다. 그러다가 독일과 이탈리아 사이에 상당한 교역이 이루어지는 자유로운 제국 도시가 되었고, 종종 왕이나 황제들이 이곳을 방문하게 되었다. 그로스뮌스터 교회는 12세기에 세워져서, 바젤, 베른, 로잔의 대성당들과 마찬가지로 개혁파 교회로 귀속되었다.

1315년 취리히는 루체른, 우리, 슈비츠, 운터발덴과 영속적인 동맹을 맺음으로써 스위스 연맹에 가담하였다. 이는 오스트리아와의 갈등을 불러왔는데, 결국 연맹에 유리한 쪽으로 결론이 났다.[1]

16세기 초엽에 취리히 인구는 7천 명에 달하였다. 취리히는 스위스 외교의 중심지였으며, 외국의 대사들이 이곳에 거주하면서 스위스 병사들을 모집하느라 서로 경쟁을 벌였다. 이는 부와 사치를 가져다줌과 동시에, 시민들에게 당파심을 야기시키고 재산과 권력에 대한 탐욕을 불러일으켰다. 불링거는 "복음[종교개혁]이 전파되기 전에 스위스의 취리히는 그리스의 고린도와 같은 곳이었다"[2]라고 말하였다.

11. 츠빙글리의 공적인 사역과 사적인 연구 활동

츠빙글리는 36번째 생일날(1519년 1월 1일), 그리스도의 족보에 관한 설교를 함으로써 취리히에서의 사역을 시작하였다. 그리고 그는 다음 날(주일)부터 자신이 제1복음서에 대한 일련의 강해 설교를 시작할 것이라고 공고하였다. 그는 마태복음에서 시작해서 사도행전, 바울 서신, 공동 서신들까지 차례로 강해하였다. 그래서 4년 만에 요한 계시록(그는 이를 사도 시대의 저술로 간주하지 않았

---

1) 취리히의 초기 역사에 관해서는 다음 책들을 참조하라. Bluntschli, *Geschichte der Republik Zürich*, 2d ed. 1856; G.v. Wyss, *Zürich am Ausgange des 13ten Jahrh.*, 1876; Dierauer, *Geschichte der Schweiz. Eidgenossenschaft*, vol. I.(1887), 171-217.

2) Mörikofer, *Ulrich Zwingli*, vol. I. 430 이하는 그 당시 취리히 사람들의 거칠고 방탕함을 보여주는 혐오스러운 예를 보여주고 있다.

다)을 제외한 신약성경 전체를 강해 설교하였다. 주중에 드리는 예배에서는 시편을 설교하였다. 그는 성경 원문을 보면서 꼼꼼하게 설교를 준비하였는데, 아마도 크리소스토무스의 유명한 마태복음 설교집을 많이 활용했던 것 같다. 그는 글라루스에 체류한 이후로 그리스어에는 이미 능통하였다. 히브리어는 취리히에 와있던 로이힐린의 제자에게서 배웠다. 그가 가지고 있던 로이힐린의 「히브리어 입문」(*Rudimenta Hebraica*) 사본에는 그가 손수 기록해 넣은 메모들이 많이 표시되어 있다.[3]

출판된 설교문들을 보면, 그의 설교는 하겐바흐(Hagenbach)가 지적한 대로 "영적인 엄숙성과 남성적인 견고함"을 특징으로 하고 있다. 그 설교들은 평이하고, 실질적이고, 감동적이며, 교리적이라기보다는 윤리적이었다.

그는 "원천으로부터 그리스도를 설파하며 청중들의 가슴속에 순전한 그리스도를 집어넣는" 것을 자신의 중요 목표로 삼았다.[4] 그는 성경으로부터 입증될 수 있는 것 이외에는 어떠한 것도 설교하지 않았으며, 성경을 기독교 신앙과 실천의 유일한 규범으로 간주하였다. 이것은 개혁적인 사상이었다. 왜냐하면 종교개혁의 목표가 모든 사람들에게 신약성경의 원천을 다시 열어 보이고, 본래의 복음의 능력으로써 교회를 새롭게 하는 것이었기 때문이다. 성경 전체에서 분리된 부분적인 본문에 자신을 한정시키지 않고 성경 전체를 강해하는 방법을 통해 그는 자신의 회중들에게 그리스도의 삶과 구원의 길에 대해 보다 완전하게 가르칠 수 있었다. 처음에 그는 로마 교회를 공격한 것이 아니라, 오직 인간 심성의 죄들에 대해서만 비판하였으며, 진리에 대한 언명을 통해 오류들을 반박하였다.[5]

설교를 통해 그는 취리히에서 무척 유명하게 되었다. 사람들은 "그런 설교는 이전에 들어본 적이 없다"고 말하였다. 사제와 수도사들의 지루한 설교에 신물이 났던 저명한 두 시민은 그의 첫 번째 설교를 듣고 난 뒤 이렇게 공언하였다. "이 사람이야말로 진정한 진리의 설교자이며, 사람들을 속박에서 해방시킬 모

---

3) 그가 1520년에 미코니우스에게 보낸 서신을 참조하라. *Opera*, VII. 145.

4) 미코니우스에게 보낸 그의 편지(1520년)와 비교하라. *Opera*, VII. 142 이하.

5) 그는 마태복음에 대한 자신의 설교를 출판을 목적으로 다듬어 놓지 않았지만, 우리는 1525년 이후의 단편적 기록들을 가지고 있다. Mörikofer, I. 57–63에 수록된 발췌문을 참조하라.

세와 같은 인물이다." 이들은 계속해서 그의 설교를 듣는 청중이 되었고 성실한 친구가 되었다.

츠빙글리는 또한 헌신적인 목회자이자, 활기차고 친절하고 대접하기를 즐기고 정이 많은 사람이었다. 그는 젊은이들에게 많은 관심을 가지고 그들의 교육에 도움을 주었다. 그는 불링거가 말하고 있듯이, 외모가 준수하고, 체격이 큰 편이고, 안색이 좋았으며, 음성은 듣기 좋고 음악적이어서, 그리 강한 목소리는 아니었지만 가슴에 와 닿는 목소리였다. 츠빙글리 생전에 그려진 초상화는 남아 있지 않다. 루터 곁에 있었던 루카스 크라나흐 같은 사람이 츠빙글리에게는 없었던 것이다. 지금의 모든 초상화는 취리히 시립 도서관에 걸려 있는 한스 아스퍼의 대형 유화를 모사한 것들이다. 이 초상화는 츠빙글리 사후에 그려진 것으로서, 상당히 딱딱하고 무표정하다.[6]

츠빙글리는 취리히에서 자신의 연구 활동을 계속하면서 장서를 늘려 나갔다. 그의 친구인 글라레아누스와 베아투스 레나누스가 스위스 학문의 중심지인 바젤에서 책들을 보내주었다. 그는 자신이 좋아하는 고전 연구를 게을리 하지 않았으며, 불링거가 말하고 있듯이, 아리스토텔레스, 플라톤, 투키디데스, 호메로스, 호라티우스, 살루스티우스, 세네카를 읽었다. 하지만 그의 주된 관심은 이제 성경과 교부들의 주석서들에 있었다.

그동안 루터의 종교개혁이 온 교회를 뒤흔들었으며, 이로 인해 츠빙글리의 복음적인 확신도 대체적으로 더욱 견고해지게 되었다. 물론 이러한 그의 확신은 이전에 독자적으로 형성된 것이었다. 루터의 저작들 중 일부가 1519년 바젤에서 재인쇄되어서, 레나누스를 통해 츠빙글리에게 보내졌다. 루터의 사상은 널리 퍼져서, 스위스에서도 그의 말에 귀 기울이는 사람들이 생겨났다. 츠빙글리도 그 영향력에서 벗어날 수는 없었다. 성찬 논쟁은 그와 루터 사이를 벌려 놓았지만, 그는 루터에 대한 존경심과 교회를 위해 그가 보여준 위대한 사역들에 대한 경외심을 결코 잃지 않았다.[7]

---

6) 본서 6절에 나와 있는 Asper가 그린 츠빙글리 초상화와, Mörikofer, I. 345에 있는 츠빙글리 그림, 그리고 팸플릿 *Zwingli-Ausstellung,* Zürich, January, 1884에 있는 츠빙글리 초상화를 참조하라.

7) 츠빙글리의 장서 중에 루터의 저서는 별로 없으며, 그마저도 주석이 들어 있지 않은 것들이다. Usteri, *l.c.,* p. 716.

12. 츠빙글리와 면죄부 판매

밀라노의 프란체스코회 수도사인 삼손(Bernhardin Samson)은 로마 교황청의 면죄부 판매책으로서 1518년 8월 생고타르 고개를 넘어서 스위스로 왔다. 그는 스위스의 테첼(Tetzel)이라 할 만한 자로서, 죄의 용서와 연옥에서의 해방을 미끼로 장사를 함으로써 신성한 것들을 뻔뻔하게 모독하는 데 있어서 테첼에 필적하였다. 그는 1크라운을 내고 양피지로 만든 면죄부를 사고자 하는 부자들을 더 우선시하였다. 가난한 자들에게는 평범한 종이에 똑같은 내용을 적어 만든 면죄부를 동전 몇 푼을 받고 팔았다. 베른에서 그는 세상을 떠난 모든 베른 사람들의 영혼을 연옥의 고통으로부터 해방시켜 준다고 떠들어댔다. 브렘가르텐에서는 자신의 면죄부 판매를 반대한다는 이유로 딘 불링거(하인리히의 아버지)를 파문시켰다. 하지만 취리히에서 그는 자기 뜻을 이룰 수 없었다.

츠빙글리는 오래 전 바젤에서 공부할 때에 비텐바흐의 가르침 덕분에 면죄부가 오류라는 것을 깨닫게 되었다. 그래서 그는 아인지델른에서 삼손을 믿지 말라고 사람들에게 경고한 바 있다. 그는 취리히에서도 삼손에 대항해서 자신의 영향력을 발휘하였다. 관리들과 심지어 (면죄부를 팔고자 했던) 콘스탄츠의 주교까지 츠빙글리를 지지하였다. 삼손은 별 수 없이 "세 필의 말이 끄는 수레에 금을 가득 싣고" 이탈리아로 돌아갔다. 루터의 95개 조항에서 약간의 지혜를 얻은 로마 교황청은 삼손의 경우에는 좀 더 신중하게 가톨릭 식자층의 정서를 고려하여 행동하였다. 레오 10세는 1519년 4월의 훈령에서 만일 삼손이 월권 행위를 했다면 그를 소환해서 벌할 용의가 있다고 밝혔다.[8]

면죄부 판매에 대한 반대는 독일 종교개혁사에 있어서는 중요한 출발점이었지만 스위스 종교개혁에서는 하나의 단순한 에피소드에 불과하였다. 면죄부 판매를 둘러싸고 루터는 이기는 전쟁을 하였다. 하지만 츠빙글리는 이 문제로 인해 로마와 어떤 충돌도 일으키지 않았으며, 콘스탄츠 교구의 주교 파베르(Faber) 박사는 그의 이러한 행동에 찬성을 표하기까지 하였다. 그 당시 파베르 박사는 그의 친구였지만 나중에는 적이 된다.

---

8) Mörikofer, I. 65 이하.

13. 전염병이 창궐하던 때의 츠빙글리

1519년 여름에 츠빙글리는 유명한 라가츠 온천을 찾았다. 바젤에서부터 역병이 번져올 것이라는 예상 속에서, 앞으로 취리히에서 부닥치게 될 각종 책무들을 잘 이행하기 위한 힘을 얻기 위함이었다. 8월에 취리히에 역병이 발생했다는 소식을 듣자마자 그는 도중에 친척들을 둘러보지도 않고 서둘러 돌아왔다. 그러고는 몇 주 동안 신실한 목자와 같이 매일매일 병자들을 헌신적으로 돌보다가, 9월 말경에 자기 자신도 앓아눕고 말았다. 그는 기력을 거의 소진한 상태였기 때문에, 목숨이 지극히 위태로운 상황이었다. 교황 사절이 자신의 주치의를 보내어 그를 돕도록 하였다. 전염병은 2천 5백 명의 목숨을 앗아갔는데, 이는 취리히 인구의 3분의 1에 해당하는 수였다. 츠빙글리는 회복하였지만, 지적 능력과 기억력에 손상을 입었다고 느꼈으며 그 해 말까지 사지에 힘을 쓰지 못하였다. 고향과 각지에 흩어져 있던 그의 친구들, 파베르, 피르크하이머, 뉘른베르크의 뒤러 등이 그의 쾌유를 축하해 주었다.

공공의 재난과 사적인 고통을 동시에 겪은 이 시기의 경험은 그의 영적인 생활에 좋은 영향력을 행사했던 것이 틀림없다.[9] 우리는 그가 자신의 병과 그 회복에 관해 작시해서 나중에 곡을 붙인 세 편의 시에서 이를 짐작할 수 있다. 각 시는 압운을 살린 약강격의 26행으로 되어 있는데, 그가 대단한 작시법의 소유자였음을 잘 나타내 준다. 이 시들은 하나님의 뜻에 경건하게 의탁하는 마음을 잘 드러내고 있어, 우리로 하여금 당시의 그의 신앙적인 생활에 대해 통찰할 수 있게 해준다.[10]

---

9) 메를르 도비녜는 츠빙글리가 병들었던 때를 기점으로 해서 그의 회심과 하나님께 대한 전적인 헌신을 다룸으로써 이 병의 영향력을 과대평가하고 있다. 그의 생애에는 바울이나 루터에게서 볼 수 있는 것과 같은 급작스러운 변화가 없었으며, 점진적인 발전이 있었다.

10) 원본은 Fulda가 훌륭하게 근대적으로 재현하여 *Werke*, II. 269-274에 수록되었으며, Mörikofer, I. 72-74와, Hagenbach, 218(5th ed. by Nippold)에도 수록되어 있다. 메를르 도비녜 판 *History of the Reformation*, Bk. VIII. ch. 8과, Miss Moore가 영어로 번역한 Hagenbach, *History of the Reformation*(Edinb., 1878, vol. I. 274)에는 축약된 영문 번역이 수록되어 있다. 시의 구조가 너무 작위적이어서 재현하기가 어렵다.

그는 1529년에 또 다른 시를 썼으며, 시편 69편으로 시를 짓기도 하였다.[11]

페스트가 창궐하던 때에 츠빙글리가 지은 시들(자유롭게 요약하여 번역함)

I. 앓기 시작했을 때

오 주님, 나를 도우소서
나의 힘, 나의 반석이시여
문 밖에서는
죽음이 문 두드리는 소리

나를 위해 못 박히신
당신의 손을 높이 들어서
죽음을 정복하시고
나를 구원하소서.

그러나 당신의 음성이
내 생애의 한낮인 지금이라도
내 영혼을 부르신다면
나는 순종하겠나이다.

신앙과 소망 안에서
이 땅을 포기하고
천국을 얻고자 하나니
나는 당신의 것이니이다.

---

11) 이 시들은 1560년과 1570년의 가장 오래된 취리히 찬송가들에 담기게 되었고, Wackernagel, *Das Deutsche Kirchenlied*, vol. III. 500-503에 함께 수록되었다.

II. 병석에 누워 있을 때

내 고통이 더하니
속히 나를 위로하소서
두려움과 공포가
내 몸과 영혼을 사로잡나이다.

죽음이 가까이 왔으니
내 감각이 둔해져서
내 혀도 굳어 벙어리가 됩니다
지금, 그리스도여, 역사하소서.

보라, 사탄이 일어나
그 먹잇감을 낚아채려 하는구나
그 손아귀 힘을 느끼고 있으니
내가 포기해야 하는가?

그는 나를 해할 수 없네
나는 어떤 상실도 두렵지 않으니
내가 여기,
당신의 십자가 아래 누워 있기에.

III. 회복기에

나의 하나님! 나의 주여!
당신의 손으로 고치셨으니
이 땅 위에
다시 한 번 제가 섰나이다.

죄가 더 이상

저를 지배하지 못하게 하소서
내 입이 오직 당신만을
노래하겠나이다.

비록 지금은 미뤄졌으나
내 때가 오리니
아마도 그때는 더한 음울함을
동반하리라.

그러나 오라고 하라
기쁨으로 일어나
나의 멍에를 지리라
저 하늘 끝까지.

14. 공개적인 위반행위. 금식에 관한 논쟁(1522)

비록 그에게 정치적으로 또 종교적으로 몇몇 대적들이 있기는 하였으나, 츠빙글리는 특별한 반대에 직면하는 일 없이 2년 동안 취리히에서 사역할 수 있었다. 취리히의 관리들은 처음에는 중립적인 입장을 취하여, 시내와 인근 지역의 사제들에게 성경에 대해서는 설교하고 인간이 만들어 낸 것들에 대해서는 **침묵**할 것을 명하였다(1520). 이는 종교 문제에 세속 권력이 지도적인 위치에서 개입한 최초의 사례였다. 이는 이후에 츠빙글리의 전적인 동의를 얻어 프로테스탄트 스위스에서 하나의 관습으로 정착되었다. 그는 1521년 4월 29일 그로스뮌스터의 참사회원에 임명되어 70길더의 봉급을 추가로 더 받게 되었다. 교황청으로부터 받던 연금은 그 이전에 이미 포기하였었다. 적절한 이 수입으로 인해, 그는 여생을 어렵지 않게 보낼 수 있었다.

1522년 사순절 기간에 츠빙글리는 사순절 기간 동안 육식을 금하는 것은 아무런 성경적 근거가 없다는 내용의 설교를 하였다. 그의 출판업자였던 프로샤우어를 비롯한 몇몇 그의 친구들이 이러한 자유를 실제로 행동에 옮겼다.

이로 인해 공개적인 분쟁이 일어났다. 콘스탄츠의 주교는 취리히로 강력한 사절단을 보내어, 관습적인 금식을 준수할 것을 촉구하였다. 취리히의 행정관들도 이러한 위반 행위들을 금하였으며, 이를 어기는 자들은 처벌하겠다고 위협하였다(1522년 4월 9일).[12] 츠빙글리는 육식을 먹을 수 있는 자유에 관한 소책자를 펴내어 자신의 입장을 변호하였다(4월 16일).[13]

이는 출판된 것으로는 그의 최초의 책이었다. 그는 본질적으로 바울의 입장을 취하여, 중요하지 않은 것들에 있어서 기독교인들은 취하거나 금할 수 있는 자유가 있으며, 교회는 이러한 자유를 금할 아무런 권리가 없다고 하였다. 그는 고린도전서 8: 8; 10: 25; 골로새서 2: 16; 디모데전서 4: 1; 로마서 14: 1-3; 15: 1-2 등을 인용하였다.

콘스탄츠의 주교는 시당국에 명령을 내려(5월 24일), 거룩한 교회의 법령들을 보호하라고 촉구하였다.[14] 그는 츠빙글리의 이름을 직접 거론하지는 않은 채, 참 사회원들에게 이단적인 교리가 퍼져나가는 것을 막으라고 권고하였다. 그는 또한 그 당시에 루체른에서 개회 중에 있던 스위스 의회의 도움을 요청하여 받아냈다.

츠빙글리는 위험한 입장에 놓이게 되었다. 그는 계속해서 암살 위협을 받았다. 하지만 그는 용기를 잃지 않았으며, 궁극적인 승리를 확신하였다. 그는 「아르케텔레스」(Archeteles: 시작과 끝)를 써서 응대하면서, 자신의 이러한 첫 번째 대답이 마지막 대답이 되기를 바란다고 밝혔다.[15] 그는 자신이 아무런 잘못도 행하지 않았으며, 일반인들이 이해할 수 있는 평이한 말로써 사람들을 하나님과 그 아들 예수 그리스도에게로 인도하기 위해 노력했다고 항변하였다. 그는 로마 교회의 예식들이 머지않아 폐지될 것이라고 성직자 계급을 향해 경고하면서, 위엄을 잃지 않고 죽기 위해 외투를 자신의 몸에 두르고 쓰러졌던 율리우스 카이

---

12) Egli, *Actensammlung*, p. 77(No. 237). Mörikofer (I. 97)는 잘못된 날짜(1521년 3월 19일)를 제시하고 있지만, Egli의 책을 인쇄한 사람은 vol. I 대신에 vol. II를 인용함으로써 이를 교정하는 데 실패하고 있다.

13) *Von Erkiesen und Fryheit der Spysen(De delectu. et libero ciborum usu)*. *Werke*, I. B. 1-30; *Opera Lat.* I. 324-339에 수록되어 있는 Gwalter의 라틴어 판.

14) Egli, p. 85; Strickler, I. 428.

15) *Opera*, VIII. 26-76.

사르(Julius Caesar)의 예를 따르라고 충고하였다. 이 책의 중요성은 교회의 권위에 대항하여 성경의 권위를 강한 어조로 주장한 데 있다. 에라스무스는 이를 무척이나 불쾌하게 여겼다.

15. 성직자 독신제 폐지를 위한 청원, 츠빙글리의 결혼

같은 해(1522) 7월, 츠빙글리는 다른 10명의 사제들과 함께 주교에게 라틴어로 된 청원서를 제출하였고, 스위스 의회에도 독일어로 된 청원서를 제출하였다. 그 청원서의 내용은 복음을 자유롭게 설교할 수 있는 자유를 달라는 것과, 강요된 독신제도의 해악을 제거할 수 있는 유일한 방책으로서 성직자의 결혼을 허용해 달라는 것이었다. 그는 하나님께서 결혼을 제정하셨음을 보여주는 성경 구절들과 결혼의 권리를 담고 있는 성경 구절들을 인용하면서, 하나님께서 친히 인가하신 것을 스위스 연맹국들 또한 허용해 줄 것을 청하였다. 그는 루체른에 있던 미코니우스에게도 이 두 청원서를 보내어 서명을 받고자 하였다. 일부 신부들은 이에 동의하기는 했으나 서명하기는 두려워했으며, 다른 사람들은 이러한 청원서가 아무 소용이 없고 교황이나 공의회만이 이를 해결해 줄 수 있을 뿐이라고 말하였다.[16]

이 청원서는 받아들여지지 않았다. 몇몇 사제들은 이에 공개적으로 저항하였다. 그 중 한 사제는 오이텐바흐 수녀원의 한 수녀와 결혼하였고(1523), 비티콘의 로이블리는 1523년 4월 28일에, 레오 유트는 1523년 9월 19일에 결혼하였다.

츠빙글리 자신은 1522년 결혼 관계에 들어갔으나,[17] 신중을 기하기 위해 1524년 4월 5일까지는 공개적으로 알리지 않았다(이는 1525년 6월 13일에 이루어진 루터의 결혼보다 일년 이상 앞선다). 이러한 비밀스러운 결혼은 그리 드문 일이 아니었다. 하지만 한 사람의 목회자이자 개혁자로서, 여론이 이러한 변화를 수용할 수 있을 만큼 무르익을 때까지 자제하고 기다렸더라면 그의 명성에도 더

---

16) *Werke*, I. A. 30-51; III. 16-25.

17) 1522년 이후의 미코니우스의 편지들을 참조하라. 여기서 그는 츠빙글리의 아내에게 안부를 전하고 있다.

좋았을 것이다.

그의 아내 안나 라인하르트[18]는 한스 마이어 폰 크노나우[19]의 미망인으로서, 세 아이의 어머니였다. 그녀는 츠빙글리 이웃에 살았는데, 그보다 두 살 연상이었다. 그의 대적들은 그가 미모와 재산을 보고 그녀와 결혼했다고 소문을 냈지만, 그녀는 의복과 장신구 외에는 겨우 4백 길더밖에 가지고 있지 않았다. 그녀는 이 개혁자와 결혼한 후에는 일체의 장신구를 착용하지 않았다.

츠빙글리가 아내에게 보낸 편지가 단 한 장 남아 있다. 1528년 1월 11일 베른에서 쓴 편지로서, 여기서 그는 그녀를 가장 사랑하는 집사람이라고 칭하고 있다.[20] 그가 간간이 아내에게 존경과 사랑을 표현하고 있는 것과, 그의 친구들이 그녀에게 인사말을 전한 것들로 볼 때, 그의 가정생활이 행복했음을 유추할 수 있다. 하지만 이 편지는 루터와 같이 자신의 가정을 시적으로 아름답게 표현하고 있지는 못하다. 그녀는 그의 사역을 잘 도우는 조력자였다.[21] 그녀는 다른 많은 행복한 가정들과 더불어서, 목회자의 가정생활을 창조해 내는 데 일조하였다.[22]

츠빙글리가 (1518년 베네치아에서 나온 알두스 판 성경에서) 아름답게 필사한 그리스어 성경은, "츠빙글리의 성경"으로 불리면서 지금까지 보존되고 있다. 이 성경에 그는 가족의 연대기를 손수 써넣었는데, 자신의 네 아이들의 이름, 생일, 후원자들을 다음과 같이 기입해 놓고 있다. "레굴라 츠빙글리, 1524년 7월 13일 출생,[23] 빌헬름 츠빙글리, 1526년 1월 29일 출생,[24] 훌드리히 츠빙글리, 1528

---

18) 그가 그녀에게 보낸 편지에서는 "그의 사랑하는 주부, 취리히의 안나 라인하르틴 부인에게"라는 명칭이 사용되고 있다. *Opera*, VIII. 134. 다른 사람들은 그녀의 이름을 Reinhard라고 쓰고 있다.

19) 그는 성품이 거친 군인으로서, 취리히에서 가장 유서 깊고 부유한 가문에 속해 있다. 그는 1517년에 사망했다.

20) vol. VIII을 참조하라.

21) 그의 친구 중 한 사람은 그녀를 "사도인 당신에게 도움이 되는 말씀에 동역한 여인[말씀의 여동역자]"이라고 부르고 있다. Finsler, *U. Zwingli*, p. 52 이하.

22) vol. VI. 79절과 비교하라.

23) 그녀는 Rudolf Gwalter와 결혼했는데, 그는 불링거의 양자이자 계승자로서, 최초로 츠빙글리 전집을 편집하였다.

24) 그는 슈트라스부르크에서 카피토와 함께 수학하였으며, 그와 마찬가지로 1541

년 1월 6일 출생,[25] 안나 츠빙글리, 1530년 5월 4일 출생.[26]” 그의 마지막 손자인 울리히는 신학 교수로서, 1556년 태어나서 1601년에 죽었다. 그의 마지막 증손녀 안나 츠빙글리는 츠빙글리의 그리스어 바울서신 필사본을 1634년 취리히 시립 도서관에 기증하였다.

츠빙글리는 극도로 단순한 생활을 하였으며, 일체의 재산을 남기지 않았다. 그로스뮌스터 성당의 부제관에 있던 그의 작은 서재는 원래의 모습 그대로 잘 보존되어 있다.

16. 츠빙글리와 아비뇽의 랑베르

1522년 7월 취리히에 프란체스코회 수도사인 아비뇽의 랑베르(Lambert of Avignon)가 수도사 옷을 입고 당나귀를 타고 나타났다. 그는 프랑스 남부에 위치한 수도원을 떠나서 복음주의적인 종교를 찾아 길을 나섰다. 베른의 할러는 그를 츠빙글리에게 추천하였다. 랑베르는 로마 가톨릭 교회의 폐해들을 공격하는 설교를 라틴어로 몇 번 행하였으나, 성인들과 성모 마리아에 대한 예배는 여전히 옹호하였다. 츠빙글리는 “당신이 틀렸다”는 말로 그를 저지하고, 논쟁을 통해 그의 오류를 깨닫게 해주었다.

이 프란체스코회 수도사는 하나님께 감사하고 비텐베르크로 가서 루터의 환대를 받았다. 홈베르크 대회(1526)에서 그는 장로교적인 교회 정치 체제를 주장하였으며, 마르부르크 회담에서는 츠빙글리의 성찬론을 믿게 되었다고 밝혔다.[27]

17. 67개 조항

년 페스트로 죽었다.

25) 그는 Prediger-Kirche의 목사가 되었고, 불링거의 맏딸 안나와 결혼하였다.

26) 안나는 어려서 죽었으며, 그녀의 죽음도 같은 책에 기록되어 있다.

27) Bullinger, I. 76 이하; 할러가 츠빙글리에게 보낸 1522년 7월 8일자 편지(*Opera*, VII. 206 이하)와 비교하라.

츠빙글리의 견해들은, 독일의 루터파 종교개혁과 연관되어, 취리히 시와 취리히 주뿐만 아니라 스위스 전체에 커다란 소동을 불러일으켰다. 그의 제안에 따라 정부, 즉 시장과 소의회와 대의회(200인 의회)는 공개적인 논의를 통해 오직 성경에 기초하여 이 논쟁을 해결하라고 명하였다.

이러한 목적을 위해 츠빙글리는 67개의 조항 혹은 결정을 펴내었다. 이것은 개혁파측에서 나온 최초의 공식 문건이라 할 수 있다. 하지만 이 문서는 상징적인 어떠한 권위도 획득하지 못한 채, 이후의 보다 성숙한 신앙고백문들에 의해 대체되었다. 이 조항들은 6년 전 루터가 면죄부를 비판하면서 내놓음으로써 독일 종교개혁의 문을 연 95개조 논제와 유사하다. 하지만 이 문서는 더욱 진전된 프로테스탄트 정서를 보여주고 있을 뿐 아니라, 다루고 있는 주제도 더 많다. 이 문서는 유일한 구세주이자 중보자로서의 그리스도에 대한 내용으로 가득 차 있으며, 신앙의 유일한 규범으로서의 하나님의 말씀의 수위성을 명쾌하게 가르치고 있다. 그리고 교황의 지상권, 미사, 성자 숭배, 인간 선행의 효력, 금식, 순례, 성직자 독신제, 연옥 등등의 비성경적인 인간적 계율들을 거부하고 공격하고 있다.

다음은 이 논제들 가운데 가장 중요한 부분들이다.

1. 교회의 인가 없이는 복음이 아무것도 아니라고 말하는 사람은 오류를 범하는 것이며, 하나님을 욕되게 하는 것이다.

2. 복음의 총합은 우리 구주 예수 그리스도, 하나님의 진정한 아들께서 그의 하늘 아버지의 뜻을 우리에게 계시하셨고, 자신의 무죄하심을 통해 영원한 죽음에서 우리를 구속하셨으며, 우리를 하나님과 화해시키셨다는 것이다.

3. 그러므로 그리스도는 과거와 현재와 미래의 모든 사람들에게 유일한 구원의 길이시다.

4. 또 다른 길을 찾거나 보이는 자는 누구든지 오류를 범하는 것이며, 영혼의 살인자요 강도이다.

7. 그리스도는 그의 몸을 이루는 모든 신자들의 머리이시며, 그가 없는 몸은 죽은 것이다.

8. 머리 되시는 이 그리스도 안에 사는 사람들은 모두 그의 지체요 하나님의 자녀가 된다. 그리고 이것이 교회요, 성도의 교제이며, 그리스도의 신부이며, 보

편적 교회(Ecclesia catholica)이다.

15. 복음을 믿는 자는 구원을 받을 것이고, 믿지 않는 자는 정죄를 받을 것이다. 왜냐하면 복음 안에 온전한 진리가 분명하게 들어 있기 때문이다.

16. 우리는 인간의 교리와 전통이 구원에는 아무런 소용이 없다는 것을 복음을 통해 배운다.

17. 그리스도는 유일한 영원한 대제사장이시다. 자신이 대제사장인 체하는 자들은 그리스도의 명예와 위엄을 거스르고 무시하는 것이다.

18. 십자가에서 단번에 자기를 내어주신 그리스도야말로 모든 믿는 자들의 죄를 속량할 수 있는 충분하고도 영원한 희생물이 되신다. 그러므로 미사는 결코 희생이 아니며, 십자가상에서 드려진 단 한 번의 희생에 대한 기념이자 그리스도를 통한 대속의 인치심이다.

19. 그리스도는 하나님과 우리 사이의 유일한 중보자이시다.

22. 그리스도는 우리의 의로움이시다. 바로 이러한 이유로 인해, 우리의 선행은 그것이 그리스도의 것인 한에서만 선한 것이 되며, 우리들 자신의 것인 경우에는 전혀 선한 것이 아니다.

24. 기독교인들은 그리스도께서 명하지 않으신 어떠한 일에도 얽매이지 않는다. 그들은 언제든지, 어떤 음식이든지 취할 수 있다.

26. 위선보다 더 하나님을 노엽게 하는 것은 없다.

27. 모든 기독교인들은 형제이다.

28. 하나님께서 허락하신 것과 금하지 않은 것은 무엇이든지 옳은 것이다. 그러므로 결혼은 모든 사람에게 적절한 것이다.

34. 소위 영적인 [계급적인] 권세에 대한 어떠한 근거도 성경와 그리스도의 가르침에는 없다.[28]

35. 그러나 [국가의] 세속 권력은 그리스도의 가르침과 모범을 통해 확증되고 있다.[29]

---

28) 츠빙글리는 교황과 주교들의 세속적인 권세와 영광을 의미하고 있으며, 그에 대항하여 마태복음 18:1, 베드로전서 5:1-3으로부터 겸손의 교훈을 인용한다. 그의 *Uslegung*을 참조하거나, 이 조항에 대한 그의 변호를 알고 싶으면 *Werke*, I. 346 이하를 보라.

37,38. 모든 기독교인들은 세속 권력자들이 하나님을 거스르는 것을 명하지 않는 한 그들에게 복종해야 한다.[30]

49. 내가 아는 한, 사제들에게 합법적인 결혼을 금하는 것보다 더 창피한 일은 없다. 그러면서도 그들이 축첩하는 것은 돈을 받고 허락하지 않는가. 참으로 부끄러운 일이다.[31]

50. 하나님만이 오직 우리 주 예수 그리스도를 통해 죄를 사하신다.

57. 성경는 이생 이후의 연옥에 대해 어떤 것도 말하고 있지 않다.

58,59. 하나님만이 죽은 자들의 상황을 알고 계시고 우리에게는 거의 밝히지 않으셨으므로, 우리는 그에 대해 아는 체해서는 안 된다.

66. 모든 영적인 지도자들은 지체 없이 회개하고, 그리스도의 십자가만을 세워야 한다. 그렇지 않으면 멸망할 것이다. 도끼가 나무뿌리에 놓여 있다.

18. 공개적인 논쟁(1523)

---

29) 이를 위해 그는 누가복음 2:5와 마태복음 22:21을 인용하고 있다.

30) *Uslegung*(I. 352 이하)에서 그는 로마서 13:1에 대해 설명하면서, "모든 영혼으로 하여금 높은 권세들에게 복종토록 하라"고 말하고 있다. 그는 "모든 영혼이란 살아 있는 모든 사람을 의미하며, 교황, 주교, 수도사와 수녀들까지 모두 포함한다. 모든 권세는 하나님께로부터 비롯되는 것이므로, 옳지 않은 관리들 또한 그러하다. 하나님께서는 그를 통해 우리의 죄를 벌하신다(사 3:4). 그러므로 우리는 교황이 비록 사악하다고 할지라도 그에게 복종해야 한다. 그는 하나님께서 우리를 벌하기 위해 우리 위에 세운 사람이기 때문이다. 나는 이것을 확고하게 믿는다. 하지만 나는 또한 하나님이 이스라엘 백성을 그의 종 모세를 통해 애굽에서 이끌어 내셨듯이, 우리를 이 포로된 상태에서 이끌어 내실 것도 믿는다."

31) 독일어로 된 본문에는 "Pfui der Schande"(수치스런 것으로 없애버려라)가 첨가되었다. 스위스 방언으로 된 본문에서는 "Pfuch der Schand!"(I. A 156)이다. 이 조항을 변호하면서(I. 378 이하) 츠빙글리는 독신 성직자의 음란한 생활이 평신도들의 도덕에 미치는 악한 영향에 대해 열심히 설명하였다. 그는 "순결을 명하기는 쉽지만, 하나님의 은혜가 없으면 누구도 그것을 지킬 수 없다"라고 말하였다. 자기 자신의 경우와 관련해서는, 7절을 참조하라.

첫 번째 논쟁은 1523년 1월 29일 목요일 시청에서 독일어로 이루어졌다. 이 논쟁은 취리히의 모든 성직자들과 대소의회의 의원들을 포함해서 약 6백 명 가량이 모인 앞에서 진행되었다. 바디안이 장크트갈렌 지역을, 세바스찬 마이어가 베른을, 세바스찬 호프마이스터가 샤프하우젠을 대표하였다. 바젤에서 온 오이콜람파디우스는 이 논쟁으로부터 아무런 선한 것도 기대하지 않았기 때문에, 참석하기를 거부하였다. 그는 에크가 칼슈타트와 루터를 상대로 벌인 라이프치히 논쟁과 관련하여 멜란히톤의 견해에 동의하였다. 그럼에도 불구하고, 그는 3년 후에 바덴에서 소집된 논쟁에는 참석하였다. 콘스탄츠의 주교는 자신의 사절로 파베르 박사를 보내었다. 파베르 박사는 그때까지만 해도 츠빙글리의 친구였으며, 상당한 학식을 갖춘 능력 있는 토론자였다. 그와 더불어 세 사람이 더 자문관과 심판관으로 파견되었다. 파베르는 신학적인 문제에 대해 세밀하게 토론하기를 거부하면서, 그런 문제는 종교재판소나, 파리, 쾰른, 루뱅과 같은 유명한 대학교의 소관 사항이라고 생각하였다. 츠빙글리는 이에 대해 반대 의견을 표하였으며, 청중들의 동조를 얻어내었다.[32]

같은 날에 시당국은 츠빙글리에 찬성하는 판결을 내리고, "계속해서 거룩한 복음을 설파하고, 별도의 지시가 있을 때까지 참되고 신성한 성경을 계속 선포하라"고 그에게 명하였다. 취리히와 인근 지역의 다른 모든 설교자들과 목회자들은 "신성한 복음과 거룩한 성경에 의거하여 확증할 수 없는 것은 어떤 것이든 설교하지 말 것"과, 또한 개인적인 논쟁이나 신랄한 욕설을 삼가라는 경고를 받았다.[33]

츠빙글리는 1523년 7월에 파베르의 반박에 대비해서 자신의 신조들에 대한 장문의 뛰어난 변호문을 작성하였다.[34]

이 논쟁은 곧 그에 따르는 자연스러운 결과들을 낳았다. 목회자들은 정식 결

---

32) 그 논쟁에 관한 비공식적인 보고서가 Hagenwald에 의해 1523년 3월 3일 출판되었다(*Werke*, I. A. 105-168). 3월 10일 파베르는 이에 대응하는 보고서를 내었다. 7명의 취리히 사람들이 1523년 "Das Gyrenrupfen"(Geyerrupfen)를 내어 그에게 답하면서, 그가 거짓말을 하고 있으며 다른 사람들의 말을 자기의 말인 양 하고 있다고 비난하였다. Aug. Baur, *Die erste Zurcher Disputation*, Halle, 1883과 비교하라.

33) Egli, 114 이하; Bullinger, I. 103.

34) *Werke*, I. A. 169-425.

혼을 하였고, 오이텐바흐의 수녀원은 텅 비었고, 세례는 자국어로, 귀신을 쫓는 의식 없이 거행되었으며, 미사와 성상 숭배는 무시되고 혐오되었다. 일단의 시민들이, 제화공(shoemaker) 클라우스 호팅거의 지도 아래, 시 인근의 슈타델호펜에 있는 거대한 목조 십자가를 파괴하였고, 다른 무법 행위들도 행하였다.[35]

츠빙글리는 우상숭배적이고 미신적인 의식들은 철저하게 반대하였으나, 무법적인 방법을 사용하는 것은 반대하였으며, 시당국이 필요한 변화들은 인가해 주기를 원하였다.

그 결과, 성상과 미사 문제를 다루기 위해 1523년 10월 26일에 두 번째 논쟁을 열기로 하였다. 시와 주의 모든 목회자들은 참석하라는 명령을 받았으며, 다른 12개 주들, 콘스탄츠와 쿠어와 바젤의 주교들, 바젤의 대학교는 학식 있는 사절단을 보내라는 요청을 받았다. 콘스탄츠의 주교는 자신은 교황과 황제에게 복종해야 한다고 답하면서(10월 16일), 시당국은 공의회가 열리기를 기다리라고 충고하였다. 바젤의 주교는 노령과 질병을 이유로 참석을 거절하면서, 역시 공의회에 이 문제를 위탁하였으며, 분열이 일어날 수 있음을 경고하였다. 쿠어의 주교는 아무런 응답도 하지 않았다. 대부분의 주들은 사절단 파견을 거부하였지만, 샤프하우젠과 장크트갈렌은 예외였다. 운터발덴은 자신들에게는 학식 있는 사람들은 없지만 충실하게 기독교계의 옛 신앙을 고수하는 경건한 사제들이 있으며, 자신들은 이를 모든 새로운 혁신보다 더 선호한다고 솔직하게 답하였다.

제2차 논쟁도 시청에서 열렸으며, 사흘간 계속되었다. 약 9백 명이 참석했는데, 여기에는 350명의 성직자들과 10명의 박사가 포함되어 있다. 장크트갈렌의 바디안 박사, 샤프하우젠의 호프마이스터 박사, 그리고 장크트갈렌의 샤펠러 박사가 사회를 보았다. 츠빙글리와 레오 유트는 프로테스탄트측을 변호하였는데, 뛰어난 성경 지식과 설득력에 있어서 우월함을 보여주었다. 로마 가톨릭측은 많은 무지를 드러내었지만, 샤프하우젠의 마르틴 슈타인리는 미사에 대해 훌륭하게 변호하였다. 퀴스나흐트의 콘라트 슈미트는 중도적인 입장을 취하였으며, 뛰어난 언변으로 청중들에게 지대한 영향을 미쳤다. 그는 외부의 성상들을 폐하기에 앞서서 먼저 마음속에서 우상을 제거해야 하며, 연약한 자들이 지팡이를 버리고 오직 그리스도만 의지할 수 있게 되기까지는 그들로부터 지팡이를 빼앗지

---

35) Füssli, II. 33-39; Egli, 176, 178.

말아야 한다고 주장하였다.[36]

　시의회는 미사와 성상을 즉각 폐하라고 명할 준비가 되어 있지 않았다. 시의회는 호팅거와 다른 "우상 파괴자들"을 유배시켰으며, 츠빙글리, 슈미트, 유트를 포함한 성직자와 평신도를 망라한 위원회를 조직하여, 설교와 글을 통해 이 주제에 관해 대중을 계몽시키도록 하였다. 츠빙글리는 「소 기독교 입문」(*Short and Christian Introduction*)을 작성하였으며, 이는 2백인 의회를 통해 주의 모든 목회자들, 콘스탄츠와 바젤과 쿠어의 주교들, 바젤 대학교, 그리고 12개의 다른 주들에게 발송되었다(1523년 11월 17일).[37] 이 책은 작센 지방 교회들의 심방교육을 위해 멜란히톤이 작성한 교훈집(1528)에 비견될 수 있다.

　제3차 논쟁은 좀 더 비공개적인 성격이 강했는데, 1524년 1월 20일에 이루어졌다. 미사 옹호론자들은 여기서 논박을 당했으며, 자기들이 믿는 바를 고수할 수는 있으나 행정 당국의 결정에 더 이상 저항하지는 말라는 명령을 받았다.

　이 마지막 논쟁 기간 중에 츠빙글리는 성직자들의 부패상에 대해 설교했는데, 출판 요청을 받아들여 이를 1524년 3월에 「목자」(*The Shepherd*)라는 제목으로 출판하였다.[38] 그는 이 책에서 요한복음 10장에 나오는 비유를 좇아, 그리스도를 선한 목자로 묘사하면서 이기적인 삯꾼과 대비시켰다. 그는 잘못된 목자들로 다음과 같은 사람들을 들었다. 전혀 설교하지 않는 주교들, 하나님의 말씀 대신에 자기 자신의 망상을 가르치는 사제들, 오로지 교황제를 미화하기 위해 말씀을 설교하는 자들, 설교와 행동이 일치하지 않는 자들, 더러운 이익을 위해 설교하는 자들, 그리고 마지막으로 사람들로 하여금 창조주로부터 떠나 피조물에게로 나아가도록 오도하는 자들이 그들이다. 츠빙글리는 교황주의자들을 세련된 우

------

36) 2차 논쟁에 대한 독일어로 된 유일한 보고서가 *Werke*, I. A. 459-540(Bullinger, I. 131 이하)에 수록되어 있다. 이 보고서를 쓴 Ludwig Hetzer는 Wadenschweil의 사제이자, 당시 취리히의 사제였으며, 종교개혁에 대한 열렬한 동조자였다. 그는 이후에 재세례파에 가담하였다가 콘스탄츠에서 참수당하였다. Gwalter는 이를 압축하여 라틴어로 번역하였는데, 이는 츠빙글리의 *Opera*, II. 623-646에 수록되어 있다. 츠빙글리는 참된 기독교인 회중이야말로 모든 주교와 교황들보다 더 나은 교회이며, 하나님의 말씀이 결정권을 갖도록 허용되지 않는 공의회만큼이나 종교적인 논쟁들을 해결할 수 있는 권리를 가진다는 입장을 취하였다. *Werke*, I. 472.

37) *Werke*, I. A. 541-565. Gwalter는 라틴어 판을 만들었다. *Op.* I. 264-268.

38) *Werke*, I. A. 631-668.

상승배자들로 취급했으며, 우상숭배야말로 교회의 오류와 부패의 뿌리라고 거듭 비판하였다.

1524년 여름에 주교들과 의회로부터 답변이 나왔다. 양측은 모두 어떠한 혁신에도 반대한다는 입장을 취하였다. 콘스탄츠의 주교는 취리히에 보낸 편지에서, 몇몇 대학에 자문해 본 결과, 미사와 성상은 성경에 의해 충분히 정당화되고 있으며, 항상 있어 왔다고 말하였다. 취리히 주는 성직자들과 평신도들로 이루어진 위원회를 조직하여 이 문서에 답하도록 하였다.[39] 스위스 의회는 1524년 3월 21일 사절단을 파견하여서, 취리히가 새롭고 비기독교적인 루터파에 동조하고 있다는 데 우려를 표명하면서, 취리히 주가 이전의 맹약들과 관습들을 고수해 주기를 기도한다고 하였다. 아울러 그렇게만 된다면 연맹국들은 부끄러운 성직 매매나 면죄부 판매, 성직자의 부도덕한 생활 등 실제적인 해악들을 제거하는 일을 기꺼이 돕겠다고 하였다.

이렇게 해서 교회와 세속의 최고 권위자들의 반대를 무릅쓰고, 취리히 주는 독단적으로, 자신들이 심사숙고한 개혁을 수행하였다.

세 차례에 걸친 이 논쟁들은 라틴어로 이루어지던 일반적인 학술 논쟁보다 진전된 모습을 보여준다. 이 논쟁들은 성직자들뿐 아니라 평신도들 앞에서, 그리고 자국어로 행해졌다. 여기서는 공화제적인 특징에 따라, 시민들의 심판대 앞에 종교적인 문제들을 내어놓은 것이다. 그러므로 이 논쟁들은 라이프치히에서의 논쟁보다 훨씬 실질적인 효과를 가져올 수 있었다. 독일의 종교개혁은 영주들의 뜻에 의해 결정되었지만, 스위스의 종교개혁은 시민들의 뜻에 따라 결정된 것이다. 그렇지만 이 두 경우 모두가 지도자와 다수 시민들 사이에 공감대를 이루어 내었다.

19. 로마 가톨릭식 예배의 폐지(1524)

이런 예비적인 조치들을 거쳐서, 새로운 사상들을 실행에 옮길 수 있는 여론

---

39) 반박문은 츠빙글리가 썼는데, 1524년 8월 18일 출판되었다. *Werke*, I. A. 584-630.

16세기의 취리히

이 형성되었다. 새로운 질서를 도입하기 전에 먼저 이전의 예배 질서를 폐지해야만 했다. 파괴는 철저하면서도 질서정연하게 이루어졌다. 이러한 작업들은 설교자들과 시당국의 협조 속에, 시민들의 동의를 얻어 이루어졌으며, 1524년 오순절에 시작되어 6월 20일에 끝이 났다.

교회와 국가의 권력자들이 파견한 대표단들이 건축가, 석공, 목수를 대동하고 지켜보는 가운데, 시내의 교회들에서 성화, 유물, 십자가 고상, 제단, 초, 다른 모든 장식물들이 제거되었고, 프레스코 화법으로 회벽 위에 그려진 그림들이 지워졌으며, 벽은 하얀 칠로 덧입혀졌다. 그래서 예배드릴 회중들로 채워질 텅 빈 건물 외에는 아무것도 남지 않게 되었다. 성화들은 찢기고 불태워졌고, 그 중 일부는 소유권을 주장하는 사람들에게 주어졌으며, 몇몇은 골동품으로 보존되었다. 성인들의 유골은 불태워졌다. 심지어 오르간마저도 치워져서, 라틴어로 불려지던 성가대의 찬양도 폐지되었지만, 이는 다행스럽게도 이후에 회중들이 자국어로 부르는 시편과 찬송가 찬양으로 대체되었다(바젤에서는 1526년에, 장크트갈렌에서는 1527년에, 취리히에서는 1598년에). 불링거는 이렇게 말하고 있다.

"13일 만에 시내의 모든 교회가 정화되었다. 값나가는 그림, 조각상, 특별히 워터처치에 있던 아름다운 탁자가 파괴되었다. 미신적인 사람들은 이를 한탄하였으나, 참된 신앙인들은 그것을 하나님에 대한 커다란 기쁨의 예배로 여기고 기뻐하였다."[40]

그 다음 해에 시당국은 그로스뮌스터 교회와 프라우엔뮌스터 교회의 보물들 — 금은으로 된 성배, 십자가 고상, 십자가, 소중한 유물들, 성직자들의 예복, 비단, 그리고 다른 장식물들 — 을 녹이거나, 팔거나, 나누어주었다.[41] 1533년에 그로스뮌스터 교회의 성물 보관소에는 값나가는 것이 아무것도 남지 않게 되었다.[42] 츠빙글리는 이러한 파괴 행위를 마치 정복군이 적진에 들어가 적군의 무기

---

40) I. 175. 불링거는 사도 바울이 해석 없이는 이해할 수 없는 방언을 사용하는 것을 반대한 것(고전 14:6-9)에 근거하여 (1527년 12월 9일 Grossmünster에서 일어난) 교회 음악의 폐지를 정당화하였다. 물론 그는 성가대의 라틴어 찬양을 뜻하고 있다. 스위스 개혁교회들은 회중 찬송이 뛰어나다.

41) Egli, p.269(No. 614, 1525년 1월 9일); Mörikofer, I. 315 이하. Janssen은 (III. 84 이하) 이러한 교회의 보물들이 — 그 중 어떤 것들은 샤를마뉴 시대까지 거슬러 올라간다 — 몰수당하고 도둑맞은 것에 관해 상세히 다루고 있다.

를 부수고 성채와 식량을 파괴해서 다시는 그들이 돌아올 엄두를 내지 못하도록 하는 관행에 비유함으로써 이를 정당화하였다.

이와 동일한 파괴 행위가 촌락의 교회들에서는 좀 더 무질서한 방식으로 이루어졌다. 텅 빈, 싸늘한 건물 이외에 아무것도 남지 않았다.

스위스 종교개혁자들은 유대인들과 이슬람교도들처럼 제2계명을 엄격하게 해석하고 이런 일들을 행한 것이다. 이들은 성상과 유물에 대한 모든 종류의 예배를 우상숭배의 일종으로 간주하였다. 이들은 특히 가톨릭의 우상숭배적인 이교 사상을 반대하였다. 반면에 루터는 율법주의적인 유대주의를 공격하였으며, 그림들을 예술 작품으로 간주하여 교회에 남겨 두어 신앙에 도움이 되도록 허용하였다. 그러나 그리스와 로마의 고전 문학에 대해서는, 츠빙글리가 루터보다 더 깊이 존중하였다. 츠빙글리가 시와 음악에 비해 유난히 초상이나 성상들을 반대했던 것이 아니라, 단지 교회에서 그것들이 우상숭배적으로 사용되는 것을 비난한 것이라는 점이 언급되어야 할 것이다. 발렌틴 콤파르(Valentin Compar of Uri, 1525)에게 보낸 그의 답장에서, 그는 이렇게 말하고 있다.

"논란이 되는 것은 신앙과 하나님의 영광을 침해하지 않는 성상들이 아니라, 신적인 예배의 대상이 되고 있는 우상들이다. 우상숭배의 위험이 없는 곳에서는 성상들이 남겨질 수 있지만, 우상숭배는 결코 용인되어서는 안 된다. 모든 교황주의자들이 우리에게 말하기를, 성상들이 무지한 자들을 위한 책이 된다고 한다. 하지만 과연 어디에서 하나님께서 우리에게 그런 책으로 배우라고 명하셨는가?"

그는 교회 안에서 성상들이 사라지면 하나님의 말씀에 대한 갈급함이 더욱 증가할 것이라고 생각하였다.[43]

스위스의 우상 폐지론은 프랑스, 네덜란드, 스코틀랜드, 그리고 북아메리카의 개혁교회들에게로 전파되었다. 최근에는 그에 대한 반동이 일어나고 있는데, 이는 물론 이미 사라져 버린 성상 숭배에 찬성하는 것이 아니라 기독교 예술에 찬

---

42) Egli, p. 893(No. 2004, c. 1533). Uetinger는 1524년과 1532년 사이에 성물 안치소의 보물들이 전부 탕진되었으며, 그것들이 어떻게 되었는지 아무도 아는 이가 없었다고 말하고 있다.

43) *Werke*, II. A. 17-59. Mörikofer, I. 269-274와 비교.

성하고 있는 것이며, 하나님의 집의 품위와 아름다움, 그리고 예배드리는 자들의 안락함에 더욱 많은 관심을 기울이고 있는 것이다.

20. 개혁파의 성찬

미사는 사라졌다. 복음 설교와, 일종의 애찬과 연결된 성찬이 온 회중의 참여로 이루어져 미사를 대체하였다.

1525년 4월 고난 주간에 최초로 개혁파 예식에 따라 성찬이 그로스뮌스터 교회당에서 거행되었다. 세 차례에 걸쳐 성찬 예배가 이루어졌는데, 먼저 세족 목요일에는 젊은이들을 위한 예배가, 성금요일에는 중년들을 위한 예배가, 마지막으로 부활절에는 더 나이 많은 이들을 위한 예배가 거행되었다. 성찬 예식은 단순하고, 소박하며, 엄숙하였다. 참례자들은 제단이 있던 자리에 놓여진 기다란 탁자 주변에 둘러앉았는데, 남자들은 오른쪽에, 여자들은 왼쪽에 자리하였다. 이들은 경건한 마음으로 기도와, 제정의 말씀과, 성경 강해에 귀를 기울였다. 설교는 고린도전서 11장과, 그리스도의 몸과 피를 영적으로 먹고 마신다고 가르치는 요한복음 6장의 신비로운 말씀을 본문으로 하였다. 그리고 목회자의 진지한 훈계에 귀를 기울였다. 그러고 나서 이들은 무릎을 꿇은 채로 나무 접시와 나무 컵에 담긴 신성한 상징물들을 받았다. 예배 전체가 츠빙글리의 이론에 따라, 그리스도의 대속적인 죽음을 기념하고 그와의 영적인 교제를 행하는 것이었다.

예배 의식의 차원에서 츠빙글리는 우리가 생각하는 것보다 더 가톨릭 예배적인 요소들을 많이 유지시켰다. 그런 요소들로는 「초입경」(初入經), 「지극히 높은 데서는 하나님께 영광이요」, 「사도신경」, 그리고 몇몇 화답들이 있다. 하지만 이 모든 것은 라틴어에서 스위스 방언으로 번역되었으며, 면밀하게 수정되었다. 따라서 「지극히 높은 데서는 하나님께 영광이요」, 「사도신경」, 그리고 「시편 103편」은 가톨릭 예배에서는 사제와 부제들에 의해, 루터교와 성공회 예배에서는 목회자와 회중들에 의해 교독되었지만, 개혁교회에서는 회중 남녀들에 의해 교독되었다.[44] (성공회를 제외한) 대부분의 개혁교회들에서 화답들이 사라졌고, 성찬을 받을 때 무릎을 꿇던 것도 서거나 의자에 앉는 자세로 바뀌었다.

성찬식은 일년에 네 차례, 부활절, 성령 강림절, 가을철, 그리고 성탄절에 거행하게 되었다. 성찬식이 거행되기 전에 이를 준비하는 경건한 시간들을 가지게 함으로써 특별히 엄숙함을 갖추도록 하였다. 미사는 먼저 도시에서 금지되었다가, 이후에는 시골 지역에서도 금지되었다.

츠빙글리는 1525년에 자국어로 요약된 세례 예식집을 마련하였다. 여기서는 귀신을 쫓아내는 의식과 일체 성경적인 근거를 찾을 수 없는 요소들이 제거되었다.[45]

츠빙글리와 칼빈주의적인 예배는 목회자의 지적이고 영적인 능력에 의해 그 효과가 많이 좌우된다. 목회자가 예배를 매우 엄숙하고 감동적인 것으로 만들 수도 있지만 반대로 냉랭하고 황량하게 할 수도 있다. 성공회는 감탄할 만한 예배 의식을 그 장점으로 하고 있다.

21. 다른 변화들: 신학교, 카롤리눔, 신학 체계

다른 변화들이 종교개혁을 완성하였다. 성체 축일의 축제는 폐지되었고, 성탄절, 성금요일, 부활절, 그리고 오순절로 국한되어 지켜졌다. 행렬과 순례 행위는 중단되었다. 수도원의 재산들은 압수되어 학교와 병원에 기탁되었다. 결혼에 관한 법규도 재정비되었으며, 가난한 자들을 위한 구제가 조직화되었다. 1528년에 처음으로 교회회의가 열려, 각 교회가 목회자와 두 명의 평신도 대표를 파견하였다.

카롤리눔(Carolinum)이라 불리는 신학대학이 그로스뮌스터 교회의 기금으로 설립되어, 1525년 6월 19일에 개교하였다. 신학교 내에 인문학부를 두어, 고전어, 철학, 그리고 수학을 공부하게 하였으며, 본연의 카롤리눔을 두어, 성경을 연구하게 하였다. 여기서 매일매일 강해된 성경 말씀을 목회자들이 회중들의 유익을 위해 다시금 전했는데, 이것은 예언이라 불렀다(고전 14:1).[46] 츠빙글리는 기독교 교육에 관한 소논문을 썼다(1526).[47] 그는 이 예언자 학교를 조직하였으

---

44) *Werke*, II. B. 237 이하.

45) 츠빙글리와 레오 유트에 의한 최초의 독일어 세례식은 1523년 여름에 거행되었고, 두 번째는 1525년 5월에 거행되었다. *Werke*, II. B. 224 이하; 230 이하.

며, 여기서 70인역 성경에 따라 구약의 몇몇 책들에 관해 강해하였다. 그는 저명한 학자들을 교수직에 천거하였다. 초기의 교수들 중에는 케포린, 펠리칸, 미코니우스, 콜린, 메간더(Megander), 그리고 비블리안더 같은 사람들이 있었다. 취리히는 츠빙글리 덕분에 신학적 그리고 문학적 명성을 갖게 되었다. 카롤리눔은 교육받은 목회자들을 확보하도록 해주었으며, 19세기에 이르기까지 신학과 문학의 발전에 있어서 영향력 있는 위치를 점하였다. 19세기에 이 학교는 종합 대학이 조직됨으로써 대체되었다.[48]

츠빙글리는 3개월 반에 걸쳐서 그릇된 교황 중심적인 신앙에 대치되는 진정한 복음적 신앙에 관한 중요한 책을 저술하여 프랑스의 국왕인 프랑수아 1세에게 헌정하였다.[49] 이것은 프랑수아 1세를 종교개혁 운동에 참여하도록 하려는 헛된 소망에서 말미암은 것이다. 이 책은 교황제에 대한 그의 신학적 반대 입장을 완결하고 있다. 이는 멜란히톤의 「신학총론」(*Loci*)이 루터파 신학을 최초로 체계화한 책인 것과 마찬가지로, 개혁 신앙에 대한 최초의 조직적인 저술이다. 하지만 이 책은 이후에 칼빈의 「기독교 강요」에 의해 빛을 잃게 된다. 「기독교 강요」 역시 동일한 왕에게 헌정되었으나 그보다 더 큰 효과를 거두지는 못하였다. 프랑

---

46) Pestalozzi, *Leo Judae*, p. 76, 그리고 Güder on "Prophezei," in Herzog, XII. 288 과 비교하라.

47) Emil Egli에 의해 재간행됨. *U. Zwingli's Lehrubchlein, oder wie man die Jugend in guten Sitten und christlicher Zucht auferziehen und lehren solle*, Zürich, 1884) 츠빙글리 시대에 취리히에 있던 학교와 연관된 문서들을 부록으로 달았다.

48) Georg von Wyss 교수는 취리히 대학의 축제 강연에서(*Die Hochschule Zürich in d. Jahren* 1833-1883, Zürich, 1883) 카롤리눔의 발전 과정에 대해 간략하게 기술하고 있다. 취리히 대학의 최초의 신학 교수진은 세 명의 취리히인들 — Hirzel, Schulthess, Salomon Hess가 그들로서, 이전에 카롤리눔의 교수를 역임했었다 — 과 두 명의 독일인, Rettig, Hitzig로 구성되었다. 이들 외에도 취리히 대학에는 다섯 명의 취리히 목회자들이 있었다. 또한 Steiner 교수의 *Festrede zur 50 jährigen Stiftungsfeier der Züricher Universiät*, 1883을 참조하라.

49) *Commentarius de vera et falsa religione*(1525년 3월). *Opera*, III. 145-325. 레오 유트는 독일어 번역본을 1526년 발행하였다. 에라스무스는 이 책을 받고 "오 선량한 츠빙글리여, 그대는 내 자신이 이전에 쓰지 아니한 어떤 것을 쓰는가?" 라고 말하였다. 그래서 츠빙글리는 Vadian에게 보내는 편지에서 이를 기록하였다. *Opera*, VII. 399.

수아는 아마도 두 책 다 전혀 읽지 않았을 것이다. 하지만 그 헌사들은 스위스와 프랑스 종교개혁의 중요한 연결고리로서 남게 되었다. 후자는 전자의 소산이라고 할 수 있다.

22. 성경 번역, 레오 유트

종교개혁에서 가장 중요한 부분은 성경을 자국어로 번역한 일이다. 루터의 신약 성경(1522)는 바젤에서 난외주를 달아 재출간되었다. 취리히에서 이 성경은 1524년에 스위스 방언으로 개정되었으며, 계속 개정판을 내어 개선되었다. 성경 전체가 독일어로 나온 것은 1530년 취리히에서 프로샤우어(Froschauer)에 의해서였는데, 이는 루터의 성경이 나온 때(1534)보다 4년이나 앞선 것이었다.[50] 선지서와 외경에 대한 번역은 콘라트 펠리칸, 레오 유트, 테오도르 비블리안더, 그리고 다른 스위스 신학자들에 의해 이루어졌다. 1531년에 아름답게 편집되어 나온 성경은 개정판 시편과 함께, 서론(아마도 츠빙글리에 의해 씌어졌을 것이다), 요약, 그리고 관주를 담고 있다.

스위스 번역판은 문장의 힘, 유려함, 대중성에 있어서 루터의 성경을 따를 수 없지만, 보다 원문에 충실하며, 연이어 나온 개정판들은 성경 주석의 발전과 보조를 맞추고 있다. 스위스 번역판은 하나님의 말씀을 스위스 국민들의 가슴에 한층 가까이 가져다 주었으며, 오늘날까지도 루터판과 함께 사용되고 있다.[51]

이러한 중요한 사역에서 가장 주된 역할을 한 인물은 레오 유트(Leo Jud or Judae)였다. 츠빙글리와 함께 수학하였고, 그의 뒤를 이어 1519년 아인지델른에서 사제가 되었으며, 1523년 이래로 취리히의 성 베드로 교회에서 츠빙글리의 동료이자 충실한 보조자로 사역하였다. 그는 취리히에서 목회를 시작한 첫해에 결혼하였다. 그와 츠빙글리의 관계는 멜란히톤과 루터의 관계에 비교되어 왔다. 그는 제2차 공개 논쟁, 재세례파와의 논쟁, 루터와의 논쟁에서 츠빙글리를 도왔

---

50) 1534년 이전에 취리히에서는 다섯 종류의 완결판 성경이 출판되었다. Pestalozzi, *Leo Judae*, p. 77.

51) 다른 판들에 대해서는 Metzger, *l.c.* 109 이하와, Fritzsche in Herzog, XII. 555 이하를 보라.

LEO IUDAE THEOLOGUS,
INTER TIGURINÆ ECCLESIÆ PASTORES ET
MINISTROS NON POSTREMUS ANNOS XIX.ET AMPLIUS:
Veteris Testamenti libros Hebraicos, simplici et purâ dicti
one, è sacra Hebræorum lingua, in Latinam et Germanicam
transtulit, fide et religione summâ:

Obijt Tiguri iam senex, mole grandis huius operis
oppressus Anno M·D·XLII. Ætatis LX.
Con: Meyer fecit 1675.

레오 유트

고, 츠빙글리의 저술을 편집하고 번역하는 일을 하였으며, 카롤리눔에서 히브리어를 가르쳤다. 츠빙글리는 그를 "예수 그리스도의 복음 안에서 사랑하는 형제요 신실한 동역자"라고 불렀다. 그는 카펠에서의 참사 이후에 츠빙글리의 후임으로 청빙되었다. 하지만 그는 자신이 행정적인 일에 부적합한 인물이라는 이유로 이를 거절하고 자신보다 20살이나 어린 불링거를 그 자리에 천거하였다. 그리고 그는 죽을 때까지 설교와 가르치는 일을 계속하였으며, 뷔르템베르크와 바젤로부터 서너 차례 청빙을 받았으나 모두 거절하였다. 그는 엄격한 치리를 강조하고 종교가 정치와 분리되어야 함을 주장하였다. 그는 음악적인 목소리를 가진 사람으로, 가수이자 음악가이며 시인이었다. 하지만 독일어와 라틴어로 번역하는 일에서 더욱 뛰어난 역량을 보였다.[53]

그는 라틴어로 한 권, 독일어로 두 권의 요리문답을 썼으며, 성경 번역 이외에도 토마스 아 켐피스의 「그리스도를 본받아」(*Imitatio Christi*)와 아우구스티누스의 「영과 문자」(*De Spiritu et Litera*), 「제1 스위스 신앙고백」, 그리고 다른 유용한 책들을 독일어로 번역하였다. 그는 또한 매우 뛰어난 라틴어판 구약 성경도 펴내었는데, 이는 그의 최고의 걸작으로 여겨지고 있다. 그는 이 작업을 하면서 종종 그의 동료들과 개종한 유대인인 미카엘 아담(Michael Adam)의 조언을 구하였다. 그는 이 책의 완성을 보지 못하고 세상을 떠나, 비블리안더와 펠리칸이 그 마무리를 맡게 되었다. 이 책은 1543년에 펠리칸이 서문을 달아 보기 좋은 2절판 책으로 출간되었는데, 몇 차례에 걸쳐 재판되었다.[54] 그는 대가족을 부양하기에는 턱없이 모자라는 월급으로 살았음에도 가난한 자들을 돕고자 애썼으며 손님들을 환대하였다. 그의 부지런하고 신앙심 깊은 아내가 이 일에 좋은 조력자가 되어 주었다. 1542년 6월 19일 세상을 떠나기 나흘 전에 그는 친구들을 자

---

52) 그는 자신의 성(姓)인 Jud(Jew)를 사용하고자 하지 않았으며, 취리히인들은 그를 "Master Leu(Leo)"라고 불렀다. 라틴어로 된 그의 모든 저작들에서 그는 라틴식 이름을 사용하고 있다.

53) Pellican은 그에 대해 "그는 아주 행복하게 가장 필요한 것들을 옮겼다"(Utilissima transtulit admodum feliciter)라고 말하고 있다.

54) 그의 라틴어 성경에 관해서는 Pestalozzi, 76 이하, 165, 그리고 *Fritzsche in Herzog*, VIII. 463을 보라.

신의 집으로 불러 모으고는, 무척이나 겸손하게 자신의 삶을 회고하면서 하나님께 감사를 돌렸으며, 그들에게 교회를 보살피는 일과 라틴어판 성경을 완성하는 일을 맡겼다. 불링거와 칼빈, 그리고 취리히 시민들은 커다란 상실감을 안은 채 그의 죽음을 깊이 애도하였다.[55]

23. 교회와 국가

취리히의 종교개혁은 대체로 1525년에 종결되었다. 이는 세속 권력과 교회 지도자들의 협력을 통해 이루어졌다. 츠빙글리는 성경의 능력에 근거하여 종교, 정치, 사회생활 전반에 걸친 개혁을 목표로 하였다.[56]

애국자, 훌륭한 시민, 기독교인은 모두 그에게는 하나이고 동일한 것이었다. 그는 구약 성경에 나타나는 신정정치적인 관점을 소유하고 있었다. 설교자는 선지자이고, 그의 임무는 신분의 고하를 막론하고 가르치고, 권고하고, 위로하고, 죄악을 꾸짖으며, 하나님의 나라를 세우는 것인데, 그의 무기는 바로 하나님의 말씀이다. 세속 관리들의 임무는 복음에 순종하고, 종교를 보호하며, 사악한 자들을 벌하는 것이다. 칼빈은 제네바에서 이와 똑같은 입장을 취하였으며, 이러한 생각을 츠빙글리보다 더욱 철저하게 실행에 옮겼다.

취리히가 속한 교구인 콘스탄츠의 주교는 종교개혁을 반대하였다. 이는 스위스의 다른 주교들의 경우에도 마찬가지였다. 그래서 개혁자들의 영적인 지도 아래, 시 당국이 종교적인 감독권과 사법권을 행사하게 되었다. 처음에 이들은 공평한 입장을 취하였으며, 그 주에 속하는 설교자들에게 하나님의 말씀을 가르치고 인간이 만든 전통들에 관해서는 침묵하라고 명하였다(1520). 그러다가 이들은 교회의 금식을 위반하는 행위를 금하였으며(1522), 법과 질서에 대한 관심으

---

55) 그의 작품들에 관해서는 Pestalozzi, 96–106을 보라. 그의 찬송가와 시로 고쳐 쓴 시편은 Wackernagel, *Das Deutsche Kirchenlied*, vol. III. p. 722 이하(Nos. 832–837)에 인쇄되었다.

56) Bluntschli, *Geschichte des schweizerischen Bundesrechtes*, Stuttgart, 1875, 2d. ed. I. 293 이하.

로 인해 성상 파괴자들을 처벌하였다(1523). 하지만 얼마 지나지 않아 이들은 1523년의 논쟁에서 공개적으로 종교개혁 운동을 지지하였으며, 이전의 예배를 폐하고 새로운 예배를 도입하는 것을 인가해 주었다(1524년과 1525년). 이들은 교회와 수도원의 재산을 압류하였으며, 결혼 제도, 가난한 자들의 구제, 그리고 성직자 교육을 자신들의 주관 하에 두었다. 교회는 비록 실질적으로는 국가를 움직이고 영감을 제공하는 세력이지만, 법적으로는 의존적인 상황에 놓이게 되었으며 여론의 뒷받침을 받게 되었다. 공화정에서는 다수의 국민이 지배하며, 소수는 그에 따라야 한다. 취리히에서 유일한 반대자들은 소수의 로마 가톨릭교도들과 재세례파들이었는데, 이들은 가톨릭 지역들에서 프로테스탄트 신자들이 양심의 자유를 인정받지 못했던 것과 똑같은 취급을 받았으나, 처벌의 가혹함은 조금 덜하였다. 개혁자들은 자신들이 주장하고 행사했던, 반대할 수 있는 자유를 다른 사람들에게는 허락하지 않았다. 그리고 시 관리들도 가련한 재세례파들을 중벌로 다스렸다.

종교개혁이 승리를 거둔 다른 주들도 취리히의 모범을 따랐다. 각 주는 독자적인 교회 조직을 가지고 있어서, 해당 지역의 모든 시민들에게 그 영적인 관할권을 주장하였다. 그래서 스위스는 하나의 통합적인 중심을 가진 전국적인 개혁파 교회의 모습은 이루지 못하였다.

이러한 상황은 프로테스탄트 독일에서도 마찬가지였다. 하지만 이 둘 사이에는 공화제가 군주제와 다른 것만큼의 차이가 있었다. 양국에서는 모두 교황의 지시에 따라 주교들이 개신교를 정죄하였으며, 자신들의 양 떼에 대한 통솔력을 잃었다. 사제에 불과하였던 개혁자들은 법과 질서를 유지하기 위해 세속 통치자들에게 기댈 수밖에 없었다. 독일에서는, 1526년의 슈파이어 의회 이후에 영주들이 교회 감독권을 자처하였으며, 자신들의 영내에 있는 교회를 선하게 혹은 악하게 관리하였다. 주민들은 수동적이었으며, 자기 자신들의 목회자마저 선출하지 못하였다. 스위스에서 우리는 이와는 달리 일종의 민주적인 감독제 혹은 공화제적인 군주 교황제(Caesaropapacy)를 보게 된다. 여기서는 시민들이 권력의 균형을 유지하며, 자신들의 뜻에 따라 자신들의 정부를 구성한다.

16, 17세기에 교회와 국가는 같은 신앙을 고백했으므로, 공통의 관심을 가지고 본질적인 조화 가운데 일하였다. 하지만 근대에 이르러 혼잡한 성격, 종교적인 무관심, 국가의 적대적이고 독재적인 경향으로 인해 이 둘 사이의 관계는 소

원하게 되었다. 그래서 자립, 자주의 원칙 위에서 (제네바, 보, 뇌샤텔과 같은) 몇 몇 주들에서 자유 교회들을 조직화하게 되었다. 국가는 무엇보다 공평해야 하며, 시민들이 믿고 있는 모든 종교를 지원해 주든지 그 어떤 것도 지원하지 않든지 해야 한다. 국가는 질서와 평화의 한도 안에서 모든 사람들에게 법적인 보호를 해주어야 한다. 하지만 교회는 자주권을 가지며, 정치인들의 간섭으로부터 자유로워야 한다.[57]

　종교개혁기의 목회자들 사이에서는 비록 형식적으로는 그렇지 않았다 할지라도 실질적으로는 츠빙글리가, 그리고 그 사후에는 불링거가 일종의 감독 정치를 행하였다. 그리고 이들의 뒤를 이어 그로스뮌스터 교회를 맡았던 목회자들이 취리히 주의 목회자들의 지도자 역할을 하였다. 이와 유사한 위치를 차지한 것이 바젤의 안티스테스(수석 목회자:본래 주교와 수도원장에 붙이는 호칭:Antistes or chief pastor)와 샤프하우젠의 안티스테스이다. 이들은 독일의 루터 교회의 감독에 상응하였다.

　츠빙글리는 개혁자들 가운데 최초로 교회 정치를 위한 정례적인 교회 대회(a regular synodical Church government)를 조직한 인물이었다. 이 대회는 시와 주의 모든 목회자들, 각 교구에서 평신도 대표 두 명, 소의회에서 네 명, 그리고 대의회에서 네 명으로 구성되었다. 이 복합적인 조직은 교회와 국가를 대표하는 것과 마찬가지로 성직자와 평신도를 대표하고 있다. 이는 일 년에 두 차례, 봄과 가을에 취리히 시청에서 모이게 되었다. 이 대회는 교리와 성직자들의 도덕적 생활을 감독하고 교회 내부의 일들에 관한 법률을 제정할 수 있는 권한을 가지고 있었다. 첫 번째 대회는 1528년 부활절에 열렸는데, 츠빙글리가 주재하였으며, 레오 유트가 그를 보좌하였다. 두 번째 대회는 1528년 5월 19일에 개회되었다. 회의록을 보면, 대회가 성직자들과 일반 신자들의 품행에 대해 엄격한 치리를 시행하였고, 무절제한 생활, 사치스러운 의복, 교회 의식을 태만히 하는 행위 등을 모두 책망하였음을 볼 수 있다.[58]

------

57) 스위스의 프로테스탄트 주 정부는 16세기에 수장을 당한 재세례파들보다 훨씬 사악한 온갖 오류와 이단들을 이제 설교단과 대학 강단에서 관용하고 지원하고 있다. 1839년 취리히 행정 당국은 무신론자인 Strauss 박사를 대학의 교의학 교수로 초빙하였다. 그러나 이 경우에는 그 지역 사람들이 자신들의 주권을 주장하면서 급진파가 자신들을 좌우하는 것을 막고 그 계획을 좌절시켰다.

하지만 독일어권 스위스에서는 칼빈의 영향 아래 제네바에서 이루어진 것과
같은 엄격한 치리는 결코 일어나지 않았다.

24. 츠빙글리와 급진주의의 충돌

츠빙글리가 로마 가톨릭과 벌인 논쟁을 살펴보았으므로, 이제 우리는 그것과
평행을 이루는 급진주의와의 갈등을 살펴보고, 츠빙글리 개혁의 보수적이고 교
회 중심적인 측면을 밝힐 차례이다. 급진주의는 재세례파 운동이라고 부르기도
하지만, 세례의 문제는 부차적인 것이었고, 오히려 교회와 사회 질서 전반의 재
건과 관련된 것이었다. 이는 혁명을 의미하는 것이다. 로마 가톨릭교도들은 의
기양양하게 이러한 혁명이야말로 종교개혁에 뒤따르는 당연하고 불가피한 결과
라고 지적하였다. 하지만 역사는 그 차이를 입증해 주었다. 자유는 방종 없이도
가능하며, 자유와 방종의 차이는 자유와 독재의 차이만큼이나 크다.

스위스 종교개혁은 독일의 경우와 마찬가지로 과도하게 지나친 행위들로 인
해 방해를 받았다. 스위스 종교개혁은 로마 가톨릭교와 극단적 개신교
(Ultraprotestantism)라는 두 개의 불꽃 사이에 위치하였다. 종교개혁 운동은 앞
뒤, 안팎에서 공격을 받았다. 로마 가톨릭교도들은 전통을 근거로, 급진파들은
성경을 근거로 공격하였다. 몇 가지 점에서 후자로부터 오는 위험이 더 컸다. 자
유는 그 대적자의 반대보다는 그 친구들의 남용으로부터 더욱 심각하게 위협을
받는 법이다. 만약 종교개혁 운동이 자신을 혁명과 동일시했다면 실패하고 말았
을 것이다. 츠빙글리는 성 요한이 적그리스도 선생들에게 했던 말을 급진파들에
게 적용시켰다. "저희가 우리에게서 나갔으나 우리에게 속하지 아니하였으니"
(요일 2:19). 그는 이런 극단적 프로테스탄트들과의 논쟁과 비교해 볼 때, 교황주
의자들과의 논쟁은 단순한 어린아이들의 게임에 불과하다고 보았다.[59]

종교개혁자들은 성경에 근거해서 옛 교회를 개혁하고자 하였던 반면에, 급진

---

58) *Opera*, III. B. 19 이하; Mörikofer, II. 121 이하.

59) 그는 Vadian에게 1525년 5월 28일 보낸 편지에서(*Opera*, VII. 398) 이렇게 쓰고
있다. "이전의 모든 싸움들은 그 이전에는 놀이였다."

주의자들은 성경으로부터 새로운 교회를 건설하고자 하였다. 전자는 역사적 계속성을 유지하였고, 후자는 바로 사도시대로 나아가고, 중간의 시기들은 배교시대로 생각해서 무시하였다. 개혁자들은 전체 시민들을 포함하는 대중적인 국가 교회를 세웠지만, 재세례파들은 자발성의 원칙에 근거하여 이 세상과 국가로부터 분리된 세례받은 신자들이라는 선택된 회중들의 교회를 조직하였다. 과거에 대한 역사의식과 존중심을 완벽하게 결여하고 있다는 것보다 더 급진파와 분파주의의 특징을 잘 표현해 주는 것은 없다. 이들은 극단적으로는 성경까지도 그 외적인 권위를 거부하며, 오직 내적인 영감에 의존한다. 비텐베르크에서의 루터의 사역을 방해하고자 했던 츠비카우 예언자들이 바로 이런 경우였다.

급진주의자들은 종교개혁자들이 로마 가톨릭을 상대로 효과적으로 행사했던바, 저항의 권리를 종교개혁을 상대로 사용하였다. 이들은 개신교를 상대로 저항을 한 것이다. 이들은 개혁자들이 일관성을 결여하고 있고 반(半)가톨릭에 불과하며, 그것도 최악의 형태라고 비난하였다. 이들은 국가 교회를 세속적이고 부패한 것이라고 비난하였으며, 그 목회자들은 삯꾼이라고 비난하였다. 이런 이들 또한 바리새적인 교만에 가득 차고, 혁명적이고 사회주의적인 경향을 지닌 자들이라는 비난을 받았다. 이들은 투옥, 추방, 고문, 불과 검으로 잔인하게 박해를 받았으며, 로마 가톨릭 국가들뿐만 아니라 프로테스탄트 국가들에서도 거의 완벽하게 억압을 받았다. 그 시대는 아직 무제한적인 종교적 자유와 회중파적인 자치를 허용할 만큼 성숙되어 있지 않았다. 재세례파들은 양심을 지키는 순교자들로 용감하게 죽음을 맞이하였다.[60]

츠빙글리는 급진파들을 상대로 본질적으로, 루터가 칼슈타트, 뮌처, 그리고 후프마이어와의 논쟁에서 보여주었던 것과 동일한 태도를 취하였지만, 이것은 루터의 영향을 받은 것이 아니라 그가 완전히 독자적으로 취한 태도였다. 이에 반하여, 루터는 츠빙글리를 칼슈타트나 과격파들과 혼동함으로써 그를 완전히 오해하였다. 츠빙글리는 이 작센의 개혁가와 똑같이 보수적이고 교회 중심적이

---

60) 루터는 그들을 마귀의 순교자라고 불렀다. 그러나 그가 위로의 편지를 보냈고 이단 순교자들에 대조되는 모범 순교자로 내세운 Leonhard Käser는(*Letters*, ed. De Wette, III. 179 참조) 그가 생각했던 것과 같은 루터파가 아니라, Scherding에 있는 재세례파 교회의 목사였다. 그는 1527년 8월 18일 Passau 주교의 명에 따라 화형을 당하였다. Cornelius, II. 56 참조.

었다. 그는 국가 교회 혹은 시민 교회를 옹호하고 유지하여, 이를 와해시키고자 하였던 분파주의자들과 분리주의자들에 대항하였다. 그렇지만 그의 입장은 더 이해하기 어려웠다. 그는 전통의 영향을 거의 받지 않았으며, 로마 가톨릭으로부터도 더 많이 떨어져 나왔다. 그 자신은 처음부터 교회 생활의 철저하고 실질적인 정화를 꾀했으며, 이런 점에서 그는 급진파들과 일치하고 있다. 더욱이 그는 한동안 유아 세례의 (옳음이 아니라) 유익함에 대한 회의를 품어, 그 성례를 분별력이 생기는 나이가 될 때까지 연기하는 것이 좋지 않을까 생각했었다.[61] 그는, 세례가 구원을 위해 필수 불가결한 것이어서 세례받지 않고 죽은 유아들이 구원을 받지 못한다는 로마 가톨릭의 교리를 거부하였다. 그는 마가복음 16장 16절의 "믿고 세례를 받는 자는 구원을 얻으리라" 라는 말씀은 이미 복음을 들은 바 있고 이를 믿을 수 있는 성인에게만 적용되는 것이지 아이들에게 적용되는 것은 아니라고 이해하였다.

그 후에 보다 성숙한 고찰을 통해, 그는 자신의 견해를 수정하였다. 그는 경험을 통해 신자들의 이상적인 교회를 실현하는 것이 불가능하다는 것을 깨닫고는, 이룰 수 있는 것에 만족하고자 하였다. 유아 세례에 관해서도, 그는 그것이 기독교 가정들에 유익이 있다고 생각하게 되었다. 그는 구약 성경에 나오는 할례의 유비(골 2:11)와, 모든 가족과 민족들을 포용하는 새 언약의 광범위함과, "내게 나아오는 어린 아이들을 막지 말라" 라는 그리스도의 명령으로 이를 변호하였다. 이러한 그리스도의 명령으로부터, 그는 어린아이에게 세례를 주지 말자고 하는 자들은 곧 이들이 그리스도에게 나아오는 것을 막는 것이라고 유추하였다. 그는 또한 기독교 자녀들이 교회의 구성원임을 암시하고 있는 고린도전서 7: 14을 그 근거로 제시함과 함께, 사도행전 16: 33, 18: 8, 그리고 고린도전서 1: 16에 나타나는 가족 세례의 예들도 근거로 제시하였다.

급진파 운동은 취리히에서 1523년에 시작되어서 1532년까지 지속되었다. 그

---

61) Hagenbach(p.357)는 Hottinger에 근거하여, 츠빙글리의 권고에 따라 취리히 시의회가 1525년 1월 17일 명령을 내려, 어린아이들의 세례를 8년 연기할 수 있도록 허용하였다고 진술하고 있다. 하지만 이것은 오류임에 틀림없다. 왜냐하면 1525년 1월 18일에 시의회는 재세례파들과의 논쟁 후에, 세례받지 못한 모든 어린이들에게 8일 안에 세례를 주라고 명하면서, 이를 어길 경우 그 부모들이 추방을 당할 것이라는 조건을 내세우고 있기 때문이다. Egli, *Actensammlung*, p. 276.

지도자들로는 콘라트 그레벨, 펠릭스 만츠, 게오르크 블라우로크, 그리고 투르가우의 루트비히 헤처가 있었다. 콘라트 그레벨은 취리히 최고 가문 출신으로서, 빈과 파리의 대학들에서 교육을 받은 평신도였으며, 츠빙글리는 그를 재세례파의 총지휘자라고 불렀다. 펠릭스 만츠는 그로스뮌스터 교회의 한 참사회원의 사생아로서, 좋은 히브리어 학자였다. 게오르크 블라우로크는 쿠어 수도원의 수도사로서, 뛰어난 언변으로 인해 "대단한 게오르크"(the mighty Jorg) 혹은 "제2의 바울"이라고 불렀다. 그리고 투르가우의 루트비히 헤처는 바덴슈빌의 목사로서, 한스 뎅크와 함께 히브리어로 된 선지서들을 프로테스탄트측으로서는 최초로 번역하였으며,[62] 제2차 취리히 논쟁 때에 서기로 일하면서 그 진행 과정을 기록해 내었다.

일단의 전직 사제들과 전직 수도사들이 이들과 연합하였는데, 비티콘의 목사인 빌헬름 로이블린, 촐리콘의 요한 브뢰들리(파니쿨루스), 횡의 시몬 스툼프 등이었다. 이들은 종교개혁 초기 단계에 적극적으로 참여하였던 자들로서, 성급하게 금식의 계율을 깨뜨렸으며, 성상 파괴론자들의 선두 진영에 섰었다. 이들은 여론과 츠빙글리의 질서정연한 방법을 앞서 나갔다. 이들은 십일조, 고리대금 행위, 병역, 맹세를 반대하였다. 이들은 시의 행정당국이 종교의 문제에 간섭할 권리가 없다고 주장하였다. 이들은 기도와 성경읽기를 위해 "한 형제"로서 "어머니 만츠"의 집과, 취리히 인근 지역, 특별히 촐리콘에서 함께 모였다.

칼슈타트와 뮌처와 같은 독일인 급진파들은 짧은 기간 동안 스위스의 라인강 유역에 머물렀지만 재세례를 베풀지는 않았으며, 세속 권력에 대한 반란을 제기했던 스위스 급진파들에게 어떠한 영향력을 행사하지도 않았다. 칼슈타트는 점차 온건한 경향을 띄게 되었지만, 뮌처는 농민 전쟁을 일으켜 칼을 잡았다가 결국 칼로 망하였다. 바이에른의 후프마이어 박사는 재세례파들 가운데 가장 학식이 뛰어난 자로서 핵심적인 옹호자였는데, 1523년 취리히에서 있었던 10월 논쟁에 참여하였다. 하지만 이후에 츠빙글리에 반대하는 책을 저술하여(1525년에는 「신자들의 세례에 관하여」, 1526년에는 「츠빙글리와의 대화」) 스위스에서 쫓겨

---

62) 그들이 번역한 예언서는 1527년(그리고 종종) 보름스에서 출판되었는데, 이는 취리히 성경(1529)과 1532년까지 완결되지 않은 루터 성경의 예언서들보다 시기적으로 앞선 것이다.

났으며, 모라비아에서 융성하는 교회를 조직하였다.

베른, 바젤, 장크트갈렌, 아펜첼, 라인강 상류 유역들, 남부 독일, 그리고 오스트리아에서 급진파의 견해들은 급속도로 퍼져나갔거나, 아니면 동시에 발생했다. 재세례파들은 이리저리로 내쫓겨 도망자 신분으로 복음을 전하면서 돌아다녔다. 이들은 회개와 믿음을 설파하고, 개종자들에게는 세례를 베풀고, 교회를 조직했으며, 엄격한 치리를 행사하였다. 이들은 자신들을 "형제" 혹은 "기독교인"이라고 칭하였다. 이들은 진지하고 열정적이었으며, 자기를 부인하고 영웅적이었지만, 침착하지 못하고 참을성이 부족하였다. 이들은 신약 성경을 자신들의 신앙과 실천에 있어 유일한 규범으로 삼았으며, 이 점에 있어 개혁자들과 일치하였다. 하지만 가톨릭 전통과는 완전히 단절하였으며, 루터의 법정적이고 오직 믿음에 의한 칭의론과 실제적 임재는 거부하였다. 이들은 선행의 필요성을 강조하였으며, 율법을 지키고 완전에 도달하는 것이 가능하다고 여겼다. 이들은 일반적인 기독교 신앙의 대부분의 조항들에 있어서는 정통의 입장을 견지하였다. 단지 헤처와 뎅크는 예외적으로 삼위일체 교리와 그리스도의 신성을 의심하였다.

급진주의자들의 가장 우선적인 목표는 (일반적으로 이야기되고 있는 것과 같은) 유아 세례 반대가 아니었고, 물을 뿌리느냐 붓느냐와 같은 세례 방식에 대한 것은 더더욱 아니었으며, 세상의 혼합된 교회에 반대하여 회심자들로 구성된 순수한 교회를 확립하는 것이었다. 유아 세례에 대한 반대는 필연적인 결과로 따라온 것일 뿐이다. 이들은 로마 가톨릭으로부터 분리되는 것에 만족하지 않았고, 모든 신성치 못한 것으로부터 분리되고자 하였다. 이들은 예루살렘에서 제자들이 보여준 모범, 즉 회당과 세상을 떠나 다락방에서 모였으며 자신들의 소유를 팔아서 모든 것을 공동으로 소유했던 모범을 따르고자 하였다. 이들은 처음에는 츠빙글리를 자기들 편으로 만들고자 하였으나 수포로 돌아갔다. 그런 다음 이들은 츠빙글리를 진리를 배반한 자라고 비난하면서, 교황보다 더 미워하였다.

츠빙글리가 재세례파들을 따랐다면, 질서를 사랑하는 자들 사이에서 종교개혁이 불신을 받게 되고 정부와 대다수 국민들의 반대를 불러일으키게 되었을 것이다. 아우구스티누스가 분파적인 도나투스파들에게 반대하였듯이 츠빙글리도 재세례파에 반대하였다. 그는 절제와 인내를 촉구하였다. 그는 사도들이 오직 복음을 공개적으로 대적하는 자들과 어둠의 사역들로부터만 분리되었으며, 연약한 형제들은 포용했다고 말하였다. 분리가 교회의 해악들을 치유하지는 못한다. 비록 연약하고 병들었으나 그리스도의 양 떼에 속하는 정직한 사람들이 많이 있으며, 이들은 분리를 당하면 실족하게 될 것이다. 그는 그리스도의 "나를 대적하지 않는 자는 나를 위하는 자"라는 말씀과, 가라지와 알곡의 비유를 그 근거로 하였다. 만약 모든 가라지가 지금 제거되어야 한다면, 최후의 심판 날에 천사들이 할 일이 아무것도 남지 않을 것이다.

25. 세례 논쟁

세례받은 모든 사람을 포용하는 혼합된 국가 교회 혹은 시민 교회에 대한 반대는 당연히 유아 세례에 대한 반대로 이끌었다. 새로운 교회는 새로운 세례를 요구하였다.

이제 이것이 심각한 문제가 되었다. 급진주의자들은 성경에서 유아 세례의 근거를 전혀 찾을 수 없었기 때문에, 이것이야말로 교황과[63] 사탄이 고안해 낸 것이라고 비난하였다. 이들은 세례가 교육, 신앙, 그리고 회심을 전제로 하는데, 유아들의 경우 이것이 불가능하다고 추론하였다.[64] 따라서 이들은 성인과 책임 있는 회심자의 자발적인 세례만이 유일하게 유효한 세례라고 주장하였다. 이들은 세례가 구원에 필수적이라는 것을 부인하고, 유아는 물세례를 받지 않고도 그리스도의 피로써 구원을 받을 수 있다고 주장하였다.[65] 하지만 세례는 회심의 상징이자 인침으로서 교회 구성원들에게 필수적인 것이다.

---

63) 이들은 전적으로 Hildebrand — 이후에 그레고리우스 7세가 된다 — 의 통제 하에 교황권을 행사하고 있었던 니콜라우스 3세(A.D. 1059–1061)에게서 그것이 비롯되었다고 말하고 있다. 하지만 이러한 언급은 당시 사람들이 교회사에 대해 얼마나 무지했는지를 보여준다. 유아 세례는 교황제보다 훨씬 역사가 오랜 것이다.

64) 후프마이어는 Waldshut에 있을 때 처음에 세례 대신에 아이들에게 간단한 축사를 해주었는데, 부모들이 원하는 경우에는 세례를 베풀어 주었다. Gieseler, III. A. p. 210, note 참조.

65) 아우크스부르크 신조(제9조)는 재세례파들이 "어린아이들은 세례 없이는 구원받을 수 없다"라고 가르친다고 정죄하고 있다.

세례에 대해 이렇게 이해하게 됨으로써, 결과적으로 이들의 새로운 교회에 가입하고자 하는 자들에게 재세례가 행해지게 되었다. 그래서 유아세례파라는 이름과 더불어 재세례파라는 이름이 생겨나게 되었다. 하지만 이들은 이렇게 불리는 것을 거부하였는데, 왜냐하면 이들은 회심자들에게 주어지는 세례를 제외한 다른 어떤 세례도 없다고 믿었기 때문이다.

재세례에 대한 요구는 사실상 전체 기독교 세계를 세례받지 못한 무리이자 비기독교인으로 만드는 것이었으며, 역사적 교회와의 완전한 결별을 고하는 것이었다. 현재와 과거를 연계시키는 마지막 줄을 끊어버린 것이다.

재세례의 첫 번째 예는 츠빙글리와의 논쟁이 있은 직후인 1525년 2월에 그레벨이 블라우로크를 재세례한 것이다. 사적인 종교 모임에서 블라우로크는 그레벨에게 자신의 신앙고백에 근거한 진정한 기독교 세례를 베풀어 달라고 요청하면서 무릎을 꿇고 세례를 받았다. 그러고 나서 그는 그 자리에 있는 다른 모든 사람들에게 세례를 주었으며, 그들과 더불어 성찬에 참예하였다. 아니, 그들이 말하는 대로 빵을 떼는 예식을 행하였다.[66] 로이블린은 1525년 부활절에 발트슈트에서 재세례를 시행하였으며, 그 필연성에 대해 후프마이어를 설득하여 그와 약 60명의 사람들에게 재세례를 베풀었다. 후프마이어가 또한 3백 명에게 재세례를 주었다.[67]

세례는 특정한 형식, 시간, 장소, 특정한 사람에 얽매이지 않았다. 누구든지 세례받고자 하는 회심자들에게 그 의식을 집례할 수 있었다. 처음에는 대부분 집에서, 물을 뿌리거나 붓는 방식으로 행해졌고, 가끔은 강에서 부분적으로 혹은 전체적으로 침수하는 방법으로 이루어졌다.[68]

세례의 **형식** 문제는 16세기에 재세례파와 유아세례파 사이에서 논쟁의 대상이 되지 않았다. 로마 교회는 침수와 물을 붓는 방법을 다 똑같이 유효한 것으로

---

66) Füssli, II. 338.

67) 그래서 후프마이어는 취리히에서 행정관들 앞에서 증언하였다(Egli, *Actensammlung*, p.431). 하지만 세례의 형식에 대해서는 아무런 언급도 없었다. 얼마 지나지 않아 후프마이어는 츠빙글리의 이름을 거론하지는 않았지만 그에 반대하는 자신의 책 *Von dem Christlichen Touff der Gläubigen*을 출판하였다. 츠빙글리 또한 1525년 11월에 이에 대응하였다. A. Baur, *Zwingli's Theol.*, II. 137 이하, 141 이하.

68) Nitsche, p. 30.

제시하였다. 루터는 침수를 선호하여, 자신의 세례 예식에서 그렇게 시행하도록 정하였다. 영국에서는 17세기 중반에 이르기까지 침례가 **통상적인** 형식이 되었다.[69] 침수는 영국과 미국의 침례교도들에 의해 **유일한** 세례 형식으로 채택되었다. 반면에 초기의 재세례파들은 물을 뿌리거나 붓는 방식으로도 세례를 받았다. 취리히에서 이들을 상대로 제기된 소송들을 기록한 문서를 통해 이 사실을 알 수 있다. 블라우로크는 물을 뿌리는 방식으로[70], 만츠는 물을 붓는 방식으로[71] 세례를 받았다. 스위스 재세례파들 가운데 최초로 침수 세례를 받은 명백한 예는 볼프강 울리만(Wolfgang Uliman, 이전에 쿠어 수도원의 수도사였던 자로, 한동안 장크트갈렌에서 케슬러(Kessler)의 조력자로 일했다)이다. 그는 그레벨이 샤프하우젠으로 가는 길에 회심시킨 자로서, "기껏 접시에서 물이 뿌려지는" 것에 만족하지 않고, "라인강에 완전히 몸을 담근 것이다."[72] 1525년 4월 9일 종려주일에 그레벨은 장크트갈렌에서 몇 마일 떨어진 지터 강에서 많은 사람들에게 세례를 베풀었다. 샌티스 강에서 시작해서 투르 강으로 흘러가는 이 강은 침례를 행하기에 적당할 정도로 깊었다.[73]

침례교도들은 성찬을 극도로 단순한 양식으로 거행하였다. (원래의 성찬 제정의 말씀과 애찬을 본받아) 소박한 식사 후에 제정의 말씀을 낭독하고, 빵과 포도주를 분배하였다. 이들은 그 의미를 단순한 기념으로 축소하였다.

신자들의 순수한 교회, 그리고 신자들의 세례라는 이 두 개념은 재세례파 신

---

69) 에드워드 6세와 엘리자베스 여왕은 영국 기도서의 규정에 따라 침례를 받았다. 에라스무스는 "(유럽 대륙에서는) 우리와 함께 어린아이들에게도 물을 뿌렸고, 영국에서는 침례를 행하였다"라고 하였다.

70) 1525년 2월 7일 14명의 재세례파들을 재판할 때, Marx Bosshard는 다음과 같이 증언하였다. Zumikon의 Hans Bruggbach가 집회 중에 신약 성경 부분을 낭독한 후에 자신의 죄를 고백하고 회개하고 난 다음, 자기의 회심의 증표로 성부와 성자와 성령의 이름으로 자기에게 물을 뿌려 달라고 요청하였으며, 이에 블라우로크가 그에게 물을 뿌려 주었다. Egli, *Actensammlung*, p. 282.

71) 같은 책, p. 283.

72) Kessler, *Sabbata*, I. 266. Burrage, 105와 비교하라.

73) Burrage, p. 117. 내가 Herisau(Appenzell)의 Steiger에게서 들은 바에 의하면, 근대에 들어 장크트갈렌과 아펜첼의 재세례파들은 지터 강에서 침례를 행하는데, Schlatter 사후에 그들의 수가 급격히 감소했다고 한다.

앙고백에서 가장 근본적인 항목들이었다. 다른 점들에 관해서는 의견도 무척 다양하고 혼동의 모습도 있었다. 일부 사람들은 죽음과 부활 사이의 영혼 수면, 그리스도의 천년왕국 통치, 그리고 최후의 회복을 믿었다. 또 다른 일부의 사람들은 공산주의적이고 사회주의적인 견해를 품었는데, 이는 결국 뮌스터의 참사(1534)로 귀결되고 말았다. 극심한 비도덕적 행위들이 여기저기서 발생하였다.[74]

하지만 일부 사람들의 터무니없는 망상과 행위를 전체 집단에 전가시키는 것은 정당하지 못하다. 스위스 재세례파들은 스위스 국경에는 거의 미치지 못했던 농민 전쟁과는 아무런 연관도 없었다. 그들은 전체적으로 볼 때 모라비아 재세례파들과 마찬가지로 소박한 경건과 엄격한 도덕적 삶을 특징으로 하였다. 이들에 반대하였던 불링거도 취리히 급진주의자들이 사치, 폭음과 폭주, 그리고 모든 악덕을 미워하고, 진지하고 영적인 생활을 했다는 점은 인정하였다. 마찬가지로 이들을 반대하였던 장크트갈렌의 케슬러는 그들이 기꺼이 순교를 하는 것을 보고 이렇게 소리쳤다. "보라! 저 사람들에 대해 내가 무슨 말 하리요? 저들이 하나님에 대해 열심은 있으나 지식이 없으니, 너무나 가련하구나." 그리고 동시대의 로마 가톨릭 신자였던 살랏(Salat)도 이렇게 기록하였다. "밝고 웃는 얼굴로, 그들은 죽음을 열망하고 청하였으며, 독일어로 된 시편과 다른 기도문들을 노래하면서 죽음을 향해 나아갔다."[75]

재세례파들은 독일어로 된 초기 프로테스탄트 찬송들을 몇몇 만들어 내었는데, 이는 역사적으로 의미가 있다. 그것들 중 일부는 그 실제 저자들이 누군지 모른 채로 정통 프로테스탄트 찬송가에 포함되어 전해져 왔다. 블라우로크, 만츠, 후트, 헤처, 코흐, 바그너, 랭만텔, 자틀러, 쉬머, 글라이트, 슈타인메츠, 뷔헬, 그리고 다른 많은 사람들이 기독교 성가집의 흥미로운 한 지류에 공헌하였다. 재세례파의 시편곡과 찬송가들은 슈벵크펠트와 그 추종자들의 찬송가와 유사하였다. 이 찬송들은 기독교인의 내적인 생활, 중생의 신비, 성화, 그리고 그리스도와의 개인적 연합 등을 강조하고 있다. 이것들은 시종일관 경건의 정신,

---

74) 장크트갈렌과 아펜첼에서도 마찬가지였다. Cornelius, II, 64 이하를 보라.

75) 츠빙글리와 노선을 같이했던 A. Baur는 그럼에도 불구하고 "스위스 재세례파들의 대부분은 조용하고 진지한 성품을 지닌 훌륭한 사람들로서, 시민으로서 흠이 없는 존경할 만한 사람들이었다"라고 인정하지 않을 수 없었다.

헌신, 그리고 고난을 기꺼이 감내하는 정신, 그리고 언제나 순교당할 준비가 되어 있는 정신을 표현하고 있다. 이 찬송들은 거룩한 목자를 본받아, 항상 도살당할 준비가 되어 있는 그리스도의 흩어진 양 떼를 위로하고 격려하기 위한 십자가의 찬송이었다.

26. 재세례파에 대한 박해

이제 분리주의자들에 대해 취해진 조처들을 살펴보자. 처음에 츠빙글리는 개인적인 회담을 갖고 그들을 설득하고자 하였으나, 이는 수포로 돌아갔다. 그런 다음에는 공개적인 논쟁이 벌어졌는데, 이는 1525년 1월 17일 시청에서 관리들의 명에 따라 이루어졌다. 그레벨은 이러한 공개 논쟁에 반대하였지만, 만츠와 로이블린과 함께 그곳에 참석하였다. 이들은 유아 세례에 반대하는 통상적인 논거들, 즉 유아들은 복음을 이해할 수 없고, 회개도 할 수 없으며 신앙을 실행할 수도 없다는 것을 주장하였다. 츠빙글리는 이에 대해 답하면서, 특별히 할례와, 바울이 기독교인 부모의 자녀를 "거룩하다"고 말하고 있는 고린도전서 7: 14에 의거하였다. 그는 이후에 자신의 견해를 「세례, 재세례, 그리고 유아 세례에 관하여」(*On Baptism, Rebaptism, and Infant Baptism*)라는 책으로 출판하였다. 이 논쟁에 참석하였던 불링거는 재세례파들이 츠빙글리의 논거들을 반박하지 못했으며 자신들의 근거를 지켜내지 못하였다고 기록하고 있다. 3월에 두 번째 논쟁이 열렸고, 또 11월에 세 번째 논쟁이 열렸지만, 별다른 소득은 없었다. 시 당국은 재세례파에 반대하는 결정을 내리고 법령을 공표하였다. 그 내용은 유아 세례가 이전처럼 시행되어야 하고, 자기 아이들의 세례를 거부하는 부모들은 가족과 소유를 가지고 도시와 주를 떠나야 한다는 것이었다.

재세례파들은 이에 복종하기를 거부하고, 대담한 시위를 감행하였다. 이들은 행렬을 정비하여, 회개를 주창하는 설교자들처럼 베옷을 걸치고 띠를 두른 채로, 찬송하고, 기도하고, 촉구의 말을 하고, 옛 용(츠빙글리)과 그의 뿔들을 욕하며, "취리히에 저주, 저주가 있으리라!"[76] 라고 외치면서 취리히 거리를 행진하였

---

76) Zwingli, *Opera*, III. 364.

다.

지도자들은 체포되어서 아우구스티누스회 수도원에 감금되었다. 일단의 목회자들과 관리들이 그들을 설득하기 위해 파견되었다. 24명이 전향하여 석방되었다. 14명의 남자와 7명의 여자들은 뜻을 굽히지 않아 마녀 탑에 감금되었는데, 이들은 4월 5일 이곳을 탈출하였다.

그레벨, 만츠, 그리고 블라우로크는 다시금 체포되어, 공산주의적이고 혁명적인 내용을 가르쳤다는 혐의를 받았다. 몇 차례 난폭한 취급을 한 이후에, 관리들은 자신들의 오류를 완고하게 고집하는 자들은 물에 빠뜨려 죽이겠다고 위협하였다. 침례를 베푸는 자들은 침례를 받을 것이라니, 이 얼마나 잔인한 아이러니인가.

츠빙글리가 정말로 이러한 사형 선고에 동의했는지 여부는 알려져 있지 않지만, 분명한 것은 그가 공개적으로 이에 반대하지는 않았다는 것이다.[77]

1527년에서 1532년 사이에 취리히에서는 6명이 처형당하였다. 만츠가 최초의 희생자였다. 그는 1527년 1월 5일에 묶인 채로 배에 실려서 호수 가까이 림마트 강에 던져졌다. 그는 자신이 진리를 위해 죽게 된 것을 하나님께 감사하면서, 커다란 소리로 "오 주님, 당신의 손에 제 영혼을 의탁합니다" 라고 기도하였다. 불링거는 이 영웅적인 죽음을 기록으로 남겼다. 그레벨은 일년 먼저인 1526년에 죽음으로써 이 같은 운명을 피할 수 있었다. 마지막으로 처형당한 사람은 1532년 3월 23일에 수장을 당한 하인리히 카르피스와 한스 헤르초크였다. 외국인들

---

77) Egli(*Die Zürcher Wiedertäufer*, p. 93)는 만일 그가 승낙했다면 그것은 마지 못해서였을 것이라고 생각한다. 그것은 칼빈이 강한 의무감에서 세르베투스를 화형에 처한 것과는 다른 경우라는 것이다. Keller(*Die Reformation*, p. 407, note)는 후프마이어에 의거하여, 츠빙글리가 1525년에 설교하면서 재세례파들을 "제국의 법에 따라" 참수해야 한다고 말했다고 한다. 그러나 이것을 입증할 아무런 증거가 없으며, Baur(II. 180)는 이것을 부인한다. 만츠의 경우에 대해 카피토와 츠빙글리가 교환한 서신을 참조하라. *Opera*, VIII. 16, 30, 44. 슈트라스부르크의 카피토는 영웅적으로 죽어간 만츠의 처형으로 인해 괴로워하고 있었는데, 츠빙글리는 행정 당국에서도 내키지는 않지만 필요한 조처라서 어쩔 수 없이 그에게 사형을 선고한 것이라고 말해 주었다. 물론 이것은 만족스럽지 못한 일이다. 이 경우에는 세르베투스의 경우에서처럼 추방이 충분히 가혹한 처벌이었을 것이다.

은 추방되어, 로마 가톨릭 국가들에서 죽임을 당하였다. 블라우로크는 채찍에 맞고, 추방당하였다가, 1529년에 티롤 지방의 클라우젠에서 화형당하였다. 육체적인 죄에 빠져든 헤처는 1529년 2월 24일 콘스탄츠에서 간음과 중혼의 죄로 참수되었다. 츠빙글리주의자인 요한 츠빅(John Zwick)은 "콘스탄츠에서 그처럼 고상하고 남자다운 죽음은 일찍이 없었다"고 말하고 있다. 토마스 블라우러도 이와 비슷한 증언을 하고 있다.[78] 1525년 12월에 발트슈트에서 취리히로 도망해 온 후프마이어는 관리들 앞에서 시험을 받고 자신의 신념을 철회하였으나, 나라 밖으로 내쫓긴 다음에는 이를 다시 번복하였다.[79] 그는 모라비아에서 성공적으로 사역하다가, 1528년 3월 10일 빈에서 화형당하였다. 그로부터 사흘 뒤에 그가 발트슈트에서 결혼하였던 그의 신실한 아내가 도나우 강에 수장되었다.

다른 스위스 주들도 재세례파에 대해 취리히와 같은 조처들을 취하였다. 추크(Zug)에서는 1529년 8월 17일에 로렌츠 퓌르스트가 수장되었다. 아펜첼에서는 울리만과 다른 사람들이 참수되었으며, 몇몇 여성들은 수장당하였다. 바젤에서는 오이콜람파디우스가 재세례파들과 서너 차례 논쟁을 벌였으나, 아무런 유익도 없었다. 그 결과 시의회는 그들을 추방하면서, 다시 돌아오면 그때는 수장시키겠다고 협박하였다(1530년 11월 13일). 베른 시의회도 이와 똑같은 과정을 밟았다.

독일과 오스트리아에서 재세례파들은 더욱 참혹한 대접을 받았다. 1529년 4월의 슈파이어 의회는 "모든 재세례파들과 세례를 다시 받는 자들은 남녀를 불문하고 칼, 불, 기타의 방법으로 사형에 처해질 것이다"고 공표하였다. 이단들을 보다 관대하게 대하였던 슈트라스부르크와 헤센의 필립공의 영지를 제외한 모든 곳에서 이 법령은 엄격하게 수행되었다. 대부분의 피는 로마 가톨릭 국가들에서 뿌려졌다. 고리치아(이탈리아 도시)에서는 재세례파들이 모여서 예배를 드리던 가정집이 불태워졌다. 코르넬리우스는 이렇게 전한다.[80]

---

78) Burrage는 헤처에게 부도덕하다는 혐의를 씌우는 것이 부당하다면서 그를 옹호하고 있다. 하지만 Keim과 Cornelius는 그러한 비난의 입장을 유지하였다.

79) Baur, II. 173 이하. Rud. Stahelin, *Briefe aus der Reformationszeit*(Basel, 1887)에 들어 있는, 츠빙글리가 카피토에게 보낸 1526년 1월 1일자 편지, p. 20.

80) *l.c.* II. 57 이하.

티롤과 고리치아에서 1531년 한 해 동안 처형된 사람의 수가 거의 천명에 달한다. 엔시스헤임에서는 6백 명이 죽었고, 린츠에서는 73명이 6주만에 죽임을 당하였다. 바이에른의 빌헬름 공은 누구보다도 이들을 혹독하게 다루어서, 회개하는 자들은 모두 목을 잘라 죽이고, 끝내 개심하지 않는 자들은 화형시키라는 무시무시한 명령을 내렸다 … 대부분의 북부 독일 지역에서 박해는 마치 사냥이라도 하듯이 창궐하였다 … 이런 가련한 사람들의 피가 마치 물과 같이 흘러서 주님께 도움을 부르짖었다 … 하지만 이들 수백 명의 사람들은 나이와 성별을 불문하고 아무런 불평 없이 고문의 고통을 감수하였으며, 자신들의 뜻을 철회함으로써 목숨을 구걸하고자 하지 않았다. 그리고 기쁘게 시편을 노래하면서 처형장으로 나아갔다.

순교자들의 피는 결코 헛되게 흘려지는 법이 없다. 재세례파 운동은 패배하였으나, 파괴된 것은 아니었다. 이는 메노파, 영국과 미국의 침례교, 그리고 최근에는 유럽의 여러 독립 교단들 속에 살아남았다. 세례의 대상과 방법 문제는 지금도 침례교와 유아세례파 교회들을 분리시키고 있지만, 세례받지 못한 유아들이 구원받는다는 교리는 이제 더 이상 이단으로 정죄되지 않는다. 그리고 스위스와 독일의 재세례파들이 고통을 당하고 죽임을 당하면서도 지키고자 했던 원칙인 종교의 자유와, 교회와 국가의 분리라는 원칙도 점차 진전되고 있다. 독일과 스위스는 그 정책을 바꾸어, 침례교, 감리교, 그리고 다른 비국교파들에게 이전에는 주어지지 않았던 공공 예배의 자유를 허용해 주고 있다. 그리고 국가 교회들은 이들을 통해 더욱 활력을 제공받는 유익을 얻고 있다. 영국에서 침례교는 비국교파 가운데 가장 대표적인 교단 중 하나이며, 미국에서도 감리교와 로마 가톨릭 다음으로 큰 교단이다.

27. 성찬 논쟁: 츠빙글리와 루터

츠빙글리와 루터 사이의 성찬 논쟁은 이미 독일 종교개혁과 연관해서 살펴보았으므로, 여기서는 간략하게 살펴보고자 한다. 성찬 논쟁은 1524년부터 1529년까지 지속되었으며, 마르부르크 회담에서 그 정점을 이루었다. 이 회담에서 양측은 가장 긴밀하게 의견을 나누었지만 결국은 일치를 이루지 못하였으며, 이 두 사람의 투사는 성찬 제정의 말씀과 육체적인 임재에 대한 문자적인 해석을 찬성하거나 혹은 반대하는 논증을 아주 명쾌하고도 설득력 있게 제시하였다.

츠빙글리와 루터는 개인주의, 분리주의, 분파주의에 반(反)하는 것으로서의 국가 교회 혹은 시민 교회의 원칙에 동의하였다. 양자는 교회의 역사적 연속성을 옹호하였으며, 자발성의 원칙 위에서 새로운 교회를 건설하고자 한 혁명적인 급진주의는 배격하였다. 양자는 회심한 자들로 구성된 새로운 교회와 함께 새로운 세례를 도입하였던 재세례파들에 대항하여, 유아 세례를 기독교 가정 신앙의 일부분으로 유지하였다. 루터는 일반적인 견지에서 두 사람 사이의 이러한 일치를 결코 인지하지 못하였으며, 처음에는 츠빙글리를 칼슈타트나 급진주의자들과 혼동하는 치명적인 실수를 하고 말았다.[81]

하지만 성례에 관한 일반적인 이론에 있어서, 그리고 특별히 성찬 이론에 있어서 이 두 개혁자 사이에는 뚜렷한 차이가 있었다. 츠빙글리는 루터와 재세례파 사이의 중간 지대에 서 있었다. 그는 성례를 장차 받을 은혜의 수단이라기보다는 이미 받은 은혜의 상징이자 인침이라고 이해하였다. 그에 따르면, 성례는 그것이 의미하는 바를 설명하고 확증하는 것이지 창조하는 것이 아니다. 그는 세례시의 중생과 성찬에서의 육체적 임재를 부인하였다. 반면에 루터는 이 두 가지를 다 고집스럽게 고수하였으며, 이로부터 떠나는 것을 가증한 이단으로 취급하였다. 츠빙글리의 이론은 영적으로 해석하고 합리적으로 설명하는 그의 사고 경향을 드러내고 있으며, 루터의 이론은 그의 실제적이고 신비적인 성향을 보여준다. 하지만 양자는 하나님의 말씀이자 신앙과 실천의 최상의 규범으로서의 성경에 똑같이 진지하게 헌신하였다.

이 두 사람이 마르부르크에서 서로를 대면하였을 때 — 평생에 한 번, 오직 한 번 — 이들은 15개 조항 가운데 14개 조항에 합의를 이루었다. 그리고 15번째 신조에 대해서도 주된 부분, 즉 그리스도의 몸과 피의 영적인 임재와 향유에 대해서는 합의에 이르렀다. 단지 육체적인 임재와 구두 섭취에 대해서만 한 사람은 부인하고 다른 한 사람은 주장하였다. 츠빙글리는 이때에 논쟁가로서 뛰어난 능력과 함께 신사로서 최상의 예의와 관대함을 보여주었다. 루터는 츠빙글리가

---

81) 이러한 오해에 대한 Baur의 입장에 대해서는 A. Baur, *Zw. Theol.*, II. 811을 보라.

"매우 좋은 사람"[82]이지만 "다른 영을 가진 사람"이라는 인상을 받았고, 그래서 그가 눈물을 흘리며 내미는 교제의 손을 뿌리쳤다. 두 사람은 성질이 서로 다르고, 다른 교육을 받았으며, 서로 다른 상황을 통해 다르게 구비되었으며, 각각 자기 국민과 나라를 위한 존재들이었다. 그럼에도 그들의 사역의 결과는 역사가 증언하는 대로 본질적으로는 동일한 것이었다.

28. 츠빙글리의 저작들

1519년부터 1531년까지, 개혁자로서 공적으로 활동한 12년이라는 짧은 기간 동안 츠빙글리는 놀랍도록 왕성한 집필 작업을 하였다. 그는 교황주의자들과 급진주의자들을 공격하였으며, 자기 방어를 위해 그들에게 응대하는 글을 쓰지 않을 수 없었다. 그리고 종교개혁을 도모하는 친구들이 스위스 전역에서 그에게 조언의 글을 부탁하였으므로, 그는 막대한 서신 교환을 할 수밖에 없었다. 그는 때로는 라틴어로, 때로는 스위스식 독일어 방언으로 글을 썼다. 그의 몇몇 책은 레오 유트에 의해 번역되었다. 그는 자신의 동족들보다 훨씬 독일어 구사 실력이 뛰어났으나, 루터가 구사하는 독일어의 뛰어난 설득력과 아름다움에는 크게 미치지 못하였다. 그래서 스위스 바깥에서는 별다른 영향력을 행사하지 못하였다. 그의 전집은 편집자들(슐러와 슐테스)에 의해 8절판으로 된 8권으로 나왔는데, 그 가운데는 독일어로 80권, 라틴어로 59권에 달하는 책과 논문들, 츠빙글리가 주고받은 서신 모음집 2권이 들어 있다.

그의 작품들은 다음과 같은 7 종류로 나눌 수 있다.

1. 종교개혁적 내용의 논쟁적인 작품들

1) 교황제와 교황주의자들에 대해 반대하는 글(금식, 성상, 미사에 관한 글과, 파베르, 에크, 콤파르, 엠저 등에 대항하는 글).

2) 재세례파와의 논쟁에 관한 글.

---

82) 그는 9년 후에(1538) 불링거에게 보내는 편지에서 츠빙글리를 "가장 착한 사람"(optimus vir)이라고 불렀다.

3) 루터의 육체적인 실제적 임재설에 대항하여 쓴 성찬에 관한 글.

2. 종교개혁적 내용의 교리적인 작품들

「그의 67개 조항에 대한 해설」(1524), 「거짓 종교와 참된 종교에 대한 주석」(프랑스의 국왕 프랑수아 1세에게 헌정됨, 1525), 「하나님의 섭리에 관한 논문」(1530), 황제 카를 5세와 아우크스부르크 회의에 보낸 「신앙고백서」(1530), 그리고 그가 죽기 직전에 씌어져서 불링거에 의해 출판된 그의 마지막 신앙고백서(1531).

3. 실천적이고 예전적인 작품들

「목자」, 「세례와 성찬의 형식들」, 그리고 그의 설교들이 있다.

4. 주석서들

창세기, 출애굽기, 시편, 이사야, 예레미야, 4복음서, 그리고 대부분의 서신서들에 관한 강의 발췌문들이 있는데, 이는 레오 유트, 메간더, 그리고 다른 사람들에 의해 편집되었다.

5. 애국적이고 정치적인 작품들

외국 용병 제도에 대해 반대하는 글, 스위스 연맹과 취리히 의회에 보내는 글, 기독교 교육에 관한 글, 평화와 전쟁에 관한 글 등이 있다.

6. 시적인 작품들

「미로」와 「수소의 우화」(가장 초기의 작품들이다), 전염병이 창궐하던 시기에 씌어진 세 편의 독일어 시, 1529년에 씌어진 또 다른 시 한 편과, 시로 바꾸어 쓴 시편(제69편)이 있다.

7. 서신들

이를 통해 그의 광범위한 영향력을 알 수 있다. 이 편지들 가운데는 에라스무스, 푸치, 교황 하드리아누스 6세, 파베르, 바디아누스, 글라레아누스, 미코니우스, 오이콜람파디우스, 할러, 메간더, 베아투스 레나누스, 우르바누스 레기우스,

부처, 헤디오, 카피토, 블라우러, 파렐, 코만더, 불링거, 파기우스, 피르크하이머, 차지우스, 프로베니우스, 울리히 폰 후텐, 헤센의 필립 공, 뷔르템베르크의 울리히 공, 그리고 다른 저명 인사들이 츠빙글리에게 보낸 서신들이 포함되어 있다.

29. 츠빙글리의 신학

츠빙글리의 교리적인 작품들은 로마 신학과 루터파 신학과 구별되는 복음주의적인 개혁파 신학의 맹아들을 내포하고 있다. 그리고 동시에 칼빈주의 신학 체계와도 구분되는 몇 가지 독창적인 특징들을 지니고 있다. 그는 모든 개혁자들과 마찬가지로 초대 교회의 주요한 신조들을 받아들였으며, 삼위일체 및 그리스도의 인성-신성에 관한 정통 교리들을 수용하였다. 그는 루터와 마찬가지로 중세의 스콜라 신학이 부가시켰던 것들을 배격하였으며, 성례와 실제적 임재에 관한 교리에서는 전통적인 신학으로부터 더 많은 것을 제거하였다. 그는 칼빈보다 덜 논리적이고 철저하였다. 칼빈은 건설적인 천재성, 고전어 구사와 웅변적인 기교에 있어서 그를 능가하였다.

츠빙글리는 신약 성경와 에라스무스 타입의 인문주의 문화로부터 자신의 신학을 이끌어냈다. 고전에 대한 그의 애정은 그가 왜 다른 개혁자들과 달리 구원의 범위를 보다 폭넓게 설정하는지를 설명해 준다. 이로 인해 그는 멜란히톤과 보다 가까워질 수 있었을 테지만, 멜란히톤은 루터의 위압적인 영향력으로 인해 츠빙글리에 대해 강한 편견을 가지고 있었다. 츠빙글리는 전통적인 속박으로부터 자유로웠으며, 몇 가지 점에서 자신의 시대를 앞서고 있었다.

츠빙글리의 신학은 합리적인 초자연주의 체계로서, 심오하다기보다는 명쾌하고, 신비주의를 배격하며, 단순하고 경건하고 실천적이다. 그의 신학은 구원론 중심이며, 다음과 같은 근본적인 원칙들에 기반하고 있다:

— 성경은 구원을 위한 유일하고 확실한 길이다(인간의 전통을 배제시키고 종속시킨다).

— 그리스도는 하나님과 인간 사이의 유일한 구원자이자 중보자이시다(인간적인 중보와 성자 숭배를 배격한다).

— 그리스도는 가시적 그리고 비가시적 교회의 유일한 머리이시다(교황권을

배격한다).

― 성령의 활동과 구원의 은혜는 가시적인 교회에만 국한되는 것이 아니다
(배타주의 원칙을 파기시킨다).

1. 성경

츠빙글리는 성경, 특별히 신약 성경에 들어 있는 하나님의 말씀이야말로 기독
교인의 신앙과 실천의 유일한 규범이라고 강조한다. 이것이 그의 전체 신학을
지배하고 있는 개신교의 객관적인 원리이다. 츠빙글리는 자신의 67개 신조문에
서 이를 처음으로 분명하고 강력하게 선포하였으며(1523), 자신의 신학에서 성
경에 가장 중요한 위치를 부여하였다. 반면에 루터는 이신칭의 교리 혹은 주관
적인 원리를 전면에 내세웠으며, 바로 이것이 교회 존폐를 결정짓는 항목이라고
하였다.

하지만 이 두 개혁자들의 소위 두 가지 원리는 그리스도라는 하나의 원칙으로
용해된다. 그리스도는 유일하고 충분한 구원의 진리와 구원의 은혜의 원천이시
며, 인간의 전통과 인간의 공로와는 대조를 이루는 것이다. 그리스도는 성경 전
에도 계셨고, 성경의 시작이자 끝이 되신다. 복음주의적 기독교인들은 그리스도
를 믿기 때문에 성경을 믿는 것이지, 결코 그 반대는 아니다. 로마 가톨릭 신자
들은 자신들이 교회를 믿기 때문에 성경을 믿는다. 이들은 교회가 성경의 수호
자이자 무오한 해석자라고 믿는다.

성경의 범위, 영감을 받아 씌어진 책의 수와 관련하여, 츠빙글리는 가톨릭 정
경을 받아들였지만, 요한계시록은 예외로 하였다. 그는 이를 사도의 저작으로
보지 않았으며, 따라서 교리적인 목적을 위해서는 한 번도 사용하지 않았다.[83]
칼빈은 베드로후서의 진위성과 히브리서의 바울 저작을 의심하였다. 양자는 모
두 교회의 외적인 권위가 아니라 성령의 내적인 증언을 근거로 하여 정경을 수
용하였다. 루터는 한편으로는 성찬 논쟁에서 문법과 이성을 둘러싼 일체의 논쟁
을 배격하고, 성찬 제정의 말씀에 대한 극도의 문자적인 해석을 주장하였다. 하
지만 또 다른 한편으로 그는 신구약 성경의 몇몇 책들, 특별히 야고보서와 히브

---

83) 그는 여기서 사도 요한의 문체와 특질 모두를 놓치고 있다. 츠빙글리와 루터는
모두 "우레의 아들"의 계시록에 대해 비호의적인 판단을 하는 오류를 범하였다.

리서에 대해서는 너무도 과감하게 주관적인 비판을 가하였는데, 이는 이 두 서신서를 바울의 칭의론에 대한 자신의 이해와 조화시킬 수 없었기 때문이다. 이렇게 해서 그는 성경의 기원, 역사, 가치와 관계해서 충분하게 조사할 수 있는 프로테스탄트 권리를 주장하는 고등 비평 혹은 문자 비평의 선구자가 되었다. 개혁파 교회들, 특히 영어권의 개혁교회들은 이와 똑같은 권리를 주장했지만 그 권리의 행사에 있어서는 보다 신중하고 보수적이었다. 이들은 인간의 주관적인 경험보다는 객관적인 하나님의 계시에 보다 강조점을 두었으며, 비판적인 추정보다는 역사적인 증거에 더 중점을 두었다.

2. 영원한 선택과 섭리의 교리

츠빙글리는 하나님의 주권적인 선택이야말로 구원의 가장 중요한 원천이라고 생각하였다. 그는 1529년 10월 마르부르크 회담에서 하나님의 섭리에 관한 라틴어 설교나 신학 강연을 통해 자신의 이러한 생각을 발전시켰으며, 차후에 헤센의 필립 공의 특별한 요청에 따라 취리히에서 이를 출판하였다(1530년 8월 20일).[84] 루터는 이 강연을 듣고도 특별한 이의를 표하지 않았다. 다만 그는 설교단에서 그리스어와 히브리어를 인용하는 것을 좋아하지 않았을 뿐이다. 칼빈은 불링거에게 보낸 잘 알려진 편지에서 이 논문이 역설적이고 중용을 잃고 있다고 언급하였다. 이 논문은 확실히 정통적이라기보다는 훨씬 역설적이며, 경솔한 표현과 미심쩍은 예화들을 포함하고 있다. 하지만 이 논문은 루터의 책 「노예 의지론」(*Slavery of the Human Will*)이나 멜란히톤의 「신학총론」(*Loci*) 혹은 칼빈의 보다 원숙하고 신중한 진술들을 능가하지는 않는다. 모든 개혁자들은 본래 강한 아우구스티누스적 예정론자들이며 인간의 자유 의지를 부인하였다. 아우구스티누스와 루터는 인간론적인 전제들, 즉 인간의 전적인 타락에서 출발해서, 그 논리적인 결과로서의 예정론으로 나아갔다. 하지만 성례전적인 은혜를 보다 강조하였다. 칼빈보다 앞선 츠빙글리는 하나님의 절대 주권이라는 신학적 원칙과, 예지와 예정을 동일시하는 데에서 출발하였다. 그의 성경적 논거는 주로 로마서 9장에서 도출되고 있다. 로마서 9장은 참으로 선택의 자유를 강력하게 가르치고 있다.[85] 하지만 이 본문은 마찬가지로 인간의 책임을 명확하게 명하고 있는 10

---

84) *Opera*, vol. IV. 79-144. 레오 유트는 1531년 독일어 번역판을 내었다.

장, 그리고 이스라엘 민족과 이방의 나라들이 장차 개종할 것이라고 예언하고 있는 11장과 따로 떼어서 이해되어서는 안 된다.

츠빙글리는 타락전 예정론(supralapsarianism)에 빠지는 것을 두려워하지 않는다. 그는 하나님이 최상의 유일한 선이며, 만물의 전능한 근원이 되신다고 가르친다. 그분은 영속적이고 불변하는 섭리로써 이 세상을 다스리시기 때문에 우연이란 있을 수 없다. 아담의 타락과 그 결과까지도 그의 영원한 지식뿐 아니라 영원한 의지 가운데 포함되어 있다. 죄가 필요하지만, 이것은 오직 구속을 위한 수단으로서만 그러하다. 죄와 관련된 하나님의 개입은 죄로부터 자유하다. 왜냐하면 그분은 율법에 얽매이지 않으며 어떠한 악한 동기나 악의가 없으시기 때문이다.[86] 그분의 선택은 자유로운 것이고 독립적인 것이다. 그것은 신앙을 조건으로 하는 것이 아니고 신앙을 내포한다. 구원은 세례 없이도 가능하지만, 그리스도 없이는 불가능하다. 우리는 그리스도를 믿고 거룩함의 열매를 맺기 위해 선택된 것이다. 오직 복음을 듣고도 거부한 사람들만이 영벌로 예정되었다. 기독교인의 자녀들이 어려서 죽었다면 그들이 세례를 받았든 받지 않았든 모두 선택받은 자들 속에 포함되며, 그들이 어떠한 자범죄도 범하기 전에 일찍 죽었다는 사실은 그들이 선택받았다는 확실한 증거가 된다.[87] 교회 밖의 사람들에 대해서도 우리는 판단할 수 없으며, 하나님의 은혜는 다함이 없으므로 자비로운 희망을 품을 수 있을 것이다. 이러한 방향으로 츠빙글리는 다른 어떤 개혁자보다 더 자유로

---

85) 그는 특별히 하나님께서 바울의 마음을 굳게 했으며, 에서와 야곱이 태어나기 전부터 에서를 미워하고 야곱을 사랑하셨다는 바울의 말을 언급하고 있다. 그러나 이것은 그들의 역사적 지위에 대한 언급이지 그들의 영원한 구원이나 멸망에 대한 언급이 아니다.

86) *De Providentia Dei*(p. 113). 츠빙글리는 사람의 목숨을 취하는 행정관의 예를 들어 이 견해를 옹호한다. 그러므로 군인이 전쟁터에서 적을 죽이는 것은 살인이 아니라는 것이다. 멜란히톤은 다윗의 간음과 살인, 그리고 가룟 유다의 배반의 원인을 하나님의 충동에서 찾았지만(1521) 후일에(1535) "스토아적 운명론의 잔재"라고 여겨 이 입장을 버렸다.

87) 그는 다음과 같이 추론한다. 죄 이외에 다른 어떤 것도 우리를 하나님으로부터 분리시키지 않는다. 어린아이들은 실질적인 죄를 범하지 않았으며 그리스도께서는 원죄를 대속하셨다. 그러므로 어렸을 때 사망한 기독교인 부모의 자녀들은 택자들 중에 속한다.

윘으며 새로운 길을 열었다. 성 아우구스티누스는 세례적 중생의 교리와 미래의 정화라는 가설을 통해 예정론의 엄격성을 완화시켰다. 츠빙글리는 하나님의 계시와 성령의 사역을 가시적인 교회와 일반적인 은혜의 수단이라는 한계 너머까지 확장시킴으로써 이를 더욱 완화시켰다.

예정론을 희화화시키는 것은 무척 쉬운 일이다. 그리고 예정론은 죄가 필수적이라고 가르치고, 결국은 숙명론과 범신론으로 인도하고, 은혜 안에서 성장하려는 인간 노력의 필요성을 잠식시키며, 세속적인 안전감을 조장한다는 그럴듯한 반대 이유들을 들어 이를 치워 버리기는 쉬운 일이다. 하지만 누구든 역사를 이해하는 사람이라면 가장 강력한 예정론자들이 항상 가장 진실하고 적극적인 기독교인들 가운데 있었다는 사실 또한 알 것이다. 바로 이 예정론 체계의 핵심적인 옹호자들이었던 성 아우구스티누스와 칼빈보다 더 순수하고 거룩한 사람을 찾기는 어려울 것이다. 선택에 대한 개인적인 확신은 개혁자들, 위그노들, 청교도들, 그리고 맹약도들로 하여금 시련과 유혹의 시대에 의심과 나태에 대항할 수 있도록 힘을 불어넣어 주었다. 이러한 개인적인 적용에 있어서 개혁파의 예정론 교리는 아우구스티누스의 예정론보다 진일보한 것이라고 할 수 있다. 더군다나 죄를 하나님의 지혜와 거룩성과 조화시키는 일의 형이상학적 어려움, 그리고 논리와 양심의 요구를 조화시키는 일의 형이상학적 어려움을 조금이라도 인지하고 있는 사람이라면 누구나 하나님의 주권과 인간의 책임 사이의 명백한 충돌을 해결하고자 하는 어떠한 진지한 시도에 대해서도 조심스럽게 판단할 것이다.

그러나 우리는 개혁자들이 히포의 위대한 성인 아우구스티누스의 인도를 따라, 한쪽의 극단으로 치달았음을 말하지 않을 수 없다. 멜란히톤은 이를 깨닫고, 반(半)펠라기우스주의나 아르미니우스주의와 유사한 신인협력설(synergism)을 제기하였다. 오이콜람파디우스는 기독교인의 경험의 범위 안에 머물면서 이를 "우리의 구원은 하나님으로부터, 우리의 파멸은 우리로부터"(Salus nostra ex Deo, perditio nostra ex nobis)라는 정통적인 문장으로 표현하였다. 우리는 항상 이 문제의 신적인 측면과 인간적인 측면, 사변적인 측면과 실천적인 측면 둘 다를 유념해야 한다. 다른 말로 하면, 우리는 하나님의 주권성과 인간의 책임을 서로 보완하는 진리로 결합시켜야 한다. 지적인 논리뿐만 아니라 도덕적인 논리가 있는 것이다. 머리의 논리뿐 아니라 가슴과 양심의 논리가 있다는 것이다. 후자가 전자를 점검하여서 타락전 예정설이나 적어도 숙명론이나 범신론으로 빠지지 않도록 지켜야 한다. 이는 펠라기우스주의만큼이나 악한 것이다.

3. 원죄와 자범죄

여기서 츠빙글리는 아우구스티누스와 가톨릭의 체계를 떠났으며, 아르미니우스와 소키누스(소치니)주의로의 길을 열었다. 그는 타락의 끔찍한 저주와 원죄의 사실을 부인하지는 않았다. 하지만 그는 원죄를 — 개인적인 죄책을 내포하지 않으며, 실제적인 범죄 행위로 드러나지 않는 한 처벌의 대상이 되지 않는 — 일종의 재난, 질병, 자연적인 결함으로 간주하였다. 그렇지만 이것은 실제적인 죄를 싹틔울 맹아이며, 때가 되면 양들을 찢게 될 늑대의 본연적인 흉악성이다.[88]

4. 성례

특별히 성찬에 관한 교리는 루터파 신학과 구별되는 츠빙글리 신학의 가장 두드러지는 특징이다. 칼빈의 이론은 이 두 사람 가운데 자리하며, 루터파의 실재론과 츠빙글리의 정신적 경향을 결합시키고자 한다. 이 주제는 앞 장에서 충분히 다루었다.

5. 종말론

여기서 츠빙글리는 다시 다른 어떤 개혁자들보다 더 아우구스티누스와 중세 신학으로부터 멀리 벗어나고 있으며, 근대 신학을 예고하고 있다. 그는 (재세례파들과 함께) 세례를 받았든 받지 않았든 어려서 죽은 유아들의 구원을 믿었다. 그는 또한 이 땅에 살면서 진리와 정의를 사랑한 이교도들, 말하자면 무의식적인 기독교인들 혹은 기독교 이전의 기독교인들의 구원도 믿었다. 이는 그의 인

---

88) 그는 원죄를 라틴어로 defectus naturalis와 conditio misera로, 독일어로는 Berst 혹은 Gebrechen 즉 질병으로 묘사하고 있다. 그는 이것을 노예로 태어난 불행에 비유하고 있다. 그는 자신의 이러한 입장을 자신의 논문인 *De peccato originali ad Urbanum Thegium*, 1526(*Opera*, III. 627–645)와 카를 5세에게 보낸 자신의 신앙고백문에서 충분히 밝히고 있다.

문주의적 자유주의와, 고전에 대한 그의 열심과 밀접하게 연관되어 있다. 그는 그리스인들과 로마인들의 지혜와 덕을 높이 샀으며, 천국에서 아담으로부터 세례 요한에 이르는 구약의 성인들뿐 아니라 소크라테스, 플라톤, 핀다로스, 아리스토텔레스, 누마, 카토, 스키피오, 세네카와 같은 사람들과의 만남 또한 기대하였다. 그는 세상의 처음부터 마지막에 이르기까지, 선하고 거룩한 사람, 신실한 영혼을 소유한 사람으로서 영광에 싸인 하나님의 모습을 보지 못할 사람은 아무도 없다고 했다.[89]

츠빙글리는 구원이 오로지 하나님의 주권적인 은혜에서 비롯됨을 추적하였다. 하나님은 자기 뜻대로 누구든 어디서든 어떤 방법으로든 구원하시며 어떠한 가시적인 수단들에도 얽매이지 않으시는 분이다. 하지만 그는 종종 오해받고 있는 것처럼, 그리스도와 그의 대속 없는 구원을 가르칠 생각은 전혀 없었다. 그는 (자신의 67개 신조문의 셋째 항목에서) 다음과 같이 말하고 있다.

"그리스도만이 온 세상의 죄를 위한 유일한 지혜, 의로움, 대속, 속죄함이 되신다. 그러므로 우리가 구원과 속죄함의 또 다른 토대를 고백한다면 이는 그리스도를 부인하는 일이다."

그는 그리스도가 세례받지 못한 사람들에게 어디서, 언제, 그리고 어떤 방법으로 자신의 구원하시는 은혜로 나타나시는지에 대해 말하지 않는다(그리고 알지 못하였다). 이것은 인간의 눈에는 보이지 않도록 감추어져 있는 것이다. 하지만 우리에게는 무한하신 하나님의 지혜와 사랑을 제한할 권리가 없다.

로마 가톨릭 교회는 구원을 위해 세례가 필수적이라고 가르치고, 모든 이교도들은 지옥으로 가고, 세례받지 못하고 죽은 모든 유아들은 유아 림보(지옥의 경계 지역으로서, 불타는 고통도 없고 천국의 행복도 없는 곳이다)로 간다고 가르친다. 똑같은 세례 신학을 받아들였던 루터파 신학자들은 일관되게, 세례받지 못한 자들을 지복으로부터 제외시키든지, 아니면 확약되지 않은 하나님의 자비에 맡기든지 해야 한다. 츠빙글리와 칼빈은 구원이 영원한 선택에 좌우되는 것

---

89) 그는 자신의 편지들, 주석, 신의 섭리에 관한 논문에서 종종 이 주제에 관해 이야기하고 있으며, 프랑스 국왕에게 헌정한 *Exposition of the Christian Faith* 말미에서 가장 확신있는 어조로 이를 다루고 있다. Schaff, *Creeds of Christendom*, I. 382와 A. Baur, *l.c.* II. 772를 보라.

으로 만들었는데, 이렇게 될 때 구원은 가시적인 교회와 성례들 너머까지 무한
정하게 확장될 수 있다. 스코틀랜드 장로교회의 신앙고백은 세례받지 못한 유아
들을 저주하고 있는 교황청의 "끔찍한 교의"를 정죄하고 있다. 웨스트민스터 신
앙고백은 다음과 같이 가르치고 있다.

"유아기에 죽은 선택받은 유아들과 말씀의 사역에 의해 외형적으로 부르심을
받을 수 없었던 다른 모든 선택받은 자들은 그리스도에 의해, 자기 뜻대로 언제
든, 어디서든, 어떤 방법으로든 역사하시는 성령을 통해 구원을 얻는다."[90]

예전의 프로테스탄트 종말론은 미흡한 점이 있다. 이는 교황청의 연옥설을 거
부하면서도 그것을 대체할 수 있는 어떠한 대안도 제시하지 못하고 있다. 또한
(공인된 성경 번역판들에서는)[91] 하데스와 지옥을 혼동하고 있으며, 부활 이전의
중간 상태와 부활 이후의 최종적인 상태 사이의 구별도 없애고 있다. 로마 가톨
릭의 연옥은 불완전한 기독교인들의 운명과 관련해서 안도감을 제공해 주지만,
훨씬 많은 수의 세례받지 못한 유아들과 이생에서 한 번도 그리스도에 관해 들
어보지 못한 사람들과 관련해서는 아무것도 제공해 주지 않고 있다. 츠빙글리는
이 불가사의한 문제와 관련해서, 보다 자비롭고 희망적이면서도 하나님의 불편
부당한 정의와 다함이 없는 자비와 조화를 이루는 해결책을 찾아보고자 과감하
게 시도하였다.

유아기에 죽은 아이들과 무수한 이교도들의 구원을 바라는 그의 자비로운 소
망은 고대 그리스 교부들(순교자 유스티누스, 알렉산드리아의 클레멘스, 오리게
네스, 니사의 그레고리우스)의 사상이 보다 새롭게 되고 발전된 형태라 할 수 있
다. 이것은 침례파, 아르미니우스주의자, 퀘이커, 감리교인들에 의해 채택되었
으며, 현재는 모든 교파의 대다수 프로테스탄트 신학자들이 이를 받아들이고 있다.

---

90) Chapter X. 3. 그러나 "선택받은" 유아들은 엄격한 칼빈주의 체계 안에 "유기
된" 유아들이 있음을 암시하고 있다. 이러한 부정적인 특징은 이제 사라졌다. 이 주
제에 관해서는 Schaff, *Creeds of Christendom*, I. 378–384와 함께 같은 저자의 *Creed
Revision in the Presbyterian Churches*, New York, 1890, p. 17 이하를 참조하라.

91) 이 심각한 오류는 1881년의 개역 영어 성경에서 시정되었다. 19세기의 한 학자
가 Hades 혹은 Sheol(영적인 세계 혹은 죽은 자들의 영역)과 Gehenna(지옥, 혹은 유
기된 자들이 거하는 곳) 사이의 차이를 부인했는데, 이것은 시대착오적인 일이다.

제 4 장

스위스 종교개혁의 확산

30. 스위스 의회와 바덴 회의(1526년)

독일 제국의 의회가 루터파 운동을 반대했던 것과 마찬가지로, 스위스 의회도 츠빙글리의 종교개혁을 반대하는 입장을 취하였다. 두 의회는 모두 일원제였으며, 세습되는 귀족과 왕족들로 구성되었다. 따라서 시민들은 자신들이 직접 선택한 대표들에 의해 직접적으로 대변되지 않았다. 투표권을 가진 대다수의 사람들은 보수적이고 옛 신앙을 선호했지만, 보다 크고 번영하는 주에 거주하는 시민들과 자유로운 제국 도시들에 살고 있던 시민들은 대다수가 진보와 개혁을 선호했고, 결국 이들이 승리를 거두었다.

종교개혁 문제가 거듭하여 스위스 의회에 상정되었고, 적지 않은 자유주의자들이 심각한 악덕들을 폐지하고자 목청을 돋우었다. 하지만 대부분의 주들, 특히 루체른 호수 근처의 오랜 삼림 지역 주들은 일체의 쇄신에 대해 저항하였다. 베른은 정치적인 주도권을 지키고 싶어 전전긍긍하며 머뭇거렸다. 츠빙글리는 외국 용병 제도와 그로 인해 동포들이 연금을 지급받는 것을 반대함으로써 많은 적들을 만들었던 바 있다. 콘스탄츠 교구 주교 대리인 파베르(Faber) 박사는 로마를 방문하고 난 뒤에 공개적으로 자신의 옛 친구에게 등을 돌렸으며, 귀족들의 이해관계와 성직자들의 이해관계를 결합시키려고 모든 노력을 경주하였다. 그는 "지금은 사제들이 공격을 받고 있지만 곧 귀족들이 공격을 받게 될 것이다"라고 말하였다.

마침내 의회는 이 어려움을 공개적인 논쟁을 통해 해결하기로 결정하였다. 에크(Eck) 박사는 라이프치히 논쟁에서 그 학식과 능력, 허영심과 교만으로 우리에게 잘 알려진 인물인데, 1524년 8월 13일자의 아부성이 짙은 편지에서 의회를 위해 봉사하겠다고 제안하였다. 그는 당시에 로마를 세 번째로 방문하고 막 돌아온 상태였는데, 자신이 독일에서와 마찬가지로 손쉽게 스위스에서 프로테스탄트 이단을 분쇄할 수 있을 것이라고 확신하였다. 그는 츠빙글리를 무시하여 말하기를, "틀림없이 책을 읽기보다는 암소들의 젖을 더 많이 짠 사람"이라고 하였다. 거의 같은 시기에 로마 가톨릭의 종교개혁(counter-reformation)이 바이에른과 오스트리아의 주도하에 레겐스부르크 수도원에서 조직되기 시작하였다.

논쟁은 바덴의 가톨릭 도시인 아르가우에서 1526년 5월 21일 시작되어 6월 8일까지 18일간 계속되었다. 각 주와 네 명의 주교들이 대표를 파견하였고, 많은 외국 신학자들도 참석하였다. 프로테스탄트들은 그 수가 얼마 되지 않았으며, "거시와 같은 불쌍한 오합지졸늘"이라고 경멸을 당하였다. 취리히 시의회는 이 논쟁의 정치적인 목적과 그 결과를 예견하고 있던 츠빙글리로 하여금 집 바깥으로 나가지 못하도록 하였는데, 이것은 그가 생명의 위협을 받고 있었기 때문이다. 하지만 그는 매일 전갈을 보내고 밀사를 파견함으로써 그 진행 과정에 영향을 미쳤다. 그 누구도 그의 용기를 의심하지는 않았다. 그는 더 위험한 가운데서도 여러 번 용기 있는 행동을 보여주었기 때문이다. 그는 적지를 뚫고서 마르부르크로 갔고, 또 카펠의 전쟁터에도 나갔다. 하지만 몇몇 그의 친구들은 그가 이 논쟁에 참여하지 않은 데 대해 무척 실망하였다. 그는 논쟁에 있어서는 에크와 대등하였고 성경 지식에 있어서는 그를 능가하였다. 에라스무스도 초대받았지만 병중임을 내세워 정중하게 거절하였다.

논쟁의 진행 방식과 지역 주민들의 정서는 가톨릭측에 유리하였다. 매일 아침 5시에 미사가 행해졌고, 설교가 이루어졌다. 엄숙한 행렬을 통해 화려한 의식주의가 발현되었다. 사회자와 핵심 서기들은 가톨릭 신자들이었고, 그들을 제외한 어느 누구도 기록하는 것이 금지되었다.[1] 논쟁의 주제는 실제적 임재, 미사의 희생, 성모 마리아와 성인들에게 기원하는 문제, 성상 문제, 연옥, 그리고 원죄 등

---

1) 그럼에도 불구하고 두 사람의 젊은 개혁파들은 자신들이 기억하고 있는 것들을 보고하는 글을 출판하였다.

이었다. 에크 박사는 로마 가톨릭 신앙의 옹호자였으며, 라이프치히에서와 마찬가지로 논쟁적인 기민함을 보이면서 거만하고 무례한 태도를 취하였다. 그는 능직천과 실크로 된 제복을 입고 금반지를 끼고 목걸이와 십자가를 걸치고 있었다. 그리고 주변에 교부들과 스콜라 신학자들의 책을 쌓아 두고, 수많은 인용구와 논증들을 동원하였다. 교만한 태도로 논적들을 멸시하면서 고함침으로써 이들을 침묵시켰고, 로마의 권위를 향해 최종적인 호소를 하였다. 동시대 시인인 니콜라스 마누엘(Nicolas Manuel)은 그의 행동을 이렇게 묘사하였다.

> 에크는 발을 구르고, 손뼉을 치고,
>
> 고함을 지르고, 욕을 하고, 호통을 치고 있다.
>
> 그는 '나는 교황이 명하시는 것을 행하며,
>
> 그가 주장하시는 것을 가르친다'고 소리치고 있다.

바젤의 오이콜람파디우스(Oecolampadius)와 베른의 할러(Haller)는 둘 다 소박하고 겸손하지만 능력과 학식을 겸비한 정직한 사람들이었는데, 개혁파의 견해를 옹호하였다. 오이콜람파디우스는 처음부터 자신이 하나님의 말씀 이외에는 어떠한 판단의 원칙도 인정하지 않는다는 것을 분명히 하였다. 그는 교부들의 저술에 관한 박식함과 견실한 논증을 함에 있어서 에크에 맞먹는 상대였다. 그의 친구들은 "오이콜람파디우스는 논쟁에 진 것이 아니라 고함치는 데 졌다"라고 말하였다. 심지어 로마 가톨릭파 가운데 한 사람도 "이 창백한 사람이 우리 편이었다면 좋았을 것을!"이라고 한 마디 하였다. 사회자는 그가 매우 경건한 이단임에 틀림없다고 결론 내렸다. 왜냐하면 그가 끊임없이 연구하고 기도하는 것을 보았기 때문이다. 반면에 에크는 풍성한 식사와 좋은 포도주를 즐기고 있었다. 그래서 "에크는 바덴에서 물이 아니라 포도주로 목욕을 하고 있다"라는 말을 낳았다.

교황파는 완벽한 승리를 자랑하였다. 모든 개혁안들은 금지되었다. 츠빙글리는 파문되었고 바젤시는 오이콜람파디우스를 목사직에서 해임시키라는 요청을 받았다. 이단 서적들을 불태우는 것만으로 만족할 수 없었던 파베르는 프로테스탄트들이 펴낸 성경들까지도 불태우라고 주장하였다. 프란체스코회 수도사이자 풍자 시인인 토마스 무르너(Thomas Murner)는 당시 바젤에 있었는데, 츠빙글리와 그의 추종자들에게 독재자, 거짓말쟁이, 우상숭배자, 교회 강도, 교수대에 매달리기에나 적당한 인간들이라는 욕설을 퍼부었다. 그는 이전에(1512년) 사제들과 수도사들의 악덕을 질책하였으나, 이제는 작센의 개혁자인 루터를 향해 공격을 퍼부었으며, 그래서 "루터용 채찍"이라는 별명을 얻었다. 그는 이제 루체른에 있는 프란체스코회 수도원의 강사가 되었으며, 바덴 논쟁의 기록들을 편집하는 일을 하게 되었다.[2]

바덴 논쟁은 일시적으로는 로마 교황파의 승리를 가져다주었지만, 종국에 가서는 1519년의 라이프치히 논쟁에서처럼 종교개혁을 널리 전파시키는 결과를 낳았다. 공정하게 이 과정을 지켜본 사람들은 프로테스탄트들이 성경에서 비롯된 건전하고 견고한 논증들 때문이 아니라 고함과 음모, 횡포와도 같은 방책들로 인해 입을 다물 수밖에 없었다고 판단하였다. 따라서 일시적인 반동의 흐름이 있고 나서는, 옛 신앙과 새로운 신앙 사이에서 머뭇거리던 몇몇 주들이 개혁에 찬성하는 움직임을 보이게 되었다.

31. 베른의 종교개혁

스위스의 주들 가운데 가장 규모가 크고 보수적이고 귀족적이며, 스위스 연맹의 정치적인 수도가 속해 있던 베른 주는 얼마간 망설인 다음에 취리히를 따른 최초의 주였다. 이것은 결정적으로 중요한 사건이었다.

종교개혁은 마이어(Sebastian Meyer), 할러(Berthold Haller), 콜브(Francis Kolb)와 같은 세 사람의 목회자와 재능 있는 평신도인 마누엘(Nicolas Manuel)에 의해 도시에서 준비되어 주 전체로 퍼져나갔다. 이들은 모두 츠빙글리의 친구들이었다. 프란체스코회 수도사였던 마이어는 수도원에서 바울 서신을 강해하면서 강단에서는 사도신경을 해설하였다. 뷔르템베르크 출신으로서 멜란히톤의 친구이자 동기생이었던 할러는 모범적인 설교자이자 조심스러운 개혁자였다. 그는 온화하고 겸손한 성품의 소유자로서 1518년 베른에 교사로 정착하였는데,

---

2) 그는 또한 1527년에 이단들을 풍자적으로 그려 넣은 달력을 발행하였는데, 여기서 츠빙글리는 교수대에 매달려 있는 모습으로 묘사되었다.

1521년에 대성당의 주임 목회자로 임명되었고, 거기서 죽을 때까지(1536년) 성실하게 일하였다. 그는 종종 위험에 처했고, 그래서 은퇴하고자 하였지만, 츠빙글리는 그에게 계속 책임 있는 자리를 지키도록 격려하였다. 그는 뛰어난 재능이 있는 것도 아니고 학식이 대단한 것도 아니었지만, 고결한 경건과 신실하게 책임을 다하는 헌신적인 모습을 보임으로써 철저한 책임감으로 종교개혁에 많은 도움이 되었다. 시인이자 화가요, 전사이자 정치가였던 마누엘은 풍자극을 통해 종교개혁 운동을 도왔다. 그는 거리에서 풍자극을 상연했는데, 바덴 논쟁 후에는 에크와 파베르를 풍자하였으며, 시의회에서도 영향력을 행사하였다(1530년 사망). 그가 츠빙글리를 위해 행한 일들은 후텐(Hutten)이 루터에게 보여주었던 헌신을 연상시킨다. 200인 대의회는 목회자들이 순전한 복음을 설교하도록 보호해 주었다.

독일 농민 전쟁과 스위스에서 급진주의자들이 보여준 지나친 행동들은 일시적으로 로마 가톨릭 측으로 기우는 반동을 불러왔다. 정부는 종교적인 논쟁을 금했고, 마이어를 추방했으며, 바덴 논쟁에서 돌아온 할러에게 다시 로마 가톨릭 미사를 집전하라고 명하였다. 하지만 할러는 이를 거절했으며, 자신은 일용할 양식보다 하나님의 말씀을 더 사랑하기 때문에 그렇게 하느니 차라리 자신의 직분을 사임하겠다고 천명하였다. 1527년의 선거에서는 진보파가 승리를 거두었다. 로마 가톨릭적인 조처들은 철회되었고 1528년 1월 6일에 베른에서 논쟁을 벌이라는 명령이 내려졌다.

베른에서의 논쟁은 19일간(1월 6일부터 26일까지) 계속되었다. 이 논쟁은 그 구성, 진행 방식, 그리고 결과를 볼 때 바덴 논쟁에 대한 프로테스탄트 측의 대응물 같았다. 이 베른 논쟁은 1523년 논쟁이 취리히에 가져다 준 것과 똑같은 효과를 베른에 야기시켰다. 전체적으로 초청이 이루어졌지만, 로마 가톨릭 주들과 네 사람의 주교들은 바덴 논쟁을 최종적인 것으로 간주하고는 대표 파견을 거부하였다. 로잔의 주교는 예외였다. 에크 박사는 자신이 지금 막 획득한 승리의 월계관을 잃을까 두려워하여, 그 자신의 말대로 "이단들을 따라 그들의 은신처와 궁지에 빠지고자" 하지 않았고, 논쟁의 진행 과정을 신랄하게 비판하였다. 개혁파는 취리히, 바젤, 장크트갈렌, 그리고 남부 독일의 몇몇 도시들로부터 온 대표들이 핵심적으로 대변하였다. 취리히는 약 100명의 목회자와 평신도들을 철저한 호위 속에 파견하였다. 개혁파의 핵심 대변인은 츠빙글리, 할러, 콜브, 오이콜람

파디우스, 카피토, 그리고 슈트라스부르크에서 온 부처였다. 로마 가톨릭 측에
는 그랍(Grab), 후터(Huter), 트레거(Treger), 크리스텐(Christen), 그리고 부르가
우어(Burgauer)가 있었다. 장크트갈렌의 요아킴 폰 바트(Joachim von Watt)가
사회를 맡았다. 논쟁이 진행되는 동안에 블라우러(Blaurer of Constance), 츠빙글
리, 부처, 오이콜람파디우스, 메간더(Megander) 같은 사람들이 일반 설교를 행
하였다.

개혁자들은 손쉽고도 완벽한 승리를 거두었으며, 바덴의 결정 사항들을 뒤집
어엎었다. 할러가 초안을 잡고 츠빙글리가 수정한 10개의 논제 혹은 결론이 충
분한 토의를 거쳐서 베른의 개혁파 교회를 위한 일종의 신앙고백문으로 채택되
었다. 그 내용은 다음과 같다.

1. 거룩한 기독교회의 머리는 오직 그리스도이시며, 이 교회는 하나님의 말씀
으로 태어나며, 이 말씀 안에 거하며, 낯선 이의 말에는 귀 기울이지 않는다.

2. 그리스도의 교회는 하나님의 말씀이 없이는 어떠한 법률이나 계율도 만들
지 않는다. 그러므로 인간적인 전통들은 하나님의 말씀에 기초하고 있지 않는
한 더 이상 우리를 구속할 수 없다.

3. 그리스도는 온 세상의 죄를 위한 유일한 지혜, 의로움, 구속, 속죄이시다.
따라서 우리가 구원과 속죄의 또 다른 근거를 고백한다면 그것은 그리스도를 부
정하는 것이다.

4. 그리스도의 몸과 피의 본질적이고 육체적인 임재는 성경으로부터 설명될
수 없다.

5. 산 자와 죽은 자들의 죄를 위해 그리스도가 하나님 아버지께 드려졌으므로,
현재의 미사는 성경에 위배되고, 그리스도의 가장 거룩한 희생과 고난과 죽음에
대한 일종의 신성모독이며, 이러한 남용으로 인해 결국 하나님 앞에 혐오스러운
일을 행하는 것이다.

6. 오직 그리스도만이 우리를 위해 죽으셨기 때문에, 그는 또한 하나님 아버지
와 믿는 자들 사이의 유일한 중보자이자 대변자로 찬미 받으신다. 그러므로 다
른 중보자에게 호소하는 것은 하나님의 말씀에 위배되는 것이다.

7. 성경은 사후의 연옥에 대해서 아무것도 말해 주지 않고 있다. 따라서 죽은
자들을 위한 모든 미사와 다른 의식들은 아무런 효력이 없다.

8. 성상들을 숭배하는 것은 성경에 위배된다. 따라서 성상들이 숭배의 대상으로 세워졌다면 철폐되어야 한다.

9. 결혼은 성경에서 어느 누구에게도 금지되지 않았지만, 간음과 음란은 모두에게 금지되었다.

10. 성경에 따르면, 간음한 자들을 출교해야 하기 때문에, 정숙하지 못한 생활과 부도덕한 독신 생활은 그 어느 누구보다도 성직자들에게 더욱 유해한 일이다.

모든 것을 하나님과 그의 거룩한 말씀의 영광을 위하여.

츠빙글리는 논쟁이 진행되는 동안에 두 차례 설교하였다.[3] 그는 활기가 넘쳤고 명성도 절정에 달하였으며 공적인 효력도 그만큼 컸다. 첫 번째 설교에서 그는 사도신경을 강해하였는데, 신학적인 식견을 갖춘 청중들을 위해서 그리스어와 히브리어를 약간 섞어서 사용하였다. 두 번째 설교에서 그는 베른 사람들에게 모세와 믿음의 영웅들의 모범을 따라 살라고 권고하였다. 견인만이 승리를 완성할 수 있다. 당신들 앞에 정복되고 파괴되어 흩어져 있는 이 우상들을 보라. 당신들이 그것들에 쏟아 부었던 황금들을 이제는 빈곤에 처해 있는 하나님의 살아 있는 형상(사람)들을 위해 드려야 할 것이다. 그는 결론으로 이렇게 말하고 있다.

"그리스도께서 우리에게 허락하신 자유를 굳게 잡으십시오(갈 5:1). 우리들의 양심이 얼마나 번민했으며, 이리저리 잘못된 위안들을 찾아, 여러 계율들 사이를 얼마나 헤매었는지 알고 있지 않습니까? 이것들은 우리의 양심에 짐을 지웠을 뿐이고 우리에게 아무런 안식도 주지 못하였습니다. 하지만 이제 당신은 예수 그리스도에 대한 지식과 믿음 가운데서 자유와 평화를 찾았습니다. 그 어떤 것도 이 자유로부터 당신을 떼어놓지 못하도록 하십시오. 이 자유를 굳게 붙잡기 위해서는 대단한 용기가 필요합니다. 하나님께 감사하게도, 우리의 선조들이 육체적인 자유를 위해 얼마나 투쟁해 왔는지 알고 있지 않습니까. 우리의 영적인 자유를 지키기 위해서 더욱더 열심을 냅시다. 여러분을 깨우치고 이끌어 주신 하나님께서 때가 되면 또한 우리의 사랑하

---

3) 이 설교들은 츠빙글리의 *Werke*, II. B. 203-229에 수록되어 있다.

는 이웃들과 동맹자들까지도 그에게로 이끌어 주셔서, 우리가 진정한 우애 속에서 함께 살 수 있을 것이라는 것을 의심하지 맙시다. 우리 모두를 창조하시고 구속하신 하나님께서 우리와 그들 모두에게 이것을 허락해 주시기를 기도합니다. 아멘."

1528년 2월 7일의 시의회 개혁 칙령에 의해, 10개의 논제가 합법화되었다. 주교들의 재판권은 폐지되었고 잠정적으로 예배와 치리에 변화가 지시되었다. 이 모든 것들은 하나님의 말씀에 충분히 의거하였다. 도시와 주의 교구들은 개별적으로 2월 13일과 그 이후에 파견된 대표들의 자문을 받았고, 국민 투표에서 대다수의 찬성을 통해 이 종교개혁을 채택하였다. 이러한 운동이 지연되었던 고산 지대는 예외였다.

카펠의 참사 이후에 종교개혁은 1532년 1월 9-14일에 소집되었던 소위 "베른 인들의 대회"에 의해 더욱 강화되었다. 그 주의 220명에 달하는 모든 목회자들이 초청되었다. 슈트라스부르크의 개혁자 카피토는 연설을 통해 강한 영향력을 행사하였다. 이 대회는 교회 정치 체제와 치리에 관한 책을 채택하였고, 대의회는 그것을 비준했으며, 매년 대회를 개최할 것을 명하였다. 훈데샤겐(Hundeshagen)은 이 규약집을 "우리 시대로 보더라도 진정 걸작"이라고 말하고 있고, 트레첼(Trechsel)은 이 책이 사도적인 열정, 온화함, 단순성, 실천적인 지혜에 있어 뛰어나다고 평하였다.[4]

이후로 베른은 개혁파 교회에 충실한 모습을 견지해 왔다. 1828년 이 주는 정부의 명령에 따라 종교개혁 300주년을 기념하였다.

32. 바젤의 종교개혁: 오이콜람파디우스

베른의 모범을 따른 것은 스위스에서 가장 부유하고 학문적인 도시인 바젤이었다. 바젤은 8세기 중반부터 주교가 관할하였고, 1430년에서 1448년까지 개혁 공의회가 모였던 곳으로, 1460년부터는 대학교가 이곳에 자리를 잡았다. 스위스 서적상의 중심지였으며, 독일과 프랑스 접경에 위치하고 라인강 연안에 자리한

---

4) 이 헌법은 바젤에서 같은 해에 출간되었으며, 그 이후에 거듭 중판되었다.

점 때문에 지정학적으로 상업에 아주 유리한 곳이었다. 비텐바흐(Wyttenbach)나 에라스무스와 같은 학자들, 그리고 카피토와 헤디오 같은 복음주의 설교자들에 의해 종교개혁을 위한 토양이 마련되어 있었다. 만약 에라스무스가 학문에 기울인 것과 같은 열정을 종교에도 쏟았더라면, 그는 아마도 이곳의 종교개혁을 주도했을 것이다. 하지만 그는 점점 종교개혁으로부터 물러났다. 그럼에도 그는 1529년까지 바젤에 계속 거주했으며, 나중에 임종시에(1536년) 이곳에 다시 돌아왔다.

이곳에서의 종교개혁 사역에서 주된 역할을 한 사람은 오이콜람파디우스(1482-1531)였다. 그는 독일어권 스위스의 종교개혁자들 가운데서 두 번째로 중요한 사람이었다. 츠빙글리와 그의 관계는 루터와 멜란히톤의 관계, 칼빈과 베자의 관계와 유사하다. 부분적으로는 상하 관계이고 또한 부분적으로는 서로를 보완해 주는 관계였던 것이다. 그는 독창성, 영향력, 그리고 대중적인 재능에 있어서는 츠빙글리에 뒤졌지만, 학식면에서는 그를 능가했으며, 성품도 그보다 더 온화하였다. 멜란히톤과 마찬가지로 그는 행동하는 사람이라기보다는 사고하는 사람이었지만, 시대적인 상황은 그를 조용히 연구에만 열중하도록 내버려 두지 않고 대중적인 광장으로 내몰았다.

요한 오이콜람파디우스는 지금의 뷔르템베르크에 속하는 바인스베르크에서 1482년에 태어났다. 그는 볼로냐에서 법률을 공부하였고, 하이델베르크와 튀빙겐에서 문헌학과 스콜라 철학과 신학을 공부하면서 뛰어난 자질을 보여주었다. 그는 멜란히톤과 마찬가지로 조숙한 천재였다. (카피토에 따르면) 12살에 그는 라틴어로 시를 썼다. 그는 1501년에 학사 학위를, 그리고 얼마 안되어 석사 학위를 취득하였다. 그는 주로 그리스어와 히브리어 성경을 연구하는 데 몰두하였다. 에라스무스는 그를 (로이힐린 Reuchlin 이후) 가장 뛰어난 히브리어 학자라고 평하였다. 튀빙겐에서 그는 자신보다 15살이나 어린 멜란히톤과 사귀게 되었고, 성찬에 관한 견해 차이에도 불구하고 좋은 관계를 유지하였다. 그는 바인스베르크에서 가상칠언(Seven Words of Christ on the Cross)에 대한 일련의 설교를 행했는데, 이는 1512년에 차지우스(Zasius)에 의해 책으로 출판되었다. 이로 인해 그는 복음에 대한 뛰어난 설교자라는 명성을 얻게 되었다.

1515년에 그는 카피토의 제안에 따라 (1502년부터) 바젤의 주교였던 크리스토프 폰 우텐하임(Christoph von Utenheim)으로부터 그 도시 대성당의 설교자로 청빙을 받았다. 그 다음 해에 그는 일종의 석사 학위를 취득하였고, 이후에는 박사 학위를 취득하였다. 우텐하임은 교회 내에서 개혁을 소망하였던 보다 나은 성직자 그룹에 속했지만, 보름스 회의 이후에는 조금 뒤로 물러서는 태도를 취하였으며, 1522년에 델스베르크에서 사망하였다. 그의 모토는 "그리스도의 십자가가 나의 소망이며, 나는 자비를 구하지 내 공로를 구하지 않는다"였다.[5]

오이콜람파디우스는 당시에 바젤에 영주하기로 결정하였던 에라스무스와 친밀한 관계를 갖게 되었다. 그는 에라스무스가 신약 성경을 관주하는 일과 그리스어 성경 제2판을 펴내는 일에 중요한 도움을 주었다(70인 역과 히브리어 성경에서 인용하는 것과 관련해서). 이후에 두 사람 사이의 우정은 개혁에 대한 상이한 태도로 말미암아 식어갔다.

1518년에 오이콜람파디우스는 부활절 기간에 온갖 종류의 농담으로 사람들을 웃기는 일반적인 관습을 공격함으로써 자신의 도덕적인 엄격성과 강단을 개혁하고자 하는 열망을 보여주었다. 그는 이런 질문들을 던지고 있다.

회개를 촉구하는 설교자가 장난과 웃음과 무슨 관계가 있는가? 우리가 인간의 본성에 따를 필요가 있는가? 만약 우리가 웃음으로 우리의 죄를 격파할 수 있다면, 베옷을 입고 재를 뒤집어 쓰고 회개하는 것이 무슨 소용이 있는가? 슬픔의 눈물과 부르짖음이 무슨 소용이 있는가?... 그 누구도 예수님이 웃었는지 알 수 없지만, 그가 우셨다는 것은 모두가 알고 있다. 사도들은 눈물의 씨를 뿌렸다. 선지자들은 상징적인 행동을 많이 했지만, 그들 가운데 누구도 스스로 광대가 되지는 않았다. 웃음과 노래는 그들에게 맞지 않는 것들이었다. 그들은 주님 앞에서 기뻐하면서도 두려움 가운데 의롭게 살았으며, 해 아래 모든 것이 허망하다는 것을 한낮의 해처럼 분명하게 인식하고 있었다. 그들은, 모든 곳에 그물이 던져졌고 세상의 심판주가 가까이 오셨다는 것을 알고 있었다.[6]

---

5) 제르송(Gerson)과 많은 신비주의자들의 모토는 "내 소망은 그리스도의 십자가다. 나는 행위(공로)가 아니라 은혜를 구한다"(Spes mea crux Christi; gratiam, non opera quaero)였다.

6) 1518년 바젤에서 Frobenius에 의해 출판된 *De Risu Paschali.*

바인스베르크와 아우크스부르크에 잠시 머문 다음 오이콜람파디우스는 1520년에 수도원으로 들어감으로써 친구들을 놀라게 하였다. 하지만 그는 1522년에 다시 그곳을 떠나 크로이츠나흐 근처의 에번부르크에서 잠시 동안 프란츠 폰 지킹겐(Franz von Sickingen) 대신에 목사로 활동하였다. 그곳에서 그는 독일어를 미사에 도입하였다.

루터의 저작들을 읽고나서 그는 복음주의적인 확신을 더욱 굳히게 되었다. 그는 조심스럽게 화체설, 마리아 숭배, 그리고 고해 제도의 오용 등을 공격하였다. 이러한 그의 행동을 보고 호의를 갖게 된 루터는 슈팔라틴(Spalatin)에게 편지하여 이렇게 쓰고 있다(1521년 6월10일). "나는 그의 정신에 놀랐습니다. 그가 나와 똑같은 주제를 다루고 있어서가 아니라 너무나 폭넓고 신중하며 기독교인다운 모습을 보여주고 있기 때문입니다. 하나님께서 그를 계속 성장시켜 주시기를 바랍니다." 1523년 6월에 루터는 오이콜람파디우스의 이사야서 강해에 대해 깊은 만족감을 표하였다. 비록 모세처럼 모압 땅에서 죽게 될 에라스무스는 이를 별로 달가워하지 않았지만 말이다. 루터는 "에라스무스는 악을 폭로함으로써 자신의 역할을 다하였다. 선을 제시하고 약속의 땅으로 인도하는 것은 그의 능력 밖의 일이다"라고 말하였다. 루터와 오이콜람파디우스는 1529년에 마르부르크에서 사적으로 만났지만, 성찬 교리에 대한 적수의 입장이었다. 이때 오이콜람파디우스는 츠빙글리 측에 서 있었다.

1522년 11월 17일 오이콜람파디우스는 바젤에 완전히 정착해서 죽을 때까지 그곳에서 성 마르틴 교회의 설교자이자 대학의 신학 교수로 일하였다. 이제야 그는 취리히의 모델을 좇아 바젤 교회의 개혁자로 사역하기 시작한 것이다. 그는 츠빙글리에게 존경의 말로 가득 찬 1522년 12월 10일자 편지를 보내어 그와 교제를 맺고자 하였다.[7] 그들은 목숨이 다할 때까지 우애 있는 관계를 유지하였다.

오이콜람파디우스는 주일날과 평일의 설교에서 츠빙글리의 모범을 따라 성경 전체를 강해하였는데, 이는 많은 사람들을 매료시켰다. 시 의회의 동의를 구해 그는 점차 지독한 폐해들을 척결하고 빵과 포도주를 모두 주는 이종 배찬을 시행하였으며, 1526년에는 독일어판 전례서를 출판하였다. 이 책의 제1판은 사제

---

7) *Opera Zwinglii*, VII. 251, 그리고 p. 261에 나오는 츠빙글리의 답변.

가 죄를 사해주는 것과 제단에 촛불을 사용하는 것과 같은 몇몇 가톨릭적인 특징들을 그대로 포함하고 있었다.

1525년에 그는 유감스럽게도 성찬 논쟁에 개입하게 되었다. 그는 "이것은 내 몸(의 상징)이다"라는 성찬 제정의 말씀에 대한 상징적인 해석을 옹호하였다. 이 구절은 주로 교부들의 저작들에서 나온 것으로서, 그가 익히 알고 있는 구절이었다. 그는 본질적으로는 츠빙글리에게 동의하였다. 하지만 그는 동사보다는 술어 안에 은유를 위치시켰다는 점에서 그와 달랐는데, 이 은유는 술어가 실제적이든지 상징적이든지 간에 그 술어와 주어가 맺는 관계를 나타내는 것으로, 이것은 우리 주님께서 아람어에서도 사용한 적이 없는 것이다. 그는 그 해석에 대한 실마리를 요한복음 6장 63절에서 발견하였고, 그리스도 자신이 진정한 **영혼**의 떡이시고 우리는 **신앙**으로 그 떡에 참예하여야 한다고 강하게 주장하였다. 마르부르크 회담(1529)에서 그는 개혁파 측에서 츠빙글리 다음으로 중심적인 논쟁가였다. 이 과정을 통해 그는 오랜 친구들인 브렌티우스(Brentius), 피르크하이머(Pirkheimer), 빌리칸(Billican), 루터를 잃게 되었다. 멜란히톤까지도 그에게 보낸 편지에서(1529) 자신들의 우정을 방해하는 "주의 만찬에 관한 이 불행한 결렬을" 유감스럽게 생각하였지만, 이 일도 그를 향한 자신의 선한 뜻을 흔들어 놓지는 못한다고 생각하였다. 그는 이후로 "비극의 주인공이 되기보다는 구경꾼"이 되기로 결심하였다.

오이콜람파디우스는 또한 재세례파와의 관계에서 많은 어려움을 겪었으며, 비텐베르크에서의 루터, 취리히에서의 츠빙글리와 마찬가지로 그들을 상대로 보수적이고 불관용적인 입장을 취하였다. 그는 몇 차례나 공적인 논쟁을 통해 그들이 잘못임을 납득시키고자 하였으나 아무런 소득도 거두지 못하였다.

바젤 시정부는 한동안 중립적인 입장을 취하였지만, 오이콜람파디우스가 개혁파 교리의 대변자 역할을 했던 바덴 논쟁이 위기를 초래하였다. 그는 이제 로마에 대항해서 더 굳건한 토대를 마련하였고, 미사의 우상숭배적인 요소라고 생각되는 것들을 공격하였다. 1528년 베른에서 이루어진 종교개혁의 승리가 그에게는 결정적인 추진력이 되어 주었다.

1529년 2월 9일에 무혈 혁명이 발생하였다. 로마 가톨릭파의 음모에 자극된 프로테스탄트 시민들이 2천 명이나 뛰쳐나와 아직까지 남아 있던 성상들을 깨부수고, 반동적인 시의회에게 취리히에서 시행된 것과 같은 예배 형식을 모든 교회에 도입하라고 강제하였다.

　조용히 총 공의회를 기다리면서 온건함을 지키라고 충고하였던 에라스무스는 이러한 폭력적인 방책들에 혐오감을 느껴, 1529년 5월 9일자 편지에서 뉘른베르크의 피르크하이머에게 이렇게 써보내었다.

　　대장장이들과 노동자들이 교회에서 그림을 떼어내고 성상과 십자가를 손상시켰다. 성인들이 조금만 공격을 받아도 항상 얼마나 많은 기적이 일어나곤 했던가를 생각해 볼 때, 그때 아무런 기적도 일어나지 않았다는 것이 놀라운 일이다. 교회 안팎에나 수도원에나 성상이 하나도 남아나지 않았다. 그들은 프레스코 벽화는 석회를 입혀서 지웠고, 불태울 수 있는 것은 무엇이든 불 속에 집어던졌으며, 나머지는 산산조각 부수었다. 그 어떠한 것도 소중해서 혹은 비싼 것이라는 이유로 남겨지지 않았다. 얼마 지나지 않아 미사도 완전히 폐지되었고, 미사를 가정집에서 드리거나 이웃 마을에서 드리는 것도 다 금지되었다.[8]

　종교개혁을 위한 사전 작업에 깊이 관여해 왔던 이 위대한 학자는 중간에 멈춰 선 채 그 어느 쪽에 가담하는 것도 거부하였다. 그는 바젤의 번영을 소망하면서 마지못해 바젤을 떠나(1529년 4월 13일), 바덴에 있는 프라이부르크에서 병들고 심약하고 불만 많은 늙은이로 6년을 거주하였다. 그는 이때 대학 교수로 적을 두고 있었지만 강의를 하지는 않았다. 그는 1535년 8월에 바젤로 돌아와서 1536년 7월 12일에 70세를 일기로 죽음을 맞이하였다. 그는 사제도 없고 성례도 없이, 하지만 그리스도의 자비를 기원하는 "오 주 예수여, 저에게 자비를 베푸소서"라는 말을 되풀이하면서 죽었다. 그는 바젤의 민스터 교회에 묻혔다.

　인문주의자이자 츠빙글리와 에라스무스의 친구였던 글라레아누스(Glareanus)와 베아투스 레나누스(Beatus Rhenanus)도 마찬가지로 이 중요한 때에 바젤을 떠났다. 대학의 거의 모든 교수들이 이주해 갔다. 그들은 과학과 학문이 신학적인 논쟁과 성직자들과의 불화로 고통을 당할까 봐 두려워하였다.

---

　8) 스위스에서 일어난 고고학적이고 미학적인 취향에 대한 근대적인 부흥은 바젤의 아름다운 교회당과 수도원의 프레스코화와 조각상들, 그리고 시의회가 개최되었던 시청사의 복원을 불러왔다.

만약 복음주의적인 신앙의 건설적인 작업이 뒤따르지 않았더라면 미사의 철폐와 성상 파괴, 교황 권위와 수도원 제도의 파괴는 커다란 재난이 되고 말았을 것이다. 복음주의적인 신앙이 원동력이 되었고, 그것만이 옛 교회의 폐허 위에 새로운 교회를 재건할 수 있었다. 하나님의 말씀이 그 근원으로부터 설파되었다. 그리스도와 복음은 교회와 전통이 차지하고 있던 자리에 회복되었다. 회중 찬송과 성찬과 함께 독일어 예배가 라틴어 미사를 대체하였다. 신학 교수들도 새롭게 구성되어, 그리네우스(Simon Grynäus), 뮌스터(Sebastian Münster), 미코니우스(Oswald Myconius)와 같은 능력 있고 경건한 학자들이 교수직에 임명되었다.

오이콜람파디우스는 민스터의 주임 설교자이자 바젤 목사회의 주임 목사(Antistes or chief pastor: 수석 목회자) 혹은 감독이 되었다.

1529년 4월 1일 시의회는 예배 의식과 교회 치리에 관한 법령집을 발간하여, 바젤 시와 그 근방의 개혁파 교회에 굳건한 토대를 제공할 수 있었다. 이 문서는 사도적 기독교의 부흥에 대한 열망을 불어넣어서, 신앙과 도덕을 개혁하는 것을 목표로 하고 있었다. 여기에는 이후에 「바젤 신앙고백」(1534)에서 명확해지는 주요 항목들과 그에 따른 치리를 위한 규범들이 들어 있었다. 또한 얼마간의 가톨릭적인 관습들도 포함되어 있었는데, 매일 아침과 저녁에 예배드리고, 시내 교회들 중 한 군데에서 매주 한 번씩 성찬을 거행하며, 성모 마리아와 사도들과 성인들의 축일들을 지키는 것과 같은 것들이었다.

이러한 제도들을 시행하기 위해 1530년 금령이 내려지고, 도시의 네 교구에서 각각 세 사람씩 경건하고 정직하며 용감한 평신도를 선출해서 위원회를 조직하였다. 두 사람은 시의회가, 나머지 한 사람은 교회 회중들이 선출하였다. 이들은 성직자들과 함께 교인들의 도덕 생활을 살피고 그 위반자들을 치리하였는데, 필요할 때에는 출교 처분도 내릴 수 있었다. 교회와 국가의 관계에 대한 신정 정치적인 생각에 따라, 사도신경에 나오는 12 항목 가운데 어느 것이라도 부인하거나 하나님과 성례를 모독하는 위험한 이단들은 세속 형법을 적용하여 재산 박탈, 추방, 심지어 사형과 같은 처벌을 내릴 수 있게 되었다. 그러한 자들은 "죄질에 따라 신체, 생명, 재산상의 처벌을 받을 것이다. 이들은 영원하고 순전하며 선택받은 여왕이신 축복받은 동정녀 마리아나 혹은 지금 그리스도와 함께 영원한 복 가운데서 살고 있는 하나님이 사랑하시는 성인들을 모욕하고 경홀히 여기고 비난하는 자들이다. 하나님의 어머니가 다른 여자들과 같은 여자일 뿐이라고 말하거나, 그녀가 그리스도, 하나님의 아들 외에도 많은 자녀를 두었다고 말하거나, 그녀가 그리스도를 낳기 전이나 후에 처녀가 아니었다고 말하는 자들이다.” 이러한 가혹한 조처들은 이미 없어진 지 오래다. 이렇게 세속의 처벌과 교회의 처벌을 뒤섞음으로써 많은 어려움들이 야기되었다. 오이콜람파디우스는 교회에 대한 국가의 우위를 반대하였다. 그는 최초의 대회(교회회의)들을 주재하였다.

종교개혁이 승리하고 난 후 오이콜람파디우스는 죽을 때까지 계속해서 설교와 가르치는 일과 귀중한 주석들(주로 예언서들)을 편집하는 일에 지칠 줄 모르고 매달렸다. 그는 프랑스 프로테스탄트 난민들에게 특별한 관심을 기울였으며, 자신에게 대표단을 파견한 발도파들로 하여금 개혁파 교회들과 가까운 관계를 맺도록 하였다. 그는 조심성 있고 겸손한 사람이었고, 몸은 유약한 편으로 금욕적인 생활을 했으며, 교부와 같은 모습을 하고 있었다. 어머니와 함께 살다가, 어머니가 죽은 뒤인 1528년에 45살의 나이에 켈라리우스(Cellarius 혹은 Keller)의 미망인인 로젠블라트(Wilibrandis Rosenblatt)와 결혼하였다. 그녀는 나중에 다른 두 사람의 개혁자들(카피토와 부처)과도 결혼하였는데, 이 네 명의 남편들보다 더 오래 살았다. 이 일로 인해 에라스무스는 (1528년 3월 21일의 편지에서) 자신의 친구가 최근 육신을 십자가에 못 박기 위해 아름다운 여성과 결혼했으며, 루터파 종교개혁은 비극이라기보다는 희극이라고 할 수 있는데, 왜냐하면 소동은 항상 결혼식으로 끝나기 때문이라고 섣부른 농담을 하게 되었다. 나중에 그는 이 일에 대해 오이콜람파디우스에게 사과를 하였고, 조금도 악의는 없었다고 해명하였다. 오이콜람파디우스는 세 자녀를 두었는데, 에우세비우스(Eusebius: 경건), 알리테이아(Alitheia: 진리), 이레네(Irene: 평화)라고 이름 지어서, 자신의 신학과 가정의 기둥이 무엇인지 말하고자 하였다. 그의 말년은 츠빙글리의 사망 소식과 개혁교회들에게 불리한 휴전 소식으로 인해 우울하였다. 취리히로부터 츠빙글리의 후임자가 되어 달라는 청빙을 받았지만 그는 거절하였다. 몇 주일 후인 1531년 11월 24일에 그는 믿음의 사람으로 평화롭게 숨을 거두었다. 그는 가족들과 함께 성찬을 나누고 동료들에게도 종교개혁의 이념에 계속

---

9) 악의를 품은 적대자들은 그가 자살했다거나 귀신 들렸다는 소문을 퍼뜨렸다. 루

해서 충실할 것을 당부하였다. 그는 민스터 교회당 뒤쪽에 묻혔다.[9]

그의 작품들은 결코 수집된 적이 없으며, 단지 역사적인 관심의 대상이 되었을 뿐이다. 그의 작품들로는 주석서, 설교집, 주석적이고 논쟁적인 소논문들, 그리고 크리소스토무스, 테오도레투스, 알렉산드리아의 키릴루스의 글들을 번역한 것들이 있다.[10]

바젤은 취리히, 제네바, 베른과 함께 스위스 개혁교회의 요새들 가운데 하나가 되었다. 교회는 독일 개신교의 변화들을 거쳤으며, 19세기의 부흥도 겪었다. 바젤의 교회는 복음주의적인 목회자들을 교육시키고 기독교적인 구제와 선교를 위해 많은 재정을 지원하였으며, (1816년 이후에는) 대륙에서 가장 큰 프로테스탄트 선교사 회관을 설치하였다. 이 회관은 연례적인 축제 때마다 스위스, 뷔르템베르크, 바덴에 있는 선교 동역자들을 위한 센터가 되었다. 이웃의 크리스코나는 미국으로 이주한 사람들을 위해 독일인 목회자들을 훈련시키는 역할을 담당하였다.

33. 글라루스에서의 종교개혁: 추디, 글라레아누스

글라루스 주는 같은 이름의 수도를 가지고 있는 주로서, 높은 산들로 둘러싸인 좁은 린트탈 지역을 점하고 있으며, 프로테스탄트 취리히와 가톨릭 슈비츠와 접경을 이루고 있다. 이곳은 오랫동안 두 적대 세력 사이에서 이리저리 쏠리면서 중재자 역할을 하고자 해왔다. 글라루스의 주지사 한스 아이블리(Hans Aebli)는 츠빙글리의 친구이자 외국 용병 제도 반대자였는데, 제1차 카펠 전투에서 동맹국들끼리 서로 충돌해서 피를 흘리는 것을 예방하였다. 바로 이러한 것이 이 주의 특징이다.

터가 죽었을 때도 이와 유사한 소문이 시작되어, 오늘날에도 Majunke, *Luther's Lebensende*, 4th ed. Mainz, 1890에서 다시금 출현하고 있다. 이는 Kolde Kawerau의 반박을 받았다.

10) Hess는 그의 작품 연대기를 만들었는데, 이는 Herzog에 의해 보완되었다. Hagenbach의 참고문헌은 그의 설교문과 요리문답과 관련한 저술들의 요약본을 담고 있다.

글라루스는 츠빙글리가 1506년에서 1516년 사이에 처음으로 공적인 활동을 시작한 곳이었다. 그는 고전적인 학자로, 대중적인 설교자로, 그리고 열정적인 애국자로 커다란 영향력을 얻었지만, 또한 외국인 용병 제도를 찬성하는 자들을 적으로 만들기도 하였다. 그는 이탈리아 군대에서 그 제도의 해악을 보았던 것이다. 그는 라틴어 학당을 설립하여 최고 가문의 자녀들을 교육시켰는데, 그 뿌리가 9세기까지 거슬러 올라가는 추디 가문도 포함되어 있었다. 그 가문 사람들 가운데 셋은 종교개혁과 관련되었는데, 아이기디우스, 페터, 그리고 이들의 사촌 발렌틴이다.

아이기디우스 추디(Aegidius(Gilg) Tschudi, 1505–1572)는 이 가문 사람 가운데 가장 유명한 인물로서 스위스의 헤로도토스라 불렸는데, 처음에는 츠빙글리와 함께 수학하였고 그런 다음에는 바젤과 파리에서 글라레아누스(Glareanus)와 수학하였다. 그리고 아인지델른 회의에 파견된 대표(1529)로, 자르간의 총독으로, 글라루스의 주지사(1558)로, 아우크스부르크 회담에 파견된 스위스 대표(1559)로 중요한 공적인 활동을 하였다. 그는 또한 짧은 기간 동안 프랑스 군대에서 장교로 복무하기도 하였다. 그는 옛 신앙에 충실했으나, 온화한 성품으로 인해 양측에서 신임을 얻었다. 그는 1517년 2월의 한 편지에서 츠빙글리를 극도로 높이고 있다.[11] 그가 쓴 「스위스 역사」는 서기 1000년에서 1470년까지를 다루고 있는데, 종교개혁 이전 시기에 대한 주요 자료가 되고 있다. 그는 또한 「텔과 그루틀리」 이야기를 윤색하였는데, 비록 그의 창작품은 아니지만 근대 비평가들은 이것을 시적인 소설의 하나로 분류하고 있다.[12] 그는 또한 1531년의 카펠 전투에

---

11) Zwingli's *Opera*, VII. 20 이하.

12) Ageidii Tschudii, *gewesenen Landammanns zu Glarus Chronicon Helveticum oder gründliche Beschreibung der merkwürdigsten Begegnussen löblicher Eidgenossenschaft*, first printed in Basel, 1734, 1736, 2 large fol. vols. 1470–1564에 걸친 역사는 Engelberg에 있는 수도원 도서관에 있는 필사본에 보존되어 있다. 비록 근대 비평에 의해 입증되지는 않았지만, John von Müller에 의해 재현되었으며 Schiller에 의해 극화된, 텔에 관한 그의 생생한 이야기는 이야기와 노래로 남게 될 것이다. Blumer Von Wyss는 추디를 가장 높이 평가하고 있다. 괴테는 굳이 다른 책의 도움 없이도 추디가 쓴 *Swiss History and Aventin's Bavarian History*만으로도 훌륭한 공인들을 교육하기에 충분하다고 말하였다.

13) Published from MS. in the "Helvetica," ed. by Jos. Ant. Balthasar, vol. II.

대해서도 한 쪽으로 치우치지 않고 객관적인 기술을 하였다.[13]

그의 형인 페터는 충실한 츠빙글리 추종자였지만, 일찍이 1532년에 쿠어에서 죽었다.[14]

발렌틴 추디 또한 종교개혁에 가담하였지만, 사촌인 아이기디우스가 프로테스탄트에게 보여준 것과 같은 온건한 태도를 가톨릭에게 보여주었다. 츠빙글리 문하에서 수년간 공부한 다음에 그는 1516년 자신의 두 사촌들과 함께 바젤에 있는 글라레아누스의 고전 학교로 옮겨갔고, 그를 따라 파리까지 가게 되었다. 파리에서 그는 1520년 11월 15일에 츠빙글리에게 그리스어로 편지를 썼는데, 현존하고 있는 이 편지는 그의 학문의 진보를 보여주고 있다.[15] 츠빙글리의 추천을 받은 그는 츠빙글리를 이어 글라루스의 목사로 선출되었으며, 1522년 10월 12일에 그에 의해 임직을 받았다. 츠빙글리는 회중들에게 자신이 이전에는 많은 로마의 전통들을 가르쳤지만 이제는 오로지 하나님의 말씀만 의지할 것을 당부한다고 말하였다.

발렌틴 추디는 중도적인 노선을 택하였으며, 그의 부제였던 헤르(Jacob Heer)의 지지를 받았다. 그는 아침에는 옛 신앙을 지키는 자들을 위해 미사를 집전하고, 그 이후에는 프로테스탄트들을 위해 복음적인 설교를 함으로써 양측을 다 만족시켰다. 그는 광교회주의적 혹은 포괄적인 폭넓은 교회 지도자의 모습을 보여준 최초의 예이다. 1530년 결혼한 그는 미사는 중단했지만 양측에게 설교하는 일은 계속하였으며, 1555년 죽을 때까지 교양 있고 최선을 다하는 태도로 가톨릭을 존중하였다. 그는 1530년 3월 15일 츠빙글리에게 보낸 장문의 라틴어 편지에서 자신의 중용과 삼가는 태도를 변호하였다.[16] 그는 논쟁이 일어나는 것은 외적인 의식에 관한 문제들일 뿐이며, 이것이 가톨릭 신자들과 프로테스탄트들이 비슷하게 고백하고 있는 신앙의 근본 문제들에 영향을 미치는 것은 아니라고 말하고 있다. 그리고 그는 바울이 로마인들에게(14장) 서로를 용납하라고 권면한 대로 자신도 회중들에게 그러한 권면을 하는 것이 자신의 의무라고 생각하며,

---

Aarau and Berne, 1826(pp. 165 이하).

14) 츠빙글리에게 보낸 1529년 12월 27일자 편지와 1530년 쿠어에서 보낸 12월 15일자 편지를 보라. Zwingli's *Opera*, VIII. 386, 562.

15) Zwingli's *Opera*, VII, VIII에는 그의 편지가 9개 '들어 있다.

16) Strickler가 편집한 그의 *Chronik*, 241-244와, Zwingli's Opera, VIII. 433-436.

그것은 양측이 다 동일한 주님을 사수하고 있기 때문이라고 밝히고 있다. 성령의 하나됨이 최선의 지침이 된다. 그는 극단적인 방책들로 인해 선보다는 해악이 더 많아질 것을 두려워하였으며, 이를 통해 얻어지는 자유가 오히려 방탕, 불경건, 권위에 대한 경멸을 낳을 것을 염려하였다. 그는 츠빙글리에게 그의 영향력을 행사하여 질서와 평화를 회복해 달라고 간청하면서, 자신을 "영원히 당신의 사람"(semper futurus tuus)이라고 서명해 넣었다. 똑같은 중용의 정신이 그가 저술한 종교개혁 시대의 「연대기」의 특징이 되고 있다. 그리고 이 무채색의 대수롭지 않은 서술들을 보고 그가 두 파 가운데 어느 쪽에 속했는지를 알아낸다는 것은 어려운 일이다.

추디가 보인 모범이 오늘날까지 글라루스 교회에서 그 영향력을 행사하고 있다는 것은 아주 주목할 만한 사실이다. 글라루스 교회에서는 같은 날 아침에 가톨릭 신부가 제단에서 희생 미사를 드리고 개혁파 목사가 강단에서 설교를 함으로써 양측이 평화롭게 공존하고 있다.[17]

글라루스의 유명인사이자 츠빙글리 사역 초기의 친구였던 하인리히 로리티 혹은 로레티(Heinrich Loriti or Loreti)는 당시의 인문주의적인 경향에 따라 글라레아누스(Glareanus)라는 이름으로 더 잘 알려진 인물이었다. 그는 이 주에 속하는 몰리스라는 작은 마을에서 1488년에 태어나서, 쾰른과 바젤에서 수학하였고, 도미니쿠스회 반계몽주의자들과의 논쟁에서 로이힐린(Reuchlin)의 편을 들었고,[18] 여행을 많이 했고, 막시밀리안 황제에 의해 계관 시인의 영예를 얻었으며(1512), 바젤(1514), 파리(1517), 또 다시 바젤(1522), 그리고 프라이부르크(1529년 이후)에서 성공적으로 가르치는 일을 하였다. 그는 언어학자, 시인, 지리학자, 수학자, 음악가, 그리고 성공적인 교사로서 커다란 명성을 얻었다. 에라스무스는 츠빙글리에게 보낸 편지(1514)에서[19] 그를 스위스 최고의 인문주의자라고 칭했다. 그리고 그는 다른 편지들에서도 그를 도덕적으로는 흠이 없고 순결하고,

---

17) 츠빙글리와 추디가 설교하던 글라루스의 옛 교회는 1861년에 불에 타 소실되었지만, 똑같은 관습이 새로 지은 로마네스크 양식의 교회당에서도 그대로 지속되어 쌍방을 만족시켰다. 나는 1890년에 그곳 목사인 Buss 박사로부터 이에 대해 이야기를 들었다.

18) 그는 *Epistolae Virorum Obscurorum*에서 무서운 이단자로 등장한다.

19) Zwingli's *Opera*, VII. 10.

사회적으로는 상냥하고, 역사, 수학, 그리고 음악에서 우수하고, 그리스어는 조금 모자라고, 학자들의 이론적인 정교함을 싫어하고, 그리스도를 그 근원으로부터 배우고자 하며, 일하고자 하는 에너지가 놀랍도록 충만한 사람이라고 칭찬하였다. 그는 기지와 유머가 넘치는 사람이었지만, 우쭐하는 면이 있고 자존심이 강하고 성미가 급하고 의심이 많으며 냉소적인 사람이기도 하였다.

글라레아누스는 1510년에 츠빙글리와 알게 되어 1523년까지 그와 서신교환을 하였다.[20] 그는 츠빙글리를 위해 바젤에서 책들을 구입해 주었으며(예를 들어 호화판으로 인쇄된 락탄티우스와 테르툴리아누스의 서적들) 취리히에서 참사회원 자리를 얻고자 하였다. 츠빙글리에게 보낸 그의 마지막 편지에서 그는 츠빙글리를 "참된 기독교 신학자, 취리히 교회의 감독, 매우 위대한 친구"[21]라고 칭했다. 그는 바빌론 유수에 대한 루터의 저작을 세 번이나 탐독하였지만, 에라스무스가 츠빙글리와 루터 두 사람과 결별했을 때 그도 종교개혁으로부터 물러섰고, 심지어 츠빙글리와 오이콜람파디우스를 신랄하게 비판하였다.

그는 1529년 2월 20일 바젤을 떠나 가톨릭 도시인 프라이부르크로 갔으며, 곧이어 에라스무스와 아머바흐(Amerbach)도 그 뒤를 따랐다. 여기서 그는 죽을 때까지(1563) 존경받는 시문학 교수이자 왕성한 저술가로 일하였다. 스위스와 독일 학생들이 그에게 몰려들었다. 그는 이전에 츠빙글리와 서신 왕래를 했던 것처럼 이제는 아이기디우스 추디와 친밀하게 서신을 교환했으며, 동포들 몇 사람이 가톨릭 신앙을 지키도록 하는 일에 그와 협력하였다.[22] 그는 개신교에 대한 자신의 혐오감을 자유롭게 표출하면서도 로마 교회의 패악들에 대해서, 그리고 그리스도보다 비너스를 더 사랑하는 사제들의 죄악성과 비도덕성에 대해서 탄식하였다.[23] 무시무시한 비난이 가해졌다. 그는 취리히에서 온 한 프로테스탄트 학

---

20) 1510년 7월 13일부터 1523년 2월 16일까지 그가 츠빙글리에게 보낸 28개의 서신이 스위스 국립 문서 보관소에 있는 원본으로부터 인쇄되어 츠빙글리의 *Opera*, VII. VIII에 수록되어 있다. 츠빙글리가 글라레아누스에게 보낸 편지들은 남아 있지 않은데, 아마도 츠빙글리와 결별 후에 파기된 듯하다.

21) Zwingli's *Opera*, VII. 274.

22) 취리히 시립 도서관에는 1533년부터 1561년까지 글라레아누스가 추디에게 보낸 38개의 편지 사본이 있다. 글라루스의 주립 도서관에도 다른 사본이 있다.

23) 1556년 11월 21일.

생을 "너는 입으로는 복음을 말하면서 마음속에는 악마를 품고 있는 자들 중 하나"라는 무례한 말로 맞아들였다. 하지만 자신이 시인으로서의 너그러움을 보여주지 못했다는 것을 깨닫고는, 자신이 나이가 많아서 실수했노라고 사과하고 이 젊은이를 최대한 예의를 갖춰 대하였다. 그는 염세주의자가 되어서, 세상이 급속도로 멸망할 것이라고 생각하게 되었다. 에라스무스와의 교제는 간헐적으로 계속되었지만, 결국에는 깨어지고 말았다. 그는 에라스무스가 표절을 했다고 비난한 적이 있고, 에라스무스는 자신의 유언장에서 그를 무시해 버렸다.[24] 그들이 시대의 변화와 흐름을 제대로 이해하지 못했다는 것은 양자 모두에게 참으로 유감스러운 일이다. 글라레아누스의 30개의 작품들(그 가운데 22개는 프라이부르크에서 씌어졌다)은 주로 언어학적이고 음악적인 작품들로서, 어떠한 신학적인 함의도 담고 있지 않았다.[25] 그럼에도 불구하고 교황 바울 4세는 1559년에 이 작품들을 금서 목록에 올렸다. 그는 무지나 음모로 인한 이러한 부당한 처사에 강하게 불만을 표출하면서, 금서 목록에서 자신의 이름을 지우기 위해 추디의 도움을 받아 자신이 할 수 있는 모든 일을 강구하였다. 결국 7개의 가톨릭 주들이 글라레아누스가 선량한 기독교인이라고 증언해 줌으로써 그 일이 성사될 수 있었다.[26]

글라루스에서 종교개혁은 처음에는 별 다른 반대를 겪지 않고 진행되었다. 몰

---

24) 그러나 그의 주요 상속자인 Bonifacius Amerbach 박사는 글라레아누스에게 에라스무스의 은컵을 보내주었다. *Inventarium über die Hinterlassenschaft des Erasmus vom 22 Juli, 1536*, p. 13. 19페이지 분량의 이 기이한 문서는 1889년 바젤 대학 사서인 Ludwig Sieber 박사에 의해 출판되었다. 그는 또한 *Das Testament des Erasmus vom 22 Jan. 1527*, Basel, 1890도 출판하였다.

25) 가장 중요한 것은 *Dodekachordon*(Basel, 1547)으로서, 이것은 음악사에 신기원을 이룬 책이다. "고대 그리스 양식에 평행을 이루는 그의 12 교회 양식 이론으로 글라레아누스는 음악학 저술가들 사이에서 항구적인 위치를 점하게 될 것이다" (Glover, *Dictionary of Music and Musicians*, 1889, vol. I. 598). 그에게 있어서 음악은 신성한 예술이었다. 그리스 라틴 고전들, 특별히 Livius에 관한 책에 비판적인 주를 달아 편집한 그의 책들은 근대 문헌학자들에 의해 높은 평가를 받으면서 이용되고 있다.

26) 그의 이름은 1559년 이후에 16세기 금서목록에서 지워졌다. 그러나 이상하게도 *Index Matriti*, 1667, p. 485에서 다시 등장하고 있다.

리스의 목사 브루너(Fridolin Brunner)는 1527년 1월 15일에 츠빙글리에게 편지하여 복음이 이 주의 모든 교회들에서 그 토대를 얻고 있다고 썼다. 쉰들러(Johann Schindler)는 슈반덴에서 설교하여 큰 반향을 일으켰다. 네펠스를 제외한 모든 곳의 회중들이 개혁파 설교자를 청빙하기로 결정하였다. 1531년 카펠에서의 패배가 일종의 반동을 불러와 얼마간 손실을 입기도 하였다. 하지만 개혁파 교회는 오늘날까지 수적인 우위를 지키고 있다. 그리고 많은 프로테스탄트 신자들이 미국으로 이민해 가고 분주한 산업체들에 매료된 로마 가톨릭 노동자들이 이주해 옴으로 해서 가톨릭 비율이 상당히 높아지기는 하였지만, 그 지적 수준, 기업 활동, 재산, 부유함에 있어서 프로테스탄트는 계속 우위를 점하고 있다(이것은 취리히, 바젤, 제네바에서도 마찬가지이다).[27]

34. 장크트갈렌, 토겐부르크, 아펜첼에서의 종교개혁: 바트와 케슬러

스위스 북동부 지방, 즉 장크트갈렌(St. Gall), 토겐부르크, 아펜첼, 투르가우, 아르가우에서의 종교개혁은 취리히, 베른, 바젤의 과정을 그대로 따랐다. 같은 주제의 변주곡이라 할 수 있을 정도다. 그 소극적인 측면들로는 교황과 주교의 권위 붕괴, 미사와 미신적인 의식들의 폐지, 우상숭배의 상징이었던 성상과 벽화의 파괴, 수도원의 해체와 교회재산의 압류, 신부와 수도사, 그리고 수녀들의 결혼과 같은 것이 있었다. 그리고 적극적인 측면으로는 모국어로 된 성경에 기초한 보다 풍성한 설교와 가르침과 더불어 한층 단순하고 영적인 예배를 도입한 점, 이종 배찬이 회중들에게 회복된 점, 사제들의 중재를 거치지 않고 그리스도께 바로 나아갈 수 있게 된 점, 평신도들이 모두 사제됨의 지위로 고양된 점, 그리고 보통교육과 고등교육에 대한 관심이 있었다. 이러한 변화들은 세속 관리들에 의해 이루어졌는데, 이들은 감독의 권위와 역할을 행사하였지만 성직자의 지시에 따라, 그리고 대다수 사람들의 동의를 얻어 일을 진행시켰다. 민주적인 스

---

27) 1850년에 글라루스의 프로테스탄트 인구는 26,281명, 가톨릭은 3,932에 달했다. 1888년에는 전자가 25,935, 후자가 7,790이었다.

위스에서는 이러한 다수의 동의가 결국 최상의 권한을 가졌다. 주교나 감독의 일종인 안티스테스(Antistes)라는 직분이 목회자들 상위에 마련되었다. 대회가 입법과 행정 문제를 담당하였고, 회중들은 자신들의 목회자를 스스로 청빙하고 그 재정적인 지원도 감당하였다.

장크트갈렌(생갈)은 아일랜드 선교사이자 콜룸바누스(Columbanus) — 몇몇 은둔자들과 함께 613년경에 슈타인나흐에 있는 야생 삼림 지대에 정착했었다 — 의 제자였던 성 갈루스(St. Gallus)의 이름을 따서 그렇게 불리게 된 곳으로, 알레마니아와 동부 스위스가 기독교화되고 문명화되는 데 중심적인 역할을 한 곳이다. 720년경에 성 오트마르(St. Othmar)에 의해 창설된 한 수도원은 국왕 직속 수도원이 되어 주교의 관할권 밖에 있었고, 스위스, 슈바벤, 롬바르디아 지방에 막대한 토지를 소유하고 있어서 그 수입이 많았으며, 각종 고전과 교회 관련 사본들도 상당히 소유하고 있었다. 교회용 시문학, 음악, 건축, 조각, 회화가 9-10세기에 이곳에서 융성하였다. 장크트갈렌의 수도사였던 노트케르 발불루스(Notker Balbulus, 912년경 사망)는 리듬 있는 산문의 형식을 띤 속창(續唱)이나 성가의 저자로서 「죽음에 대한 음울한 명상」(*Media vita in morte sumus*)의 저자로 간주되고 있는데, 이것은 비록 보다 후기의 것이고 그 유래가 불확실하기는 하지만 지금도 사용되고 있다.

수도원이 계속 부유해짐에 따라 그 규율이 해이해지고 세속적인 성향이 자리 잡게 되었다. 선교와 학문적인 열정은 사라졌다. 콘스탄츠의 주교는 이 수도원 원장의 독립성과 권한을 질투하였다. 장크트갈렌 시는 계속 번영을 누리게 되자 수도원의 영향력으로부터 벗어나고 싶어하였다. 성직자들은 수도사만큼이나 개혁을 필요로 하였다. 그들 중 다수가 공공연하게 첩을 두고 살았으며 설교문을 작성할 능력이 있는 사람조차 드물었다. 종교적인 축일은 상스러운 대중오락으로 모독되었다. 면죄부 판매가 아무런 어려움 없이 이루어졌다.

장크트갈렌 지역에서의 종교개혁은 요아킴 폰 바트(Joachim von Watt, 1484-1551)라는 평신도와 케슬러(John Kessler, 1502-1574) 목사에 의해 도입되었다. 이러한 평신도와 성직자의 협력이 위계적인 통치로부터 교회를 해방시킨 개신교의 정신에 부합되었다.

바디아누스(Vadianus)라는 라틴식 이름으로 더 잘 알려진 **요아킴 폰 바트**는 당대에 인문주의자, 시인, 역사가, 의사, 정치인, 그리고 개혁자로 뛰어난 인물이었다. 그는 유서 깊은 귀족 가문 출신으로서 부유한 상인의 아들이었으며, 빈 대학에서 인문학을 공부하였다(1502).[28] 당시 이 대학은 저명한 인문주의자이자 라틴 시인이었던 켈테스(Celtes)와 쿠스피니안(Cuspinian)의 가르침 아래 최고의 전성기를 누리고 있었다. 그는 또한 철학, 신학, 법률, 그리고 의학에서도 상당한 지식을 쌓았다. 폴란드, 헝가리, 이탈리아를 여행한 후에 그는 빈으로 돌아와서 고전 문학과 수사학을 가르쳤다. 막시밀리안에 의해 계관 시인이자 연설가의 칭호를 얻었으며(1514년 3월 12일), 1516년에는 대학 총장에 선출되었다. 그는 여러 고전 작품들과 라틴 시, 연설문, 그리고 에세이집을 출간하였다. 그는 로이힐린(Reuchlin), 후텐(Hutten), 헤센(Hessen), 에라스무스, 그리고 다른 새로운 학문의 선구자들과 우호적인 서신왕래를 하였으며, 특별히 츠빙글리와도 그런 관계를 유지하였다.[29]

1518년에 바트는 장크트갈렌으로 돌아와서 죽을 때까지 의사로 활동하였다. 동시에 그는 교회와 국가의 모든 공적인 일들에도 적극적으로 참여하였다. 그는 계속해서 시장에 선출되었으며, 개혁의 과정에서 충실한 츠빙글리의 동역자였다. 츠빙글리는 그를 "장크트갈렌 시와 전체 스위스 연맹의 육체와 영혼을 다루는 의사"라고 칭했고, "나는 그에게 버금가는 스위스인을 알지 못한다"라고 말하였다. 칼빈과 베자는 그를 "경건과 학식 모두에 뛰어난 사람"이라고 평하였다. 그는 복음적인 목회자들과 교사들을 장크트갈렌으로 불러들였다. 그는 취리히에서 있었던 종교 논쟁(1523-1525)에서 주도적인 역할을 하였고, 베른에서의 논쟁(1528)에서는 사회를 보았다.

장크트갈렌은 그의 지도 아래 취리히의 모범을 따른 최초의 도시였다. 1526년과 1528년에는 교회에서 성상들이 제거되어 공개적으로 불태워졌으며, 오직 오르간과 성 오트마르(초대 수도원장)와 발불루스의 유골만이 남겨졌다. 복음적인 교회 질서가 1527년 도입되었다. 동시에 재세례파들은 기이한 광신적 행위를 통

---

28) 그는 1502년 가을, 츠빙글리가 그 대학을 떠난 직후에 빈에 도착하였다. 일반적인 의견은 바디아누스와 츠빙글리(그리고 글라레아누스)가 빈에서 함께 공부하면서 우정을 쌓았다는 것이다.

29) 츠빙글리와의 서신 가운데 출판된 것은 1511년 4월 9일 빈에서 보낸 편지가 그 시작이며, 바디아누스의 편지가 4개, 츠빙글리의 편지가 38개이다. *Zwingli's Opera*, VII, VIII.

해 종교개혁을 위태롭게 만들었다. 바트는 그들의 교리에 심각하게 반대하지는 않았으며, 그들의 지도자인 그레벨과는 친구이자 동서지간이었다. 하지만 평화와 질서를 위해서 그는 이들을 반대하였다.

1529년 3월 21일의 수도원장의 죽음은 취리히와 츠빙글리의 충고에 따라 수도원을 폐쇄하고 그 재산을 압류할 수 있는 좋은 기회를 제공하였다. 이에 시민들 대다수가 찬성하였지만, 이것은 전적으로 불법적인 조치였으며, 커다란 실수이자 정의롭지 못한 행동이었다.

카펠에서의 패전은 반동을 불러일으켰으며, 주의 일부 지역이 다시 가톨릭측에 반환되었다. 새로운 수도원장으로 블라우러(Diethelm Blaurer)가 선출되었는데, 그는 수도원의 재산과 아울러 이미 파괴되고 팔려 나간 것들에 대한 보상으로 6만 길더의 돈을 요구하였다. 시는 이러한 요구에 굴복할 수밖에 없었다. 그는 엄숙한 취임식을 거행하였다. 그는 트렌트 공의회의 마지막 회기에 참석하여 가톨릭 종교개혁에서 주도적인 역할을 하였다.

이러한 위기 속에서 바트는 용기있고 절제된 모습을 보여주었다. 그는 계속 동료 시민들의 신망을 받았으며 9번이나 시장으로 선출되었다. 그는 케슬러와 불링거와 협력하면서, 개혁교회를 구하고 튼튼하게 하기 위해 자신이 할 수 있는 모든 것을 다하면서 여생을 보냈다. 그는 풍채가 좋은 미남인데다가 위엄이 있는 사람이었으며, 많은 지리서, 역사서, 신학서를 저술하였다.

요한 케슬러(John Kessler, Chessellius or Ahenarius)는 장크트갈렌의 일용 노동자의 아들이었는데, 바젤과 비텐베르크에서 신학을 공부하였다. 그는 루터가 바르트부르크로부터 게오르크라는 이름의 기사 신분으로 돌아오는 길에 1522년 3월 예나에 있는 블랙 베어(Black Bear)라는 호텔에서 흥미로운 대담을 나눈 두 학생 가운데 한 사람이었다.[30] 이것은 루터가 스위스인과 우호적인 만남을 가진 유일한 예이다. 만약 루터가 마르부르크에서 츠빙글리에게 그와 같은 우호적인 감정을 보여주었더라면 종교개혁은 승자가 될 수 있었을 것이다.

케슬러는 말 안장 장사를 해서 생계를 유지하면서 도시와 주변 마을에서 설교를 하였다. 그는 또한 라틴어 학교의 핵심적인 교사이기도 하였다. 1571년, 죽기 일년 전에 그는 장크트갈렌의 안티스테스(Antistes), 즉 목사회의 수장으로 선출

---

30) Kessler가 동반한 사람은 John Spengler였다.

되었다. 그는 아내와 11명의 자녀를 두었는데, 그들 중에 9명이 그보다 오래 살았다. 그는 순수하고 상냥하고 이타적이며 유능한 사람이었으며, 복음주의적인 기독교의 주창자였다. 장크트갈렌 시립 도서관에는 유화로 된 그의 초상화가 걸려 있다.

츠빙글리의 고향인 토겐부르크는 1468년 이후에 장크트갈렌 수도원장 관할하에 있었지만, 츠빙글리와 그의 친척들, 그리고 친구들의 영향을 받아서 개혁파 설교자들을 기꺼이 맞아들였다. 1524년에 이곳의 지역 의회는 목회자들로 하여금 성경에서 입증할 수 있는 것 이외에는 아무것도 가르치지 말도록 명령하였다. 사람들은 수도원장, 콘스탄츠의 주교, 그리고 슈비츠 주의 간섭에 저항하였으며, 1528년에 종교개혁은 점차 이 지역 마을들에 도입되었다. 취리히와 글라루스의 도움을 받아, 1530년 토겐부르크는 1,500길더를 지불하고 장크트갈렌 수도원장으로부터 자유를 샀다. 하지만 1536년 다시 장크트갈렌 수도원장의 권위에 굴복하게 되었다. 이 지역은 1803년에 장크트갈렌 주에 합병되었으며, 주민들의 대다수는 프로테스탄트들이었다.

아펜첼 주는 바트의 영향력 아래, 최초의 프로테스탄트 설교자들 — 토펜의 요한 슈르타너(John Schurtanner), 헤리자우의 요한 도리크(John Dorig), 훈트빌의 발터 클라러(Walter Klarer) — 을 이웃의 장크트갈렌에서 받아들였다. 종교개혁은 1523년 8월 26일에 대다수 주민들의 찬성을 통해 합법적으로 비준되었다. 회중들은 장크트갈렌 수도원장의 관할권에서 스스로 벗어나 자신들의 목회자를 직접 선출하였다. 재세례파들의 난동이 로마 가톨릭측의 반동을 촉진시켰다. 주민들은 가톨릭과 프로테스탄트 양측으로 거의 양분되었다. 아펜첼과 더불어 이너로덴(Innerrhoden)은 가톨릭으로 남았고, 헤리자우, 트로겐, 가이스와 더불어 아우서로덴(Ausserrhoden)은 개혁파측이 되었고 더욱 산업화되고 번성하였다.

투르가우와 아르가우에서의 종교개혁은 특별히 관심을 끌 만한 아무런 특징도 보여주지 않고 있다.

35. 샤프하우젠에서의 종교개혁: 호프마이스터

샤프하우젠은 라인 강 연안의, 뷔르템베르크와 바덴의 경계에 위치한 곳으로서, 제바스티안 호프마이스터(Sebastian Hofmeister, 1476-1533)의 지도 아래 이웃하고 있는 취리히 주의 모범을 따랐다. 그는 프란체스코회 수도사인 동시에, 주교가 주재하고 있던 콘스탄츠의 신학 교수였다. 그는 1520년 츠빙글리를 "확고한 진리의 설교자"라고 부르면서, 스위스 교회의 병폐들을 치료하는 일에 그의 조력자가 되고 싶다는 뜻을 밝혔다.[31] 그는 고향인 샤프하우젠에서 로마의 오류와 해악들을 비판하는 설교를 했으며, 종교개혁측에게 유리한 결말을 내었던 취리히 논쟁에 대표로 참석하였다(1523년 1월과 10월).

그는 베른에서 온 프란체스코회 형제 마이어(Sebastian Meyer)와 이전에 자신을 대적하였던 사제 리터(Ritter)의 도움을 받았다.

재세례파들이 급진적인 견해를 가지고 취리히에서 오자 지역 사회는 혼란에 빠져들게 되었다. 행정 당국은 호프마이스터와 마이어가 이에 대해 책임이 있다고 보고 그들을 추방시켰다. 그리고 반동적인 일들이 뒤따라 일어났지만, 1529년에 개혁파측이 승리를 거두었다. 인근의 마을들도 도시를 따랐으며, 일부 귀족 가문들은 옛 신앙에 충실하기 위해 이곳을 떠났다.

샤프하우젠은 계속해서 유능하고 헌신적인 목회자들을 맞아들이는 복을 누렸으며, 몇몇 출중한 역사가들을 배출해 내었다.[32]

36. 그라우뷘덴(그리종)

---

31) Zwingli's *Opera*, VII. 146, 289와 II. 166, 348에 수록된 호프마이스터의 편지들. 그는 Sebastianus Oeconomus seu Hofmeister라는 이름으로 서명하고 있다. 그의 마지막 편지는 Zofingen(1529)에서 보낸 것이었는데, 성찬 논쟁에 관한 루터의 저작들에 대해 통렬하게 비판하고 있다.

32) 독일의 타키투스라고 불리는 Johannes von Müller(1752-1809), 중요성에 있어서 이류에 속하는 종교개혁자들(호프마이스터, 할러, 미코니우스, 파렐)에 관한 훌륭한 전기들과 Wirz의 *Helvetische Kirchengeschichte* 제5권을 쓴 Melchior Kirchhofer(1775-1853), 그리고 교황 인노켄티우스 3세에 대한 최고의 역사서를 저술한 Friedrich von Hurter(1787-1865). Hurter는 이전에 샤프하우젠의 개혁파 교회의 주임목사였지만, (부분적으로는 중세 성직위계제도의 번성기에 대한 연구로 인해) 1844년에 로마 가톨릭으로 개종하였으며, 1845년에는 오스트리아의 역사 편찬자이자 제국 참사관으로 임명되었다.

　그라우뷘덴 혹은 그리종 주는 종교개혁 시기에 독립적인 민주 공화국으로서 스위스 연맹과 우호적인 제휴관계를 맺고 있었으며, 1803년에 스위스 연맹에 하나의 주로 통합되기까지 계속해서 그 독립성을 유지하였다. 그 역사는 다른 지역들에 별다른 영향을 미치지 못하였으나 스위스 전반에 걸쳐 일어난 갈등의 양상들을 잘 반영해 주고 있으며 몇 가지 고유한 특징들도 보여주고 있다. 그 특징들 가운데는 로망슈어와 이탈리아어로 개신교를 확립한 점과 종교 자유의 원칙을 일찍이 인정한 점 등이 있다. 각 회중들은 다수의 의견에 따라 경쟁적인 두 교회 가운데 하나를 선택할 수 있도록 허용되었다. 따라서 적어도 16세기 동안에는 세속적이고 종교적인 전쟁이 방지될 수 있었다.[33]

　그라우뷘덴은 그 역사에 있어서나 자연 환경에 있어서 스위스의 축소판이라고 할 수 있다. 공화국의 제일 남동쪽, 오스트리아와 이탈리아 사이에 위치한 이곳은 고대 로마 지역인 라이티아[34]의 중심부를 포함하고 있다. 이곳은 북쪽과 남쪽 사이에서 하나의 벽을 이루고 있는데, 만년설에 덮인 지역으로부터 무화과, 레몬, 포도나무 밭이 있는 양지 바른 평원에 이르기까지 산맥과 계곡들의 연결망을 통해 남북을 연결시키고 있다. 영토면에서 이곳은 가장 넓은 주이고, 그 다채로움과 아름다운 풍광, 그리고 쾌적한 기후에서도 결코 다른 곳에 뒤지지 않는다. 이곳은 라인 강과 인 강의 발원지이기도 하다. 엥가딘은 스위스에서 사람이 거주하는 계곡 가운데 가장 높은 곳이며, 자연의 아름다움과 건강을 찾는 사람들 모두에게 매력적인 곳으로 꼽히기에 조금도 손색이 없는 곳이다. 이곳은

---

33) 전체 교회 역사에서 그라우뷘덴은 무시되거나 간과되었다. 스위스인인 Hagenbach까지도 두 페이지도 안 되는 분량을 할애하고 있다(*Geschichte der Reformation*, p. 366, 5th ed. by Nippold, 1887). 보다 상세하게 다루고 있는 것(영어로 된 유일한 좋은 자료)은 스코틀랜드 장로교인인 McCrie 박사가 *History of the Reformation in Italy*, VI에서 쓴 것이다. 이 지역으로 여행하는 영국인과 미국인들이 증가함으로써, 그 역사에 보다 폭넓은 관심을 가지게 되었으며, 이는 여기서 이 지역을 보다 상세하게 다루는 이유가 된다.

34) 이 지명은 Etruria에서 온 고대의 이주자들의 신비적인 지도자인 Rhoetus에서 유래했거나, 켈트어 rhin에서 유래한 것이다. 이 지역은 기원전 14년에 Augustus 치하에서 Drusus에 의해 정복되어서 대략 400년경까지 쿠어의 행정관의 통치를 받았다. 쿠어의 감독관저의 담쟁이덩굴로 뒤덮인 탑은 로마에서 온 것으로서, Marsael 즉 Mars in oculis로 불린다.

최상의 쾌적한 기후를 자랑하는 곳으로서, 9개월간은 건조하고 정신이 번쩍 들 만한 추운 날씨가 지속되고 3개월간은 기분 좋게 시원한 날씨를 보여준다.

거주민들은 독일, 이탈리아, 고대 로마라는 세 민족의 후손들로서 세 가지 언어를 사용하고 오랜 특징들을 많이 보존하고 있다. 독일어는 라인 강을 따라 쿠어 지방과 프레티가우 지방에서 사용되었으며, 다른 어떤 주보다 순수한 형태를 보존하고 있었다. 이탈리아어는 알프스 남부의 포쉬아보와 브레갈리아 계곡(그리고 이웃하고 있는 티치노 주)에서 사용되었다. 로망슈어(이탈리아 북부와 스위스 그라우뷘덴 주의 라인 계곡에서 주로 쓰는 라이티아어군에 속하는 언어 : 역자 주)는 선사시대의 두드러진 유산으로서 이탈리아어와 매우 유사한데, 엥가딘 고지대와 저지대, 뮌스터 계곡, 그리고 오버란트에서 사용되었다. 이 언어로 된, 대부분 종교적인 내용의 문학 작품들이 상당수 있어 비교 언어학자들의 관심을 끈다.[35]

그라우뷘덴 사람들은 착실하고, 근면하며, 영웅적인 사람들로서, 스페인, 오스트리아, 프랑스 군대에 대항하여 자신들의 독립을 지켜왔다. 이 사람들은 부를 찾아서 더 부유한 지방으로 이주해 갔다가 다시 자신들의 산악지대 고향으로 되돌아오는 자연적인 욕구와 경향을 지니고 있었다. 이들이 유럽과 미국의 모든 대도시에서 상인, 호텔 직원, 과자 제조상, 교사, 그리고 군인으로 일하고 있는 것을 볼 수 있다.

그라우뷘덴 주의 제도들을 보면 철저하게 민주적이고, 대중 주권제도의 장점과 단점을 잘 보여준다.[36] 오랜 엥가딘 속담은 "하나님과 태양 다음으로는 가장 가난한 사람이 최고위 관리이다" 라고 말하고 있다. 실로 오늘날까지 그라우뷘

---

35) (다른 Romanic languages에서 구별되는) 로망슈어에는 두 개의 방언이 있다. 하나는 Engadin, Albula, 뮌스터 계곡에서 사용하는 Ladin이고, 다른 하나는 Oberland, Ilanz, Disentis, Oberhalbstein 등에서 사용하는 Romansh이다. 어쨌든 이 언어는 약 37,000명의 거주민들에 의해 사용되고 있다. 1890년 이 주의 주민은 94,879명이었는데, 그 중 53,168명은 프로테스탄트이고 41,711명은 로마 가톨릭 신자였다. 로망슈어로 된 책들을 가장 많이 소장하고 있는 곳은 쿠어의 주립 도서관과, 슈트라스부르크에 있는 대학 도서관의 Böhmer collection이다.

36) McCrie 박사는 "고대나 근대나 그라우뷘덴 공화국에서만큼 민주주의 원리들을 잘 수행한 나라는 없다" 고 말하고 있다.

덴에는 귀족 가문이 많은데, 이들 중 일부는 중세의 우두머리 도적들과 폭군들의 후손들이기도 하다. 이들이 살았던 성채들의 폐허가 아직도 산악 지대의 바위와 절벽 위에 자리하고 있다. 하지만 저명한 관리들과 외교관의 자손들이 훨씬 더 많다. 그렇다고 이들이 자신들 개개인의 능력과 신망보다 더 많은 영향력을 지니는 것은 아니다. 공식적인 관계와 교류에서 귀족의 칭호를 사용하는 것은 금지되어 있다.[37]

종교개혁에 대해 다루기 전에 일반 역사를 간단하게 살펴보도록 하자.

그라우뷘덴은 느슨하게 연계된 세 개의 연맹으로 구성되어 있다. 다시 말해 15세기 동안 이웃 스위스인들의 모범을 좇아 서로를 보호하고 국내외의 압제자들에 공동으로 대항하기 위해 연합한 자유민들의 자발적인 조직이다.[38] 이 세 연맹들은 1471년에 바체롤에서 영원한 동맹 관계를 체결했으며, 이것은 1524년에 갱신되어 전쟁과 평화를 막론하고 서로를 돕는다는 맹세를 포함하게 되었다. 이 세 동맹은 쿠어, 일란츠, 다보스에서 교대로 열리는 의회에 각기 그 대표들을 파견하였다.

15세기 말경에 그라우뷘덴의 두 연맹이 스위스의 오랜 7개의 주들과 방위 동맹을 맺게 되었다. 나머지 한 연맹도 이들의 뒤를 따랐다.[39]

---

37) 가장 잘 알려지고 가장 존경을 받는 귀족 가문들로는 Salis, Planta, Bavier, Sprecher, Albertini, Tscharner, Juvaltam Mohr, Buol이 있다.

38) 세 연맹 또는 Bünd(여기서 Graubünden이라는 주 이름이 나왔다)는 다음과 같다.

1) Gotteshausbund(The League of the House of God): 1396년부터 시작된 것으로, 1419년 이후에는 주의 수도인 쿠어에 그 본부를 두었다.

2) Obere Bund 혹은 Graue Bund(The Gray League): 1424년에 Truns에 있는 느릅나무 아래에서 결성되었으며, Disentis의 수도원을 중심으로 모였다.

3) Zehngerichtenbund(The League of the Ten Jurisdictions): 1436년 Davos와 Prättigau 골짜기에서 시작되었다.

39) 먼저 두 연맹은 각각 1497년과 1498년에 독립적으로 7개 주와 동맹 관계를 체결하였다. 하지만 또 하나의 연맹인 The league of the Ten Jurisdictions는 7개 주의 승인을 얻지 못하였는데, 그곳에 오스트리아 가계의 재산이 있었기 때문이다. 하지만 이 연맹은 1590년에는 취리히와 글라루스와, 1600년에는 Wallis와, 1602년에는 베른과 영속적인 협약을 맺을 수 있었다. Bluntschli, *l.c.* I. 198 이하와 취리히의 공문서 보관소에 있는 문헌을 보라.

16세기 초엽에 그라우뷘덴 사람들은 밀라노 공국의 밀라노와 베네치아를 연결하는 남부 알프스의 몇몇 아름답고 비옥한 지역들을 정복했다. 이 지역들은 발텔리나와 보르미오(보름스), 치아벤나(클레벤)로서, 속국으로 병합되어 집행관의 통치를 받았다. 이 지역들에게 동등한 권리와 특권을 주어 4번째 연맹으로 받아들였더라면 훨씬 더 현명했을 것이다. 이렇게 이탈리아 지역을 소유하게 됨으로써 그라우뷘덴은 한편으로는 자신들에게 개방된 통로를 내줄 것을 원하는 오스트리아와 스페인, 또 다른 한편으로는 자신들의 정치적인 적들을 막고 그 길을 폐쇄해 줄 것을 원하는 프랑스와 베네치아 사이의 투쟁에 휘말려들 수밖에 없었다. 이렇게 해서 발텔리나는 새로운 트로이 전쟁의 헬레나(Helena)라고 불리게 되었다. 그라우뷘덴은 30년 전쟁 때에 오스트리아-스페인 연합군과 프랑스군의 침입을 받았다. 우여곡절을 겪은 후에 그라우뷘덴은 나폴레옹에 의해 이탈리아 지역들을 잃게 되었다. 나폴레옹은 1797년 10월 10일 발텔리나, 보르미오, 치아벤나를 새로운 치살피나 공화국에 병합시키는 안에 서명하였다. 빈 의회는 1814년 이 지역들을 오스트리아에 넘겼으며, 1859년 이후로는 이탈리아 연합 왕국에 속하게 되었다.

37. 그라우뷘덴에서의 종교개혁: 코만더, 갈리치우스, 캄펠

그라우뷘덴(그리종)의 기독교화는 전통에 따르면 2세기 후반 브리튼의 왕자인 성 루치우스와 그 누이 에메리타에게까지 거슬러 올라간다.[40] 쿠어(Coire)의 산 위에 있는 교회당이 그를 기리고 있다. 쿠어 지방의 주교(Asimo)는 452년에 처음 등장하는데, 칼케돈 신조에 대리로 서명하였다.[41] 쿠어의 주교들은 많은 재산

---

40) Wales의 전승에 의하면, 그는 기독교를 Britain에 소개하고 180년에 Llandaff에 최초의 교회를 세운 Lucius 왕과 동일인물로 여겨진다. Alois Lütolf, *Die Glaubensboten der Schweiz vor St. Gallus*, Luzern, 1871, pp. 95-125를 보라. 그는 사본에서 가장 오래된 *Vita S. Lucii Confessoris*를 제공하고 있다(pp. 115-121).

41) S. Asimo는 450년 칼케돈 회의에 참석하지 않고, 코모의 주교 Abundantius에게 전권을 위임하여 452년 밀라노에서 개최된 공의회에서 칼케돈 기독론을 승인하게 하였다.

을 얻어서 세속 군주의 자리까지 차지하였다.[42] 그라우뷘덴의 모든 지역은 쿠어
와 코모 지역 주교들의 관할권 아래 놓여 있었다.

교회의 처지와 종교개혁의 필요성은 스위스의 다른 주들과 마찬가지였다.

종교개혁을 향한 최초의 자극을 준 것은 쿠어가 밀접한 연관을 맺고 있었던
취리히였다. 츠빙글리는 "라이티아에 있는 세 연맹"에 서신을 보내어, 이전에
쿠어 주교의 주민들이었던 그들에게 특별한 관심을 표하면서, 취리히와 협력하
여 교회를 개혁할 것을 촉구하고 자신의 친구인 코만더(Comander)를 그들에게
추천하였다(1525년 1월 16일).[43] 그의 몇몇 제자들이 플래쉬, 말란스, 마이엔펠
트, 쿠어, 그리고 다른 지역들에서 이미 1524년부터 설교하고 있었다. 츠빙글리
가 죽은 후에는 불링거가 그라우뷘덴에 동일한 관심을 보여주었다. 이곳에서의
종교개혁은 다른 교회들에서와 마찬가지로 처음에는 로마 교회로 인해 어려움
을 겪었고, 그런 다음에는 이 한적한 곳까지 파고들어온 재세례파, 유니테리언
주의자들, 그리고 신비주의적인 슈뱅크펠트 추종자들로 인해 곤란을 겪었다. 취
리히의 주도적인 재세례파 가운데 한 사람인 블라우로크(Georg Blaurock)는 쿠
어의 수도사 출신이었는데, 그의 유창한 언변 덕분에 "능력있는 죄르그"(the
mighty Jörg) 혹은 "제2의 바울"이라고 불렸다. 그는 취리히에서 추방되었으며,
티롤 지방에서 가톨릭측에 의해 화형을 당하였다(1529).

종교개혁자들은 면죄부, 미사, 성상 숭배, 성직자 독신 제도, 축첩 제도, 그리
고 비성경적이고 미신적인 많은 의식들을 폐하고 대신에 성경과 그에 근거한 설
교를 교회와 학교에 도입했으며, 성찬에서의 이종배찬, 성직자의 가정생활, 그
리고 그리스도를 유일한 구세주이자 중보자로 믿는 신앙에서 솟아나는 단순한
복음주의적 경건을 시행하였다. 이러한 신앙이 결여된 곳에서는 적막한 교회당
안에서의 예배가 무미건조하고 냉담하기만 하다.

그라우뷘덴의 주요 개혁자들로는 코만더, 갈리치우스(Gallicius), 캄펠
(Campell), 베르제리우스(Vergerius)가 있고, 그 다음으로는 살란드로니우스

---

42) Frederick Barbarossa가 약 1170년경에 이 주교에게 princeps의 칭호를 수여하
였다.

43) 이 권고의 사본은 취리히의 공문서 보관소에 있으며, 처음으로 인쇄되어 출간
된 것은 Joh. Jak. Simler, *Sammlung alter und neuer Urkunden zur Beleuchtung
der Kirchengeschichte*(1759), vol. I. 108-114이다.

(Alexander Salandronius), 블라시우스(Blasius), 트라버스(John Travers)가 있다. 트라버스는 엥가딘 지역의 학식있고 영향력있는 평신도였다. 코만더는 그라우뷘덴의 독일어 사용권에서, 갈리치우스와 캄펠은 로망슈어 사용권에서, 베르제리우스는 이탈리아어 권역에서 사역하였다. 이들은 신학적으로 츠빙글리주의자들이었으며,[44] 취리히와 바젤에서의 변화들을 도입하였다. 비록 이들이 개혁자들 사이에서 가장 두드러진 인물들은 아니었다 할지라도, 적합한 장소에서 사용된 적합한 인물들이었으며, 가난한 지역에서, 정직하고 근면하며 자유를 사랑하지만 인색할 수밖에 없는 사람들 가운데서 신실하게 자기를 부인하는 사역을 감당한 사람들이었다. 이들은 적은 것들을 공급받고도 대단한 영속적인 결과물들을 이루어낸 사람들이다.

요한 코만더(도르프만)는 이전에 로마 사제였던 자로서 그 이력이 잘 알려져 있지 않은데, 1524년부터 쿠어의 장크트마르틴(St. Martin) 교회에서 개혁주의 교리를 가르쳐 왔다. 그는 말년에 구약 성경을 원어로 읽기 위해 히브리어를 배우느라 눈을 상하기까지 하였다. 츠빙글리는 그에게 성경과 주석서들을 보내주었다. 시민들은 폭력에 대항해서 그를 보호했으며 그가 교회를 오가는 때에는 그를 수행해 주었다. 쿠어의 주교는 1525년 세 연맹의 의회 앞에서 그를 이단 혐의로 재판에 부쳤다.

의회는 주교의 항의에도 불구하고 라인 강 연안의 첫 마을인 일란츠에서 공개 논쟁을 갖도록 명하였다. 이 논쟁은 현현절 다음날인 1526년 1월 7일 주일날 시작되어, 시 당국의 주재 아래 7일간이나 지속되었다. 이 논쟁은 취리히의 논쟁들과 유사하며, 종교개혁의 실질적인 승리로 끝이 났다. 가톨릭측을 대표한 것은 주교 대리, 성 루치우스 수도원장, 부제들, 그리고 몇몇 사제들과 수도사들이었고, 종교개혁측을 대표한 것은 몇몇의 젊은 설교자들로서, 코만더, 갈리치우스, 블라시우스, 폰티셀라. 파브리치우스, 그리고 하르트만 등이다. 샤프하우젠의 호프마이스터가 청중의 한 사람으로 참석하였다가 여기서 이루어진 논쟁에 대한 기록을 남겼다.[45]

---

44) Vergerius는 예외였다. 그는 칼빈주의와 루터주의 사이에서 우왕좌왕하였다.

45) 그의 보고와 Comander의 결론들은 Füsslin, *Beiträge zur Kirchen-und Reformationsgesch. des Schweitzerlandes*, 1741, vol. I. 337-382에 수록되었다. 보다

코만더는 이 논쟁을 위해 츠빙글리의 67개 조항을 요약한 것이라고 볼 수 있는 18개 논제를 작성하였다. 첫 번째 논제는 "기독교회는 하나님의 말씀으로부터 생겨난 것으로서 그 안에 거해야 하고 그 이외의 다른 목소리에 귀 기울여서는 안 된다"(요 10: 4-5)는 것이었다. 그는 로마측 대표자가 반박할 수 없는 풍부한 성경적 논증들을 통해 이 논제를 변론하였다. 마태복음 16장 18절에 나오는 반석 이야기, 미사, 연옥, 성직자들의 독신제도에 대한 논쟁들도 이루어졌다. 가톨릭측은 이 논쟁을 갑작스럽게 중단해 버렸다.

같은 해 여름(1526년 6월 26일) 일란츠 의회는 종교의 자유를 선언하였다. 그라우뷘덴의 모든 사람들이 남녀를 막론하고 그 상황과 지위에 관계없이 가톨릭과 개혁파 신앙 가운데 선택할 수 있는 권리를 부여한 것이다. 하지만 권면의 말을 듣고 나서도 그 오류를 고치지 않는 이단들은 추방시켰다(하지만 사형에 처하지는 않았다). 이러한 주목할 만한 모습은 당대의 불관용적인 상황을 앞지르는 것이었으며, 그라우뷘덴에서 종교자유의 헌장을 형성하게 되었다.

일란츠 의회는 목회자들에게 성경에서 증명할 수 있는 것 외에는 아무것도 전하지 말라고 명하였으며, 성경 연구에 열심히 임하라고 당부하였다. 쿠어 주교의 정치적인 권한은 축소되었고, 세속 법정에서 그에게 항소하는 것은 금지되었으며, 각 교구들은 자신들의 목회자와 사제들을 선출하고 면직시킬 수 있는 권한을 부여받았다.

이렇게 해서 주교제적인 군주 정치가 폐지되고 회중적인 독립주의 체제(congregational independency)가 도입되었다. 하지만 영국과 미국의 회중파들과는 달리, 진정한 교회 즉 회심한 신자들의 모임과 청중들 혹은 단순히 명목상의 기독교인들을 구별하는 일은 하지 않았다.

법률 제정은 요한 트라버스와 요한 굴러(John Guler)와 같은 자유주의적인 가톨릭 평신도들의 도움으로 가능하게 되었다. 이들은 당시에 아직 개혁파 진영에 가담하지 않은 상태였다. 엄격한 가톨릭 신자들은 이에 불만을 품었으나 복종할 수밖에 없었다. 1553년에 교황은 쿠어에 사절을 보내어 종교재판을 실시하라고 명하였지만, 코만더, 불링거, 그리고 프랑스 대사는 그러한 시도를 무산시켰다.

충분한 설명이 이루어진 곳은 Campell, *Rätische Geschichte*, II. 287-308(Mohr's German ed.)이다.

코만더는 자신보다 연배가 어린 동료인 블라시우스, 그 이후에는 갈리치우스의 도움을 받아 교황파, 재세례파, 그리고 쿠어에 본부를 두고 있는 외국인 고용자들에 대항하여 계속해서 개혁신앙을 옹호해 나갔다. 이들은 그의 얼마 안 되는 급여인 120 길더를 감봉하는 것으로 그의 저항에 앙갚음하였다. 그는 가끔 사임하고 싶은 마음이 들기도 하였지만, 불링거는 그가 그 일을 계속하도록 권면해 주었다. 그는 1557년 죽기까지 개혁파의 선봉에 섰다.

그를 계승한 파브리치우스는 1566년 페스트로 사망하였다.

필립 갈리치우스(살루즈)는 보다 광범위한 활동을 전개하였다. 그는 엥가딘의 개혁자이지만, 또한 돔레쉬흐, 랑비스, 그리고 쿠어에서도 목회자이자 복음 전도자로 사역하였다. 그는 1504년 그라우뷘덴 동쪽 변경에서 태어나서 1520년에 이미 설교하기 시작하였다. 그는 말할 수 없이 뛰어난 언변과 설복력을 지닌 사람이었다. 그가 로망슈어로 설교를 하면 사람들이 그의 설교를 듣기 위해 사방 각처에서 몰려들었다. 그는 저지대 엥가딘의 쥐스(Süs) 마을에서 있었던 두 차례의 논쟁, 즉 교황파를 상대로 한 논쟁(1537년)과 재세례파를 상대로 한 논쟁(1544)에서 주된 연설가로 활약하였다. 그는 또한 저지대 엥가딘의 주즈(Zuz)에 1554년 종교개혁을 도입하였다. 이때 요한 트라버스가 그를 도왔는데, 트라버스는 저명한 애국자요 정치가이자 군인이었으며, 평신도 설교자이기도 했는데 "주님을 섬기느라 갑옷으로 무장한 기사"라고 불리는 사람이었다.

갈리치우스는 수없이 핍박을 받고 가난을 겪었으나, 온화함과 인내와 신실함을 끝까지 지켜내었다. 돔레쉬흐에서 설교할 때 그는 자신의 대가족을 먹일 빵조차도 갖지 못해 수 주일을 야채와 소금으로 연명하였다. 그럼에도 그는 아들을 바젤에서 목회자로 교육받게 하였으며, 아들이 보다 조건이 좋은 다른 직업을 제안받았을 때 그것을 포기하도록 설득시켰다. 그는 또한 이탈리아 피난민들을 위해 자신이 할 수 있는 모든 것을 하였다. 그는 1566년에 쿠어에서 아내와 세 아들과 함께 페스트로 죽었다.

그는 주기도문, 사도신경, 그리고 십계명과 성경 가운데 몇 권을 로망슈어로 번역했으며, 이로 해서 로망슈어 문학의 기초를 놓았다. 그는 또한 요리문답서와 라틴어 문법서를 저술했으며, 이것들은 쿠어에서 출판되었다. 그는 1552년에 라이티아 신앙고백을 작성했는데, 이것은 이후 1566년에 나온 불링거 신앙고백에 의해 대체되었다.

울리히 캄펠(1510년 출생, 1582년 사망)은 쿠어와 쥐스 지역의 목사였으며, 갈리치우스를 이어 엥가딘의 핵심 개혁자로 사역하였다. 그는 또한 라이티아의 최초의 역사가였으며 고대 로마인을 조상으로 하는 라이티아에서 종교문학의 기초를 놓은 사람들 가운데 한 사람이었다. 그의 역사서는 우수한 라틴어로 씌어졌으며, 개인적인 관찰, 고대 로마인들이 기술해 놓은 것들, 추디의 연구물들, 그리고 불링거와 바디안이 주고받은 편지들에 기초하고 있다. 그의 역사서는 100년에서 시작해서 1582년경에서 끝나고 있다.

로망슈어 문학은 종교개혁 기간에 처음으로 장려되었다. 갈리치우스, 캄펠, 그리고 비베로니(Jacob Biveroni 혹은 Bifrun)는 이 문학의 창시자들이다. 캄펠은 시편에 각주를 달아 번역해서 자신이 창작한 찬송과 요리문답과 함께 선보였다 (1562). 비베로니는 사마덴의 법률가로서 코만더의 요리문답을 번역 출판하였다. 이 책은 1552년에 포치아보에서 출판되었고, (갈리치우스와 캄펠의 도움을 받아) 1560년에는 신약 성경 전체가 바젤에서 처음 출판되었는데, 이 책들은 그 지역들에서 복음주의적인 신앙을 장려하는 데 주된 역할을 하였다. 동시대인 가운데 한 사람은 로망슈어밖에 몰랐던 사람들이 "이스라엘 사람들이 처음 만나를 보고 놀랐던 것만큼이나 놀랐다"고 말하고 있다.

그라우뷘덴의 개혁자들과 그 계승자들의 사역을 통해 복음적인 교회는 전체 인구의 3분의 2에 달하는 교인들을 확보할 수 있게 되었다. 한편 3분의 1은 여전히 로마 가톨릭을 견지하였다. 이러한 수적인 우위관계는 오늘날까지도 본질적으로 그대로 유지되고 있다. 비록 로마 가톨릭측의 비율이 조금 높아지기는 하였지만, 이것은 개종을 통해 이루어진 것이 아니라 해외 이주자들로 인해 야기된 것이다. 양대 교회는 평화롭게 공존하고 있다. 개개의 공동체에서 종교문제는 정치적이거나 지역적인 문제와 마찬가지로 다수결의 원칙에 따라 결정되었다. 경제원리에 따라 로마 가톨릭 사제를 계속 유지하거나 개혁파 설교자를 선택하는 일도 종종 있었다.[46] 어떤 인색한 회중들은 온갖 의무들을 없애기 위해 공석으로 비워두거나, 짧은 기간 동안씩 사제와 설교자를 번갈아 두기도 하였

---

46) 똑같은 경제적인 고려로 인해 그 당시 일부 가톨릭 교인들은 세속적인 사제보다 카푸친회 수도사를 더 선호하였다. 나는 1890년 6월에 쿠어의 주교에게서 이와 같은 이야기를 들었다.

다. 갈리치우스는 자유의 이름으로 방종을 행하는 이러한 자치 상황을 보고 불링거에게 불만을 토로하였다. 목회자로 자처하는 외국의 협잡꾼들이 회중들을 기만하는 일도 적지 않았다.

이러한 민주적인 자치권은 그라우뷘덴에 이렇게 개혁파와 가톨릭이 혼합되어 있는 특이한 현상이 어떻게 가능하게 되었는지 설명해 준다. 여행자들은 몇 시간 안에 서로 다른 신조를 믿고 있는 마을들과 교회들을 연속해서 볼 수 있다. 쿠어의 경우 그 도시 자체는 개혁파이지만 가톨릭 또한 주교를 중심으로 (주교의) 뜰이라 불리는 언덕 위에 따로 마을을 이루고 있다.

그라우뷘덴에는 국교도 없었고 자유 교회도 없었으며, 오로지 시민들의 교회(people's church)가 있었을 뿐이다.[47] 모든 시민이 세례를 받고 견신례를 통해 교회 구성원이 되었다. 모든 회중은 자치권을 가지고 자신들의 목회자를 선출하고 그 뒷받침을 해준다. 1537년에 종교대회가 구성되어서 매년 6월에 모이게 되었다. 이 대회는 모든 목회자들과 세 명의 정부측 대표자들로 구성되었으며, 목사 후보생들을 심사하고 안수를 베푸는 일과, 각종 행정적인 문제들을 처리하였다. 시 정부는 교회의 재산을 보호해 주고 교회법과 세속법이 서로 상충되는 것을 막았지만, 교회 재산의 운용은 각 회중들이나 교구들에게 맡겨진 일이었다. 불링거가 작성한 「제2 스위스 신앙고백」은 1566년에 교회의 신조로 공식적으로 채택되었지만, 이후에는 그 용도가 폐기되었다. 목회자들은 전체적으로 개혁파 교회의 가르침에 맞추어 성경의 교리들을 가르치라는 요구만 받았다. 목사들은 자신들의 뜻에 따라 어떤 요리문답이라도 자유롭게 사용할 수 있었다. 예배는 매우 단순했으며 교회는 일체의 장식물을 사용하지 않았다. 사람들 사이에는 경건한 행습들이 많이 행해졌다. 프로테스탄트 대학이 폰티셀라(Pontisella)를 초대 학장으로 해서 1542년에 쿠어에서 문을 열었다. 그는 브레갈리아 지방 출신으로서 취리히에서 불링거의 도움으로 교육을 받았던 사람이다. 이 학교에 신학교가 부설되어 목회자들을 훈련시켰다. 이는 1843년에 폐지되었으며,[48] 그 기금은 이제 바젤과 취리히 혹은 다른 독일의 대학들에서 학업을 계속하고 있던 목사 후

---

47) Volkskirche 혹은 Gemeindekirche로서, 전체 시민 공동체를 다 포괄한다.
48) 마지막 신학 교수들은 Antistes Kind, Schirks 박사였는데, 두 사람 다 능력이 있고 경건한 사람들이었다.

보생들을 위한 장학금으로 전환되었다. 1850년에 쿠어의 개혁파 대학과 성 루치우스의 가톨릭 대학은 하나의 교육 기관(Cantonsschule)으로 합병되어 쿠어의 언덕 위에 있는 주교 관저 근처의 새로운 건물로 옮겼다.

16,17세기 동안 개혁파 성직자들은 온건한 의미의 칼빈주의를 따르는 정통파들이었다. 18세기에는 경건주의와 모라비안 공동체가 영적인 생활의 부흥에 유익한 영향력을 행사하였다.[49] 현 세기에는 전체 성직자의 절반 정도가 독일 합리주의의 영향력 아래 놓여 있으며, 초자연적인 교의와 기적은 빼어 버리고 기독교적 도덕성을 가르치고 있다.

그라우뷘덴의 이탈리아권 골짜기에서의 프로테스탄트 운동은 16세기 중반에 시작되었지만 여기서도 다루어질 수 있을 것이다.

38. 그라우뷘덴의 이탈리아어권 골짜기에서의 종교개혁: 베르제리우스

복음주의적인 종교개혁은 그라우뷘덴의 이탈리아어권 지방에도 퍼져 나갔다. 계속해서 그라우뷘덴 주에 속해 있던 프레겔 혹은 브레갈리아 골짜기, 포시아보, 그리고 그라우뷘덴에 예속되어 있으면서 (미합중국의 영토들과 마찬가지로) 행정관의 통치를 받다가 1797년에 그라우뷘덴으로부터 벗어나게 되는 발텔리나(벨틀린), 보르미오(보름스), 그리고 치아벤나(클레벤) 같은 지역들이 이에 속한다. 발텔리나는 그 풍성한 식물들, 독한 포도주, 그리고 양잠으로 유명하다. 당시에 스위스 연맹에 소속되어 있던 티치노 주의 로카르노에서 프로테스탄트 회중들의 모임이 조직되었다. 스위스 개신교의 역사에서 이 이탈리아권 지역은 이탈리아 종교개혁의 생성과 박해, 그리고 좀 더 이후에 프랑스 위그노들처럼 고향을 떠날 수밖에 없었던 많은 프로테스탄트 신앙고백자들의 이주와 밀접한 관련을 맺고 있다. 이러한 이민자들은 자신들의 미덕과 노동을 통해 정착지를 더

---

49) 이 운동에 관해서는 Munz, *Die Brüdergemeinde in Bünden*, in *Der Kirchenfreund*, Basel, Nos. 19-21, 1886을 보라. 모라비안파의 주교이자 찬송가 작가였던 Johann Baptist von Albertini(1831년 사망)가 바로 Bünden 가문 출신이었다.

욱 풍성하게 만들었다.

이탈리아어권 그라우뷘덴 지역의 종교개혁에 첫 번째 자극을 준 것은 갈리치우스와 캄펠이었다. 이들은 이웃의 엥가딘에서 사역하고 있었는데 로망스어뿐만 아니라 이탈리아어에도 능통하였다. 종교개혁의 주된 동인이 되었던 사람들은 종교재판을 피해 북부 이탈리아로 도주해 와서 그라우뷘덴 정부의 보호를 받았던 프로테스탄트 난민들이었다. 이들 가운데 많은 사람들이 그곳에 계속 정착하였고, 나머지 사람들은 취리히, 바젤, 그리고 제네바로 갔다. 1550년에 이런 이탈리아 난민 수는 거의 200명에 달하였고, 1559년이 되기 전에는 800명으로 늘어났다. 이들 중 4분의 1 혹은 5분의 1이 교육을 받은 사람들이었다. 이들 가운데 일부는 유니테리언과 재세례파 사상으로 기울었으며, 또 한 무리는 소키누스(소치니)주의(Socinianism)로의 길을 예비하였다. 후자 중에는 칼라브레제(Francesco Calabrese, 엥가딘 거주), 티리아노(Tiriano, 쿠어 거주), 소키누스주의의 선구자 레나토(Camillo Renato, 발텔리나의 티라노에 거주), 유명한 카푸치노 수도회 설교가인 오키노(Ochino, 이후에 제네바, 영국, 취리히로 이주), 라일리우스 소키누스(Laelius Socinus, 1562년 취리히에서 사망), 그리고 그보다 더 유명한 그의 조카이자 소키누스주의의 진정한 창시자라 할 수 있는 인물로서 폴란드에서 생을 마감한 파우스투스 소키누스(Faustus Socinus, 1539-1604) 같은 사람들이 언급될 수 있다.

그라우뷘덴에서 활동한 이탈리아 출신 복음 전도자들 가운데 가장 두드러진 인물은 베르제리우스(Petrus Paulus Vergerius, 1498-1565)이다. 그는 그곳에서 4년 동안(1549-1553) 사역했는데, 어느 정도 항구적인 영향을 남겼다. 그는 제2선에 속하는 개혁자로서 흥미로운 인물이었으나 얼마간 모호하고 부족한 면이 있었으며, 그의 이력도 변화가 많았다. 그는 교황청에서 가장 높은 지위 중 하나를 점했던 인물이었지만, 나중에는 교황청에 대한 가장 격렬한 반대자 중의 한 사람이 되었다.

베르제리우스는 처음에 베네치아의 저명한 법률가였다. 아내(다이아나 콘타리니)가 죽은 후에 교회를 섬기기 시작한 그는 곧 자신의 재능과 재간으로 영향력 있는 위치에 오르게 되었다. 그는 클레멘스 7세에 의해 캄페기(Campeggi)와 핌피넬리(Pimpinelli)와 함께 1530년 아우크스부르크 회담에 보냄을 받았다. 그곳에서 그는 파베르(Faber), 에크(Eck), 코클라이우스(Cochlaeus)와 친분을 맺게 되었으며 프로테스탄트 이단을 억압하기 위해 대단한 열정과 기교를 보여주었다. 1532년에는 교황 직속 비서이자 국내문제 담당 신부가 되었다. 그는 1535년에는 교황 바울 3세에 의해 독일로 보내져서 만토바에서 개최하기로 되어 있던 공의회에 관해 독일의 영주들과 협상을 벌였다. 비텐베르크에서(11월 7일) 루터와 개인적으로 면담을 가진 자리에서 그는 루터의 조악한 라틴어, 예리하지 못한 화술, 그리고 촌스러운 태도를 공격하였다. 교황의 비서에게 제출한 공식 보고서(11월 12일)에서 그는 이 독일인 "짐승"이 악한 사탄에 사로잡혔는지 그렇지 않은지 판단할 수는 없으나 오만함과 악덕과 우매함의 화신인 것은 틀림없다고 밝히고 있다.[50] 그 이후에 그는 루터에 대해 "신적인 기억력을 지닌 인물"이자 "하나님의 위대한 도구"라고 말하였으며, 1559년에 아이슬레벤을 방문하던 중에 작시한 글에서 그를 찬미하기도 하였다.

이탈리아에 돌아온 그는 공로에 대한 대가로 고향인 카포 디스트리아(트리에스테에서 멀지 않은 지역)의 대주교직에 임명되었다. 그는 심지어 추기경 자리에까지 오르고 싶어하였다. 그는 1540년과 1541년에 보름스와 레겐스부르크에서 있었던 회의에도 참석하였고, 거기서 멜란히톤과 칼빈을 만났다. 우리는 이때 그가 어떤 자격으로 참석한 것인지, 다시 말해 교황의 사절로 간 것인지 아니면 프랑스 왕 프랑수아 1세의 사절로 간 것인지 정확하게 알지 못한다. 멜란히톤은 이때 그에게 아우크스부르크 신앙고백과 변증서를 선물해 주었다.[51] 그 자신의 고백에 따르면, 이때 그는 사울과 같이 여전히 눈멀고 경건치 못한 상태에 있었다. 그가 1541년 1월 1일 보름스 회의장에서 연설한 「교회의 평화와 통일」(*De Unitate et Pace Ecclesiae*)은 신학적이라기보다는 오히려 외교적인 성격이 강했는데,[52] 여기서 그는 공의회가 전통적인 기초 위에서 교회의 일치와 평화를 회복하는 수단이 되어야 한다고 촉구하였다.

몇 가지의 요인들이 결합하여 그는 점차 개종하게 되었다. 반박할 목적으로

---

50) Sixt는 Seckendorf, Sarpi, Pallavicini로부터, 이 특징적인 면담에 대한 상세한 기술을 하고 있는데, 이는 루터파와 로마 가톨릭 교회의 역사에 속한다. 공식적인 보고는 Friedensburg에 의해 출판되었다.

51) 한 통의 편지와 함께 보냈는데, 이는 그의 *Opera, Corp. Reform.* IV. 22에 수록되어 있다.

52) 이 연설이 행해진 직후 인쇄되어 배포되었으나 매우 희귀하게 되었다.

프로테스탄트 서적들을 읽고 독일의 루터파 신학자들이나 영주들과 개인적인 교제를 나누었고, 로마 가톨릭측 사람들의 불관용적인 태도도 목격했으며, 스피에라(Francesco Spiera)의 끔찍한 죽음도 겪었다. 그는 이신칭의라는 복음적인 교리에 대한 경험적 지식도 얻었는데, 이 교리는 그 당시에 추기경 콘타리니와 레지날드 폴 같은 몇몇 고명한 가톨릭 신학자들에게도 호응을 얻고 있었으며, 시에나의 팔레아리오(Paleario) 같은 사람도 이를 옹호하였다. 발데스(Valdes)의 제자 한 사람도 이탈리아어로 익명으로 쓴 글 「그리스도의 죽음이 가져다주는 유익들」(*The Benefit of Christ's Death*)[53]에서 이를 주장하였다. 이제 그는 복음적인

---

53) *Trattato utilissimo del beneficio di Giesu Christo crucifisso, verso i Christiani.* Venet. 1540. 이것은 6년만에 4만 부 이상이나 통용되고 여러 언어로 번역되었으며, (프랑스어 판에서 나온) 영어 판은 1638년에 런던에서 4판을 찍게 되었다. 이 4판은

교리들을 설파하고 악폐들을 개혁하기 시작하였다. 그의 형제인 폴라의 주교는 전적으로 그와 뜻을 같이하였다. 그는 로마 교황청과 종교재판소의 의심을 사게 되었다. 1546년 2월에 트렌트로 가서 공의회 앞에서 자신을 변호하고자 하였지만, 그곳에 입장하는 것도 거부당하고 자신의 교구로 돌아가는 것도 금지되었다. 그는 트렌트에서 멀지 않은 곳인 라고 디 가르다의 리바로 은거하였다.

1548년에 그는 조카들을 대학에 보내기 위해 파도바를 방문하였다. 거기서 그는 프란체스코 스피에라의 무시무시한 비극으로 들끓고 있는 현장을 목도하게 되었다. 스피에라는 법률가로서 로마 가톨릭에서 개종한 사람으로, 종교재판에 대한 두려움 때문에 복음주의 신앙을 저버릴 것을 맹세하였는데, 자신이 진리를 거부함으로써 용서받을 수 없는 죄를 지었다는 자각으로 인해 견딜 수 없는 양심의 가책에 빠져들었다. 베르제리우스는 수주 간 많은 사람들과 함께 이 가장 불행한 배교자가 당하는 번민과 고통을 매일 목격하였다. 그리고 스피에라를 위로하려고 애썼지만 아무 소용이 없었다. 비록 가인과 가룟 유다와 같은 죄를 범한 죄인이라고 하더라도 그 사람을 포기해서는 안 된다고 그는 생각하게 되었다. 그는 스피에라를 방문하러 갈 때마다 기도로 준비하고 또 위로의 약속들을 담고 있는 성경 구절들도 준비하였다. 하지만 스피에라는 모든 믿음과 소망과 위로를 잃어버린 상태였다. 그는 자신이 성령을 거스르는 죄를 범하였고, 그 죄는 이 세상뿐만 아니라 장차 다가올 세상에서도 용서받을 수 없는 죄라고 우겨대었다. 그는 자신이 젊은 시절에 지었던 죄들과 배교의 죄를 계속 상기하고, 또한 자신이 이미 맛보고 있는 영원한 형벌을 예견함으로써 자기 자신을 고문하였다. 그리고 극심한 증오와 신성모독으로 인한 극도의 절망 가운데 죽어갔다. 그의 죽음은 하나님의 심판에 대해 경고해 주는 하나의 상징적인 사건이자, 복음적인 교리들의 진리를 밝혀주는 하나의 논증으로 받아들여졌다.

베르제리우스는 이 경험에 완전히 압도되어서, 최종적인 결정을 내리게 되었다. 그는 변증서를 써서 이 가슴 아픈 이야기를 소개하면서, 박해와 고문, 심지어 죽임을 당하더라도 로마 가톨릭과 자신의 관계를 끊겠다고 선언하였다. 그는

런던의 Religious Tract Society가 낸 것으로, John Ayer의 서문도 함께 실었다. 그리고 1860년에는 보스턴에서 다시 재발행되었다(Gould & Lincoln, pp. 160, 책 표지를 복사해서).

이 변증서를 1548년 12월 13일 파도바의 부주교에게 보내었다.

그는 1549년 7월 3일 교황으로부터 직위를 박탈당하고 파문당하였으며, 베르가모를 지나서 그라우뷘덴으로 도주하였다. 그는 1553년까지 거기 머물면서 때때로 발텔리나, 치아벤나, 취리히, 베른, 그리고 바젤로 드나들었다. 그때마다 그는 환대를 받았으며, 설교와 저술에 대단히 활동적으로 임하였다. 모든 계층의 사람들이 그 주변에 몰려들었으며, 그의 위풍당당한 태도와 달변에 깊은 인상을 받았다. 그는 1549년에 포쉬아보에 인쇄소를 차려서 교황제에 대한 자신의 벼락같은 비판들을 쏟아내었다. 그는 고지대 엥가딘의 폰트레시나와 자마덴에서도 설교하였으며, 그곳에서 미사와 성상들을 폐지하도록 하는 데 영향을 미쳤다. 또한 브레갈리아에 있는 비코소프라노에서 3년간(1550-1553) 목사로 사역하였다. 그는 스위스의 많은 지역들을 여행하면서 불링거, 칼빈, 베자와 친분을 쌓게 되었다.

하지만 그라우뷘덴의 변변찮은 사정은 그의 야망을 충족시키지 못했다. 그는 고립감을 느꼈고 황량한 골짜기에서의 생활에 불평하였다. 그는 민주적인 제도들을 싫어하였고, 연배가 위인 개혁자들인 코만더와 갈리치우스와도 언쟁을 벌였다. 그라우뷘덴 전체 대회(Synod)를 장악하려고 하다가 실패하자 그는 이탈리아 회중들을 모아 별도의 대회를 조직하고자 하였다. 당시에 그는 취리히나 제네바 혹은 베른에서 보다 저명한 직위를 맡게 되기를 바랐지만 불링거와 칼빈은 그를 신임하지 않았다.

1553년 11월에 그는 뷔르템베르크로부터, 16세기의 가장 뛰어난 영주들 가운데 한 사람인 크리스토퍼 공작의 고문으로 오라는 청빙을 받고 이를 기쁘게 받아들였으며, 자신의 여생인 12년 동안 이 공작을 위해 일하였다. 튀빙겐에 거주하였지만 대학과는 아무런 공식적인 연관도 없었다. 그는 계속해서 자신의 달필로 가톨릭을 비판하는 선동적인 글들을 저술하였고, 남슬라브 방언으로 성경을 번역해서 보급하는 일을 진전시켰으며, 폭넓은 서신교환을 계속하였다. 그는 또한 빈의 막시밀리안 황제, 보헤미아와 폴란드의 국왕들에게 파견되어 외교적인 동시에 복음주의적 임무를 수행하기도 하였다. 폴란드를 처음 방문했을 때 알게 된 프로이센의 공작 알브레히트(Albert)는 베르제리우스를 높이 평가하여 그에게 필요한 자금들을 제공해 주었다. 영국에 초청받아 가고 싶은 부질없는 희망에서 엘리자베스 여왕과도 서신 교환을 시작하였다. 그는 1561년 프랑스의 푸아시에서 개최된 종교회담에 대표로 파견되기를 소망했지만, 이것 또한 실현되지 않았다.

그는 그라우뷘덴을 네 차례(1561년 11월, 1562년 3월, 1563년 5월, 1564년 4월) 방문하여 스페인파와 교황파의 음모를 반격하고 뷔르템베르크와 스위스 교회의 화합을 증진시키고자 하였다. 두 번째 방문에서 그는 멀리 발텔리나까지 갔다. 1561년에는 교황의 특사인 델피노가 그의 개종을 철회시켜 보려는 생각에서 트렌트 공의회에 참석하라고 비공식적으로 그를 초청하였다. 그는 콘스탄츠에서의 후스와 같은 운명에 처하는 위험을 감수하고라도 기꺼이 가려고 하였지만, 신변 안전에 대한 요구조건이 거절당하자 자신의 뜻을 접었다. 나중에 그는 보헤미아 형제단과 연합하고자 하였다. 그는 그들의 순수한 교리와 결합된 엄격한 규율을 높이 사서, 그들의 신앙고백문을 번역해서 출판하였다. 그는 계속해서 돈에 쪼들렸는데, 뷔르템베르크와 프로이센의 공작들에게 그가 보낸 수많은 구걸 편지는 가슴을 아프게 한다. 그렇지만 우리는 그가 자신의 많은 책들을 출판하고 잦은 방문을 해야 했으며, 세 명의 조카와 한 명의 질녀를 부양했음을 고려해야 한다. 59살 되던 해에 그는 결혼을 계획하고 공작에게 200길더인 급여를 배로 늘려달라고 요청하였지만 이 요청은 거절되었고 자연 결혼은 포기해야 했다.

그는 1565년 10월 4일에 튀빙겐에서 숨을 거두어 그곳에 묻혔다. 루터파 「일치신조」(*Formula of Concord*)의 주 저자인 안드레아 박사가 장례식에서 설교를 했는데, 학식있는 크루시우스가 이를 그리스어로 받아 적었다. 크리스토퍼 공작은 그에 대한 찬사의 글이 담긴 기념비를 세워 주었다.

베르제리우스가 라틴어와 이탈리어아어로 쓴 수많은 책들과 즉흥적인 글들은 대부분 그가 그렇게 오랫동안 몸담아 왔던 로마 가톨릭을 공격하는 것들이다.[54] 그는 전설적인 여자 교황 요한나(Johanna, 요한네스 8세)를 포함한 가톨릭의 추문들을 개종자의 과도한 열정으로 공격하였다. 요한나는 당시에 실제로 존재했던 인물로 믿어졌다.[55] 그는 교황제가 사탄의 고안물이고, 교황은 다니엘(단

---

54) 이것들 중 상당수는 익명이나 Athanasius, Fra Giovanni, Lambertus de Nigromonte, Valerius Philarchus 등의 가명으로 출판되었다.

55) 이 중세 시대의 소설은 아마도 10세기에 교황권을 장악하였던 사악한 여성들의 가공할 통치에 대한 한 로마인의 풍자였을 것이다. 그 역사적 사실성을 처음으로 부인한 사람은 David Blondel이었다.

11:36)과 바울(살후 2:3 이하)이 예언하고 있는 대로 하나님의 전에 앉아 있는 적 그리스도인 동시에 계시록에 나오는 바로 그 짐승이며, 곧 하나님의 심판을 받아 멸망할 것이라는 루터의 견해에 동의하였다. 그는 당대의 모든 교황을 공격하였지만 하드리아누스 6세만은 예외였다. 그는 하드리아누스 6세는 정직하고 진실한 사람이라고 평하였다. 그는 특별히 “사울 4세”(바울 4세)에게 더 혹독하였다. 그는 추기경이었을 때는 성직자들의 부패에 대해 현명하고 과감한 발언을 하기도 했으나 “모든 사람이 앉기만 하면 타락하고 마는 변절의 의자”에 오르고 난 후에는 폭력과 피를 동원한 반(反)종교개혁의 지도자가 된 인물이다. 그는 교황들은 다 이런 괴물들이라고 말하였다. 이들은 서로서로가 모순되면서도 자신들은 모두 무오하다고 하고 절대적인 복종을 요구한다. 교황제와 관련을 맺음으로써 하나님의 아들이자 우리를 위해 십자가에 달려 돌아가셨다가 죽은 자 가운데서 부활하신 그리스도에게서 떨어져 나가느니 차라리 천 번이라도 죽는 것이 낫다. 교황제와 복음은 어둠과 빛처럼, 악마(Belial)와 그리스도처럼 결코 공존할 수 없다. 그들 사이에는 어떤 타협도 있을 수 없다.

베르제리우스는 비록 몇 가지 예외적인 경우는 있었지만 추기경과 주교들에게 대해서도 그 가혹함이 덜하지 않았다. 그는 당시 개회중에 있던 트렌트 공의회를 공격하고 조롱하면서, 그 공의회는 보편적이지도 않고 자유롭지도 않으며 기독교적이지도 않다는 것을 보여주고자 하였다. 그는 구파 가톨릭들이 1870년의 바티칸 공의회를 공격하면서 사용했던 것과 똑같은 논증을 사용하였다. 그는 자신에게 씌워진 이단의 혐의를 반박하면서 그 혐의를 자신이 이전에 함께 일했던 가톨릭파들에게 돌렸다. 그는 하나님의 말씀을 따르는 프로테스탄트들은 정통이고, 인간의 전통을 따르는 로마 가톨릭들은 이단이라고 했다.

그의 교황주의에 반대하는 저술들은 동시대인들에 의해 널리 읽혀졌지만 지금은 잊혀졌다. 불링거는 그의 저술들에서 좋지 않은 인상을 받았으며, 거기서 어떠한 견실한 대의도 발견할 수 없었고 오직 경솔한 조소와 욕설만 발견할 수 있었을 뿐이다.

프로테스탄트들 사이의 의견차이와 관계해서 베르제리우스는 일관성이 결여된 모습을 보였다. 그는 처음에는 성찬에 대한 칼빈파 이론을 받아들이고 그것을 자신의 요리문답서와[56] 불링거에게 보낸 1554년 1월 16일자 편지에 피력하였으며, 이후에 1556년 6월 비텐베르크에서 멜란히톤과 에버(Eber)를 만났을 때도 같은 입장을 밝혔다. 하지만 뷔르템베르크에서 그는 아우크스부르크 신앙고백에 서약해야 했으며, 뷔르템베르크의 공작에게 보낸 1557년 10월 23일자 편지에서는 루터의 공재설을 믿는다고 밝혔다. 그는 또한 브렌츠(Brenz)의 요리문답과 뷔르템베르크 신앙고백을 이탈리아어로 번역하면서 스위스 츠빙글리주의자들을 공격할 수밖에 없었는데, 그들에게 자신은 단지 번역자일 뿐이라고 말하였다. 그는 이러한 차이에 대해 크게 중요하게 생각하지 않았으며 성찬을 둘러싼 논쟁에서 멀리 떨어져 있었다. 그는 개종 전이나 후에나 심오한 신학자라기보다는 교회 정치가이자 외교가였다.

베르제리우스는 오히려 너무 늦게 로마 가톨릭을 떠난 셈이다. 이미 가톨릭 종교개혁이 이탈리아에서 개신교를 진압하기 시작했을 때였으니까 말이다. 그는 강압적인 성품의 소유자로서 학식이 상당하고 달변이었고, 위트와 풍자가 있었고, 논쟁에 능했으며, 외교적인 경험도 풍부하였지만, 침착하지 못하고 허영심이 강하고 야망이 컸다. 그는 자신이 무척 중요한 사람이라는 엉뚱한 생각을 가지고 있었다. 이전에 자신이 누렸던 주교의 권위와 허식들, 교황의 사절로서 명령하던 지위를 결코 잊을 수 없었다. 그는 유럽의 모든 궁정에서 프로테스탄트 전체를 대표하는 일종의 대사와 같은 직위와 영향력을 갖게 되기를 열망하였다. 또한 루터파와 개혁파 교회 사이에서 중재자 역할을 하기를 바랐다. 트렌트 공의회의 예수회측 역사가인 팔라비키노(Pallavicino)는 그가 활기있고 대담한 사람으로서 무언가 일을 도모하지 않으면 살 수 없는 사람, 자기가 없으면 아무 일도 안 된다고 생각하는 사람이라고 묘사하고 있다. 칼빈은 그에게서 칭찬할 만한 점도 많이 발견하였으나, 그가 끊임없이 일을 벌이는 점을 염려하였다. 갈리치우스는 불링거에게 이렇게 써보내었다.

> 저는 베르제리우스가 좀 더 조용했으면 좋겠습니다. 그리고 그가 그리스 신화에 나오는 아틀라스처럼 하늘을 떠받치고 있지 않더라도 하늘이 무너지지 않는다는 것도 좀 알았으면 좋겠습니다.

그럼에도 불구하고 베르제리우스는 그 당시의 역사에서 중요한 위치를 차지

---

56) Fondamento della religione christiana per uso della Valtellina, 1553.

하였다. 그는 루터파 영주들과 신학자들의 존경을 받았으며, 그라우뷘덴의 두 이탈리아어권 골짜기에서 벌인 그의 선교 활동을 사람들은 감사하는 마음으로 기억하고 있다. 이 지역들은 지금까지도 복음주의적인 신앙을 신실하게 지켜나 가고 있다.

39. 치아벤나와 발텔리나에서의 개신교와 그에 대한 억압: 발텔리나 대학살 사건과 게오르크 예나취

이제는 개신교가 단지 일시적으로만 나타났을 뿐인 그라우뷘덴의 이탈리아어 권 예속 지역들을 살펴보자.

치아벤나에서 개혁파 예배는 1544년 그 지방의 총독 헤르쿨레스 폰 살리스 (Hercules von Salis)의 보호 아래 아고스티노 마이나르디(Agostino Mainardi)에 의해 도입되었다. 그는 이전에 피에몬테 지역의 수도사였던 인물이다. 그를 뒤 이은 아우구스티누스회 수도사 제롬 잔키(Jerome Zanchi, 1516-1590)는 루카에 서 베르밀리(Pietro Martire Vermigli)의 지도 아래 개혁자들의 책을 읽다가 개종 한 자로서, 이후 칼빈주의 체계에 대한 가장 학식있고 빈틈없는 투사 중 한 사람 이 되었다. 그는 1551년에 그라우뷘덴으로 도주해 와서 치아벤나에서 설교하였 다. 2년이 지난 뒤에 그는 슈트라스부르크의 히브리어 교수로 와달라는 초빙을 받고 이를 수락하였다. 그곳에서 그는 예정론에 관하여 마르바흐와 논쟁을 벌이 게 되었는데, 상당히 논리적인 모습을 보여주었다.[57] 1563년에 그는 목회자로 치 아벤나로 귀환하였다. 그는 안정을 찾지 못하고 있던 이탈리아 난민들과 막 그 모습을 드러내기 시작한 소키누스주의 이단으로 인해 상당히 어려움을 겪었다. 1568년에 그는 하이델베르크로 떠나 그곳에서 팔츠 요리문답(Palatinate Catechism)에 기초한 신학을 가르쳤다. 팔츠 요리문답은 1563년에 경건한 선제 후 프리드리히 3세의 주도 아래 도입되었었다. 그는 칼빈주의적인 스콜라 신학 으로의 길을 연 인물이라 할 수 있다. 그의 저작 전집이 1619년 제네바에서 세 권의 책으로 출판되었다.

---

57) Schweizer, *Centraldogmen der Ref. Kirche*, I. 422 이하.

치아벤나에는 몇몇 다른 목회자들이 있었는데, 플로릴로(Simone Florillo), 나폴리의 렌툴로(Scipione Lentulo), 루카의 마이오(Ottaviano Meio)가 그들이다.

작은 규모의 프로테스탄트 회중 조직들이 발텔리나, 카스판(1546), 손드리오(행정 소재지), 텔리오, 티라노, 그리고 다른 마을들에서 시작되었다. 맥크리(McCrie) 박사는 이렇게 말하고 있다.

> 전체적으로 볼 때 알프스 남부 지역의 프로테스탄트 교회는 20개를 넘은 것 같다. 이 교회들은 다 16세기 말엽까지 지속되었는데, 이탈리아에서 온 난민들에 의해 유지되었다.

하지만 치아벤나, 보르미오, 그리고 발텔리나에서 개신교는 결국에는 사라지고 말았다. 우리는 여기서 17세기의 피로 물든 역사를 예견할 수 있을 것이다.

고지대 이탈리아에서 개신교가 붕괴된 데에는 몇 가지 요인들이 복합적으로 작용하였다. 가톨릭 토착민들은 자신들에게로 이주해 와 정착한 이단적인 난민들에게 결코 우호적일 수가 없었고, 그래서 그들을 반디티(banditi)라고 불렀는데, 이는 추방자와 범법자라는 이중적인 의미를 내포하고 있었다. 그들은 그라우뷘덴이 다른 기독교 국가들에서 추방당한 자들을 받아들이는 것에 대해 항의하였다. 난민들은 세 연맹과 동등한 권리를 갖는 형태로 수용된 것이 아니라 정치적인 주종 관계에 놓이게 되었다. 지방 행정관들은 종종 억압적이었고, 하위 관직들을 돈을 받고 팔아넘겼으며, 주민들을 착취하여 치부하였다. 프로테스탄트들은 내부적인 불화로 고통을 당하였다. 덕망 높은 밀라노의 대주교인 추기경 보로메오(Charles Borromeo)에 의해 가톨릭 종교개혁이 고지대 이탈리아와 스위스에서 엄청난 기세로 열정적으로 시작되었다. 예수회와 카푸친회 수도사들은 무지하고 미신적인 백성들이 프로테스탄트 이단에 대해 적개심을 갖도록 조장하였다. 그라우뷘덴에서 로마 가톨릭측은 플란타(Planta) 가문의 주도 아래, 프로테스탄트들은 살리스(Salis) 가문의 영도 아래 서로 주도권을 잡기 위해 투쟁하였다. 전자는 속령 지역들뿐만 아니라 연맹 가운데서도 일어나고 있는 종교개혁의 멸절을 목표로 하고 있었는데, 이들은 스페인과 오스트리아와 더불어 불충한 음모를 꾸미고 있다는 혐의를 받았다. 프로테스탄트측은 1618년에 투시스에서 9명의 설교자들을 포함한 법정(Strafgericht: 일종의 종교재판소의 법정)을 열고 이들 음모자들에게 유죄평결을 내렸다. 노령의 잠브라(Zambra)는 고문을 받고 스페인과의 공모를 자백하여 참수를 당하였다. 존경받는 사제이자 발텔리나 지역에서 스페인계 가톨릭 세력의 지도자로 이단자들을 치는 망치라고 불렸던 루스카(Nicolaus Rusca)도 잔혹하게 고문을 당하다가 죽었다. 주교 플루기(John Flugi)는 유죄판결을 받고 유배당하였다. 플란타 가문의 루돌프와 폼페이우스 형제, 로부스텔리(Jacob Robustelli) 기사, 그리고 다른 영향력있는 가톨릭 신자들이 추방을 당하고, 플란타 가문의 재산은 몰수당하였다.

이러한 불의한 조처들은 전체적인 분노를 불러일으켰다. 추방은 복수를 조장시켰으며, 스페인의 개입을 초래시켰다. 추방되었다가 발텔리나로 돌아온 로부스텔리는 베네치아와 밀라노 지역에서 온 약 300명의 절망적인 범죄자들을 조직하여 그라우뷘덴 정부를 전복시키고 프로테스탄트를 몰살시키고자 하였다.

이것이 그 악명 높은 1620년 7월의 "발텔리나 대학살 사건"이다. 이 사건은 시칠리안 저녁 기도 시간 사건(Sicilian Vespers), 성 바돌로매 축일(St. Bartholomew) 대학살 사건을 모방한 사건이라고 말해진다. 종교적인 광신이 정치적인 불만과 한데 결합해서 일으킨 잔혹한 사건이었다. 이 비극은 7월 18일과 19일 사이의 고요한 밤중에 무방비 상태에 있던 티라노의 프로테스탄트들 60명을 살해하는 것으로 시작되었다. 엔덜린(Podesta Enderlin)은 거리에서 총을 맞았는데, 그 사지가 찢겨서 아다 강에 던져졌고, 살리스(Anton von Salis)는 가톨릭 신자인 친구 집에 피신하였다가 발각되어 죽임을 당했다. 프로테스탄트 목사인 포시아보의 바사(Anton Bassa)의 경우 그 머리가 잘려 교회강단 위에 올려졌다. 살인자들은 텔리오까지 가서 그곳 교회에서도 거의 같은 수의 사람들을 쏴 죽였다. 강단에서 부상당한 채로 청중들에게 견디라고 권고하던 목사와 함께 교회의 종탑으로 피신했던 일단의 여성들과 어린아이들은 불에 타 죽었다. 텔리오 주재 신부는 왼손에는 십자가를 오른손에는 칼을 든 채로 이 피비린내 나는 사건에 가담하였다. 손드리오에서는 이 대학살이 사흘 동안 계속되었다. 71명의 프로테스탄트들은 엥가딘으로 도주하는 데 성공했으나 140명은 악한들의 손에 희생되었다. 한 백정은 자신이 18명이나 죽였다고 자랑처럼 떠벌였다. 심지어 이미 죽은 자들도 예외가 아니어서, 그들의 시체가 파내어져 불태워지거나 강물에 던져지거나 야생동물들의 먹이가 되어야 했다. 종교적인 확신 때문에 수녀원을 떠났던 80세의 베네치아 귀족 출신 여성인 바레타(Paula Baretta)는 수치를 당하고 밀라노의 종교재판소로 압송되었다가 1년 후에 화형을 당하였다. 리보의 안나는 2살 난 아이를 안고 도망가다가 붙잡혔는데, 신앙을 부인하면 살려주겠다는 제안을 받았다. 이에 대해 그녀는 "당신들이 내 육체는 죽일 수 있지만 내 영혼은 결코 죽이지 못할 것이다"라고 말함으로써 그 제안을 거부하였다. 그녀는 아이를 가슴에 꼭 껴안은 채로 죽임을 당하였다. 교회 앞의 광장에 핏물이 강물처럼 흐르는 것을 보고 사람들은 "피살당한 우리의 대주교 루스카의 복수로다"라고 소리질렀다. 그는 이후로 거룩한 순교자와 같은 숭앙을 받았다. 모르베뇨에서 가톨릭 신자들은 보다 점잖게 행동했으며 프로테스탄트들이 도주하는 것을 도와주었다. 난민들은 그라우뷘덴과 스위스의 다른 지역들에서 따뜻하게 받아들여졌다. 로부스텔리는 발텔리나에서 시작해서 포쉬아보까지 진격했으며, 브루시오 마을을 불태우고 그곳에서도 프로테스탄트 신자들에 대한 학살을 계속하였다.[58]

발텔리나는 스스로 독립을 선포하고 기사 로부스텔리를 군대장관으로 뽑았다. 트렌트 공의회의 법규들이 선포되고, 교황의 면죄부가 도입되고, 복음주의 교회 건물들과 묘지들은 가톨릭이 사용하도록 다시금 봉헌되었으며, 프로테스탄트 신자들의 시체는 파내어 불태워진 다음 강에 던져졌다. 그리고 범죄자들은 교황과 스페인과 프랑스의 국왕들에게 편지를 보내어, 자신들의 비열한 행위가 가톨릭 교회를 구하고 견딜 수 없는 압제로부터 정치적인 자유를 쟁취하기 위한 불가피한 일이었다고 변명하였다.

이제 잃어버렸던 지역을 회복하기 위한 길고도 피비린내 나는 갈등이 시작되었고, 이에는 몇몇 외국 세력들도 개입되었다. 발텔리나 지방의 귀속 문제는 (근대에 동양 문제가 그러했던 것처럼) 유럽 전체의 문제가 되었고, 30년 전쟁과도 연관되었다. 밀라노를 소유하고 있던 스페인은 알프스의 그라우뷘덴 지방을 통과해서 오스트리아와 손을 맞잡고 싶어 했고, 반면에 프랑스와 베네치아는 그라우뷘덴 지역을 폐쇄시키려는 정치적인 동기를 가지고 있었다. 오스트리아와 스페인의 군대가 발텔리나와 세 연맹을 공격해 와서 정복했으며, 프로테스탄트 설

---

58) 지각 있는 가톨릭 역사가들은 성 바돌로매 대학살을 변호하지 않는 것처럼 이 대학살도 옹호하지 않는다. 하지만 이 사건이 끔찍한 인과응보이자 그라우뷘덴의 행정관의 압제에 대항한 필사적인 자기 방어였다고 설명하고 있다.

교자들을 추방하고 사람들에게 말할 수 없는 고통을 가하였다. 리슐리외 추기경이 이끄는, 가톨릭 국가이기는 했으나 합스부르크 왕조와 경쟁 관계에 있었던 프랑스는 북부 지방의 스웨덴 사람들뿐만 아니라 그라우뷘덴의 프로테스탄트들을 지지하게 되었다. 이들은 위그노 출신 귀족인 앙리 드 로앙(Henri de Rohan) 공작의 지휘 아래 군대를 파견하였다. 이 공작은 오스트리아와 스페인 군대를 격파하고 발텔리나를 정복하였다(1635).

프랑스의 도움을 받은 그라우뷘덴은 1636년 치아벤나 규약을 통해 발텔리나를 회복하였다. 이 규약은 세 연맹 모두에게 자치권을 보장해 주었지만, 이 지역에서 로마 가톨릭 이외에는 어떤 종교도 용인할 수 없다는 조건 위에서였다. 그라우뷘덴을 누구보다 아꼈던 로앙은 프로테스탄트들의 권리도 보장해 주고 싶었지만, 가톨릭 국가인 프랑스는 이에 동의하지 않았다. 그는 1638년에 제네바에 묻혔다.

발텔리나는 1797년까지 지방 행정관들의 통치를 받았다. 지금은 이탈리아 왕국의 일부가 되어, 1848년의 법률에 의해 보장된 종교의 자유를 누리고 있다.[59]

30년 전쟁의 이러한 참화 가운데서 프로테스탄트 설교자 예나취(Georg Jenatsch) 대령은 낭만적인 영웅과 같은 인물로 널리 알려졌다. 그는 1590년에 고지대 엥가딘에 있는 자마덴에서 태어나서 취리히로 가서 프로테스탄트 목회자가 되기 위해 공부하였다. 그러고 나서 발텔리나에 있는 샤란스와 베르베노에서 회중들을 성공적으로 섬겼으며, 위험한 산길을 통해 도망함으로써 손드리오에서의 대학살의 참변을 겨우 피할 수 있었다. 그는 뛰어난 웅변가, 열렬한 애국자, 노련한 정치가, 용감한 병사였지만, 야망이 강하고, 폭력적이고, 부도덕하고, 낭비벽이 있고, 원칙이 없는 사람이었다. 그는 투시스의 재판정에서 내려진 잔인한 판결에 가담하였고(1618), 폼페이우스 플란타를 도끼로 살해하였다(1621). 그는 로앙 공작을 보좌했으며, 자신의 학식, 담력, 에너지로 오스트리아군을 패퇴시키는 데 실질적인 도움을 주었다. 자신의 야망이 충족되지 않자 그

---

59) The statuto fondamentale of Sardinia는 1870년에 이탈리아 전체로 확산되었는데, 로마 가톨릭 교회를 국가 종교로 선포하고 있지만, 다른 모든 형태의 예배에 대한 관용을 허용하고 있다. 발도파들은 최근에 치아벤나와 고지대 이탈리아의 다른 지역들에 설교처(說敎處)를 설치하였다.

는 프랑스를 배반하고 오스트리아측과 로마 가톨릭측에 가담했다(1635). 하지만 자신의 아이들은 프로테스탄트 신앙으로 교육시켰다. 그는 폼페이우스 플란타의 복수를 노린 익명의 괴한에 의해 쿠어의 한 연회장에서 피살되었다(1639). 그는 주교 관저 가까이 있던 가톨릭 교회에 묻혔다. 카푸친 수도회 수도사 한 사람이 그의 장례 추도사를 하였다.[60]

40. 로카르노의 회중

마조레 호수 북쪽 끝자락에 있는 아름다운 마을 로카르노는 스위스 연맹에 예속되어 지방 행정관의 통치를 받았다.[61] 16세기 중반 그곳에서는 거의 200명에 이르는 프로테스탄트 회중들이 있었다.[62] 이들 가운데 중요 인물들로는 베카리아(Beccaria), 두노(Taddeo Duno), 론코(Lodovico Ronco), 그리고 무랄토(Martino Muralto)가 있다. 이곳에서 1549년 종교적인 논쟁이 있었는데, 교황의 권위, 선행의 효력, 칭의, 고해성사, 그리고 연옥을 둘러싼 논쟁이었다.[63] 논쟁은 결국 소동으로 끝을 맺었다. 라틴어와 이탈리아어를 둘 다 모르면서 이 논쟁을 주재하였던 지방 행정관 비르츠(Wirz)는 가톨릭측을 지지하는 판결을 내렸다. 베카리아는 이에 승복하기를 거부하고 도주하여 취리히로 갔다. 거기서 그는 불링거의 따뜻한 영접을 받았다. 그는 이후에 그라우뷘덴 종교대회의 구성원이 되었으며, 복음 전도자로 미소코에 파견되었으나 취리히로 되돌아갔다.

---

60) 그는 Arnold von Salis의 드라마, 그리고 스위스 시인 Conrad Ferdinand Meyer의 고전 소설(*Jürg Jenatsch.* Leipzig. 3d. ed. 1882)에 나오는 주인공이다.

61) 이곳은 원래 밀라노 공국에 속했으며, 1512년에 Lugano와 Domo d'Ossola와 함께 스위스로 양도되었다. 1803년에는 Lugano, Bellinzona와 함께 이탈리아계 Ticino 주의 세 주요 도시 가운데 하나가 되었다.

62) Meyer는 취리히 공문서 보관소로부터 그 구성원 전부에 대한 목록과, 취리히에 이민온 사람들에 관한 두 개의 목록을 제공하고 있다. Meyer, *Die evangelische Gemeinde von Locarno, ihre Auswan derung nach Zürich und ihre weiteren Schicksale.* Zürich, 1836. vol. I. 511–515, 521–525.

63) 이에 대해서는 Duno가 불링거에게 보낸 편지와 *De persecutione*에 설명되어 있는데, Meyer, I. 190 이하를 보라.

복종보다는 이주를 택했던 로카르노의 신실한 프로테스탄트 신자들은 1556년 아내와 아이들을 데리고 도보로 혹은 말에 몸을 싣고 눈과 얼음으로 뒤덮인 길을 헤매어 그라우뷘덴과 취리히로 갔다. 이들 중 절반은 그라우뷘덴에 정착하여 복음주의 교회에 합류하였고, 나머지는 취리히에서 불링거의 도움으로 이탈리아인 회중 교회를 조직하였다. 이들을 위해 짧은 기간 동안 베르제리우스가 목회하였는데, 그는 이 일을 위해 튀빙겐에서 왔다. 그를 이어서 오키노가 목회했는데, 그는 메리 여왕의 즉위 후 영국에서 바젤로 도망했던 인물이다. 오키노는 이때 이미 68살이었지만 아주 천재적인 사람으로서 뛰어난 설교자였다. 그는 자신의 아리우스적이고 이단적인 견해들로 물의를 일으켜 1563년 결국 떠나달라는 요청을 받았다. 그는 바젤, 슈트라스부르크, 뉘른베르크, 크라쿠프로 떠돌다가 1564년 8월 6일에는 폴란드에서도 추방되었으며, 1565년 모라비아에서 빈곤 속에서 죽음을 맞이하였다. 그는 자신의 난해한 사변성과 그것을 수용하지 못하는 당대의 종교적 불관용으로 인한 희생자였다. 그는 로카르노 회중들을 위해 이탈리아어로 씌어진 대화체 형식의 요리문답을 저술했다(1561).

망명자들 가운데 가장 중요한 인물은 피에트로 베르밀리(Pietro Martire Vermigli)로서, 그는 영국에서 도망쳐 와서 처음에는 슈트라스부르크(1553)로 갔다가 그 다음에 취리히(1555)로 왔다. 그는 로카르노 교회 위원회의 위원으로 받아들여져 취리히 시민증도 받았으며 콘라트 펠리칸(Conrad Pellican, 1556년 사망) 후임으로 히브리어 교수로도 임명되었다. 그는 이곳에서 1562년 죽기까지 사역하면서 불링거와 친밀한 교제를 이루었으며 널리 존경받고 사랑받았다. 그는 정통 칼빈주의자인 잔키(Zanchi)와 마찬가지로 가장 특출하고 유익한 일을 많이 한 이탈리아인 개종자들 가운데 한 사람이었다.

로카르노에서 밀려드는 새로운 난민들로 인해 이탈리아인 회중 교회는 그 규모가 확대되어, 16세기 말까지 유지되었다. 이들 가운데 주요 가문들인 두노, 무랄토, 오렐리, 페스탈로치 등은 시민권까지 부여받았다. 이들은 취리히 역사에서 중요한 역할을 했을 뿐 아니라, 추방당한 위그노들이 브란덴부르크, 네덜란드, 영국, 그리고 북미 대륙에서 그랬던 것처럼 그 산업과 번영에도 기여하였다.[64]

---

64) 취리히에서 이탈리아인들의 경제 활동에 대해서는 Meyer, II. 375-391을 보라.

41. 독일의 츠빙글리주의

스위스 종교개혁의 원칙들은 또한 독일에도 어느 정도 퍼져나갔다. 하지만 그것은 얼마간 완화된 형태로 전해져서, 중도적인(멜란히톤주의적) 성격의 독일 개혁파 교회를 위한 길을 예비하였다. 비록 루터가 독일에서 다른 모든 사람들보다 절대적인 영향력을 행사하였지만, 츠빙글리 또한 친구도 많았고 지지자도 많았다. 그 가운데 특별히 헤센의 필립(Philip Hessen)은 비록 성공하지는 못하였지만 루터파과 개혁파의 연합을 위해 매우 열정적으로 일하였다. 슈트라스부르크의 부처와 카피토, 아우크스부르크의 켈라리우스(Cellarius), 콘스탄츠의 블라우러(Blaurer), 로이틀링겐의 헤르만(Hermann), 그리고 울름의 조미우스(Somius)는 취리히 개혁자 츠빙글리의 천재성과 성향에 깊이 동조하였다.[65] 그의 영향력은 민주적인 요소가 많았던 남부 독일의 자유 도시들에서 특별히 강하게 나타났다.

이런 도시들 가운데 슈트라스부르크, 콘스탄츠, 메밍겐, 린다우와 같은 네 도시는 1530년 7월 11일 아우크스부르크 회담에 헤디오의 도움으로 부처가 작성한 특별한 신앙고백문(「네 도시 신앙고백」, Confessio Tetrapolitana)을 제출하였다. 이 신앙고백서에 대해서는 파베르, 에크, 코클라이우스와 같은 가톨릭 신학자들이 답하였다. 이것이 독일 개혁파 교회가 펴낸 최초의 신조(츠빙글리의 저작들은 결코 이러한 신조적 권위를 얻은 적이 없었다)라 할 수 있다. 하지만 「하이델베르크 요리문답」(1563)과 「제2 스위스 신앙고백」(1566)에 의해 대체되고 말았다. 「네 도시 신앙고백」은 멜란히톤의 아우크스부르크 신앙고백과 츠빙글리가 동 회담 기간 중에 개인적으로 제출한 신앙고백서의 중간적인 노선을 걷고 있는 것으로서, 영생으로 영혼을 이끌기 위해서 그리스도의 진정한 몸과 피가 입을 통해서가 아니라 신앙을 통해서 실제적으로 임한다고 가르침으로써 성찬에 대한 칼빈의 견해를 예견하고 있다.

츠빙글리의 종교개혁은 독일에서 로마 가톨릭과 루터파의 협공으로 방해를 받고 거의 전멸하였다. 네 도시는 자신들의 고립된 위치를 견딜 수 없어서 정치적인 이유들로 인해 아우크스부르크 신앙고백에 서명하고 슈말칼덴 동맹에 가

---

65) 츠빙글리의 *Opera*, vols. VII, VIII에 실려 있는 츠빙글리의 서신들을 보라.

입하였다. 개혁파 교회는 츠빙글리, 멜란히톤, 그리고 칼빈의 결합된 영향력 아래 팔츠 지방에서 새로운 출발을 하였고(1563), 프로이센 왕조 아래 더욱 힘을 키웠으며(1614년 이후), 결국에는 베스트팔렌 평화 조약(1648)을 통해 독일제국 내에서 로마 가톨릭과 루터파 교회들과 동등한 지위를 얻게 되었다.

제 5 장

로마 가톨릭 주와 개혁파 주 사이의 내란

42. 제1차 카펠 전투(1529)

1530년은 츠빙글리파 종교개혁이 정점에 달했던 시기였다. 츠빙글리파 종교개혁은 취리히, 베른, 바젤의 주요도시들에서 확고하게 자리를 잡았고, 북동부 스위스와 그라우뷘덴 지방에서도 절대적인 다수를 확보하였다. 스위스 연맹 전체에서 궁극적인 승리를 거두리라는 전망이 나오고 있던 즈음에 발생한 갑작스런 카펠의 파국과 츠빙글리의 죽음은 츠빙글리파 종교개혁의 발전에 발목을 잡았다.

개혁파와 가톨릭 양측은 다 (글라루스와 그라우뷘덴 지역을 제외하고) 종교적인 관용에 대한 관심은 추호도 없었고 단지 세력의 우위를 점해서 상대방을 배제하려는 데만 혈안이 되어 있었다. 그들은 양쪽의 세력이 다 미치는 지역이나 자유지역에서는 공개적인 충돌을 벌이기도 하였다. 한 쪽에서는 새로운 종교를 도입하기 위해, 또 다른 한 쪽에서는 그러한 시도를 저지하기 위해 양측 모두 강력한 시도들을 마다하지 않았다. 프로테스탄트들은 츠빙글리의 지도 아래 침략자들과 같았다. 특별히 장크트갈렌의 부유한 수도원을 탈취한 데서 이런 점을 볼 수 있다. 이들은 진보라는 측면에서, 또 인구 다수의 지지를 확보한 점에서 이점을 지니고 있었다. 하지만 로마 가톨릭은 과거의 전통과 법률 조문의 면에서, 대다수의 주들을 확보하고 있다는 점에서, 그리고 시민들의 입장을 직접 대변하지 못하고 있던 의회에서 다수를 점하고 있다는 점에서 유리하였다. 가톨릭파들은 자신들의 관할구역 안에서 프로테스탄트 설교가 행해지는 것을 엄격하게 금하였으며, 유혈박해도 서슴지 않았다. 취리히 목사인 야콥 카이저(Jacob Kaiser 혹은 Schlosser)는 순회설교를 하다가 체포되어 슈비츠 마을에서 공개적으로 화형을 당하였다(1529년 5월).[1] 그의 순교는 전쟁의 신호탄이었다. 프로테스탄트들은 여러 정황들로 미루어 볼 때 이 사건이 전체적인 박해의 시작이 될 것을 염려하였다.

종교적인 문제는 외국 용병 제도에 대한 정치적이고 사회적인 문제와 밀접히 연관되어 있었다.[2] 츠빙글리는 애국심의 발로에서 이 용병제도를 계속 반대하였고, 로마 가톨릭은 부와 명예에 대한 관심에서 이를 찬성하였다. 이 문제는 아주 중요한 사안이었는데, 이 점은 프랑스 대사의 진술에 따르면 프랑스 왕이 1512년에서 1531년 사이에 적어도 1,133,547 크라운의 금화를 스위스에 그 대가로 지불했다는 사실에서 짐작할 수 있다. 이 돈은 현재의 화폐가치로 따지면 그 네 배 정도에 달한다. 외국의 군주가 스위스에 지불하는 수당은 그들 국가에 대한 매국행위에 대한 대가와 다름이 없었다. 이러한 악폐를 반대한 츠빙글리는 의심의 여지 없이 옳았으며, 그의 이러한 견해는 비록 그가 죽고 난 뒤 한참 후이기는 하지만 결국 승리를 거두었다.

프로테스탄트와 가톨릭 양측은 다 전쟁을 준비하였다. 이 전쟁은 1529년에 발발해서 1531년 프로테스탄트의 재앙과도 같은 패배로 끝이 났다. 16년이 지난 후에 루터파 영주들이 황제를 상대로 한 슈말칼덴 전쟁(1547)에서 비슷한 패배를 당하였다. 삼림 지역에 있던 다섯 개의 주들 — 우리, 슈비츠, 운터발덴, 루체른, 추크 — 은 공수 동맹을 체결하였으며(1528년 11월에 체결되었지만, 그 준비 작업은 1527년에 시작되었다), 처음에는 비밀리에 그 다음에는 공개적으로 오스트리아의 페르디난트 공작과 보헤미아와 헝가리의 국왕과 더불어 동맹관계를 맺기까지 하였다(1529년 4월). 스위스의 오랜 숙적 — 그들의 조상들은 영광스러운 전투에서 패배하였다 — 과 맺은 이 동맹관계는 사실상 반역이었으며, 결국 스위스 연맹을 2개의 적대적인 집단으로 갈라놓는 데 일조하게 되었다(이런 일은 1846년에 반복되었다). 페르디난트 왕은 스위스의 분열에 대한 정치적이고

---

1) 이 사건에 대한 보다 상세한 내용은 Mörikofer, *Ulrich Zwingli*, II. 146 이하와 Christoffel, I. 376 이하를 보라.

2) Reislaufen(옛 독일어로는 reisig)로서, 전쟁에 돌입할 준비가 되었다는 뜻이다.

종교적인 관심을 가지고 있었기 때문에 그것을 부추겼다. 프라이부르크, 발리스, 졸로투른은 가톨릭 주들의 편을 들었고, 전쟁이 발발할 시에는 돕겠다고 약속하였다. 프로테스탄트 주들은 (이 방향으로 일을 처음 일을 시작한) 취리히의 주도로 기독교 공동 자치회(Christian co-burghery)라는 이름의 프로테스탄트 동맹을 결성하였다. 콘스탄츠(1527년 12월 25일), 비엘과 뮐하우젠(1529년), 그리고 슈트라스부르크(1530년 1월 9일)와 같은 도시들도 이에 동참하였다.[3]

카이저의 화형에 격분하였고 또 사방에서 전쟁의 기운이 몰려드는 것을 감지한 츠빙글리는 즉각적인 행동을 해야 한다고 주장하였다. 일반적으로 결정적인 순간에는 즉각적인 행동이 커다란 이점을 가져다주기 때문이다. 그는 전쟁의 필요성을 확신하였다. 반면에 루터는 비록 저술을 통해 전쟁의 기운을 부추기기는 하였지만 하나님의 말씀에만 전적인 신뢰를 두었고, 차라리 그 자신이 화형장으로 나아가는 순교자가 되고자 한 사람이었다. 츠빙글리는 자유주의적 공화주의자였으며, 루터는 충실한 군주제주의자였다. 츠빙글리는 "하나님을 신뢰하되 만약의 경우를 대비하는" 크롬웰과 같은 유형의 사람이었다. 그에게 있어서 개혁자, 정치가, 그리고 애국자는 하나였다. 그는 신구약 시대의 차이를 뛰어넘어 여호수아와 기드온의 모범에 호소하였다. 그는 베른에 있는 평화 애호가인 친구에게 편지하여(1529년 5월 30일) 이렇게 말하였다.

마음을 굳게 하고 전쟁을 두려워하지 맙시다. 몇몇 사람들이 그렇게 소망하는 이 평화는 평화가 아니라 전쟁입니다. 반면에 우리가 원하는 전쟁은 전쟁이 아니라 평화입니다. 우리는 그 누구의 피도 바라지 않지만, 소수 독재자들의 힘줄을 끊어놓을 것입니다. 만약 우리가 이 일을 회피한다면, 복음의 진리와 목회자들의 목숨은 우리 가운데 절대로 안전하지 못할 것입니다.[4]

취리히는 이 싸움을 제일 먼저 준비하고, 무장한 4천 명의 병사들을 카펠로 파견하였다. 이곳은 추크 주와 인접하고 있는 취리히 영내에 있는 마을로 시토 수

---

3) 이 연맹에 대한 문서들은 Bullinger, Hottinger, Bluntschli, l.c. I. 303-305, 318 이하와, II 238-255에서 제시되고 있다.

4) *Opera*, VIII. 294.

도원이 하나 있었다.[5] 소규모의 분대들이 브렘가르텐과, 슈비츠, 바젤, 장크트갈렌의 접경지대에 배치되었다. 뮐하우젠은 지원군을 파병하였다. 베른은 5천 명의 병사를 파견하였으나 오직 자기방위를 위한 경우에만 움직이라는 명령을 내렸다.

츠빙글리는 주력부대와 함께 카펠로 갔다. 자신을 후방에 두고자 하는 시장에게 그는 "내 형제들이 목숨을 걸고 있는 이때에 나만 편안하게 집에 있지는 않을 것입니다. 병사들에게는 신중하게 지켜봐 줄 사람이 필요합니다"라고 말하였다. 마리냐노에서 군목으로서 몸에 지녔던 도끼창을 어깨에 메고 말에 올랐을 때 그는 하나님과 조국을 위해 승리하거나 목숨을 바칠 준비가 되어 있었다.[6]

그는 병사들을 위해서 뛰어난 설교들을 준비하였고, 이번 전투가 짧고 기민하고 결정적인 동시에 가능하다면 피를 흘리지 않도록 계획을 세웠다.

취리히는 1529년 6월 9일 전쟁을 선포하였다. 하지만 군대가 삼림 지역 주들의 국경을 넘기 전에, 가톨릭과 프로테스탄트가 한 교회에서 예배를 드리고 있던 글라루스 지역의 주지사 아이블리(Aebli)가 평화사절로 적군의 진영으로 찾아와서 유혈 사태를 막았다. 그는 츠빙글리의 친구로서 외국 용병제 반대자였으며, 진정한 애국자로 널리 존경을 받았다. 불링거에 따르면, 그는 전투 없이 평화를 이루어 보려는 소망에서 눈물을 가득 머금은 채 취리히인들에게 단 몇 시간만이라도 공격을 연기해 달라고 부탁하였다고 한다. "취리히 형제들이여, 모쪼록 연맹이 분열되고 파괴되는 것을 막읍시다." 이에 반대를 표하면서 츠빙글리는 "사랑하는 친구여,[7] 당신은 이 충고에 대해 하나님께 책임을 져야 할 것입

---

5) 1531년의 전쟁과 츠빙글리의 죽음으로 인해 카펠은 유명해졌다. 이곳은 추크(Zug)에서 6마일 떨어진 곳이다. 전쟁터와 츠빙글리 기념비는 카펠에서 걸어서 약 10분 정도 떨어진 곳에 있다. 옛 교회는 잘 보존되어 있으며, 최근에 보수되었다.

6) 불링거에 따르면, 그는 전쟁터에서 설교하였던 Konrad Schmid와 Franz Zingg와 마찬가지로 오직 목사의 자격으로 전쟁터로 갔다. 이것은 일반적으로 받아들여지는 견해이다. 갑옷과 투구가 그가 전사였음을 의미할 수도 있지만, 꼭 그런 것은 아니다. 츠빙글리가 전쟁터에서 실제로 싸웠다는 증거는 없다. Baur(*Zwingli's Theologie*, II. 759)는 그가 순전히 애국자이자 목사로서 전쟁에 참가하였지, 정치가나 장군으로 참가한 것이 아니라고 말하고 있다. 하지만 그에게서 이러한 특질들을 분리시키기란 쉽지 않다. 갑옷, 투구, 검과 같은 츠빙글리의 무기들은 1848년까지 루체른의 병기고에 보관되었다가 취리히로 옮겨졌다.

니다. 적들이 우리 수중에 있을 때는 좋은 말들을 하지만, 일단 자기들이 준비가 되기만 하면 우리를 살려두지 않을 것입니다"라고 말하였다. 그는 자기가 죽은 후에 실제로 일어날 일을 예견한 것이다. 아이블리는 "저는 하나님께서 모든 것이 잘 되게 해주실 것이라고 믿습니다. 우리 각자 최선을 다 합시다"라고 응답하고 떠났다.

츠빙글리 자신은 휴전하고 싶지 않았으나, 아이블리를 만난 다음날 취리히 시의회에 다음과 같은 네 가지 조건을 달아 휴전을 제안하였다(6월 11일). 1) 하나님의 말씀이 전체 연맹 지역 내에서 자유롭게 설파되도록 할 것. 하지만 그 누구도 미사나 성상들, 그리고 다른 예식들을 폐지하도록 강요받지는 않도록 할 것. 이것들은 하나님 말씀의 설파를 통해 스스로 사라질 것임. 2) 외국으로부터 받는 일체의 군사적인 용병의 대가를 폐지할 것. 3) 병사들이 아직 전장에 머물고 있는 동안 외국의 용병 수당을 창설한 자와 그것을 분배한 자들을 처벌할 것. 4) 삼림 지역 주들은 전쟁 준비를 위해 사용된 비용을 지불하고, 슈비츠는 그곳에서 최근에 이단으로 몰려 화형당한 카이저의 자녀들을 부양하기 위한 1천 길더의 돈을 부담할 것.

취리히의 캠프에서는 놀랍도록 엄격한 규율이 지켜지고 있었다. 이것은 크롬웰의 청교도 군대 가운데 하나를 연상시킬 정도다. 츠빙글리나 그의 동료들 가운데 한 사람이 매일 설교를 했으며, 매 식사때마다 기도가 이루어졌다. 시편, 찬송, 그리고 민요들이 병사들의 천막에서 울려 퍼졌고 아무도 욕설하는 사람이 없었다. 도박과 욕설은 금지되었고, 평판이 나쁜 여자들은 출입이 금지되었다. 씨름, 돌던지기, 군사 훈련이 운동의 전부였다. 만약 취리히인들이 시의적절한 공격을 가톨릭측에게 감행해서 츠빙글리의 계획을 그대로 수행했더라면 그들이 완벽한 승리를 거두고 평화조약을 위한 조건들을 지시하듯이 제시할 수 있었을 것이라는 데는 의심의 여지가 없다. 그 평화가 과연 얼마나 지속되었을 것인가 하는 것은 또 다른 문제이다. 왜냐하면 삼림지역 주들 배후에는 오스트리아가 버티고 있어서, 언제라도 상황은 뒤바뀔 수 있었기 때문이다.

---

7) 이들은 서로에게 Gevatter, gossip이라고 인사하였는데, 이것은 세례에 의한 관계를 가리키는 말이다. 츠빙글리가 글라루스에 목회자로 있을 때 그는 Aebli의 아이들이 세례를 받을 때 후원자가 되어 주었다.

하지만 평화를 외치는 소리가 더 우세하였다. 베른 사람들도 공격을 반대하였고, 만약 취리히인들이 공격을 시작한다면 그 전쟁을 끝까지 혼자 치러낼 수밖에 없을 것이라고 천명하였다. 취리히인들의 견해는 나뉘었고, 군사 지도자들(버거 Berger와 에서 Escher)은 평화쪽으로 기울었다.

베른측의 공격은 염려할 필요가 없다는 것을 확인한 가톨릭은 용기를 내었고, 또 발리스 및 이탈리아 속령들로부터 지원군을 받아서 이제 전체 군사의 수는 1만 2천명에 이르렀다.

양군은 카펠과 바라에서 서로 대치했으나, 진격하기를 주저하였다. 가톨릭 수비군들은 접경지대를 건너가서 식량이 풍부했던 취리히군의 포로가 되고자 했고, 취리히군은 이들을 잘 먹이고 입혀서 돌려보내었다. 혹은 경계 지역에 커다란 우유 통을 가져다 놓고 취리히 사람들에게 빵으로 바꿔 달라고 요구하기도 하였고, 취리히인들은 이에 대해 풍성한 식량을 제공하였다. 거기다가 양측은 평화롭게 공동식사를 나누기도 하였고, 누구라도 적진에 가서 간단한 식사라도 하게 되면 전선을 넘지 말라는 다짐을 받곤 하였다. 병사들은 자신들이 다같이 스위스 연맹 소속이고, 많은 수가 외국의 전장들에서 함께 싸웠었다는 것을 기억하고 있었다.[8] 그들은 "우리는 싸우지 않을 것이며, 우리에게 아무런 해도 입히지 않고 이 폭풍우가 지나가게 해달라고 하나님께 기도할 것이다"라고 말했다. 슈트라스부르크의 시장으로서 중재자로 와 있던 슈투름(Jacob Sturm)은 조직화된 교전 상황에서도 개인적인 어울림과 친교가 이루어지고 있는 모습에 깊은 감명을 받았다. 그는 "당신들은 한 민족이다. 비록 분열되어 있으나 연합되어 있다"라고 말하였다.

43. 제1차 카펠 평화 조약(1529년 6월)

몇 차례의 협상을 거친 다음, 취리히, 베른, 바젤, 장크트갈렌, 그리고 뮐하우젠과 비엘의 도시들로 구성된 한 편과 다섯 개의 가톨릭 주들로 구성된 다른 한

---

8) 미국의 남북 전쟁 동안에도 남군과 북군 사이에 이와 유사한 친밀한 교류가 있었다.

편 사이에 1529년 6월 25일 평화 조약이 체결되었다. 글라루스, 졸로투른, 샤프하우젠, 아펜첼, 그라우뷘덴, 자르간스, 슈트라스부르크, 그리고 콘스탄츠의 대표들이 중재자 역할을 하였다.

이 평화 조약은 츠빙글리가 원했던 바와는 많이 달랐으며, 특별히 외국 용병제에 따르는 수당을 폐지하고 이 수당을 분배한 자들을 처벌하는 문제(이 점에서 그는 베른의 지지를 받지 못하였다)와 관련해서는 더욱 그러하였다. 하지만 전체적으로 볼 때 이 조약은 종교개혁 운동에 유리하였다.

이 조약의 18개 조항 가운데 첫 번째 조항이자 가장 중요한 조항은 유럽에서 최초로 로마 가톨릭과 프로테스탄트 교회 사이에 평등의 원칙 혹은 법적인 동등성의 원칙을 확보하고 있다. 이 원칙은 26년이 지난 후에 독일에서도 인정되었으나(1555년의 아우크스부르크 종교화의를 통해), 30년 전쟁의 피의 세례 이후 베스트팔렌 조약(1648)에서 마침내 제대로 자리를 잡게 되었다. 하지만 로마 교황은 지금까지도 이 조항에 계속 저항하는 헛수고를 하고 있다. 이 조항은 개혁파와 로마 가톨릭 주들에게 상호적인 관용의 형태로 종교적인 자유를 보장해 주고 있고, 양측이 다 영향력을 행사하고 있는 속령들에게는 가톨릭으로 남을 것인지 프로테스탄트가 될 것인지에 대해 다수결 원칙에 따라 결정할 권리를 주고 있다. 이 조약은 또한 다섯 개의 주가 전쟁에 들인 비용의 지불 문제와 순교 당한 카이저 유족들에 대한 배상금 문제에 대해서도 규정하였다. 외국 용병에 대한 수당의 폐지는 규정되지 않았지만, 가톨릭 주들에게 권장되기는 하였다. 오스트리아와의 동맹은 파기되었으며, 반역적인 동맹 조약의 내용을 담은 문서는 주지사 아이블리에 의해 츠빙글리와 취리히 군이 지켜보는 가운데 갈기갈기 찢겨졌다.

가톨릭측은 불만에 차서 자신들의 고장으로 돌아갔다. 취리히인들은 결과에 만족했으며, 베른인들은 자신들의 중용 정책이 승리를 거둔 데 대해 더욱 기뻐하였다.

츠빙글리는 미래에 대한 희망과 두려움 속에서 혼란스러웠으나, 하나님에 대한 신뢰를 잃지 않았다. 그는 (6월 30일) 울름의 목회자 콘라트 좀(Conrad Som)에게 편지하여 이렇게 말하였다.

우리가 함께 더불어 평화를 이루었는데, 저는 이것이 우리에게 아주 명예로운 것이었다고 생각합니다. 왜냐하면 우리는 피를 흘리기 위해 진격한 것은 아니었기 때문입니다. 우리의 대적은 수치를 안고 돌아갔습니다. 그들이 오스트리아와 맺은 조약은 막사에 있던 제 눈 앞에서 글라루스의 주지사에 의해 6월 26일 오전 11시에 갈기갈기 찢겨졌습니다.… 하나님은 강자들에게 그들이 결코 하나님을 대적할 수 없다는 것과, 우리가 그에게 의지하기만 하면 손도 까딱하지 않고 승리를 얻을 수 있다는 것을 다시 한 번 보여주셨습니다.[9]

그는 (평화 협상이 진행되는 동안에) 막사 안에서 지은 한 편의 시를 통해 자신의 갈등하는 마음을 달랬다. 그는 여기에 곡조도 붙였는데, 이 노래는 스위스에서 동시대 루터의 「내 주는 강한 성이요」가 오늘날까지 독일에서 사랑받는 것만큼이나 널리 사랑을 받게 되었다. 물론 루터의 곡이 더 강력하고 유명하기는 하지만, 하나님에 대한 신뢰라는 똑같은 정신을 내뿜고 있다.

주여, 당신의 병거에게 명하시어
당신의 뜻대로 이끄소서
당신의 도움 없이는 우리의 힘이 헛되고
우리의 모든 기술도 무용합니다
쇠락한 당신의 성도들을 굽어 살피사
그들이 대적에게 승리하게 하소서

사랑하는 목자시여,
당신은 우리 영혼을 죽음과 죄에서 구하셨습니다.
당신의 목소리를 높이사
당신의 날개 안에서 졸고 있는 당신의 양 떼를 깨우시고
날뛰고 있는 사탄의 흉악한 졸개들을
당신의 오른손으로 재갈 먹이소서

당신의 평화를 내리시고 분쟁을 쫓아내소서

---

9) *Opera*, VIII. 310 이하.

혹독한 괴로움은 떠나게 하소서
모든 스위스인의 가슴속에
과거의 정신을 되살려 주소서
그리하여 당신의 교회가 영원히
하늘에 계신 왕을 찬양하게 하소서[10]

44. 전쟁들의 와중에서: 츠빙글리의 정치적 역정

제1차 카펠 평화 조약은 종교개혁 운동에 유리한 결과를 낳았다. 이제 종교개혁 운동은 충분한 법적 인정을 받았고, 각 주들과 공동영토 내에서 진보를 이루었다. 하지만 이 평화는 그리 오래가지 못하였다. 이러한 진보는 프로테스탄트들에게는 용기를 주었으나 가톨릭 신자들에게는 분노를 가져다주었다.

츠빙글리의 생애 마지막 두 해는 근심에 가득찬 시기였으나, 동시에 중요한 사역들을 많이 행한 시기이기도 하였다. 그는 스위스의 정치적인 재건을 꾀하였고, 프로테스탄트의 이익을 보호하고 증진시키기 위해 유럽 전역에 걸친 연맹을 결성하고자 계획하였다.

그는 로마라는 공동의 적에 대항하여 독일 루터파와 제휴를 이루어 보려는 소망에서 마르부르크 회담(1529년 9월 29일부터 10월 3일)에 참석하였다. 하지만 루터는 그의 요청을 거절했으며, 츠빙글리의 성찬론을 위험한 이단적 이론이라고 보고 그에 대해 어떠한 관용도 보이고자 하지 않았다.

마르부르크에 있으면서 츠빙글리는 헤센의 필립 영주, 그리고 망명자 신분의 뷔르템베르크의 울리히(Ulrich) 공작과 친교를 맺게 되었다. 이들은 츠빙글리에 감복하고 자신들이 이해하는 한도 내에서 그의 신학에 공감하였지만, 여전히 자신들의 개인적이고 정치적인 이해관계를 우선시하였다. 그는 이들과 함께 종교적인 자유를 위협하는 교황청과 제국정부의 연합세력에 대응하여 종교적인 자

---

10) 이 시는 (메를르 도비녜의 것에서) 약간의 수정을 가한 H. White의 번역이다. 스위스계 독일어로 된 원본은 1884년 츠빙글리 축제 때와 1885년 8월 취리히에서 있었던 츠빙글리 동상의 제막식 때 노래로 불려져서 커다란 호응을 얻었다.

유를 지키기 위해 프로테스탄트 주들과 도시들을 정치적으로 또 교회적으로 연대시키려는 원대한 계획을 숙의하였다. 카를 5세는 1529년 6월 29일에 클레멘스 7세와 평화조약을 체결하고, 1530년 5월 아우크스부르크 회의장으로 가는 길에 알프스를 넘었는데, 이때 그는 프로테스탄트들에게 한 손으로는 빵을 건네주면서 다른 한 손에는 돌을 감추고 있었다.

츠빙글리는 헤센의 필립과 1529년 4월 22일부터 1531년 9월 10일까지 비밀리에 서신을 교환하였다.[11] 그는 신성로마제국이 로마 교황청의 자연스런 동맹세력이라고 보았기 때문에 그 몰락을 애도하지 않았다. 그는 공화주의 스위스인이었기 때문에, 그에게는 군주정체에 젖은 독일인들이 그들의 황제에게 품고 있는 것과 같은 충성심도 없었다. 그가 추진할 수 있었던 유일한 일은 프로테스탄트 동맹을 강화함으로써 황제의 위험한 세력을 제한하는 일뿐이었다. 그는 결코 그 이상 나아가지는 않았다.[12]

그는 이러한 동맹에 베네치아 공화국과 프랑스 왕국도 끌어들이려고 하였지만 실패하고 말았다. 이들 세력은 합스부르크 왕가의 정복욕에 대해서는 경계하였으나, 복음주의적인 종교개혁에는 조금도 공감하지 않았다. 프랑수아 1세는 바로 이때에 자국 내에서 프로테스탄트들을 박해하고 있었다.

복잡한 정치적인 동맹 관계에 종교를 개입시키는 것은 위험한 일이다. 그리스도와 사도들은 복잡한 세속문제들에 개입하지 않았으며, 정치윤리를 설교하는 데 국한하였다. 츠빙글리는 비록 선의에서 나온 것이기는 하지만 자신의 적절한 소명의 한계를 넘어섰으며 결국은 쓰디쓴 실망감을 맛보게 되었다. 츠빙글리로 하여금 이러한 일을 하도록 재촉하였던 헤센의 필립까지도 점차 냉담해져서 결국은 루터파의 슈말칼덴 동맹에 가담하게 되었다(1530). 이 동맹은 스위스의 프로테스탄트들과 아무런 관련도 맺지 않았다.

---

11) Max Lenz, *Zwingli und Landgraf Philipp*, three articles in Brieger's "Zeitschrift für Kirchengeschichte," 1879.

12) Janssen, *Geschichte des deutschen Volkes*, III. 218 이하에서, Janssen은 츠빙글리와 취리히가 황제를 상대로 공개적인 모반을 가르쳤고 그 자리에 야심가인 헤센의 필립을 세우고자 했다는 부당한 비난을 가하고 있다.

45. 츠빙글리의 마지막 신학 작업: 그의 신앙고백서들

이렇게 별다른 결실 없는 정치적인 협상들을 하는 와중에도 츠빙글리는 자신의 영적인 소명을 잊지 않았다. 그는 끊임없이 설교와 저술활동을 하였다. 그는 모든 방면에서 개혁운동을 도왔고, 프라우엔펠트(1530년 5월), 장크트갈렌(1530년 12월), 그리고 토겐부르크(1531년 4월)에서 열린 종교대회들에도 참석하였고, 개혁파 교회들의 조직과 규율을 발전시켰으며, 저술가로서도 활발한 활동을 하였다. 가장 중요한 신학저술들 가운데 몇몇은 — 이사야서와 예레미야서에 대한 주석, 하나님의 섭리에 대한 소논문, 두 개의 신앙고백문 — 그의 생애 마지막 2년 동안 이루어진 것들이다.

그는 아우크스부르크 회의가 열린 기회를 놓치지 않고 1530년 7월 8일 카를 5세에게 신앙고백문을 써보내었다.[13] 하지만 이 고백문은 홀대를 받아 회의장에 제출되지도 못하였다. 에크 박사는 성급한 답신을 써보내어, 츠빙글리가 스위스에서 기독교를 파괴하고 반란을 일으키도록 사람들을 선동하기 위해 별짓을 다 하는 사람이라고 비방하였다.[14] 루터파는 황제를 회유하고 싶어했기 때문에, 츠빙글리주의자들과 재세례파들과는 일체의 접촉을 끊었다.[15]

죽기 몇 개월 전(1531년 7월) 츠빙글리는 취리히 주재 프랑스 대사인 친구 매그레(Maigret)의 요청을 받아 국왕 프랑수아 1세에게 비슷한 내용의 신앙고백문을 써보내었다. 그는 이전에 프랑수아 1세에게 「참된 종교와 거짓된 종교에 대한 주석」(1524)[16]이라는 자신의 글을 헌정한 바가 있다. 신앙고백문에서 그는 하

---

13) *Ratio Fidei*로서, 이 내용은 *Opera*, IV. 1-18과 Niemeyer, *Collectio Confessionum*(1840), pp. 16-35에 수록되어 있다. 이 내용에 대한 분석은 Schaff, *Ch. Hist.*, VI. 721-723과, A. Baur, *Zwingli's Theologie*, II. 643 이하를 보라.

14) 츠빙글리는 아우크스부르크에 모인 독일 영주들에게 1530년 8월 27일자의 답변서를 보냈다. Opera, IV. 19-41.

15) 재세례파들은 아우크스부르크 신앙고백 제9조에서, 츠빙글리파는 제10조에서 정죄되고 있다. Melanchthon, *Judicium de Zwinglii doctrina*, written at Augsburg, July, 25, 1530, in *Corpus Reform*, II. 222 이하를 보라.

16) *Opera*, IV. 42-78, Niemeyer의 *Collectio*, 36-77. 요약본을 보려면 Schaff, *Creeds of Christendom*, I. 368 이하와 Baur, l.c. II. 754-776을 보라.

나님과 그에 대한 예배, 그리스도의 위격, 연옥, 실제적 임재, 성례들의 효력, 세속 권력, 죄사함, 신앙과 선행, 영생과 같은 몇 가지 주요한 논쟁점들을 다루고 있다. 그리고 성찬과 미사에 대해서도 부록으로 써넣었다. 그는 로마 가톨릭교도들, 루터파, 그리고 재세례파와 자신의 교리적인 입장이 어떻게 다른지 변증적으로 또 논쟁적으로 설명하고 있다. 그는 신앙의 궁극적인 근거가 되고 예배의 유일한 대상이 되시는 하나님으로 시작해서, 국왕에게 그의 왕국 내에서 복음의 자유를 베풀어 달라고 간곡하게 권유하는 것으로 이 글을 끝맺고 있다. 영생에 관한 부문에서 그는 그 어느 때보다 강력하게, 아담으로부터 사도들에 이르는 구약과 신약 시대의 성인들뿐만 아니라 모든 민족 모든 세대의 선하고 참되고 고상한 인물들까지도 천국에서 만나고 싶다는 확고한 소망을 피력하고 있다.[17]

그리스도의 왕국과 그리스도의 구원을 가시적인 교회라는 경계 너머까지 이렇게 확장시킨 것은, 비록 구원을 위한 물 세례의 필연성에 대한 전통적인 믿음에 정면으로 대치되는 것이기는 하지만 전혀 새로운 것은 아니었다. 순교자 유스티누스, 오리게네스, 그리고 다른 그리스 교부들은 이교도 시인들과 철학자들의 글 가운데 산재되어 있는 진리들 속에서 기독교 이전의 시대에 계시된 로고스의 흔적들을 발견하였다. 그리고 그리스 철학 속에서 그들을 그리스도에게로 이끈 몽학선생을 보았다. 에라스무스 학파의 인문주의자들은 고전문학에서 부차적인 영감을 얻었으며, "성 소크라테스여, 우리를 위해 기도하소서"라고 기도하고 싶은 유혹을 느꼈다. 츠빙글리는 한 사람의 인문주의자였지만, 펠라기우스주의에 대해서는 어떠한 공감도 느끼지 않았다. 반대로, 우리가 이미 밝힌 바대로, 그는 구원을 하나님의 주권적인 은혜에 기인하는 것이고, 이러한 주권적인 은혜는 일상적인 방법과는 구별되는 것이라고 보았다. 그리고 그는 처음으로 가시적인 교회와 불가시적인 교회 사이에 명확한 구별을 하였다. 그는 종종 잘못

---

17) *Opera*, IV. 65. 선하고 참되고 고상한 인물들의 예가 좀 더 신중했더라면, 아니면 삭제되었더라면 더 좋았을 것이다. 이 구절은 교회 중심적인 생각을 가진 루터에게 너무 충격적이어서, 그는 츠빙글리를 불신자라고 부르기까지 하였다. *Werke*, XXXII. 399 이하. 오늘날에는 세례받지 않은 유아들과 경건한 이교도들의 구원과 관련하여 츠빙글리에게 동의하지 않는 프로테스탄트 신학자들은 별로 없을 것이다.

이해되고 있는 바와 같이 그리스도 없는 구원의 가능성을 주장하고자 한 것은 아니었다. 그는 레기우스(Urbanus Rhegius: 아우크스부르크의 설교자)에게 이렇게 써보내었다.

> 내가 그리스도를 낮춘다고 그 누구도 말하지 못하게 하시오. 왜냐하면 하나님께 나오는 사람은 누구나 그리스도를 통해 그에게로 나아가는 것이기 때문이오.… '믿는 자는 정죄를 받지 않을 것이라' 는 말씀은 오직 복음을 들을 수 있는 사람들에게만 적용되는 말씀이고, 어린이들과 이교도들에게는 적용되지 않습니다.… 나는 모든 유아들이 그리스도로 인해 구원을 받는다고 공개적으로 밝힙니다. 왜냐하면 은혜는 죄가 있는 곳에는 어디나 미치기 때문입니다. 태어난 사람은 누구나 그리스도를 통해 원죄의 저주로부터 구원을 받습니다. 만약 그가 율법을 알게 되어 율법의 일을 행하면(롬 2:14,26), 그는 자신이 택정함을 받은 증거를 제시하는 것입니다. 우리는 기독교인으로서 복음을 앎으로써 커다란 유익을 누리고 있습니다.

그는 세례를 받기 전에 경건하였던 고넬료의 일과, 육신의 할례가 아니라 마음의 할례를 참 이스라엘인의 기준으로 삼았던 바울의 가르침(롬 2:28,29)을 언급하고 있다.[18]

프랑수아 1세에게 보낸 고백문은 츠빙글리의 마지막 작품이었다. 이것은 그가 죽기 석 달 전에 씌어졌는데, 그로부터 5년 후에(1536) 이를 "백조의 노래" 라고 부른 불링거에 의해 출판되었다. 그 원본은 파리의 국립 도서관에 소장되어 있는데, 프랑스의 왕이 과연 이것을 보기나 했는지는 의문이다.

칼빈은 아주 설득력 있는 서문을 덧붙여서 「기독교 강요」를 프랑수아에게 헌정하였지만, 그 역시 별 성과를 거두지는 못하였다. 카를 5세와 프랑수아 1세는 이교 로마 제국의 황제들이 순교자 유스티누스와 테르툴리아누스의 변증에 대해 그러했던 것처럼 그러한 호소들에 대해서 귀머거리와 같았다. 만약 프랑수아 왕이 스위스 개혁자들의 소리에 귀 기울였다면, 프랑스의 역사는 상당히 다른 길을 걸었을 것이다.

---

18) Schweizer, *Centraldogmen*, I. 94 이하와 131 이하.

46. 제2차 카펠 전투(1531)

스위스의 정치적인 상황은 점점 더 위태로워졌다. 평화조약은 서로 다르게 이해되었다. 삼림지역의 주들은 자신들의 영토 내에서 개신교를 용인하는 것으로 이해하지 않았고, 그래서 개혁파 설교자들을 모욕하였다. 그리고 이들은 예속지역들(장크트갈렌, 토겐부르크, 투르가우, 라인탈)에 속하는 지역 공동체들이 투표를 통해 종교개혁을 도입할 수 있는 권한도 허용하려고 하지 않았다. 반면에 취리히인들은 이 두 가지를 다 주장하면서도 정작 자신들의 도시와 지역에서 미사가 행해지는 것을 금하였다. 로마 가톨릭 주들은 오스트리아에게 새로이 반역적인 접근을 시도하였으며 아우크스부르크에 있던 카를 5세에게 대표단을 파견하여 아주 융숭한 대접을 받았다. 당시 망명 중이던 장크트갈렌의 수도원장 역시 자신의 지위를 회복하도록 도와달라고 호소하기 위해 나타났다. 취리히인들 또한 헤센, 베네치아, 그리고 프랑스로부터의 원조를 구했다는 점에서 이들과 다를 바 없었다. 양측이 스위스 의회로 모였을 때는 더욱 극심한 상호비방이 이루어졌다.[19]

국제적인 어려움으로 인해 이러한 위기 상황은 더욱 심화되었다. 그라우뷘덴은 스위스 의회에 대표단을 파견하여 무소의 사텔란(Chatelan of Musso)을 막을 수 있도록 원조해 줄 것을 요청하고, 발텔리나에 침입한 스페인 군대를 막는 데도 도움을 줄 것을 호소하였다. 개혁파 주들은 이를 돕는 데 찬성하였고, 로마 가톨릭 주들은 이를 거절하였다. 원정대가 계속 파견되어서 결국 무소의 성은 파괴되었으며, 그라우뷘덴은 발텔리나를 차지할 수 있었다(1530-1532).

츠빙글리는 정당하고 공개적인 전쟁 외에는 해결책이 없다고 보았다. 아니면 예속 지역들을 인구비례에 따라 주들에게 분배하는 것도 한 방법인데, 이 경우에는 취리히와 베른이 3분의 2를 차지해야 한다고 주장했다. 이미 언급했듯이 이러한 예속지역들은 논쟁의 가장 핵심적인 초점이었다. 하지만 베른은 전쟁 대신에 삼림지역 주들에 대한 봉쇄령을 옹호하였다. 이것은 비록 실제로는 아주 잔인한 방법이었지만 표면적으로는 보다 온건한 방법이었다. 이렇게 되면 산악

---

19) Bluntschli(취리히의 프로테스탄트 중 한 사람이었다)는 전체적으로 보아서 츠빙글리와 취리히가 책임이 있다고 생각한다. 그의 *l.c.* I. 334.

지대의 주민들은 보다 부유한 프로테스탄트 이웃들에게 의존하고 있는 곡식, 포도주, 소금, 철, 강철을 일체 공급받지 못하게 될 것이다.[20] 츠빙글리는 이에 반대하였다. 그는 강단에서 이렇게 말하였다. "만약 당신들에게 다섯 주들을 굶겨 죽일 권리가 있다면 이들과 공개적인 전쟁을 벌일 수 있는 권리도 있다. 그들은 이제 필사적인 용기로 당신들을 공격할 것이다." 그는 앞으로 다가올 잔혹한 결말을 예견하였던 것이다. 하지만 그의 반대는 수포로 돌아갔다. 취리히는 1531년 5월 15일에 프로테스탄트 대표들이 채택한 베른의 권고를 따랐다.

봉쇄령이 결정되었다는 사실이 삼림지역 주들에게 통보되었고, 취리히가 앞장선 가운데 이 봉쇄령은 엄격하게 시행되었다. 취리히와 베른, 그리고 심지어 장크트갈렌, 토겐부르크, 자르간스, 라인탈과 같은 예속지역들로부터도 일체의 물자공급이 동결되었다. 바로 그 전해에 흉년이 들었던 데다가 대단한 전염병(발한병)이 휩쓸었던 터여서, 이때는 실제로 굶주리는 사람들이 많았다. 노인들, 죄 없는 여성들과 아이들까지도 죄 있는 자들과 함께 고통을 겪어야 했다. 가축들도 소금을 섭취할 수 없게 되었다. 삼림지역 주민들은 절망적인 상황으로 내몰렸다. 동맹자들이 "네 원수가 주리거든 먹이고 목마르거든 마시우라. 그리하므로 네가 숯불을 그 머리에 쌓아 놓으리라. 악에게 지지 말고 선으로 악을 이기라"(롬 12:20,21)는 기독교적인 가르침을 망각하고 이들에게 일용할 양식을 제공하기를 거부한 것이다.

츠빙글리는 죽기 전 몇 달을 근심과 두려움 가운데 보냈다. 그의 조언은 받아들여지지 않았으며, 그런데도 그는 이런 모든 골칫거리들로 인한 비난을 받아야만 했다. 취리히에 그의 적들이 적지 않았으며, 그들은 그의 영향력을 훼손시키면서 베른의 수동적인 정책에 더욱더 기울었다. 이러한 상황에서 그는 공직에서 물러나려고 하였다. 7월 26일 그는 대의회에 나가서 이렇게 선포하였다.

> 1년간 저는 여러분에게 복음을 설파하였으며, 5개 주들—복음을 미워하고 외국에 용병을 파견해서 그 대가로 살아가는 자들—이 주도권을 장악하게 될 경우에 동맹관계를 위협하게 될 위험에 대해 꾸준히 여러분에게 경고해 왔습니다. 하지만 여러분은

---

20) 베른은 취리히가 지나치게 열정적이라고 비난하고, 취리히는 베른이 너무 신중하다고 비난하였다.

제 목소리에 유념하지 않고 복음의 대적들과 뜻을 같이하는 인사들을 계속 선출해 왔습니다. 그런데도 여러분은 이 모든 불행한 일들에 대한 책임을 저에게 지우려 하고 있습니다. 그래서 저는 이제 사임을 하고 다른 곳에서 제 뜻을 펼치려고 합니다.

그는 눈물을 흘리면서 그 회의장을 떠났다. 그의 사임은 받아들여지지 않았다. 3일이 지난 후에 그는 다시금 대의회에 나와, 앞으로 개선해 나가겠다는 약속을 받았으므로 죽기까지 그들과 함께 하면서 하나님의 도우심을 힘입어 최선을 다하겠다고 선포하였다. 그는 브렘가르텐에서 자신의 친구 하인리히 불링거의 집에서 이루어진 회담에서 베른의 대표들을 설득하여 좀 더 적극적인 조처를 취하도록 하고자 애썼으나, 수포로 돌아갔다. "친애하는 하인리히여, 하나님께서 당신을 지키시기를 바라오. 우리 주 예수 그리스도와 그의 교회에 계속 충실하도록 하시게."

이것은 츠빙글리가 자신의 후계자에게 남긴 마지막 말이었다. 그가 떠났을 때 한 신비스러운 인물이 눈처럼 흰 옷을 입고 갑자기 나타나 출입구의 경비병들을 놀라게 해서 물속으로 뛰어들게 한 다음 자취를 감추었다. 그는 다가오고 있는 재난을 강하게 예감하였으며, 자신이 그 재난을 겪고 살아남으리라고 기대하지 않았다. 매 76년마다 나타나는 핼리 혜성이 8월 중순에서 9월 3일 사이에 출현하여 용광로의 불처럼 타올랐으며, 희미한 노란색의 거대한 꼬리가 남서쪽을 가리켰다. 츠빙글리는 그것이 전쟁과 자신의 죽음을 암시한다고 생각하였다. 그는 교회 묘지에서 그 불길한 별을 바라보면서 한 친구에게 "많은 명예로운 사람들과 내 목숨을 앗아갈 것이네. 진리와 교회도 괴로움을 당할 것이나, 그리스도는 결코 우리를 버리지 않으실 것이네"[21]라고 말하였다(8월 10일). 장크트갈렌의 바디안(Vadian)도 혜성이 하나님의 진노의 사절이라고 생각하였다. 그리고 당시에 장크트갈렌에 머물고 있던 유명한 테오프라스투스(Theophrastus)도 혜성이 유혈의 대참사와 고귀한 사람들의 죽음을 예견한다고 말하였다. 당시에는 혜성, 별똥별, 일식과 월식이 모두 하나님의 진노의 표지라는 것이 일반적인 견해였으

---

21) Bullinger, III. 46. 또 다른 동시대인도 혜성 출현의 의미에 대한 Joachim von Watt 박사와 몇몇 친구들 사이의 대화에 대해 설명하고 있다. 이것은 *Schweizerische Museum*, II. 335에 수록되었다.

며, 루터와 멜란히톤도 이러한 견해를 공유하였다. 취리히 근방에 살던 한 미치광이 여인은 자기 주변 사방에서 피가 땅으로부터 솟아 나오는 것을 보고는 "살인이야, 살인이야"라고 울부짖으면서 거리로 뛰쳐나왔다. 전쟁과 유혈의 기운이 사방에 충만하였다. 봉쇄령은 계속되었고, 협상하려는 일체의 시도는 수포로 돌아갔다.

삼림지역 주들에게는 오직 한 가지 선택만 남았다. 자기방어의 법칙이 이들을 공개적인 전쟁으로 몰아갔다. 이것은 그들에게 의무와도 같은 것으로 불가피한 것이었다. 적들이 펼치고 있는 기아정책에 대한 분노와 가족들에 대한 사랑에 의해 고무된 이곳 주민들은 즉각적으로 8천 명의 군대를 조직해서 1531년 10월 9일 추크와 카펠 사이에 있는 취리히 국경으로 진격하였다.

이 소식은 취리히인들에게 놀라움과 공포를 몰고 왔다. 최상의 기회를 놓쳐 버린 것이다. 불평과 분쟁 때문에 이들은 제대로 대처할 수 없었으며, 불길한 조짐들이 사람들을 혼란시켰다. 이년 전만 하더라도 5천의 군대를 쉽게 조직했을 취리히가 이제 천오백 명도 제대로 모집하기 어려웠다. 반면에 적들은 세 배가 넘는 군사력을 갖춘데다가, 자신과 가족들의 목숨을 위해 그리고 고향을 위해 필사적으로 전쟁에 임하였다.

츠빙글리는 이러한 극도의 위험 속에 자신의 양 떼를 버려둘 사람이 아니었다. 그는 자신이 결코 돌아오지 못할 것을 예감하면서 소규모의 군대와 함께 말을 타고 전장으로 향했다. 그가 탄 말은 나폴레옹의 말이 니이멘을 건너려고 할 때 그러했던 것처럼 처음에 뒷걸음질을 쳤다. 많은 사람들은 이것이 불길한 징조라고 여겼지만, 츠빙글리는 말을 달래고 박차를 가하여, 종교개혁 운동과 생사를 같이 하기로 결단하고 카펠로 달려갔다.

전투는 10월 11일 오후에 여러 시간 계속되었는데, 스위스인의 방식을 좇아 무기와 돌이 동원되었으며, 양측 모두 용감무쌍하게 싸웠다. 완강한 저항 끝에 취리히인들은 퇴각하게 되어 5백 명이 넘는 주요 인사들을 잃게 되었는데, 여기에는 소의회 의원 7명, 200인 대의회 의원 19명, 그리고 양 떼의 선두에 서서 진격했던 몇몇 목회자들이 포함되어 있었다.[22]

---

22) Bullinger, III, 130에 그 이름들이 수록되어 있다. 전사하거나 치명상을 입은 취리히 사람의 수가 514명이었던 데 반해, 5개 주의 경우는 약 80명 정도가 목숨을 잃었

47. 츠빙글리의 죽음

츠빙글리는 한창 나이에 전장에서 숨을 거두었다. 그의 나이 47세 하고도 9개월 11일이 되는 때였다. 이때 그의 동서, 의붓아들, 사위, 그리고 가장 절친한 친구들도 죽음을 맞이하였다. 그는 무기를 사용하지 않았으며, 병사들을 격려하는 일에 만족하였다. (불링거에 따르면) 그는 이렇게 말하였다:

용감한 자들이여, 두려워하지 말라! 우리가 고통을 당하기는 하겠지만 우리는 옳은 편에 서 있다. 여러분의 영혼을 하나님께 맡기라. 그분께서 우리뿐 아니라 우리에게 속한 모든 것들을 돌보실 것이다. 그의 뜻이 이루어질지어다.

전투가 시작되고 나서 얼마 되지 않아 그는 죽어가는 병사를 위로하려고 몸을 숙였는데, 이때 적군이 던진 돌에 머리를 맞고는 땅에 쓰러졌다. 그는 몸을 일으키려 할 때마다 몇 차례 더 얻어맞고 창에 찔리기까지 하였다. 그는 다시 한 번 그의 머리를 치켜들고는 상처에서 흘러나오는 피를 보면서 소리질렀다. "이런 불운이 무슨 상관인가? 그들이 내 몸을 죽일 수는 있겠으나, 내 영혼을 죽일 수는 없을 것이다." 이것이 그의 마지막 말이 되고 말았다.[23]

그는 얼마간 배나무(츠빙글리의 나무라 불린다) 아래 풀밭에 누워 있었는데, 두 손은 기도하는 자세로 모아졌고 두 눈은 하늘을 뚫어지게 응시하고 있었다.[24]

승리한 적군들은 굶주린 독수리와 같이 부상자들과 죽어가는 자들에게 달려들었다. 그들 가운데 두 사람이 츠빙글리에게 다가와서 신부에게 고해하든가 아니면 성인들에게 중보를 구하라고 요구하였다. 그는 머리를 두 차례 흔들고는 두 눈은 여전히 하늘을 향해 고정시켰다. 그때 츠빙글리가 수시로 목소리 높여

을 뿐이었다. 도주하였던 군대의 지휘자들인 Georg Goldli와 Lavater의 경우 전자는 반역자, 후자는 무능력자라는 비난을 받았다.

23) Osw. Myconius, *Vita H. Zwingli*, ch. 12. 미코니우스는 눈으로 목격한 것을 생생하게 증언하고 있다.

24) Bullinger, III. 136. 추디에 따르면, 그는 엎드려져 있었다. 그렇다고 이것이 서로 꼭 모순되는 것은 아니다. 죽어가는 사람이 자기 자세를 바꿀 수도 있는 일이기 때문이다.

반대했던 외국 용병 가운데 한 사람인 운터발덴의 장교 보킹거(Vokinger)가 횃불을 비춰 그를 알아보고는 "죽어라, 이 완고한 이단자여"라고 외치면서 그를 칼로 찔러 죽였다.[25]

그는 그날 밤 그곳에 그대로 뉘어져 있었다. 다음 날 아침에 그의 시체 주변에 모여든 사람들은 자신들이 거둔 승리가 얼마나 큰 것인지 깨닫기 시작하였다. 모든 사람이 츠빙글리를 보고 싶어했다. 츠빙글리를 잘 알고 있었던 추크의 지도 신부 스토커(Stocker)는 이때 그의 얼굴이 강단에서 열변으로 청중들을 사로잡던 때와 같은 활기를 띠고 있었다고 전하였다. 취리히에 있는 프라우뮌스터의 전임 참사회원이었던 한스 쇤브루너(Hans Schönbrunner)는 스토커 신부와 함께 이 개혁자의 시체를 지나쳐 갈 때 울음을 터뜨리면서 이렇게 말하였다. "당신의 신앙이 어떤 것이었든간에 당신은 신실한 애국자였습니다. 하나님이 당신의 죄를 사하시기를 빕니다."[26] 그는 보다 훌륭한 부류의 가톨릭 신자들의 정서를 보여주었다.

하지만 광신자들과 외국 용병들은 그의 시체도 그냥 두지 않으려 하였다. 그들은 로마 교회와 제국의 법에 따라 그의 몸이 반역죄로 네 갈래로 찢겨져야 하고, 또한 이단의 죄를 범했으므로 불에 태워져야 한다고 판결하였다. 루체른의 행정관이 이 야만적인 형을 집행하였다. 츠빙글리를 태운 재는 돼지의 재와 뒤섞여서 사방으로 뿌려졌다.[27]

카펠에서 일어난 이 참화는 취리히 시민들 사이에 공포감을 확산시켰다. 불링거는 "그때 한탄과 눈물의 울부짖음, 공포에 가득 찬 통곡소리와 신음소리를 들을 수 있었다"고 말하고 있다.

누구보다도 심한 충격을 받은 것은 츠빙글리의 미망인이었다. 그녀는 한날에 남편, 아들, 형제, 사위, 형부, 그리고 가장 친한 친구들을 모두 잃었다. 그녀는

─────────────

25) Salat는 이런 비겁한 행동을 한 사람은 "성실한 늙은 그리스도인"이라고 말하면서도 그의 이름을 Vokinger라고 정확하게 말하지는 않고 있다(Fuckinger 혹은 Fugginger라고 쓰고 있다).

26) Mörikofer, II. 418.

27) 확실치 않고 가능성이 희박한 어떤 전승에 따르면, 그의 심장이 기적적으로 보존되어서 취리히로 옮겨졌으나, 우상처럼 숭배되는 것을 방지하기 위해 강에 던져졌다고 한다.

흐느끼는 어린아이들과 함께 혼자 머물면서 하나님의 신비스런 뜻에 모든 것을 맡겼다. 역사는 그녀의 비탄에 대해 침묵하고 있지만, 취리히에서의 종교개혁 300주년 축제(1819)를 기념해 마르틴 우스테리(Martin Usteri)가 취리히 방언으로 쓴 시에 생생하고 감동적으로 묘사되어 있다.[28]

츠빙글리의 후계자인 불링거는 괴로움을 당한 이 미망인을 자신의 집으로 맞아들여서 가족의 한 사람으로 대하였다. 그녀는 남편보다 7년을 더 살다가 평화롭게 눈을 감았다.

츠빙글리가 마지막 숨을 몰아쉬었던 배나무에서 조금 떨어진 약간 경사진 곳에는 1838년에 소박한 대리석 기념비가 세워져, 카펠, 리기, 필라투스의 옛날 교회당 건물들과 수도원들, 그리고 멀리 눈 덮인 알프스 산맥을 내려다보고 있다. 이 기념비는 에슬링거(Esslinger) 목사가 노력해서 거둔 결실로서, 라틴어와 독일어로 글이 새겨져 있다.[29]

츠빙글리가 죽고 나서 몇 주일 후에 그의 친구 오이콜람파디우스가 바젤의 자신의 집에서 평화롭게 숨을 거두었다(1531년 11월 24일). 그의 대적들은 그가 자살했다는 소문을 퍼뜨렸다. 그들은 그와 같은 이단의 괴수가 자연사하는 일은 있을 수 없다고 생각했던 것이다.

48. 카펠에서의 참사에 대한 평가

우리는 츠빙글리의 종교적 정치적 대적들이 카펠에서의 참사를 하나님의 상징적인 심판이자 이단에 대한 처벌이었다고 해석하는 데 대해 의아해할 필요는 없다. 불행한 일을 특별한 죄악과 관련시키는 것은 모든 시대의 미신적인 경향

---

28) *Der armen Frow Zwinglin Klag*, published in the "Alpenrosen," Bern, 1820, p. 273; in Zwingli, *Werke*, II. B. 281; in Christoffel, I. 413, Mörikofer, II. 517. 그녀의 비통함을 표현한 후에 Anna Zwingli는 자신의 남편에게 위안이 되었던 성경에 의지해서 위안을 얻었다.

29) 카펠에서 가까운 곳에 살았던 가장 재능있는 스위스 여류 시인 Mrs. Meta Heusser(1876년 사망)는 1838년 10월 11일에 기념비에 헌정하는 아름다운 시를 두 편 썼다. 이 시들은 그녀의 *Lieder*, 189 이하에 수록되었다.

이다. 이처럼 하나님의 섭리를 무자비하게 해석하는 것은 욥의 예, 선지자들의 운명, 사도들, 순교자들, 그리고 나면서부터 소경 되었던 자의 사건을 두고 제자들을 꾸짖으신 주님(요 9:31)을 통하여 그 부당함이 증명된다. 그럼에도 이러한 해석은 기독교인들에게서 너무나 자주 발견되고 있다. 양심의 자유를 주장한 위대한 투사인 루터가 중세적인 교육과 시대적인 무관심의 영향을 받은 탓인지 츠빙글리의 사후에도 그를 모욕하는 일에 있어 가장 적의에 찬 가톨릭 인사보다 더 적극적이었다는 사실은 가슴 아픈 역사라 할 것이다. 이것은 루터의 편협성과 불관용을 잘 보여주는 안타까운 예라 할 것이다.[30]

---

30) 프로이센의 Albrecht에게 보내는 1532년 4월자 편지(in De Wette, IV. 348-355)에서 루터는 츠빙글리의 구원을 (그가 육체적인 임재를 부정하고 있다는 이유로) 의심하고 있다. 루터는 츠빙글리가 순교자였다는 의견을 경멸하였다. 루터는 가톨릭 주들이 츠빙글리파 이단을 억압함으로써 승리를 완결짓지 못한 것을 유감스럽게 생각하였으며, 프로이센의 공작에게 그 영토 내에서 그들을 용인하지 말라고 경고하였다. 루터는 죽기 일년 전인 1545년에 쓴 맹렬한 논쟁적인 글 *Short Confession of the Holy Sacrament*(*Werke*, Erlangen ed., vol. XXXII. 399-401, 410)에서 루터는 "Zwingel"(그는 항상 그의 이름을 잘못 쓰고 있다: 루터는 의도적으로 Zwingli의 이름을 "강제하다"라는 의미의 Zwingen과 연관시키고 성경을 억지로 해석한다는 의미에서 "강제자" Zwingel 이라고 불렀던 것으로 보인다 — 역자주)과 오이콜람파디우스가 자신들의 죄 가운데 죽었으며, 츠빙글리는 소크라테스, 아리스토텔레스와 같은 "하나님 없는 이교도"와 "누마(로마의 2대 왕. 평화를 사랑하고 이교 종교관습을 확립)"의 구원에 대한 소망을 피력한 채 "많은 대죄와 신성모독 가운데서" 죽었다고 말하고 있다. 그리고 츠빙글리 자신이 이교도가 되었으며, 그 자신이 검을 취했기 때문에 검으로 멸망하였다고 말하고 있다. 그리고 루터 자신은 "일백 번 몸이 찢기고 불에 태워질지라도 슈벵크펠트, 츠빙글리, 칼슈타트, 오이콜람파디우스와 제휴하지 않겠다!"고 덧붙이고 있다. 츠빙글리의 행동과 판단과 얼마나 다른가. 츠빙글리는 마르부르크에서 눈물을 머금은 채 자신의 적대자였던 루터에게 형제애로 가득 찬 손을 내밀었으며, 성찬 논쟁이 최고조에 달했던 때에 이렇게 말하지 않았던가. "루터는 너무나 뛰어난 하나님의 용사이고, 천년 동안 지구상의 그 누구도 미치지 못했던 그러한 성실성으로 성경을 연구하며, 그가 로마의 교황을 공격했던 용감하고 군건한 정신을 볼 때 그에게 비견될 수 있는 자는 여태껏 없었다. 그는 주님께서 친히 골리앗을 죽이라고 명하신 바로 그 다윗이었다. 그는 하늘의 강에서 취한 돌을 너무나 능숙하게 던져서 그 거인을 땅바닥에 쓰러뜨렸다. 사울은 천 명을 죽였으나 다윗은 만 명을 죽였다. 그는 전쟁터의 위험을 향해 항상 돌진하는 헤라클레스였다 …… 따라서 우리는 자신의 영광을

스위스에서 복음주의적인 자유와 진보를 꾸준하게 지지해 온 인사들은 츠빙글리를 순교자로 존경했으며, 카펠에서의 패배를 유익한 권징 혹은 변장된 축복이라고 간주하였다. 불링거는 이들의 정서를 잘 대변하였는데, 자신의 스승이자 친구인 츠빙글리가 죽은 후에 그는 다음과 같이 기록하였다.

> 진리의 승리는 오직 하나님의 능력과 의지에 달려 있지, 인간이나 시대에 매이는 것이 아니다. 그리스도는 십자가에 달리셨고 그의 대적들은 자신들이 승리했다고 생각하였지만, 40년이 지나고 나서 예루살렘이 패망했을 때 그리스도의 승리가 명백해졌다. 진리는 시련과 난관들을 뚫고 승리한다. 기독교인들의 강함은 그 약함 속에서 나타나는 것이다. 그러므로 사랑하는 독일의 형제들이여, 우리의 패배에 낙담치 말고 하나님의 말씀 속에서 견디라. 비록 하나님의 말씀을 지키기 위해 거룩한 선지자들, 사도들, 순교자들이 박해와 죽임을 당하기는 하였지만 하나님의 말씀은 항상 승리를 거두어 왔다. 주님 안에서 죽는 자들이 복이 있다. 시간이 흐르면 승리는 자연스럽게 따라올 것이다. 천년의 세월도 주님의 눈에는 하루와 같다. 진리를 위해서 고통받고 죽는 자는 또한 승리를 맛보게 될 것이다.[31]

　역사에서 다른 가능성들을 추정해 보는 것은 헛된 일이다. 하지만 그때 프로테스탄트가 승리를 거두었더라면 패배한 것보다 결국에 가서는 더 심각한 피해를 입게 되었을 것이라는 것은 거의 확실하다. 취리히인들은 삼림지역 주들과 모든 예속지역들에게 종교개혁을 강요했을 것이고, 그리하여 반발을 불러왔을 것이다. 이러한 반발은 오스트리아와 스페인, 그리고 교황파의 반(反)종교개혁과 합세해서 결국 개신교를 파괴하고 말았을 것이다. 실제로 스위스의 이탈리아권 예속지역들과 그라우뷘덴, 이탈리아, 스페인, 그리고 보헤미아에서는 이런 일이 일어났다.

위해 루터와 같은 도구를 일으키신 하나님께 마땅한 감사를 드려야 하며, 우리는 기쁨으로 그러한 감사를 드린다."

31) Christoffel, 409. 츠빙글리가 수난의 역사에 부친 유려한 서문에는, 그리스도를 위해 죽을 준비가 되어 있는 그의 면모가 잘 나타나 있다. 이는 Mörikofer, II. 415에 인용되고 있다.

독일에서 뿐만 아니라 스위스에서도 로마 가톨릭과 복음주의라는 양대 교회가 공존하면서 앞으로 오랜 시간 상호관용과 유익한 경쟁 가운데 지내야 한다는 것은 명백히 하나님의 섭리였다.

우리는 과거의 사건들을 그에 연이은 연속적인 사건들과 최종적인 결말의 견지에서 판단해야 한다. "그 열매로 그들을 알리라."

츠빙글리의 죽음은 영웅적이며 비극적인 사건이다. 그는 하나님과 그의 조국을 위해 죽었다. 그는 종교적인 자유와 스위스의 독립을 위해 죽은 순교자였다. 그는 모든 주들과 예속지역에서 하나님의 말씀을 전할 수 있는 자유를 수호하고자 했다는 점에서 옳았으며, 스위스를 외국의 군주들에게 종속되게 만드는 용병제도에 기반한 지불금을 폐지하고자 한 점에서도 옳았다. 하지만 그에게는 가톨릭 신자들을 강제할 권리도 없었고, 칼을 사용할 권리도 없었다. 그는 방법에서 틀렸고, 너무 시대를 앞섰던 것이다. 그와 같은 개혁사항들이 시행될 수 있게 되기까지 근 3세기가 걸렸다.

1847년 스위스에서는 또 다른 모습으로 또 다른 상황 속에서 내란이 재연되었다. 종교개혁에 대항하고 외국의 지불금을 포기하지 않기 위해 연합하였을 뿐만 아니라 오스트리아에게 원조를 청하기까지 했던 바로 그 삼림지대 주들이 이번에는 근대의 정치적인 자유주의에 대항해서 연맹 내에 또 다른 분파적 연맹(Sonderbund)을 결성한 것이다. 그리고 다시금 오스트리아와 동맹관계를 맺었다. 하지만 이번에 그들은 크게 피 흘리는 일없이, 지혜로운 제네바의 뒤푸르 장군이 이끄는 연맹군에게 패하였다.[32] 다른 나라들이 혁명으로 몸살을 앓고 있던 1848년에 스위스 의회는 재빨리 헌법을 수정하였고, 독립적인 주들 사이의 느슨한 연맹관계를 미합중국의 예를 따라 연방제로 변화시켰다. 전체 국민을 대표하는 조직체와 중앙정부를 갖추어 국민들을 직접 관할하게 되었다. 1848년의 연방

---

32) 연맹 간의 전쟁(Sonderbunds-Krieg)은 비록 그 원인은 달랐지만, 미국의 남북전쟁을 예견하는 축소판이었다. 두 경우 모두 연맹들이 연방 정부에 대항해 반역을 행하였다. 그리고 마찬가지로 대에 걸친 원수의 원조를 얻고자 하였는데, 스위스의 가톨릭 삼림 주들은 오스트리아로부터, 노예제를 지지하는 남부의 주들은 영국으로부터 원조를 얻고자 하였던 것이다. 연맹 간의 전쟁에 대해 보다 명확한 것을 알고 싶다면 Vuillemin, *Geschichte der Schweizerischen Eidgenossenschaft*(1882), 517-537을 보라.

헌법은 "공인받은 신앙고백들(예를 들어 로마 가톨릭과 개혁파)에 기초한 공공 예배의 자유로운 실행"을 보장하였다. 1874년의 개정헌법은 도덕성과 공공의 안전을 지키는 한도 내에서 이 자유를 다른 모든 교파들에게 확대하였다. 오로지 예수회만이 정치적인 이유 때문에 여기서 제외되었다.

이러한 자유는 이단적인 분파들을 제외시키려고 했던 츠빙글리의 계획보다 더 많이 진전된 것이다. 이제 한편으로는 다섯 주의 중심에 있는 루체른, 바아르, 브루넨에 프로테스탄트 교회들이 있고(뿐만 아니라 모든 스위스 여름 휴양지들에서 수많은 영국 성공회, 스코틀랜드 장로교, 그리고 다른 교파의 예배가 행해진다), 다른 한편으로는 이전에 미사가 엄격하게 금지되었던 취리히, 베른, 바젤, 제네바에 로마 가톨릭 교회들이 존재하고 있다.

스위스의 국가적인 독립성을 약화시키는 경향이 있었던 외국 용병 제도와 관련해서, 츠빙글리의 주장이 완벽하게 승리를 거두었다. 이러한 용병제도의 유일한 유산은 100명의 스위스 경호병뿐이다. 이들은 아름다운 중세풍의 제복을 걸친 채 교황과 바티칸을 경비하고 있는데, 대부분 다섯 삼림 지역 주 출신들이다.

역사는 스스로를 설명하고 교정하면서 그 약속들을 성취해 가는 것이다.

49. 제2차 카펠 평화조약(1531년 11월)

카펠 전투는 그 규모는 크지 않았지만 역사적으로 이처럼 막대한 영향을 미친 경우는 대규모 전투들 가운데도 극히 드물다. 이 전투로 인해 독일어권 스위스에서는 종교개혁의 진전이 영원히 억제되었으며, 독일에서도 개신교의 발전이 상당 부분 저지되었다. 또한 로마 가톨릭의 반작용을 부추겼는데, 이러한 움직임은 머지않아 가공할 만한 가톨릭 종교개혁의 성격을 갖게 되었다. 하지만 개신교의 행진은 비록 그 진원지에서는 억제되었지만, 프랑스어권 스위스, 프랑스, 네덜란드, 그리고 영국에서는 새로운 진일보를 이루게 되었다.

오스트리아의 국왕 페르디난트는 카펠에서의 승리를 자신에게 전달해 준 다섯 주의 사절에게 50길더를 주었고, "대 이단 츠빙글리의 죽음"을 당시 브뤼셀에 머물고 있던 그의 형 카를 5세에게 전달하였다. 그는 이것이 가톨릭 교회의 신앙을 위해 최고로 반가운 사건이라고 생각하였다. 황제 카를 5세는 즉각적으로 삼림지역 주들에게 승리를 축하하였으며, 프로테스탄트측이 계속 저항할 경우에는 자신뿐만 아니라 교황, 자신의 동생, 그리고 가톨릭 영주들도 도울 것이라고 약속하였다. 교황은 자기편을 돕기 위해 벌써 인력과 물자를 보내었었다.

카펠에서의 비극은 카를 5세가 1547년 4월 24일 루터파 영주들의 슈말칼덴 동맹군을 쳐부순 엘베 강 연안 뮐베르크 재앙의 전주곡이었다. 루터는 이런 수치를 당하지 않고 이미 숨을 거둔 뒤였다. 승리한 황제는 비텐베르크에 있는 그의 무덤을 밟고 섰으나, 스페인계 장교들이 제안하는 대로 시체를 파내어 그 뼈를 불태움으로써 죽은 자를 상대로 싸움을 벌이는 일은 하지 않았다.

카펠 전투는 수 주간 계속되었다. 취리히는 최대한도로 병력을 집중시켰다. 베른, 바젤, 그리고 샤프하우젠은 군대를 파견하기는 하였으나 마지못해 했으며, 패배로 인해 사기가 저하되어 있었다. 프로테스탄트 진영은 하나가 되지 못했으며 유능한 지도력이 결핍되어 있었다. 삼림지역 주들은 구벨에서도 승리를 거두어(10월 24일), 취리히 영토를 노략하고 약탈하였다. 그렇지만 겨울이 다가오고 오스트리아로부터 약속된 원조를 받지 못하게 되자, 평화협상을 하는 방향으로 마음이 기울었다. 베른이 중재자 역할을 하였다.

두 번째 종교적 평화조약은 1531년 11월 20일[33]에 추크 영토 안에 있는 바르 근처의 테이니콘 평야에서 다섯 삼림 지역 주들과 취리히 사이에 조인되었다. 이 조약은 11월 24일 아라우에서 베른, 글라루스, 프라이부르크, 아펜첼의 동의를 받아 비준되었다. 이 조약은 상호관용을 보장하기는 하였으나, 로마 가톨릭에게 결정적으로 유리한 것이었다.

종교와 관련된 8개 조항들의 주요내용은 다음과 같이 요약할 수 있다.

1. 5개 주와 그 동맹자들은 "참되고 의심할 바 없는 기독교 신앙"을 아무런 방해를 받지 않고 계속 유지하게 될 것이다. 취리히인들과 그 동맹자들도 이와 같이 그들의 "신앙"을 지킬 수 있지만, 브렘가르텐, 멜링겐, 라퍼슈빌, 토겐부르크, 가스터, 그리고 베젠의 경우는 예외이다. 따라서 법적인 관용 혹은 동등성은 인정되었으나, 개혁파 신조를 진리로부터 떠난 것이라고 비난하는 듯한 표현이 사용되었다. 상호비난은 1529년의 경우에서와 마찬가지로 이번에도 금지되었다.

---

33) 이 조약은 11월 16일에 체결되었으나, 날짜를 11월 20일이라고 적어넣었다.

2. 양측은 공동의 예속지역들에서도 자신들의 권리와 자유를 유지한다. 새로운 신앙을 받아들인 사람들은 그것을 지킬 수 있지만, 옛 신앙을 선호하는 사람들은 자유롭게 돌아가서 미사와 성상들을 회복할 수 있어야 한다. 회중들이 혼합되어 있는 경우에 교회의 재산은 교인들의 비율에 따라 나누어질 것이다.

1529년에 5개 주들이 오스트리아와의 동맹관계를 파기하도록 강요받았던 것처럼 취리히도 외국도시들과의 연맹관계를 청산해야 했다. 따라서 외국세력들과의 모든 동맹관계는 가톨릭이든 프로테스탄트든 막론하고 스위스에서 반애국적인 것으로 금지되었다. 취리히는 전쟁을 위해 소요된 2백 50 크라운의 비용을 배상해야 했으며, 카이저 가족을 위해 백 크라운의 보상금도 지불해야 했다. 이것은 1529년에 삼림 지역 주들에게 부과되었던 것이다. 베른은 이에 덧붙여 추크 지역에서 발생한 재산상의 피해를 보상하기 위해 3천 크라운의 돈을 지불하는 데 동의하였다.

두 차례의 평화조약은 모두 종교적인 관용을 원칙으로 하고 있다(그 당시에 이해되는 한도 내에서, 그리고 상황에 의해 양측에 강제되었던 한도 내에서). 하지만 중립적인 예속지역들에서는 이 원칙이 정반대로 적용되었다. 가톨릭 소수파들이 더 이상 침해를 받지 않도록 보호되었던 것이다. 1529년의 조약은 주로 개신교의 관심과 이익의 관점에서 관용을 말하였다면, 1531년의 조약은 로마 가톨릭의 관점에서의 관용을 말하였다.

50. 로마 가톨릭의 반동

가톨릭교도들은 이제 승리가 가져다 준 혜택들을 충분히 누렸다. 그들은 더 이상 공격적인 프로테스탄트 설교자들로 인해 방해받지 않았으며, 예속지역에서 잃었던 땅도 대부분 되찾을 수 있었다.

가톨릭교회는 라퍼슈빌과 가스터 지역에서 다시 회복되었다. 장크트갈렌의 수도원장은 자신의 수도원을 되찾고 시로부터 상당한 배상금도 받아내었다. 토겐부르크는 그의 권위를 인정해야만 했으나, 상당수의 사람들은 개혁파로 남았다. 투르가우와 라인탈은 수도원들을 복구시켜야만 했다. 브렘가르텐과 멜링겐은 미사와 성상들을 재도입하기로 약속해야만 했다. 글라루스에서 소수였던 로마 가톨릭은 몇 개의 교회를 차지하고 그 주의 공적인 일들에 있어서도 상당한 영향력을 가지게 되었다. 졸로투른에서는 종교개혁측이 주민의 다수를 점했음에도 불구하고 억압을 받았으며, 약 70여 가족들이 다른 곳으로 이주하도록 강요당하였다. 스위스 연맹 의회에서도 가톨릭측 주들이 다수를 점하였다.

삼림지역 주에 거주하는 사람들은 기쁨에 가득 차서 아인지델른에 있는 성모 마리아 수도원을 향해 순례여행을 하였다. 이곳은 일찍이 츠빙글리가 1516년 그리스어로 처음 출판된 성경으로부터 바울서신들을 필사했던 곳이고, 또한 그와 레오 유트, 미코니우스가 디폴트 폰 게롤드섹(Diepold von Geroldseck)의 동의 아래 악폐들을 개혁하기 위해 순차적으로 노력했던 곳이다. 이 수도원은 지금껏 스위스에서 로마 가톨릭의 경건과 미신의 요새로 남아 있으며, 변함없이 많은 경건한 순례자들이 "검은 성모 마리아상"(Black Madonna)을 보기 위해 몰려들고 있다. 이 수도원에는 또한 가장 규모가 큰 인쇄소 가운데 하나가 있어서, 기도서, 미사집, 일과(日課) 기도서, 성무 일과서, 각종 예식서, 성화, 십자가, 십자가 고상 등을 제조해서 독일어를 사용하는 모든 가톨릭 지역으로 발송하고 있다.[34]

츠빙글리를 계승한 불링거는 그의 「종교개혁사」를 슬픔에 잠긴 채로, 하지만 인종(忍從)과 희망을 잃지 않고 다음과 같이 말하면서 끝맺고 있다.

온갖 종류의 독재와 전횡이 회복되고 강화되었으며, 교만한 정권이 연맹을 파괴하고자 하고 있다. 주님의 계획은 놀랍도다. 그러나 그는 모든 일을 선하게 이루시는도다. 그에게 영광과 찬양을 돌릴지어다! 아멘.

51. 스위스에서 신앙고백들의 상대적인 강세

스위스 종교개혁의 결과를 다음과 같이 간단히 정리할 수 있을 것이다.

---

34) "Benziger Brothers, Printers to the Holy Apostolic See"라는 상호로서, 아인지델른, 뉴욕, 신시내티, 그리고 시카고에 있다. 이 인쇄소의 그림이 그려진 다양한 카탈로그들을 통해 얼마나 엄청난 양의 일들이 이루어지고 있는지 알 수 있다.

7개의 주 — 루체른, 우리, 슈비츠, 운터발덴, 추크, 프라이부르크, 그리고 졸루투른 — 는 선조들의 신앙을 확고하게 고수하였다. 2개의 힘있는 주를 비롯한 4개 주들 — 취리히, 베른, 바젤, 그리고 샤프하우젠 — 은 개혁파 신앙을 채택하였다. 5개 주 — 글라루스, 장크트갈렌, 아펜첼, 투르가우, 그리고 가르가우 — 는 이 두 신앙 사이에서 반반으로 나뉘어졌다. 23개의 예속된 마을들 가운데 오직 모라와 그랑송만이 온전히 프로테스탄트가 되었고, 16개는 자신들의 이전 신앙을 지켰으며, 5개 마을은 분열되었다. 그라우뷘덴에서는 전체 인구의 3분의 2 가량이 츠빙글리적인 개혁신앙을 받아들였지만, 발텔리나와 치아벤나에서 이루어진 프로테스탄트의 소득은 17세기에는 상실되었다. 티치노와 발리스는 로마 가톨릭이다. 프랑스어권 주들 — 제네바, 보, 뇌샤텔 — 에서 종교개혁은 완벽한 승리를 거두었다. 이는 주로 칼빈의 사역을 통해 이루어진 일이다.

16세기 중반 이후로 양대 교회 사이의 수적인 관계는 실질적인 변화를 겪지 않았다. 개신교는 여전히 약 3백만 명에 달하는 인구 가운데 50만 명 이상의 우위를 점하였다. 로마 가톨릭 교회는 사보이와 프랑스로부터 이주해 오는 사람들로 인해 상당히 증가하였으나, 헤르초크(Herzog) 주교의 주도 아래 1870년에 구파 가톨릭이 탈퇴함으로 인해 얼마간 교인들을 잃었다. 감리교인들과 침례교인들은 불신앙과 무관심이 횡행하던 지역에서 상당한 진전을 이루고 있었다.

각 주들은 여전히 양대 교회 가운데 하나와 연관을 맺고 있었고 자체적인 교회 조직을 가지고 있었다. 하지만 이러한 유대관계는 점차적으로 느슨해졌으며, 종교적인 자유도 감리교, 침례교, 어빙파(Irvingites), 구파 가톨릭 등의 뜻을 달리하는 교파들에게까지 확장되었다. 이전의 배타주의는 폐기되었고, 법 앞에 동등하다는 원칙이 모든 주에서 인정되었다.

로마 가톨릭 주들과 개혁파 주들을 공정하게 비교해 보면 남북 아일랜드 사이에, 동서 캐나다 사이에, 그리고 양대 교회가 세력 균형을 이루고 있는 세계의 다른 지역들에서 볼 수 있는 것과 비슷한 양상임을 알 수 있다. 로마 가톨릭 주들은 보다 역사적인 신앙과 미신, 교회의 관습들을 고수한 반면, 프로테스탄트 주들은 일반적인 교육과 지성, 부와 세속적인 번영의 측면에서 이들을 능가하였다. 하지만 도덕성이라는 측면에서는 양측이 거의 동일하였다.

52. 다시 살아난 츠빙글리

츠빙글리가 죽어 가면서 남긴 마지막 말, "그들은 몸을 죽일 수는 있지만 영혼은 결코 죽일 수 없다"는 말은 그에게서 증명되었다. 그의 몸은 그의 잘못들과 결점들과 함께 묻혔지만, 그의 정신은 여전히 살아 있다. 그리고 유아들의 구원에 대한 그의 자유주의적인 사상, 하나님의 구원의 은혜가 가시적인 교회의 경계를 뛰어넘는다는 그의 견해는 그의 시대에는 다른 종교개혁자들에게까지도 받아들여지기 힘든 것이었지만, 이제는 복음주의적인 기독교 세계에서 거의 신앙의 항목들 가운데 자리를 잡게 되었다.

울리히 츠빙글리는 마르틴 루터와 존 녹스 다음으로 종교개혁자들 사이에 널리 알려진 인물이다.[35] 그는 평범한 사람들과 공감하면서 활동하였다. 그는 그들의 언어로 말하고 썼고, 그들의 공적인 문제들에 참여하였고, 노소를 막론하고 그들의 신실한 목회자였으며, 또한 그들의 사랑을 받았다. 반면에 에라스무스, 멜란히톤, 오이콜람파디우스, 칼빈, 베자, 그리고 크랜머는 대중들로부터 멀리 떨어져 있었다. 츠빙글리는 전형적인 스위스인으로서 대중들을 위한, 대중들의 사람이었다. 루터 또한 전형적인 독일인이었다. 이 둘은 모두 자기 민족의 장점과 약점을 잘 반영하고 있다. 두 사람은 자신들의 시대에 가장 사랑받는 인물인 동시에 가장 미움받는 인물이었으며, 신앙 때문에 자신들의 동족들을 분열시켰고 지금도 분열시키고 있다.

마르틴 루터와 울리히 츠빙글리는 탄생 400주년을 맞아 각기 1883년과 1884년에 성대하게 기념되었다. 이처럼 성대하게 기념된 예는 거의 전례가 없는 일로서, 적어도 신학의 역사에 있어서는 그러하였다.[36]

츠빙글리를 축하하는 행사는 단순히 루터축제의 재연은 아니었다. 북아메리

---

35) 영어 popular보다 독일어 volksthümlich가 그 의미를 보다 잘 전달해 준다.

36) 여기서 나는 "거의"라고 말한다. 위클리프 영어 성경이 완결되고 나서 5백 년이 흐른 뒤인 1880년에 5개 대륙에 있는 영어를 사용하는 모든 프로테스탄트들이 위클리프를 기념하였다. 단테 탄생 6백 주년이 1865년 피렌체와 온 이탈리아에서 기념되었다. 탄생 100주년 기념일을 지킨 최근의 신학자는 교회 역사가인 Neander(Johann August Wilhelm Neander, 1789-1850)이다. 그의 후계자인 Harnack 박사가 1889년 1월 17일에 베를린 대학에서 감동적인 기념사를 하였다.

카와 유럽의 모든 개혁파 교회들은 진심으로 이를 기념하였으며, 츠빙글리와 관련된 방대한 저술들을 발간해 내었다. 다른 지역들뿐 아니라 스위스의 많은 개혁파 교회들은 16세기의 그 신랄한 논쟁들을 잊고, 루터가 진리와 자유를 위해 공헌한 것들을 감사의 마음으로 기억하면서 진심으로 루터의 축제에 참여하였는데, 이것은 스위스의 개혁자가 마르부르크에서 독일 개혁자를 향해 보여주었던 그 관대한 기독교 정신과 일치하는 것이었다.

그 다음 해(1885년 8월 25일) 취리히 시립 도서관과 바서 교회(Wasserkirche) 앞, 그가 설교했던 그로스뮌스터 교회 아래쪽에 츠빙글리 동상이 세워졌다. 이 동상은 츠빙글리를 남성적인 인물로 표현하고 있는데, 한 손에는 성경을, 다른 한 손에는 칼을 들고 신실한 눈빛으로 하늘을 바라보고 있다. 이는 역사를 충실하게 표현한 것이라 할 것이다. 스위스 신학자들 가운데 가장 뛰어난 학자 중 한 사람인 알렉산더 슈바이처(Alexander Schweizer, 1888년 7월 3일 사망) 박사는 1884년 1월 7일에 자신의 마지막 공적인 직무였던 츠빙글리 추모사에서 츠빙글리의 손에 들린 칼에 대해 불만을 표하고는, 동상 건립 위원회를 떠났다. 콘라트 페르디난트 마이어(Konrad Ferdinand Meyer) 박사는 이 행사를 맡은 시인으로서, 시적인 상상력을 통해 츠빙글리의 칼을 그를 살해한 보킹거의 칼로 바꾸어 놓았다. 주임 목사 핀슬러(Antistes Finsler)는 그의 기념사에서 그 칼에 대해 이중적인 의미를 부여하였다. 마찬가지로 칼을 들고 있는 모습으로 표현되는 바울의 경우에서와 같이, 하나는 그가 살해당한 칼이고 다른 하나는 그가 계속 사용해서 싸우고 있는 성령의 칼이라는 것이다. 한편으로 동시에 이 칼은 츠빙글리를 루터와 구별시켜 주며, 그를 애국자이자 정치가로 드러내 준다.

시민들의 질서정연한 열정, 교회와 국가 대표자들의 축제 분위기의 연설들, 아름다운 호수 주변의 도시와 마을들의 밝은 조명, 이러한 전체적인 기념행사는 츠빙글리가 독일어권 스위스에 얼마나 지울 수 없는 인상을 남겼는가 하는 사실을 생생하게 증언해 주었다. 비록 그의 후손들이 현재 정통 보수파와 합리적인 "개혁파"(자신들이 스스로를 부르는 호칭)로 거의 반씩 나뉘어 있기는 하지만, 이들은 그날 자신들의 모든 논쟁들을 잊었고, 비록 츠빙글리에게 약점들도 있었으나 방대한 스위스 지역을 교황청의 독재로부터 구원했으며 자신들을 그리스

---

37) 이 기념식에서 주 연사는 츠빙글리의 22번째 후계자인 주임 목사 Finsler였다.

도의 가르침과 모범의 신선한 샘으로 이끌어 준 츠빙글리의 영구적인 공적들에 경의를 표하는 일에 성심껏 합력하였다.[37]

____

기념식의 한 부분은 츠빙글리의 죽음을 드라마틱하게 재현한 것(Charlotte Birch-Pfeiffer에 의한 역사적인 비극 작품)이었으며, 다른 주에서 온 사절단들이 연설을 했던 Tonhalle-Pavilion에서 연회가 베풀어졌다. 츠빙글리의 시 "주여, 이제 수레 자체를 올리소서"(Herr, nun heb den Wagen selbst)가 불려졌다. 스위스 시인인 Meyer 박사는 축제 칸타타(Festcantate)를 썼다. 빈의 로마 가톨릭 조각가인 Natter에 의해 동상이 만들어졌으며, 그는 제막식에 참석하였다.

제 6 장

통합의 시대

53. 참고문헌

Supplementary to the literature in § 4, pp. 12 sqq.

I. Manuscript sources preserved in the City Library of Zürich, which was founded 1629, and contains c. 132,000 printed vols. and 3,500 MSS. See Salomon Vögelin: *Geschichte der Wasserkirche und der Stadtbibliothek in Zürich.* Zürich, 1848 (pp. 110 and 123). The Wasserkirche (*capella aquatica*) is traced back to Charles the Great. It contains also the remains of the lake dwellings. The bronze statue of Zwingli stands in front of it. The THESAURUS HOTTINGERIANUS, a collection of correspondence made by the theologian, *J. H. Hottinger*, 55 vols., embraces the whole Bullinger correspondence, which has been much used, but never published in full. — The SIMLER COLLECTION of 196 vols. fol., with double index of 62 vols. fol., contains correspondence, proclamations, pamphlets, official mandates, and other documents, chronologically arranged, very legible, on good paper. Johann Jacob Simler (1716–1788), professor and inspector of the theological college, spent the leisure hours of his whole life in the collection of papers and documents relating to the history of Switzerland, especially of the Reformation. This unique collection was acquired by the government, and presented to the City Library in 1792. It has often been used, and, though partly depreciated by more recent discoveries, is still a treasure-house of information. The Bullinger correspondence is found in the volumes from A.D. 1531–1575. — ACTA ECCLESIASTICA *intermixtis politicis et politico-ecclesiasticis* MANUSCRIPTA *ex ipsis fontibus hausta in variis fol. Tomis chronologice pro administratione* ANTISTITII TURICENSIS *in ordinem redacta.* 33 vols. fol. Beautifully written. Comes down to the administration of Antistes Joh. Jak. Hess (1795–1798). Tom I. extends from 1519–1531; tom. II. contains a biography of Bullinger, with his likeness, and the acts during his administration. — The State

Archives of the City and Canton Zürich.

II. Printed works. Joh. Conr. Füsslin : *Beyträge zur Erläuterung der Kirchen-Reformationsgeschichten des Schweitzerlandes.* Zürich, 1741–1753. 5 Parts. Contains important documents relating to the Reformation in Zürich and the Anabaptists, the disputation at Ilanz, etc. — Simler's *Sammlung alter, und neuer Urkunden.* Zürich, 1760. 2 vols. — Joh. Jak. Hottinger (Prof. of Theol. and Canon of the Great Minster) : *Helvetische Kirchengeschichten vorstellend der Helvetiern ehemaliges Heidenthum, und durch die Gnade Gottes gefolgtes Christenthum,* etc. Zürich, 1698–1729. 4 Theile 4°. 2d ed. 1737. A work of immense industry, in opposition to a Roman Catholic work of Caspar Lang (Einsiedeln, 1692). The third volume goes from 1516 to 1700, the fourth to 1728. Superseded by Wirz. — Ludwig Wirz : *Helvetische Kirchengeschichte. Aus Joh. Jak. Hottingers älterem Werke und anderen Quellen neu bearbeitet.* Zürich, 1808–1819. 5 vols. The fifth volume is by Melchior Kirchhofer, who gives the later history of Zwingli from 1525, and the Reformation in the other Cantons. — Joh. Jak. Hottinger : *Geschichte der Eidgenossen während der Zeiten der Kirchentrennung.* Zürich, 1825 and 1829. 2 vols. This work forms vols. VI. and VII. of Joh. von Müller's and Robert Glutz Blotzheim's *Geschichten Schweizerischer Eidgenossenschaft.* The second volume (p. 446 sqq.) treats of the period of Bullinger, and is drawn in part from the Simler Collection and the Archives of Zürich. French translation by L. Vulliemin : *Histoire des Suisses à l'époque de la Réformation.* Paris et Zurich, 1833. 2 vols. — G. R. Zimmermann (Pastor of the Fraumünster and Decan) : *Die Zürcher Kirche von der Reformation bis zum dritten Reformationsjubiläum (1519–1819) nach der Reihenfolge der Zürcherischen Antistes.* Zürich, 1878 (pp. 414). On Bullinger, see pp. 36–73. Based upon the *Acta Ecclesiastica* quoted above. — Joh. Strickler's *Actensammlung,* previously noticed (p. 13), extends only to 1532.

On the Roman Catholic side comp. *Archiv für die Schweiz. Reformationsgesch.,* noticed above, p. 13. The first volume (1868) contains Salat's *Chronik* down to 1534; the second (1872), 135 papal addresses to the Swiss Diet, mostly of the sixteenth century (from Martin V. to Clement VIII.), documents referring to 1531, Roman and Venetian sources on the Swiss Reformation, etc.; vol. III. (1876), a catalogue of books on Swiss history (7–98), and a number of documents from the Archives of Luzern and other cities, including three letters of King Francis I. to the Catholic Cantons, and an account of the immediate consequences of the War of Cappel by Werner Beyel, at that time secretary of the city of Zürich (pp. 641–680).

54. 하인리히 불링거(1504–1575)

1516년에서 1531년까지 15년 간에 걸친 생산적인 츠빙글리파 종교개혁의 시기가 지나고 난 이후에 어려운 상황 가운데 보존과 통합의 시대가 뒤따랐다. 이러한 시대는 굳건한 신앙, 용기, 온건함, 끈기, 인내심을 갖춘 인물을 필요로 하였다. 이런 것들을 하나님의 섭리 가운데 구비한 사람이 바로 하인리히 불링거(Heinrich Bullinger)였다. 그는 츠빙글리의 제자이자 친구이자 계승자였으며, 취리히의 2대 주임 목사(chief pastor)였다. 그는 종교개혁이 하나님의 사역이고, 그렇기 때문에 카펠에서의 명백한 패배를 겪고도 살아남을 수 있었다는 것을 입증하였다.

그는 1504년 7월 18일에 아르가우의 브렘가르텐에서 수석사제 불링거의 다섯 아들 가운데 막내로 태어났다. 아버지 불링거는 당시의 많은 사제들과 마찬가지로 교회법에 어긋나기는 했으나 많은 사람들이 용인해 주었던 결혼생활을 하고 있었다.[1] 그는 1518년 삼손의 면죄부 판매에 반대하였으며, 고령에도 불구하고 강단에서 자신이 종교개혁의 교리들을 믿고 있음을 털어 놓았다(1529). 그 결과로 그는 결국 자신의 직위를 잃었다. 아들 하인리히는 젊은 시절 에머리히에 있는 공동생활 형제단의 학당과 쾰른 대학에서 수학했다. 그는 스콜라 신학과 교부 신학을 공부하였다. 루터의 저작들과 멜란히톤의 「신학총론」은 그가 성경을 연구하도록 이끌어 주었고 변화를 준비하게 해주었다.

하인리히 불링거는 석사학위를 받고 스위스로 돌아와 1523년에서 1529년까지 카펠에 있는 시토회 수도원의 학당에서 가르쳤으며, 수도원장 볼프강 요너(Wolfgang Joner)의 동의를 얻어 수도원을 개혁하였다. 이 기간 동안 그는 츠빙글리를 알게 되었고, 1525년에는 취리히에서 열렸던 재세례파와의 회담에 참석하였으며, 1528년에는 베른 논쟁에도 참석하였다. 그는 이전에 수녀였던 안나 아들리슈바일러(Anna Adlischweiler)와 1529년에 결혼하였는데, 그녀는 훌륭한 아내이자 동반자였다. 그는 아버지를 이어 브렘가르텐으로 와서 사역해 달라는 청빙을 받아들였다.

카펠에서의 비극이 있고 나서 그는 취리히로 옮겨 갔으며, 거기서 시의회와 시민들에 의해 만장일치로 1531년 12월 9일 그로스뮌스터 교회의 설교자로 임명

---

1) 콘스탄츠의 주교는 사제들이 매년 4 길터의 돈만 내면 첩을 두는 것을 허용하였다. Christoffel, *Zwingli*, II. 337과 Pestalozzi, p. 5를 보라.

M.HEINRICUS BULINGERUS
PASTOR TIGURINUS,
SUCCESSOR ZUINGLIJ. A·1531.
Obijt a: 1574. die 17 Sept. Ætatis. 71.
Sic vixi, vivoq meis nunc denique libris :
Vt nunquam videar mortuus esse bonis.

되었다. 츠빙글리가 자신의 죽음을 예견하면서 그를 후계자로 지목했다는 소문이 있었다. 그보다 더 적절한 인물은 없었을 것이다. 스위스 교회를 위해서도, 츠빙글리와 정신을 같이 하면서도 온건함과 자제력은 더 뛰어난 그와 같은 인물이 츠빙글리의 뒤를 잇는 것이 상당히 중요하였다.[2]

불링거는 이제 츠빙글리의 평생 사역을 보전하고 순화하고 굳게 하는 책무를 떠맡았고, 신실하게 또 성공적으로 이러한 일들을 수행하였다. 그가 1531년 12월 23일 그로스뮌스터 교회의 강단에 올라섰을 때, 많은 청중들은 츠빙글리가 무덤에서 다시 살아온 듯한 느낌을 받았다.[3] 그는 당시 시의회의 소심한 인물들에 의해 유기될 위험에 놓여 있던 종교개혁 운동을 지지하는 확고한 입장을 취하였다. 그는 츠빙글리에게 파멸을 가져다 준 정치 참여를 삼갔다. 그래서 그는 교회와 국가 사이에 우호적이기는 하지만 보다 독립적인 관계를 확립하였다. 그는 설교자와 교사라는 자신의 소명에 스스로를 제한하였다.

처음 몇 년간 그는 일주일에 6-7차례 설교를 하였으나, 1542년 이후에는 주일과 금요일 두 차례만 설교하였다. 그는 강단에서 츠빙글리의 계획을 따라 성경 전체를 강해하였다. 그의 설교들은 단순하고, 명확하고, 실천적이었으며, 젊은 설교자들의 모범이 되었다.

그는 가장 헌신적인 목회자였는데, 모든 면에서 상담과 위로를 베풀었고 취리히에 서너 차례 전염병이 창궐했을 때에는 자신의 목숨까지도 아끼지 않았다. 그의 집은 아침부터 밤까지 도움을 필요로 하는 사람들에게 열려 있었다. 그는 얼마 안 되는 수입과 친구들로부터 받은 기부금으로 과부들, 고아, 이방인들과 망명자들에게 그들의 신앙이 어떠하든지 개의치 않고 음식, 의복, 돈을 아끼지 않고 나누어 주었다. 또한 츠빙글리의 미망인에게 적절한 연금을 확보해 준 동시에 그의 두 자녀는 사비를 들여 교육시켰다. 그는 박해받은 형제들을 자신의 집에서 수주일 혹은 수개월씩 돌보았고, 그들에게 거할 곳과 여행 경비를 주선해 주었다.[4]

불링거는 취리히 지역 학교들의 감독관으로서 특별히 교육에 큰 관심을 기울

---

2) Pestalozzi, p. 25.

3) Hottinger, *Helv. K. Gesch.* III. 28.

4) Pestalozzi, pp. 153 이하에 나오는 아름다운 묘사를 보라.

였다. 그는 펠리칸(Pellican), 비블리안더(Bibliander), 베르밀리(Pietro Martire Vermigli)와 같은 능력 있는 신학자들로 카롤리눔(신학 교육기관)의 교수직을 채웠다. 그는 잘 훈련된 목회자 한 사람을 얻었다. 그는 레오 유트와 연합하여 교회 법령집을 준비하였다. 이 법령집은 1532년 10월 22일 대회에서 채택되었고, 시장과 소의회와 대의회의 권위로 공표되었으며, 근 300년간 그 효력을 유지하였다. 이 법령집에는 목회자들과 신학교수들의 심사, 선출, 임무에 필요한 규정들과, 성직자와 평신도 대표들이 1년에 두 차례씩 모이는 대회 모임에 관한 규정들, 그리고 치리를 가능하게 해주는 규정들을 담고 있다. 이 책은 모두 8장으로 기술되어 있다.[5]

불링거의 활동은 취리히 너머까지 확장되었다. 그는 참으로 보편 교회적인 정신을 소유한 사람으로서, 모든 개혁파 교회들과 연락을 주고받았다. 베자는 그를 가리켜 "모든 기독교 교회들을 돌보는 만인의 목자"라고 말하였고, 펠리칸은 "하나님의 영광과 영혼 구제를 위해 하늘로부터 은사를 풍성하게 받은 하나님의 사람"이라고 칭했다. 그는 이탈리아, 프랑스, 영국, 그리고 독일에서 피난 온 프로테스탄트들을 기꺼이 맞아들였으며, 취리히를 종교적인 자유를 위한 피난처로 만들었다. 이렇게 해서 그는 쿠리오네(Celio Secondo Curione), 오키노(Bernardino Occhino), 베르밀리, 그리고 로카르노에서 온 이민자들을 보호하였고, 취리히에서 이탈리아인들이 모이는 교회를 조직하는 일을 도왔다. 그는 츠빙글리와 칼빈의 모범을 따라서, 프랑스 국왕에게 위그노들에게 관용을 베풀어 달라고 두 차례나 간청하였다. 그는 자신의 책 「기독교인의 성화」(*Christian Perfection*, 1551)는 앙리 2세에게, 「기독교의 가르침」(*Instruction in the Christian Religion*, 1559)은 프랑수아 2세에게 헌정하였다. 그는 발도파를 보호하기 위해 프랑스에 사절들을 파견하였고, 파리에도 개혁파 교회를 위해서 사절을 파견하였다.

불링거가 얼마나 많은 편지 왕래를 했는지 놀라울 뿐이다. 그의 편지들은 당대의 저명한 모든 프로테스탄트 신학자들, 즉 칼빈, 멜란히톤, 부처, 베자, 얀 라

---

5) 취리히 시립 도서관에는 이 책의 여러 편집본들의 사본들이 있는데, 1532년, 1535년, 1563년 판들이 있다. 이것은 또한 Simler, *Sammlung alter und neuer Urkunden*, I. 25-73에도 수록되었다.

스키(Jan Laski), 크랜머, 후퍼(Hooper), 주엘(Jewel), 그리고 그에게 자문을 구했던 최고 통치자들, 즉 영국의 헨리 8세와 에드워드 6세, 엘리자베스 여왕, 프랑스의 앙리 2세, 덴마크의 크리스찬, 헤센의 필립, 그리고 팔츠의 프리드리히 선제후를 망라하고 있다.

불링거는 헨리 8세 시대부터 엘리자베스가 다스리던 시대까지 영국의 종교개혁 운동과 관련을 맺었다. 특별히 여왕 메리의 피의 통치가 있던 동안에는 많은 저명한 망명자들이 취리히로 도망해 와서 그의 호의 덕에 형제와 같은 대접을 받았다. 후퍼, 주엘, 샌디스(Sandys), 그린들(Grindal), 파커스트(Parkhurst), 폭스(Foxe), 콕스(Cox)와 같은 사람들과 불링거, 괄터(Gwalter), 게스너(Gessner), 지믈러(Simler), 베르밀리와 같은 교회의 고위 성직자들과의 서신교환은 에드워드와 엘리자베스 시대에 영국과 스위스의 개혁파 교회들 사이의 영적인 일치를 보여주는 고귀한 역사적 기념물이라 할 것이다. 크랜머 대주교는 통일된 복음주의 신조를 만들기 위해 멜란히톤, 칼빈, 부처와 함께 불링거를 런던 회담에 초대하였다. 칼빈은 그런 일을 위해서라면 바다를 열개라도 건너서 가겠다고 응답하였다. 1554년 참수를 당한 레이디 제인 그레이(Jane Grey)는 불링거의 저작들을 읽고는, 결혼에 관한 그의 작품을 그리스어로 번역하였고, 히브리어에 관해 그에게 자문을 구하기도 했으며, 그에게 존경과 감사의 말을 전하였다. 그녀가 불링거에게 보낸 세 통의 편지는 지금도 취리히에 보존되어 있다.

글로스터의 주교 후퍼는 1547년 그에게 신세를 진 일이 있는데, 1554년 순교 당하기 얼마 전에 불링거에게 편지를 보내어 그에게 자신의 "존경하는 아버지이자 안내자"이며 최고의 친구라는 말을 전하면서 자신의 아내와 두 자녀를 부탁하였다. 주엘 주교는 1559년 5월 2일자 편지에서 그를 "그리스도 안에서 자신의 아버지이자 가장 존경하는 스승"이라고 칭하면서, 자신과 친구들이 망명 기간 동안 경험하였던 그의 "호의와 친절"에 감사를 표하였다. 그리고 엘리자베스 치하에서 개혁파 교회가 회복될 수 있었던 것은 불링거의 "서신들과 자문"에 힘입은 바 크다고 밝혔다. 주엘은 또한 여왕 자신이 영국 교회의 수장이라 불리는 것을 거절했으며, 이것은 그러한 칭호는 어떤 인간이 아니라 오로지 그리스도 한 분에게만 속하는 것이라고 생각한 데서 기인한 것이었다는 이야기도 덧붙였다. 영국에서 불링거의 죽음은 공공의 재난으로 애도되었다.[6]

불링거는 로마 가톨릭과 루터파에 대항해서 온건하고도 기품있게 개혁파 교회의 교리와 규율을 충실하게 지켰다. 그는 광신자들의 폭언을 그대로 갚는 일이 없었고, 1548년 아우크스부르크 가신조협정(Interim)이 루터파 설교자들을 슈바벤 지방에서 추방했을 때 그는 이들을 기꺼이 맞아들였으며, 심지어 강단에서 개혁파 교리들을 비난한 사람들까지도 환대하였다. 그는 온건한 칼빈주의와 본질적으로 일치하는 독일어권 스위스의 개혁파 신앙을 대표한다. 그는 제2 스위스 신앙고백 안에 자신의 신학적인 관점을 충분히 표출하였다.

그의 성례론은 츠빙글리의 성례론보다 한층 고차원적인 것이었다. 그는 제도의 객관적인 가치를 보다 강조하였다. 그는 파베르(Faber)에게 편지하여, 성찬에는 신비가 있으며, 빵은 그냥 빵이 아니라 존귀하고 성례전적인 빵이며, 믿는 자들에게 그리스도의 영적이고 실제적인 임재를 증거한다고 하였다. 태양이 하늘에 있지만 그 빛과 열기로 이 땅 위에 실제로 존재하듯이, 그리스도도 하늘에 계시지만 모든 믿는 자들의 가슴속에서 효과적으로 역사하신다는 것이다. 츠빙글리가 죽은 다음 루터가 프로이센의 알브레히트 공작과 프랑크푸르트 사람들에게 츠빙글리주의자들에게 관용을 베풀지 말라고 경고했을 때, 불링거는 알브레히트 공작에게 라트람누스의 신학 논문 「주님의 살과 피」(*De corpore et sanguine Domini*)에 서문을 붙여 번역한 것을 보내는 것으로 그에 응답하였다.

그는 1536년의 비텐베르크 협정(Wittenberg Concordia)을 거부하였는데, 그것은 이 협정이 루터파 교리를 감추고 있었기 때문이다. 그는 츠빙글리주의자들에 대한 루터의 지독한 공격(1545)에 대해 명쾌하고 강하면서도 온건한 진술로써 답하였다. 하지만 루터는 자신의 비난을 취소하지 못한 채 금방 죽고 말았다(1546). 베스트팔(Westphal)이 이 불운한 논쟁을 다시 유발시켰을 때(1552) 불링거는 개혁파 교리를 옹호하면서 칼빈을 지지하면서도 칼빈에게 온건함을 잃지 말라고 조언하였다.[7] 그와 칼빈은 「취리히 일치신조」(*Consensus Tigurinus*)에서 성례전 문제에 대해 완전 합의를 이루었다. 이 문서는 1549년에 취리히에서 시의회 의원들이 자리한 가운데 채택되었고, 이후에 다른 스위스 개혁파 교회들의 승인을 받았다.[8]

---

6) Barlow가 Simler에게 보낸 편지들과, Cox 주교가 Gwalter에게 보낸 편지들을 보라. *Zurich Letters*, pp. 494, 496.

7) *Apologetica Defensio*, etc., 1556, 2월.

예정론에 있어서, 불링거는 츠빙글리와 칼빈의 입장까지 나아가지는 않았고, 타락 후 예정론(infralapsarian scheme)에 머물렀다. 그는 아담의 타락이 예정된 것이라고 말하기를 회피하였다. 왜냐하면 그것은 죄에 대한 처벌의 정당성과 모순되는 것으로 여겨졌기 때문이다.[9] 칼빈의 보다 엄격한 견해를 담고 있는 「제네바 일치신조」(*Consensus Genevensis, 1552*)는 취리히 목회자들의 서명을 받지 못하였다. 스위스에서 성경 주석학의 아버지라 불리는 인물로서 아르미니우스주의의 선구자 중 한 사람인 비블리안더(Theodor Bibliander)도 이에 반대하였다. 그는 에라스무스의 반(半)펠라기우스주의를 고수하였으며, 엄격한 칼빈주의자 중 한 사람으로 1556년 이후에 취리히에서 가르치고 있었던 베르밀리와의 논쟁에 휘말렸다. 비블리안더는 결국 신학 교수직을 잃게 되었지만(1560년 2월 8일), 그의 봉급은 그가 죽을 때까지(1564년 11월 26일) 계속 지급되었다.[10]

이단에 대한 관용과 처벌이라는 문제에 있어서, 불링거는 당시에 주류를 이루던 견해에 동의하였지만, 그 실천에 있어서는 당시의 행태와 상당히 달랐다. 그는 츠빙글리만큼이나 자신의 저작들에서 재세례파를 비난하였고, 또 멜란히톤과 마찬가지로 세르베투스의 불행한 처형을 승인하였지만, 그 자신은 결코 박해를 행하지 않았다. 그는 소키누스(Laelio Sozini)와 오키노(Bernardino Occhino)를 용인해 주었다. 소키누스는 취리히에서(1562년) 조용히 죽었고, 오키노는 취리히에서 한동안 이탈리아 회중들에게 설교하다가 면직을 당하기는 했으나 유니테리언적인 견해를 가르치고 일부다처제를 주장한다는 사실 때문에 처벌을 받지는 않았다. 로마 가톨릭교도인 파베르를 반박한 자신의 책에서 불링거는 종교적으로 견해가 다른 사람들에게 어떠한 폭력도 행해서는 안 되고, 신앙은 하나님께서 주시는 대가 없는 선물이기 때문에 결코 명령하거나 금할 수 없는 것이

---

8) Schaff, *Creeds of Christendom*, I. 471 이하.

9) 제2 스위스 신앙고백의 8장에서 불링거는 "하나님께서 아담으로 하여금 타락하게 하셨는가, 아니면 그의 타락을 강제하셨는가, 혹은 왜 하나님은 그의 타락을 막지 않으셨는가, 등등" 호기심 어린 질문들을 물리치고 있다. 그리고 그는 하나님이 우리의 최초의 조상들로 하여금 그 과일을 먹지 말라고 금하셨고, 그들의 불순종으로 인해 그들을 벌하셨다는 것을 아는 것으로 충분하다고 말하고 있다.

10) 이에 대한 보다 상세한 설명은 Schaff, *Creeds*, I. 474 이하와, 특별히 Schweizer, *Central-dogmen*, I. 139, 258-292에 나와 있다.

라는 기독교적이고 또한 인간적인 정서를 표출하였다. 그는 유아기 때 죽은 모
든 유아들과 선택받은 불신자들에게까지 구원을 확대시킨 츠빙글리의 견해에
동의했다. 여하튼 그는 항상 이러한 시대를 앞선 견해들과 뜻을 같이하였으며,
이러한 견해들이 가장 강력하게 표현되어 있는 츠빙글리의 최후 작품을 허락을
구해서 출판하였다.

불링거의 집은 행복이 넘치는 기독교 가정이었다. 그는 자신의 많은 자녀들과
손자들과 놀기를 좋아했고, 또 루터와 마찬가지로 크리스마스 때에는 그들을 위
해 시를 몇 편 지어 주기도 하였다.

그의 아들 하인리히는 1553년에 슈트라스부르크, 비텐베르크, 빈으로 가서 신
학 수업을 하였는데, 이때 불링거는 아들을 위해 몇 가지 행동 지침을 적어 주었
다. 그 가운데 가장 중요한 내용은 다음과 같다.

1) 하나님을 항상 경외하고, 하나님에 대한 경외가 지혜의 시작이라는 것을 기억하
라. 2) 하나님 앞에서 너 자신을 낮추고 오직 그분께만, 우리의 유일한 중보자이시고
대변자이신 그리스도를 통해 기도하여라. 3) 하나님께서 그의 아들을 통해 우리의
구원을 위한 모든 일을 이루셨다는 것을 확고하게 믿으라. 4) 무엇보다 사랑 안에서
역사하는 강한 믿음을 구하는 기도를 하라. 5) 하나님께서 너의 명예를 보호하시고
너를 죄, 병, 나쁜 친구들로부터 지켜 주시기를 기도하라. 6) 조국을 위해, 너의 부모
를 위해, 도움 주시는 분들, 친구들, 그리고 모든 사람들을 위해 기도하고, 하나님의
말씀이 널리 전파되도록 기도하라. 항상 주님 가르치신 기도로 기도를 끝맺고, 또한
아름다운 찬송인 「하나님, 당신을 찬양하나이다」(Te Deum laudamus: 불링거는 이
노래가 암브로시우스와 아우구스티누스가 만든 노래라고 생각하였다)를 부르라. 7)
과묵하도록 하고, 말하기보다는 듣기를 즐겨하며, 네가 이해하지 못하는 일에는 관
여하지 말라. 8) 라틴어, 역사, 철학, 과학과 더불어 히브리어와 그리스어를 열심히
공부하되 특별히 신약 성경을 열심히 공부하고, 창세기에서 시작해서 성경을 하루에
3장씩 읽도록 하라. 9) 너의 몸을 청결하게 하고, 의복도 깔끔하게 하며, 무엇보다
먹는 일과 마시는 일에 지나치지 않도록 하라. 10) 대화는 상냥하고, 명랑하고, 온건
하게 하며, 일체의 무정한 언행을 삼가라.[11]

---

11) Pestalozzi, 588 이하.

그는 자기 아들을 멜란히톤에게 부탁하였으며, 공부하는 동안 아버지의 관심과 사랑으로 가득한 편지들을 보내주었다.[12] 그는 양친이 돌아가시기까지 모시고 살았으며, 츠빙글리의 미망인(1538년 사망)과 그녀의 두 자녀도 한 집에 살면서 보살피고 교육시켰다. 얼마 안 되는 그의 수입에도 불구하고 그는 일체의 선물을 사양하거나 혹은 병원과 같은 시설로 보내었다. 모든 시민들이 품위 있는 외모에 흰 턱수염을 한 이 목사를 존경하였다.

그의 마지막 날들은 많은 하나님의 신실한 종들과 마찬가지로 우울하였다. 과도하게 일을 하고 사람들을 돌보다가 그는 건강을 해쳤다. 1562년 그는 쿠어의 파브리키우스(Fabricius)에게 이렇게 편지하고 있다. "나는 과도한 일로 인해 거의 녹초가 되었다. 하나님의 뜻을 거스르는 것만 아니라면 제발 이제 그만 안식에 들게 해달라고 청하고 싶다." 1564년과 1565년의 전염병으로 그는 죽음 직전까지 갔으며, 아내와 세 딸과 처남을 잃었다. 그는 이런 엄청난 상처들을 기독교적인 인내로써 견뎌내었다. 이 두 해 동안에 그는 가장 아끼는 친구들인 칼빈, 블라우러, 게스너, 프로샤우어, 비블리안더, 파브리키우스, 파렐까지 잃었다. 그는 건강을 회복하고 몇 년간 더 그리스도를 섬기는 일을 할 수 있었으며, 막내딸인 도로테아가 성심껏 그의 건강을 보살펴 주었다. 그는 외로웠고 또 향수병까지 겪었지만, 자신의 동역자이자 사위였던 라바터 목사의 도움을 받아 설교와 저술 활동을 계속하였다. 그는 1575년 오순절날 마지막 설교를 하였다.

그는 8월 26일 도시의 모든 목회자들과 신학 교수들을 자신의 병상으로 불러들여서 그들에게 자신이 참되고 사도적이고 정통적인 교리를 끝까지 고수했음을 밝히고, 사도신경을 암송한 다음, 그들에게 성결한 삶을 살고 동료들 사이에 조화를 이루며 세속 권력자들에게 순종할 것을 당부하였다. 그는 이들에게 방종, 질투, 미움에 빠지지 말라고 당부하고, 자신에게 베풀어 주었던 친절에 감사하면서 그들에 대한 자신의 사랑을 전하고는, 감사의 기도와 함께 프루덴티우스(Prudentius)의 찬송 몇 소절을 부르고는 끝을 맺었다. 이때 그는 모두의 손을 일일이 잡고 마치 에베소에서 바울이 장로들과 헤어질 때 그랬던 것처럼 눈물로

---

12) 이 편지들은 매우 흥미롭다. 아들 하인리히는 Zollikon에서 목사가 되었다가, 나중에는 취리히의 성 베드로 교회의 목사가 된다. 그는 Gwalter의 딸, 즉 츠빙글리의 손녀와 결혼하였다.

작별하였다. 그런 다음 몇 주일 후인 1575년 9월 17일 그는 몇 편의 시편(51, 16, 42), 주기도문, 그리고 다른 기도문들을 암송한 다음에 가족들이 지켜보는 가운데 평화롭게 죽음을 맞이하였다. 그는 그로스뮌스터 교회에, 사랑하는 아내와 절친한 친구 베르밀리 곁에 묻혔다. 그의 소망대로, 츠빙글리의 사위이자 자신의 양자였던 루돌프 괄터(Rudolph Gwalter)가 만장일치로 그의 계승자로 선출되었다. 네 명의 불링거 후계자들은 그의 보살핌 아래 훈련받은 자들로 그의 정신에 따라 사역하였다.

불링거의 저작들은 수없이 많지만, 대부분 교리적이고 실천적인 것들로서 그 당시에 초점이 맞추어진 것들이었기 때문에 항구적인 가치를 지니는 것은 많지 않았다. 쇼이흐저(Scheuchzer)는 그의 저작이 150권에 달한다고 한다. 취리히 시립 도서관은 번역본과 새로운 개정판들을 제외하고도 약 100여 권의 책을 소장하고 있다. 이 가운데 많은 책들이 필사본으로만 남아 있다. 그는 신약 성경(계시록은 제외하고)에 대한 라틴어 주석들을 저술하였고, 이사야, 예레미야, 다니엘, 계시록에 대한 수많은 설교들을 글로 남겼다. 그의 「10편 설교집」(*Decades*, 다섯 권이 각각 십계명, 사도신경, 성례에 관한 10개의 설교를 담고 있어 총 50편의 설교가 실려 있다)은 네덜란드와 영국에서 특별히 높은 평가를 받고 널리 사용되었다. 하나님이 의롭다 하시는 은혜에 대한 그의 저작은 멜란히톤으로부터 높은 평가를 받았다. 「스위스 종교개혁사」는 그가 자필로 쓴 것으로 2절판 책 두 권으로 구성되었는데, 1838-1840년에 세 권으로 출판되었다. 가장 중요한 그의 교리적 작품은 「제2 스위스 신앙고백」인데, 이것은 스위스 개혁교회의 대표적인 신앙고백문으로 상징적 권위를 획득하였다.

55. 주임 목사 브라이팅거(1575-1645)

불링거가 죽은 그 해(1575)에 브라이팅거(Johann Jakob Breitinger)가 태어났다. 그는 후에 취리히의 주임 목사가 되어(1613-1645)[13] 불링거의 훌륭한 계승자

---

13) 불링거의 후계자는 츠빙글리의 사위 Gwalter(1575-1586), Lavater(1585-1586), Stumpf(1582-1592), Leemann(1592-1613)이다.

가 되었다. 그는 불링거를 성자라고 칭했으며, 그의 모범을 좇았다. 헤르본, 마르부르크, 프라네커, 하이델베르크, 그리고 바젤의 대학들에서 철저한 훈련을 받은 그는 교사, 설교자, 그리고 헌신된 목회자로서 시민들로부터 존경과 사랑을 받았다. 1611년의 무서운 전염병의 맹위 속에서도 그는 자기 목숨을 돌보지 않고 아침부터 밤까지 환자들을 돌보았다.

그는 도르트 회의(1618-1619)에 스위스 사절단 가운데 한 사람으로 참석하였다. 그는 주관자들의 학식, 지혜, 경건에 깊은 감명을 받았으며, 아르미니우스주의에 대한 그들의 부당하고 불관용적인 대우에도 전적으로 찬성하였다. 돌아오는 길에(1619년 5월 21일) 그는 그를 맞이하기 위해 라인강 접경까지 말을 타고 나온 64명의 취리히인들의 영접을 받았다. 그 자신의 신념은 무척 굳건한 사람이었지만, 그는 이처럼 논쟁적인 시대에 신앙적인 논쟁을 벌이는 것은 좋지 못하다고 반대하였다. 그리고 그는 다른 교회와 분파들, 심지어 예수회가 지니고 있는 좋은 점들에 대해서는 감탄을 표하였다. 그는 엄격한 정통에다가 활기찬 기운, 관대한 정신, 그리고 적극적인 경건을 불어넣었다.

그는 가난한 자들의 소리와, 발텔리나 대학살 사건(1620)과 30년 전쟁을 겪으면서 고통을 당한 수많은 사람들의 소리에 귀를 기울일 줄 아는 사람이었다. 그의 요청에 따라 병원과 고아원이 창설되고 기금이 조성되었다. 이 기금은 뮌스터 교회에서만도 8년 동안에(1618-1628) 5만 파운드를 넘어섰다. 그는 모든 면에서 모범이 되는 목회자, 모범적인 교회 지도자, 그리고 모범적인 정치가였다. 자신의 동료들보다 훨씬 두드러지는 존재였음에도 불구하고, 그는 친절과 기독교적인 겸손을 통해 온갖 질투와 시기로부터 자유로울 수 있었다. 전체적으로 볼 때 그는 츠빙글리와 불링거 다음으로 취리히 개혁교회에서 가장 영향력 있고 유익이 된 주임 목사로 빛나는 인물이다.

56. 미코니우스, 바젤의 주임 목사

---

14) 그의 정식 이름은 Geisshüssler였다. 그는 루터의 친구요 Gotha의 감독이었던 Friedrich Myconius(Mecum, 1546년 사망)와 구별되어야 한다.

오스발트 미코니우스(Oswald Myconius)[14]는 루체른 출신으로 츠빙글리의 절친한 친구였으며, 오이콜람파디우스의 후계자였다. 그는 불링거가 취리히 교회에서 중요한 인물이었던 것만큼이나 바젤 교회에서 중요한 인물이었다. 그는 개혁파 교회의 신실한 수호자였다. 하지만 불링거에 비해 그의 사역은 보다 수월했으며, 그가 도움을 준 영역들 역시 보다 제한적인 것이었다. 그는 젊은 시절 바젤, 취리히, 루체른, 아인지델른에서, 그리고 다시 취리히로 가서 고전학을 가르치면서 지냈다. 그의 제자인 플라터(Thomas Plater)는 그가 가르치는 능력이 뛰어났으며 성공적이었다고 말하고 있다. 에라스무스는 종교개혁으로부터 멀어지기 전까지 그와 교제를 맺었다.

츠빙글리와 오이콜람파디우스가 죽은 후에 그는 성 알반의 목사로 바젤로 이주해 왔으며(1531년 12월 22일), 그곳 교회의 주임 목사이자 대학의 신약 주석학 교수로 임명되었다. 그는 안수를 받지도 않았고 학문적인 학위를 받지도 않았는데, 그리스도께서 그 제자들이 랍비라고 불리는 것을 금했기 때문에(마 23:8)[15] 자신도 이런 것을 거부하였다. 그는 치리에 관한 오이콜람파디우스의 의견들을 따랐으며, 국가와 대학에 대해 교회의 독립성을 유지하였다. 그는 자신이 추천하여 (1534년) 바젤의 신학 교수가 된 칼슈타트(Carlstadt)의 빈번한 반발로 많은 어려움을 겪었다. 칼슈타트는 이곳에서 그 파란만장한 생애를 마감하였다(1541). 그는 고등교육과 초등교육 모두에 특별한 관심을 기울였다. 그는 파렐과 칼빈과 함께 프랑스에서 바젤로 임시로 피난 온 많은 프로테스탄트들을 환대하였다. 영국의 순교사가였던 폭스(John Foxe)도 메리 여왕의 박해를 피해 바젤로 피난왔으며, 이곳에서 자신의 「순교자 열전」(*Book of Martyrs*, 1554) 제1판을 완성해서 출판하였다.

성찬 교리에 관해서 미코니우스는 후대의 칼빈과 마찬가지로 츠빙글리와 루터 사이의 중도적인 입장을 취하였다. 그는 부처를 도와 교회 연합 운동에 힘썼으며, 그 결과로 「비텐베르크 협정」이 채택되고 루터와 스위스 사이에 일시적인 화해가 이루어지도록 하였다(1536). 취리히인들은 그가 루터파 측에 지나치게

---

15) 루터는 당당히 신학 박사가 되었으나, 멜란히톤과 츠빙글리는 석사에 만족하였다. 우리가 아는 한, 칼빈은 사제가 되려는 의도는 있었으나 미코니우스와 마찬가지로 안수를 받지 않았다.

기울지 않았나 의심의 눈초리를 보냈지만, 그는 결코 그리스도의 육체적인 임재(corporal presence)와 구두 섭취(oral manducation)의 교리를 받아들인 적이 없었다. 그는 단지 영적이고 실제적인 임재와 그리스도의 살과 피의 열매 맺음을 츠빙글리보다 더 강조했을 뿐이다. 그는 루터와 츠빙글리가 서로를 오해하고 있다고 생각하였다.

오이콜람파디우스가 기초하고 미코니우스가 다듬은 「제1 바젤 신앙고백서」는 1534년 1월 21일 행정 당국에 의해 채택되었으며, 이웃하고 있는 뮐하우젠도 이를 받아들였다. 이 신앙고백서는 단순한 형식을 취하고 있으며, 12개의 항목으로 이루어져 있는데, 하나님(삼위일체), 인간, 섭리, 그리스도, 교회와 성례, 성찬, 금령, 세속 정부, 신앙과 선행, 최후의 심판, 축일, 금식, 독신제도, 그리고 재세례파(유아 세례, 맹세, 세속 정부에 대한 이들의 견해를 비난함)에 관한 항목들이 있다. 이 문서는 스위스-독일어로 작성되었으며, 여백에 성경 구절들을 달아서 참고하게 하였다. 이 신앙고백서는 스스로 무오함을 주장하거나 구속력을 내세우지 않았으며, 다음과 같은 말로 끝을 맺고 있다.

> 우리는 이 신앙고백문이 신성한 성경에 의해 판단받기를 바라며, 만약 성경으로부터 우리가 더 나은 것들을 알게 된다면 언제든지 하나님과 그의 거룩한 말씀에 감사히 복종할 준비가 되어 있습니다.

이 고백문은 개혁파 신앙에 대한 보다 성숙한 진술들에 의해 대체되었지만, 바젤의 교회에서 하나의 가치있는 역사적 문서로 어느 정도 상징적인 권위를 지니게 되었다.

미코니우스는 12개의 짤막한 장들로 구성된 최초의 츠빙글리 전기를 썼다(1532).[16] 그의 다른 저작들은 그다지 중요하지 않다.

그의 후계자들 중에 가장 영향력이 있는 사람은 루카스 게른러(Lukas Gernler)인데, 그는 1656년부터 1675년까지 바젤 교회의 주임 목사로 사역하였다. 그는 588개의 신조문(a Syllabus of 588 Theses)에서 많은 세부적인 정의를 내리고 구

---

16) 이 책은 1841년 베를린에서 Neander의 서문을 달아, *Vitae Quatuor Reformatorum*이라는 제목으로 재발행되었다.

별을 함으로써 학문적인 칼빈주의 체계를 세웠다. 취리히의 하이데거(John Henry Heidegger)와 제네바의 장로 투레틴(Turretin)과 연계해서 그는 「스위스 일치신조」(*Helvetic Consensus Formula*)를 작성하였는데, 이것은 가장 최종적이고 엄격한 칼빈주의 신조였다(1675). 그는 바젤에서 엄격한 칼빈주의 정통을 대변한 마지막 인물이었다. 그는 신조에 관한 한 엄격하고 비타협적이었지만 정이 많은 사람으로서 바젤의 관리들에게 청원하여 고아원을 설립하였다. 저명한 히브리어와 탈무드 학자들인 요한 북스토르프(John Buxtorf, 1564-1629), 그의 아들 요한(John, 1599-1664), 그리고 그의 손자인 요한 야콥(John Jacob, 1645-1704)은 17세기에 베른 대학을 빛낸 인물들로서, 게른러의 교리적인 입장에 전적으로 동의하였으며, 마소라 사본의 문자적인 영감설을 주장하는 랍비적인 전통까지도 옹호함으로써 당시 뛰어난 학식으로 이를 비판했던 루이스 카펠과 반대 입장에 섰다(1650).[17]

57. 스위스 신앙고백

불링거와 미코니우스는 스위스 개혁교회들의 교리들을 권위있게 정리하였으며, 그 교리들에 후대의 스콜라적인 사변성은 없이 매우 복음적인 성격을 부여하였다.

츠빙글리가 작성한 67개의 신조문과 (카를 5세와 프랑수아 1세에게 제출한) 두 개의 개인적인 고백문은 공적인 신조로 사용하려는 의도 없이 작성된 것이었으며, 교회의 인가를 받은 일도 없었다. 「베른 10개조」(1528), 「제1 바젤 신앙고백」(1534), 「취리히 일치신조」(1549), 그리고 「제네바 일치신조」(1552)는 공식적인 문서들이지만, 그것들이 만들어진 도시들에서만 지역적으로 제한된 권위를 행사하였다. 하지만 제1, 제2 스위스 신앙고백은 스위스와 다른 교회들에 의해 채택되었고, 근 300년간이나 상징적인 신조문의 위치를 점하였다. 이 두 신조는 한층 완숙한 형태의 츠빙글리적 교리를 대변해 준다. 이 신조들은 칼빈주의 체계에 근접한 모습을 보여주는데, 논리적인 엄격성은 보이지 않는다.

---

17) Schaff, *Creeds of Christendom*, I. 477 이하.

1. 제1 스위스 신앙고백(1536)

1534년의 「제1 바젤 신앙고백」과 구별하기 위해, 「제2 바젤 신앙고백」이라고도 불린다. 이 문서는 바젤에서 작성되었지만, 바젤만을 염두에 둔 것은 아니었다. 이것은 부분적으로는 루터파와 츠빙글리파 사이에 연합을 이루려고 한 부처와 카피토와 같은 슈트라스부르크 개혁자들의 노력에서 비롯된 것이고, 또 부분적으로는 전체 교회 회의를 소집하겠다는 교황의 약속에서 비롯된 것이다. 일단의 스위스 신학자들이 취리히, 베른, 바젤, 샤프하우젠, 장크트갈렌, 뮐하우젠, 그리고 비엘의 관리들에 의해 1536년 1월 30일 바젤의 아우구스티누스회 수도원으로 파견되었다. 부처와 카피토도 슈트라스부르크를 대표해 참석하였다. 불링거, 미코니우스, 그리나이우스, 레오 유트, 그리고 메간더(Megander)는 스위스 교회 전체를 위한 신앙고백문을 작성하라는 위임을 받았다. 이 고백문은 곧 열리게 되어 있는 총회에서 사용될 예정이었다. 이 신앙고백문은 1536년 2월에 전체 목회자들과 평신도 대표들에 의해 검토되고 인준을 받아서, 처음에는 라틴어로 출판되었다. 레오 유트는 독일어 번역판을 작성하였는데, 이는 라틴어판과 동일한 권위를 지니면서도 그 내용은 보다 풍부하였다.

부처를 통해 사본을 받아본 루터는 두 차례 편지를 보내어[18] 의외로 이 문서의 신실한 기독교적인 성격에 만족감을 표하였다. 그리고 스위스와의 연합과 일치를 증진시키기 위해 자신이 할 수 있는 모든 일을 하겠다고 약속하였다. 그는 당시 부처가 1536년 5월 융통성 있는 외교를 통해 만들어 낸 「비텐베르크 협정」에 희망적인 생각을 갖고 있었지만, 결국 이것은 공허한 평화가 되고 말았으며 사실상 스위스 사람들의 공인도 받을 수 없었다. 루터는 죽기 1년 전에(1545) 다시금 츠빙글리주의자들에게 상당히 난폭한 공격을 가하였다.

제1 스위스 신앙고백은 국가적인 권위를 인정받은 최초의 개혁파 신조였다. 이 문서는 27개의 항목으로 구성되어 있으며, 제1 바젤 신앙고백보다 그 내용이 훨씬 풍부하였다. 하지만 나중에 이것을 대체하게 된 제2 스위스 신앙고백에는 미치지 못하였다. 성례와 성찬에 대한 교리는 본질적으로 츠빙글리적이지만, 성례전적 표지들과 그리스도의 진정한 영적 임재의 중요성을 강조하였다. 그리스

---

18) 하나는 1537년 2월 17일에 바젤의 시장인 Jacob Meyer에게, 다른 하나는 1537년 12월 1일 스위스의 개혁파 주들에게 보내진 것이다.

도는 믿는 자들에게 자신의 몸과 피, 즉 자기 자신을 줌으로써, 그 자신이 그들 안에서 계속해서 살고 그들 또한 그 안에서 계속 산다고 보았다.

불링거와 레오 유트는 이 신앙고백이나 혹은 다른 신앙고백이 강제적인 권위를 가진다고 생각하는 것에 대해서는 매우 경계하였다. 왜냐하면 자칫하면 신앙고백이 하나님의 말씀의 절대적인 권위를 해치거나 기독교 신자의 자유를 해칠 수도 있다고 보았기 때문이다. 이들은 시대에 따라 종교적인 지식이 발전함으로써 변경될 수 있는 신앙고백문과 항구 불변적인 신앙의 규칙 사이의 차이에 대해 정확하게 감지하고 있었던 것이다. 교회의 신앙고백은 상대적인 권위(norma normata)를 지닐 뿐이며, 절대적인 권위(norma normans)를 지니는 성경과 일치하는 한도 내에서만 그 권위를 인정받을 수 있는 것이다.

2. 제2 스위스 신앙고백(1566)

이 신앙고백문은 제1 신앙고백문보다 훨씬 더 중요하고, 스위스 너미에시끼지 널리 인정을 받았다. 제1 신앙고백문이 나오고 나서 제2 신앙고백문이 나오기까지의 30년 동안 칼빈은 자신의 신학적 체계를 발전시켰으며, 트렌트 공의회는 근대 로마 가톨릭의 신조를 마련하였다. 불링거는 1562년 사적인 용도를 위해 이 신앙고백문을 준비하였다. 그는 이 신앙고백문을 자신의 신앙, 즉 그동안 자신이 그 안에서 살아 왔고 또 그 안에서 죽고자 하는 그 신앙에 대한 증언으로 생각하였다. 그로부터 2년이 지난 후 역병이 엄습하고 있던 때에 그는 언제 죽을지 모르는 상황 속에서 이 신앙고백문을 보다 풍부하게 발전시키고 거기에 자신의 유언도 첨부하여, 자신이 죽은 다음 취리히 당국에 전달되도록 하였다.

하지만 독일에서의 일련의 사건들은 이 사적인 신앙고백문에 공적인 성격을 부여하였다. 팔츠 지방의 경건한 선제후였던 프리드리히 3세는 개혁파측에 가입하고 하이델베르크 요리문답(1563)을 반포했다는 이유로 당시 루터파로부터 평화조약에서 제외시키겠다는 위협을 받고 있었다. 그는 1565년 불링거에게 개혁파 신앙을 충분하게 그리고 명확하게 표현하는 문서를 마련해 줌으로써, 끊임없이 제기되는 이단과 분리주의라는 혐의에 대해 제대로 반박할 수 있도록 해달라고 청하였다. 불링거는 그에게 자신이 작성한 신앙고백문의 사본을 보내주었다. 선제후는 이를 받아보고 너무나 기쁜 나머지, 1566년 아우크스부르크에서 소집되어 자신의 배교 혐의에 대해 무언가 조치를 취할 예정이었던 제국의회가 열리기 전에 이를 라틴어와 독일어로 번역하여 출판하고자 하였다.

그러는 사이에 스위스는 연맹의 유대를 더욱 공고하게 하기 위해서 이러한 신앙고백문이 필요하다고 느끼게 되었다. 제1 스위스 신앙고백은 너무 짧다고 생각되었고, 1549년의 「취리히 일치신조」와 1552년의 「제네바 일치신조」는 단지 두 개의 항목들, 즉 성찬과 예정론만을 다루고 있다는 문제가 있었다. 회담이 소집되었고, 베자가 이 작업에 참여하기 위해 직접 취리히로 왔다. 불링거는 몇 가지 수정을 가하는 데 흔쾌히 동의를 표했으며, 독일어판까지 준비하였다. 제네바, 베른, 샤프하우젠, 비엘, 그라우뷘덴, 장크트갈렌, 그리고 뮐하우젠도 동의를 표하였다. 자체적인 신앙고백을 소유하고 있었던 바젤만이 오랫동안 이를 받아들이지 않았으나, 결국에 가서는 뜻을 같이하게 되었다.

새로운 신앙고백문은 취리히에서 1566년 3월 12일에 두 언어로, 정부가 비용을 부담하여 발간되었는데, 팔츠의 선제후와 헤센의 필립에게도 발송되었다. 얼마 후에 프랑스어 번역판이 베자의 관리 하에서 마련되어 제네바에서 출판되었다.

같은 해에 프리드리히 선제후는 아우크스부르크 회의에서 자신의 신앙을 너무나 용감하고도 품위있게 변호해 내었고, 그래서 심지어 루터파 적대자들도 그의 경건에 깊이 감명을 받아 더 이상 그를 이단으로 몰아붙이려는 생각을 하지 않았다.

스위스 신앙고백은 하이델베르크 요리문답을 제외하고는 가장 널리 채택되었고, 그래서 전체 대륙의 개혁파 신앙고백서들 가운데 가장 권위 있는 신앙고백이 되었다. 이 신앙고백은 취리히와 팔츠(1566), 뇌샤텔(1568), 프랑스 개혁교회들(1571년 로셸 대회에서), 헝가리(1567년 데브레친 대회에서), 그리고 폴란드(1571, 1578)에서 공인되었다. 또한 네덜란드, 영국, 그리고 스코틀랜드에서도 이 신앙고백문이 개혁파 신조를 제대로 표현한 것으로 받아들여졌다. 이 신앙고백문은 독일어, 프랑스어, 그리고 영어로 번역되었을 뿐만 아니라 네덜란드어, 마자르어, 폴란드어, 이탈리아어, 아랍어, 그리고 터키어로도 번역되었다. 오스트리아와 보헤미아에서 개혁파나 칼빈주의 교회들은 공식적으로 "스위스 신앙고백 교회"로, 루터파 교회들은 "아우크스부르크 신앙고백 교회"로 불리게 되었다.

제 7 장

프랑스어권 스위스 종교개혁의
준비작업 (1526년-1536년)

58. 칼빈과 프랑스어권 스위스 종교개혁에 관한 문헌

프랑스어권 스위스 종교개혁과 관련된 중요한 문서들은 제네바와 베른의 고문서 보관소에 소장되어 있다. 많은 문서들은 최근에 갈리프(Galiffe) 부자(父子), 그레누스(Grenus), 레비어드(Revilliod), 말레(E. Mallet), 샤포니에르(Chaponniere), 피크(Fick)와 같은 학식있는 제네바의 고고학자들과 제네바 역사고고학회에 의해 출판되었다.

칼빈에 관한 최상의 도서관은 그의 필사본들을 잘 정리해서 보관하고 있는 제네바 대학 도서관과 슈트라스부르크에 있는 성 토마스티프트 도서관이다. 후자의 장서들은 바움(Baum), 쿠니츠(Cunitz), 로이스(Reuss) 교수에 의해 수집되었는데, 이들은 50년간 칼빈 저서 편집자들이었다. 그곳에는 274권에 달하는 칼빈의 저작들(이 가운데에는 「기독교 강요」 라틴어 판 36종과 프랑스어 판 18종이 포함되어 있다), 많은 당시의 희귀본들, 칼빈과 그의 종교개혁을 다루고 있는 700권의 현대서적들을 포함하고 있다. 파리에 있는 프랑스 프로테스탄트 역사학회(세인트 페레스 54가에 소재)도 많은 책들을 소장하고 있다.

I. CORRESPONDENCE OF THE SWISS REFORMERS AND THEIR FRIENDS. Letters took to a large extent the place of modern newspapers and pamphlets ; hence their large number and importance.

* A. S. HERMINJARD : *Correspondance des réformateurs dans les pays de langue*

française, etc. Genève et Paris (Fischbacher, 33 rue de Seine), 1866–'86, 7 vols. To be continued. The môst complete collection of letters of the Reformers of French Switzerland and their friends, with historical and biographical notes. The editor shows an extraordinary familiarity with the history of the French and Swiss Reformation. The first three volumes embrace the period from 1512 to 1536; vols. IV.–VII. extend from 1536 to 1542, or from the publication of Calvin's Institutes to the acceptance of the ecclesiastical ordinances at Geneva. For the following years to the death of Calvin (1564) we have the correspondence in the Strassburg-Brunswick edition of Calvin's works, vols. X.–XX. See below.

II. The History of Geneva before, during, and after the Reformation:

Jac. Spon: *Histoire de la ville et de l'état de Genève.* Lyon, 1680, 2 vols.: revised and enlarged by J. A. Gautier, Genève, 1730, 2 vols.

J. P. Bérenger: *Histoire de Genève jusqu'en 1761.* Genève. 1772, 6 vols.

(Grénus) *Fragments biographiques et historiques extraits des registres de Genève.* Genève, 1815.

Mémoires *et* documents *publiés par la Société d'histoire et d'archéologie de Genève.* 1840 sqq., vol. I.–XIV.

Francois Bonivard: *Les chroniques de Genève. Publiés par G. Revilliod.* Genève, 1867, 2 vols.

* Amédée Roget (Professor at the University of Geneva, d. Sept. 29, 1883): *Histoire du peuple de Genève depuis la réforme jusqu'à l'escalade.* Genève, 1870–'83. 7 vols. From 1536 to 1567. The work was to extend to 1602, but was interrupted by the death of the author. Impartial. The best history of Geneva during the Reformation period. The author was neither a eulogist nor a detractor of Calvin.—By the same: *L'église et l'état à Genève du vivant de Calvin.* Genève, 1867 (pp. 91).

Jacq. Aug. Galiffe: *Matériaux pour l'histoire de Genève.* Genève, 1829 and '30, 2 vols. 8°; *Notices généalogiques sur les familles genevoises,* Genève, 1829, 4 vols.—J. B. G. Galiffe (son of the former, and Professor of the Academy of Geneva): *Besançon Hugues, libérateur de Genève. Historique de la fondation de l'independance Genevoise,* Genève, 1859 (pp. 330); *Genève historique et archéol.,* Genève, 1869; *Quelques pages d'histoire exacte, soit les procès criminels intentés à Genève en 1547, pour haute trahison contre noble Ami Perrin, ancien syndic, conseiller et capitaine-général de la republique, et contre son accusateur noble Laurent Meigret dit le Magnifique,* Genève, 1862 (135 pp. 4°); *Nouvelles pages d'histoire exacte soit le procès de Pierre Ameaux,* Genève, 1863 (116 pp. 4°). The Galiffes, father and son, descended from an old Genevese family, are Protestants, but very hostile to Calvin and his institutions, chiefly from the political point of view. They maintain, on the ground of family papers and the acts of criminal processes, that Geneva was independent and free before Calvin, and that he introduced a system of despotism. "*La plupart des faits racontés par le medecin Lyonnais*" (*Bolsec*), says the elder Galiffe (*Notices généalogiques,* III. 547), "*sont parfaitement vrais.*" He judges Calvin by the modern theory of toleration which Calvin and Beza with their whole age detested. "*Les véritable protestants genevois,"* he says, *"étaient ceux qui voulaient que chacun fût libre de penser ce que sa raison lui inspirait, et de ne faire que ce qu'elle approuvait ; mais que personne ne se permit d'attaquer la religion de son prochain, de se moquer de sa croyance, ou de le scandaliser par des démonstrations malicieuses et par des fanfaronnades de supériorité qui ne prouvent que la fatuité ridicule de ceux qui se nomment les élus."* The Galiffes sympathize with Ami Perrin, François Favre, Jean Philippe, Jean Lullin, Pierre Vandel, Michael Servet, and all others who were opposed to Calvin. For a fair criticism of the works of the Galiffes, see *La France Protestante*, II. 767 sqq., 2d ed.

III. The Reformers before Calvin:

* *Le Chroniqueur. Recueil historique, et journal de l'Helvetie romande, en l'an 1535 et en l'an 1536.* Edited by L. Vulliemin, 1835. Lausanne (Marc Duclos), 326 pp. 4°. Descriptions and reprints of documents relating to the religious condition in those two years, in the form of a contemporary journal.

Melchior Kirchhofer (of Schaffhausen, 1773–1853): *Das Leben Wilhelm Farels aus den Quellen bearbeitet.* Zürich, 1831 and '33, 2 vols. (pp. 251 and 190, no index). Very good for that time. He also wrote biographies of Haller, Hofmeister, Myconius.

Ch. Chenevière: *Farel, Froment, Viret, réformateurs relig.* Genève, 1835.

H. Jaquemot: *Viret, réformateur de Lausanne.* Strassburg, 1856.

F. Godet (Professor and Pastor in Neuchatel): *Histoire de la réformation et du refuge dans le pays de Neuchatel.* Neuchatel, 1859 (209 pp.). Chiefly devoted to the labors of Farel, but carries the history down to the immigration of French refugees after the Revocation of the Edict of Nantes.

C. Schmidt (of Strassburg): *Wilhelm Farel und Peter Viret. Nach handschriftlichen und gleichzeitigen Quellen.* Elberfeld, 1860. (In vol. IX. of the "Leben und ausgewählte Schriften der Väter der reform. Kirche.")

T. Cart: *Pierre Viret, le réformateur vaudois.* Lausanne, 1864.

C. Junod: *Farel, réformateur de la Swisse romande et réformateur de l'église de Neuchatel.* Neuchatel et Paris, 1865.

IV. Works and Correspondence of John Calvin:

Joh. Calvini: *Opera quæ supersunt omnia,* ed. G. Baum, E. Cunitz, E. Reuss, *theologi Argentoratenses.* Brunsvigæ, 1863 sqq. (in the *Corp. Reform.*). So far (1892) 48 vols. 4°. The most complete and most critical edition. The three editors died before the completion of their work, but left material for the remaining volumes (vols. 45 sqq.) which are edited by *Alf. Erichson.*

Older Latin edd., Geneva, 1617, 7 vols. folio, and Amstelod., 1667–'71, in 9 vols. folio. Separate Latin editions of the *Institutes,* by Tholuck (Berlin, 1834 and '46), and of the *Commentaries* on Genesis by Hengstenberg (Berlin, 1838), on the Psalms (Berlin, 1830–'34), and the New Testament, except the Apocalypse (1833–'38, in 7 vols.), by Tholuck. The same books have also been separately republished in French.

An English edition of Calvin's Works, by the "Calvin Translation Society," Edinburgh, 1843–'53, in 52 vols. The *Institutes* have been translated by

Allen (London, 1813, often reprinted by the Presbyterian Board of Publication in Philadelphia), and by Henry Beveridge (Edinburgh, 1846). German translations of his *Institutes* by Fr. Ad. Krummacher (1834) and by B. Spiess (the first edition of 1536, Wiesbaden, 1887), and of parts of his *Comment.*, by C. F. L. Matthieu (1859 sqq.).

The extensive correspondence of Calvin was first edited in part by BEZA and JONVILLIERS (Calvin's secretary), Genevæ, 1575, and other editions; then by BRETSCHNEIDER (the Gotha Letters), Lips. 1835; by A. CROTTET, Genève, 1850; much more completely by JULES BONNET, *Lettres Françaises*, Paris, 1854, 2 vols.; an English translation (from the French and Latin) by D. CONSTABLE and M. R. GILCHRIST, Edinburgh and Philadelphia (Presbyterian Board of Publication), 1855 sqq., in 4 vols. (the fourth with an index), giving the letters in chronological order (till 1558). The last and best edition is by the Strassburg Professors in *Calvini Opera*, vol. X. Part II. to vol. XX., with ample *Prolegomena* on the various editions of Calvin's Letters and the manuscript sources. His letters down to 1542 are also given by HERMINJARD, vols. VI. and VII., quoted above.

V. BIOGRAPHIES OF CALVIN:

* THEODOR BEZA (d. 1605): *Johannis Calvini Vita*. First published with Calvin's posthumous Commentary on Joshua, in the year of his death. It is reprinted in all editions of Calvin's works, and in Tholuck's edition of Calvin's Commentary on the Gospels. In the same year Beza published a French edition under the title, *L'Histoire de la vie et mort de Maistre Jean Calvin avec le testament et derniere volonté dudit Calvin: et le catalogue des livres par luy composez*. Genève, 1564; second French edition, enlarged and improved by his friend and colleague, NIC. COLLADON, 1565; best edition, Geneva, 1657 (very rare, 204 pp.), which has been carefully republished from a copy in the Mazarin library, with an introduction and notes by ALFRED FRANKLIN, Paris, 1869 (pp. lxi and 294). This edition should be consulted. The three biographies of Beza (two French and one Latin) are reprinted in the Brunswick edition of Calvin's *Opera* with a *notice littéraire*, Tom. XXI. pp. 6–172, to which are added the *Epitaphia in Io. Calvinum scripta* (Hebrew, Greek, Latin, and French). There are also German, English, and Italian translations of this biography. An English translation by Francis Sibson of Trinity College, Dublin, reprinted in Philadelphia, 1836; another by Beveridge, Edinburgh, 1843.

The biography of Beza as enlarged by Colladon, though somewhat eulogistic, and especially Calvin's letters and works, and the letters of his friends who knew him best, furnish the chief material for an authentic biography.

HIEROSME HERMES BOLSEC: *Histoire de la vie, mœurs, actes, doctrine, constance et mort de Jean Calvin, jadis ministre de Genève, dédié au Reverendissime archeuesque, conte de l'Église de Lyon, et Primat de France*, Lyon, 1577 (26 chs. and 143 pp.); republished at Paris, 1582; and with an introduction and notes by L. Fr. Chastel, Lyon, 1875 (pp. xxxi and 328). I have used Chastel's edition. A Latin translation, *De J. Calvini magni quondam Genevensium ministri vita, moribus, rebus gestis, studiis ac denique morte*, appeared in Paris, 1577, also at Cologne, 1580; a German translation at

Cologne, 1581.   Bolsec was a Carmelite monk, then physician at Geneva,
expelled on account of Pelagian views and opposition to Calvin, 1551;
returned to the Roman Church; d. at Annecy about 1584.   His book is a
mean and unscrupulous libel, inspired by feelings of hatred and revenge;
but some of his facts are true, and have been confirmed by the documents
published by Galiffe.   Bolsec wrote a similar biography of Beza: *Histoire
de la vie, mœurs, doctrine et déportments de Th. de Bèze dit le Spectable*, 1582.
A French writer says, "*Ces biographies sont un tissu de calomnies qu' aucun
historien sérieux, pas même le P. Maimbourg, n'a osé admettre et dont plus
récemment M. Mignet a fait bonne justice.*"   (A. Réville in Lichtenberger's
"Encycl.," II. 343.)   Comp. the article "Bolsec" in *La France Protestante*,
2d ed. (1879), II. 745–776.

Antibolseccus.   Cleve, 1622.   Of this book I find only the title.

JACQUES LE VASSEUR (canon and dean of the Church of Noyon): *Annales de
l'église cathédrale de Noyon.*   Paris, 1633, 2 vols. 4°.   Contains some notices
on the birth and relations of Calvin.

JACQUES DESMAY (R. C.): *Remarques sur la vie de J. Calvin hérésiarque tirées
des Registres de Noyon.*   Rouen, 1621 and 1657.

CHARLES DRELINCOURT (pastor at Charenton): *La défense de Calvin contre
l'outrage fait à sa mémoire.*   Genève, 1667; in German, Hanau, 1671.   A
refutation of the slanders of Bolsec and a posthumous book of Cardinal
Richelieu on the easiest and surest method of conversion of those who
separated themselves from the Roman Church.   Bayle gives an epitome
in his *Dictionnaire.*

MELCHIOR ADAM: *Vita Calvini*, in his *Vitæ Theologorum*, etc.   3d ed.   Francof.,
1705 (Part II., *Decades duæ*, etc., pp. 32–55).   Chiefly from Beza.

ELIJAH WATERMAN (pastor of the Presbyterian Church in Bridgeport, Conn.):
*Memoirs of the Life and Writings of John Calvin: together with a selection of
Letters written by him and other distinguished Reformers.*   Hartford, 1813.

VINCENT AUDIN (R. C., 1793–1851): *Histoire de la vie, des ouvrages et des doc-
trines de Calvin.*   Paris, 1841, 2 vols.; 5th ed. 1851; 6th ed. 1873.   English
translation by John McGill; German translation, 1843.   Written like a
novel, with a deceptive mixture of truth and falsehood.   It is a Bolsec
redivivus.   Audin says that he first cast away the book of Bolsec "as a
shameful libel.   All testimony was against Bolsec: Catholics and Protes-
tants equally accused him.   But, after a patient study of the reformer,
we are now compelled to admit, in part, the recital of the physician of
Lyon.   Time has declared for Bolsec; each day gives the lie to the
apologists of Calvin."   He boasts of having consulted more than a thou-
sand volumes on Calvin, but betrays his polemical bias by confessing that
he "*desired to prove* that the refugee of Noyon was fatal to civilization,
to the arts, and to civil and religious liberty."   Audin wrote in the same
spirit the history of Luther (1839, 3 vols.), Henry VIII. (1847), and
Leo X. (1851).   His work is disowned and virtually refuted by fair-
minded Catholics like Kampschulte, Cornelius, and Funk.

*   PAUL HENRY, D.D. (pastor of a French Reformed Church in Berlin): *Das
Leben Johann Calvins des grossen Reformators*, etc. (dedicated to Neander).

Hamburg, 1835–44, 3 vols. English translation (but without the notes and appendices, and differing from the author on the case of Servetus) by HENRY STEBBING, London and New York, 1851, in 2 vols. This large work marks an epoch as an industrious collection of valuable material, but is ill digested, and written with unbounded admiration for Calvin. Henry wrote also, in opposition to Audin and Galiffe, an abridged *Leben Johann Calvin's. Ein Zeugniss für die Wahrheit.* Hamburg and Gotha, 1846 (pp. 498).

THOMAS SMYTH, D.D.: *Calvin and his Enemies.* 1843; new ed. Philadelphia (Presbyterian Board of Publication), 1856, and again 1881. Apologetic.

THOMAS H. DYER: *The Life of John Calvin.* London (John Murray), 1850, pp. 560 (republished, New York, 1851). Graphic and impartial, founded upon Calvin's correspondence, Henry, and Trechsel (*Antitrinitarier*).

FELIX BUNGENER: *Calvin, sa vie, son œuvre, et ses écrits.* Paris, 2d ed. 1863 (pp. 468). English translation, Edinburgh, 1863.

* E. STÄHELIN (Reformed minister at Basel): *Johannes Calvin; Leben und ausgewählte Schriften.* Elberfeld, 1863, 2 vols. (in " Väter und Begründer der reform. Kirche," vol. IV. in two parts). One of the best biographies, though not as complete as Henry's, and in need of modification and additions from more recent researches.

PAUL PRESSEL (Luth.): *Johann Calvin. Ein evangelisches Lebensbild.* Elber-feld, 1864 (pp. 263). For the tercentenary of Calvin's death (May 27, 1864). Based upon Stähelin, Henry, Mignet, and Bonnet's edition of Calvin's letters.

ALBERT RILLIET: *Bibliographie de la vie de Calvin.* " Correspond. litteraire." Paris, 1864. *La premier séjour de Calvin à Genève.* Gen. 1878.

* GUIZOT (the great historian and statesman, a descendant of the Huguenots, d. at Val Richer, Sept. 12, 1874): *St. Louis and Calvin.* London, 1868. Comp. also his sketch in the *Musée des protestants célèbres.*

* F. W. KAMPSCHULTE (a liberal Roman Catholic, Professor of History at Bonn, died an Old Catholic, 1872): *Joh. Calvin, seine Kirche und sein Staat in Genf.* Leipzig, 1869, vol. I. (vols. II. and III. have not appeared). A most able, critical, and, for a Catholic, remarkably fair and liberal work, drawn in part from unpublished sources. — In the same spirit of fairness, Prof. FUNK of Tübingen wrote an article on Calvin in the 2d ed. of Wetzer and Welte's Catholic *Kirchenlexicon,* II. 1727–1744.

THOMAS M'CRIE, D.D.: *The Early Years of John Calvin. A Fragment, 1509–1536.* A posthumous work, edited by William Ferguson. Edinburgh, 1880 (pp. 199). Valuable as far as it goes.

Art. "Calvin" in *La France Protestante,* Paris, 2d ed. vol. III. (1881), 508–639.

ABEL LEFRANC: *La jeunesse de Calvin.* Paris, 1888· (pp. 229). The author brings to light new facts on the extent of the Protestant move-ment at Noyon. — Comp. his *Histoire de la Ville de Noyon et de ses institu-tions.* Paris, 1888.

Annales Calviniani by the editors of the Brunswick edition of Calvin's *Opera*. Tom. XXI. 183–818. From 1509 to 1572. Invaluable for reference.

VI. Biographical Sketches and Essays on Special Points connected with Calvin:

Fr. Aug. Alex. Mignet (eminent French historian and academician, 1796–1884): *Mémoire sur l'établissement de la réforme et sur la constitution du Calvinisme à Genève.* Paris, 1834. The same in German, Leipzig, 1843.

G. Weber: *Geschichtliche Darstellung des Calvinismus im Verhältniss zum Staat in Genf und Frankreich bis zur Aufhebung des Edikts von Nantes.* Heidelberg, 1836 (pp. 372).

* J. J. Herzog: *Joh. Calvin*, Basel, 1843; and in his *Real-Encyklop.*[2] vol. III. 77–106.

* Jules Bonnet: *Lettres de Jean Calvin*, 1854; *Calvin au val d'Aoste*, 1861; *Idelette de Bure, femme de Calvin* (in "Bulletin de la société de l'histoire du Protest. français, 1856, Nos. 11 and 12); *Récits du seizième siècle*, Paris, 1864; *Nouveaux récits*, 1870; *Derniers récits*, 1876.

E. Renan: *Jean Calvin*, in *Études d'histoire religieuse*, 5th ed. Paris, 1862; English translation by O. B. Frothingham (*Studies of Religious History and Criticism*, New York, 1864, pp. 285–297).

J. H. Albert Rilliet: *Lettre à M. Merle d'Aubigné sur deux points obscurs de la vie de Calvin*, Genève, 1864. *Le premier sejour de Calvin à Genève*, in his and Dufour's edition of Calvin's French Catechism, Genève, 1878.

Mönkeberg: *Joachim Westphal and Joh. Calvin.* Hamburg, 1865.

J. Köstlin: *Calvin's Institutio nach Form und Inhalt*, in the "Studien und Kritiken," 1868.

Edmond Stern: *La théorie du culte d'après Calvin.* Strassburg, 1869.

James Anthony Froude: *Calvinism, an Address delivered to the Students of St. Andrews*, March 17, 1871 (in his *Short Studies on Great Subjects*, Second Series, New York, 1873, pp. 9–53).

Principal William Cunningham (Free Church of Scotland, d. 1861): *The Reformers and the Theology of the Reformers.* Edinburgh, 1862.

Principal John Tulloch (of the Established Church of Scotland, d. 1885): *Leaders of the Reformation.* Edinburgh, 1859; 3d ed. 1883.

Philip Schaff: *John Calvin*, in the "Bibliotheca Sacra," Andover, 1857, pp. 125–146, and in *Creeds of Christendom* (New York, 1877), I. 421–471.

A. A. Hodge (d. at Princeton, 1885): *Calvinism*, in Johnson's "Universal Cyclopædia" (New York, 1875 sqq.), vol. I. pp. 727–734; new ed. 1886, vol. I. 676–683.

Lyman H. Atwater: *Calvinism in Doctrine and Life*, in the "Presbyterian Quarterly and Princeton Review," New York, January, 1875, pp. 73–106.

Dardier and Jundt: *Calvin*, in Lichtenberger's "Encyclopédie des sciences religieuses," Tom. II. 529–557. (Paris, 1877.)

P. Lobstein: *Die Ethik Calvins in ihren Grundzügen.* Strassburg, 1877.

W. Lindsay Alexander: *Calvin*, in "Encycl. Brit.," 9th ed. vol. IV. 714 sqq

Pierre Vaucher: *Calvin et les Genevois.* Gen. 1880.

A. Pierson: *Studien over Joh. Kalvijn.* Haarlem, 1881–'83.

J. M. Usteri: *Calvin's Sacraments- und Tauflehre.* 1884.

B. Fontana: *Documenti dell' archivio Vaticano e dell' Estense, circa il soggiorno di Calv. a Ferrara.* Rom. 1885. E. Comba in "Revisita christ.," 1885, IV.–VII.

C. A. Cornelius (liberal Catholic): *Die Verbannung Calvins aus Genf. im J. 1536.* München, 1886. *Die Rückkehr Calvins nach Genf. I. Die Guillermins* (pp. 62); *II. Die Artichauds; III. Die Berufung* (pp. 102). München, 1888 and 1889. Separate print from the "Abhandlungen der K. bayer. Akademie der Wissenschaften," XIX. Bd. II. Abth. Cornelius, a friend of Döllinger, agrees in his high estimate of Calvin with Kampschulte, but dwells chiefly on the political troubles of Geneva during Calvin's absence (with large quotations from Herminjard's collection of letters), and stops with Calvin's return, September, 1540.

Charles W. Shields: *Calvin's Doctrine on Infant Salvation,* in the "Presb. and Ref. Review," New York, 1890, pp. 634–651. Tries to show that Calvin taught universal infant salvation (?).

Ed. Stricker: *Johann Calvin als erster Pfarrer der reformirten Gemeinde zu Strassburg. Nach urkundlichen Quellen.* Strassburg, 1890 (vi and 66 pp.). — In connection with Calvin's sojourn at Strassburg may also be consulted, R. Reuss: *Histoire de l'église de Strassbourg,* 1880; and A. Erichson: *L'église française de Strassbourg au XVIme siècle,* 1886.

E. Doumergue (Professor of Church History at Montauban): *Essai sur l'histoire du culte réformé principalement au XVIe et au XIXe siècle.* Paris, 1890. The first part, pp. 1–116, treats of Calvin's Liturgies and labors for church poetry and music.

The literature on Servetus will be given below, in the section on Calvin and Servetus.

VII. Histories of the Reformation in French Switzerland:

*Abr. Ruchat (Professor of Theology in the Academy of Lausanne, d. 1750): *Histoire de la réformation de la Suisse.* Genève, 1727 sq., 6 vols.; new ed. with appendices, by Prof. L. Vulliemin, Nyon, 1835–'38, 7 vols. Comes down to 1566. Strongly anti-Romish and devoted to Bern, diffuse and inelegant in style, but full of matter, "*un recueil de savantes dissertations, un extrait de documents*" (Dardier, in Lichtenberger's "Encyclop.," XI. 345). — An English abridgment in one volume by J. Collinson: *History of the Reformation in Switzerland by Ruchat.* London, 1845. Goes to 1537.

Dan. Gerdes (1698–1767): *Introductio in Historiam Evangelii seculo XVI. passim per Europam renovati doctrinæque Reformatæ; accedunt varia monumenta pietatis atque rei literariæ.* Groningæ, 1744–'52, 4 vols. Contains pictures of the Reformers and interesting documents. Parts of vols. I., II., and IV. treat of the Swiss Reformation.

C. B. Hundeshagen (Professor in Bern, afterwards in Heidelberg and Bonn; d. 1872): *Die Conflicte des Zwinglianismus, Lutherthums und Calvinismus in der Bernischen Landeskirche von 1532–1558. Nach meist ungedruckten Quellen.* Bern, 1842.

* J. Gaberel (ancien pasteur): *Histoire de l'église de Genève depuis le commence-ment de la réforme jusqu'en 1815.*   Genève, 1855–63, 3 vols.

P. Charpenne: *Histoire de la réformation et des réformateurs de Genève.*   Paris, 1861.

Fleury: *Histoire de l'église de Genève.*   Genève, 1880.   2 vols.

The works of Amad. Roget, quoted sub II.

* Merle D'Aubigné (Professor of Church History in the Free Church Theological Seminary at Geneva): *Histoire de la réformation en Europe au temps du Calvin.*   Paris, 1863–'78.   English translation in several editions, the best by Longmans, Green & Co., London, 1863–'78, 8 vols.; American edition by Carter, New York, 1870–'79, 8 vols.   The second division of Merle's work on the Reformation.   The last three volumes were edited after his death (Oct. 21, 1872) by Duchemin and Binder, and translated by William L. R. Cates.   The work gives the history of the Reformation in Geneva down to 1542, and of the other Reformed Churches to the middle of the sixteenth century.   It is, therefore, incomplete, but, as far as it goes, the most extensive, eloquent, and dramatic history of the Reformation by an enthusiastic partisan of the Reformers, especially Calvin, in full sympathy with their position and faith, except on the union of Church and State and the persecution of heretics.   The first division, which is devoted to the Lutheran Reformation till 1530, had an extraordinary circulation in England and America.   Ranke, with his calm, judicial temperament, wondered that such a book could be written in the nineteenth century.   (See Preface to vol. VII. p. vi, note.)

Étienne Chastel (Professor of Church History in the University of Geneva, d. 1882): *Histoire du Christianisme.*   Paris, 1882, 5 vols.   Tom. IV. 66 sqq. treats of the Swiss Reformation.

G. P. Fisher: *The Reformation.*   New York, 1873, ch. VII. pp. 192–241.

Philippe Godet (son of Frederic, the commentator): *Histoire littéraire de la Suisse française.*   Neuchâtel and Paris, 1890.   Ch. II. 51–112 treats of the Reformers (Farel, Viret, Froment, Calvin, and Beza).

Virgile Rossel: *Histoire littéraire de la Suisse romande.*   Genève (H. Georg), 1890, 2 vols.   The first vol. *Des origines jusqu'au XVIIIme siècle.*

The Histories of the Reformation in France usually give also an account of the labors of Farel, Calvin, and Beza; *e.g.* the first volume of Gottlob von Polenz: *Geschichte des französischen Calvinismus* (Gotha, 1857 sqq.).

59. 종교개혁 이전의 프랑스어권 스위스의 상황

독일어권 스위스에서 종교개혁측이 입은 손실은 프랑스어권 스위스, 즉 보, 뇌샤텔, 제네바라는 3개의 주에서 얻은 것들로 보상하고도 남음이 있었다.[1] 개신교는 서쪽으로 계속 나아갔다. 칼빈은 츠빙글리의 사역을 계속해서 발전시키고 완성하였으며, 그 중요성을 더욱 확대시켰다. 제네바는 취리히의 위치를 이어받아, 그 영향력에 있어서 츠빙글리의 도시와 루터의 도시를 능가하였다. 제네바는 "프로테스탄트의 로마"(the Protestant Rome)가 되어 프랑스, 네덜란드, 영국, 스코틀랜드의 개혁파 교회들에게 사상을 제공하고 자극을 주었다. 오늘날 칼빈의 도시는 오래 전에 그 엄격한 신조와 신정정치적인 질서를 잃어버렸고 다시 이전의 그 모습으로 돌아가지도 않을 것이지만, 그 복음주의적 신앙은 새로운 활력으로 여전히 그곳에 살아남아 있다. 같은 규모의 도시들 가운데 학문과 문화적인 영역뿐만 하니라 신학적이고 종교적인 활동에 있어서도 제네바보다 더 중요하고 영향력 있는 지위를 점하는 도시는 없다. 국제적인 문제들을 해결하기 위한 편리한 장소로서도 제네바만한 데가 없다.

프랑스어권 스위스의 종교개혁은 프랑스 종교개혁과 분리될 수 없다. 두 나라의 주민들은 다같이 게르만족(프랑크와 부르군트족) 피와 섞인 켈트족이거나 갈리아족 혈통이다. 서부 스위스 최초의 복음주의자들은 조국 땅에서 도망쳐 올 수밖에 없었던 프랑스인들이었다. 그들은 이제 그 제자들을 통해 프랑스 개혁파 교회의 창시자들이 되었다. 따라서 두 나라의 개혁파 교회들은 그 정신에 있어서 하나이다. 낭트 칙령이 취소된 후 많은 위그노들이 제네바, 보, 뇌샤텔로 도피하였다. 프랑스어권 스위스인들은 프랑스인들의 가장 좋은 특질들과 더불어 스위스인들의 옹골참과 자유에 대한 사랑을 결합하고 있다. 그들은 국경을 넘어 자신들의 형제에게 도움의 손을 내밀 준비가 되어 있었으며, 그와 동시에 독일어를 사용하는 프로테스탄트들과의 연락망도 갖추고 있었다. 그들의 뛰어난 교육제도들은 해외의 학생들을 불러모아 훈련시켜 본국으로 돌아가 가르치도록 했다.

프랑스어권 주들은 1,665평방 마일에 이르는데, 16세기에 스위스 연맹의 보호 아래에 있었다.

보는 베른이 사보이의 공작에게서 획득하였고, 1798년까지 집행관에 의해 통치되었다.[2]

---

1) 보의 면적은 1,244평방 마일이고, 뇌샤텔은 312, 제네바는 109이다. 1889년 보는 인구 251,000명, 뇌샤텔은 109,000명, 제네바는 107,000명이었다.

뇌샤텔과 발랑쟁 공국(principality)은 1290년에는 프라이부르크와, 1307년에는 베른과, 1324년에는 졸로투른(Solothurn)과 공동 자치도시를 이루었다. 1707년 이 공국은 프로이센의 프리드리히 1세에게 넘어갔는데, 그는 이곳의 권리와 자유를 인정해 주었고 스위스와의 오랜 동맹 관계도 인정해 주었다. 프로이센과의 이러한 관계는 1857년까지 계속되다가 자유로운 합의에 의해 끝이 났다.[3]

제네바는 원래 주교와 백작의 통치를 받았는데, 이들은 각기 영적인 정부와 세속적인 영역을 나누어 통치하였다. 사보이의 공작 샤를 3세는 교황 레오 10세의 승인을 받아 자신이 주교로 임명한 자기 집안 출신의 모자란 아첨꾼 주교 피에르 드 라 봄(Pierre de la Baume)의 도움으로 이 도시를 차지하려 하였다.[4] 그러나 일단의 애국자들은 베르텔리에(Philibert Berthelier), 위그(Besancon Hugues), 그리고 보니바르(Francois Bonivard, 바이런의 "쉬용의 포로")의 지도 아래 이러한 시도에 반대했으며 독립을 위해 투쟁을 시작했다. 이 독립 투쟁은 수년간 계속되었으며 외국의 압제에 대항한 스위스의 영웅적 투쟁의 축소판이라 할 수 있을 만큼 유사하다. 이 애국자들은 스위스와의 동맹관계로 인해 "아이트게노센"(Eidgenossen)이라 불리었는데, 이것은 **동맹자들**을 의미하는 독일어이다. 이 말이 잘못 발음되어 아이크노(Eignots)와 위그노(Huguenots)로 변질되었고 그 이후에 제네바에서 프랑스로 전해져서 프로테스탄트 신도들을 일컫는 하나의 별명이 되었다.[5] 사보이 공작과 주교를 따르는 자들은 노예를 의미하는

---

2) Vulliemin, *Le canton de Vaud*, Lausanne, 3d. ed., 1885를 보라. Verdeil, *Histoire du canton de Vaud*, Lausanne, 1854-1857, 4 vols.

3) Chambrier, Matile, Boyve, Majer, Benoit가 뇌샤텔에 대해 저술한 역사서들을 보라.

4) 피에르 봄은 1523년에서 1536년까지는 제네바의 주교, 1542년에는 브장송의 주교가 되었다가, 1544년에 죽었다. (제네바의 주교들을 칭송하는 Audin에 의해 인용되고 있듯이) Bonivard는 그에 관해 이렇게 말한다. "그는 여분의 재물들을 엄청나게 낭비하는 사람이었다. 자신의 식탁을 많은 고기 음식들과 온갖 종류의 포도주로 채우는 것이 고위 성직자의 절대적인 미덕이라고 여겼고, 너무 거기에 빠진 나머지 요리의 갯수가 31개를 넘기도 하였다." Audin(p. 116)은 "만약 보니바르가 종종 그 식탁에 앉아 술에 거나하게 취하고 성 빅토르 수도원장이 되지 않았더라면 이 냉소가 더욱 날카로운 것이었을 텐데"라고 덧붙인다.

5) 메를르 도비녜: "종교개혁 이후까지 이것은 종교적인 측면은 없는 순전히 정치

"마믈룩"(Mamelukes)이라는 별명을 얻었다. 애국자들은 독일어권 스위스의 도움으로 승리를 거두었다. 1526년 2월 20일 베른과 프라이부르크는 제네바와 동맹을 맺었고, 제네바의 독립을 지키기 위해 군사력을 지원할 것을 서약했다. 제네바 시민들은 압도적으로 스위스 연맹을 찬성했으며 "스위스와 자유!"를 외쳤다. 주교는 교황과 황제에게 호소했으나 아무런 효과가 없었으며 제네바를 떠나 세인트 클로드로 갔다. 그는 그 상황을 받아들여야만 했으며 (1536년까지) 10년을 더 다스릴 수 있었다.[6]

베르텔리에가 핵심적인 영웅이었던 이 정치적 운동은 종교개혁과는 아무런 관련도 없다. 하지만 종교개혁을 위한 길을 준비했으며, 이 정치적 운동 이후에 파렐과 비레의 복음주의적 사역들이 있었고 칼빈의 지도하에 개혁파 교회가 조직되었다. 해방 전쟁 중에 로마 교회와 사보이 편에 서 있던 타락한 제네바 성직자들에 대한 저항이 커졌다. 이것은 심지어 로마 가톨릭 저술가들인 샹피옹(Antoine Champion), 보니바르, 쇠르 드 주시(Soeur de Jussie), 그리고 살레의 프란체스코(Francis of Sales) 주교와 같은 로마 가톨릭 저술가들까지도 이를 증언하고 있다. 루터파와 츠빙글리파 종교개혁의 소식들이 이러한 저항을 촉진시켰다. 프라이부르크(Freiburg)는[7] 로마 가톨릭에 남아서 제네바와의 동맹을 파기했지만, 베른은 제네바와의 동맹을 강화하여 제네바에게 사보이로부터의 정치적 자유와 로마로부터의 종교적 자유를 보장해 주었다.

적인 의미만을 지녔고, 단순히 독립을 지지하는 사람들을 지칭하였다. 많은 시간이 흐른 뒤에 프랑스 프로테스탄트들의 대적들은 이 명칭으로 그들을 부름으로써, 그들에게 오명을 씌우고 외래의, 공화파적이고, 이단적인 기원을 그들에게 귀속시키고자 하였다. 이것이 이 용어에 대한 정확한 어원이다." 하지만 이 용어를 둘러싼 또 다른 두 가지의 어원이 있다. 그 중 하나는 위그 카페(Hugh Capet)의 이름에서 유래했다는 것인데, 위그노들의 정치적이고 군사적인 지도자인 앙리 4세가 그의 자손이다.

6) 교회사와는 관련이 적은 이러한 정치적인 투쟁들에 대한 보다 상세한 내용은 도비네의 책, I. 1-425 를 보라.

7) 이곳은 성 니콜라스 교회의 오르간, 출렁다리, 그리고 가톨릭 대학으로 유명한 곳이다. 로잔 주교좌가 있던 곳이기도 하고, 역시 가톨릭의 요새인 Baden의 Grand Duchy에 있는 Freiburg-im-Breisgau와 혼동되어서는 안 된다.

60. 기욤 파렐(1489-1565)

제네바가 사보이로부터 정치적으로 해방된 지 2년이 흐른 후에, 베른은 프로테스탄트 종교개혁을 수용했으며(1528년) 즉각 이 새로운 종교를 자신의 통제 아래 있던 이웃 프랑스어권 지역에 소개하기 위해 그 정치적이고 도덕적인 영향력을 행사했다. 베른은 세 사람의 복음주의자들이 이 과업을 위해 준비되어 있다는 것을 발견했다. 한 사람은 보 사람이고 다른 두 사람은 프랑스 출신의 난민이었다. 프라이부르크 시, 사보이의 공작, 카를 5세, 그리고 교황은 이단이 퍼져 나가는 것을 막기 위해 안간힘을 썼지만 허사로 돌아갔다.

서부 스위스의 개신교의 개척자는 기욤 파렐(Guillaume Farel)이었다. 그는 순회 복음 전도자였는데, 항상 이동하고 다니면서 사역을 쉬지 않았고 신앙과 열정이 충만한 사람이었다. 루터만큼이나 용감하고 겁이 없었으며, 훨씬 더 과격했지만 재능이 뛰어난 사람은 아니었다. 그는 프랑스 종교개혁의 엘리야라고 불렸으며 "사제들을 향한 채찍"이라고도 불리었다. 한때 그는 열렬한 교황 예찬자였으나 열정적인 프로테스탄트가 되었으며, 그 이후로는 로마 가톨릭의 어두운 부분, 만연된 부패와 남용들만을 주시하였다. 그는 교황이야말로 적그리스도이고, 미사는 우상숭배이며, 성화들과 성물들은 우상들로서 가나안의 우상들과 마찬가지로 파괴되어야 한다고 하면서 그 모든 것을 증오하였다. 정식으로 안수를 받지는 않았지만 그는 자신이 구약의 선지자처럼 하나님의 소명을 받았으며, 자신의 소명은 우상숭배를 철폐하고 자신에게 계시된 말씀에 따라 하나님께 드릴 영적인 예배를 위한 길을 준비하는 일이라고 생각했다. 그는 타고난 투사였다. 그는 평화를 주기 위해서가 아니라 검을 주기 위해서 왔다. 그는 가운 속에 화기와 곤봉과 같은 무기를 가지고 다녔던 사제들을 상대해야 했는데, 말씀과 성령의 검으로 그들과 싸웠다. 한 번은 그에게 총이 발사되었는데 오히려 총이 부서지고 말았다. 그는 돌아서서 "나는 총알을 무서워하지 않는다"라고 말했다. 그는 말로써 대항하였지 결코 폭력을 사용하지는 않았다. 그는 불굴의 의지와 인내심을 소유하고 있었다. 적들의 박해와 폭력은 오직 그를 더욱 분발하게 할 뿐이었다. 그의 외모는 그다지 호감이 가는 인상은 아니었다. 그는 작고 연약했으며, 창백하지만 햇볕에 탄 얼굴, 좁은 이마, 붉고 제대로 손질되지 않은 수염, 불

타는 눈동자, 표현력이 풍부한 입을 가지고 있었다.

파렐은 웅변가가 갖추어야 할 가장 뛰어난 자질들을 가지고 있었다. 낭랑하고 커다란 목소리, 적절한 몸짓, 유창한 연설, 진지한 열정은 항상 청중의 관심을 끌어내었으며 그들에게 확신을 주었다. 그의 동시대인들은 그의 천둥과도 같은 웅변과 열정적인 기도에 대해 말해준다. 칼빈은 그에 대해 "그 벼락 같은 사람"이라고 했고, 베자는 "천둥소리처럼 용감한 사람"이라고 말한다. 그의 설교는 원고가 없는 즉흥적인 설교였기 때문에 우리에게 그 내용이 전해지지는 않고 있다. 그의 설교의 힘은 말의 전달력에서 나왔다. 우리는 그를 휫필드(Whitefield)와 견줄 수 있는데, 그 역시 순회 복음 전도자였으며 자석과 같이 사람들을 끌어들이는 살아 있는 언변을 지니고 있었다. 베자의 견해에 따르면, 칼빈은 당대의 가장 학식있는 설교자였고, 파렐은 가장 설득력 있는 설교자였으며, 비레는 가장 부드러운 설교자였다.

파렐의 가장 큰 약점은 중용과 신중함을 결하고 있다는 것이다. 그는 인습타파주의자였다. 그의 과격함은 불필요한 저항을 불러일으켰으며 종종 유익이 되기보다 오히려 해악이 될 때가 많았다. 오이콜람파디우스(Oecolampadius)는 그의 정열을 칭송하면서도 그에게 또한 온건하고 온유한 사람이 되라고 촉구하기도 하였다. 그는 파렐에게 이렇게 쓰고 있다. "당신의 사명은 복음을 전하는 것이지 저주를 퍼붓는 것이 아니오. 당신이 독재적인 입법자가 아니라 복음 전도자라는 것을 보이시오. 사람들은 인도를 받고자 하지 내몰리고 싶어하지는 않소." 츠빙글리는 자신이 죽기 얼마 전에 파렐에게 당부하기를, 경솔하게 위험에 노출되지 않도록 하고 앞으로의 주님의 일을 위해 스스로를 아끼라고 하였다.

파렐의 사역은 세우고 건설하는 것이라기보다는 오히려 허물고 해체하는 것이었다. 그는 무너뜨리기는 했으나 세우지는 못했다. 그는 정복자이기는 했으나 자신이 정복한 것을 잘 조직하지는 못했다. 그는 행동하는 사람이지 글을 쓰는 사람이 아니었고, 맹렬한 설교자였지 신학자는 아니었던 것이다. 그는 자신의 단점들을 알았기 때문에 자신의 사역을 천재적인 젊은 친구인 칼빈에게 넘겨주었다. 진정한 겸손과 자기 부인의 정신 안에서 그는 칼빈이 흥할 수 있도록 하기 위해 자신은 기꺼이 쇠하여 간 것이다. 이 점이야말로 그가 가진 특질들 가운데 가장 돋보이는 것이다.

파렐은 1489년(이는 루터와 츠빙글리보다는 5년이 늦고, 칼빈보다는 20년이 앞선다)에 가난한 귀족 가문에서 일곱 자녀의 맏이로 태어났다. 그가 태어난 곳은 프랑스 동남부 도피네 지방의 알프스 산맥에 있는 갭이라는 작은 마을인데, 이곳에서는 한때 발도파(Waldenses)의 종교적 견해들이 크게 성행했었다. 그는 부모로부터 맹목적인 신앙을 물려받았으며 아무것도 의심하지 않았다. 그가 나이 들어 회고한 내용에 따르면, 그는 부모와 함께 주님이 지셨던 십자가 나무로 만들었다고 믿어지던, 기적을 이루는 십자가를 향해 순례했다. 그는 성화와 성물들의 미신적인 숭배에도 젖어들었으며, 수도사들과 사제들의 권위 앞에 절하기도 하였다. 그 자신이 말했듯이, 그는 로마 가톨릭보다 더 로마 가톨릭적이었다.

또한 그는 지식에 대한 갈급한 목마름으로 인해 파리의 학교로 가게 되었다. 거기서 그는 고전어(히브리어까지), 철학, 신학을 공부했다. 그의 스승 자크 르페브르 데타플(Jacques Lefèvre d'Étaples, Faber Stapulensis, 1455~1536)은 프랑스 종교개혁의 선구자이자 성경 번역가였는데, 파렐에게 바울의 서신서들과 이신칭의의 교리를 소개해 주었다. 그리고 이 스승은 1512년에 이미 파렐에게 예언적인 음성으로 "내 아들아, 하나님이 세상을 새롭게 할 것이니, 너는 그것을 증언할 것이다"라고 말하였다. 파렐은 문학 석사 학위를 취득하고(1517년 1월) 르 무안(Le Moine) 추기경 대학에 교사로 임용되었다.

르페브르의 영향과 성경에 대한 연구를 통해 파렐은 점차적으로 구원은 오직 그리스도 안에서만 발견될 수 있고, 하나님의 말씀이 신앙의 유일한 규범이며, 로마교회의 전통과 의식들은 인간이 고안해 낸 것에 불과하다는 것을 확신하게 되었다. 그는 신약 성경에서 교황, 성직위계제도, 면죄부, 연옥, 미사, 7성사, 성직자 독신주의, 마리아와 성인들의 숭배에 대한 어떠한 흔적도 발견할 수 없다는 사실에 경악했다. 르페브르는 소르본 대학에 의해 이단 혐의를 받아 1521년 은퇴하여 모(Meaux) 지방의 주교인 자신의 친구 기욤 브리소네(Guillaume Briconnet)에게로 갔다. 브리소네는 로마로부터 분리함 없이 가톨릭 교회 내에 개혁이 필요함을 깨닫고 있었다.[8] 거기서 르페브르는 신약 성경을 프랑스어로 번역했으며, 이것은 1523년에 그의 이름을 밝히지 않은 채로 (루터가 신약 성경을 독일어로 번역 출간한 것과 거의 동시에) 출판되었다.

르페브르의 제자들 가운데 몇몇, 즉 파렐, 제라르(Gerard), 루셀(Roussel), 다랑데(Michel d'Arande) 등은 그를 따라 모 지방으로 갔는데, 브리소네 주교는 이들이 자기 교구에서 설교할 수 있도록 인가해 주었다. 프랑스 왕 프랑수아 1세의 누이인 발로아의 마르가리타(당시 알랑송 여공작이었다가 이후에 나바르의 여왕이 된다)는 개혁자들과 자유사상가들을 후원했다. 그러나 파렐은 온건한 주교에게는 너무 과격한 사람이어서 1523년 4월 12일에 설교를 금지당했다. 그는 갭으로 가서 자신의 네 형제를 포함해서 몇 사람을 개종시켰다. 하지만 사람들은 그의 교리가 "매우 괴상하다"고 생각해서 그를 쫓아내었다. 당시 프로테스탄트들을 심각하게 박해하기 시작했던 프랑스 그 어디에도 그가 안전하게 거할 곳은

---

8) Herminjard(I. 3)는 자신의 *Correspondance des Réf*를 1512년 12월 15일에 르페브르가 브리소네에게 보낸 서신으로 시작하고 있다. 이 편지에서 르페브르는 바울 서신에 대한 자신의 주석을 그에게 헌정하였다.

자크 르페브르 데타플(파베르 스타풀렌시스)

없었다.

파렐은 바젤로 도망을 가서 오이콜람파디우스의 환대를 받았다. 그의 제안에 따라 파렐은 13개의 논제들에 대해 라틴어로 공개 논쟁을 벌였다. 여기서 그는 성경의 완전성, 그리스도인의 자유, 복음서를 설교해야 할 목회자들의 의무, 이신칭의의 교리를 주장하였고, 성상들, 금식, 독신주의, 그리고 유대교적인 의식들을 반대하였다(1524년 2월 23일).[9] 이 논쟁은 성공적이었으며, 프란체스코회 수도사로서 그리스어와 히브리어에 정통한 뛰어난 학자였으며 이후에 취리히의 교수가 된 펠리칸(Pellican)을 개종시켰다. 파렐은 또한 공개 강연회와 설교를 행하였다. 오이콜람파디우스는 루터에게 편지를 써서 파렐이 소르본에 적임자라고 말했다.[10] 파렐이 비겁자요 발람(Balaam) 같은 사람이라고 비난했던 에라스무스는 그를 평화를 해치는 위험인물이라고 보았고,[11] 의회는 (아마도 에라스무스의 조언에 따라) 그를 그 도시에서 추방하였다.

파렐은 부처(Bucer) 그리고 카피토(Capito)와 함께 슈트라스부르크에서 1년여를 지낸다. 그가 그곳으로 가기 전에 취리히, 샤프하우젠, 콘스탄츠를 잠깐 들렀는데, 이때 츠빙글리, 미코니우스(Myconius), 그레벨(Grebel)과 친분을 갖게 되었다. 그는 오이콜람파디우스가 루터에게 써준 추천서를 가지고 있었지만, 비텐베르크로 간 것 같지는 않다. 왜냐하면 그나 루터 그 누구도 이를 언급하지 않고 있기 때문이다. 뷔르템베르크의 공작 울리히(Ulrich)의 요청에 따라 그는 몽벨리아르에서 설교를 행했는데, 격렬한 반대에 직면했다. 그는 어쩔 수 없이 곧 슈트라스부르크로 돌아가야만 했다. 여기서 그는 박해를 피해 모에서 이곳으로 온 르페브르와 다른 친구들을 만났다.

1526년 파렐은 다시 스위스에 와서 얼마간 정착하였다. 할러(Haller)의 조언에 따라 그는 베른의 영향을 받고 있으면서 발레 주와 접하고 있는 보 지역의 아이글(Aigle, Aelen)에서 기욤 우르시누스(Guillaume Ursinus, 이는 곰들의 도시라는

---

9) Herminjard(I. 193-195)는 취리히 고문서 보관소에서 이 논제들을 제시하고 있다. 오이콜람파디우스는 통역자 역할을 하였는데, 파렐의 프랑스식 라틴어 발음을 이해하기가 어려웠기 때문이다.

10) 1524년 5월 15일자 편지. Herminjard, I. 215.

11) 그는 1524년 브장송의 관리에게 보낸 편지에서 그에 관해 설명하였다. 자신의 입장에서 사뭇 자연스러운 것이었다. 이 두 인물 사이에는 어떤 접촉점도 없었다.

뜻의 베른을 참조한 이름이다: 프랑스어로 곰은 ursides이다 : 역자주)라는 이름
으로 교사로 일했다.

그는 1528년 1월 베른에서 열린 대회 — 이 대회는 종교개혁의 승리를 결정지
었다 — 에 참석하여 그 시가 관할하고 있는 모든 지역에서 설교하라는 임무를
부여받았다(1528년 3월 8일). 따라서 그는 일종의 선교하는 주교로서 무라, 로
잔, 뇌샤텔, 발랑쟁, 이버둔, 비엘, 뮌스터 계곡, 오르베, 아벤체, 성 블레이즈, 그
랑송 등지에서 사역하였다. 그는 나무의 그루터기와 돌을 강단으로 사용했으며,
집, 거리, 시장을 교회로 삼았다. 그는 수도사들, 사제들, 편협한 여성들의 분노
를 자아내었고, 욕설을 듣고 "이단"이자 "사탄"이라고 불리고 모욕을 당하고
침뱉음을 당했으며 한 번 이상 생명의 위협을 당하였다. 비록 무위에 그치기는
했으나 그를 독살하려는 시도도 있었다. 그는 가는 곳이면 어디서나 사람들의
정신을 온통 흔들어 놓아서, 그들로 하여금 새로운 복음에 동조하거나 반대하는
두 가지 중에 하나를 택하도록 만들었다.

그가 뇌샤텔에 도착(1529년 12월)함으로써 그의 역사에 새로운 장이 열렸다.
거센 반대에도 불구하고, 그는 이 도시와 이웃 마을들에 종교개혁을 도입하는
데 성공했다. 그는 이후에 뇌샤텔로 돌아와서 그곳에서 생애를 마쳤다.[12] 칼빈의
사촌인 올리베탕(Olivetan)은 1535년에 뇌샤텔에서 프랑스어 번역판 성경 초판
을 발행했는데, 파렐이 그에게 이 작업을 하도록 격려했었다. 이 번역판은 그 이
후에 나온 수많은 프랑스어 번역판들의 기초가 되었다.

1532년 파렐은 자신의 친구 소니에(Saunier)와 함께 피에몬테(Piemonte)에 있
는 발도파들을 방문하였다. 이것은 슈트라스부르크와 스위스의 개혁교회들을
방문하고 돌아오던 발도파 설교자들인 모렐(Georg Morel)과 마송(Peter Masson)
의 요청에 따른 것이었다. 파렐은 1532년 9월 12일 앙그론 계곡의 샹포랑에서 열
렸던 대회에 참석하여 그들이 종교개혁의 교리들을 받아들이도록 만들었다. 그
는 그들에게 학교를 세우라고 충고하였다. 그는 이후에 그들을 위해 모금을 하
고 네 명의 교사를 보내주었는데, 그 가운데 한 사람이 그 당시 제네바에서 개인

---

12) 뇌샤텔에서의 그의 사역에 대한 생생한 내용을 원한다면, Vuillemin, *Le
Chroniqueur*, 86 이하를 보라. 그리고 F. Godet, *Histoire de la réformation et du
refuge dans le pays de Neuchatel*(1859), 69–190을 보라.

교사를 하고 있었던 올리베탕이었다. 이것이 오늘날까지도 이어지고 있는 발도파와 개혁파 교회 사이의 우애관계의 시작이다.

61. 제네바에서의 파렐: 종교개혁의 제1막(1535)

파렐과 소니에는 피에몬테에서 돌아오던 중 1532년 10월 2일 제네바에 들렀다. 츠빙글리는 이전에 파렐에게 이 도시가 종교개혁을 위한 중요한 장이니 주목해서 보라고 말한 적이 있었다. 올리베탕이 거기서 그들을 맞았다.

도착한 다음 날 한 무리의 위그노 파 지도급 인사들이 이 복음 전도자들을 방문하였다. 이 인사들 가운데 아미 페랭(Ami Perrin)이 있었는데, 그는 종교개혁의 가장 열렬한 옹호자였지만, 이후에는 대표적인 칼빈 반대자들 가운데 하나가된다. 전도자들은 성경을 펼쳐 놓고 프로테스탄트 교리들을 설명해 주었고, 이교리들이 최근에 이루어진 정치적 자유를 완성하고 공고하게 해줄 것이라고 했다. 제네바에 큰 동요가 일어났고, 시 의회는 깜짝 놀라 그들에게 도시를 떠날것을 명하였다. 파렐은 자신이 소동을 일으키는 자가 아니라 진리의 설교자이며, 이를 위해 죽을 준비가 되어 있다고 천명하였다. 그는 베른에서 발행한 신임장을 보여주어 사람들의 인정을 받았다. 그는 또한 그 교구의 주교인 아베 드 보몽(Abbé de Beaumont)의 집에서 열린 감독 회의(Episcopal Council)에 소환을받아 모욕을 당했다. 참사회원 가운데 한 사람은 "자 이 더러운 사탄아. 세례는받았느냐? 누가 너를 이곳에 초대했느냐? 누가 설교할 권한을 주었느냐?"라고말했다. 파렐은 위엄을 가지고 이렇게 말했다.

나는 성부와 성자과 성령의 이름으로 세례를 받았으며 사탄이 아니다. 나는 우리의죄를 위해 죽었다가 우리의 의로움을 위해 다시 사신 그리스도를 전하러 다닌다. 누구든지 그를 믿으면 구원을 얻을 것이요, 믿지 않는 자는 멸망할 것이다. 나는 하나님이 그리스도의 사절로 보낸 사람이고 내 말을 듣는 모든 사람들에게 그를 전할 의무를 지니고 있다. 나는 당신과 논쟁할 준비가 되어 있다. 그리고 내 신앙과 사역을밝히 설명할 준비가 되어 있다. 엘리야가 아합 왕에게 '이스라엘을 어지럽히는 자는내가 아니라 바로 너니라' 라고 말한 것처럼, 나는 내가 아니라 바로 너희들이 너희들의 전통, 인간의 고안물들, 방탕한 생활로 세상을 교란시키고 있다고 말하겠다.

사제들은 논쟁을 벌일 생각이 전혀 없었다. 그들은 '만약 논쟁을 하게 되면 질 게 뻔하다' 라는 것을 알고 있었고 또 그렇게 고백하였다. 참사회원 중 한 사람이 "그는 하나님을 모독했고, 우리는 더 이상의 증거가 필요없다. 그는 죽어 마땅하다"고 고함쳤다. 파렐은 "가야바의 말이 아니라, 하나님의 말씀을 말하라"라고 응수하였다. 그러자 그곳에 모였던 모든 사람들이 "이 자를 론 강에 빠뜨리라! 루터파 개를 죽여라!" 라고 소리쳤다. 그는 모욕을 당하고 매질을 당하고 총으로 위협을 당했다. 평의원들 중 한 사람이 나서서 그를 보호하였다. 감독 회의는 그에게 3시간 내에 제네바를 떠나라고 명령하였다.

그는 몽둥이를 들고 쫓아오는 격분한 사제들을 피해 겨우 도망쳐 나왔다. 그는 침과 상처로 엉망이었다. 몇몇 위그노들이 그를 보호하기 위해 그와 소니에를 배에 태워 호수를 가로질러 모르그와 로잔 중간 지점에 데려다 주었다. 오르베에서 파렐은 도피네 사람인 앙투안 프로망(Antoine Froment)을 만나 그에게 제네바에 가서 복음을 전하고 아이들을 가르쳐 달라고 설득하기도 했다(1532년 11월). 하지만 그 또한 어쩔 수 없이 도망해야만 했다.

이런 위급한 상황에서 프라이부르크의 지원을 받고 있던 로마 측은 소르본의 학식있는 도미니쿠스회 박사인 퓌르비티(Guy Furbity)를 불러 도움을 청했다. 그는 1533년 강림절 기간 동안 프로테스탄트 이단들을 엄청나게 매도하는 설교를 하였다. 1534년 1월 1일 주교는 그의 허가 없이는 어떤 설교도 하지 못하도록 금했다.

파렐은 베른의 보호 아래 귀환하여 1534년 1월 29일에 소의회와 대의회 의원들과 베른의 대표들이 있는 자리에서 퓌르비티와 공개논쟁을 벌였다. 그는 자신을 향한 반대들에 모두 대답하지는 못했지만, 교회가 성경에 의해 권위를 부여받지 못한 규정들을 강제할 권리는 없다는 것과 그리스도가 교회의 유일한 머리라는 것은 분명히 하였다. 그는 이 기회를 이용하여 프로테스탄트 교리들을 설명하고 로마교회의 성직위계제도를 공격하였다. 그는 그리스도와 성령은 교황과 함께 있지 않고, 그가 박해하고 있는 사람들과 함께 한다고 말했다. 서로 간의 논박은 며칠간 계속되었다가 파렐의 부분적인 승리로 끝을 맺었다. 성경에서 어떠한 근거도 댈 수 없었던 퓌르비티는 "내가 설교한 것을 성경으로부터 증명할 수는 없지만, 나는 그것을 성 토마스의 「신학대전」에서 배웠다" 라고 고백하였다. 퓌르비티는 2월 15일에 성 베드로 교회의 강단에서 이단들에 대한 비난을 계속하다가 수년 간 감옥에 갇혔다.

파렐은 개인들의 집에서 설교를 계속했다. 3월 1일 쿠텔리에(Coutelier)라는 한 수도사가 종교개혁을 공격하였을 때, 파렐은 그를 반격하기 위해 강단에 올라섰다. 이것은 제네바에서 그가 행한 첫 번째 공개설교였다. 프라이부르크 사람들은 이러한 일들에 항의하였고, 동맹 관계를 철회하였다(4월 12일). 주교는 도시 전체에 경계령을 내렸고(4월 30일) 사보이의 공작은 전쟁을 일으키겠다고 위협하였다. 그러나 베른은 제네바를 지지하였고 이러한 베른의 강력한 보호 아래, 파렐, 비레, 그리고 프로망은 비록 상당한 정도 폭력적인 양상이 발생하는 것을 피할 수는 없었지만 종교개혁을 열정적으로 밀고 나갈 수 있었다.

사제, 수도사, 그리고 수녀들은 점차 이 도시를 떠났으며, 주교도 그의 관할구를 사보이 공이 마련해 두었던 도피처인 안네시로 옮겼다. 성 클라라의 수녀 가운데 한 사람인 잔 드 주시(Jeanne de Jussie)는 그들이 안네시로 옮기던 상황을 생생하고 진솔한 글로 남겼다.

이 거룩한 무리가 곤경에 처해서 피곤과 슬픔에 지친 나머지 몇몇은 도중에 쓰러지기도 했는데, 보기가 참으로 처량하였다. 비는 내리고 병자 네 사람만 마차를 탔을 뿐 우리 모두는 흙탕길을 걸어야 했다. 우리 가운데 여섯 사람은 이미 16년 넘게 수녀생활을 해온 연로한 여자들이었다. 그 가운데 두 사람은 66세가 넘었는데 바깥세상에는 나가본 적이 없는 이 사람들은 몇 차례나 혼절하였다. 그들은 바람을 견디지 못했고 들판의 소떼를 보고 곰인 줄 알고 털이 긴 양을 보고는 약탈하는 늑대인 줄 알았다. 그들을 만난 사람들은 너무 불쌍해서 아무 말도 하지 못했다. 비록 수녀원장이 그들의 발을 보호하기 위해 좋은 신발을 제공해 주었지만, 많은 사람들은 그것을 신고 걷지 못하고 허리에 매달고 갔다. 그래서 그들이 제네바에서 아침 5시에 출발해서 자정 무렵까지 계속 걸었지만 겨우 얼마 떨어지지 않은 세인트 줄리앙까지밖에 이르지 못하였다.

얼마 안 되는 길을 가는 데 15시간이나 걸린 것이다. 다음 날(8월 29일) 그들은 온 도시의 종들이 다 울리는 가운데 안네시에 도착하여 성 십자가 수도원에서 쉴 수 있었다. 주시 수녀는 종교개혁 속에서, 신실하지 못한 성직자들에 대한 정당한 심판을 보았다. 그녀는 "아, 오늘날 성직자들은 자신들의 서약을 지키지 않았고, 교회 재산들을 방탕하게 낭비하고 여성들을 데려다가 간음하고 음탕한 짓을 하였으며 하나님의 분노를 불러일으켰다. 그들의 이러한 행동이 결국 하나님의 심판을 불러왔구나"라고 말했다.

1535년 8월 27일 200인 대의회는 종교개혁 칙령을 선언하였고, 1536년 5월 21일 또 다른 칙령이 뒤를 이었다. 미사는 폐지되었고 성상들과 성물들은 교회에서 제거되었다. 시민들은 복음서의 교훈에 따라 살 것을 서약하였다. 소니에의 지도 하에 드 리베(de Rive) 수도원에는 젊은이들에게 기초적인 종교교육을 시키기 위해 학교가 설립되었다. 나중에 이 학교로부터 칼빈의 대학과 신학교가 나왔다. 성 클레어에는 일반 병원이 설립되었고 옛 가톨릭 병원들의 자금을 물려받게 되었다. 주교의 저택은 감옥으로 전환되어 사용되었다. 네 사람의 목회자와 두 사람의 집사가 임용을 받아 교회로부터 고정 급여를 받았다. 성 피에르와 성 제르베 교회에서는 매일 설교가 이루어졌으며, 취리히 식의 단순하고 엄숙한 성찬식이 일년에 네 차례 시행되었다. 세례는 언제라도 거행될 수 있었지만, 교회에서 그리고 목회자에 의해서만 거행될 수 있었다. 주일에는 모든 상점이 문을 닫아야 했다. 결혼하는 신부들의 머리장식까지도 간섭하는 엄격한 규율이 도입되었다.

이것이 제네바 종교개혁사의 제1막이었다. 이것은 파렐의 사역이었지만, 보다 중요한 칼빈의 사역을 위한 준비과정에 불과했다. 제네바 사람들은 사보이와 주교의 규범을 제거하고 싶어 했으나, 복음주의적인 종교에 대해서 아무런 이해도 갖지 못하고 있었기 때문에 규율들에 복종하고자 하지 않았다. 그들은 자유를 방종으로 잘못 이해하고 있었다. 그들은 무질서와 혼동이라는 또 다른 극단에 빠질 위험 속에 놓여 있었다.

이것이 1536년 여름 칼빈이 제네바에 도착해서 파렐의 강권에 의해 옛 교회의 폐허 위에 새 교회를 건설하는 커다란 임무를 떠맡아야 했던 때의 상황이었다. 파렐은 칼빈보다 20살이나 많았지만, 기꺼이 그보다 낮은 자리에서 일했다. 그는 한동안 칼빈의 동료로 일하다가, 제네바 사람들에게 신앙고백과 엄격한 규율에 복종하기를 요구하다가 칼빈과 함께 이곳에서 추방당했다. 칼빈은 슈트라스부르크로 갔고, 파렐은 이전에 사역했었던 뇌샤텔에 목사로 청빙을 받아 갔다

(1538년 7월).

62. 파렐의 마지막 사역

파렐은 그의 인생의 마지막 27년 동안 뇌샤텔에서 목사로 일하면서 그의 동료 파브리(Fabri)와 함께 프로테스탄트 교회를 세웠다. 파렐은 엄격한 규율을 도입하고자 애썼으며, 이로 인해 그는 많은 개종자들과 심지어 베른에 있는 친구들에게서까지 반감을 샀다. 그러나 파브리는 보다 온건한 노선을 선호하였다.

파렐은 선교를 향한 자신의 열망을 좇아, 뇌샤텔에서 제네바, 슈트라스부르크, 메츠, 로렌으로 설교를 위한 짧은 여행을 떠났다. 메츠에서는 도미니쿠스회의 묘지에서 설교했는데, 그가 설교하는 동안 수도사들이 그의 목소리가 들리지 않도록 하기 위해 모든 종을 울렸다. 그는 칼빈을 따라 취리히로 가서 츠빙글리주의자들과 「취리히 일치신조」(*Consensus Tigurinus*, 1549)를 작성했다. 세르베투스를 화형장까지 따라가서(1553년 10월 27일) 회개를 권고했지만 소득을 얻지는 못하였다. 그는 로카르노의 난민들을 위해 모금을 하기도 했으며 프랑스에 있는 박해받는 형제들을 위로하는 편지를 써보내기도 하였다. 그는 두 차례나 독일을 방문하여(1557년) 그곳의 영주들이 발도파와 프랑스어권 프로테스탄트 신자들을 위해 중재해 줄 것을 촉구했지만 별 다른 효과를 얻지는 못하였다.

1558년 12월 이미 69세에 이른 그는 친구들의 만류에도 불구하고 과부인 어머니와 함께 프랑스에서 뇌샤텔로 도망온 가난한 처녀와 결혼하였다.[13] 칼빈은 그의 이 무분별한 행동으로 마음이 많이 언짢았지만, 이 늙은 총각의 어리석음을 이해하라고 그 도시의 설교자들에게 간청하였다.

결혼도 파렐의 정열을 식히지는 못했다. 1559년 그는 알자스로렌에 있는 프랑

---

13) 그로부터 6년 후에 그는 한 사내아이의 아버지가 되는데, 이 외아들은 그보다 고작 3년 더 살았다. 존 녹스는 결혼 문제에 관한 한 그보다 앞섰다. 녹스는 58세의 홀아비로서 왕실 혈통의 16세 스코틀랜드 소녀(Margaret Stuart)와 결혼하여 세 딸을 낳았는데, 그의 아내는 그가 죽고(1572) 나서 2년 뒤에 재혼하였다. 만약 에라스무스가 살아 있었더라면 그는 루터와 오이콜람파디우스의 결혼에 대한 비웃음의 증거로 이러한 예들을 취하였을 것이다.

스 난민들을 방문하였다. 1561년 11월에 그는 고향인 갭의 초청을 받고 가서 국왕의 금지령에도 불구하고, 프로테스탄트가 된 많은 그의 동족들에게 설교를 감행하였다.

칼빈은 임종 직전인 1564년 5월 2일에 마지막 편지를 통해 자신이 아프다는 것을 그에게 알렸다.

> 안녕히 계십시오. 나의 가장 좋은 신실한 형제여! 당신이 내 뒤에 이 세상에 남아 있는 것이 하나님의 뜻이니, 우리의 우정을 기억해 주십시오. 우리의 우정은 하나님의 교회를 위해 유익했으므로, 하늘에서 그 상급이 우리를 기다리고 있습니다. 나로 인해 당신이 낙담하지 않기를 기도합니다. 숨을 쉬기도 힘이 들어, 매순간 마지막이라고 생각하고 있습니다. 내가 그리스도를 위해 살다가 죽는 것으로 충분합니다. 그분은 그분을 따르는 사람들에게 살아서나 죽어서나 상급이 되십니다. 다시 한 번 내 형제에게 작별을 고합니다.[14]

파렐은 고령의 쇠약해진 몸에도 불구하고 제네바로 가서 자신의 친구에게 감동적인 작별을 고하고 그가 죽기 전에 되돌아왔다. 그는 파브리에게 "내가 칼빈 대신에 죽을 수만 있다면! 그는 얼마나 아름다운 삶을 살았는지! 하나님께서 우리에게 허락하신 은혜를 따라 우리도 이처럼 우리의 생을 끝마칠 수 있도록 해 주시길 바라오."

그의 마지막 여행은 메츠의 프로테스탄트들에게 작별을 고하기 위해 방문한 것이다. 그들은 그를 뜨겁게 맞았으며 그의 방문으로 큰 위로를 받았다(1565년 5월). 그는 젊었을 때와 똑같이 열정적인 설교를 행했다. 뇌샤텔로 돌아온지 얼마 되지 않아 1565년 9월 13일 그는 76세의 나이로 눈을 감았다. 그의 마지막 며칠 간 그를 방문했던 친구들은 그의 영웅적인 강건함과 소망에 깊은 감명을 받았다. 그는 다른 모든 종교개혁자들처럼 청빈한 삶을 살았다. 1876년 5월 4일 그를 기념하는 기념비가 뇌샤텔에 세워졌다.

파렐의 저작들은 그 당시 논쟁적이고 실천적인 것들로서 대부분 프랑스어로 씌어졌다.

---

14) Calvin, *Opera*, XX, 302.

63. 비레와 로잔에서의 종교개혁

파렐은 주로 비레와 프로망에게서 복음 전도 사역의 도움을 받았다. 이들은 그와 견해를 같이했지만 그의 과격한 방법에 대해서는 의견을 달리했다.

로잔의 개혁자 피에르 비레(Peter Viret)는 서부 스위스의 개신교 개척자들 가운데 유일하게 스위스 태생이었다. 다른 모든 사람들은 프랑스 출신 망명자들이었다. 비레는 1511년 보 지방의 오르베에서 태어나 파리로 가서 사제 교육을 받았다. 그는 상당한 정도로 고전과 신학을 배웠는데, 이 점은 그의 저작들에서 잘 드러난다. 그는 루터와 파렐과 마찬가지로 진리와 양심의 평화를 위해 극심한 정신적·도덕적 투쟁을 겪었다. 그는 안수받기 전에 로마교회를 부인하고 스위스로 돌아갔다. 그는 파렐의 요청으로 1531년 오르베에서 설교하였다. 그는 상당한 성공을 거두었으나 동시에 사제들과 사람들로부터 많은 어려움과 반대를 겪었다. 그는 오르베에서 부모와 약 200여 명의 사람들을 개종시켜서, 1532년 그들에게 성찬식을 베풀었다. 제네바에서 파렐과 프로망과 함께 일했으며, 그들을 독살하려는 시도가 있었는데 그 혼자 독이 든 음식을 먹었다. 건강을 회복하기는 하였지만 평생 동안 그 후유증이 그를 따라다녔다.

비레의 주된 사역은 로잔에서 이루어졌다. 거기서 그는 22년간 목회자, 교사, 그리고 저술가로 일했다. 베른 행정부의 명에 따라 공개적인 논쟁이 1536년 10월 1일부터 10일까지 벌어졌다. 비레, 파렐, 칼빈, 파브리, 마코트(Marcourt), 그리고 카롤리(Caroli)가 종교개혁의 교리를 옹호하기 위해 초청되었다. 드로기(Drogy), 미마드(Mimard), 미코드(Michod), 로이스(Loys), 베릴리(Berilly)와 같은 사제들과 수도사들, 그리고 블랑세로즈(Claude Blancherose)라는 프랑스 의사가 참석하였다. 베른 시 대표가 진행을 맡았고, 논쟁은 프랑스어로 행해졌다. 파렐은 10개의 논제를 준비했는데, 그는 여기서 성경의 초월성, 믿음만을 통한 칭의, 그리스도의 대제사장 되심과 중보자 되심, 의식이나 성상 없이 드리는 영적인 예배, 결혼의 신성함, 금식이나 축일 등과 같은 것을 지키거나 지키지 않을 수 있는 그리스도인의 자유를 주장하였다. 파렐과 비레는 핵심적인 연설자들이었다. 그 결과 같은 해 11월 1일 종교개혁이 도입되었다. 비레와 카롤리가 설교자로 임명되었다. 동시에 비레는 1540년 베른 시가 세운 학교에서도 가르쳤다.

카롤리는 아주 잠깐 동안만 이곳에 머물렀다. 그는 프랑스 출신으로 소르본의 박사였는데 명목상으로만 프로테스탄트였었다. 하지만 비레가 인기를 누리자 그를 질투하여 그의 설교를 공격하고 그와 파렐, 그리고 칼빈에게 제멋대로 아리우스주의라는 혐의를 씌웠다. 카롤리는 결국 남을 중상하는 자로 처벌을 받았고 결국에는 로마교회로 회귀하였다.

1549년 베자는 이곳 학교의 두 번째 신학 교수로 임명되어 비레에게 큰 도움이 되었다. 다섯 명의 프랑스인들이 이들에게서 목회훈련을 받고 복음을 전하기 위해 자기 나라로 돌아갔는데, 이들은 리옹에서 붙잡혀 1553년 5월 16일 화형에 처해졌다. 국왕 앙리 2세와 개혁파 주들이 나서서 애썼지만 이를 막지는 못했다.

비레는 금령과 함께 엄격한 규율을 도입하고자 했지만, 제네바의 칼빈과 뇌샤텔의 파렐과 마찬가지로 거센 반대에 부딪쳤다. 베른은 금령을 승인하지 않았고 예정론이라는 엄격한 교리를 설교하는 것 또한 금하였다. 이에 실망한 베자는 제네바로 오라는 요청을 받아들었고(1558년 9월), 비레는 면직되었다(1559년 1월 20일). 학교의 교수들과 일단의 설교자들은 사임을 했다. 비레는 제네바로 가서 그 도시의 설교자로 임명받았다(1559년 3월 2일). 그의 설교는 칼빈의 설교보다 훨씬 대중적이고 인상적이었기 때문에 더 많은 청중이 그의 설교를 들었다.

비레는 제네바의 허락을 받아 얼마간 복음 전도자로 사역하였는데, 니스메(Nismes), 몽펠리에, 리옹에서 대단한 성공을 거두었다. 그는 1563년 8월 제4차 위그노 총회를 회장으로 주재했다. 그는 1566년 베아른 지방의 오르테즈에 설립된 학교에 와달라는 잔 달브레(Jeanne d'Albret)의 청빙을 받고 이를 수락하였다. 그는 그곳에서 1571년 죽었는데, 프랑스어권 스위스에서 개혁교회를 세운 세 사람 가운데 마지막이었다. 그는 두 번 결혼했는데, 첫번째는 오르베의 여성과(1538년), 두 번째는 제네바의 여성(1546년)과 결혼했다. 그는 작고 병약했으나 정신은 강건해서 일을 하는 데 지칠 줄 몰랐다.

비레는 유능하고 많은 저술을 남긴 저술가로서, 고전문학과 신학에 유달리 정통하였다. 그는 대부분 대화체의 형식으로, 사도신경, 십계명, 주기도문에 대한 강해서들, 기독교 교리 요약서, 트렌트 공의회와 미사 및 기타 로마교회의 교리들을 반박하는 책들, 그리고 섭리, 성례, 실질적인 경건에 관한 소논문들을 썼다. 가장 중요한 작품은 「복음과 율법의 교리 안에, 그리고 자연적이고 또한 초자연적인 참된 철학과 신학 안에 나타나 있는 기독교적 교훈」(*The Christian*

Instruction in the Doctrine of the Gospel and the Law, and in the true Philosophy and Theology both Natural and Supernatural, Geneva, 1564, 3 vols.)이다. 그의 저작들은 지금은 극히 찾아보기 힘들다.

64. 앙투안 프로망

앙투안 프로망(Antoine Froment)은 1509년 도피네의 망(Mens)에서 태어났으며 동족인 파렐의 초창기 제자들 가운데 한 사람이었다. 그는 스위스를 도는 파렐의 복음 전도 여행에 동행했으며 고난과 핍박, 그리고 성공까지도 함께했다. 1532년 그는 처음으로 제네바에 가서 초등학교를 열어 종교를 가르쳤다. 그는 다음과 같은 글을 쓴 벽보를 걸어서 학교를 선전하였다. "남녀노소를 막론하고 한달 안에 누구라도 프랑스어를 읽고 쓸 수 있도록 가르칠 수 있는 사람이 도착했다. 누구라도 한 달 안에 배우지 못할 때는 수업료를 낼 필요가 없다. 이 사람은 또한 아무 대가 없이 갖가지 병을 고쳐줄 것이다." 사람들이 그에게 몰려들었으며, 그는 유능한 교사였으며 또한 자신의 수업을 연설과 설교로 바꾸어 놓았다.

1533년 새해 첫날에 프로망은 몰라르라는 공개 장소에서 첫 설교를 행했는데, 교황, 사제들, 그리고 수도사들을 거짓 선지자들(마 7:15 이하)이라고 공격하였다. 그러나 이것은 무장한 사제들에 의해 중단되었고 경찰들은 그를 강제적으로 도피시켰다. 그는 2월의 어느 밤중에 이 도시를 떠났지만 계속해서 이곳으로 돌아와 파렐, 비레, 그리고 칼빈을 도왔다.

불행하게도 그는 그의 소명을 충실히 이어나가지 못하고 명예롭지 못한 모습을 보였다. 그는 자신의 목회자적인 책무들을 소홀히 하여 가게를 열었고, 결국에는 목회를 단념하였다. 그의 동료, 특별히 칼빈은 이에 대해 아주 신랄하게 불평하였다. 1549년 12월에 그는 공화국의 공식 역사가인 보니바르(Bonivard)의 연대기 집필을 도왔다. 이 연대기는 1552년 완성되었다. 그 다음에 그는 제네바의 공증인이 되었다(1553년). 그는 가정불화 문제도 겪었다. 원래 수녀원장이었던 첫 번째 부인이 죽은 지 얼마 되지 않아 재혼을 하였는데(1561년), 하녀와 간통을 해서 감옥에 갇혔다가 1562년 추방당하였다.

그의 불운은 오히려 그에게 유익한 변화를 가져다준 듯하다. 1572년 그는 과거의 공적을 고려하여 제네바로 돌아와도 좋다는 허락을 받았다. 그래서 1574년 공증인으로 복직되었다가 1581년(?) 죽었다. 제네바인들은 비록 그가 중요성도 가장 떨어지고 뒤지기는 하지만 이 도시의 네 사람의 개혁자들 가운데 한 사람으로 기억하고 있다. 그의 주요 작업은 앞에서 언급했던 연대기를 만든 것인데, 이것은 보니바르의 연대기와 잔 드 주시 수녀의 연대기를 보충해 준다.

From the original oil painting in the University Library of Geneva. This picture represents the Reformer as teaching or preaching, and is considered the best.

제 8 장

칼빈과 그의 사역

65. 선배 개혁자들과 비교해 본 칼빈

이제 우리는 파렐, 비레, 프로망보다 더 많은 업적을 남긴 칼빈의 생애와 사역을 살펴볼 것이다. 그는 프랑스와 프랑스어권 스위스에 개혁교회를 세운 가장 중요한 사람으로서 그의 사상은 유럽과 미국의 다른 모든 개혁파 교회들에도 깊은 인상을 남겼다.

혁명에 이어 재건과 정리가 뒤따랐다. 이 일을 위해 칼빈은 하나님의 섭리 가운데 준비된 사람으로서 천재성, 교육, 환경 등 모든 요소를 구비하고 있었다.

칼빈은 파렐이 수행한 일을 할 수는 없었다. 왜냐하면 칼빈은 전도자도 대중적인 설교가도 아니었기 때문이다. 파렐은 더더욱 칼빈의 사역을 감당하지 못했을 것이다. 왜냐하면 파렐은 신학자도 아니었고 정치가도 아니었기 때문이다. 프랑스인인 칼빈은 취리히나 비텐베르크에서는 그다지 역량을 발휘하지 못했을 것이다. 마찬가지로 스위스인인 츠빙글리와 독일인인 루터 역시 프랑스어권인 제네바에서는 제대로 역량을 발휘하지 못했을 것이고 대중적인 지지도 별로 얻지 못했을 것이다. 이들은 모두 각자의 고유한 사명과 사역의 장에 가장 적절한 사람들이었다.

종교개혁자로서의 루터의 공적인 경력은 1517년부터 1546년에 이르는 29년간이다. 츠빙글리의 경우는 (아인지델른에서 설교한 1516년부터 기산하지 않는다면) 1519년에서 1531년에 이르는 12년에 불과하며, 칼빈의 경우는 1536년에서 1564년에 이르는 28년간에 이른다. 루터는 62세까지, 츠빙글리는 47세까지, 칼빈은 54세까지 살았다. 칼빈은 루터와 츠빙글리보다 25살이나 어렸고 그들이 세운 기초 위에서 시작한다는 커다란 이점을 가졌다. 칼빈은 그들보다 천재적인 면모는 덜했지만 그 재능만큼은 더 뛰어났다. 그는 활동가로서는 그들에 뒤졌지만 사상가나 조직가로서는 그들을 능가하였다. 루터나 츠빙글리는 채석장에서 돌을 잘랐고, 칼빈은 그 돌들을 작업장에서 갈고 닦았다. 그들이 새로운 사상을 양산해 내었다면 칼빈은 그것을 체계화시켰다. 그의 사역은 바울의 사역이라기보다는 아볼로의 사역이었고, 나무를 심는 일이었다기보다는 물을 주는 일이었으며, 하나님은 그것을 자라게 하셨다.

칼빈의 성품은 루터와 츠빙글리에 비해 그리 매력적이지 않았고, 그의 생애도 드라마틱하지 않았다. 하지만 그는 교회를 훨씬 더 좋은 모습으로 만들어 놓았다. 그는 유머와 재치는 부족한 사람이었다. 엄격하고 철저하며 타협을 몰라서 기독교 스토아학파 철학자의 모습을 하고 있었지만, 이런 냉정한 표피 아래에는 열정과 애정의 불길이 타오르고 있었다. 그의 이름은 루터와 츠빙글리의 이름이 두 사람 탄생 400주년 기념식에서 만들어 내었던 것과 같은 대중적인 열광의 분위기를 자아내지는 못할 것이다. 그를 기념해서 만들어진 대리석이나 청동상도 전혀 없다. 심지어 그의 무덤이 제네바의 공동묘지 어디에 있는지도 알려져 있지 않다.[1] 그러나 일관성과 자기훈육에 있어서 칼빈은 그들을 넘어선 사람이었고, 주석적·교리적·논쟁적인 저술들을 통해 그는 다른 어떤 개혁자들보다 라틴과 앵글로 색슨 민족에 속한 프로테스탄트 교회들에 강한 영향력을 행사하였으며 지금도 그 영향력은 여전하다. 그는 작은 도시에 불과한 제네바를 100년 동안 프로테스탄트의 로마이자 기독교권에서 가장 잘 훈련된 교회로 만들었다. 역사상 개인적으로는 그렇게 인기가 없었으면서도 사람들에게 그렇게 큰 영향을 미친 사람, 본성적인 수줍음과 부끄러운 성질을 그다지도 강한 지성과 성품과 잘 결합시켜서 자신이 속한 세대와 이후의 세대들을 그렇게 좌우했던 인물은 그 예를 찾기 어렵다. 그는 본성적으로 내향적인 학자였지만, 하나님의 섭리는 그

---

1) 시 외곽의 Plein Palais 묘지에 있는 평범한 돌에 씌어진 "J.C."라는 글자가 낯선 이들에게 이곳이 그의 무덤임을 알려주고 있지만, 누구의 뜻에 따라 그런 글이 씌어졌는지는 알 수 없다. 그 자신은 자신의 무덤에 아무런 기념물도 세우지 말라고 요구했었다.

를 교회의 조직가이자 통치자로 만들었다.

　세 사람의 주류 종교개혁자들은 국적도 다르고 교육받은 내용도 달랐다. 독일 농부의 아들인 루터는 성 아우구스티누스, 타울러(Tauler), 슈타우피츠(Staupitz)의 영향 아래 수도원주의와 신비주의 계열의 학교에서 교육받았고, 그래서 강한 교회 중심의 확신과 편견을 지녔다. 스위스 지방관리의 아들인 츠빙글리는 공화주의적 애국자였으며, 고전과 에라스무스를 숭앙하는 학생이었다. 그는 르네상스의 문을 거쳐 종교개혁에 들어선 인물이었고, 그래서 중세로부터 한층 완전하게 결별할 수 있었다. 프랑스 태생인 칼빈은 귀족적인 교육을 받았고 취향도 귀족적인 사람이었으며 신학과 함께 법을 공부하였다. 그의 법률적인 정신은 새로운 기독교권을 건설하기에 너무나 안성맞춤으로 잘 준비되어 있었다.

　츠빙글리와 루터는 마르부르크에서 한 번 얼굴을 마주 대하기는 했으나, 서로를 이해하지는 못했다. 스위스는 성찬에서 그리스도가 임재하는 양식에 대한 견해가 다름에도 불구하고 독일에게 교제의 손을 내밀었으나, 루터는 보다 편협한 교리적 양심에 사로잡혀서 이를 거절하였다. 칼빈은 두 사람 다 만난 적이 없지만, 보름스와 레겐스부르크 회의에서 만난 멜란히톤과는 죽을 때까지 친밀한 관계를 유지하였다. 그는 루터가 그 천재성과 힘에 있어 츠빙글리보다 낫다고 보았으며, 비록 루터가 자신을 사탄이라고 부른다 할지라도 자신은 여전히 루터를 하나님의 가장 뛰어난 종으로 존경할 것이라고 천명하였다. 아마도 루터는 칼빈의 저술들 가운데 두 권밖에 읽지 않았을 것이다. 그 두 권은 칼빈이 사돌레토(Jacopo Sadoleto)에게 보낸 답장과 성찬에 대한 그의 논문인데, 루터는 전자를 특별한 기쁨에 가득차(cum singulari voluptate) 읽었다고 말하고 있다. 그가 칼빈의 「기독교 강요」나 주석서들까지도 읽었다면 그의 기쁨은 얼마나 더 컸겠는가! 그는 멜란히톤을 통해 칼빈에게 존경의 인사를 전했고, 멜란히톤은 루터가 칼빈에게 큰 호감을 가지고 있다고 전해주었다.

　칼빈은 그의 신학에서 츠빙글리와 루터를 중재하고 있다. 멜란히톤은 루터와 칼빈을 중재했는데, 그는 두 사람 모두의 친구였으며 비록 기질에 있어서 그는 두 사람 누구와도 닮지 않았지만 두 사람 사이에 평화를 만드는 역할을 하였다. 칼빈과 멜란히톤 사이에 오간 편지는, 예정론과 자유의지에 관한 견해 차이에도 불구하고 두 사람이 신실한 우정을 나누었음을 보여준다. 이것은 신학적인 견해 차이가 종교적인 조화나 개인적인 우정을 반드시 침해하는 것은 아니라는 것을 잘 보여준다.

루터와 멜란히톤 사이, 츠빙글리와 오이콜람파디우스 사이, 파렐과 칼빈 사이, 칼빈과 베자와 불링거 사이에 있었던 협조적인 우정은 종교개혁사 가운데 가장 아름다운 장들 중 하나이며, 종교개혁 운동 속에 함께하신 하나님의 손길을 드러내 준다.

이 개혁자들은 재능과 기질도 다르고, 교리와 규율과 같은 세부적인 문제들에 있어서 견해도 서로 달랐지만, 모두가 위대하고 선한 사람들이었다. 이들은 하나같이 정직하고, 성실하고, 이타적이고, 세속적이지 않았고, 용감하고, 두려움을 몰랐으며, 자신들이 확신하고 있는 바를 위해서라면 언제라도 화형장으로 향할 준비가 되어 있는 사람들이었다. 이들은 모두 같은 목표를 위해 사역하였다. 로마 가톨릭 교회를 개혁하여 교회를 그리스도의 온전한 가르침과 모범의 순전하고 영원한 원천으로 이끌고자 한 것이다.

66. 역사 속에서의 칼빈의 위치

1. 무엇보다도 칼빈은 신학자였다.

그는 기독교교리를 개혁주의적 체계로 조직화하여 해설한 사람들 가운데 단연 돋보이는 인물이었다. 그는 교부들 가운데는 아우구스티누스에게 뒤지지 않고 학자들 가운데서는 토마스 아퀴나스에 못지않으며, 조직적이고 균형 잡힌 면에서는 두 사람보다 나은 면이 있었다. 루터파 신학자들 중 제1인자이자 "독일의 교사"였던 멜란히톤은 그를 단호하게 "진정한 신학자"라고 칭했다.[2]

칼빈의 신학은 성경에 대한 철저한 지식에 근거하고 있다. 그는 종교개혁자들 가운데 가장 유능한 주석가였으며 그의 주석서들은 고대와 근대를 통틀어 최고 수준이다. 따라서 그의 신학은 스콜라적이기보다는 성경적이고 하나님의 말씀에 대한 열정적인 헌신의 신선함으로 가득했다. 동시에 그는 유능한 논리학자이

---

2) 슈트라스부르크에 있는 그의 저서 편집자들은 칼빈을 "가장 중요한 정예 신학자"라고 부르면서 이러한 평가에 동의를 표하였다(*Opera*, I., IX.). Scaliger는 "칼빈이 신학자들 중의 신학자요, 고대에 그와 비교할 만한 사람은 아무도 없다"고 말하고 있다.

자 변증가였다. 그는 드물게도 명확하고 강력하며 설득력이 있는 진술을 할 줄
아는 능력을 지닌 사람이었다. 그는 이후에 그의 이름이 붙여지는 교리들의 체
계를 세웠으며, 이 교리 체계들은 대표적인 개혁주의 신앙고백들 몇몇을 통해
상징적인 권위를 얻었다.

칼빈주의는 교회의 위대한 교의 체계들 중 하나이다. 그것은 루터주의나 아르
미니우스주의보다 더 논리적이고, 가톨릭주의 못지않게 논리적이다. 물론 칼빈
주의도 가톨릭주의도 완벽하게 논리적일 수는 없다. 그 둘은 모두 적어도 한 가
지 결정적인 점에서는 비논리적이거나 일관성이 없는 모습을 보이고 있는데, 이
는 오히려 다행스러운 일이다. 칼빈주의는 하나님이 죄를 만드신 분이라는 것을
부인함으로써 그 비논리성을 보이고 있는데, 이것은 하나님의 절대주권을 제한
시키는 것이다. 가톨릭주의는 세례적(즉 중생적 혹은 구원적) 은혜가 로마 교회
바깥에서 발견된다는 것을 인정함으로써 이러한 모습을 보이는데, 이러한 주장
은 배타성의 주장을 파괴한다.[3]

칼빈주의의 체계는 일반적으로 (비록 아주 정확한 것은 아니지만) 아우구스티
누스의 체계와 동일시되고 있고, 양자는 죄와 은혜에 대한 바울의 교리들에 대
해 깊이 설명해 준다는 특징을 공유한다. 하지만 동시에 칼빈주의의 근본적인
결점은 하나님의 구원의 은혜와 그리스도의 대속의 사역을 좁은 선택받은 자들
의 범위 속에 제한시키고, 온 인류를 향한 하나님의 일반적인 사랑(요 3:16)을 무
시한다는 것이다. 이것은 하나님의 사랑의 신학이라기보다는 하나님의 절대 주
권의 신학이다. 그러나 그리스도 안에 있는 하나님의 사랑만이 하나님의 성품과
사역을 이해할 수 있게 해주는 진정한 열쇠이고, 죄의 어두운 신비에 대한 만족
할 만한 해명을 제공해 준다. 아르미니우스주의(Arminianism)는 이러한 스콜라
적인 칼빈주의에 대한 하나의 반작용이며, 합리주의는 스콜라적인 루터주의에
대한 보다 과격한 반작용이다.[4]

---

3) 키프리아누스의 표어에 이렇게 표현되어 있다: "[로마교회 밖에는 구원이 없다"
(extra ecclesiam[Romanam] nulla salus). 키프리아누스가 로마 주교와의 논쟁에서 이
단자들과 분파주의자들의 세례의 유효성을 부인했을 때, 그는 논리적으로는 옳았지
만 신학적으로는 틀렸다.

4) 하르낙은 자신의 책 『교리사』(*Dogmengeschichte*)에서 칼빈주의와 아르미니우스
주의는 배제하면서 그만큼 중요하지 않은 소키누스주의에는 열중하고 있다. 적어도

칼빈은 루터나 멜란히톤처럼 많은 교리적 변화와 모순을 겪으면서 대중들 앞에서 커간 인물이 아니다. 그는 젊은 시절의 종교적 관점을 마지막까지 고수하였다.[5] 그의 「기독교 강요」(*Institutes*)는 마치 제우스의 머리에서 완전한 모습으로 솟아난 아테나 여신처럼 처음부터 완전한 형태를 갖추고 이 세상에 나왔다. 이 책은 그 형태에 있어서는 상당히 확대되고 개정되었지만, 수 차례 개정되면서도(마지막 판은 1559년에 나왔다) 그 본질만은 동일하게 유지되었다. 이 책은 이전의 프로테스탄트 신학서들 — 멜란히톤의 「신학총론」(*Loci*), 츠빙글리의 「참된 종교와 거짓된 종교에 대한 주석」(*Commentary on the True and False Religion*) — 의 빛을 바래게 하였으며, 그 이후 어떤 책도 아직 이를 넘어서지 못하고 있다. 이 책은 신학적인 천재성의 고전적 산물로서 오리게네스의 「원리에 관하여」(*De Principiis*), 아우구스티누스의 「하나님의 도성」(*De Civitate Dei*), 토마스 아퀴나스의 「신학대전」(*Summa Theologiae*), 그리고 슐라이어마허의 「기독교 신앙」(*Der Christliche Glaube*)과 어깨를 나란히 하고 있다.

2. 칼빈은 또한 입법자이자 치리자였다.

그는 새로운 교회 조직론을 창시했으며, 이것은 개신교의 분열하는 세력들을 통합시켰고, 한편으로는 프로테스탄트를 강력한 로마 가톨릭의 조직에 대항할 수 있도록 공고히 하고, 다른 한편으로는 파괴적인 경향의 분파주의와 불신앙에 대항할 수 있도록 하였다.

이 점에서 우리는 그를 교황 힐데브란트(중세에 개혁을 단행했던 그레고리우스 7세(1073-85 재위)를 말한다 : 역자주)와 비교할 수 있지만, 두 사람 사이에는 커다란 차이가 있다. 힐데브란트는 강철 같은 인물로서 그 당시의 교황제를 금욕주의적인 원칙 위에서 개혁했고, 배타적이고 독신생활을 하는 사제들의 위계

---

30 페이지 이상 다루고 있다(III. 653-691). 이 중요한 작품에서 이 특이한 생략은 1890년에 이루어졌다. 그는 이러한 생략에 대해 (내게 보낸 1891년 3월 3일자의 사적인 편지에서) 칼빈주의와 아르미니우스주의가 개신교 발전사(Entwicklungsgeschichte des Protestantismus)에 속하는 것으로, 자신은 자신의 책 「교리사」에서 이 부분을 다루려는 의도가 없었기 때문에 이를 생략했다고 설명하고 있다.

5) 베자는 "칼빈은 자신이 처음 내놓은 교리를 마지막까지 꾸준히 지속시켰으며, 거의 아무런 변경도 하지 않았다"고 말하고 있다.

제도에 근거한 중세의 신정정치를 발전시켜 나갔다. 반면 칼빈은 사회적인 원칙들에 근거해서 교회를 개혁했으며, 만인제사장설이라는 민주적인 기초 위에 서 있는 신정정치를 창안하였다. 전자는 교회가 국가 위에 있음을 주장한 반면, 후자는 그리스도의 절대주권이 교회와 국가를 넘어선다는 것을 주장하였다. 칼빈은 국가가 그리스도의 법에 복종한다는 가정 위에서, 영적인 세력과 세속적인 세력이 하나님의 두 팔이라고 연합시켰다. 가장 최후에 나타난 이러한 종류의 신정정치 혹은 그리스도정치는 1620년 뉴잉글랜드에서 청교도들에 의해 설립된 것으로서 몇 세대 동안 계속되었다. 19세기에 국가가 종교적 비종교적으로 혼합된 성격을 띠고 점차 특정 종교의 교리나 신앙고백으로부터 이탈하고 있었는데, 만약 이때 칼빈이 있었다면 그는 프랑스어권 스위스, 스코틀랜드, 미국에 있는 오늘날의 그의 후계자들과 마찬가지로, 교회의 독립과 자유, 그리고 국가로부터의 분리의 주창자가 되었을 것임에 틀림없다.

칼빈은 제네바가 무정부 상태에 필적하는 방종 상태에 있다고 보고 그것을 질서 있는 공동체로 만들었다. 스코틀랜드의 개혁자 존 녹스(John Knox)는 이것을 보고는 "사도들의 시대 이후 이 땅에 존재한 가장 완전한 그리스도의 학교"라고 선포하였고, 루터파 교회의 뛰어난 인물인 안드레애(Valentin Andreae)는 칼빈이 죽은 후 반 세기가 지나 이곳을 둘러보고는 독일 교회가 본받아야 할 모범으로 제시했다.[6]

칼빈이 소개한 도덕적 규율은 그의 신학이 얼마나 엄격한지를 반영해 주고 있으며, 신약의 정신보다는 구약의 기미가 더 많이 있다. 그것은 하나의 체계로서는 오래 전에 사라졌지만, 그 최상의 결과들은 칼빈주의와 장로교 공동체들을 특징짓는 순수하고 활기 넘치며 수준 높은 도덕성 속에 여전히 남아 있다.

칼빈이 프랑스의 위그노, 네덜란드의 버거(burghers), 영국의 청교도, 스코틀랜드의 맹약도, 뉴잉글랜드의 필그림과 같이 양심의 자유를 위해 기꺼이 세상을 버린 영웅적인 사람들의 아버지가 된 것은 바로 이러한 엄격한 신조와 엄격한 자기훈육을 결합시킴으로써 가능했다. 독일의 역사가 호이저(Häusser)[7]는 이렇게 말한다.

---

6) 110절에서 보다 충분히 인용되고 있는 평가들을 참조하라.

세계 역사의 한 조각이 제네바에서 이루어졌으며, 이것은 16세기와 17세기의 가장 자랑스러운 부분을 이룬다. 프랑스, 네덜란드, 영국의 가장 뛰어난 사람들이 제네바 신조를 자신들의 것으로 고백했다. 이들은 로마, 독일, 중세, 근대적인 요소들이 뒤섞여 있는 하나의 주형틀에 던져진, 강건하고 우울한 영혼이었으며 강철 같은 성품을 가진 사람들이었다. 바로 이들에 의해 새로운 신앙의 민족적 정치적 결과물들이 가장 강력하고 일관성있게 성취되었다.

저명한 스코틀랜드 신학자(교장 Tulloch)는 다음과 같이 말함으로써 이러한 판단을 되풀이하고 있다.[8]

칼빈의 훈련을 통해 나타난 정신이 프랑스와 네덜란드, 스코틀랜드로 퍼져나가서 자유로운 개신교의 근거가 되었다. 이 정신이 바로 초기의 청교도들에게 영감을 주었고 그 후손들 속에서도 계속 살아 있다. 이 정신은 밀턴(Milton)과 오웬(Owen), 백스터(Baxter)와 같은 사람들을 움직이게 했고, 영국의 의회로 하여금 찰스 1세에 대항하여 무장하도록 했으며, 위대한 크롬웰의 영혼을 자랑스러운 승리로 흥분시켰다. 그리고 이 정신은 유럽 세계의 모든 정치적 자유의 원천을 공급했을 뿐만 아니라, 신세계에 문명의 씨앗을 처음 뿌린 용감한 '메이플라워호'의 승객들, 즉 필그림 선조들의 가슴속에도 꺼지지 않고 불타고 있었다.[9]

---

7) *The Period of the Reformation*, ed. by Oncken, transl. by Mrs. Sturgis (New York, 1874), p. 255.

8) *Luther and Other Leaders of the Reformation*, p. 264 이하 (제 3 판, 1883).

9) 미국의 역사가인 George Bancroft는 아메리카의 자유로운 제도들이 청교도주의를 매개로 하여, 주로 칼빈주의로부터 나온 것이라고 보고 있다. 식민지 시대에 아메리카의 신학과 종교 생활에 있어서 칼빈주의가 가장 강력한 요인이었다는 것은 분명하다. 하지만 18세기 말 이후로 아르미니우스주의적인 감리교가 상당히 잠식해 들어와서 오늘날 미국에서 수적으로 가장 강력한 교파가 되었다. 수적으로 그 다음의 위치를 차지하는 침례교, 장로교, 회중 교회, 그리고 네덜란드와 독일의 개혁파들은 칼빈주의에 속한다. 하지만 프로테스탄트 성공회와 루터파들은 현저하게 아르미니우스주의 측에 자리하고 있다. 그러나 성공회의 경우에는 39개 신조는 온건한 칼빈주의의, 램버스 신조(Lambeth Articles)와 아일랜드 신조(Irish Articles)는 극단적 칼빈주의의, 그리고 공동기도서는 반(半)가톨릭적인 경향의 여지를 남기고 있다. 루터파 「일

칼빈은 교황측이든 이단이든 어떠한 분파도 용인하지 않았다. 유럽과 미국에서의 그의 초기 추종자들은 (무관심이라는 의미에서의) 종교적인 관용을 전염성이 강한 위험한 오류로 보고 혐오하였다. 그럼에도 불구하고 이들은 반동적인 로마 가톨릭교와 정치적인 압제와 부딪쳐 싸우면서 하나님의 법과 권위에 대한 존중에 기초한 정치적 종교적 자유의 주요 주창자들이 되었다. 이러한 명백한 모순은 칼빈주의자들은 하나님만 두려워하고 다른 어떤 것도 두려워하지 않는다는 사실에서 해결된다. 그들의 눈으로 볼 때는 하나님만이 위대하고 인간은 오로지 그림자일 뿐이다, 하나님에 대한 두려움은 그들로 하여금 이 땅의 독재자들을 무서워하지 않도록 한다. 이것은 인간을 하나님 앞에서 겸손하게 만들며 자신과 같은 인간들 앞에서는 그를 높여준다. 하나님에 대한 두려움은 도덕적인 자기절제(self-government)의 기반이며, 자기절제는 참된 자유의 기반이 된다.

3. 칼빈의 영향력은 종교적이고 도덕적인 영역에 국한되지 않는다. 그의 영향력은 프랑스의 지적이고 학문적인 발전에까지 뻗친다.

루터가 독일어 역사에서 중요한 인물이었던 것과 마찬가지로, 그는 프랑스어 역사에서도 중요한 위치를 점한다. 루터는 독일인들에게 자국어로 된 성경과 요리문답서 그리고 찬송가를 가져다주었다. 칼빈은 (비록 그의 주석서들 여기저기에 거의 완벽한 성경번역을 담고 있기는 하지만) 성경을 번역하지는 않았고, 그의 요리문답서와 몇몇 시편 곡조들은 결코 널리 사용되지 않았다. 하지만 그는 고전 라틴어와 고전 프랑스어를 사용했는데, 이 두 가지 언어에서 그는 동시대인들을 능가하였다. 그는 르네상스 교육을 받았으나 벰보의 현학적인 키케로 철학에 몰입하는 대신 옛 로마어가 기독교 사상에 공헌할 수 있도록 만들었다. 또한 프랑스어를 유난히 정확하고, 명료하고, 정교하고, 생동감이 있고, 우아한 언어로 끌어올려, 근대문명의 가장 중요한 언어들 가운데 하나로 만들었다.

근대 프랑스어와 문학은 칼빈과 그의 동시대인인 프랑수아 라블레(Francois Rabelais, 1483-1553)로부터 시작된다. 이 두 사람은 전적으로 다른데, 프랑스어

치신조」(Formula of Concord)는 믿는 자들의 무조건적인 선택과 인간의지의 노예성이라는 교리에 있어서는 칼빈주의적이지만, 보편적인 속죄와 보편적인 소명에 관한 교리에서는 아르미니우스주의적이며, 성례론(세례적 중생과 성찬시의 임재)에 있어서는 반(半)가톨릭적이다.

의 양 극단에 있는 특징을 보여준다. 칼빈은 당대의 가장 종교적인 사람이었고, 라블레는 가장 위트가 있는 사람이었다. 칼빈은 프랑스의 가장 뛰어난 신학자 중 한 사람이었고 라블레는 최고의 익살꾼이었다. 칼빈이 기독교적 스토아학파 (금욕주의자)였다면 라블레는 이교적 에피쿠로스학파(쾌락주의자)였다. 칼빈은 거의 전제정치에 가까운 치리를 대변하였고 라블레는 방종으로 치닫는 자유를 대변하였다. 칼빈은 신학적이고 논쟁적인 프랑스어 양식을 만들어 내었는데, 이 스타일은 진지한 토론에 적합하고 교훈과 확신을 목표로 한다. 라블레는 세속적인 스타일을 만들어 내었는데, 이는 사람들을 기쁘고 즐겁게 하는 것을 목적으로 한다.[10]

칼빈이 예리하게 만든 이 언어의 무기들을 17세기에는 보쉬에와 로마 가톨릭 신학자들이 개신교를 공격할 때 사용했고, 18세기에는 루소와 철학자들이 기독교를 공격할 때 사용했으며, 19세기에는 모노(Adolf Monod)와 베르시에(Eugéne Bersier)가 신약 성경의 복음을 전파하는 데 사용하였다.

67. 칼빈의 저술활동

칼빈의 저술활동은 그 방대한 양과 중요성에 있어서 고대나 근대의 어떤 교회의 저술가도 미치지 못할 수준이다. 그리고 그의 짧았던 생애, 병약함, 그리고 교사로, 설교가로, 교회 치리자로, 편지를 쓰는 일로 바빴던 그의 상황을 고려해 볼 때 이러한 사실은 더욱 놀라운 일이 아닐 수 없다. 교부들 가운데는 아우구스티누스가, 신학자들 중에는 토마스 아퀴나스가, 종교개혁자들 중에는 루터와 멜란히톤이 이에 비견할 만한 저술들을 남겼지만, 토마스 아퀴나스를 제외하고 그들은 다 칼빈보다 오래 살았다. 더욱이 칼빈은 두 가지 언어를 사용했으며, 그 둘을 다 명료하고 힘차고 우아하게 구사하였다. 반면에 아우구스티누스와 토마스 아퀴나스는 라틴어로만 저술했고, 루터는 독일어를 능통하게 사용했으며, 멜란히톤은 라틴어와 그리스어에 정통했지만 그의 독일어는 루터의 라틴어만큼이

---

10) 칼빈은 (1553년의 한 편지에서) 당시 음탕한 책이라고 정죄되었던 라블레(Rabelais)의 책 「팡타그뤼엘」(Pantagruel)을 한 차례 언급하고 있다.

나 서툴렀다.

칼빈의 저술들은 10개의 범주로 나눌 수 있다.

1. 주석적인 저술들

오경, 여호수아, 시편, 대선지서, 소선지서에 대한 주석서들, 사무엘상과 욥기에 대한 설교들, 요한 계시록을 제외한 모든 신약 성경 내용에 대한 주석서들이 있는데, 이것은 그의 저술들에서 가장 큰 비중을 차지한다.[11]

2. 교리적인 저술들

「기독교 강요」(라틴어와 프랑스어) 초판이 1536년 바젤에서 발행되었고, 제2판은 1539년 슈트라스부르크에서, 라틴어로 된 제5판은 1559년 제네바에서 출간되었다.[12]

기타 교리서들로는 1537년, 1542년, 1545년에 나온 3개의 요리문답서들, 1541년에 (라틴어와 프랑스어로) 나온 성찬에 관한 저술, 1549년과 1551년에 (라틴어와 프랑스어로) 나온 「취리히 일치신조」(*Consensus Tigurinus*), 1552년에 (라틴어와 프랑스어로) 나온 「제네바 일치신조」(*Consensus Genevensis*), 1559년과 1562년에 (라틴어와 프랑스어로) 나온 「프랑스 신앙고백」(*Gallican Confession*)이 있다.

3. 논쟁적이고 변증적인 저술들

(1) 로마 교회에 대항하여: 「사돌레토 추기경에게 보내는 답장」(1539), 「자유의지에 관하여 피기우스(Pighius)에게 보내는 반박문」(1543), 「성유물들의 숭배에 관하여」(1543), 「소르본의 교수들에 대항하여」(1544), 「종교개혁의 필요성에 관하여」(1544), 「트렌트 공의회에 대항하여」(1547).

(2) 재세례파에 대항하여: 「영혼 수면설 논박」(1534), 「재세례파라는 분파의 오류에 관한 간략한 강의」(1544).

---

11) *Opera*, vols. XXIII–XLIV에는 구약 성경 주석들이 들어 있다. 신약 성경 주석들은 Tholuck에 의해 1833–1838년에 7권의 라틴어로 별도 편집되었다.

12) *Opera*, vols. I–IV(1863–1866). 라틴어와 프랑스어.

(3) 자유주의자들에 대항하여: 「리버틴 분파의 열광적 오류들에 관하여」(라틴어와 프랑스어, 1545)

(4) 반삼위일체론자들에 대항하여: 「미카엘 세르베투스의 오류에 대항한 정통 신앙의 변호」(1554), 「G. Blandratae의 질문에 대한 대답」(1558), 「Valentinum Gentilem에 대항하여」(1561), 「폴란드 형제들(소키누스주의자)에게 응답함」(1561), 「폴란드 형제들을 향한 칼빈의 짤막한 권고」(1563).

(5) 「볼섹과 카스텔리오에 대항하여 예정론의 교리를 변호함」(1554, 1557).

(6) 1555년, 1556년, 1557년에 루터파 광신자인 베스트팔(Joachim Westphal)의 비방에 대항하여 성찬론의 교리를 변증함(두 권의 「변호서」와 「최후의 권고」). 1561년 같은 제목으로 헤스후지우스(Tileman Heshusius)에 대항하여 쓴 논문이 있음(「헤스후지우스의 미혹을 깨트리기 위한 명확한 설명」).

4. 교회와 교회 예전에 관한 저술들

「제네바 교회의 법령들」(1537), 「교회 법령에 관한 계획」(1541), 「목회자들이 행해야 할 선서에 관하여」(1542), 「결혼 예식서」(1545), 「시골 교회들 심방집」(1546), 「세례 예식서」(1551), 「학문적인 법규들」(1559), 「교회 규범과 학문적인 법규들」(1561), 「예식을 위한 기도문」.

5. 설교들

매우 많고, 대부분 청중들이 필사한 것들이다.[13]

6. 소논문들

1533년 콥(Cop)을 위해 파리에서 쓴 학문적인 연설문, 「점성술에 대항하여」(1549), 「걸림돌에 관하여」(1550) 등이 있다.

---

13) Henry Beveridge(II. 198)는 제네바 도서관에는 칼빈의 설교 사본 44권이 소장되어 있다고 말한다. 하지만 사서 Diodati는 이후에(III. Preface, p.viii.) 그에게 단지 9권만, 1549-1551, 1555-1556, 1560-1561 시기의 것들만 남아 있다고 알려주었다. 십계명, 신명기, 욥기, 아브라함의 제사 등에 관한 설교들을 비롯한 많은 설교들이 그의 생전에 출판되었다.

7. 각종 교리적 논쟁적 주제들에 대한 단편들

8. 편지들

칼빈의 편지들은 방대하여, 가장 최근에 나온 그의 전집에서 10권의 분량을 차지했다.[14]

9. 시

그리스도에 대한 찬양, 시편에 자유롭게 곡을 붙인 것들, 그리고 하나의 서사시(*Epinicion Christo cantatum*, 1541)가 있다.

10. 기타

칼빈은 1532년에 세네카의 「관용론」(*De Clementia*)에 주를 붙여서 편집하였고, 1546년에는 멜란히돈의 「신학총론」에 서문을 붙여서 프랑스어로 번역하였으며, 1535년에 올리베탕(Olivetan)의 프랑스어 성경에 서문을 썼다.

1564년 임종 직전에 제네바 시의 소의회와 목회자들에게 보낸 고별의 글들은 이 위대한 스승의 저술활동을 잘 마감하는 글이었다.

68. 칼빈을 기념하는 헌사들

교회의 역사에서 칼빈만큼 동시에 그렇게 많은 사랑과 증오를, 존경과 경멸을, 찬양과 비방을, 축복과 저주를 받은 인물은 없었다. 심지어 힐데브란트, 루터, 로욜라조차도 거기에 미치지는 못한다. 격렬한 논쟁의 시대에 서부 유럽에서 종교개혁 운동의 전망대에 섰던 그는 모든 이의 관찰의 대상이었고 사방에서 공격을 받았다. 종교적이고 분파적인 열정은 그 어떤 것보다 깊고 강한 것이다. 멜란히톤은 "신학자들의 분노"로부터 구해달라고 기도했고, 로마 가톨릭 교회

---

14) 슈트라스부르크의 편집자들은 칼빈이 주고받은 4,271통의 편지 전부를 제공해준다. Herminjard는 1542년까지의 그의 서신들을 출판하였다(제7권은 1886년에 나왔다).

는 비록 그들 가운데 적지 않은 수가 칼빈의 덕목들을 인정하였지만 칼빈을 그들의 가장 위험한 적으로 간주하고 두려워했다. 프로테스탄트들은 신조와 편견들로 인해 분열되었고, 그들 가운데 일부 사람들은 칼빈을 종교개혁자들 가운데 바울과 가장 유사한 사람이라고 생각하였고, 또 다른 사람들은 그가 자주 언급했던 예정론을 혐오하였다. 심지어 그가 세르베투스의 화형과 연관되었던 일도 16, 17세기 동안 정당한 일로 변호되었다. 하지만 지금은 일반적으로 비난을 받거나 정죄되고 있다.

전체적으로 보아서 역사의 평가는 점차적으로 그의 편이 되고 있다. 그는 알면 알수록 더 인정을 받는 사람이다. 그를 가장 잘 아는 사람이 그를 가장 높이 평가하고 있다. 그의 사역들이 맺은 열매는 풍성하고, 특별히 영어권에서 그러하며, 이것이 그의 가장 고상한 업적이 되고 있다. 칼빈을 중상하는 볼섹의 비난은 비록 오댕(Audin)에 의해 좀 더 약하게 되풀이되었으나 더 이상 사실로 믿어지지 않는다. 모든 객관적인 저술가들은 그가 비록 성자는 아니었지만 순수하고 고결한 성품의 소유자였으며, 소유욕과 악평으로부터 완전히 자유로운 사람이었다고 쓰고 있다. 저명한 프랑스의 한 회의적인 역사가조차도 그를 "가장 기독교적인 인물"이라고 말하고 있다. 유능한 심판관들에게 이와 같은 찬양과 존경을 받은 이는 그동안 하나님의 교회에 나타난 위대한 지도자들 가운데서도 드물다.

제 9 장

프랑스를 떠나 스위스로

69. 칼빈의 청년기와 훈련

다윗이 목동의 신분에서 불림을 받아 가장 권위 있는 지위로 높여졌듯이, 하나님은 원래 보잘것없고 천한 나를 택하사 복음의 설교자이자 목회자라는 영광스러운 직무를 맡기셨다. 내가 아직 어린 소년이었을 때, 내 아버지는 나에게 신학을 공부시키려 하셨다. 그러나 그 이후 법률을 공부하면 일반적으로 부자가 된다는 것을 깨닫고 아버지는 갑자기 생각을 바꾸셨다. 그래서 나는 철학을 공부하는 대신 법률을 공부하게 되었으며, 아버지의 뜻에 따라 열심히 공부하였다. 그러나 하나님은 그의 신비한 섭리를 통해 마침내 내 인생에 다른 길을 열어 주셨다. 그리고 처음에 내가 로마 가톨릭의 미신들에 너무 빠져서 이러한 깊은 미궁에서 쉽사리 벗어날 수 없었기 때문에, 하나님은 갑작스러운 회심(어떤 학자들은 이것을 예기치 않은 회심으로 말하기도 한다 : 역자주)을 통해 내가 가르침을 잘 받아들일 수 있는 마음을 갖도록 바꾸고 이끌어 가셨다. 나는 당시 내 나이 또래의 젊은이들보다 이런 문제들에 더 많이 매달려 있었다. 진정한 성결을 얼마간 맛보고 그에 대해 조금 알게 된 이후 나는 즉시 진보를 이루고 싶은 강한 열망으로 불탔으며, 다른 공부를 전혀 도외시한 것은 아니었으나 이전에 비해 그 열심은 식은 것이 사실이었다.[1]

이것은 칼빈이 자신의 시편 주석에 서문을 쓰면서, 부수적으로 자신의 젊은

---

1) *Opera*, XXXI. 21(라틴어와 프랑스어).

시절과 회심에 대해 말하고 있는 것이다. 다윗의 생애에 관해 말하던 중에 거기서 그 자신의 영적인 경험을 보게 된 것이다. 이 경우 말고는 단 한 번 자신의 회심에 관해 아주 간략히 비춘 적이 있을 뿐이다. 추기경 사돌레토(Jacopo Sadoleto)에게 보내는 답장에서 그는 자기가 절대로 이 세상의 유익을 탐해 교황파를 떠난 것이 아니라고 말하고 있다. 그는 "(내가 로마교회 안에 머물렀다면) 나는 내가 원하던 위치, 즉 자유롭고 명예로운 지위에서 저술활동을 할 수 있는 여유를 즐길 수 있는 위치에 별 어려움 없이 도달했을 것이다"[2]라고 쓰고 있다.

루터는 칼빈보다 훨씬 자유롭게 자신의 힘겨웠던 젊은 시절, 초기의 수도원 생활, 그리고 그의 고통받던 양심에 평화와 안식을 가져다 준 이신칭의의 교리를 깨달은 일에 대해 회고하였다.

칼빈(John Calvin)은[3] 1509년 7월 10일에 태어났는데, 이것은 루터와 츠빙글리보다 25년이나 뒤진다. 그가 태어난 곳은 북부 피카르디 지방, 대성당이 있는 도시 누아용(Noyon)이었는데, 이곳에는 교회당, 수도원, 신부, 수도사가 많아서 성자들의 누아용이라 불리었다. 이곳은 또한 십자군 원정을 이끈 아미앵의 피에르(Peter of Amiens), 프랑스 종교개혁과 가톨릭 종교개혁(counter-Reformation)의 지도자들, 여러 혁명가들과 그에 반동하는 인물들이 태어난 곳이기도 하다.

그의 부친 제라르 코뱅(Gérard Cauvin)은 딱딱하고 엄격한 사람이었으며, 누아용 주교의 공식 비서이자 시의 재정관이며, 이곳 교구의 수석 참사로서 매우 중요한 직위를 차지하고 있었다. 코뱅은 또한 이곳의 좋은 가문들과 친밀한 관계를 유지하였다. 칼빈의 어머니는 캉브레 출신의 잔 르프랑(Jeanne Lefranc)으로 미모와 신앙이 대단한 사람이었으나 칼빈이 아직 어렸을 때 세상을 떠났으며, 칼빈은 그녀에 대해 언급하고 있지 않다. 그의 부친은 재혼하였으며, 또한 재정적인 부정에 연루된 바가 있고 이단의 혐의를 받아 교회에서 파문을 당하기도 했다. 그는 1531년 5월 26일(혹은 25일)에 오랜 병고 끝에 사망했는데, 그의 채무를 책임지겠다고 나선 아들 샤를의 중재가 아니었다면 아마도 불신자들이

---

2) *Opera*, V. 388 이하.

3) Cauvin 혹은 Chauvin의 라틴식 이름이다. 그의 가명 중 하나인 Alcuin은 Calvin의 철자 순서를 바꾼 것이다. *La France Protest.*, III. 518, note를 보라. 그는 1532년 세네카에 관한 책에서 Calvinus라는 이름을 취하고 있다.

매장되는 묘지에 묻혔을 것이다.

칼빈에게는 4명의 형제와 2명의 누이가 있었다. 형제들 가운데 둘은 어려서 죽었고 나머지 둘은 성직자 교육을 받았는데, 아버지의 도움으로 일찍이 성직록을 받을 수 있었다.

칼빈의 형 샤를은 1518년에 대성당의 지도 신부가 되었고 또 루피의 교구 신부가 되었지만, 이단의 혐의를 받아 1531년 파문을 당하였다. 그는 1537년 10월 1일 세상을 떠났는데, 임종시에 성찬을 거부하였다. 그는 밤중에 교수대의 네 기둥 사이에 묻혔다.

칼빈의 동생 앙투안은 트라버시 인근의 투르네롤의 신부였다. 그러나 그는 복음적인 신앙을 받아들여 여동생 마리와 함께 칼빈을 따라 1536년에 제네바로 왔다. 앙투안은 그곳에서 서점을 경영하였다. 그는 칼빈 덕으로 시민권을 받았고(1546), 200인 의회의 의원으로 선출되었으며(1558), 60인 의회의 의원으로도 선출되었다(1570). 그는 또한 병원 감독관의 한 사람으로 임명되기도 했는데, 1573년에 죽었다. 그는 세 번 결혼했는데, 피난민의 딸이었던 그의 두번째 부인과는 부인의 간통 혐의 때문에 이혼하였다(1557). 칼빈은 이 사건으로 무고하게 고통을 받았지만 앙투안과 그의 다섯 아이들을 자신의 많지 않은 유산의 주요 상속인들로 삼았다.[4]

칼빈의 또 다른 누이는 누아용에서 결혼하였고 계속 로마 가톨릭 신자로 남은 것으로 보인다.

칼빈의 친척이자 동향인이었던 로베르(Pierre Robert)는 올리베탕(Olivetan)이라고 불리는데, 칼빈보다 몇 해 전에 개신교를 받아들였다. 그는 1528년에 슈트라스부르크에서 부처(Bucer)와 함께 그리스어와 히브리어를 공부하였다.[5] 그는 뇌샤텔에서 파렐(Farel)과 합류하여 그곳에서 1535년에 프랑스어 판 성경을 발행하기도 하였다.

---

4) Beza, *Vita Calv.* 마지막 부분(Calvin, *Opera*, XXI. 171에 수록됨)과, Lefranc, *l.c..* p. 184.

5) 부처가 파렐에게 보낸 1528년 5월 1일자 편지, in Herminjard, II. no. 232, 그리고 *Opera*, X. Pt. I. p. 1. 여기서 언급되고 있는 "누아용 출신 청년"은 Kampschulte(I. 231)가 추측하는 것처럼 칼빈이 아니고 아마도 올리베탕이었을 것이다. 칼빈이 슈트라스부르크에 그렇게 일찍 들렀다는 어떤 흔적도 없다.

칼빈이 죽고 나서 100년도 더 지나 그 집안 사람 가운데 한 사람인 베네딕투스 회 수도사 엘로이 코뱅(Eloi Cauvin)이 누아용에서 제네바로 이주하여 개혁파 신앙을 받아들였다(1667년 6월 13일).

이러한 여러 사실들을 통해 우리는 코뱅가에 반교황주의적인 정서가 어느 정도 퍼져 있었는지 알 수 있다. 1561년에 누아용의 많은 저명인사들이 이단 혐의를 받았고 1562년에 누아용의 참사회는 칼빈의 교리들에 반대하는 내용의 신앙고백을 선포하였다.

칼빈이 죽고 난 뒤에 개신교는 그의 고향 마을에서 완전히 근절되었다.

칼빈은 처음에 귀족 가문인 몸모르가(Mommor, Montmor가 아니다)의 자녀들과 함께 교육을 받았는데, 그는 이것을 항상 기쁘게 여겼다. 그는 배움에 빠른 진보를 보였고 훌륭한 태도와 귀족적인 분위기를 습득하였는데, 이는 그를 루터와 츠빙글리와 구별시킨다. 몸모르가의 아들 하나가 칼빈과 함께 파리로 갔다가 이후에 제네바까지 그를 따라갔다.

야심이 컸던 칼빈의 아버지는 처음에 그를 성직자로 만들고자 했다. 그는 심지어 칼빈이 12살 되던 때(1521) 그를 위해 누아용 대성당 신부직의 수입의 일부를 확보해 주었다.[6] 거기다가 18세 되던 해에 칼빈은 비록 그가 아직 교회법이 정하는 연령에 달하지도 않았고 겨우 삭발식을 했을 뿐이었지만 생 마르탱 드 마르테빌(S. Martin de Marteville)의 책임을 맡게 되었다(1527년 9월 27일).

이런 놀라운 불법 행위들은 당시에는 별로 드문 일이 아니었다. 비록 교회 회의들이 금지하였지만 복수 성직제와 궐석 성직제는 그대로 내버려 둘 수 없는 교회의 폐해들 가운데 하나였다. 누아용의 주교였던 샤를 드 앙제(Charles de Hangest)는 15살에 교황으로부터 "서로 조화되든 상충되든, 세속적이든 종교적이든간에 모든 직위를 맡을 수 있는" 관면장을 받았다. 그의 조카이자 상속자였던 장 드 앙제(Jean de Hangest)는 19살에 주교로 임명받았다. 유명한 콜리니의 형제 오데 드 샤틸롱(Odet de Chatillon)은 16살에 추기경이 되었다. 교황 레오 10

---

6) 누아용에는 네 명의 예배당 사제가 있었는데, 두 사람의 선임자는 번갈아 가면서 매일 아침 미사를 집전해야 했다. 서품을 받지 않은 칼빈은 다른 사제에게 자신을 대신하게 하고 그 비용을 지불해야 했다. Lefranc, p. 10. 츠빙글리는 종교개혁 사역을 시작한 이후에까지 교황청에서 주는 연금을 받았다. 이런 것들은 다 잘못된 일이지만, 그때에는 그렇게 여겨지지 않았다.

세는 7살의 어린 나이에 삭발식을 행하고 8살에 대주교직에 올랐으며 13살 때는 추기경 부제(cardinal-deacon)가 되었다(물론 16살이 될 때까지는 그 위엄을 나타내는 상징물을 착용해서는 안 되고 실제로 그 업무도 수행해서는 안 된다는 단서와 함께). 그 외에도 레오는 세 성당의 참사 회원, 여섯 교구의 감독관, 세 수도원의 원장, 13개 대수도원의 원장이었으며 아말피(Amalfi)의 주교이기도 했다. 그가 이 모든 직분으로 수입을 받았음은 물론이다!

칼빈은 동생을 위해 1529년 4월 30일에 성직을 사임하였다. 그는 1529년 7월 5일에 생 마르탱 대신에 퐁레베크(Pont-l'Eveque) 마을(그 아버지의 출생지)에서 성직을 맡았는데, 그가 프랑스를 떠나기 전인 1534년 5월 4일에는 이 일 역시 사임하였다. 그는 이 교회에서 가끔 설교는 행했지만 아직 사제직에 서품되지 않았기 때문에 성례들을 집행하지는 않았다.

성직의 수입으로 그는 다른 귀족 친구들과 함께 파리에서 공부를 계속할 수 있었다. 그는 14살 되던 1523년 8월에 마르슈 대학에 입학하였다.[7] 그는 이곳에서 경험이 많고 유명했던 마튀랭 코르디에(Marthurin Cordier)에게서 문법과 수사학을 배웠다. 그는 그에게서 라틴어로 생각하는 법과 쓰는 법을 배웠고, 이후에 데살로니가전서 주석을 그에게 헌정하였다(1550). 코르디에는 후에 프로테스탄트로 개종하였고, 제네바 대학 학장으로 일하다가 그곳에서 칼빈과 같은 해에 85세의 나이로 세상을 떠났다(1564).

칼빈은 마르슈 대학에서 엄격하게 교회 중심의 대학인 몽테귀 대학으로 옮겼다. 그는 이곳에서 학식있는 스페인 교수에게서 철학과 신학을 배웠다. 이후에 1528년 2월 예수회의 창시자인 로욜라의 이냐시오(Ignatius of Loyola)가 바로 이 학교에 와서 같은 스승에게서 배웠다. 16세기 종교 운동의 두 가지 상반되는 조류를 대표하는 두 인물이 같은 지붕 아래, 같은 책상에서 공부하는 일이 일어날 뻔한 것이다.

칼빈은 어린 시절에 이미 그의 성품의 뚜렷한 특질들을 보여주었다. 그는 양

---

7) 여기서는 Kampschulte(I. 223), Lefranc(p. 14)이 제시한 연도를 따랐다. *Opera*, XXI. 189는 칼빈이 1529년에 이 대학의 코르디에 교수 문하생(Corderii discipulus)이었다고 말하고 있지만 그 해에 그는 오를레앙과 부르주 대학 학생이었다. 그가 파리에서 공부했던 시기와 관련하여 약간의 혼동이 있다.

심적이고 꼼꼼하고 조용하고 책임감이 강했으며 대단히 종교적인 인물이었다. 확실하지 않은 소문에 따르면 그의 검열관 같은 성향 때문에 그는 친구들에 의해 "대격"(Accusative)이라고 불렸다고 한다.

70. 프랑스 대학에서 수학하던 학생 칼빈(1528-1533)

칼빈은 인문학, 철학, 신학에 있어 당시 프랑스 최고의 교육을 받았다. 그는 오를레앙, 부르주, 파리의 주요 대학들에서 1528년에서 1533년에 걸쳐 성공적으로 공부하였다. 처음에는 사제가 되기 위해서, 그리고 나중에는 아버지의 소원대로 부유한 삶을 보장해 주는 법률 관계 일을 하기 위해서 공부하였다. 아버지가 죽은 뒤에 그는 두 배의 열정을 가지고 다시 인문학에 몰두하였고, 나중에는 신학으로 방향을 바꾸었다.

그는 배우는 데 너무나 뛰어나 때때로 교수들을 대신하기도 하였다. 수업을 듣는 학생이라기보다는 교수로 여겨졌다. 수년이 지난 후에도, 오를레앙과 부르주 사람들은 밤늦게 공부하던 그를 기억하였다. 이러한 대단한 노력을 통해 그는 상당한 지식을 축적할 수 있었지만 건강을 해치게 되어, 평생 두통, 소화불량, 불면증으로 고통을 받게 되었다.

칼빈은 학창 시절 요란한 오락은 피하고, 그 대신 마음이 통하는 친구들과 우정을 쌓아 나갔다. 그들 중에는 세 명의 젊은 법률가 두셔맹(Duchemin), 코낭(Connan), 프랑수아 다니엘(Francois Daniel) 등이 있었다. 이들은 종교개혁의 필요성을 절감하고 진보를 선호했지만 옛 교회를 떠나지는 않았다. 이 시기의 그의 편지들은 간결하고 사무적이다. 이 편지들은 칼빈이 질서와 규칙을 선호하고 또 큰 것들 못지않게 작은 것들도 고려한다는 것을 잘 보여주지만, 그가 전통적인 신앙을 반대하고 있다는 흔적은 나타나지 않는다.

칼빈에게 그리스어와 히브리어를 가르친 스승은 로트바일 출신의 독일 인문주의자 볼마르(Melchior Volmar)였다. 그는 르페브르의 제자였으며 오를레앙과 부르주 대학에서 그리고 마지막에는 튀빙겐의 대학에서 성공적인 교수생활을 하다가 1561년 튀빙겐에서 죽었다. 그는 루터파 종교개혁에 공개적으로 동조하였고 그 제자들에게 이 방향으로 어느 정도 영향을 미친 것으로 생각되지만, 그에 대한 진정성 있는 자료가 남아 있지 않다.[8] 칼빈은 그와 매우 친밀했기 때문에, 당시 온 유럽을 뒤흔들고 있던 종교적인 문제에 대해 그와 토론했을 것이 틀림없다. 이 스승의 도움에 대해 감사하는 마음으로 칼빈은 자신의 고린도후서 주석을 그에게 헌정하였다(1546년 8월 1일).[9]

그에게 법률을 가르친 스승들로는 당대 최고의 두 법률가들이 있다. 먼저 오를레앙의 데스투알(Pierre d'Estoile)은 보수적인 인물로 파리 의회의 의장이 되었고, 다른 한 사람인 부르주의 알치아티(Andrea Alciati)는 밀라노 출신의 진보적인 사람으로서 볼로냐와 파도바에서 계속해서 학문적 경력을 쌓아나갔다. 칼빈은 이 두 라이벌들의 논쟁에 흥미를 가지고 있었으며, 그의 친구 두셔맹의 「안타폴로기아」(*Antapologia*)라는 논문에 짧은 서문을 쓰면서 데스투알의 편을 들었다.[10] 그는 1531년(1532년) 2월 14일 오를레앙에서 법학사 학위를 취득하였다.[11] 대학을 떠날 때 칼빈은 교수들의 만장일치로 통상적인 비용 없이 법학 박사 학위를 받았다.[12] 그는 헨리 8세의 이혼문제가 대륙의 대학들에게 자문을 얻기 위해 제시되었을 때 거기에 의견을 제시한 사람 가운데 하나였다. 그는 이때 형의 미망인과의 결혼의 합법성에 반대하는 의견을 내었다.

법철학 공부는 그의 판단력을 날카롭게 해주었고 인간의 본성에 대한 지식을 확장시켜 주었으며, 그가 제네바의 교회를 조직하고 관할하는 데 많은 실제적인 유익을 가져다주었다. 하지만 그것은 동시에 그에게 율법주의적인 경향과 지나

---

8) Flormond de Raemond(프랑스 종교개혁이 외국의 영향, 즉 독일의 영향을 받아 이루어진 것이라고 함으로써 평가절하하는 경향이 있다)는 볼마르가 이단이라는 독을 칼빈의 머리에 처음 주입시켰고, 유스티니아누스 법전을 그리스도의 복음과 바꾸라고 권한 사람이라고 주장한다. 하지만 칼빈과 베자는(*Opera*, XXI. 122) 볼마르를 스승이자 친구로 높이 평가하면서도 그의 종교적인 영향력에 대해서는 아무런 언급도 하지 않고 있다.

9) *Opera*, XII. no. 814. 그는 자신의 오랜 침묵에 대해 사과하고 있다. 볼마르와 교환한 서신은 아직 발견되지 않고 있다.

10) 1531년 3월 6일.

11) *Opera*, XXI. 190에서는 그 학위를 1532년에 받은 것으로 나와 있다.

12) *Opera*, XXI. 122. Colladon(f. 54)은 칼빈이 그 제안을 거부하였다고 덧붙이고 있는데, 그가 하사금을 거부했다는 것인지 그 학위를 거부했다는 것인지는 불명확하다. 아마도 전자일 가능성이 많다.

치게 논리적인 특징을 가중시켰다.

1531년 여름 누아용을 방문하여 병석에 있던 아버지를 만나본 이후에 칼빈은 동생 앙투안을 데리고 다시 파리로 갔다. 그는 거기서 오를레앙과 부르주에서의 몇몇 친구들을 만났다. 그 가운데 한 친구는 자기 부모의 집을 제공해 주었지만 칼빈은 사양하고 포르테 대학에 거처를 정했는데, 그는 1533년에 다시 이곳을 찾는다. 그는 1531년에 얼마간 오를레앙에서도 지냈다.

칼빈은 다시 고전 연구로 관심을 돌린다. 그는 헬레니즘주의자이자 백과사전적 지식의 소유자로 대단한 명성을 얻고 있던 다네스(Pierre Danés)의 강의들을 들었다.

칼빈이 가톨릭 교회에 반대한 흔적은 아직 보이지 않는다. 그의 편지들은 우정과 사업에 대해서는 언급하고 있지만 종교적인 문제들은 회피하고 있었다. 다니엘이 자신의 누이가 들어가고 싶어하는 파리의 수도원에 그녀를 소개해 달라고 부탁했을 때 칼빈은 이를 받아들였고 그녀의 생각을 바꾸려는 어떠한 노력도 하지 않았다. 그는 단지 그녀에게 스스로의 능력을 의지하지 말고 전적으로 하나님만 신뢰하라고 권면하였다. 이것은 적어도 칼빈이 서약과 선행의 수도생활에 대한 믿음을 상실했고 점차 복음주의적인 신앙의 중심을 향해 나아가고 있었음을 시사해 준다.

그는 부유하고 고결한 에티엔 드 라 포르주(Estienne de la Forge)라는 상인과 많은 교류를 하였는데, 이 상인은 후에 복음으로 인해 화형에 처해진다(1535).

그는 파리에서는 때때로 어려움을 당한 것으로 보인다. 교구 성직록에서 나오는 수입은 부정기적이었으며, 첫 번째 책을 펴내기 위해 돈을 지불해야만 했다. 1531년이 끝날 무렵 그는 친구 두셔맹에게서 2 크라운을 빌렸다. 그는 빠른 시일 안에 이 빚을 청산하고 싶다고 말했지만, 그럼에도 불구하고 우정어린 도움에 감사하여 빚진 자로 남았을 것이다.

칼빈의 종교적인 변화를 따르지 않은 친구들도 여전히 그와 충실한 관계를 유지했다는 사실은 주목할 만하다. 이는 종종 그에게 부과되는 냉정한 사람이라는 비난에 대한 효과적인 반증이 된다. 오를레앙의 프랑수아 다니엘은 1559년에 서신왕래를 재개했으며, 그의 아들 피에르의 교육을 칼빈에게 부탁했다. 피에르는 후에 오를레앙 근처 생브누아(Saint-Benoit)의 호민관이 되었다.[13]

71. 인문주의자 칼빈. 「세네카의 관용론 주석」

1532년 4월에 23살이던 칼빈은 자비로 출판된 자신의 첫 저서를 발표하였는데, 그의 문학적인 취향과 소양을 잘 보여준다. 이 책은 세네카의 책 「관용론」(*On Mercy*)에 대한 주석서이다. 그는 다니엘에게 "마침내 주사위는 던져졌다"라고 이 책의 출간을 알렸다. 그는 1515년과 1529년에 세네카의 책들을 출판했던 에라스무스에게 자신의 책을 한 권 보냈다. 그는 에라스무스를 "학문 세계의 영광이자 기쁨"라고 불렀다. 이 책은 그와 함께 공부했던 몸모르 가의 친구로서 당시 누아용에서 성 엘로이의 수도원장으로 있던 앙제(Claude de Hangest)에게 헌정되었다.

이 책은 고전 철학과 도덕 철학의 범주에 속하는 책으로서, 스토아학파에 대한 최고 수준의 특별한 애정, 그리스 로마 문학에 대한 상당한 식견,[14] 원숙한 라틴어, 보기 드문 주석 기법, 명확하고 건전한 판단력, 그리고 독재의 해악들과 사법제도의 약점에 대한 예리한 통찰력을 보여준다. 하지만 기독교에 대해서는 어떠한 언급도 없다. 아무튼 그의 첫 번째 책이 이교도 저술가들 가운데 가장 바울 사도에 근접해 있었던 한 도덕 철학자에 대한 주석서였다는 것은 상당히 특기할 만한 일이다.

이 책은 순전히 인문학자로서의 작업이었지 변증론자나 종교개혁자의 작품은 아니었다. 이 책이 박해받는 프로테스탄트들을 위해 관용과 자비를 간접적으로 탄원하려는 의도를 가졌다는 어떠한 증거도 없다. 이 책은 프랑스의 왕에게 헌정된 것도 아니며, 더욱이 네로의 박해를 다루면서 프랑수아 왕을 암시적으로 네로에 비교한 사실은 이 책이 그런 목적을 가진 것이 아니라는 것을 말해준다.

---

13) *Opera*, XVII. 584, 680에 실린, 칼빈이 Daniel에게 보낸 마지막 세 편지를 참조하라.

14) 그는 자유롭게 아리스토텔레스, 플루타르크, 베르길리우스, 리비우스, 오비디우스, 호라티우스, 플리니우스, 퀸틸리아누스, 쿠르티우스, 마크로비우스, 테렌티우스, 디오게네스 라에르티우스, 키케로 등을 인용하고 있다. 특별히 그는 키케로를 좋아하여 한동안 일년에 한 번은 완독하는 습관을 가지고 있었다. Lecoultre는 칼빈이 인용하고 있는 작품들의 목록을 부록에서 제시하고 있다. 그는 그가 이미 그때 마음 속으로는 프로테스탄트였다고 생각한다.

멜란히톤과 츠빙글리와 마찬가지로 칼빈은 인문주의자로 시작했고, 또한 그들과 마찬가지로 르네상스의 언어학적 문학적 문화를 종교개혁에 이바지하는 방향으로 사용하였다. 그들은 모두 에라스무스가 종교개혁을 반대하기 전까지 그를 칭송하였다. 에라스무스는 종교개혁으로 나아가는 길을 마련하기 위해 많은 일을 한 사람이기 때문이다. 에라스무스가 겁내어 후퇴했을 때 그들은 담대하게 앞으로 나아갔다. 그들은 학문보다는 신앙을 더 사랑하였다. 그들은 이교적인 고전들을 칭송하였지만, 사도들과 복음서 기자들을 보다 높은 하나님의 지혜로 이끄는 인도자들로 보고 그들을 따랐다.

72. 칼빈의 회심(1532)

칼빈이 돌연 종교개혁 운동을 받아들이고, 가난하고 박해받는 한 분파와 운명을 같이하고자 했을 때, 그 앞에는 인문주의자, 법률가, 교회 지도자로서의 빛나는 생애가 열렸다.

종교개혁의 분위기가 감돌고 있었다. 지식층들은 그 영향을 피할 수 없었다. 르페브르가 뿌린 씨가 프랑스에서 싹트고 있었다. 독일과 스위스에서부터 밀려온 영향력이 점차 더 크게 느껴졌다. 성직자들은 새로운 의견들에 반대하였고, 학식있는 사람들은 그것들을 선호하였다. 법정조차도 분열되었다. 국왕 프랑수아 1세는 프로테스탄트들을 박해했지만, 그의 누이 나바라의 여왕 마르가리타(Marguerite d'Angouléme)는 이들을 보호하였다. 어떻게 칼빈처럼 예민하고 학구적인 젊은 학자가 오를레앙, 부르주, 파리의 대학들을 뒤흔들고 있던 종교적인 문제에 무관심할 수 있었겠는가? 그는 자신의 첫 번째 저서에서 이미 보여주었던 것과 같은 그러한 깊은 식견을 얻을 수 있을 때까지 틀림없이 성경을 오랫동안 세심하게 연구했을 것이다.

그는 자신의 회심이 갑자기 일어난 일(subita conversio)이라고 말하고 있지만, 이것이 바울의 경우에서 볼 수 있는 것 이상의 사전 준비작업을 배제하는 것은 아니다. 도시가 한 차례의 공격으로 무너질 수는 있지만, 그것은 오랜 포위 후에나 이루어질 수 있는 일이다. 칼빈은 불신자도 부도덕한 청년도 아니었다. 반대로 그는 흠잡을 데 없는 성품을 지닌 헌신된 가톨릭 신자였다. 따라서 그의 회심은 로마 가톨릭교에서 개신교로의 변화이자, 로마 가톨릭의 미신으로부터 복음적 신앙으로의 변화, 스콜라주의적 전통주의로부터 성경적 단순성으로의 변화였다. 그는 어떠한 인간적인 매개도 없었다고 말한다. 심지어 볼마르(Volmar)나 올리베탕(Olivetan) 혹은 르페브르조차도 언급하지 않는다. 그는 "하나님 자신이 변화를 이루셨다. 그는 즉시 내 마음이 순종할 수 있게 하셨다"라고 말한다. 하나님의 말씀에 그의 지성을 완벽하게 순종시키고 하나님의 의지에 자신의 의지를 순복시키는 것이 그의 신앙의 기본 정신이었다. 그는 로마 가톨릭교의 기계적인 방법들로써 양심의 평화를 얻으려고 노력했지만 그것은 허사였고, 죄와 죄의식에 더욱 깊이 내몰렸다. 그는 "오직 하나의 구원의 항구가 우리 영혼을 향해 열려 있고, 그것이 바로 그리스도 안에 있는 하나님의 자비이다. 우리는 우리의 공덕이나 공로가 아니라 은혜로 구원받는다"라고 말한다. 교회의 참되고 불가시적이며 신적인 본질과, 교회의 외적이고 인간적인 형태와 조직을 구별하기까지 칼빈은 한동안 교회에 대한 존경심을 유지하였다. 그러다가 진리의 지식이 하늘로부터 밝은 빛과 같이 엄청난 힘으로 그의 정신을 뚫고 들어왔다. 그러고 나서는 하늘로부터 오는 소리를 복종하는 것 외에 달리 선택할 수 있는 어떤 것도 그에게 없었다. 그는 그 누구와도 의논하지 않고 배수진을 쳤다.

이 위대한 변화가 일어난 정확한 시간과 장소 그리고 환경은 정확하게 알려져 있지 않다. 그는 자신에 대해 말하기를 즐기지 않는 과묵한 사람이었다. 아마 이 일은 1532년 후반기에 오를레앙이나 파리에서 일어났을 것이다.[15] 프랑수아 다니엘에게 보내는 1533년 10월의 편지에서 그는 파리의 종교개혁, 소르본의 분노, 나바라 여왕을 비웃는 풍자극에 대해 처음 말하고 있다. 같은 해 11월에 그는 공개적으로 소르본을 공격하였다. 슈트라스부르크에 있는 부처에게 보낸 (아마도 1534년) 9월 4일자의 친밀한 편지에서 그는, 재세례파의 견해를 갖고 있다는 잘못된 혐의를 받고 있던 한 프랑스 피난민을 부탁하면서 이렇게 말했다.

---

15) Kampschulte, Lefranc, the Strassburg editors는 이렇게 보고 있지만, 베자는 이 회심을 훨씬 이전으로(1528년 혹은 1527년) 간주하면서, 이것이 올리베탕의 영향을 받은 것이 아닌가 추적한다. Henry와 메를르 도비네(I. 535)도 마찬가지이다. 슈테헬린은 이 일이 1533년 초에 일어난 것으로 보고 있다. 칼빈은 1532년에서 1533년의 대부분을 오를레앙에서 보냈다. *Opera*, XXI. 191.

존경하는 부처 목사님, 만약 나의 기도와 눈물이 조금이라도 효력이 있다면 이 가련한 사람을 불쌍히 여겨 도와주시기를 간청합니다. 당신은 특별한 방식으로 가난한 자들을 돕고 있고 또한 고아들을 도우시는 분이십니다 ⋯ 가장 학식 있는 목사님이여, 작별을 고합니다. 마음 깊은 곳에서 당신을 그리며.

그 어떤 회심도 이보다 더 동기가 순수하고, 내용이 철저하며, 그 결과가 더 풍성하고 영속적이었던 예는 없었다. 이는 광신적인 바리새인을 예수 그리스도의 사도로 변화시킨 다메섹 도상에서의 위대한 사건과 놀라울 정도의 유사성을 띤다. 그리고 실로 칼빈은 그 학식과 도덕적인 성품에 있어서 성 바울과 다르지 않았다. 그리고 이 주권적인 은혜와 복음적인 자유의 사도를 루터나 칼빈보다 더 잘 이해한 인물은 없었다.[16)]

칼빈은 그 자신이 의도하거나 노력하지 않았음에도 불구하고, 회심하고 난 후 1년도 채 안 되어 복음주의 집단의 지도자가 되었다. 진리를 탐구하는 사람들이 사방에서 그를 찾아왔다. 그는 그들을 피하고자 애썼으나 허사였다. 그가 조용한 곳을 찾아가 있으면 금방 그곳은 학교가 되고 말았다. 그는 사람들의 비밀 회합에서 겁에 질린 형제들을 위로하고 힘을 불어넣었다. 그는 좀처럼 자신의 지식을 내보이는 일이 없었지만, 프랑스 개혁파 교회의 오랜 연대기에 따르면, 그의 지식의 깊이가 너무나 심오하고 그의 말이 너무나 진실하여 그의 말을 듣고 누구라도 깊이 감동을 받지 않을 수 없었다. 그는 대개 "만약 하나님이 우리를 위하시면, 누가 우리를 대적하리요?"라는 바울의 말로 자신의 말을 시작하고 끝을 맺었다. 이것이 칼빈의 신학과 경건의 정수이다.

칼빈은 얼마간 로마 가톨릭 교회에 남아 있었다. 상황이 그로 하여금 교회를 떠나도록 몰아가기 전까지, 그는 교회 밖에서 교회를 개혁하기보다는 그 안에 머물면서 교회를 개혁하고자 했다.

---

16) Audin은 볼섹의 전철을 밟아서 칼빈의 회심을 상처입은 야심에서 비롯된 것으로 추적하고 있지만, 캄프슐테가 적절하게 관찰하고 있듯이, 이는 칼빈의 특징에 대한 그의 극도의 무지와 오해를 폭로할 뿐이다. 칼빈의 유일한 열망은 하나님을 섬기고자 하는 것이었다.

73. 칼빈의 소명

바울의 경우와 마찬가지로, 칼빈의 평생 사역의 소명은 그의 회심과 부합되었으며, 그는 자신의 사역들로써 이것을 증명하였다. "그 열매로 그들을 알지니."

우리는 일반적 소명과 특별한 소명, 즉 복음사역의 소명과 교회개혁의 소명을 구별해야 한다. 일반적 소명은 교회의 존재 자체를 위해 필요하고, 특별한 소명은 교회를 보다 나은 교회로 만들기 위해 필요하다. 일반적인 소명은 유대교 시대의 제사장 제도에 상응하는 것이고, 단절됨 없이 계속 이어져 오고 있다. 특별한 소명은 선지자들의 사역과 유사하며 커다란 위기가 있을 때 드물게 나타난다. 개혁자의 사역은 사도의 사역과 가장 근접한 것이다. 베드로와 바울 같은 이들이 보편 교회(the Church universal)를 세웠다면, 루터, 츠빙글리, 칼빈, 녹스, 친첸도르프, 웨슬리 같은 이들은 개별 교회들을 세웠다. 하지만 어떤 개혁자도 오류가 없지는 않았다.

1. 모든 개혁자들은 역사적인 가톨릭 교회 안에서 태어나서 세례와 견신례를 받고 교육받았지만, 가톨릭 교회는 이들을 내쫓았다. 이것은 사도들이 회당에서 할례를 받고 훈련을 받았지만 회당에서 쫓겨난 것과 마찬가지였다. 이들은 가톨릭 교회가 행한 의식들의 유효성은 결코 의심하지 않았고, 따라서 재세례를 거부하였다. 하지만 신적인 본질과 인간적인 첨가물을 구별하면서, 칼빈은 세례에 대해 "나는 성유는 거부하고 세례는 보존한다"라고 말하였다.

개혁자들은 또한 로마교회에서 사제로 안수를 받았는데, 이들 중 가장 뛰어난 신학자인 멜란히톤과 칼빈은 예외였다. 이것은 주목할 만한 예외였다. 멜란히톤은 일생동안 평신도로 남았지만, 그의 가르치는 권위가 의심을 받은 적은 없었다. 칼빈은 정식 목사가 되었다. 그런데 그는 어떻게 목사가 되었는가?

우리가 이미 살펴본 것처럼, 그는 로마교회의 사제가 되고자 교육을 받았고 어려서 삭발식을 하였다.[17] 그는 또한 두 개의 성직록을 받았으며, 퐁레베크와

---

17) 삭발식에 대한 평가는 상이하였지만, 일반적으로 낮은 성직 계급에서는 배제되었다. 칼빈은(*Institutes*, IV. 19장, 22절) 이렇게 말한다. "어떤 사람들은 성직자의 삭발식이 첫 번째 단계이고 주교직이 최종적인 단계라고 말하지만, 다른 사람들은 삭발식을 배제하고 대주교직을 성직에 포함시킨다." 페트루스 롬바르두스는 성령의 일곱 가지 은사(이사야 11:2,3)에 상응하는 일곱 가지 성직을 구분하고 있다. 교구 하급 관

부르주 근처의 작은 마을인 리니에르에서 가끔 설교를 하였다. 그곳에서 그는 "수도사들보다 더 설교를 잘한다"는 인상을 남겼다.

그러나 그는 결코 미사를 집전한 적도 없고 이른바 고위 성직에 들었던 적도 없었다.

칼빈이 로마 교회를 떠난 이후, 프랑스에는 그에게 안수를 베풀 복음주의적인 주교가 아무도 없었다. 모든 주교들이 옛 로마 교회에 머물러 있었고 두세 명만이 동프로이센과 스웨덴에 있었다. 만약 기독교 사역의 정당성이 교구 주교들의 끊임없는 승계 — 이것 또한 역사적인 증거에 의존한다 — 에 의존하는 것이라면, 종교개혁을 변호하고 로마교회의 주장에 대항하는 것이 어려울 것이다. 그러나 개혁자들은 영존하시는 교회의 머리이신 그리스도, 시대를 막론하고 그의 모든 백성들에게 똑같이 함께하시는 그리스도의 약속 위에 기초를 두었다. 개혁자들은 성직 수임 안수식이 하나님께서 제정하신 성례이고, 오직 주교들만이 시행할 수 있으며, 이를 통해 희생을 드리고 죄를 사할 수 있는 사제의 권한이 부여된다고 주장하는 로마 가톨릭의 주장에 반대했다. 그들은 믿는 자들의 만인제사장설을 가르쳤으며, 성령의 내적인 부르심과 기독교 신자들의 외적인 소명에 의지하였다. 루터는 그의 초기 저작들에서 열쇠의 권위를 교황이 아니라 회중들에 두었고, 성직 안수식과 하나님의 부르심을 동일시하였다. 그는 "부르심을 받은 자는 누구든지 안수를 받고 반드시 설교를 해야 한다. 이것이 우리 주님의 성별이자 진정한 성유이다"라고 말했다. 그는 심지어 그의 친구 암스도르프를 나움부르크의 감독으로 임명하는 파격을 행사하였다. 이렇게 해서 그는 자신이 교황뿐 아니라 주교도 임명할 수 있으며, 성유를 사용하지 않고도 이를 시행할 수 있다는 것을 보여주었다.

칼빈은 1536년 제네바에서 장로들과 의회에 의해 만장일치로 목사와 신학교사로 정식으로 선출되었다.

.리(beadles), 강경품(readers), 구마품(exorcists), 시종품(acolytes), 차부제품(subdeacons), 부제(deacons), 사제품(priests). 그는 주교직을 별도의 성직으로 보지 않고, 명예직으로서 patriarch, archbishop, metropolitan, bishop이라는 네 등급이 있다고 보았다. 몇몇 학자들과 교회법 학자들은 주교직과 대주교직을 포함하는 8,9개의 성직이 있다고 간주한다. 트렌트 공의회는 세 개의 주된 성직을 규정하고 있는데, 주교(bishop), 사제(priest 혹은 presbyter), 그리고 부제(deacon)가 그것이다.

대중에 의한 이러한 선출은 초대의 관습을 복원한 것이었다. 키프리아누스, 암브로시우스, 아우구스티누스 등 초대교회의 위대한 주교들은 회중들의 목소리에 의해 선출되었으며, 이들은 회중들의 목소리를 하나님의 목소리로 알고 그에 복종하였다.

우리는 칼빈이 개혁교회에서 지켜지고 있는 사도적 관습(apostolic custom, 딤전 4:14)에 따라 (파렐과 비레와 마찬가지로) 기도와 장로들의 안수 의식을 통해 엄숙하게 그의 직책에 임명되었는지 알 수 없다. 그는 안수식을 필수적인 것이라고 보지는 않았지만, 교훈하는 힘이 있는 사도들의 실행에 의해 재가된 것으로서 존중해야 할 의식이라고 보았다.[18] 그는 심지어 안수식에 반쯤은 성례의 성격을 부여하기도 하였다. 그는 이렇게 말하였다.

참된 교회의 장로와 목사를 그 직무에 임명할 때 행하는 안수를 하나의 성례로 간주하는 데 대해 나는 아무런 반대도 하지 않는다. 먼저 이 성례는 성경에서 나온 것이고, 그 다음 이것은 바울에 의해 불필요하거나 무용한 것이 아니라 영적인 은혜에 대한 신실한 상징이 된다고 선포된(딤전 4:14) 것이기 때문이다. 그렇다고 나는 그것을 세 번째 성례로 꼽지는 않았다. 왜냐하면 그것은 모든 믿는 자들에게 일상적이고 공통적인 것이 아니고 특정한 직책을 위한 특별한 의식이기 때문이다. 그렇지만 기독교 목회자에게 이러한 영광을 돌린다고 해서 이것이 로마 가톨릭 사제들이 교만해야 할 이유를 제공하는 것은 아니다. 왜냐하면 그리스도는 그의 복음과 신비들을 널리 전하기 위해 목회자들의 안수를 명하신 것이지, 희생의 제사를 드리도록 사제들의 개업식을 명하신 것이 아니기 때문이다. 그리스도는 그들에게 희생양들을 불태우는 사명을 맡기신 것이 아니라 복음을 전하고 그의 양 떼를 먹이는 사명을 주신 것이다.[19]

감독체제를 택하지 않은 교회들에서의 복음사역은 필연적으로 장로체제일 수밖에 없었는데, 이것은 원래 감독직과 동일한 장로직에서 유래되었다. 심지어 잉글랜드 교회의 경우에도 에드워드 6세와 엘리자베스 여왕 치하의 종교개혁 형

---

18) *Institutes*, IV. ch. III.
19) *Institutes*, IV. ch. XIX.

성기 동안 장로교의 안수식을 인정하였는데, 비단 대륙의 루터파와 개혁교회들에서의 안수식만을 인정한 것이 아니고 영국의 관할 구역 내에서까지도 인정한 것이었다. 우리는 그 예를 옥스퍼드의 신학교수 베르밀리(Pietro Martire Vermigli), 케임브리지 대학의 교수였던 부처, 파기우스(Fagius), 카트라이트(Cartwright), 런던의 목사 아 라스코(John á Lasco), 더럼(Durham)의 위팅엄(Whittingham) 학장을 비롯한 많은 사람들의 경우에서 볼 수 있다.[20]

2. 칼빈과 다른 개혁자들은 옛 가톨릭 교회를 개혁하고 새로운 교회를 세울 권위를 어디서 부여받았는가? 여기서 우리는 특별한 신적 소명과 상황을 고려해야 한다. 개혁자들은 일반적인 제사장 범주에 드는 사람들이 아니라 특별한 선지자들의 범주에 드는 사람들이다. 하나님은 자신의 성령을 통해 쟁기질 하던 사람, 양을 치던 사람, 일터에 있던 사람, 학문연구에 몰두하던 사람들 중에서 자신의 선지자를 직접 부르신다. 그리하여 그는 사람들을 세우고 그들에게 시, 예술, 과학, 발명, 발견을 위한 각별한 천재성을 부어주신다. 모든 선한 은사가 다 하나님에게서 나오는 것이지만, 천재성의 은사는 특별한 것으로서, 일반적인 혈통을 따라 나오거나 유전될 수 없다. 신적인 일반성과 함께 신적인 특수성이 있는 것이다. 하나님은 직선뿐만 아니라 곡선 위에도 쓰신다. 바울도 특수한 시대에 부르심을 받아, 베드로나 다른 사도들에게서 안수를 받지 않았다. 그는 자신의 권위를 그리스도에게서 직접 끌어내었으며, 자신의 풍성한 사역을 통해 자신이 하나님의 사역자임을 증명하였다.

사도시대에는 전체 교회를 위해서는 사도, 선지자, 복음 전도자들이 있었고, 개별 교회의 회중을 위해서는 장로-감독(presbyter-bishop)과 집사가 있었다. 전자 그룹에 속하는 사람들은 특별한 직분자들로 간주되었다. 하지만 삶의 다른 분야들에서 이러한 천재들이 사라지지 않은 것과 마찬가지로, 이 범주에 속하는 사람들은 아직 사라지지 않았다. 이들은 언제 어디서나 자신들을 필요로 할 때면 나타난다.

우리는 일반적인 은혜에 제한되어 있지만, 하나님은 자유로우시며 그의 성령

---

20) Keble은 Hooker의 *Ecclesiastical Polity*에 부치는 서문에서 이렇게 말한다. "후커가 이 글을 쓸 당시까지(1594), 많은 사람들이 장로교적인 안수만으로도 영국교회의 목회에 참여할 수 있도록 허용되었다."

은 그가 기뻐하시는 시간과 장소에서, 그의 방법대로 일하신다. 하나님은 일반적인 사역을 위해 일반적인 방법으로 일반적인 사람들을 부르시고, 또 특별한 사역을 위해 특별한 방법으로 특별한 사람들을 부르신다. 그는 과거에도 그렇게 하셨으며 마지막 때까지 그렇게 하실 것이다.[21]

성공회 신학자들 가운데 가장 "현명한" 리처드 후커(Richard Hooker)는 "비록 많은 사람들이 신적인 지식을 접하는 데 있어 칼빈에게 빚졌지만, 그는 하나님께만 빚지고 다른 누구에게도 빚지지 않았다"라고 말했다.

74. 공개적인 분열. 학술 연설(1533)

한동안 사태는 개혁파에게 우호적인 듯했다. 소르본의 반동적인 행위와 마르가리타 여왕의 「죄악된 영혼의 거울」(*Mirror of a Sinful Soul*) — 부드럽고 단조로우며 신비적 환상을 다룬 서적[22] — 을 정죄함으로써 그녀를 모독한 사건은 그녀의 오빠인 국왕과 그 대학의 자유주의적인 구성원들을 자극하였다. 루셀(Gérard Roussel)과 아우구스티누스주의자들인 베르톨(Bertault), 쿠롤(Courault) 같이 온건한 개혁에 공감하였던 몇몇 설교자들의 경우 파리에서의 설교가 허용되었다.[23] 국왕 자신도 독일의 황제에게 반대하고 헨리 8세와 친분을 유지함으로써 이단과 분파들을 돕고 있다는 의심을 받았다. 그는 정치적인 동기에서, 그리고 여동생 마르가리타를 생각해서 보수파와 진보파를 중재하고자 애썼다. 그는 심지어 멜란히톤을 자문관으로 파리에 초청했으나 멜란히톤은 현명하게 이를

---

21) 우리 세대가 이에 대한 증인이다. 무디(Dwight Lyman Moody)를 예로 들 수 있는데, 그는 성직 임명을 받지 않은 평신도였지만, 하나님의 가르침을 받은 진정한 복음주의자이다. 아마도 그는 이 시대의 어느 성직자나 학자보다 더 많은 사람들을 기독교로 회심시켰을 것이다. 그는 노스필드에 있는 자기 집을 전국 각처, 심지어 외국에서 몰려오는 성경 학도들을 위한 예루살렘으로 만들었다.

22) 이 책은 순전히 부정적인 증거에 근거해서 정죄되었다. 연옥과 성인들의 중보에 대해 침묵을 지킨 점이 그것을 부정하는 것으로 해석되었던 것이다.

23) Elie Courault은 이후 1534년에 바젤로 도피하였으며, 1536년에 제네바에서 파렐과 칼빈의 동료가 되었다. Herminjard, IV. 114, note 9 참조.

사양했다.

저명한 어전 의사(바젤의 윌리엄 콥)의 아들이자 칼빈의 친구인 니콜라스 콥(Nicolas Cop)이 1533년 10월 10일 대학의 학장에 선출되었다. 그는 만성절이었던 11월 1일에 마튀랭 교회에서 많은 회중들 앞에서 통상적인 취임 연설을 하였다.

이 연설문은 새 학장의 요청을 받아 칼빈이 작성한 것이었다. 이것은 신약 성경에 기초하여 종교개혁을 호소하고 있었는데, 당시의 스콜라적인 신학자들을 강력하게 공격하면서 그들을 복음에 무식한 일단의 궤변가들로 표현하였다. 칼빈은 "그들은 신앙에 대해서, 하나님의 사랑에 대해서, 죄의 용서에 대해서, 은혜에 대해서, 칭의에 대해서 아무것도 가르치지 않는다. 혹 그들이 이것들에 대해 가르치는 것이 있다 하더라도, 자신들의 법과 궤변들로써 이 모든 것들을 변질시키고 평가 절하시키고 만다. 나는 여기 계신 여러분께 더 이상 이런 이단과 부정을 참지 말라고 당부한다."[24]

소르본 대학과 의회는 이 학술적인 연설문을 가톨릭 교회에 대한 선전포고로 간주하고 불태워 버렸다. 콥은 경고를 받고 바젤에 있는 친척들에게 도망하였다.[25] 이 소동의 장본인인 칼빈은 침대 시트를 이용해서 창문을 타고 내려와서 포도원 일꾼으로 변장하여 호미를 어깨에 메고 파리를 빠져나갔다고 한다. 그의 방이 수색당하고 책과 원고들은 경찰들에 의해 압류되었다.[26]

---

24) 이 연설의 일부는 J. Bonnet이 제네바 도서관에 보관되어 있는 사본들 가운데서 발견하였고, 연설문 전체는 슈트라스부르크에 있는 성 토마스 도서관에서 Reuss와 Cunitz가 발견하였다. 이 연설문은 *Opera*, X. Pars II. 30–36(요약본은 IX. 873–876)에 수록되었다. Herminjard, III. 117, note, 그리고 418 이하와 비교.

25) 그에게는 3백 크라운의 현상금이 내걸렸다. 그래서 부처가 1534년 1월 13일에 블라우러에게 편지하였다(Herminjard, III. 130). 콥은 1534년 4월 5일 부처에게 알리기를, 파리에서 한 독일인이 화체설을 부인했다는 죄목으로 화형에 처해졌다고 하였다(Herminjard, III. 159).

26) 베자에 따르면(*Vita Calv.*, XXI. 123), 마르가리타 여왕은 칼빈을 보호하고 그를 자신의 궁정에 환대해 주었지만, 칼빈은 파리를 서둘러 떠났음이 확실하다. Colladon은 마르가리타의 개입에 대해서는 아무 언급도 하지 않는다. 칼빈의 탈출에 관한 이야기는 Papyrius Masson과 Desmay가 기록하고 있다. M'Crie, p. 100, note 59 참조. 칼빈의 탈출은 사도행전 9:25의 다마스쿠스에서의 바울의 탈출에 비견되어 왔

75. 파리에서의 프로테스탄트 박해(1534)

이 소동은 그리 큰 해악을 끼치지 않고 지나갈 수 있었을 것이다. 그러나 그 다음 해에 일어난 유명한 벽보(placards) 사건에 의해 그 반동이 엄청나게 커졌고, 이 해는 "벽보들의 해"라는 이름을 얻었다. 왕의 약제사의 하인으로서 지나치게 열광적이고 광신적인 페레(Feret)라는 이름의 한 프로테스탄트가 1534년 10월 18일 밤에 "끔찍하고 극심하며 참을 수 없는 교황의 미사의 폐해들에 대하여"라는 제목의 글을 파리 곳곳에 갖다 붙이고 심지어 당시에 왕이 거하고 있던 퐁텐블로 궁정의 왕의 침실 문에도 붙였다. 이 벽보에서 미사는 그리스도의 유일하고 완전하고 충분한 희생을 불경스럽게 부인하는 것으로 묘사되고 있고, 교황은 그의 모든 졸개들인 추기경, 주교, 신부, 수도사들과 함께 위선자이자 적그리스도의 부하라고 매도되었다.[27]

모든 온건한 프로테스탄트들은 이러한 과격주의의 시기상조적 분출을 유감스럽게 생각하였다. 그것은 프랑스에서의 종교개혁의 전망을 지연시키고 거의 무너뜨렸다. 아무리 좋은 주장도 지나치면 아무것도 이루지 못한다.

국왕은 당연히 크게 격분하여 혐의자를 모두 체포하라고 명하였고, 감옥은 곧 차고 넘쳤다. 거룩한 미사와 성직위계제도에 대한 이러한 모독이 야기한 오욕으로부터 도시를 깨끗하게 한다는 명목으로 1535년 1월 29일에 루브르에서 노트르담까지 가장 장엄한 행렬이 거행되었다. 파리시의 수호성인 성 주느비에브 상이 큰 길을 통해 옮겨졌고, 대주교는 장엄한 단 아래에서 성찬을 들었으며 국왕은 세 명의 왕자들과 함께 머리에 관도 쓰지 않고 맨발로 손에 촛불을 들고 행렬의 선두에 섰다. 그 뒤를 따라 왕족, 추기경, 주교, 사제, 대사, 국가와 대학의 중요한 관료들이 깊은 침묵 속에서 횃불을 들고 둘씩 둘씩 나란히 걸었다. 대성당에

다.

27) 당시 스위스에 있었던 파렐은 이 선동적인 출판과 어떤 연관이 있다는 의심을 받았지만, 아무런 증거도 없었다. 이때 억류되어 있던 Courault은 "사람들의 마음에 커다란 동요를 일으켜서, 믿는 자들 전체에 대한 비난을 불러올 것이라는 이유에서" 이 논문을 출판하지 말라고 충고하였다. *Hist. Martyr.*, fol. 64., quoted by M'Crie, p. 102.

서는 거룩한 미사가 행해졌다. 그런 후 왕은 고위 성직자들과 고관들과 함께 정찬을 하면서 만약 자기 자식이라도 이러한 새로운 저주받은 이단의 혐의가 있으면 목을 베기를 주저하지 않을 것이며, 그들을 하나님의 정의를 위한 희생 제물로 내놓을 것이라고 선언하였다.

이날의 이 화려한 의식은 여섯 명의 프로테스탄트를 참혹하게 화형시키는 것으로 끝이 났다. 그들을 밧줄에 묶어서 타오르는 불길 속으로 끌어내렸다가 다시 끌어올린 후에 결국에는 순식간에 불 속으로 떨어트렸다. 그들은 영웅들처럼 죽었다. 그들 가운데 학식있는 사람들은 혀가 잘려 나갔다. 24명의 무고한 프로테스탄트들이 1534년 11월 10일부터 1535년 5월 5일 사이에 그 시의 공개적인 장소에서 산채로 불에 태워졌다. 그들 중에는 칼빈의 절친한 친구였던 에티엔 포르주(Etienne de la Forge, Stephanus Forgeus)도 있었다. 더 많은 사람들이 벌금을 선고받고, 투옥되고, 고문을 당했으며, 상당수는 슈트라스부르크로 도망을 갔는데 그 중에 칼빈과 뒤 티예(Louis du Tillet)도 포함되어 있었다.[28]

이러한 잔인한 행위들은 이단, 비도덕성, 반역의 혐의를 씌움으로써 정당화되거나 변명되었고, 같은 해에 뮌스터에서 재세례파에 속하는 한 광신적인 일파가 일으킨 난폭한 행위를 언급함으로써 정당화되었다. 그러나 당시의 위그노들은 그 후손들이 언제나 그러했고 지금도 그러한 것처럼, 프랑스 시민 가운데 가장 지적이고 도덕적이고 질서를 잘 지키는 사람들이었다.

소르본은 국왕에게 인쇄소를 폐쇄하라고 촉구하였다(1535년 1월 13일). 왕은 잠정적인 폐쇄에 동의하였다(2월 26일). 그 이후 검열이 지시되었고, 이 검열은 처음에는 의회에 의해, 그 이후에는 성직자들에 의해서 이루어졌다(1542년). 인쇄술은 자유로운 사상을 촉진시켰고 자유로운 사상은 또한 인쇄술을 촉진시켰다. 1500년 이전에 4백만 권의 책이 (대부분 2절판으로) 인쇄되었고, 1500년에서

---

28) 프로테스탄트들이 보고하고 있는 내용은 한 로마 가톨릭 신자, Bourgeois de Paris의 보고에 의해 입증되고 있다. 그는 하나님을 기쁘시게 하는 광경이라는 생각에서 만족감에 차서 화형식들을 목격하였으며, 처형이 일어난 날짜와 장소들을 언급하고 있다(1534년 11월 10, 18, 19일, 12월 4일, 1535년 1월 21, 22일, 2월 16, 19, 26일, 3월 3일, 5월 5일). 희생자들의 직업도 적고 있는데, 그들 대부분은 노동자들이었으며, 부유한 상인도 한 사람 있었다. 이 보고서는 1854년에 출판되었다가 Michelet의 *Histoire de France*(vol. X. 340 이하)에 수록되어 재인쇄되었다.

1536년 사이에는 1천 7백만 권의 책이, 그 이후에는 셀 수 없이 많은 책이 출판되었다. 건강을 위해 호흡이 필요한 것처럼 인쇄술은 자유를 위해 필수적인 것이다. 어떤 공기는 좋고 어떤 공기는 나쁘다. 그러나 좋든 나쁘든 공기는 생명의 조건이 된다.

이 박해는 칼빈이 「기독교 강요」를 쓰게 되는 직접적인 계기가 되었고, 루이 14세 치하에서 그 정점에 달하게 된 여러 박해의 시발점이 됨으로써, 결국 프랑스 개혁교회를 순교자들의 교회로 만들었다.

76. 순회 전도자로서의 칼빈(1533-1536)

자신의 최종 종착지인 제네바에 이르기까지 근 3년간 칼빈은 가명[29]을 사용하면서 남부 프랑스, 스위스, 이탈리아 곳곳을 망명자요 복음 전도자로 순회하였다. 이 시기에 일어난 모든 사실들과 그 날짜들을 정확하게 아는 것은 불가능하다.

그는 1534년 5월 14일 누아용과 퐁레베크로부터 성직록을 받는 직책을 사임하였고, 그에 따라 로마교회와의 모든 연관관계를 단절시켰다. 이 해는 가톨릭 종교개혁 혹은 반동 종교개혁(Counter-Reformation)을 이끈 예수회가 몽마르트에서 창설된(8월 15일) 해이고, 이 수도회를 공인하고 헨리 8세를 파문했으며 이탈리아에 종교재판소를 설치한 교황 바울 3세(Alexander Farnese, 10월 13일)가 선출된 해이며, 앞에서 묘사된 대로 파리에서 프로테스탄트들에 대한 피의 박해가 있었던 해이다.

로마교회의 소위 반동 종교개혁이 이제 본격적으로 시작되어, 프로테스탄트 세력의 결집을 불러왔다.

칼빈은 1533년에서 1534년까지의 대부분의 시간을 나바라의 여왕 마르가리타의 보호 아래 그녀의 고향인 앙굴렘 시에서 보냈다. 프랑수아 1세의 누이이자 앙리 4세의 할머니로서 많은 산문과 시를 썼던 이 재능 많은 여인(1492-1549)은 경

---

29) Charles d'Espeville, Martianus Lucanius, Carolus Passelius, Alcuin, Depercan, Calpurnius와 같은 이름이다.

건과 자유주의 사상을, 이상주의와 쾌락주의를 기묘하게 결합시키고 있었다. 그녀는 종교개혁과 르네상스, 칼빈과 라블레(Rabelais) 둘 다를 후원했다. 그녀는 「죄악된 영혼의 거울」과, 보카치오의 「데카메론」(Decamerone)을 공공연하게 모방한 「엡타메론」(Heptameron)을 저술했다. 그녀는 정숙했으며 하루를 종교적인 명상과 예배로 시작하고 마쳤다. 국왕 프랑수아 1세가 죽은(1547) 후에 그녀는 속세를 떠나 수녀원장이 되었는데, 종부성사를 받고 난 후 임종시에 자신이 개혁자들을 보호한 것은 순전한 동정심 때문이었으며 선조들의 신앙을 저버릴 생각은 결코 없었다고 선언하였다.

칼빈은 앙굴렘에서 클렉스 성당의 참사회원이자 교구 신부였던 부유한 친구인 뒤 티예와 함께 지냈으며, 여행을 통해 3-4천 권에 이르는 희귀한 책들을 습득하였다.[30] 칼빈은 뒤 티예에게 그리스어를 가르치면서 자신의 신학공부를 계속하였다. 그는 학식있는 사람들과 교제를 하였고, 그들로부터 크게 존경을 받았다. 거기서 그는 「기독교 강요」를 준비하기 시작했다. 그는 또한 올리베탕이 프랑스어 판 성경을 개정하고 완성하는 것을 도왔다. 이 프랑스어 판은 1535년 6월에 뇌샤텔에서 칼빈의 서문과 함께 출판되었다.[31]

칼빈은 앙굴렘에서 네락, 푸아티에, 오를레앙, 파리까지 다녀오곤 하였다. 마르가리타 여왕의 작은 수도인 베아른의 네락에서 그는 르페브르 데타플(LeFévre d'Etaples, Faber Stapulensis)과 개인적인 친분을 맺었다. 프랑스 인문주의와 개신교의 아버지라 할 수 있는 르페브르는 예언자적인 통찰력을 지닌 인물로서, 이 젊은 학자가 장차 프랑스 교회를 회복할 인물임을 알아차렸다. 아마도 그는 또한 칼빈에게 멜란히톤을 모델로 삼으라고 제안했을 것이다.[32] 마르가리타 여왕의 사목이자 고해신부였던 루셀(Roussel)은 칼빈에게 하나님의 집을 순결케 하되

---

30) Ep. 20, *Opera*, X. Pt. I. 37. Florimond de Raeond(p.883)는 칼빈이 앙굴렘에 체류한 기간을 3년으로 확대시키고 있는데, 이는 명백하게 오류이다.

31) Ep. 29, *Opera*, X. Pt. I. 51; vol. IX. 787-790의 서문. 베자는(Stähelin, I. 88도 이런 주장을 하고 있다) 그가 1534년에 신약 성경만을 내용으로 출판된 제1판에도 참여했다고 말하고 있는데, 이것은 오류인 것 같다. Reuss, *"Révue de Theologie,"* 1866, No. III. 318, Kampschulte, I. 247, Herminjard, III. 349, note 8을 보라.

32) Florimond de R ond에 따르면.

그것을 파괴하지는 말아 달라고 충고하였다.

푸아티에서 칼빈은 종교개혁을 위해 중요한 몇 사람을 얻었다. 확실하지 않은 전통에 따르면 그는 몇몇 친구들과 함께 그 도시 근처에 있는 한 동굴(grotte de Croutelles)에서 최초로 개혁파 스타일로 성찬식을 행했다고 한다. 이 동굴은 오랜 시간이 지난 후 "칼빈의 동굴"이라 불리게 되었다.

1534년이 끝나갈 무렵 칼빈은 위험을 무릅쓰고 파리를 방문하였다. 거기서 그는 스페인 출신 의사인 세르베투스(Michael Servetus)를 처음 만났다. 그는 당시에 이단적인 책인 「삼위일체의 오류에 관하여」(*On the Errors of the Trinity*)를 출간한 인물로서, 칼빈에게 논쟁을 제안하였다. 칼빈은 신변의 위험을 무릅쓰고 이 도전을 받아들여 생 앙투안 거리에 있는 한 집에서 그를 기다렸지만, 세르베투스는 끝내 나타나지 않았다. 20년이 지난 후에 칼빈은 세르베투스에게 이런 말로 그때 일을 상기시켰다. "당신은 그때 내가 당신을 위해 무엇이든 할 준비가 되어 있었고, 당신을 당신의 오류들로부터 돌아서도록 하기 위해 나의 목숨까지도 아끼지 않았다는 것을 알 것이다." 그가 그때 성공했든가, 아니면 이 불운한 이단자를 다시 만나지 않았더라면 얼마나 좋았을까.

77. 「영혼수면설 논박」(1534)

칼빈은 프랑스를 떠나기 전인 1534년에 오를레앙에서 자신의 첫 번째 신학 책인 「영혼수면설 논박」(*Psychopannychia*)을 썼다. 그는 그 책에서 일부 재세례파들이 신봉하고 있던 가설, 즉 죽음과 부활 사이에 영혼이 잠드는 기간이 있다는 가설을 반박하였다. 그리고 그는 믿는 자들과 그들의 살아있는 머리 되시는 그리스도 사이에 끊이지 않는 의식적인 교제(conscious communion)가 있다는 것을 입증하였다. 그는 세네카에 대한 자신의 초기 작품에서처럼 더 이상 철학과 고전들에 기대지 않고, 오직 성경을 신앙의 유일한 규범으로 알고 의지하였다. 이성은 우리에게 미래 세계에 관해 아무런 빛을 던져 줄 수 없으며, 미래는 우리의 경험 바깥에 놓여 있다.

그는 이 책으로 복음적인 프로테스탄트들이 이단이자 기묘한 자들이라는 혐의를 받지 않도록 보호하고자 했다. 복음적인 프로테스탄트들은 같은 해 뮌스터

에서 과격하고 광신적인 싸움을 일으켜 독일 영주들을 격노하게 했던 재세례파
들과 종종 혼동되었다.

78. 바젤에서의 칼빈(1535-1536)

1534년 10월에 일어났던 피의 박해는 칼빈으로 하여금 고국을 떠나 자유로운
스위스에서 안전을 찾도록 만들었다. 그는 친구이자 제자인 뒤 티예와 동행했는
데, 그는 제네바까지 칼빈을 따라가 제네바에 머물다가, 1537년 8월 말 프랑스로
돌아가 로마 가톨릭으로 복귀하였다.

두 사람은 로렌을 통과했다. 메츠 근방의 독일 국경에서 그들은 불충한 하인
에게 강도를 당했다. 그들이 당시 프랑스 프로테스탄트들의 피난처였던 슈트라
스부르크에 도착했을 때는 극히 빈곤한 상태였다. 하지만 그곳에서 그들은 부처
의 환대와 도움을 받았다.

며칠간 휴식을 취하고 그들은 원래 목적지였던 바젤을 향해 출발하였다. 그곳
에서 파렐은 1524년에, 콥과 쿠롤은 10년 후인 1534년에 안식처를 발견하기도
했었다. 칼빈은 연구를 위한 조용한 장소를 구해서 그곳에서 글로써 복음운동을
전파할 수 있기를 원했다. 그는 카타리나 클라인(Catharina Klein)의 집에 뒤 티
예와 함께 묵었다. 그녀는 이로부터 30년 후에는 또 다른 유명한 피난민 철학자
라무스(Petrus Ramus)에게 자신의 집을 제공했는데, 그에게 젊은 칼빈을 "프랑
스의 빛"이라고 극찬하였다.

칼빈은 대학의 지도자들이었던 그리나이우스(Simon Grynaeus)와 카피토
(Wolfgang Capito)의 환대를 받았다. 칼빈은 그리나이우스에게 히브리어를 배웠
으며, 자신의 「로마서 주석」(1539)을 그리나이우스에게 기꺼이 헌정하였다. 그는
또한 「제1 스위스 신앙고백」(1536)의 준비를 위한 개혁파 스위스 학자들의 회합
에 참석하였던 취리히의 불링거와도 친분을 맺게 되었다.

로마 가톨릭의 기록에 따르면 칼빈은 부처와 함께 에라스무스와 개인적인 면
담을 가졌다. 칼빈은 3년 전에 에라스무스에게 그 학문성에 높은 찬사를 표하면
서 자신의 세네카 주석 사본을 보낸 적도 있었다. 이 개인적 면담 때에 에라스무
스가 부처에게 "교회를 대적하는 커다란 전염병이 교회 안에 일어나고 있다"라

고 말했다는 것이다. 하지만 에라스무스는 너무나 정중한 사람이어서 잘 모르는 사람을 모욕할 수 없었을 것이다. 더욱이 그 당시 그는 독일의 프라이부르크에 살면서 프로테스탄트와의 모든 교류를 끊고 있었다. 에라스무스는 1536년 7월에 네덜란드로 가는 길에 바젤에 들렀다가 병을 얻어 죽게 되었는데, 그때 칼빈은 이탈리아에 있었다. 그러므로 이 소문은 아무런 근거가 없는 허구이다.[33]

칼빈은 사람들에게 노출되는 것을 피하고 학문을 위해 은둔생활을 하였다. 그는 1535년 1월부터 1536년 3월까지 1년 조금 넘게 바젤에서 살았다.

79. 칼빈의 「기독교 강요」

스위스, 프랑스, 독일 사이의 국경에 위치한 유서 깊은 도시 바젤은 에라스무스와 오이콜람파디우스가 거주했던 곳이고, 1430년 개혁 공의회가 열렸던 곳이며, 1516년 이곳의 대학 도서관의 사본들로부터 최초의 그리스어 성경이 출판된 곳이다. 바로 이 바젤에서 당시 26살의 청년이자 고국을 떠난 망명자였던 칼빈이 그리스어 성경 초판이 나온 지 20년 만에 「기독교 강요」를 완성해서 출판하였다. 이 일은 세계를 놀라게 했으며 칼빈을 단번에 복음 신앙의 옹호자들 가운데 선두에 서도록 해주었다.

이 책은 지적이고 영적인 깊이와 힘을 갖춘 조숙한 천재의 걸작품이다. 이것은 신학의 역사에서 극히 드문 진정한 고전 가운데 하나로서, 그 저자인 칼빈에게 개혁교회의 아리스토텔레스이자 토마스 아퀴나스라는 이중의 명성을 가져다 주었다.[34]

---

33) 그것은 Florimond de R ond, p.890에 전적으로 근거하고 있다. 그는 그 방문이 1534년에 이루어진 것으로 기술하고 있는데, 그때 칼빈은 아직 프랑스에 있었기 때문에 부처와 동행할 수 없었다. 베자와 콜라동은 이와 같은 면담에 대해서 아무것도 알지 못하고 있다. 벨(Bayle)은 그러한 면담의 사실성을 의심하였다. 하지만 메를르 도비녜, III. 203-204(영어 번역본 III. 183-185)에서는 이것을 받아들여, 그가 그곳에 함께 있으면서 세 학자 사이의 대담을 들은 것처럼 윤색하고 있다.

34) 로마 가톨릭 역사학자인 캄프슐테를 비롯한 여러 사람들은 그를 개신교의 "아리스토텔레스"라고 불렀고, 진보적 프랑스 역사학자인 Martin을 비롯한 다른 사람들은 그를 개신교의 "토마스 아퀴나스"라고 불렀다. 후자가 보다 적절하다고 할 수 있다.

로마 가톨릭 사람들은 즉각 「기독교 강요」의 중요성을 감지하고 그것을 이단의 코란이자 탈무드라고 칭했다. 파리와 다른 장소들에서 이 책은 소르본의 지시에 의해 불태워졌으며, 16세기의 다른 어떤 책보다도 더 강력하고 지속적으로 박해를 받았다. 하지만 우리가 빠뜨리지 말아야 할 것은 이 책이 가톨릭교인들 가운데도 상당한 예찬자들을 확보했다는 것이다. 그들은 이 책의 신학적인 체계와 반교황적인 분위기에는 전적으로 반대하면서도 비논쟁적인 부분들에서는 그 높은 가치를 거리낌없이 인정하였다.

복음주의자들은 즉각 대단한 칭송과 함께 「기독교 강요」를 사도시대 이후 가장 선명하고, 가장 강력하고, 가장 논리적이며, 가장 설득력 있는 기독교 교리 변호서라고 반겼다. 이 책이 출판되고 몇 주 지난 후 부처는 칼빈에게 "주님이 자신의 교회를 가장 풍성하게 축복하시기 위해 당신을 자신의 도구로 택하신 것이 분명하다"고 썼다.

이러한 칭송은 정통 프로테스탄트들에만 국한된 것은 아니었다. 역사비평으로 유명한 튀빙겐 학파 창시자인 바우어(Baur) 박사는 칼빈의 이 책이 "모든 점에서 진정으로 고전이라 할 만한 작품이고, 그 독창성과 개념의 예리함, 체계적인 일관성, 그리고 명쾌하고 정확한 방법론에 있어서 독보적인 작품"이라고 선언하였다. 또한 하제(Hase) 박사는 이를 가리켜 "아우구스티누스주의에 대한 가장 장대한 학문적 정당화로서, 사고의 철저한 일관성과 종교적인 깊이로 가득한 작품"이라고 칭했다.

「기독교 강요」는 일반 대중들을 위한 책은 아니다. 이것은 루터의 「독일 귀족에게 고함」(*Appeal to the German Nobility*)이나 「그리스도인의 자유」(*Christian Freedom*)가 독일인들에게 행사하였던 그런 영향력을 미치지는 못했다. 하지만 이 책은 모든 나라의 학자들을 위한 책이고, 그들에게 개혁자들 가운데 다른 어떤 사람의 작품보다 더 깊고 더 지속적인 영향을 미쳤다. 중판에 중판이 거듭되었고, 유럽의 거의 모든 언어로 번역서가 나왔다.

칼빈은 전체적으로 기독교에 대한 체계적인 해설을 하면서, 특별히 복음주의 신앙을 변증하고 있다. 그 당시 특별히 프랑스에서 비방을 받고 박해를 당하고 있었던 프로테스탄트 신자들을 변호하려는 변증적이고 실제적인 목적을 가지고 있었던 것이다. 그는 항상 죽음을 각오하고 있는 영웅적인 신앙인들의 모습에서 영감을 받아 저술하였다. 그는 또한 이제까지 인간의 전통들로 인해 그 빛을 잃고 효력을 빼앗겨 버린 그리스도의 순수한 복음을 향한 불타는 열망을 가지고 저술에 임했다. 이제 이 복음은 암흑에서 일어나 새로운 생명과 능력으로 부활하였다. 그는 교의학과 윤리학을 유기적으로 연합시켜 결합하였다.

칼빈은 신앙과 의무에 관한 유일하게 안전한 지침이 되는 하나님의 말씀이라는 부동의 바위 위에 굳게 서 있다. 그는 이 책의 각 페이지에서 철저하게 잘 소화된 성경 지식을 늘어놓고 있는데, 참으로 놀랄 만하다. 그는 17세기의 스콜라 교의학자들처럼 단순히 자기주장을 뒷받침하기 위한 하나의 전거구(proof texts)로서 기계적인 방식으로 성경 구절들을 인용하고 있는 것이 아니라, 성경을 하나의 유기적인 전체로 보고 그것을 자신의 체계 속에 짜넣고 있다. 그는 성경의 권위가 그 본질적인 탁월성에서 비롯될 뿐 아니라 신자들에게 성경을 통해 말씀하시는 성령의 증언에 기초하고 있다고 본다. 그는 또한 교부들, 특히 아우구스티누스를, 진리의 판단자가 아니라 진리의 증언자로 보고 사려깊게 선택하여 인용하고 있다. 그리고 루터가 자신의 대표적인 이신칭의 교리 대신에 교부들이 금욕적 수도생활과 인간의 공덕을 높이는 것을 발견하고는 때때로 그들을 폄하하는 말로 모욕했던 것과는 달리 칼빈은 이런 행동을 삼갔다. 칼빈은 서문에서 이렇게 말한다.

> 그들은 자신들이 교부들을 경멸하고 적대하는 자들인 것처럼 무분별하게 떠들어 댐으로써 우리를 당황스럽게 만든다. 하지만 만약 현재의 내 구상과 일치한다면 나는 우리가 지금 주장하고 있는 대부분의 생각들을 교부들의 동의를 이끌어 내어 쉽게 뒷받침할 수 있을 것이다. 우리가 그들의 저술을 인용하는 동안, 우리는 항상 '모든 것이 우리 것으로' 우리를 섬기기 위해 있는 것이지 우리를 지배하기 위해 있는 것이 아니라는 것을 기억해야 한다. 그리고 '우리는 오직 그리스도의 것'(고전 3:21-23)이고 그에게 전 우주적 복종을 돌려야 한다는 것을 기억해야 한다. 이 특징을 간과하는 자는 종교에서 확실한 것을 아무것도 얻을 수 없을 것이다. 왜냐하면 거룩한 이들도 많은 것들에 무지하고, 종종 서로가 모순되고 때로는 심지어 자기 자신의 일관성을 잃을 때도 있었기 때문이다.

그는 또한 진리를 이해하고 방어하며 오류를 반박하는 데 이성을 사용하는 것이 불가피하다는 것을 충분히 인식하고 있었다. 그는 엄격한 논리적 논쟁에 탁

월했으나, 스콜라주의적 무미건조함과 현학적인 태도와는 거리가 멀었다. 그는
이성과 전통을 자신이 이해하는 바 성경의 절대적 권위 아래에 두었다.

그의 문체는 명료하면서도 설득력이 있었다. 칼빈은 라틴어의 장엄함과 위엄
과 우아함을 제대로 구사할 줄 알았다. 그의 논의는 맑은 물이 푸른 초장과 웅대
한 산맥을 흘러가듯이 끊임없이 음악과도 같이 흘렀다. 작품 전체는 균형이 잘
잡혀 있다. 그의 주장들이 확신을 주지 못할 때나, 논쟁 중에 경멸하는 어투를
사용해 불쾌함을 줄 때나, 혹은 그의 무서운 가르침(decretum horribile)에 전율
을 느낄 때조차도 우리로 하여금 존중하지 않을 수 없게 만드는 강한 성실성과
두려움 없는 일관성이 이 책 안에 편만해 있다.

칼빈의 교리체계는 신학과 기독론에 있어서는 에큐메니컬 신조들과 일치하
고, 인간론과 구원론에 있어서는 아우구스티누스주의와 일치한다. 하지만 교회
론, 성례론, 그리고 종말론에 있어서는 중세의 전통과 견해를 달리한다. 우리는
칼빈의 신학을 다루게 될 장에서 이 체계의 두드러진 특징들에 대해 논의할 것
이다.

「기독교 강요」는 당시 프로테스탄트 신자들을 잔인하게 박해하였던 프랑스
국왕 프랑수아 1세(1494-1547)에게 헌정되었다. 순교자 유스티누스(Justin
Martyr)와 다른 초대 변증가들이 당시 멸시와 박해를 받던 그리스도인들이 무신
론자, 부도덕한 자, 그리고 로마황제를 적대하는 자라는 비열한 혐의들을 벗도
록 변호하면서 로마 황제에게 관용을 호소했던 것처럼, 칼빈도 고국의 프로테스
탄트들, 즉 당시 작은 분파로서 고대 로마 제국 그리스도인들만큼 경멸과 중상
을 받고 박해를 받았으며 또한 그들 못지않게 도덕적이고 무고했던 사람들을 변
호하여, 그 이전에도 그 이후에도 결코 뛰어넘을 수 없는 위엄, 솔직함, 그리고
심금을 울리는 힘을 지니고 프랑스 국왕에게 호소한 것이다. 그는 임종시에 자
신의 신앙고백을 같은 군주에게 바친 츠빙글리의 선례(1531)를 따랐다. 이러한
호소들은 니케아 이전 시대의 변증들과 마찬가지로 국왕에게 영향력을 행사하
지는 못하였다. 하지만 그것들은 국왕보다 더 힘이 있는 여론을 형성하였으며,
오늘날까지 살아 있는 힘으로 작용하고 있다.

「기독교 강요」의 서문은 문학사에서 세 개의 불멸의 서문들 중 하나로 인정된
다. 다른 두 서문은 「프랑스 역사」(*History of France*)에 실린 투(De Thou)의 서
문과 「폴리비우스」(*Polybius*)에 실린 카조봉(Casaubon)의 서문이다. 칼빈의 서문

은 그 중요성과 의미에서 이 둘을 능가한다. 그 첫 부분과 끝부분을 예로 들어 보자.

제가 처음 이 저술에 손을 댔을 때 저는 폐하에게 바쳐질 어떤 것을 쓴다는 것은 꿈도 꾸지 못했습니다. 제 목적은 단지 어떤 기초적인 사실들을 전달함으로써, 종교에 열심을 가진 사람들로 하여금 참된 경건에 도달하게 하는 것이었습니다. 그리고 저는 특별히 우리 프랑스 사람들을 위해 이 일에 착수하였습니다. 그들 중 상당수는 제가 보기에 그리스도에 굶주리고 목마른 사람들이었는데, 그리스도에 대해 약간의 지식이라도 가지고 있는 자는 극소수에 불과했던 것입니다. 이 책은 그러한 제 의도를 입증해 주는데, 그 이유는 이 책이 단순하고도 초보적인 가르침의 형태로 기록되었기 때문입니다. 하지만 어떤 사악한 사람들의 격노가 당신의 영토에서 너무나 극에 달하였기 때문에 건전한 교리가 발붙일 장소가 없게 되었습니다. 그래서 제가 이 작업을 통해 그들에게 교훈을 주고 동시에 폐하께 제 신앙을 고백할 수 있다면 가치 있는 일이 될 것이라 생각하게 되었습니다. 이 책을 읽어 보시면 폐하는 오늘날 칼과 불로써 폐하의 영토를 교란시키는 저 미친 사람들이 불 같은 성화로 반대하고 있는 교리의 본질을 알 수 있을 것입니다. 그리고 정말 저는 그들이 투옥, 추방, 재산 몰수, 그리고 화형에 처해야 하며 육지와 바다에서 박멸해야 한다고 부르짖는 바로 그 교리의 대부분을 제 자신이 신봉하고 있다는 것을 주저없이 고백하는 바입니다. 정말이지 저는 그들이 우리가 주장하는 바를 폐하에게 가능한 한 혐오스런 것으로 만들기 위해 어떤 끔찍한 보고들로써 당신의 귀와 마음을 가득 채웠는지 알고 있습니다. 그러나 폐하, 당신의 자비하심에 합당하게, 만일 단순히 고발만으로도 범죄를 입증하는 충분한 증거가 된다면 말로나 행위로나 무죄한 자가 남아 있지 못하리라는 사실을 고려하셔야 할 것입니다.

....

그러나 자비로운 왕이시여, 저는 당신께 말씀드리고자 합니다. 우리 대적들이 당신 마음속에 공포를 불러일으키려고 애써 만든 거짓된 고소에 조금도 동요하지 마소서. 즉 이 새 복음으로써(그들이 그렇게 부르고 있으므로) 사람들이 단지 소요와 모든 범죄에 대한 면책을 찾고 있다는 고소 말입니다. "왜냐하면 하나님은 어지러움의 하나님이 아니시오 오직 화평의 하나님"(고전 14:33)이시며 하나님의 아들은 "죄를 짓게 하는 자"(갈 2:17)가 아니요 "마귀의 일을 멸하려"(요일 3:8) 오셨기 때문입니다. 또한 우리는 최소한의 혐의도 준 적이 없는 일을 도모했다는 부당한 비난을 받고 있습니다. 짐작컨대 우리가 나라를 전복시키려는 모의를 꾸미고 있다는 것입니다. 우리는 한 번도 선동적인 발언을 해본 적이 없으며, 폐하의 치하에 살 때에도 항상 고요하고 단순한 생활을 추구했으며, 고국에서 피신해 있는 지금도 폐하와 폐하의 왕국의 번영을 위하여 쉬지 않고 기도하고 있는데 말입니다. 짐작컨대 우리가 방탕한 죄악들을 거침없이 저지르고 있다는 것입니다. 비록 우리의 도덕적 행위들 가운데 비난받아 마땅한 일들이 많이 있다 할지라도 그토록 심한 비난은 천부당만부당합니다. 하나님의 은혜로 우리는 적지 않은 복음의 혜택을 받았기 때문에 우리의 삶이 이러한 중상자들에게 순결, 관용, 자비, 절제, 인내, 정절, 그리고 모든 다른 덕들의 모범이 되지 못할 정도는 아니었습니다. 우리가 진리 안에서 하나님을 경외하고 예배한다는 것은, 우리가 사나 죽으나 그의 이름이 거룩히 여김을 받는 것을 소원한다는 것만 봐도 너무나 분명합니다(빌 1:20 비교). 그리고 그들의 시기와 질투 그 자체는, 높이 칭송받아야 마땅한 그런 일들로 사형에 처해진 우리들 중 몇 사람의 무죄와 결백을 증언하고 있는 셈입니다. 그러나 지금까지 당신의 왕국에서 그런 사람이 발견된 적은 한 번도 없었지만, 만일 어떤 사람들이 복음을 핑계로 소요를 일으킨다면, 그리고 만일 어떤 자가 자기의 방종한 사악들을 하나님이 주신 자유의 은혜로 미화한다면 — 이런 종류의 사람들을 저는 많이 알고 있습니다 — 그들은 법률과 법률의 처벌조항에 의해 자기 죄에 상응하는 엄한 심판을 받아야 할 것입니다. 그 와중에 파렴치한 자들의 사악함으로 인해 하나님의 복음이 모독당하지 않게 되어야 할 것입니다. 오, 폐하시여, 저는 폐하께서 너무 쉽게 그들의 중상모략에 귀를 기울이지 않도록, 우리를 중상하는 자들의 사악한 계획들을 자세히 개진해 올렸습니다.

　너무 지엽적인 것까지 말씀드리지 않았나 염려가 됩니다. 왜냐하면 이 서문이 이미 거의 완전한 하나의 변론서 분량이 되어 버렸기 때문입니다. 여기서 제가 하려고 했던 것은 변명이 아닙니다. 단지 우리의 송사의 실제 형편에 폐하께서 귀를 기울이시도록 하는 것이었습니다. 현재 폐하의 마음은 사실상 우리에게서 떠나 등을 돌린 상태고 심지어 진노하고 계십니다. 그러나 만일 폐하께서 고요하고 안정된 기분으로 이 고백서를 한 번 읽어 주신다면 저희는 폐하의 은총을 되찾을 자신이 있음을 첨언합니다. 저희는 이 고백서를 변명의 글 대신에 폐하 앞에 바치는 것입니다. 하지만 저 악의로 가득 찬 자들의 속삭임만이 폐하의 귀를 가득 채워 피고인들은 자신을 위해 변론할 기회조차 얻지 못하고, 단지 그들의 미친 듯한 격노만이 폐하의 묵인 하에 투옥, 채찍질, 고문, 절단형, 화형 등으로 나타난다고 생각해 보십시오(히 11:36-37 참조). 그렇게 되면 우리는 도살당할 운명에 처한 양처럼 막다른 골목에 몰리게 될 것입니다(사 53:7-8; 행 8:33). 그러나 우리는 "인내로 우리의 영혼을 얻을" 수 있을 것이며, 주의 강한 손이 때가 되면 틀림없이 나타나 곤경에 처한 자들을 그들의 환난에서 건져 내시고 그들을 멸시하는 자들을 처벌하실 것을 기다릴 것입니다. 왕 중 왕이신 주께서 폐하의 보좌를 정의 가운데(잠 25:5 참조), 폐하의 통치를 공평 가운데 견고케 하시기를 기원하나이다.

「기독교 강요」의 초판은 6개의 장으로 이루어진 짤막한 소책자였다. 그것은 1) 십계명, 2) 사도신경, 3) 주기도문, 4) 세례와 성찬, 5) 다른 성례들, 6) 그리스도인의 자유, 교회 정치, 그리고 치리에 대한 설명을 담고 있었다. 제2판은 17장으로, 제3판은 21장으로 구성되었다. 1559년에 나온 최종판(제5판)은 원래 분량의 4-5배가 되었는데, 전체가 4권으로 나누어졌고 각 권은 많은 장들(17장에서 25장까지)로 구성되었다. 그것은 훌륭한 요리문답서가 모두 그러하듯이 대체로 아버지 하나님의 계시, 아들, 그리고 성령이라는 사도신경의 순서를 따랐다. 제1권은 창조자 하나님에 대한 지식(엄격한 의미의 신학)을, 제2권은 구속자 하나님에 대한 지식(기독론)을, 제3권은 성령과 그리스도의 구원사역의 적용(구원론)을, 제4권은 은혜의 수단, 다시 말해 교회와 성례들을 다루고 있다.[35]

---

35) 그는 이 책의 마지막 판 서문에서 이 책을 계속적으로 발전시킨 데 대해 다음과 같이 밝히고 있다. "이 책의 첫 번째 판에서, 주님께서 한정 없는 선하심으로 허락해 주신 이러한 성공을 기대하지 못한 채, 나는 보통 소논문들에서 그런 것처럼 대부분의 주제들을 피상적으로 다루었다. 하지만 이 책이 거의 모든 신앙의 사람들로부터 내가 생각지도 못했던 만큼 호감을 받고 있다는 것을 알게 되었을 때, 나는 내가 과분한 호의를 받고 있다는 것을 깨달았으며, 만약 내가 나의 변변찮은 능력에 맞추어 조금이라도 노력해서 그 호의에 얼마간이라도 보답하지 않는다면, 그것은 엄청난 배은망덕을 행하는 것이라고 생각하게 되었다. 그들의 관심과 호의가 나의 열심을 자극하였다. 나는 이러한 노력을 단지 2판에서만 기울인 것이 아니고, 계속 판을 거듭할 때마다 조금씩 내용을 보충하면서 개선시켰다. 하지만 비록 내가 그 일에 기울였던 노력을 후회하지 않는다 하더라도, 지금 출판하는 마지막 판에서와 같은 순서로 배열될 때까지 나는 결코 만족할 수 없었다. 그리고 나는 독자들도 나의 이러한 판단에 공감할 수 있는 책을 내놓게 되었음을 확신하고 있다. 하나님의 교회를 위해 내가 이 사역

비록 이 책이 저자의 손에 의해 개정을 거치면서 그 분량과 내용이 크게 발전하였지만, 초판은 그의 체계의 모든 본질적인 특징들을 포함하고 있다. 하지만 그의 예정론은 더욱 간결하고 거부감이 적은 형태로 다루어졌다. 그는 그 교리의 밝고 위로가 되는 측면, 즉 그리스도 안에서 하나님의 자유로운 은혜에 의한 영원한 선택은 길게 다루고, 유기와 누락의 어두운 신비는 다루지 않았다. 그는 그림자 없는 빛을, 오류가 없는 진리를 전한 것이다. 그는 루터와 츠빙글리의 역설들을 피하고 현명한 중용의 범위 안에 머물렀다. 칼빈의 예정론과 교회론이 보다 온전하게 논리적으로 발전한 것은 슈트라스부르크에 체류할 때였다. 거기서 그는 「기독교 강요」 2판과 「로마서 주석」을 저술하였다.

80. 바젤에서 페라라까지. 르네 공작 부인

칼빈은 1536년 3월에 그의 대작을 출판하기 직전 혹은 직후에 뒤 티예와 함께 알프스를 넘어 문학과 예술 르네상스의 고향인 이탈리아로 갔다. 그는 종교적인 르네상스 운동을 돕기를 소망하였다. 그는 루터가 수도사로 로마에 가서 그곳에서 로마 가톨릭이 어떻게 움직이는가에 대해 실제적인 교훈을 얻은 것과는 달리, 수도사가 아니라 복음 전도자로서 이탈리아에 갔다.

칼빈은 페라라에 체류했던 몇 개월 동안 프랑스 루이 12세의 둘째 딸인 르네(Renée) 혹은 레나타(Renata) 공작부인(1511-1575)의 아름다운 궁정에 머물면서 그녀에게 지워지지 않는 깊은 인상을 남겼다. 그녀는 아마도 마르가리타 여왕을 통해 칼빈에 대해 듣고 그에게 방문해 줄 것을 요청했었을 것이다. 그녀는 체구

을 이루기 위해 얼마나 성실하게 임했는지에 대해 나는 얼마든지 많은 증거를 들이댈 수 있다. 지난 겨울, 나흘마다 찾아오는 한기가 내 죽음을 재촉한다고 느낄 때에도, 나는 신앙의 사람들이 내게 보여준 그토록 친절한 간원에 조금이라도 감사하게 보답이 되는 것을 남기기 위해 이 책을 끝낼 수 있을 때까지 내 병이 깊어질수록 나 자신을 더욱더 채찍질하였다. 이 일을 보다 빨리 해내었다면 더 좋았겠지만, 이 책이 충분히 잘 완성되었다면 지금도 충분히 빠른 것이다. 나는 이 책이 적절한 시기에 나왔다고 생각하고 싶으며, 이보다 빨리 나왔을 경우보다 하나님의 교회에 더 유익이 되고 있다고 느끼게 되기를 원한다. 이것이 나의 유일한 소망이다."

가 자그맣고 볼품이 없었지만 친구인 마르가리타 여왕과 콜로나(Vittoria Colonna)와 마찬가지로 고결하고 신앙심이 깊으며 아주 교양있는 여성이었다. 그녀는 가장 뛰어난 인문주의자들을 프랑스와 이탈리아에서 불러모았지만, 종교개혁의 정신에 더욱 공감하였고, 특별히 칼빈에게 매료되었다. 그녀는 칼빈을 양심의 안내자로 택했고, 칼빈이 살아 있는 동안 그를 영적인 아버지로 여기고 그에게 조언을 구했다. 그는 기독교 목사의 솔직함과 성실함으로 이 임무를 감당하였다. 그녀에게 보낸 칼빈의 편지보다 더 인간적이고 존경할 만한 것은 없을 것이다. 그에 대해 충분히 알고 있던 기조(Guizot)는 이렇게 말했다. "17세기 프랑스 세력가들의 양심을 지도했던 훌륭한 가톨릭 주교들도 칼빈이 페라라의 르네 공작부인과의 교제에서 보여준 것보다 더 기독교인의 견고함, 세상에 대한 지적인 공정함과 지식을 가지고 이러한 어려운 임무를 수행하지는 못했다."[36]

르낭(Renan)은 칼빈과 같은 엄격한 도덕주의자가 이러한 여인에게 지속적인 영향력을 행사할 수 있었다는 데 대해 의아함을 표하면서, 그것을 확신의 위력에서 기인하는 것으로 보았다. 그러나 두 사람 사이의 연대감은 더욱 깊은 것이었다. 그녀는 칼빈이 자신의 영적인 본성을 만족시킬 수 있는 사람이라고 보았다. 그리고 그가 자신에게 힘과 위로를 주어 삶이라는 전투를 감당할 수 있도록 해주고, 종교재판의 위험에 용감하게 맞설 수 있도록, 그리고 수감생활을 견딜 수 있도록 해준다고 생각하였다. 또한 그녀의 남편이 죽고 나서 프랑스로 돌아간 후(1559) 사위인 기즈(Guise) 공작이 종교개혁을 멸절시키려는 전쟁을 수행하고 있던 가장 힘든 상황 가운데서 공개적으로 복음주의 신앙을 고백하고 지켜나갈 수 있도록 칼빈이 힘과 위로를 준다고 생각하였다. 그녀는 아주 자유롭게 칼빈과의 서신교류를 계속하였다. 칼빈이 죽기 23일 전에 프랑스어로 쓴 마지막 편지는 바로 그녀에게 보낸 것이었다. 그녀는 성 바돌로매(St. Bartholomew)의 끔찍한 학살이 일어났을 때 파리에 있었고, 그래서 일단의 저명한 위그노들의 목숨을 구할 수 있었다.

그 당시 르네상스와 종교개혁을 유사한 것으로 보고 둘 다를 근절시키려는 작

---

36) *St. Louis and Calvin*, p. 207. 그는 이렇게 덧붙이고 있다. "그리고 공작부인은 그가 기독교 목사로서의 이러한 의무를 수행했던 유일한 대상은 아니었다. 그의 편지들은 그가 많은 프로테스탄트들의 양심에도 동일하게 고결하고 현명한 영적인 영향력을 유사하게 행사했다는 것을 보여준다."

업을 시작한 종교재판소의 위협을 느낀 칼빈은 여정을 바꾸어 아마도 아오스타 (캔터베리의 안셀무스의 출생지)와 성 베르나르를 거쳐 스위스로 갔다.

확실치 않은 전승은 이 여행을 칼빈의 아오스타 계곡에서의 박해와 피신 — 이 일은 5년 후에(1541) "칼빈의 피난"(Calvini Fuga)이라는 글이 새겨진 십자가 로 기념되었다 — 과 연결시킨다.

바젤에서 칼빈은 뒤 티예와 헤어졌고, 가정 문제를 마무리하기 위해 마지막으 로 고향을 방문하였다.[37]

그 후 그는 동생 앙투안과 누이 마리와 함께 영원히 프랑스를 떠났으며, 바젤 이나 슈트라스부르크에 정착하여 그곳에서 학자와 저술가로서 조용한 삶을 꾸 리기를 소망하였다. 카를 5세와 프랑수아 1세 사이의 전쟁으로 인해 로렌으로 가는 지름길이 막혔기 때문에 칼빈은 제네바를 거쳐 우회할 수밖에 없었다.

---

37) 베자는 라틴어로 씌어진 「칼빈의 생애」에서 이번의 누아용 방문을 언급하면서, 이때 그가 유일하게 살아남은 자신의 동생인 앙투안을 제네바로 데려왔다고 덧붙이 고 있다(XXI. 125). Colladon(58)도 이에 동의하면서, 칼빈이 바젤에서 뒤 티예와 헤 어졌고 뒤 티예는 거기서 뇌샤텔로 갔다고 말해준다. 베자는 자신의 프랑스어판 「칼 빈의 생애」에서 프랑스 방문에 관한 내용을 빼고 있다.

제 10 장

칼빈의 제1차 제네바 체류와 사역(1536-1538)

81. 칼빈의 제네바 도착과 정착

칼빈은 1536년 7월 말경에 제네바에 도착했는데,[1] 종교개혁이 제네바에 공식적으로 받아들여진(5월 21일) 후 두 달만의 일이었다.

그의 말대로 그는 하룻밤만 머물 생각이었지만, 하나님의 섭리는 그의 생각과 달랐다. 그의 생애의 결정적인 시간이 찾아와, 조용한 학자를 활동적인 개혁자로 바꾸어 놓았다.

칼빈이 제네바에 왔다는 사실은 뒤 티예의 경솔한 열심 때문에 파렐에게 알려졌다. 뒤 티예는 바젤에서 출발하여 뇌샤텔을 거쳐 제네바에 도착해서는 일년 이상 머물고 있던 차였다. 파렐은 하나님의 섭리로 이곳에 온 칼빈이 제네바의 종교개혁을 완성하고 구할 사람이라는 것을 본능적으로 알았다. 그는 즉시 칼빈을 찾아가서 하나님의 명령에 의한 것이니만큼 강하게 그를 붙들었다. 칼빈은 자신이 아직 어리고, 경험이 적고, 공부가 부족하고, 본성적으로 소심하고 숫기가 없어서 공개적인 활동에는 어울리지 않는다는 점을 들어 극구 사양하였다. 그러나 그 모든 것이 헛수고였다. "복음의 진보를 위한 놀라운 열정에 불타고 있

---

1) 8월이 아니다(베자가 *Annal.* 126, 203에서 말하고 있고, 대부분의 전기작가들이 주장하는 것과 같은). 그는 2주일 동안(8월 4-19일) 바젤에 가 있다가, 약속했던 대로 8월 중순경에 제네바에 돌아와 정착하였다. Daniel에게 보낸 1536년 10월 13일자 편지를 참조하라.

던” 파렐은 만약 칼빈이 자신의 연구를 주님의 일보다 더 선호하거나 자기 자신의 유익을 그리스도보다 더 선호한다면 전능하신 하나님의 저주가 있을 것이라고 그를 위협하였다. 칼빈은 거침없는 복음 전도자의 이 말에 두려움을 느끼고 전율하였으며, “마치 하나님이 위로부터 그의 손을 펼치는 것같이” 느꼈다. 그는 항복하여 제네바 복음 교회의 교사이자 목사로서의 사역을 받아들였다.

이것은 순종의 행위였고, 마땅히 해야 할 바를 위해 자신의 소원을 희생한, 하나님의 뜻을 위해 자신의 뜻을 희생한 행위였다.

파렐은 제네바에 종교개혁과 함께 칼빈을 선물하였다. 이 두 선물로 인해 그 자신의 사역은 더욱 빛났으며, 제네바와 개혁주의 진영의 가장 위대한 은인들 가운데 한 사람으로 자신의 이름이 영원히 남을 수 있게 되었다.

칼빈은 제네바를 위해, 제네바는 칼빈을 위해 미리 운명지어져 있었다. 칼빈과 제네바는 “그들의 소명과 선택을 확실한 것으로” 만들었다.

칼빈은 레만 호숫가에 있는 이 도시에서 “비틀거리는 공화정, 흔들리는 믿음, 미성숙한 교회”를 보았다. 그는 이곳에 개신교의 견고한 요새와, 모든 민족과 교회들을 위한 학교를 만들었다.

그 당시 이 도시의 거주민은 불과 1만 2천 정도였지만, 프랑스와 스위스의 접경에 위치했다는 점, 정치적이고 종교적인 압제에서 최근에 벗어났다는 점, 그리고 공화제적인 자치 정부의 거침없는 시도들로 인해, 제네바는 유럽을 뒤흔들었던 중요한 사회적 종교적 문제들의 해결을 위한 드문 이점들을 제공하였다.

이 도시에서 칼빈의 첫 번째 사역들은 명백한 실패였다. 제네바 사람들은 아직 준비가 되어 있지 않았고 결국 그를 추방하였다. 하지만 몇 년 후 그들은 그를 다시 초빙하였다. 그들은 다시금 그를 축출하고 영원히 불러들이지 않을 수도 있었다. 왜냐하면 그는 가난하고 병약했으며 특별히 그를 보호하는 사람들도 없었기 때문이다. 그러나 제네바 사람들은 점차 칼빈의 천재성과 성품의 영향력에 승복하게 되었다. 그를 “제네바의 교황”이라고 부르는 사람들은 본의 아니게 그에게 최고의 찬사를 돌리는 것이다. 칼빈의 성공은 도덕적이고 영적인 수단들에 의해 이루어진 것이고, 역사상 그 유례가 없는 것이었다.

82. 초기의 사역과 시련들

칼빈은 1536년 9월 5일 오후에 성 베드로 교회에서 바울서신과 신약 성경의 다른 책들에 대한 일련의 강해설교를 시작함으로써 자신의 사역을 시작하였다. 이 강해들은 점차 주목을 받기 시작했다. 칼빈은 보기 드문 가르침의 은사를 소유하고 있었고, 사람들은 종교적인 가르침에 목말라 있었다.

얼마 지나지 않아 그는 처음에 사양했던 목사의 직무도 받아들이게 되었다.

파렐은 시의회에게 이 새로운 목회자에게 적절한 지원을 해줄 것을 요청하였지만, 칼빈이 가장 저명한 인사가 되리라고는 생각지도 못하고 그를 단지 "저 프랑스인"[2]이라고 불렀던 시의원들은 이 일에 매우 미온적이었다. 칼빈은 시의회가 1537년 2월 13일 그에게 금화 6크라운을 주기로 결정하게 될 때까지 거의 혹은 전혀 급여를 받지 못하였다.

칼빈은 10월에 로잔 논쟁에 파렐과 동행하였는데, 여기서는 보(Vaud) 주의 종교개혁이 결정되었다. 칼빈은 여기서 단지 두 차례 발언했을 뿐 거의 아무런 역할도 하지 못하였다. 선배 목회자이자 칼빈보다 20살이나 위였던 파렐이 주도적인 역할을 하였다. 그러나 보기 드문 겸손과 순박함의 소유자였던 파렐은 얼마 있지 않아 자신보다 더 천재적인 이 젊은 친구에게 양보하였다. 그는 새롭게 회복된 복음을 위해 영토를 정복한 데 만족하였고, 그 땅을 개간하고 정치적이고 교회적인 혼란으로부터 질서를 잡는 일은 칼빈에게 맡겼다. 칼빈을 흥하게 하기 위해 그는 기꺼이 쇠하는 길을 갔다. 칼빈 또한 파렐을 언제나 호의적인 존경과 감사의 마음으로 대했다. 두 사람 사이에는 질투나 시기의 어떠한 그림자도 없었다.

칼빈과 파렐과 함께한 또 다른 개혁파 설교자는 쿠롤(Courault)이었다. 그는 한때 아우구스티누스회 수도사였고, 칼빈과 마찬가지로 1534년 프랑스에서 바젤로 도피하였으며, 비레(Viret)의 후임으로 제네바의 초빙을 받았다. 비록 매우 연로하고 거의 눈이 보이지 않았지만 그는 젊은 동료들 못지않은 열정과 에너지를 보여주었다. 학교의 학장이었던 소니에(Saunier)는 이들의 적극적인 동조자였고, 곧 이어 칼빈의 사랑하는 스승이었던 코르디에(Cordier)가 학교 운영을 맡게

---

2) "Ille Gallus." *Annal. Calv.* XXI. 204. 그 당시에 회의록은 라틴어로 기록되다가, 1537년 이후에는 프랑스어로 기록되었다. 종교개혁이 진행됨으로써 토속어가 라틴어를 압도하였다.

되어 목회자들의 힘든 일들을 효과적으로 도왔다. 비레는 이웃하고 있는 로잔에서 가끔 방문해 주었다. 칼빈의 동생과 그의 친척 올리베탕(Olivetan)도 제네바에서 이들과 합류하여 칼빈의 영향력을 확대시켰다.

신생 제네바 교회는 재세례파와 관계하여 일반적인 어려움을 겪었다. 두 설교자가 네덜란드에서 와서 얼마간의 영향력을 발휘했다. 하지만 결실 없는 논쟁을 한 뒤 이들은 대의회에 의해 1537년 3월 제네바 밖으로 추방되었다.

보다 심각한 어려움은 피에르 카롤리(Peter Caroli)에 의해 일어났다. 그는 소르본 대학의 박사였는데 원칙도 없고, 허황되고, 다투기를 좋아하는 신학의 모험가였고, 수차례 종교를 바꾼 변절자였다. 그는 무질서한 삶을 살다가 결국에는 교황과 화해하여 프로테스탄트를 떠났다. 그는 1535년에 파리에서 도망쳐 제네바로 왔었는데, 뇌샤텔에서 목사가 되고 결혼한 후 로잔에 가서 머물렀다. 그는 1537년 5월 로잔에서 있었던 한 대회에서 파렐과 칼빈에 대해 아리우스주의라는 혐의를 제기하였다.[3] 왜냐하면 이 두 사람은 신앙고백문에서 형이상학적 용어인 **삼위일체**와 **위격**이라는 말을 사용하지 않았고(비록 칼빈이 이 용어들을 그의 「기독교 강요」와 「요리문답」에서 사용하였지만), 또한 부당하고 무정한 정죄의 말들을 담고 있는 아타나시우스 신조에 서명하라는 카롤리의 지시도 거부했기 때문이다. 칼빈은 카롤리의 오만 방자함과 거친 행동에 격분하여 그를 무신론자라고 정죄하였다. 칼빈은 "카롤리는 하나님의 본성과 위격들의 구별에 관해 우리와 다투고 있다. 하지만 나는 이 문제를 더 진전시켜서 그가 도대체 하나님을 믿기나 하는 건지 묻고 싶다. 그래서 나는 그가 거룩한 것들을 발로 짓밟는 개나 돼지보다 하나님의 말씀에 대한 믿음이 없다고 하나님과 사람 앞에서 단언한다"(마 7:6)라고 말했다. 여기서 칼빈의 성내는 모습과, 그의 논쟁적인 글들의 특징인 경멸적인 어투가 처음으로 나타나고 있다. 그는 동료들과 함께 삼위일체에 대한 신앙고백을 제출하였다.[4] 대회는 충분히 숙고한 후에 그들의 정통성을 인정했으며, 카롤리가 명예훼손의 죄를 범했고 목회사역에 부적절하다

---

3) 카롤리와의 문제는 1537년 1월에 시작되었다. 종교회의는 5월 13일 소집되었다. *Opera*, X. 82 이하.

4) 이 고백문에 파렐, 칼빈, 비레가 서명했으며, 카피토, 부처, 미코니우스, 그리나이우스가 이를 승인하였다. *Opera*, IX. 703-710.

고 선언하였다. 카롤리는 로마의 한 병원에서 죽었다.[5]

83. 개혁자들이 질서와 규율을 도입하다

제네바는 무엇보다 복음적인 종교개혁 교리에 기반을 둔 강력한 도덕적 정부를 필요로 하였다. 제네바 사람들은 낙천적이고 즐길 줄 아는 사람들로서 함께 모여 춤추고 노래하고 가면무도회와 술 마시며 떠들기를 좋아하였다. 분별없는 도박, 술취함, 간음, 신성모독, 온갖 종류의 악으로 가득 찼다. 매매춘이 국가에 의해 용인되었고 포주장(Reine du bordel)이라 불리는 여자에 의해 감독되었다. 사람들은 무지하였다. 사제들은 그들을 가르치려고 노력하지 않았고 도리어 그들에게 나쁜 본보기가 되었다. 이러한 폐해들을 고치기 위해 「신앙고백과 규율집」, 그리고 일반신자들을 위한 「요리문답」이 준비되었는데, 전자는 칼빈의 도움을 받은 선임 목사 파렐에 의해,[6] 후자는 칼빈에 의해 준비되었다. 이것들은 1536년 11월에 시의회의 승인을 받았다.

「신앙고백」은 21개 항목으로 구성되었는데, 복음적 신앙의 주요 교리들이 이해하기 쉽도록 간략하면서도 분명하게 기술되었다. 그것은 신앙과 실천의 규범이 되는 하나님의 말씀에서 시작하여 세속 정부의 의무로 끝나고 있다. 예정과 유기의 교리는 빠져 있지만 사람이 공로가 아니라 하나님의 자유로운 은혜에 의해 구원받는다는 것을 분명히 가르치고 있다(10항). 죄인들을 회개시키기 위한 권면과 출교를 통한 치리의 필요성도 주장되었다(19항). 이 주제는 제네바와 다른 스위스 교회들에 많은 문제를 불러일으켰다. 이 신앙고백은 「프랑스 신앙고백」, 「벨기에 신앙고백」, 「제2 스위스 신앙고백」과 같은 보다 본격적인 개혁파 신앙고백들을 위한 길을 마련하였다. 이것은 1537년 4월에 인쇄되어 배포되었으며, 매주일 강단에서 읽혀져서 시민들이 받아들일 수 있도록 준비시켰다.

「신앙고백」보다 먼저 나온 칼빈의 「요리문답」은 그의 「기독교 강요」의 발췌였

---

5) 카롤리와의 논쟁에 관해서는 Beza, *Vita*, in *Opera*, XXI. 126 이하를 보라.

6) 베자는 이 고백문을 칼빈의 작품으로 취급한다. 그러나 슈트라스부르크의 편집자들은 파렐이 이 고백문의 저자라고 주장한다. *Opera*, XXII. suppl. col. 11-18.

으며, 몇 차례의 수정을 거쳐 배포되었다. 슈트라스부르크에서 돌아오자마자 칼빈은 이것을 좀 더 확대시켜 재기술하였는데, 질문과 대답의 형식으로 혹은 교사와 학생 사이의 대화의 형식으로 배열하였다. 이 요리문답은 개혁파 교회와 학교들에서 오랫동안 사용되었고, 체계적인 성경 교육을 통해 지적인 경건과 덕성을 증진시키려는 선한 목적을 위해 이바지하였다. 「요리문답」은 사도신경, 십계명, 주기도문에 대한 강해를 포함하고 있다. 이것은 루터의 「요리문답」에 비해 그 내용은 더 풍부하지만 어린아이들에게는 덜 적합하였다. 베자(Beza)는 이 「요리문답」이 독일어, 영어, 스코틀랜드어, 벨기에어, 스페인어로 번역되었고, 트레멜리우스(E. Tremellius)에 의해 히브리어로, 스테파누스(H. Stephanus)에 의해 "가장 우아하게" 그리스어로 번역되었다고 말한다. 이 요리문답은 나중에 몇 개의 비슷한 문서들, 특별히 노웰(Nowell)의 「앵글리칸 요리문답」, 「팔츠 요리문답」(하이델베르크 요리문답), 그리고 점차 이 「요리문답」을 대체하게 된 「웨스트민스터 요리문답」을 위한 토대와 자료가 되었다.

칼빈은 "대중교육의 아버지요 자유학교의 창시자"[7]로 불린다. 그러나 그는 이러한 영예를 루터와 츠빙글리와 함께 나누어야 한다.

「신앙고백」과 「요리문답」 외에도 개혁파 목사들(파렐, 칼빈, 쿠롤)은 시의회에게 제네바 교회의 앞으로의 조직과 치리에 관한 하나의 제안서를 내놓았다. 여기서 그들은 주의 성찬을 자주, 적어도 한 달에 한 번 세 개의 중심 교회에서 교대로 거룩하게 기념하고, 시편을 노래하고, 젊은이들을 위한 정규적인 교육을 행하고, 교황청의 결혼에 관한 법령들을 폐지하고, 공공질서를 유지하며, 자격 없는 자들이 성찬에 참여하는 것을 막을 것을 제안하였다. 그들은 출교라는 사도적 관습이 교회의 순수성 보호를 위해 필요하다고 여겼다. 하지만 출교가 로마 가톨릭 주교들에 의해 두려우리 만큼 남용되었기 때문에, 이 개혁파 목사들은 시의회가 일단의 믿을 만하고 경건하며 결점이 없는 시민들을 선출하여 다른 구역을 도덕적으로 감독할 수 있도록 해주고, 이들이 목회자들과 함께 사적이고 공적인 권면을 통해 치리를 행사하고, 완고하게 불복하는 자들에게서는 교회 구성원들이 누릴 수 있는 특권들을 박탈하는 방법을 통해 치리를 행사할 수 있도

---

7) 특히 George Bancroft가 자신의 책 *Lit. and Hist. Miscellanies*, p. 406에서 이와 같이 말하고 있다.

록 해줄 것을 요청하였다.

1537년 1월 16일에 200인 대의회는 일련의 명령들을 선포하여 비도덕적인 행습들, 우스꽝스러운 노래들, 도박, 주일을 모독하는 행위, 산파들이 세례를 베푸는 것을 금지하고, 아직 남아 있으면서 우상숭배의 대상이 되는 성상들을 불태우라고 지시하였다. 하지만 출교에 대해서는 어떠한 언급도 없었다. 이 주제는 목회자들과 시민들 사이에 분쟁의 씨앗이 되었고, 결국 개혁자들이 추방당하는 이유가 되었다. 2월 5일에 있었던 행정장관 선거는 개혁자들에게 유리했다.

목회자들은 설교하고, 요리문답을 가르치고, 모든 계층의 사람들을 방문하는 일에 아주 열심히 임했다. 주일에는 다섯 차례, 주중에는 두 차례 설교가 행해졌고 사람들도 잘 참석하였다. 학교들은 번성하였고 공중도덕도 점차적으로 향상되고 있었다. 소니에는 학교 연설문에서 이제 제네바는 훌륭한 지정학적 위치, 비옥한 토지, 아름다운 호수가 가져다주는 자연적인 이점들과, 좋은 도로와 광장들에 덧붙여서 순수한 복음의 영광까지 누리게 되었다고 제네바의 아름다움을 치하하였다. 관리들도 규율을 유지하는 일에 기꺼이 협력하려고 하였다. 도박하는 사람들은 목에 사슬을 묶고 형틀에 묶여 사람들의 웃음거리가 되었다. 세 명의 여자들이 부적절한 머리장식을 했다는 이유로 감옥에 갇혔다. 유명한 애국자이자 쉬용 성의 수감 포로였던 프랑수아 보니바르(Francois Bonivard)까지도 방종으로 인해 자주 경고를 받았다. 묵주를 소지한다든가 성물들을 숭배한다든가 혹은 성인축일을 지킨다든가 하는 로마 가톨릭 교회에 동조하는 모든 공개적인 행위들은 처벌을 면하기 어려웠다. 제네바의 명성이 해외로 알려지고 학생들과 피난민들을 매료시키기 시작했다. 1537년이 저물기 전에 영국의 프로테스탄트들은 "칼빈과 파렐을 만나기 위해" 제네바로 왔다.[8]

1537년 7월 29일에 200인 대의회는 남녀를 불문하고 모든 시민들에게 성 베드로 교회에서 신앙고백문에 서약할 것을 명하였다. 수많은 사람이 이 지시를 따랐다. 심지어 11월 12일에 의회는 이러한 맹세를 하지 않은 사람들을 모두 추방

---

8) 불링거가 파렐과 칼빈에게 보낸 1537년 11월 1일자 편지. 불링거는 한동안 취리히에서 체류하였던 세 명의 뛰어난 영국인 성경학도들 "Eliott, Buttler, Partridge"를 천거하고 있다. 불링거는 1528년 1월 베른에서 있었던 논쟁에서 파렐을 알게 되었으며, 칼빈을 알게 된 것은 1536년 2월 바젤에서였다.

하라는 법안까지 통과시켰다.[9]

이렇게 해서 신앙고백문은 교회와 국가의 법이 되었다. 이것은 온 국민이 하나의 상징적인 책에 공식적으로 서약한 최초의 예이다.

가톨릭의 멍에를 참을 수 없는 짐으로 생각하여 벗어버린 자들이 인간이 작성한 신조에 자신들의 양심과 지성을 복종시켜야 했다는 것은 명백한 이율배반이었다. 다른 말로 하면 옛 로마 교황제에 대한 대체물로 근대 프로테스탄트 교황제를 받아들인 셈이었다. 물론 그들은 하나님의 무오한 말씀이 자신들의 편이라고 진심으로 믿었다. 하지만 그들은 그 해석상에 있어서까지 무오성을 주장할 수는 없었다. 똑같은 모순과 불관용의 모습이 백년 후에 교황제와 주교제에 반대하여 스코틀랜드 장로교와 잉글랜드 청교도들 사이에 체결된 "엄숙한 동맹과 계약"에서 보다 확대된 모습으로 재현되었다. 이것은 1643년 웨스트민스터 신학자 회의에 의해 추인되었다. 웨스트민스터 신학자 회의에서 학자들은 세 나라를 위해 하나의 신조, 교회 정치 조직, 예배 모범을 만들려고 시도하였지만 허사로 돌아갔다. 하지만 그 당시에 프로테스탄트들이나 가톨릭이나 모두 종교적인 자유는 말할 것도 없고 종교적인 관용도 인간의 절대적 권리라는 정당한 생각을 가지고 있지 못했다. "관리들의 권력은 양심의 위력이 작용하기 시작하는 곳에서 종말을 고한다." 하나님만이 양심의 주인이 되신다.

근대의 칼빈주의 교회들은 여전히 웨스트민스터 표준에 동의할 것을 요구하고 있지만, 오직 직무를 맡은 사람들에게만, 그리고 오직 제한된 의미에서 교리의 본질적인 부분에 대해서만 이러한 요구를 하고 있다. 교회의 일반 구성원들은 그리스도가 자신들의 주이자 구세주가 된다는 신앙고백만 하면 그 구성원으로 받아들여지고 있다.[10]

---

9) *Annal.* 216 from *Reg. du Cons.* Tom. 31, fol. 90. 하지만 이 명령은 시행될 수 없었다. 아무도 서명하고자 하지 않았다. 심지어 소니에까지도 개인적으로 서약을 강제하는 데 대해서 반대하였다.

10) 하지만 회중교회나 독립교회, 그리고 침례교회의 경우 교단 전체를 포괄하는 권위를 가지는 신앙고백문을 소유하지 않고 자발적인 원칙을 고수하지만, 다른 한편으로는 지역 교회 혹은 개교회마다 모든 구성원들이 동의를 표해야 하는 신조문과 계약서들을 제각기 소유하고 있는 것이 일반적이었다. 이 점에서 볼 때 장로교 교회들은 한결 자유로웠다.

84. 개혁자들의 추방(1538)

제네바 사람들이 이러한 엄격한 규율 체제에 복종한 것은 단지 일시적인 현상이었을 뿐이다. 많은 사람들이 처벌의 위협에도 불구하고 신앙고백에 서약하지 않았으며, 공화정의 유력 인사들도 예외는 아니었다.[11] 또 어떤 사람들은 강요에 못 이겨 거짓 맹세를 했다고 추후에 밝혔다. 법률을 강제할 수 없었기 때문에 시의회는 체면에 손상을 입게 되었다. 시의회에서 성직자파 지도자였던 아미 포랄(Ami Porral)은 시민들의 권리를 무시하고 전횡을 일삼았다는 비난을 받았다. 사보이와 주교들의 멍에로부터 정치적으로 독립하려는 관심에서 종교개혁을 환영하였던 애국자들과 자유주의자들은 파렐의 노예가 될 생각이 전혀 없었으며, 외국인들의 영향력이 커지는 것도 시기하였다. 제네바를 프랑스 왕국에 합병시키려는 음모가 도사리고 있다는 의심이 증대되었다. 애국자들은 정치적인 당파를 조직하여 성직자들의 통치를 무너뜨리기 위해 노력하였다. 그들은 부분적으로 베른의 도움을 받았는데, 베른은 개혁자들의 출교 교리와 과격함을 반대하였다.

보다 온건한 사람들 가운데서도 불만이 제기되었고, 이로 인해 위기가 초래되었다. 파렐은 인습을 타파하려는 열정 때문에, 칼빈이 도착하기 전에 주일을 제외한 모든 축일, 세례반, 성찬식에서의 무교병 사용을 폐지하였다. 그런데 이것들은 모두 베른의 개혁파 교회에서는 계속 보존되고 있던 것들이었다.[12] 베른의 영향력 아래 로잔 대회는 베른에서 계속 지키고 있는 옛 관습들을 복원시킬 것을 권고하였다. 시의회는 이 결정에 따를 것을 강요하였다. 칼빈 스스로는 이러한 문제들을 비본질적인 것으로 간주했지만, 그렇다고 해서 자신의 동료들을 배신하려고 하지는 않았다.

1537년 11월 15일 시민들의 총회에서 커다란 소동이 일어났다. 1538년 2월 3일에 있었던 선거에서는 반(反) 성직자파가 4명의 행정장관을 내고 시의회 의석 다수를 차지하는 데 성공하였다.[13]

---

11) 정부 서기였던 Claude Rozet에 따르면. 그 자신이 1537년 7월 29일 성 베드로 교회에서 공중 앞에서 신앙고백문을 낭독하고 시민들의 맹세를 받아내었음에도 불구하고 정작 자기 자신은 그에 대해 맹세하지 않았다.

12) Beza, in Calvin's *Opera*, XXI. 128.

새로운 통치자들은 조심스럽게 진행시켜 나갔다. 그들은 나라를 위해 새로운 설교자들을 임명하였는데, 이것이 그들에게는 가장 시급한 일이었다. 거리에서 저속한 노래를 하거나 다툼을 벌이는 행위, 밤 9시 이후에 나다니는 것 등이 금지되었다. 그들은 베른을 자신들의 모델로 삼았다. 교회 축제들과 세례반의 문제와 관련해서는 로잔 의회의 결정을 강제하였다.

그러나 개혁파 설교자들은 한 치라도 양보하느니 차라리 죽고자 작정하였다. 그들은 계속해서 대중적인 악폐들을 비난했으며, 의회가 그것들을 억누르고자 하는 열의를 결여하고 있다고 책망하였다. 결국 그들은 정치에 관여하지 말라는 경고를 받았다(3월 12일). 격렬함에 있어서 파렐보다 더했던 쿠롤은 설교를 금지당했지만, 4월 7일에 설교단에 다시 올라가 제네바와 시민들을 모욕적이고 무례한 어조로 비난하였다.[14] 이로 인해 그는 결국 감옥에 갇혔고 6일 후에 칼빈과 파렐의 적극적인 항의에도 불구하고 추방되었다. 이 연로한 인물은 제네바 호숫가의 토농(Thonon)으로 은퇴했으며, 오르베(Orbe)에서 목사로 선출되었다가 같은 해 10월 4일 그곳에서 세상을 떠났다.

칼빈과 파렐은 동료에 대한 이러한 가혹한 처분 때문에 오히려 용기를 얻었다. 그들은 강단에서 시의회를 공격하였다. 심지어 칼빈조차도 시의회를 사탄의 의회라고 비난할 정도였다. 이 설교자들을 비난하는 글들이 회람되었다. 그들은 종종 저녁 늦게 "배반자들을 론 강에 던져라"고 부르짖는 소리를 들었고, 밤에는 그들의 집 대문을 거칠게 두드리는 소리로 방해를 받았다.

그들은 다가오는 부활절 성찬식을 베른의 의식에 따라 거행하라는 명령을 받았다. 하지만 그들은 방탕과 불순종이 창궐하는 상황에서 그렇게 할 수는 없다고 거부하였다. 시의회는 그들을 대신할 다른 어떤 대리인들도 찾을 수 없었다. 4월 21일 부활절 날, 마침내 칼빈은 성 베드로 교회의 강단에, 파렐은 성 제르베 교회의 강단에 올라섰다. 그들은 수많은 대중 앞에서 설교하였다. 그러나 두 사

---

13) Claude Richardet, Jean Philippe, Jean Lullin, Ami de Chapeaurouge와 같은 새로운 행정장관들은 파렐과 비레의 공인된 적이었다. Ami Porral은 재선되지 못하였다. 바젤의 그리나이우스는 파렐과 칼빈에게 1538년 2월 13일, 3월 4일, 3월 12일에 걸쳐 몇 차례 위로와 격려의 편지를 보내었다. Herminjard, IV. 361, 379, 401.

14) 그는 제네바 정부를 개구리 왕국에, 제네바인들은 생쥐에 비유하였다. Merle d'Aubigné VI. 455.

람은 이런 반역적인 도시에서 성찬을 베푸는 것은 성례를 모독하는 것이기 때문에 이곳에서 성찬을 베풀 수는 없다고 선언하였다. 사실 이런 상황에서 주님의 애찬을 행하는 것은 엄연한 조소거리가 되었을 것이다. 무장을 하고 있던 많은 청중들이 검을 빼 들고 설교자들의 목소리를 압도하였다. 설교자들은 친구들의 도움을 받아 교회를 빠져나와 집으로 돌아갈 수 있었다. 칼빈은 또한 이 도시 아래쪽에 위치한 리브의 성 프란체스코 교회에서 저녁에 설교하였는데, 폭력적인 위협을 받았다.

큰 소동 속에서 아침 예배를 드린 후에 소의회가 모여 전체 의회를 소집하였다. 바로 다음 날인 4월 22일과 23일 이틀 동안 전체 200인 대의회가 성 베드로 교회의 회랑에서 모여서, 파렐과 칼빈을 재판도 없이 면직시키고 3일 안에 제네바를 떠나라고 명령하였다.[15]

그들은 아주 침착하게 이 소식을 받아들였다. 칼빈은 "좋소, 사람보다 하나님을 섬기는 것이 낫다. 우리가 만약 사람을 기쁘게 하고자 한 일이었다면 우리는 그들에게서 분명 배은망덕한 일을 당한 것이다. 하지만 우리는 높으신 하나님을 섬기며, 그분은 우리에게 합당한 상급을 주시는 분이다"[16]라고 말했다. 칼빈은 그 소식에 오히려 기뻐하였다.

사람들은 성직자 통치의 몰락을 공공연하게 기뻐하고 축하하였다. 로잔 대회의 교령들이 트럼펫 소리와 함께 선포되었다. 세례반들이 다시 세워졌으며, 그 다음 주일에 성찬이 무교병으로 집례되었다.

면직된 목회자들은 베른으로 갔지만, 거기서 별다른 동조를 얻지 못하였다. 그들은 다시 전체 대회가 열리고 있던 취리히에 가서 따뜻한 영접을 받았다. 그들은 자신들이 너무 엄격했다고 말하면서 세례반, 무교병(빵은 쪼개진 채로 제공되었다), 그리고 베른에서 시행하고 있는 네 가지 교회 축제를 회복하는 데 동의한다고 덧붙였다. 그러나 그들은 치리를 도입할 것과, 교회를 여러 교구로 나

---

15) 같은 의회는 자신의 공적인 직무를 감당하느라 1537년 7월 29일 신앙고백서에 대한 시민들의 맹세를 기록한 Claude Rozet 서기관을 면직하였다. *Registers* of April 23, 1538.

16) Beza, Rozet, 그리고 <회의록>의 내용 모두가 약간의 차이는 있으나 이렇게 답하고 있다. 이 소식을 전한 자에게 파렐은 "좋아, 좋아. 이게 다 하나님께로부터 온 것이야"라고 답하였다.

눌 것과, 성찬을 더욱 자주 시행할 것, 공식 예배에서 시편을 노래할 것, 그리고 평신도와 목회자가 함께 참여하는 공동 위원회를 통해 치리를 시행할 것을 주장하였다.[17]

불링거(Bullinger)는 베른과 제네바 사람들 앞에서 이 타협안을 옹호하는 일에 착수하였다. 그러나 제네바 사람들은 총회에서 5월 26일의 추방령을 추인하였다.

추방당한 목회자들은 비록 앞날에 대한 전망은 어두웠지만, 모든 일을 질서있게 하시는 하나님에 대한 신뢰를 가지고 비바람이 치는 날씨 가운데 말을 타고 바젤로 떠났다. 비로 인해 불어난 여울을 건너다가 거의 죽을 뻔하기도 했다. 바젤에서 그들은 호의를 아끼지 않았던 친구들, 특히 그리나이우스(Grynaeus)의 환대를 받았다. 여기서 그들은 하나님의 섭리에 따른 부르심을 기다리기로 결정하였다. 몇 주 후 6월에 파렐은 이전에 그가 일했던 뇌샤텔로부터 청빙을 받았는데, 자신의 치리 체계를 자유롭게 도입할 수 있다는 조건으로 이를 수락하였다. 칼빈은 두 달 후에 바젤을 떠나 슈트라스부르크로 갈 것을 권유받았다.

이러한 위기 속에서 칼빈의 친구이자 여행 동반자였던 루이 뒤 티예는 종교개혁이 성공하리라는 믿음을 상실하였다. 그는 온순하고 평화로운 성격의 사람이었던 것으로 여겨진다. 뒤 티예는 1537년 8월에 제네바를 떠나 슈트라스부르크와 파리를 거쳐 로마교회로 돌아갔다. 그는 고위직에 있는 사람들과 관계를 맺고 있었는데 그들로부터 영향을 받았다. 그의 형제인 장 뒤 티예는 파리 의회의 유명한 서기였으며, 또 다른 형제는 생브리외(Sainte-Brieux) 주교를 거쳐 나중에는 모(Meaux)의 주교가 되었다. 그는 칼빈에게 자신이 느끼는 양심의 가책에 대해서, 그리고 로마 가톨릭으로 돌아가는 이유에 대해 설명하였다. 칼빈은 그것들이 불충분하다고 여겨, 그에게 친절하고 예의바르지만 엄중하게 경고하였다. 이 두 사람 모두에게 이 결별은 매우 고통스러웠지만, 상호간의 존경심을 통해 위안을 받을 수 있었다. 뒤 티예는 칼빈이 추방된 후 곤란을 겪고 있을 때 그를 돕고 싶다는 의사를 표했지만, 칼빈은 1538년 10월 20일 슈트라스부르크에서 다음과 같이 써보냄으로써 정중하게 거절하였다.

---

17) 칼빈과 파렐이 작성한 14개 조항을 참조하라. Henry, I. Beilage, 8; *Opera*, X. Part II. 190-192; Herminjard, V. 3-6.

"당신이 나에게 해준 제안에 대해 뭐라 감사의 말을 해야 할지 모르겠습니다. 저는 과분한 친절을 진심으로 감사하지 못할 만큼 그렇게 무례하지는 않습니다. 비록 당신의 제안을 받아들이지는 못해도 제가 당신에게 진 빚은 어떤 말로도 적절하게 표현할 수 없을 것입니다." 그들의 의견 차이에 대해서, 칼빈은 누가 정말 분파주의자인지 하나님이 판단하실 것이라고 하면서, 다음과 같은 기도로 편지를 마무리하고 있다. "우리 주님께서 그의 거룩하신 보호 안에 당신을 붙드시고 지켜 주시기를, 당신이 주님의 길로부터 벗어나지 않도록 당신을 이끄시기를 기도합니다."[18]

___

18) Herminjard, IV. 354-359, 384-400; V. 103-109; 161, 162; 186-200에 수록된 서신들을 보라. 뒤 티예의 마지막 서신은 1538년 12월 1일 파리에서 보낸 것으로, "항상 그리스도 안에서 형제요 친구로" 남고자 하는 바람을 피력하는 것으로 끝맺고 있다. 또한 부처가 1539년 10월 8일 슈트라스부르크에서 뒤 티예에게 보낸 답신도 있다 (Herminjard, VI. 61-70에 수록됨). 이 편지에서 그는 뒤 티예가 프로테스탄트들에 대항해서 제시한 네 가지의 반대 이유들을 반박하고 있다. 그 네 가지 반대 이유들은 1) 그들이 그리스도의 교회를 떠났다는 것, 2) 그들이 교회의 좋은 관습들과 계율을 거부하였다는 것, 3) 그들이 교회의 재산을 손상시켰다는 것, 4) 그들이 참된 교리를 많이 부인하였고 잘못된 교리들을 도입하였다는 것이었다.

제 11 장

독일에서의 칼빈(1538-1541)

85. 슈트라스부르크에서의 칼빈

칼빈은 최근에 경험한 일들로 인해 너무 실의에 빠진 나머지 다른 어떠한 공직도 맡고 싶지 않았으며, 쿠롤(Courault)도 이러한 그의 결심에 동의하였다. 그래서 그는 부처가 슈트라스부르크(현재 프랑스의 스트라스부르. 당시에는 슈트라스부르크로 독일에 속했음: 역자주)로 오라고 처음 초빙했을 때 이를 거절하였다. 더욱이 그의 친구 파렐이 이 초빙에 포함되지 않아서 그는 그 제안을 받아들일 수 없었다. 그러나 그는 마침내 요나 선지자의 예를 생각하면서 거듭되는 요청에 응하였다. 파렐은 진심으로 찬성해 주었다.

1254년 이래로 슈트라스부르크(Strassburg)는 독일의 자유로운 대도시였으며, 가장 아름다운 고딕 성당들 가운데 하나가 있고 대단위 상업과 문학적인 기획들이 이루어지는 곳으로 유명하였다. 몇몇 성경 초판들이 이곳에서 출판되었다. 지리적으로 이 도시는 상부 라인강에서 서쪽으로 몇 마일 떨어져 있었기 때문에 독일, 프랑스, 스위스를 연결하는 하나의 연결고리가 되었고, 또한 루터주의와 츠빙글리주의 사이에서도 이러한 연결고리 역할을 하였다. 이곳은 프랑스에서 박해를 피해 꾸준히 몰려오는 프로테스탄트들에게 편안한 안식처를 제공해 주었는데, 이 피난민들은 슈트라스부르크를 새로운 예루살렘이라고 불렀다. 슈트라스부르크의 시민들은 1523년에 개신교를 주도하던 두 개의 흐름을 연합하는 복음적인 연대의 정신 안에서 종교개혁을 받아들였다. 부처(Martin Bucer), 카피토(Capito), 헤디오(Hedio), 니게르(Niger), 마티아스 첼(Matthias Zell), 슈투름

(Sturm) 등과 같은 사람들이 이곳에서 함께 조화를 이루며 일했다. 슈트라스부르크는 남서부 독일의 비텐베르크였고, 취리히와 제네바와도 우호관계를 맺고 있었다.

이 도시의 대표적인 개혁자 부처는 관대함과 포용성의 화신이라 할 만한 사람이었으며, 1530년 아우크스부르크 회의에서 그가 제출하였던 「네 도시 신앙고백」(*Tetrapolitan Confession*)에 이러한 그의 성품이 잘 나타나 있다. 이후에 그는 동일한 평화의 정신으로 「비텐베르크 협정」(Wittenberg Concordia, 1536)을 산출해 내었다. 이것은 주의 만찬에 대한 루터파의 이론과 츠빙글리파의 이론을 서로 조화시키고자 하였지만, 지나치게 루터 쪽(자격 없는 자들도 그리스도의 살과 피에 참예할 수 있게 하였다)으로 기울어진 것으로 여겨져서 결국에는 불링거(Bullinger)와 스위스 교회에 의해 거부되었다. 부처는 1540년 6월에 베른에 편지를 써서 비텐베르크를 제외하고는 독일에 있는 어떤 도시도 슈트라스부르크만큼 복음에 그렇게 우호적이고 너그러운 정신을 가진 곳이 없다고 하였다. 그는 1551년에 영국 성공회에서 케임브리지 대학의 신학 교수로서 그의 사역을 마감하였다. 그가 죽은 지 6년이 지난 후 메리 여왕 치하에서 그의 사체가 파내어져 형틀에 매달려 화형에 처해졌다. 하지만 엘리자베스 여왕 시대에 다시 그의 무덤이 세워지고 그 명예가 회복되었다. 그의 동료 파기우스(Fagius)도 같은 운명을 겪었다.

취리히 사람들은 칼빈에게 보내는 한 편지에서 슈트라스부르크를 "종교개혁의 안디옥"이라고 부르고 있다. 카피토는 이곳을 "추방당한 형제들의 안식처"라고 불렀고, 로마 가톨릭 역사학자인 플로리몽 드 라이몽(Florimond de Raemond)은 "부처의 영향 아래 루터파들과 츠빙글리파들의 은둔지이자 회합장소였으며 프랑스에서 내쫓긴 자들의 피난처"라고 칭하였다. 일찍이 프랑스에서 피난해 간 사람들 중에 유명한 사람들로는 랑베르(Franz Lambert), 파렐, 르페브르, 루셀(Roussel), 미셸 다랑드(Michel d'Arande)가 있다. 불행하게도 슈트라스부르크는 이러한 고상한 위치를 오래 점하지 못하고 분파들간의 쓰라린 싸움이 일어나는 전쟁터가 되고 말았으며, 한동안은 편협한 루터파 정통주의의 본산이 되기도 하였다. 슈트라스부르크는 1681년에 루이 14세에 의해 정복되어 그 뚜렷한 프로테스탄트적인 성향이 무시된 채 로마 가톨릭 프랑스에 병합되었다. 하지만 1870년에 황제 빌헬름 1세에 의해 재정복되어 알자스로렌 지방의 수도로서 연합 독일에 병합되었다. 대학은 새롭게 조직되었고 그 어느 때보다 잘 정비되었다.

칼빈은 1538년 9월 초에 슈트라스부르크에 도착하였다.[1] 그는 이곳에서 유익한 일들을 하면서 3년을 보냈다. 그는 교회의 지도자들이었던 부처, 카피토, 헤디오, 슈투름, 그리고 니게르의 환대를 받았으며, 시의회는 그를 신학교수로 임명하여 적절한 보수를 지급해 주었다. 그는 곧 이곳 생활에 만족하였으며 다음해 여름에는 시민권을 사서 양복공들의 길드에도 가입하였다.[2]

칼빈이 이 도시에 체류했던 기간은 그의 생애에서 많은 열매를 맺은 보람있는 시기였으며, 제네바에서의 보다 성공적인 사역을 위한 하나의 훈련기이기도 하였다. 그의 시야는 더욱 넓어지고 깊어졌다. 그는 루터파 교회와 그 지도자들과 접촉하게 되면서 한편으로는 그들을 이해하고 인정하게 되었지만, 다른 한편으로는 그들이 치리가 부족하고 세속 통치자들에게 지나치게 의존하고 있는 데 대해서는 바람직하지 않다고 생각하였다. 그는 목회자, 교수, 저술가로 열심히 그리고 성공적으로 일하였다. 그는 파렐에게 쓴 편지(1539년 4월 20일)에서, 심부름꾼이 와서 자신의 책 원고(「기독교 강요」 2판)를 달라고 하는 동안에도 자신은 50페이지를 읽고 가르치고 설교를 해야 하고, 4통의 편지를 써야 하고, 논쟁들을 조정해야 하며, 10차례 이상 방문객들을 맞이해야 했다고 말한다.[3]

프랑스와 독일의 통치기를 살았고 두 나라의 언어와 신학에 다 정통했던 슈트라스부르크 대학의 세 저명한 교수들이 칼빈 저작을 최후로, 그리고 최상의 형태로 편집해 세상에 내놓아야 한다는 것은 너무나 당연한 일이다.

이 3년간 칼빈은 경제적으로 무척 어려운 상황에 처해 있었다. 이 사람이 생계에 쪼들리도록 방치했다는 것은 시정부와 교회에게 부끄러운 일이다. 처음 5개월 동안 그는 아무런 봉급도 받지 못하였고 한 자유주의자 친구 집에서 숙식을 제공받았을 뿐이다. 그의 동포들이 다 가난했던 것은 사실이지만, 그래도 무언

---

1) Stähelin이 밝히는 9월 말엽이 아니다. Stricker, p. 11, note를 보면, 칼빈이 슈트라스부르크에서 9월 8일에 첫 번째 설교를 했다고 나온다.

2) 1539년 7월 30일. 몇몇 역사학자들은 칼빈에게 시민권이 주어졌다고 말하는 오류를 범하고 있다.

3) Herminjard, V. 286 이하; *Opera*, X., Pars II. 337.

가 도움을 줄 수도 있었을 것이다. 그는 1539년 4월에 쓴 편지에서 파렐에게 프랑스에 있는 많은 친구들 가운데 뒤 티예(Louis du Tillet)를 제외하고는 그에게 경제적인 도움을 준 사람이 없었다고 쓰고 있다. 그러나 뒤 티예는 칼빈을 로마 가톨릭으로 돌아오도록 하려던 사람이었기 때문에 칼빈은 그의 도움을 거절하였다.[4] 슈트라스부르크 시는 1539년 5월부터 칼빈이 맡고 있던 전문적인 책무들의 대가로 겨우 52길더(약 200마르크)를 봉급으로 지불하였다.[5] 그가 저술한 책들도 경제적인 도움이 되지 못했다. 스위스인들이 그의 어려움을 알고 돕고자 하여, 파브리(Fabri)는 파렐을 통해 칼빈에게 10다카트의 돈을 보냈다.[6] 그러나 그는 사람들로부터 도움을 받기보다는 제네바에 두고 온 자신의 가장 큰 보물인 장서를 팔고 학생들을 하숙생(pensionnaires)으로 받아들임으로써 경제적인 필요를 채우고자 하였다. 그는 미래를 오직 하나님에게 맡겼다.[7]

가난에도 불구하고 칼빈은 자신이 느끼는 자유로움, 뜻이 맞는 친구들, 그리고 자신이 꼭 필요한 사람이라는 사실로 인해 행복하였다.

86. 슈트라스부르크의 이방인 교회

칼빈은 제네바에서와 마찬가지로 슈트라스부르크에서 목회자로서의 직무와

---

4) Herminjard, V. 291 이하. 뒤 티예가 1538년 10월 20일 파리에서 보낸 편지를 보라.

5) 1539년 5월 1일.

6) Libertet(Christophe Fabri) to Farel, 1539년 5월 8일, in Herminjard, V. 307.

7) 칼빈은 자신의 궁핍함을 동료들에게 알린 파렐에게 이렇게 편지하였다: "고백하건대, 내 형제들이 나에게 그렇게 관심을 가지고, 자신들의 소유물로 내 궁핍함을 도우려고 한다는 것은 무척 기쁜 일입니다. 저는 그들의 사랑의 표현에 기쁘기가 한량이 없습니다. 그럼에도 불구하고, 저의 궁핍함이 제가 감당할 수 없을 만큼 심해지지 않는 한 저는 당신과 그들의 친절을 사양하기로 마음을 먹었습니다. 제 책(「기독교 강요」 제2판)의 출판을 맡은 인쇄업자 Wendelin[Wendelin Rihel]이 비일상적인 경비들을 위해 충분할 정도의 금전을 제게 제공해 줄 것입니다. 제가 제네바에 남기고 온 책들을 팔면 다음 겨울까지는 제 집세를 내기에 충분할 것입니다. 그리고 그 이후에는 주님께서 공급해 주실 것입니다"(Herminjard, *l.c.*).

신학교수로서의 직무를 동시에 수행했다. 목회자로서의 활동은 그로 하여금 프랑스 동족들과 접촉을 계속하도록 해주었고, 신학교수로서의 활동은 독일의 학자들 사이에 자신의 영향력을 확대하도록 해주었다.

그는 프랑스 난민들을 위한 최초의 프로테스탄트 교회를 조직하였다. 이 교회는 제네바와 프랑스의 개혁파 교회들에게 하나의 모범이 되었다.

피난민들의 수는 당시에 약 400명 정도에 달했는데[8], 그들은 대부분 "작은 프랑스인들의 교회"[9]에 속해 있었다. 그의 첫 번째 설교는 성 니콜라스 교회에서 이루어졌는데, 많은 수의 프랑스인들과 독일인들을 매료시켰다.[10] 그는 일주일에 네 번(주일에 두 번) 설교를 하고 성경공부 반들도 개설하였다. 그는 집사들을 훈련시켜 자신을 돕게 했으며, 그들로 하여금 특별히 자신이 많은 관심을 가지고 있었던 가난한 사람들을 돌보게 하였다. 두 사람의 집사가 있었는데, 그 중 한 사람인 파랑(Nicholas Parent)은 후에 뇌샤텔에서 목사가 되었다. 다른 한 사람인 클로드 드 페르 혹은 페라이(Claude de Fer 혹은 Féray, Claudius Feraeus)는 프랑스인 그리스 문화 연구자로서 슈트라스부르크로 도주해 와서 그리스어를 가르치고 있었는데, 1541년 칼빈의 애도 속에 역병으로 죽었다.

칼빈은 자신이 원하던 대로 치리를 도입하였고 정부 관리들의 간섭을 받지 않았으므로 그의 이전 제네바에서보다 훨씬 더 좋은 성과를 거둘 수 있었다. 그는 "질서와 치리가 없이는 가정도 사회도 존재할 수 없고, 교회는 더 말할 것도 없다"고 말하고 있다. 그는 루터가 교리를 강조한 것만큼 치리를 강조하였으며, 그것이야말로 건전한 교리와 그리스도인의 생활을 위한 최선의 보호막이라고 간

---

8) 1553년 10월 18일에 행해진 슈트라스부르크 인구 조사에 따르면, 여자와 어린이와 노예들을 제외하고 프랑스인들은 시민이 100명, 시민이 아닌 사람이 35명, 군인이 16명(전부 합하면 151명)이었다. 이 사실로부터 Stricker(p.5)는 외국인의 수가 4백 명이었다고 추론한다. Doumergue는 5백 명에서 6백 명으로 계산한다. 슈트라스부르크의 연대기 저자인 Specklin은 1천 5백이라는 더 많은 수를 제시하는데, 이것은 그리 정확한 것이 아니어서, 공식적인 인구 조사를 통해 수정되어야 한다.

9) 칼빈은 이를 "Ecclesiola Gallicana"라고 부른다.

10) 이후에 그는 Klosterkirche der Reuerinnen에서 설교하였다. 이 교회는 현재는 Magdalenen Kirche라고 불린다.

11) Calvin to Farel, in Herminjard, V. 291.

주하였다. 그는 한달이나 공중예배에 빠지고 심각한 부도덕을 범한 학생을 성찬에 참여시키지 않았으며, 그 학생이 참회할 때까지 계속 참여시키지 않으려고 하였다.[11]

그러나 적지 않은 젊은이들은 출교가 로마 가톨릭적인 제도라고 이에 반대하였다. 하지만 칼빈은 그리스도의 멍에와 교황의 전횡을 구별하였다. 그는 자신의 뜻을 계속 밀고 나가 결국 관철시켰다. 칼빈은 파렐에게 "나는 심각한 갈등들에 부닥쳤지만, 그것들은 내게 좋은 배움의 기회가 되고 있습니다" 라고 썼다.

칼빈은 슈트라스부르크가 지혜롭게 포용하고 있던 많은 재세례파들을 개종시켰는데, 이들은 시내와 교외로부터 자녀들을 칼빈에게로 데리고 와 세례를 받도록 했다. 관리들은 종교와 관계된 모든 중요한 문제들에 대하여 칼빈의 자문을 구하였다. 그는 성실하게 목회자로서 돌보는 사역을 감당하였으며, 모든 교인들에게 따뜻한 관심을 쏟았다. 이렇게 하여 그는 단시일 내에 번창하는 교회를 세웠고, 이는 슈트라스부르크 시민들의 존경과 칭송을 불러왔다.

불행하게도 슈트라스부르크의 이 교회는 약 25년간밖에 지속되지 못하다가, 비록 많은 교회들이 모범으로 삼고 난 이후이기는 하지만, 분파적인 편협함의 불꽃 속에서 사라져 버렸다. 배타적인 루터교가 마르바흐의 지도 아래 슈트라스부르크에서 득세하였고 칼빈주의 기독교인들을 위험한 이단들로 취급하였다. 1556년 8월 칼빈이 프랑크푸르트로 가는 길에 이 도시를 들렀을 때 요하네스 슈투름과 학생들은 존경의 표시로 기립하여 그를 명예롭게 영접해 주었다. 하지만 그는 공재설(consubstantiation)을 믿지 않는다는 이유로, 자기 자신이 설립한 교회에서 설교하는 것도 허용되지 않았다. 몇 년 지난 후에 개혁파 예배는 1563년 8월 19일 시의회의 명령에 의해 완전 금지되었다.[12]

87. 칼빈의 예배의식

파렐은 1533년 뇌샤텔에서 최초의 프랑스 개혁파 예배 의식서를 출간하였고 1537년에는 이것을 제네바에 소개하였다. 이 책에서는 정규적인 주일예배에 일

---

12) 프랑스 통치 하에서 슈트라스부르크에서는 개혁교회가 재조직되었다.

반기도, 주기도문(설교 전에), 십계명, 죄의 고백, 주기도문 반복, 사도신경, 최종 권면과 축도의 순서를 담고 있다.[13] 이것은 1529년에 출간된 베른의 독일 예배의 식과 유사했는데, 이 독일 예식서를 칼빈은 그의 친구 모를르(Morelet)로 하여금 프랑스어로 번역하도록 했었다. 파렐의 예배 의식 가운데 현재는 혼인 예식만이 남아 있다. 나머지 부분은 칼빈이 슈트라스부르크에서 처음 도입한 예배 의식 속에서 그에 의해 재구성되고 한층 발전되었으며, 나중에 그가 제네바로 귀환했 을 때 다시 얼마간 수정되어 소개되었다.

칼빈의 예배 의식서는 1542년에 두 차례에 걸쳐 출판되었다. 이것은 같은 해 로잔에서도 소개되었으며, 점차 다른 개혁파 교회들에게 전파되어 나갔다.

칼빈은 츠빙글리와 파렐의 기초 위에, 그리고 스위스 개혁파 교회들이 이미 채용하고 있던 예배형식들의 기초 위에 자신의 예배형식을 세웠다. 칼빈은 선임 자들과 마찬가지로 비성경적인 전통과 미신들로 가득찬 로마 가톨릭의 형식주 의와 관련된 어떤 것에도 호의를 가지고 있지 않았다. 그는 또한 예배 속에 예술 적, 상징적, 그리고 장식적인 요소들을 가미하는 것을 결코 좋아하지 않았다. 그 는 미사를 거부했으며, 두 가지(세례와 성찬을 일컫는다: 역자주)를 제외한 모든 성례들, 성인 기념일들, 주일을 제외한 거의 모든 교회의 축일들, 성상들, 성물 들, 행렬, 화려한 예배의 외관과 분위기를 거부하였다. 그러한 번지르르한 예배 는 지성과 양심보다는 감각과 상상력에 호소하며, 우리의 마음이 구원하는 복음 의 진리를 주시하도록 하기보다는 외형적인 겉치레에 마음을 빼앗기도록 하는 경향이 있다.

그는 대신에 지적인 경건과 잘 조화되는 단순하고 영적인 형태의 예배를 도입 하였다. 이런 형태의 예배는 하나님의 성령이 함께하시고 역사하실 때는 살아 있는 예배가 되지만, 그러한 성령의 능력이 결여되었을 때는 지루하고 황폐하고 차갑고 썰렁한 예배가 되고 만다. 칼빈은 설교를 예배의 중심으로 만들었고, 라 틴어로 미사를 봉독하는 대신에 자국어로 교훈과 권면을 행하였다. 그는 설교자 들의 보좌인 설교단을 사제들의 제단보다 더 강조하였다. 그는 공중예배에서 자 유기도의 메마르지 않는 샘을 열어, 상황과 필요에 따라 다양하게 적용할 수 있 는 무한한 가능성을 열어 놓았다. 그는 루터와 마찬가지로 교회에 회중의 찬양

---

13) 슈트라스부르크에서 Baum에 의해 1859년 재출판되었다.

이라는 더없는 축복을 회복시켰는데, 이는 참으로 대중적인 예배의식이었으며 기록된 기도문을 읽는 것보다 훨씬 효과적이었다.

슈트라스부르크의 칼빈 교회에서 행해진 공중예배의 순서는 다음과 같다.

예배는 기원으로 시작되어, 죄의 고백과 간략한 사죄로 이어진다. 그 다음에 성경봉독, 찬양, 자유기도가 이어진다. 남녀를 불문하고 모든 회중은 시편을 함께 영창함으로써 공적인 예배에서 적극적인 부분을 담당한다. 이전에 그들은 수동적인 청취자거나 관중들에 불과하였다. 이는 만인제사장설이라는 프로테스탄트 교리와도 잘 조화를 이룬 것이다.[14] 그 다음에 설교가 뒤따르고, 이어서 일반 기도와 주기도문이 이루어진다. 예배는 찬양과 축도로 끝을 맺는다.[15]

프랑스 개혁파 교회에서도 대체로 똑같은 순서를 지켰다. 칼빈은 또한 세례와 성찬식을 위한 예식문도 마련하였다. 결혼과 병자 심방을 위한 예식문은 이전에 파렐이 이미 만들어 놓았었다. 예전적인 특징과 즉흥적인 특성의 이러한 결합은 대륙의 개혁파 교회들에서 계속되었다. 스코틀랜드의 장로교회들과 대부분의 영국 비국교파 교회들, 그리고 미국에 온 그들의 후손들의 교회에서는 점차 자유기도로 인해 예전적인 요소가 방해를 받았지만, 성공회 교회들은 정반대의 길을 걸었다.

세례는 항상 공적인 예배가 끝날 무렵에 회중들 앞에서 행해졌다. 이 예식은 가장 단순한 형식으로, 그리스도의 제정을 따라, 전통적인 귀신 쫓는 의식이나 소금, 침뱉음, 촛불이 없이 시행되었는데, 이것은 이런 것들이 성경에 기록되어 있지 않은데다가 미신을 조장하고 그 의식의 영적인 본질이 아니라 외형에 주의를 빼앗기게 하기 때문이었다. 칼빈은 침례를 세례의 원래 형태로 보았지만, 물을 붓거나 뿌리는 것도 동일하게 효력을 가진다고 생각하였다.[16]

---

14) 이 점에서 칼빈은 루터파 교회의 모범을 따랐다.

15) 1545년 한 프랑스 학생이 슈트라스부르크에서의 개혁파 예배에 대해 기술한 재미있는 내용은 1885년 Erichson에 의해 처음 출판되었다. 이에 따르면 매일 설교와 더불어 회중 전체가 손에 찬송가를 들고 시편 찬송을 불렀다고 한다.

16) *Institute*, IV. ch. XV. 19에서 그는 이렇게 말한다. "세례받는 사람이 완전히 침수를 하든, 침수를 세 번 하든 한 번 하든, 혹은 물을 붓든지 뿌리든지, 그것은 전혀 중요하지 않다. 교회는 이런 것들에 관해 자유로워야 한다. 각 나라마다 상황에 맞추어 행할 수 있어야 한다. 하지만 **세례를 준다**는 말 그 자체는 **침례한다**는 의미를 가지

　성찬은 전체 회중들에 의해 한 달에 한 번, 단순하지만 거룩한 형식으로 거행되었다. 칼빈은 성찬에 참예할 자들은 미리 자신에게 그 의사를 알려 줄 것을 요구하였다. 그렇게 해서 그들은 필요에 따라 교육과 경고, 혹은 위로를 받을 수 있었다. 자격 없는 지원자들은 그 참여가 배제되었다.

　자국어로 시편을 도입한 것은 가장 중요한 특징 가운데 하나이며, 예배의 역사와 기독교인의 생활에 오래 지속될 영웅적인 장을 여는 사건이었다. 개혁파 교회에서 시편은 루터파 교회에서의 찬송가와 동일하게 중요한 위치를 차지한다. 그것은 광야의 위그노 교회들에게, 또한 스코틀랜드의 장로교 맹약도들(Presbyterian Covenanters)에게 참혹한 시련과 박해의 날들에 위로와 힘을 주는 원천이었다. 칼빈 자신이 시편 25, 36, 43, 46,[17] 91, 113, 120, 138, 142편과 시므온의 찬양, 십계명 등에 운율을 붙였다. 그는 이후에 당대의 가장 훌륭한 프랑스 시인이자 궁정 시인이며 교회의 찬송가 작가이기도 했던 클레망 마로(Clement Marot, 1497-1544)의 보다 뛰어난 작품을 사용하였다. 칼빈은 한동안 몸을 피해 있던 페라라 공작부인의 궁정에서 그를 처음 만났으며(1536), 그 후에 제네바에서(1542) 그를 다시 만나 시편의 운율판을 만들어 내는 일을 계속하라고 격려하였다. 마로의 시편은 1541년 파리에서 처음 선보였는데, 30개의 시편과 함께 주기도문, 천사의 인사, 사도신경, 십계명에 운을 붙인 작품들을 담고 있었다. 50개의 시편을 담고 있는 몇 개의 편집본들이 1543년에 제네바에서 출간되었고, 하나는 1545년에 슈트라스부르크에서 나왔다.

　더 후기의 편집들은 베자의 번역으로 더욱 확대되었다. 마로와 베자의 시편의 대중적인 인기와 유용성은 클로드 구디멜(Claude Goudimel, 1510-1572)의 풍부한 멜로디에 의해 한층 고양되었다. 그는 1562년에 개혁파 교회에 참여하였으며, 성 바돌로매 축일 학살 사건이 일어나던 날 밤에 리옹에서 순교하였다. 그는 자신의 음악적인 재능을 종교개혁에 바쳤다. 그의 음률은 부분적으로는 대중가요에 기초하고 있었으며, 개혁파 예배의 단순하면서도 진실한 정신을 잘 표현하였다. 그 중 일부는 루터파 교회의 합창곡 가운데 자리를 잡았다.

고 있으며, 침례가 고대교회의 행습이었다는 것은 확실하다.”
　17) 이 시편은 루터의 불멸의 찬송가 <내주는 강한 성이요>의 기조를 이루었다.

88. 신학 교사와 저술가로서의 칼빈

슈트라스부르크의 개혁자들은 야콥 슈투름(Jacob Sturm)과 요하네스 슈투름(Johannes Sturm)과 같은 지도적인 평신도들의 도움을 받아 보다 질 높은 초등교육과 고등교육을 제공하였으며, 1525년에 이미 프랑스에서 학생들을 끌어들일 수 있는 학교들을 세웠다. 초기의 피난민들 중 한 사람인 루셀(Gerard Roussel)은 모 지방의 주교에게 보내는 편지에서 이 학교들을 매우 칭송하고 있다.[18] 신학부를 갖춘 한 프로테스탄트 대학(gymnasium)은 1538년 3월 22일에 설립되어 그당시 가장 뛰어난 교육가들 가운데 한 사람인 요하네스 슈투름의 지도 아래 있었다. 이 학교는 프랑스 혁명 때까지 독일어로 가르친 종합대학의 모체가 되었다. 프랑스 혁명 당시에는 반쯤 프랑스화 되었다가 지금은 다시 언어와 교수법에 있어서 모두 독일식을 따르고 있다. 이 대학의 최초의 교수들로는 신약의 부처, 구약의 카피토, 역사와 신학의 헤디오, 수학의 헤를린(Herlin), 그리스어의 야콥 베드로 혹은 페드로투스(Jacob Bedrot or Pedrotus)가 있었다.[19] 개종한 유대인 한 사람이 히브리어를 가르쳤다.

칼빈은 1539년 1월에 신학 조교수로 임명되었다.[20] 그는 요한복음, 로마서를 비롯한 성경의 여러 책들에 대해 가르쳤다. 많은 학생들이 스위스와 프랑스에서 와서 그에게서 배운 다음 복음주의자들이 되어 돌아갔다. 그는 자신의 서신에서 몇몇 학생들에 대한 만족감을 표하고 있는데, 물론 그가 실망한 경우도 있었다. 그는 공개적인 논쟁들을 관장하였다. 그는 1539년에 선행의 공로에 관한 논쟁에서 당시 파사우의 학장이었던 모사무스(Robertus Moshamus)라는 자를 논박하

---

18) Herminjard, I. 407; 그리고 미코니우스에게 보낸 파렐의 1526년 6월 4일자 편지.

19) 칼빈의 편지들에 종종 등장하는 Pedrotus(Padrut)는 포어아를베르크(Vorarlberg)에 있는 Pludenz 출신으로서, 고대 고전의 편집자이자 해설자로 유명하며, Jacobus Groecus라고도 불린다. 카피토는 1525년 11월 26일 블라우러에게 보낸 편지에서 그를 높이 평가하였다. 그는 1541년 슈트라스부르크에서 페스트로 사망하였다.

20) 칼빈이 파렐에게 보낸 1539년 1월자 편지. 그는 네 번 설교하고 세 번 강의하였다. 1년에 52길더의 봉급이 5월 1일에 주어졌다.

여 승리를 거두어 슈트라스부르크 학자들에게 커다란 기쁨을 가져다주었다.[21]

또한 칼빈은 무가치한 신학적 변절자인 피에르 카롤리를 상대로 불쾌한 논쟁을 벌이기도 하였다. 카롤리는 1539년 10월에 슈트라스부르크에 문제아로 등장했는데, 이전에 로잔에서와 마찬가지로, 삼위일체라는 주제에 대해서 부처와 카피토까지도 칼빈에게 편견을 갖도록 만들려고 하였다.

칼빈은 자신의 모든 전문적인 책임들을 감당하면서도 중요한 저술활동을 할 시간을 낼 수 있었다. 이는 제네바에서는 방해를 받았던 일이다. 그는 자신의 「기독교 강요」에 대한 철저한 개정판을 준비하여, 초판을 능가하는 작품을 내었다. 이때 저술한 「로마서 주석」은 계속되는 칼빈의 귀중한 주석 작업들의 출발점이었다. 이 두 작품은 모두 슈트라스부르크에서 유명한 인쇄업자인 리헬(Wendelin Rihel)에 의해 1539년에 출판되었다. 칼빈은 로마서 주석을 내는 데 멜란히톤, 부처, 불링거에 시기적으로 뒤졌지만 내용적으로는 그들의 작품을 쉽게 능가하였다. 그는 또한 프랑스어로 성찬에 대한 대중적인 소논문을 썼다. 여기서 그는 루터의 실재론과 츠빙글리의 상징론 사이에서 중도적인 입장을 취했다. 그는 책의 끝부분에서 양측 모두가 자신들의 뜨거운 열정 때문에 진리로부터 떠나는 오류를 범하기는 하였지만, 그렇다고 해서 우리가 루터와 츠빙글리를 통해 하나님이 인류에게 부여해 준 커다란 유익들을 망각해서는 안 된다고 말하고 있다. 만약 우리가 그들에게 빚진 것들에 대해 감사하고 그것을 잊지 않는다면 우리는 그들을 비난하는 것이 아니라 그들을 용서하고 남음이 있을 것이다. 우리는 이 양 진영의 화해를 희망해야만 한다.

1541년 레겐스부르크 회의에서 칼빈은 다른 프로테스탄트 대표자들과 함께 아우크스부르크 신앙고백에 서명해야 했다. 그가 명백하게 밝힌 대로, 그는 일 년 전에 (성찬의 교리를 다루는) 10조에 중요한 수정을 가해서 개정판을 출간한 저자의 뜻하는 바를 알고 있었기 때문에 자신의 양심에 따라 정직하게 그렇게 할 수 있었다.[22]

칼빈이 사돌레토(Jacopo Sadoleto)에게 보낸 훌륭한 답변에 대해서는 나중에

---

21) 그는 보름스에서 멜란히톤이 지켜보는 가운데 다시 한 번 그를 이겼다.

22) 레겐스부르크의 목회자인 Martin Schalling에게 보낸 칼빈의 1557년 3월의 편지. 그의 동료들인 부처와 카피토는 똑같은 평화주의 정신으로 아우크스부르크 신앙고백을 이해하였다.

따로 살펴볼 것이다.

이 시기에 기록된 칼빈의 많은 편지들은 우정에 대한 그의 변치 않고 신실한 배려를 입증해 준다. 파렐에게 보낸 편지들에서 칼빈은 자신의 마음을 쏟아 놓고 있고, 파렐로 하여금 자신의 고통과 기쁨에 참여하도록 하며, 공사를 막론하고 사소한 것까지라도 그에게 털어놓고 있다. 파렐은 오랜 이별을 견딜 수 없었기 때문에 1539년과 1540년에 두 차례나 그를 짧게나마 방문하였다.

89. 프랑크푸르트, 보름스, 레겐스부르크 회의에서의 칼빈

칼빈이 독일에 머무는 동안, 종교개혁으로 인해 야기된 분열을 극복하기 위해 공개회의가 몇 차례 열렸는데, 그는 슈트라스부르크 시와 교회가 임명한 위원들 중 한 명으로서 부처, 카피토, 그리고 슈투름과 함께 이 회의들에 참석하였다. 황제 카를 5세는 정치적인 동기에서, 프로테스탄트 영주들을 로마교회와 화해시켜서 터키전의 전비를 조달받고 싶어하였다. 이 회의들에서 주도적인 역할을 한 신학자들은 루터파의 멜란히톤과 로마 가톨릭 교회측의 플룩(Julius Pflug)이었다. 그들은 교리와 치리상의 사소한 차이들을 상호 양보함으로써 교회의 재연합을 확립하고자 하였다. 하지만 이 회담들은 모든 협상과 똑같은 운명을 공유하였다. 루터와 칼빈은 교황에게 한 치도 양보하려 하지 않았고, 에크(Eck)와 같은 교황청의 극단적인 인물들도 개신교에 조금도 양보하려고 하지 않았다. 보다 상세한 설명은 독일 교회사에 속하는 문제이다.

외국인이자 프랑스인이었던 칼빈은 독일어를 잘 몰랐기 때문에 여기서 보조적인 역할만 하였다. 하지만 그는 능력과 학식면에서는 그 누구에게도 뒤지지 않아 양측으로부터 존경을 받았다. 그는 타협을 신뢰하지도 않았고 황제의 진실성도 불신했기 때문에, 이러한 회합들의 평화적인 목적을 진작시키기보다는 오히려 무산시키고자 하였다. 그는 슈말칼덴 동맹(Smalkaldian League)을 맺고 있던 루터파 영주들과 프랑수아 1세가 제휴를 맺기 바랐으며, 카를 5세의 적수였던 프랑수아 1세 역시 이러한 제휴관계에 마음이 기울고 있었다. 그 당시에 칼빈이 정치가이자 역사가인 자신의 친구 슬레이다누스(Johannes Sleidanus)를 통해 서신 교류를 하고 있던 마르가리타 여왕도 그의 이러한 입장을 격려하였다. 그는 계속적인 노력을 통해, 레겐스부르크에 모였던 루터파 영주들에게서 프랑스에서 박해받고 있던 프로테스탄트들을 위해 프랑스 왕에게 보내는 탄원서를 받아내는 데 성공하였다(1541년 5월 23일).[23] 그러나 그가 카를 5세보다 프랑수아 1세를 더 신뢰했던 것은 결코 아니다. 그는 파렐에게 (1540년 9월) "국왕과 황제는 모두 경건한 자들을 잔인하게 박해하는 일을 놓고 서로 경쟁하면서, 로마 우상의 호의를 얻으려 애쓰고 있다"라고 썼다. 그는 하나님을 신뢰했으며, 루터파 영주들 사이의 밀접한 연대와 또 그들이 프랑스와 스위스의 프로테스탄트들과 맺고 있는 동맹관계를 의지하였다.

그는 종교적이고 정치적인 움직임들을 날카롭게 관찰하였고, 상황과 핵심적인 관련인물에 대해서 정확하게 판단하였다. 그 어떤 것도 칼빈의 눈을 피하지는 못하였다. 그는 계속적으로 뇌샤텔의 파렐에게 사소한 사항들까지 통지해 주었다.

칼빈은 1539년 2월에 열렸던 최초의 프랑크푸르트 회의에 개인 자격으로 참석하였다. 그는 사적으로 멜란히톤을 만나 프랑스에서 박해받고 있던 동족들의 일을 탄원하고자 하였다. 이 문제가 칼빈에게는 독일의 정치보다 더 중요한 문제였다. 회의는 정회되었다가 1540년 6월에 하게나우에서 속개되었지만, 본격적인 진전을 보이지는 못하였다.

좀 더 중요한 회의가 같은 해 11월에 보름스에서 개최되었다. 이 오래된 도시에서 루터는 양심의 자유를 위한 자신의 기념비적인 선언을 했었다. 이것은 교황의 저항에도 불구하고 결코 억누를 수 없는 힘을 행사했었다. 칼빈은 이때 슈트라스부르크의 위임과 뤼네부르크 공작들의 위임을 받아 이 회의에 참석하였다. 그는 당시 건강이 좋지 못한데다가 이 일에 자신이 적합하지 않다고 생각했기 때문에 마지못해 그곳으로 갔다. 하지만 그곳에 도착하고는 힘을 얻어서, 루터파 신학자들의 대변인으로서 이전에 만났을 때보다 훨씬 강한 성향을 보이는 멜란히톤의 용기를 북돋아 주었다. 칼빈은 이 토론에서 걸출한 역할을 하였다. 그는 두 번째 논쟁에서 파사우의 모사무스 학장을 물리쳤으며, 멜란히톤을 비롯해서 현장에 있던 루터파 신학자들로부터 탁월한 "진정한 신학자"(the

---

23) 칼빈은 이 성공에 만족하지 않았다. 멜란히톤은 프랑스 개신교도들을 옹호했기 때문에 황제의 노여움을 샀다.

Theologian)라는 특별한 칭호를 얻었다.[24]

칼빈은 또한 보름스에서 61개의 대구(122행)로 이루어진 서사시를 하나 썼는데, 이것은 개인적인 위안을 위해 쓴 것이지 출판을 목적으로 한 것은 아니다. 이 시는 그리스도의 승리와 일시적으로 승리를 거두었던 그의 대적들(에크 Eck, 코클라이우스 Johannes Cochlaeus, 노세아 Nausea, 펠라구스 Pelargus)의 패배를 기념하고 있다. 그는 시의 천재는 아니었지만, 모자라는 재능을 노력으로 보충하였다.[25]

어렵게 시작되었던 보름스 회의는 황제가 돌아온 다음에 그의 임석 하에 레겐스부르크(라티스본) 회의에서 계속하기로 하고 1541년 1월에 폐회되었다.

레겐스부르크 회의는 1541년 4월 5일에 개최되었다. 칼빈은 슈트라스부르크의 대표자로서 그리고 멜란히톤의 특별한 요청에 따라 다시 이곳에 참석하였다. 하지만 이번에도 그는 마지못해 왔고 회의의 결과에 대해서도 비관적으로 생각하였다. 그는 자신이 이러한 일에 적합하지 않다고 느껴 이 모든 것이 시간 낭비일 뿐이라고 생각하였다.[26] 대표들을 기다리느라 오랫동안 짜증스럽게 연기되다가 마침내 신학 회의가 시작되었다. 가톨릭 측을 대표한 인물은 잉골슈타트 대학의 교수인 요한 에크 박사(라이프치히에서 루터와 논쟁을 벌이고 교황의 파문 칙령을 반포하였다), 마인츠의 참사 플룩(이후에 나움부르크의 주교가 된다), 쾰른의 참사회 의원이자 교회법 교수인 그로퍼(Johann Gropper)였다.

프로테스탄트 측에는 비텐베르크의 멜란히톤, 슈트라스부르크의 부처, 헤센 지방 닛다의 피스토리우스(Pistorius)가 있었다. 그란벨라(Granvella)가 황제의 이름으로 사회를 보았고, 복음주의적 입장으로 기울어 온건한 개혁을 지지했던 견식있고 호의적인 성품의 고위 성직자인 콘타리니(Contarini) 추기경이 교황 바울 3세의 대리인으로 참석하였다. 그러나 교황은 동시에 편협한 모로네(Morone) 주교를 특별 사절로 파견하였다. 칼빈은 이 두 교황 사절 사이에 어떠한 차이점도

---

24) Beza, *Opera*, XXI. 130.

25) 그는 몇몇 친구들에게 그 원고를 주었지만 출판을 허락하지는 않았다. 하지만 4년 뒤에 툴루즈의 재판이 열려 이 시를 금서 목록에 넣었고, 이로 인해 그 이후 여러 차례 심리가 열리게 되었다. 그렇지 않았다면 그는 이 시가 잊혀지도록 내버려 두었을 것이다. *Opera*, V. 422에 실린 그의 서문을 보라.

26) 파렐에게 보낸 1541년 2월 19일자 편지.

찾아볼 수 없었다. 단지 모로네는 프로테스탄트들을 유혈로, 콘타리니는 무혈로 진압하고자 했다는 차이밖에 없었다. 칼빈은 콘타리니를 만나보라는 권고를 받았지만 거절하였다. 그는 플룩과 그로퍼에 대해서는 호의를 가지고 있었지만, 목청껏 교황측을 대변하였던 에크는 경멸하였다. 그는 에크를 뻔뻔스러운 수다쟁이이자 쓸데없는 궤변가에 불과하다고 생각하였다.[27] 프랑스 국왕은 뒤 베이(Du Veil)에 의해 대변되었는데, 칼빈은 그를 "바쁜 얼간이"라고 불렀다. 그 회의에는 또한 많은 주교들, 독일 연방의 영주들, 그리고 제국의 도시에서 온 대표들이 참석하였다. 황제는 통역을 통한 진지한 연설에서 학자들에게 개인적인 감정들은 접어두고 오직 진리, 하나님의 영광, 교회의 유익, 그리고 제국의 평화를 연구하자고 촉구하였다.

레겐스부르크 회의에서 원죄와 의지의 노예성에 관한 교리는 별 문제 없이 넘어갔다. 이 부분에서 프로테스탄트들은 성 아우구스티누스의 권위에 의해 보호받았다. 가톨릭 측은 이신칭의(루터파가 사용하는 오직이라는 말은 빼고)라는 복음주의적 견해에 동의하였다. 그리고 성찬식 때 잔을 평신도에게 주는 것까지도 양보하였다. 하지만 가톨릭 측은 교회의 권위에 대한 교리와 성찬에서의 실제적 임재와 관련하여서는 의견을 달리하였다. 칼빈은 특별히 실제적 임재와 관련하여 자문을 받고 화체설에 대해 결정적인 반대 의견을 라틴어로 제시하였다. 그는 화체설이 스콜라적인 허구라고 간주하고 거부한 것이다. 그리고 그는 성체숭배가 우상숭배라고 보고 반대하였다.[28] 그는 멜란히톤과 부처의 동기의 진실성은 의심하지 않았지만 그들의 굴종적인 태도에 대해서는 불쾌하게 느꼈다. 칼빈은 진리와 일관성을 평화와 일치보다 더 사랑하였다. 그는 파렐에게 다음과 같이 써보냈다(1541년 5월 12일).

---

27) 1541년 4월 24일 파렐에게 보낸 편지에 나타나 있는 이들에 대한 그의 평가를 보라. 5월 12일자 편지에서 그는 에크가 뇌일혈로 쓰러졌으나(5월 10일) 회복하였다고 말하고 있다. 에크는 1543년 2월 16일 사망하였다. Mosellanus는 에크에 대해 "체구가 크고 어깨가 넓으며 가슴이 떡 벌어진 뻔뻔한 사람으로서 신학자라기보다는 차라리 포고 사항을 알리고 다니는 관리에 흡사했다" 고 묘사하였다. 멜란히톤은 "경건한 사람이라면 그 돌팔이의 궤변과 헛소리를 들을 때 혐오감을 느끼지 않을 수 없을 것이다" 라고 말하였다.

28) 파렐에게 보낸 칼빈의 1541년 5월 11일자 편지.

필립과 부처는 화체설에 관한 모호하고 번잡한 신조들을 작성함으로써 상대편에게 아무것도 양보하지 않고 그들을 만족시키고자 하였습니다.[29] 비록 그들이 그렇게 하는 데는 그 나름의 합리적인 근거들이 있다고 할지라도 저는 그들의 이러한 방책에 동의할 수 없습니다. 왜냐하면 그들은 교리의 문제를 확정하지 않고 열어 두면 얼마 지나지 않아 그 문제가 보다 명확하게 파악될 수 있을 것이라고 생각하기 때문입니다. 그래서 그들은 오히려 그 문제를 덮어 두고자 하고, 애매함보다 더 유해한 것은 없다는 사실을 두려워하지 않고 있습니다. 하지만 저는 두 사람 모두 다 최선의 의도를 가지고 움직이고 있으며 그리스도의 나라를 진전시키는 것 외에 다른 목적을 가지고 있지 않다는 것을 확신할 수 있습니다. 단지 그들은 진행 방식에서 시대의 조류에 너무 많이 순응하고 있을 뿐입니다 … 존경하는 파렐이여, 저는 이런 점들을 개인적으로 당신에게 개탄하는 것이지, 공개적으로 말하는 것이 아님을 알아주십시오. 한 가지 제가 감사하게 생각하는 것은 지금 브렌츠(Brentz)보다 더 열심히 소위 성체 우상(wafer-god)[30]에 반대하여 싸우고 있는 사람은 없다는 사실입니다.[31]

결국 양측의 극단적인 인사들의 반대로 인해 모든 협상은 실패하였다.

황제는 7월 28일에 회의를 폐회시켰고, 자신이 교황에게 영향력을 행사하여 신학적 문제들의 해결을 위해 전체 공의회를 소집하도록 하겠다고 약속하였다.[32]

칼빈은 기회가 오자마자 6월 중순경에, 자신을 붙들고자 했던 부처와 멜란히톤에게는 유감스럽게도 레겐스부르크를 떠났다.[33]

칼빈이 레겐스부르크에 머물고 있던 동안 슈트라스부르크에 흑사병이 퍼져서 많은 피해를 입자 그는 더욱 비참함을 느꼈다. 이 전염병으로 인해 그의 사랑하는 집사 클로드 페라이, 친구 페드로투스와 카피토, 하숙생 가운데 하나인 루이

---

29) 이 신조들은 Melanchthon, *Epistolae*, IV. 262-264에 수록되었다.

30) 혹은 in-breaded God, *impanatus Deus.*

31) 뷔르템베르크의 지도적인 루터파 신학자로, 이 회의에 참석하였다.

32) 칼빈이 1541년 8월 13일 슈트라스부르크에서 비레에게 보낸 편지.

33) 1541년 7월 초엽에 슈트라스부르크에서 파렐에게 보낸 편지. 그는 이 편지에서 죄의 고백과 사죄, 성인에게 간구하는 것, 교황 지상주의를 둘러싸고 벌어진 레겐스부르크 후기 논쟁들에 관하여 설명하고 있다.

드 리셔부르(Louis de Richebourg, 클로드의 제자), 그리고 오이콜람파디우스, 츠빙글리, 헤디오의 아들들이 숨을 거두었다. 그는 심한 불안과 우울증 상태에 빠졌는데, 이것은 파렐에게 보낸 1541년 3월 29일자의 우울한 편지에 잘 드러나 있다. 그는 이렇게 쓰고 있다.

> 제가 참으로 존경하였던 사랑하는 친구 클로드가 흑사병으로 죽었고, 사흘 뒤에는 루이(드 리셔부르)가 그 뒤를 이었습니다. 저의 집은 슬픔으로 가득 차 있습니다. 제 동생(앙투안)은 샤를(드 리셔부르)과 함께 이웃 마을로 갔고, 제 아내는 동생 집으로 피신을 했으며, 클로드의 학생들 가운데 가장 젊은 사람(아마도 Malherbe of Normandy)이 병석에 누워 있습니다. 이러한 비탄과 더불어, 살아남은 자들에게는 또 다른 걱정거리가 있습니다. 어떤 도움의 말도 듣지 못하고 남편과 떨어져 있어야 하는 아내에 대한 생각이 밤낮으로 제 머릿속을 떠나지 않고 있습니다 … 이런 일들 이 저에게 너무 큰 슬픔을 가져다주어서 마치 제 마음을 뒤흔들고 제 영혼을 절망시 키는 듯합니다. 제가 사랑하는 친구 클로드의 죽음으로 인해 얼마나 비통해하는지 당신은 알 수 없을 것입니다.

그리고 그는 자신의 집에 살면서 형제보다 더 가까이 그를 따랐던 페라이에게 감동적인 찬사의 글을 바쳤다. 그러나 이러한 극심한 고통 속에서 얻은 가장 귀 중한 결실은 고통을 당하고 있던 드 리셔부르의 부친에게 보낸 위로 편지이다. 이 편지는 다른 관련된 곳에서 인용할 것이다(92절 끝 부분)

90. 칼빈과 멜란히톤

칼빈이 슈트라스부르크에 체류함으로써 칼빈 자신과 복음주의 교회에 가져다 준 중요한 이점들 가운데 하나는 멜란히톤과의 교류였다. 두 사람 사이의 이러 한 교제는 루터파 신앙고백과 개혁파 신앙고백의 관계에 상징적인 중요성을 지 니고, 따라서 특별히 고려할 필요가 있다.

두 사람은 1538년 10월 부처를 통한 서신왕래로 처음 알게 되었다. 멜란히톤 은 즉시 칼빈을 루터에게 우호적으로 소개했고, 루터는 사돌레토에게 보내는 칼

빈의 답변서를 아주 기쁘게 읽고 슈트라스부르크에 있던 그에게 인사말을 전했다.[34]

루터는 칼빈을 만난 적이 없었고, 아마도 제네바의 종교개혁에 대해서 거의 몰랐거나 아무것도 몰랐을 것이다. 루터 자신의 사역은 그때 거의 끝이 났기 때문에 그는 쉬고 싶어하였다. 그러나 그가 츠빙글리와 취리히에 대해서는 극도의 편견을 가지고 있었으면서도 칼빈과 제네바에 대해서는 한 번도 이러한 적대감을 갖지 않았으며, 오히려 죽기 전에 상당히 멀리 떨어진 곳에서 칼빈에게 우애 있는 인사말을 전했다는 것은 매우 다행스러운 일이다. 그의 이러한 행동은 루터파 교회와 신학이 이후 칼빈을 대하는 태도를 예고해 준다. 칼빈은 루터에게 상당한 존경심을 가지고 있었으며, 칼빈 또한 루터파 신학자들로부터 자신의 명성에 걸맞는 존경을 받았다.

멜란히톤은 칼빈보다 12살이 많았고, 루터는 멜란히톤보다 13살이 더 많았다. 따라서 칼빈은 아마도 멜란히톤과 스승과 제자의 관계를 유지했을 것이다. 칼빈은 멜란히톤과 우정어린 관계를 맺고자 했으며, 항상 그를 존경어린 애정으로 대하였다. 자신의 다니엘서 주석을 멜란히톤에게 헌정하면서, 칼빈은 멜란히톤을 "지식의 가장 탁월한 분야들에서 발휘되고 있는 그의 독보적인 기량, 경건, 그리고 다른 덕목들로 인해 모든 시대의 추앙을 받을 만한 사람"으로 묘사하고 있다. 그러나 멜란히톤이 루터라는 인물의 압도적인 영향력 아래 있었던 반면, 제네바의 개혁자 칼빈은 멜란히톤으로부터 상당히 독립적이었고, 그래서 멜란히톤을 동등한 위치에서 만날 수 있었다. 멜란히톤은 아주 겸손하고 남을 질시하지 않는 사람이었으며, 심지어 자신의 어린 친구가 신학자로서 그리고 훈육자로서 자신보다 더 뛰어나다는 것을 인정하고 그를 "진정한 신학자"라고 힘주어 불렀다.

두 사람 사이에는 접촉점이 많았다. 둘 다 드물게 조숙한 사람들이었고, 인문주의적인 문화와 품위있는 스타일에 있어서 동시대인들보다 뛰어났다. 두 사람

---

34) 1539년 10월 14일 부처에게 보낸 편지. 칼빈은 1539년 11월 20일 파렐에게 보내는 편지에서 이 인사를 언급하고 있다. 루터 또한 1541년 슈트라스부르크에서 프랑스어로 출간된 성찬에 관한 칼빈의 소논문에 대해 호의적인 평가를 한 것으로 알려져 있다.

은 또 자신들의 모든 학식을 교회의 혁신을 위해 바쳤고, 양심적이고 이타적이었다. 자신들의 경건의 뿌리와 모든 본질적인 교리들에 대해 동의하였고, 프로테스탄트 계열의 분열을 한탄하고 진리와 양립하는 통일과 조화를 열망하였다.

그러나 그들은 서로 성격이 달랐다. 멜란히톤은 온건하고, 부드럽고, 민감하고, 여성적이고, 평화적이고, 융통성이 있고, 타협할 줄 아는 사람이었고, 항상 새로운 시각에 열려 있는 사람이었다. 반면 칼빈은 비록 그 본성은 겸손하고 부끄러움이 많고 민감하였지만, 원칙과 신념에 있어서 굽힐 줄 모르고 결과를 두려워하지 않았으며 일체의 타협에 반대하는 사람이었다. 그들은 또한 교리와 치리의 사소한 부분들에서는 의견을 달리하였다. 멜란히톤은 진리와 평화에 대한 양심적인 사랑의 발로에서, 그리고 실제적인 상식의 요구에 대한 존경심의 발로에서 두 가지 중요한 교리들에 대한 자신의 입장을 바꾸었다. 그는 성찬에서의 실체적이고 공재적인 임재를 말하는 루터파 교의를 포기하고 칼빈의 이론에 접근하였다. 그리고 그는 선뿐만 아니라 악도 하나님이 예정하셨다는 자신의 초기의 숙명론적인 입장을 포기하고, 회심이 하나님의 영, 하나님의 말씀, 인간의 의지라는 세 가지 동인의 협력에 의해 일어난다는 신인 협력설의 입장을 택하였다. 그는 인간에게 구원의 복음을 받아들이거나 거부할 자유가 있기는 하지만, 이 거저 주시는 은혜를 받아들인다고 해서 그것이 어떤 공적이 되는 것은 아니라고 말하고 있다. 이 점에서 그는 칼빈의 보다 엄격하고 논리적인 체계와는 달랐다.

따라서 이 위대하고 선한 두 사람 사이의 신실하고 지속적인 우정은 깊은 영적인 결합과 조화가 신학적인 차이와 공존할 수 있다는 것을 증언해 주는 대단히 귀중한 사례라 하지 않을 수 없다.[35]

칼빈과 멜란히톤은 프랑크푸르트, 보름스, 그리고 레겐스부르크에서 어려운 상황 가운데 만났다. 멜란히톤은 개신교의 전망에 대해 낙담하였다. 그는 주교 정치의 폐지 이후에 나타난 혼란, 치리의 부재, 영주들의 탐욕, 신학자들의 편협

---

35) 메를르 도비녜는 이렇게 생각하고 있다(VII. 19): "멜란히톤에게 있어서는 존경의 마음이, 칼빈에게 있어서는 애정이 보다 앞섰으며, 한 쪽이 성찰에 근거한 우정이었다면, 다른 한 쪽은 보다 자연스러운 감정이었다. 하지만 양자의 이러한 우정은 그들의 고결하고 아름다운 자질의 소산이었다."

함을 한탄하였다. 그는 루터와 부처와 함께, 헤센의 필립의 수치스러운 중혼을 조건부로 승낙했다(1540년 5월). 이것은 독일 종교개혁사의 가장 어두운 사건이라 할 수 있고, 헨리 8세의 성공적인 일부다처보다 더 심각한 경우였다. 자신의 나약함으로 인해 너무 심한 양심의 가책을 느낀 그는 헤게나우와 보름스의 종교회의에 참석하러 가던 도중에 바이마르에서 거의 죽을 지경에 이르렀다. 이때 만약 루터가 죽음의 문에서 건져달라고 그를 위해 기도해 주지 않았다면 그는 죽고 말았을 것이다. 1540년 보름스에서의 멜란히톤과 1521년 보름스에서의 루터는 얼마나 대조적인 모습인가! 1541년의 레겐스부르크 회의에서도 멜란히톤의 상황은 마찬가지로 좋지 않았다. 아들은 아팠고 자신은 죽는 꿈을 꾸었다. 그는 별을 보고 재난과 전쟁을 점쳤다. 절친한 친구들에게 보내는 그의 편지들은 비탄과 불길한 징조로 가득찼다. "나는 더 나은 삶을 살고자 하는 열망에 사로잡혀 있다"고 한 친구에게 쓰고 있다. 그는 이전 자신의 영감과 힘이었던 루터가 쇠하고 있던 상황에서 종교개혁의 대변자이자 지도자로서 자신에게 주어지는 책임감으로 인해 압박을 받았다. 이러한 상황 가운데서 그가 새로운 버팀목을 찾으려 했다는 것은 당연한 일이다. 그리고 그는 그것을 칼빈에게서 발견하였다. 따라서 우리는 칼빈의 품 안에서 죽고자 했던 그의 소원을 쉽사리 이해할 수 있다. 그리고 칼빈 또한 앞에서 우리가 살펴보았던 대로 비록 공적인 일들에 관련해서는 더 조용하고 침착했지만, 제네바로 돌아오라는 탄원이 점점 늘어나 애를 먹고 있던 와중에 슈트라스부르크에 있는 자신의 친구들이 흑사병으로 피해를 당했다는 소식을 듣고 레겐스부르크에서 깊은 슬픔에 빠져들었다. 이러한 어려움과 고뇌가 두 사람을 더욱 가까운 관계로 만들었다.

이 두 사람이 프랑크푸르트에서 1539년 2월에 처음 대면했을 때 그들은 즉시 친밀감을 느끼게 되었고, 교리, 치리, 예배와 관련된 당시의 민감한 문제들에 대해 자유롭게 이야기를 나누었다.[36]

교리와 관련해서, 칼빈은 이전에 멜란히톤에게 실제적 임재라는 난해한 주제에 관해 12개의 항목으로 자신의 견해를 요약하여 보낸 바 있다. 멜란히톤은 이에 대해 아무런 이의 없이 동의하였지만,[37] 이것으로는 보다 총체적이고 뚜렷하

---

36) 칼빈이 슈트라스부르크로 돌아온 후에 1539년 3월 말경에 파렐에게 편지한 내용을 참조하라.

게 감지될 수 있는 임재를 끈질기게 주장하는 사람들을 만족시킬 수는 없다고 고백하였다.[38] 하지만 그는 현재의 합의가 마침내 주님이 양측을 자신의 진리의 유일성으로 이끌 때까지 보존될 수 있기를 소망하였다. 바로 이러한 이유로 인해, 그(멜란히톤)는 자신의 견해를 충분하고도 명료하게 공표하는 것을 삼감으로써 루터파 교회 내에 분열을 불러오는 일을 피하였다. 그는 아주 신중하게 아우크스부르크 신앙고백의 10번째 항목을 수정하고 반(反) 츠빙글리적인 구절을 삭제하였다(1540).

교회의 치리 문제와 관련하여, 멜란히톤은 독일의 치리 부재를 한탄하였다. 하지만 사람들이 그리스도의 멍에와 교황의 폭정을 구별하는 법을 배울 때까지 그 현실을 개선할 수 있으리라는 전망은 할 수가 없었다.

예배와 관련하여, 칼빈은 많은 의식들에 대한 자신의 반대를 솔직하게 표명하였다. 많은 의식들은 그에게 지나치게 유대주의에 가까운 것으로 여겨졌다.[39] 그는 라틴어로 영창하는 것, 교회 내에 그림과 촛불을 두는 것, 그리고 세례 때 귀신 쫓는 의식을 하는 것 등을 반대하였다. 멜란히톤은 이 점에 대해 논의하기를 꺼려하였지만, 교회법 학자들의 판단을 따라 보존되고 있는 쓸데없거나 불필요한 로마 가톨릭의 의식들이 있다는 점을 인정하였다. 그리고 이런 것들 가운데 일부는 점차 없어질 것이라는 소망을 피력하였다.

레겐스부르크 회의 이후에 이 두 개혁자들은 더 이상 만나지 못하였다. 하지만 많은 직무들 가운데 시간적 여유가 생기는 한도 안에서 두 사람은 서로 서신 교환을 계속하였다. 우정어린 서신교환은 나이가 들고 책임이 많아지면서 점점

---

37) Herminjard, V. 269. 1538년 10월에 파렐에게 보낸 이전의 편지에서 칼빈은 파렐에게 자신이 슈트라스부르크에서 멜란히톤에게 보내는 편지와 함께 12개 조항의 동의서를 보냈다고 알려주었다. 이 조항들은 분실되었다가, 아마도 복원되었을 것이다.

38) Herminjard, V. 269. 루터보다 더 루터적이었던 사람들은 단순히(simpliciter) 제정의 말씀에 만족하지 못하고, substantialiter, essentialiter, corporaliter, quantitative, ubiquitaliter, carnaliter와 같은 스콜라적인 용어들을 사용하기를 원했다. 슈트라스부르크의 민스터의 설교자인 Matthaeus Zell이 자신이 이러한 용어들을 불쾌한 부가물들로 여기며 혐오한다고 말했을 때(1536년), 멜란히톤도 이에 동의를 표하였다.

39) 파렐에게 보낸 1539년 4월의 편지.

줄어들 수밖에 없었다. 몇몇 편지들은 보존되어 있으며, 두 사람에 관한 가장 신뢰할 만한 자료들이 되고 있다.[40]

레겐스부르크 회의 이후에 칼빈이 쓴 첫 번째 편지는 1543년 2월 16일자 편지로, 멜란히톤이 보낸 편지에 대한 긴 답장이다.[41]

당신이 얼마나 게으른 자에게 당신의 편지를 맡기셨는지 아십니까. 그 사람이 제게 편지를 전해 주는 데 넉 달이나 걸렸습니다. 거기다가 너무 함부로 다루어 편지가 많이 구겨져 있더군요. 그렇지만 이 편지가 제게 좀 늦게 전달되기는 했지만, 이 편지를 받아볼 수 있었다는 데 저는 큰 의미를 두었습니다 … 정말이지, 당신 말대로, 우리가 편지로나마 좀 더 자주 대화할 수 있다면 좋겠습니다. 당신에게는 그것이 별 유익이 되지 않겠지만, 제게는 당신 편지의 부드럽고 온화한 기운 속에서 위로를 받는 것보다 더 기쁜 일이 이 세상에 없습니다. 제가 이곳에서 얼마나 많은 일에 시달리고 있는지 아마 당신은 믿기 어려울 것입니다. 이러한 소동 가운데서 저를 가장 괴롭히는 문제가 두 가지 있습니다. 제가 가장 유감스럽게 생각하는 것은 제가 기울인 노력에 상응하는 결실이 나타나지 않는다는 사실입니다. 또 다른 하나는 제가 당신과 다른 친구들로부터 너무 멀리 떨어져 있어서 제게 특별한 도움이 될 위로와 위안을 받을 수 없다는 것입니다.

하지만 우리가 스스로 선택할 수 있는 일이 그렇게 많지 않기 때문에, 우리 각자는 재량껏 자신이 그리스도를 섬길 수 있는 포도밭 한 귀퉁이를 선택해야 합니다. 우리는 우리가 선택한 장소가 바로 하나님께서 직접 우리에게 맡기신 곳이라고 생각하고 그곳에서 계속 일해야 합니다. 이러한 생각이 우리에게는 적지 않은 위로가 됩니다. 그리고 이 위로는 우리가 아무리 멀리 떨어져 있어도 빼앗길 수 없는 위로입니다. 저는 그리스도께서 그의 보혈로 거룩하게 하셨으며 그의 복되신 성령으로 우리 가슴에 확정하고 인치신 우리 사이의 교제에 만족한다는 뜻입니다. 비록 우리가 이 땅에 살고 있지만, 당신이 편지에서 이야기하셨듯이, 우리가 나중에 천국에서 기쁨과 사랑 가운데 계속해서 우리의 우정을 나누면서 영원히 거할 것이라는 복된 소망으로 서로를 격려할 수 있을 것입니다.

---

40) 칼빈의 *Opera*에는 멜란히톤에게 보낸 14개의 편지가 수록되어 있다.
41) *Opera*, XI. 515.

기독교인의 교제를 이보다 더 고상하게 표현한 예는 없을 것이다.

같은 편지에서 칼빈은 멜란히톤에게 자신의 글 「알버트 피기우스의 비방에 대항한 인간 의지의 노예성과 구원에 관한 정통 교리의 수호」(*Defence of the Orthodox Doctrine on the Slavery and Deliverance of the Human Will against the Calumnies of Albert Pighius*)를 그에게 헌정했음을 알렸다. 이 글은 멜란히톤의 권유를 받고 칼빈이 저술한 것으로서, 1543년 2월에 출간되었다.[42] 제네바에서의 자신의 사역을 겸손하게 소개하고 독일의 교회 상황을 지혜롭게 평가한 후에 칼빈은 자신의 편지를 이렇게 끝맺고 있다.

가장 뛰어난 업적을 남기셨으며, 저에게 기억될 뿐 아니라 주님 안에서 인정받으실 분이시여, 안녕히 계십시오. 주님께서 자신의 이름과 교회의 발전을 위해 당신을 오랫동안 안전하게 보호하시기를 기도합니다. 당신이 왜 당신의 책 「다니엘」을 봉인한 채 집에 두는지 이해할 수가 없습니다.[43] 제가 그 책을 읽고 유익을 누릴 수 없다는 데 대해 아무런 항의도 하지 않은 채 조용히 괴로워하고 있을 수만은 없어서 드리는 말씀입니다. 마르틴 박사에게 제 이름으로 공손한 안부를 전해 주시기 바랍니다. 여기서 우리는 시에나의 베르나르디노(Bernardino of Siena)와 함께 있는데, 이 사람은 탁월한 사람으로서 이탈리아에서 탈퇴해 나옴으로써 적지 않은 소동을 일으킨 사람입니다. 그가 저에게 당신에게 안부를 전해 달라고 부탁하였습니다. 당신과 당신의 가족을 주님께서 항상 보전하시기를 바라며 다시 한 번 작별을 고합니다.

그해 5월 11일에 멜란히톤은 다음과 같이 말함으로써 칼빈의 헌사에 감사를 표하였다.[44] "당신의 친절에 깊은 감명을 받았습니다. 당신이 당신의 기념비적인 책의 앞부분에 내 이름을 넣어서 온 세상이 그것을 볼 수 있게 함으로써 나에 대한 당신의 사랑을 기꺼이 온 세상에 표명해 주어 감사합니다." 멜란히톤은 칼빈이 피기우스를 반박할 때 사용한 설득력과 달변을 칭송하였고, 저술가로서 자신이 칼빈보다 못함을 고백하였다. 그리고 칼빈에게 교회에 유익을 끼치고 힘을

---

42) *Opera*, VI. 225-404.

43) 멜란히톤의 다니엘서 주석은 같은 해에 비텐베르크와 라이프치히에서 출판되었다.

44) *Opera*, XI. 539-542

북돋우기 위해 그의 훌륭한 재능을 계속 사용하라고 격려하였다. 하지만 멜란히톤이 논리와 논쟁에서는 칼빈에 뒤졌지만 예정과 자유의지라는 신비에 대해서는 비록 그 문제를 해결하지는 못하였지만 더 깊은 통찰력을 소지하고 있었다. 멜란히톤은 자신의 친구 칼빈이 하나님의 주권과 인간의 자유라는 문제의 한 측면에만 너무 치우치고 있는 듯하다고 부드럽게 암시하면서 다음과 같이 말하고 있다.

> 당신의 책에서 다루어지고 있는 예정론의 문제에 관해 말하고자 합니다. 튀빙겐에 슈타디아누스(Franciscus Stadianus)라는 학식 있는 친구가 한 사람 있었는데, 그는 모든 것이 하나님의 예정에 따라 일어난다는 주장과 모든 것이 그 자체의 법을 따라 일어난다는 주장 둘 다 진리라고 믿는다고 말하곤 하였습니다. 물론 그는 이 두 가지를 한데 조화시키지는 못하였습니다. 저는 하나님이 죄를 만들지 않았고, 그래서 악을 행하지 않는 분이라고 진술하고자 합니다. 나윗은 자기 자신의 의지로 범죄하였습니다.[45] 그에게 성령이 함께 했을지도 모릅니다. 이러한 모순 속에 자유의지를 생각할 수 있는 어떤 여지가 있습니다 … 만약 우리가 타락한다면 우리 자신의 의지를 탓하고 하나님에게서 그 이유를 찾지는 맙시다. 그는 진심으로 싸우는 자들을 도우실 것입니다. 바실리우스는 하나님은 원하는 자에게 약속하시고 주신다고 말했습니다. 하나님은 자신의 도움을 기꺼이 받고자 하는 자들에게 도움을 주신다고 약속하고 있고 또 도움을 주십니다. 저는 경건에 속한 모든 것에 대해 가장 학식이 있고 경험이 많은 당신에게 뭔가 지시를 하는 것이 아닙니다. 저는 당신이 대체적으로 제 의견에 동의하리라는 것을 알고 있습니다. 저는 단지 이런 식으로 표현하는 것이 실제로 사용하기에 더 적합하다고 제안하는 것일 뿐입니다.

1552년 카메라리우스(Joachim Camerarius)에게 보내는 편지에서 멜란히톤은

---

45) 이와 상반되게, 멜란히톤은 자신의 「신학총론」(1521) 초판, 「로마서 주석」(1524)에서 하나님이 모든 것을 하시며, 바울의 소명뿐만 아니라 다윗의 간음과 유다의 반역을 예정하시고 이루셨다고 주장하고 있다. 그는 로마서도 이런 식으로 이해하였다. 1525년 12월 루터도 에라스무스에 대항하는 자신의 책(「노예의지론」)에서 이와 같은 견해를 피력하였고, 이 견해를 결코 철회하지 않았으며, 오히려 루터는 그 책을 자신의 최고의 저작들 가운데 하나로 꼽았다(1537).

칼빈이 예정론을 강조하고 「제네바 일치신조」(*Consensus Genevensis*)에서 스위스 교회들에게 그것을 받아들이도록 강요하는 태도를 취한 데 불만을 표시하였다.[46]

칼빈은 1554년에 또 다시 멜란히톤을 자신의 견해에 대한 동조자로 확보하려고 시도하였지만, 헛수고였다.[47] 그러나 멜란히톤은 한 가지 점에서는 얼마간의 수정에 동의할 수 있었다. 그는 의지의 자발성을 강조했고, 루터의 역설들과 자연인을 죽은 입상에 비유하는 루터의 입장을 거부했기 때문이다.

칼빈의 위대한 점은 자신이 선호하는 교의를 반대하는 사람들에 대한 그의 민감성과 불관용에도 불구하고, 그가 가장 뛰어난 루터파 신학자의 판단을 존중하였다는 것이다. 그는 1546년 멜란히톤의 「신학총론」(*Theological Commonplaces, Loci*) 개정판의 프랑스어 번역판을 출간함으로써 자신의 존경심을 증명하였다. 이 책에 그는 자신의 주석적 서문을 달았는데, 여기서 칼빈은 이 책이 기독교인들이 구원의 길에 관해 알아야 할 모든 것들을 간략하게 요약하고 있고, 학식이 깊은 저자가 가장 이해하기 쉽게 쓴 책이라고 말하고 있다. 그는 자유의지라는 주제에 대한 견해 차이를 감추지 않으면서, 멜란히톤이 구원론에서 일정 부분을 인간에게 양보하는 듯하다고 말하고 있다. 하지만 그는 멜란히톤이 하나님의 은혜가 전혀 감소되지 않는 방식으로, 또 우리가 자랑할 수 있는 근거를 전혀 남기지 않는 방식으로 그렇게 하고 있다고 덧붙이고 있다.

이것은 한 개혁자가 다른 개혁자의 저술을 재출간하고 추천한 유일한 사례이다. 이 책은 같은 주제에 대한 자신의 주요 저작(「기독교 강요」)의 유일한 적수였고, 또 몇 가지 점에서 서로 견해를 달리했음에도 불구하고 출간되었다.[48]

1545년 루터에 의해 불행한 성찬 논쟁이 재연되고, 1548년에 제국의 「가신조 협정」(Interim)에 의해 똑같이 불행한 논쟁이 일어나면서 두 사람의 우정은 극도의 시련을 겪게 되었다. 칼빈은 존경심을 가지면서도 솔직하게, 멜란히톤이

---

46) Mel. *Opera*, in the *Corpus Reformatorum*, VII. 390.

47) *Opera*, XV. 215-217.

48) Henry는 적절하게 이렇게 말한다(I. 376): "이들은 드물게도 야망이나 명예욕이 없고 편협하지도 않았기 때문에 오직 세상의 구원에 대해서만 생각하였다. 칼빈은 자신이 멜란히톤을 사랑하는 만큼만 프랑스가 멜란히톤을 사랑하기를, 그리고 그를 통해 그리스도께 돌아오기를 원하였다." Stähelin, I. 244와 비교.

루터에 대한 두려움과 평화에 대한 사랑으로 인해 우유부단함과 용기 없는 모습을 보인 데 대해 유감을 표명하였다.

루터가 죽기 일 년 전에 "성찬상진론자들"(sacramentarians)에 대적하는 자신의 가장 맹렬하고 매도적인 책을 출간했을 때[49] 멜란히톤은 깊이 상심했고 츠빙글리는 분노를 금치 못하였다. 이때 칼빈은 멜란히톤에게 다음과 같이 써보냈다(1545년 6월 28일).

저로 하여금 당신을 위로하고 당신의 번민에 공감할 수 있게 해주는 이 우정이 당신의 슬픔을 조금이라도 가볍게 할 수 있었으면 좋겠습니다. 만약 그 책 내용이 취리히 사람들이 말하는 대로라면, 그들의 주장은 정당한 이유가 있는 것입니다 … 당신의 페리클레스는 벼락을 사랑하는 마음 때문에, 특별히 자기 자신의 주장이 더 나은 것도 아니라는 것을 깨닫고는 자기를 추스르지 못하고 모든 범위를 벗어나 버렸습니다 … 우리 모두는 우리가 그에게 많은 신세를 지고 있다는 것을 인정합니다. 하지만 교회에서 우리는 항상 사람에게 너무 지나친 경의를 표하지 않도록 우리 자신을 경계해야 합니다. 한 개인이 나머지 다른 사람들보다 더 많은 권위를 가질 때 교회는 끝장이 나는 것입니다 … 우리가 지금 보는 것과 같은 많은 분열과 분리가 있는 곳에서 거친 바다를 진정시켜 평정을 되찾기가 그리 쉽지 않습니다 … 당신은 그[루터]가 성급한 기질의 소유자이고 자신의 충동을 스스로 억제하지 못하는 사람이라고 말하겠지요. 그렇지만 모든 사람이 그에게 관대하고 이의를 제기하지 않는다면 바로 그 성급함이 다른 더 큰 폭력들과 함께 일시에 쏟아져 나오지 않겠습니까. 만약 이와 같은 오만한 독재의 표본이 부흥하는 교회의 봄날에 때이른 꽃봉오리처럼 피어난다면, 얼마 지나지 않아 사태가 훨씬 악화되고 난 뒤에 우리는 무엇을 기대해야 합니까? 그러므로 교회의 재난을 슬퍼하고, 침묵 속에 우리의 비탄함을 삼키지 말고 자유를 위해 용감하게 신음합시다 … 당신은 친절한 교훈으로 사람들의 마음이 분쟁과 불만에서 벗어나도록 하기 위해 열심히 노력해 왔습니다. 저는 당신의 사려 깊음과 중용에 박수를 보냅니다. 하지만 당신이 마치 숨어 있는 바위처럼, 사람들을 공격하기를 두려워하여 이 문제에 관여하기를 삼가고 있는 동안에, 당신은 당신에게서 의지할 수 있는 좀 더 확실한 답을 듣게 되기를 기대하고 있는 많은 사람들을 당혹

---

49) 그의 "Short Confession on the Lord's Supper."

감과 불안함 가운데 내버려 두고 있는 것입니다 … 이제 당신의 생각을 만족할 만큼 충분히 표명하는 길을 열어, 당신의 권위를 우러러보는 사람들이 관람석에 서서 계속 영속적인 의심과 주저의 상태에 매여 있도록 내버려 두지 않는 것이 아마도 하나님의 뜻일 것입니다 …

그동안 우리는 우리 앞에 놓인 경주를 신중한 용기를 가지고 감당합시다. 저는 당신의 답장에 대해 깊이 감사드립니다. 그리고 클로드에게 보여주신 각별한 친절에도 감사를 드립니다.[50] 당신이 제 친구에게 그렇게 친절하고 정중하게 대접해 주신 것을 보니 당신이 제게는 얼마나 잘 해주셨을지 짐작할 수 있습니다. 저는 [실제적 임재] 문제 전반에 관해 우리로 하여금 의견의 일치를 볼 수 있도록 허락해 주신 하나님께 항상 감사드립니다. 비록 세부적인 것들에서는 약간의 차이가 있지만, 우리가 그 문제 전반에 대해서는 매우 잘 합의를 이루었기 때문입니다.

프로테스탄트들이 슈말칼덴 전쟁에서 패배한 후에, 멜란히톤은 독일 황제가 강제하는 대로 로마 가톨릭적인 의식을 수용한다는 치욕적인 조건을 달고 「라이프치히 가신조협정」(Leipzig Interim)을 받아들이지 않을 수 없었다. 이때 칼빈은 자신의 오랜 친구에게 더욱 실망하였다. 칼빈은 이 문제에서는 루터파 가운데 엄격파들(non-conformists)을 지지하였다. 이들은 플라키우스(Matthias Flacius)의 지도 아래 이 가신조협정을 거부하고 제국의 추방령을 받았다. 칼빈은 1550년 6월 18일 멜란히톤에게 다음과 같은 항의 서한을 써보냈다.[51]

현재 저와는 너무 다르군요. 그래서 말로는 현재의 제 슬픔이 좀처럼 달래지지가 않아, 거의 말을 잃게 됩니다 … 당신은 저로 하여금 말하기보다는 한숨을 쉬게 만들고 있습니다. 당신이 마크데부르크의 신학자들과 논쟁을 벌인 데 대해[52] 그리스도의 대적자들이 얼마나 기뻐하고 있는지는 그들의 조롱과 놀림을 통해 너무나 잘 알려져

---

50) 칼빈의 친구인 Claude de Senarcleus는 주도적인 루터파 신학자들의 서명으로 가득한 앨범을 가지고 비텐베르크에서 돌아왔다. 이것은 제네바 도서관에 보존되어 있다.

51) *Opera*, XIII. 593 이하.

52) Maurice 선제후 군대의 오랜 포위 공격을 견딘 마크데부르크의 열렬한 루터파 들.

있습니다 … 사랑하는 필립이여, 만약 이 문제에 관해 당신이 비난받을 일이 없다면, 그 해악을 치유하거나 아니면 적어도 완화시킬 수 있는 방안을 강구하는 것이 사려 분별과 정의를 따르는 것입니다. 그렇지만 제가 당신에게 전혀 비난받을 일이 없다고 생각하지 않는 것을 용서하십시오 … 저는 당신을 공개적으로 권면함으로써 진정한 친구의 의무를 다하고자 합니다. 비록 제가 평소보다 좀 더 통렬한 어조로 말한다고 하더라도 그것이 당신에 대한 저의 오랜 애정과 존경이 줄어든 탓이라고 생각지는 말아 주십시오 … 공개적인 솔직함보다 당신을 더 기쁘게 할 것은 없다는 것을 압니다 … 당신 변론의 개요는, 교리의 순수성이 유지되는 이상 외형적인 문제는 그다지 집요하게 주장할 필요가 없다는 것입니다 … 하지만 당신은 비본질적인 것들의 범위를 너무 넓게 확대하였습니다. 당신은 로마 가톨릭주의자들이 하나님의 예배를 수없이 많은 방법으로 오염시켜 왔다는 것을 알고 있습니다. 당신이 대수롭지 않다고 생각하는 그런 방법들 가운데 몇 가지는 명백하게 하나님의 말씀에 위배되는 것들입니다 … 당신은 가톨릭주의자들에게 그렇게 크게 양보를 해서는 안 되었습니다 … 할례가 아직 율법적인 것이었을 때, 신자들의 자유를 유린하기 위해 간악하고 악의에 찬 사냥꾼들이 덫을 놓고 있었기 때문에, 바울은 애초에 하나님께서 제정하신 의식조차도 그들에게 양보하기를 끈질기게 거부한 것을 알지 못합니까? 그는 하나님의 진리가 이방인들 사이에 그대로 보존되도록, 단 한 시간도 그들에게 굴복하지 않았다고 자랑합니다(갈 2:5) … 언젠가 제가 당신에게 했던 말을 상기시키고자 합니다. 만약 우리가 많은 양 떼들이 매일 자신들의 피로 인치고 있는 그런 문제들에 대해 글을 써서 증언하기를 주저한다면 그것은 우리가 잉크를 너무 지나치게 소중하게 생각하는 것이라는 말입니다 … 장군이 공포를 느끼는 것은 병사들 전체가 도주하는 것보다 더 불명예스러운 일입니다 … 100명의 일반인들이 공개적으로 탈주하는 것보다 당신 혼자 조금을 양보한 일이 더 많은 불평과 한숨을 불러일으킬 것입니다. 그리고 비록 죽음의 공포가 당신을 강제하여 당신이 바른 길에서 벗어난 것은 아니라는 것을 제가 충분히 확신하고 있지만, 저는 다른 종류의 두려움이 당신의 용기를 시험했을 가능성은 있지 않나 염려가 됩니다. 왜냐하면 저는 당신이 거만하고 가혹하다는 비난을 받는 일을 얼마나 혐오했는지 알기 때문입니다. 하지만 우리는 그리스도의 종으로서 평판을 생명보다 더 가치 있는 것으로 생각해서는 안 된다는 것을 기억해야 합니다. 우리는 '선하게 보고되든 악하게 보고되든 간에' 겁내지 않고 자신의 길을 갔던 바울과 매한가지입니다 … 제가 왜 이리 열심인지 아실 것입니

다. 저는 당신이 교리를 포기하고 살아남는 것을 보느니 백 번이라도 당신과 함께
죽는 것을 택할 것입니다…

이처럼 무력하기만 한 참혹한 신음으로 당신의 마음에 짐을 지우는 것을 용서하십
시오. 가장 빛나는 분, 제가 진정으로 존경할 만한 분이여, 작별을 고합니다. 부디 주
님이 성령으로 당신을 인도하시고 그의 능력으로 당신을 보존하시기를 기도합니다.
그의 보호하심이 당신을 지키시기를 바랍니다. 아멘.

우리는 안디옥에서 할례를 둘러싸고 바울과 베드로가 연출했던 장면이 여기
서 재연되고 있음을 본다. 우리는 연상의 형제를 꾸짖는 바울과 칼빈의 솔직함
과 대담함을 칭찬하는 한편, 그러한 비난을 받아들이는 베드로와 멜란히톤의 온
화함과 겸손 또한 칭송하여야 한다.

얼마간 휴지기가 지난 뒤에 멜란히톤은 오랜 우애 속에서 서신교환을 재개하
였다. 이것은 모리츠 선제후(Elector Maurice)와 카를 황제가 전쟁을 벌이고 있는
와중에 이루어진 일이다. 이때의 서신들을 통해 '비본질적인 문제 곧 아디아포
라'(Adiaphora)에 관한 논쟁이 끝을 맺게 되었다. 멜란히톤은 1552년 10월 1일
이렇게 썼다.[53]

존경하고 친애하는 형제여, 제 편지를 좀 더 믿고 맡길 만한 전령만 찾을 수 있었다
면 얼마나 자주 당신에게 편지를 보냈을지 모릅니다. 저는 아주 중요한 많은 문제들
에 관해 당신과 대화를 하고 싶었습니다. 당신의 판단을 제가 매우 높이 평가하고
있고, 당신 영혼의 솔직성과 순수함을 알기 때문입니다. 저는 지금 벌집 속에 사는
것처럼 살고 있습니다. 하지만 아마도 저는 곧 이승에서의 삶을 떠나 천국에서 보다
기쁜 교제를 누리게 될 것입니다. 더 오래 산다면, 저는 또 다시 추방을 당해야 할
것입니다. 만약 그렇게 되면, 당신에게 가기로 마음을 먹었습니다. 지금은 흑사병과
전쟁으로 인해 연구가 중단되고 있습니다. 영주들 간의 이러한 싸움으로 인해 제가
얼마나 신음하고 한숨짓는지 모릅니다.

이 편지에 대한 장문의 흥미로운 답변에서 칼빈은 이렇게 말하고 있다.[54] "그

---

53) *Opera*, XIV. 368.

어떤 것도 지금 당신의 편지보다 더 시기 적절하게 제게 찾아올 수는 없었습니다. 이 편지는 발송된 지 두 달 만에 제게 도착했습니다." 그는 제네바에서 극도의 시련 가운데 있었던 자신에게 멜란히톤의 계속적인 우정을 확인시켜 준 이 편지가 적지 않은 위안이 되었다고 단언한다. 칼빈은 멜란히톤의 우정이 앞에서 언급했던 자신의 항의 서한에 의해 중단되었다고 들었었기 때문이다. "저는 우리의 우정이 여전히 유지되고 있다는 사실을 보다 기쁘게 받아들이게 되었습니다. 이는 진정한 경건에 대한 사랑에서 나온 것이기 때문에 영원히 신성하고 오염되지 않은 채 남아야 합니다."

불행한 세르베투스 사건이 일어났을 때, 멜란히톤은 칼빈의 행동을 전적으로 지지하였다(1554). 하지만 베스트팔(Westphal)에 의해 성찬 논쟁이 야기되었을 때, 그는 기분 나쁜 침묵을 지켰고, 이로 인해 두 사람 사이는 냉랭해졌다. 1557년 8월 3일자 편지에서 칼빈은 멜란히톤에게서 3년간이나 아무런 소식도 듣지 못했다고 불평하면서, 하지만 자신은 여전히 그에게 동일한 애정을 가지고 있다고 말하였다. 그는 "이 지상에서 가장 즐거운 당신과의 만남을 통해, 우리들의 힘으로는 제거할 수 없는 악에 대해 당신과 함께 개탄함으로써 슬픔을 덜 수 있기를"[55] 바란다는 소망을 피력하면서 편지를 끝맺고 있다.

이러한 소망은 이루어지지 않았다. 1558년 11월 19일자의 편지에서[56] 칼빈은 학질로 고통을 받고 있는 자신의 병세와 의사들의 처방에 대해, 그리고 프랑스와 스페인 왕들이 제네바에 대적하여 만만찮은 동맹을 맺은 데 대해 상세하게 전했다. 그리고 다음과 같은 말로 편지를 끝맺고 있다.

> 우리 서로를 향한 형제애와 같은 우정을 성실하게 가꾸어 나갑시다. 사탄의 어떤 궤계도 우리 사이의 우정의 유대를 부술 수는 없을 것입니다 ⋯ 제 마음은 제가 당신에게 서약했던 거룩한 우정과 존경을 결코 저버리지 않을 것입니다 ⋯ 가장 화려한 빛이자 독보적인 교회의 박사여, 이제 작별을 고합니다. 부디 주님이 항상 그의 성령으로 당신을 이끄시고 당신을 오랫동안 안전하게 보존하시며 당신에게 축복을 더하

---

54) *Opera*, XIV. 415-418.

55) *Opera*, XVI. 556-558.

56) *Opera*, XVII. 384-386.

시기를 바랍니다. 당신께서는 우리를 위해 하나님의 보호를 부지런히 간구해 주십시오. 당신이 보듯이 우리는 늑대 앞에 노출되어 있습니다. 제 동료들과 많은 경건한 사람들이 당신에게 안부를 전합니다.

1560년 4월 19일, 멜란히톤은 "신학자들의 분노"와 자신의 모든 골칫거리들로부터 해방되었다. 멜란히톤이 죽은 지 1년 후, 신앙의 싸움을 그보다 4년이나 더 치러야 했던 칼빈은 광신적인 헤스후지우스(Heshusius)와의 사이에 재연된 격렬한 성찬 논쟁의 와중에서 천국에 있는 그의 친구에게 다음과 같은 감동적인 호소를 하였다.

오, 필립 멜란히톤이여! 저는 이제 하나님의 품 안에서 그리스도와 함께 살고 있는 당신에게 호소합니다. 우리는 언젠가 그 복된 안식에 동참하게 될 것입니다. 일에 지치고 많은 어려움들로 인해 압박감을 느낄 때마다 당신은 머리를 제 가슴에 스스럼 없이 묻고 '이 품 안에서 죽을 수 있다면!' 하고 말하지 않았던가요. 그 이후로 저는 천 번이나 우리가 함께 살 수 있기를 소망해 왔습니다. 왜냐하면 확실히 당신은 피할 수 없는 논쟁에서 더욱 용기를 발휘했고, 질투를 무서워하지 않고 모든 비난을 아무것도 아닌 것처럼 이겨낼 만큼 강했기 때문입니다. 또한 이런 방식으로, 많은 사람들이 연약함이라고 부르는 당신의 그 온화함은, 공격을 서슴지 않았던 많은 사람들의 악의를 누그러뜨렸습니다.[57]

죽음보다 더 강한 이들의 우정을 볼 때, 과연 누가 칼빈을 애정과 온화한 마음이 결핍된 사람이라고 비난할 수 있겠는가?

91. 칼빈과 사돌레토. 종교개혁의 변호

보다 위험한 종류의 또 다른 해악이 1539년에 발생했지만 칼빈의 노력을 통해 즉시 소멸되었다. 당시 카르팡트라(Carpentras)의 주교였던 사돌레토는 뛰어난 웅변술의

---

57) *Opera*, IX. 461.

소유자였지만, 그는 그 재능을 주로 진리의 빛을 억압하는 일에 악용하였다. 그는 다름이 아니라 그의 도덕적인 지위를 통해 거짓 종교에 일종의 광택을 내라고 추기경에 임명되었다. 그는 당시 상황에서 기회를 포착하고 자신이 그 뛰어난 목회자들을 빼앗긴 양 떼들을 쉽게 유혹할 수 있을 것이라고 생각하고는, 이웃이라는 구실을 들어(카르팡트라 시는 사보이와 접하고 있는 도피네에 소재하였기 때문이다) 소위 '가장 친애하는 제네바의 원로원, 시의회, 시민들'에게 편지를 보냈다. 이 편지에서 그는 그들을 로마 창녀(Romish Harlot)[58]의 무릎 사이로 데려가기 위한 모든 수단을 강구하였다. 당시 제네바에는 답신을 써보낼 만한 사람이 아무도 없었다. 그리고 만일 그 편지가 외국어(라틴어)로 씌어지지 않았더라면 당시 상황에 비추어 볼 때 제네바 시에 커다란 해악을 끼쳤을 것이다. 칼빈은 그 편지를 슈트라스부르크에서 읽고 자신의 모든 상처들을 잊어버리고 진리로 가득 찬 유창한 말로 답장을 보내었고, 사돌레토는 즉각 자신의 모든 시도를 절망적인 것으로 여기고 포기하였다.

이것은 칼빈이 슈트라스부르크에 체류하던 기간에 일어난 중요하고 흥미로운 논쟁에 대해 베자가 기록한 것으로서, 이 논쟁은 역사에 영속적인 인상을 남겼다.

칼빈의 제네바 공백기는 당시 추기경이었던 피에르 드 라 봄(Pierre de la Baume)에게 이전에 상실했던 주교구를 되찾을 수 있는 좋은 기회를 제공해 주었다. 이 점에서 그는 영지를 빼앗긴 영주들의 사례를 따르고 있을 뿐이다. 그는 교황의 도움으로 주위의 교구들, 즉 리옹, 비엔(Vienne: 빈과 다른 도시), 로잔, 브장송, 튀린, 랑그르, 카르팡트라 주교들과의 협의회를 소집하였다. 이 협의회는 투르농의 추기경 주재하에 리옹에서 개최되었다. 그는 나중에 리옹의 대주교가 된 사람으로, 발도파(Waldenses)에 대한 편협한 핍박자로 알려져 있다. 칼빈을 추방한 주도적인 인물인 장 필립(Jean Philippe)도 이 책략을 도왔다. 사보이 접경에 위치한 도시인 카르팡트라의 주교가 이 일을 집행할 사람으로 선출되었다. 그보다 더 나은 선택은 없었을 것이다.

야코포 사돌레토(Jacopo Sadoleto, 1477년 모데나에서 태어나 1547년 로마에서

---

58) 논쟁의 와중에서 주로 로마 교회를 지칭하던 칭호로서, 이교 로마를 의미하는 음녀(apocalyptic harlot, 계 17:5)를 오역한 데서 유래하였다.

죽음)는 교황 레오 10세의 비서들 가운데 한 사람이었고, 1517년부터는 도피네에 있는 카르팡트라의 주교였고, 1523년에는 클레멘스 7세의 비서였으며, 1536년 이후에는 추기경이었다. 그는 교황, 프랑스 국왕, 독일 황제 사이에 외교적인 평화사절의 역할을 자주 감당하였다. 그는 학자로, 시인으로, 그리고 흠이 없는 성품과 깊은 경건을 갖춘 신사로 높은 명성을 얻고 있었다. 그는 가톨릭 교회 내의 온건한 반(牛)복음주의적 개혁 쪽으로 기울고 있었던 이탈리아 르네상스를 가장 잘 대변해 준다. 그는 에라스무스와 멜란히톤의 찬미자였으며, 상호간의 계몽을 위해 로마에 오라토리오회(oratory)를 설립한 사람들 가운데 한 사람이었다. 그는 콘타리니와 마찬가지로 로마 가톨릭과 프로테스탄트 진영 사이의 중재자로 역할하였다. 하지만 양측을 모두 만족시키지 못하였다.

그는 자신의 로마서 주석에서 신적인 은혜와 자유의지에 대한 자신의 견해들을 표출하여 로마와 스페인의 비위를 상하게 하였다. 그의 동료인 벰보(Bembo) 추기경은 그에게 고전적인 스타일을 망가뜨리지 않으려거든 사도 바울에 대한 연구를 그만두라고 경고하였다. 사돌레토는 칼빈주의가 자신의 교구에 확산되는 것을 막았지만, 폭력적인 박해에는 반대하였다. 그는 1545년 메린돌과 카브리에레스에서 끔찍한 대학살이 일어난 이후에 발도파 피난민들을 너그럽게 받아들였고, 이들을 위해 프랑수아 1세에게 자비를 구하기도 하였다. 그는 교황 바울 3세의 족벌주의를 개탄하고 혐오하였으며, 자신의 극심한 빈곤을 구실로, 교황의 사절로서 트렌트 공의회를 주재하라는 지시를 거부하였다.

이 존경받는 가톨릭 위계 조직의 고위 인물이 이제 제네바의 고아와 같은 교회를 다시 로마의 양 우리로 되찾아오기 위해 매우 열심히 애를 썼다. 그래서 그는 본의 아니게 칼빈과 글로써 논쟁을 벌이게 되었고, 거기서 그는 참혹하게 패하였다. 교황을 만나고 돌아오자마자 그는 8절판 종이로 20페이지에 달하는 편지를 "친애하는 제네바의 형제, 관리, 원로원, 시민들"에게 써보냈다. 이 편지는 우아한 라틴어로 씌어졌는데, 여기서 그는 자신의 더할 나위 없는 재능인 설득력 있는 웅변술을 발휘하고 있다.

그는 추기경이자 교황의 사절로서의 권위를 의식하여 다음과 같은 사도적인 인사로 편지를 시작하고 있다.

그리스도 안에서 가장 친애하는 형제들이여, 그대들과 우리에게, 다시 말해 우리와 그대들 모두의 어머니인 가톨릭 교회(Catholic Church)에 평화가 있기를. 전능하신 아버지 하나님, 그의 아들 우리 주 예수 그리스도, 그리고 성령, 삼위의 완벽한 하나 됨으로부터 나오는 사랑과 화합이 있기를. 그에게 찬양과 영광이 영원하기를.

그는 그 아름다운 도시, 공화정의 질서와 형태, 시민들의 기품, 특별히 "이방 인들과 외국인들에 대한 그들의 환대"를 칭찬함으로써 제네바 사람들을 우쭐하게 치켜세웠다. 하지만 그는 개혁자들의 성격과 동기에 대해서는 의심의 말을 퍼부어 대었다. 이러한 무자비하고 비신사적인 비난은 그의 글의 아름다움과 품위를 손상시켰고, 제네바 시민들에게 대한 그 편지의 효과를 반감시키는 결과를 가져왔다. 제네바 시민들은 자신들의 종교적 입장이 무엇이든간에 파렐, 비레, 그리고 칼빈의 정직성과 진실성을 조금도 의심하지 않고 있었기 때문이다.

이런 내용의 서론에 이어 사돌레토는 가톨릭 교리들의 원칙에 대해 그럴듯한 설명을 하고 있지만, 성경을 무시하고 있다. 그는 인간이 믿음만으로 구원받는다고 인정하면서도, 여기에 선행의 필요성을 덧붙이고 있다. 그러고 나서 그는 제네바 시민들에게 다음과 같은 말로 결단을 요청하고 있다.

가톨릭 교회가 1,500년 넘게 전체적인 동의하에 인정해 온 것들을 믿고 따르는 것이 구원을 위해 더 유리합니까, 아니면 최근 25년 동안에 교활한 사람들에 의해 새롭게 도입된 것들을 믿고 따르는 것이 구원에 더 유리합니까?

그런 다음 그는 고대성, 보편성, 통일성, 그리고 무오성에 대한 구태의연한 논증들을 제시하고 있다. 한편으로 그는 프로테스탄트들은 이미 적대적인 분파들로 사분오열되고 있고, 이것이야말로 그들의 허위성에 대한 명백한 표지라고 말하고 있다. 그는 다음과 같이 말하고 있다.

진리는 항상 하나입니다. 반면에 오류는 다양하고 여러 가지 모양을 하고 있습니다. 똑바른 것은 단순하고, 굽은 것은 여러 차례 방향을 바꿉니다. 그리스도를 고백하는 사람이라면 그 누가 거룩한 교회에 대한 그러한 가르침이 명백한 사탄의 일이고 하나님께서 하시는 일이 아니라는 것을 알아채지 못할 수 있겠습니까? 하나님께서 우리에게 원하는 것은 무엇입니까? 그리스도께서는 우리에게 무엇을 명하십니까? 그분 안에서 우리 모두가 하나가 되는 것입니다.

그는 간절한 권고로 편지를 끝맺으면서, 제네바 시민들에게 다음과 같이 보증하고 있다.

무엇이든 제가 할 수 있는 일이라면, 비록 그것이 아주 사소한 일이라고 할지라도, 저에게 어떠한 재능, 기술, 권위, 노력이라도 있다면, 저는 그것들을 전부 여러분과 여러분의 유익을 위해 제공할 것입니다. 인간적인 일이든 하나님의 일이든간에 제 노력과 도움을 통해 여러분이 어떤 결실과 유익을 얻을 수 있다면 저는 그것을 커다란 보람으로 여길 것입니다.

제네바 시의회는 제네바 시민들에 대한 칭송에 감사하면서 추기경의 편지를 받았음을 정중하게 통지하였다. 그리고 적당한 시일 내에 충분한 답변을 보내겠다고 약속하였다. 3월 27일의 일이었다. 그 다음 날 일단의 시민들이 프랑수아 샤무아(Francois Chamois)의 지도 아래, 1537년 7월 29일자로 신앙고백을 채택한 시 조례에 항의를 제기하고, 서약을 면제받고 싶다고 요청하였다. 로마주의자들은 용기를 얻었다. 추기경의 편지에 답신을 보낼 수 있는 사람은 제네바에 아무도 없었으며, 침묵은 동의로 해석될 수 있었다.

칼빈은 베른의 목사 슐처(Sulzer)를 통해 이 서신의 사본을 받아보고 6일 만에 두 배가 넘는 양의 답변을 써서, 그 해악을 제압할 수 있도록 때맞춰 제네바에 부쳤다(9월 1일). 비록 자신의 이름이 거명되지는 않았지만, 칼빈은 추기경에 의해 제네바 시의 평화를 어지럽히고 교란시키는 자들 가운데 주요 인물로 간접적인 비난과 추궁을 당하였다. 따라서 그는 펜을 들어 종교개혁을 변호해야 할 책임을 절감하였다.

칼빈은 먼저 추기경을 당대의 가장 뛰어난 학자들 가운데 한 사람으로 자리매김하도록 해주는 그의 "뛰어난 학식과 경탄할 만한 언변"에 대해 적절한 찬사를 표함으로써 시작하였다. 그는 추기경의 동기를 의심하지도 않았다. 그는 "나는 당신이 당신의 학식, 사려분별, 진중함에 걸맞는 가장 순수한 의도를 가지고 제네바인들에게 이 편지를 썼고, 당신이 그들의 유익과 안전을 위하는 길이라고 믿는 것을 그들에게 충고한다는 확신을 가지고 있었다고 믿겠습니다"라고 말한다. 따라서 그는 추기경에게 대적하기를 원치 않았으나, 오직 피할 수 없는 의무 감 때문에 그에게 맞섰다. 칼빈의 말을 들어 보자.

나는 당신이 그렇게 증오에 차서 공격하고 비난하는 사람들 중 하나임을 고백합니 다. 비록 내가 제네바로 초청받기 전에 이미 종교가 확립되어 있었고 교회의 형태도 바로잡혀 있었지만, 나는 그것들에 동의를 표했을 뿐만 아니라 비레와 파렐이 이루 어 놓은 것들을 보존하고 굳게 하기 위해 많은 연구를 하였기 때문입니다. 나는 내 입장을 그들의 입장과 분리시킬 수 없습니다. 더욱이 만약 당신이 나의 개인적인 성 품을 공격한 것이라면, 나는 당신의 학식을 고려하고 당신의 글을 존중하여 그 공격 을 쉽게 용서할 수 있었을 것입니다. 하지만 나의 목회사역이, 하나님으로부터 받은 소명에 의해 유지되고 시인되는 것이라고 확신하는 나의 목회 사역이 훼손되는 것을 볼 때, 내가 여기서 침묵하고 묵인하는 것은 인내가 아니라 불성실이 될 것입니다.
　그 교회 안에서 나는 먼저는 교사의 직무를, 그리고 그 후에는 목회자의 직무를 맡 았습니다. 나는 당연히 이러한 직무들을 수행하는 데 있어 정당한 소명을 받았다고 단언합니다. 내가 얼마나 신실하게 그리고 경건하게 이 직무들을 수행했는지에 대해 지금 여기서 장황하게 늘어놓을 이유는 없습니다. 내가 명석함, 박식함, 신중함, 능 력, 그리고 근면함까지 지니고 있다고 주장하지는 않겠습니다. 단지 나는 주님의 사 역을 성실하게 감당했다고는 말할 수 있습니다. 나는 나의 재판관이신 그리스도와 그의 모든 천사들에게 양심에 비추어 호소할 수 있으며, 모든 선한 사람들이 내 편 에서 나를 위해 증언하고 있습니다. 그러므로 장차 이 사역이 하나님의 일이었다는 것이 밝혀질 때에(그 동기가 언급되고 난 다음에 이것은 드러날 것이므로), 당신이 이 사역에 상처를 내고 비방하도록 내버려두고 내가 침묵을 지킨다면, 그러한 침묵 을 누가 반역이라고 정죄하지 않겠습니까? 따라서 모든 사람이 지금 보는 바와 같 이, 만약 주님이 내게 맡기신 일을 명백한 불성실로 저버리고 싶지 않다면 당신의 비난에 맞서야 한다고 하는 아주 강력한 의무감이 나를 사로잡고 있습니다. 비록 지 금은 내가 제네바 교회를 맡고 있지 않지만, 그것이 나로 하여금 제네바 교회를 아 버지와 같은 사랑으로 껴안지 못하게 하는 것은 아닙니다. 하나님께서 제네바 교회 를 내게 맡기셨을 때, 그분은 나로 하여금 제네바 교회에 영원히 신실하도록 하셨습 니다.

그는 개혁자들이 좌절된 야망 때문에 종교개혁 운동에 참여했다는 말도 되지 않는 비난을, 절도 있는 위엄을 가지고 격퇴시키고 있다.

나는 나 자신에 관해 말하고 싶지는 않지만, 당신이 나로 하여금 침묵하도록 내버려 두지 않기 때문에, 내가 해야 할 말을 겸손하게 말하려고 합니다. 내가 나 자신의 이 익만을 구했다면, 나는 결코 당신이 속한 진영을 떠나지 않았을 것입니다. 실로 그곳 에서 출세하기가 내게는 쉬웠다고 말하면서 우쭐대지는 않겠습니다. 나는 그것을 원 하지도 않았고, 그것을 잡으려고 내 마음을 쏟고 싶지도 않았습니다. 내 연배의 사람 들 중에 고위직에 오른 사람이 적지 않다는 것을 알지만, 그들 중에 몇몇 사람에게 는 나도 필적하였을 것이고, 어떤 사람들보다는 내가 더 앞섰으리라 생각합니다. 한 가지 분명히 말할 수 있는 것은 내 소원의 정점에 달하는 것, 즉 자유롭고 영예로운 지위에서 학문을 즐길 수 있는 여유를 가지는 것이 내게는 그리 어려운 일이 아니었 을 거라는 점입니다. 따라서 부끄러움을 모르는 철면피가 아니라면 누구라도 내가 교황의 왕국 안에서는 얻을 수 없었던 어떤 개인적인 유익을 그 왕국 바깥에서 얻으 려 했다고 나를 비난할 수는 없을 것입니다.

칼빈은 추기경의 편지를 차례로 좇아가면서 조목조목 그를 반박하고 있다. 그 는 사실들과 논증들에 근거하여 자신의 주장을 제시하고 있다. 그는 실제적인 종교개혁의 원인이 되었던 당시 교황제도의 부정과 부패를 위시한 현실을 묘사 함으로써 추기경이 제시한 이상적인 가톨릭교의 아름다운 그림을 거미줄처럼 망가뜨렸다. 그는 실제로 아주 암울한 묘사를 하고 있지만, 이것은 이미 잘 알려 져 있던 알렉산더 6세와 레오 10세와 같은 교황들의 생활에 의해 충분히 증명된 것이다. 사보나롤라의 비판, 로마에서의 경험을 기록한 에라스무스와 루터의 보 고서도 이를 확인시켜 주고 있으며, 교황들이 세워 놓은 잘못된 모범들로 인해 이탈리아에서 종교가 거의 파괴되었다고 말하고 있는 마키아벨리의 중립적인 증언도 이를 뒷받침하고 있다. 심지어 예외적으로 선하고 경건했던 교황 하드리 아누스 6세의 증언도 이를 검증해 주고 있는데, 하드리아누스는 루터파 이단을 대단히 혐오했음에도 불구하고 교회조직 전반에 걸친 도덕적 개혁이 절대적으 로 필요함을 공식적으로 고백하였다. 칼빈은 다음과 같이 말하고 있다.

우리는 당신이 관장하고 있는 사람들이 그리스도의 교회라는 것을 부정하지는 않습니다. 하지만 우리는 로마 교황이 자신의 모든 거짓 주교들과 더불어 목회자의 직위를 움켜쥐고 있는 굶주린 늑대들이고, 지금껏 그들이 연구한 것은 오로지 그리스도의 왕국을 뿔뿔이 흩고 유린해서 파괴와 폐허로 채우는 것이었다고 주장합니다. 이런 비판을 가한 것이 우리가 처음은 아닙니다. 베르나르(Bernard)도 당시의 유게니우스(Eugenius) 교황과 모든 주교들에게 얼마나 준엄하게 탄핵했습니까? 하지만 지금에 비해 그때의 상황은 얼마나 더 참을 만한 것이었는지요?

죄악이 이제 극에 달했고, 부정한 고위 성직자들은 이제 자신들의 결함을 지탱할 수도 없고 그것들에 대한 치유도 감당할 수가 없습니다. 당신은 이 고위 성직자들에게 교회의 존폐가 달렸다고 생각하지만, 우리는 그들이 교회를 잔인하게 찢어 놓아 파괴 일보 직전까지 몰고 온 장본인들이라고 말합니다. 만약 하나님이 그 뛰어난 선하심으로 막지 않으셨다면 교회는 이미 파괴되었을 것입니다. 로마 교황의 독재가 만연한 곳 어디서든지 당신은 이리저리 흩어지고 망가진 교회의 흔적들을 겨우 볼 수 있고, 교회들이 반쯤 땅에 묻혀 있는 것을 알 수 있을 것입니다. 당신은 이것을 기이하게 여겨서는 안 됩니다. 왜냐하면 바울은 적그리스도가 다른 곳이 아니라 바로 하나님의 성소에 자리잡을 것이라고 말하고 있기 때문입니다(살후 2:4) …

하지만 이들의 성품이 어떠하든지간에 '그들이 네게 말하는 대로 하라'고 씌어 있다고 당신은 말합니다. 이들이 모세의 자리에 앉아 있다면 의심의 여지 없이 그리할 것입니다. 하지만 그들이 진리의 보좌에서 사람들을 어리석은 생각에 취하도록 할 때에는, '바리새인들의 누룩을 주의하라'(마 12:6)고 기록되어 있습니다 …

당신의 교황으로 하여금 베드로를 계승하고 있다고 마음껏 뽐내게 하십시오. 비록 그가 그렇다하더라도, 그 자신이 그리스도에 대한 자신의 충실성을 보여주는 한에서, 그리고 복음의 순수성에서 벗어나지 않는 한에서 기독교 신자들로부터 복종을 받을 수 있다는 사실을 입증할 뿐입니다 … 선지자는 회중들에 의해서 판단되어야 합니다(고전 14:29). 자기 자신을 이 원리에서 제외시키는 자는 누구든지 선지자들의 명부에서 먼저 자신의 이름을 지워야 할 것입니다 …

우리가 이러한 독재적인 굴레를 벗어버리는 유일한 목적이 미래의 삶에 대한 모든 생각을 던져 버리고 우리 스스로 완전히 방탕을 즐기고자 하는 것이라는 당신의 주장에 대해서는, 우리의 행동과 당신들의 행동을 비교한 후에 판단해 볼 일입니다. 우리는 실로 수많은 잘못들로 가득합니다. 우리는 너무 자주 죄를 짓고 또 넘어집니다.

하지만 겸손은 허락하지 않는다 할지라도 진리가 나로 하여금 자랑하도록 허락한다면, 나는 우리가 모든 면에서 당신들을 얼마나 능가하고 있는지 자랑할 것입니다. 저 유명한 소위 거룩함의 본거지로서 순수한 치리의 기반을 무너뜨리고 일체의 명예를 짓밟아 온 로마를 제외하고 생각하더라도, 당신들은 온갖 부정한 행위들로 흘러넘치고 있습니다. 역사상 이보다 더 지독했던 적은 없었습니다.

사돌레토는 자신의 편지 끝부분에서, 개혁자들이 거룩한 교회와 그리스도의 대리인을 공격할 때 거기에는 교만과 좌절된 야망이라는 기본적인 동기들이 작용했고, 그래서 그들은 "엄청난 폭동과 분열"의 죄를 지었다는 취지의 상상력에 기반을 둔 고백문을 쓰면서, 그들을 하나님의 심판대 앞에 서 있는 범죄자들이라고 칭하였다.

칼빈은 정반대의 고백문을 제시함으로써 이러한 공격을 상대하고 있다. 이 고백문은 우리를 16세기의 거대한 종교적 투쟁의 한가운데로 이끌고 가며, 아마도 당시의 논쟁적인 저술들에서 볼 수 있는 가장 뛰어난 종교개혁 변호문이라고 할 것이다. 그는 종교개혁 운동의 근거를 인간의 명령들에 대조되는 하나님의 말씀 위에 두고 있다. 그는 레위 지파 제사장들의 부패에 대항한 히브리 선지자들의 저항, 그리고 구세주를 십자가에 못 박았던 바리새인들과 사두개인들에 대한 예수 그리스도의 무서운 비판을 근거로 종교개혁을 정당화하였다. 이 고백문은 또한 자기 자신과 자신의 동료들까지 대변하고 있는 저자 자신의 영적인 경험과 회심에 대한 이야기까지 담고 있다.

칼빈은 개혁자들이 탐욕에 차 있다는 사돌레토의 뻔뻔하고 근거없는 비난에 분개하여 즉각 반박한다. 개혁자들은 주교나 추기경들의 고위직과 부에 쉽게 이를 수 있었지만 거룩한 확신을 위해 청빈함 속에 살다가 죽기로 결심한 사람들이었다. 칼빈은 다음과 같이 말하고 있다.

부와 명예에 이르는 가장 짧은 길은 애초에 제시된 조건을 받아들이는 것이 아니었겠습니까? 당신들의 교황은 그때 많은 사람들에게 침묵의 대가로 과연 얼마나 지불했습니까? 심지어 현재까지도 얼마를 지불하고 있는지요? 만약 그들[개혁자들]이 조금이라도 탐욕을 따라 움직인 것이라면, 왜 그들은 자신들의 부를 늘리려는 모든 기대를 끊어버리고, 별 어려움 없이 단숨에 자신들을 부유하게 하기보다 영원히 초라해지는 길을 택하겠습니까?

　야망이 그들을 사로잡았다니 정말 어이가 없습니다! 당신이 대체 어떤 근거를 가지고 이런 암시를 하는지 모르겠군요. 왜냐하면 이 운동에 처음 참여한 사람들은 온 세상의 경멸을 받는 것 이외에 아무것도 기대할 수 없었고, 이후에 이 운동을 계속 고수한 사람들은 여기저기서 끊임없는 모욕과 욕설을 당할 줄 알면서도 기꺼이 자신들을 거기에 노출시킨 사람들이기 때문입니다.

　그런 다음 칼빈은 개혁자들이 "그리스도의 신부를 갈기갈기 찢었다"는 "가장 심각한 비난"에 대해 이렇게 답한다. 사실 개혁자들은 "그녀를 그리스도의 정결한 처녀로 제시하고자" 하였고, 우상숭배와 수많은 미신에 의해 모독을 당하여 "그녀가 저급한 유혹자들에 의해 오염되었음을 발견하고 그녀에게 성실한 혼인관계를 회복시키고자" 하였다. 평화와 일치는 그리스도와 그의 진리 안에서만 발견될 수 있다. 그는 다음과 같은 소망으로 끝맺고 있다.

　사돌레토여, 주님이 당신과 당신의 당파로 하여금 교회일치의 유일한 참된 끈은 그리스도 주님이시라는 것을 마침내 깨닫게 해주시기를 바랍니다. 주님은 우리를 하나님 아버지와 화해시키셨고, 우리를 현재의 절망적인 상태에서 구해내어 자신의 몸의 교제 속으로 불러 모으실 것입니다. 그리하여 그의 한 말씀과 성령을 통해 우리는 하나의 마음과 하나의 영으로 함께 성장해 갈 것입니다.

　이것이 그 뛰어난 답변을 요약한 것이다. 이는 위엄 있고 신사적인 신학논쟁의 걸작이다. 가혹한 언어와 증오의 표현으로 가득 찼던 당시의 저작들 가운데 칼빈의 이 답변에 필적할 만한 저작은 극히 드물다. 멜란히톤이 아마도 그 공손함과 단아함에 있어서 이에 견줄 만할 것이다. 하지만 그 능숙함과 설득력에 있어서는 칼빈에 미치지 못하였다. 비텐베르크의 늙은 사자가 한 젊은 프랑스인이 복음적인 종교개혁을 성공적으로 변호하는 것을 보고 기뻐했을 것은 당연한 일이었다. 이 젊은 프랑스인은 바로 20년 전 루터가 95개 조항과 보름스 회의에서의 영웅적 저항으로 출발시킨 투쟁을 계속해 나갈 인물이었다. 루터는 보름스와 레겐스부르크 회의에서 칼빈을 만난 일이 있는 크루치거(Cruciger)에게 이렇게 말하였다. "이 답변서는 손과 발을 가지고 있소. 나는 하나님께서 교황정치에 마

지막 일격을 가해서, 내가 시작한 적그리스도에 대한 전쟁을 끝내 줄 사람들을
일으키신 것을 감사드리오."

칼빈의 답변서는 깊고도 영구적인 인상을 남겼다. 그것은 사돌레토의 편지와
함께 널리 유포되었는데, 필사본으로 나돌다가 슈트라스부르크에서 처음 라틴
어로 인쇄되었고, 나중에는 프랑스어로 번역되어 제네바 시의 경비로 시의회에
의해 두 가지 언어로 출판되었다(1540). 리옹에 모인 고위 성직자들은 용기를 잃
었고, 제네바의 교황측 인사들은 미사를 회복하고자 하는 모든 희망을 버렸다. 3
년이 지난 후에 제네바 최후의 주교였던 피에르 드 라 봄 추기경이 죽었다.

92. 칼빈의 결혼과 가정생활

독일 체류 기간에 칼빈의 개인생활에서 가장 중요한 사건은 그의 결혼이었다.
그는 1540년 8월 초에 결혼하였다.[59] 그는 에베소서 5:28-33에 대한 주석에서 자
신의 결혼관을 피력한 바 있다. 그는 다음과 같이 말하고 있다.

누구든지 자신의 아내를 사랑하지 않는 것은 자연을 거스르는 것이다. 왜냐하면 하
나님은 둘이 한 사람이 되도록 하기 위해 결혼을 제정하셨기 때문이다. 다른 어떤
연합도 결혼만큼 강하게 두 사람을 묶을 수는 없다. 모세가 남자는 그 부모를 떠나
아내와 연합하라고 말할 때, 그는 사람이 모든 것 가운데 가장 신성한 결혼을 다른
어떤 연합보다 더 선호해야 한다고 말하는 것이다. 결혼은 그리스도와 우리의 연합
을 반영해 준다. 그리스도는 우리에게 자신의 바로 그 생명을 부어주시는 분이시다.
왜냐하면 우리는 그의 살 중의 살이요, 그의 뼈 중의 뼈이기 때문이다. 이것은 말로
는 결코 표현될 수 없는 커다란 신비이자 존엄한 일이다.

그는 결혼하는 일을 그리 급하게 생각지 않아서, 30살이 넘을 때까지 미루어

---

59) 정확한 날짜는 알려져 있지 않다. 그는 8월 17일 이전에 결혼하였고, Libertet가
그의 아내에게 보낸 축하의 인사를 받았다(*Opera*, XI. EP. 234, fol. 77). 도비녜는 그
의 결혼을 8월 말로, Bonnet과 Stähelin은 9월로 잘못 기록하고 있다.

두었다. 그는 오히려 사람들이 그리스인들이 트로이를 포위 공격했을 때처럼 여자 때문에 로마를 공격했다고 자신을 비난할 수는 없을 것이라고 자랑하였다. 그가 처음으로 결혼을 생각하게 된 것은 외로움 때문이었고, 또한 적절한 보살핌을 받아 교회를 더욱 잘 섬기고 싶은 마음 때문이었다. 그에게는 아들을 하나 둔 가정부가 한 사람 있었는데, 칼빈의 인내심을 극도로 시험할 정도로 성질이 난폭하였다. 한번은 그녀가 칼빈의 남동생을 너무 거칠게 다루어서 남동생이 집을 떠나 버렸다. 그러자 그녀도 자신의 아들을 버려둔 채 도망쳐 버렸다. 이러한 소동은 칼빈을 몹시 힘들게 하였다.[60]

그의 친구 파렐(파렐 자신은 나이 들기 전까지 결혼에 대해 생각할 여유를 가지지 못했다)과 부처는 칼빈에게 종종 결혼해서 안정된 가정의 즐거움을 맛보라고 권면하였다. 칼빈은 1539년 5월 19일 슈트라스부르크에서 파렐에게 보내는 편지에서 결혼에 대해 처음 언급하고 있다. 이 편지에서 그는 이렇게 말하고 있다.

> 저는 일단 여성의 아름다운 외모에 홀딱 반해서 그녀의 결점들까지도 포용하는 그런 미친 연인은 아닙니다. 저에게 매력적인 아름다움은 이런 것들입니다. 정숙하고, 순종적이고, 까다롭지 않고, 실용적이고, 인내심이 많고, 제 건강을 염려해 주는 사람이면 좋겠습니다. 따라서 만약 제 생각이 좋다고 생각되시면, 즉시 이 일을 추진해 주시기 바랍니다. 만약 그렇지 않으면 다른 사람[부처?]이 선수를 칠지도 모릅니다. 하지만 만약 당신 생각이 다르다면 그냥 이 문제를 무시해 버리시기 바랍니다.

파렐이 이 모든 자질을 갖춘 여성을 찾지 못했던 듯하고, 그래서 이 일은 몇 달간 중단되었다.

1540년 2월 6일에 칼빈은 파렐에게 보내는 편지에서 결혼 문제를 다시 꺼냈지만, 마치 별로 중요한 문제가 아니라는 듯이 지나가는 말처럼 언급하였다. 칼빈은 자신이 카롤리와의 사이에서 겪는 어려움, 재세례파인 헤르만(Hermann)과의 토론, 카를 5세와 프랑수아 1세에 대한 깊은 이해, 그리고 독일의 프로테스탄트

---

60) 결혼한 지 얼마 되지 않은 1540년 9월에 그가 파렐에게 이 이야기를 전했다. *Opera*, XI. EP. 238(fol. 83 이하).

영주들의 불안에 대해 알린 뒤에, 계속해서 다음과 같이 말하고 있다.

> 그럼에도 불구하고, 이러한 소동의 와중에서 저는 아내를 취할 생각을 할 만큼 마음 편합니다. 귀족 출신의 한 아가씨를 소개받았습니다.[61] 그녀는 저보다 재산도 많습니다. 그녀와의 결혼을 단념한 데는 두 가지 사정이 있었습니다. 그녀가 우리말을 모른다는 것과, 그녀가 자신의 가문과 교육에 지나치게 집착하고 있는 것 같아 염려가 되었습니다.[62]

그는 강력한 추천을 받고 있던 또 다른 여성에게 자신의 남동생을 보냈다. 그는 3월 10일에 결혼하려는 생각에서, 자신의 결혼식에 파렐을 초대하였다. 하지만 이 계획 또한 무산되고 말았으며, 그는 다시는 결혼할 엄두도 내지 않겠다고 생각하였다.

마침내 그는 자기 교인 중에 한 사람인 이들레트 드 뷔르(Idelette de Bure)와 결혼하였다. 그녀는 칼빈이 정통 신앙으로 회심시킨 저명한 재세례파 리에주의 장 스토르더(Jean Stordeur of Liége)의 미망인이었다. 스토르더는 그 전 해 2월에 흑사병으로 죽었다. 그녀는 1533년 이단 평결을 받아 6명의 다른 시민들과 함께 재산을 박탈당하고 영구히 추방된 랑베르 드 뷔르(Lambert de Bure)의 딸이었던 듯하다. 그녀는 일곱 아이를 둔 가난하고 몸이 허약한 여인이었다. 그녀는 은거하면서 아이들의 교육에 힘을 쏟았으며, 친구들로부터 머리가 좋고 마음이 따뜻하다는 칭찬을 받았다.

칼빈은 목회자로서 자주 그녀를 방문했으며 그녀의 조용하고 겸손하며 온화한 성격에 매료되었다. 그는 그녀에게서 자신이 바라는 것들인 굳은 신앙, 헌신적인 사랑, 그리고 가사에 능숙한 모습을 발견하였다. 그는 그녀를 "내 인생의 훌륭한 동반자," "내 사역의 신실한 조력자," "보기 드문 여성"이라고 불렀다. 베자는 그녀를 "근엄하고 존경할 만한 여성"이라고 말하고 있다.

---

61) 아마도 부처가 소개했을 것이다. 그녀는 슈트라스부르크(독일)의 귀족 가문 출신이었으며, 그녀의 오빠는 대단한 칼빈 찬양자로서 그 결혼을 간절히 원했다.

62) 아마 이 여인은 프랑스어를 배울 의향이 없었으며, 생각할 시간을 달라고 청한 듯하다.

칼빈은 행복한 결혼생활을 했으나, 그 기간은 9년에 불과했다. 그의 아내는 오랜 투병 생활 끝에 1549년 4월 초에 제네바에서 숨을 거두었다. 그는 상실감이 너무 컸으며, 오로지 일을 통해 위로를 받고자 하였다. 장례를 치르고는 책상에 앉아 마치 아무 일도 없었던 듯이 조용한 체념 가운데서 성실하게 직무를 재개하였다. 그는 그 후 15년간 독신으로 살다가 생을 마쳤다. 그는 "보기 드문 자질들을 갖추고 있던 내 아내가 일년 반 전에 세상을 떠났기 때문에 나는 이제 기꺼이 독신으로 살고자 한다"라고 쓰고 있다.

우리는 루터에 비해 칼빈의 가정생활에 관해 별로 알지 못한다. 루터는 매우 솔직하고 거침없이 자신을 노출시켰지만 칼빈은 항상 자신과 개인적인 일들에 관해 과묵하였다. 아내를 택하는 데서도 이 두 개혁자들은 모두 대부분의 사람들이 관심을 가지는 미모나 부는 중시하지 않았고 지적인 면모까지도 별로 중요하게 생각지 않았다. 그들은 오로지 도덕적인 면모와 가정적인 덕성만을 고려하였다. 루터는 41세, 칼빈은 31세에 결혼하였다. 루터는 가톨릭 수녀 출신의 여성과 결혼하였다.

전에 루터는 그녀를 자신의 친구 암스도르프(Amsdorf)에게 소개한 적이 있는데, 그때 그녀는 더 좋은 사람을 찾기 위해 그를 거절하였었다. 그는 농민전쟁의 소용돌이 속에서, 그의 친구들도 깜짝 놀랄 만큼 갑작스러운 충동에서 그녀와 결혼하였다. 이로써 자신의 아버지를 기쁘게 하고 교황을 약올리고 악마를 괴롭히고자 하였다. 칼빈은 츠빙글리와 마찬가지로 여러 아이들을 둔 프로테스탄트 미망인과 결혼하였다. 그는 적절히 숙고하고 또 친구들의 재촉을 받아, 애정보다는 존경심으로 결혼하였다.

카테리나 루터는 남편의 개인사와 서신교류에서 중요한 인물이었고, 남편보다 몇 년 더 살았는데, 그 기간 동안 그녀는 가난과 고생 가운데 놓여 있었다. 이들레트 드 뷔르는 조용한 삶을 살았고, 칼빈보다 15년 먼저 평온하게 세상을 떠났다. 루터는 자신의 "주인인 캐티"에게 "기꺼이 섬기는 자"로서 복종하였다. 그는 그녀를 정말 사랑하였고, 마치 어린아이와 같은 순진무구한 모습으로 아이들과 놀아 주었다. 그리고 자신의 마지막 편지들을 그녀에게 보내어 아름다운 문장으로 가정적인 행복에 대한 자신의 생각을 표현하였다. "하나님이 남자에게 주신 가장 큰 선물은 경건하고, 친절하고, 하나님을 경외하고, 가정을 잘 돌보는 아내를 주신 것입니다."

루터의 가정생활은 유머, 시, 그리고 노래로 인해 활기에 넘쳤다. 반면 칼빈의 가정생활은 진지하고 조용했으며 하나님에 대한 경외심과 의무감으로 통솔되었지만, 마찬가지로 행복하였다. 칼빈이 냉정하고 이해심이 없는 사람이었다는 비난보다 더 공정하지 못한 비난도 없을 것이다.

칼빈의 모든 편지들은 오히려 정반대였다고 증언하고 있다. 아내의 죽음을 맞아 절친한 친구들에게 보낸 그의 편지들은 더할 수 없는 부드러움과 애정으로 가득 차 있다. 그는 1549년 4월 2일 파렐에게 다음과 같이 썼다.

제 아내가 죽었다는 소식이 지금쯤은 당신에게 도달했겠지요. 이 비통함에 완전 압도되지 않도록 하기 위해 제가 할 수 있는 일을 하면서 지내고 있습니다. 제 친구들도 제 고통을 덜어주기 위해 할 수 있는 모든 일을 하고 있습니다. 당신의 형제가 떠났을 때, 제 아내의 목숨은 거의 가망이 없었습니다. 형제들이 화요일 모였을 때 우리 모두는 기도하는 것이 최선이라고 생각했습니다. 그렇게 했습니다. 아벨(Abel)이 모두를 대표하여 아내에게 신앙을 지키고 인내하라고 권고하였을 때, 그녀는 짤막하게(이제 너무나 쇠약해졌으므로) 자신의 기분을 말하였습니다. 뒤이어 제가 상황에 맞는 간곡한 권유를 덧붙였습니다. 그녀가 자녀들에 대한 어떠한 언급도 하지 않았지만, 저는 그녀가 조심스러운 마음에 억누르고는 있지만 자녀들에 관해 염려하고 있고, 이것이 질병 그 자체보다 그녀에게 더 큰 고통이 되고 있지 않나 하는 걱정이 들었습니다. 그래서 형제들이 지켜보는 가운데, 이제부터 그녀의 아이들을 내 핏줄처럼 돌보겠다고 약속하였습니다. 그러자 그녀는 '저는 이미 우리 주님께 그들을 맡겼습니다'라고 대답하였습니다. 내가 아이들을 돌보더라도 맡은 바 책무를 다하는 데는 지장이 없을 것이라고 답하자, 그녀는 즉각 '만일 주님께서 그들을 돌아보신다면 그들이 당신께 맡겨질 것입니다'라고 답하였습니다. 그녀가 너무나 의연한 모습이어서, 마치 이미 이 세상을 초월한 사람 같았습니다. 그날 여섯 시경에 그녀는 주님께 자신의 영혼을 의탁하였는데, 형제 중 하나인 부르구앵(Bourgouin)이 그녀에게 신앙의 말로 위로하고 있을 때 제 아내가 큰 소리로 말을 하여, 우리 모두는 그녀의 심장이 이 세상 위로 높이 올려지는 것을 알 수 있었습니다. 그녀가 한 말은 다음과 같습니다. '오 영광스러운 부활이여! 오 아브라함과 우리 모든 선조의 하나님, 지나온 많은 세기 동안 믿는 자들이 당신을 신뢰해 왔고, 그 가운데 누구도 헛되게 믿은 것이 아니었습니다. 저 또한 소망을 가지렵니다.' 이 짧은 문장들은 또렷하게 말해졌다기보다는 별안간 쏟아져 나온 것이었습니다. 다른 사람들의 영향을 받아서 나온 말이 아니라, 그녀 자신의 묵상에서 나온 말이었습니다. 그래서 그녀는 몇 마디 말로 자신이 묵상한 바를 명확하게 표현할 수 있었던 것입니다.

저는 여섯 시에 나가봐야 할 일이 있었습니다. 7시가 지나서 그녀를 다른 방으로 옮겼는데, 그녀는 곧바로 사그라들기 시작했습니다. 갑자기 목소리가 잘 나오지 않는다는 것을 느낀 그녀는 이렇게 말했습니다. '우리 기도해요. 기도해요. 모두 저를 위해 기도해 주세요.' 그때 제가 돌아왔습니다. 그녀는 말을 할 수가 없는 상태였고, 심적인 고통을 겪고 있는 것 같았습니다. 저는 그리스도의 사랑, 영원한 생명에 대한 소망에 대해서, 우리의 결혼생활과 그녀의 죽음에 관해서 몇 마디 말을 한 다음, 기도에 매달렸습니다. 그녀는 맑은 정신 가운데 기도를 듣고 또 그 기도에 동참하였습니다. 8시가 되기 전에 그녀는 너무나 고요하게 숨을 거두어, 그 자리에 있던 사람들이 그녀의 생과 사를 거의 분간할 수 없을 정도였습니다. 저는 지금 제 슬픔을 잘 억눌러 제 책무에 지장을 주지 않고 있습니다. 하지만 그 와중에 주님께서는 제게 다른 시련들도 주셨습니다. 형제이자 매우 뛰어난 친구여, 안녕히 계십시오. 부디 주 예수님이 그의 성령으로 당신을 강하게 하시고, 이러한 무거운 고통 가운데 처해 있는 저 또한 도와주시기를 바랍니다. 그분이 아니었다면 저는 분명 그 고통에 무너지고 말았을 것입니다. 엎드러진 자들을 세우시고, 약한 자를 강하게 하시며, 지친 자들에게 새 힘을 주시는 그분께서 하늘로부터 저에게 손을 내밀어 주셨습니다. 모든 형제들과 당신의 가족에게도 제 인사를 전해 주십시오.

며칠 뒤인 1549년 4월 7일에 비레에게 쓴 편지는 다음과 같다.

비록 제 아내의 죽음이 제게는 너무나 고통스러운 일이지만, 제가 할 수 있는 한 제 슬픔을 억누르고 있습니다. 친구들 또한 제게 성심을 다하고 있습니다. 그들은 제게, 그리고 자기 자신들에게 더욱 도움이 되기를 바랐을 것입니다. 제가 그들의 배려로 인해 얼마나 힘을 얻었는지 누구도 말할 수 없을 것입니다. 제가 얼마나 유약하고 연약한 사람인지 당신이 잘 아시지 않습니까. 그렇기 때문에 강력한 자기 통제력이 제게 주어지지 않았다면, 제가 이렇게 오래 버티지 못했을 것입니다. 참으로 제 슬픔의 이유는 일반적인 슬픔의 경우와는 다릅니다. 저는 제 인생 최고의 동지를 잃었습니다. 운명이 그러했다면, 저의 추방과 가난을 기꺼이 함께 감당했을 뿐 아니라 저와 죽음까지도 함께했을 사람을 잃었습니다. 그녀는 살아 있는 동안 제 사역의 신실한 조력자였습니다.

저는 그녀에게서 조그마한 방해도 받은 적이 없습니다. 그녀는 병중에 있던 내내 저에게 한 번도 골칫거리였던 적이 없었습니다. 그녀는 자기 자신보다 아이들을 더 염려하였습니다. 이러한 내밀한 염려가 쓸데없이 그녀를 괴롭힐까 두려워, 기회를 틈타 그녀가 죽기 사흘 전에 그녀의 아이들에 대한 제 의무를 잘 이행하겠노라고 말하였습니다. 그녀는 그 문제를 바로 거론하면서, '저는 이미 그들을 하나님께 의탁했어요'라고 말하였습니다. 그렇다고 해서 내가 그들을 돌보는 것을 막지는 못할 것이라고 말하자, 그녀는 '당신은 하나님께 맡겨졌다는 것을 알고도 그것을 무시할 사람이 아니라는 걸 전 알아요'라고 대답하였습니다. 또 나중에 어떤 여인이 이 문제와 관련하여 말할 게 있다고 했을 때도, 저는 처음으로 그녀가 다음과 같이 짤막하게 답하는 것을 들었습니다. '확실히 중요한 것은 그들이 경건하고 거룩한 삶을 사는 것입니다. 제 남편은 아이들을 경건한 지식을 갖추고 하나님을 두려워하는 사람들로 훈육하라고 강요받지 않을 것입니다. 만약 그들이 경건하다면, 그가 기쁘게 그들의 아버지가 되어 주리라고 확신합니다. 하지만 만약 그들이 경건하지 않다면, 내가 그들을 위해 무언가를 부탁할 만한 가치가 없습니다.' 이러한 고결한 마음이 백번의 부탁보다 내게는 더욱 무겁게 다가옵니다. 당신의 우정어린 위로에 깊이 감사드립니다.

가장 뛰어나고 정직한 형제여, 안녕히 계십시오. 주 예수께서 당신과 당신의 아내를 지키시고 인도하시기를 바랍니다. 부인과 신앙의 형제들에게 제 인사를 전해 주십시오.

이 편지에 답하여 비레는 칼빈에게 1549년 4월 10일에 다음과 같은 내용의 편지를 보내었다.

소문을 통해, 그리고 특별히 수많은 전달자들을 통해, 당신이 마음이 찢어지는 고통 가운데서도 당신의 모든 책무들을 이전보다 훨씬 더 잘 수행하고 있다는 소식을 들

고 저는 놀랍도록 힘을 얻었습니다. 무엇보다도 슬픔을 당한지 얼마 되지 않았고, 그
렇기 때문에 더욱 견디기 힘든 슬픔 때문에 당신 마음이 무너져 내렸을 텐데 … 시
작하신 대로 계속 해나가십시오 … 저는 당신이 그렇게 해나갈 수 있도록, 그리고
매일 더 큰 위로와 힘을 얻도록 하나님께 더욱 열심히 기도하겠습니다.

칼빈의 이러한 성품은 자신의 외아들이 어린 나이에 죽었을 때에도 그대로 나
타났다(1542). 그는 비레와 그 아내에게(칼빈은 항상 비레의 아내와 딸에게 인사
를 전했다) 애정을 갖고 조의를 표해 준 데 대해 감사를 표하면서, 비통함에 빠
져 있지만 않다면 이들레트 또한 직접 편지를 썼을 것이라고 했다. 그는 "주님이
우리에게서 어린 아들을 데려가심으로써 우리에게 커다란 충격을 주셨습니다.
하지만 우리 아버지께서는 자신의 자녀들에게 무엇이 최선인지 알고 계십니다"
[63]라고 말하고 있다. 그는 수많은 자신의 영적 자녀들을 통해 위로를 받았다. "하
나님은 나에게 어린 아들을 하나 주셨다가 다시 데리고 가셨다. 하지만 전 기독
교 세계에 내 자녀들이 무수히 많다."[64]

결코 공개할 의도가 없었던 한 사적인 편지를 통하여, 우리는 칼빈이 가정의
불행을 당했을 때 친구들과 얼마나 깊은 공감을 나누었는지 알 수 있게 해주는
놀라운 증거를 발견하게 된다. 이 편지는 그가 목회자로서 얼마나 성실했는지를
잘 보여준다. 칼빈이 레겐스부르크(라티스본) 회의에 참석하는 동안 흑사병이
휩쓸어 그의 친구들을 여럿 잃었는데, 그 가운데 그의 형 샤를과 함께 슈트라스
부르크의 칼빈의 집에서 하숙생으로 살고 있던 루이 드 리셔부르가 있었다. 그
는 칼빈이 총애하던 조력자 클로드 페라이의 지도를 받고 있었다. 1541년 4월 초

---

63) 1542년 8월 19일. *Opera*, XI. 430.

64) 로마 가톨릭의 저술가들은 그가 결혼 생활을 통해 결국 아이를 두지 못한 것을
불명예이자 심판이라고 말한다. Audin은 이러한 잘못을 지적하였지만, 칼빈이 자식
을 잃고도 "눈물 한 방울 흘리지 않았으며," 하나님이 다시는 그가 아버지가 되는 것
을 허락지 않으셨다고 덧붙였다. Bonnet은 칼빈이 다른 두 아이, 즉 딸 하나와 아들
하나를 두었는데, 마찬가지로 어려서 죽었다고 주장하면서, 칼빈이 1544년 비레에게
보낸 편지를 언급하고 있다. 하지만 이것은 잘못이다. 왜냐하면 칼빈은 아내가 죽고
나서 한참 후에 어린 아들 하나에 대해서만 언급하고 있고, 그의 전기작가인 Colladon
도 그의 아내가 아들 하나를 낳았다고 말하고 있기 때문이다(*Opera*, XXI. 61).

에 이 슬픈 소식을 전해들은 칼빈은 루이의 아버지에게 장문의 편지를 보내어 애도와 위로의 뜻을 표했다. 그의 아버지는 노르망디 출신의 신사로서 루앙(Rouen)과 보베(Beauvais) 사이에 위치한 리셔부르 마을의 촌장이었던 것으로 짐작되나 달리 알려진 바는 없다. 다음이 그 편지의 일부이다.[65]

레겐스부르크(1541년 4월)

제가 클로드와 당신의 아들 루이가 죽었다는 소식을 들었을 때, 저는 너무 충격을 받아서(tout esperdu et confus en mon esprit) 며칠 동안 우는 것 외에 아무것도 할 수 없었습니다. 불행 가운데서도 참고 견딜 수 있도록 우리 영혼을 붙드시는 주님의 도움에 힘입어 그분 앞에서는 제가 얼마간 지탱할 수 있었지만, 사람들 속에서 저는 거의 존재하지 않는 사람 같았습니다. 제 책무를 수행하는 데서도, 저는 마치 반쯤 죽은 사람(un homme demi-mort)처럼 갈피를 잡지 못하였습니다. 한편으로 저는 가장 뛰어나고 신실한 친구[클로드 페라이]를 잃었다는 사실 때문에 너무 애통한 마음입니다. 이 친구와 제 사이가 너무나 각별했던 터라, 지금껏 누구도 이 친구만큼 저와 가까이 연합되었던 사람은 없었습니다. 다른 한편 한 젊은이, 당신의 아들이 그렇게 꽃다운 나이에 지고 말았다는 것을 알았을 때 저는 또 다른 아픔을 겪어야 했습니다. 당신의 아들은 가장 촉망받는 젊은이였고, 제가 아들처럼 사랑했던 사람이었습니다. 그 또한 저에게 마치 아버지에게 하듯 존경과 사랑을 보여주었기 때문입니다.

이러한 엄청난 슬픔과 함께 또 다른 무거운 근심이 더해졌습니다. 바로 주님께서 자비를 베풀어 우리에게서 앗아가지 않은 사람들에 대한 근심입니다. 저의 온 가족이 여기저기로 흩어졌다고 들었습니다. 그러한 이유뿐만 아니라, 말헤르베(Malherbe)[66]가 처한 위험은 저를 무척 비참하게 하고, 저에게 남은 자들에 대해서도 주의를 기울일 것을 경고합니다. 제 아내 또한 몹시 낙담하였을 것이라고 생각됩니

---

65) 이 편지는 프랑스어로 씌어졌으며 베자에 의해 라틴어로 번역되었다. *Opera*, XI. 188 이하.

66) 아마도 Féray의 제자들 중 가장 연소자로, 노르망디 사람이었을 것이다.

67) M. de Richebourg의 장자.

다. 당신 아들 샤를[67]이 계속해서 제 머릿속을 떠나지 않고 있습니다. 그는 스승과 동생에게 항상 우애있는 모습을 보여주었기 때문에, 그가 슬픔에 빠져 눈물로 온통 젖었을 것은 의심의 여지가 없습니다. 한 가지 조금 위안이 되는 것은, 그가 제 동생과 함께 있다는 것입니다. 저는 제 동생이 이러한 불행 속에서 그에게 적지 않은 위로가 될 것이라 소망합니다. 하지만 두 사람이 위험에 처해 있고, 둘 중 그 누구도 아직 위험에서 벗어나지 못했다는 사실에 생각이 미치면 그것조차도 제게는 의지가 되지 않습니다. 따라서 말헤르베가 위험을 벗어났고 샤를과 제 동생이 제 아내와 다른 사람들과 함께 안전하다는 내용의 편지를[68] 받기 전까지 저는 완전히 낙담한 상태였습니다. 제가 이미 언급했던 대로, 만약 하나님의 말씀을 좇아 제 마음이 기도와 개인적인 명상을 통해 새롭게 되지 않았더라면 저는 아마 완전히 낙담했었을 것입니다 …

주님께서 잠시 동안 당신에게 주셨던 그 아들을 그분이 데려가셨습니다. 그러므로 다음과 같은 미련한 자들의 어리석고 사악한 불평들은 아무런 근거가 없는 것들입니다. '오 눈먼 죽음이여! 오 가혹한 운명이여! 오 무자비한 운명의 딸들이여! 오 잔인한 숙명이여!' 그를 잠시 동안 이곳에 맡기셨던 주님께서 그의 생애의 바로 이 지점에서 그를 데리고 가신 것입니다. 우리는 주님께서 하신 일이 결코 분별 없이, 우연히 행해진 것이 아니라는 점을 생각해야만 합니다. 그것은 아무런 의미 없이 되어진 것이 아니라, 뚜렷한 목적에 따라 이루어진 일입니다. 하나님은 그 자체로 정의롭고 바른 일이 아니라면, 그리고 우리에게 선하고 유익한 것이 아니면 그 어떤 것도 예지하거나 작정하거나 실행하시지 않습니다. 공의와 선한 판결이 다스리는 곳에서 이의를 제기하는 것은 불경한 일입니다. 그렇다면 우리의 유익이 그러한 선함과 밀접하게 결부되어 있는데도, 우리 아버지 하나님의 뜻대로 침착하고 잘 정돈된 마음으로 그것을 묵묵히 따르지 않는다는 것은 얼마나 큰 배은망덕이 되겠습니까 …

당신에게서 당신의 아들을 취하신 분은 하나님이십니다. 하나님은 그가 언제나 하나님의 것이라는 조건 위에서 당신에게 아들의 교육을 맡기셨습니다. 그러므로 그가 이 땅을 떠나는 것이 그에게 유익이 되기 때문에 하나님은 그를 다시 취하신 것입니다. 그리고 이 사별을 통해 당신을 겸손케 하시고 또 당신의 인내심을 시험하신 것

---

68) 이것은 칼빈이 왜 좀 더 빨리 슈트라스부르크로 서둘러 돌아가지 않았는지를 설명해 준다.

입니다. 당신이 이러한 유익을 이해하지 못하고 있다면, 우선 지체 없이 모든 다른 것들은 제쳐 두고, 당신에게 보여 달라고 하나님께 구하십시오. 그것을 당신에게 숨김으로써 당신을 더 많이 훈련시켜 하나님의 뜻에 복종시키고, 그로 인해 당신이 당신 자신의 연약한 이해력으로 이룰 수 있는 것보다 훨씬 더 지혜로워지도록 하는 것이 하나님의 뜻일 것입니다.

당신 아들의 일과 관련하여, 이 비참한 시대에 일생 동안 계속 올바른 길을 걸어간다는 것이 얼마나 어려운지를 당신이 이해한다면, 당신은 당신 아들이 복 받았다고 생각하게 될 것입니다. 그는 이미 그 곁에 와 맴돌고 있었던, 그리고 머잖아 그 자신의 시대에 직면하게 될 그 많은 위험들을 맞닥뜨리기 전에 그 모든 것들로부터 일찍이 구원된 사람입니다. 그는 폭풍우가 불어 닥치는 광포한 바다에 돛을 올려서, 깊은 바다로 나가기 전에 안전한 하늘로 무사히 다다른 사람과도 같습니다. 장수하는 대가로 무엇이든 잃을 수 있을 만큼 장수 그 자체가 그렇게 큰 하나님의 은혜는 아닙니다. 겨우 몇 년 동안 헤어지는 대신 우리는 훨씬 더 나은 삶으로 인도되는 것입니다. 확실히 지금 우리 모두의 아버지이신 주님께서 루이가 자신의 양자 중 하나가 되기를 원하셨기 때문에 넘치는 자비로 이러한 은혜를 당신에게 베푸신 것입니다. 당신은 아들이 죽기 전에 당신의 세심한 교육의 훌륭한 열매를 거둘 수 있었습니다. 당신 역시 당신에게 속하는 축복, '나는 너의 하나님이 되고, 너의 자손들의 하나님이 될 것이다'라는 축복이 얼마나 유익이 되는지 알 수 있었습니다.

아주 어린 시절부터 죽기 전까지 루이는 최상의 교육을 받았고 그 실력도 너무 뛰어나서 우리는 그의 장래에 커다란 희망을 가지고 있었습니다. 그의 행동거지는 많은 사람들의 칭찬을 받았습니다. 그는 잘못을 범했을 때는 언제나 인내심을 가지고 훈계의 말뿐만 아니라 질책의 말도 받아들였습니다. 그리하여 자신이 가르칠 만한 사람이고 순종적이고 충고를 귀담아 들을 줄 아는 사람임을 보여주었습니다 … 하지만 우리가 그를 가장 높이 평가했던 점은 그가 경건의 원칙들을 매우 폭넓게 이해했다는 점이었습니다. 그는 종교를 정확하고 올바로 이해하고 있었을 뿐만 아니라 하나님을 향한 아무런 가장 없는 신실한 경외심을 소유하고 있었습니다.

당신의 아들을 향한 하나님의 이러한 넘치는 사랑이 아들의 죽음 때문에 아파하는 당신을 크게 위로할 것입니다. 이 사랑이 죽음 그 자체가 당신에게 비탄함을 가져다 주는 것보다 더욱 강력하게 당신을 주장할 것입니다.

제 자신의 감정을 말씀드리자면, 만약 당신의 아들들이 여기로 오지 않았더라면 클로드와 루이의 죽음으로 인해 제가 괴로움을 당할 일도 없었겠지요. 하지만 두 사람으로 인해 제가 겪는 이와 같은 커다란 슬픔이 저를 아무리 압도한다고 할지라도, 그들이 자신들의 목적에 의해서라기보다는 하나님의 손에 이끌려 우리에게 왔던 그 날까지 슬픔으로 돌아볼 수는 없습니다. 그때 이들과 시작되었던 우정은 최후까지 조금도 줄어들지 않고 계속되었을 뿐 아니라 오히려 날이 갈수록 더욱더 강하고 깊어지기만 했습니다 … 그러므로 그들이 찾고 있었던 교육이 어떤 종류의 것이었든간에, 저는 그들이 저와 한 지붕 아래 살았다는 사실에 감사합니다. 그리고 그들은 죽기로 되어 있었기 때문에, 저는 또한 그들이 제 지붕 아래에서 죽었다는 사실에 감사드립니다. 이곳에서 보다 조용한 환경 속에서 그들은 하나님께로 자신들의 영혼을 돌려드릴 수 있었습니다. 그들을 마땅히 도왔어야 할 사람들이 오히려 너무 성가시게 해서 죽음 자체가 주는 것보다 더 많은 괴로움을 당할 수도 있었을 그런 장소에서 죽지 않아 참 다행이라고 생각합니다. 이 거룩한 영혼들이 제 집에서 형제들과 작별을 고하고 그리스도의 품으로 떠난 것은 경건한 권면 속에서 주님의 이름을 부르는 가운데 이루어진 일입니다. 이제 저는 그들을 전혀 알지 못했던 것으로 하는 조건으로 이 모든 슬픔에서 벗어나려고 하지는 않을 것입니다. 그들에 대한 기억은 죽을 때까지 저에게 신성한 것으로 남을 것이고, 기분 좋고 위안이 되는 기억이 될 것입니다.

하지만 당신은 그들이 꽃다운 나이에 떨어져 나갔는데 그렇게 장래가 촉망되던 아들을 두었었다는 것이 무슨 유익이 되느냐고 말할 것입니다. 참으로 그리스도는 자신이 죽음으로써 산 자와 죽은 자의 머리가 되지 않았습니까! 만약 우리가 그리스도에게 속한다면(당연히 그래야 하듯이), 그리스도가 왜 우리에게 생명과 죽음의 능력을 행사하지 않겠습니까? 그러므로 당신이나 내가 보기에 당신 아들의 생명은 짧은 것일 수 있지만, 그는 주님이 그에게 예정하신 삶을 마쳤다는 것을 우리는 납득해야 할 것입니다.

더욱이, 우리는 그가 꽃다운 나이에 스러져 갔다고 생각해서는 안 될 것입니다. 그는 주님의 눈으로 볼 때 원숙한 것입니다. 저는 죽음을 통해 부름을 받은 사람들은 모두 성숙한 단계에 이르렀다고 봅니다. 만일 그렇지 않다면 아마도 우리는 마치 때가 되기 전에 주님이 누군가를 앗아갈 수 있기나 한 것처럼 주님과 논쟁을 해야 할 것입니다. 때가 찰 때 주님이 우리를 데려가신다는 것은 모든 사람에게 진리입니다. 그런데 루이의 경우는 이와는 다른 보다 특별한 근거 위에 서 있는 것이 확실합니다. 왜냐하면 그는 정말이지 여러 증거들로 자신이 그리스도의 몸에 참예한 자가 된 것을 입증해 보일 수 있는 나이에 이르렀었기 때문입니다. 이러한 열매를 맺고서, 그는 우리에게서 떠나 다른 곳으로 옮겨간 것입니다. 그렇습니다. 그는 일시적이고 사라지고 마는 삶의 그림자 대신에, 존재의 진정한 불멸성을 회복한 것입니다.

당신 자신이 그를 잃었다고 생각할 수는 없습니다. 당신은 하나님의 나라에서의 복 받은 부활 가운데 그를 되찾을 것입니다. 그 두 사람이 다 그렇게 살다가 죽었기 때문에 저는 그들이 지금 주님과 함께 있다는 것을 의심할 수가 없습니다. 그러므로 그들이 이미 도달한 이 목표를 향해서 우리도 길을 재촉합시다. 그리스도가 그들과 우리를 분리될 수 없는 동일한 한 집단 속에 묶을 것이라는 데는 의심의 여지가 없습니다. 그 속에서 우리는 그리스도 자신의 영광에 참예하는 자들이 될 것입니다. 그러므로 당신의 아들을 잃었다고 슬퍼하지 않도록 주의하십시오. 당신은 그가 주님에 의해 보존될 것이라는 것을 인정하고, 영원히 그가 당신의 아들로 남을 것이라는 점에 주목하십시오. 주님은 자신의 의지에 따라 기쁘게 잠시 동안 그를 당신에게 맡기셨던 것입니다 …

저는 당신에게 모든 슬픔을 내려놓으라고 말하는 것은 아닙니다. 그리스도의 학교에서 우리는 하나님이 우리에게 주신 공통의 인간성 즉 인간됨을 벗어 던지고 돌들이 되어야 한다고 요구하는 그러한 철학을 배우는 것이 아닙니다.[69] 이런 생각들은 당신을 억제시키고 당신의 가장 온당한 슬픔까지도 진정시켜서, 비록 본성과 부성애로 인한 눈물은 흘리지만 결코 분별없는 울부짖음은 터뜨리지 않도록 해줄 것입니다. 저는 당신의 신중함, 견고함, 고결함을 잘 알 수 없기 때문에 도무지 당신에게 개입할 수가 없습니다. 단지 저는 여기서 제 힘을 다하지 않거나 당신에 대한 제 의무를 다하지 못하는 일이 없고자 할 따름입니다.

더욱이 저는 멜란히톤과 부처에게도 당신께 보내는 편지를 써서 제 편지와 함께 동봉해 달라고 부탁하였습니다. 왜냐하면 저는 그들도 당신에게 자신들의 좋은 마음을 표하는 것이 당신에게 그렇게 못 받아들일 일은 아닐 거라고 생각하였기 때문입니다.

가장 고귀한 선생이시고 주님 안에서 제가 매우 존경하는 분이여, 이제 작별을 고

---

69) 이것은 칼빈이 이교적인 스토아주의와 얼마나 멀리 떨어져 있었는지를 보여준다.

합니다. 부디 그리스도 주님이 당신과 당신의 가족을 보호하시고, 루이와 클로드가 이미 가 있는 곳에 다다를 때까지 언제나 당신을 그의 성령으로 인도하시기를 바랍니다.

제 12 장

칼빈의 제2차 제네바 체류와 사역(1541-1564)

93. 개혁자들을 추방하고 난 뒤의 제네바

사돌레토(Jacopo Sadoleto)에게 보낸 칼빈의 답신은 제네바를 교황 정치의 손아귀에서 구해내고, 자유를 사랑하는 친구들로 하여금 칼빈에게 호감을 가지게 하는 하나의 이유가 되었다. 하지만 칼빈을 다시 제네바로 부를 수밖에 없었던 다른 이유들이 있었다. 칼빈을 축출하고 난 뒤에 야기된 내부의 혼란은 이 작은 공화국을 멸망 직전까지 몰고 갔던 것이다.

칼빈이 자신의 대적들에게 짧은 통치가 될 것이라고 예견한 것은 옳았다. 채 일년도 되지 않아서 그들은 도덕성을 잃고 여러 분파로 나뉘어졌다. 쫓겨난 개혁자들을 대신해서 이곳 출신의 두 설교자와 베른 출신의 두 사람이 베른식의 관습에 기반하여 선출되었지만, 그들은 평균 이하의 사람들로서 위기를 관리할 만한 인물들이 못 되었다. 국가가 우선시되었고, 제네바에 거주하는 그럴 듯한 이유를 입증하지 못하는 외국인들은 추방당하였다. 그들 중에는 개혁자들을 충실하게 지지했던 소니에(Saunier)와 코르디에(Cordier) 같은 학교장들도 포함되어 있었다.

제네바에는 3개의 주요 당파들이 있었고, 그것들은 다시 여러 분파로 나뉘어 졌다.

1. 정부파는 1538년 행정장관을 맡았던 자들과, 개혁자들의 대적자들이 장악하고 있었다. 그들은 아르티퀼랑(Articulants) 혹은 보다 대중적인 별명인 아르티쇼(Artichauds)[1]라고 불렸는데, 이는 베른과 맺은 21개 조항의 협약에서 비롯된

이름이다. 이 협약은 제네바 시의 고문관이자 대표들인 세 사람, 아미 드 샤포루주(Ami de Chapeaurouge), 장 륄랭(Jean Lullin), 모나통(Monathon)에 의해 협상되고 조인되었다. 정부는 교회를 국가에 종속시켰고, 베른의 보호를 받았으나, 질서를 유지하지 못하였다. 거리에는 날로 소요와 폭동이 증가하였고, 학교들은 최고의 교사들이 축출됨으로써 몰락하였고, 설교단은 그 힘을 잃었고, 새로운 설교자들은 경멸과 동정의 대상이 되었고, 목회적 보살핌은 간과되었고, 악과 부도덕이 증대하였고, 옛 방탕함과 천박함, 춤, 도박, 술취함, 가면 무도회, 음탕한 노래들, 음란이 다시 나타났으며, 사람들은 북과 피리 소리에 맞추어 벌거벗고 거리를 행진하였다.

게다가 베른과 맺은 협약의 내용이 알려지자, 이 협약이 베른에게 주권을 많이 양보하고 있었기 때문에 사람들로부터 외면을 당하였다. 200인 대의회는 이 협약이 그들의 자유와 좋은 관습들을 희생시켰다는 이유로 이 협약을 비준하지 않으려 하였다. 하지만 베른 시의 재판관들은 제네바 사람들이 이 협약을 추인하고 그 비용을 지불해야 한다고 결정하였다. 이 결정은 커다란 소동을 일으켰다. 사람들은 "반역"이라고 부르짖으면서 베른의 외교 수완에 속아 넘어간 시 대표 세 사람을 체포하라고 요구하였지만 그들은 도주하였으며, 이후에 이들은 거짓말쟁이이자 반역자라는 죄목으로 사형 판결을 받았다. 시민들의 불만은 파렐과 칼빈 대신으로 선출되었던 목회자들에게로 확대되었다.

개혁자들을 추방하고 나서 2년 만에, 그들에게 추방령을 내렸던 네 명의 장관이 재난을 당하였다. 시의 총사령관이자 아르티쇼의 가장 영향력 있는 지도자였으며 불 같은 성격의 소유자였던 장 필립(Jean Philippe)은 살인죄와 폭동 주모죄로 1540년 6월 10일 참수를 당하였다. 다른 두 사람인 샤포루주와 륄랭은 사기죄와 반역죄로 사형선고를 받았고, 네 번째 사람인 리샤르데(Richardet)는 처벌을 피해 도망하려다가 입은 부상으로 인해 죽었다. 이러한 일련의 불행들은 섭리의 결과로 간주되었고, 반개혁파에 치명상을 입혔다.

2. 로마 가톨릭파는 개혁자들이 추방된 후에 고개를 들고, 추방당한 피에르 드 라 봄(Pierre de la Baume) 주교 — 교황 바울 3세는 그를 추기경에 임명하였다

---

1) Dyer(p. 113)는 정부파 사람들을 Artichokes라고 잘못 부르고 있는데, 이것은 그들이 "이 식물을 자신들의 문장"으로 채택했기 때문이다.

— 를 통해서 그리고 사돌레토 추기경의 편지를 통해 짧은 시기 동안이나마 상당한 격려를 받았다. 수많은 사제들과 수도사들이 프랑스와 사보이에서 돌아왔지만, 칼빈의 답신은 로마 가톨릭교도들의 모든 희망과 기대를 부수어 버렸고, 정부는 그들에게 아무런 호의도 보여주지 않았다.

3. 세 번째 당파는 개혁자들에게 우호적이었다. 이들은 다른 두 파의 실책과 불행으로부터 얻을 수 있는 모든 유익들을 거두어 들여 그것들을 최대한 이용하였다. 그 구성원들은 그 대적자들에 의해 기욤당(Guillermains)이라 불렸는데, 이것은 기욤 파렐(Guillaume Farel)의 이름을 딴 것이었다. 이들은 페랭(Perrin), 포랄(Porral), 페르탕(Pertemps), 셉트(Sept)의 지도를 받았다. 그들은 단결하였고, 아주 활동적이었으며, 종교개혁의 회복이라는 뚜렷한 목표의식을 지니고 있었다. 이들은 추방당한 개혁자들, 특별히 뇌샤텔에 있던 파렐과 서신교환을 계속하였다. 파렐은 이들을 자문하고 격려하였다. 이들은 친프랑스파인데다가 애국심도 없는 자들이라는 의심을 받았지만, 정부가 베른에게 비굴한 태도를 보이고 있다고 비난함으로써 이에 응전하였다. 이들은 극단적인 경향을 띠고 있었기 때문에, 칼빈은 이들에게 인내심을 가지고 온건하게 행하며 용서하는 마음을 가지라고 권면하였다.

아르티쇼 측이 약화됨에 따라 기욤당의 영향력이 증대되었다. 공석이 된 장관직들은 이들로 메워졌다. 새로운 관리들은 베른으로부터의 독립을 강한 어조로 주장하였고 특별한 제네바의 전통들을 고수하려 하였다. 이들은 황제 카를 5세의 편지로 격려를 받았는데, 결국 황제는 자신의 의도와는 달리 칼빈을 도운 결과가 되었으니, 흥미로운 일이 아닐 수 없다.

이제 칼빈의 귀환을 위한 길이 마련되었다. 제네바 최고의 시민들은 그를 이 도시의 구원자라고 생각했다. 그의 이름은 교회와 국가의 질서, 평화, 개혁을 의미하였다.

심지어 아르티쇼 파까지도 여론에 밀려 1540년 6월 17일의 시민 총회에서 이전의 상태를 복원시킬 것을 제안하였으며, 교황제를 큰소리로 반대하였다. 새로운 설교자들 가운데 마르쿠르(Marcourt)와 모르랑(Morland)은 8월 10일에 사임하고 베른으로 돌아갔다.

다른 두 사람인 앙리 드 라 마르(Henri de la Mare)와 자크 베르나르(Jacques Bernard)는 겸손하게 칼빈에게 호의를 구하면서 그의 귀환을 간청하였다. 이것

은 칼빈이 그의 대적자들로부터 받은 놀랄 만한 찬사였다.[2]

94. 칼빈의 제네바 재청빙

칼빈은 제네바를 잊지 않았다. 그는 사돌레토에게 보낸 자신의 답신으로 제네바의 안녕에 대한 자신의 관심을 잘 보여주었다. 그렇지만 그는 그곳으로 돌아갈 의도가 전혀 없었다. 그가 제네바로 귀환한 것은 오직 하나님의 섭리의 확실한 징후에 기인하는 것이었다.

그는 자신이 독일과 프랑스 사이에서 중재자 역할을 하면서 두 나라 모두에게 유익을 줄 수 있는 매우 유용한 도시를 발견하였다. 그의 주일 예배에는 사람들이 넘쳤고, 그의 신학 강의들은 프랑스와 다른 나라들로부터 온 학생들을 매료시켰다. 그는 신실한 아내와 결혼하였고, 평화로운 가정생활을 누렸다. 슈트라스부르크 정부는 점점 더 그의 진가를 인정하게 되었고, 그의 동료들은 그를 붙잡아 두기를 원했다. 멜란히톤은 보름스와 레겐스부르크(라티스본) 회의에 다른 누구보다도 칼빈이 없으면 안 된다고 생각하였다.

칼빈은 제네바를 생각해 볼 때, 지난 경험들로 미루어 보아 가혹하고 극심한 시련들밖에 기대할 수가 없었다. 그는 비레(Pierre Viret)에게 "이 세상에서 내가 이보다 더 두려워하는 곳은 없다. 내가 이 도시를 두려워하는 것은 내가 이 도시를 미워해서가 아니라 그곳에서 나를 기다리고 있는 어려운 문제들을 내가 감당할 수 없을 것 같기 때문이다"[3]라고 썼다. 그는 제네바가 1536년보다 지금 한층 더 자신을 위축시키는 심연이라고 말했다. 실로 그가 이렇게 두려움을 느낀 것은 제대로 짚은 것이었다. 왜냐하면 이후에 그의 삶이야말로 끊임없는 투쟁의 연속이었기 때문이다. 따라서 우리는 칼빈이 제네바의 거듭된 요청을 거절했고, 파렐과 비레에게 자신을 다시 제네바로 끌어들이려는 노력을 중지해 달라고 부

---

2) 베르나르가 칼빈에게 보낸 1541년 2월 6일자 편지(Herminjard, VII. 23). 칼빈은 이 편지에 답하여 1541년 3월 1일 편지를 보내었는데, 여기서 그는 제네바로 돌아가는 것이 무척 내키지 않지만 교회의 뜻에 복종하겠다고 밝히고 있다. Herminjard, VII. 38-40.

3) 1541년 3월 1일자 편지(레겐스부르크로 가는 도중에 울름에서 쓴).

탁했다는 사실에 그리 놀랄 필요가 없는 것이다.[4]

동시에 그는 확실한 섭리의 징후들에 의해 하나님의 뜻을 분명하게 알게 되면 그 즉시 하나님의 뜻에 복종할 작정이 되어 있었다. 그는 파렐에게 "이 문제에 있어서 제 자신의 주인은 제가 아니라는 것을 기억하고, 제 심장을 희생 제물로 내놓고 주님께 그것을 바칩니다"[5]라고 써보냈다. 그의 경건한 영혼을 드러내 주는 매우 특색 있는 문장이라 하지 않을 수 없다. 칼빈의 문장(紋章)에 바로 이 모토가 들어 있으며, 심장을 하나님께 드리는 손이 그려져 있다. 17년이 흐른 뒤에도 그는 자신의 생애에서 아주 중요한 시점이었던 이때를 회고하면서 똑같은 견해를 피력하고 있다. 그는 다음과 같이 말하고 있다.

비록 그 교회의 안위가 내게 너무나 소중해서 그것을 위해서라면 아무 어려움 없이 내 목숨을 내놓을 수도 있었지만, 소심함 때문에 나는 내가 그렇게 무거운 짐을 질 수 없는 많은 이유들을 생각해 내었다. 그러나 의무감이 나를 압도하여 결국 나는 강탈당했던 내 양 떼들에게 돌아가게 되었다. 나는 슬픔, 눈물, 그리고 커다란 근심과 불안 속에서 이러한 결단을 하였다. 이 일에 주님이 나의 증인이시고, 많은 경건한 사람들도 동일한 두려움이 그들의 입을 막지 않았더라면 기꺼이 나의 이러한 고통을 덜어 주고자 하였을 것이다.[6]

그는 특별히 요나의 예를 들면서 자신을 협박하였던 마르틴 부처(Martin Bucer)를 "그리스도의 뛰어난 종"이라고 언급하였다. 칼빈이 처음 제네바를 방문하였을 때 파렐도 하나님의 진노를 들먹이면서 그를 위협했었다.

제네바에 있던 친구들, 시의회와 시민들은 모두 칼빈만이 제네바를 무정부 상태에서 구해 낼 수 있다고 확신하고 그가 돌아올 수 있도록 모든 노력을 기울였

---

4) Dyer와 Kampschulte는 칼빈이 거듭 거절한 것은 제네바 사람들의 교만을 꺾으려고 하는 부적절한 동기에서 비롯된 것이 아니었나 하고 별다른 근거도 없이 의심의 눈초리를 보낸다. 거듭해서 호소하고 사절단을 파견하는 것 외에 제네바 사람들이 할 수 있는 일이 무엇이 있었겠는가? 이들의 이러한 노력은 칼빈이 그 청빙을 수락할 때까지 몇 달 동안 계속되었다.

5) 1540년 10월 24일자 편지. Herminjard, VI. 339.

6) (1557년에 기술된) 그의 시편 주석 서문, *Opera*, XXXI. 27.

다. 시의회는 칼빈의 귀환 문제를 1540년 초에 처음으로 진지하게 논의하기 시
작하여 1540년 2월에 한 차례 더 논의를 거친 다음 1540년 9월 21일에 결정지었
다. 베른, 바젤, 취리히, 슈트라스부르크의 협조를 구하기 위한 준비 작업들이
이루어졌다. 10월 13일 칼빈의 오랜 친구인 미셸 뒤 부아(Michel du Bois)가 대의
회에서 칼빈에게 보내는 편지를 가지고 파송되었으며, 구두로도 초청의 뜻을 전
하라는 지시를 받았다. 그의 답변을 듣기도 전에, 다른 청원서와 사절단들이 계
속해서 칼빈에게 보내졌다. 10월 19일에 200인 대의회는 목적을 이루기 위해 모
든 노력을 강구하기로 결정하였다. 아미 페랭(Ami Perrin)과 루이 뒤포어(Louis
Dufour)가 (10월 21일과 22일에) "칼빈 선생을 모셔오기 위해" 의전관 한 사람
과 함께 슈트라스부르크에 대표로 파견되었다. 27일에 20달러의 금화가 그 경비
로 할당되었다. 그 달의 회의록은 "학식있고 경건한 칼빈"을 모셔오는 문제와
관련된 여러 활동들로 가득 차 있다. 개혁자들의 대의에 대한 이보다 더 완벽한
옹호와 변호는 생각하기 어렵다.

그들은 또한 파렐의 도움도 간청하였다. 파렐은 자신을 초청하지 않는 제네바
사람들의 배은망덕을 놀라운 자기 부인의 정신으로 용서했으며, 자신의 젊은 친
구 칼빈의 귀환을 위해 모든 노력을 기울였다. 파렐은 지난번에도 칼빈에게 제
네바에 들러달라고 도덕적인 권면을 통해 강권했었다. 그는 칼빈에게 끊임없이
편지를 써보내었고, 심지어는 뇌샤텔에서 슈트라스부르크까지 찾아가서 이틀을
거기 머물면서, 자기 생각에는 제네바가 이 세상에서 가장 중요한 곳이며, 그곳
으로 귀환하는 것이 지금 그 무엇보다 필요한 일이라고 카피토(Capito)와 부처,
그리고 칼빈에게 몸소 강청하고 설득하였다.

뒤포어는 11월에 슈트라스부르크에 도착하여 원로원을 방문하고 칼빈을 좇아
보름스로 갔다. 거기서 그는 회의에 참석해서, 제네바 시 장관들과 시의회의 조
인을 받은 10월 22일자의 공식적인 초청 편지를 칼빈에게 전달하였다. 이 편지
는 다음과 같이 끝맺고 있다.

우리 소의회, 대의회, 총회(이들 모두가 당신께 공식적인 초청 편지를 보내라고 강력
하게 촉구하였습니다)를 대신해서 우리는 당신이 기꺼이 우리에게 돌아와서 이전에
당신이 맡았던 직분에서 사역해 주시기를 간절히 바랍니다. 또한 우리는 하나님의
도움으로 이 과정이 거룩한 복음 전파에 큰 유익이 되기를 소망합니다. 그리고 우리

시민들이 당신을 매우 간절히 원하고 있기 때문에, 저희로서는 당신이 만족하실 만한 대접을 해 드리겠습니다.

이 편지는 "어둠 후에 빛을 바라다"(Post tenebras spero lucem)라는 모토를 담고 있는 문장으로 봉인되었다.

따라서 칼빈은 3년 전에 자신을 부당하게 추방하였던 시의회, 목회자들, 그리고 시민들에 의해 가장 절박하고도 명예롭게 다시 초빙을 받았다.

그는 이러한 존중과 신뢰의 표명에 눈물을 흘리며 감동하였고, 마음이 흔들리기 시작하였다. 그러나 보름스에 있던 슈트라스부르크 대표들은 정부로부터 비밀리에 지시를 받아 칼빈이 떠나는 것을 강력하게 반대하였다. 충고를 해달라는 말을 듣고 부처, 카피토, 슈투름(Sturm), 그리고 그리나이우스(Grynaeus)는 칼빈이 슈트라스부르크에 필수 불가결한 사람이라고 말해 주었다. 그들은 칼빈이 이곳 슈트라스부르크에서 프랑스 개신교를 대표하는 프랑스인 교회의 지도자로서, 독일, 프랑스, 이탈리아에서 그를 보고 몰려오는 신학생들을 훈련시켜 다시 복음 전도자로 그들의 고국에 돌려보내는 한 사람의 신학 교수로서, 그리고 슈트라스부르크 교회를 복음 사역자들을 위한 신학교로 만드는 일을 감당할 한 사람의 조력자로서 없어서는 안 되는 인물이라고 말했다. 멜란히톤을 제외하고는 그 누구도 칼빈과 견줄 만한 사람이 없었다. 제네바는 실로 중요한 지역이고 프랑스와 이탈리아로 가는 관문이었지만, 자칫 칼빈의 복음 사역을 무너뜨릴 수 있는 정치적 혼란 속으로 다시 빠져들 수 있는 위험이 있었다. 슈트라스부르크의 목사들과 원로원 의원들은 취리히와 바젤의 교회들로부터 청원을 받아, 보름스 회의에서 돌아온 후에 칼빈을 제네바로 귀환시키되, 이 귀환은 단지 일시적인 귀환이라고 결정하였다. 그들은 전체 교회의 유익을 위해 머지않아 칼빈이 슈트라스부르크를 그의 사역의 최종 본거지로 택해줄 것을 희망하였던 것이다.[7]

따라서 우리는 두 도시, 두 국가가 "진정한 신학자"를 소유하려고 경쟁하였다고 말할 수 있다. 칼빈의 미래의 삶 전체와 교회사의 상당 부분이 바로 이 결정

---

7) 카피토, 헤디오, 부처, 슈투름, 베드로투스, 그리나이우스가 서명한 1540년 10월과 11월자 편지들(아마도 부처에 의해 씌어진)을 보라. 그리고 1541년 9월 1일 슈트라스부르크 의회가 제네바 시의회에 보낸 편지도 보라.

에 달려 있었다. 이러한 상황 속에서 그는 슈트라스부르크와 베른의 동의를 얻어서 회의가 끝난 후에 제네바를 방문하겠다는 것 이외에 어떠한 확실한 약속도 할 수가 없었다. 그는 또한 승리를 거둔 장군과 같이 항복 조건을 제시했는데, 그것은 다름 아닌 교회 치리의 회복이었다.

칼빈은 자신의 귀환 이전에 비레를 로잔에서 초청해 오라고 권고한 바 있었다. 이것은 베른의 허락을 얻어 1540년 12월 31일에 이루어졌지만, 그 기간은 단지 반년에 불과하였다. 비레는 1541년 1월 17일에 제네바에 도착하였다. 그의 설득력있는 설교는 많은 사람들을 끌어들였고, 관리들은 하나님의 말씀에 깊은 존경심을 표하였다. 하지만 그는 교회와 학교, 병원과 구제소에서 너무 많은 난제들을 발견하였고, 그래서 칼빈에게 빨리 오라고 재촉하면서, 만약 그렇지 않으면 자기가 사퇴하든지 힘들어 죽고 말 것이라고 하였다.

1541년 5월 1일에 총회는 정식 절차를 거쳐서 1538년 4월 23일의 추방령을 취소하였다. 그리고 총회는 모든 시민이 칼빈, 파렐, 그리고 소니에를 존경할 만한 사람들이자 진정한 하나님의 종들이라고 생각한다고 엄숙하게 선언하였다. 5월 26일에 원로원은 슈트라스부르크, 취리히, 그리고 바젤에 칼빈의 귀환을 도와달라는 또 다른 간곡한 청원서를 보내었다.[8]

스위스와 독일 전반에 칼빈의 귀환 문제가 얼마나 많은 관심을 불러일으켰는지 놀라울 뿐이다. 사람들은 일반적으로 제네바의 운명이 칼빈에 달려 있고, 프랑스와 이탈리아의 복음주의적인 종교의 운명은 제네바에 달려 있다고 느꼈다. 개인들과 단체들로부터 편지가 쇄도하였다. 파렐은 계속 칼빈을 보내지 않고 잡고 있던 슈트라스부르크 사람들을 꾸짖고 비난하였다. 그는 칼빈의 귀환이 지연되고 있는 데 노하여 그에게 "돌들이 당신을 부를 때까지 기다리려고 하는가?"라고 써보내었다.

95. 칼빈의 제네바 귀환(1541)

---

8) 제네바 시의회가 취리히의 목회자들에게 보낸 편지들을 보라. *Opera*, XI. 220 이하와 Herminjard, VII. 129 이하에 수록되어 있음.

멜란히톤에게는 유감스럽게도, 칼빈은 레겐스부르크 회의가 끝나기 전인 6월 중순에 그곳을 떠났다. 그리고 슈트라스부르크에서 개인적인 일들을 처리한 후에 스위스로 향했다. 제네바 사람들은 기마 통보관인 빈센트(Eustace Vincent)를 보내어 그를 수행하게 했으며, 그 경비로 금화 36달러를 할당하였다(8월 26일).

슈트라스부르크 사람들은 칼빈에게 시민권을 유지하면서 계속 신학 교수직 연봉을 받으라고 청하였다. 베자는 "그는 전자는 존경의 표시로 알고 기꺼이 받아들였지만, 후자는 결코 받아들일 수 없었다. 그에게 있어 부는 가장 관심이 적은 대상이었기 때문이다"라고 말하고 있다.

부처는 슈트라스부르크 목사들의 이름으로 제네바 장관들과 시의회에 보내는 1541년 9월 1일자 편지를 그에게 주었다. 이 편지에서 부처는 "이제야 드디어 하나님의 택하신 바, 하나님의 뛰어난 도구인 칼빈이 갑니다. 그와 어깨를 견줄 만한 사람이 있는가라는 질문을 제기할 수는 있지만, 정녕 우리 시대에 그에게 비견될 만한 인물은 아무도 없을 것입니다"라고 말하고 있다. 부처는 이처럼 높이 존경을 받는 사람을 보내는 슈트라스부르크의 입장은 그가 확실히 돌아온다는 조건 아래 잠시 보내주는 것이라는 점을 덧붙였다. 슈트라스부르크 시의회는 같은 날에 제네바 시의회에 편지하여, 칼빈이 전체 교회를 위해 곧 자신들에게 돌아올 수 있기를 소망하였다.[9] 제네바 원로원은 감사의 편지를 보내면서(1541년 9월 17일) 칼빈을 제네바에 영원히 붙들어 두겠다는 결심을 표시하면서, 칼빈이 슈트라스부르크에서와 마찬가지로 이곳에서도 전체 교회에게 유익할 수 있을 것이라는 자신들의 생각을 전하였다.[10]

칼빈은 바젤에 있는 친구들을 방문하였는데, 그들은 칼빈에게 베른과 제네바에 가라고 권하였다(9월 4일).[11] 베른은 칼빈에게 별로 호의적이지 않았고 제네바에서 목사의 지위가 상승하는 것도 탐탁해하지 않았지만, 자기 영토를 통과할 수 있도록 안전 통행권을 발행해 주었다.

졸로투른(솔뢰르)에서 칼빈은 파렐이 강단에서 유력한 인물의 부끄러운 행동을 지적했다는 이유로 재판도 없이 뇌샤텔의 관리들에 의해 해직되었다는 것을

---

9) Herminjard, VII. 227-230.

10) Herminjard, VII. 253-255; Opera, XI. 268.

11) *Opera*, XI. 274.

알게 되었다. 그래서 그는 가던 길을 돌려 친구에게 들러 며칠을 유하면서 그의 어려움을 해결해 주려고 노력하였다. 곧바로 성공적인 결실을 맺지는 못하였지만, 그의 노력은 취리히, 슈트라스부르크, 바젤, 그리고 베른의 지지를 얻어내었고, 결국 뇌샤텔 시의회는 파렐을 복직시켰다. 파렐은 죽을 때까지 그곳에서 사역을 계속하였다.[12]

칼빈은 뇌샤텔에서 9월 7일에 제네바 시의회에 편지하여 자신이 지체하고 있는 이유를 설명하였다.[13] 다음 날 그는 베른으로 가서 슈트라스부르크와 바젤에서 보낸 편지들을 전달하였다.

그는 제네바에 9월 9일 도착할 예정이었지만, 적어도 13일 이전에는 도착하지 않은 것으로 보인다. 그는 떠들썩한 것을 싫어하는 사람이었기 때문에, 요란한 영접을 피하고자 했다.[14] 하지만 그의 도착이 전체 시민들에게 큰 기쁨을 불러일으켰으리라는 것은 의심의 여지가 없다.

시의회는 이 개혁자에게 성 베드로 교회 근처의 샤누아네 거리에 있는 정원이 딸린 집[15]을 제공하였고, 그의 높은 학식과 이방인들을 접대하는 성품을 고려하여 그에게 금화 50 달러 혹은 500 플로린의 고정된 급여와 함께 12가마니의 밀과 포도주 2통을 제공하겠다고 약속하였다(10월 4일). 시의회는 또한 그에게 새 옷 한 벌과 겨울용 모피 코트를 마련해 주었다. 당시에 이 정도면 후한 대접이었지만, 칼빈의 필수 경비와 손님 접대를 겨우 충당해 주는 데 불과하였다. 그래서 시의회는 일상적인 업무 이외의 일들이 있을 때에는 그에게 별도의 대가를 지불해 주었다. 하지만 그는 꼭 필요한 경우가 아니라면 언제나 그것들을 거절하였으며, 자신의 직분에 어울리는 극도의 소박한 삶을 살았다. 성 베드로 교회는 그를 위해 넓고 낮은 기둥 위에 강단을 마련하여, 온 회중들이 그의 설교를 보다 수월하게 들을 수 있도록 해주었다.

시의회는 말 세 필과 마차를 보내어 그의 아내와 가구를 실어 오게 하였다. 수행원들이 제네바에서 슈트라스부르크까지 갔다가 다시 돌아오는 데 22일이 걸

---

12) Herminjard, VII. 242 이하에 수록된 편지를 보라.

13) Herminjard, VII. 239. 이 편지는 제네바에 9월 12일 도착하였다.

14) 그는 자신의 시편 주석서 서문에서 이렇게 말하고 있다. "나는 내 자신을 과시하고 시끄럽게 할 생각이 전혀 없다."

15) 이 집에서 그는 1543년부터 죽을 때까지 살았다.

렸다(9월 17일부터 10월 8일).[16]

9월 13일 칼빈은 시청에서 장관들과 시의회 앞에 그 모습을 드러내었다. 그는 슈트라스부르크와 바젤의 원로원 의원들과 목회자들의 편지를 전달하고, 오래 지체하게 된 것을 사과하였다. 그는 자신의 적대자들에 대해서 아무런 불평도 하지 않았고 어떤 처벌도 원하지 않았지만, 교회 정치와 치리를 위한 서면 지침서를 준비할 위원회의 임명은 요구하였다. 시의회는 그의 요청을 받아들였고, 그를 영구적으로 임용하기로 하였으며, 슈트라스부르크의 원로원에 자신들의 뜻을 전달하기로 결정하였다. 여섯 명의 저명한 평신도들, 즉 소의회에서 네 명, 대의회에서 두 명이 목회자들과 협의하여 교회 조례를 작성할 인물들로 임명되었다. 페르탕(Pertemps), 페랭(Perrin), 로제(Roset), 랑베르(Lambert), 굴라즈(Goulaz), 포랄(Porral)이 그들이다.[17]

9월 16일 칼빈은 파렐에게 편지하여 "당신의 뜻대로 되었습니다. 저는 이곳에 꽉 붙잡혔습니다. 하나님이 축복해 주시기만 바랍니다"[18]라고 말했다.

그는 비레를 잡아두고 파렐도 계속적인 동역자로 확보하고자 했지만, 그 뜻을 이루지는 못하였다. 비레는 로잔에서, 파렐은 뇌샤텔에서 필요로 하고 있었다. 그러나 베른의 특별 허락을 받아 비레는 그 다음 해 7월까지 그와 함께 머물 수 있었다. 그의 다른 동료들은 그에게 도움이 되기보다는 오히려 방해가 되었다. "그들은 열망도 없고 학식도 모자라며, 신뢰할 수도 없었기" 때문이다. 제네바 교회를 재건하는 임무를 거의 전부 칼빈 혼자 짊어졌다고 할 수 있었다. 그것은 만만찮은 일이었다.

정부와 시민들로부터 칼빈보다 더 열렬하게 청빙을 받고, 또 칼빈보다 더 마지못해 그 청빙을 수락하고, 그 임무를 그보다 더 신실하고 효과적으로 수행한 인물도 없었다. 그는 하나님의 음성에 복종하여 제네바에서 자신의 임무를 다하면서 살다가 죽기 위해 이곳에 다시금 정착하였다.

가장 뛰어난 칼빈 전기 작가이자 대단한 찬미자 중 한 사람은 이렇게 말하고 있다.[19]

---

16) Herminjard, VII. 289.

17) 칼빈이 파렐에게 보낸 1541년 9월 16일자 편지.

18) Herminjard, VII. 249.

19) 메를르 도비녜(Merle d'Aubigné)

칼빈은 자신이 확신하는 바를 위해 가장 많이 일하고, 가장 많이 저술하고, 가장 많이 활동했으며, 가장 많이 기도한 인물이다. 하나님의 주권과 인간의 자유의 공존은 확실히 하나의 신비이다. 하지만 칼빈은 결코 하나님이 모든 것을 하시기 때문에 자신이 할 일은 전혀 없다고 생각하지 않았다. 그는 하나님의 활동과 인간의 활동이라는 양면적인 활동을 분명하게 지적하고 있다. 그는 "하나님은 자신의 은혜를 우리에게 값없이 부어주신 후에 곧 우리에게서 그 은혜에 대한 감사를 받고자 하신다. 그가 아브라함에게 '나는 네 하나님이다'라고 말했을 때 그것은 자신의 선하심을 값없이 주시는 것이었다. 하지만 그는 동시에 그에게 '너는 내 앞에서 행하여 완전하라'는 요구 사항을 덧붙이셨다. 이 조건은 모든 약속들 속에 암묵적으로 내재되어 있다. 그것들은 우리가 하나님의 영광을 위해 박차를 가하도록 만들어 줄 것이다"라고 말하였다. 그리고 그는 또 다른 곳에서 "이 교리가 여러분 모두에게 새로운 활력을 불어넣어 주어, 우리가 실력과 힘으로 빈틈없이 잘 준비되어서 그의 부르심을 따를 수 있어야 할 것이다"고 말했다.[20]

96. 귀환 후 처음 몇 해

칼빈은 즉각 자신의 사역에 임했으며, 1564년 5월 27일 숨을 거둘 때까지 23년간 쉬지 않고 일했다.

예상했던 대로 처음 몇 년간은 근심 걱정과 시련으로 가득 찼다. 그의 임무는 그가 제네바에서 처음 사역했을 때보다 훨씬 더 많았고 그 책임도 더 했다. 이전에 그는 선배인 파렐의 도움을 받았었지만, 지금은 32살의 젊은 나이에 제네바 교회를 책임져야 했다. 교회를 재조직하고, 헌법과 예배 의식을 도입하고, 설교하고 가르치고, 논쟁들을 해결하고 당파 간의 이견들을 조정하고, 젊은이들을 지도하며, 순전히 세속적인 문제들까지도 돌보아야 했다. 당연히 그는 종종 의욕을 잃고 지치기도 했지만, 하나님에 대한 신뢰와 의무감이 그를 지탱해 주었다.

비레는 그에게 많은 도움이 되었지만, 1542년 7월에 로잔으로 다시 돌아가야만 했다. 그의 다른 동료들, 자크 베르나르, 앙리 드 라 마르, 샹페로(Aim

---

20) 고린도후서 7:1과 창세기 17:1에 대한 주해.

Champereau)는 능력이 미치지 못하였고 의지할 만하지도 않았다. 1542년에 네 명의 새로운 목회자들이 임명되었다. 피에르 블랑세(Pierre Blanchet), 마티아스 드 제네스통(Matthias de Geneston), 루이 트라페로(Louis Trappereau), 오지아스(Philippe Ozias or Ozeas)가 그들이다. 1544년 제네바는 12명의 목사들을 두고 있었는데, 이 가운데 6명은 주변 지역의 교회를 맡고 있었다. 칼빈은 점차적으로 열정적인 복음 전도자들을 훈련시켰다. 파렐과 비레는 중요한 일이 있을 때마다 제네바를 방문하였다. 칼빈은 말년에 아주 능력있고 학식이 높은 친구인 베자(Theodore Beza)와 함께 사역하였다.

칼빈은 현명하고 융화적인 노선을 추구하였는데, 이 점은 그의 완고하고 엄격한 성격과 신학체계를 생각해 볼 때 참으로 높이 평가할 만한 일이라 하지 않을 수 없다. 그는 이전의 적대자들에게 참된 기독교적인 관용을 보여주었으며, 동료들의 약점에도 인내심을 발휘하였다. 그는 1541년 10월 15일에 부처에게 보낸 긴 편지에서 이렇게 쓰고 있다.

> 저는 제 이웃들을 잘 이해하고 그들과 조화를 이루기 위해 노력할 것입니다. 그리고 (그들이 제게 허용한다면) 제가 할 수 있는 한 최대한 충실하고 성실하게 형제애적 우애를 구할 것입니다. 저로서는 누구에게라도 공격의 빌미를 제공하지 않을 것입니다 … 어떤 식으로든 제가 당신의 기대에 부응하지 못한다면, 제가 당신의 수중에 있고 당신의 권위에 복종할 것이라는 것을 당신이 아시니 만큼, 저를 깨우쳐 주시고, 질책해 주시고, 아버지가 그 아들에게 하듯이 저를 다루어 주십시오. 급하게 편지를 마무리함을 용서하십시오 … 일이 너무 일이 많아 거의 제정신이 아닙니다.[21]

1542년 3월 14일에는 바젤의 미코니우스(Myconius)에게 이렇게 편지하고 있다.

> 저는 공공의 평화와 일치를 매우 소중하게 생각하기 때문에, 제 자신을 억제하고 있습니다. 심지어 제 적수들까지도 저를 칭찬하고 있을 정도입니다. 이런 정서가 상당히 널리 퍼져서, 한때는 공개적으로 적이었던 사람들이 날이 갈수록 저의 친구들이

---

21) Herminjard, VII. 293; *Opera*, XI. 299.

되고 있습니다. 다른 사람들에게도 정중한 태도로 대하여 호의를 얻고 있어서, 저는 비록 항상 그런 것은 아니지만 상당한 성공을 거두고 있는 듯합니다.

제가 이곳에 도착했을 때 저는 악을 행한 패거리들 가운데로 의기양양하게 들어와서 제 대적자들을 쩔쩔매게 할 수도 있었습니다. 하지만 저는 그것을 삼갔습니다. 만약 제가 원했다면 저는 매일 이들에게 신랄한 질책을 할 수 있었고, 많은 시민들도 이에 동조해 주었을 것입니다. 저는 참고 있습니다. 아주 사소한 말로라도 사람을 괴롭힌다는 인상을 주지 않기 위해서, 저는 아주 작은 부분에서까지 신중하게 참고 있습니다. 부디 하나님께서 저의 이러한 마음을 굳게 해주시기를 기도합니다.[22]

그는 처음에 아무런 반대에 부딪치지 않았고 사람들의 진심어린 협조를 얻어냈다. 도착한 지 약 2주 후에 그는 소의회에 교회 질서를 위한 문건을 제출하였다. 성찬식을 일년에 네 번만 시행하던 관습 대신에 매달 거행하는 것에 대한 반대가 있었다. 사실 칼빈은 성찬식을 훨씬 더 자주 거행하기를 원했지만, "시대 상황을 고려하고" 평화를 위해서 자신의 생각을 양보하였다. 수정을 가하여, 소의회는 이 법령을 10월 27일에 채택하였고, 대의회는 11월 9일에 이것을 추인하였으며, 시민들의 총회는 1541년 11월 20일 성 베드로 교회에서 압도적인 다수로 이것을 비준하였다. 하지만 이에 반대한 소수파 가운데는 교회 치리를 반대하는 지도적인 시민들이 몇 사람 있었다. 이 법령의 항목들은 몇 가지 사소한 수정과 추가를 거쳐서 1542년 1월 2일 세 의회들에 의해 최종적으로 채택되었다.[23]

이것은 커다란 승리였다. 왜냐하면 우리가 앞으로 다루게 되겠지만 이러한 교회 법령들이 강력하고 치리가 잘 이루어지는 복음적인 교회를 위한 견고한 기초를 놓았기 때문이다.

칼빈은 성 베드로 교회에서 설교하였고, 비레는 성 제르베 교회에서 설교하였다. 이들의 첫 예배는 참회의 성격이 강하였으며, 이웃 도시들에서 창궐하고 있던 역병의 무서운 파괴력으로 인해 더욱 엄숙함을 띠었다. 제네바 시와 전체 교회 위에 하나님의 은혜와 자비를 구하기 위해 11월 첫 번째 주일에 특별 성찬이 거행되었고, 매주 겸손과 기도의 날이 지정되었다.

---

22) Herminjard, VII. 439.
23) *Registers*, 1541년 10월 25일과 27일, 11월 9일과 20일, 1542년 1월 2일.

칼빈이 귀환한 후 두 번째 해는 매우 힘든 해였다. 1541년에는 슈트라스부르크와 라인 강 연안에 국한되어 있던 역병이 스위스까지 들이닥쳐서 바젤과 취리히의 인구를 감소시켰고, 1542년 가을에는 제네바에까지 이르렀다. 흔히 그렇듯이 역병에 기근의 어려움까지 겹쳤다. 칼빈의 명성에 매료되어 그 그늘에서 박해를 피해 보고자 몰려드는 난민들로 인해 상황은 더욱 악화되었다. 도시 밖에 있던 역병 환자 수용소는 사람들로 넘쳐났다. 다른 목회자들이 몸을 사리는 가운데 칼빈과 피에르 블랑세는 환자들을 돌보았다.[24] 시의회는 칼빈이 이곳에 가지 못하도록 막았는데, 그것은 그가 교회에 없어서는 안 되는 사람이었기 때문이다.[25] 블랑세는 목숨을 걸고 사람들을 도우다가 8, 9개월 만에 그 병에 감염되고 말았다. 칼빈은 1542년 10월의 한 편지에서 지난 7월에 로잔으로 떠나간 비레에게 다음과 같이 설명하고 있다.

> 역병은 이곳에서도 엄청난 기세로 퍼지기 시작했습니다. 일단 감염된 사람들은 거의 살아남지 못하고 있습니다. 우리 동료들 가운데 한 사람이 병자들을 돌보는 일을 맡아야 했는데, 피에르[블랑세]가 자원하여 우리는 묵묵히 그의 뜻에 따랐습니다. 만약 그에게 무슨 일이 생기면, 이제는 제가 그 위험을 떠맡아야 한다고 생각합니다. 당신도 알듯이 우리는 서로에게 빚진 자들이기 때문입니다. 우리는 다른 사람들보다 우리의 사역을 더욱 필요로 하는 사람들에게 적극 나서야 합니다. 그렇다고 제가 한 부분을 고려하느라고 교회의 몸 자체를 간과할 수 있다고 생각하는 것은 아닙니다. 하지만 우리가 목회를 감당하는 한, 어떤 구실이나 핑계도 소용에 닿지 않는다고 생각합니다. 우리의 도움이 절실히 요구되고 있는 이때에 전염에 대한 두려움 때문에 우리가 의무를 다하지 못하고 있는 듯합니다.

파렐은 비슷한 경우에 처했을 때 부유하든 가난하든, 친구든 적이든 구별하지

---

24) 이들은 역병 환자 수용소에 가느니 차라리 "악마에게" 가겠다고 말하였다.

25) 칼빈이 헌신했다는 것은 베자뿐만 아니라 Roset와 Savion에 의해서도 확증되고 있다. Bonnet, I. 334 note를 보라. 목회자가 아니었던 카스텔리오도 환자들을 돌보는 사람 가운데 한 사람이 되고자 했고, 또 봉사를 하기도 했으나, 이것이 자신의 임무가 되자 마음을 바꾸었다.

않고 환자들을 매일 심방하였다. 우리는 칼빈의 정신과 동기를 보고 그를 판단해야 한다. 그는 분명 순교자 정신을 가지고 있었지만, 관리들의 뜻에 따라, 자신을 필요로 할 때가 오기까지 자기 목숨을 보존하는 것이 자신의 의무라고 생각하였던 것이다. 우리는 키프리아누스(Cyprian)의 예를 참조할 수 있다. 그는 데키우스(Decius) 황제의 박해 때에는 도망하였으나, 발레리아누스(Valerian)의 박해 때에는 영웅적으로 순교하였다.

1545년에 제네바에 다시 역병이 돌았는데, 스위스 병사들이 프랑스에서 옮겨 온 것이었다. 죽은 사람들의 소유물을 얻기 위해 일부러 역병을 퍼뜨리는 사악한 자들 — 여기에는 여성도 일부 포함되어 있었고, 이들은 모두 역병 환자 구호소와 관련되어 있었다 — 의 극악무도한 음모로 인해 그 공포는 더욱 심화되었다. 음모자들은 그 병으로 죽은 자들이 사용하던 감염된 이불을 이용하였고, 집의 자물쇠에 독을 발랐다. 한 여성은 고문을 받은 후에 자신이 악독한 술책으로 18명을 죽게 만들었다고 자백하였다. 그 피해는 무시무시했다. 제네바는 전체 인구의 10분의 1을 잃었는데, 2만도 안 되던 인구 가운데 2천 명이나 숨진 것이다. 7명의 남자와 21명의 여자가 이 범죄로 인해 산채로 화형을 당했다. 격리 병원의 의사와 두 사람의 보조원은 능지처참을 당하였다.

그의 편지들에서 볼 수 있는 대로, 칼빈은 자신의 초기 사역에 대해 겸손한 평가를 하고 있다. 그는 바젤의 최초의 목회자였던 미코니우스에게 1542년 3월 14일 이렇게 써 보냈다.[26]

우리가 하는 일들이 현재 어떤 상태에 있는지 간단하게 전해 드리겠습니다. 목회를 다시 시작한 이후 처음 한 달간 저는 너무 참석할 곳도 많고 성가신 일도 많아서 완전히 지쳐 버렸습니다. 마치 무너진 건물을 다시 세우는(collapsum edificium) 것만큼이나 힘들고 어려운 일이었습니다. 비레가 이미 이 재건 사업을 성공적으로 출발시켜 놓기는 하였지만, 제가 도착할 때까지 조직과 치리의 완전한 형태를 결정하지 않고 미루어 두었기 때문에, 그 일을 저는 새로 시작해야만 했습니다. 이 일만 마무리지으면 한숨 돌릴 시간이 있을 거라고 믿었는데, 새로운 일이 나타났습니다. 그 일은 이전 일에 비해 결코 가벼운 일이 아니었습니다. 하지만 우리가 아무런 결실도

---

26) Herminjard, VII. 437 이하; *Opera*, XI. 376 이하.

없이 헛되게 일하는 것이 아니라는 사실이 제게 얼마간 위로가 되고 힘이 됩니다. 비록 그 결실이 우리가 원하는 것만큼 풍성하지는 않지만 그렇게 빈약하지도 않으며, 더 나은 상황으로 나아가는 변화들이 나타나고 있습니다. 만약 비레가 여기에 저와 함께 머무를 수 있다면 미래는 더욱 밝을 것입니다. 이 점과 관련하여 당신에게 깊은 감사의 말을 전하고 싶은 마음입니다. 왜냐하면 당신도 저와 마찬가지로 베른 사람들이 비레를 데려가지 않기를 기대하고 있기 때문입니다. 그래서 저는 그리스도를 위해, 당신이 그 일의 성사를 위해 최선을 다해 주시기를 진심으로 기도합니다. 그가 가버릴 거라는 생각을 할 때마다 저는 약해지고 모든 용기를 잃고 맙니다 … 다른 동료들은 우리에게 도움이 되기보다는 방해가 되고 있습니다. 그들은 무례하고 허영에 차 있으며, 열망도 없고 학식도 짧습니다. 그러나 가장 나쁜 점은 아무리 제가 그들을 신뢰하고 싶어도 그들을 신뢰할 수 없다는 것입니다. 그들이 우리와 얼마나 소원한지를 보여주는 증거들은 아주 많은데, 신실하고 신뢰할 만한 기질은 좀처럼 보여주지 않고 있기 때문입니다. 하지만 저는 그들을 참아 주고, 아니 오히려 최대한 자비로운 마음으로 그들의 비위를 맞추고 있습니다. 그들이 아무리 나쁜 행실을 하더라도 저는 이 방침을 바꾸지 않을 것입니다. 하지만 결국에 그 상처가 호된 치료책을 필요로 하게 되면, 저는 가차없이 그 일을 감행할 것입니다. 우리의 불화 때문에 교회의 평화를 해치는 일을 피하기 위해 제가 생각할 수 있는 모든 방법을 사용할 것입니다. 저는 목회자들의 불화에서 필연적으로 발생하는 내분을 아주 두려워하기 때문입니다. 제가 처음 도착했을 때 저는 제가 바라던 대로 그들을 쫓아내어 버릴 수도 있었습니다. 그리고 지금도 그렇게 할 수 있습니다. 그렇지만 저는 그동안 제가 견지해 온 온건한 노선을 결코 후회하지 않을 것입니다. 그 누구도 제가 너무 가혹했다고 불평할 수는 없을 것입니다. 제가 이런 것들을 당신께 엉성하게 말씀드린 것은, 비레가 저에게서 떠나가면 제가 얼마나 가여운 처지가 될지 당신이 보다 명확하게 파악할 수 있도록 하기 위함입니다.

한 달 뒤인 1542년 4월 17일에 그는 미코니우스에게 다음과 같이 썼다.[27]

이 교회의 내밀한 상황과 관련해서 저는 비레와 함께 그 짐을 떠맡고 있습니다. 만

---

27) Herminjard, VII. 453; *Opera*, XI. 384.

약 그가 제게서 떠나간다면, 제 처지는 제가 당신에게 묘사할 수 있는 것보다 훨씬 더 비참해질 것입니다. 그리고 그가 남는다고 해도, [제네바와 베른 사이에] 비밀스러운 적의가 이토록 심한 상황에서는 그렇게 많은 것을 얻을 수 없다는 어려움이 있습니다. 하지만 저는 미리 제 자신을 고문하지는 않겠습니다. 주님이 이 상황을 주목하시고, 저에게 이 고민을 나눌 수 있는 누군가를 보내주실 것입니다.

1543년 2월에는 멜란히톤에게 다음과 같이 쓰고 있다.

우리 일과 관련하여 말씀드릴 것이 많이 있지만, 저로 하여금 침묵하게 하는 유일한 이유는 일단 말을 시작하고 나면 제 말이 끝나지 않을 것이라는 점입니다. 저는 여기서 최선을 다해 일하고 있지만, 그다지 성공적인 것은 아닙니다. 그럼에도 불구하고 사람들은 제가 많은 장애들 속에서 아주 대단하게 발전했다고 놀라고 있고, 특히 목회자들 사이에서 이런 반응이 더 많이 나오고 있습니다. 단지 이 교회만이 아니라 전체 이웃들이 저로 인해 어떤 유익을 얻는다는 것이 제 어려움을 상당히 완화시켜 주고 있습니다. 게다가 여기뿐 아니라 프랑스에까지 이런 이야기들이 흘러들어가고, 심지어는 멀리 이탈리아까지 퍼지고 있습니다.[28]

97. 칼빈의 활동에 대한 개관

칼빈은 신학 교수, 설교자, 목사, 교회 지도자, 학교 감독관으로서의 직무들을 수행하면서도, 저술가와 서신교환가, 그리고 서유럽에서 점차 확산되고 있던 종교개혁 운동의 지도자로 활동하는 데도 똑같이 열심히 임하였다. 그는 리버틴들(Libertines: 자유인), 교황주의자들, 펠라기우스주의자들, 반(反)삼위일체론자들, 그리고 루터주의자들과 중대한 교회 정치와 신학적 문제들을 둘러싼 논쟁들에 개입되었다. 그는 자신의 집에서 함께 기거하면서 서기로 일했던 한두 사람의 젊은이들을 제외하고는 그 누구에게서도 도움을 얻지 못하였다. 건강이 좋지 않을 때는 침상에서 구술하였다. 그는 병약한 몸에도 불구하고 놀라운 정력을 보

---

28) *Opera*, XI. 516.

여주었다. 구술하는 중에 방해를 받았을 때에도 그는 즉시 자신이 중단했던 그 지점에서 일을 재개하였다. 식사 후에 자신의 방이나 정원에서 15분이나 30분 정도 걷고, 절친한 친구들과 가끔 고리 던지기를 하는 것 이외에 다른 어떤 오락에도 빠지지 않았다. 그는 잠도 아주 적게 잤으며, 적어도 10년간은 소화가 잘 안 된다는 이유로 하루에 한 끼밖에 먹지 않았다.[29] 그가 건강을 해쳐서 두통, 학질, 소화 불량, 그리고 다른 육체적인 허약함으로 고통을 당하다가 결국 일찍 세상을 떠난 것은 당연한 일이었다.

루터와 츠빙글리도 칼빈만큼이나 지칠 줄 모르고 일한 사람들이었지만, 칼빈에 비해 훨씬 건강하였다. 루터는 자기 아이들과 놀기를 좋아했고 유머 넘치는 탁상 담화(table-talk)로 친구들을 즐겁게 하는 일도 즐겼다. 츠빙글리 또한 시와 음악에서 즐거움을 찾았고 몇몇 악기를 연주하기도 하였다.

칼빈은 죽기 몇 년 전에, 배은망덕한 제자요 비서였던 프랑수아 보두앵(Francois Baudouin)의 비방에 대항하여 자신의 사역에 대해 스스로 변호하지 않으면 안 되었다. 아라스 출신인 보두앵은 칼빈의 서류를 훔쳐 달아나서는 교황주의자로 변절하여 공개적으로 자신의 은인인 칼빈을 비난하였다. 칼빈은 이렇게 말하고 있다.

그리스도를 위해 내가 포기한 즐거움, 편리함, 부를 일일이 열거하지는 않겠다. 내가 만약 보두앵과 같은 성품을 가진 사람이었다면, 그 자가 그토록 얻으려 했지만 얻을 수 없었던 것들, 그리고 지금은 그가 흡족하게 바라보고 있는 것들을 얻는 것이 내게는 그렇게 어려운 일이 아니었을 것이라고만 말하겠다. 그러나 그것도 덮어두자. 나는 얼마 되지 않는 재산으로 만족하였으며, 항상 검약한 생활을 하고자 주의를 기울임으로써 누구에게도 짐이 되지 않을 수 있었다. 나는 내 처지에 자족하면서, 얼마 안 되는 내 급료의 인상을 요구하는 대신 그 일부를 포기하기까지 하였다. 나는 내가 특별히 속해 있는 이 교회를 섬기기 위해서 내 모든 힘을 다해 보살피고 일하고 연구할 뿐 아니라, 모든 교회들을 돕기 위해서도 내 온 힘을 쏟고 있다. 나는 교사로서의 내 직무를 잘 수행함으로써, 내 충실함과 성실함에 어떤 야망의 그림자도 깃들

---

29) 때때로 그는 36시간 동안 일체의 음식을 취하지 않았다. 의사의 충고에 따라, 그는 정오에 달걀 하나와 포도주 한 잔을 먹었다.

지 않도록 하고 있다. 나는 수많은 슬픔들을 삼키고 많은 사람들의 무례함을 참고 있다. 하지만 그 누구도 내 자유를 통제할 수는 없다. 나는 사람들이 아첨하는 것도 별로 좋아하지 않으며, 혹시 사람들의 기분을 상하게 할까 주의한다. 어떠한 번영도 나를 교만하게 만들지 못했다. 나는 부닥친 수많은 폭풍우를 용감무쌍하게 견뎌 왔고, 오직 하나님의 자비를 통해 그 고난들로부터 벗어날 수 있었다. 나는 동료들과 잘 지내고 있으며, 우정을 지키기 위해 성실히 노력하고 있다.[30]

매일 그와 함께 하였던 베자는 칼빈의 "일과"를 다음과 같이 서술하고 있다.

주중에 그는 이틀에 한 번씩 설교를 하고, 사흘에 한 번씩 강의를 하고, 목요일에는 치리법원(Consistory)의 회의를 주재하며, 금요일에는 우리가 '회중'이라고 부르는 모임에서 성경를 강해하였다. 그는 가장 뛰어난 학식으로 성경 본문들을 풀이하였고, 교회 대적자들의 질문에 답하였으며, 아주 중요한 문제들에 관해 광범위하게 서신 교류를 하였다. 이것들을 주의 깊게 읽어 본 사람이라면 누구나 어떻게 이 조그마한 사람이 이렇게 많은 일을 훌륭히 해낼 수 있었는지 놀라지 않을 수 없을 것이다. 그는 파렐과 비레의 도움을 받았지만,[31] 동시에 그들에게 더 많은 유익을 가져다 주었다. 그들의 우정과 친밀함은 모든 경건한 자들에게 기쁨이 되었던 것만큼 사악한 자들에게는 미움의 대상이 되었다. 그리고 사실상 이 뛰어난 세 사람이 다양한 은사들로써 교회에서 하나님의 일을 이렇게 조화롭게 수행하는 모습은 가장 즐거운 광경이 아닐 수 없다.

파렐은 매우 장엄한 사람이어서 누구든지 그의 벽력 같은 말씀을 듣고는 떨지 않을 수 없었으며, 그의 뜨거운 기도에 귀 기울이고는 천국으로 옮겨 가는 듯한 기분이 들지 않을 수 없었다. 비레는 온화한 언변의 소유자였기 때문에, 그의 말을 듣는 사람들은 모두 그의 한 마디 한 마디에 사로잡히지 않을 수 없었다. 칼빈은 청중들이 자신이 말하는 취지를 잘 이해할 수 있도록 사람들의 마음을 움직였다. 나는 종

---

30) 보두앵은 능력 있는 법률가였으나 신앙적으로는 변절자였다. 그는 1573년에 죽었다. 루터도 자신의 제자이자 신뢰했던 친구였던 John Agricola(Eisleben)와 이와 유사한 경험을 했는데, 그는 루터를 공개적으로 공격했으며 반(反)율법주의 혹은 도덕률 폐기론 논쟁을 불러일으켰다.

31) 이들은 이따금 제네바로 왔는데, 파렐은 뇌샤텔에서, 비레는 로잔에서 왔다.

종 이 세 가지를 모두 갖춘 설교자는 완벽한 설교자라는 생각을 한다. 칼빈은 자신의 임무들 이외에도 국내외 상황에서 야기되는 다른 할 일들이 많았다. 주님이 그의 사역을 축복하셔서 사람들이 각처에서 그에게 몰려왔다. 어떤 사람은 종교적인 문제에 관해 그의 조언을 듣고자 했고, 또 다른 사람들은 그의 말씀을 듣고자 찾아왔다. 그래서 우리는 제네바에서 이탈리아인들의 교회, 영국인들의 교회, 그리고 마침내는 스페인 사람들의 교회를 보게 되었다. 한 도시에서 이 모든 손님들을 맞아들이는 것이 어려워 보일 정도였다. 하지만 비록 그가 이곳에서 선한 사람들에게 칭찬을 받고, 악한 자들에게는 두려움의 대상이 되었으며, 사안들을 놀랍도록 잘 조정하였지만, 그를 괴롭히는 사람들이 늘 끊이지 않았는데, 이 논쟁들에 대해서는 따로 다룰 것이다. 후손들이 각자의 능력에 따라 본받아야 할 불굴의 정신의 뛰어난 모범을 우리는 칼빈에게서 보게 된다.[32]

우리는 이제 이 개혁자의 놀라운 활동에 대해 상세하게 다룰 것이다. 그의 교회 정치체제, 신학적 체계, 논쟁들에 대해서, 그리고 그가 외국 교회들과 어떤 관계를 맺고 또 어떤 영향을 미쳤는지에 대해 논의하게 될 것이다.

---

32) *Vita Calv.* in Opera, XXI. 132.

제 13 장

제네바 교회의 헌법과 치리

98. 참고문헌

I. CALVIN's *Institutio Christ. Religionis*, the fourth book, which treats of the Church and the Sacraments. — *Les | ordinances | ecclésiastiques de | l'église de Genève. | Item | l'ordre des escoles | de la dite cité.* | Gen., 1541.   92 pp. 4°; another ed., 1562, 110 pp.   Reprinted in *Opera*, X. fol. 15–30.   (*Projet d'ordinances ecclésiastiques,* 1541).   The same vol. contains also *L'ordre du College de Genève; Leges academicæ* (1559), fol. 65–90; and *Les ordinances ecclésiastiques de* 1561, fol. 91–124.   Comp. the *Prolegomena,* IX. sq., and also the earliest document on the organization and worship of the Church of Geneva, 1537, fol. 5–14.

II. Dr. GEORG WEBER: *Geschichtliche Darstellung des Calvinismus im Verhältniss zum Staat in Genf und Frankreich bis zur Aufhebung des Edikts von Nantes,* Heidelberg, 1836 (pp. 372).   The first two chapters only (pp. 1–32) treat of Calvin and Geneva; the greater part of the book is a history of the French Reformation till 1685. — C. B. HUNDESHAGEN: *Ueber den Einfluss des Calvinismus auf die Ideen von Staat, und staats-bürgerlicher Freiheit,* Bern, 1842. — *AMÉDÉE ROGET: L'église et l'état à Genève du vivant de Calvin. Étude d'histoire politico-ecclésiastique,* Genève, 1867 (pp. 92).   Comp. also his *Histoire du peuple de Genève depuis la réforme jusqu'à l'escalade* (1536–1602), 1870–1883, 7 vols.

III. HENRY, Part II. chs. III.–VI.   Comp. his small biography, pp. 165–196. — DYER, ch. III. — STÄHELIN, bk. IV. (vol. I. 319 sqq.). — KAMPSCHULTE, I. 385–480.   This is the end of his work; vols. II. and III. were prevented by his premature death (Dec. 3, 1872), and intrusted to Professor Cornelius of Munich (a friend and colleague of the late Dr. Döllinger), but he has so far only published a few papers on special points, in the Transactions of the Munich Academy.   See p. 230. — MERLE D'AUBIGNÉ, bk. XI. chs. XXII.–XXIV. (vol. VII. 73 sqq.).

99. 거룩한 보편적 교회에 대한 칼빈의 이해

슈트라스부르크에 머무는 동안 칼빈은 교회와 성례에 대한 자신의 견해를 성숙시켰고, 그것을 자신의 「기독교 강요」 제2판의 4권에서 구체화시켰다. 기독교 강요 2판은 칼빈의 「로마서 주석」이 나온 해인 1539년에 출간되었다. 그의 이상은 높고도 넓은 것이어서 제네바라는 작은 지역에서 실현될 수 없는 것이었다. 한 저명한 스코틀랜드의 장로교 학자[1]는 다음과 같이 말하고 있다.

「기독교 강요」의 가장 두드러진 특징은 종합적이고 보편적인 경향이다. 많은 사람들에게는 이런 특징을 칼빈과 연결시킨다는 것이 어색해 보일지도 모른다. 그러나 칼빈은 매우 계몽된 사람이었기 때문에 여러 세대를 거쳐 전해내려 온 보편적 사상의 위대함을 충분히 알고 있었다. 실제로 보편적 사상은 칼빈과 같은 지식인에게는 특별한 매력을 가지고 있었고, 그 자신의 체계는 주로 이 사상에 새롭고 고상한 형식을 부여하려는 노력이었다. 그의 교회 규율의 편협함과 불관용성은 「기독교 강요」 안에 있는 일반적 원리들로부터 나온 것이 아니라, 이러한 원리들에 대한 그의 특별한 해석과 적용에서 비롯된 것이다.

바울이 로마에서 이교 병사에게 쇠사슬로 묶여 죄수로 있을 때, 그리고 기독교가 적대적인 세상 안에 흩어져 있는 비천한 신자들의 작은 무리에 불과했을 때, 그는 에베소에 있는 사람들에게 교회는 신비로운 "그리스도의 몸, 만물 안에서 만물을 충만케 하시는 자의 충만" 이라는 자신의 장엄한 견해를 기술하였다. 그러나 동일한 서신과 다른 서신들에서 그는 이 거룩한 형제들에게 도적질, 탐욕, 음란과 같은 저속한 범죄들을 멀리하라는 경고를 해야만 했다. 이런 모순은 단지 표면적인 것이다. 이 모순들은 이상과 현실, 본질적인 것과 현상적인 것,

---

1) St. Andrews 대학 학장인 Tulloch의 책, *Luther and other Leaders of the Reformation*, p. 203(제3판, 1883).

그리스도의 마음속에 존재하는 교회와 이름뿐인 그리스도인들 안에 존재하는 교회를 구별할 때 해소되어진다.

우리는 이런 표면상의 모순을 칼빈과 루터 그리고 다른 개혁자들에게서도 발견한다. 그들은 그리스도의 거룩한 보편적 교회에 대해 더할 나위 없이 깊은 존경심을 품고 있었다. 하지만 당시의 현실 교회의 남용과 타락, 특별히 전제적인 권력으로 교회를 지배했던 교황청의 위계제도에 대항해서는 힘을 다해 항거하는 것이 자신들의 의무라고 느꼈다.

우리는 타락한 제사장들에 대항한 히브리 선지자들의 항거에까지 소급해 갈 수 있을 것이다. 이스라엘 역사의 신적인 경륜을 알고 계셨고 율법과 선지자들을 완성하기 위해 이 땅에 오셨던 그리스도 자신도 모세의 자리에 앉아 있던 서기관과 바리새인들의 자기의와 위선에 대해 가혹할 만큼 공격하였으며, 대제사장과 유대인 계급질서에 의해 정죄를 받고 십자가의 죽음에 처해졌다. 이러한 성경상의 선례들은 개혁자들의 행로를 이해하고 정당화하는 데 상당한 도움을 준다.

참으로 역사적 교회에 대한 칼빈의 기술보다 더 보편적인 것은 없다. 이는 성 키프리아누스와 성 아우구스티누스의 뛰어난 문장들을 연상시킨다. 사도신경에 나오는 거룩한 보편적 교회를 가시적 교회뿐만 아니라 산 자와 죽은 자를 막론하고 모든 택함받은 사람들을 포함하는 것으로 그 의미를 설명한 후에, 칼빈은 가시적 혹은 역사적 보편 교회에 대해서 다음과 같이 말한다.[2]

우리가 이제 가시적인 교회를 다루고자 할 때, 우리는 어머니라는 명칭으로부터 암시를 얻을 수 있다. 교회를 이해하는 데 이 명칭이 얼마나 유용하고 필요한 것인가. 우리가 그녀에 의해 잉태되고, 태어나고, 그녀의 품에서 양육되고, 이 죽을 육신을 벗어나서 '천사와 같이'(마 22:30) 될 때까지 계속해서 그녀의 보살핌과 지도를 받지 않는다면 생명에 이르는 다른 길이 없기 때문이다. 우리는 너무 연약한 사람들이어서 그녀의 학교에서 내어쫓김을 감당하지 못하기 때문에, 생의 마지막까지 그녀의 지도와 치리 하에 있어야 한다. 이사야(37:32)와 요엘(2:32)의 증거에 따르면 그녀의 품 밖에는 사죄의 희망도, 어떤 구원의 희망도 없다는 점 또한 주목을 받아야 한다.

---

2) *Institutes*, IV. 1장, 4절; 2절, 3절과 비교.

이것은 에스겔에 의해서도 확인되었는데, 그는 하나님이 하늘의 생명에서 제외시킨 사람들을 자신의 백성 가운데 포함시키지 않을 것이라고 선언하였다(13:9). 이와 반대로 하나님을 위한 봉사에 헌신하는 사람들은 자신들의 이름을 예루살렘의 시민들 가운데 새겨 넣을 것이라고 말한다. 이런 이유에서 시편 기자는 이렇게 노래한다. "여호와여 주의 백성에게 베푸시는 은혜로 나를 기억하시며 주의 구원으로 나를 권고하사 나로 주의 택하신 자의 형통함을 보고 주의 나라의 기쁨으로 즐거워하게 하시며 주의 기업과 함께 자랑하게 하소서"(시 106:4-5). 이러한 말씀들에서 하나님의 아버지로서의 사랑과 영적 생활에 대한 특별한 증거는 그의 양 떼에게 제한된다. 이것은 교회로부터 분리되는 것은 언제나 치명적으로 위험한 것임을 우리에게 가르치기 위함이다.

가시적 교회에 대한 우리의 요구가 너무나 강하기 때문에, 수많은 부패로 인한 것이라고 할지라도 교회로부터의 분리를 정당화할 수는 없다. 그 중간에 위치했던 역사적 교회에 대해서는 전혀 고려하지 않고 곧바로 성경에서 회심한 사람들로 구성된 새로운 교회를 건설하려고 했던 재세례파와 다른 급진파들에 반대하여 칼빈은 이렇게 말한다.[3]

이사야, 예레미야, 요엘, 하박국, 그리고 다른 선지자들이 예루살렘 교회의 무질서를 개탄하고 있는 말씀들은 무시무시하다. 백성들과 관료들 그리고 제사장들 사이에 만연한 극단적인 타락으로 인해 이사야는 예루살렘을 소돔과 고모라에 비유하는 것을 주저하지 않는다. 종교는 부분적으로는 경멸당하고, 부분적으로는 부패하였다. 절도와 강도와 음모와 살인과 여러 죄악들로 인해 치욕거리가 되었다.

그럼에도 불구하고 선지자들은 이런 이유들을 들어 새로운 교회들을 세우지도 않았고 구별된 제사를 봉헌하기 위한 새로운 제단들을 만들지도 않았다. 백성들의 성품이 어떠하든지 간에 선지자들은 하나님께서 그 민족에게 당신의 말씀을 위탁하셨으며 당신께서 예배받으실 의식들을 제정하셨다고 생각했기 때문에, 그들은 불경건한 회중들 가운데서 하나님을 향해 순수한 손을 들었다. 만일 선지자들이 이러한 예배들을 통해 백성들이 오염된다고 생각했다면, 확실히 그들은 수백 번의 죽음을 당

---

3) *Institutes*, IV. 1장, 18, 19절.

할지언정 그들에게 끌려 다니지는 않았을 것이다. 그러므로 선지자들이 그들에게서 떠나지 않은 것은 바로 교회의 일치를 유지하려는 열망 때문이었다.

거룩한 선지자들이 몇몇 개인들이 아니라 거의 온 민족에 의해 수많은 극악한 범죄가 자행됨에도 불구하고 교회를 버릴 수 없다는 의무감에 잡혀 있었다고 할 때, 우리가 교회의 모든 구성원들의 행동이 우리의 판단이나 심지어 기독교적 고백과 양립할 수 없다고 해서 즉각적으로 교회로부터의 분리를 시도한다면 이것은 극단적인 교만이 아닐 수 없다.

그렇다면 그리스도와 그 사도들의 시대는 어떠했던가? 바리새인들이 절망적인 불경건을 보이고, 도처에서 백성들의 방탕한 생활들이 횡행했지만, 그들이 동일한 희생 제사를 드리는 것을 막을 수는 없었으며, 공적인 예배 의식을 행하기 위해 타인들과 같은 성전에 모이는 것을 막을 수도 없었다. 사악한 자들의 무리가 깨끗한 양심과 진중함을 갖추고 있는 사람들을 오염시키지 못한다는 인식에서 비롯된 것이 아니라면, 어떻게 이런 일이 가능했겠는가?

선지자들과 사도들에게 경의를 표하지 않는 사람이 있다면, 그로 하여금 적어도 그리스도의 권위는 받아들이도록 하라. 키프리아누스는 다음과 같이 아주 잘 표현하였다. "비록 가라지나 더러운 그릇이 교회에서 발견된다고 하더라도 그것이 우리가 교회를 떠나야 하는 이유가 되지는 않는다. 우리가 알곡이 되도록 노력하고, 금그릇이나 은그릇이 되도록 최선을 다하는 것이 필요할 뿐이다. 흙으로 만든 그릇을 깨트리는 일은 오직 주님께 속한 일이며, 그분께 쇠막대기 또한 주어졌다. 그 누구도 주제넘게 키질을 하고, 찌꺼기를 날려버리고, 사람을 판단함으로써 가라지를 뽑아냄으로써 하나님의 아들의 배타적인 직무를 침해하지 못하게 하라. 이것은 거만한 강퍅함이고, 신성모독 행위로 추정되며, 잘못된 열광에서 비롯된 것이다."

그러므로 다음과 같은 두 가지 사항을 분명하게 고려하도록 하라. 먼저, 하나님의 말씀이 선포되고 성례가 행해지는 외적인 교회를 자의적으로 버리는 자는 결코 용서받지 못한다. 둘째, 소수 사람의 죄든 다수 사람의 죄든 간에 그것이 하나님이 제정하신 의식을 행하면서 우리가 합당한 신앙고백을 하는 데 어떠한 장애도 되지 못한다는 것이다. 왜냐하면 경건한 양심은 무가치한 어떤 다른 개인 — 그가 목회자든 일반인이든 — 때문에 위해를 당하지 않기 때문이다. 성찬물이 불경건한 사람들에게도 주어진다고 해서, 그것이 거룩하고 곧은 사람에게 덜 순수하고 덜 유익한 것이 되는 것은 아니다.

그렇다면 이런 고교회적 교회관(high churchly view)을 가지고 있던 칼빈이 어떻게 자신이 태어나 훈련받았던 로마 교회로부터의 분리를 정당화할 수 있었을까? 그는 사돌레토에게 보내는 답장에서 자기 입장의 정당함을 밝혔다. 이 문제에 대해서는 그의 걸작인 「교회개혁의 필요성에 관하여」(*On the Necessity of Reforming the Church*)에서 보다 충분히 설명되고 있다. 그는 이 논문을 "그리스도께서 통치하기를 바라는 모든 사람들의 이름으로" 황제 카를 5세에게, 그리고 1544년 2월 슈파이어에서 소집된 의회에 제출하였다. 이 논문은 설득력 있는 주장과 정교한 학식으로 가득 차 있으며, 단연 당대의 가장 뛰어난 논쟁서 가운데 하나이다.[4] 이러한 특징을 잘 보여주는 문장을 인용해 보자:[5]

그들이 우리에게 가하는 최후의 가장 중대한 비난은 우리가 교회 안에 분파를 만들었다는 것입니다. 그들은 우리에 반대하여, 어떤 이유로도 교회의 일치를 깰 수 없다고 맹렬하게 주장했습니다. 그들이 우리를 얼마나 부당하게 대했는지는 우리 측의 여러 저술들에서 입증하고 있습니다. 하지만 이제 저는 그들에게 간략하게 답변을 하고자 합니다. 우리는 교회에서 분열된 것도 아니며 교회의 교제로부터 제외된 이방인도 아니라는 것입니다. 그런데도 그들은 허울 좋은 교회의 이름을 들먹여서, 경건하고 올바른 마음을 가진 사람들의 눈에 먼지를 끼얹고 있습니다. 저는 황제 폐하와 고명하신 영주들께서 먼저 모든 편견을 버리고 저희의 변증에 귀 기울여 주시기를 바랍니다. 그리고 그들이 내세우고 있는 교회라는 이름에 너무 놀라지 마시고, 선지자들과 사도들이 그들 시대의 거짓된 교회를 상대로 벌였던 싸움을 기억해 주시기 바랍니다. 그 싸움과 유사한 싸움을 오늘날 저희가 로마 교황과 그의 하수인들을 상대로 치르고 있는 것입니다.

선지자와 사도들이 하나님의 명령에 따라 우상숭배, 미신, 성전과 그 성결한 의식들에 대한 모독, 제사장들의 부주의함과 나태함, 그리고 일반적인 탐욕, 잔인성, 방탕을 거리낌없이 비판하였을 때 그들도 오늘날 우리 적대자들이 입에 담고 있는 그런 반대 논리에 끊임없이 부닥쳤던 것입니다. 그 반대 논리란 일반적인 의견에 이의를 제기함으로써 교회의 통일성을 훼손했다는 것입니다. 교회의 일반적인 통치권은 당

---

4) *Opera*, VI. 453–534에 수록됨. 칼빈은 부처가 1543년 10월 25일자 편지에서 그에게 권고한 대로 이 책을 저술하였다.

5) *Opera*, VI. 518 이하.

시 제사장들의 수중에 있었습니다. 그들이 이를 뻔뻔하게 사취한 것이 아니라 하나님께서 율법을 통해 그들에게 주신 것이었습니다. 그 예를 일일이 지적하자면 너무 시간이 많이 걸릴 것입니다. 그러므로 예레미야의 경우만 살펴보는 것으로 만족합시다.

예레미야는 모든 제사장들과 상대해야 했는데, 그들이 그를 공격했던 무기는 다음과 같습니다. "오라 우리가 꾀를 내어 예레미야를 치자. 제사장에게서 율법이, 지혜로운 자에게서 모략이, 선지자에게서 말씀이 끊어지지 아니할 것이니"(렘 18:18). 그들 중에는 대제사장이 있었는데, 그의 판결을 거역하는 것은 중한 범죄에 해당했습니다. 그리고 하나님께서 유대 교회의 통치를 위탁하신 전체 조직이 그들과 의견을 같이하였습니다. 만약 교회의 통일성이 오직 신적인 진리의 가르침을 받아 일상적인 권위에 도전하는 예레미야로 인해 침해된다면 그 선지자는 분파주의임에 틀림없습니다. 왜냐하면 그는 불경건한 제사장들과 싸우는 데서 오는 그런 위협들에 전혀 굴하지 않고 자신의 뜻을 꾸준히 견지하였기 때문입니다.

선지자들과 사도들에 의해 설파된 하나님의 영원한 진리가 우리 편에 있음을 보여드리고자 합니다. 누구나 쉽게 이해할 수 있을 것입니다. 그런데 우리를 공박하는 소리, "어떤 것도 교회로부터 이탈하는 이유가 될 수 없다"라는 소리만 들릴 뿐입니다. 우리는 그런 적이 없다고 거듭 밝힙니다. 그렇다면 그들은 무슨 이유로 우리를 채근하는 것일까요? 그들은 교회의 일상적인 통치권이 자기들에게 있다는 것만 주장하고 있습니다. 하지만 예레미야의 적수들이야말로 그런 논증을 펴기에 한층 더 유리한 자격을 가지고 있지 않았습니까? 어쨌든간에 그들은 여전히 하나님이 제정하신 합법적인 제사장직에 있었고, 그렇기 때문에 그들의 소명은 의심의 여지가 없었습니다. 그렇지만 오늘날 성직자의 이름을 소유하고 있는 자들은 어떠한 인간적인 혹은 신적인 법률로도 자신들의 소명을 입증할 수 없습니다. 이 점에서 양자는 모두 같은 토대 위에 서 있는 것이며, 따라서 만약 그들이 먼저 그 거룩한 선지자가 분파의 죄를 범했다고 판결하지 못한다면 아무리 허울 좋게 교회의 이름을 빙자하더라도 우리의 잘못을 증명하지는 못할 것입니다.

그래서 저는 한 선지자만을 예로 들어 언급하였습니다. 하지만 다른 사람들도 모두 똑같은 싸움을 했다고, 다시 말해 바로 이 교회라는 이름을 남용함으로써 자신들을 압도하려고 하는 사악한 제사장들을 상대로 싸움을 했다고 말합니다. 사도들은 어떻게 행동했습니까? 자신들이 그리스도의 종이라고 밝히면서 회당과의 전쟁을 선포하는 것이 부득이하지 않았습니까? 그때는 아직 제사장들의 직무와 위엄이 상실되지 않았던 때입니다. 어떤 이들은 비록 선지자들과 사도들이 교리상으로 사악한 제사장들에게 이의를 제기하기는 하였지만, 그들은 여전히 희생 제사와 기도를 통해 계속해서 그들과 교통하고 있었다고 말할 수 있을 것입니다. 만약 선지자와 사도들에게 우상숭배가 강요되지 않았더라면, 저는 그들이 그렇게 했을 것이라는 점을 인정합니다. 하지만 어떤 선지자가 벧엘에서 희생 제사를 드린 적이 있습니까? 성전이 안티오쿠스에 의해 더럽혀지고 불순한 의식이 성전에 도입되었는데 과연 어떤 신실한 자가 순결하지 못한 희생 제사에 참여한 적이 있습니까?

전체적으로 우리는 이러한 교회라는 공허한 이름이 불경건한 통치를 옹호하는 데 이용될 때 하나님의 종들은 결코 그 교회라는 이름 때문에 방해를 받지 않았음을 알게 됩니다. 그러므로 단지 교회라는 이름을 말하는 것만으로는 충분하지 않습니다. 어떤 교회가 진정한 교회인지, 교회의 통일성이란 무엇인지 판단할 필요가 있습니다. 그리고 무엇보다도 교회와 그 머리 되시는 그리스도를 구분하는 데 주의를 기울여야 합니다. 그리스도라고 말할 때 저는 그가 자신의 피로 인 치신 복음의 교리까지 포함하고 있습니다. 그러므로 만약 우리 적들이 자신들이 참된 교회라고 주장하려 한다면 그들은 먼저 하나님의 참된 교리가 그들 가운데 있는지 보여주어야 할 것입니다. 바로 이것이 우리가 자주 반복해서 하는 말의 의미인데, 잘 조직된 교회의 한결같은 특징은 건전한 교리를 설파하고 순전한 성례를 집행하는 것이라는 점입니다. 왜냐하면 바울은 교회가 "사도들과 선지자들의 터 위에 세우심을 입었다"(엡 2:20)라고 선포하고 있고, 이러한 기초 위에 서지 않은 교회는 필연적으로 금방 와해되고 말 것이기 때문입니다.

저는 지금 우리의 대적자들에게 말합니다.

그들은 확실히 그리스도가 자신들의 편이라고 거만한 어투로 자랑하고 있습니다. 그들이 자신들의 주장 안에 그리스도를 드러낸다면 우리는 즉시 그것을 믿을 것입니다. 그들은 마찬가지로 교회라는 이름을 주장합니다. 하지만 우리는 바울이 교회의 유일한 토대라고 선포하고 있는 그 교리가 도대체 어디에 있는지 물을 것입니다. 확실히 황제 폐하께서는 교회의 실재를 가지고 우리를 비난하는 것과 단지 교회라는 이름만으로 우리를 공격하는 것 사이에는 커다란 차이가 있다는 것을 알고 계십니다. 우리는 신자들 공동의 어머니이자 "진리의 기둥이자 토대"가 되는 교회를 버리는 자들은 그리스도 또한 배반하는 것이라고 고백할 준비가 되어 있다는 점에서 그들 못지않습니다. 하지만 우리가 말하는 교회는, 썩지 않는 씨에서 영생을 위한 자녀들을 낳고, 그들이 태어나고 나면 그들에게 신령한 음식을 공급하며(씨와 음식은 하나님의 말씀이다), 그 사역을 통해 하나님께서 맡기신 진리를 온전히 품안에 보존하는 교회를 의미합니다. 이 표지야말로 일체의 의심할 여지 없는, 일체의 거짓의 여지도 없는 것으로서, 하나님 자신이 그의 교회에 각인시킨 표지입니다. 따라서 교회는 이 표지를 통해 식별될 수 있는 것입니다. 우리가 이러한 표지를 보여달라고 요구하는 것이 부당한 것입니까? 이 표지가 없다면 거기에 교회의 모습은 없는 것입니다. 만약 순전히 이름만 내세운다면, 우리는 예레미야의 잘 알려진 구절을 인용할 수밖에 없습니다. "너희는 이것이 여호와의 전이라, 여호와의 전이라, 여호와의 전이라 하는 거짓말을 믿지 말라"(렘 7:4). "내 이름으로 일컬음을 받는 이 집이 너희 눈에는 도적의 굴혈로 보이느냐?"(렘 7:11).

우리는 바울이 말하는 것과 같은 교회의 통일성을 우리가 존중하고 있음을 단언하며, 어떤 식으로든 그것을 해치는 사람들을 저주합니다. 바울이 교회의 통일성을 말하는 근간이 되는 원칙은 "한 주님, 한 믿음, 한 세례, 한 하나님 곧 만물의 아버지"가 있고, 그가 우리를 하나의 소망으로 부르셨다(엡 4:4-6)는 것입니다. 따라서 우리가 하나님 한 분만 믿으면, 즉 믿음의 끈으로 서로 연결되어 있기만 하면 지금 여기서 요구되는 대로 우리는 하나의 몸이고 하나의 영이 되는 것입니다. 더욱이 우리는 다른 성경 구절에서 "믿음은 하나님 말씀을 통해 온다"라고 언급되어 있다는 점을 기억해야 할 것입니다. 그러므로 우리가 순수한 교리에 공감하고 오직 그리스도 안에서 연합되어 있다면 거룩한 하나됨은 이미 우리 사이에 존재하고 있다는 것을 확실한 원칙으로 삼도록 합시다. 그리고 참으로 어떤 종류의 교리든간에 불문하고 의견의 일치만 이루어지면 충분하다고 하면, 도대체 하나님의 교회가 어떤 방법으로 사악한 자들의 불경건한 파벌들과 구별될 수 있겠습니까? 그래서 사도 바울은 금방 덧붙여 목회가 무엇을 위해 제정되었는지 밝히고 있는 것입니다. 그에 따르면 목회는 "그리스도의 몸을 세우기 위하여" 제정된 것입니다. "우리가 다 하나님의 아들을 믿는 것과 아는 일에 하나가 되어 온전한 사람을 이루어 그리스도의 장성한 분량이 충만한 데까지 이르리니 이는 우리가 이제부터 어린 아이가 되지 아니하여 사람의 궤술과 간사한 유혹에 빠져 모든 교훈의 풍조에 밀려 요동치 않게 하려 함이라. 오직 사랑 안에서 참된 것을 하여 범사에 그에게까지 자랄지라 그는 머리니 곧 그리스도라"(엡 4:12-15). 사도가 우리로 하여금 그리스도에게로, 그리스도에 대한 지식을 담고 있는 믿음으로, 그리고 진리에 대한 순종으로 돌아오라고 하는 것보다 어떻게 더 쉽게 교회의 통일성이란 바로 참된 교리에 대한 거룩한 일치를 의미한다는 것을 말할 수 있었겠습니까? 교회가 그리스도만을 그 목자로 두고 있고, 오로지 그의 목소리만을 듣고, 이방인의 목소리를 구별하여 따르지 않는 양우리라고 믿는 사람들에게는 이에 대한 어떠한 장황한 설명도 더 필요하지 않습니다. 그리고 바로 이것이 바울이 로마인들을 위해 기도하는 내용 속에서 확증되고 있습니다. "이제 인내와 안위의 하나님이 너희로 그리스도 예수를 본받아 서로 뜻이 같게 하여 주사 한 마음과 한 입으로 하나님 곧 우리 주 예수 그리스도의 아버지께 영광을 돌리게 하려 하노라"(롬 15:5-6).

그러므로 우리의 대적자들로 하여금 먼저 그리스도께 가까이 나아오도록 하고, 그런 다음 우리가 교리에 있어서 그들에게 감히 이의를 제기함으로써 분립의 죄를 짓고 있다고 선고하게 하십시오. 하지만 저는 그리스도가 그들 패거리로부터 추방되고 있고, 그의 복음의 교리가 멸절되고 있다는 것을 분명히 했기 때문에, 우리에 대한 그들의 비난은 단순히 우리가 그들보다 그리스도를 더 믿고 의지하고 있음을 인정하는 것과 매한가지가 됩니다. 그리스도와 그의 진리로부터 떠나 딴 길로 가기를 거부하는 사람들을 인간의 권력을 탐하는 분파주의자요 교회의 교제에서 이탈한 자라고 말한다면, 과연 어느 누가 그 말을 믿을 수 있겠습니까?

저는 사제들을 존경해야 한다는 것과, 일상적인 권위를 얕보는 것이 무척 위험하다는 것을 확실히 인정합니다. 우리가 일상적인 권위에 저항하고자 하는 것이 아니라는 점을 그들이 인정해 준다면, 우리는 그 취지에 별다른 어려움 없이 공감을 표현할 수 있을 것입니다. 왜냐하면 우리는 통치자의 권위가 존중되지 않을 때는 혼란이 야기된다는 것을 모를 만큼 무례하지 않기 때문입니다. 목회자들에게 마땅한 존경을 돌려야 합니다. 하지만 이 존중이 조금이라도 그리스도의 최고 권위를 떨어뜨리는 것이어서는 안 됩니다. 그리스도에게 복종하는 것이 목회자들과 모든 사람들의 의무입니다. 왜냐하면 말라기에 따르면 하나님은 이스라엘 교회의 통치권을 제사장들에게 위탁하셨는데, 그것은 그들이 맺은 언약, 즉 "대저 제사장의 입술은 지식을 지켜야 하겠고 사람들이 그 입에서 율법을 구하게 되어야 할 것"(말 2:7)이라는 언약을 신실하게 지킨다는 조건 아래서 그렇게 하셨기 때문입니다. 그는 제사장들이 이 조건을 만족시키지 못할 때는 그들의 불성실함으로 인해 그 언약이 파기되고 효력을 잃을 것이라고 말씀하십니다. 목회자들이 하나님의 진리를 가르치고 증언하는 자들이라는 것과는 다른 어떤 의미로 교회의 통치권을 수여받았다고 생각한다면 그들은 잘못 생각하고 있는 것입니다. 그러므로 그들이 자신들의 직무의 법과 성격에 반하여 행동하고 있는 한, 그들은 하나님의 진리를 상대로 전쟁을 하고 있는 것입니다. 이전의 제사장들이든 현재의 주교들이든 간에 하나님이 주신 권한을 그 말씀하신 것과 다른 의미로 사취하지 못하도록 하십시오.

로마 가톨릭주의자들이 개혁자들의 쇄신안을 검증하기 위해 그들에게 기적을 요구하였을 때, 칼빈은 이것이 "합당하지 않다"고 답변하면서 그 근거로 다음과 같은 지적을 하였다.

왜냐하면 우리는 새로운 복음을 만들어 낸 것이 아니고 동일한 복음을 보존하고 있기 때문이다. 그리고 이 복음의 진리는 그리스도와 사도들에 의해 이미 행해진 모든 기적들로 인해 확증되었다. 우리와 비교해 볼 때 대적자들은 오늘날까지 계속적인 기적을 통해 자신들의 신앙을 확증한다는 이점을 지니고 있다. 하지만 그들은 잘 정돈된 사람들의 마음을 뒤흔들도록 계산된 기적들을 내세우고 있다. 그것들은 하찮고 어리석으며, 헛되고 거짓된 것들이다. 아무리 그 기적들이 불가사의하다고 할지라도, 그것들이 하나님의 진리에 대적해서는 어떤 비중을 지닐 수도 없다. 왜냐하면 하나님의 이름은 기적적인 사건을 통해서든 일반적인 자연의 질서를 통해서든 간에, 모든 곳에서 모든 시대에 거룩히 여김을 받아야 하기 때문이다.[6]

루터는 보편 교회에 대한 동일한 생각을 가지고 있었고, 과격파들에 대항한 자신의 글들에서 그것을 강하게 표현하였다. 그리고 브란덴부르크의 후작이자 프로이센의 공작이었던 사람에게 보낸 편지(1532)에서 "처음부터 지금까지 1,500년 이상 온 세계의 전체 기독교회가 만장일치로 증언해 온 것에 대항하는 어떤 주장을 듣거나 믿는 것은 위험하고 끔찍한 일이다"[7]라고 말하였다. 그러나 그는 보름스에서 교황과 공의회들에 반(反)하여 양심과 사적인 판단의 권리를 주장한 바 있는데, 이것은 그가 "하나님의 말씀에 사로잡힌 양심에 거스르는 일

---

6) 프랑수아 1세에게 바친 그의 「기독교 강요」 헌사.
7) *Briefe*, De Wett's ed. IV. 354.

을 하는 것은 안전하지 못하고 위험하다"고 믿었기 때문이었다.

100. 가시적 교회와 불가시적 교회

참된 기독교와 명목상의 기독교 사이의 차이는 교회의 역사만큼이나 오래 된 것이고, 그 누구도 이 차이를 부인한 적이 없었다. "많은 사람이 부름을 받았지만, 선택된 사람은 소수이다." 우리는 모든 사람이 실제로 부르심을 받았음을 알지만, 진정으로 누가 선택받은 자들인지는 하나님만이 아신다. 가라지 비유와 그물 비유는 이 땅에 있는 하나님의 나라가 선한 사람과 악한 사람을 다 포괄하고 있다는 사실과, 심판의 날이 이르기까지는 최종적인 선별 작업이 이루어지지 않을 것임을 설명해 준다[8]

바울은 육체에 행하는 외적인 할례와 마음에 행하는 내적인 할례를 구별하고 있고, 육체적인 이스라엘과 영적인 이스라엘도 구분하고 있다. 그리고 그는 기록된 율법에 대해서는 무지하지만 "본성적으로 율법을 행하는" 이방인들이 "문자로 기록된 율법과 할례"를 지니고 있으면서도 율법을 범하는 자들을 심판할 것이라고 말하고 있다. 그는 하나님의 자비가 가시적인 교회의 범주 안에 제한되어 있는 것이 아니라는 점을 암시하고 있는 것이다.[9]

아우구스티누스는 그리스도의 참된 몸과 그리스도의 혼합된 몸을 구분하고 있다. 전자는 태초부터 선택된 하나님의 자녀들로 이루어져 있고, 후자는 모든 세례받은 자들을 다 포괄하고 있다는 것이다. 중세기에 교회는 교황청의 세력권과 동일시되었으며, "교회 밖에는 구원이 없다"는 키프리아누스의 격언은 "로마 교회 밖에는 구원이 없다"는 것으로 편협하게 해석되어, 이단적 분파들뿐만 아니라 동방 교회까지도 배제시키게 되었다. 위클리프와 후스는 로마 교회의 타락에 반대하여, 아우구스티누스의 구별을 새롭게 부활시켰는데, 예정된 자들 혹은 택함받은 자들의 모임과, 오직 그렇게 예견될 뿐인 사람들의 모임이라는 조금 다른, 조금은 덜 적절한 칭호 아래 구별을 시도하였다.[10]

---

8) 마태복음 13: 24-30, 47-49.

9) 로마서 2: 14, 15, 28, 29; 골로새서 2:11.

개혁자들은 "가시적인"(visible) 교회와 "불가시적인"(invisible) 교회라는 용어를 도입하였다. 이로써 두 개의 구별되고 분리된 교회를 말하고자 한 것이 아니고, 오히려 외견적으로는 동일한 교제 가운데 있는 두 부류의 기독교인들을 말하고자 한 것이었다. 영혼이 육체 안에 있듯이, 아니면 알곡이 껍데기 속에 있듯이 불가시적인 교회는 가시적인 교회 안에 있다. 하지만 누가 불가시적인 교회에 속해 궁극적인 구원을 얻을지는 오직 하나님만이 확실히 아신다. 그리고 이런 의미에서 그의 참된 자녀들은 불가시적이다. 다시 말해 사람들이 확실히 알아차릴 수 없고 또 알 수도 없다. 우리가 이러한 용어를 사용하는 데 대해 반대할 수는 있지만, 그러한 구별은 실제로 존재하며 또한 중요하다.

루터는 라이프치히 논쟁에서 후스의 견해를 공개적으로 채택했으며, "불가시적"이라는 용어를 사도신경에서 말하고 있는 바의 진정한 교회에 처음으로 적용시켰다.[11] 아우크스부르크 신앙고백은 교회를 가리켜 "그 가운데서 복음이 순전하게 가르쳐지며 성례가 올바르게 시행되는 성도들(혹은 신자들)의 모임"이라고 규정짓고 있다. 이 정의는 불가시적인 교회에 대한 정의로는 너무 편협하여, 침례교인들과 퀘이커들을 배제하게 될 것이다.[12]

개혁파의 교리 체계는 불가시적인 혹은 진정한 교회의 영역과 구원의 가능성을 가시적인 교회의 범주 너머로 확장시켜서, 하나님의 성령은 일상적인 은혜의 수단에 제한되지 않고 "언제든, 어디서든, 어떤 식으로든 자신이 기뻐하시는 대로" 역사하시고 구원하실 수 있다고 주장한다.[13]

츠빙글리는 처음으로 두 용어를 다 도입하였다. 그는 "가시적인" 교회라는 말로써 기독교인이라는 이름을 가지고 있는 모든 사람들의 공동체를 의미하였

---

10) 1886년 Loserth가 출판한 위클리프의 책 *De Ecclesia*를 보라. 동일한 주제를 다루고 있는 소논문에서 후스도 위클리프의 견해를 문자 그대로 채택하고 있다.

11) 그는 갈라디아서에 대한 두 번째 주석 제3권에서 불가시적인 교회에 대해 말한다. 루터파의 대표적인 서적들은 이러한 용어를 사용하지는 않지만, 같은 내용을 가르치고 있다.

12) 아우크스부르크 신앙고백 제9조에서는 재세례파들이 유아세례를 거부하면서 세례받지 않은 유아들이 구원을 받는다고 주장한다는 이유로 이들을 공공연하게 정죄하고 있다.

13) 웨스트민스터 신앙고백 제10장의 3항을 보라.

고, "불가시적인" 교회라는 말로써는 모든 시대의 진정한 신자들의 총합을 의미하였다.[14] 그리고 그는 불가시적인 교회 안에 모든 경건한 이교도들과, 세례를 받았든 그렇지 않든간에 유아기에 죽은 모든 유아들까지도 포함시켰다. 그러나 그는 당대에 이러한 급진적인 견해를 가진 거의 유일한 사람이었고 근대의 사상을 예고하였다고 할 수 있다.[15]

칼빈은 다른 어떤 개혁자들보다 이 구별을 명확하고 철저하게 규정하였고, 그의 견해는 「제2 스위스 신앙고백」, 「스코틀랜드 신앙고백」, 「웨스트민스터 신앙고백」, 그리고 다른 개혁파 신앙고백들에 수용되었다. 그는 이렇게 말하고 있다.[16]

교회는 성경에서 두 가지 의미로 사용되고 있다. 때때로 성경에서 "교회"는 하나님이 보시기에 참된 교회를 의미하는데, 이 교회에는 하나님의 양자 삼으심과 은혜를 통해 하나님의 자녀가 된 사람들만 속할 수 있으며, 그들은 성령의 성화를 통해서 그리스도의 진정한 지체들이 된다. 그리고 이 교회는 어느 한 시기에 이 땅에 살고 있는 성도들뿐만 아니라 태초부터 존재했던 모든 선택받은 자들을 다 포함한다.

하지만 성경에서 '교회'라는 말은 온 지구상에 흩어져 있으면서 한 하나님과 예수 그리스도를 예배한다고 고백하고, 세례를 통해 신앙생활을 시작하고, 성찬에 참여함으로써 참된 교리와 사랑 가운데서 하나됨을 증거하고, 주님의 말씀을 따르고, 그리스도가 복음 전파를 위해 세우신 사역을 보전하는 사람들을 지칭하기 위해서도 종종 사용되고 있다. 이러한 교회에는 많은 위선자들도 포함되어 있는데, 이들은 그리스도와는 상관이 없는 명목상으로 그리고 외형적으로만 그리스도인이다. 야망에 사로

---

14) 츠빙글리가 카를 5세에게 바친 초기의 신앙고백에서도 똑같은 점에 대해 가르치고 있지만, 이 용어를 사용하지는 않았다.

15) 불링거는 아마도 자신의 존경하는 스승이자 친구인 츠빙글리의 이러한 자유로운 견해에 동조하였을 것이다. 우리는 그가 츠빙글리의 마지막 신앙고백에 대해 무조건적인 지지를 밝힌 데서 그것을 유추할 수 있다. 츠빙글리는 이 신앙고백에서 경건한 이교도들의 구원을 최고로 강한 어조로 주장하고 있다. 불링거는 츠빙글리 사후 5년이 지난 다음에 이 신앙고백을 출판하면서, 이 책에서 츠빙글리가 자신을 능가하고 있음을 서문에서 밝혔다.

16) *Institutes*, IV. 1장, 7절.

잡히고, 탐욕적이고, 질투하고, 모략하고, 그 생활이 방탕한 사람들이 많이 있는데, 합법적인 과정을 통해 그 죄를 묻는 것이 불가능하기 때문에, 혹은 교회의 치리가 제대로 시행되지 않는 경우가 많기 때문에 이러한 자들이 일시적으로 묵인되고 있다.

그러므로 우리에게는 보이지 않고 하나님께만 알려져 있는 불가시적 교회를 믿는 것이 필요한 만큼, 우리는 사람들에게 보이는 이 가시적인 교회 역시 존중하고 이와의 교제를 유지해야 한다.

칼빈은 츠빙글리처럼 택함받은 자들의 수를 늘리지는 않는다. 하지만 그렇다고 그가 원칙적으로 이러한 확장을 금지하는 것은 아니다. 그는 구원은 하나님의 주권적인 은혜에 의해 좌우되는 것이지, 은혜의 가시적인 수단에 의해 좌우되는 것이 아니라고 한다. 그는 불가시적인 교회에 "태초부터 살았던 모든 선택받은 자들"을 포함시키고 있으며, 심지어 역사적인 그리스도에 대해 알지 못했던 자들까지도 포함시키고 있다. 그는 아우구스티누스에 동의하여, 이렇게 말하고 있다.

하나님의 비밀스러운 예정에 따라, 교회의 울타리 바깥에 있는 양들이 많고 교회 안에 있는 이리들도 많다. 왜냐하면 하나님께서는 하나님에 대해서도 모르고 자기 자신에 대해서도 모르는 많은 사람들을 알고 계시고 또 그들을 인치시기 때문이다. 오직 하나님만이 외형적으로 인치심을 받은 자들 가운데서 거짓 없이 거룩한 자가 누구이고 구원의 완성에 이르기까지 견인될 자가 누구인가를 분별하실 수 있다.

하지만 그는 계속해서 말하기를, 우리는 사랑의 판단 안에서 "신앙을 고백하고 모범적인 생활을 하며 성례에 참예함으로써 우리와 같은 하나님과 그리스도를 믿는다고 고백하는 모든 사람들"을 교회의 지체로 인정해야만 한다고 하였다.[17]

---

17) *Institutes*, IV. 1장, 10절.

101. 세속 정부

칼빈은 세속 정부의 성격과 기능에 대해 「기독교 강요」의 마지막 장에서 정치가 못지않은 재능과 지혜로 길게 논하고 있다.

그는 교회가 모든 형태의 정부와 사회 상황과 조화를 이룰 수 있고, 심지어 노예 제도와도 함께 존립할 수 있다(고전 7:21)고 주장한다. 하지만 어떤 종류의 정부는 빵과 물, 빛과 공기와 마찬가지로 이 세상에서 인류에게 필수적이며, 생명과 재산을 보호하고 법과 질서를 유지하며, 사람들로 하여금 평화롭게 공존할 수 있도록 해주고, 또 그들의 소명을 추구할 수 있도록 해주기 때문에 다른 형태의 정부보다 훨씬 더 뛰어나다.

칼빈은 상이한 정부형태들, 즉 군주 정치, 귀족 정치, 그리고 민주 정치의 장점들을 논하고 있다. 이 모두가 기독교와 공존할 수 있으며 우리에게 복종을 요구하고 있다. 그리고 이들 모두가 다 각기 유리한 점과 위험한 점을 가지고 있다. 군주 정치는 독재로 변질되기 쉽고, 귀족 정치는 과두 정치나 소수의 당파 정치로 전락할 위험이 있으며, 민주 정치는 우민 정치나 난동으로 흐르기 쉽다. 그는 귀족 정치와 민주 정치를 혼합한 형태를 선호하였다. 그는 제네바의 민주적인 공화정에 보다 귀족 정치적인 정신을 주입하였으며, 모세가 백성들 가운데 가장 지혜롭고 뛰어난 자들로 선출된 70명의 장로들과 함께 이루었던 통치 형태에서 그 선례를 발견하였다. 그는 통치권이 한 사람보다는 여러 사람의 수중에 놓이는 것이 더 안전하다고 생각하였다. 왜냐하면 그들이 서로를 도울 수 있고 각자의 오만과 야심을 억제시킬 수 있기 때문이다.

세속 정부는 하나님으로부터 기원한다. "모든 권세는 다 하나님의 정하신 바라"(롬 13:1). "나로 말미암아 왕들이 치리하며 방백들이 공의를 세우며"(잠 8:15). 관리들은 "신들"이라 불리었는데(시 82:1,6; 이는 그리스도에 의해 다시금 확인되고 있다. 요 10:35), 이는 그들이 하나님의 권위를 수여받아서 그의 대리인으로서 행하기 때문이었다. "세속 권력 체계는 단지 거룩하고 합법적일 뿐만 아니라 인간 생활 가운데 가장 신성하고 명예로운 것이다." 합법적인 정부에 복종하는 것은 모든 시민들의 의무이다. 이에 저항하는 것은 하나님의 명령을 무효화시키는 것이다(롬 13:3,4; 딛 3:1과 비교; 벧전 2:13,14). 바울은 디모데에게 훈계하기를, 공공 집회에서 "모든 사람을 위하여 간구와 기도와 도고와 감사를 하되 임금들과 높은 지위에 있는 모든 사람을 위하여 하라. 이는 우리가 모든 경건과 단정한 중에 고요하고 평안한 생활을 하려 함이니라"(딤전 2:1,2)라고 하였다. 우리는 악한 통치자에게도 복종하고 그를 위해 기도해야 하며, 하나님이 그를 심판하실 때까지 인내와 겸손함으로 참아야 한다. 행악자들에 대한 처벌은 오로지 하나님과 통치자들에게만 속하는 것이다. 때때로 하나님은 사악한 통치자들을 통해 백성들을 벌하시고, 또 이들을 다른 악한 통치자들을 통해 벌하신다. 우리 개개인은 반역하기보다는 고통을 겪어야 한다. 오직 한 경우에만 불복종해야 하는데, 세속 통치자가 우리에게 하나님의 뜻과 우리의 양심에 거스르는 일을 하도록 명령할 때가 바로 그때이다. 그때는 "사람보다 하나님을 순종하는 것이 마땅하다"(행 5:29).[18]

따라서 칼빈은 국가의 권위를 매우 존중하는 사람이었다. 그는 프랑스 내전 초기에 비록 암묵적으로 위그노들에게 동의하기는 했지만 그들에게 적극적인 저항을 권고하거나 격려하지는 않았다.

칼빈은 세속 정부의 권위와 의무를 십계명의 두 돌판에 다 관련되는 것으로 확대시켰다. 그는 기독교 사회에서 정부의 책무가 "하나님에 대한 외적인 예배를 귀중히 여기고 지지하고, 교회의 참된 교리를 보존하고, 교회의 헌법을 보호하며, 사회 복지를 위해 우리의 생활을 규제하는 것"이라고 했다. 그는 자신의 이러한 견해를 구약 성경을 근거로 입증하면서, 이사야 49:23을 인용해서 교회에게 "열왕은 양부가 되며 왕비들은 유모가 될 것이다"라고 하였다. 그는 모세, 여호수아와 사사들, 다윗, 요시야, 그리고 히스기야의 예들을 언급하고 있다.

여기서 국가의 종교적인 박해 문제가 필연적으로 대두된다. 교회에 대한 범죄

---

18) 그는 다음과 같은 말로 자신의 「기독교 강요」를 끝맺고 있다. "하늘의 사자인 베드로가 친히 이러한 명령을 — '사람보다 하나님께 순종하는 것이 마땅하니라'(행 5:29) — 선언하였으니, 우리는 경건에서 떠나기보다는 차라리 무엇이든 그대로 견디고 당하면서라도 주께서 요구하시는 복종을 시행해야 한다는 생각으로 위로를 받도록 하자. 그리고 우리의 용기가 희미해지지 않도록, 바울은 또 다른 막대기로 우리에게 자극을 주고 있다. 곧, 그리스도께서 우리의 구속을 위하여 필요한 그 엄청난 값을 치르시고 우리를 구속하셨으므로, 우리는 사람들의 악한 욕망에 종이 되어서는 안 되며, 더욱이 그들의 불경에 굴복해서는 더욱더 안 된다고 가르치는 것이다(고전 7:23)."

는 국가에 대한 범죄이기 때문에 — 역으로 국가에 대한 범죄 역시 교회에 대한 범죄가 된다 — 벌금, 투옥, 추방, 그리고 필요할 때에는 사형으로 다스려져야 마땅하다. 이러한 근거에서 세르베투스와 다른 이단들에 대한 처형이 같은 이론을 지지하는 모든 사람들에 의해 정당화되었다. 다행스럽게도 이러한 논리는 신약 성경에서는 어떠한 근거도 찾지 못하고, 오히려 복음의 정신에 직접적으로 위배되는 것이다.

주교와 사보이 공작의 세력에서 벗어난 후, 제네바는 베른과 스위스 연맹의 보호 아래 자치 공화정을 시행하고 있었다. 세속 정부는 교회 감독권을 장악했으며, 이 감독권을 처음에는 종교개혁에 우호적으로, 그 다음에는 적대적으로, 그러다가 결국은 다시 우호적으로 행사하였다.

제네바 공화국은 연령과는 상관없이 모든 시민들로 이루어졌는데, 이들은 일 년에 한 번씩 종과 나팔이 울리는 가운데 통상적으로는 성 베드로 교회에서 총회로 모여 법률을 비준하고 관리들을 선출했다. 행정권은 네 명의 행정장관들에게 주어졌으며, 입법권은 두 개의 시의회, 즉 60인 시의회와 200인 시의회에 주어졌다. 전자는 1457년에, 후자는 1526년에 제정되었는데, 이는 프라이부르크와 베른과의 동맹 이후에 이들과 다른 스위스 도시들의 모범을 따른 것이었다. 60인 시의회 의원들은 동시에 200인 시의회의 의원직도 겸하고 있었다. 1530년에 200인 시의회는 25인 소의회를 선출할 권리를 갖게 되었다. 25인 소의회 의원들은 다른 두 의회에 속하는 사람들로서 이전에는 행정장관들에 의해 선출되었다. 실제적인 권한은 행정장관들과 25인 소의회의 수중에 있었으며, 이들은 입법, 행정, 사법권을 행사하는 일종의 과두정치를 행하였다.

칼빈은 이러한 공화정의 근본적인 체제들을 바꾸지는 않았지만, 그것들에 기독교적이고 규율적인 정신을 불어넣고 법률도 개선하였다. 그는 1541년 11월 1일 행정장관 로제, 포랄, 그리고 발라르 등과 함께 새로운 법조문을 마련하라는 위임을 받았다. 그는 이 일에 많은 시간을 쏟았으며, 법 집행, 시 경찰, 군사 행정, 소방, 경비 등의 세부적인 일에까지 주의를 기울였다.[19]

---

19) Grand Ducal Library of Gotha에는 세속 정부의 여러 부처, 특히 사법 절차의 개혁에 관해 칼빈이 직접 기록한 몇 개의 초안이 보관되어 있는데, 이는 *Opera*, X. Pars I.) 125–146에 수록되어 있다.

시는 그의 이러한 넘치는 수고에 대해 "포도주 한 통"을 선사함으로써 고마움을 표하였다.[20]

그가 세운 많은 규율들은 18세기까지 법적인 구속력을 가지고 시행되었다.

칼빈은 국가의 모든 중대사에 자문을 요청받았으며, 그의 권고는 일반적으로 수용되었다. 하지만 그는 결코 정치적인 세속 관직을 차지하지 않았다. 그는 심지어 1559년까지(그가 제네바로 두 번째 귀환한 후 18년이나 지난 뒤이다) 제네바 시민도 아니었고, 교회와 관련된 문제가 논쟁 중에 있거나 자문을 받았을 때를 제외하고는 시의회에 나타나지도 않았다. 그러므로 순전히 지적이고 도덕적인 의미가 아니고서는 그를 공화정의 수장이라고 부르는 것은 잘못이다.

칼빈의 친구인 제르맹 콜라동(Germain Colladon, 1510-1594)은 칼빈의 도움을 받아 법전을 수정하였다. 그는 저명한 법률학자로, 제네바에 정착한 프랑스 난민들 중에 유력한 집안 출신이었다. 개정된 법전은 1560년에 시작되어 1568년에 공포되었다.[21]

제네바의 법률들 가운데 출판법에 대해 언급해 보자. 이는 스위스에서 가장 오래 된 것으로 1560년 2월 15일부터 시행되었다. 출판의 자유에 반대하는 법률이 이전에 있었는데, 특히 스페인에서 그러하였다. 스페인 사람인 알렉산더 6세는 1501년에 칙령을 반포하여 독일 고위 성직자들로 하여금 인쇄업자들을 세밀히 감독하도록 하였다. 가톨릭 신자였던 페르난도와 이사벨라는 사전 검열을 통해 허가를 받지 못한 책들의 인쇄, 수입, 판매를 금하여 엄중히 다스렸다. 로마 가톨릭도 같은 정책을 펼쳤다. 로마 가톨릭과 프로테스탄트를 막론하고 다른 나라들도 이 선례를 따랐다. 러시아에서는 출판에 대해 가장 엄격한 제한 조치가 아직도 행해지고 있다.

제네바의 출판법은 비교적 온건하였다. 3명의 신중하고 노련한 사람들을 정부가 지정하여 그들로 하여금 출판을 감독하도록 하였다. 이들은 능력 있고 믿을 만한 인쇄업자들을 지명할 수 있는 권한을 지녔고, 인쇄되기 전에 모든 책을 검

---

20) *Registre du Conseil*, 1542년 11월 17일. *Opera*, X. Pars I. 125에 수록됨.

21) 콜라동가(家)에 관해서는 *La France Protestante*, IV. 510 이하를 보라. 이 가문의 또 다른 저명 인사로는 Nicolas Colladon이 있는데, 그는 1565년 칼빈의 전기를 출판하였으며, 1566년에는 칼빈의 뒤를 이어 신학 교수직을 맡았다.

열하여 교황파의, 이단적인, 불신적인 책이 출판되는 것을 막고 출판업자의 저작권을 보호할 권한을 가졌다. 하지만 성경, 요리문답, 기도문, 시편 등은 어떤 출판업자라도 자유롭게 발간할 수 있었고, 성경에 대한 새로운 번역은 그 초판의 경우 자유롭게 발간할 수 있는 특혜를 주었다.[22]

출판에 대한 이러한 검열은 제네바에서 18세기까지 계속되었다. 1600년에 시의회는 몽테뉴의 글들을 출판하지 못하게 금했고, 1763년에는 루소의 「에밀」을 정죄하여 불태웠다.

그렇지만 칼빈의 영향으로 제네바는 출판에 있어 가장 중요한 도시가 되었다는 점에 주목해야 할 것이다. 저명한 로베르 슈테팡(Robert Stephen, Étienne, 1503-1559)은 파리의 소르본으로부터 비난을 받자, 그의 부친 앙리가 사망한 후에 프로테스탄트 신자가 되어 제네바에 정착하였다. 그곳에서 그는 히브리 성경을 두 차례 발간했으며 1551년에는 불가타와 에라스무스의 해석을 곁들인 그리스어 신약 성경을 출판하였다. 이는 현재 우리가 사용하고 있는 것처럼 장절을 구분한 최초의 성경이었다. 그는 또한 「라틴어 대전」(*Thesaurus Linguae Latinae*, 1543년, 제3판, 전4권)을 출판했으며, 그의 아들 앙리는 「그리스어 대전」(*Thesaurus Linguae Graecae*, 1572년, 전4권)을 출판하였다. 베자는 제네바에서 자신의 그리스어 성경을 몇 차례 간행했는데(1565-1598), 이는 후에 흠정역(King James) 성경 번역가들에 의해 주로 사용되었다. 제네바에서는 또 1557년에 위팅엄에 의해 신약 성경 영어판이, 1560년에는 성경 전체에 대한 영어판이 출판되었다. 이것이 소위 말하는 "제네바 성경" 혹은 (창 3:7에 대한 번역 때문에 이름이 붙은) "치마 성경"(Breeches Bible: 아담과 하와가 벗은 몸을 치마로 가렸다고 번역해서 붙은 별칭 — 역자주)이다. 이 성경은 오랫동안 가장 널리 쓰인 영어 성경이었으며, 1560년부터 1630년까지 거의 200판이 발간되었다. 제네바는 오늘날까지 이러한 명성을 잘 유지해 오고 있다.

---

22) 스페인에서는 자국어로 번역된 성경들, 에라스무스의 저서들, 모든 개신교 저서들, 신비주의자들과 광명파(Illuminati), 몰리나주의자들(Molinists), 정적주의자들(Quietists)의 저서들을 검열하였다. 이러한 압제의 당연한 결과로 지적인 활동과 문필 활동들이 쇠락하였다.

102. 칼빈의 교회 정치체제의 특징

칼빈은 새로운 교회 정치체제와 치리체계의 입법자요 창설자였다. 그가 받은 법률 교육은 제네바에서 개혁교회를 조직하는 데 매우 유용하게 사용되었다. 만약 그가 중세기에 살았다면, 그는 힐데브란트나 인노켄티우스 3세와 같은 인물이 되었을 것이다. 하지만 종교개혁 정신은 교회 조직을 복음적이고 대중적인 기반 위에 재건설하도록 요구하였다.

칼빈이 교회의 외적인 조직과 질서를 무척 강조한 것은 사실이지만, 건전한 교리와 내적인 영적 생활에 더 우위를 두었다. 그는 전자를 육체에 비유하고, 하나님에 대한 예배를 관장하고 구원의 길을 가리켜 주는 교리는 영혼에, 즉 육체를 살아 움직이게 하고 거기에 생명력과 활력을 불어넣는 영혼에 비유했다.

칼빈주의적인 교회 정치 체제는 다음의 원칙들에 기반하고 있다. 이 원칙들은 개신교의 발전에 지대한 영향력을 행사하였다.

1. 그리스도를 유일한 수장으로 하는 교회의 자율권 혹은 자치권

로마 가톨릭 교회도 이와 유사하게 자율권을 주장하지만, 그것은 위계적인 의미를 지니고 있다. 그것은 교황의 절대적인 통제권 아래의 자율권을 말하며, 교황은 그리스도의 가시적인 대리인으로서 사제들과 신자들에게 수동적인 복종을 요구하고 있다. 칼빈은 기독교 회중에게 자치권을 부여하면서, 복음의 모든 사역자들이 다 공식적인 그리스도의 대사이자 대표자들이라고 간주하고 있다. 그는 다음과 같이 말하고 있다:

그리스도만이 교회 안에서 다스리고 통치하며 높임을 받아야 한다. 그리고 이 교회 통치권은 오직 그의 말씀에 의해서만 행사되고 집행되어야 한다. 하지만 그가 우리 가운데 가시적으로 현존하시지 않기 때문에, 자신의 뜻을 목소리를 통해 우리에게 선포하시기 위해 자신의 종복들인 사람들로 하여금 목회 활동을 하게 하신다. 이로써 그리스도께서 자신의 권리와 영예를 그들에게 전이시키는 것이 아니라 단지 그들의 입술을 사용하여 직접 자신의 일을 하시는 것이다. 이것은 기술공이 작업을 수행하기 위해 도구를 사용하는 것과 마찬가지이다.[23]

하지만 현실에서는 로마 가톨릭의 위계제도에 기반한 자율권이든 프로테스탄트 교회들의 자율권이든 모두, 교회와 국가가 연합하고 있는 곳이나 국가가 교회를 지원하고 있는 곳에서는 한결같이 다소간에 세속 정부의 간섭을 받고 있었다. 자치는 자립을 필요로 하기 때문이다. 칼빈은 교회 회의들을 설립하여 성직자가 국가의 후원으로부터 독립할 수 있도록 하려고 했지만, 이러한 그의 시도는 성공을 거두지 못하였다.

루터파 개혁자들은 교회를 세속 통치자들에게 종속시켰으며, 교회를 국가의 순종적인 시녀로 만들었다. 하지만 그들은 영주들의 이기적이고 독단적인 잘못된 통치에 대해서는 혹독하게 비판하였다. 유럽의 대부분의 루터파 국가들에서 회중들은 자신들의 목회자를 선출하는 데 아무런 영향력도 행사하지 못하였다. 독일어권 스위스의 개혁자들은 민주적인 공화제 속에서 사람들에게 보다 많은 권한을 부여해 주었고 교회 회의들도 도입하였지만, 그들도 마찬가지로 절대 권력은 몇몇 주의 세속 정부의 손에 쥐어 주었다. 군주제를 행한 영국의 경우 교회의 통치권은 헨리 8세에 의해 장악되었고, 엘리자베스 여왕과 그녀의 후계자들에게서는 이 통치권이 좀 더 온건한 형태로 행사되었으며, 이것은 주교들에 의해 묵인되었다. 칼빈의 영향 아래 있던 교회들은 적어도 이론상으로는 모든 영적인 문제들에 있어서 교회의 독립성을 언제나 유지하였으며, 각 회중들은 자신들의 목회자를 선출할 권한을 가졌다. 칼빈은 바울과 바나바가 회중의 투표를 통해 장로들을 안수하였다고 말하는 구절에 사용되고 있는 그리스어 단어로부터 이러한 권리를 도출해 낸다.[24] 그는 이렇게 말한다:

이 두 사도가 장로들을 안수하였다. 하지만 전체 회중은 그리스인들의 관습에 따라 손을 들어 자신들이 택한 사람을 표명하였다 … 바울이 자신이 지녔던 권한보다 더 많은 권한을 디모데나 디도에게 주었다는 것은 믿을 만한 이야기가 못 된다(딤전 5:22; 딛 1:5)

허락을 받아 키프리아누스(Cyprianus)의 글에서 두 구절을 인용한 후에 그는

---

23) *Institutes*, IV. 3장, 1절.
24) 사도행전 14:23. χειροτονήσαντες 라는 단어는 손을 들어 투표하는 것을 뜻한다.

목회자를 선출하는 사도적이고 가장 좋은 방법은 전체 회중의 동의를 통해 이루어지는 것이라고 결론을 내리고 있다. 하지만 이 선출 과정은 다른 목회자들에 의해 주재되어야 하는데, 그것은 "변덕과 음모와 혼란 등으로 인해 군중이 잘못 행하지 않도록 보호하기 위해서" 이다.[25]

스코틀랜드 장로교회는 그리스도가 유일한 머리가 되신다는 원칙을 지키기 위해 다른 프로테스탄트 교회보다 훨씬 더 수고하고 어려움을 겪었다. 처음에는 교황주의를 상대로, 그리고는 주교 제도를 상대로, 마지막으로는 성직 임명권에 반대하여 싸워야 했다. 북아메리카에서 이 원칙은 거의 보편적으로 받아들여졌다.

2. 교황제나 주교제의 신적인 위계제도와는 구별되는 목회자들의 동등성

칼빈은 제롬(히에로니무스)에 동의하여, 감독들과 장로들이 원래 동일하다고 주장했다. 그리고 현대의 최고의 주석가들과 역사가들 또한 이러한 칼빈의 견해를 지지하고 있다.

하지만 그렇다고 해서 그가 인간적인 권리와 역사적인 발전에 근거한 사역자들 사이의 모든 차이를 무시한 것도 아니고, 다양한 조건과 환경에 교회 조직이 적응할 수 있다는 것을 부인한 것도 아니다. 그는 배타적이거나 편협한 장로교인은 아니었다. 그는 폴란드와 영국과 같은 큰 나라에서 복음주의적인 교리들이 선포되기만 한다면 주교 제도가 시행된다고 하더라도 반대하지 않았다.[26] 크랜머(Cranmer) 대주교와 서머싯(Somerset) 섭정과 서신 왕래를 통해 그들에게 다양한 개선책들을 제안하면서도 주교제를 반대하지는 않았다. 폴란드의 국왕 지기스문트 아우구스투스(Sigismund Augustus)에게 보낸 긴 편지에서는 그 나라에서 주교 제도를 시행하는 데 찬성하기까지 하였다.[27]

하지만 장로교회와 회중교회 체제가 주교 제도보다는 칼빈주의 정신에 더욱 맞는 것이었다. 17세기에 영국 성공회 주교 제도와 대립하면서, 칼빈주의 교회

---

25) *Institutes*, IV. 3장, 15절.

26) 이 점에 있어서 멜란히톤이 훨씬 적극적이었다. 그는 만일 교황이 복음을 자유로이 전파하는 것을 허락하기만 한다면, 기꺼이 교황제에 복종할 의향이 있었다.

27) 제네바에서 쓴 1554년 12월 5일자 편지.

들은 스코틀랜드에서는 보다 배타적으로 장로교적인 성격을 갖추게 되었고 잉
글랜드와 뉴잉글랜드에서는 독립교회의 성격을 더욱 강화하게 되었다. 같은 시
기에 성공회 예전을 강제적으로 도입시키는 데 반대하여 장로교인들과 회중교
회주의자들은 예전 중심의 예배를 포기했다. 한편 칼빈과 대륙의 개혁주의 교회
들은 공공 예배에서 자유 기도를 인정하였다.

3. 교회 정치와 치리에 대한 평신도의 참여

이것은 매우 중요한 특징이다. 로마 교회에서 평신도는 수동적이었으며 교회
법 제정에 아무런 참여도 할 수 없었다. 그들은 단지 사제들에게 복종해야 할 뿐
이었다. 처음으로 평신도들의 만인제사장설을 효과적으로 선포한 것은 루터였
지만, 칼빈은 그것을 조직화된 형태로 만들어서 평신도들로 하여금 지역 교회와
교회 회의에서 자신의 역할을 제대로 할 수 있도록 만들었다. 그의 견해는 다른
교단들에서도 인정받았으며, 미국에서는 거의 일반적으로 수용되었다. 심지어
성공회 교회까지도 그 교구와 총회의 하원에서는 평신도들에게 성직자들과 동
등한 의원 대의권을 주었다.

4. 전체 회중의 동의를 얻어 목회자들과 평신도 장로들이 공동으로 시
행한 엄격한 치리

이 점에서 칼빈은 이전의 개혁자들보다 진일보했으며, 금방 살펴보겠지만 더
큰 성공을 거두었다.

5. 가능하다면 신정 정치적인 기반 위에서 교회와 국가가 연합하고,
교회의 순수성과 자율성을 지키기 위해 필요할 경우에는 분리하도
록 한다.

이에 대해서는 보다 충분하게 설명할 필요가 있다.

103. 교회와 국가

칼빈의 교회 정치 체제는 보통 신정 정치라 불리는데, 그의 친구들은 칭송의

의미로 그의 적들은 비난의 의미로 그렇게 부른다.[28] 신정 정치라는 표현이 맞기는 하지만, 제한된 의미에서만 그렇다. 그는 오직 그리스도와 그의 말씀만이 교회와 국가 모두를 통치하도록 하고자 하였고, 교회와 국가가 서로 혼합되거나 간섭하기를 바란 것은 아니다. 이 두 세력은 제네바에서 거의 동등하게 균형을 이루고 있었다. 뉴잉글랜드에서의 초대 청교도 식민지들은 이 제네바 모델을 모방하고 있었다.

칼빈은 당시 일반적인 경향에 비해 영적인 세력과 세속적인 세력을 이론적으로 좀 더 분명하게 구별하였다. 당시에 이 양자는 서로 뒤엉켜 한데 뒤섞여 있었다. 그는 교회를 영혼에 비유하고, 국가는 육체에 비유하였다. 하나는 인간의 영적이고 영원한 복리와 연관이 있고, 다른 하나는 현재의 일시적인 삶과 관련이 있다.[29] 각자는 독립적이며, 각자 고유 영역 안에서 주권을 가진다. 그는 세속 정부가 교회의 내적인 사안들과 치리 문제에 어떤 식으로든 개입하는 것을 반대하였다. 그는 독일과 베른에서 성직자가 국가에 예속적인 성향을 띠는 데 대해 불쾌하게 생각했으며, 베른이 제네바 교회에 간섭하는 것도 종종(심지어 죽어가는 침상 위에서도) 불평하였다. 마찬가지로 그는 세속적이고 정치적인 사안들에 성직자가 관여하는 것도 반대했으며, 교회는 영적인 검만 행사해야 한다고 제한하였다. 그는 결코 세속적인 직위에 있었던 적이 없었고, 목회자들은 관리나 의회 의원이 될 수 없었다.

그러나 그는 이 두 세력을 분리시키는 데까지 나가지는 않았다. 반대로 그는 이 둘의 서로 다른 기능이 허용하는 범위 안에서 가능한 한 서로를 연합시키고자 하였다. 그의 근본적인 생각은 오로지 하나님만이 하늘과 이 땅의 주님이 되시며 교회와 국가에서 절대 주권을 행사하셔야 한다는 것이었다. 이러한 의미에서 그는 신정 정치적 혹은 그리스도 정치적이었다. 하나님은 그리스도의 왕국을 든든히 세우기 위해 교회와 국가를 서로 구별되지만 협력적인 두 팔로 사용하신

---

28) Weber, Henry, Stähelin, Kampschulte를 비롯한 많은 사람들이 이렇게 생각하였다. 하지만 Amédée Roget와 메를르 도비네는 이 견해에 반대하면서, 제네바에서 교회의 힘이라는 것은 많은 한계를 지녔다고 지적하였다. 도비네는 "그 용어가 극도로 영적인 의미에서 쓰여지는 것이 아니라면, 칼빈은 결코 신정정치가가 아니었다"라고 말하고 있다.

29) *Institutes*, Ⅳ. 20장, 1절.

다. 이 두 세력에 대한 법률은 성경 안에 계시된 하나님의 뜻이다. 교회는 국가에 도덕적인 지지를 제공하고, 국가는 교회에게 현세적인 지지를 제공해준다.

기독교 사회에 대한 칼빈의 생각은 힐데브란트(Hildebrand)의 사상과 닮았지만, 다음의 중요한 점들에서 차이를 보이고 있다.

1. 칼빈의 이론은 신앙과 행함의 유일한 규범이 되는 성경에 기초하고 있음을 밝히고 있는 데 반해, 교황의 신정 정치는 주로 전통과 교회법에서 그 근거를 찾고 있다.

하지만 칼빈의 논증은 철저하게 구약 성경으로부터 비롯되고 있다. 교황의 신정 정치뿐만 아니라 칼빈의 신정 정치도 기독교적이고 복음적이기보다는 오히려 모세적이고 율법적이다. 사도적 교회는 국가의 합법적인 요구에 복종하는 것 이외에는 국가와 어떠한 관련도 갖지 않았었다. 그리스도의 규칙은 이 주제에 관해 언급된 가장 지혜로운 말 가운데 잘 표현되어 있다. "가이사의 것은 가이사에게, 하나님의 것은 하나님에게"(마 22:21).

2. 칼빈은 오직 그리스도의 불가시적인 머리되심만을 인정했으며, 세계를 지배해야 한다는 교황청의 주장에 대해서는 적그리스도적인 찬탈 행위라고 보고 거부하였다.

3. 칼빈은 교황들에 비해 국가에 대해 훨씬 높이 평가하였다. 그는 국가가 그 기원과 권위에 있어서 교회와 동일하게 신적이고, 모든 현세적인 문제들에 있어서 완전히 독립성을 가진다고 생각하였다. 하지만 중세기에 가톨릭 성직위계제도는 종종 교회의 권위로써 국가를 억압하였다. 힐데브란트는 교회를 태양에 비유하였고, 국가는 태양으로부터 그 빛을 빌려오는 달에 비유하였다. 그리고 교황에게는 왕을 폐위시킬 권한이 있으며, 신민들의 충성 언약을 무효화할 수 있는 권한이 있다고 주장하고 또 실제로 그 권한을 행사하였다. 보니파키우스 8세는 이러한 주장을 잘 알려진 두 칼의 이론으로 성문화하였다.

4. 칼빈의 신정 정치는 기독교 신자의 주권과 만인제사장설에 기초하고 있었지만, 교황적인 신정 정치는 사제들의 배타적인 통치였다.

실제로 이 두 세력이 제네바에서 이론처럼 그렇게 명확하게 구별되지는 못하였다. 이들은 종종 서로 뒤엉켰다. 목회자들은 강단에서 관리들의 행동을 비판하였고, 관리들은 목회자들의 설교를 비난하였다. 치리는 양자의 공동 영역이었고, 치리법원(Consistory)은 성직자들과 평신도들이 함께 구성하였다. 정부는 목사들의 급료를 정하고 지급하였으며, 이들의 임명을 승인하고 이들을 한 교구에서 다른 교구로 이전시키기도 하였다. 의회의 승인 없이는 누구도 자리를 비울수 없었다. 대의회는 신앙고백문과 치리서를 가결시켜서, 법률로서의 효력을 부여해 주었다.

한 마디로 말해 제네바의 개혁교회는 하나의 국교였으며, 이는 오늘날까지도 그러하다. 하지만 이것은 더 이상 배타적인 의미를 지니지 않으며, 가톨릭이든 프로테스탄트든 간에 비국교파에게 자유를 주고 있다. 이민자들로 인해 최근 비국교파가 계속 증가하고 있다.

교회와 국가의 연합은 거의 모든 프로테스탄트 신앙고백문에서 암묵적으로 인정되거나 직접적인 말로 언명되고 있다. 그리하여 종교를 지원하고 정통을 보호하며 이단을 벌하는 것이 세속 정부의 의무가 되었다.[30]

현대에 이르러 국가의 성격과 교회에 대한 국가의 태도는 스위스와 다른 나라들에서 중대한 변화를 겪었다. 국가는 더 이상 특정 교회와 동일시되지 않으며, 교회에 대해 무관심하거나 적대적이거나 관대한 태도를 취하게 되었다. 국가는 이제 온갖 신조를 따르는 사람들로 이루어져 있고, 정의의 이름으로 그들을 모두 지원하든가 아니면 그 누구도 지원하지 않든가 해야 한다. 어떤 경우라도 공공의 안녕을 해치지 않는 한도 내에서 모두에게 충분한 자유를 주어야 한다.

이러한 상황 속에서 교회는 자유와 자립을 택하든지 정부의 지원을 받는 의존적인 길을 택하든지 해야 한다. 만약 칼빈이 이 시대를 살았다면, 그는 필시 전자를 택했을 것이다. 칼빈주의자들과 장로교인들은 국가만능주의와 합리주의의 공격에 대항하여 교회의 독립성을 위한 투쟁에 앞장섰다. 자유 교회들(Free Churches)이 프랑스어권 스위스(제네바, 보, 뇌샤텔), 프랑스, 네덜란드, 특히 장로교를 신봉하던 스코틀랜드에서 조직되었다. 국교에서 분리되어 나와서 교인들의 자발적인 헌금으로 교회 살림을 감당하였던 스코틀랜드 자유 교회의 영웅

---

30) 「스위스 신앙고백」 II. ch. XXX.; 「프랑스 신앙고백」, ch. XXXIX.("하나님께서 관리들에게 검을 주사 그의 두 번째 계명뿐만 아니라 첫 번째 계명을 어기는 범죄를 진압케 하셨다"); 「벨기에 신앙고백」, ch. XXXVI; 「스코틀랜드 신앙고백」, Art. XXIV; 「39개 신조」, Art. XXXVII.(미국 개정판에서는 변경됨); 「웨스트민스터 신앙고백」, ch. XXIII(미국 개정판에서는 변경됨).

적인 헌신은 프로테스탄트 역사상 가장 찬란한 장 가운데 하나이다. 영국의 비국교파들은 1689년의 관용령(Toleration Act)에 의해 법적으로 공인받은 이후, 자립의 원칙을 항상 고수하면서 지켜 왔다. 북아메리카의 영국령 지역들에서는 모든 교파가 법 앞에서 평등하다는 원칙이 지켜졌다. 이들은 모두 정부의 보호 아래 자립의 의무와 함께 자치의 자유를 충분히 만끽하고 있다. 근대 사회의 상황은 교회와 국가의 평화적인 분리, 혹은 자유로운 국가 안에 있는 자유로운 교회를 요구하고 있다.

104. 교회 법령

앞에서 교회 정치에 대한 칼빈의 일반적인 원칙들을 살펴보았으므로, 이제 우리는 그것들이 제네바 소공화국에서 어떻게 도입되고 적용되었는지 알아볼 것이다.

우리는 칼빈이 1541년 9월 13일, 제네바로 돌아온 후 행정장관들과 의회와의 첫 면담에서, 하나님의 말씀과 초대 교회의 모습에 일치하는 교회 헌법과 규율을 도입해야 한다고 주장했다는 것을 앞에서 확인하였다.[31] 의회는 그의 의견을 받아들여서, 다섯 명의 목사들(칼빈, 비레, 자크 베르나르, 앙리 드 라 마르, 샹페로)과 여섯 명의 시의원에게 이 작업을 맡겼으며, 장 발라르를 고문으로 두었다. 칼빈의 직접적인 영향 아래 문서가 작성되어 의회에 제출되었고, 이는 얼마간 수정을 거쳐서 시민 총회에 의해 1542년 1월 2일에 제네바 공화국의 기본적인 교회법으로 엄숙하게 비준되었다. 그 핵심 사항들은 유럽과 아메리카 대부분의 개혁교회와 장로교회들의 헌법과 규율로 유입되었다.

이 "법령"의 공식 문서는 목사회(Venerable Company)의 기록에 보존되어 있으며, 다음과 같은 서문으로 시작하고 있다.

전능하신 하나님의 이름으로, 우리 행정장관들, 소의회와 대의회는 나팔과 대형 시계가 울리는 가운데 우리의 오랜 전통에 따라 시민들과 함께 모였다. 그리고 무엇보

---

31) 그는 파렐에게 1541년 9월 16일 편지하였다. *Opera*, XI. 281.

다 시급한 일이 우리 주님의 거룩한 복음의 교리를 순수하게 지키고, 젊은이들을 신실하게 교훈하고, 가난한 자들을 제대로 돌보기 위해 병원을 설치하는 것이라고 생각하였다. 이 모든 일은 정확한 생활 질서와 규율이 없이는 이루어질 수 없는 일이다. 이러한 법이 있어야 모든 계층의 사람들이 자신이 맡고 있는 직분의 의무를 배울 수 있기 때문이다. 그래서 우리는 우리 주님이 그 말씀으로 우리에게 보여주시고 제정하신 영적인 통치를 잘 정리하여 우리가 함께 지키는 것이 지혜롭다고 생각하게 되었다. 그러므로 우리는 우리 도시와 영토에서 예수 그리스도의 복음에서 비롯된 다음과 같은 교회의 정치 체제를 따르고 지키도록 명하였다.[32]

이 문서는 복음 사역의 위엄과 책임을 높이 평가하는 견해의 영향을 받은 것으로, 이러한 견해를 우리는 바울의 고린도서와 에베소서에서 볼 수 있다. 한 가톨릭 역사가(Kampschulte)는 "분명히 말할 수 있는 것은 칼빈이 제네바에 세운 교회에서만큼 성직자의 지위가 더 위엄있고, 두드러지며, 영향력이 있었던 종교 사회는 기독교권 유럽에서 달리 찾아볼 수 없다는 것이다"라고 말한다.

칼빈은 자신의 「기독교 강요」에서 교회의 세 가지 **특별한** 직분, 즉 사도, 선지자, 전도자와 네 가지의 **일반** 직분, 즉 목사, 교사, 장로, 집사를 구별하고 있다.

특별한 직분은 주님께서 자신의 나라를 시작하실 때 직접 세우신 것이며, "시대의 요청에 따라" 특별한 상황에서 세워진 것이었다. 개혁자들은 사도, 선지자, 전도자들에 버금가는 부류로 간주되어야 한다. 칼빈 자신은 이러한 자신의 생각을 다음과 같은 말 속에서 넌지시 비추고 있다.[33]

[사도들의] 시대 이후에 하나님이 때때로 그들 대신에 사도들과 전도자들을 세우셨으며, 우리 시대에도 그렇게 하셨다는 것을 나는 부인하지 않는다. 왜냐하면 적그리스도의 오류로부터 교회를 구해내기 위해서는 그런 사람들이 필수적이기 때문이다. 그럼에도 불구하고 나는 이것을 특별한 직분이라고 부른다. 왜냐하면 잘 조직된 교회에서는 이들이 설 자리가 없기 때문이다.[34]

---

32) *Opera*, X. 16. note a.
33) *Institutes*, IV. 3장, 4절.
34) 그는 사돌레토에게 보낸 편지에서 자신의 사역이 하나님으로부터 말미암은 것

특별한 직분들은 법으로 제어될 수 없다. 따라서 법령들은 오직 교회의 일반 직분들에 대해서만 지침을 주고 있다.

1. **목사**,[35] 혹은 칼빈이 즐겨 사용한 표현대로 복음의 사역자들은 "하나님의 말씀을 설교하고, 가르치고, 권면하고, 공개적으로든 사적으로든 훈계하고 징계하고, 성례를 집행하며, 장로들과 더불어 치리를 행해야 한다."

누구든지 청빙을 받고, 시험을 통과하고, 안수를 받고, 임명받은 자가 아니면 목사가 될 수 없다. 시험에서 후보자는 만족할 만한 성경 지식을 보여주어야 하고, 건전한 교리를 지니고 있고 동기가 순수하며 성실하다는 것을 보여주어야 한다. 그가 그 직무를 감당할 자격이 있다고 판단되면, 의회는 회중에게 그를 추천하여 동의를 받아야 한다. 만약 그가 시험에 떨어지면, 그는 다시 청빙을 기다렸다가 시험을 치러야 한다. 성직을 임명하는 이상적인 방식은 사도들과 초대 교회의 관습을 따라 기도와 안수를 통한 것이다. 하지만 여기에 미신적인 요소가 있어서는 안 된다.

모든 목회자들은 자신의 공적인 직무에 대해 상호 교훈하고, 훈도하고, 교정하며, 격려해 주기 위해 매주 모임을 갖는다. 특별한 이유 없이 이 모임에 빠져서는 안 된다. 이 의무는 시골 지역의 목회자들에게도 마찬가지로 주어진다. 교리적인 논쟁이 생기면 목사들은 토론을 통해 그 문제를 해결하며, 합의가 이루어지지 않을 때는 세속 정부에 이 일을 의뢰한다.

목회자들에 대한 치리도 엄격하게 행해졌다. 목회자들에게 용인될 수 없는 죄악과 악덕들이 열거되었는데, 이단, 분파, 교회 질서에 대한 반역, 신성모독, 순결하지 못한 생활, 거짓됨, 위증, 고리대금업, 탐욕, 춤, 성경연구를 게을리 하는 것 등이다.

이라는 확신을 표현하였다. 루터도 자신의 사역에 대해 동일한 확신을 가졌다. 루터는 바르트부르크를 떠나 비텐베르크로 돌아온 후에 작센의 선제후 프리드리히에게 편지하기를, 자신의 복음은 사람들에게서 온 것이 아니라 하늘로부터 온 것이며 자신은 그리스도의 복음 전도자라고 하였다.

35) *pastores*, 에베소서 4:11. 목사는 감독과 장로와 동일하다. *Institutes*, IV. 3장, 8절에서 그는 "내가 교회를 다스리는 자들을 서로 구별하지 않고 '감독,' '장로,' '목사'라고 부르는 것은 성경의 용례를 따른 것이다"라고 말하고 있다. 그런 다음 그는 빌립보서 1:1; 디도서 1:5,7; 사도행전 20:17,28을 인용하고 있다.

또한 주일날 예배를 오전에 드릴 것, 정오에 어린 아이들에게 요리문답을 교육할 것, 오후 3시에 두 번째 설교를 할 것 등을 법령은 지시하고 있다. 주중에는 세 번의 설교가 행해지는데, 월요일, 화요일, 그리고 금요일에 행해진다. 이렇게 예배를 드리기 위해 제네바 시에서는 다섯 명의 정식 목회자와 세 명의 보조 목회자를 필요로 하였다.

「기독교 강요」에서 칼빈은 목사들의 직무를 사도들의 직무와 같은 것으로 묘사하고 있다. 다만 그 활동의 장과 권위만이 다를 뿐이라고 말한다. 그들은 모두 그리스도의 대사들이고 하나님의 신비를 맡은 청지기들이다(고전 4:1). 바울이 자신에 대해 말하고 있는 것 또한 이들 모두에게 적용된다. "내가 복음을 전하지 않으면 저주를 받으리로다"(고전 9:16).

2. 교사의 직무는[36] 신자들에게 건전한 교리를 가르쳐서 복음의 순수성이 무지와 잘못된 생각들에 의해 훼손되지 않도록 하는 것이다.

칼빈은 교사와 목사의 차이에 대해 에베소서 4장 11절을 근거로, 그 차이가 다음과 같다고 말하고 있다.

> 교사들은 공식적으로 치리와 상관이 없고, 성례를 집행하거나 권면하거나 훈계하는 것과도 아무런 관련이 없으며, 단지 성경을 해석하는 일과 관련이 있을 뿐이다. 반면에 목사의 직무는 이 모든 책무를 다 포괄한다.[37]

그는 또한 목사들이 사도들에 비견되는 것처럼, 교사들은 고대의 선지자들과 유사성을 지닌다고 말한다. 칼빈 그 자신이 보기 드물게 명석하고 설득력 있는 뛰어난 가르침의 은사를 소유하고 있었다. 신학 교수들은 교사들 중에서도 가장 높은 부류에 속한다.

3. 평신도 장로들은 사람들의 행동을 감독한다. 그들은 하나님을 두려워하는 지혜로운 자들이어야 하며, 아무런 흠이 없어야 한다. 12명을 선출했는데, 소의

---

36) *doctores*, 에베소서 4:11.
37) *Institutes*, IV. 3장, 4절.

회에서 2명, 60인 의회에서 4명, 200인 의회에서 6명을 뽑았다. 각 사람이 제네바 시의 특정 구역을 분담하였다.

장로교회에서 장로의 직무는 무척 중요한 것이다. 칼빈은 「기독교 강요」에서 이를 뒷받침하여, 다스리는 은사에 대해 다음과 같이 말하고 있다.[38]

처음부터 모든 교회는 경건하고 침착하며 거룩한 사람들로 구성된 원로원 혹은 의회를 두고 있었다. 이들은 각종 악덕을 교정하는 일을 관할하였다 … 이러한 다스리는 직분은 모든 시대에 요청되는 일이다.[39]

그는 디모데전서 5장 17절에 근거하여 장로들을 두 부류, 즉 다스리는 장로와 가르치는 장로로 나누었다. "잘 다스리는 장로들을 배나 존경할 자로 알되, **특별히 말씀과 가르침에 수고하는 이들에게는 더욱 그리할 것이니라.**"[40] 이러한 구별을 하는 주석적인 근거는 약하지만, 다스리는 평신도 장로직은 매우 유용한 조직으로서 가르치는 목회자들에게 많은 도움이 되어 왔다.

4. **집사들**은 가난한 자들과 병든 자들을 돌보며 병원을 관리한다. 이들은 건전한 질서에 역행하는 걸식을 예방해야 한다.[41] 집사는 두 부류로 나뉘는데, 구제금을 관리하는 사람들과 가난한 자들과 병든 자들을 위해 헌신하는 자들이다.[42]

5. 세례는 교회에서 행해져야 하고, 반드시 목회자들과 그 보조자들에 의해서 행해져야 한다. 세례를 받는 아이들과 그 부모들의 이름을 교회 등록부에 반드시 기입해야 한다.

6. 성찬은 매달 한 번씩, 그리고 부활절, 오순절, 성탄절에 거행되어야 한다. 빵과 포도주는 목사와 집사들에 의해 경건하게 분배되어야 한다. 요리문답을 공부

---

38) 고린도전서 12:28; 로마서 12:8과 비교.

39) *Institutes*, IV. 3장, 8절.

40) 이 구절에 대한 그의 주석에서. *Institutes*, IV. 3장, 8절과 비교. 칼빈이 처음으로 이렇게 구별한 이후에 많은 장로교 신학자들과 루터파 신학자들이 이를 따랐지만, 몇몇 현대의 최고 주석자들에 의해 이는 부인되고 있다. 바울은 디모데전서 3:2; 디모데후서 2:2; 2:24에서, 모든 장로들이 가르칠 수 있어야 한다고 요구하고 있다.

41) 사도행전 6:1-3; 빌립보서 1:1; 디모데전서 3:8 이하; 5:9,10.

42) *Institutes*, IV. 3장, 9절과 비교.

하고 자신의 신앙을 고백하기 전에는 어느 누구도 성찬에 참여할 수 없다.

　법령들의 나머지 부분은 결혼, 장례, 병자 심방, 그리고 감옥 심방에 관한 규정들을 담고 있다.

　목사와 장로들은 일주일에 한 번 목요일에 회합을 가지고 교회의 상황을 함께 논의하고 치리를 행해야 한다. 치리의 목적은 죄인으로 하여금 주님께로 돌아오도록 하는 것이다.

　1541년의 「교회 법령」은 칼빈에 의해 개정 증보되었고, 1561년 11월 13일에 소의회와 대의회에 의해 채택되었다. 이 개정 증보판은 목회자, 목사, 교사, 장로, 집사, 그리고 치리법원 구성원들의 서약문을 담고 있으며, 성례전 집례, 결혼, 병자와 갇힌 자 심방, 치리법원 구성원의 선출, 그리고 출교에 관해 보다 충분한 지침들을 주고 있다.[43]

　「교회 법령」에 대한 새로운 개정판이 1576년 6월 3일 총회에 의해 마련되어 채택되었다.

105. 목사회와 치리법원

　제네바 교회는 세례를 받고 신앙을 고백하는 신자들로 구성되었는데, 이들은 모두 치리의 대상이 되었다. 칼빈 당시에 제네바 교회는 표준적인 신조를 지니고 있었으며, 가톨릭주의자들과 분파주의자들은 배척되었다. 목사회와 치리법원이 이 교회를 대표하고 다스렸다.

　1. 목사회(the Venerable Company)는 순전히 성직자들로 구성된 조직으로서, 제네바 시와 인근 지역의 모든 목사들이 그 회원이었다. 아무런 정치적인 힘은 갖지 못하였고, 엄밀한 의미에서 교회적인 사안들, 특별히 교육, 자격 심사, 안수, 그리고 복음을 맡은 사역자들에 대한 성직임명과 관련해 일반적인 감독권을 가졌다. 그렇지만 최종적으로 목회자가 취임하기 위해서는 세속 정부와 회중의 동의가 필요하였다. 따라서 목회자들과 회중들의 협력이 요청되었다.

---

43) *Opera*, X. Pars 1. 91-124.

2. 치리법원(Consistory or Presbytery)은 성직자들과 평신도들의 연합체로서, 목사회보다 규모와 그 영향력이 더 컸다. 이것은 교회와 국가의 연합을 대변했다. 칼빈 당시에 이 치리법원은 5명의 제네바 시 목사들과 12명의 평신도 장로들로 구성되었는데, 장로들 가운데 2명은 60인 의회에서, 10명은 200인 의회에서 선출되었다. 따라서 평신도들이 다수를 차지하였다. 하지만 성직자들은 비교적 고정되었던 반면, 장로들은 성직자들의 영향 아래 매년 새로이 선출되었다. 행정장관 한 사람이 이 조직의 장을 맡았다. 칼빈은 공식적으로 이 모임을 주관한 적은 없지만, 실질적으로는 그 뛰어난 지성과 판단력으로 그 진행 과정을 주도하였다.[44]

치리법원은 「교회 법령」이 채택되자마자 즉시 가동되기 시작하여, 매주 목요일에 회합이 이루어졌다. 1542년 2월 16일에 이루어진 열 번째 모임부터 그 기록이 남아 있다.

치리법원의 임무는 규율을 유지하고 치리권을 행사하는 것이었다. 목회자와 장로들이 매년 각 가정을 방문하였다. 이 체제를 활성화시키기 위해 제네바 시는 세 교구로 분리되었다. 성 베드로 교구, 막달렌 교구, 성 제르베 교구가 그것이다. 칼빈은 성 베드로 교구를 담당하였다.

치리법원의 법정은 제네바 교회 안에서 통제권을 지니고 있었다. 종종 일종의 종교재판소 혹은 불공평한 법정으로 잘못 인식되어 왔지만, 치리법원은 오로지 영적인 검만을 사용할 수 있었고 세속적이고 현세적인 처벌들과는 아무런 관련이 없었다. 그런 것들은 전적으로 시의회에 속한 권한이었다. 치리법원의 기록에는 그루에(Gruet), 볼섹(Bolsec), 세르베투스 같은 이름이 전혀 나타나지 않는다. 칼빈은 1553년 11월 26일 취리히의 목회자들에게 편지하여 이렇게 말하고 있다. "치리법원은 어떠한 세속적인 재판권도 갖고 있지 않으며, 단지 하나님의 말씀에 따라 훈계할 권한만 가지고 있습니다. 치리법원이 내릴 수 있는 가장 가혹한 처벌은 출교입니다."[45] 그는 지혜롭게도 이 조직에서 평신도들이 우위를 차지하도록 규정하였다.

---

44) "그가 이 단체의 의장은 아니었지만, 그 지도자였다고 말할 수 있을 것이다"라고 도비네는 말한다(VII. 120).

45) *Opera*, XIV. 675

처음에 시의회는 바젤과 베른의 예를 따라 치리법원에 출교권을 부여하는 것을 거부하였다.[46] 성찬에서 배제된 사람들은 일반적으로 시의회에 호소하였고, 의회는 종종 그들을 위해서 중재에 나서거나 그들로 하여금 치리법원에 사죄할 것을 명하였다. 또한 출교의 영향력에 관해서도 의견의 차이가 있었다. 치리법원은 중대한 범법 행위와 수치스러운 생활로 인해 교회에서 출교당한 자들이 일 년간 혹은 그들이 회개하기까지 국가로부터 추방되어야 한다고 주장하였다. 하지만 시의회는 이에 동의하지 않았다. 칼빈은 항상 자신의 견해를 관철시키지는 못하였으며, 자신이 폐지할 수 없는 것들은 참고 견디는 것을 원칙으로 하였다. 시의회가 치리법원에게 확실한 출교권을 부여해 준 것은 칼빈이 1555년 리버틴(자유인)들을 상대로 최후의 승리를 거둔 이후였다.

이러한 사실들로 미루어 볼 때, 우리는 주로 비난의 의미로 칼빈이 그토록 자주 "제네바의 교황"이라고 불려져 온 것에 대해 올바로 판단할 수 있을 것이다. 그런 칭호가 사실과 다르지 않다면, 그것은 그의 천재성과 성품에 대한 본의 아닌 찬사이다. 왜냐하면 그는 어떠한 세속적인 권력도 가지지 못했으며, 결코 사적인 유익을 위해 자신의 영향력을 행사한 적도 없기 때문이다. 제네바인들은 그를 잘 알았기 때문에 자유로운 의사에 따라 그에게 순종한 것이다.

106. 칼빈의 치리론

치리는 칼빈의 교회 정치체제에서 너무나 중요한 요소이기 때문에, 더욱 상세하게 살펴볼 필요가 있다. 이것은 그가 제네바에서 추방당했던 이유였고, 슈트라스부르크에서 목회하였던 프랑스 이민 교회가 번성했던 기반이었고, 그가 다시 청빙을 받게 된 주요 이유였고, 그가 그 청빙을 수락하면서 제시한 조건이기도 했고, 그의 생애를 통해 투쟁하고 승리한 것이었으며, 오늘날까지 계속되고 있는 그의 도덕적인 영향력의 비밀이다. 그의 엄격한 치리는 그의 엄격한 신조에 기반하고 있는데, 영웅적인 프랑스인, 네덜란드인, 영국인, 스코틀랜드인, 그

---

46) 1543년 3월 19일, 60인 의회. 베른 정부는 한 달 전에 출교권을 로잔의 목사회에 넘겨주기를 단호히 거절하였다.

리고 미국의 청교도들(이는 보다 넓은 의미에서 엄격한 칼빈주의자들을 의미한다)을 길러내었다. 그의 치리는 시련과 박해를 견딜 수 있도록 그들을 강하게 단련시켰으며, 세속적이고 종교적인 자유의 주창자들로 만들었다.

그 체제의 엄중성은 지금은 제네바, 스코틀랜드, 그리고 뉴잉글랜드에서조차도 사라졌지만, 그 결과는 유럽과 아메리카의 개혁파 교회들을 특징짓는 자치의 힘, 조직화의 능력, 질서와 실천적인 능률성 속에 여전히 남아 있다.

칼빈의 원대한 목표는 인간의 연약함이 허용하는 한도 내에서 최대한 교회의 순수성과 거룩성을 실현하고자 하는 것이었다. 그는 바울이 에베소서(5:27)에서 에베소인들에게 말하고 있는 "티나 주름잡힌 것이나 이런 것들이 없이 거룩하고 흠이 없는 교회"라는 이상을 끊임없이 추구했다. 그는 모든 기독교인들이 신앙고백에 따라 살고, 자신의 신앙을 선행으로 보여주며, 하늘에 계신 우리 아버지께서 완전한 것처럼 완전하려고 노력하기를 바랐다. 그는 전체 공동체 속에서 이 웅대한 목표를 추구해서 상당 부분 그것을 실현시켰던 유일한 개혁자였다.

루터는 복음을 설파하기만 하면 모든 필요한 변화를 불러일으킬 수 있다고 생각했지만, 자신의 생애 말년에 이르러 비텐베르크 학생들과 시민들의 방종한 생활 방식을 보고 한탄을 금치 못했으며 혐오감 때문에 그 도시를 떠나는 것까지도 심각하게 고려했다.[47]

칼빈은 이상은 이 세상에서 결코 완전하게 실현될 수 없으며, 그럼에도 불구하고 완전을 추구해야 하는 것이 우리의 의무라는 것을 너무 잘 알고 있었다. 그는 교회의 몽상적인 순수성을 꿈꾸었던 도나투스주의자들에 대항하여 종종 아우구스티누스를 인용하고 있으며, 그가 관찰한 바로는 재세례파들도 도나투스주의자들과 마찬가지로 "천사와 같이 모든 면에서 완전하지 않으면 그리스도에

---

47) Friederich Julius Stahl은 유대교에서 개종한 자로서, 능력있는 법률가이자 정치가였으며, 근대 고교회파 루터교(high-church Lutheranism)의 주요 옹호자 중 한 사람이었는데, (비록 그의 아내가 개혁파였고 자신의 개종도 Erlangen의 개혁파 교수인 Krafft에게서 기인하는 것이라고 밝혔지만) 그의 모토는 "다수가 아니라 권위"(Authority, not Majority)였다. 그는 자신의 책 *Die Lutherische Kirche und die Union*(1860)에서, 칼빈이 개신교에 하나의 새로운 원칙을 도입했는데, 그 원칙은 기독교인들의 생활 가운데 하나님의 말씀이 충만히 지배하도록 함으로써 하나님을 영광되게 하는 것이라고 말하고 있다.

속한 교회로 인정하지 않았으며, 열심을 빙자하여 모든 덕을 세우는 행위를 파괴하는 자들이었다." 그는 다음과 같은 아우구스티누스의 언급에 동의를 표하고 있다.

> 분열시키고자 하는 음모들은 유해하고 신성모독적인 것이다. 왜냐하면 그 음모들은 교만과 불경건에서 나와서, 뻔뻔한 사악한 자들을 교정해 주기보다는 연약한 선한 자들을 교란시키기 때문이다.

그는 모든 종류의 물고기를 잡는 그물에 대한 비유(마 13:47)에 대해 주석하면서, 다음과 같이 말하고 있다.

> 교회는 이 땅에 있는 한, 선과 악으로 섞여 있고 온갖 순수하지 못한 것으로부터 자유로울 수 없을 것이다 … 질서의 하나님이신 바로 그 하나님께서 우리에게 권징을 행하라고 명하시지만, 마지막 때에 자신의 나라를 완전하게 이루시기까지는 얼마간 믿는 자들 가운데 위선자들이 자리하는 것을 허용하신다. 그렇지만 우리는 악덕을 고치고 불순한 것들로부터 교회를 깨끗하게 하기 위해 노력해야만 한다. 비록 그리스도가 양과 염소를 분리하실 때까지는 교회가 모든 흠과 더러움으로부터 완전히 자유로울 수는 없다고 할지라도 말이다.[48]

칼빈은 자신의 「기독교 강요」 제4권의 12장에서 치리 문제를 다루고 있다. 그의 견해는 건전하고 성경적이다. 그는 시작 부분에서 이렇게 말하고 있다.

> 어떤 사회, 어떤 가정도 치리 없이는 제대로 보전될 수 없다. 교회는 가장 질서있는 사회여야 한다. 그리스도의 구원의 교리가 교회의 영혼인 것과 마찬가지로, 치리는 그 구성원들을 연결하고 각자 적절한 위치에 있도록 해주는 신경과 힘줄의 역할을 한다. 치리는 그리스도의 교리에 저항하는 강퍅한 자들을 제어하고 제한하는 고삐와 같은 역할을 한다. 그리고 게으른 자들에게는 그들을 자극하는 박차와 같은 역할을 하고, 때로는 잘못된 길로 빠진 자들에게는 그리스도의 온화한 정신과 자비로움으로

---

48) Tholuck이 편집한 칼빈의 *Harmony of the Gospels*, I. P. II. 21.

벌하는 아버지의 회초리 역할을 하기도 한다. 그것은 교회가 참혹하게 황폐해지는 것을 막을 수 있는 유일한 방책이다.

그가 당대의 로마 교회에 퍼부었던 가장 큰 비난 가운데 하나는 교회 법령이 끊임없이 위반되고 있는데도 권징이 전혀 이루어지지 않고 있다는 것이었다. 그는 반대를 두려워하지 않고 이렇게 주장한다.

만약 고래의 교회법에 따라 판결이 내려진다면 출교 처분을 받거나 적어도 그 직위에서 파직되지 않을 (로마) 주교가 하나도 없고, 교구를 맡고 있는 성직자들 가운데는 100명 중에 하나도 없다.[49]

그는 일반 신자들(the people)에 대한 치리와 성직자들(the clergy)에 대한 치리를 구별하였다.[50]

1. 교회 구성원들에 대한 권징에는 세 단계가 있다. 먼저는 개인적인 권면을 하고, 그 다음에는 증인들이나 교회 앞에서 2차 권면을 하며, 그래도 계속적으로 불순종할 때는 성찬에 참여하지 못하게 하는 것이다. 이것은 그리스도의 규범(마 18:15-17)을 따른 것이다. 치리의 목표는 3중적이다. 즉 교회를 더러움과 신성모독으로부터 보호하고, 개인 구성원들이 사악한 자들과 계속 접촉함으로써 파괴적인 영향력을 받지 않도록 보호하며, 그리고 범죄자로 하여금 회개케 하여

---

49) *Institutes*, IV. 5장, 14절. 그리고 5장 1절에서 그는 그 당시의 주교들이 대부분 성경에 대해 무지했으며, 술고래거나 간음자거나 도박꾼이거나 사냥꾼이었다고 말하고 있다. "그야말로 어처구니없는 일은 아직 열 살도 채 되지 않은 소년들이 교황의 배려로 주교의 직분을 받는다는 사실이다." 교황 레오 10세도 8살에 추기경이 되었고 13살에 추기경 부제(cardinal-deacon)가 되었다. 당시 로마 교회는 이단과 교황에 대한 불순종 이외에는 거의 모든 것을 용인하였다. 그들의 눈에는 이 두 가지가 극악무도한 도덕적 범죄보다도 더 악한 것이었다.

50) 그는 성직자들(the clergy)이라는 용어가 베드로가(베드로전서 5:3) 전체 교회를 하나님의 무리(κλῆροι) 혹은 소유라고 부를 때 사용한 그리스어에서 유래한 단어로서, 목회자를 의미하게 된 것은 실수에서 기인한 것이라고 생각해서 이 용어를 사용하는 데 반대하였다. 하지만 여기서는 편의상 이 용어를 쓰고 있다.

구원을 얻고 믿는 자들과의 교제를 회복할 수 있도록 하는 것이다. 출교와 그 이후의 복원은 고린도에서 바울에 의해 시행되었으며, 보다 순수했던 시절에는 교회도 이를 행하였다. 심지어 황제 테오도시우스도 그의 통치 때에 데살로니가 학살 사건을 행하였다는 이유로 밀라노의 암브로시우스 주교에 의해 성찬에서 배제되었었다.[51]

출교는 기독교인으로서의 신앙고백을 손상시키는 파렴치한 범죄들, 즉 간음, 우상숭배, 절도, 강도, 반역, 거짓 맹세, 하나님과 그의 권위를 모독하는 경우에만 시행되어야 한다. 이것은 주교나 목사가 단독으로 시행해서는 안 되고 일단의 장로들에 의해 시행되어야 한다. 그리고 바울이 지적하고 있듯이, 출교는 "회중이 알고 인지하는 가운데서 행해져야 하는 것이지만, 다수의 회중들이 그 진행 과정을 좌우하도록 하는 것이 아니라 그들로 하여금 증인이자 감시인으로서 참관하게 함으로써, 소수의 사람들이 불순한 동기에서 어떤 일을 획책할 수 없도록 해야 한다." 더욱이 "교회의 엄중함은 온화함의 정신에 의해 조절되어야 한다. 왜냐하면 바울이 전에 견책을 받았던 적이 있는 사람에 관해 훈계하고 있는 바처럼 '저가 너무 많은 근심에 잠기지 않도록'(고후 2:7) 항상 극도로 세심하게 주의를 기울여야 하기 때문이다. 그렇지 못할 경우 치료법이 오히려 독이 되고 말 것이기 때문이다."

죄인이 합당한 회개의 증거를 보일 때는 복원시켜 주어야 한다. 칼빈은 잘못을 범한 사람들을 다시 받아들이기를 거부했던 "선인들의 과도한 엄중함"에 반대하였다. 그는 다음과 같은 키프리아누스의 방침에 찬성하고 있다.

우리에게 오는 모든 사람들을 위해 우리는 인내와 친절과 온화함을 갖추고 있어야 한다. 나는 모든 사람이 교회로 돌아오기를 바란다. 우리의 모든 동료 병사들이 그리스도의 진영에 모이기를 바라며, 우리의 모든 형제들이 하나님 우리 아버지의 집에

---

51) 칼빈은 또한 신실하지 못한 사제들의 묵인하에 성찬을 더럽히는 데 대한 크리소스토무스의 유명한 경고의 말을 인용한다. "네 손에서 피를 요구하게 될 것이다. 우리는 황제의 홀이나 왕관이나 왕복을 두려워하지 말자. 우리에게는 보다 큰 권세가 있다. 나는 이러한 패역에 동참하기보다는 차라리 내 몸을 죽음에 내어주고 피를 흘리는 편을 택하겠다." 이처럼 칼빈과 크리소스토무스는 성경 주석가이자 두려움을 모르는 규율가로서 무척 닮은 면이 많았다.

용납되기를 바란다. 나는 모든 것을 용서하며, 많은 것을 덮는다. 나는 회개하고 돌아오는 사람들을 즉각적이고도 참된 애정으로 맞아들인다.

칼빈은 다음과 같이 덧붙이고 있다.

교회로부터 추방당한 사람들을 우리가 택함받은 자들의 무리에서 빼어 버리거나, 혹은 그들을 이미 버림받은 자들로 단념하는 것은 아니다. 그들을 교회에 대한 이방인으로, 따라서 그리스도에 대한 이방인으로 생각하는 것은 타당하지만, 이것도 그들이 계속해서 축출된 상황에 처해 있을 동안에만 그러하다. 그리고 비록 그런 때라고 하더라도 그들이 장차 더 좋아질 것이라는 소망을 가지고 그들을 위해 하나님께 기도하기를 쉬지 말자. 범법자들에게 영원한 죽음을 선고하지도 말고, 최악의 인간을 최선의 인간으로 변화시킬 수 있는 하나님의 자비에다 율법을 처방하지도 말자.

그는 출교와 저주를 구분하고 있다. 전자가 개선과 복원을 염두에 두고 견책하고 벌하는 것이라면, 후자는 모든 용서를 배제하고 한 사람을 영원한 멸망에 내맡기는 것이다. 저주는 결코 행해져서 안 되며, 적어도 극히 드물게 행해져야 한다. 교회 구성원들은 출교를 당한 사람이 개선될 수 있도록 힘이 닿는 대로 모든 수단을 강구해야 하고, 그를 적으로서가 아니라 형제로서 대하고 권면해야 할 것이다(고후 2:8). "만약 이러한 온화함을 교인 개개인뿐만 아니라 전체 교회에서 찾아볼 수 없다면, 우리의 치리는 급속히 잔인한 행위로 전락할 위험에 처할 것이다."

2. 성직자들에 대한 치리와 관련하여, 칼빈은 목회자들이 세속 사법권으로부터 면죄를 받는 것을 반대하고, 그들이 평신도들과 똑같은 처벌을 받기를 원했다. 그들은 좋은 모범을 보여야 할 사람들이기 때문에 더 죄가 무겁다. 그는 그 당시 로마 교회에서 수치스럽게도 간과되고 있었던 고대 교회법, 즉 사냥, 도박, 향연, 고리대금, 상업, 세속적인 오락을 금하는 고대 교회법에 찬성하면서 인용하고 있다. 그는 타락한 성직자들을 교정하고 심사하기 위해 연례적인 심방과 모임들을 갖기를 추천하였다.

하지만 그는 성직자의 결혼 금지에 대해서는 다음과 같은 이유로 반대하였다.

성직자의 결혼을 금지하는 것은 하나님의 말씀과 모든 정의의 원칙에 위배되는 불경
건한 독재 행위이다. 그들 가운데[교황의 성직자들] 드러나지 않은 간음이 얼마나 많
은지는 따로 언급할 필요가 없을 정도이다. 이러한 그들의 오염된 독신 생활이 그들
을 대담하게 만들어, 그들은 이제 모든 범죄에 무감각해져 버렸다 … 바울은 결혼을
감독의 덕목들 가운데 하나로 보았다. 그런데 이들은 결혼을 성직자들에게 용인되어
서는 안 되는 악덕이라고 가르치고 있다 … 그리스도는 결혼을 명예로운 것으로 생
각하시어 그것을 자신이 교회와 이루는 신성한 연합의 이미지로 삼으셨다. 결혼의
존귀함에 대한 이보다 더 뛰어난 찬사가 어디 있겠는가? 그리스도의 영적인 은혜를
나타내는 결혼을 우리가 어찌 불순하고 오염된 것이라 부를 수 있는가? … 결혼은
전적으로 영예로운 것이다. 하지만 매춘과 간음을 행하는 자들은 하나님께서 심판하
실 것이다(히 13:4). 사도들은 결혼이 어떠한 존귀한 직분에도 거침이 되지 않으며
오히려 도움이 됨을 몸소 입증해 주셨다. 바울은 사도들이 각기 아내를 두었을 뿐
아니라 그들을 동반하고 다녔다고 증언하고 있기 때문이다(고전 9:5).

107. 제네바에서의 치리 시행

칼빈은 격렬한 투쟁 끝에 치리에 관한 자신의 견해들을 제네바 교회에 고취시
키는 데 성공하였다. 치리법원과 시의회는 그에게 고무를 받아 부도덕을 바로잡
으려는 청교도적인 열정을 경쟁적으로 표출하였다. 하지만 그들의 열정은 때때
로 지혜와 중용을 벗어나기도 하였다. 교회와 국가의 연합은 모든 시민이 교회
의 구성원이고 치리에 복종해야 한다는 그릇된 가정에 그 기초를 두고 있었다.

춤, 도박, 술취함, 잦은 술집 출입, 신성모독, 사치, 지나친 유흥, 무절제하고
정숙하지 못한 의복, 음탕하고 반종교적인 노래들이 금지되었으며, 이를 범했을
때는 질책을 받거나 벌금형, 감옥형에 처해졌다. 심지어 식사 때에 먹는 음식의
가짓수까지도 규제되었다. 술주정꾼들은 적발될 때마다 3솔(sols)의 벌금을 물어
야 했다. 상습 도박꾼들은 목에 밧줄을 휘감아 사람들의 웃음거리로 만들었다.
건전하지 못한 책과 부도덕한 소설을 읽는 것 또한 금지되었고, 인기를 얻고 있
던 「골의 애인들」(*Amadis de Gaul*)도 폐기 처분을 받았다(1559). 「사도들의 행
전」이라는 교훈극이 몇 차례 상연되었으며, 이는 시의회 의원들까지도 관람한

후에 금지되었다. 부모들이 그 자녀들의 이름을 가톨릭 성인들의 이름을 따라 짓는 것이 금지되었다. 이 성인들이 미신을 조장한다고 생각되었기 때문이다. 그들 대신에 아브라함, 모세, 다윗, 다니엘, 스가랴, 예레미야, 느헤미야와 같은 이름들이 일반적으로 사용되었다(구약 성경에 나오는 이름을 선호한 이러한 현상은 영국과 뉴잉글랜드의 청교도들에게서 더욱 두드러졌다). 이단, 우상숭배, 신성모독에 대한 사형과 야만적인 고문의 관습은 유지되었다. 간통죄의 경우, 두 번째 범행이 일어난 후에 마찬가지로 사형으로 다스려졌다.

이러한 금령과 보호령들은 불신앙과 부도덕을 방지하고 벌하려는 의도에서 마련된 것들이었다.

하지만 시의회는 또한 강제법들을 도입하였는데, 이 법들은 종교의 본질에도 위배되었으며, 위선과 불신앙을 조장하기도 쉬웠다. 공적인 예배에 참석하라는 명령이 내려져, 이를 범할 경우 3솔의 벌금이 부과되었다. 리옹에서 온 한 피난민이 "우리가 여기서 누리는 자유는 얼마나 영광스러운가"라고 감사에 차서 외쳤을 때, 한 여자가 "참으로 예전에 우리가 미사에 참석하는 것은 자유였지만, 이제 우리는 설교를 듣도록 강요받고 있다"라고 씁쓸하게 대구하였다. 경비원들이 배치되어 사람들이 교회에 왔는지 살폈다. 치리법원의 구성원들은 일년에 한 번씩 각 가정을 방문하여 그 가족의 신앙과 도덕성을 점검하였다. 거리에서의 모든 부적절한 말과 행동들이 보고되었고, 위반자들은 치리법원에 출두해서 비난과 경고를 받거나, 시의회에 넘겨져서 더 심한 처벌을 받았다. 어떤 사람이든, 그 지위가 어떠하든, 남자든 여자든 일체 고려되지 않았다. 가장 엄격한 형태의 공평성이 유지되었고, 오래된 유력 가문의 사람들, 신사숙녀들도 가난하고 미천한 사람들과 마찬가지로 엄격한 법 적용을 받았다.

가장 인상적인 치리의 사례들을 살펴보기로 하자. 몇몇 여성들이 춤을 추었다는 이유로(이는 일반적으로 그 정도에 따라 처리되었다) 투옥되었는데, 이들 중에는 총사령관 아미 페랭의 아내도 있었다. 정치적인 자유를 주창했던 영웅이자 칼빈의 친구이기도 했던 보니바르(Bonivard)는 시인인 클레망 마로(Clement Marot)와 포도주 한 병을 걸고 주사위 게임을 했다는 이유로 치리법원에 소환되었다. 한 사람은 당나귀가 우는 소리를 듣고 "한 편의 아름다운 시편을 읊는구나"라고 농담조로 말했다가 3개월간 그 도시에서 추방되었다. 한 젊은이는 자신의 아내에게 가사에 관한 책을 주면서 "이것은 가장 뛰어난 시편이다"라고 말했다는 이유로 처벌을 받았다. 페라라의 한 여성은 리버틴에게 공감을 표하고 칼빈과 치리법원을 모욕했다는 이유로 그 도시에서 추방당하였다. 설교 시간에 웃었던 세 사람은 3일간 감옥에 갇혔다. 또 다른 사람은 성령 강림절에 성찬에 참예하지 않았다는 이유로 공개적인 참회를 해야 했다. 설교 시간에 교회 바깥에서 빵을 먹고 있었던 세 명의 아이들이 처벌받았다. "그리스도의 몸과 피"로 맹세한 한 사람은 벌금을 물고, 광장에서 판자로 된 형틀을 차고 한 시간 동안 서 있어야 했다. 한 어린이는 자기 어머니를 도둑이고 악녀라고 불렀다는 이유로 채찍질을 당하였다. 부모를 때린 한 소녀는 제5계명의 위엄을 지키기 위해 참수되었다. 한 은행가는 계속적인 간음으로 인해 처형되었는데, 그는 참회하면서 죽었고 정의가 승리했다고 하나님께 찬양을 돌렸다. 차퓌스라는 사람은 자신의 아이를 목사의 뜻대로 아브라함이라고 부르지 않고 클로드(로마 가톨릭 성인)라고 계속 부르고, 15년 동안 아들이 세례를 받지 못하게 하겠다고 말했다는 이유로 나흘간이나 투옥되었다.[52]

볼섹(Bolsec), 젠틸리스(Gentilis), 그리고 카스텔리오(Castellio)는 이단적인 견해를 가졌다는 이유로 공화국에서 추방되었다. 마법을 부린다는 혐의로 남자들과 여자들이 화형을 당하였다. 그루에(Gruet)는 반역과 무신론의 혐의로 참수를 당하였다. 세르베투스는 이단과 신성모독으로 화형을 당하였다. 이 마지막 사건이 가장 악명 높은 사건으로서, 다른 모든 것들을 합친 것보다 더욱 칼빈의 이름이 능욕을 당하고 매도당하도록 만들었다. 하지만 칼빈은 화형 대신에 보다 관대한 참수형을 시행하기를 원했고, 이 점에서 최소한 그는 그 당시의 여론과 일반적인 관례보다는 앞서 있었다는 점을 기억해야 할 것이다.

1541년부터 1559년까지 시의회의 공식적인 의사록은 견책, 벌금, 투옥, 처형으로 가득 찬 어두운 장을 보여주고 있다. 1545년 페스트가 맹위를 떨칠 때는 20명이 넘는 남녀가 마법을 부리고 그 흉악한 병을 퍼뜨리기 위해 사악한 음모를 꾸민다는 혐의로 산 채로 불에 태워졌다.[53] 1542년부터 1546년까지 58건의 사형 언도와 76건의 추방령이 내려졌다. 1558년과 1559년에 모든 종류의 범법 행위에

---

52) *Régisters* for April 27, 1546.

53) 칼빈 자신은 바젤에 있던 미코니우스에게 보낸 1545년 3월 27일자 편지에서 이 사실을 언급하고 있다(*Opera*, XII. 55). 여기서 그는 이렇게 말하고 있다. "최근에 남

대해 내려진 다양한 처벌들은 무려 414건에 달했으며, 이는 전체 인구가 2만 명인 점을 고려할 때 매우 높은 비율이라 할 것이다.

칼빈의 적대자들, 즉 볼섹, 오댕, 갈리프(부자)는 이러한 사실들은 최대한 활용하고 칼빈이 행한 다른 모든 선한 일들은 무시하면서, 이 위대한 개혁자를 냉정하고 잔인한 폭군이라고 비난하였다.[54]

이러한 종류의 법률 제정이 그리스도의 복음보다는 옛날 이교도 로마나 레위기 법전의 엄격성을 더욱더 드러내는 경향이 있다는 것을 부인하기는 어렵다. 그리고 치리를 실제로 행하는 데 있어서도 종종 인색하고, 현학적이고, 불필요하게 가혹했던 것도 사실이다. 칼빈 자신이 고백하고 있듯이, 그는 인내심이 부족하고, 흥분하고 격노하는 경향이 있었으며, 이는 그의 육체적인 허약함으로 인해 더욱 그러하였다. 하지만 그는 교회의 순수성을 향한 정직한 열망에 따라 움직인 것이지, 개인적인 악의로 그렇게 한 것은 아니었다. 그가 페랭과 파브르 가문에 의해 두 번째 추방의 위협을 받았을 때, 그는 페랭에게 편지하여 이렇게 말하고 있다.

자들과 여자들이 연루된 어떤 음모가 발각되었습니다. 그들은 제가 알지 못하는 유해한 장치를 사용함으로써 3년 동안 도시 전역에 역병을 퍼뜨렸습니다. 15명의 여인들이 화형에 처해진 후, 몇 사람의 남자들은 보다 가혹한 형벌에 처해졌고, 어떤 사람은 감옥에서 자살하였으며, 25명은 아직 감옥에 갇혀 있습니다. 그럼에도 불구하고 음모자들은 집집으로 다니면서 문고리에 독이 든 연고를 바르는 일을 계속하고 있습니다. 당신은 우리가 어떤 위험에 처해 있는지 아실 것입니다. 지금까지 여러 번 그런 일들이 시도되어 왔지만 주님이 우리를 보존해 주셨습니다. 우리가 주님의 보호하심 아래 있음을 우리 자신들이 안다는 것이 다행한 일입니다."

54) Audin이 (*Life of Calvin*, ch. XXXVI. 354, Am. ed.에서) 칼빈과 콜라동의 정치-종교 법전에 대해 다음과 같이 수사학적으로 풍자하고 있는 글을 보라. "사방에 **사형**이라는 말뿐이다. 하나님께 대한 대역죄에 대해서도 사형이고, 국가에 대한 대역죄에 대해서도 사형이고, 자기 아버지를 때리거나 저주하는 자식에게도 사형이고, 간음하는 자에게도 사형이며, 이단자에게도 사형이다 … 칼빈이 제네바로 돌아온 때부터 20년 동안 제네바의 역사는 피의 드라마였다. 그 기간 동안 동정, 공포, 두려움, 분노, 눈물 등이 차례로 영혼을 사로잡았다. 각 단계마다 우리는 쇠사슬, 가죽 채찍, 화형용 말뚝, 집게, 끓는 역청, 불 등을 대하게 된다. 그리고 그 모두가 피에 젖어 있다. 사람들은 끊임없이 한숨과 신음과 탄식이 울려퍼지는 단테의 **지옥**에 와 있는 것이 아닌가 생각한다."

그런 위협은 저를 조금도 동요시키지 못합니다. 저는 쉼을 얻고 이익을 얻기 위해 제네바로 돌아온 것이 아닙니다. 제가 이곳을 다시 떠나야 한다고 하더라도 제게 별로 슬픈 일은 되지 않을 것입니다. 저로 하여금 이곳에 돌아오게 한 것은 교회와 국가의 복지와 안전이었습니다.[55]

우리는 그를 그 자신의 시대 기준에 따라 판단해야지, 우리 시대의 기준으로 판단해서는 안 된다. 가장 잔혹한 법률들은 마술, 이단, 그리고 신성모독의 처벌과 관련된 것으로서, 중세 가톨릭 시대로부터 유전된 것이었다. 이 법률들은 로마 가톨릭과 프로테스탄트를 불문하고 17세기 말까지 유럽의 모든 나라들에서 계속해서 강제력을 지녔다. 종교적인 관용은 현대적인 덕목일 뿐이다. 세르베투스에 관한 장에서 이 주제를 다시 다루게 될 것이다.

108. 애국파들과 리버틴들에 대항한 칼빈의 투쟁

칼빈이 자신의 치리 체계를 실행하는 데 성공하기까지는 10년간의 투쟁기가 필요하였다. 반대는 페스트가 맹위를 떨치던 1545년에 나타나기 시작해서 1553년 세르베투스 재판 때에 그 정점에 달하였다가 마침내 1555년에 수그러들었다.

칼빈은 이러한 논쟁 중에 있던 자신을 블레셋에 대항해서 싸웠던 다윗에 비유하였다. 그는 자신의 시편 주석(1557) 서문에서 이렇게 말하고 있다.[56]

만약 하나님께서 이 시기에 나를 훈련시키려고 허락하셨던 내 투쟁의 과정을 기술해야 한다면 그것은 긴 이야기가 될 것이지만, 간단하게 언급하는 것으로도 족할 것이다. 다윗이 이러한 투쟁을 나보다 앞서 겪었다는 것이 내게는 조금도 위로가 되지 않는다. 왜냐하면 블레셋과 다른 이방의 적들이 이 거룩한 왕을 계속적인 전쟁으로 괴롭혔던 것처럼, 그리고 자기 집안의 불성실한 자들의 사악함과 반역이 그를 더욱

---

55) 페랭에게 보낸 이 편지에는 날짜가 적혀 있지 않지만, 아마도 1546년 4월에 씌어진 편지일 것이다. *Opera*, XII. 338 이하 그리고 Bonnet, II. 42 이하.

56) *Opera*, XXXI. 27.

더 괴롭게 하였던 것처럼, 나는 온 사방에서 공격을 받았고 안팎의 투쟁으로 인해 조금도 쉴 수가 없었기 때문이다. 하지만 사탄이 우리 교회를 파괴하기 위해 온갖 노력을 기울였을 때, 결국 나는, 호전적이지도 못하고 겁이 많은 내가[57] 몸을 던져 살인적인 공격을 막아내지 않으면 안 된다는 것을 알게 되었다. 우리는 치리를 유지해 나가기 위해 쉼 없이 5년간 투쟁해야만 하였다. 왜냐하면 행악자들의 그 힘이 너무 커서 쉽게 극복할 수가 없었고, 그들에 의해 미혹된 일부의 사람들은 무제한적인 자유만을 원하였기 때문이다. 이런 무가치한 자들, 거룩한 율법을 경시하는 자들에게는 하나님의 교회가 파괴되는 것은 안중에도 없는 문제였다. 그들은 자기들이 원하는 것은 무엇이든지 할 수 있는 그런 자유를 얻기만 하면 되었다. 많은 사람들은 궁핍함과 굶주림 때문에, 또 어떤 자들은 야망이나 부끄러운 이익을 얻고자 법에 순종하기보다는 전면적인 반역을 시도함으로써, 우리뿐만 아니라 자신들까지 황폐화될 수 있는 위험을 무릅쓰고자 하였다. 내가 믿기로, 이 긴 기간 동안 이들이 시도하지 않은 방법은 하나도 없을 것이다. 이들의 추악한 계획은 수치스러운 실망만을 가져다주었을 뿐이다. 따라서 내게는 우울한 드라마가 되고 말았다. 왜냐하면 이들이 처벌을 받기에 마땅한 자들이었음에도 불구하고 나는 이들이 평화롭게 존경을 받으며 생을 마치는 것을 보고 기뻐해야 했기 때문이다. 이러한 상황은 그들이 모든 신중한 권면들을 전면적으로 거부하지 않았을 때에나 가능한 그런 일이었다.

한때 칼빈은 자신이 성공할 가망이 거의 없다고 생각했었다. 그는 1547년 12월 14일 파렐에게 이렇게 편지하였다.

모든 일들이 너무 혼란스러운 상태에 있어서 더 이상 교회를 유지할 수 있을지 절망스럽습니다. 적어도 제 노력으로는 어려울 것 같습니다. 부디 주님께서 우리를 위한 당신의 끊임없는 기도를 들어주시기를 바랄 뿐입니다.

1547년 12월 17일 비레에게는 이렇게 써보냈다.

---

57) 그는 자신의 선천적인 수줍음에 대해 적어도 한 번 이상 언급하고 있지만, 그와 동시에 몇 번이나 목숨이 걸린 위험한 일을 감행하였다.

지금 이곳에는 사악함이 너무 극에 달해 있어, 저는 적어도 제 목회로는 교회가 더 이상 지탱할 수 없을 것 같습니다. 정말이지, 하나님이 그 손을 펼쳐 주시지 않는다면 제 힘도 이제 끝장입니다.

칼빈의 대적들은, 소수의 예외적인 경우를 제외하고는 모두 한결같이 1538년에 그를 추방했던 사람들이었다. 그들은 결코 진심으로 그의 귀환에 동의한 것이 아니었다. 그들은 한동안 여론의 압력과 정치적인 필요성에 떠밀렸을 뿐이다. 하지만 자신들이 예상했던 것보다 훨씬 더 엄격하게 칼빈이 치리 정책을 수행하자, 그들은 자신들의 오랜 적의를 드러내면서, 치리법원이나 시의회의 비난할 만한 법령들을 모두 이용하였다. 그들은 칼빈을 교황보다 더 미워하였다.[58] 그들은 "치리"라는 말 자체를 혐오하였다. 개인적으로 칼빈을 모욕하고 각종 위협을 가하기까지 하였다. 그들은 칼빈에게 "가인"이라는 별명을 붙이고, 거리의 개들을 그의 이름으로 불렀다. 그들은 칼빈이 강의실로 가는 도중에 그를 모욕하기까지 하였다. 그들은 어느 날 밤에 그의 침실 앞에 50발의 총알을 쏘기도 하였다. 설교단에 있는 그를 위협하기도 하였고 성찬상에 달려들어 그의 손에서 성물들을 빼앗으려고도 하였다. 하지만 그는 성례전 모독을 물리쳤으며 그들을 압도하였다. 한번은 칼빈이 흥분한 군중들 속으로 걸어 들어가서 그들의 단검에 자신의 가슴을 내준 일도 있었다. 시간이 제법 흐르고 난 뒤인 1554년 10월 15일 그는 자신의 오랜 친구에게 편지하여 이렇게 쓰고 있다.

사방에서 개들이 저를 향해 짖어대고 있습니다. 어디서든 저는 '이단자'라는 말을 듣고 있습니다. 그리고 생각할 수 있는 모든 중상 비방이 저에게 퍼부어지고 있습니다. 한 마디로 저의 회중 가운데 있는 적들이 교황파 가운데 있는 공공연한 대적들보다 더욱 잔혹하게 저를 공격하고 있습니다.[59]

---

58) 다음과 같은 말이 그들에게 해당될 것이다: "그들은 칼빈과 함께 천국에 가기보다는 차라리 베자와 함께 지옥에 가려 할 것이다." 그러나 베자는 교리는 물론이고 치리의 면에 있어서도 칼빈과 완전히 일치하였다. Audin, 487.
59) *Opera*, XV. 271.

그리고 여전히 이러한 어려움 속에서 그는 자신의 모든 책무들을 계속해서 감당했으며, 시간을 쪼개어 자신의 가장 중요한 저술 작업도 얼마간 진행시켰다.

그처럼 체질상 연약하고 겁이 많았던 인물이 이처럼 단호하고 맹렬한 저항을 뚫고 승리를 거둘 수 있었다는 것은 믿기지 않는 일이다. 이는 오직 그의 주장의 정당성과 성품의 도덕적인 순수성과 "위엄"으로 설명될 수 있을 것이다. 그러한 그의 특징들이 제네바 시민들에게 강한 인상을 남겼던 것이다.

우리는 칼빈의 대적자들을 두 부류로 구별해야 한다. 하나는 애국파들(Patriots)로서, 정치적인 근거에서 그에게 반대하였고, 다른 하나는 리버틴들(Libertines: 자유인들)로서, 그의 신앙을 증오하였다. 모든 애국파들이 리버틴들의 비종교적인 정서를 지녔다고 비난하는 것은 정당하지 못한 일이다. 하지만 그들은 칼빈과 그의 혐오스러운 치리 체계를 전복시키기 위해 제휴하였다. 그들은 모든 대도시에 가득했던 불평분자들과 방종적인 군중들 가운데 많은 추종자들을 가지고 있었으며, 잃을 것은 아무것도 없고 얻을 것은 많았기 때문에 항상 혁명을 할 준비가 되어 있었다.

1. 애국파 혹은 자칭 "제네바의 자녀들"

이들은 제네바에서 가장 역사가 깊고 영향력이 큰 집안 출신들이었다. 파브르(파브리), 페랭, 방델, 베르텔리에르, 아모 등이 이에 속했다. 그들 혹은 그 부친들은 정치적인 독립을 이루었고, 또 이러한 독립을 지키기 위해 종교개혁을 도입하는 데 매우 중요한 역할을 감당하였다. 하지만 이들은 종교개혁의 단정적인 교리들은 별로 좋아하지 않았다. 그들은 법률 없는 자유를 원했다. 그들은 자신들의 개인적인 자유와 오락을 침해하는 모든 조처에 저항하였다. 그들은 사보이의 멍에보다 복음적인 치리를 더 증오하였다.

그들은 또한 칼빈이 외국인이라는 것 때문에 싫어하였다. 그는 1559년까지도 귀화하지 않았다. 본토인이라는 교만과 편견에 사로잡힌 그들은 신앙을 위해 가정과 재산을 희생한 피난민들을 일단의 모험가들, 용병들, 파산자들, 개혁자의 스파이들이라고 비난하였다. "이 프랑스인 개들 때문에 우리가 칼빈 앞에서 노예가 되어 절하고 우리의 죄를 고백할 수밖에 없게 되었다. 설교자들과 그들의 일당들을 지옥으로 보내자." 그들은 무기를 소지할 수 있는 권리를 피난민들로부터 박탈하였고, 그들이 시민권을 획득하는 것도 반대하였다. 피난민들이 본토

인들보다 더 수가 많아져서 투표권이 더 많아질 위험이 있었기 때문이다. 1559
년 칼빈은 의회 다수의 동의를 받아, 대부분이 프랑스인들이었던 피난민들 300
명 가량을 한꺼번에 시민으로 받아들였다.

애국파들은 비록 베른이 칼빈의 엄격한 신학과 치리를 선호하지 않기는 하였
지만, 베른의 보호령도 혐오하였다.

2. 리버틴[60] 혹은 자칭 고상한 자들의 무리

이들은 애국파보다 더 나쁜 경우로서, 칼빈의 엄격한 치리에 극단적으로 반대
하였다. 칼빈은 이들이 고대의 영지주의자와 마니교도 이후에 나타난 가장 악독
한 분파주의자들로서, 베드로후서와 유다서에 예언된 자들이라고 말하였다. 그
는 이들의 직접적인 기원을 네덜란드에 있는 이셀의 쇼팽(Coppin of Yssel)과 헤
네가우의 퀭탱(Quintin of Hennegau)에서 찾고 있다. 또한 이전에 사제였던 자
로서 한동안 제네바에 머물면서 칼빈에게서 추천서를 얻고자 하였으나 칼빈이
그 자의 사람됨을 간파하고 이를 거절하였던 포케(Pocquet or Pocques)에게서도
그 기원을 찾고 있다. 그들은 쾰른과 라인강 하류에 그 본부를 두고 있던 베가르
회(Beghards)의 한 지파인 "자유 성령의 형제 자매단"이라는 중세적인 분파의
반(反)율법주의적 혹은 도덕률 폐기론적인(antinomian) 교리들을 부활시켰다. 이
들은 교회로부터뿐만 아니라 도덕률로부터도 해방되고자 하였다.

칼빈은 리버틴들을 도덕률을 폐기하려는 범신론자들이라고 묘사하였다. 그들
은 진리와 오류의 경계, 옳고 그름의 경계를 혼동하였다. 영의 자유를 핑계로 이
들은 육체의 무제한적인 방종을 옹호하였다. 이들의 정신주의(spiritualism)는 결
국 육체적인 육욕주의(carnal materialism)로 귀결되고 말았다. 이들은 오직 하나
의 영이 있으니, 바로 하나님의 영이 있을 뿐이고, 이 영이 모든 피조물 가운데
살아 있으며, 하나님의 이 영이 없이는 어떤 피조물도 아무것도 아니라고 가르
쳤다. 퀭탱은 "나나 당신이 하는 것은 하나님이 행하시는 것이고, 하나님이 행하
시는 것은 우리가 하는 것이다. 왜냐하면 그가 우리 안에 계시기 때문이다"라고
말하고 있다. 죄는 단지 부정이나 결핍에 불과하며, 인지되고 무시되자마자 사

---

60) 예루살렘에 있는 리버틴들의 회당은 사도 바울의 선구자인 스데반을 대적하였
다. 사도행전 6:9.

라져 버리는 나태한 환상에 불과하다. 구원은 죄의 환상으로부터 해방되는 데 있다. 사탄도 없고, 천사도 없으며, 선악도 없다. 이들은 복음 역사의 진실성도 부인하였다. 그리스도의 십자가와 부활은 단지 죄가 우리에게 존재하지 않음을 보여주기 위한 상징적인 의미를 가지고 있을 뿐이라는 것이다.

리버틴들은 재물과 여성을 공유하라고 가르쳤으며, 영적인 결혼을 법적인 결혼보다 더 우위에 놓았다. 법적인 결혼은 단지 육적일 뿐이고 구속력이 없다는 것이다. 아모의 아내는 성도의 교제의 교리로써, 그리고 하나님이 인간에게 주신 "생육하고 번성하여 땅에 충만하라"(창 1:28)는 첫 번째 계명으로써 자신의 방탕한 생활을 정당화시켰다.

리버틴들은 성경을 죽은 문자라고 하면서 이를 거부하거나, 혹은 자신들의 망상에 맞추기 위해 엉뚱한 풍유적 해석을 시도하였다. 그들은 각 사도들에게 우스꽝스러운 별명을 붙였다.[61] 몇몇 사람들은 노골적인 무신론과 신성모독적인 반(反)기독교로 기울었다.

이들은 집시들처럼 특이한 은어들을 사용했으며, 일반 용어들도 신비스러운 의미로 왜곡시켰다. 이들은 가장의 천재들이었으며, 자신들이 종교적인 방편으로 사용하는 거짓말들을 예수님의 비유들을 들어서 정당화하였다. 이들은 상황에 따라 가톨릭 신자가 되기도 하고 프로테스탄트 신자가 되기도 했으며, 자기들의 단체에 가입하지 않은 자들에게는 진심을 밝히지 않았다.

이 분파는 프랑스 상류 계층 사이에서 퍼져나가서 약 4천 명의 사람들을 끌어들였다. 쾡탱과 포케는 교묘하게 나바라의 마르가리타 여왕의 환심을 샀고, 그녀는 이들을 네락에 있던 자신의 작은 궁정에서 보호하고 도움을 주었다. 하지만 그녀는 이들의 사상이나 관습을 좇지는 않았다. 그녀는 칼빈이 이들을 극심하게 공격하는 데 대해 노를 발하였다. 칼빈은 1545년 4월 28일자 답신에서 자신의 행동을 변호하였는데, 예의바르고 솔직하며 남성적인 위엄을 갖춘 아주 뛰어난 글이었다. 칼빈은 일찍이 박해를 피해 도망 중에 있을 때 보호를 받은 적이 있는 이 여왕에게, 자신은 그녀의 명예를 훼손하거나 그 권위를 존중하지 않을 생각은 전혀 없으며, 순전히 목사로서의 의무에 충실하여 그녀에게 편지하는 것

---

61) 이들은 사도 마태를 세리, 사도 바울은 깨진 그릇, 사도 베드로는 그리스도를 부인했다는 이유로 신을 버린 자, 사도 요한은 어린아이 같은 청년이라고 불렀다.

임을 밝히고 있다.

개조차도 누군가 자신의 주인을 습격하는 것을 보면 짖습니다. 하물며 제가 어떻게 하나님의 진리가 공격을 받고 있는데 침묵할 수 있겠습니까? … 당신이 저 같은 종복은 필요도 없다고 하셨다는 데 대해 말씀드리자면, 저는 당신께 대단한 봉사를 할 만큼 갖추고 있지도 못하고, 당신이 또 그것을 필요로 하지도 않는다는 것을 저도 압니다 … 그럼에도 불구하고 당신을 섬기고자 하는 제 마음은 결코 부족하지 않으며, 당신께서 아무리 저를 경멸하신다고 하더라도 저는 계속하여 진심으로 당신의 충실한 종으로 남겠습니다. 저를 알고 있는 자들은 제가 영주들의 궁정에 들어가고자 애쓴 일이 없음을 잘 알고 있습니다. 저는 세속적인 명예에 단 한 번도 마음이 끌려본 일이 없기 때문입니다. 저는 지금 최상의 주인을 섬기고 있다는 데 만족하고 있습니다. 그는 저를 받아들이셨고, 세상의 눈으로 볼 때는 하찮은 것일지 몰라도 제게는 명예로운 직책을 맡기셨습니다. 실로 제가 만약 세상의 온갖 부와 명예보다 이것을 더 귀하게 여기지 않는다면 저는 정말 더할 나위 없는 배은망덕한 자가 될 것입니다.[62]

베자는 "고대의 모든 추악한 이단들이 새로이 그 모습을 드러낸 이 흉악한 분파가 네덜란드와 그 주변에만 한정될 수 있었던 것은 칼빈의 덕이었다"라고 말했다.

세르베투스에 대한 재판이 진행되는 동안에 정치적이고 종교적인 리버틴들은 제네바에서 칼빈을 전복시키려는 하나의 조직화된 노력을 결집시켰다. 하지만 이들은 1555년 5월에 시도된 반역이 실패함으로써 마침내 격퇴되었다.

109. 리버틴 지도자들과 그들의 처벌: 그루에, 페랭, 아모, 방델, 베르텔리에르

---

62) *Opera*, XII. 64–68. 라틴 판들은 4월 28일이 아니라 4월 20일자 편지라고 말하고 있다.

우리는 이제 애국파와 리버틴의 주요 인물들에 대해 살펴보고, 그들이 칼빈과 그의 치리 체계에 대해 제기한 주장들을 살펴볼 것이다. 이단적인 적대자들인 볼섹, 카스텔리오, 세르베투스는 교리적인 논쟁들을 다루는 다른 장에서 별도로 다루게 될 것이다.

1. 자크 그루에(Jacques Gruet)

그루에는 폭동과 신성모독 혐의로 칼빈의 권징에 의해 처형된 최초의 희생자였다. 그 사건은 세르베투스 사건 다음으로 가장 유명한 사건이다. 그루에[63]는 정치적으로 또 종교적으로 가장 나쁜 유형의 리버틴으로서, 그 당시 다른 어떤 나라에서라도 사형 처벌을 받았을 것이다. 그는 유서깊은 명망가 출신의 애국파였고, 이전에는 참사회 의원이었다. 그는 1535년 비레를 독살하려고 했다는 의심을 받았다. 그는 칼빈과 피난민들에 대항하여 (오댕이 말하는 대로) "시라기보다는 악의에 가득 찬" 시들을 썼다. 그는 술집에 자주 드나들었으며, 개인적인 자유를 간섭하는 교회와 국가의 어떠한 법규에도 반대하였다. 교회에서는 설교자의 얼굴을 건방지고도 반항적인 태도로 쳐다보았다. 그는 처음에는 베른식으로 무릎에 주름이 잡히는 짧은 바지를 입음으로써, 그것을 금지하고 있던 치리 법원의 규율에 공개적으로 도전하였다. 칼빈은 그를 천한 사람으로 칭하면서 그의 도덕적이고 종교적인 성품에 대해 호의적인 설명을 하지 않았는데, 거기에는 충분한 근거가 있었다.

페랭의 아내가 치리법원에 도전한 사건[64]이 있은 지 며칠 뒤인 1547년 6월 27일에 사보이 방언으로 씌어진 다음과 같은 비방의 글이 성 베드로 교회의 칼빈 설교단에 붙여졌다.

추악한 위선자여, 당신과 당신의 동료들이 아무리 노력한다고 해도 거의 아무것도 얻지 못할 것이다. 만약 당신이 도망함으로써 스스로를 구하지 않는다면 그 누구도 당신의 멸망을 막아주지 못할 것이고, 당신은 수도원을 떠났던 그때를 저주하게 될

---

63) Humbert Gruet의 아들로서, 제네바의 공증인이었다. 참사회원인 Claude Gruet 와 혼동하지 말아야 한다.

64) 날짜에 관해서는 *Opera*, XII. 546, note 7을 보라.

것이다. 사탄과 그 졸개 사제들이 모든 것을 파괴하기 위해 이곳으로 올 것이라는 경고가 이미 이루어졌다. 하지만 사람들이 오랫동안 고통을 겪고 난 후에는 복수를 하게 되는 법이다. 프라이부르크의 베를(Verle)[65] 꼴을 당하지 않도록 조심하라. 우리는 그렇게 많은 주인을 섬기지 않을 것이다. 내 말을 명심하라.[66]

시의회는 그루에를 체포하였다. 그는 며칠 전에도 칼빈을 위협했으며 추잡하고 불경건한 시와 편지들을 썼었다. 그의 집에서는 칼빈이 리버틴들에 대항해서 쓴 책이 발견되었는데, 그 여백에 완전히 광기에 사로잡힌 듯한 그루에의 메모가 적혀 있었다. 그리고 몇몇 글과 편지들도 발견되었는데, 칼빈이 교만하고 야심에 찬 어쩔 수 없는 위선자로서, 추앙받기를 원하고 교황과 같은 절대 권력을 찬탈하고자 하는 자라는 내용으로 가득 차 있었다. 또한 그루에의 필체로 라틴어로 씌어진 두 페이지의 글귀가 발견되었는데, 여기서 그는 성경을 조롱하고 그리스도를 모독하였으며 영혼의 불멸성을 꿈이자 몽상이라고 하였다.

그루에는 당시 행해지던 비인간적인 방식으로 한 달간 매일 고문을 당했다. 그는 자신이 그 문건을 갖다 붙였으며, 자신의 집에서 발견된 글들도 자신이 작성했다고 자백하였다. 하지만 그는 어떤 공모자의 이름도 밝히기를 거부하였다. 그는 종교적이고 도덕적이고 정치적인 범법 행위를 했다는 혐의를 받았다. 그가 종교를 모독했고, 인간적인 것이든 신성한 것이든 간에 법률은 단지 인간의 변덕이 만들어 낸 것에 불과하다고 주장했고, 남녀 양측이 동의할 때에는 성관계가 아무런 죄가 될 수 없다고 주장했으며, 성직자들과 시의회를 협박한 점에 대해서 유죄 판결을 받았다.

그는 1547년 7월 26일에 참수되었다. 이 처형은 리버틴들을 공포에 떨게 하기는커녕 그 어느 때보다 더욱 격렬하도록 만들었다. 사흘 후에 시의회는 20명이 넘는 젊은이들이 칼빈과 그 동료들을 론 강에 던져 버리려는 음모에 가담했다는 제보를 입수하였다. 칼빈은 거리를 걸을 때마다 모욕과 협박을 당하였다.

그루에가 죽고 나서 2-3년이 지난 후에 그의 논문 한 편이 발견되었는데, 그

---

65) 성 베드로 교회의 참사회원인 Peter Wernly는 1533년 5월 4일, 프로테스탄트와의 싸움 중에 자신의 목숨을 구하려 도망치다가 살해되었다.
66) *Opera*, XII. 546에 있는 원문을 보라.

리스도, 성 마리아, 선지자들과 사도들, 성경, 그리고 모든 종교에 대한 끔찍한 모독으로 가득 찬 내용이었다. 그는 유대교와 기독교의 창시자들이 범법자들이고 그리스도가 십자가에 달린 것은 당연하고 정당한 것이라는 점을 입증하고자 하였다. 어떤 사람들은 이 논문을 황제 프리드리히 2세 시대의 책으로서 모세, 그리스도, 마호메트를 모두 종교적인 사기꾼들로 취급하고 있는 「데 트리부스 임포스토리부스」(*De tribus Impostoribus*)와 혼동하고 있다.

그루에의 책은 칼빈의 충고에 따라 1550년 5월 22일에 그루에의 집 앞에서 사형 집행인에 의해 공개적으로 불태워졌다.

2. 아미 페랭(Ami Perrin)

페랭은 공화국의 군사 지도자였으며, 애국파 가운데 가장 유명하고 영향력있는 지도자였다. 그는 비록 종교적인 동기보다는 정치적인 동기에서 출발하였지만 가장 초기의 종교개혁 옹호자 가운데 한 사람이었다. 그는 사제들의 폭력으로부터 파렐을 보호하였으며, 칼빈을 제네바로 다시 불러오기 위해 슈트라스부르크로 파견되었던 사절이기도 하였다.[67] 그는 목회자들과 함께 1542년 교회 법령을 작성했던 6명의 평신도 가운데 한 사람이었고, 한동안은 칼빈의 개혁을 지지하기도 하였다. 그는 칼에는 능했으나 글에는 그렇지 못하였으며, 허영심이 많고 야망이 강하고 허세가 심하고 과장된 데가 많았다. 칼빈은 그를 조롱해서 무대 위의 황제라고 칭하면서, 방금 "희극의 황제"를 연기하고 또 "비극의 황제"를 연기하고 있다고 하였다.

페랭의 아내 프란체스카는 파브르(Francois Favre)의 딸이었다. 파브르는 사보이에 대항한 정치적인 투쟁에서 주요한 역할을 했지만 자유를 방종으로 잘못 이해하였고 칼빈을 폭군이자 위선자라고 증오했던 인물이었다. 그의 가족은 전부 이러한 증오를 공유하고 있었다. 프란체스카는 지나치게 춤과 여흥을 즐겼고 기질이 난폭하고 말이 거칠었다. 칼빈은 그녀를 "펜테실레아"(Penthesilea: 아마존의 여왕으로 그리스에 대항해 싸우다가 아킬레스에게 살해당함), "엄청나게 표독한 여자"라 칭하였다.[68]

---

67) 1540년 10월 21일. 그 다음날 Dufour가 시의회에 의해 그 자리에 임명되었다.

68) 파렐에게 보낸 1546년 9월 1일자 편지. 이 편지에서 그는 "그녀는 부끄러움도

그는 여자를 상대로 논쟁을 벌이는 것이 어리석고 위험하다는 것을 너무 늦게 깨달았다. 그는 그리스도가 간음한 여인인 막달라 마리아를 상대로 어떻게 행동하셨는지에 대해 잊고 있었던 것이다.

벨 리브 지역의 미망인 발타자르의 집에서 결혼식 중에 일어난 부끄러운 소동으로 말미암아 그곳에 참석하였던 파브르 가족은 치리법원의 견책과 시의회의 처벌을 받게 되었다. 페랭과 그 아내, 그리고 그녀의 아버지는 1546년 4월에 수 주간 투옥되었다. 파브르는 어떤 자백도 거부하고 감옥으로 갔으며 "자유! 자유! 나는 총회를 소집하기 위해서라면 천 크라운의 돈이라도 내겠다"라고 소리쳤다.[69] 페랭은 치리법원에 겸손하게 사과하였다. 칼빈은 파브르 가족에게 그들이 비록 왕관을 쓰고 있다고 하더라도 제네바에 사는 한 제네바의 법을 따라야 한다고 분명하게 말하였다.[70]

이때부터 페랭은 칼빈 반대파의 선봉에 섰다. 그는 치리법원은 가톨릭의 종교 재판소와 다를 바가 없다고 큰 소리로 비난하였다. 그는 시의회에 막대한 영향력을 행사해서 1547년 3월에 투표를 통해 교회 치리권을 의회가 장악하도록 하였다. 하지만 칼빈이 이에 대해 격렬하게 저항함으로써 결국에는 교회 법령에 따르도록 결정되었다.

페랭은 파리 대사로 파견되어(1547년 4월 26일), 그곳에서 지극한 환대를 받았다. 추기경 뒤 벨레이(du Bellay)는 스위스에 대한 독일 황제의 야심을 분쇄시키

───────────

없이 모든 죄악을 변명하였다"라고 말하고 있다. 그녀는 친구들에게 칼빈의 아내가 창녀였음이 분명하다고 주장하면서, 칼빈이 자기 아이에게 세례를 주면서 그녀와 그녀의 전남편이 재세례파였다고 고백했음을 그 근거로 들었다. 칼빈도 1547년 8월 21일 파렐에게 그렇게 보고하였다. Audin은 프란체스카를 이렇게 변호하였다. "우리가 여걸이라고 했을 그런 여인들 중 하나이며, 쉽게 흥분하며, 성마르고, 쾌락을 좋아하고, 춤추기를 좋아하며, 루터가 수도사를 증오한 만큼이나 칼빈을 증오한 여인이다."

69) 칼빈은 프란체스카를 상기하고는, "그녀의 아버지가 이미 한 차례 간음을 행한 것을 시인하였고[1531년], 또 다른 간음에 대한 증거가 지금 입수되어 있으며, 그 이외에 세 번째 범죄도 있다는 강력한 소문이 돌고 있다. 나는 그녀의 오빠가 시의회와 목사들 모두를 공개적으로 업신여기고 조롱하였음을 밝힌 바 있다"라고 쓰고 있다. 파렐에게 보낸 1546년 4월의 편지.

70) 칼빈이 파렐에게 보낸 1546년 4월, 9월 1일자 편지들과 Registers of the Consistory and the Council in *Annal.* 377 이하를 보라.

기 위해서 페랭의 지휘 아래 일단의 프랑스군을 제네바에 주둔시킬 수 있겠는지 그의 의사를 타진해 왔다. 페랭은 이에 대해 조건부로 동의를 표하였다. 이로 인해 그의 충성심에 대한 의심이 생기게 되었다.

페랭이 없는 동안에 그의 아내와 장인이 취중 소동으로 인해 다시금 치리법원에 소환되었다(1547년 6월 23일). 파브르는 출두를 거부하였다. 프란체스카는 자신의 사적인 생활을 법원이 심리할 권한이 없다고 주장하였다. 이에 대해 질책을 받자, 그녀는 분노에 차서 설교자 아벨 푸팽(Abel Poupin)을 "남을 욕하는 자요, 자신의 아버지를 중상하는 자요, 천박한 돼지떼 같은 자요, 악의적인 거짓말쟁이"라고 모욕하였다. 그녀는 다시 투옥되었지만 아들 하나와 함께 탈출하였다. 성문에서 아벨 푸팽을 만난 그녀는 다시금 그를 모욕했는데 "전보다 훨씬 더 심하게" 해대었다.[71]

1547년 6월 27일에 그루에의 협박조 문건이 출판되었다. 칼빈이 죽임을 당했다고 보고되었다. 부르고뉴와 리옹으로부터는 "제네바의 자녀들"이 칼빈의 목에 500 크라운의 현상금을 걸었다는 이야기도 전해졌다.[72]

파리에서 돌아온 페랭은 보기 좋게 반역죄로, 또 자신의 지휘권 아래 200명의 프랑스 기병대를 제네바에 주둔시키고자 했다는 죄목으로 기소되었다. 그는 자신이 제네바 정부의 허락을 얻는 조건에서만 이 병사들을 움직인다는 데 동의한 것이었다고 변명하였다. 자유를 위해 싸워온 늙은 병사이자 쉬용의 죄수였던 보니바르(Bonivard)는 페랭에 대적하였다. 베른의 사절들은 이 폭풍을 페랭의 머리로부터 프랑스 대사 메그레(Maigret the Magnifique)에게로 옮겨 보려고 애썼다. 페랭은 시의회로부터 축출되었고, 총사령관의 직위도 잃었다. 하지만 그는 1547년 11월 29일 자신의 아내와 장인과 더불어 감옥에서 풀려났다.[73]

리버틴들은 반격을 위해 온힘을 결집시켰다. 그들은 200인 의회의 소집을 요

----

71) 비레에게 보낸 1547년 7월 2일자 칼빈의 편지. 보니바르와 가베렐은 프란체스카가 아벨을 향해 그녀의 말을 타고 돌진했으나 아벨이 가까스로 중상을 모면하였다고 말하고 있다.

72) 칼빈이 파렐에게 보낸 1547년 8월 21일자 편지와, *Régisters*, 1547년 9월 1일.

73) 프랑수아·파브르는 이미 프랑스 난민들을 상대로 폭동을 선동했다는 혐의와 칼빈을 "악마의 두목"이라 불렀다는 혐의로 시민권을 박탈당한(10월 5일) 상태였다.

구해서, 거기서 전폭적인 지지를 얻고자 하였다. 1547년 12월 16일 회의장에서 칼빈이 생명의 위협을 무릅쓰고 아무런 무장도 하지 않은 채로 무장한 군중들 가운데 나타나서, 누구든지 피를 흘리고자 한다면 칼빈 자신을 먼저 치라고 외쳤을 때 폭력적인 상황이 벌어졌다. 칼빈은 자신의 용기와 언변으로써 광풍을 잠재우고 부끄러운 살육을 막는 데 성공하였다. 이것은 격정에 대한 이성의 장대한 승리이자, 물리적인 폭력에 대한 도덕적인 힘의 승리였다.

칼빈을 가장 비방하던 자들도 여기서는 무심결에 칼빈에게 그리고 역사의 진리에 찬사를 표하지 않을 수 없었다. 다음은 이 일에 대한 극적인 설명이다.

200인 의회가 소집되었다. 이보다 더 소란스러운 회의는 일찍이 없었다. 말로 하는 데 지친 각 당파들은 무력에 호소하기 시작하였다. 사람들은 이러한 호소를 목격하였다. 칼빈은 수행원도 없이 나타났는데, 그가 회의장 입구에 들어서자 사람들은 그를 죽이라고 소리쳤다. 그는 팔짱을 끼고서 선동자들의 얼굴을 뚫어지게 응시하였다. 아무도 감히 그에게 달려들지 못하였다. 그러자 그는 가슴을 열어젖힌 채 군중들 사이를 뚫고 나아가서 '당신들이 피를 원한다면 여기 몇 방울의 피가 있으니 먼저 쳐라' 라고 말하였다. 누구도 팔을 치켜드는 자가 없었다. 칼빈은 천천히 계단을 올라가서 200인 의회장으로 갔다. 회의장은 피로 물들 찰나에 있었고, 칼이 번쩍이고 있었다. 개혁자의 모습을 보고서 사람들은 무기를 내려놓았고 몇 마디 말로도 소동을 잠재우기에 충분하였다. 칼빈은 의원 한 사람의 팔을 붙잡고 다시 계단을 내려가면서 사람들에게 말할 것이 있다고 소리쳤다. 그가 열정과 감동에 차서 말을 하자, 사람들은 눈물을 흘렸다. 사람들은 서로 얼싸안았고, 조용히 물러갔다. 애국파들은 이날 패배하였다. 이때로부터 승리가 개혁자 칼빈의 것이 될 것이라는 것을 쉽게 예측할 수 있었다. 리버틴들은 가톨릭 성상을 파괴하고 성인들의 조각상 안치대를 뒤집어엎거나 세월이 흘러 이미 약해질 대로 약해진 나무 십자가들을 집어던지는 데는 그렇게 대담함을 보였지만, 이 사람 앞에서는 여자처럼 공포에 떨었다. 사실 칼빈은 이날 마치 호메로스의 서사시에 등장하는 영웅과도 같은 모습을 보여주었다.[74]

이날의 승리에도 불구하고 칼빈은 자신의 대적들을 신뢰하지 않았고, 파렐과

---

74) Audin, *Life of Calvin*, 394.

비레에게 보내는 편지에서 하나님이 그 손을 펼쳐 자신을 보호해 주시지 않는다면 자신이 더 이상 직위를 유지할 수 없을 것 같다는 우려를 표현하였다.

일종의 휴전이 경쟁적인 당파들 사이에 성립되었다. 칼빈은 1547년 12월 28일자 편지에서 파렐에게 이렇게 쓰고 있다.

> 우리의 예전 '황제'는 나에게 어떠한 적의도 가지고 있지 않다고 하였습니다. 그래서 저는 즉시 그와 협상을 벌여서 가장 시급한 문제부터 추진하였습니다. 저는 진중하고 온건한 어조로 말했지만, 사실 얼마간 날카로운 질책의 말도 하였습니다. 하지만 상처를 줄 수 있는 말은 하지 않았습니다. 하지만 그가 비록 개혁을 약속하면서 제 손을 잡았지만, 저는 여전히 귀머거리에게 말을 한 것 같은 우려가 듭니다.[75]

다음 해에 칼빈은 비레에게 보내는 개인적인 편지에서 제네바인들이 "비록 그리스도의 백성을 가장하고 있으나 그리스도 없이 통치하기를 원하고 있으며" 자신은 그들의 이러한 "위선"을 상대로 싸워야 한다고 말했다가 시의회의 비난을 받았다. 누군가 이 편지를 중간에 가로챈 것이었다. 그는 비레와 파렐에게 일종의 해명을 해달라고 도움을 청했다.[76]

페랭은 은밀히 움직였으며, 이 사건으로 유리한 위치에 서게 되었다. 그는 의원직을 회복하고 총사령관직(한동안 폐지되었었다)에도 복직하였다. 그는 심지어 1549년 2월에는 수석 행정장관에 임명되기도 하였다. 그는 세르베투스 재판이 진행되는 동안에도 이 직위를 유지했으며, 시의회에서 세르베투스에 대한 사형 선고를 반대하였다(1553년).

세르베투스 처형이 있은 지 얼마 되지 않아서 리버틴들은, 제네바에 와서 자신들에게 상당히 준엄한 설교를 행했던 파렐을 상대로 항의 시위를 일으켰다(1553년 11월 1일). 조폐소를 담당하고 있던 베르텔리에르(Philibert Berthelier)와 그의 형제인 다니엘(Francois Daniel)은 노동자들을 선동하여 파렐을 론강에 처

---

75) *Opera*, XII. 642 이하. Dyer는 편지의 날짜를 12월 2일이라고 잘못 말하고 있다.

76) *Régisters*, 1548년 10월. 거의 같은 시기에 칼빈의 동생 Antoine의 아내가 간통죄로 수감되었다.

넣으려고 하였다. 하지만 파렐의 친구들이 그를 보호해 주어서, 그는 시의회 앞에서 자신을 변론함으로써 청중들에게 자신의 결백함을 납득시킬 수 있었다. 그래서 잔치를 벌여서 모든 적의를 잊고 묻어 버리기로 결정되었다. 수석 행정장관 페랭은 마음이 약해진 탓인지 아니면 좋은 뜻에서였는지 파렐에게 용서를 구했으며, 앞으로 그를 영적인 아버지이자 목회자로 존경할 것이라고 선포하였다.

이후로 칼빈의 친구들은 시의회에서 유리한 위치를 점하게 되었다. 많은 수의 종교적인 난민들이 시민권을 취득하게 되었다.

당시 소의회 의원이었던 페랭과 그의 친구인 방델(Peter Vandel)과 베르텔리에르(Philibert Berthelier)는 죽기 살기로 최후의 일전을 벌이기로 마음먹고는 무모하고도 저주스러운 음모를 꾸몄다. 이로 인해 이들은 결국 최후를 맞게 되었다. 그들은 종교를 위해 제네바로 도주해 온 모든 외국인들과 이에 동정적인 제네바 시민들을 주일날 교회에 모였을 때 죽일 계획을 세웠다. 하지만 다행스럽게도 이 음모는 시행되기 선에 발각되있다. 이 폭도들이 200인 의회 앞에서 심리를 받게 되었을 때 페랭과 다른 몇몇 주모자들은 뻔뻔하게도 재판관의 자리에 앉고자 하였다. 하지만 이 일이 법과 질서의 편으로 심각하게 기우는 것을 알아차린 페랭은 방델과 베르텔리에르와 함께 제네바에서 도망쳤다. 그들은 공식 통보관의 소환통보를 받았지만, 출두하기를 거부하였다. 예정되었던 재판 날에 다섯 명의 도망자들에게는 사형이 선고되었다. 더욱이 페랭의 경우 폭동을 일으켰을 때 행정장관의 지휘봉을 잡았던 오른손을 잘라 버리라는 판결이 덧붙여졌다. 이 선고는 1555년 6월 허수아비들에게 집행되었다.[77]

그들의 재산은 몰수되었고, 그 아내들은 제네바에서 추방되었다. 군사 독재의 위험을 피하기 위해서 총사령관직은 다시금 폐지되었다.

하지만 베른 정부는 도망자들을 보호하였고, 그들이 자신들의 손이 미치는 곳에 있는 제네바 시민들을 유린하고 칼빈과 제네바에 대해 각종 중상 비방을 퍼붓는 것을 허용하였다.

이렇게 해서 "희극적 황제"는 "비극적 황제"로 종국을 맞았다. 칼빈의 중요한 전기 작가는 페랭 생애의 마지막 장을 "비열한 음모가의 음모에 대한 풍자화"라고 칭했다.[78]

---

77) *Régisters*, 1555년 6월 3일.

3. 피에르 아모(Pierre Ameaux)

아모의 경우는 정치적인 리버틴들과 종교적인 리버틴들 사이의 밀접한 연관성을 보여준다. 그는 200인 의회의 의원이었다. 그는 최악의 자유 연애론을 주장하고 그것을 실천했다는 이유로 종신형을 선고받은 자신의 아내와 이혼하고자 했고 결국 이혼에 성공했다. 하지만 그는 칼빈의 신학과 치리를 증오하였다. 자신의 집에서 만찬을 열고 만취한 그는 칼빈을 그릇된 교리를 가르치는 자요, 매우 사악한 자요, 피카르디 촌놈에 불과하다고 노골적으로 모욕하였다.[79]

이 일로 해서 그는 시의회에 의해 두 달간 투옥되고 60달러의 벌금을 선고받았다. 그는 사과를 하고 자신의 말을 취소하였다. 하지만 칼빈은 이에 만족하지 않고 재심을 요구하였다. 시의회는 그에게 공개적으로 사죄(amende honorable)를 하라는 모욕적인 처벌을 내렸는데, 이것은 셔츠 바람으로 머리에는 아무것도 쓰지 않고 손에는 횃불을 들고 거리를 행진하고 무릎을 꿇고 하나님과 의회와 칼빈에게 용서를 구하라는 것이었다. 이러한 가혹한 판결은 성 제르베 지구에 대중적인 폭동을 야기시켰다. 하지만 시의회 의원들은 무리를 이루어 이 지역으로 나가 술집문들을 닫도록 명하였고, 군중들에게 겁을 주기 위해서 교수대를 설치하도록 하였다. 아모에 대한 선고는 1546년 4월 5일에 집행되었다. 그의 집에서 함께 술을 마셨던 두 설교자 마르(Henri de la Mare)와 메그레(Aim Maigret)는 면직 처분을 받았다. 전자는 시의회 앞에서 칼빈이 "선하고 덕이 있으며 대단히 지적인 사람이지만 때로는 격분하고 인내심이 부족하고 증오와 복수심에 찬 행동을 하는 인물"이라고 말했었고, 후자는 더욱 심각한 범죄를 저질렀던 바가 있다.[80]

4. 피에르 방델(Pierre Vandel)

방델은 잘 생기고 영리했지만 허영심에 찬 기사였다. 그는 수행원과 창부를

---

78) Dyer, 397.

79) *Régisters*, 1546년 1월 27일. Audin은 아모를 "사악한 혀와 에너지가 결핍된 영혼을 지닌 술집의 남자"라고 불렀다.

80) 목회자들은 마르를 위해 중재하였으며, 의회에서는 그에게 6달러를 주었다. Maigret는 자신의 의무를 등한히 하고 소문이 좋지 않은 집을 방문한 데 대해 유죄 판결을 받았다.

거느리고 다니기를 좋아했고, 반지와 금목걸이를 하고 다녔다. 그는 칼빈을 추방하는 일에 적극적이었으며, 그가 귀환한 후에도 대적하였다. 그는 방탕한 생활을 하고 치리법원 앞에서 무례한 행동을 했다는 이유로 감금되었다. 그는 1548년에 행정장관이었다. 그는 페랭의 음모에 가담하여 주도적인 역할을 하였으며 그와 동일한 판결을 받아 망명 생활을 하게 되었다.

5. 베르텔리에르(Philibert Berthelier)

베르텔리에르는 제네바 독립 전쟁에 참여했다가 1519년 참수당한 저명한 애국자의 아들이었으나, 아버지의 명성에 미치지 못하는 아들이었다. 그는 칼빈의 가장 악질적인 적수들 중 하나였다. 볼섹의 말을 믿을 수 있다면, 그는 노용에 가서 칼빈의 젊은 시절의 나쁜 소문들을 수집해 왔으며, 이 자료는 볼섹에 의해 칼빈 사후 13년 만에 출판되었다고 한다. 하지만 이에 대한 어떠한 증거도 없다. 만약 리버틴들이 그런 정보를 가지고 있었다면, 그들은 그것을 최대한 이용했을 것이 분명하다. 베자는 베르텔리에르를 "더할 나위 없이 뻔뻔한 자로, 많은 범죄를 저지른 자"라고 표현하였다. 그는 칼빈을 모욕하고, 교회에 출석하지 않고, 여러 범법 행위를 했으며, 어떤 사과도 거부했다는 죄로 1551년 치리법원에 의해 출교 처분을 받았다. 칼빈은 병으로 인해 이 재판 과정에 참석하지 못했다. 베르텔리에르는 자신이 서기로 일했던 시의회에 항소하였다. 시의회는 처음에는 치리법원의 결정을 인정하였지만, 나중에 페랭이 행정장관으로 있고 세르베투스의 재판이 진행 중일 때 그를 석방시켰다. 그리고 공화국의 인장이 찍힌 사면장을 그에게 발행해 주었다(1553년).

그래서 칼빈은 시의회와 정면으로 충돌하게 되었고, 복종하든가 불복종하든가 양자간 택일을 해야 했다. 후자를 택할 경우 그는 두 번째이자 최종적인 추방을 당할 위험이 있었다. 하지만 그는 그런 위기 상황에서 물러설 인물이 아니었다. 칼빈은 시의회에 맞서기로 결심하였다.

베르텔리에르가 사면되고 난 다음 주일에는 9월의 성찬식이 거행될 예정이었다. 칼빈은 성 베드로 교회에서 평소와 다름없이 설교를 하고 마무리하면서, 자신은 출교된 사람에게 성찬을 베풀어서 그것을 더럽히지는 않을 것이라고 선포하였다. 그리고 나서 그는 목소리를 높이고 손을 들어 올려서 다음과 같은 성 크리소스토무스의 말을 외쳤다. "하나님을 능멸하는 자로 낙인찍힌 자들에게 이 손으로 하나님의 성물들을 베푸느니 차라리 내 목숨을 내놓겠다.”

이것은 또 다른 장엄한 기독교적 영웅주의를 보여주는 순간이었다.

얼마간 신앙심이 있고 칼빈의 성품에 다소 존경심도 지니고 있던 페랭은 이러한 엄중한 경고에 깊은 인상을 받아서 베르텔리에르에게 성찬대로 나가지 말라고 비밀리에 지시를 내렸다. 베자가 보고하는 바에 따르면 성찬식은 “마치 하나님 자신이 가시적으로 그들 가운데 임재하시는 것처럼 심오한 침묵과 엄중한 경외심 속에서” 거행되었다.

오후에 칼빈은 마치 마지막 설교를 하듯이, 바울이 에베소 교회 장로들에게 한 작별의 말(행 20:31)에 관해 설교하였다. 그는 회중들에게 그리스도의 가르침 안에 거하라고 권면하면서, 자신이 얼마나 기꺼이 교회와 교인들을 섬기고자 하는지 밝히면서, 다음과 같은 말을 설교 말미에 덧붙였다.

> 지금 이곳의 상황들로 미루어 볼 때, 이것이 제 마지막 설교가 될 것 같습니다. 왜냐하면 권력을 장악하고 있는 자들이 하나님이 허락지 않으시는 것들을 저에게 강요할 것이기 때문입니다. 그래서 저는 바울처럼 사랑하는 여러분들을 하나님과 그의 은혜의 말씀에 의탁할 수밖에 없습니다.[81]

이 말은 칼빈의 적수들에게까지 깊은 인상을 주었다. 다음 날 칼빈은 동료들과 장로들과 함께, 총회의 재가를 받은 법률이 침해를 받았으니, 시민들 앞에서 의견을 청취할 수 있게 해달라고 시의회에 요구하였다. 시의회는 이 요구를 거부하였지만, 출교권이 시의회에 속한다고 선포한 칙령을 일단 중지시키기로 결의하였다.

이러한 소동의 와중에서 세르베투스의 재판이 진행되어, 10월 27일 그가 화형당함으로써 끝이 났다. 그로부터 며칠 후(11월 3일) 베르텔리에르는 주의 성찬을 받게 해달라고 다시 한 번 요청하였다. 종교를 경멸했던 그가 말이다. 이단을 정죄한 바 있는 시의회는 입법가로서의 칼빈에 복종하는 것이 너무 내키지 않아, 출교권을 다시금 장악하기를 원했다. 하지만 전혀 타협의 의사를 보이지 않는

---

81) 이 설교는 속기사가 받아쓴 것으로, 베자에 의해 라틴어로 번역되었다.

목회자들과 불화를 일으키는 것을 피하기 위해서 시의회는 이 문제에 대해서 다른 4개의 스위스 주들의 견해를 구하기로 결정하였다.

불링거는 취리히 교회와 정부를 대신하여 12월에 답신을 보냈는데, 비록 그가 개인적으로는 칼빈에게 지나치게 엄격하지 말라고 충고하였으나, 본질적으로는 칼빈의 견해를 지지하고 있었다. 베른의 관리들은 자신들의 교회에서는 어떠한 출교도 행해진 바가 없다고 답하였다. 다른 두 주에서 보낸 답신들은 현재 남아 있지 않지만, 칼빈의 입장에 보다 호의적이었을 것으로 여겨진다.

한편 사태는 보다 호전되고 있었다. 1554년 1월 1일 시의회와 재판관들이 베푼 장대한 만찬식에서, 칼빈도 참석한 가운데 사람들은 대체로 평화에 대한 소망을 피력하였다. 2월 2일에 200인 의회는 종교개혁의 교리들을 준수하고, 과거를 잊고, 모든 증오와 적개심을 버리고, 모두가 함께 공존할 것을 손을 들어 서약하였다.

칼빈은 이를 단지 휴전에 불과한 것으로 여겼으며, 앞으로 발생할 문제들을 내다보았다. 칼빈은 자신이 모든 적대자들을 기꺼이 용서했으나 치리법원의 권리들을 희생할 수는 없으며, 그럴 바에는 차라리 제네바를 떠나겠다고 시의회 앞에서 선포하였다. 이러한 긴장 상태는 1554년에도 계속되었다. 이미 언급했던 것처럼 외국인들과 시의회에 대항하는 음모의 형태로 반대 세력이 다시금 등장했다. 이 음모는 실패했다. 베르텔리에르는 페랭과 함께 사형 선고를 받았지만, 그와 함께 도망함으로써 법 집행을 면하였다.

이것이 제네바에서의 리버틴들의 종국이었다.

110. 쇄신된 제네바

리버틴들과의 이러한 오랜 투쟁의 최종적인 결과는 칼빈에 대한 최상의 변호였다. 제네바는 이러한 투쟁을 통해 새로운 도시가 되었고, 그 도덕적 수준과 영적인 수준이 수 세대 동안 다른 기독교 도시들보다 훨씬 뛰어난 모습을 보이게 되었다. 예를 들어 제네바는 16세기의 로마 가톨릭 저술가들에 의해 그리스도의 대리인인 교황과 그의 추기경들의 도시로 묘사되었던 로마와 얼마나 대조적인 모습을 보이고 있는가! 만약 이 사악한 세상 안에서 이상적인 기독교 사회가 여러 종류의 사람들이 뒤섞여 살고 있는 문명사회의 공동체 속에서 실현될 수 있다면, 그것은 16세기 중반부터 18세기 중반까지의 제네바에서 이루어졌을 것이다. 18세기 중반 이후에는 루소(제네바 출신)와 볼테르(인근 페르네 지역에 20년간 거주하였다)의 혁명적이고 무신론적인 천재성이 이 개혁가의 영향력을 분쇄하기 시작하였다.

1555년에 리버틴파가 최종적으로 붕괴한 이후에, 평화가 심각하게 교란된 적은 없었으며, 칼빈의 사역은 별다른 방해 없이 진전되었다. 국가의 당국자들은 복음을 전하는 목회자들 못지않게 교회의 명예와 그리스도의 영광을 위해 열성적이었다. 교회는 사람들로 가득 찼고, 하나님의 말씀이 매일 선포되었고, 가정예배가 규칙이 되었고, 기도와 시편을 노래하는 일이 멈추지 않았으며, 온 도시가 자신들이 믿는 바를 실천하는 신실하고 정직한 기독교인들로 이루어진 공동체의 모습을 보여주는 듯하였다. 취리히와 베른에서 도입되어 시행되고 있던 "예언" 집회의 모범을 좇아, 매 금요일마다 영적인 집회와 간증회가 성 베드로 교회에서 열렸는데, 이러한 모임들은 "회중집회"(Congregation)라고 칭해졌다. 전직 교황 사절로서 잠깐 동안 제네바에 머문 적이 있는 베르제리우스(Peter Paul Vergerius)는 특별히 이러한 회중집회들에 깊이 감명을 받았다. 그는 이렇게 말하고 있다.

> 모든 목회자들과 모든 시민들이 참여하고 있다. 한 사람의 설교자가 성경 본문을 읽고 간략하게 설명을 하고, 다른 설교자가 이에 대해 자신의 견해를 밝힌 다음에는, 누구든지 원하는 대로 자기 생각을 표현할 수 있다. 이는 바울이 이야기한 고린도 교회의 관습을 그대로 모방하고 있다. 나는 자유로운 토론이 이루어지는 이러한 공공 집회에서 많은 감화를 받았다.

제네바 시의 물질적인 번영도 등한시되지 않았다. 대단한 청결주의가 도입되어서, 청결이 경건 다음으로 중요시되어 촉진되었다. 칼빈은 집과 좁고 구불구불한 골목의 쓰레기를 치우라고 강조하였다. 그는 관리들이 시장을 관리하도록 했으며, 유해한 음식들은 판매를 금지하고 론 강에 던져 버리도록 하였다. 저급한 선술집이나 주점들은 문을 닫게 되었고, 폭음도 줄어들었다. 노상에서의 구걸은 금지되었다. 병원과 빈민 구제소가 설치되어 잘 운영되었다. 일할 수 있는 사람에게는 다 적절한 일자리를 주려고 노력하였다. 칼빈은 1544년 12월 29일 긴 연설을 통해 시의회에게 직물과 비단 산업을 시작할 것을 촉구했으며, 두 달 후에는 그 구체적인 세부안을 마련하여 제출하였다. 여기서 그는 이 사업을 시작할 수 있는 충분한 자금을 국고에서 빌려주라고 행정장관 퀴르테(Jean Ami Curtet)에게 추천하였다. 이에 따라 공장들이 설립되어 곧 아주 번성하게 되었다. 제네바의 직물과 비단은 스위스와 프랑스에서 최고 가격을 받았으며, 도시의 물질적인 부를 위한 기반을 놓게 되었다. 프랑스 왕실의 지원을 받은 리옹 시가 비단 생산에서 이 작은 공화국을 앞지르게 되었을 때, 제네바는 이미 시계 제조를 통해 이 손실 부분을 보충하기 시작하였다. 그리고 1885년 미국의 기계들이 성공적인 경쟁품을 만들기까지 이 유용한 시계 제조업은 수위의 자리를 지켰다.

요컨대 제네바의 도덕적이고 물질적인 번영, 지적이고 문학적인 활동, 사회적인 세련됨, 세계적인 명성은 종교개혁과 칼빈의 치리 덕분이다. 칼빈은 모범적인 공동체의 고상한 예를 마련한 것이다. 실로 아무리 정부가 전적으로 돕는다고 할지라도 규모가 큰 나라에서 이상적인 교회를 실현한다는 것은 불가능한 일이다. 청교도들은 영국과 뉴잉글랜드에서 이를 시도하였지만 단지 부분적으로 그리고 짧은 기간 동안만 성공했을 따름이었다. 하지만 목회자가 자발적인 원칙에 의거하여 자기 교회에서 이러한 노력을 기울이는 것을 막아서는 안 된다. 때때로 우리는 탁월한 능력을 갖춘 헌신적인 목회자의 지도 아래에서 작은 공동체들이 이에 버금가는 일들을 해낸 것을 볼 수 있다. 슈타인탈의 오벌린(Oberlin), 헤르만스부르크의 하름스(Harms), 뉴데텔사우의 뢰헤(Löhe) 등이 그러한데, 이들은 모두 자신들의 사역지 너머까지 그 영향력을 미쳤다.

칼빈의 영향을 통해 제네바에 일어난 변화들을 직접 눈으로 목격한 방문자들의 증언에 귀 기울여 보자.

로마 가톨릭의 지배 하에 있던 제네바의 상태와 칼빈이 도착하기 전의 초기 종교개혁기의 모습을 다른 누구보다 잘 알고 있었던 파렐은 이 도시를 1557년에 다시 방문하고는 암브로시우스 블라우러(Ambrosius Blaurer)에게 편지하여, 자기는 이곳에서 기꺼이 가장 비천한 자들과 더불어 배우고 싶다고 하였다. 그리고 "다른 곳에서 머리가 되기보다는 이곳 제네바에서 꼬리가 되겠다"고 하였다.[82]

스코틀랜드의 개혁가인 존 녹스는 제네바에서 (비록 칼빈보다 5살이나 더 많았지만) 칼빈의 제자로서 또 영국인 교회의 목사로서 수년간 수학하였는데, 1556년 그의 친구 로크(Locke)에게 이렇게 써보내었다.

저는 진심으로 당신을 이곳으로 이끌고 인도하는 것이 하나님의 기쁘신 뜻이라고 생각했고 또 앞으로도 계속 그렇게 소망할 것입니다. 제가 아무런 두려움도 부끄러움도 없이 말씀드릴 수 있는 것은 이곳이 '사도 시대 이후에 이 땅에 존재했던 가장 완벽한 그리스도의 학교'라는 것입니다. 다른 곳에서도 그리스도가 참되게 전파되고 있다는 것을 알고 있습니다. 하지만 저는 생활 방식과 종교가 이처럼 진지하게 개혁된 예를 다른 어느 곳에서도 본 적이 없습니다.[83]

뷔르템베르크의 루터파 교회의 빛나는 별이었던 안드레애(Valentine Andreae 1586-1654: 루터파 「일치신조」의 핵심 저자이다) 박사는 그리스도에 대한 사랑으로 충만한 인물로서, 칼빈 사후 거의 50년만인 1610년에 제네바를 방문하였다. 그는 물론 정통 루터파 신자로서 칼빈주의에 대한 편견을 가지고 있었지만, 자신이 여행한 수많은 지역과 심지어 자신의 조국인 독일의 어느 공동체보다도 이 도시에서 기독 정치에 대한 자신의 이상에 가장 가까운 모습을 발견하고는 깜짝 놀랐다. 그는 이렇게 쓰고 있다.

제네바에 있을 때 나는 살아 있는 한 기억하고 갈망할 어떤 위대한 것을 목격하였다. 그곳에는 완전한 공화국의 완전한 제도만 있었던 것이 아니라 보다 특별한 것이 있었는데, 바로 도덕적인 치리였다. 시민들의 행동거지와 심지어 아주 사소한 위반 행위들까지도 매주 점검되었다. 먼저는 각 구역을 맡고 있는 검사관들이, 그 다음에는 수석 검사관들이, 그리고 최종적으로는 관리들이 죄질과 범법자의 전과 여부에 따라서 심사하였다. 일체의 저주나 맹세, 도박, 사치, 분쟁, 증오, 사기 등이 금지되었다. 이보다 더 큰 죄에 대해서는 들어보지도 못했다. 도덕적 순결함이란 얼마나 고귀한 기독교의 장식물이 되는가! 우리는 우리에게 그러한 것이 결여되어 있고 거의 전

---

82) Kirchhofer, *Farel's Leben*, II. 125.
83) Thomas M'Crie, *Life of John Knox*, 129.

적으로 간과되고 있다는 사실에 눈물을 흘리면서 탄식해야 할 것이다. 만약 신앙의 차이만 없었다면, 이들의 도덕에 동감하여 이곳에 영원히 눌러 앉았을 것이다. 그 이후에 나는 그와 같은 것을 우리 교회들에 도입해 보고자 시도하였다. 이러한 공적인 치리 못지않게 두드러졌던 것은 내가 머물렀던 집 주인인 스카론 씨가 지키고 있던 가정 내에서의 규율들이었다. 그는 매일 묵상의 시간을 가졌고, 성경을 읽었고, 그 말과 행동에 하나님에 대한 경외심이 충만했으며, 먹고 마시고 입는 일에 절제하였다. 나는 내 아버지의 집에서도 이처럼 대단한 도덕적인 순결함을 찾아보지 못하였다.[84]

칼빈의 사후에도 그의 치리가 깊이 오랫동안 영향을 미쳤다는 데 대해서 이보다 더 강력하고 공정한 증언을 해주는 것은 없을 것이다.

---

84) 1642년에 씌어진 그의 자서전과, 1619년의 *Respublica Christianopolitana* 혹은 *Christianopolis*를 보라.

제 14 장

칼빈의 신학

111. 칼빈의 주석서들

칼빈은 주해에 관한 한 최상급에 속하는 천재였다. 그의 주석서들은 독창성, 깊이, 명료함, 건전함, 그리고 영속적인 가치에 있어서 추종을 불허하였다. 종교개혁 시기는 성경 번역과 강해에 있어서 그 어느 때보다 결실이 많았던 시대였다. 루터가 번역의 왕이었다면, 칼빈은 주석의 왕이었다. 풀(Poole)은 자신의 책 「공관복음」(*Synopsis*) 서문에서 칼빈을 더 자주 언급하지 못한 데 대해 사과하면서, 다른 사람들이 칼빈의 글을 너무 많이 차용했기 때문에 자신이 그 사람들을 인용한 것은 바로 칼빈을 인용한 것이라고 말하였다. 칼빈 전집의 주 편집자이자 그 자신이 또한 저명한 성경학자였던 로이스(Reuss)는 칼빈이 "16세기의 가장 뛰어난 주석가"라고 말하고 있다. 파러(Archdeacon Farrar)도 똑같이 이러한 평가를 내리고 있다.[1] 구약 주해 분야 최고의 역사가인 디스텔(Diestel)은 그를 가리켜 "진정한 주해를 탄생시킨 인물"이라고 칭하였다. 시대를 뛰어넘어서까지 살아남는 주석서들은 그리 많지 않다. 하지만 칼빈의 주석서들을 능가하는 작품들은 그리 쉽게 나타날 것 같지가 않다. 이는 크리소스토무스의 「설교집」(*Homilies*)이 교부들의 수사법에 대한 책으로, 벵겔의 「금언집」(*Gnomon*)이 함축과 시사를 보여주는 책으로, 그리고 매튜 헨리의 「강해집」(*Exposition*)이 설교

---

1) "종교개혁 시대의 가장 뛰어난 주석가요 신학자는 의심할 여지 없이 칼빈이었다." *History of Interpretation* (London, 1886), p. 342.

자들에게 경건을 일깨우고 금언들을 제시해 주는 책으로 최고의 책이 되고 있음과 마찬가지이다.

칼빈은 슈트라스부르크에서 로마서에 대한 일련의 주석서들을 저술하기 시작했는데, 이 주석서들은 이후에 그의 신학 체계의 주된 기반이 되었다. 친구이자 히브리어 선생이었던 바젤의 그리나이우스에게 바치는 헌사에서(1539년 10월 18일) 그는 최고의 해석 방법론에 대한 자신의 견해를 제시하고 있는데, 곧 전체적인 간결성, 명료성, 그리고 성경 기자의 정신과 글에 대한 엄격한 충실성이 그것이다. 그는 점차 구약 성경 가운데 가장 중요한 책들인 오경, 시편, 예언서들과 함께, 요한 계시록을 제외한 신약 성경 전체를 강해하였다. 그가 요한 계시록을 따로 떼어 놓은 것은 지혜로운 판단이었다. 소선지서 주석서와 같은 몇몇 강해서들은 그의 자유롭고 즉흥적인 강의와 설교를 요약해서 출판된 것이다. 그의 마지막 저술은 여호수아 주석서였는데, 이 작업은 그가 육체적으로 매우 허약할 때에 시작되어, 죽어서 약속의 땅으로 들어가기 직전에 완성되었다.

서재에서 그리고 강단에서 하나님의 말씀을 강해하는 것은 그에게 기쁨이 되었다. 따라서 그의 신학은 현학적이라기보다는 성경적이다. 시편과 바울 서신들에 대한 주석서들은 그의 최고의 작품으로 여겨진다. 그는 다윗과 바울에게 깊이 공감하였으며, 그들의 역사 속에서 자기 자신의 영적인 전기를 읽었다. 그는 (서문에서) 시편을 가리켜 다음과 같이 말하고 있다.

> 영혼의 모든 부분에 대한 해부이다. 왜냐하면 여기에는 우리의 모든 감정이 마치 거울을 들여다보는 것과 같이 표현되어 있기 때문이다. 다르게 말하면, 성령은 여기서 탄식, 슬픔, 공포, 의심, 소망, 걱정, 번민, 간단히 말하면 인간의 마음을 뒤흔드는 일체의 미혹케 하는 감정들을 생생하게 묘사해 주고 계신다.

그는 자신의 시련과 투쟁들로 인해 이러한 거룩한 작품들을 보다 명확하게 이해할 수 있었다고 덧붙였다.

그는 주석가에게 필요한 모든 자질들, 즉 문법적인 지식, 영적인 통찰력, 정확한 지각력, 건전한 판단력, 그리고 실용적인 재치를 아주 드물게 잘 갖춘 인물이었다. 그는 철저하게 성경의 정신에 공감하였다. 그는 그 자신을 성경 기자의 상황 속에 집어넣었으며, 자신이 살고 있는 시대의 유익을 위해 그들의 사상을 재생산하고 적용시켰다.

톨룩(Tholuck)은 칼빈 주석서들의 가장 뛰어난 장점들로 다음 네 가지를 꼽았다. 교리적인 불편부당성, 주해적인 기교, 다양한 지식, 그리고 깊은 기독교적 경건성이 그것이다. 비너(Winer)는 칼빈이 "사도 바울이 말하고자 하는 바를 파악하는 데 있어서 참으로 놀라운 명민함을 보여주며 또 그것을 해설하는 데 있어서 명쾌함을 보여주고 있음을" 칭송하였다.

1. 먼저 칼빈의 언어학적인 소양을 살펴보기로 하자. 멜란히톤은 "성경은 먼저 문법적으로 이해되지 않으면 결코 신학적으로 이해될 수 없다"고 제대로 말하고 있다. 멜란히톤은 르네상스 학교를 거쳤기 때문에 그리스어에 아주 능통해서 그리스어로 사고할 수 있을 정도였으며, 학식있는 친구들에게 편지를 쓸 때 잘 사용되지 않는 그리스어 단어들을 구사하지 않고는 배기지 못하였다. 그는 루터가 성경을 번역하는 데 막대한 도움을 주었다. 하지만 그의 주석서들은 문법적이라기보다는 교의적이었으며, 그 깊이와 설득력에 있어서 루터와 칼빈의 주석서들에 미치지 못하였다.[2]

루터는 독창성, 참신함, 영적인 통찰력, 대담한 추론, 그리고 간간이 천재성을 발휘하는 데 있어서 다른 모든 개혁자들을 능가하였다. 그 자신이 "내 아내"라고 불렀던 갈라디아서 주석은 당대의 질문에 대해 복음주의적인 자유라는 주도적인 사상을 공감을 불러일으키면서 개진하고 설득력있게 적용시키고 있는 걸작이다. 하지만 루터는 엄밀한 의미에서 주해가는 아니었다. 그에게는 방법론과 규칙이 없었던 것이다. 그는 비유적인 해석을 가리켜 순전히 "원숭이 짓"(Affenspiel)이라고 비난하면서도, 종종 욥기, 시편, 아가서 등에서는 그런 방법론을 사용하였다. 그는 대단히 영적이었으나, 해석에서는 츠빙글리와 비교해 볼 때 거의 노예적이라고 할 만큼 문자적이었다. 그는 좀처럼 본문을 붙잡고 충실히 씨름하지 않았으며, 단지 인기 있는 설교를 하기 위한 혹은 교황과 분파에 대항한 논쟁을 하기 위한 출발점으로 삼을 뿐이었다. 그는 교부들의 일치된 견해

---

2) 칼빈 자신은 멜란히톤, 불링거, 부처 등이 로마서 주석서들에서 이룬 성경 해석학적 공로를 충분히 인정하였다. 그러나 그는 그것들보다 훨씬 탁월한 자신의 주석을 정당화하기 위해 그들의 결점을 은근히 암시한다. 1539년에 기록된 바 그리나이우스에게 바친 흥미로운 헌사를 보라.

도 별로 개의치 않았다. 그는 아주 자유롭게 개인적인 판단을 성경 해석에 적용시켰으며, 교의적이고 주관적인 기준 즉 자신의 이신칭의 교리에 따라 성경 내의 여러 책들의 정경성과 권위를 판단하였다. 그래서 이러한 교리를 야고보서에서는 찾아볼 수 없으므로 그는 야고보서를 "지푸라기 서신"이라고 불손하게 칭하였다. 그가 근대 비평학을 예시하였으나, 그의 비평은 그리스도와 하나님의 말씀에 대한 신앙에서 비롯된 것이지 회의론에서 나온 것은 아니라는 차이가 있다. 그의 최고의 작업은 번역이었으며, 그 다음으로는 어린이들을 위한 요리문답이라 할 수 있다.

츠빙글리는 "그리스도의 가르침을 그 근원으로부터 끌어내기 위해" 글라루스와 아인지델른에서 그리스어를 공부하였다. 히브리어는 취리히로 청빙을 받고 난 다음에 배웠다. 그는 또한 교부들을 공부하였는데, 에라스무스와 마찬가지로 아우구스티누스보다는 히에로니무스에 더 몰두하였다. 그의 성경 강해는 명쾌하고, 쉽고, 자연스러웠지만, 얼마간 피상적이었다. 스위스의 개혁자인 동시에 주해가들인 오이콜람파디우스, 그리나이우스, 불링거, 펠리칸, 그리고 비블리안더 같은 사람들은 모두 언어학적인 준비가 제대로 되어 있었다. 펠리칸은 독학한 학자(1556년 사망)로서 1525년에 츠빙글리로부터 취리히로 오라는 청빙을 받았는데, 로이힐린(Reuchlin) 이전에 이미 소책자로 히브리어 문법책을 저술했고 취리히에서 성경 전체에 대한 해설서를 출판하였다. 비블리안더(1564년 사망) 역시 취리히의 히브리어 교수였는데, 다른 셈족 언어들에도 얼마간 능통하였다. 하지만 그는 칼빈주의자라기보다는 에라스무스주의자였으며 절대적인 예정 교리를 반대하였다.

히브리어 성경으로 이들 학자들은 봄베르크 편집판(Daniel Bomberg, 베네치아, 1518-1545), 히브리어 성경뿐 아니라 70인역 성경과 불가타 성경과 히브리어 어휘집까지 수록하고 있는 콤플루툼 학파 대역성경(Complutensian Polyglot: 알칼라에서 1514-1517년 인쇄되어 1520년에 출판), 세바스티안 뮌스터 편집본(바젤, 1536), 그리고 로베르 슈테팡 편집본(에티엔, 파리, 1539-1546) 등을 사용하였다. 그리스어 성경으로는 이들은 에라스무스 판(바젤, 5판, 1516-1535), 콤플루툼 학파 대역성경(1520), 콜리나이우스 판(파리, 1534), 슈테팡 판(파리와 제네바, 1546-1551) 등을 사용하였다. 칼빈이 죽고 나서 일년 후에 베자는 라틴어 판을 첨부한 그리스어 성경을 출판하였는데(제네바, 1565-1604), 이는 널리 사용되었다.

본문 비평은 아직 출현하지 않았는데, 이러한 작업은 성경 사본들, 고대 편집본들, 그리고 교부들의 인용문들로부터 본문 자료들이 수집되기 전까지는 시작될 수 없는 일이었다. 따라서 이 점에서 종교개혁기의 모든 주석서들은 빈약하고 무용할 수밖에 없었다. 문서 비평은 유대 외경과 신약 성경의 몇몇 논란서(antilegomena: 정경으로 채택하는 데 있어서 반대나 논란이 있었던 책들로, 히브리서, 야고보서, 베드로후서, 요한이서, 요한삼서, 유다서, 계시록의 7권을 말한다: 역자주)들에 대한 프로테스탄트의 탐구 정신에서 시작되었으나, 곧 교의주의에 의해 압도되고 말았다.

칼빈은 라틴어와 프랑스어에 탁월했을 뿐 아니라, 성경 언어에도 매우 능통하였다. 그는 부르주에서 볼마르에게 그리스어를 배웠고, 히브리어는 바젤에 머무는 동안 그리나이우스에게서 배웠다. 그는 이 두 언어에 대한 공부를 꾸준하게 계속하였다.[3] 그는 고전에도 능통하여서, 그의 첫 번째 책이 바로 세네카의 「관용론」(De Clementia)에 대한 주석이었으며, 때때로 플라톤, 아리스토텔레스, 플루타르크, 폴리비오스, 키케로, 세네카, 베르길리우스, 호라티우스, 오비디우스, 테렌티우스, 리비우스, 플리니우스, 퀸틸리아누스, 디오게네스 라에르티우스, 아우루스 겔리우스 등을 언급하고 있다. 그는 디도서 1장 12절에서 바울이 에피메니데스를 인용하는 데서 이렇게 추론하고 있다.

이교도 저술가들의 글에서 어떤 것도 인용하려고 하지 않는 사람들은 미신적이다. 모든 진리는 하나님으로부터 비롯되기 때문에, 비록 경건하지 못한 사람들이 말한 내용이더라도 그것이 적절하고 진실한 것이라면 결코 배격되어서는 안 된다. 그것들

---

3) 로마 가톨릭 학자인 Richard Simon은 그의 히브리어 실력을 부당하게 과소평가하였다. 하지만 아주 유능한 판관인 Diestel 박사는 칼빈을 "대단히 견실한 히브리어 지식"의 소유자라고 평하였다. Tholuck 또한 "구약 성경에 대한 칼빈의 주석서를 보면 우리는 그가 히브리어를 단지 이해하고 있었을 뿐만 아니라 그 언어에 대해 매우 철저한 지식을 소유하고 있었음을 확신할 수 있다"라고 주장한다. 그는 칼빈이 정확하게 설명하고 있는 일련의 난해한 히브리어와 그리스어 단어들을 예로 들어 언급하고 있다. 그는 제믈러(Semler)가 별다른 근거도 없이 칼빈이 펠리칸의 각주에 의존하였다고 주장하는 것을 반박하고 있다.

도 다 하나님께로부터 발원된 것이기 때문이다. 그리고 만물이 다 하나님에게 속한다면, 왜 이것들 또한 하나님의 영광을 위해 사용하면 안 되는가?

고린도전서 8장 1절에 대해서도 그는 "칼이 미친 사람의 수중에 들어갔다고 해서 그 칼을 비난할 수 없듯이 과학의 경우도 이와 마찬가지이다"라고 말하고 있다. 하지만 그는 결코 자신의 학식을 과시하지 않았으며, 오로지 성경의 의미를 밝히기 위한 도구로만 사용하였다. 그는 학자들뿐만 아니라 교양 있는 평신도들을 위해 책을 썼으며, 지나치게 세밀한 탐구나 비평은 삼갔다. 하지만 그는 베자에게 언어학적인 깊이가 매우 뚜렷한 그의 신약 주석을 출판하라고 격려하였다.

칼빈은 또한 교부들의 주석서에도 정통하였으며, 그것들에 대해 루터보다 훨씬 더 존경심을 가졌다. 그는 히에로니무스의 언어학적인 학식과 기교, 아우구스티누스의 영적인 깊이, 그리고 크리소스토무스의 설교학적인 풍성함을 높이 평가하였다. 하지만 그는 독자적인 판단과 비판적인 안목을 가지고 이것들을 사용하였다.[4]

---

4) 그는 「기독교 강요」 서문에서 교부들에 대해 평가하고 있다. "더욱이 그들은 우리가 교부들, 즉 초대교회의 보다 순수하던 시대의 저술가들을 반대하고 있다고 비방하고 있습니다. 마치 교부들이 자신들의 불경건을 지지하기라도 하는 듯이 말입니다. 만일 교부적 권위에 의해 승부가 결정된다면, 아무리 겸손하게 말한다 하더라도 승리는 우리의 것입니다. 이 교부들의 저작에는 지혜롭고 탁월한 것들이 많이 포함되어 있지만, 이들도 인간이 공통적으로 범하는 과오들로부터 자유로울 수는 없었습니다. 그런데도 소위 이 경건한 자들은 그들의 재능과 판단력과 정신력을 총동원하여 교부들의 결함과 오류만을 존경하고, 교부들의 탁월한 저작은 무시, 와전, 곡해해 버렸습니다. 참으로 황금 가운데서 불순한 찌꺼기를 수집하는 것이 곧 그들의 유일한 과제였다고 말할 수 있을 것입니다. 그런데도 이들은 우리를 교부들의 대적자요 교부들을 멸시하는 자라고 몰아치고 있습니다. 하지만 우리는 교부들을 멸시하지 않습니다. 만약 그 일이 지금의 제 목적과 일치하는 것이라면, 저는 오늘날 우리가 주장하는 것 대부분을 교부들의 동의를 얻어 쉽게 입증할 수 있습니다. 그러나 우리는 교부들의 저작에 정통하여, 거기에 다음과 같은 말이 인용되어 있는 것을 항상 기억하고 있습니다. 즉 '만물이 다 우리의 것'(고전 3:21-22)이로되, 이는 우리를 지배하기 위해서 있는 것이 아니라 우리를 섬기기 위해 있다는 것(눅 22:24-25), 그리고 '우리는 다 그리스도의 것'(고전 3:23)이며, '누구를 막론하고 당연히 그에게 순종할 의무가 있다'

2. 칼빈은 해석자의 일차적이고 근본적인 목표는 사고와 언어의 법칙에 따라 성경 기자들이 말하고 있는 참된 의미를 밝히는 것이라는 생각을 견지하였다. 그는 자신을 성경 기자들의 마음 상태와 환경 속에 집어넣어서 그들과 동화되고자 하였으며, 우리가 생각하는 대로 혹은 바라는 대로 그들이 말했을지도 모르는 혹은 말했음에 마땅한 것들이 아니라 실제로 그들이 말한 것들이 무엇인지 그들이 직접 설명하도록 하였다. 이와 같은 천재적인 주해 방법론에 있어서 그는 놀라울 만큼 성공적이었다. 그렇지만 몇몇 경우에는 자신이 선호하는 이중 예정 교리 혹은 로마에 대한 적대감으로 인해 그의 판단이 경도되었다. 하지만 그런 경우에도 그는 동시대인들보다 훨씬 온건하고 공정하였다. 당시 사람들은 교황제와 수도원에 대한 광범위하고 부적절한 비판에 지나치게 빠져 있었다. 그는 마태복음 16장 18절에 나오는 "반석"이 모든 신자들의 대표로서의 베드로 개인이라고 바르게 해석하였다. 그는 본문에 충실했던 것이다. 그는 부적절한 허튼 소리와 장황설을 혐오하였다. 그는 학자연하는 사람이 아니었다. 그는 결코 어려움을 회피하지 않고, 그것들을 솔직하게 대면하고 해결하고자 애쓰는 사람이었다. 그는 문장의 전후 연관 관계를 주의 깊게 살폈다. 그의 판단은 항상 명확하고 단호하며 건전하였다. 주석서들은 대개 건조하고 흐름이 부드럽지 못하며 평범한 문체로 씌어진 경우가 많다. 하지만 그의 해설은 쉬우면서도, 우아한 에라스무스적 라틴어 문체로 유려하게 재현과 각색의 흐름을 만들어 내고 있다. 그는 임종시에 자신은 결코 성경의 한 구절도 고의적으로 왜곡하거나 잘못 해석한 일이 없으며, 항상 단순성을 추구하고 자신의 명민함과 재간을 과시하지 않았다고 분명하게 단언할 수 있었던 사람이다.

그는 성경 전체를 번역해 내지는 않았지만, 자신이 라틴어나 프랑스어로 주해한 부분들에 대해서는 라틴어판과 프랑스어판을 내었다. 그리고 그는 1535년 처음 출간된 사촌 올리베탕(Pierre Robert Olivetan)의 프랑스어판을 1545년과 1551

(골 3:20 참조)는 것들입니다. 이러한 구별을 간과하는 자는 종교에 대해 어떤 확신도 갖지 못할 것입니다. 왜냐하면 이들 거룩한 인물들도 모르는 것이 많고 서로 의견이 일치하지 않을 때도 있고 때로는 스스로 모순에 빠지기도 했기 때문입니다." 자신의 로마서 주석 서문에서 칼빈은 교부들의 경건, 학식, 덕성을 높이면서, 그들이 고대인이라는 점이 그들에게 그와 같은 권위를 가져다준다고 덧붙였다. 이러한 칼빈의 평가를 교부들에 대한 더욱 대담하고 노골적인 루터의 견해와 비교하라.

년에 개정하였다.

3. 칼빈은 근대 문법적-역사적 주해의 창시자이다. 그는 성경 기자들이 다른 모든 지각있는 저자들과 마찬가지로 독자들에게 하나의 확고한 생각을 그들이 이해할 수 있는 언어로 전달하고자 했다는 올바르고 근본적인 해석학적인 원칙을 주장하였고, 또 그 원칙에 따라 자신의 작업을 수행하였다. 성경의 각 구절들은 문자적 의미를 지니든지 혹은 상징적 의미를 지니는 것이지, 한꺼번에 두 가지 의미를 다 가질 수는 없다. 하나님의 말씀은 무한한 것이어서 모든 시대에 적용될 수 있지만, 설명과 적용은 서로 다른 것이고, 적용은 반드시 설명과 일관성을 가져야 한다.

칼빈은 중세기의 비유적 해석 방법론에서 떠났다. 중세의 방법론은 성경에서 네 가지(문자적, 비유적, 도덕적, 신비적)나 되는 의미를 발견하여서, 성경의 의미를 자기 마음대로 변질시키고 위선적인 속임수로써 진실된 해석을 대체하였다. 그는 "유치하고" "억지적인" 비유들에 대해서 말하면서, 그것들 속에는 "견고하고 확실한" 것이 아무것도 없기 때문에 자신은 그것들을 배격한다고 말하고 있다. 성경을 우리 추측대로 이리저리 왜곡하는 것은 거의 신성모독에 해당하는 무례한 죄를 범하는 것이다. 갈라디아서 4장 22절에서 26절에 나오는 사라와 하갈의 비유에 대해 주해하면서, 칼빈은 오리게네스가 마치 성경에 나타난 명료한 역사적 의미가 너무나 천박하고 하찮은 것처럼 그것들을 제멋대로 비유적으로 해석하였다고 비난하였다. 그는 이렇게 말하고 있다.

> 나는 성경이 모든 지혜의 가장 풍부하고 무한한 근원이라고 고백한다. 하지만 나는 그 풍성함이 누구든 자기가 원하는 대로 거기에 다양한 의미를 부여할 수 있음을 뜻하는 것이라고는 생각하지 않는다. 따라서 성경의 진정한 의미는 자연스럽고도 명료한 의미라는 것을 인정하자. 그리고 그것을 받아들이고 결연하게 그에 따르도록 하자. 우리로 하여금 이러한 자연적인 의미에서 멀어지도록 하는 위장된 해설들을 단지 의심스럽다고 무시하기만 할 것이 아니라 치명적인 부패로 보고 폐기하자.

그는 이 구절의 해석에서 "알레고리"라는 단어가 부적절하게 사용되었다는 크리소스토무스의 말에 동의를 표하고 그것을 인용하고 있다. 그는 억지로 짜맞추어 해석상의 어려움들을 해소하려는 시도들에 반대하였다. 그는 공관복음서 세 권만 가지고 공관복음서 대조표를 구성하였고, 요한복음은 별도로 떼어 설명하였다.

4. 칼빈은 교의주의라는 굴레로부터 주해를 해방시켰다. 그는 놀라울 정도로 전통적인 전제들과 편견들로부터 자유로웠으며, 기독교의 진리는 강제적인 교리들에 매여 있는 것이 아니라는 것을 확신하고 있었다. 그는 복수형으로 씌어진 엘로힘(Elohim)이라는 단어에서도, 창세기 18장 2절에서 아브라함을 찾아온 세 천사에게서도, 시편 6편 3절("여호와여 주는 나의 방패시요 나의 영광이시요 나의 머리를 드시는 자니이다")에서의 트리사기온(Trisagion: 최고의 거룩함을 세 번으로 표시하는 찬사로, 삼위일체에 대한 찬사를 의미한다: 역자주)에서도 삼위일체 교리의 어떠한 증거도 발견할 수 없었으며, 시편 33편 6절("여호와의 말씀으로 하늘이 지음이 되었으며 그 만상이 그 입 기운으로 이루었도다")에서 성령의 신성에 대한 증거 또한 찾을 수 없었다.[5]

5. 그는 예언을 역사적으로 제대로 이해할 수 있는 길을 예비하였다. 그는 이스라엘 신앙과 소망의 정수인 메시야 예언들을 전적으로 믿었다. 그렇지만 그는 먼저 그 예언들은 그것들이 선포된 바로 그 시대를 향해 일차적인 의미를 지니고 실제적으로 적용되는 것이고, 또 그리스도 안에서 장차 이루어질 성취도 내포하고 있다고 생각하였다. 그리하여 미래뿐만 아니라 현재까지도 포괄하고 있다는 것이다. 따라서 그는 시편 2, 8, 16, 22, 40, 45, 68, 110편을 예표적으로, 그리고 간접적으로 메시야를 예표하고 있는 것으로 설명하였다. 다른 한편 그는 특히 설교 속에서 예표론을 광범하게 사용하여, 다윗뿐 아니라 예루살렘의 모든 왕들에게서 "그리스도의 형상"을 발견하였다. 그는 창세기 3장 15절의 원시복음(protevangelium)을 설명하면서, "여인의 씨"가 총체적으로 인류를 의미하며, 이들이 사탄과 더불어 벌이는 영속적인 투쟁은 결국에는 모든 인류의 수장이신

---

5) 루터파 신학자들은(심지어 Walch까지) 그가 삼위일체와 메시야의 신성에 대한 구약 본문을 유대주의적이고 소키누스적으로 잘못 해석하였다고 비난하였다. Aegidius Hunnius는 자신의 책 *Calvinus Judaizans*(Wittenberg, 1593)에서, 칼빈은 성경을 가증스럽게 왜곡시켰으므로 마땅히 화형에 처해야 한다고 생각하였다. 하이델베르크의 D. Pareus는 자신의 책 *Orthodoxus Calvinus*에서 이러한 혐의에 대항하여 칼빈을 변호하였다. 현대 루터파 주석에서는 그의 입장을 전반적으로 승인하고 있다.

그리스도의 승리로 종식된다고 정확하게 이해하였다. 그는 "말씀을 이루려 하심이니라"는 문구의 의미를 넓혀서, 때때로 단순히 구약 성경과 신약 성경 사건 사이의 유비나 상응 관계를 나타내는 것으로 이해하였다. 아기 그리스도가 이집트에서 귀환하는 것을 언급하기 위해 마태가 인용한 호세아 11장 1절의 예언은 따라서 "단지 그리스도에만 국한되는" 것이 아니라 "현재의 상황에도 기술적으로 적용"되어야 한다. 마찬가지로, 바울은 로마서 10장 6절에서 모세의 말씀을 자신이 맞닥뜨린 상황에 맞추어 조금 윤색하고 있다.[6]

6. 그는 성경에 대해 매우 심오한 존경심을 가지고 있어서, 성경은 살아 계신 하나님의 말씀을 담고 있는 책이자 신앙과 책무에 대해 유일하게 무오하고 충분한 규범이 되는 책이라고 생각하였다. 하지만 그는 특정한 영감설에 의해 좌우되지는 않았다. 그가 야고보서, 유다서, 히브리서, 계시록에 대한 루터의 부주의한 판단들을 결코 인정하지 않았으리라는 것은 확실하지만, 신앙의 정수들을 건드리지 않는 사소한 실수들을 용인하는 데는 조금도 주저함이 없었다. 그는 마태복음 27장 9절에 관해 이와 같이 말하고 있다.

> 고백하건대, 예레미야의 이름이 어떻게 여기 들어와 있는지 나는 알지 못하고, 또 이 문제를 심각하게 간주하지도 않는다. 사실을 살펴보건대 실수로 스가랴 이름 대신에 예레미야가 들어온 것이 확실하다. 예레미야에는 그와 같은 언급이 없기 때문이다.

사도행전 7장에 나오는 스데반의 설교와 창세기의 기록 사이의 차이와 관련하여, 그는 스데반 혹은 누가가 모세가 아니라 옛 전승에 근거하여 진술한 탓에 "아브라함의 이름에 실수를"[7] 범했을 것이라고 제안하고 있다.

그는 17세기의 순수파(Purists)들의 현학성과는 거리가 멀었다. 이들 순수파들은 성령이 일체의 파격 어법이나 조야한 구문, 혹은 사소한 문법 위반도 행할 수 없다는 전제 위에서 신약 성경 그리스어의 고전적인 순수성을 주장하였다. 이것은 사도들과 복음 전도자들이 하늘에 속하는 진리의 보배를 질그릇 속에 담았다

---

6) 창 3:15; 사 4:2; 6:3; 시 33:6; 마 2:15; 8:17; 11:11; 요 1:51; 2:17; 5:31 이하; 고후 12:7; 벧전 3:19; 히 2:6-8; 4:3; 11:21에 대한 그의 각주를 비교하라.

7) 창 50:13에 따르면, 아브라함이 헤브론의 막벨라 굴을 샀으며, 야곱은 세겜이 아니라 이 굴에 묻혔다.

는 것을 망각하고 있는 것이고, 하나님의 능력과 은혜가 보다 더 명확하게 표현될 수도 있었다는 사실, 그리고 바울 자신도 "지식에서는" 그렇지 않으나 "말"에 있어서는 조야하다고 고백하고 있다는 사실을 망각하고 있는 것이다. 칼빈은 특별히 바울을 언급하면서, 하나님의 비범한 섭리에 의해 최상의 신비가 우리에게 "경멸할 만한 비천한 말의 형태로" 맡겨졌으며, 우리의 신앙은 인간적인 달변의 능력이 아니라 오직 신적인 성령의 효율성에만 의거할 수 있다고 말하고 있는데, 이는 옳은 말이다. 그러면서도 그는 바울의 문체가 지니고 있는 설득력과 정열, 위엄과 무게를 충분히 인식하고 이를 번개의 섬광에 비유하고 있다.[8]

17세기의 스콜라적 루터파와 마찬가지로 스콜라적 칼빈주의자들은 개혁자들의 자유스러운 견해들을 떠나, 기계적인 이론을 받아들였다. 기계적인 이론은 영감을 구술과 혼동하고, 성경 안에 들어 있는 인간적인 요소를 무시하며, 성경 기자들을 단지 성령이 구술하는 대로 받아쓰기만 하는 사람들로 격하시키고 있다. 이 이론은 과학적인 주해를 파괴하는 것이다. 이 이론은 역사적인 사실들에 반(反)하여 마소라적 모음 방점들까지도 영감에 의한 것이라고 주장하는 1675년의 「스위스 일치신조」(*Helvetic Consensus Formula*)에서 비록 짧은 기간 동안이기는 하지만 상징적으로 표현되고 있다. 그렇지만 이러한 한계에도 불구하고, 칼빈주의적 주해가들은 동시대의 루터파나 로마 가톨릭 주해가들보다 성경의 자연적인 문법적 의미와 역사적 의미에 보다 근접해 있었다.[9]

7. 칼빈은 신약 성경의 전통적인 정경 목록을 받아들이기는 하였지만, 몇몇 권들의 기원과 관련해서는 니케아 이전 교회의 자유를 향유하였다. 그는 히브리서의 문체와 교훈의 양식이 다르다는 이유로 이 책이 바울의 저술이라는 점을 부인하였지만, 그것이 사도적인 정신과 가치를 지닌다는 점은 인정하였다. 그는 베드로후서의 진위성에도 의문을 표하면서 베드로의 제자 중 한 사람이 쓴 것이라고 말하고 싶어하면서도, 그 내용 면에서는 베드로의 작품이라고 하기에 모자라는 점을 아무것도 발견하지 못하였다. 그는 오경과 시편에 관해서는 저자와

---

8) 고전 1:17 이하와 고후 11:6에 대한 그의 놀라운 논평을 보라.

9) 엄격한 스콜라주의적 칼빈주의자이자 「스위스 일치신조」의 저자 중 한 명인 투레틴은 알레고리적인 방법론을 반대하고 철저하게 단의미(one-sense) 원칙을 주장하였다.

편집자를 구별하는 방식을 마련하였다.

　그는 성경의 권위가 교회의 권위에 의거한다는 전통적인 견해에서 떠났다. 그는 성경의 권위는 외적인 증거보다는 내적인 증거, 인간의 권위보다는 하나님의 권위에 근거한다고 보았다. 그는 「기독교 강요」에서 이 주제를 다루면서 다음과 같이 언급하고 있다.

　오늘날 지극히 해로운 한 가지 오류가 전반적으로 퍼져 있다. 곧 오로지 교회의 동의가 있어야만 성경이 무게를 지니게 된다는 것인데, 하나님의 영원하고 침범할 수 없는 진리가 어떻게 사람들의 결정에 따라 좌우될 수 있단 말인가.[10] … 오직 하나님만이 그의 말씀에 대해서 적절히 증언하실 수 있으므로, 그 말씀이 사람들의 마음에 받아들여지기 위해서는 반드시 먼저 성령의 내적인 증거에 의하여 확증되어야만 하기 때문이다. 선지자들의 입을 통하여 말씀하신 바로 그 성령께서 우리 마음을 꿰뚫고 들어오셔서, 그 선지자들이 하나님께 명령받은 대로 신실하게 선포하였음을 납득하게 하셔야만 된다는 것이다 … 그러므로 여기서 한 가지 분명히 해두어야 할 것이 있다. 곧 성령께서 내적으로 가르침을 주신 사람들은 진정으로 성경을 신뢰한다는 것과, 또한 성경이 과연 스스로를 확증하므로 성경을 감히 증거와 이론에 예속시켜서는 안 되며, 우리가 가져야 마땅한 완전한 확신은 성령의 증거(증언)를 통해서 얻어진다는 것이다. 성경이 그 자체의 위엄으로 인하여 사람들에게 높임을 받는 것은 사실이지만, 오직 성령을 통하여 우리 마음에 그것이 인쳐질 때에야 비로소 성경이 우리에게 진지한 영향을 주게 되는 것이다. 이렇듯 성령의 능력으로 말미암아 조명을 받기에, 우리는 성경이 하나님께로부터 온 것임을 믿는 것이지 우리 자신의 판단이나 혹은 다른 사람의 판단에 의해서 믿는 것이 아니다. 인간의 판단을 뛰어넘어서, 성경이 사람들의 사역을 통하여 하나님의 입 그 자체로부터 우리에게 흘러나온 것임을 완전한 확신으로 — 마치 하나님의 위엄 그 자체를 눈으로 바라보는 것처럼 — 받아들이는 것이다 … 이처럼 인간의 모든 판단보다 더 높고 더 강력한 확실성이 없다면, 아무리 논증을 통해서 성경의 권위를 수호하며, 교회의 동의로 그 권위를 세우

---

　10) 루터는 에크와의 논쟁에서 본질적으로 똑같은 말을 하였다. "교회는 성경이 본래 지니고 있는 것보다 더 많은 권위나 힘을 거기에 부여해서는 안 된다. 공의회는 본래 성경이 아닌 것을 성경이 되게 할 수가 없다."

고, 혹은 다른 도움을 받아 그것을 확증하려 해도 소용이 없을 것이다. 이렇게 근본이 되는 터가 세워져 있지 않으면, 성경의 권위가 언제나 의혹으로 남아 있을 것이기 때문이다.[11]

성령의 조명을 받는 모든 사람들에게 미치는 성경의 본질적인 가치와 자증적인 성격에 대한 이 교리는 이후에 「프랑스 신앙고백」, 「벨기에 신앙고백」, 「제2 스위스 신앙고백」, 「웨스트민스터 신앙고백」과 같은 개혁파 신앙고백들에 전수되었다. 이들 신앙고백은 신앙과 삶의 무오한 규범으로서의 하나님의 말씀이 지니는 절대적 우월성이라는 개신교의 객관적인 혹은 형식적인 원칙을 루터파 신조들보다 더 풍부하게 진술하고 있다. 루터파 신조들은 이신칭의라는 보다 주관적인 혹은 실체적인 교리에 중점을 두고 있다.

동시에 교회의 전통은 성경 가운데 몇몇 권들의 저자 문제와 정경성에 대한 증언으로서 막대한 가치를 지니며, 로마 가톨릭교회와 갈등을 빚던 시대보다 파괴적인 비평에 맞서게 되면서 현대의 성경학자들에 의해 훨씬 더 광범위하게 인정을 받고 있다. 성령의 내적인 증언과 교회의 외적인 증언이 더불어서 성경의 신적인 권위를 확립하는 것이다.

112. 칼빈주의 체계

칼빈은 아우구스티누스나 토마스 아퀴나스와 마찬가지로 신학에 있어서 여전히 살아 움직이는 하나의 힘이 되고 있다. 어떤 주석가도 그의 주석서들을 무시할 수 없는 것처럼 어떤 교의학자도 그의 「기독교 강요」를 무시할 수 없다. 칼빈주의는 개혁파 교회의 몇몇 신앙고백 가운데 스며들어 있으며, 다소간 엄격한 형태로 대부분의 프로테스탄트 기독교권, 특별히 영국과 북아메리카의 영적인 세계를 지배하고 있다. 칼빈주의는 하나의 교파를 칭하는 이름이 아니라 개혁파 교회들에서 발현된 하나의 신학 학파에 대한 명칭이다. 루터는 개혁자들 가운데 유일하게 자신이 설립한 교회에 그 이름이 붙여지게 되었다. 개혁파 교회들은

---

11) *Institutes*, I. 7장, 1, 4, 5절, 그리고 8장, 1절에서 발췌.

개인적인 권위에 매이지 않고, 성경의 가르침에 보다 충실하였다.

칼빈주의는 보통 그 인간론과 구속론과 관련하여, 펠라기우스주의와 반(半)펠라기우스주의에 반대되는 아우구스티누스주의와 동일시되고 있다. 아우구스티누스와 칼빈은 매우 신앙적이고, 하나님에 대한 절대적인 의존감에 사로잡혀 있었으며, 하나님의 위엄과 영광에 대한 묵상에 온전히 열중해 있었다. 이들에게 하나님은 모든 것이었으며, 인간은 단순히 그 그림자에 불과하였다. 하나님께서 놀라운 자비를 베푸시는 선택받은 자들은 복이 있고, 그의 자비를 받지 못하고 유기된 자들은 저주를 받은 자들이라는 것이다. 이들은 죄와 은혜의 교리, 인간의 무력함과 하나님의 전능하심에 대한 교리, 그리고 죄의 악함과 중생시키시는 은혜의 주권성에 대한 교리를 모두 동일하게 강조하였다. 기독론에 있어서 이들은 아무런 발전도 이루지 못하였다. 이들의 신학은 요한적이라기보다는 바울적이다. 이들은 위대한 이방인의 사도와 마찬가지로 동일하게 죄와의 투쟁을 겪었으며, 또한 하나님의 은혜에 힘입어 동일하게 승리를 거두었다. 이들의 영적인 경험은 그 신학 속에 반영되어 있다. 하지만 칼빈은 아우구스티누스가 자신의 「고백록」에서 그러했던 것만큼 자신의 경험을 감동적으로 기록해 놓지는 않았다. 시편 주석의 서문과 사돌레토에게 보낸 답장에서 자신의 회심에 대해 겨우 언급하고 있을 뿐이다.

칼빈이 아우구스티누스에게 얼마나 깊이 공감했는가 하는 것은 그가 모든 그리스와 라틴 교부들을 다 합친 것보다 훨씬 자주 아우구스티누스를 인용하고 있고, 거의 항상 전적으로 찬성의 뜻을 표하면서 인용하고 있다는 흥미로운 사실에서 잘 나타나고 있다.[12]

하지만 몇 가지 점에서 아우구스티누스와 칼빈은 아주 달랐다. 아우구스티누스는 마니교 이단이라는 미로 속을 9년 동안 방황하다가, 결국에는 당대의 정통

---

12) 칼빈의 「기독교 강요」에 인용되고 있는 저자들 목록에 따르면, 그가 주요 교부들을 인용하고 있는 횟수는 다음과 같다. 아우구스티누스 228회, 교황 그레고리우스 1세 39회, 크리소스토무스 27회, 베르나르 23회, 암브로시우스 18회, 키프리아누스 14회, 제롬 12회, 힐라리우스 11회, 테르툴리아누스 7회. 고전학의 저자들로는 플라톤 7회, 아리스토텔레스 5회, 키케로 9회, 세네카 3회, 플루타르크 2회 등이다. *Opera*, XXII. 136–143에 나오는 목록에는 아우구스티누스의 글을 7줄에 걸쳐서 인용하고 있다. 여기에 주석서들은 포함되지 않았다.

가톨릭 교회에서 안식과 평화를 찾았다. 당시의 가톨릭 교회가 16세기에 비해 더 순수했던 것은 아니었지만 다른 어떤 철학 학파나 이단 분파보다는 훨씬 나았던 것이다. 그는 중세를 풍미했던 스콜라적이고 신비적인 신학의 핵심 설계자였으며, 여전히 로마 가톨릭 교회 안에서 다른 어떠한 고대 교부들보다 권위 있는 인물이 되고 있다. 칼빈은 로마 가톨릭 교회에서 자랐지만, 당시 만연하던 부패를 피해 성경이라는 성채 속으로 피난하였으며, 교황청의 가장 만만찮은 적수가 되었다. 만약 아우구스티누스가 16세기에 살았다면, 개혁자들과 반쯤은 동행할 수도 있었겠지만, 그가 가시적인 교회 일치를 높이 평가한 점과 분파적인 도나투스주의자들에게 보여준 그의 행동으로 미루어 볼 때, 아마도 로마 가톨릭 교회 내의 복음주의적인 가톨릭 학파의 지도자가 되었으리라 짐작된다.

이 두 위대한 스승들 사이의 차이점은 표면적으로 볼 때는 상반되는 것처럼 보이지만 본질적으로는 조화를 이룰 수 있는 다음과 같은 두 문장으로 간단하게 표현할 수 있을 것이다. 아우구스티누스는 "만약 교회가 아니었다면 나는 복음을 믿지 않을 것이다"[13]고 말하였다. 칼빈은 (실제로 이런 표현을 한 것은 아니지만) "만약 복음이 아니었다면 나는 교회를 믿지 않을 것이다"라고 가르치고 있다. 양자간의 조화는 "나는 그리스도를 믿고, 따라서 함께 연대함으로써 그를 증거하고 있는 복음과 교회를 믿는다"라는 보다 높은 차원의 원칙 속에서 발견되어야 한다.

타락, 전적인 부패, 인간 의지의 노예성, 구원하시는 은혜의 주권성의 교리와 관련해서, 히포의 주교와 제네바의 목회자는 본질적으로 뜻을 같이하였다. 전자는 시간적으로 앞섰다는 점과 독창성이라는 장점을 지녔고, 후자는 보다 명료하고, 강력하고, 보다 논리적이고 엄격하며, 주석가로서 훨씬 뛰어났다.

두 사람의 견해는 주로 그들의 로마서 이해로부터 나온 것인데, 다음과 같은 명제들로 종합될 수 있다.

---

13) 이 유명한 반(反)마니교적인 문장은 프로테스탄트들에 대항하는 로마 가톨릭 교도들에 의해 종종 인용되고 있다. 칼빈은 이에 대해 「기독교 강요」에서 상술하고 있으며(I. 7장, 3절), 거기서 반(反)프로테스탄트적인 의미 함축을 제거하고자 하였다. 하지만 그는 "교회의 권위는 우리에게 복음에 대한 신앙을 준비하도록 하는 입문"이라는 의미에서 그것을 인정하였다.

하나님은 영원 전부터 자신의 영광을 나타내시려는 의도를 가지고, 장차 발생하게 될 모든 사건들을 예정하셨다. 그분은 인간을 순수하고 거룩하며 선택의 자유를 지닌 존재로 만드셨지만, 아담은 시험을 받아 불순종을 행함으로써 자신의 자유를 상실하고 죄의 노예가 되었다. 그리하여 전 인류가 그와 함께 타락하였고, 아담 안에서 영원한 죽음으로 저주를 받았다. 하지만 하나님은 그의 주권적인 자비로 타락한 인류 가운데 일부를 도덕적인 공덕에 대한 어떠한 고려도 하지 않고 영생으로 택정하셨다. 하나님은 택정받은 자들을 저항할 수 없는 은혜로 회심시키시고, 그들을 의롭다 하고 성화시키시며 완전케 하시며, 그리하여 그들 가운데 그의 풍성한 은혜를 나타내신다. 우리가 측량할 수는 없지만 정당하고 합당한 그의 계획 속에서 그는 나머지 인류들을 본래적인 정죄의 상태에 내버려 두신다. 그리고 악인들에 대한 영벌 속에서 그의 두렵고도 공의로운 영광을 드러내신다.

루터파 체계는 아우구스티누스주의와 빈(半)펠라기우스주의 사이의 절충인이라 할 수 있다. 루터 자신은 전적 타락과 예정에 대해서 아우구스티누스와 전적으로 견해를 같이했으며, 인간 의지의 노예성에 대해서는 아우구스티누스나 칼빈보다 더 강력하고 역설적으로 진술하였다.[14] 하지만 루터파 교회는 오직 반쯤만 아우구스티누스를 따르고 있다. 「일치신조」(1577)는 전적 타락이라는 그의 교리를 가장 강력한 어조로 표현하고 있지만 유기의 교리는 거부하였다. 그리고 자연 상태의 인간을 "돌멩이" 혹은 "벽돌"과 같이 영적으로 죽은 존재로 표현하고 있으며, 특별하고 무조건적인 택정과 아울러 보편적인 소명을 가르치고 있다.

아우구스티누스의 체계는 니케아 이전 시대에는 알려지지 않았으며, 동방 교회에서는 결코 받아들여지지 않았다. 이 사실은 이 체계에 반대하는 강력한 역사적인 논거가 된다. 아우구스티누스 자신도 이 체계를 단지 펠라기우스와 논쟁을 벌이던 와중에서 발전시켰다. 반면에 초기 저작들에서 그는 마니교 신자들의 숙명론에 대항하여 인간 의지의 자유를 가르쳤다.[15] 아우구스티누스 체계는 라틴

---

14) 「노예의지론」(*De Servo Arbitrio*, against Erasmus)(1525). 그는 이 책을 결코 철회하지 않았으며, 수년 후에 이 책을 자신의 대표작 가운데 하나라고 공표하였다. Amsdorf, Flacius, Wigan, Brenz가 그를 따랐다.

교회에서 펠라기우스주의와 반(半)펠라기우스주의를 누르고 승리를 거두었고, 그들은 오랑주 공의회(529)에 의해 정죄되었다. 하지만 절대적인 예정이라는 그의 교리는 — 이것은 그의 인간론적인 전제들로부터 적합하게 파생되는 것이다 — 고트샬크 논쟁(Gottschalk controversy, 853)과 얀센주의 논쟁(Jansenist controversy, 1653)에서 가톨릭 교회로부터 간접적으로 정죄되었다. 그러나 거기서 이 위대한 박사이자 성인의 이름이나 권위는 거론되지 않았다.

칼빈주의 체계는 대부분의 개혁파 교회에 의해 채택되었으며, 유능하고 충실한 옹호자들을 지금까지 보유하고 있다. 칼빈 자신은 지금에 와서 보다 잘 이해되고 있으며, 그 어느 때보다 (프랑스와 독일의) 학자들로부터 높이 평가되고 있다. 하지만 그의 예정론 체계는 아르미니우스주의자들, 퀘이커교도들, 감리교인들로부터 실질적인 비판을 받았으며, 유럽과 아메리카의 장로교회와 칼빈주의 교회에서도 대폭적으로 개정되고 있다.

아우구스티누스, 루터, 칼빈의 체계들은 모두 동일한 인간론 위에 기초하고 있으며, 오로지 아담의 죄에 근거하여 인류 모두가 보편적으로 정죄를 받는다는 교리와 그 존립을 같이한다. 이 보편 정죄는 아담의 이름조차 들어본 적이 없는 유아들과 모든 민족과 세대를 포함한다. 이들은 자의식을 갖춘 책임있는 존재로서 아담 안에 거할 수가 없었던 사람들이다. 이 체계들은 어떻게 그와 같은 교리가 하나님의 공의와 자비와 조화될 수 있느냐는 물음에 대답해야 한다. 이것들은 하나같이 이원론적이고 특수하다. 이 체계들은 구속받은 인류라는 토대 위가 아니라 타락한 인류의 폐허 위에 세워졌다. 이 체계들은 인간 의지의 노예성을 가르침으로써 도덕적인 책임의 근간을 파괴하고 있으며, 하나님의 주권성을 독단적인 힘으로, 그의 공의를 불공평으로 바꾸어 버린다. 이 체계들은 하나님의 구원하시는 은혜를 특수한 계층에게 제한한다. 그 선호하는 거룩한 범주 안에서는 모든 것이 햇빛처럼 밝지만 그것을 벗어나면 모든 것이 칠흑 같은 어둠이다.

---

15) 칼빈은 이 점에 관한 아우구스티누스의 변화에 대해 잘 알고 있었다. 그는 다음과 같이 말하였다. "오리게네스, 암브로시우스, 제롬은 하나님께서 각 사람이 은혜를 선용할 것을 미리 아시고 사람들에게 은혜를 베풀어 주신다고 믿었다. 아우구스티누스도 한때 동일한 생각을 가졌으나 성경에 대해 보다 정통해진 후에는 그러한 생각을 철회하였을 뿐 아니라 강력하게 반박하였다." *Institutes*, III. 22장, 8절.

이러한 체계들은 이제까지 하나의 위대한 목적을 위해 봉사해 왔고 또 앞으로도 그러할 것이다. 그것은 바로 이 체계들이 신학적·철학적 문제들로 고민하지 않는 엄숙한 기독교 신자들의 실제적인 욕구를 충족시켜준다는 것이다. 하지만 결코 기독교권 절대 다수를 만족시킬 수는 없을 것이다.

우리는 실로 죄와 죽음의 세상 속에 태어나며, 그렇게 깊은 죄의식, 특히 스스로의 죄에 대한 깊은 죄의식을 갖지 못한다. 우리는 인류 가족의 일원으로서, 우리 주님께서 십자가상에서 돌아가실 때 그러셨듯이 인류 전체의 죄와 죄악의 엄청난 무게를 느껴야만 한다. 하지만 우리는 또한 의와 생명의 경륜 속에서 태어났기 때문에, 지식을 초월하는 하나님의 구원하시는 은혜를 깊이 깨달아야 한다. 이 세상에 들어서자마자 우리는 "어린 아이들이 내게 오는 것을 막지 말라"라는 초청을 받게 된다. 인류의 구속은 인류의 타락만큼이나 기정사실이며, 그것만이 왜 하나님이 타락을 허용하셨는가 혹은 야기시키셨는가라는 물음에 답할 수 있다. 죄가 충만한 곳에서 은혜는 덜 풍성한 것이 아니라 더 풍성하였다.

칼빈주의는 논리적인 명료성, 일관성, 완결성의 장점을 지니고 있다. 그 전제들을 받아들일 때, 그 결론들을 피하기는 어렵다. 하나의 체계는 오직 또 다른 하나의 체계에 의해서만 전복될 수 있다. 아우구스티누스와 칼빈에 필적하는 신학적 천재가 요청된다. 바로 그가 신적 주권과 인간의 자유의 대립을 해소할 것이며, 역사적 그리스도라는 반석 위에 근거하고 있으면서 처음부터 끝까지 모든 인류를 향한 하나님의 사랑으로 영감을 받은 하나의 체계로 우리를 인도할 것이다.

113. 예정론

루터와 칼빈

이중예정 교의는 칼빈 신학 체계의 초석이며, 따라서 보다 특별하게 고찰할 필요가 있다.

칼빈은 하나님의 영원한 선택을, 루터는 이신칭의를 교회 존립을 결정하는 항목으로 보았고, 삶의 격전장에서 힘과 평화를 가져다주는 원천으로 삼았다. 이들이 일치하고 있는 점은 값없이 주시는 은혜에 의한 구원을 가르치고, 그리스도와 그의 복음에 대한 살아있는 신앙을 통한 구원에 대한 개인적 확신을 가르친다는 점이다. 하지만 칼빈은 창조 이전부터 있었던 하나님의 불변하신 뜻 가운데 나타난 궁극적인 뿌리로 거슬러 올라갔고, 루터는 구원하시는 은혜가 개개인의 양심에 미치는 실제적인 효과에 주목하였다. 두 사람은 모두 신적인 은혜의 능력을 약화시키고 인간의 선행을 강조하며 구원에 대한 개인적인 확신을 부인한 로마 가톨릭에 대적하면서, 자신들이 선호하는 교의를 지나치게 강조하였다. 이들은 인간의 자만심과 교만을 가능케 하는 모든 근거를 파괴하고, 바리새적인 경향을 뿌리째 뽑아 버리며, 겸손, 감사, 위로를 위한 굳건한 기반을 마련하고자 하였다. 이것은 중세의 구원론에서 진일보한 것이었다.

하지만 현대의 복음주의적인 신학이 도달한 보다 높은 경지가 있다. 칼빈의 예정론 체계나 루터의 오직 믿음(solifidian) 체계는 그리스도 중심적인 체계에 길을 비키고 그에 복종해야 한다. 우리는 베드로의 신앙고백으로 돌아가야 한다. 이는 단 하나의 조항으로 이루어져 있지만 그 조항은 가장 중요한 조항이며, 또한 기독교권에서 가장 오래된 것이다. 기독교 체계에서 중심적인 위치는 신인이신 그리스도의 존재와 그 사역에 속하는 것이다. 이것이야말로 지옥문이 범접할 수 없는 교회의 확고한 기반이며, 바로 이것 위에서 기독교권의 신조들이 연합되어야 할 것이다(마 16:16-18. 고전 2:2; 3:11; 롬 4:25; 요일 4:2,3과 비교해 보라). 사도신경과 니케아 신경은 그리스도 중심적인 동시에 삼위일체적이다.

개혁자들은 모두 예정론자들

16세기의 개혁자들은 모두 자신들이 이해한 바대로의 아우구스티누스와 사도 바울의 인도를 받아, 인간의 타락과 구원하는 은혜에 대한 깨달음에 압도되어, 그리고 독선적인 율법주의에 대한 반감 속에서, 온 인류의 영원한 운명을 결정짓는 이중 예정론을 채택하였다.[16] 만약 우리가 로마 가톨릭과 개신교 정통주의의 두 전제, 즉 아담 속에서 온 인류가 정죄받는다는 것과 구원하는 은혜가 현세에 제한된다는 두 전제를 받아들인다면 논리적으로 이러한 결론을 피하는 것은 불가능해 보인다. 모든 정통 신앙고백들은 만인 구원론을 거부하고 있으며, 어

---

16) 자유 의지와 예정의 교리에 있어서 개혁자들이 근본적으로 일치한다는 것은 여러 학파의 학자들에 의해 입증되었다.

떤 사람은 구원을 받고 또 다른 사람들은 유기되며 무덤 저편에는 구원의 가능성이 없다고 가르치고 있다. 예정론자들은 이러한 이중적인 결과는 하나님의 뜻이 이중적인 데서 기인하는 당연한 산물이며, 역사는 하나님의 뜻과 조화를 이룰 수밖에 없고 그것을 결코 거스를 수 없다고 주장한다. 이들은 결과로부터 원인을, 결말로부터 그 시작을 추론해 내고 있다.

하지만 이 문제에 관한 주류 개혁자들의 견해에는 얼마간 특징적인 차이점들이 있다. 루터는 아우구스티누스와 마찬가지로 전적인 도덕적 무능 혹은 의지의 노예성에서 출발하고 있으며, 츠빙글리는 모든 것을 지배하는 섭리라는 개념에서, 칼빈은 영원한 절대적 하나님의 작정에서 출발하고 있다.

아우구스티누스와 루터의 예정론은 세례적인 중생(baptismal regeneration)이라는 교회적이고 성례전적인 원리에 의해 완화되었다. 칼빈의 예정론은 성례의 효력을 택함받은 자들에게 제한하고, 선택받지 못한 자들의 세례는 공허한 형식일 뿐이라고 한다. 하지만 다른 한편으로 칼빈의 예정론은 선택이라는 은혜의 범위를 가시적인 교회의 경계 너머까지 확장시킨다. 츠빙글리의 입장은 좀 더 특수하다. 한편으로 그는 자신의 타락 전 예정설(supralapsarianism)로써, (사형을 집행하는 관리나 전쟁터의 병사가 무죄하게 살인이라는 범죄를 저지르는 것과 마찬가지로) 하나님 자신은 죄가 없지만 죄의 창시자(the sinless author of sin)라고 하는 데까지 나아간다. 하지만 다른 한편으로 그는 한 사람의 단 한 번의 범죄로 인한 인류 전체의 정죄라는 아우구스티누스적인 체제의 근간 자체를 붕괴시켰다. 그는 유전적인 죄(sin)는 인정하지만 유전적인 죄책(guilt)은 부인했으며, 유아들과 경건한 불신자들을 천국에 포함시켰다. 당시 이러한 그의 견해는 일반적으로 위험하고 이단적인 것으로 평가되어 거부되었다.[17]

멜란히톤은 이 문제에 관해 보다 깊이 연구하고 숙고하여 반(半)펠라기우스적인 방향으로 후퇴했으며, 아르미니우스주의로의 길을 예비하였다. 아르미니우스주의는 17세기 초반에 칼빈주의 한가운데서 독자적으로 생성되었다. 멜란히

---

17) 칼빈은 1552년 1월의 한 내밀한 편지에서 불링거에게 츠빙글리의 「섭리론」(De Providentia)에 나타나는 역설적인 표현들에 대한 불만을 표현하였다. 하지만 불링거는 그의 스승이자 친구의 급진적인 생각들을 결코 반박하지 않았으며 구원의 특별한 방식들을 믿었다. 「제2 스위스 신앙고백」, I. 7.

톤은 그 자신이 스토아 학파적 숙명론이라고 규정한 자신의 초기 입장을 포기하고 신인협력설(Synergistic scheme)을 제시하였다. 이것은 아우구스티누스주의와 반(半)펠라기우스주의 사이의 하나의 타협점으로서, 선행하는 하나님의 은혜와 인간 의지가 협동한다고 말하면서도 인간의 공로는 인정하지 않는다.

「일치신조」(1577)는 칼빈주의와 신인협력설 모두를 거부하면서도, 논리적인 일관성을 결여한 채, 전적인 무능력과 무조건적인 선택과 아울러 모두가 부름을 받았다는 만인소명설을 가르쳤다.

칼빈의 이론

칼빈은 그보다 앞선 사람들에 비해 보다 조심스럽고 세밀하게 예정론을 다듬었다. 그리고 그는 루터와 츠빙글리의 일부 터무니없고 부주의한 표현들을 "억지 역설들"이라고 칭하고 이를 배격하였다. 다른 한편으로 그는 도그마 자체를 보다 강조하여, 자신의 신학 체계에서 보다 높은 위치를 부여해 주었다. 칼빈은 스토아적 기질을 지닌데다가 세네카 찬미자로서 원래 예정론으로 기울 소지가 많았으며, 자신이 가장 좋아하는 사도인 바울의 가르침에서 이 예정론을 발견하였다. 하지만 이 교리에서 그가 가장 관심을 가지게 된 것은 형이상학적인 것이라기보다는 종교적인 것이었다. 그는 이 교리 안에서 자신의 신앙을 위한 가장 강력한 버팀목을 발견하였다. 그는 모든 믿는 자들의 특권이자 위안인 구원의 확실성과 이 교리를 결합시켰다. 이러한 중요한 점에서 그는 아우구스티누스와 달랐다. 아우구스티누스는 당시 가톨릭 교회의 견해인 구원의 주관적 불확실성을 가르쳤다. 칼빈은 확실성을, 아우구스티누스는 불확실성을 자극하여 사람들의 열정과 성결을 촉구하고자 하였다.

칼빈은 이 교리가 사람들에게 별로 호응을 얻지 못하리라는 것을 충분히 알고 있었다. 그는 이렇게 말하고 있다.

> 많은 사람들은 인류 가운데 일부는 구원으로, 나머지 사람들은 저주로 예정되어 있다는 것보다 더 불합리한 일은 없다고 생각한다 … 인간의 지성이 이런 이야기를 듣게 되면 그 성마름이 모든 속박을 깨부수어서 인간의 지성은 마치 진격 나팔 소리를 들은 것 마냥 극도로 난폭하게 흥분하게 된다.
>
> 하지만 우리가 하나님의 영원한 선택을 밝게 깨닫기 전까지는 우리의 구원에 대한

명료한 확신에 이르는 것은 불가능하다. 여기서 하나님의 은혜는, 그가 모든 사람들로 하여금 무차별적으로 구원의 소망을 갖도록 하는 것이 아니라 다른 사람들에게는 허락되지 않는 것들을 어떤 사람들에게 부여해 주신다는 대조를 통해서 설명되고 있다.

따라서 택함받은 자들만이 구원의 확신과 견고한 위로를 얻게 되는 것은 인류 전체를 향한 하나님의 일반적인 사랑이 아니라 택함받은 자들을 향한 그의 특별한 사랑에서 비롯되는 것이다. 이러한 편애의 이유는 하나님의 신비로운 뜻 안에서만 찾을 수 있다. 하나님의 뜻은 우주의 최고 법칙이다. 다른 사람들에 관해서, 우리는 그들이 택함받은 자들 가운데 속해 있다고 관대하게 가정해야 할 것이다. 왜냐하면 죽기까지 완고하게 회개를 거부하는 것 외에는 그들이 유기된 자들이라는 어떠한 확실한 징후도 없기 때문이다.

칼빈에 따르면 예정은 영원불변하는 하나님의 뜻이다. 이 예정을 통해, 자신의 영광을 위해 그리고 자비와 공의라는 자신의 속성을 드러내기 위해, 그는 인류의 일부를 그들의 어떠한 공적과 상관없이 영원한 구원으로, 또 다른 일부의 사람들은 그들의 죄에 대한 정당한 처벌로서 영원한 저주로 예정하신 것이다. 그는 이렇게 말하고 있다.

우리는 예정을 하나님의 영원한 뜻이라고 칭한다. 이 예정을 통해 하나님은 모든 인류 개개인의 운명을 마음으로 정하셨다. 이들은 모두 동일한 조건 안에서 창조된 것이 아니다. 왜냐하면 어떤 사람들에게는 영생이, 또 다른 사람들에게는 영벌이 예비되었기 때문이다. 그러므로 모든 사람은 이 두 가지 결말 가운데 하나를 위해 창조되었고, 그래서 우리는 각 사람이 생명 혹은 죽음으로 예정되었다고 말할 수 있는 것이다.[18]

이것은 개개인들에게 적용될 뿐만 아니라 전체 민족에게도 적용되는 것이다. 하나님은 이스라엘 백성을 자신의 소유로 택하셨고, 이교도들은 배격하셨다. 야곱과 그 후손들은 사랑했으나 에서와 그 후손들은 미워하셨다.

---

18) *Institutes*, III. 21장, 5절.

택자들에 관한 한 하나님의 뜻은 인간적인 공적과는 일체의 관련도 없이 그의 거저 주시는 자비에 근거하고 있다. 하지만 정죄에 처해진 사람들에게는, 공의롭고 비난할 수 없지만 이해할 수도 없는 심판에 의해 생명의 문이 닫혀 있다.[19]

하나님의 뜻은 정의에 대한 최상의 규범이다.

그가 뜻하는 것은 무엇이든지 그가 그것을 뜻하신다는 바로 그 이유로 인해 정의롭다고 간주되어야 한다. 그러므로 주님이 왜 그렇게 하셨느냐고 당신이 묻는다면 그 대답은 그가 그렇게 하고자 하셨기 때문이라는 것이다. 하지만 당신이 더 나아가서 왜 그가 그렇게 정하셨냐고 묻는다면 당신은 하나님의 뜻보다 더 높고 더 대단한 어떤 것을 찾고 있는 것이다. 그런 것은 결코 발견될 수 없다. 그러므로 인간의 만용으로 하여금 존재하지 않는 것을 탐하지 않도록 해서, 정말로 존재하는 것을 찾는 데 실패하지 않도록 하자. 이것은 하나님의 비밀에 관해 경외심을 가지고 추론하고자 하는 사람들에게 충분한 제한이 되어줄 것이다.[20]

칼빈은 "하나님께서 하고자 하시는 자를 긍휼히 여기시고 하고자 하시는 자를 강팍케 하시느니라"(롬 9:18)라는 구절에서 바울이 둘 다를 공히 "하나님의 순전한 뜻으로" 돌린다고 추론하고 있다.

그러므로 만약 우리가 하나님이 왜 그의 백성들에게 자비를 베푸시는지에 대해 그것이 그의 기쁨이 되시기 때문이라는 것 이외에 다른 이유를 찾을 수 없다면, 마찬가지로 다른 자들을 배척하시는 이유에 대해서도 우리는 그의 의지 외에는 다른 어떤 이유도 찾을 수 없을 것이다. 하나님께서 자신이 원하는 대로 누구는 강팍케 하고 누구에게는 자비를 베푸시는 분이라고 선포될 때, 인간들은 그의 뜻 배후에 있는 어떠한 이유도 찾지 말라는 가르침을 받는 것이다.[21]

---

19) *Institutes*, III. 21장, 7절.
20) *Institutes*, III. 22장, 1절.
21) *Institutes*, III. 22장, 11절. 하나님의 정의에 대한 칼빈의 정의는 인간의 정의에 대한 일반적인 개념과 상반된다.

그러므로 예정은 이중적인 하나님의 뜻을 함축하고 있다. 거룩과 구원에 이르게 하는 선택의 섭리와 죄와 범죄로 인한 죽음에 이르게 하는 유기의 섭리가 그것이다. 칼빈은 이 이중적인 섭리들은 분리될 수 없다고 여겼다. 그는 이렇게 말하고 있다

> 실제로 많은 사람들은 마치 자신들이 하나님에게서 수치스러움을 제거하고 싶다는 듯이 그 누구도 버림을 받지 않는다는 식으로 선택을 받아들이고 있다. 하지만 이것은 유치하고 불합리하다. 왜냐하면 선택 자체는 유기라는 개념에 대립됨 없이는 존재할 수 없기 때문이다 … 하나님이 간과하시는 자는 유기되는 것이며, 그리고 거기에는 그가 자기 자녀들을 위해 예정하신 유산으로부터 그들을 제외시키고자 정하셨다는 것 외에 다른 이유가 있을 수 없다.[22]

하나님은 유기받은 자들에게도 택자들에게와 마찬가지로 일상 생활의 모든 혜택들을 베푸신다. 하지만 그들에게 자신의 구원의 자비는 베풀지 않는다. 복음 또한 그들에게도 주어졌지만 그것은 그들의 책임을 중하게 하고 저주를 쌓을 뿐이다. 이는 그리스도께서 불신하는 유대인들에게 설교하신 내용과 같다(사 6:9,10; 마 13: 13-15). 그러나 우리는 이를 어떻게 그가 하신 제안의 신실성과 조화시킬 수 있을 것인가?

타락 후 예정설과 타락 전 예정설

네덜란드에서 아르미니우스 논쟁의 와중에서 칼빈주의 체계 내에 두 개의 학파가 생겨났다. 타락 후 예정론자들(Infralapsarians)과 타락 전 예정론자들(Supralapsarians)로, 이들은 하나님의 예정 섭리의 순서와 그것이 타락과 맺고 있는 관계에 대해 상이한 견해를 지니고 있었다. 타락 후 예정론자들은 하나님의 영원한 섭리를 시간 속에서 발생한 인간의 타락에 맞추어 조정하고 있다. 하나님께서는 맨 처음에는 인간을 거룩하게 창조하시고자 했으며, 그런 다음 인간들이 자유 의지에 따른 결정으로 타락할 수 있는 자유를 누리도록 허용하였으며, 그런 다음 범죄한 인류들 가운데 한정된 수의 사람들을 구원하기로 정하셨

---

22) *Institutes*, III. 23장, 1절.

으며, 마지막에 나머지 사람들을 죄 가운데 버려두어 그들이 영벌을 받도록 예정하기로 정하셨다는 것이다.[23]

　타락 전 예정론자들은 이 순서를 뒤집고 있다. 그리하여 선택과 유기의 섭리가 창조의 섭리를 선행하게 되어, 이들은 아직 창조되지 않았고 그래서 타락하지도 않은 인류를 하나님의 이중 섭리의 대상으로 만들고 있다. 더욱이 타락 후 예정론자들은 유효한 혹은 적극적인(efficient or active) 하나님의 뜻과 허용적인 혹은 수동적인(permissive or passive) 하나님의 뜻을 구별하여, 아담의 타락을 유효한 하나님의 뜻에서 제외시킨다. 다른 말로 하면, 이들은 하나님이 어떤 의미에서도 타락의 창조자가 아니며, 그는 단지 보다 높은 목적을 위해 이러한 일이 발생하는 것을 허용했을 뿐이라고 주장한다. 하나님은 그것을 유발시키지도 않았고 그것을 막지도 않았다는 것이다. 타락 전 예정론자들은 더욱 논리적으로 타락 자체를 유효하고 적극적인 섭리 안에 포함시킨다. 하지만 이들은 하나님이 죄의 창조자라는 것을 타락 후 예정론자들 못지않게 철저하게, 그러나 덜 논리적으로 부인하고 있다. 타락 후 예정론자들은 타락 전의 아담에게 자유로운 선택이라는 선물이 주어졌으며, 이 선물은 타락으로 인해 상실되었다고 주장한다. 일부 타락 전 예정론자들은 이러한 이론을 부정하고 있다. 칼빈주의 체계에서는 (아담의 경우를 제외하고는) 시험(probation)의 교리가 설 자리가 없으며, 이 교리는 본질적으로 아르미니우스주의적이다. 시험의 교리는 유아기에 죽은 유아들에게는 전혀 적용될 수 없다. 이들 두 학파 사이의 차이는 실질적으로는 아무런 가치가 없고 오로지 대담하게도 하나님의 영원한 섭리의 신비를 밝히려는 인간의 어리석음을 드러내 줄 뿐이다. 이들은 완전히 형이상학적인 추상에 따라 논리를 진행하고 있다. 왜냐하면 영원하신 하나님에게 있어서는 시간의 연속도 없고 이전과 이후도 없기 때문이다.[24]

---

　23) 이것은 「스위스 일치신조」 4조에 나오는 순서로서, 아우구스티누스주의의 한계를 넘지 않고 있다. Van Oosterzeer가 (*Christian Dogmatics*, vol. I. 452에서) 「스위스 일치신조」가 타락 전 예정설을 표방하고 있다고 말한 것은 그의 오류이다.

　24) 타락 후 예정설은 보다 온건한 것으로서 대부분의 칼빈주의적 신앙고백서들에 담겨져 전수되었다. 웨스트민스터 신앙고백은 이 두 학파 사이의 타협점으로서, 아담의 타락을 **허용적인** 작정(permissive decree)에 속하는 것이기는 하지만 **분명한** 허용의 대상은 아니며, 하나님의 **목적** 안에 있는 것으로서 하나님께서 자신의 영광을 위

이 두 학파는 모두 자신들이 칼빈의 뒤를 잇고 있다고 주장하였다. 칼빈은 베자, 고마루스(Gomarus), 트위스(Twysse), 에몬스(Emmons)와 마찬가지로 타락 전 예정설쪽으로 분류될 수 있을 것이다. 그는 온 인류를 멸망에 이르게 하는 역사상 가장 중요한 사건을 하나님의 예정에서 제외시키는 것은 논리적인 모순이라고 생각하였다. 그는 "하나님이 아담의 타락과 그 후손들의 멸망을 예견하셨을 뿐 아니라 예정하셨다고 주장하는 것은 불합리한 것이 아니다" 라고 말하고 있다. 그는 하나님의 허락하심과 뜻하심을 구별하는 것을 분명히 배격한다. 하나님은 자신이 뜻하지 않는 것을 허락하실 수 없다는 것이다. 그는 이렇게 묻고 있다.

하나님의 뜻이었다는 이유 이외에 하나님께서 불경건한 자들의 멸망을 허락하신 어떤 다른 이유가 있겠는가? 인간이 단지 허락하심에 의해, 하나님의 어떠한 뜻하심도 없이 그 자신의 멸망을 초래했다는 것은 있을 수 없는 일이다. 이는 마치 하나님께서 자신의 가장 중요한 피조물들에게 어떤 조건을 구비해 줄 것인지를 결정하지 않으셨다는 것과 같다. 그러므로 나는 아우구스티누스와 같이 아무런 주저 없이 이렇게 고백할 것이다. '하나님의 뜻은 모든 것들에 있어 필수 불가결한 것이고, 그가 뜻하신 것은 필연코 실현될 것이다. 이는 그가 예견하신 사건들이 실제로 이제 막 일어나려고 하는 것과 마찬가지이다.'[25]

해 그렇게 **정하신** 것이라고 보았다.

25) *Institutes*, Ⅲ. 23장, 7절과 8절. 아우구스티누스를 인용하고 있는 구절은 *De Gen. ad lit.*, l. Ⅵ. c. 15이다. *Institutes*, Ⅲ. 24장, 12절에서 칼빈은 대단히 타락 전 예정설적인 용어를 사용하고 있다. "살아서는 치욕이 되며 죽어서는 멸망에 들어감으로써 하나님의 진노의 도구가 되며 또한 그의 준엄하심의 증거가 되도록 창조함을 받은 자들은 어떻게 되는가? 하나님께서는 그들이 그 정해진 결과에 이르도록 때로는 그들에게 그의 말씀을 들을 능력을 빼앗기도 하시고, 또 어떤 경우는 그 말씀을 선포하심으로써 오히려 그들의 눈을 어둡게 하시고 감각을 마비시키기도 하신다." 그런 다음 그는 예를 들어, 특히 파라오의 예로써 이를 설명하고 있으며, 그리스도가 비유로 말씀하시는 뜻을 설명한다(마 13:11; 요 12:39,40). 「제네바 일치신조」에서 그는 타락이 하나님의 놀라운 섭리에 의해 정해졌다고 말하고 있다. 베자는 칼빈을 정확히 이해하였다.

하지만 그의 철저한 논리가 이러한 심연을 가리키고 있었음에도, 그의 도덕적이고 종교적인 의식은 하나님을 죄의 창조자로 만드는 마지막 논리적 추론을 차마 감행하지 못하였다. 왜냐하면 그것은 신성모독이 되고, 하나님이 스스로 명령한 바를 혐오하고 벌하신다는 불합리를 내포하게 되기 때문이다. 그는 아담이 선택의 자유를 지녔고, 그 선택의 자유로써 영생을 취할 수도 있었지만 그는 자신의 의지로 불순종한 것이라고 하였다.[26] 이렇게 해서 등장하게 된 그의 중요한 한 구절이 이것이다. "인간은 타락하고, 하나님의 섭리는 그것을 그렇게 정하셨다. 하지만 인간은 자기 자신의 죄로 말미암아 타락하는 것이다."[27] 여기서 우리는 윤리적인 논리와 결합된 타락 전 예정설의 논리를 볼 수 있다. 하지만 그는 하나님의 섭리가 왜 그렇게 예정되었는지 우리는 그 이유를 알지 못하며, 하나

---

26) 그는 *Institutes*, I. 15장, 8절에서 최초의 상태에 대한 자신의 견해를 밝히고 있다. "하나님은 인간의 영혼에 지성을 주셔서 그것으로 선과 악을, 옳고 그름을 분별하게 하셨고, 또한 이성의 빛을 안내자로 주셔서 우리가 피해야 할 것과 좇아야 할 것을 분간하게 하셨다. 그래서 철학자들은 이 지도적인 부분을 지도력이라 불렀다. 또한 하나님은 여기에 의지를 결합시켜 주셔서 선택을 좌우하게 하셨다. 최초의 상태에 인간은 이 탁월한 기능들로 인해 아주 품위가 뛰어났으며, 그의 이성과 지성, 사려분별력, 판단력을 통해 그는 이 땅 위에서 그의 삶을 운영해 나갈 뿐만 아니라, 심지어 하나님과 영원한 행복을 찾아 올라갈 수도 있었다. 여기에 선택이 부가되어, 욕구를 제어하고 모든 기관의 활동을 통제하게 되었고, 그리하여 의지가 이성의 지도를 전적으로 따르도록 되었다. 이러한 완전한 상태에서 인간은 자유의지를 부여받았기 때문에, 자신이 원하기만 했더라면 이 자유의지로써 영생을 얻었을 것이다. 여기서 하나님의 은밀하신 예정의 문제를 제기한다는 것은 적절하지 못할 것이다. 왜냐하면 우리는 지금 아마도 일어났을 일과 그렇지 않은 일에 관해 논의하고 있는 것이 아니고, 인간의 참된 본성이 어떠했느냐 하는 것을 다루고 있기 때문이다. **그러므로 아담은 자기가 서고자 했다면 얼마든지 설 수가 있었을 텐데, 전적으로 자신의 의지로 타락한 것이다.** 그러나 그의 의지는 어느 쪽으로든 기울어질 수 있었고, 또한 끝까지 견지할 수 있는 능력을 부여받지 못하였기 때문에 이렇게 쉽게 타락했던 것이다. 그러나 그럼에도 불구하고 선과 악을 선택하는 일은 전적으로 그의 자유였다. 그리고 그뿐만 아니라 그의 정신과 의지도 최고의 상태를 유지하고 있었고, 또한 모든 기관들도 순종할 수 있도록 제대로 배열되어 있었다. 그런데 그가 스스로 자기 자신을 파괴하고 자신의 이러한 장점들을 모두 훼손시켜 버린 것이다."

27) *Institutes*, III. 23장, 8절과, 카스텔리오에게 보낸 답신(*Opera*, IX. 294).

님의 숨겨진 예정을 추적하는 것보다는 인간의 죄악에 대해 깊이 숙고해 보는 것이 우리에게 더 나은 일이라고 덧붙여 말한다. 그는 "어떤 일에 대해 아는 것이 허락되지도 않았고 또한 그것을 아는 것이 합법적이지도 않을 때 그런 것들에 대한 유식한 무지(learned ignorance)라는 것이 있다. 그리고 지식에 대한 게걸스런 갈망은 일종의 광기이다"라고 말한다.

이러한 신중한 주의에도 불구하고, 칼빈과 아우구스티누스의 엄격한 논리가 무너지는 곳이 바로 여기이다. 혹은 여기서 도덕적인 논리가 지성적인 논리를 상대로 승리를 거두었다고 말할 수 있겠다. 하나님을 죄의 창조자로 인정하는 것은 그의 거룩함을 파괴하고, 도덕성과 종교의 근본을 전복시키는 것이다. 이것은 칼빈주의가 아니라 운명론이자 범신론이 될 것이다. 가장 엄격한 예정론자는 논리와 도덕성 사이에서 선택을 하지 않을 수 없다. 칼빈은 하나님을 죄의 창조자로 만드는 것은 신성모독이라고 거듭해서 말하고 있으며, 그는 역사상 그 어떤 인물보다도 죄를 혐오하였다. 가장 철저한 칼빈주의자들은 항상 가장 엄격한 도덕주의자들이었다는 것은 이미 밝혀진 사실이다.

유아의 구원과 멸망

유아기 때에 죽은 유아들은 유기의 섭리에 포함되는 것인가? 이것은 아우구스티누스의 신학 체계에서 또 다른 중대한 사항이며, 그 체계를 난파시키는 암초이다.

성 아우구스티누스는 유아기에 죽은 모든 세례받지 못한 어린이들이 영벌에 처해지며, 그것은 아담의 범죄로부터 유전된 원죄로 인한 것이라고 명백하게 밝혔다. 그가 유아들의 형벌을 완화시켜서, 적극적인 고통과는 구별되는 것으로서 단지 축복을 결여하고 있다는 소극적인 의미에서의 형벌이라고 그 의미를 경감시킨 것은 사실이다.[28] 이것이 그의 진심을 얼마간 밝혀 주기는 하지만, 문제를

---

28) 아우구스티누스는 냉혹한 유아들의 교부(durus infantum pater)라고 불렸다. 하지만 그의 견해는 오래전부터 요한복음 3장 8절과 마가복음 16장 16절을 근거로 해서 가르쳐져 온 교리, 즉 구원을 위해 세례가 필수적이라는 교리로부터 논리적으로 추론해 낸 것일 뿐이었다. 심지어 펠라기우스도 세례받지 못한 유아들이 천국에 들어가지 못한다고 하였다. 물론 펠라기우스는 그들이 영생을 얻지 못한다고 생각하지는 않았다. 그는 이들이 반쯤의 축복을 받은 중간 상태에 놓이게 된다고 생각하였다.

해결해 주지는 못한다. 비록 "경미하고" "완화된" 것이라고 할지라도 "멸망"
은 멸망이기 때문이다.

스콜라 신학자들은 적극적인 고통을 내포하지 않는 상실의 형벌(poena
damni)과 감각의 형벌(poena sensus)을 구별하여, 세례를 받지 않고 죽은 유아들
은 후자가 아니라 전자에 해당된다고 하였다. 이들은 유아들을 위해 미래 세계
에 가공의 특별한 구역을 고안해 내었다. 유아 림보라고 하는 곳으로, 불과 유황
으로부터 얼마간 떨어진 지옥의 경계 지역에 설치하였다. 단테는 이곳을 "고통
없는 슬픔"[29]이 있는 곳이라고 묘사하였다. 로마 가톨릭 신학자들은 보통 이곳
을 하나님의 모습을 볼 수 없는 곳으로 묘사한다. 로마 교회는 구원을 위해서 세
례가 필수적이라고 주장하면서도, 피의 세례(순교)와 의지의 세례(baptism of
intention)를 실제적인 세례에 상응하는 것으로 인정하고 있다. 하지만 이러한
예외들은, 기독교인 부모들의 대리적인 열망이 충분한 것으로 인정되지 않는 한
유아들에게는 적용되지 않는다.

칼빈은 구원을 위해 물로 베푸는 세례가 필수적이라는 것을 부인함으로써, 그
리고 구원을 하나님의 주권적인 선택에 의해서만 좌우되는 것으로 규정함으로
써 유아들의 멸망이라는 끔찍한 도그마로부터 벗어날 수 있는 길을 제공하고 있
다. 구원이 하나님의 주권적인 선택에만 의존하게 되면 구약의 성도들이나 십자
가상의 강도의 경우에서 볼 수 있듯이 세례 없이도 중생이 가능해지는 것이다.
우리는 신앙을 통해 하나님의 자녀가 되는 것이지 세례를 통해 하나님의 자녀가
되는 것이 아니다. 세례는 단지 그 사실을 인정하는 것일 뿐이다. 칼빈은 **택정함
을 받은** 모든 어린이들은 세례를 받았든 그렇지 않았든간에 확실히 구원을 받는
다고 하였다. 칼빈은 택정하심을 가시적인 은혜의 수단들의 경계 너머까지 확장
시키기 위해, 요한복음 3장 5절("사람이 물과 성령으로 나지 아니하면 하나님 나
라에 들어갈 수 없느니라")에 대한 교부적이고 스콜라적인 해석, 즉 "물"이 세
례를 의미하며 이것은 하나님의 나라로 들어가기 위한 필수 조건이라는 해석으
로부터 떠났다. 그는 아직 제정되지도 않은 기독교 세례를 언급하는 것은 시기
에 맞지도 않고 니고데모에게는 이해하기 어려운 일이었을 것이라고 생각하였
다. 그래서 그는 물과 성령을 한데 묶어서 성령에 의한 정화와 중생이라는 하나

---

29) 육체적인 고통이 아니라 정신적인 고통.

의 개념으로 통합한다.

"물"의 의미가 무엇이든간에, 그리스도는 여기서 유아들을 언급하는 것도 아니고 세례 의식이 미치지 않는 곳에 있던 성인들을 언급하는 것일 수도 없다. 그는 어린이들을 하나의 집단으로 묶어서, 세례나 할례에 대한 어떠한 언급도 없이 "천국은 곧 이러한 자들의 것이다"라고 말씀하셨다. 이 말씀은 자녀를 잃은 부모들에게 말할 수 없는 위안이 된다. 그리고 이것을 보다 강조하기 위해 그리스도는 "이와 같이 이 소자 중에 하나라도 잃어지는 것은 하늘에 계신 너희 아버지의 뜻이 아니니라"(마 18:14)라고 말씀하셨다. 우리 구세주의 이러한 선포는 확실히 총체적으로 문제를 해결하는 것으로서, 실제로 어떠한 범죄도 저지르기 전에 죽는 모든 어린이들이 택정의 섭리 안에 포함된다는 추론을 정당화해 주는 것처럼 보인다. 이들은 구원의 경륜 속에 태어나는 것이고, 이들의 이른 죽음은 은혜로운 택정의 표시로 간주될 수 있을 것이다.

하지만 칼빈은 이렇게 멀리 나아가지는 않았다. 반대로 그는 성인 중에 버림받은 자들이 있는 것처럼 버림받은 혹은 택정되지 않은 어린이들도 있다고 매우 분명하게 밝히고 있다. 그는 성령에 의해 미리 중생함을 입은 "일부 유아들은 확실히 구원을 받는다"고 말하고 있지만 모든 유아들이 구원을 받는다고는 어디에서도 말하고 있지 않다.[30] 로마서 5장 17절에 대한 주석에서, 그는 경건한(택정받은) 부모들의 유아들에게만 구원을 제한하고 있으며, 나머지 유아의 운명에 대해서는 의문으로 남겨두고 있다. 자유 의지에 대한 가톨릭 옹호자들 — 이들은 세례받지 않은 유아들은 멸망한다고 주장하였다 — 과 논쟁하면서, 그는 "어떠한 해결책도 없는 아담의 타락이 수많은 민족들과 그들의 유아들을 영원한 죽음으로 인도한다"는 끔찍한 사실에 대해 과연 하나님의 신비스런 뜻으로 인한 것이라는 설명 이외에 다른 설명 방법이 있다면 한번 해보라고 요구하고 있다. "다른 점에 대해서는 그토록 수다스러운 그들의 혀도 여기서는 침묵을 지킬 수밖에 없을 것이다."[31]

---

30) *Institutes*, IV. 16장, 17.

31) *Institutes*, III. 23장, 7. 여기에 카스텔리오에 대한 항의가 부가되어야 한다. "이제 무죄한 아이들을 심지어 어머니의 품에서 영원한 죽음으로 내던지는 하나님에 대한 당신의 적의를 드러내라." 같은 방식으로 칼빈은 카스텔리오에게 하나님이 무죄한 유아들을 호랑이나 사자나 곰이나 늑대의 먹이로 허락하신다는 사실에 대해 설명

그리고 이와 관련해서 그는 다음과 같은 의미심장한 말을 덧붙이고 있다.

이것은 무시무시한(끔찍한) 작정이다. 그렇지만 그 누구도 하나님께서 미래를 예지하고 계시고, 인간을 창조하기 전에 인간의 최종적인 운명을 알고 계셨다는 것을 부인할 수는 없을 것이며, 나도 그가 그것을 정말로 미리 알고 계셨다는 것을 명확히 하는 바이다. 그것은 하나님 자신의 뜻에 따라 결정된 일이기 때문이다.[32]

하나님 자신이 우리의 가슴속에 심어 놓으신 최선의 지각들로 말미암아 우리는 무한한 사랑과 공의의 하나님께서 단지 자궁으로부터 무덤으로, 무덤으로부터 영원한 지옥으로 이들을 서둘러 보내기 위해 당신 자신의 형상대로 수많은 불멸의 존재들 — 아마 전 인류의 반이 더 넘을 것이다 — 을 창조하셨다는 생각에 대해서는 직감적으로 거부하지 않을 수 없다. 거기다가 이것이 그들 자신의 실제적인 죄로 인한 것이 아니고 단순히 그들이 한 번도 들어보지 못한 아담의 범죄로 인한 것이고, 그 아담의 범죄를 하나님 자신이 허락했을 뿐 아니라 예정하신 일이라니 말이다. 이것이 사실이라면 이는 실로 "끔찍한 작정"이 아닐 수 없다.

칼빈은 이러한 표현을 사용함으로써 사실상 그 자신의 교리를 정죄하였다. 이 표현은 그의 높은 지성과 감성을 아주 잘 드러내 주는데도, 너무나 반복적으로 그를 대적하기 위한 표현으로 사용되었던 탓에 그의 성품을 평가하는 데 있어 충분히 그 진가를 인정받지 못했다. 그리하여 그는 성 아우구스티누스보다 훨씬 더 강력하게 자신의 인도주의적인 감성을 과감하게 표현하였던 것이다. 그럼에도 불구하고 만약에 그가 이러한 끔찍한 작정을 수용하였다면, 그는 논리의 엄

할 것을 요구하였다. 칼빈이 **모든** 유아들의 구원을 믿었다는 것을 증명하고자 했던 프린스턴의 Shields 박사의 시도는 완전히 실패로 끝났다(*The Presbyt. and Ref. Review*, October, 1890).

32) "이것은 끔찍한 작정이다." 이 유명한 표현은 종종 무지하게도 예정론 교리 전체에 적용된다. 그러나 칼빈은 단지 유기의 작정과 관련해서만 이 말을 하고 있는 것이다. 선택의 작정은 영광스럽고 지극히 위안이 되는 것이다. 그러므로 여기서 사용된 끔찍하다는 의미의 horribile라는 단어를 굳이 온건한 어조로 완화시킬 필요가 없다.

격한 법칙과 자신이 이해한 대로의 성경의 문자를 위해 자신의 이성과 감성을 희생시킨 것이다. 우리는 그의 순종을 존중해야 하지만, 그가 스스로 해석가로서의 무오성을 주장하지 않는 것처럼 우리도 그의 해석에 도전할 수 있어야 한다.

이미 언급했던 것처럼, 츠빙글리는 만인을 위해 돌아가신 그리스도의 대속에 의해 모든 유아들이 구원을 받으리라는 자애로운 소망과 믿음을 즐겨서 또 과감하게 표출하였던 최초이자 유일한 개혁자였다. 재세례파들도 같은 견해를 피력하였지만, 그들은 프로테스탄트와 가톨릭 모두로부터 이단으로 박해를 받았으며, 아우크스부르크 신앙고백의 제9조에서 정죄되었다.[33] 1590년의 제2 스코틀랜드 신앙고백은 유아들의 멸망을 주장하는 잔인한 가톨릭 교리에 대해 혐오감과 증오를 표출한 최초이자 유일한 종교개혁기의 프로테스탄트 신앙고백이었다.

하지만 점차적으로 유아들의 보편 구원의 교리가 아르미니우스주의자들, 퀘이커교도들, 침례교인들, 웨슬리주의자들, 장로교인들 사이에서 우세하게 되었으며, 지금은 거의 모든 프로테스탄트 신학자들, 특별히 세례에 의한 중생론에 얽매이지 않는 칼빈주의자들에 의해 채택되고 있다.

츠빙글리는 우리가 이미 살펴보았던 것처럼 복음을 영접할 준비가 되어 있는 채로 죽는 경건한 이교도들의 구원에 관해서도 마찬가지로 자신의 시대를 앞서 있었다. 그리고 이 견해 또한 근대 프로테스탄트 의식 속에 스며들었다.

예정론에 대한 변호

칼빈은 자신의 「기독교 강요」에서 예정론을 변호하였으며, 피기우스, 볼섹, 그리고 카스텔리오에 대항한 그의 논쟁적인 글들에서도 모든 반대들을 무색하게 하는 뛰어난 기교로 이 문제에 관한 자신의 입장을 충분히 개진하였다. 그의 논증들은 주로 성경으로부터, 특별히 로마서 9장으로부터 비롯되었다. 하지만 그

---

33) "그들은 어린이 세례를 부인하면서 **어린이들은 세례 없이도 구원받는다**고 단언하는 재세례파들을 정죄하고 있다." 1540년 (라틴어) 개정판은 "세례"라는 말 뒤에 "그리고 그리스도의 교회 바깥"이라는 말을 덧붙이고 있는데, 이는 이교도 유아들을 지칭하는 것이 틀림없다. 독일어 판은 그 구절을 생략하고 단지 유아 세례를 거부한다는 이유로 재세례파들을 정죄하고 있다. 이는 멜란히톤이 유아들에 대한 저주라는 주제에 대해 회의적이었다는 것을 보여준다.

는 이 땅의 개인들과 민족들의 역사적인 운명을 언급하는 성경 구절들을 과도하게 왜곡시켜서 다른 세상에서의 그들의 영원한 운명에 대한 선포로 해석하였다. 그리고 그는 하나님의 감추어진 뜻과 계시된 뜻을 구별함으로써, 이와 상치되는 구절들(예를 들어 겔 33:11; 18:23,32; 요 1:29; 3:16; 요일 2:2; 4:14; 딤전 2:4; 벧후 3:9)의 타당한 효력을 경시하였다. 이러한 구별은 하나님의 의지 속에 용납할 수 없는 이원론과 모순을 초래한다.

그는 다음과 같은 문장으로 자신의 논의를 끝맺고 있다.

> 이제 양측으로부터 많은 논증들이 제시되었으니, 바울과 함께 이 위대한 신비에 경탄하는 모습으로 서는 것이 우리의 결론이 되도록 하자. 그리고 성마른 혀들이 지껄이는 와중에서 '아 사람아, 네가 뉘기에 감히 하나님을 힐문하느뇨?' 라고 외치기를 부끄러워하지 말자. 왜냐하면 아우구스티누스가 제대로 주장하고 있듯이, 하나님의 공의를 측량하기 위한 척도로서 인간 정의의 잣대를 갖다대는 것이야말로 가장 말이 안 되는 일이기 때문이다.

참으로 그러하다. 하지만 우리가 우리 자신의 정의에 대한 감각으로가 아니라면 도대체 어떻게 하나님의 공의를 판단할 수 있을 것인가? 그건 하나님에게서 오는 것 아닌가? 그리고 인간에게 불의한 것이 어떻게 하나님에게는 정의가 될 수 있으며, 하나님 자신이 불의하다고 정죄한 것이 어떻게 정의가 될 수 있는가? 정의의 근본적인 요소는 공평과 형평성이다.

실질적인 효과

이 교리의 동기와 목표는 사변적인 것이 아니라 실질적인 것이었다. 그것은 값없이 주시는 은혜를 보호하는 하나의 방벽으로서, 펠라기우스주의와 인간의 교만에 대한 하나의 방어 수단으로서, 겸손과 감사를 일깨우는 하나의 자극제로서, 그리고 시련과 낙담 가운데서 위로와 평안의 원천으로서 소용되었다. 이 교리가 방탕을 부추기고 세속적인 안전 보장을 해주는 셈이라는 비난은 "하나님이 금하시느니라!" 라는 바울식의 표현에 의해 중상 비방으로 분연히 반박되었고, 또한 실천을 통해서도 반박되었다. 그리스도를 자신의 주님이자 구세주로 믿는 사람은 자신이 택정받은 자들에 속한다는 그럴 법한 확신을 가질 수 있다.

그리고 이러한 신앙은 그로 하여금 그리스도를 따르도록 강제하며, 버림받지 않기 위해서 끝까지 견인할 수 있도록 해줄 것이다. 성도의 견인을 믿는 사람들은 아마도 그것을 실천할 것이다. 현재 신앙이 없다고 하더라도 회개와 회심을 위한 문이 열려 있는 한 그것이 확실한 유기의 표지는 될 수 없다.

칼빈은 교황의 주권과 무오성이라는 잘못된 주장에 대항하여 하나님의 절대 주권과 성경의 무오성을 주장하였다. 그는 하나님은 두려워했지만 사람은 두려워하지 않았다. 하나님의 주권에 대한 인식은 그 추종자들에게 세속 권력자들의 폭정에 맞설 수 있는 힘을 주었으며, 그들을 프랑스, 네덜란드, 잉글랜드, 스코틀랜드에서 사회적이고 정치적인 자유를 위한 투사들이자 주장자들로 만들었다.

신앙고백적 승인

예정 교리는 칼빈이 작성한 「제네바 일치신조」(*Consensus Genevensis*, 1552)에 제네바 목회자들이 서명을 함으로써 공식 승인을 받았다.[34] 이는 또한 보다 온건한 타락 후 예정설의 형태로 「프랑스 신앙고백」(1559), 「벨기에 신앙고백」(1561), 그리고 「스코틀랜드 신앙고백」(1560) 속에 반영되었다. 그리고 보다 논리적인 형태를 갖추어 「램버스 신조」(1595), 「아일랜드 신조」(1615), 「도르트 신경」(1619), 「웨스트민스터 신앙고백」과 「대요리문답」(1647), 그리고 「스위스 일치신조」(1675)에 포함되었다. 다른 한편으로, 「제1 스위스 신앙고백」(1536), 「하이델베르크 요리문답」(1563), 「제2 스위스 신앙고백」(1566), 그리고 「성공회 신조」(1571, 제 17조)는 신자들의 택정이라는 긍정적인 부분만 인정하고 유기와 영벌에 관해서는 지혜롭게 침묵을 지킨 채로 이를 신학과 사적인 견해의 영역에 남겨 두었다.[35] 주목할 만한 것은 칼빈이 그 자신의 요리문답 속에 예정 교리를 포

---

34) 「제네바 일치신조」는 피기우스와 볼섹과의 논쟁을 통해 나온 것이지만, 제네바 외부로부터는 어떠한 권위도 부여받지 못하였다. 취리히, 베른, 바젤을 이 도그마에 우호적인 쪽으로 끌어들이려는 시도는 소란과 반대만 야기시켰을 뿐이었다.

35) 제2스위스 신앙고백(8장과 9장)은 reprobate(유기된)라는 용어를 사용하고는 있지만, decree of reprobation(유기의 작정)에 대해서는 아무것도 말하고 있지 않다. reprobate는 도덕적인 특징을 묘사한 것으로서, **승인되지 않았고, 적절하지 않다**는 의미이다. 롬 1:28; 고전 9:27; 고후 13:5-7; 딤후 3:8; 딛 1:16. Authorized Version에서 고후 13:6,7과 딤후 3:8에 사용하고 있는 reprobates라는 복수형은 부정확한 번역

함시키지 않았다는 것이다. 「브란덴부르크 신앙고백」과 같은 몇몇 소소한 개혁파 신앙고백들은 하나님께서는 진정으로 **모든** 인간의 구원을 원하시며, 결코 죄와 저주의 창조자가 아니라는 사실을 분명하게 밝히고 있다.

114. 칼빈주의 검토

우리는 칼빈주의의 예정론 체계를 기독교인들의 경험, 이성, 그리고 성경의 가르침의 견지에서 검토해 보지 않은 채로 이 중요한 주제에 대한 논의를 마칠 수는 없다.

우리가 살펴본 대로 칼빈주의는, 창조보다 선행하며 인간 역사에 대한 하나님의 계획인 절대적인 예정의 이중 작정에서 출발하고 있다. 이 계획은 인간의 창조, 인간의 보편적 타락과 정죄, 부분적인 대속과 구원, 그리고 부분적인 유기와 멸망이라는 연속적인 단계를 포함하고 있으며, 이 모든 것이 하나님의 영광을 위한 것이고 자비와 공의라는 그의 속성을 보여주기 위한 것이다. 역사는 단지 원래의 계획을 수행하는 데 불과하다. 거기에는 어떠한 실패도 있을 수 없다. 처음과 끝, 즉 하나님의 불변하는 계획과 세계 역사가 만들어 내는 결과는 일치할 수밖에 없다.

우리는 여기서 우주 전체적인 문제의 해결책을 다루어야 한다는 것을 기억해야 하며, 경외심을 가지고 또 우리 능력의 한계를 자각하는 겸손함을 가지고 이 문제에 접근해야 한다. 우리는 사실상 구름 속에 봉우리가 가리워진 산 앞에 서 있다. 감히 그 정상에 오르려고 했던 많은 사람들이 시야를 어지럽히는 눈더미를 만나 앞을 볼 수 없었다. 시인들 중에 가장 심오한 사상가인 단테는 예정의 신비 "전체의 모습에서 최초의 원인"을 알 수 없는 유한한 인간들이 그 신비를 이해하는 것은 역부족이며, 심지어 하나님의 모습을 보고 있는 낙원의 성도들에게도 이 문제는 너무 심오한 것이라고 생각하였다. 낙원의 성도들도 "택자들을

으로서, 사람들의 계층을 언급하는 듯하다. Revised Version은 정확하게 reprobate라고 쓰고 있는데, 그리스어에서 이에 해당하는 용어는 명사가 아니고 형용사이기 때문이다.

모두 알지는 못한 채, 기꺼이 하나님의 뜻을 따르고" 있다는 것이다. 칼빈 자신은 "하나님의 예정은 미궁이다. 인간의 지성은 결코 그것을 풀어낼 수 없다"[36]라고 밝히고 있다.

이 미궁을 벗어날 수 있는 유일한 길은 그리스도 안에 있는 하나님의 사랑이라는 아리아드네의 실(그리스 신화에서 아리아드네는 테세우스에게 미궁 탈출의 실을 준 미노스 왕의 딸이다)뿐이다. 그리고 이것은 우리가 이해하기보다는 경외할 수밖에 없는 한층 위대하고 더욱 복된 신비이다.

경험의 사실들

우리는 이 세상 어디에서나 계시된 하나님과 감추어진 하나님의 흔적들을 발견한다. 하나님은 우리의 신앙을 강화시키기에 충분할 만큼 계시되어 있으면서 동시에 우리의 신앙을 시험하기에 충분할 만큼 감추어져 있다.

우리는 신비에 둘러싸여 있다. 자연의 영역에서 우리는 온갖 대조적인 현상들, 즉 빛과 어둠, 낮과 밤, 열기와 냉기, 여름과 겨울, 삶과 죽음, 꽃피는 골짜기와 황량한 황무지, 노래하는 새와 독이 든 뱀, 도움이 되는 짐승과 탐욕스러운 야수, 그리고 존재하기 위한 몸부림과 적자생존을 위한 투쟁을 볼 수 있다. 인간의 삶에 눈을 돌려 보면, 우리는 어떤 사람은 부유하게, 다른 사람은 비참하게 태어났음을 보게 된다. 어떤 사람은 왕으로 다른 사람은 거지로, 어떤 사람은 강하고 건강하게 다른 사람은 유약한 불구자로, 어떤 사람은 천재로 다른 사람은 백치로, 어떤 사람은 선하게 다른 사람은 악하게, 어떤 사람은 성자의 아들로 다른 사람은 범죄자의 아들로, 어떤 사람은 이교의 암흑 가운데 다른 이는 기독교의 빛 속에 태어난다. 최악의 사람들뿐만 아니라 최선의 사람들도 치명적인 사고에 노출되어 있으며, 모든 민족은 그들의 무고한 후손들과 함께 전쟁, 역병, 기근의 침략을 당한다.

누가 이 모든 문제들과 거대한 난제들에 대해 설명해 줄 수 있을 것인가? 이것들은 인간 의지의 통제권 바깥에 있는 것이며, 우리가 알아낼 수 없는 하나님의 신비한 뜻으로 돌려야할 것이다.

바로 여기에 예정이 있다. 그것은 선과 악, 행복과 불행으로 이끄는 명백하게

---

36) 롬 9:14에 대한 주석.

이중적인 예정이다.

　죄와 죽음은 분별력 있는 사람이라면 그 누구도 부정할 수 없는 보편적인 사실이다. 이것들은 문제들 중의 문제이다. 그리고 그 문제에 대한 유일한 실질적 해결책은 대속의 사실이다.

> 그러나 죄가 더한 곳에 은혜가 더욱 넘쳤나니 이는 죄가 사망 안에서 왕노릇한 것같이 은혜 또한 의로 말미암아 왕노릇하여 우리 주 예수 그리스도로 말미암아 영생에 이르게 하려 함이래(롬 5:20, 21)

　만약 대속이 죄만큼이나 보편적으로 작용한다면, 그 해결책은 가장 만족스럽고도 가장 영광스러운 것이 될 것이다. 하지만 대속은 이 세상에 오직 부분적으로만 계시되었으며, 그래서 커다란 질문이 남게 된다. 이 세상에서 하나님 없이 그리고 소망 없이 살다가 죽는 절대 다수의 인간들은 어떻게 될 것인가? 이 끔찍한 사실은 하나님의 영원한 뜻에서 비롯된 것인가 아니면 인간의 자유로운 행위에서 비롯된 것인가? 여기가 바로 아우구스티누스주의와 칼빈주의가 펠라기우스주의, 반(半)펠라기우스주의, 신인협력설, 아르미니우스주의와 격돌하는 지점이다.

　칼빈주의 체계는 긍정적인 진리를 내포하고 있는데, 그것은 값없이 주시는 은혜로 말미암은 영생으로의 택정이다. 동시에 이 체계는 부정적인 암시도 동반하고 있는데, 독단적인 공의에 의한 영원한 죽음으로의 유기가 바로 그것이다. 전자는 이 체계의 강점이고, 후자는 이 체계의 약점이다. 전자는 모든 진실한 신자들에 의해 실질적으로 받아들여지고 있지만, 후자는 항상 대다수 기독교인들에 의해 배격되어 왔으며, 앞으로도 늘 그러할 것이다.

　은혜로운 택정의 교리는 다른 어떤 교리 못지않게 신약 성경에서 명쾌하게 가르쳐지고 있다. 마태복음 25장 34절, 요한복음 6장 37, 44, 65절, 10장 28절, 15장 16절, 17장 12절, 18장 9절, 사도행전 13장 48절, 로마서 8장 28-39절, 갈라디아서 1장 4절, 에베소서 1장 4-11절, 2장 8-10절, 데살로니가전서 1장 4절, 데살로니가후서 2장 13, 14절, 디모데후서 1장 9절, 베드로전서 1장 2절 등을 살펴보면 알 수 있다. 이 교리는 경험에 의해 확인된다. 기독교인들은 자신들의 모든 세속적이고 영적인 축복들, 즉 생명, 건강, 그리고 강건함, 중생과 회심, 모든 좋은 생각과 행동이 자신들에게 과분한 하나님의 은혜 덕분이라고 생각한다. 그리고 오직 그리스도의 공로에 의해서만, 즉 자신들의 선행에 의해서가 아니라 "믿음을 통한 은혜에 의해서" 구원받기를 소망한다. 그들이 영적인 생활에서 진보하면 할수록 그들은 더욱 하나님께 감사를 느끼게 되고, 자신들의 공로를 내세우고 싶은 마음은 더욱 적어지게 된다. 가장 위대한 성인들은 또한 가장 겸손한 자들이다. 이들의 신학은 기도의 정신과 태도를 반영하고 있는데, 그것은 하나님만이 모든 선하고 완전한 선물을 값없이 주시는 분이고, 하나님 없이는 우리가 아무것도 아니라는 확신에 기초를 두고 있다. 은혜의 보좌 앞에서 모든 기독교인들은 아우구스티누스주의자들이자 칼빈주의자들이라고 불려질 수 있다.

값없이 주시는 은혜에 의한 이 구원의 교리를 아우구스티누스 시대 이후에 어떤 신학자보다 설득력있고 명쾌하게 제시했다는 점이 칼빈의 가장 위대한 점이다. 이것은 유럽과 미국에서 오늘날까지 뛰어난 칼빈주의 설교자들과 저술가들에게 실질적이고 중요한 주제가 되어 왔다. 하우(Howe), 오웬(Owen), 백스터(Baxter), 번연(Bunyan), 사우스(South), 휫필드(Whitefield), 조나단 에드워즈(Jonathan Edwards), 홀(Robert Hall), 찰머스(Chalmers), 스펄전(Spurgeon)은 신조에 관한 한 칼빈주의자들이었다. 비록 각자가 회중교회, 장로교회, 성공회, 침례교 등 다른 교파에 속해 있으면서 강단에서 누구보다 뛰어난 설득력과 영향력을 행사하고 있기는 했지만 말이다. 스펄전은 19세기에 가장 널리 알려진 영향력있는 설교자였으며, 매주 자신의 교회에서 5천 명 이상의 회중에게 말씀을 전했으며, 각종 언어로 출판된 설교집을 통해서는 수백만 명의 독자들에게 말씀을 전했다. 우리는 가장 경건한 로마 가톨릭 신자들 가운데 일부도 역시 아우구스티누스주의자이거나 얀센주의자였다는 사실도 잊어서는 안 된다.

다른 한편으로, 그 누구도 기계적으로 혹은 강제적으로 구원받는 것은 아니며, 신앙을 통해, 아무런 값도 없이, 하나님의 선물을 받아들임으로써 구원을 받는 것이다. 이것은 선물을 거부할 수 있는 상반되는 힘을 암시한다. 받아들이는 것은 아무런 공적이 될 수 없고, 거부하는 것은 감사를 모르는 것이고 죄가 된다. 모든 칼빈주의 설교자들은 인간의 책임을 강조하였다. 그들은 마치 모든 것이 하나님에게 달려 있는 양 기도하면서도, 동시에 모든 것이 인간에게 달려 있는 것처럼 설교하고 일하였다. 그리고 교회는 복음을 모든 피조물에게 전파하라는 명령을 받았다. 우리는 모든 사람의 구원을 위해 기도하는 것이지, 한 사람이라도 잃어버린 바 되도록 해달라고 기도하는 것이 아니다. 그리스도는 십자가상에서 자기를 죽이는 자들을 위해서도 중보 기도를 하셨다.

바로 여기에 실질적인 어려움이 있다. 유기의 작정은 기도나 설교의 대상이 될 수 없으며, 이 사실이 유기의 작정에 반대하는 논증이 된다. 경험은 택정은 확증해 주지만 유기는 거부한다.

논리적인 논증

유기에 대한 논리적인 논증은 부정적인 것 없이 긍정적인 것이 있을 수 없고, 일부 사람들에 대한 유기 없이 또 다른 일부 사람들에 대한 택정이 있을 수 없다는 것이다. 이것은 연역적인 논리상으로는 맞는 말이지만, 귀납적인 논리상으로는 그렇지 않다. 택정에도 등급과 단계가 있다. 구원의 역사에는 연대기적인 순서가 있어야 한다. 조만간 모든 사람이 부르심을 받을 텐데, 어떤 사람은 6시에, 다른 사람은 9시에, 또 다른 사람은 11시에, 하나님의 섭리에 따라 부르심을 받을 것이다. 이러한 부르심을 받아들이고 신앙 가운데 견인하는 자들은 택정함을 받은 자들에 속한다(벧전 1:1; 2:9). 하지만 그것을 거부하는 자들은 자신들의 불신앙으로 말미암아 유기되고, 하나님의 바람과 뜻을 거스르게 되는 것이다. 유기에 관한 선재적인 섭리란 없으며, 오로지 인간의 죄의 당연한 결과로서 유기라는 **공정한** 결정이 있을 뿐이다.

논리는 양쪽으로 날이 선 칼과 같다. 그것은 예정론적인 전제로부터 시작해서, 칼빈이 신성모독이라고 거부하고 혐오하는 바, 하나님이 죄의 창조자라는 결론으로 이끌어갈 수도 있다. 그리고 그것은 또한 숙명론, 범신론, 혹은 만인구원론으로 이끌 수도 있다. 우리는 추론 과정의 어디쯤에선가 반드시 멈추어야 한다. 그렇지 않으면 진리의 일부를 놓치게 될 것이다. 논리는 오직 한정적인 범주들만 다룰 수 있을 뿐이며 무한한 진리를 파악할 수는 없다는 것을 기억해야 한다. 기독교는 논리적이거나 수학적인 문제가 아니며, 인간적인 체계의 한계로 축소될 수 있는 것도 아니다. 그것은 모든 개개의 체계를 넘어서 있으면서 모든 체계의 진리를 내포한다. 그것은 논리를 초월하지만 그렇다고 비논리적인 것은 아니다. 이것은 계시가 이성을 초월하지만 이성과 대립되는 것은 아니라는 점과 마찬가지이다.

우리는 영원 전부터 우주에서 일어날 모든 일들을 아시고 또한 어떤 식으로든 그것들을 미리 정하신 전지전능한 존재라는 것을 제외하고는 하나님에 대해 상상할 수가 없다. 그는 자신이 예정하신 것들을 예지하셨으며, 동시에 자신이 예지하셨던 것들을 예정하셨다. 그의 예지와 예정, 그의 지성과 의지는 함께 영원한 것이며 반드시 조화되어야 한다. 영원한 하나님에게 있어서는 시간의 연속도 없고, 이전이나 이후도 없다. 장래의 모든 세대의 사람들에게 그 영향을 미치는 처음 인간의 타락이 결코 하나님 자신이 쉽게 막을 수도 있었던 때에 수동적 혹은 중립적 방관자로서 그것이 일어나도록 그냥 허용하셨을 뿐인 일종의 사고일 수는 없다. 그는 어떤 식으로든 보다 높은 목적을 위한 하나의 방편으로, 혹은 최상의 선을 위한 부정적인 조건으로 그것을 예정하셨을 것이다. 인격적인 하나님에 대한 믿음에 기초하고 있는 이러한 논거는 칼빈주의적인 타락 전 예정설 전반에 미치며, 심지어는 그것을 넘어서서 보편 구원론의 가장자리까지 이르고 있다. 만약 우리가 자의식이 있는 인격적인 하나님이라는 관념을 포기한다면, 이성은 우리를 숙명론이나 범신론으로 몰아갈 것이다.

하지만 형이상학적인 논리뿐 아니라 윤리학적인 논리가 있다. 하나님은 전능하고 전지할 뿐만 아니라 거룩하시며, 따라서 결코 죄의 창조자가 될 수 없다. 인간은 지적인 존재인 동시에 도덕적인 존재이고, 그가 도덕적인 형질을 지닌다는 주장은 그가 지적인 형질을 지닌다는 주장과 동일한 무게를 지닌다. 양심은 이성만큼이나 강력한 요소인 것이다. 하나님의 주권을 아무리 완고하게 믿는 사람일지라도 만약 그가 기독교인이라면 개인적인 책임감을 떨쳐 버릴 수 없을 것이다. 비록 그가 하나님의 주권과 개인적 책임감이라는 이 두 가지를 조화시킬 수는 없다고 할지라도 말이다. 조화는 하나님 안에, 그리고 인간의 도덕적 형질 안에 존재한다. 이 두 가지는 하나의 진리에 대한 두 개의 보완적인 측면인 것이다. 바울은 다음과 같은 하나의 문장 속에서 이 둘을 연합시키고 있다.

> 두렵고 떨림으로 너희 구원을 이루라. 너희 안에서 행하시는 이는 하나님이시니 자기의 기쁘신 뜻을 위해 너희로 소원을 두고 행하게 하시나니(빌 2:13)

그러나 이 문제는 우리가 본래적인 능력으로서의 주권과 그 주권의 행사를 구별하게 되면 해결의 실마리를 잡을 수 있다. 하나님은 피조물들의 자유로운 활동을 위한 여지를 만들어 주기 위해 자신의 주권의 행사를 제한하실 수도 있다.

인간이 자유롭다는 것은 하나님의 주권적인 섭리에 따른 것이다. 이러한 자기 제한이 없이는 하나님은 인간으로 하여금 회개하고 믿도록 권면할 수가 없었던 것이다. 바로 여기서 다시금 칼빈주의적 논리는 휘거나 부러진다. 칼빈주의 논리가 엄격하게 적용되면, 죄인들을 향한 하나님의 권면은 근엄한 비웃음이자 잔인한 아이러니로 전락되고 말 것이다.

성경적 논증

칼빈은 비록 가장 유능한 논리가 중 한 사람이었지만 논리보다는 성경에 더 주의를 기울였으며, 그로 하여금 자신의 소망과 의지에 반하는 그 끔찍한 작정을 받아들이도록 이끈 것도 하나님의 말씀에 대한 그의 순종이었다. 그의 이러한 판단은 그 어떤 것보다 비중 있는 것이다. 왜냐하면 철저하고 체계적인 성경 지식과 주해적 통찰력에서 그를 능가하는 사람은 없으며 그에 필적할 만한 인물도 찾기 어렵기 때문이다.

그리고 여기서 우리는 적지 않은 성경 구절들이, 특별히 구약의 성경 구절들이 극도의 타락 전 예정설이라 할 만큼 이중 작정을 지지하고 있음을 덧붙여야 한다. 실제로 이 구절들은 칼빈주의 체계를 넘어서며, 하나님을 죄와 악의 창조자로 밝히는 것처럼 보인다. 출애굽기 4장 21절, 7장 13절(하나님께서 바로의 마음을 강팍하게 하셨다고 반복해서 말하고 있다), 이사야 6장 9, 10절, 44장 18절, 예레미야 6장 21절, 아모스 3장 6절("여호와의 시키심이 아니고야 재앙이 어찌 성읍에 임하겠느냐"), 잠언 16장 4절, 마태복음 11장 25절, 13장 14, 15절, 요한복음 12장 40절, 로마서 9장 10-23절, 11장 7, 8절, 고린도전서 14장 3절, 데살로니가후서 2장 11절, 베드로전서 2장 8절, 유다서 4절("저희는 옛적부터 이 판결을 받기로 미리 기록된 자니")을 살펴보라.[37]

유기를 뒷받침하는 가장 강력한 근거는 로마서 9장이다. 칼빈이 1539년 슈트라스부르크에서 자신의 「기독교 강요」 제2판과 동시에 로마서 주석을 마무리해서 출판한 것은 결코 우연한 일이 아니다.

로마서 9장에 나오는 세 구절은 엄격하게 문자적인 의미로 해석할 때 극단적인 칼빈주의를 지지하고 있다. 그리고 (마이어 Meyer와 바이스 Weiss와 같은)

---

37) 마지막 구절은 유기의 섭리를 위해 종종 인용되었다.

현대의 일부 철저한 문법적 주석가들도 그렇게 해석하였다.

(1) 9장 13절: "내가 야곱을 사랑하고 에서는 미워했다 하심과 같으니라."

이것은 말라기 1장 2, 3절에서 인용되고 있다. 이 구절은 우리가 문자적으로 해석하거나 의인법적으로 해석하거나 간에 야곱과 에서의 영원한 운명을 언급하고 있는 것은 아니고, 신정 정치 시대에 그들이 점하고 있던 대표적인 위치를 말하고 있는 것이다. 이 사실이 주된 어려움을 제거해 준다. 에서는 그 아버지로부터 세속적인 축복을 받았으며(창 27: 39, 40), 동생에게 친절함과 관대함으로 대하였다(33: 4). 그는 아마도 소싯적에 자신의 장자의 권리를 팔았던 어리석음을 회개했을 것이며,[38] 가장 먼저 타락하고 가장 먼저 구원을 받은 아담과 하와와 마찬가지로 구원받는 자 가운데 들었을 것이다.

더욱이 엄격한 의미에서 적극적인 증오는 이 사건의 성격상 불가능한 것으로 여겨진다. 왜냐하면 그것은 성경을 통해 우리가 알고 있는 모든 하나님의 속성과 모순되기 때문이다. 사랑의 하나님, 우리에게 모든 사람을 사랑하라고 명하시고, 심지어 우리의 적들도 사랑하라고 명하시는 그분께서 아직 태어나지도 않은 아이를, 혹은 자신의 형상을 따라 만들어진 피조물을 미워하실 수는 없다. 주님께서는 이렇게 말씀하신다.

> 여인이 어찌 그 젖 먹는 자식을 잊겠으며 자기 태에서 난 아들을 긍휼히 여기지 않겠느냐. 그들은 혹시 잊을지라도 나는 너를 잊지 아니할 것이라(사 49:15)

이것이 하나님의 사랑에 대한 선지자의 이해이다. 신약 성경이 이해하고 있는 것은 이보다 한층 더 강력하지 않겠는가? 따라서 **미워했다**는 단어는 덜 사랑한다든가 혹은 유보한다는 뜻의 히브리적 표현으로 이해되어야 할 것이다. 창세기 29장 31절에서 원문은 야곱에 의해 "레아는 미움을 받았다"고 말하고 있지만, 이는 야곱이 레아를 라헬보다는 덜 사랑했다는 것을 의미하는 것이다(30절과 비교). 우리 구주께서 누가복음 14장 26절에서 "무릇 내게 오는 자가 자기 부모와 처자와 형제와 자매와 및 자기 목숨까지 미워하지 아니하면 능히 나의 제자가

---

38) 이것은 히 12:17에 암시되어 있는데, 우리는 여기서 회개를 에서의 때늦은 후회로 볼 수도 있고(Calvin, Bleek), 이삭의 심경의 변화로(Beza, Weiss) 볼 수도 있다.

되지 못하고"라고 말씀하실 때, 그는 자신의 제자들이 제5계명을 어기고 "너희 원수를 사랑하며 너희를 핍박하는 자를 위하여 기도하라"(마 5:44)는 자신의 지시에 상반되게 행동하라는 의미로 말씀하신 것이 아니다. 그는 우리가 다른 모든 것, 심지어 목숨보다도 그를 더 사랑해야 하고, 그와 대치되는 것이라면 그 어떤 것도 희생해야 한다는 것을 말하고자 한 것이다. 이러한 의미는 병렬구라 할 수 있는 마태복음 10장 37절의 "아비나 어미를 **나보다 더 사랑하는** 자는 내게 합당치 아니하고"에 의해서 확인된다.

(2) 9장 17절

바울은 바로의 마음을 강퍅하게 한 것이 하나님이 하신 일이라고 추론하고, 그래서 죄에 대해서 하나님이 책임이 있다고 보았다. 하지만 이것은 죄로써 죄를 벌하는 사법적인 행위였다. 바로가 먼저 자신의 마음을 강퍅하게 했기 때문이다(출 8:15, 32; 9:34). 더욱이 이 구절은 에서에 관한 구절과 마찬가지로 바로의 장래 운명에 관해 어떠한 언급도 하고 있지 않다. 이 둘은 모두 이스라엘 역사 속에서 그들이 차지했던 자리를 언급하고 있는 것이다.

(3) 9장 22절과 23절

바울은 여기서 "멸하기로 준비된 진노의 그릇"과 "영광받기로 예비하신 바 긍휼의 그릇"에 대해 말하고 있다. 하지만 동사의 차이, 그리고 첫 번째 구절에 나타난 피동태(혹은 중간태)와 두 번째 구절의 능동태의 차이는 매우 중요하며, 이러한 차이는 진노의 그릇을 파괴하는 일에 하나님이 아무런 직접적인 행위를 하지 않으신다는 것을 보여준다. 그것들은 스스로 멸망하는 것이다. 완료 시제가 사용된 점은 이들이 점진적인 과정을 거쳐서 온전한 멸망의 상태에 다다른 것이지, 하나님의 뜻이 아니었음을 나타내 준다. 칼빈은 이러한 차이를 간과하기에는 너무 뛰어난 주해가였다. 그래서 그는 비록 그 효력을 약화시키려고 애쓰기는 하였지만 사실상 이러한 차이를 인정하였다. 자신의 대적자들에 대해 그는 이렇게 말하고 있다.

그들은 진노의 그릇이 멸망에 합당하다는 것, 반면에 하나님께서 긍휼의 그릇을 예비하셨다는 것은 아무런 의미 없이 그냥 말해진 것이 아니라고 말한다. 그들에 따르면, 이러한 표현 양식을 통해 바울은 구원의 찬양을 하나님께 돌리고 파멸에 대한 책임은 스스로의 선택으로 그것을 자초한 자들에게 돌리고 있기 때문이다. 하지만 비록 내가 그들에게 양보하여 바울이 다른 형태의 술어를 사용함으로써 전반부 구절의 신랄함을 완화시키고 있다는 점은 인정한다 하더라도, 그 멸망을 위한 준비를 하나님의 비밀한 뜻이 아닌 다른 어떤 것에 돌리는 것은 전혀 일관성이 없는 것이다. 이 하나님의 비밀한 뜻은 문맥 바로 앞에서도 '하고자 하시는 자를 강퍅케 하시느니라'라고 단언되고 있다. 바로 여기서 강퍅케 하시는 원인이 하나님의 비밀한 뜻이라는 결론이 나온다. 그러나 나는 다음과 같은 아우구스티누스의 진술에 동의한다. 하나님이 이리를 양으로 변화시키실 때 하나님은 그들의 강퍅함을 꺾기 위해 보다 강력한 은혜를 사용함으로써 그들을 바꿔 놓으신다. 따라서 강퍅한 자들이 회심하지 않는 것은 하나님이 원하시면 충분히 그렇게 하실 수 있음에도 불구하고 보다 강한 은혜를 베풀지 않으시기 때문이다.[39]

구속의 범위에 관한 바울의 가르침

이 난해한 구절들에 대해서 우리가 어떤 입장을 취하든지간에, 우리는 로마서 9장이 9-11장에 걸쳐서 개진되고 있는 바울의 역사 철학의 일부분에 불과하다는 것을 기억해야만 한다. 로마서 9장이 하나님의 주권성을 설명하는 반면에, 10장은 인간의 책임을 주장하고 있고 11장은 이 어려운 문제가 미래에 해결되어, 이방인들 전체가 회심하고 온 이스라엘이 구원에 이르게 될 것을 기대하고 있다 (11:25). 그리고 바울은 이 모든 논의를 "하나님이 **모든** 사람을 순종치 아니하는 가운데 가두어 두심은 **모든** 사람에게 긍휼을 베풀려 하심이로다"(11:32)라는 멋진 문장으로 끝맺고 있다. 이것이 이 부분뿐만 아니라 로마서 전체를 이해하는 열쇠가 될 것이다.

그리고 이것은 로마서 전체의 정신과 목표와도 조화를 이룬다. 이원론적인 개별주의보다는 조건적인 보편 구원론을 입증하는 것이 보다 쉬울 것이다. 주제가 되는 구절인 로마서 1장 16절은 복음이 특별한 계층이 아니라 믿는 "모든 사람"의 구원을 위한 하나님의 능력이라고 선포하고 있다. 첫째 아담과 둘째 아담을 대조시키면서(5: 12-21), 그는 후자의 효과가 전자의 효력에 비해 그 범위에 있어서는 동일하고 그 능력에 있어서는 더욱 강하다고 밝히고 있다. 반면에 칼빈주의 체계에서는 그 효력이 축소될 것이다. 우리는 어떤 구절에서는 "많은 자

---

39) *Institutes*, III. 22장, 1절.

들" 혹은 "모든 자들"이라는 말을 제한적으로 해석하고 다른 구절에서는 이를 문자적으로 해석할 권리가 없다.

> 한 사람[아담]의 범죄를 인하여 사망이 그 한 사람으로 말미암아 왕노릇 하였은즉 더욱 은혜와 의의 선물을 넘치게 받는 자들이 한 분 예수 그리스도로 말미암아 생명 안에서 왕노릇 하리로다. 그런즉 한 범죄로 모든 사람(all men)이 정죄에 이른 것 같이 의의 한 행동으로 말미암아 모든 사람이 의롭다 하심을 받아 생명에 이르렀느니라. 한 사람의 순종치 아니함으로 그 많은 사람(the many, 즉 all)이 죄인된 것 같이 한 사람의 순종하심으로 그 많은(모든) 사람이 의인이 되리라(로마서 5: 17–19)[40]

똑같은 병렬 구절이 아무런 제한도 없이 다음과 같은 구절에 좀 더 간략한 형태로 표현되고 있다. "아담 안에서 **모든 사람**이 죽은 것 같이 그리스도 안에서 **모든 사람**이 삶을 얻으리라(고전 15:22). 그리고 이러한 내용은 앞에서 인용했던 대로 로마서 11장 32절과 갈라디아서 3장 22절에도 약간 다른 형태로 나타나 있다.

이런 구절들은 바울의 신정론을 아주 간결하게 담고 있다. 이것들은 로마서 9장의 난해함을 축출하고 있다. 이 구절들은 하나님의 계획과 의도를 특수 계층에 제한시키려는 모든 시도를 배격한다. 이 구절들은 사실 모든 사람들이 실제로 구원을 받을 것이라고 가르치는 것은 아니다. 왜냐하면 많은 사람들이 하나님의 제안을 거부하고 회개치 않고 죽어가기 때문이다. 그렇지만 하나님께서는 진정으로 모든 사람을 구원하시기를 **원하시고** 또 실제로 모든 사람들에게 구원을 **제공하신다**고 이 구절은 가르친다. 구원을 받는 사람은 누구든지 은혜로 말미암아 구원을 얻는 것이고, 유기되는 자는 누구든지 자신의 범죄와 불신앙으로 인해 유기되는 것이다.

---

40) 불행하게도 Authorized Version은 many 앞에 나오는 정관사 the를 생략함으로써 로마서 5장에서 병렬의 힘을 파괴하고 있다. 원래 "the many"는 "the one"에 대칭되는 것으로 "all"과 같은 의미이지만, "many"는 "few"에 상대되는 말이 되어버린다. 1881년의 개정판은 이러한 실수를 교정하고 있다.

구원의 제공

사실상 구원의 제공이 이 세상에 한정되어 있으며, 우리가 아는 한 인류의 일부분에게 제한되어 있고 대다수의 사람들은 역사적인 예수를 알지 못한 채 저 세상으로 간다는 아주 어려운 문제가 남아 있다.

하지만 하나님은 모든 사람들에게 이성과 양심의 빛을 주셨다(롬 1:19; 2: 14, 15). 신적인 로고스는 이 땅에 태어나는 "모든 사람들에게 빛을 비추신다"(요 1:9). 하나님은 결코 자신을 "증거하지 않으시는" 분이 아니다(행 14:17). 그는 자신의 피조물들을, 한 달란트 가진 자든 다섯이나 열 달란트를 가진 자든 간에 그 능력과 기회에 따라 다루시는 분이다(마 25:15 이하). "사람의 외모를 취하지 아니하시고 각 나라 중 하나님을 경외하며 의를 행하는 사람은 하나님이 받으시는"(행 10:35) 것이다.

그렇다면 비록 확신할 수는 없다 할지라도, 적어도 우리는 무제한적인 사랑과 정의의 하나님이 기독교적인 계시는 모르지만 복음을 위한 준비와 마음의 예비가 되어 있고, 그래서 복음이 제시되기만 하면 그것을 감사함으로 받아들였을 그런 상태에서 무고하게 죽어 가는 모든 사람들을 그의 천국에 받아들일 것이라는 자애로운 소망을 가질 수는 없는 것일까? 고넬료는 베드로가 그의 집을 방문하기 전까지 바로 이런 상태에 있었으며, 그는 셀 수도 없이 많은 사람들을 대표한다. 우리는 하나님의 성령의 신비한 활동을 알지도 못하고 측량할 수도 없다. 그분은 "원하는 시간과 장소에서 원하는 방식대로" 역사하신다.

확실히 바로 이 부분이 로마 가톨릭, 루터파, 칼빈주의를 막론하고 오랜 정통의 엄격함이 수정되고 완화되어야 할 곳이다. 그리고 칼빈주의 체계는 교회적 혹은 성례적 형태의 정통주의보다 훨씬 기꺼이 이러한 확장을 용인할 수 있다.

모든 사람을 향한 하나님의 보편적인 사랑

오직 믿음만을 조건으로 하는 보편 구원에 대한 하나님의 뜻과 제공의 교리는 어떤 다른 방식으로 해석될 수 없는 많은 구절들에서 가르쳐지고 있다. 그러므로 이런 구절들이 이 모든 문제에 해결책이 되어야 한다. 왜냐하면 난해한 구절들은 명쾌한 구절들에 의해 설명되어야 하는 것이지 그 반대가 아니라는 것이 해석학의 정해진 원칙이기 때문이다. 이런 구절들로는 다음과 같은 것들이 있다.

나 주 여호와가 말하노라 죽는 자의 죽는 것은 내가 기뻐하지 아니하노니 너희는 스스로 돌이키고 살지니라(겔 18:32, 23; 33:11).

내가 땅에서 들리면 **모든 사람**을 내게로 이끌겠노라(요 12:32).

하나님이 **세상**을 이처럼 사랑하사 독생자를 주셨으니 이는 저를 믿는 **자**마다 멸망치 않고 영생을 얻게 하려 하심이니라(요 3:16).

하나님은 **모든 사람**이 구원을 받으며 진리를 아는 데 이르기를 **원하시느니라**(딤전 2:4).[41]

모든 사람에게 구원을 주시는 하나님의 은혜가 나타나(딛 2:11).

주의 약속은 어떤 이의 더디다고 생각하는 것같이 더딘 것이 아니라 오직 너희를 대해 오래 참으사 **아무도** 멸망치 않고 **다** 회개하기에 이르기를 **원하시느니라**(벧후 3:9).

저는 우리 죄를 위한 화목제물이시니 우리만 위할 뿐 아니요 온 세상(의 죄)을 **위하심이라**(요일 2:2).[42]

보편적인 구속의 교리를 몇 단어로 이보다 더 명료하게 나타내는 것은 불가능하다.

이와 같은 구절들에 덧붙여 언급되어야 할 것은 회개를 촉구하시는 하나님의 권면과 그에게 나아오기를 "원하지 않는" 예루살렘 거민들을 향한 그리스도의 탄식이다(마 23: 37). 만약 하나님이 모든 사람들이 구원을 받기를 원하지 않으신다면, 그리고 만약 인간에게 하나님의 목소리에 순종하거나 불순종할 능력이 없다면 이러한 권면들은 위선이거나 아무런 의미가 없는 것이다. 만민에게 복음을 전하고(막 16:15) 모든 족속으로 제자를 삼으라는(마 28:19) 그리스도의 명령에도 똑같은 의미가 함축되어 있다.

---

41) 칼빈은 "모든 사람"이란 모든 계층과 모든 상태의 사람들을 의미한다고 설명한다. 디모데전서 2:4에 대한 그의 주석과 설교를 참조하라.

42) 칼빈은 이 구절에서 "온 세상"(totus mundus)을 "온 교회"(tota ecclesia)로 이해한다. 이것은 요한복음 3:16의 "세상"을 "택정받은 자"로 제한하는 것만큼이나 있을 수 없는 일이다. 하지만 또한 그는 보다 나은 설명도 하고 있는데, 그리스도의 죽음은 "온 세상을 구원하기에 충분한 것이지만, 택함받은 자들에게만 효력이 있다"고 해석한 것이다.

문법과 문맥을 해치지 않고서야 이러한 구절들이 말하는 바를 특수한 계층의 사람들에게만 제한하는 것은 불가능하다.

이로부터 벗어날 수 있는 유일한 길은 하나님의 **계시된** 뜻과 하나님의 **감춰진** 뜻을 구분하는 것뿐이다. 하나님의 계시된 뜻은 그가 **모든** 사람을 구원하시고자 함을 선포하고 있고, 그의 감춰진 뜻은 오직 **일부의** 사람들만을 구원하신다는 것을 의미한다.[43] 아우구스티누스와 루터는 이와 같은 구별을 하였다. 칼빈은 베드로후서 3장 9절을 풀면서, 그리고 후회와 변화를 불변하시는 하나님의 속성으로 돌리는 구약 성경의 구절들을 해석하면서 이러한 구분을 사용하고 있다.

하지만 이러한 구분은 체계를 뒷받침하기 위해 고안되었음에도 불구하고 오히려 그 체계를 전복시키고 만다. 의도와 표현 사이의 모순은 진실성에 치명적이다. 진실성이야말로 인간 도덕성의 근간이며, 또한 하나님의 본질적인 속성 중 하나가 되어야 한다. 자신이 뜻하는 바와 반대되는 말을 하는 사람은 위선자 혹은 거짓말쟁이라고 불린다. 칼빈이 반복적으로 하나님에게 두 개의 의지가 있는 것이 아니라 우리의 약함에 맞추어진 두 가지 표현 방식이 있는 것이라고 말하는 것도 이 문제를 푸는 데는 별 도움이 되지 못한다. 칼빈이 하나님의 감춰진 뜻을 캐려고 사변하기보다는 하나님의 계시된 뜻에 의지하라고 우리에게 권면하는 것도 이 어려움을 제거해 주지는 못한다.

성경에서 가장 위대하고, 가장 심오하며, 가장 위로를 주는 말씀은 "하나님은 사랑이시다"라는 말씀이다. 그리고 세계 역사상 가장 위대한 사실은 그리스도의 인격과 사역을 통해 바로 이 사랑이 표현된 것이다. 이 말씀과 이 사실이 바로 복음의 총합이자 본체이며, 기독교 신학의 유일하게 확고한 기초가 되는 것이다. 하나님의 주권성은 기독교인들뿐 아니라 유대인들과 이슬람교도들에 의해서도 인식되었지만, 하나님의 사랑은 오직 기독교에서만 계시되고 있다. 이것이 하나님의 가장 내밀한 진수이며, 그의 모든 행동과 사역을 이해할 수 있게 해 주는 실마리가 된다. 이는 다른 모든 진리들에 빛을 비추어 주는 중심적인 진리이다.

---

43) 이 구별에는 다양한 용어들이 사용되었다. 가장 빈번히 인용되는 전거구절(proof text)인 신명기 29:29는 하나님의 감춰진 것들과 계시된 것들 사이의 구별을 가르치고 있지만 모순을 말하고 있지는 않다.

115. 칼빈의 성례론

예정론에 이어 칼빈은 성례론에 가장 관심을 기울였다. 그리고 여기서 그는 독창성을 보여주었고, 루터와 츠빙글리 사이에서 중재적인 위치를 점하였다. 그의 성례론은 그의 예정론보다 더 널리 모든 개혁파 신앙고백 속에 스며들었다.

칼빈은 성례(그리스어로 "신비"에 해당한다)가 "불가시적인 은혜의 가시적인 표지"라는 아우구스티누스의 정의를 받아들이면서도, 이를 더욱 발전시켜서 로마서 4장 11절에 의거해서 성례의 인침이라는 특성을 강조하고, 이러한 예식의 혜택을 누리기 위한 조건으로서 신앙이 필수적임을 강조하고 있다. 그는 이렇게 말하고 있다.

> 이는 주님께서 우리의 양심 속에 우리를 향한 그의 선하신 약속들을 인치시는 외부적인 표지이다. 이는 또한 우리 신앙의 약함을 돕기 위함이고, 우리를 향한 그의 은혜의 증언이기도 하며, 그를 향한 우리의 경건을 상호 확인하는 것이다.

성례는 말보다 더 표현하는 바가 풍성하다. 그것은 확증의 신적인 봉인으로서, 우리의 신앙을 유지하고 강화시킨다. "내가 믿나이다 나의 믿음 없는 것을 도와주소서"(막 9:24). 성례가 효력이 있기 위해서는 반드시 우리 내면의 교사이신 성령이 수반되어야 한다. 오직 그의 능력에 의해서만 우리의 마음이 감동을 받고, 우리의 감정이 움직이는 것이다. 성령의 영향 없이는 성례는 아무런 효과도 없으며, 이는 눈먼 자에게 비치는 햇빛이나 귀머거리의 귀에 닿는 목소리와 마찬가지이다. 만약 씨앗이 사막에 떨어지면 죽을 것이나, 옥토에 떨어지면 풍성한 수확을 낼 것이다.

칼빈은 우리가 치명적인 대죄로 성례의 작용을 방해하지 않는 한, 성례가 그 내재적인 효력으로 우리를 의롭게 하고 은혜를 베푼다는 스콜라 학자들의 성례 자체 효력론(opus operatum)을 미신적이고 유해한 것이라고 강력하게 반대한다. 신앙 없는 성례는 하나님보다는 감각적인 대상에 우리의 마음을 빼앗기도록 현혹시켜서, 진정한 신앙을 방해한다.

그는 성례의 표지(sign)와 본체(matter)가 불가분적으로 연관되어 있는 것이 아

니고, 오직 선택된 사람들에게만 그것이 의도하는 효력을 발생시킨다는 아우구
스티누스의 견해에 동의한다. 그는 다음과 같은 구절을 아우구스티누스의 글에
서 인용하고 있다.

주님께서 유다에게 주셨던 떡 조각은 독이었다. 그것은 유다가 받은 것이 악한 것이
어서가 아니라 그 자신이 악한 사람이었고, 그가 선한 것을 죄악된 태도로 받았기
때문이다.

하지만 이것은 성례의 효력과 진리가 그것을 받는 사람의 상황이나 선택에 달
려 있음을 의미하는 것으로 이해되어서는 안 된다. 주님의 말씀에 의해 거룩해
진 상징은, 비록 악하고 불경건한 자에게는 아무런 유익을 주지 않는다 할지라
도, 본질적으로 그 선포된 의미와 효력은 그대로 지닌다. 아우구스티누스는 이
문제를 짧은 문장으로 적절하게 해결하고 있다. "당신이 그것을 육적으로 받는
다고 할지라도, 그것은 여전히 영적이기를 그치지 않을 것이다. 하지만 당신에
게는 그렇지 않다." 성례의 임무는 하나님의 말씀의 임무와 같은 것이다. 이 둘
은 다 그리스도와 그의 거룩한 은혜를 우리에게 가져다준다. 하지만 신앙의 매
개 없이는 아무런 유익도 제공해 주지 않는다.

칼빈은 로마 교회의 7성례, 화체설, 그리고 미사에 대해 길게 논의하고 있다.
하지만 여기서는 세례와 성찬에 대한 그의 견해를 살펴보는 것만으로도 충분할
것이다. 그리스도께서 교회에게 영속적으로 시행하라고 제정해 주신 성례는 이
두 가지뿐이다.

116. 세례

칼빈은 세례는 씻음과 중생의 성례이고, 성찬은 구속과 성화의 성례라고 말한
다. 그리스도는 "물과 피로 임하셨으니"(요일 5:6), 이는 곧 정화시키고 구속하
시기 위해 오셨다는 것이다. 세 번째이자 주된 증거가 되시는 성령은 물과 피,
즉 세례와 성찬의 증거를 확증하시고 보증하신다(요일 5:8).[44]

"이 고귀한 신비는 십자가상에서, 피와 물이 그리스도의 옆구리에서 흘러나왔

을 때 극적으로 드러났다. 바로 이러한 이유로 아우구스티누스는 이를 '우리의 성례들의 원천' 이라고 칭했으며, 이는 맞는 말이다."

1. 칼빈은 세례가 "입회의 표지로서, 이를 통해 우리가 교회 구성원으로 받아들여짐으로써 그리스도 안에 연합되어 하나님의 자녀들 가운데 속하게 되는 것이다" 라고 정의한다.

2. 신앙은 이 성례로부터 세 가지의 유익을 얻어 낸다.

1) 이것은 마치 제대로 입증된 법적인 수단처럼, 우리의 모든 죄가 소멸되었고 다시금 그 죄가 우리에게 전가되는 일은 없을 것임을 보증해 준다(엡 5:26; 딛 3:5; 벧전 3:21). 이것은 마치 병사들이 그 군주의 휘장을 지니는 것처럼 우리가 이 예식을 통해 사람들 앞에서 우리의 신앙을 고백하는 것과 같은 그러한 표나 표지 이상의 의미를 지닌다. 이것은 과거와 미래의 "죄사함" 을 위한 것이다. 세례 이후에 저지르는 죄들을 위해서 새로운 성례가 필요한 것은 아니다. 우리가 어느 시기에 세례를 받든지 간에 우리는 세례를 받는 그 순간에 우리 생애 전체가 씻김을 받고 정화되는 것이다.

"우리가 타락했을 때마다 우리는 세례를 상기하고 그것을 숙고함으로써 우리의 마음을 무장해야 한다. 그리하여 우리는 항상 우리의 죄사함에 대해 확신하고 확증할 수 있게 될 것이다."

2) 세례는 우리에게 그리스도 안에서 죽고, 다시 그 안에서 새로운 생명을 얻음을 보여준다. 신앙을 가지고 세례를 받는 모든 사람들은 그리스도의 죽음의 효력과 그의 부활의 능력을 경험하게 되고, 그리하여 새로운 삶을 살아야 한다(롬 6: 3,4,11).

3) 세례는 우리에게 "우리가 그리스도의 삶과 죽음에 접붙여졌을 뿐만 아니라 그의 모든 축복에 참여한다는 것을 확증해" (갈 3: 26,27) 준다.

하지만 세례가 유전적인 죄와 자범죄로 인한 죄악과 형벌을 제거해 준다고 해도, 그것이 우리의 타고난 부패성을 없애 주지는 않는다. 우리의 이러한 부패성

---

44) 칼빈은 이 구절에서 세 가지 증거라는 단어 자체에 그 자신을 한정시키고 있다 (IV, 14장, 22). 그리고 Revised Version에 생략되어 있는 공인본문(textus receptus)의 삽입을 묵살하고 있는데, 이는 옳았다.

은 끊임없이 육체의 일을 만들어 내고 있으며, 이 삶이 끝날 때까지는 완전히 없어지지 않을 것이다. 그동안에 우리는 세례에 대한 하나님의 약속을 굳게 붙잡아야 하며, 죄와 유혹에 대항하여 씩씩하게 싸우면서 완전한 승리를 향해 밀고 나가야 할 것이다.

3. 자격이 없는 목회자들에 의해 집전된 세례가 효력이 있는가라는 질문에 대해, 칼빈은 성례의 효력을 이를 집행하는 목회자의 도덕적 성품에 의해 판단했던 도나투스주의자들의 견해에 반대하는 아우구스티누스의 의견에 전적으로 동의하였다. 칼빈은 이 논증을 당대의 재세례파들을 상대로 적용시켰다. 재세례파들은 가톨릭 교회의 우상숭배와 부패를 이유로 가톨릭 세례의 무효성을 주장하였다.

"이들의 어리석음에 대항하여 우리는 충분히 무장해야 할 것이다. 만약 우리가 어떤 사람의 이름으로 세례를 받는 것이 아니라 성부와 성자와 성령의 이름으로 세례를 받는다는 것을 생각한다면, 누가 집전하든지 간에 그 세례가 사람의 세례가 아니라 하나님의 세례라는 것은 당연한 귀결이다." 가톨릭 사제들은 "우리에게 자신들의 무지나 신성모독을 같이 하자고 세례를 준 것이 아니고, 예수 그리스도의 믿음 속으로 세례를 준 것이다. 왜냐하면 그들은 자신들의 이름이 아니라 하나님의 이름으로 기원하고, 그의 이름으로만 세례를 베풀기 때문이다. 그것은 하나님의 세례였기 때문에, 확실히 죄사함, 육체의 죽음, 영적인 재생, 그리고 그리스도에게의 참여를 내포하는 것이다. 그러므로 유대인들의 경우에도 성결치 못하고 배교했던 사제들에 의해 할례를 받는 것이 아무런 해가 되지 않았다. 어떠한 것도 그것이 무용하고 그래서 다시 행해질 필요가 있다고 할 만한 표징은 되지 못하며, 원래 받은 참 세례를 상기하는 것으로 충분하다 … 히스기야와 요시야가 하나님에게 반역한 이스라엘 백성들을 소집했을 때에 이들 가운데서 어느 누구에게도 다시 할례를 받도록 하지는 않았다."

그는 또한 요한에게 세례를 받은 사도들이 다시 세례를 받은 일이 없다는 사실을 들어 재세례파들을 상대로 논쟁을 벌였다. "우리의 무수한 잘못들을 반복적으로 씻어 주기에 충분한 그런 강물은 우리 가운데 없다. 우리의 잘못들은 주님의 자비로 매일 고침을 받게 될 뿐이다."[45]

---

45) 이 구절들(IV. 15장, 16절과 17절)은 1845년 신시내티에서 열린 Old-School-

4. 그는 주문, 촛불, 침, 소금, 그리고 "다른 어리석은 행위들"을 잡다하게 뒤섞은 당시의 예식에 대항하여 세례 예식의 단순성을 주장하였다. "이러한 극적인 장치들은 무지한 자들의 눈을 현혹시키고 마음을 몽롱하게 한다." 그리스도에 의해 제정되었던 예식은 신앙고백, 기도, 감사가 수반된 단순한 예식으로서, 아무 관련도 없는 변조물들로 방해받지 않고서 훨씬 더 빛이 난다. 그는 죽음에 직면한 위급한 경우에 평신도가 세례를 베풀 수 있게 한 고대의 관습을 반대한다. 하나님은 세례 없이도 어린 아이를 중생하게 할 수 있는 분이다.

5. 세례의 양식은 그 당시에 논쟁의 주제가 아니었다. 칼빈은 침례를 찬성하는 언어학적이고 역사적인 논증이 설득력을 지닌다는 것을 간파하였지만, 물을 붓거나 뿌리는 것도 똑같이 효력이 있다고 간주하였으며, 다른 나라에서 관습에 맞게 행할 수 있는 기독교인의 자유를 위한 여지를 남겨 두었다.[46] 침례는 그 당시 영국에서 널리 행해지는 세례 양식이었으며, 엘리자베스 여왕 통치기까지도 계속하여 그러하였다. 여왕 역시 침례로 세례를 받았다.

6. 그는 세례의 양식에 대한 문제에서는 침례교와 중간쯤에서 만났지만, 유아

Presbyterian General Assembly의 결정에 반대하는 주장들을 제공한다. 이 총회는 압도적인 다수의 찬성을 얻어, 로마 가톨릭의 세례가 무효라고 선언함으로써 기독교권의 엄청난 부분을 사실상 파문시킨 것이다. 여기에는 사도들이 회당에서 할례를 받았던 것처럼 로마 가톨릭 교회에서 세례를 받았던 프로테스탄트 교회의 창설자들까지 포함되었다. 하지만 당시 주도적인 장로교 신학자들이었던 프린스턴의 Charles Hodge와 뉴욕의 Henry B. Smith는 이 이례적인 결정에 강력하게 항의하였다. 그리고 1885년에 마찬가지로 신시내티에서 개최되었던 United Assembly에서 이 결정을 다시금 제정하려는 시도가 있었는데, 대다수의 반대로 인해 무산되었다. 칼빈은 로마 교회를 파문한 적이 없다. 그는 (*Instituties*, IV, 2장, 12에서) 다음과 같이 말하고 있다. "교황주의자들이 어떤 조건이나 제한도 없이 교회라는 명칭을 [배타적으로] 주장하는 것은 결코 허용할 수 없지만, 그렇다고 해서 그들 가운데도 교회가 있다는 것을 부정하지는 않는다 … 하나님께서 자기 백성의 남은 자들을 그들 가운데 놀랍게 보존하고 계시는 만큼, 그리고 교회의 몇몇 표지들, 특히 마귀의 간계로도 인간의 부패함으로도 파괴할 수 없는 그런 효능들이 여전히 남아 있느니만큼, 그들 가운데 교회가 있다고 단언한다."

46) IV. 15장, 19절. 루터도 사실상 같은 견해를 지녔는데, 자신의 책 「세례 소책자」 (*Taufbüchlein*)(1523)에서 규정하고 있는 바 침례에 더욱 기울었다.

47) IV. 16장, 1-32절.

세례는 적극 변호하여 한 장 전체를 그 주제에 할애하고 있다.[47] 그는 유아 세례에 대한 논거로서 다음과 같은 것들을 역설하고 있다. 세례의 예표였던 할례, 경건한 부모들의 자녀를 포함시키는 언약의 본질, 어린아이들을 천국에 속하는 존재로 다루시고 그들에게 그 구성원으로서의 표지와 인침을 받을 수 있는 자격을 주신 그리스도의 태도, 유아들의 할례에 익숙한 오순절 날 개종자들을 향한 베드로의 설교인 "이 약속은 너희와 너희 자녀"(행 2: 39)에게 하신 것이라는 말씀, 자녀들은 그 부모에 의해 거룩해진다는 바울의 선포(고전 7: 14) 등을 나열하였다. 그는 재세례파들의 반대를 장황하게 반박하였고, 당시 그들과 이 점에서 의견을 같이하였던 세르베투스를 특별히 언급하여 비판하였다.

그는 유아 세례가 가져다주는 이중적인 혜택이 있다고 말한다. 그것은 경건한 부모들에게 자녀들에 대한 하나님의 자비의 약속을 확증해 주고 아이들의 교육에 관한 그들의 책임감을 증대시켜 주면서, 다른 한편으로는 어린이들을 교회라는 조직에 접목시키고 그 이후에는 세례 서약에 충실하도록 아이들을 이끄는 강한 자극제로 작용하게 된다는 것이다.

117. 성찬: 취리히 합의

성찬 논쟁은 종교개혁 시대를 격렬하게 뒤흔들었으며 분열의 주된 요인이 되었다. 칼빈은 이 논쟁에서 시종 일관 루터파와 츠빙글리주의자들 사이에서, 비텐베르크와 취리히 사이에서 중재자이자 평화를 만드는 자의 역할을 하였다.

중도를 위한 길을 마련한 것은 타고난 조정자인 부처가 1530년 아우크스부르크 회의 때에 작성한 「네 도시 신앙고백」 혹은 「슈바벤 신앙고백」,[48] 그리고 한동안 루터파들은 만족시켰으나 스위스인들로부터는 거부당한 1536년의 「비텐베르크 협약」이었다.

칼빈은 「기독교 강요」 초판(1536)에서 성찬의 본질적인 특징들에 대한 자신의 이론을 밝혔으며, 제2판(1539)에서는 보다 자세하게 설명하였다. 그리고 슈트라스부르크에서는 성찬에 관한 특별한 소논문을 쓰기도 하였다. 그는 다양한 출판

---

48) IV. 18장.

물을 통해 자신의 생각을 변호하였고, 그 특유의 완강함으로 자신의 이론을 고수하였다. 그의 이론은 개혁파 교회들에 의해 수용되었으며, 루터도 이를 부인한 적은 없었다. 반대로 루터는 자신이 죽기 한 해 전인 1545년에 칼빈의 논문인 「성찬에 관한 소논문」(*De Coena Domini*)의 라틴판을 손에 넣고는 그것을 높이 평가했다고 전해진다.[49]

칼빈은 성찬 가운데 기념되어지는 신자들과 그리스도와의 생생한 연합이라는 강한 신비감에 젖은 채로 이 주제에 접근하였다. 그는 「기독교 강요」 최종판에서 이렇게 말하고 있다.

> 독자들에게 당부하고자 하는 것은, 지적인 관심을 이처럼 너무 좁은 한계 속에 제한시키지 말고 내가 인도할 수 있는 한계보다 더 높이 올라가려고 애쓰라는 것이다. 왜냐하면 나는 이 문제를 논의할 때마다 최선을 다해서 모든 내용을 다 말하려고 애쓰지만, 나중에 보면 언제나 그 신비의 가치에 비해서 나의 논의가 너무나도 미미하다는 느낌을 받기 때문이다. 물론 나의 경우 입의 표현력보다 머리의 사고력이 훨씬 더 크지만, 나의 사고력조차도 이 신비의 위대함에는 완전히 정복당하며 압도당하고 마는 것이다. 그러므로 이 신비에 대해서는 놀라움과 경이의 탄성이 터져 나올 수밖에 없다. 사고력으로 깨달을 수도, 입으로 표현할 수도 없는 것이 분명하기 때문이다.[50]

그는 츠빙글리의 영적 임재설(spiritualism)과 루터의 실제적 임재설(realism)을 결합함으로써 양자의 오류를 피하고자 하였다. 그리고 그것은 가능한 한도 내에서 성공을 거두었다. 그는 제정의 말씀을 상징적으로 해석해야 한다는 데 대해서는 츠빙글리에게 동의하였는데, 오늘날 가장 뛰어난 프로테스탄트 주석가들도 이에 대해 찬성하고 있다. 그리고 그는 기적 혹은 그리스도의 몸의 편재를 암

---

49) 루터는 끝까지 츠빙글리를 혐오하였으며, 그의 마지막 편지들 가운데 하나에서 다음과 같이 쓰고 있다. "복있는 사람은 성례상징주의자들의 꾀를 좇지 아니하며 츠빙글리주의자들의 길에 서지 아니하며 취리히 사람들의 자리에 앉지 아니한다." De Wette, V. 778.

50) *Institutes*, IV. 17장, 7절.

시하는 화체설이나 공재설에서 말하는 육체적인 임재(corporal presence)와 구두 참여설(oral participation)은 부인하였다. 하지만 그는 순전한 기념론이나 상징론에도 만족할 수 없었다. 그래서 그는 항상 살아 계신 그리스도와의 실제적인 교제라는 적극적인 면에 주된 강조를 두었다. 그는 사적인 편지에서 츠빙글리가 육체적인 임재라는 미신을 배격하는 데 지나치게 몰두한 나머지 성례의 진정한 효력을 부인하거나 가리고 말았다는 견해를 밝혔다. 그는 실제적인 임재와 실제적인 참여의 신비를 인정했으나, 그것을 영적으로 또 동력적으로 이해하였다. 그는 그리스도의 몸과 피에 참여할 수 있는 것은 믿는 자들이라고 그 범위를 한정시켰다. 왜냐하면 신앙은 그리스도와의 교제를 위한 유일한 통로가 되기 때문이다. 반면에 루터는 모든 성찬 참여자들에게 그 범위를 확장시켰다.

다음은 칼빈이 「기독교 강요」 최종판(1559)에서 밝힌 견해에 대한 간략한 요약이다:

세례를 통해 우리를 그의 가족으로 받아들이신 다음 하나님은 우리가 살아 있는 동안 우리를 지탱하시고 양육하는 일을 시작하시며, 성찬의 성례 속에서 우리에게 자신의 은혜로운 의도에 대한 약속을 주신다. 이것은 영적인 만찬이며, 여기서 그리스도는 자신이 생명의 떡이시며, 참되고 복된 영생을 위해 우리의 영혼을 먹이신다는 것을 증언하신다. 떡과 포도주는 우리가 그리스도의 몸과 피로부터 받는 불가시적인 자양분을 우리에게 상징해 준다. 그것들은 우리의 연약한 능력에 맞추어 모양과 형상을 갖추어 진설되었으며, 아무리 어리석은 사람도 이해할 수 있도록 가시적인 상징물과 약속에 의해 표현되었다. 그렇다면 이 신비로운 축복은 주님의 몸이 우리를 위한 희생으로서 단번에 드려짐으로써 지금 우리가 그것을 먹고 섭취하고 있다는 사실, 그리고 그의 피가 우리를 위해 단번에 흘려짐으로써 우리의 영원한 음료가 되셨다는 사실을 우리에게 확신시켜 주도록 고안된 것이다. "내 살은 참된 양식이요 내 피는 참된 음료로다"(요 6:55). "우리는 그 몸의 지체임이니라"(엡 5:30). "이 비밀이 크도다"(엡 5:32). 이 비밀은 표현되기보다는 경탄의 대상이 되는 것이다. 우리의 육적인 생명이 떡과 포도주로 유지되는 것처럼, 우리의 영혼은 그리스도의 몸과 피를 먹고 산다. 그렇지 않다면 이러한 상징물을 사용하는 것은 아무런 의미가 없을 것이다. 떡을 떼

는 것은 실로 상징적인 행동이지만 동시에 중요한 것이다. 왜냐하면 하나님
은 우리 앞에 헛된 표지를 늘어놓는 속이는 자가 아니시기 때문이다. 몸의
상징은 하나님께서 우리에게 불가시적인 본체를 주심을 확신시켜 주며, 그
리하여 상징물을 받음으로써 우리는 그 상징물이 의미하는 본체를 받는 것
이다. 상징되는 바로 그 본체가 이러한 영적인 만찬에 나아오는 모든 사람
들에게 진설되고 제공되지만, 오직 진실한 믿음과 감사로 그것을 받아들이
는 사람들만 그 유익을 제대로 누릴 수 있다.

칼빈은 성찬에서 성령의 초자연적인 작용을 아주 강조한다. 이것은 루터와 츠
빙글리가 무시한 것이었다. 성령은 다른 모든 경건 활동에서 그러하듯이, 우리
의 마음을 이 땅에서부터 하늘로 고양시키신다(sursum corda). 그리고 성령은 하
늘에서 존귀하게 되신 구속자의 생명을 주시는 능력(life-giving power)을 내려
보내 주신다. 그렇게 해서 우리의 불완전한 이해력으로 볼 때에 물리적으로 떨
어져 있는 것을 연합시키시는 것이다. 이러한 교통의 매개 역할을 하는 것은 신
앙이다. 칼빈은 아마도 성찬식의 떡과 포도주를 축성할 때에 성령의 강림을 간
구하는 특별한 기도를 시행하고 있는 동방 교회의 옛 전례 의식들을 통해 자신
의 견해를 뒷받침했던 것 같다.

그는 영적인 실재적 임재를 찬성하는 아우구스티누스의 글들도 여러 구절 인
정하고 있다. 9세기의 라트람누스(Ratramnus), 11세기의 베렝가리우스
(Berengarius)도 마찬가지로 육체적인 임재와 참여를 주장하는 자들에 대항하여
아우구스티누스를 인용한 바 있다.

루터가 츠빙글리주의자들을 격렬하게 공격함으로써 성찬 논쟁을 재개하고
(1545), 이에 대해 츠빙글리주의자들도 호된 반격을 가함으로써 순교당한 자신
들의 개혁자를 변호하였을 때, 칼빈은 양측을 다 못마땅하게 여겼으며 화해를
불러오기 위해 노력하였다. 그는 불링거(스위스 교회의 멜란히톤)와 서신 왕래
를 했으며, 그의 초대에 응해 파렐과 취리히를 방문하였다(1549년 5월). 양측은
놀라운 솔직성, 절제, 지혜, 인내심으로 미묘한 절충 작업을 수행해 나갔다. 그
결과 나온 것이 「취리히 일치신조」(*Consensus Tigurinus*)인데, 여기서 칼빈은
자신의 교리를 가능한 한 츠빙글리의 교리와 가깝게 표현하고 있다. 이 문서는
1551년 출판되어서, 베른을 제외한 모든 개혁파 주들에서 채택되었다. 베른은

칼빈의 엄격한 태도에 강한 반감을 품고 있었다. 이 문서는 또한 프랑스, 영국, 그리고 일부 독일 지방에서도 우호적으로 수용되었다. 멜란히톤은 라바터 (Lavater, 불링거의 사위)에게 자신이 비로소 스위스인들을 이해하게 되었으며, 다시는 이들에게 반대하지 않겠노라고 선언하였다. 하지만 그는 이 「취리히 일치신조」에서 성례의 효력을 오직 택자들에게만 한정하고 있는 조항은 지워 버렸다.

「취리히 일치신조」가 스위스 교회들에게 평화를 불러오고 멜란히톤을 만족시켰지만, 그 열정과 과격함에 있어서 루터를 능가한 루터파였던 베스트팔과 헤스후지우스의 비판을 받았다. 이들은 멜란히톤과 칼빈의 말년을 괴롭게 하였다. 우리는 이 논쟁에 대해 다음 장에서 다루게 될 것이다.

성찬에 대한 칼빈의 이론은 모든 개혁파 신앙고백 속에 스며들었으며, 독일과 네덜란드 개혁교회들의 가장 중요한 신앙고백인 「하이델베르크 요리문답」(1563) 속에 아주 강력하게 언급되어 있다.[51] 하지만 실질적으로 이 이론은 장로교, 회중파, 침례교에서 대체적으로 츠빙글리의 이론에 밀려났다. 츠빙글리의 이론은 보다 단순하고 이해하기 쉽기는 하지만 성찬에서의 신비적인 요소를 무시하고 있다.

---

51) 항목 76, 78, 79. 「웨스트민스터 신앙고백」, 29장 7절과 「웨스트민스터 대요리문답」 항목 170번과 비교하라.

제 15 장

신학 논쟁들

118. 논쟁가로서의 칼빈

칼빈은 주로 그의 예정 교리로 인해 수 차례 논쟁에 휘말렸다. 그는 학자이자 논증가로서 자신의 적대자들보다 확실한 우위에 있음을 과시했다. 그는 한 번도 논쟁에서 진 적이 없었다. 그는 또한 재치나 풍자, 빈정거림 같은 얼마간 위험한 소질은 갖추고 있었지만, 논쟁의 신랄함을 완화시켜 주고 일상적인 논쟁의 부담을 덜어줄 수 있는 무해한 유머와 같은 좀 더 바람직한 소질은 갖추지 못하였다. 적들을 저주하는 시편을 쓴 다윗과 같이, 그는 자기 교리를 반대하는 자들을 하나님의 대적자들로 간주하였다. 그는 나바라의 여왕에게 "주인이 공격을 받으면 개도 짖는 법입니다. 우리 주님의 명예가 모욕을 당하고 있는데 어찌 제가 침묵을 지키고 있겠습니까?"라고 써 보냈다. 그는 자신의 대적자들인 피기우스, 볼섹, 카스텔리오, 그리고 세르베투스를 극도로 경멸하는 태도로 대했으며, 그들을 "멍청이, 가치 없는 자, 개, 돼지, 짐승"이라고 불렀다. 이러한 명칭들은 그의 정결하고 우아한 문체의 정원에 난 잡초와 같은 것들이다. 하지만 이러한 명칭들은 크리소스토무스나 아우구스티누스를 제외한 고대 교부들도 이단을 다룰 때 자유롭게 사용한 것들이고, 심지어 성경에서도 사용되고 있다. 물론 성경에서는 특정한 개인을 상대로 사용된 것은 아니다.[1]

칼빈의 시대에는 이를 크게 잘못된 것으로 여기지 않았다. 베자는 "선한 자가

---

1) 사 56:10, 마 7:6, 빌 3:2, 계 22:15.

사용하기에 적절하지 않은 표현을 칼빈이 사용한 적은 없었다"라고 말하고 있다. 16세기의 취향은 19세기의 그것과는 광범위하게 달랐다. 프로테스탄트와 로마 가톨릭의 논쟁적인 글들도 비슷하게 극도로 폭력적인 인신공격과 추잡한 저주들로 가득 차 있었다. 루터는 테첼(Tetzel), 에크(Eck), 엠저(Emser), 코클라이우스(Cochlaeus), 헨리 8세, 브라운슈바이크의 하인리히 공작(Duke Heinrich of Braunschweig), 성례상징론자들을 상대로 헤라클레스의 곤봉을 마구 휘둘렀다. 하지만 그런 가운데서도 멜란히톤과 불링거와 같은 존경할 만한 예외적 인물들이 있었다. 열정적인 기질은 역사를 추진시키는 힘이다. 열정 없이는 어떤 위대한 일도 이루어질 수 없다. 부정에 대한 도덕적 분노는 옳은 것에 대한 헌신과 분리될 수 없는 것이다. 증오는 사랑의 반대적 측면이다. 하지만 기질은 이성의 통제를 받아야 하며, 진리는 사랑 가운데, "아무에게도 악의를 품지 않고, 모든 사람들을 향한 사랑을 가지고" 말해져야 한다. 조악하고 야비한 용어들은 언제나 선한 목적을 훼손시키고, 자기 억제와 절제는 그것을 강화시킨다. 스스로 삼가면서 하는 말은 찬동을 불러일으키고, 지나치게 과장하는 말은 반발을 사기 마련이다.

119. 칼빈과 피기우스

에라스무스가 루터의 인간의지의 노예론을 공격해서 루터의 호된 반발을 불러일으켰던 것처럼, 피기우스(Albert Pighius) 역시 이 취약점에 대해 루터와 특별히 칼빈을 공격하였다.

네덜란드 캄펜 출신인 피기우스는 루뱅과 쾰른에서 교육을 받았으며, 교황 하드리안누스 6세의 제자로서 그를 따라 로마로 갔다. 그는 학식있고 화술도 좋은 학자였으며 교황 클레멘스 7세와 바울 3세의 각종 사절로 파견되었다. 그는 보름스와 레겐스부르크에서 열린 회의에서 아마도 칼빈을 보았을 것이다. 그는 1542년 12월 26일 위트레흐트의 참사회원이자 대부제로 숨을 거두었는데, 이것은 칼빈과 다른 개혁자들에 대항하는 그의 책이 출판되고 나서 몇 달 지나지 않아서 일어난 일이다. 베자는 그를 당대의 최고 궤변가로서, 칼빈과의 논쟁에서 승리를 거두어 추기경 자리에 오르려 한 사람이라고 말하고 있다. 하지만 증거도 없이 그 동기를 판단하는 것은 잘못이다. 그가 위트레흐트로 은퇴했기 때문에 그는 그러한 야망을 키울 수 없었을 것이다.[2]

　피기우스는 인간 의지의 노예성에 대한 교리와, 발생하는 모든 사건들의 절대 필연성을 이야기하는 도그마(교의)가 종교개혁의 가장 핵심적인 오류라고 비판하고, 이러한 도그마는 결국 완전한 도덕적 무관심으로 사람들을 이끌 것이라고 비난하고 있다. 그는 이를 비판하는 10권의 책을 저술하였다. 처음 6권에서 그는 자유의지론을 옹호하고, 나머지 4권에서는 하나님의 은혜, 예지, 예정, 그리고 섭리를 논하면서 이러한 주제들에 관한 성경 구절들까지도 논하고 있다. 그는 어느 정도 펠라기우스적인 경향을 보이면서 반(半)펠라기우스주의를 가르치고 있다. 그리고 "우리의 선행은 하나님 앞에서 공로가 된다"고 선포한다. 트렌트 공의회에서 반(半)펠라기우스주의에 대적하여 칭의의 교리가 보다 주의 깊게 수호된 이후에, 스페인 종교재판소는 그의 책 「의지의 자유에 관하여」(*De libero arbitrio*)와 그의 논문 「원죄에 관하여」(*De peccato originali*)를 금서 목록에 올렸다. 추기경 보나는 피기우스가 항상 정통 교리를 제시하는 것은 아니기 때문에 그의 저서를 읽을 때는 주의해야 한다고 권고하였다. 피기우스는 아무 부끄러움 없이 출처를 밝히지 않고 칼빈의 「기독교 강요」에서 여러 페이지를 통째로 베끼곤 하였다. 칼빈은 그를 표절가라고 하면서 "무슨 권리로 그가 내 글의 일부를 자신의 것인 양 출판하는지 도저히 이해할 수가 없다. 그가 나를 적으로 생각하여 전리품이라고 생각하는 것이 아니라면 어떻게 이럴 수가 있겠는가"라고 말하였다.

　인간 의지의 노예성 교리에 대항한 피기우스의 논증은 이러하다.

　　그것은 상식에 어긋나며, 사회적·세속적 문제에서 이미 인정되고 있는 의지의 자유와도 모순된다. 그것은 모든 도덕과 훈육을 파괴하고, 인간을 동물이자 괴물로 하나님은 죄의 창조자로 만들어 버리며, 하나님의 정의는 잔혹성으로, 그의 지혜는 어리석음으로 왜곡시킨다.

---

2) Henry(II. 289)에 따르면, 피기우스는 칼빈의 논증에 의해 회심했으나 칼빈의 회답이 출판(1543년 2월)되기 전에 죽었다(1542년 12월).

피기우스는 고대의 영지주의자들과 마술사 시몬에게서 이러한 이단성의 기원을 찾았으며, 루터가 불경건에 있어서 이들 모두를 능가하는 자라고 하였다.

칼빈은 많은 일들로 분주한 가운데서도 두 달 만에 이에 대한 반박의 글을 썼다. 그는 반대가 만만치 않다는 것을 알았지만, 항상 한 번 시작한 일은 끝까지 밀어붙였다. 그는 루터가 사람들의 주의를 끌기 위해 과장법을 사용한 경우가 종종 있었음을 인정하였다. 그는 또한 인간이 자발적으로, 내적인 충동에 따라 행동한다는 의미에서 의지의 자유를 인정하기는 한다. 하지만 인간이 성령의 도움 없이도 어떤 것이 영적으로 선한 것인지 선택할 수 있는 능력을 지니고 있다는 것은 부인하면서, 로마서 6장 17절과 7장 14, 23절을 인용하고 있다.

인간은 충동적인 의지를 지니고 있으며, 그래서 그는 자발적으로 스스로의 선택에 의해, 외부로부터의 강제 없이 악을 행한다. 따라서 그는 죄를 자초하는 것이다. 하지만 천성적인 부패성으로 인해 그의 의지는 죄에 빠져 있기 때문에 항상 악을 선택하게 된다. 이렇게 해서 자발성과 노예성이 공존할 수 있는 것이다. 자발성은 충동이지 자유가 아니며, 강제적인 것은 아니지만 노예적인 것이다.

이것은 본성적인 능력과 도덕적인 무능력 사이의 인위적인 구별 — 실제적으로는 무용한 구별이다 — 을 예견하고 있다. 초대 교부들의 가르침과 관련하여, 그는 교부들, 특히 오리게네스가 의지의 자유를 고양시켰음을 부인할 수 없었다. 하지만 그는 아우구스티누스가 자신의 후기 저술들에서 자유를 주장했던 초기의 입장을 바꾸었다고 주장할 수는 있었다. 의지의 노예성이 회개에 대한 권면들을 무효화시킬 것이라는 반론은 만일 하나님이 자신의 성령으로 그 권면들을 유효하게 하시지 않으신다면 타당할 것이다.

피기우스에 대한 칼빈의 답변은 루터가 에라스무스에게 한 답변보다 훨씬 조심스럽고 신중하며, 섭리에 관한 츠빙글리의 논문보다 더 교회적이다. 그는 자신을 변호하면서, 당시 로마 교회에 편만해 있던 펠라기우스주의에 대항하여 그 당시 프로테스탄트 공통의 교리를 변론하였다. 이것은 트렌트 공의회에 좋은 영향을 미쳐서, 펠라기우스와 반(半)펠라기우스적인 이단들을 확실하게 배제하게

------

3) 이 논쟁의 가치에 대한 슈바이처의 논평을 보라(l.c., I. 198).

되었다.[3]

칼빈은 자신의 책을 멜란히톤에게 헌정하였다. 멜란히톤은 그와 의견을 같이 하였던 친구로서 피기우스가 종교개혁을 비판할 때에는 반박하는 글을 쓰라고 칼빈에게 권면한 적이 있었다. 하지만 동일한 교리를 가르쳐 왔던 멜란히톤은 그때에 의지의 자유에 관한 입장에 변화를 겪고 있었다. 그것은 의지의 자유를 부정하면 결국 하나님을 죄의 창조자로 만들고 인간의 도덕적인 책임감을 파괴하게 될 것이라는 생각에서 주로 기인하였다.[4] 그는 필연성에 부합하는 논리적인 논증을 식별할 수 있는 능력을 갖춘 사람이었지만, 윤리적이고 실질적인 면들을 더 고려하려고 하는 경향이 있었다. 칼빈의 헌사에 대해 보낸 1543년 5월 11일자 답신에서 멜란히톤은 자신에게 경의를 표해준 데 대해 감사를 표하면서도 지금 자신의 견해가 다름을 온건하고도 신중하게 밝혔다. 그리고 그는 프로테스탄트 진영이 보다 중요한 교리들, 단순성과 실질적인 유용성을 갖추고 있는 교리들을 수호하기 위해 연합해야 한다는 자신의 소망을 피력하였다. 그는 이렇게 말하고 있다.

> 당신의 뛰어난 화술을 이처럼 중요한 사안들을 다루는 데 사용하시기를 바랍니다. 이를 통해 우리 친구들은 힘을 얻을 것이고, 우리의 대적자들은 떨 것이며, 약한 자들이 용기를 얻을 것입니다. 오늘날 그 누가 당신보다 더 설득력 있고 뛰어난 문체로 논쟁을 할 수 있겠습니까?… 저는 학식이 뛰어나며 모든 경건의 활동에 정통한 당신에게 뭔가 지시하려고 이 편지를 쓰는 것이 아닙니다. 저는 실로 그렇게 하는 것이, 비록 덜 난해하고 더 실질적이지만, 당신의 취지와도 맞을 것이라고 확신합니다.[5]

칼빈은 피기우스의 두 번째 책에 대해서도 반박문을 쓸 계획이었지만, 그가 얼마 전에 죽은 것을 알고는 "죽은 개를 모욕하고" 싶지 않았기 때문에 "다른 일에" 전념하였다. 하지만 9년이 지난 뒤에 그는 「제네바 일치신조」(1552)에서 사실상 답변을 하였다. 이것은 당시 볼섹과의 논쟁으로 인해 씌어진 것이기는

---

4) 연이은 변화들은 그의 「신학총론」(*Loci Theologici*) 1525, 1535, 1544, 1548에 기록되어 있다.

5) *Opera*, XI. 539-542.

하지만 피기우스에 대응한 그의 논박 제2부라 할 수 있다.

120. 반(反)가톨릭 저술들: 트렌트 공의회에 대한 비판(1547)

칼빈이 가톨릭을 반대하는 내용을 담아 저술한 책들은 아주 많다. 그것들 중에서 추기경 사돌레토에게 한 그의 답변(1540)과, 종교개혁의 필요성에 대해 황제 카를 5세에게 보낸 호소문(1544)은 첫손가락에 꼽히는 작품들이다. 그것들은 16세기의 다른 비슷한 저작들에 비해 그 능력과 설득력에서 월등하였다. 이 두 저술에 대해서는 앞에서 이미 충분히 살펴보았기 때문에, 여기서는 단지 황제에게 보낸 호소문의 장쾌한 결론 부분만 덧붙이고자 한다.

그 결말이 어떠하든지 간에, 우리는 이미 시작한 일에 대해서, 그리고 지금까지 진척시켜 온 일에 대해서 결코 후회하지 않을 것입니다. 성령께서는 우리 주장에 대한 신실하시고 오류가 없으신 증인이십니다. 우리가 전파하는 것이 하나님의 영원한 진리라는 것을 우리는 확신하고 있습니다. 우리는 마땅히 그러해야 하는 바대로, 진정으로 우리의 사역이 세상에 유익이 되기를 원합니다. 하지만 그 유익을 실현시키는 것은 하나님에게 속한 것이지 우리에게 속한 것이 아닙니다. 우리가 선을 베풀고자 하는 사람들의 배은망덕과 완악함을 벌하기 위해서라도, 성공이 절망적인 것이 되고 모든 일이 악화되어 간다고 하더라도, 저는 기독교인으로서 해야 할 말을 할 것이고, 이 거룩한 고백에 충실한 모든 사람들이 동의하는 것을 말할 것입니다. 우리는 죽을 수도 있을 것입니다. 하지만 죽음에서조차 우리는 승리자일 것입니다. 그것은 단지 우리가 죽음을 통해 더 나은 생으로 가는 확실한 통행증을 얻기 때문만이 아니라, 우리가 흘린 피가 인간들이 지금 경멸하고 있는 하나님의 진리를 전파하는 씨앗이 될 것을 알기 때문이기도 합니다.

이 두 저술 다음으로 중요한 것은 그가 1547년 11월에 출간한 트렌트 공의회에 대한 비판의 글이다.

트렌트 공의회는 서구 기독교권의 분열을 치유하고자 했는데, 오랫동안 지연되다가 1545년 12월 13일에야 개최되었다. 여러 차례 정회되었다가 다시금 회집되었으며, 마침내 1563년 12월 4일 칼빈이 사망하기 몇 달 전에야 끝을 맺었다. 제4차, 5차, 6차 회기에서(1546), 신앙의 규범, 원죄, 칭의라는 당시에 가장 격렬한 논쟁의 대상이 되었던 문제들을 정리하였는데, 이는 당시의 가톨릭 체제에 부합하고 개혁자들의 주장에는 반하는 것이었다. 이 공의회는 에크, 피기우스, 그리고 기타 초기 로마 교회 옹호자들의 위장된 펠라기우스주의와 반(半)펠라기우스주의를 피하면서 대단히 주의깊고 신중하게 칙령들을 작성하였다. 하지만 이 공의회는 성경의 수위성, 자연 의지의 노예성, 그리고 이신칭의의 교리를 주장하는 프로테스탄트 교리들을 단호하게 정죄하였다.

칼빈은 이러한 결정들에 반발하여 펜을 든 최초의 인물이었다. 그는 이 문제들을 아주 세밀하게 비판하였다. 그는 서문에서 공의회가 정말로 교회 일치를 꾀하고, 공정하고, 자유로웠다면 기독교권의 평화를 회복하는 데 큰 유익이 되었을 것임을 인정하고 있다. 하지만 그는 트렌트 공의회가 이러한 본질적인 특징들을 갖추지 못했다고 말한다. 그리스 정교회들과 복음주의 교회들은 전혀 대변되지도 못했다. 그것은 순전히 로마 가톨릭 공의회였으며, 그 자신이 주된 범법자이며 부정 부패를 개혁하기보다는 영속시키고자 하였던 교황의 통제 아래 있었다. 공의회 참석자들은 겨우 40명 정도에 불과했으며, 그것도 대부분 이탈리아인들이었다. 이들은 학식과 경건이 뛰어난 인물들이 아니라, 일단의 입씨름하는 수도사들, 교회법 학자들, 그리고 교황의 앞잡이들이었다. 이들은 바티칸의 명령에 동의를 표했을 뿐이며, 그것이 마치 성령의 응답이라도 되는 양 칙령으로 발표하였다. 칼빈은 말한다.

"칙령이 작성되자마자 밀사들이 로마로 내달려가, 자신들의 우상의 발 앞에 엎드려 용서와 평화를 구하고 있다. 교황은 밀사들이 가져온 문서를 그의 개인 고문들에게 넘겨 검토하게 한다. 이들은 자기 마음대로 내용을 삭제하고 첨부하고 바꾼다. 밀사들이 이를 가지고 다시 돌아오고 회의가 소집된다. 공증인은 감히 아무도 반대할 수 없는 이 문서를 낭독하고, 얼간이들은 이를 찬성한다고 고개를 끄덕인다. 온 세상에 종교적인 의무를 강제하는 신탁을 보라 … 공의회의 선포가 경매인의 외침보다 더 중요할 아무런 이유가 없다."

칼빈은 평상시대로 논쟁적인 기술로써 이 칙령들을 분석하고 있다. 그는 먼저 그것들을 공의회가 발표한 그대로 언급하고 나서, 그에 대한 자신의 대안을 제시하고 있다. 그는 트렌트 공의회가 히브리어와 그리스어 성경 원본들과 동등한 위치에 놓고 있는 라틴어판 불가타 성경의 오류들을 밝히고, 성경의 수위성과 이신칭의의 교리를 옹호하고 있다.

그는 다른 일들로 인해 계속적인 방해를 받으면서도 두세 달 만에 이 글을 썼는데, 이는 켐니츠(Martin Chemnitz)가 10년에 걸쳐서 작품을 완성한 것과 비견된다. 그는 자신의 원고를 파렐에게 보내었는데, 파렐은 이를 보고 기뻐하였다. 그는 보다 대중적인 형태를 갖추어 프랑스어 판도 출판하였다.

코클라이우스는 더욱 개인적인 울분에 차서 칼빈에 대한 반박문(1548)을 준비하였으며, 이에 대해서는 데 갈라스(Des Gallars)와 베자가 응답하였다. 베자는 코클라이우스를 동물의 왕국의 괴물들 가운데 하나로 간주하였다.

트렌트 공의회가 폐회되고 난 이후에, 멜란히톤 사후에 루터파 교회의 지도적인 신학자였던 켐니츠는 「트렌트 공의회 검토」(*Examen Concilii Tridentini*, 1565-1573, 2판은 1585)라는 보다 정교한 글을 썼다. 이것은 그 후 오랫동안 로마 교회와의 논쟁에서 표준적인 저술로 기능하였다.

121. 「독일 가신조 협정」에 반대하여(1549)

「독일 가신조 협정」(German Interim)에 대한 칼빈의 반박문은 트렌트 공의회에 대한 그의 비판과 밀접하게 연관되어 있다. 슈말칼덴 동맹을 패배시킨 후에 황제는 독일의 프로테스탄트들에게 총회에서 최종적인 결정이 날 때까지 절충적인 신앙고백문을 사용하도록 강요하였다. 이것은 두 명의 가톨릭 주교, 플룩(Pflug, 에라스무스주의자)과 헬딩(Helding)에 의해 작성되었으며, 브란덴부르크의 선제후 요아킴 2세의 목사였던 아그리콜라(Johann Agricola)가 이를 도왔다. 아그리콜라는 허영심이 많고, 야망이 많고, 신뢰할 수 없는 인물이었으며, 한때 루터의 비서로 일한 적이 있었지만, 반율법주의 논쟁(antinomian controversy)으로 인해 루터와 멜란히톤으로부터 떨어져 나갔다. 그는 가톨릭측에 의해 매수되었다는 혐의를 받았다.[6]

---

6) 황제는 그에게 50 크라운을 주었고, 국왕 페르난도는 은화 500탈러(thaler: 독일의 화폐 단위)를 주었다.

이 협약문은 아우크스부르크 회의에 제출되었고, 그래서 「아우크스부르크 가신조 협정」이라고 불리게 되었다. 이는 1548년 5월 15일 황제에 의해 간곡한 권고와 함께 선포되었다. 이것은 교리와 치리에 대한 로마 가톨릭 체계 전반을 내포했지만, 보다 온건하고 융화적인 모습을 보였으며, 프로테스탄트의 견해에 대한 공공연한 비난은 하지 않았다. 칭의의 교리는 트렌트 공의회의 그것과 본질적인 합의를 이루고 있었다. 7성사, 화체설, 미사, 성인들에 대한 기도, 교황의 권위, 그리고 모든 중요한 의식들은 그대로 유지되었다. 프로테스탄트들에게 유일하게 양보한 것이 있다면 성찬식 때 평신도들에게도 잔을 허락한 것과 이미 결혼한 사제들은 아내와 계속 살 수 있도록 하는 정도였다. 이러한 협약안은 황제의 견해에 맞추어진 것으로서, 그는 랑케가 지적하고 있듯이 가톨릭 위계제도를 자기 권력의 기반으로 유지하면서 동시에 프로테스탄트 진영이 다시 그에게 합류할 수 있도록 하고자 하였다. 이러한 신앙고백문의 채택은 종교개혁 운동의 사실상의 굴복이며 결국 로마 가톨릭의 승리로 끝날 것임을 명백하게 보여주는 것이다.

프로테스탄트들은 이 가신조 협정에 대단히 분개했으며, 헤센, 작센 공국, 그리고 북부 도시들, 특별히 플라키우스(Flacius)의 지도 아래 비타협적인 루터파의 본부가 되었던 마크데부르크(Magdeburg)에서 거부되었다. 남부 독일에서 이것은 스페인 군대에 의해 아주 엄격하게 강요되었다. 슈바벤 지방과 라인 연안에서만 4백 명이 넘는 목회자들이 이 가신조 협정을 거부했다는 이유로 면직되어, 가족과 함께 가난과 비참함 속에서 떠돌았다. 이들 중에는 뷔르템베르크의 개혁자로서 바젤로 피신해 그곳에서 칼빈의 위로 편지(1548년 11월 5일)를 받은 브렌츠가 있었다. 기독교의 연합에 대한 강한 열망을 지녔던 마르틴 부처도 자신의 양심을 굽히면서까지 타협할 생각은 없었기 때문에 슈트라스부르크를 떠나 영국으로 갔으며, 그곳에서 케임브리지 대학 신학 교수로 임명받았다.

가신조 협정에 반대하는 글을 쓰는 것은 사형의 대상으로 철저히 금지되었다. 그럼에도 불구하고 30개를 넘는 반박문들이 마크데부르크의 소위 "하나님의 추밀원"에서 나타났다. 불링거와 칼빈도 이에 반대하는 글을 썼다.

칼빈은 황제의 선언문과 가신조 협정의 본문 전체를 출판하고, 왜 이것이 교회에 평화를 가져다 줄 수 없는지 그 이유를 밝혔다. 그는 아리우스 논쟁에서 힐라리우스(Hilarius)가 한 말을 인용하는 것으로 시작하고 있다. "평화라는 이름은 실로 그럴 듯하고 연합이라는 이상은 또 얼마나 대단한가. 하지만 교회의 유일한 평화는 오직 그리스도의 평화임을 누가 의심할 수 있겠는가?" 이것이 바로 기독교권에 평화를 이루는 진정한 방도에 대한 칼빈 자신의 견해의 요지이기도 하다.

두 진영, 즉 그의 루터파 신민들과 황제 사이에 서 있었던 작센의 선제후 모리츠는 멜란히톤과 비텐베르크의 다른 신학자들의 도움을 받아 아우크스부르크 가신조 협정을 수정하였다. 그리고 1548년 12월 22일 라이프치히 가신조 협정으로 이를 대체하였다. 이 문서에서 신앙에 대한 주요한 조항들은 복음주의적인 해석도 허용될 수 있도록 하기 위해 보다 조심스럽게 표현되고 있다. 하지만 로마 가톨릭의 예식들은 양심을 손상시키지 않고 구원을 위험에 빠뜨리지 않는 아디아포라(adiaphora), 즉 비본질적인 것들로 간주되어서 계속 유지되었다. 그리하여 루터파 엄수파와 온건파 사이에 아디아포라 논쟁이 일어나게 되었다.

멜란히톤은 이러한 논쟁의 와중에서 가장 어려운 위치에 놓여 있었다. 개신교의 완벽한 패망을 막고 작센이 황제군의 침입으로 폐허가 되는 것을 막고자 하는 진실된 마음에서 멜란히톤은 조정 대신들의 압력에 굴복하여, 더 좋은 때를 기다리면서 「라이프치히 가신조 협정」을 받아들였다. 이 행동으로 인해 그는 한때 자신의 제자였던 플라키우스에게 심한 공격을 받았으며, 배반자라는 비난을 들어야 했다. 칼빈은 이 소식을 듣고, 멜란히톤에게 우정어린 힐책의 내용을 담은 편지를 보내어, 예루살렘 공의회에서 할례의 문제에 대해 바울이 보여준 결코 굽히지 않는 견고한 태도를 그에게 상기시켰다.[7]

독일에서의 개신교는 거의 패망 지경에 이르렀으나, 모리츠 선제후의 반역에 의해 거기서 벗어날 수 있었다. 이 영악하고 이기적인 정치가이자 속임수의 명수는 처음에는 슈말칼덴 연맹과의 전쟁에서 황제를 도와 프로테스탄트들을 배

---

7) 1550년 7월 18일자 편지. Dyer는 이 비본질 논쟁에서 확실하게 멜란히톤을 편들면서 다음과 같은 말을 하고 있다. "앞으로의 프로테스탄트 교회의 일치를 위해 이런 시시한 언쟁을 보류하는 것이 얼마나 소망스러운가! 중백의(中白衣)나 사소한 의례들에 관한 어리석고 수치스럽고 유치한 논쟁이 이처럼 위험한 때에도 프로테스탄트 신자들을 적대적 파당으로 분열시키고 있지 않은가! 이런 감정을 가지고서야 어떻게 교리의 중요한 논점들이 된 보다 심각한 문제들을 차분하게 조정할 소망을 가지겠는가?"

반하고 자신은 선제후 자리를 차지하였고, 그 다음에는 황제를 상대로 반역을 일으켜서 황제와 트렌트 공의회 대표들을 티롤 밖으로 내몰았다(1551). 그는 자신의 옛 친구인 알브레히트(Albrecht of Brandenburg)와의 전투에서 승리를 거두기는 하였으나, 이때 입은 치명적인 상처로 인해 결국 1553년 숨을 거두었다.

황제의 패배로 인해 만들어진 최종적인 결과물은 1555년의 아우크스부르크 종교화의였다. 여기에는 비록 약간의 제한 조항들이 있기는 하였으나, 제국 내에서 최초로 루터파들에게 합법적인 지위를 마련해 주었다. 이로써 루터파 종교개혁의 시기가 막을 내리게 되었다.

122. 성유물 숭배에 대항하여(1543)

피기우스에게 답변했던 바로 그 해에 칼빈은 프랑스어로 성유물에 대한 소논문을 출판하였는데, 이는 거듭해서 인쇄되고 또 번역 출간되었다. 이 논문은 그의 반(反)가톨릭 저술들 가운데 가장 대중적으로 널리 읽히고 또 사람들에게 많은 영향을 끼쳤다. 그는 이 논문에서 매우 자유롭게 신랄한 풍자와 독설을 퍼부었는데, 이는 거의 볼테르의 글을 연상시켰지만 그 정신은 완전히 다른 것이었다. 그는 다음과 같은 침착한 언급으로 글을 시작하고 있는데, 이 글의 특성을 가장 잘 나타내 준다고 할 수 있다:

"아우구스티누스는 「수도사의 노동에 관하여」(*On the Labor of Monks*)라는 책에서 그 당시에 벌써 순교자들의 성유물들을 여기저기로 가지고 다니면서 무가치하고 탐욕스러운 순회를 하고 있던 순회 사기꾼들을 비난하면서, '이것들은 정말로 순교자들의 유골들인가' 라는 말을 덧붙이고 있다. 이런 표현을 함으로써 그는 이미 당시에 여기저기서 주워 모은 뼛조각들을 성자들의 뼈인 것처럼 믿도록 무지한 자들을 속이는 악폐와 협잡이 얼마나 성행하고 있었는가를 잘 보여주고 있다. 이러한 사기 행각의 기원이 이처럼 오래된 것이기는 하지만, 오랜 시간이 경과하는 동안 이러한 행위는 극심하게 증가하였고, 특별히 그 이후로 세상이 더욱 타락해 왔음을 생각해 보면, 끊임없이 악화되어 오다가 드디어는 현재 목격할 수 있는 것과 같은 최악의 지경에 이르렀음은 의심의 여지가 없다.

하지만 최초의 악폐, 악의 시초는 말하자면 이 세상이 말씀과 성례와 영적인 영향력 속에서 그리스도를 찾아야 하는데도 불구하고 그 습관에 따라 그의 의복, 속옷, 천에만 매달렸다는 사실 그 자체이다. 그래서 핵심적인 것은 간과하고 부수적인 것만 뒤쫓았다는 사실이다. 이것은 사도들, 순교자들, 그리고 다른 성인들에 대해서도 마찬가지였다. 그들의 삶을 부지런히 명상하고 본받고자 애쓰는 것이 의무인데도 인간들은 사실상 그들의 유골, 저고리, 허리띠, 모자, 그리고 다른 비슷한 사소한 것들만 생각하고 그것들을 마치 보물인 양 간직하는 데만 온전히 열중해 왔기 때문이다.

나는 그들이 주장하는 바대로 그들이 그리스도의 유품들을 그에 대한 경외심으로 인해, 그리고 그를 더욱더 추억하기 위해 보존하고 있다면 이러한 일들 속에 경건한 정열과 같은 것이 있음을 모르는 바는 아니다. 성인들과 관련해서도 같은 말을 할 수 있다. 하지만 바울이 말하고 있는 바에 주의를 기울여야 한다. 그에 따르면, 사람들이 자기 자신의 생각에만 기초하여 고안한 것들에 대한 신성한 예배는 지혜의 외양은 갖추었을지 모르나 헛되고 어리석은 것에 불과하다.

그뿐만 아니라, 이러한 행위로부터 어떠한 이점이 생길 수 있다고 할지라도, 그 위험성과 대조해 보아야 할 것이다. 그렇게 해서 우리는 성유물을 소유하는 것이 별 유익이 없고, 아니 매우 쓸데없는 바보 같은 짓이라는 사실을 밝힐 수 있을 것이다. 다른 한편, 이로 인해 사람들이 우상숭배에 빠지지 않기는 무척이나 어려운 일이고 불가능에 가까운 일이다. 왜냐하면 숭배감 없이 이것들을 바라보고 만지는 것은 불가능하기 때문이다. 그리고 이러한 일이 무제한적으로 행해져서, 결국 그리스도께서 받으셔야 하는 영예가 그 성유물들에게 돌려지기 때문이다. 간단히 말해서, 성유물을 갈구하는 마음은 미신으로부터 결코 자유로울 수 없으며, 더욱 나쁜 것은 이것이 결국은 우상숭배를 낳게 되며, 일반적으로 그와 긴밀히 연결되어 있다는 사실이다.

모든 사람들은 이스라엘 백성이 모세의 시체를 숭배하는 패역에 빠지는 일이 없도록 하기 위해 하나님께서 그의 몸을 거두어 가셨다는 데 아무런 이의 없이 동의하고 있다. 한 사례에서 일어난 일은 다른 모든 경우에도 그대로 확장되어야 한다. 왜냐하면 동일한 논리가 적용되기 때문이다. 그렇지만 우리가 성인들의 경우만 말하는 것이 아님을 분명하게 하기 위해, 바울이 그리스도 자체에 대해 어떤 말을 하고 있는지 살펴보자. 바울은 그리스도의 부활 이후에 자신은 그리스도를 더 이상 육체로 알지 않았다고 선포한다. 이 말은 그리스도에 속한 모든 육적인 요소들은 망각되고 버려져야 하며, 그렇게 해서 우리는 영으로서 그를 추구하고 소유하기 위해 모든 연구와 노력을 할 수 있다는 것을 의미한다. 그러므로 이제 사람들이 그리스도와 성인들의 기념물을 소유하고 있는 일을 무슨 대단한 일인 양 말할 때에, 그것은 아무런 이성적 기반이 없는 우둔한 욕망을 은폐하기 위한 구실을 찾는 것이 아니고 무엇이겠는가? 그러나 이러한 행위에 어떤 충분한 근거가 있다 할지라도, 바울의 입을 통해 선언되었듯이, 그 일이 분명히 성령을 거스르는 일이라면, 거기에 더 이상 어떤 다른 말이 필요한가?"

다음은 이 소논문의 요약이다:

처음에는 성유물을 간직하고자 하는 어리석은 호기심이었던 것이 가증한 우상숭배로 전락하게 되었다. 성유물들 대부분이 가짜이다. 사도들이 전부 4개 이상의 몸을 가지고 있고 성인들도 2, 3개의 육체를 가지고 있는 셈이 된다는 것만 봐도 알 수 있다. 제네바에서 예배의 대상이 되었던 성 안토니우스의 팔은 상자에서 꺼내어 본 결과 사슴의 뼈로 판명이 났다. 그리스도의 몸은 구할 수 없었는데도, 샤루(Charroux)의 수도사들은 마치 자신들이 그리스도의 이와 머리카락뿐만 아니라 그가 할례받을 때에 잘라낸 양피도 가지고 있는 체하였다. 하지만 이러한 일은 로마의 라테란 대성당의 경우에도 마찬가지였다. 니고데모가 그의 손수건 혹은 그릇에 받은 것이라고 말해지는 그리스도의 피는 로셀, 만토바, 로마, 그리고 다른 여러 곳에서 전시되고 있다. 그리스도께서 태어나신 말구유, 요람은 그 어머니가 만든 셔츠, 그가 성전에서 토론할 때 기대었던 기둥, 물을 포도주로 변화시킬 때의 그 항아리, 십자가 조각들과 못과 함께 로마, 라벤나, 피사, 클뤼니, 앙제 등에서 전시되고 있다.

최후의 만찬이 거행되었던 식탁은 로마의 라테란에 있는 성 요한 교회당에, 그때 사용되었던 빵 조각은 스페인의 성 살바도르에, 유월절 양을 잘랐던 칼은 트리어(트레베스)에 있다. 그 식탁이 7, 8백 년 후에 발견되는 일이 도대체 가능한 일인가? 게다가 그 당시의 사람들은 비스듬히 누워서 식사를 했기 때문에 식탁의 모양새가 오늘날과는 달랐다. 성 헬레나에 의해 발견된 십자가 조각들도 이탈리아, 프랑스, 스페인 등에 산재되어 있으며, 다 합치면 큰 배 한 척은 가득 채울 정도이다. 한 사람이 아니라 3백 명이 날라야 할 것이다. 그런데도 그들은 이 나무가 줄어들 일은 없다고 말하고 있는 것이다! 어떤 사람들은 천사들이 십자가 조각들을 날랐다고 말하고, 또 다른 사람들은 그것들이 하늘에서 떨어져 내렸다고 한다. 푸아티에 사람들은 십자가 조각을 헬레나의 여종이 훔쳐서 프랑스로 옮겨 갔다고 말하고 있다.

십자가상의 세 못에 대해서는 더 큰 논쟁이 벌어지고 있다. 테오도레투스에 따르면, 그 중 하나는 콘스탄티누스의 왕관에 박혔고, 나머지 두 개는 그의 말의 재갈에 박혔다. 암브로시우스에 따르면 못 하나는 헬레나 자신이 간직하고 있었다. 하지만 지금은 로마에 두 개의 못이 있고, 시에나, 밀라노, 카르팡트라, 베네치아, 쾰른, 트리어에도 각각 하나씩 있으며, 파리에는 두 개, 부르주에는 한 개가 보관되어 있다. 이 모든 주장들은 우열을 가릴 수 없이 똑같다. 왜냐하면 그 못들은 모두 가짜이기 때문이다. 또한 그리스도의 옆구리를 찔렀던 병사의 창, 가시관, 그의 홍포, 기운 데가 없는 그의 겉옷, 베로니카의 손수건(적어도 6개 이상의 도시들이 소유하고 있다고 자랑하고 있다)도 모두 하나 이상씩 존재한다. 해변에서 부활하신 구세주에게 베드로가 드렸던 구운 생선도 남아 있는데, 1500년 이상이나 보존된 것을 보면 소금을 엄청 많이 쳤음에 틀림없다! 그러나 이러한 야유를 떠나 생각하더라도, 과연 사도들이 사실상 저녁 식사를 위해 준비한 것들을 성유물로 만들었다는 게 상상이나 할 수 있는 일인가?

칼빈은 또한 기적을 일으킨다는 그리스도상들, 여러 곳에서 간직되고 있었던 동정녀 마리아의 머리카락과 예수에게 먹였던 젖, 그녀의 머리빗, 옷장과 가방, 바다 건너 로레토까지 천사들이 날랐다는 그녀의 집, 성 요셉의 신발, 성 야고보의 슬리퍼, 그리고 로도스, 몰타, 루카, 느베르, 아미앵, 브장송, 누아용이 그 일부를 소유하고 있다고 주장하는 세례 요한의 두개골, 브장송, 툴루즈, 리옹, 부르주, 피렌체 등이 각기 하나씩 가지고 있다는 그의 손가락들에 대해서 어리석고 불경건한 것이라고 강력하게 비판하고 있다. 아비뇽에는 세례 요한의 목을 자르는 데 사용했다는 칼이 있고, 아헨(엑스라샤펠)에는 사형 집행인이 친절을 베풀어 그의 시체 아래 깔았었다는 천이 있으며, 로마에는 그의 허리띠와 아울러 그가 광야에서 기도했던 단이 보관되고 있다. 칼빈은 이들이 세례 요한으로

하여금 미사를 주관하도록 하지 않는 것이 신기할 따름이라고 덧붙이고 있다.

이 소논문은 다음과 같은 말로 끝을 맺고 있다.

성유물들이 너무나 완벽하게 뒤섞이고 뒤죽박죽으로 수집되어서, 도둑이나 강도의 유골, 아니면 개나 말, 혹은 당나귀의 뼈를 숭배하게 될 수도 있다는 위험을 감수하지 않고는 어떤 순교자의 유골도 소지한다는 것이 불가능하다. 그러므로 모든 사람들이 이러한 위험을 경계해야 할 것이다. 이후로는 그 누구도 자신의 무지를 핑계로 댈 수 없을 것이다.

123. 소르본의 신조문과 그에 대한 대안(1544)

파리 대학의 신학 교수들은 1542년 3월 10일에 로마 교회의 가장 밉살스러운 교리들을 25개의 신조로 요약해 발간하였다. 이는 프랑스 왕의 칙령으로 인가를 받았으며, 사제로 서품을 받게 되는 모든 후보생들은 이에 서명해야 하였다.[8]

칼빈은 이 신조들을 재출간하였는데, 그 각각에 대해서 먼저 풍자적인 반박(歸謬法, reduction to absurdity)을 한 다음에 성경적인 대안을 제시하였다. 풍자를 통한 이러한 방식은 파리에서 다른 어떤 진지하고 냉철한 반박의 형식보다 더 효과적이었을 것이다.

124. 칼빈과 니고데모당(1544)

계속적인 박해의 위험 속에 있는 프랑스의 프로테스탄트들에게 커다란 실질적 어려움이 닥쳤다. 그들은 집단적으로 타국으로 이주할 수도 없었고, 고향에서는 자신들이 믿는 바를 감추거나 부인하지 않고서는 평화롭게 살 수도 없었다. 많은 사람들이 내심으로는 프로테스탄트들이었지만 겉으로는 로마 가톨릭 교회를 따랐다. 이들은 밤중에 예수를 찾아왔던 유대교 랍비 니고데모의 예를

---

8) Bulaeus, *Historia Univ. Paris.*, VI. 그리고 *Opera*, VII. Proleg., pp. ix-xii에 나오는 프랑스어 본문.

들어 자신들의 행동을 변명하였다.

그래서 칼빈은 이들을 "니고데모당"이라고 칭했다. 그렇지만 니고데모는 그리스도의 몸만을 값비싼 향유를 바르고 묻어 주었던 반면, 이들은 그리스도의 영혼과 육체, 신성과 인성 모두를 그것도 아무런 경의도 표하지 않은 채 묻어 버렸다는 점에서 차이가 있다고 지적하였다. 니고데모는 그리스도께서 죽으셨을 때 그를 파묻었지만, 니고데모당은 그가 부활하신 이후에 그를 땅 속으로 밀어 넣은 것이다. 니고데모는 니고데모당이 그리스도의 부활 이후에 보여주었던 것보다 백배나 더 많은 용기를 그리스도의 죽음에 직면해서 보여주었다. 칼빈은 니고데모당에게 엘리야가 말하는 양자택일을 하라고 들이대었다. "너희가 어느 때까지 두 사이에서 머뭇머뭇하려느냐. 여호와가 만일 하나님이면 그를 좇고 바알이 하나님이면 그를 좇을지니라"(왕상 18:21). 칼빈은 그들에게 조국을 떠나 자유로운 곳을 찾아가든지, 아니면 생명의 위험을 무릅쓰고 우상숭배적인 예배에 참석하지 않는지 하라고 권고하였다. 하나님의 영광은 오직 그림자에 불과한 이 땅에서의 일시적인 삶보다 우리에게 더욱 소중한 것이 되어야 한다.

칼빈은 니고데모당을 몇 부류로 나누었다. 먼저는 복음의 거짓 설교자들이 있는데, 이들은 얼마간 복음주의적인 교리들을 수용하고 있었다(칼빈은 아마도 나바라의 마르가리타 여왕이 올레롱의 주교좌에 주선해 준 Gérard le Roux 혹은 Roussel을 지칭하는 듯하다). 그 다음에는 세속적인 사람들, 조정 중신들, 세련된 귀부인들이 있는데, 이들은 아첨에 익숙하고 검소한 생활을 싫어하였다. 다음으로는 학자들과 지식인들이 있는데, 이들은 자신들의 안락을 사랑하고 교육과 지성이 확산됨으로써 점진적인 개선이 이루어지기를 바라는 사람들이었다. 마지막으로 상인들과 시민들이 있는데, 이들은 자신들의 일이 방해받기를 원하지 않았다. 하지만 칼빈은 이들의 약점 때문에 이들을 형제로 인정하지 않은 것은 아니었다. 이들이 커다란 위험에 처해 있기 때문에 혹시 이들이 실수를 하게 되더라도, 비교적 안전한 상황에서 살고 있는 자기보다는, 더 용서를 구하기가 쉬울 것이라고 말하였다.

니고데모당은 칼빈이 지나치게 엄격하다고 비난하였다.

칼빈을 물리쳐라! 그는 너무 무례하다. 그는 우리를 거지로 만들고, 곧장 화형장으로 끌고 가려고 한다. 그로 하여금 자기 일에나 신경 쓰고 우리는 내버려 두도록 하라.

아니면 그로 하여금 우리에게 와서 어떻게 행동해야 하는지를 직접 보이게 하라. 그는 병사들에게 공격 명령을 내리면서도 자신은 위험한 지역을 벗어나 있는 군사 지도자를 닮았다.

이러한 비난에 대해 칼빈은 (사실상) 다음과 같이 응답하고 있다.

만약 나를 장군에 비유한다면, 당신들은 내가 내 임무를 다하고 있는 것을 비난해서는 안 된다. 문제는 내가 당신들과 같은 상황에 처했을 때 어떻게 행동할 것인가 하는 것이 아니라 우리의 현재의 의무, 즉 당신들의 의무와 나의 의무가 무엇인가 하는 것이다. 만약 나의 삶이 내가 가르치는 것과 다르다면, 그때는 내게 저주가 있을지어다. 당신들이 겪고 있는 유혹과 위험을 생각할 때마다 내 마음이 아프고, 당신들의 구원을 위해 내가 쉬지 않고 눈물로 기도하고 있다는 데 대해서는 하나님이 내 증인이 되신다. 그리고 나는 어떤 일에 대해서는 비판하더라도 그 일을 행한 사람에 대해서는 항상 비난하는 것은 아니다. 내가 더 용기 있는 사람이라고 자랑하지는 않을 것이다. 하지만 내가 덜 위험한 상황에 있다는 것이 내 잘못은 아니지 않은가. 나라고 해서 적의 공격으로부터 완전히 벗어나 있는 것은 아니다. 오늘은 안전하다고 해도 내일은 어떻게 될지 알 수가 없다. 나는 모든 상황에 준비되어 있으며, 하나님께서 나의 펜과 혀로만 아니라 나의 피로써 그에게 영광을 돌리도록 나에게 은혜 베푸시기를 바라고 있다. 나는 지금 이 글을 쓸 때보다 결코 더하지 않은 슬픔으로써 나의 생명을 내놓을 것이다.

프랑스의 프로테스탄트들은 루터와 멜란히톤이 이 주제에 관해 보다 온건하고 실용적인 견해를 가졌다고 생각하였다. 그래서 칼빈에게 작센으로 가서 이들을 만나 회담을 하라고 요청하였다. 그러나 칼빈은 제네바에서 비텐베르크까지 왕복하려면 적어도 40일이 소요될 것이므로, 시간이 부족하다는 이유로 이를 거절하였다. 그에게는 여행 경비도 없었다. 그는 프랑스에 있던 이름을 알 수 없는 한 친구에게 편지하여,[9] "상황이 좋을 때에도 내 수입은 겨우 먹고 살 정도밖에

---

9) Bonnet(I, 418, note)은 그가 Louis du Chemin이나 Francois Daniel이라고 추측한다.

안 되는데, 지난 2년간은 너무 쪼들려서 빚을 질 수밖에 없었다"고 쓰고 있다. 그는 "지금은 루터와 만날 적절한 시기가 아니다. 그는 논쟁으로부터 거의 벗어난 적이 없다"라고 덧붙이고 있다. 이렇게 해서 그는 루터와 개인적으로 만날 수 있는 유일한 기회를 놓쳤다. 일년 뒤에 루터가 죽었기 때문이다. 설사 그를 만났다고 하더라도 그 결과가 만족스러웠을지는 의문이다. 이 노령의 영웅은 그때 이미 세상과 교회의 상태에 불만을 느끼고, 세상 뜨기만을 고대하고 있었다.

하지만 칼빈은 그를 대신해 여행을 해달라고 꽤 학식이 있는 한 젊은 신사에게 부탁을 하였다. 그는 이 젊은이에게 루터와 멜란히톤에게 보내는 편지들과 더불어, 니고데모당을 반박해서 쓴 자신의 소논문의 문자적인 라틴어 번역본을 맡겼다(1545년 1월 20일). 그는 멜란히톤에게 뛰어난 판단력으로 중재 역할을 해 줄 것을 청하였다. 루터에게 보낸 편지는 매우 존경심에 가득 차고 겸손하였다. 칼빈은 사안을 설명하고, 그가 자신의 글을 주의 깊게 읽어 줄 것과 간단하게 의견을 써서 보내 줄 것을 요청한 다음, 이 위대한 독일의 개혁가에게 보낸 그의 유일한 편지를 다음과 같이 끝맺고 있다.

저는 너무나 많은 일들에 둘러싸여 있는 당신에게 이런 골치 아픈 짐을 지워 드리고 싶지 않습니다. 하지만 이 사안을 당신이 꼭 알아야 하겠기에 제가 이렇게 당신께 알려드릴 수밖에 없었습니다. 그러니 저를 용서해 주시리라 믿습니다. 제가 단지 몇 시간 동안만이라도 당신을 만날 수 있는 기쁨을 누릴 수만 있다면 날아서라도 당신에게 가고 싶습니다. 단지 이 문제뿐만 아니라 다른 문제들에 대해서도 당신과 개인적으로 만나 의논하고 싶고, 또 그렇게 하는 것이 더 좋을 것이기 때문입니다. 하지만 그 일이 이 땅에서는 허락되지 않은 것 같으니, 조만간 하나님의 나라에서는 이루어지기를 소망합니다. 가장 저명하신 선생, 가장 뛰어난 그리스도의 사역자, 제가 가장 존경하는 아버지여, 작별을 고합니다. 하나님께서 직접 그의 성령으로 당신을 다스리고 인도하시니, 그의 교회의 복리와 선을 위해서 끝까지 견디시기 바랍니다.

루터는 스위스인들과 벌인 성찬 논쟁의 여파로 여전히 매우 격분된 상태에 있었고 의심의 눈초리를 보내고 있었으므로, 멜란히톤은 칼빈이 보낸 문서들을 그

---

10) *Opera*, XII. 61.

에게 보여주는 것이 좋을 게 없다고 생각하였다.[10] 그는 칼빈에게 1545년 4월 17
일 다음과 같이 답신을 보내었다.

> 저는 아직 귀하의 편지를 마르틴 박사에게 전하지 않았습니다. 왜냐하면 그는 만사
> 에 의심을 품고 있으며, 당신이 제기하신 것과 같은 질문들에 대한 자신의 답변이
> 이리저리 알려지고 사람들 사이에 전해지기를 원하지 않기 때문입니다 … 저는 지금
> 다른 곳으로 피신을 하려고 합니다. 작별을 고합니다. 오늘은 3,846년 전에 노아가
> 방주에 들어갔던 날입니다. 이로써 하나님께서는 거대한 풍파 아래 요동할 때에라도
> 절대로 그의 교회를 버리지 않을 것을 약속하셨습니다.

하지만 멜란히톤은 자신의 견해를 보내 주었고, 이것은 마틴 부처와 베르밀리
(Pietro Martire Vermigli, 피터 마터로 알려진 인물이다)의 견해, 그리고 칼빈의
결론과 더불어, 1549년 제네바에서 미신을 피하는 것에 관한 소논문에 부록으로
출판되었다.[11] 멜란히톤은 본질적으로는 칼빈과 뜻을 같이하였다. 그는 기독교
인들은 하나님만을 예배하고(마 4:10), 우상숭배로부터 떠나고(요일 5:21), 그리
스도를 사람들 앞에서 공개적으로 고백해야(마 10:33) 하는 의무를 지닌다고 단
언하고 있다. 하지만 순전히 예식과 관련된 문제나 비본질적인 문제들을 따르는
데 있어서는 다소간 관대한 입장을 취하였다. 부처와 베르밀리도 이러한 입장에
동의하였다. 베르밀리는 가정집에서 예배를 드리면서도 쫓겨나기까지 성전에
출석하였던 초대교회 제자들의 행동을 언급하였다.

이제 칼빈이 프로테스탄트 신앙의 적대자들과 벌인 논쟁을 살펴보도록 하자.

125. 칼빈과 볼섹

볼섹(Hieronymus Hermes Bolsec)은 파리 출신으로서 카르멜회의 수도사였으
나 1545년경에 로마 교회를 떠나 페라라의 공작 부인에게로 도망쳐 보호를 받았
다. 공작 부인은 그에게 구휼품 관리인이라는 직책을 주어 자신의 집에 머물게

---

11) *Opera*, VI. 617-644.

하였다. 이곳에서 그는 결혼을 하고 의사로서 생활을 꾸려 나갔다. 그는 이후로 스스로를 "의학 박사"라고 불렀다. (베자의 기록에 따르면) 그는 흉폭한 성격과 행동으로 사람들에게 미움을 받게 되었으며, 속임수를 쓴 것이 발각되어서 공작 부인에게서 쫓겨났다.

1550년에 그는 아내와 시종 한 사람과 함께 제네바에 정착하여 의사 일을 계속하였다. 하지만 그는 쓸데없이 신학에 개입하여 칼빈의 예정론에 의문을 제기하기 시작했다. 그는 칼빈이 말하는 하나님은 위선자이자 거짓말쟁이이고, 범죄자들의 후원자이며, 사탄보다 더 악한 자라고 비난하였다. 그는 1551년 3월 8일에 목사회로부터 권고를 받았고, 칼빈도 이 신비의 문제에 관해 개인적으로 교훈을 주었지만 아무런 소용이 없었다. 그가 두 번째로 위반행위를 저질렀을 때 치리법원이 그를 소환하여 15명의 목사들과 자격을 갖춘 다른 사람들이 지켜보는 가운데 공개적으로 질책하였다. 그는 일정 수의 사람들은 하나님에 의해 구원을 받도록 택정되었다는 것은 인정했지만, 멸망으로의 예정은 부인하였다. 그리고 보다 면밀하게 심문한 결과, 그는 하나님의 택정이 인류 전체에까지 미친다고 생각하고 있음이 드러났다. 그는 구원을 이루는 효력이 있는 은혜는 모든 사람들에게 동일하게 주어진 것이며, 어떤 사람은 이를 받아들이고 또 다른 사람들은 이를 받아들이지 않는 것은 모든 인간에게 부여된 자유 의지 때문이라고 주장하였다. 동시에 그는 공로라는 말 자체를 혐오하였다. 이것은 칼빈이 볼 때 논리적인 모순이자 이치에 닿지 않는 것이었다. 그는 이렇게 말하고 있기 때문이다.

> 만약 일부 사람들이 선택되었다면, 다른 사람들은 선택되지 않았고 멸망되도록 남겨진 것이 분명하다. 만약 그리스도에게로 나아오는 자들이 택자들에게 역사하시는 성령의 특별한 활동을 통해 성부의 인도하심을 받은 것이라고 고백하지 않는다면, 만인이 구별없이 택함을 받았다고 하든지 아니면 택정의 원인이 각 개인의 선행에 있다고 해야 할 것이다.

1551년 10월 16일 볼섹은 성 베드로 교회에서 매주 금요일마다 열렸던 종교집회에 참석하였다. 이날 장 드 세인트 앙드레(John de St. André)가 요한복음 8장 47절을 본문으로 예정론에 관한 설교를 하면서, 하나님께 속하지 않는 자들은 마지막까지 그에게 대항하는데, 그것은 하나님께서는 오직 택자들에게만 순종의 은혜를 내려주시기 때문이라고 하였다. 볼섹은 불시에 설교자의 말을 막고는, 사람들은 택정을 받았기 때문에 구원을 받는 것이 아니라 신앙이 있기 때문에 택정을 받는 것이라고 주장하였다. 그는 하나님께서 사람이 태어나기도 전에 그의 운명을 결정해서 어떤 사람들은 죄와 벌을, 또 다른 사람들은 덕행과 영원한 행복을 누리도록 하신다고 생각하는 것은 거짓되고 불경한 것이라고 비난하였다. 그는 성직자들에게 욕설을 퍼붓고, 회중들에게는 미혹되지 말라고 경고하였다.

베자의 말에 따르면, 볼섹이 이러한 장광설을 늘어놓은 직후, 사람들의 눈에 띄지 않게 교회에 들어와 있었던 칼빈이 그에게로 다가가서 성경과 아우구스티누스를 인용하면서 논증으로 그를 완전히 압도함으로써, "모든 사람들이 이 뻔뻔스러운 수도사로 인해 극도의 수치심을 느꼈지만 정작 수도사 자신은 부끄러움을 몰랐다." 또한 우연히 그 자리에 참석했던 파렐도 회중들에게 연설을 하였다. 경찰은 목사들을 모욕하고 공중 질서를 교란시킨 혐의로 볼섹을 체포하였다.

같은 날 오후에 목사들은 볼섹에 대항하여 17개 조항을 작성하여 의회에 제출하면서, 그에게 책임을 물을 것을 요청하였다. 이에 대응하여 볼섹은 칼빈에게 몇 가지 질문을 제기하면서 이에 대한 명쾌한 답변을 요구하였다(10월 25일). 그는 멜란히톤, 불링거, 브렌츠가 자신과 견해를 같이하고 있다고 주장하였다.

치리법원은 시의회로 하여금 판결을 내리기 전에 스위스 교회들의 조언을 구할 것을 요청하였다. 따라서 시의회는 볼섹의 오류들의 목록을 작성하여 취리히, 베른, 바젤로 보내었다. 그 오류의 내용은 다섯 가지였는데, 다음과 같다.

1. 신앙이 택정에 달려 있는 것이 아니고, 택정이 신앙에 근거하고 있다고 주장한다는 점.

2. 하나님께서 일부 사람들을 눈먼 상태로 유기하시며, 그러한 유기는 하나님의 뜻이라고 말하는 것은 하나님에 대한 모욕이라고 주장한다는 점.

3. 하나님은 모든 이성적인 피조물들을 자신에게로 인도하시고, 종종 자신을 거역하는 자들만을 유기하신다고 주장한다는 점.

4. 하나님의 은혜는 보편적이며, 어떤 사람들이 다른 사람들보다 더 구원으로 예정되지는 않았다고 주장한다는 점.

5. 성 바울이 하나님께서 그리스도를 통해 우리를 택정하셨다고(엡 1:5) 말할 때 그는 구원으로의 선택을 말한 것이 아니라 제자와 사도로의 선택을 말한 것이라고 주장한다는 점.

동시에 칼빈과 그의 동역자들은 스위스 교회들에 회람 편지를 돌려서, 볼섹에 관해 공격적이고 경멸적인 어투로 말하면서 그가 거짓말하고 속이고 뻔뻔한 자라고 고발하고 있다. 베자 또한 로잔에서 불링거에게 편지를 써보냈다.

스위스 교회들이 보낸 답신들은 비록 그 평결하는 바가 전반적으로는 칼빈의 편을 드는 것이었지만, 그에게 매우 불만족스러운 것이었다. 이 답신들은 하나님의 섭리와 인간의 자유 의지라는 주제에 관한 독일어권 스위스와 프랑스어권 스위스의 차이를 드러내 주었다. 답신들은 구원으로 이끄는 값없는 택정의 교리에는 동의하였으나, 논쟁에서 가장 중요한 점이었던 절대적이고 영원한 유기라는 불가해한 신비에 대해서는 회피하고 있다.

취리히의 목사들은 볼섹의 비난으로부터 츠빙글리를 변호하였다. 볼섹은 츠빙글리가 섭리에 관한 저술에서 하나님을 죄의 창조자로 만들었다고 비난하고 있고, 이에 대해 목사들은 츠빙글리가 죄의 기원을 인간 의지의 타락에서 찾고 있는 다른 저술들을 언급하고 있다. 불링거는 칼빈에게 보내는 개인적인 편지에서 중용과 관대함이 필요함을 권면하면서, 이렇게 말하였다.

> 나를 믿으시오. 많은 사람들이 당신이 「기독교 강요」에서 예정에 관해 말하고 있는 바에 불만을 품고 있습니다. 그리고 이들은 볼섹이 하나님의 섭리에 관한 츠빙글리의 책에서 도출한 것과 같은 결론을 당신의 책에서도 도출해 내고 있습니다.

이 일로 해서 칼빈과 불링거 사이는 한동안 소원해졌다. 이후 10년이 지나서야 불링거는 칼빈주의 교리를 과감하게 받아들였는데, 이때에도 그는 유기에 관해서는 아무런 강조도 하지 않았다.

미코니우스(Myconius)는 바젤 교회의 이름으로 문제를 회피하는 듯한 두루뭉술한 답신을 보내어 왔으며, 칼빈과 볼섹이 공동으로 믿고 있는 부분들에 관해 길게 쓰고 있다.

베른의 목사들이 보낸 답신은 근대 관용의 정신을 예시하고 있다. 이들은 진리와 하나됨을 향한 열정을 높이 샀으나, 사랑과 용납도 동일하게 중요한 의무임을 강조하였다. 이들은 선한 목자는 길을 잃은 양을 돌보는 법이라고 말하고 있다. 엄중함으로써 강요하는 것보다는 부드러움으로 설복시키는 것이 훨씬 수월하다. 하나님의 예정이라는 엄청난 신비와 관련하여, 이들은 하나님의 보편적인 은혜와 선하심을 말해 주는 성경 구절들을 신봉하는 많은 선한 사람들이 느끼고 있는 당혹감을 칼빈에게 상기시키고 있다.

이러한 편지들은 볼섹에 대한 보다 온건한 판결을 초래하였다. 그는 소동을 일으키고 펠라기우스주의를 신봉했다는 죄목으로 제네바에서 영구 추방당하였으며, 만약 돌아오게 되면 채찍질을 당하는 고통을 겪어야 한다는 판결을 받았다. 이 판결은 1551년 12월 23일 트럼펫 소리가 울려 퍼지는 가운데 선고되었다.

볼섹은 베른의 토농으로 은거하였으나, 여기서도 새로운 소동을 일으키고 추방을 당하였다(1555). 그는 프랑스로 가서 개혁파 교회의 목회자가 되고자 하였으나 종국에는 로마 가톨릭 교회로 돌아갔다.[12] 그는 리옹 전국 대회에서 면직된 목사로 분류되었으며, "악랄한 거짓말쟁이," "배교자"로 규정되었다(1563). 그는 리옹 근처와 오팅에서 살다가 1584년에 안시에서 죽었다. 칼빈 사후 13년에 그는 「칼빈의 생애」라는 오류와 악의로 가득찬 책을 출간하여 비열하고 비겁한 보복을 가하였다. 이 책은 칼빈보다 그 자신에게 더 많은 피해를 입혔다. 그리고 이어서 1582년에는 「베자의 생애」라는 비방하는 책을 출간하였다. 이 책들은 분파적인 욕망들이 없었다면 잊혀진 지 오래였을 것이다.

볼섹과의 논쟁으로 인해 칼빈은 「하나님의 영원한 예정에 관하여」(On the Eternal Predestination of God)라는 논문을 쓰게 되었다. 그는 이 논문을 「제네바 일치신조」(Consensus Genevensis), 즉 「제네바 목사들의 합의문」(Agreement of the Genevese Pastors)이라는 제목으로 1552년 1월 1일에 제네바 행정장관들과 시의회에 헌정하였다. 하지만 다른 스위스 교회들의 승인은 받지 못하였다.

베자는 이 논쟁의 결과에 대해 이렇게 언급하고 있다.

사탄이 이 논의들로부터 얻은 것이라고는 이전에 가장 모호했던 이 기독교의 항목이 논쟁을 즐기는 이들을 제외한 모든 사람들에게 확실하고 명료해졌다는 것뿐이다.

---

12) 베자에 따르면, 볼섹은 자기 아내를 버려 그녀가 오팅의 참사회원들을 위한 창녀가 되도록 방치했다고 한다.

볼섹과의 논쟁은 칼빈과 부르고뉴 공의 후손인 드 팔레(Jacques de Bourgogne, Sieur de Falais et Bredam) 사이의 우정을 해치고 말았다. 드 팔레는 네덜란드의 오래된 백작 가문 후손인 자신의 아내 졸룬드 드 브레데로드 (Jolunde de Brederode)와 함께 1548년 제네바에 정착했으며, 칼빈의 초청을 받아 칼빈의 아내가 살아 있는 동안 그의 집에서 얼마간 기거하였다. 그의 요리사인 니콜라스는 칼빈의 서기일을 보았다. 칼빈은 드 팔레에게 상당한 관심을 가지고 있었고, 황제 카를 5세 — 드 팔레는 그의 궁정에서 교육을 받았었다 — 가 그의 재산을 몰수했을 때에는 그를 위로했으며, 중상 모략하는 말들에 대항하여 그를 변호하는 글을 황제에게 보내기도 하였다.[13] 칼빈은 또한 고린도전서 주석을 그에게 헌정하기도 하였다. 1543년에서 1552년 사이에 칼빈이 보낸 우정어린 편지들은 지금까지 남아 있어서 그의 뛰어난 인품을 엿보게 해준다.

하지만 드 팔레는 신학의 신비를 꿰뚫어 보기에는 미숙하였으며, 제네바의 엄격한 치리에도 별로 공감하지 못하였다. 그는 볼섹에 대한 처리를 보고 충격을 받았는데, 그는 볼섹이 자신의 여종의 암을 치유해 준 일이 있어서 의사로서의 볼섹에게 빚을 진 기분이었다. 그는 볼섹을 위해 제네바와 베른의 관리들에게 중재를 하였다. 그는 불링거에게 편지하여 "저는 눈물과 한숨 없이는 칼빈이 일으키는 이 비극을 보거나 들을 수가 없습니다"라고 하였다. 그는 볼섹에게 교회의 평화를 회복시키기 위해 칼빈과 합의하라고 간청하였다.

볼섹이 추방된 후에 드 팔레는 제네바를 떠나 베른으로 갔는데, 그곳에서 그의 아내를 잃고(1557) 재혼하였다. 벨(Bayle)은 그가 프로테스탄트 분파들에 혐오를 느낀 나머지 로마 가톨릭 교회로 되돌아갔다고 주장하고 있는데, 이는 근거가 없는 이야기이다.[14]

멜란히톤까지도 이 불행한 사건에서 칼빈이 보여준 행동에 대해 달갑지 않게 생각했지만, 두 사람 사이가 소원해진 것은 단지 표면적이고 일시적인 현상일 뿐이었다. 소키누스(Laelius Socinus)가 전하는 불완전한 정보에 따르면, 멜란히톤은 자신이 소위 "스토아적 필연성의 교리"라고 불렀던 이 문제에 대한 제네바

---

13) *Opera*, X. 269-294.

14) 볼섹은 자신의 칼빈 전기에서, 드 팔레가 제네바를 떠난 진짜 이유는 칼빈이 그의 아내를 넘보았기 때문이라고 꾸며대었다.

인들의 지나친 열심을 나무라고자 하였고, 반면에 보다 절제된 태도를 보여준 취리히인들에 대해서는 높이 평가하였다. 멜란히톤은 사적인 편지에서 이런 취지를 드러내고 있다. 소키누스는 칼빈에게 보낸 한 편지에서 멜란히톤의 판단에 기대어 호소하였고, 칼빈도 답신에서 그것을 전적으로 부정하지는 못하였다. 하지만 전체적으로 볼 때 멜란히톤은 불링거와 마찬가지로 칼빈의 편으로 기울어 있었으며, 보다 중요한 사건인 세르베투스의 일에서도 두 사람 모두 분명하게 칼빈의 행동을 정당화하였다. 지금은 세르베투스 사건에서 보여준 칼빈의 행위가 일반적으로 프로테스탄트 신자들에 의해 비난을 받고 있다.

126. 칼빈과 카스텔리오

카스텔리오(Sebastian Castellio 혹은 Castalio)는 한 사람의 학자로서 그리고 그 인품에서 볼섹보다 훨씬 뛰어난 사람이었다. 그는 칼빈과 우호적인 관계를 유지했으나 이후에 예정론, 자유 의지, 아가서, 그리스도의 지옥(Hades) 강하, 그리고 종교적인 관용에 대한 상이한 견해 때문에 칼빈과 적대적인 관계가 되었다. 논쟁의 치열함 속에서 두 사람은 모두 기독교 학자로서의 기품과 온건함을 잊었다.

카스텔리오는 1515년, 칼빈보다 6년 늦게 사보이의 샤티용에서 가난하고 고집불통인 부모에게서 태어났다.[15] 그는 열심히 공부하여 고전과 성서학을 익혔으며, 특별히 언어에 각별한 천재성을 보여, 라틴어, 그리스어, 그리고 히브리어에 정통하였다. 1540년 그는 리옹에서 그리스어를 가르치면서 귀족 세 사람을 지도하였다. 그는 그곳에서 「디알로기 사크리」(*Dialogi sacri*)라는 제목 아래 성경 역사에 대한 개요서를 발간하였는데, 이는 1540년에서 1731년 사이에 라틴어와 프

---

15) 그의 프랑스어 이름은 Bastien de Chatillon 혹은 Chateillon이다. 그는 약간의 허영심에서, 그리스 중부의 Parnassus 산기슭에 있는 Castalian 호수를 빗댄 고전적인 이름인 Castalio를 사칭하였다. 일반적으로 이 이름은 Castellio로 씌어진다. 그의 출생에 대해서는 정확하게 알려져 있지 않다. 프랑스인이거나 사보이 사람일 것이다. 그는 자유주의적인 반(反)칼빈주의적 이탈리아인들 가운데 하나로 간주되었으며, 저급한 프랑스 방언을 사용한다는 비난을 받았다. Bayle, *l.c.*, Schweizer, I. 311 참조.

랑스어로 수 차례 중판되었다. 그는 요나의 예언에 대한 라틴어 서사시와 세례 요한에 대한 그리스어 서사시를 썼는데, 후자는 멜란히톤을 상당히 흡족케 하였다. 그는 오경에 관해서도 두 가지 판을 내었는데, 여기서 그는 모세를 모든 학문과 과학에 뛰어난 거장으로 묘사하였다. 또한 시편과 기타 구약의 시가들을 번역하기도 하였다.

이러한 작업들은 성경 전체를 라틴어로 번역하기 위한 준비 과정이었다고 할 수 있다. 이 작업을 그는 1542년 제네바에서 시작하여 1551년 바젤에서 끝마쳤다. 이 성경는 영국의 에드워드 6세에게 헌정되었고, 여러 차례 개정판을 내었다. 그는 칼빈에게 원고의 일부를 보여주었는데, 칼빈은 그의 문체에 불만을 표하였다. 카스텔리오는 후기 인문주의자들과 현학적인 키케로주의자인 벰보 추기경의 취향에 맞추어 성경을 고전풍의 라틴어로 옮기고자 하였다. 그래서 그는 성경적인 단어들을 고전적인 단어들로 바꾸었다. 예를 들어 baptismus를 lotio로, angelus를 genius로, ecclesia를 respublica로, synagoge를 collegium으로, presbyterium을 senatus로, doemoniaci를 furiosi로 바꾸어 썼다. 그는 문체를 위해 내용을 희생시켰고, 히브리주의를 제거하였으며, 성경 기자들의 사실주의적인 기운, 단순함과 위엄을 약화시켰다. 칼빈과 베자는 그의 번역이 성경을 세속화시키고 모독하는 경향이 있다고 신랄하게 비난하였다. 하지만 멜란히톤과 시몬(Richard Simon)과 같은 역량 있는 판관들로부터는 가치 있는 작업이라는 평을 받았다. 카스텔리오는 또한 성경의 프랑스어판을 주해를 달아 출간하였는데(1555), 그의 프랑스어는 라틴어에 미치지 못하였으며 베자로부터 통렬한 비판을 받았다. 그는 호메로스와 크세노폰의 일부, 오키노의 대화편을 번역하기도 하였다. 그리고 두 권의 신비주의 책, 즉 「독일 신학」(1557)과 생애 마지막 해에는 토마스 아 켐피스의 「그리스도를 본받아」(Imitatio Christi)를 번역하였는데, 이때의 번역은 수도사들의 라틴어로부터 고전적인 라틴어로의 번역이었는데, 제4권은 생략하였다.

카스텔리오는 언어학자이자 평론가, 웅변가이자 시인이었으나 신학자는 아니었기 때문에 칼빈의 생각과 사역의 고상한 경지에 미치지 못하였다. 그의 논쟁적인 논문들은 신랄함으로 가득하다. 그는 신비적인 경향과 회의적인 경향을 조합하였다. 그는 시대를 잘못 타고 난 사람이었다고 할 수 있다. 합리주의가 도래하기 전의 합리주의자였으며, 불관용의 시대에 종교적인 관용을 주창한 인물이었다.

카스텔리오는 슈트라스부르크에서 칼빈을 알게 되어 그와 같은 집에 기거하였다(1540). 칼빈은 그의 천재성, 학자로서의 자질과 근면성을 간파하고는, 제네바로 돌아와서 자신의 옛 스승이었던 코르디에(Maturin Cordier) 대신에 그를 450플로린의 급료를 지불하는 조건으로 라틴어 학당의 교장으로 초빙하였다 (1541년 11월). 칼빈은 처음에 눈에 띄는 친절과 관대함으로 그를 대하였다. 1542년 전염병이 창궐하였을 때 카스텔리오는 병원으로 갈 것을 자원하였지만, 목사가 아니어서 자격이 안 되었기 때문에 거부당하였든지, 아니면 막상 제비가 뽑혔을 때 자신의 마음을 바꾸었든지 하였다.[16]

1544년 초반에 카스텔리오는 칼빈의 일부 신학적 견해들, 특별히 예정론에 대해 문제를 제기하였다. 그는 칼빈의 엄격한 치리와 일인 독재를 싫어하였다. 그는 아가서에 대해서도 합리주의적으로 해석하면서, 이것이 음탕하고 성애적인 시가로서 마땅히 정경에서 제외되어야 한다고 주장하였다. 그는 또한 사도신경에 나오는, 그리스도께서 지옥에 내려가셨다는 구절에 대해서도 반대하였다. 아니 더 정확히 말하자면 그 구절에 대한 칼빈의 상징적인 해석, 즉 그리스도께서 십자가상에서 우리를 대신해서 영원한 고통을 미리 당하셨다는 해석에 반대한 것이다.[17] 이러한 이유로 해서 칼빈은 그가 목사로 안수받는 것을 반대하였지만, 그의 봉급을 올려줄 것을 제안하였다. 하지만 봉급인상 안(案)은 학당의 규율이 좀 더 잘 지켜져야 한다는 이유로 시의회에 의해 거부되었다. 칼빈은 또한 그가 제네바를 떠나고자 했을 때 그를 위해 훌륭한 공개 증언을 해주었고, 친구들에게도 개인적으로 추천장을 써주었다. 카스텔리오는 로잔으로 갔다가 곧 제네바로 되돌아왔다. 1544년 4월 그는 4, 5, 6월까지 전직에 머물게 해달라고 시의회

---

16) 후자의 경우가 베자의 설명이다. *Vita Calv.* in *Annal.*, *Opera*, XXI. 134.

17) 칼빈은 그의 요리문답에서 그리스도가 옥에 내려가신 것은 "사망의 고통"(행 2:24), 혹은 택자들을 위해 십자가상에서 겪으신 "끔찍한 고통"을 의미한다고 설명하고 있다. 이러한 비역사적인 설명은 하이델베르크 요리문답 44번에 이렇게 전수되었다. "그리스도 나의 주께서 십자가상에서 그리고 그 이전에 말할 수 없는 고통을 겪으심으로 나를 지옥의 고통과 고문에서 구하셨도다." 이 구절의 참뜻은 이 강림 사건이 그리스도의 죽음과 부활 사이에 일어난 사건이라는 것이다. 벧전 3:19; 4:6; 엡 4:9 참조.

에 요청하여 허락을 받았다.

1544년 5월 30일 여섯 명 가량 참석했던 집회에서 성경 본문에 대한 공개 토론회가 있었는데, 여기서 그는 성 바울을 찬양하면서 바울과 제네바 목사들을 비호의적으로 대조시켰다. 그는 제네바 목사들이 술 취하고, 불경건하며, 불관용적이라고 비난하였다. 칼빈은 조용히 듣고 있었지만, 이 행동에 대해 행정장관들에게 불만을 토로하였다. 카스텔리오는 시의회에 소환되었으며, 시의회는 심리를 거쳐서 그가 중상모략의 죄가 있다고 판단하고 시로부터 추방하였다.[18]

카스텔리오는 바젤로 갔는데, 그곳에는 에라스무스의 자유주의 정신이 아직 살아 있었다. 그는 이곳에서 1553년까지 극심한 가난 속에서 몇 년간을 살다가, 대학에서 그리스어 교수직을 얻게 되었다. 이 대학은 칼빈주의를 반대하는 본부라고 할 수 있었다. 몇몇 회의적인 이탈리아인들이 이곳에 모여 있었다. 호토만(Fr. Hotoman)은 불링거에게 이렇게 쓰고 있다.

이곳에서 칼빈에 대한 평가는 파리보다 전혀 나을 것이 없습니다. 만약 누군가가 다른 사람을 비난하고 싶으면, 그 사람을 칼빈주의자라고 부릅니다. 사방에서 너무나 불공정하고 과도하게 칼빈을 비난하고 있습니다.

1554년 여름에 칼빈을 극심하게 비난하는 한 익명의 편지가 제네바인들에게 발송되었다. 칼빈은 이 편지를 카스텔리오가 쓰지 않았나 의심하면서 바젤의 주임 목사 슐처(Sulzer)에게 항의하였지만, 카스텔리오는 바젤 시의회 앞에서 이를 부인하였다. 거의 동시에 동일한 익명의 저자가 칼빈에 대해 악의적인 논문을 펴내었는데, 이는 예정론에 관한 것으로 자칫 비난을 받기 쉬운 칼빈의 글들을 모은 것이었다. 이 논문은 출판을 위해 파리로 보내졌는데, 이는 당시 생존 자체를 위협받고 있었으며 칼빈에 대해 불신을 가지고 있었던 프랑스의 프로테스탄트들을 만족시키기 위함이었다(1555). 칼빈과 베자는 이에 분노하여 더욱 신랄하게 대응하였으며, 그 저자에게 개, 중상 모략하는 자, 성경을 더럽히는 자, 부랑자, 신성모독자라고 모멸적인 말을 퍼부었다. 칼빈은 심지어 불충분한 정보에

---

18) 이것은 베자의 보고내용이다. 하지만 카스텔리오는 7월 14일까지 제네바에 머문 것으로 보인다.

근거하여 그를 도둑으로 몰기도 하였다. 카스텔리오는 스스로를 변호하기 위해, 자신은 부양해야 할 가족들이 많이 있었으므로 난방과 취사를 위해 라인강의 제방에서 나뭇조각들을 모으면서 다른 한편으로는 자정까지 성경 번역을 완성하기 위해 몰두하곤 했었다고 말하고 있다. 그는 칼빈의 모멸적인 말들에 효과적으로 응수하였다.

당신같이 학식이 있고 그렇게 많은 사람들을 가르치는 사람이 그처럼 비열하고 치사한 욕설로 그렇게 뛰어난 지성을 욕보이다니 참으로 불행한 일입니다.

카스텔리오는 오키노의 「대화편」(*Dialogues*)을 번역함으로써 바젤 시의회의 의심을 샀는데, 이 책이 유니테리언주의와 일부다처제에 우호적인 내용을 담고 있었기 때문이다(1563). 그는 자신이 재판관이 아니라 단지 가족을 부양하기 위해 번역자로서 임했을 뿐이라고 진술함으로써 자신을 변호하였다. 그는 더 이상 쓸데없이 신학에 참견하지 말고 언어학에 충실하라는 경고를 받았다.

그는 1563년 12월 29일에 두 명의 아내에게서 얻은 네 아들과 네 딸을 남기고 48세라는 젊은 나이로 가난 속에서 삶을 마감하였다. 칼빈은 그의 죽음에서 하나님의 심판을 보았지만, 그 자신도 몇 달 지나지 않아 죽었다. 심지어 온건한 불링거까지도 오키노의 위험한 책을 번역한 사람이 이 세상을 떠난 데 대해 만족감을 표시하였다. 우연히 바젤을 지나가던 세 명의 폴란드인 소키누스주의자들이 정통 교회보다 더 자비로운 모습을 보여 교회 근처 수도원에 카스텔리오를 기념하는 비를 세워주었다. 파우스투스 소키누스(Faustus Socinus)는 그의 유작들을 편집하였다. 카스텔리오의 막내인 프리드리히는 언어학자, 웅변가, 음악가, 그리고 시인으로 명성을 얻어, 바젤에서 그리스어 교수로 임명되었다가 나중에는 웅변학 교수가 되었다.

카스텔리오가 사후에 어떤 학파를 남긴 것은 아니지만, 그의 저술들은 소키누스주의와 아르미니우스적인 견해들에 상당한 영향력을 행사하였다. 그는 피기우스와 볼섹과 동일한 논거로 칼빈주의에 반대하였고, 칼빈주의가 도덕성의 기초를 허물고 하나님을 폭군이자 위선자로 만든다고 비난하였다. 그는 본질적으로 펠라기우스주의에 동감하였으며, 소키누스주의로의 길을 예비하였다.

그는 박해 문제에 대해서도 칼빈과 견해를 달리하였다. 자기 자신이 박해를 받았으므로, 그는 당대에 유행하던 교리와 관습에 반하여 종교적인 관용을 옹호하는 극소수의 사람들 가운데 한 사람이었다. 이런 점에서 그는 또한 유니테리언주의와 공감하는 바가 있었다. 세르베투스가 처형당하고 그에 대해 칼빈이 변호문을 발표한 이후에 마르티누스 벨리우스(Martinus Bellius)라는 가명으로 종교 박해론에 반대하는 책이 출현하였는데, 이 책은 카스텔리오가 편집한 것이라고 생각되었다. 하지만 그는 이를 부인하였다. 그러나 카스텔리오가 바실리우스(세바스찬) 몬트포르티우스(카스텔리오)라는 이름으로 이 책에 부분적으로 글을 기고한 것은 분명하다. 뷔르템베르크의 크리스토퍼 공작(베르제리우스의 옹호자)에게 헌정하는 내용의 서문을 쓴 편집자의 이름으로 사용된 마르티누스 벨리우스라는 가명은 끝내 그 정체가 밝혀지지 않았다. 이 책은 이단을 사형에 처하는 데 반대하는 여러 저자들의 글을 편집한 것이다. 칼빈과 베자는 이에 분개하여 이 책의 저자로 일단의 이탈리아 출신 "학자들" — 라일리우스 소키누스, 쿠리오, 카스텔리오 — 을 정확하게 지목하였다. 그들은 또한 출판 장소로 내세워지고 있는 마크데부르크가 실상은 바젤이며, 인쇄업자는 이탈리아 출신 피난민인 피에트로 페르나라고 추정하였다.

카스텔리오는 또한 1562년 프랑스에서 위그노 전쟁이 일어나고 있던 중에 한 편의 논문을 썼는데, 여기서 그는 종교의 자유야말로 종교 전쟁에 대한 유일한 치유책이라고 주장하였다.

127. 칼빈주의와 유니테리언주의: 이탈리아 난민들

종교재판소를 피해 도망하지 않을 수 없었던 이탈리아 프로테스탄트들은 스위스에서 피난처를 찾았으며 그라우뷘덴, 취리히, 그리고 제네바에서 본국 출신 목회자들을 중심으로 교회를 조직하였다. 이들 가운데 적은 수가 바젤에 모여들어서 카스텔리오, 그리고 에라스무스 추종자들과 관련을 맺게 되었다.

1542년 제네바에 이탈리아인들의 교회가 세워졌는데, 이는 1551년 비코의 후작인 카라치올리(Galeazzo Caraccioli)의 주도하에 새롭게 조직되었다. 주요 목회자들로는 라니오네(Ragnione), 마르티넨고 백작(Count Martinengo, 1557년 사망), 그리고 발바니(Balbani)가 있었다.

1558년 어느 하루에 제네바 시민권을 취득한 279명의 난민들 가운데는 프랑스인이 200명, 영국인이 50명, 이탈리아인이 25명, 스페인 사람이 4명이었다.

난민들의 후손들은 점차 토착민들에게 융화되었다. 제네바, 취리히, 바젤의 최고 가문들 가운데 일부는 지금도 자신들의 이국 출신 조상들의 이름을 보유하고 있고 그 조상들에 대한 기억을 소중히 간직하고 있다. 그라우뷘덴 지방의 포쉬아보와 브레갈리아 골짜기에는 지금까지 프로테스탄트계 이탈리아인들의 교회가 몇몇 지속되고 있다.[19]

이탈리아 출신 프로테스탄트들은 대부분 교육받은 사람들이었으며, 이들은 르네상스를 거쳐서 종교개혁에 이른 사람들이거나, 혹은 루터, 츠빙글리, 그리고 칼빈의 저작으로부터 최초의 영향을 받았던 사람들이었다. 우리는 이들을 두 계층으로 구분해야만 하는데, 종교적인 동기를 지닌 사람들과 지적인 동기를 지닌 사람들이 그것이다. 양심의 평화를 위해 격렬한 도덕적 투쟁을 경험한 사람들은 엄격한 칼빈주의자들이 되었고, 배타적인 신조의 속박으로부터 사상의 자유를 얻고자 했던 사람들은 루터나 칼빈보다는 에라스무스에게 더욱 공감하고 유니테리언주의와 펠라기우스주의쪽으로 기울었다. 잔키(Zanchi)는 불링거에게 경고하기를, 이탈리아인들의 경우 그들의 신론과 원죄론을 확인하기 전에는 그들을 추천하지 말라고 하였다. 오늘날까지도 고대 로마인을 조상으로 하는 종족들 사이에 동일한 민족적 경향이 계속되고 있다. 만약 이탈리아인들, 프랑스인들, 혹은 스페인인들이 로마 가톨릭 신자이기를 중단한다면, 그들은 회의주의자가 되든지 불가지론자가 되는 경향이 많다. 이들은 좀처럼 중간에 멈추는 법이 없다.

개종한 이탈리아인들 가운데 가장 유능하고 학식있으며 가장 대표가 될 법한 정통 칼빈주의자들로는 피렌체의 베르밀리(1500-1562)와 그의 연배가 어린 친구인 잔키(Jerome Zanchi, 1516-1590)가 있다. 전자는 처음에는 슈트라스부르크(1543)에서, 그 다음에는 옥스퍼드에서(1547), 마지막에는 취리히(1555)에서 교수로 일했다. 후자는 처음에는 그라우뷘덴에서 사역했으며, 그 다음에는 슈트라스부르크(1553)와 하이델베르크(1568)에서 교수로 일했다. 칼빈은 제네바의 이

---

19) 그라우뷘덴과 취리히에 있던 이탈리아계 피난민들에 대해서는 38, 39, 40절을 보라.

탈리아 교회를 이 두 사람에게 맡기려고 몇 차례 시도했으나 성사되지는 못하였다.

학자들 가운데 회의주의적이고 반(反)삼위일체적인 이탈리아인들이 더욱 많았다. 칼빈은 그들을 "회의주의적인 학구파들"(sceptical Academicians)이라고 불렀다. 이들은 주로 바젤에 모여서, 에라스무스적인 인문주의의 분위기를 만끽하였다. 이들은 스위스 교회들에게 많은 어려움을 가져다주었다. 이들은 삼위일체론을 삼신론 혹은 사벨리우스주의로 오해하여 공격하고, 한 위격 안에 두 본성이 있다는 정통 기독론에 대해서도 반대하였으며, 전적인 타락과 신적인 예정이라는 칼빈주의 교리에 대해서는 부도덕한 경향이 있다고 비난하였다. 이들은 유아 세례에 대해서도 의심했으며, 성찬에서의 실제적인 임재를 부인하였다. 이들은 교회의 치리를 혐오하였다. 이들은 세르베투스를 칭송하고 그에 대한 화형을 반대하였다. 이들은 종교적인 관용을 옹호하였는데, 이것은 모든 것을 혼동 속으로 몰아갈 우려가 있었다.

이 부류에 속하는 사람들로는 삼촌과 조카 관계인 두 명의 소키누스, 쿠리오, 오키노(그의 말년에), 레나토, 그리발도, 비안드라타, 알치아티, 그리고 젠틸레가 있다. 카스텔리오 또한 이러한 이탈리아 회의론자들과 같은 부류로 간주되었다. 그는 이들의 반칼빈주의에 철저하게 동조하였으며, 오키노의 후기 저작들을 이탈리아어 원고에서 라틴어로 번역하였다.

이렇게 해서 이들 이탈리아 피난민들에 의해 하나의 새롭고 이단적인 유형의 개신교를 위한 씨앗들이 자신들을 호의로 받아들여 주었던 스위스 교회들의 토양에 뿌려졌다.

파우스투스 소키누스(Fausto Socinus, 1539-1604)는 이 일단의 회의론자들의 엉성한 이단적 견해들을 하나의 신학 체계로 정립했다. 그리고 폴란드에 하나의 교회 단체를 조직하여, 예수회가 이들을 몰아내기까지 그곳에서 종교적인 관용을 누렸다. 폴란드는 이탈리아 르네상스의 북쪽 발상지였다. 이탈리아의 건축가들은 크라쿠프, 바르샤바, 그리고 다른 도시들에 거대한 교회와 궁정들을 지었으며, 거기에 이탈리아적인 면면들을 부여하였다. 파우스투스 소키누스는 리옹, 취리히(여기서 그는 삼촌의 글들을 수집하였다), 그리고 바젤에서 얼마간 체류하였으나, 주로 폴란드에서 사역하였으며, 세련된 행동거지, 상냥함, 그리고 귀족 가문의 딸과의 결혼으로 상류 계급에 상당한 영향력을 행사하게 되었다. 그러나 한번은 크라쿠프에서 광신적인 학생들과 사제들의 습격을 받아, 거리를 이리저리 끌려 다니고 장서는 파괴되는 일을 겪었다. 그는 철학자와 같은 태도로 이러한 박해를 감수하였다. 그의 저술들은 조카인 위조와티(Wiszowaty)에 의해 1656년 「비블리오테카 프라트룸 폴로노룸」(*Bibliotheca fratrum Polonorum*)이라는 제목의 두 권의 책으로 출판되었다.

여기서 소키누스주의의 전체 역사를 다룰 필요는 없다. 우리는 단지 스위스에서 소키누스주의가 처음 발생하는 과정과 그것이 칼빈과 어떤 연관을 가지는지만 다루면 될 것이다. 하지만 몇 가지 일반적인 사실을 언급하는 것이 이해를 도울 것이다.

하나의 신학 체계로서 소키누스주의는 17, 18세기 대륙의 정통 개신교 신학에 광범위한 영향을 끼쳤으며, 근대 유니테리언주의에 의해 계승되어 19세기 영국과 미국의 사상과 문학에 상당한 영향력을 행사하였다. 소키누스주의는 개신교의 극좌파를 형성하는 것으로, 칼빈주의와 정반대되는 것이다. 소키누스주의자들은 칼빈주의가 보편적인 타락과 절대적인 예지와 예정을 기반으로 하고 있는 유일한 논리 체계라는 점은 인정하였지만 그 전제들은 부정하였으며, 도덕적 능력, 자유 의지, 그리고 기이하게도 제한적 신적 예지를 가르쳤다. 하나님은 오직 필연적인 미래만 예지하고 예정하시며, 인간의 자유 의지에 따라 좌우되는 우연적인 미래는 그렇지 않다는 것이다. 따라서 이 두 체계는 그 신학과 인간론에서 정면으로 대치되고 있다.

그럼에도 이 두 체계 사이에는 루터주의와 합리주의의 경우와 마찬가지로 확실히 지적이고 도덕적인 친화력이 있다. 합리주의가 주로 독일의 루터파 교회에서 발전한 반면에, 근대 유니테리언주의는 제네바, 프랑스, 네덜란드, 영국, 그리고 뉴잉글랜드의 칼빈주의 교회들(장로교와 독립 교회) 안에서 성장했다는 것은 특기할 만한 사실이다. 하지만 그들에 대한 반동 또한 이 나라들에서 발견되고 있다.

이탈리아와 폴란드 소키누스주의자들은 영국과 미국의 유니테리언들과 본질적으로 동일한 기반을 가지고 있다. 이들은 모두 로마 가톨릭과 칼빈주의에 반대하였고, 반대할 수 있고 연구할 수 있는 지적인 자유를 권리로 주장하였고, 기독교의 윤리 정신을 교의보다 상위에 두었으며, 고등 교양 교육에 보다 정열적이었다. 하지만 이들은 중요한 점에서 상이하였다. 소키누스주의자들은 신학 체계와 요리문답을 가지고 있었지만, 근대 유니테리언들은 고정된 신조에 묶이기를 거부했으며 교회 정치에 있어서 독립적이었다. 이들은 새로운 출발에 대해, 그것이 합리주의와 인도주의를 향하는 것이든 아니면 반대로 초자연주의와 삼위일체론을 향하는 것이든 간에 보다 많은 자유를 허용한다.

칼빈은 위(僞)-아타나시우스 신조의 정죄 구절들에 반대하고, 니케아 신조에 대해서도 한때 불만을 표했던 일로 해서 사역 초기에 신학 사기꾼(카롤리)에 의해 아리우스파로 몰린 적이 있었다. 하지만 그의 문제 제기는 단지 스콜라적이고 형이상학적인 용어 사용과 관련된 것이었지, 교리 자체와는 아무 관계도 없었다. 그리고 그리스도와 성령의 신성에 대해서 그는 강력하게 긍정하였다.

정통 신학을 위협하고 교회를 동요시키기 시작한 유니테리언주의가 스위스에서 추방당한 것은 주로 칼빈과 불링거의 영향력에 기인한다. 유니테리언주의는, 스페인 사람이지만 가장 유능하고 위험한 반삼위일체론자였던 세르베투스의 처형으로 치명타를 입었다. 세르베투스 사건은 별도의 장에서 다루어질 것이다.

128. 칼빈과 라일리우스 소키누스

시에나의 라일리우스 소키누스(Laelius Socinus 혹은 Lelio Sozini, 1525-1562)는 저명한 법률학 교수의 아들로서 좋은 교육을 받았고 청소년기부터 개혁 운동에 참여하였다. 그는 1546년 가정과 부요함을 포기하고 자발적으로 로마 교회를 떠났다. 그는 1547년 치아벤나로 옮겨가서, 스위스, 프랑스, 영국, 독일, 그리고 폴란드를 두루 여행했는데, 아무런 공식적인 직업도 없이 아버지의 넉넉한 재산 덕택에 학생으로서의 독립적인 삶을 영위하였다. 그는 취리히에서는 펠리칸과 비블리안더와 더불어, 그리고 비텐베르크에서는 포스터와 함께 그리스어, 히브리어, 그리고 아랍어를 배웠다. 그래서 그는 성경 속에 있는 "신적인 법의 원천"에 도달할 수 있었다. 그는 취리히를 자신의 제2의 고향으로 삼아 살다가 한창때에 죽었다. 채 무르익지 않은 그의 의혹들과 미숙한 사상들은 보다 자질이 우수하고 유명했던 그의 조카에게 유산으로 남겨져서 구체적인 형태와 틀을 갖추게 되었다.

라일리우스는 학식 있고, 명민하고, 공손하고, 상냥하며, 호감을 주는 인물이었다. 그는 실무가 유형의 사람으로서, 신학보다는 법률이나 외교와 관련된 일에 더 적합한 인물이었다. 그는 천성적으로 회의적인 사람으로서, 도마와 같은 유형의 사람이었다. 그리고 정직하게 진리를 추구하는 인물이었고, 권위에 맹목적으로 복종하기에는 너무 독립적이었으며, 불신앙으로 흐르기에는 또 너무 종교적인 그런 인물이었다. 그의 회의주의는 처음에는 로마 교회를 상대로 하다가 그런 후에는 프로테스탄트 정통 신학을 상대했으며, 그 대상이 점차로 부활, 예정, 원죄, 삼위일체, 속죄, 그리고 성례들에게로 확산되어 나갔다. 하지만 그는 종교개혁자들에 대해서는 존경심에 바탕을 둔 관계를 유지했으며, 취리히에서 회중들과 함께 성찬에 참여하였다. 하지만 그는 「취리히 일치신조」가 성례에 지나치게 많은 효력을 부여했다고 생각하였다. 그는 불링거와 멜란히톤의 신뢰를 받았는데, 이들은 그를 아버지와 같은 친절함으로 대해 주었지만, 그가 교회를 섬기는 일보다는 세속적인 직업에 더 적합한 인물이라고 생각하였다. 칼빈 또한 라일리우스의 재능과 성품에 호감을 가졌지만, 그의 과도한 "탐구열"에 대해서는 못마땅하게 생각하였다.[20]

라일리우스 소키누스는 1548년 혹은 1549년에 제네바에 가서 당대의 최고 신학자에게서 배우고자 하였다. 그는 제자로서의 겸양함을 갖춰서 칼빈에게 자신의 의혹들을 내어 놓았다. 그리고 얼마 지나지 않아서 그는 취리히에서 칼빈에게 편지를 보내어, 프로테스탄트 신자가 로마 가톨릭 신자와 결혼하는 것이 합법적인지 아닌지, 그리고 로마 가톨릭에서 받은 세례가 효력이 있는지, 그리고 육체의 부활이라는 교리가 어떻게 설명될 수 있는지에 대해서 묻고 답을 구하였다.

칼빈은 자세한 편지(1549년 6월 26일)를 보내 이에 답하였다.[21] 그는 로마 가톨릭 신자와의 결혼은 정죄를 받을 것이라고 답하였다. 그리고 로마 가톨릭에서 받은 세례는 유효하고 효력이 있으며, 다른 누구에게도 세례를 받을 수 없을 때는 가톨릭 교회에서라도 세례를 받아야 하는데, 그것은 비록 로마 가톨릭이 부패하기는 했으나 여전히 그 가운데 택자들이 있을 뿐 아니라 참된 교회의 표지들을 보유하고 있기 때문이며, 또한 세례는 로마 가톨릭의 고안물이 아니라 하

---

20) 1554년 8월 7일 불링거에게 보낸 편지 (*Opera*, XV. 208).

21) *Ep.* 1212 in *Opera*, VIII. 307-311. 우리는 칼빈이 라일리우스 소키누스에게 보낸 편지 네 개와 소키누스가 칼빈에게 보낸 편지 하나를 전부 소장하고 있다.

나님께서 제정하신 것으로서 자신의 약속을 성취하시는 하나님의 선물이기 때문이다. 부활의 양식에 관한 질문과 우리 육체가 변화하는 상태에 대한 질문은 유용한 것이라기보다는 호기심에서 기인된 것이라고 답하였다.

이 답신을 받기 전에 소키누스는 동일한 주제에 관해서, 특별히 자신을 매우 번민케 하였던 부활의 문제에 관해 바젤에서 칼빈에게 다시금 편지하였다(1549년 7월 25일).[22] 이에 대해 칼빈은 다시금 답신을 보내어(1549년 12월) 그의 회의적 경향의 지성이 가지는 위험성에 대해 경고하였다.[23]

소키누스는 칼빈의 이러한 진심어린 질책으로 의기소침해지지 않았으며, 그렇다고 칼빈에 대한 존경심이 흔들린 것도 아니다. 볼섹 문제가 벌어지는 동안에, 비텐베르크에서 그는 예정과 자유 의지에 관한 자신의 고민들을 칼빈에게 내어 놓고 멜란히톤의 증언에 기대어 그에게 호소하였다. 소키누스는 볼섹에 대한 혹독한 처벌에 대해 멜란히톤에게 전해 주었었다. 칼빈은 이에 대해 짤막하게 응답해 주기는 하였으나 얼마간 씁쓸한 기분을 드러내었다.[24]

소키누스는 이탈리아를 다녀온 다음에 취리히를 자신의 최종적인 정착지로 삼기 전인 1554년에 두 번째로 제네바를 방문하였다. 그는 이때도 여전히 분명하게 칼빈과 카라치올리와 우호적인 관계에 있었다.[25] 하지만 얼마 지나지 않아서 그는 대리적 속죄의 교리에 대한 자신의 반대 의견을 칼빈에게 네 개의 질문 형태로 제시하였다. 칼빈은 1555년 6월에 탄탄한 논증들에 바탕을 둔 장문의 답신을 보내어 이에 답하는 수고를 하였다.[26]

하지만 소키누스는 이에 만족하지 않았다. 그의 회의주의는 성례들에 대한 교리와 삼위일체 교리에까지 확장되어 나갔다. 그는 먼저 성령의 인성에 대해, 그 다음에는 그리스도의 영원한 신성에 대해 의문을 제기하였다. 그는 세르베투스

---

22) *Opera*, XIII. 337 이하.

23) *Ep.* 1323 in *Opera*, XIII. 484-487.

24) *Opera*, XIV. 228. 제네바에 있던 칼빈의 답신은 발신일이 기재되어 있지 않다. 그것을 처음 출판한 Bonnet은 이 편지를 1551년 말엽에 씌어진 것으로 생각했으나, 아마도 1552년 초엽이 맞는 듯하다. 볼섹의 처리를 둘러싼 라일리우스의 보고를 언급하고 있는 1552년 2월 1일자 멜란히톤의 편지를 보라.

25) 이것은 그가 제네바에서 불링거에게 보낸 1554년 4월 19일자 편지의 추신에서 추론한 것이다.

26) *Opera*, X. 160-165.

의 처형에 반대하면서 관용을 주창하였다.

소키누스에 대한 다양한 불평들이 불링거에게 전달되었다. 칼빈은 이 회의주의자의 그칠 줄 모르는 호기심을 자제시켜 달라고 그에게 청하였다. 그리고 튀빙겐의 베르제리우스, 쿠어의 살루즈, 그리고 다른 목회자들도 경고의 목소리를 보내왔다. 불링거는 좋은 의도에서 개인적으로 만나 자세히 조사해 보고는, 소키누스가 구두로 또 서면으로 제출한 진술서에 만족을 표하였다(1555년 7월 15일). 소키누스는 자신이 성경와 사도신경에 전적으로 동감하고 있고, 재세례파와 세르베투스의 교리들에 반대하며, 어떠한 잘못된 것들도 가르치지 않고 조용히 은거 생활을 할 것이라고 하였다. 불링거는 더 이상 그를 공격하는 일을 금하고 그를 보호해 주었다.

소키누스는 이제 질문을 제기함으로써 종교개혁자들을 괴롭히는 일을 중지하였다. 그는 로카르노에서 온 난민들이 모이는 교회에 헌신하면서 그들을 위해 오키노를 목사로 청빙해 왔으나, 그에게 좋지 않은 영향을 미쳤다. 추천서들을 잔뜩 준비하여 그는 독일과 폴란드를 거쳐서 또 다시 이탈리아를 방문해서 종교재판소로부터 자신의 재산을 되찾고자 하였다. 칼빈은 그에게 폴란드의 라지비우우(Radziwill) 공에게 보내는 편지(1558년 6월자)를 주어서, 그가 목적을 이루도록 돕고자 하였다.[27] 하지만 소키누스는 그 소망을 이루지 못하고 1559년 8월에 취리히로 돌아왔다. 그의 짧은 생애의 최후의 몇 년간 그는 조용한 은자의 삶을 살았다. 그의 조카가 서너 차례 그를 방문하였으며, 조카 소키누스는 그를 하나님으로부터 영감을 받은 사람으로 존경하였고 그로부터 자신의 핵심적인 사상들을 이어받게 되었다.

칼빈과 라일리우스 소키누스 사이의 개인적인 관계는 상대에 대한 호기심어린 매력과 혐오가 뒤섞인 것이었다. 이는 이들이 제시하였던 두 체계의 관계에도 마찬가지이다.

조카 소키누스는 그의 이름을 딴 체계의 진정한 창시자인데, 칼빈과 어떠한 개인적인 접촉도 하지 않았고, 폴란드 여기저기에 흩어져 있는 유니테리언주의자들과 재세례파들 가운데서 사역하였다.

칼빈은 폴란드에서의 종교개혁의 진전에 깊은 관심을 가지고 있었으며, 왕과

---

27) *Ep.* 2876 in *Opera*, XVII. 181 이하.

라지비우우 공, 그리고 몇몇 폴란드 귀족들에게 몇 차례 편지를 보내었다. 하지만 세르베투스의 저작들과 반(反)삼위일체론적인 견해들이 이 왕국에 확산되었을 때 그는 자신의 마지막 저술들 가운데 하나에서 이단의 위험성에 대해 폴란드 형제들에게 경고하였다.

129. 베르나르디노 오키노(1487-1565)

카푸친회 수도사

베르나르디노 오키노는 종교개혁기의 이탈리아 프로테스탄트들 가운데서도 가장 인상적이고 흥미진진한 인물 가운데 하나이다. 그는 웅변에 천재적이었으며, 이탈리아의 하늘에서 혜성처럼 빛을 발하다가 최후에는 멀리 떨어진 북쪽 지방에서 회의론의 구름 아래 사라져간 수도사적인 성인이었다.

그는 웅변에 뛰어난 다른 세 사람의 수도사들을 연상시킨다. 피렌체에서 화형에 처해진 사보나롤라(Savonarola), 칼빈주의자가 되었다가 로마에서 평화롭게 눈을 감은 가바찌 신부(Father Gavazzi), 그리고 카르멜 수도회와 파리의 노트르담 사원을 떠났지만 어떠한 프로테스탄트 교회에도 참여하지 않았던 페레 야생트(Péree Hyacinthe)가 그들이다.

오키노는 토스카나 지방의 아름다운 도시 시에나에서 태어났다. 이 도시는 고딕식 대리석 돔으로 그 아름다움을 더하고 있고, 6명의 교황과 50명의 추기경, 그리고 로마 가톨릭 교회에 의해 성인으로 인정된 다수의 사람들을 배출했는데, 그 가운데는 유명한 시에나의 카테리나도 있었다. 하지만 동시에 라일리우스 소키누스와 파우스투스 소키누스 같은 프로테스탄트 이단들도 이곳 출신이었다. 그는 프란체스코회에 가입하였다가, 나중에는 1525년 마테오 다 바시오(Matteo da Bascio)에 의해 창설된 엄격한 카푸친 수도회에 가입하였다. 그는 자기 부인과 선행을 통해 천국을 얻고자 하였다. 그는 비록 교육을 제대로 받지는 못하였으나(그는 성경 원어들을 알지 못하였다) 그 능력과 학식에 있어 수도회 형제들을 너무 앞질렀다. 그는 두 차례나 이 수도회의 총대리로 선출되었다. 그는 혹독한 고행과 금욕 생활을 했기 때문에 많은 사람들에 의해 성자로 존경을 받았다. 이탈리아의 가장 재능있는 여인인 비토리아 콜로나(Vittoria Colonna)와 페라라의 르네 공작 부인도 그에 대한 열렬한 찬미자들 가운데 속해 있었다. 교황 바울 3세는 그를 추기경으로 삼고자 했었다.[28]

웅변가로서의 오키노

오키노는 당대에 이탈리아에서 가장 인기 있는 설교자였다. 1498년 사보나롤라가 죽은 이후로 그와 같은 웅변가는 출현한 적이 없었다. 그는 통상 사순절 기간에 설교를 해달라는 초빙을 받았으며, 시에나, 나폴리, 로마, 피렌체, 베네치아 등 모든 곳에서 청중들을 매료시켜 사람들은 그에게 하나님이 보내신 선지자인 양 귀를 기울였다.

우리가 그의 설교문만 보고는 동시대인들이 그에게 왜 그렇게 열광했었는지 이해하기는 힘들다. 하지만 이탈리아에는 좋은 설교자들이 드물었고, 대중적인 연설의 효과는 화법만큼이나 몸짓에 따라서도 좌우되는 것이다. 우리는 그의 인품이 지니는 매력, 역동적인 언변의 힘, 생생한 몸짓들, 거룩한 수도사라는 그의 명성, 여윈 얼굴, 반짝이는 눈동자, 큰 키와 당당한 모습도 고려해야 한다. 1539년 베네치아에서 출간된 「9편의 설교집」 앞부분에 실린 그의 초상은 당시에 그의 모습을 우리에게 그대로 보여준다. 전형적인 카푸친회 수도사의 모습으로, 고개를 숙인 채, 시선은 위를 향하고 있고, 눈은 눈썹 아래 쑥 들어가 있고, 매부리코에, 입은 반쯤 열렸고, 머리는 정수리를 깎았으며, 수염은 가슴까지 닿아 있다.

추기경 사돌레토는 그를 고대의 웅변가들에 비유하였다. 나폴리에서 그의 설교를 들은 청중 가운데 한 사람은 그가 돌까지도 울게 만들 수 있다고 말하였다.[29]

추기경 벰보[30]는 콜로나의 소개를 통해서 사순절 기간에 그가 베네치아에 와

---

28) Sand, Seckendorf, C. Schmidt(in Herzog) 등은 교황이 오키노를 자신의 고해 신부로 삼았다고 하지만, 이것은 근거 없는 주장이며 근본적으로 가능성이 없는 말이다.

29) 어떤 사람은 Rosso의 이 말을 황제 카를 5세가 나폴리에서 오키노의 설교를 듣고 한 말이라고 하지만, 이것은 잘못된 것이다.

30) 그 당시 그는 베네치아의 역사 편찬 위원이었으나, 얼마 지나지 않아 1539년 3월 24일 바울 3세는 그를 추기경에 임명하였다.

Mɪ sᴀʀᴀ ғᴀᴄɪʟᴇ ᴛᴜᴛᴛᴏ ɪɴ Cʜʀɪsᴛᴏ ᴘᴇʀ ᴇʟ ǫᴜᴀʟ ᴠɪᴠᴏ ᴇᴛ sᴘᴇʀᴏ ᴅɪ ᴍᴏʀɪʀᴇ.

(From Ochino's letter to the Council of Siena, Sept. 5, 1540; reproduced from Benrath's monograph.)

서 설교할 수 있도록 했는데, 그녀에게 편지해서 이렇게 쓰고 있다(1539년 2월 23일).

저는 사순절 내내 더할 수 없는 기쁨으로 그의 설교를 들었습니다. 저는 지금껏 이보다 더 유용하고 덕이 되는 설교를 들어 본 적이 없습니다. 당신이 왜 그를 그렇게 높이 평가하는지 이제야 알 것 같습니다. 그는 다른 설교자들보다 훨씬 더 기독교적인 방식으로 설교를 합니다. 보다 진실한 긍휼과 사랑으로 행해지는 그의 설교는 청중들에게 보다 위안을 주고 마음을 고양시켜 줍니다. 모든 사람들이 그로 인해 기뻐하고 있습니다.

몇 달 후에(1539년 4월 4일) 그는 그녀에게 다시 이렇게 써 보내고 있다.

우리의 베르나르디노 수사는 말 그대로 이곳에서 숭배를 받고 있습니다. 그를 하늘에 닿도록 칭송하지 않는 이가 하나도 없습니다. 그의 말씀은 얼마나 깊이 우리를 감동시키고 또 그의 설교는 얼마나 우리의 마음을 고양시키고 위안을 주는지요!

벰보 추기경은 그가 몸이라도 상할까 봐 그에게 고기를 먹고 지나친 금욕을 삼가라고 간청하였다.

심지어 당시 가장 얄팍하고 부도덕한 시인이었던 아레티노(Pietro Aretino)까지도 오키노의 설교를 듣고 잠시나마 표면적으로 회개를 하여, 교황 바울 3세에게 편지하여(1539년 4월 21일) 이렇게 말하였다.

벰보는 베르나르디노 수사를 베네치아로 데려옴으로써 천 명의 영혼을 낙원으로 인도했습니다. 베르나르디노 수사의 겸양은 그의 덕에 견줄 만합니다. 제 자신은 이 사도적 수도사의 입에서 쏟아져 나오는 권면의 말씀들을 믿기로 하였습니다.

오키노의 대적자로 이후에 아멜리아의 주교가 된 추기경 코멘돈(Commendone)은 그에 대해 다음과 같이 묘사하고 있다.

오키노에 관한 모든 것들이 대중들로 하여금 모든 인간적인 범위를 뛰어넘는 찬사를 그에게 돌리도록 하였다. 그의 뛰어난 설교에 대한 명성, 그의 매력적이고 호감을 사는 태도, 노년에 접어드는 나이, 그의 삶의 방식, 남루한 카푸친회 수도복, 가슴에까지 닿는 긴 수염, 회색 머리카락, 창백하고 마른 얼굴, 유약한 신체에서 풍기는 분위기, 그리고 그의 성결한 삶에 대한 명성 등이 사람들로 하여금 그토록 그에게 탄복하게 하는 것이다. 그가 설교하기로 되어 있는 곳은 어디나 사람들이 몰려들었으며,

몰려드는 청중들을 소화하기에 충분히 커다란 교회는 없었다. 여자들뿐만 아니라 남자들도 수없이 몰려들었다. 그가 언제 어디를 가든 군중들이 그의 말을 듣기 위해 그를 따랐다. 일반인들뿐만 아니라 영주들과 왕들도 그를 높이 샀다. 그는 어디를 가든지 환대를 받았으며, 지역 유지들이 그를 환영하고 또 환송해 주었다. 그는 어떻게 하면 사람들이 자신의 말을 더욱 듣고 싶어하고 또 자신에게 더욱 존경을 표하게 될지 아는 사람이었다. 자신이 속한 수도회의 규율에 복종하여, 그는 항상 걸어서 다녔다. 비록 그의 건강이 좋지 않았고 노령이었음에도 불구하고 그가 탈것을 타는 것을 본 사람은 아무도 없었다.

심지어 오키노가 귀족들에게 초청되어 갔을 때도 — 그가 이런 영예를 항상 거절할 수 있었던 것은 아니다 — 그는 결코 저택, 의복, 장신구의 화려함 때문에 자신의 삶의 방식을 버릴 수 없었다. 식탁에 초청되었을 때는 단 한 가지의 간단한 음식만 먹었고 포도주를 조금 마셨을 뿐이다. 푹신한 침대가 그를 위해 준비되었을 때는 자신은 좀 더 딱딱한 침상이 편하니 딱딱한 침상에서 자게 해달라고 청하고는 바닥에 외투를 깔고 자신의 몸을 뉘었다. 이러한 그의 행동들이 이탈리아 전역을 통해 믿을 수 없을 정도로 그의 명성을 높이게 만들었다.

개신교로의 개종

오키노가 로마 가톨릭 교회에 대한 믿음을 잃기 시작했을 때는 이미 그가 50을 넘겼을 때였다. 이러한 변화의 조짐이 처음 나타난 것은 「9편의 설교」와 「7개의 대화」이며, 이것들은 1539년과 1541년에 베네치아에서 출간되었다. 그는 루터가 에르푸르트에서 했던 것과 비슷한 경험을 했던 것 같다. 단지 그보다는 조금 덜 심각하고 기간이 짧았을 뿐이다. 의로움을 향한 헛된 수도사적 몸부림은 그를 절망으로 이끌었으며, 그리스도의 공로에 대한 믿음을 통해 의롭다 함을 입게 된다는 확신 속에서 평화를 얻게 되었다. 그가 수도사로 있는 동안에 그는 미사를 집전하고, 주기도문과 아베 마리아로 기도하고, 시편과 기도문들을 암송하고, 하루에 한두 번씩 사소한 죄들을 고해하며, 금식과 고행을 행하는 데 있어서 자신이 속한 수도회가 요구하는 것 이상을 행했다고 말하고 있다. 하지만 그는 점차 그리스도가 택자들을 위해 모든 고난을 겪으셨고 그들을 위해 이미 낙원을 확보하셨다는 사실, 그리고 수도사들의 계율이 꼭 행해야만 하는 의무적인 것은 아니며 심지어 비도덕적이라는 사실, 로마 교회가 비록 외양으로는 화려하지만 철저하게 타락하여 하나님이 보시기에 혐오스러운 존재라는 것을 확신하게 되었다.

이러한 변화의 과정에서 그는 발데스(Juan de Valdés) 및 베르밀리와의 개인적인 교류를 통해 많은 영향을 받았다. 로마와 나폴리에서 살았던 스페인계의 귀족인 발데스는 복음주의적인 신비가이자 저 유명한 책「그리스도의 죽음의 은택에 관하여」(On the Benefit of Christ's Death, 1540년 베네치아에서 출간됨)의 실제 저자였다. 이 책은 원래 팔레아리오(Aonio Paleario, 오키노의 친구)의 저술로 여겨졌으며, 1553년 나폴리에서 발매 금지 처분을 받고 공개적으로 불태워지기까지 이탈리아에서 광범위하게 유포되었다.

1542년 사순절 기간 동안 오키노는 베네치아에서 마지막 설교를 하였다. 교황의 사절단들이 그를 세밀히 관찰하고는 그가 한 몇 가지 표현들을 이단적이라고 보고하였다. 그는 설교를 금지당하고 로마로 소환되었다.

카라파(Caraffa)는 교황 바울 3세를 설득하여 프로테스탄트 이단을 억압하기 위해 혹독한 방책들을 사용하도록 하였다. 로마에서 베드로가 모든 이단들의 원조라 할 수 있는 마술사 시몬을 정복하였듯이, 로마에서 베드로의 계승자가 대이단의 모든 후계자들을 정복해야만 한다는 것이었다. 1542년 7월 21일에「리케트 아브 이니티오」(Licet ab initio) 칙령에 따라 로마에 종교재판소가 설치되었다. 6명의 추기경들이 그 지휘권을 행사하였는데, 이들은 이단 혐의를 받는 자들을 체포, 투옥하고 그들의 재산을 박탈할 수 있는 전권을 소유하였다. 유명한 카푸친 수도회의 장이 소위 이 "거룩한 관청"의 최초의 희생자가 되어야 할 상황이었다.

오키노는 8월에 로마로 출발하였다. 볼로냐를 통과하면서 그는 고결한 추기경 콘타리니를 방문하였다. 콘타리니는 바로 지난해에 멜란히톤과 칼빈을 레겐스부르크 회의에서 만났던 사람으로, 루터파의 칭의론과 온건한 종교개혁쪽으로 기울고 있다는 의심을 받고 있었다. 추기경은 병중에 있었으며, 얼마 지나지 않아(8월 24일) 죽고 말았다. 두 사람의 만남은 짧았지만, 이로 인해 오키노는 로마에 가면 자신에게 아무런 희망도 없다는 생각을 갖게 되었다. 그는 여행을 계속해서 피렌체에 이르러 비슷한 상황에 처해 있던 베르밀리를 만났고, 두 사람을 기다리고 있는 위험에 대해 경각심을 가졌다. 그는 자신이 로마와 그리스도, 침묵과 죽음 중 하나를 택해야만 하며, 도주만이 이러한 양자택일을 피할 수 있는 유일한 방책이라고 생각했다. 그는 비록 이미 56세에 이르러 머리가 희끗희끗하고 금욕 생활로 인해 쇠약한 상황이지만 후일의 사역을 위해 자신의 목숨을 지키기로 마음먹었다. 그는 이렇게 말했다. "내가 이탈리아에 머물면 내 입이 봉해질 것이고, 만일 내가 떠나면 나는 저술 활동을 통해 얼마간 성공의 가능성을 가지고 계속해서 진리를 위한 사역을 해나갈 수 있을 것이다."

그는 자신이 개신교로 개종한 것이 진실임을 행동으로 입증하였다. 그는 로마 가톨릭 교회로부터 탈퇴함으로써 모든 위험을 감수하였다. 웅변가는 외국 땅에서 외국어로는 아무런 능력도 발휘할 수 없는 것이다.[31]

스위스에서의 오키노

1542년 8월에 그는 피렌체를 떠났고, 베르밀리는 이틀 후에 그를 따랐다. 비토리아의 남동생인 아스카니오 콜로나가 시종 한 사람과 말 한 필을 마련해 주었다.[32] 페라라에서 르네 공작 부인이 그에게 의복과 다른 필수품들을 마련해 주었고, 아마도 그녀의 친구인 칼빈에게 보내는 편지도 써주었을 것이다. 오키노의 배교를 카푸친 수도회의 큰 불행이라고 애통해하는 카푸친회의 연대기 편자인 보베리우스(Boverius)에 따르면, 피렌체에서부터 세 명의 평신도 형제들이 그와 동행했다.

오키노는 그라우뷘덴을 통해서 취리히로 갔으며, 그곳에서 이틀을 유하였다. 불링거는 그를 환대해 주었으며, 바디안(Vadian)에게 보내는 편지(1542년 12월 19일)에서 그가 성결한 삶과 웅변술로 유명하며 존경할 만한 인물이라고 써주었다.

그는 1542년 9월경에 제네바에 도착하여 3년간 머물렀다. 그는 이탈리아인들이 모이는 작은 교회에서 설교하였지만, 고국에 있는 보다 많은 사람들을 대상

---

31) 종교 재판을 복원시킨 Caraffa는 오키노의 회심이 불순한 동기에서 비롯되었다고 주장하는데, 이는 근거없는 주장이다. Audin 같은 이는 완전히 상상력을 발휘하여 오키노가 의심과 교만의 마귀에 미혹되어서 젊은 처녀를 꾀어서 그녀와 함께 제네바로 도망했다고 말하기까지 한다.

32) 불링거의 편지에 의하면, 후에 콜로나는 다른 사람을 통해, 스위스로 갈 수 있는 비용을 그에게 전해 주었다.

으로 한 저술 작업에 주로 집중하였다. 그는 제네바의 도덕적이고 종교적인 융성함에 깊은 감명을 받았다. 이는 그가 이전에 결코 보지 못했던 것이었고, 그래서 그는 이탈리아어로 된 자신의 설교 한 편에서 이에 대해 아주 우호적으로 기술하고 있다. 1542년 10월에 그는 이렇게 썼다.

지금 제가 거주하고 있는 제네바에서는 뛰어난 기독교인들이 매일 하나님의 순전한 말씀을 설파하고 있습니다. 거룩한 성경이 끊임없이 읽혀지고 공개적으로 토론되어지며, 모든 사람들이 성령께서 자신들에게 말씀하시는 것을 자유롭게 밝히고 있습니다. 이는 마치 바울이 증언하는 대로의 초대 교회의 모습과도 같습니다. 매일 경건한 공적 예배가 있습니다. 매 주일마다 젊은이들, 초신자들, 무지한 자들을 위한 요리문답 강해가 있습니다. 제가 그동안 살았던 많은 곳에서 편만한 저주와 욕설, 정숙하지 못함, 신성모독, 간음, 부도덕한 생활을 이곳에서는 찾아볼 수가 없습니다. 이곳에는 남창도 없고 창녀도 없습니다. 사람들은 입술 연지가 무엇인지도 모르고 모두 소박한 옷차림을 하고 있습니다. 습관화된 관습도 없습니다. 자선 사역이 아주 잘 되어 있어서 가난한 자들이 구걸할 필요가 없습니다. 사람들은 그리스도께서 말씀하신 대로 형제와 같은 마음으로 서로를 권면합니다. 도시에서는 소송 사건들을 볼 수 없고, 일체의 성직 매매, 살인, 분파 정신도 없으며, 오직 평화와 사랑만이 넘칩니다. 다른 한편으로 이곳에는 오르간도 없고, 벨소리도 없고, 화려한 노랫소리도 없고, 촛불이나 램프를 밝히는 일도 없으며, 성유물, 성화, 성상들, 화려한 의복, 어릿광대짓이나 메마른 의식들도 없습니다. 교회는 이러한 모든 우상숭배로부터 완전히 자유롭습니다.[33]

오키노는 제네바에서 무지오(Girolamo Muzio)에게 보내는 편지에서(1543년 4월 7일) 자신의 도주에 대한 변론을 기록하였다. 시에나의 관리들에게 보내는 편지에서 그는 로마서 8장에 주로 기초한 자신의 신앙에 대해 분명하게 고백하였다(1543년 11월 3일). 그는 이탈리아어로 된 설교집과 신학 논문들을 7권이나 연달아 출판하였다.

그는 이러한 설교집의 서문에서 이렇게 밝히고 있다.

---

33) 베르제리우스, 파렐, 녹스와 같은 이들이 이 증언을 확증해 준다.

사랑하는 이탈리아여, 이제 저는 더 이상 얼굴을 대하고 당신들에게 말할 수 없게 되었습니다. 하지만 저는 바로 당신의 언어로 당신에게 글로 쓸 것이니, 모든 사람들이 제 글을 이해할 수 있을 것입니다. 제 위안은 그리스도가 이것을 뜻하셨고, 그래서 제가 모든 세속적인 생각들을 내버리고 오직 진리만을 생각하게 하셨다는 것입니다. 그리스도께서 죄인들을 의롭다 하심이 기독교인으로서의 생활의 시작이 되므로, 이 사실과 함께 우리 모두 우리 주 예수 그리스도의 이름으로 시작합시다.

그의 설교들은 복음주의적이고, 발데스의 제자라는 점에서 우리가 예상할 수 있듯이 신비적인 경향을 보여준다. 그는 신앙과 사랑을 통한 그리스도와 영혼의 생생한 연합을 무척 강조한다. 그는 오로지 그리스도의 공덕만을 통해 값없이 구원받는다는 것과 칼빈주의적인 주권적인 택정 교리를 가르치지만, 부정적인 유기에 대한 추론은 가르치지 않는다. 그는 또한 자신이 가장 사랑하는 로마서에 대해 대중적이고 이해하기 쉬운 주석을 썼다(1545). 이 주석은 라틴어와 독일어로 번역되었다. 이후에 그는 갈라디아서에 대한 설교집도 출판하였는데, 이는 1546년에 아우크스부르크에서 인쇄되었다.

그는 칼빈과도 좋은 관계를 유지하였는데, 이탈리아아인들을 불신하였던 칼빈은 그를 만나본 후에 그의 "뛰어난 학식과 모범적인 삶"에 깊은 감명을 받았다.[34] 그는 비레에게 보내는 한 편지(1542년 9월)에서 처음으로 오키노에 관해 언급하고 있는데, 존경할 만한 피난민으로서 자비로 제네바에 머물고 있는데 프랑스어를 배울 수만 있다면 교회에 큰 도움을 줄 것이라고 말하고 있다.[35] 멜란히톤에게 보낸 편지에서는(1543년 2월 14일) 그를 "저명하고 뛰어난 인물로서, 이탈리아를 떠남으로써 이탈리아에 적지 않은 파문을 일으킨 사람"[36]이라고 하였다. 이년 후에는(1545년 8월 15일) 그를 바젤의 미코니우스에게 "어느 곳에서나 높이 평가될 만한 사람"[37]이라고 추천하였다.

오키노는 바젤에서 카스텔리오를 만나서 그에게 자신의 작품들을 이탈리아아어

---

34) *Opera*, XI. 528.
35) *Opera*, XI. 447 이하. 1542년 10월 비레에게 보낸 편지와 비교하라.
36) *Opera*, XI. 517.
37) *Opera*, XII. 135.

로부터 번역하는 일을 맡겼다. 이러한 두 사람의 관계가 예정론과 자유 의지에 관한 칼빈주의적인 교리에 대한 그의 확신을 흔들어 놓았을지도 모를 일이다.

독일에서의 오키노

그는 슈트라스부르크에서 한동안 설교자와 저술가로 사역하였다. 이곳에서 그는 오랜 친구인 베르밀리를 만났고, 아우크스부르크에서 그는 시의회로부터 외국인들을 위해 사역하는 설교자로서 200길더의 봉급을 받았다. 이것은 그가 이탈리아를 떠난 이후 처음으로 가진 안정된 직업이었다. 아우크스부르크에서 그는 여동생과 매제와 함께 살았다. 그는 아마도 이때쯤 결혼을 한 것 같다.[38]

영국에서의 오키노

슈말칼덴 동맹을 상대로 승리를 거둔 후 황제 카를 5세는 1547년 1월 23일 아우크스부르크에서 승전식을 거행하고는, 자신이 11년 전에 나폴리에서 그 힘있는 설교를 들은 적이 있는 이 배교한 수도사의 항복을 요구하였다. 관리들은 오키노가 밤중에 도피할 수 있도록 도와주었다. 그는 취리히로 도주하여, 같은 날 그곳에 도착한 칼빈을 우연히 만났다. 취리히에서 그는 다시 바젤로 갔다.

바젤에서 그는 1547년 크랜머 대주교로부터 영국으로 와달라는 초청을 받았다. 당시 크랜머는 젊은 국왕 에드워드 6세의 우호적인 후원 아래 종교개혁을 수행해 나가는 데 있어 외국의 도움을 필요로 하고 있었다. 크랜머는 오키노와 함께 당시 슈트라스부르크에서 교수로 있던 베르밀리도 옥스퍼드의 신학 교수로 초빙하였다. 그리고 2년 뒤에는 「아우크스부르크 가신조 협정」에 서명하기를 거부한 슈트라스부르크의 부처와 파기우스(Fagius)도 케임브리지 대학의 교수직에 불렀다(1549). 오키노와 베르밀리는 여행에 필요한 물품들과 경비를 부담해 준 영국 기사 한 사람과 함께 영국으로 갔다.

오키노는 1547년에서 1554년까지 6년간 런던에서 사역하였는데, 이 기간이 그의 파란만장한 인생에서 가장 행복한 시기가 아니었나 싶다. 그는 이탈리아 상인들과 피난민들을 대상으로 복음을 전하는 자로, 또 종교개혁을 돕는 저술가로

---

38) 그의 아내와 자녀들에 대해서는 이름조차도 알려진 바가 없다. 어쨌든 이 늙은 수도사는 행복한 가정생활에는 적합하지 못한 인물이었다.

활동하였다. 그의 가족들이 그를 따라왔다. 그는 크랜머의 신임을 얻어 캔터베리 참사회원으로 임명되었고(그렇지만 그는 이곳에 거주한 적은 없었다), 국왕의 사재로부터 상당한 봉급을 받았다.

이 시기의 그의 주된 작품은 「부당하고 찬탈된 로마 교황의 지상권에 관한 비극 혹은 대화」(*A Tragedy or a Dialogue of the unjust, usurped primacy of the Bishop of Rome*)라는 제목으로 발표된 로마 가톨릭에 반대하는 내용의 신학적인 연극이었다. 이는 에드워드 6세에게 헌정되었다. 그는 모든 종교개혁자들의 주장을 받아들여, 교황을 예언된 적그리스도로서 하나님의 성전에 앉아 있다고 보았다. 그리고 그는 9개의 대화로 된 시리즈물에서 비록 그 역사적 정보에는 결함이 있으나 상당한 극적 기교로써 보니파키우스 3세와 포카스 황제(Phocas, 607)로부터 비롯된 교황제의 점진적인 성장에서부터 영국에서 헨리 8세와 에드워드 6세 치하에서 그것이 겪게 되는 몰락에 대해 추적하고 있다.

다시 스위스에 온 오키노

메리 여왕의 등극 이후에 오키노는 다시 피신하는 몸이 되어, 제네바를 다시금 방문하게 되었다. 그는 그곳에 세르베투스가 화형당한 바로 다음 날(1553년 10월 28일) 도착하였는데, 그는 세르베투스의 처형에 반대하였지만 칼빈에 대한 존경심을 잃지는 않았다. 그는 1555년 12월 4일자 편지에서 칼빈을 가리켜 당대의 최고 신학자요 세기를 빛낸 인물이라고 하였다.

그는 취리히에 있는 이탈리아인들의 교회에 목사로 와달라는 청빙을 받아들였다. 여기서 그는 베르밀리와 자유로운 교제를 하였으나, 같은 시에나 출신인 라일리우스 소키누스와 더 긴밀한 관계를 맺었던 듯하다. 그는 소키누스의 회의론적인 견해들로 인해 지적인 동요를 겪었다.

그는 자신의 회중들을 위해 요리문답서를 작성했는데(1561년 바젤에서 출간되었다), 이는 "예비신자"(Illuminato)와 "목사"(Ministro) 사이의 대화 형식을 취하였다. 그는 일반적인 방식대로 다섯 부분으로 나누어 설명하고 있다. 십계명(이 책의 절반 정도를 차지한다), 사도신경, 주기도문, 세례, 그리고 성찬이 그것이며, 말미에 기도문들을 첨부하고 있다.

그의 마지막 작품들로는 「미궁」(*Labyrinths*, 1561), 「30편의 대화」(*Thirty Dialogues*, 1563)가 있는데, 이는 카스텔리오에 의해 라틴어로 번역되어 바젤에서 이탈리아인 인쇄업자에 의해 출판되었다. 이 책들에서 오키노는 예정론, 자유 의지, 삼위일체, 그리고 일부일처에 관해 다루었는데, 방임적이고 회의적인 방식을 취함으로써 정통주의보다는 이단적인 견해가 더 강하게 논증 속에 표현되고 있다.

사람들이 가장 못마땅하게 여기는 것은 일부다처제에 관한 대화 부분이다(대화 21편). 여기서 그는 구약 성경의 족장들과 왕들의 예를 들어서 이를 변호하는 것처럼 보인다. 한편으로 그는 일부일처제가 유일하게 도덕적인 형태의 결혼이라고 천명하면서도 그에 대해 충분히 변호하지는 않고 있다. 이 주제는 당시에 특별히 헤센의 필립공의 중혼 문제와 이에 대한 루터파 개혁자들의 말도 안 되는 묵인과 연관되어서 한창 사람들의 입에 회자되고 있던 터였다. 1541년에는 헤센의 필립과 관련하여 일부다처제를 찬성하는 대화록이 "훌데리쿠스 네오불루스"(Huldericus Neobulus)라는 가명으로 출현하였다. 오키노는 이 대화록으로부터 자신의 가장 강력한 논증들 가운데 일부를 빌려 왔다. 이것은 그의 이론적인 오류의 원인이 되었다. 그는 확실히 어떤 개인적인 동기가 있어서 그렇게 한 것은 아니다. 그는 당시 77세의 홀아비로 네 명의 자녀가 있었다.[39] 그의 도덕적인 삶은 그의 회중들과 불링거가 증거하고 있듯이 항상 흠이 없는 것이었다.

최후

일부다처제에 관한 대화 부분은 결국 1563년 12월 취리히 시의회로 하여금 한 늙은 수도사를 파직시키고 추방하도록 만들었다. 그는 자신의 뜻이 잘못 이해되었다고 항변하면서 추운 겨울 동안만이라도 네 자녀들과 함께 머물게 해달라고 애원했지만 아무런 소용이 없었다. 그는 3주일 내로 도시를 떠나라는 명령을 받았다. 심지어 온건한 불링거까지도 그를 보호해 주지 않았다. 그는 바젤로 갔지만, 그곳의 관리들은 성직자들보다 더욱 불관용적인 태도를 보였으며 그가 그곳에서 겨울을 나는 것도 허용해 주지 않으려 하였다. 문제의 책들을 번역한 카스텔리오 역시 책임 추궁을 당하였으나, 얼마 되지 않아 하나님의 부르심을 받았다(12월 23일). 출판한 책을 모조리 팔아치운 인쇄업자 페르나(Perna)도 처벌을 면하기 어려운 형편이었지만 이를 피한 것 같다.

---

39) 그의 아내는 「대화」가 출간되기 직전에 사고로 죽었다.

오키노는 뉘른베르크에서 임시로 피난처를 찾았으며, 이곳에서 자기 방어를 위해 취리히에 대한 성마른 비난의 글을 써 보내었다. 이 글에 대해서는 취리히의 목회자들이 응답하였다.

뉘른베르크를 떠날 수밖에 없었던 그는 지친 발걸음을 폴란드로 옮겼다. 그리고 크라쿠프에서 자신의 동족들에게 설교할 수 있게 되었다. 하지만 추기경 호주슈(Hozjusz, 영어로는 Hosius)와 교황의 특사는 그를 무신론자라고 비난했으며, 왕을 설득하여 모든 비가톨릭 외국인을 폴란드에서 추방한다는 칙령을 반포하도록 하였다(1564년 8월 6일).

오키노는 다시금 피곤한 여행길에 나서야 했다. 핑크조우에서 전염병을 만나 아이 셋을 잃었는데, 나머지 한 아이에 대해서는 아무것도 알려진 바가 없다. 그 자신은 살아남았으나, 이로부터 몇 주일 후에 그는 다시 앓게 되어 1564년 12월 말 경에 모라비아의 시라카우에서 그의 외로운 생애에 종지부를 찍었다. 그는 자신의 회의론적인 사변과 당대의 불관용의 희생자라 할 수 있다. 그의 마지막 날들에 관해서는 제대로 알려져 있지 않다. 그의 무덤을 표시해 주는 기념비도 없고 비명도 없다. 그의 공적인 생애의 찬란하던 아침과 한낮에 비해 볼 때 이 음울한 저녁은 얼마나 대조적인가!

그가 폴란드로 떠나기 전에 트렌트 공의회에 참석하고 돌아오던 로렌의 추기경을 샤프하우젠에서 만나서 개혁파 교회의 오류 24가지를 입증해 보겠다고 말했다는 헛소문이 퍼졌다. 이 제안에 대해 추기경은 "네 가지 오류만으로도 충분하다"는 말로써 정중히 거절했다는 것이다. 이 소문에 대해 진상 조사가 이루어졌지만 확인할 수 없었다. 오키노 자신도 이를 부인했으며, 그가 마지막으로 남긴 말들 가운데 하나는 "나는 불링거주의자도 칼빈주의자도 교황주의자도 되기 싫다. 단지 기독교 신자가 되고 싶을 뿐이다"[40]라는 것이었다.

그리스도의 위격과 구속에 관한 그의 회의적인 견해들은 취리히의 이탈리아인 교회를 교란시켜 거의 파괴해 버렸다. 그 어떤 새로운 목사도 선출되지 않았고, 교인들은 독일 시민들에게 동화되어 갔으며, 이렇게 해서 반(反)삼위일체론의 영향력은 사라졌다.

---

40) 1564년 부활절에 Knibb가 불링거에게 보낸 편지에서.

130. 카일리우스 세쿤두스 쿠리오(1503-1569)

카일리우스 세쿤두스 쿠리오(Caelius Secundus Curio)는 피에몬테 출신 귀족의 23 자녀 가운데 막내였다. 그는 토리노에서 역사학과 법학을 공부하였는데, 한 아우구스티누스회 수도사를 통해서 루터, 츠빙글리, 멜란히톤의 작품들을 접하게 되었으며, 파비아, 파도바, 베네치아, 페라라, 그리고 루카 지역에 프로테스탄트 교리들을 확산시키기 위해 열정적으로 일하였다. 그는 화형당할 위험을 가까스로 모면하여, 칼빈의 친구인 르네 공작 부인의 소개장을 가지고 스위스로 도망했다. 그는 로잔에서(1543-1547), 그리고 이후에는 바젤에서 웅변학 교수로 임명을 받았다. 그는 잔키(Zanchi)의 장인이었다. 그를 찾아 외국에서도 학생들이 몰려왔고, 몇 군데서 청빙도 받았으나 거절했으며, 고국의 동포들과 종교개혁자들과 더불어 활발한 서신 왕래를 하였다. 그리고 수많은 신학 작품들과 문학 작품들을 내었다. 그는 자유주의자들과 입장을 같이함으로써 자연히 칼빈과 불링거의 신임을 잃었다. 하지만 그 자신의 근거는 계속해서 바젤에 둠으로써 그 도시의 몇몇 유명한 신학 가문(Buxtorf, Zwinger, Werenfels, Frey)의 선조가 되었다.

쿠리오는 고상한 이교도들에 대한 츠빙글리의 우호적인 판단에 공감하였고, 그들이 경건한 이스라엘 사람들과 마찬가지로 하나님께 용납될 것이라고 생각하였다. 이전에 쿠리오의 친구였던 베르제리우스는 쿠리오를 펠라기우스주의적인 이단으로, 비록 그리스도가 없이는 안 되지만 사람이 그리스도를 알지 못해도 구원받을 수 있다고 가르친다고 고발하였다.

쿠리오는 또한 하늘나라가 사탄의 왕국보다 훨씬 더 크고, 구원받는 자가 유기되는 자들보다 훨씬 많다는 낙관적인 견해를 지니고 있었다.

이러한 견해들은 베르밀리, 잔키, 불링거, 브렌츠, 아 라스코, 그리고 당대의 다른 정통 프로테스탄트들에 의해 받아들여지지 않았다. 역설적이고 보편구원론적인 경향이 있다고 보았기 때문이다. 하지만 현대 칼빈주의자들은 적어도 구원받는 이들의 수와 관련해서는 쿠리오보다 한층 더 나아간다.[41]

---

41) Charles Hodge(*Syst. Theol.* III. 879 이하)는 이렇게 말한다. "우리는 이 책 제1 권에서 주장했듯이, 그리고 다른 곳에서도 종종 주장한 바와 같이, 최종적으로 버림을

131. 제네바의 이탈리아계 반(反)삼위일체주의자들: 그리발도, 비안드라타, 알치아티, 젠틸레

세르베투스 재판이 진행되는 동안과 그 이후에 반삼위일체의 누룩이 제네바에 있는 이탈리아인들의 교회 속으로 파고들어갔다. 하지만 이것은 스위스 교회들의 연합된 조치를 통해 제압되었다. 이것은 스위스에서의 반삼위일체론의 마지막 장을 구성한다.

몇몇 이탈리아 난민들이 세르베투스의 처형을 비난하면서 그의 견해를 받아들여서 더욱 발전시키려고 하였다. 하지만 이들은 그 재능과 독창성에 있어서 세르베투스에 훨씬 미치지 못하였다.

이들은 칼빈에 대한 중상모략을 퍼트렸으며, 이탈리아 교인들이 매주 모이는 집회에서 자신들의 의견을 발표하였다. 이 집회에서는 자유로운 질문과 토론이 가능하였다.

1. 마테오 그리발도(Matteo Gribaldo)

파도바의 저명한 법률학 교수로서, 제네바 근처의 베른 영토 내에 있는 파르게스(Farges) 영지를 매입해서는 그곳에서 매년 일정 기간을 지냈다. 그는 이 마을을 방문할 때에는 이탈리아인들이 모이는 교회에 참석하였다. 세르베투스에 대한 재판이 진행되던 동안에 그는 종교적인 견해들에 대해 시정부가 처벌하는 것에 반대하는 입장을 공개적으로 표현하였으며, 모든 사람은 자신이 원하는 것을 믿도록 허용되어야 한다고 주장하였다. 그는 처음에는 절친한 친구들과 함께 있을 때를 제외하고는 세르베투스의 견해에 대한 자신의 입장을 감추었다. 하지만 시의회 앞에 소환되어 심문을 받은 후, 그는 삼위일체에 관해 이단적인 견해를 지녔다는 혐의를 받아 이 도시를 떠나라는 명령을 받았다(1559). 그의 견해들은 채 소화되지 못해 아직 미숙한 단계에 있었다. 그는 이신론 혹은 삼신론과 아리우스주의 사이에서 우왕좌왕하고 있었다. 그는 성부와 성자를 두 개의 구별되는 존재 혹은 실체로밖에 이해할 수 없었다. 하나는 잉태하는 자고 다른 하나는

받는 자들의 수가 구원을 받는 전체의 수에 비해서 매우 적은 수일 것이라고 믿을 이유가 있다."

잉태되는 자이며, 하나는 보내는 자이고 다른 하나는 보냄을 받은 자라는 것이다. 그는 이 둘의 관계를 바울과 아볼로의 관계에 비유하였는데, 이때 둘은 각기 다른 두 사람이지만 사도라는 추상적인 관념에 있어서는 하나이다.

제네바에서 추방되기 전에 그는 베르제리우스의 주선으로 튀빙겐 대학의 법학 교수로 임명을 받았었다. 취리히를 지나가면서 그는 불링거를 방문하여서, 칼빈의 행동에 대해 신랄하게 비난하였다. 그는 튀빙겐에서 학생들의 찬사를 받았으며, 종종 뷔르템베르크의 크리스토퍼 공작에게 중요한 사안들에 관해 자문해 주었다.

하지만 그의 이단성에 대한 소문이 튀빙겐에까지 이르러, 결국 제네바로 조사단이 파견되었다. 칼빈은 자신의 옛 스승인 볼마르에게 그를 경계하라고 했으며, 베자는 베르제리우스에게 비우호적인 보고를 하였다. 베르제리우스는 이러한 혐의들에게 대해 공작에게 알렸다.

그리발도는 공작이 참석한 가운데 학자들로 구성된 원로원에 소환되어 조사를 받지 않을 수 없었다. 여기서 그는 삼위일체와 보편 신앙에 관하여 아타나시우스 신경과 테오도시우스 1세의 칙령에 동의하는지 그렇지 않은지 분명하게 답하라는 압박을 받았다. 그는 3주간 생각할 시간을 달라고 요청하고는 가족들이 머물고 있었던 파르게스의 별장으로 도주하였다.

이곳에서 그는 1557년 9월 뷔르템베르크 공작의 요청에 따라 베른 관리들에 의해 체포되었다. 그의 글들은 압수되었고, 그 안에 반삼위일체론을 비롯한 다른 이단성들이 담겨 있다는 것이 밝혀졌다. 그에게는 손으로 직접 자신의 잘못들을 고백하는 글을 쓰도록 하는 처분이 내려졌으며, 베른 영토 바깥으로 추방되었다. 하지만 앞으로는 침묵을 지키고 소란을 일으키지 않을 것이라는 약속과 함께 7명의 자녀들을 위해 다음 해에 돌아오는 것이 허용되었다. 그는 1564년 스위스에 불어닥친 전염병으로 인해 죽었다. 이 전염병으로 인해 베른에서만 3만 8천 명, 바젤에서는 7천 명, 쿠어에서는 천 4백 명이 목숨을 잃었다. 이때는 개혁파 교회에게도 치명적인 시기였다. 1564년과 1566년 사이에 칼빈, 파렐, 비블리안더, 보르하우스, 블라우러, 파브리키우스, 살루즈와 같은 여러 지도자들이 숨을 거두었다.

2. 조르조 비안드라타(Giorgio Biandrata, 혹은 Blandrata)

피에몬테 지방의 살루조 귀족 가문 출신의(1515년경 출생) 교양 있는 의사로서, 1557년 제네바로 도주함으로써 종교 재판을 피하였다. 그는 사실상 그리발도와 같은 견해를 가졌지만, 그보다는 좀 더 미묘하고 신중하였다. 그는 칼빈을 자신의 존경하는 아버지라고 불렀으며, 신학적인 문제들에 관해서 그에게 자문을 구하였다. 그는 칼빈의 자문에 대해 만족하는 듯했으나, 계속해서 다시금 새로운 의문들을 그에게 제기하였다. 칼빈은 사역과 사람들을 돌보느라 힘든 가운데서도 끈기있게 이 회의론자의 말에 귀를 기울이고 시간을 투자해 주었다. 그는 또한 글로써 그의 반론에 답하기도 하였다. 그러다가 결국 칼빈은 더 이상의 토론이 무의미함을 알고 그와의 토론을 거절하였다. 칼빈은 리즈만(Lismann)에게 이렇게 써보내었다. "그는 뱀처럼 저를 함정에 빠뜨리려고 했지만, 하나님께서는 저에게 그의 간교함을 이겨낼 수 있는 힘을 주셨습니다."

점차 이탈리아인 회중들 사이에는 회의주의적인 분위기가 확산되어 갔다. 비안드라타에 동조하는 주요 인물들 가운데 하나로 지안파올로 알치아티(Gianpaolo Alciati)가 있는데, 그는 군대에 복무했던 피에몬테 사람으로서 공손한 말투와는 거리가 먼 자였다.

훌륭한 이탈리아인 목회자인 마르티넨고(Martinengo)는 죽기 얼마 전에 칼빈에게 자신의 어린 양 떼를 돌보아 줄 것과 위험한 이단을 축출해 줄 것을 간청하였다. 그래서 1558년 5월 18일에 칼빈과 시의회의 두 의원이 배석한 가운데 이탈리아인 회중들이 공개적인 모임을 갖게 되었다. 칼빈은 시의회의 이름으로 불만이 있는 자들은 자유롭게 의견을 밝히라고 권하면서 이로 인해 처벌받는 일은 없을 것이라고 이들을 안심시켰다. 비안드라타는 칼빈의 이러한 분명한 말에 기대어 자기 의견을 개진했으나, 곧 자신의 실수를 깨달았다. 알치아티는 좀 더 나아가 정통파가 "모든 교황의 우상보다 더 극악한 세 악마를 섬기고 있다"고 밝히기까지 하였다. 3시간 정도의 토론이 있는 다음에, 하나님의 본질적인 통일성과 모순되지 않고 조화를 이루는 그리스도와 성령의 신성을 단언하는 신앙고백에 모든 교회 구성원들이 서명해야 한다는 결정이 내려졌다.

처음에는 6명이 서명을 거부하였으나, 나중에는 비안드라타와 알치아티만 빼고 모두 항복한 것 같다. 두 사람은 제네바에 머무는 것이 안전하지 않다고 여겨 베른으로 갔다. 그곳에서 이들은 베른시의 서기로 일하는 주르킨덴을 동조자로 얻었다. 주르킨덴은 칼빈과 격렬한 논쟁을 벌이게 된다.

비안드라타는 폴란드로 가서 라지비우우 공의 신임을 얻어 자신의 유니테리언주의적 견해를 전파하였으며, 핑크조우 대회에서(1561) 자신을 변호하였다. 1563년에 그는 트란실바니아의 요한네스 지기스문트 공의 청빙을 받아들여 그의 주치의가 되어서, 그와 다른 많은 사람들을 자신의 이론에 대한 동조자로 만들었다. 하지만 파우스투스 소키누스는 비안드라타가 말년에 돈을 바라고 예수회 편을 들었다고 비난하였다. 신학적인 논쟁에 지친 이 노인이 오키노와 같이 회의론의 미로에서 길을 잃었을 수도 있다. 전해지는 바에 따르면, 비안드라타는 1585년 이후에 조카에 의해 강탈과 살해를 당하였다고 한다.

3. 조반네 발렌티 젠틸레(Giovanne Valenti Gentile)

이탈리아인 회중들의 평화는 젠틸레에 의해 다시금 교란되었다. 그는 칼라브리아 출신으로, 어느 정도의 학식과 총명함을 갖춘 교사였다. 그는 칼빈의 명성으로 인해 제네바에 매료되었지만, 곧 그리발도와 비안드라타의 생각에 동화되었다. 그는 이탈리아인들의 신앙고백에 서명을 거부했던 6명 중 한 사람이었다. 비안드라타와 알치아티가 떠나자마자 그는 자신의 양심에 따라 그들의 견해들에 찬성한다고 공개적으로 표명하였다. 그는 삼위일체에 관한 정통 교리가 4분설 — 성부, 성자, 성령이라는 세 개의 신적인 본질에 덧붙여 일반적인 신성까지 부가하여 — 이라고 비난하면서, 성부만이 신적인 본질이고, "본질이게 하는 존재"(essentiator)라고 주장하였다. 그는 이러한 견해들을 세르베투스에게서 차용해 왔다. 성자는 오로지 성부의 이미지이자 반영일 뿐이라는 것이다.

젠틸레는 1557년 자신이 서명한 신앙고백을 어겼다는 혐의를 받고 시의회의 명에 의해 투옥되었다. 그는 자신의 견해를 반복해서 주장하면서 목회자들과 시의회에 칼빈의 전횡에 대항해서 자신을 보호해 줄 것을 호소하였지만, 목회자들은 그를 반박하였다. 마침내 그는 자신이 칼빈에게 심한 말을 했다고 사죄하면서 자신은 항상 그를 대단한 사람으로 존경해 왔다고 하였지만, 자신의 견해는 철회하려고 하지 않았다. 시의회는 다섯 명의 법률가들에게 판결을 의뢰하였으며, 이들은 제국의 법(「삼위일체론과 보편 신앙과 이단들에 관한 법령」)에 따라 젠틸레를 화형에 처해 마땅하다고 판결하였다. 시의회는 화형 대신에 그보다는 조금 덜한 참수형을 선고하였다(8월 15일). 세르베투스 사건 때에는 받아들여지지 않았던 (화형을 참수형으로 감해달라는) 칼빈의 권고가 젠틸레 사건에서는 효력을 발휘한 것으로 보인다.

죽음에 대한 두려움 때문에 젠틸레는 정통 교리들에 대한 자신의 비난을 거두어들이고, 하나의 본질 속에 있는 세 개의 신적인 위격들에 대한 신앙과, 성자와 성령이 성부와 동일한 통일성, 평등성, 영원성을 지닌다는 신앙을 고백하는 간략한 신앙고백서에 서명하였다. 그리하여 그는 사형은 면하게 되었지만, 위증, 이단성, 그리고 제네바 교회에 대한 거짓 고소를 한 일 때문에 당국에 의해 공개 사죄를 하라는 처벌을 받게 되었다. 셔츠 바람으로, 모자도 쓰지 않고, 맨발로, 손에는 횃불을 든 채로, 무릎을 꿇어 재판장의 용서를 구하고, 자신의 저작들을 자기 손으로 불태우며, 나팔소리가 울려 퍼지는 가운데 주요 거리들을 걸어 다니라는 것이었다. 이 판결은 9월 2일에 시행되었다. 그는 이처럼 수월하게 죽음을 모면하게 된 것이 기뻤는지 놀라울 만큼 기꺼이 이 처벌에 따랐다. 그는 또한 허락 없이는 이 도시를 떠나지 않겠다고 서약하기도 하였다.

하지만 그는 방면되자마자 탈출해서 파르게스에서 친구인 그리발도와 알치아티와 합류하였다. 그리고는 리옹에서 한동안 거주하였다. 그는 자신의 성자 종속설(subordinationism)을 확증해 주는 니케아 이전 시대 교부들을 연구하였으며, 또 자신의 견해를 변호하고 칼빈의 「기독교 강요」에 실린 삼위일체 부분에 대항하는 내용의 책도 한 권(*Antidota*) 저술하였다. 그는 정통 신학의 용어들인 동일본질(homoousia), 위격(person), 본질(substance), 삼위일체(trinity), 통일성(unity) 등의 용어들이 불경하고 터무니없으며 한 분 하나님에 관한 참된 교리를 흐리게 하고 있다고 주장하였다. 그는 또한 그리스도 안에 두 개의 본성이 있다는 교리와 속성 간의 교류(communication of attributes)의 교리를 근거 없는 사변이라고 비난하면서 이것들은 교회에서 추방되어야 한다고 주장하였다. 그는 오리게네스에게서 빌려 와서, 본래적인 하나님 즉 성부와 그로부터 파생된 혹은 이차적인 하나님 즉 성자를 구분하였다. 그리고 성부만이 엄밀한 의미에서의 하나님(essentiator)이며, 성자는 종속적인 존재(essentiatus)라고 주장하였다. 그는 정통 신학에 대해 너무나 무례한 태도로 격렬하게 퍼부어댔다. 칼빈은 특별히 책(1561)을 써서 그의 견해들을 반박하였다.

젠틸레는 리옹에서 로마 가톨릭 교회의 의심을 사서 투옥되었지만, 50일이 지난 후에 자신의 저술은 단지 칼빈주의를 반대하기 위한 것이었지 정통에 대한 반대는 아니었다고 표명한 다음 석방되었다.

하지만 그는 프랑스에서는 안전하지 못하다고 생각해 알치아티와 함께 1563 년 여름에 폴란드로 오라는 비안드라타의 초청을 받아들였다.

모든 반삼위일체론자들을 추방시키라는 폴란드 왕의 칙령이 있자 그는 스위스로 돌아갔으며, 거기서 베른 당국에 체포되었다. 그는 이단, 사기, 도주의 죄목으로 유죄 선고를 받아 1566년 9월 10일에 참수당하였다. 처형장으로 가는 길에 그는 자신이 지존하신 하나님의 영광을 위해 죽는 순교자라고 외쳐대었으며, 자기를 수행한 목사들은 사벨리우스주의자들이라고 비난하였다. 그는 성직자들의 권고와 하나님의 자비를 구하는 군중들의 기도 속에서 담담하게 칼을 받았다. 베른의 신학자 베네딕트 아레티우스는 그 다음 해에 정통 교리에 반대한 젠틸레의 주장을 반박하는 내용의 책을 출판하였다.

젠틸레의 처형은 일반적으로 승인을 받았다. 바젤에서 미약한 소리가 있었던 것 이외에는 어떠한 불평과 항의의 소리도 들려오지 않았다. 칼빈은 이미 2년 전에 세상을 떠났으며, 그의 교리적·치리적 엄격성에 항의했던 베른 시가 이제는 세르베투스보다 재능도 덜하고 위험성도 덜한 인물을 사형에 처한 것이다. 젠틸레는 거짓된 종교를 가르치는 사람은 죽어 마땅하다는 데 간접적으로 동의를 표한 바가 있지만, 자신의 주장은 참되고 성경적이라고 생각하였다.

젠틸레의 죽음은 스위스에서의 반삼위일체론의 역사를 종결시켰다. 같은 해에 엄격하게 정통 노선을 따르는 「제2 스위스 신앙고백서」가 불링거에 의해 출판되어서 개혁파 주들에서 채택되었다.

132. 성찬 논쟁: 칼빈과 베스트팔

루터와 츠빙글리 사이에 벌어진 성찬 논쟁은 외관상으로는 칼빈, 불링거, 그리고 멜란히톤의 중도론에 의해 해소되었다. 이것은 스위스의 경우는 1549년 취리히 일치신조에서 상징적으로 표현되었고, 독일의 경우 1540년 개정된 아우크스부르크 신앙고백의 제10조에 나타난 멜란히톤의 평화주의적인 진술 속에 나타나 있다. 루터가 1544년 스위스에 대한 공격을 재개했을 때 그는 고립되어 있었고 그의 추종자들 가운데 누구도 그를 지지하지 않았다. 칼빈은 루터에 대한 존경심에서 침묵을 지켰다.

그러나 1552년 루터의 이론을 엄격하게 따를 것을 주장하는 베스트팔에 의해 두 번째 성찬 논쟁이 재개되었고, 이는 점차 독일과 스위스 전역으로 확산되었다.

우리는 칼빈과 함께 한탄하지 않을 수 없다. 그는 샬링(Schalling)에게 보낸 편지에서(1557년 3월), 그리스도의 동일한 복음을 소유한 자들이 서로 간의 연합을 이루는 핵심적인 연결고리가 되었어야 할 성찬 문제로 말미암아 분열되고 있다는 사실을 한탄하였다.

베스트팔과 칼빈의 논쟁은 실제적 임재의 **사실** 여부에 관심을 가지고 있지는 않았다. 실제적 임재에 대해서는 칼빈이 그의 모든 이전 저작들에서 이미 인정한 바이며, 이때 문제가 된 것은 이러한 임재의 **양식**, 그리스도의 몸의 **편재성**, 그리고 **자격이 없는** 성찬 참여자들에게 미치는 성례의 효과는 어떤 것인지, 즉 자격이 없는 자들이 성찬에 참여할 때 이들은 그리스도의 몸과 피를 받는 것인지 아니면 단지 빵과 포도주만 받아 정죄함을 받게 되는 것인지 하는 문제들이었다. 칼빈은 그의 "두 번째 변호"(Second Defence)에서 그 차이점들을 분명하게 기술하였다.

제가 성례전의 합법적인 시행, 존엄성, 그리고 효력에 관해 엄숙하게 기록했다는 사실은 그도[베스트팔] 부인하지 않을 것이다. 그의 눈에 내가 얼마나 능숙하게 혹은 박식하게 비쳤는지에는 관심이 없다. 왜냐하면 논적에게 경건하다는 칭찬을 받는 것으로 족하기 때문이다. 그와의 사이에 남아 있는 논쟁점은 다음의 세 항목들이다.

첫째로 그는 성찬에서의 빵이 실체적으로(substantialiter) 그리스도의 몸이라고 주장한다. 둘째, 그는 그리스도가 신자들에게 그 자신의 임재를 드러내기 위해서는 비록 공간은 차지하지 않더라도(ubique esse, extra locum) 그의 몸이 헤아릴 수 없을 만큼 많아서(immensum) 모든 곳에 존재해야 한다고 주장한다. 셋째로 그는 사물에 관해 어떤 합의가 있다하더라도 그리스도의 말씀에는 어떤 상징도 받아들여질 수 없다고 주장한다. 그는 철저하게 말 자체에 매달리는 것을 너무 중요하게 생각하기 때문에, 그가 다른 해석을 허용하는 것보다는 지구 전체가 진동하는 것을 보는 것이 더 쉬울 것이다.

우리는 우리 영혼에 생명을 주기 위해서 그리스도의 몸과 피가 성찬에서 우리에게 참으로 제공된다(vere offerri)고 주장한다. 그리고 우리는 우리가 매일의 양식으로부터 우리 몸이 양분을 얻듯이 성찬에서 우리에게 제공되는 영적인 자양분(spirituali alimento)을 통해서 우리의 영혼이 새로운 힘을 얻는다는 것을 어떠한 모호함도 없이 설명한다. 따라서 우리는 우리가 성찬에서 그리스도의 살과 피에 진정으로 참여한다(vera participatio)고 주장한다. '실체'(substance)라는 단어와 관련하여 누군가 논쟁을 제기한다면 우리는 그리스도께서 그 육체의 실체로부터 우리의 영혼에게로 생명을 불어넣으신다고 말할 것이다. 아니, 그는 그 자신의 생명을 우리에게 불어넣으시는 것이다(propriam in nos vitam diffundere). 그렇지만 어떠한 실체의 전이도 일어나지는 않는다.[42]

스위스인들은 이 논쟁에서 최상의 논증을 했을 뿐 아니라 기독교 정신도 보다 잘 보여주었다. 결과는 루터파에게 불리한 것이었다. 팔츠와 헤센, 브레멘, 안할트 일부 지역, 그리고 조금 시간이 지난 후에는 프로이센의 왕가들이 개혁파 교회로 옮겨갔다. 그래서 이후부터는 프로테스탄트 독일에 두 개의 구별되는 신앙고백, 즉 루터파 신앙고백과 개혁파 신앙고백이 공존하였다. 이 두 신앙고백은 베스트팔렌 조약에서 공식적으로 법적인 동등성에 기초하여 인정되어졌다. 루터파 교회는 만약 멜란히톤이 자신은 칼빈에게 본질적으로 동의한다고 공개적으로 밝혔다면 더 막대한 피해를 입었을 것이다. 하지만 루터의 이름과 인품, 그리고 그의 거대한 사역이 지니는 영향력은 그의 성찬론과 그리스도 몸의 편재성을 보존시켰으며, 이것은 결국 「일치신조」(1577)에서 구현되었다.

요아킴 베스트팔(Joachim Westphal, 1510-1574)은 엄격한 루터파 목회자로서 이후에 함부르크에서 학장직을 역임하였다. 그는 루터의 불관용적이고 격한 기질은 이어받았으나 그의 천재성과 관대함은 물려받지 못하였다. 그는 아무런 자극도 받은 바 없이, 1552년에 "취리히 일치신조"에 반대하고 칼빈과 베르밀리를 공격하는 논문을 썼다. 그는 간접적으로는 필립주의자들(멜란히톤파)을 겨냥하였는데, 이들은 공개적으로 밝히지는 않았지만 성찬에 대한 칼빈의 이론에 동의하였으며, 이후에 이로 인해 숨겨진 칼빈주의자들(Crypto-Calvinists)이라고 불리게 되었다. 베스트팔은 이전에도 자신의 스승이자 은인인 멜란히톤을 공격하면서, 가신조 협정 논쟁에서의 멜란히톤의 행적을 아론의 금송아지 숭배와 비교

---

42) *Opera*, IX. 47.

했었다. 그는 그리스도의 육체가 빵 가운데 실체적으로 존재하고, 비록 물리적으로 공간을 차지하지는 않더라도 편만하며, 베드로뿐 아니라 가룟 유다도 이에 참예하였다고 가르쳤다. 그는 칼빈과 츠빙글리를 전혀 구분하지 않았다. 그는 **육체적인 임재, 구두 섭취,** 그리고 불신자들까지도 그리스도의 몸을 이(teeth)를 사용하여 **문자 그대로** 먹는다는 사실을 부정하는 모든 사람들을 "성례상징론자들"이자 이단으로 취급하였다. 그는 칼슈타트, 츠빙글리, 오이콜람파디우스, 부처, 아 라스코, 불링거, 베르밀리, 슈벵크펠트, 그리고 주로 칼빈의 글들을 인용하면서, 이들이 제정의 말씀에 상충되는 견해들을 무려 28개나 주장하고 있다고 비난하였다. 하지만 이들의 견해는 모두 본질적으로는 같은 것이었으며, 칼슈타트의 견해는 어떤 교회, 어떤 개혁파 신학자에 의해서도 채택된 적이 없었다.[43] 베스트팔은 이들이 성경을 불경하게 왜곡하고 있으며, 심지어 "사탄적 신성모독"을 범하고 있다고 말하였다. 그는 이들을 펜이 아니라 관리들의 몽둥이로 다스려야 한다고 공언하였다.

베스트팔의 첫 번째 공격이 스위스로부터 묵살되었기 때문에, 그는 1553년에 보다 장문의 글을 썼는데, 여기서 그는 주로 고린도전서 11장 29, 30절로부터 루터파 이론을 입증하면서 루터파들에게 츠빙글리주의 혹은 현재 불려지는 대로 칼빈주의적인 이단의 확산을 막아야 한다고 촉구하였다.

그의 논쟁의 스타일과 취향은 그가 불링거를 "취리히의 황소," 칼빈을 "제네바의 송아지," 아 라스코를 "폴란드의 곰"이라고 부른 사실에서 충분히 유추될 수 있다.

거의 같은 시기라고 할 수 있는 1553년 가을과 겨울에 폴란드 귀족이자 칼빈의 친구이며 런던의 외국인 개혁파 교회의 목회자였던 아 라스코(à Lasco)가 피의 메리 치하에서의 박해를 피해 175명의 프로테스탄트들을 이끌고 도주하여 덴마크와 독일 해안에서 피난처를 마련하고자 하였다. 하지만 헬싱괴르, 코펜하겐, 로스토크, 뤼베크, 함부르크 등지에서 추운 겨울이라도 피할 수 있는 임시

---

43) 슈트라스부르크 편집자들의 언급을 참조하라. 개혁파 성찬론에는 두 가지밖에 없는데, 츠빙글리파와 칼빈파이다. 후자는 모든 개혁파 신앙고백들에 구현되어 있다. 17세기의 한 루터파 논객은 "저주받은 칼빈파 이단들은 이슬람 세력과 공통으로 666개의 논제를 신봉하고 있다"라고 단호히 밝혔다.

피난처조차도 얻을 수 없었다(이들은 결국 동부 프리슬란트에서 피신처를 얻었다). 베스트팔은 이 고결한 사람들을 악마의 순교자들이라고 비난하면서 사람들로 하여금 이들에 대해 격분케 하였으며, 비인간적인 잔인함을 신앙의 행동이라고 높였다.

그의 이러한 행동은 스위스인들의 자기 방어를 유발시켰다. 불링거는 평소대로 온건한 태도로 취리히 목회의 정통성을 변호하였다. 칼빈은 1554년 5월 슈트라스부르크에서 온 베르밀리의 편지를 통해 피난민들이 어떤 대우를 받았는지에 대해 듣고는 날카롭고 직설적인 펜을 들어 3편의 연속적인 책자를 썼다. 그는 처음에는 스위스 교회 연합으로 항의서를 펴내고자 했고, 그래서 급하게 쓴 초고를 불링거에게 보냈다. 하지만 취리히, 바젤, 베른은 이 초고가 너무 혹심하다고 생각해서 서명하기를 거부하였다. 그래서 그는 초고를 수정하여 "성례들에 관한 건전하고 정통적인 교리의 변호"라는 제목을 달아 자신의 이름으로 출간하였다. 이는 취리히 일치신조(제네바, 1555)에 잘 나타나 있다. 그는 베스트팔의 이름은 거명하지 않고 극단적인 경멸감으로 그를 다루었다. 베스트팔은 이보다 3배나 긴 답변을 내어 자신에 대한 야박한 대접에 관해 불평하고, 교회의 평화를 혼란시키려는 의도가 없었다고 밝히면서, 성례상징론자들에 대한 비난을 반복하였다. 칼빈은 얼마간 망설인 끝에 이제는 베스트팔의 이름을 그대로 밝히면서 제2의 변호 책자를 마련하여 출판하였다. 이 책은 독일 교회들에게 헌정하는 서문을 달아 1556년 1월에 출판되었다. 베스트팔은 두 개의 글을 써서 이에 응대하였는데, 하나는 칼빈에 대항하여, 또 다른 하나는 아 라스코를 대항하여 씌어졌다. 그리고 그는 북부 독일의 주요 도시들에 편지하여 그들로 하여금 정통 루터파 신조로 뭉쳐서 취리히 일치신조에 대항하자고 촉구하였다. 그는 25통의 답신을 받아서 1557년 마크데부르크에서 이것들을 발행하였다. 그는 또한 실제적 임재에 관한 멜란히톤의 초기 견해들을 재간행하기도 하였다(함부르크, 1557년). 이러한 다양한 공격들에 효과적으로 대응하기 위해 칼빈은 「베스트팔에게 주는 마지막 권고」(*Last Admonition to Westphal*, 1557)를 발표하였다. 베스트팔은 논쟁을 계속하였지만, 칼빈은 더 이상 응대하지 않고 그를 베자에게 맡겼다.

이러한 주된 논쟁자들 외에도 몇몇 다른 사람들이 이 논쟁에 참여하였다. 루터파 측에 섰던 사람들로는 티만, 슈네프, 알베루스, 갈루스, 주텔스, 브렌츠, 안드레아 등이 있으며, 개혁파 즉에 선 사람으로는 아 라스코, 오키노, 폴라누스, 비블리안더, 베자가 있다.

칼빈은 박해받는 그리스도의 사람들에게 가해졌던 "무례하고 야만적인 모욕"에 대해 분연히 힐책하였으며, 엄수파 루터파들(ultra-Lutherans)을 가리켜 스위스의 기독교 신자들보다는 차라리 터키인이나 교황파들과 평화를 이루고자 하는 자들이라고 규정하였다. 그는 이들을 "루터의 원숭이들"이라고 칭했다. 그는 그리스도의 영적이며 실제적 임재라는 자신의 교리에 대한 그릇된 설명들과 반대 의견들에 대항해서 성공적으로 자신을 변호했으며, 또 성령의 능력을 통해 하늘에 계신 그리스도의 육체가 믿는 자들에게 생명을 부여하신다는 인치심의 교제에 대해서도 변호하였다.

만약 칼빈이 자신의 분노를 억제하고 불링거의 우정어린 충고를 따랐더라면 자신의 교리를 훨씬 더 효과적으로 변호할 수 있었을 것이다. 심지어 파렐까지도 그에게 적대자들의 폭력을 모방하지 말고 문제 그 자체에 몰두하고 사람을 용서하라고 권고하였었다. 하지만 그는 파렐에게 편지하여(1557년 8월) 이렇게 말하였다.

> 베스트팔과 그 잔당들과 관련하여, 제가 분을 참고 당신의 충고를 받아들이기는 너무 어려웠습니다. 당신은 그들을 "형제"라고 부르지만, 우리가 그들에게 그런 이름으로 대하더라도 그들은 이렇게 불리는 것을 거부할 뿐만 아니라 저주하기까지 할 것입니다. 그리고 우리를 최악의 이단자들로 대하는 자들에게 형제라는 이름을 사용하면 우리가 얼마나 우스꽝스러워 보이겠습니까.[44]

133. 칼빈과 아우크스부르크 신앙고백: 제2차 성찬 논쟁에서의 멜란히톤의 입장

이 논쟁이 진행되는 동안 양측은 모두 종종 아우크스부르크 신앙고백과 멜란히톤에게 기대어 자신들의 주장이 옳음을 호소하였다. 이들은 모두 옳기도 하고

---

44) *Opera*, XVI. 552.

그르기도 하다. 왜냐하면 아우크스부르크 신앙고백은 두 가지 판으로 나왔는데, 각기 주님의 성찬에 대한 멜란히톤의 초기 이론과 후기 이론을 담고 있기 때문이다. 1530년에 나온 원래의 아우크스부르크 신앙고백은 10개항으로 되어 있으며, 실제적 임재라는 루터의 교리를 너무나 선명하고 강력하게 주장하여서 심지어 로마 가톨릭의 인물들도 이에 대해 반대하지 않았을 정도였다. 하지만 1536년 「비텐베르크 협약」이 나온 이후, 혹은 그보다 좀 더 일찍이[45] 멜란히톤은 예정론과 자유 의지에 관한 자신의 견해뿐만 아니라 실제적 임재에 관한 자신의 견해도 바꾸기 시작하였다. 실제적 임재 문제에 있어서는 칼빈에게 보다 근접했으나, 예정론과 자유의지에 관한 문제에 있어서는 칼빈의 입장을 떠났다. 그는 1540년의 개정된 아우크스부르크 신앙고백에서 실제적 임재에 관한 이러한 변화를 반영시켰다. 이것은 공식적인 권위를 부여받아서 이루어진 일은 아니었으나 선의에 따라 이 문서의 저자로서 자신이 공중의 정서를 대변한다는 확신 속에서 이루어진 것이었다. 왜냐하면 루터도 「비텐베르크 협약」에 동의함으로써 스위스인들에 대한 자신의 반대를 누그러뜨렸기 때문이다.[46]

멜란히톤은 이 개정판을 1541년 보름스와 레겐스부르크 회의, 그리고 1546년과 1557년의 후기 회의들에서 로마 교회의 대표들과 협상하기 위한 토대로 삼았다. 이는 (비개정판의 제목과 서문과 함께) 1559년 「루터파 신조 전집」(*Corpus Doctrinae Philippicum*) 속에 포함되어 실렸다. 이는 멜란히톤 사후인 1561년 나움부르크 회의에서 루터파 영주들로부터 신앙고백에 대한 개선된 개정이자 진정한 해석이라는 인정을 받았다. 그리하여 멜란히톤주의자들과 개혁파들은 「일치서」(*Book of Concord*, 1580)가 채택된 이후까지도 이것을 자신들의 입장으로 고수하였다.

이 신앙고백서의 내용은 다음과 같다.

1530년판

성찬에 관하여 이들은 그리스도의 살과 피가 [빵과 포도주라는 물질 아래에] 진정으로 임재하며, 성찬에 참석하여 그것을 먹는 자들에게 분배된다고

---

45) 1534년과 1535년에 Schnepf, Agricola, Brenz에게 보낸 그의 편지들을 참조하라.

46) 루터는 변화에 반대하지 않았다.

말한다. 그리고 다르게 가르치는 이들은 배격한다. [독일어판에서는 '또한 반대되는 교리는 거부될 것이다' 라고 되어 있다.]

1540년판

성찬에 관하여 이들은 성찬에 참여하여 먹는 자들에게는 그리스도의 살과 피가 참으로 **빵과 포도주와 함께 제시된다고** 말한다.

[반대하는 견해들에 대한 거부는 생략된다.]

칼빈은 이 개정판과, 그때까지도 살아 있던 그 저자에 대해 확신을 가지고 호소하였다. 그는 「베스트팔에게 주는 마지막 권고」(*Last Admonition to Westphal*)에서 이렇게 말하고 있다.

아우크스부르크 신앙고백에 관한 내 대답을 밝히자면, 레겐스부르크(1541)에서 발행된 내용에는 우리의 주장과 모순되는 어떠한 내용도 없다는 것이다.[47] 만약 그것이 의미하는 바에 어떠한 모호성이라도 있다면, 그 저자보다 더 해석을 잘할 수 있는 사람은 없을 것이다. 응당 모든 경건하고 학식있는 자들이 기꺼이 그의 해석을 존중할 것이다. 그 저자에게 나는 담대히 호소하는 바이며, 그러면 베스트팔은 그의 천박한 수다와 함께 무너져 버릴 것이다 … 만약 요아킴 베스트팔이 단번에 모두를 위해서 모든 골칫거리에서 벗어나고 논쟁을 끝내기를 원한다면, 필립의 입술로부터 자신을 지지하는 말을 한 구절이라도 뽑아내 보라고 하라. 그에게 다가갈 수 있는 길들은 열려 있으며, 자신이 너무나도 거만하게 자랑하듯이 필립이 자신과 뜻이 같은 사람이라면 그를 방문하는 여정이 그리 고되지도 않을 것이고, 그와 함께 친밀한 대화를 나눌 수 있을 것이다. 만약 내가 필립의 이름을 무분별하게 거론한 점이 발견된다면 어떠한 처벌과 모욕이라도 달게 받겠다.

베스트팔이 인용하고 있는 구절은, 그것을 논박하는 것이 내 관심도 아니며, 첫 번째 논쟁이 있던 중 문제가 분명하고도 명료하게 설명되기도 전에, 일부 사람들의 끈질긴 재촉이 당시에 그것을 부인하는 데 지나치게 주춤거리고 있던 한 사람에게 강

---

47) *Opera*, IX. 148. 레겐스부르크에 있던 Schalling에게 보낸 그의 1557년 3월의 편지와 비교하라.

요한 것으로서 중시하지도 않는다. 그것을 학자들에게 하나의 법으로 주장하는 것은 너무 가혹한 일이며, 이들은 자신들의 재능과 학식을 발휘한 후에는 자신들의 삶의 여정에서 결코 이를 넘어서지 않을 것이다. 확실히, 필립이 40년간의 사역을 통해 아무것도 보태지 않았다고 말하는 사람은 누구나 필립 개인에게 뿐 아니라 전체 교회에게도 크게 잘못하는 것이다.

내가 말하고자 하는 것은, 필요하다면 백 번이라도 반복해서 말하겠지만, 이 문제에 있어서 필립이 자신의 창자로부터 분리될 수 없듯이 나로부터 분리될 수 없다는 것이다.[48] 하지만 거친 사람에게서 터져 나올 벼락을 두려워하여서 그런지(루터의 벽력 같은 고함을 아는 이들은 내가 말하는 것이 무슨 말인지 이해할 것이다), 그는 항상 내가 바라는 것만큼 그렇게 공개적으로 자신의 입장을 표명한 것은 아니었다. 베스트팔이 짐짓 그렇지 않은 것처럼 하면서도 간접적인 방식으로 필립이 루터가 죽고 난 다음에 우리 쪽으로 기울어지기 시작했다고 말하지만 이는 근거가 없는 주장이다. 왜냐하면 17년도 더 전에 우리가 처음 만났을 때에 이 점에 대해서 함께 협의하였으며, 이후 한 가지도 고칠 게 없었다.[49] 또한 루터로부터 그 뛰어난 재능과 학식으로 필립에 버금간다는 최고의 평가를 받고 있는 가스파르 크루치거(Gaspar Cruciger)를 언급하지 않을 이유도 없다. 그는 베스트팔이 지금 비난하고 있는 것들을 너무나 기꺼이 포용하였고, 우리의 견해보다 더 도리에 맞는 것은 생각할 수 없다고 하였다.

하지만 아직도 필립에 관해 어떤 의심이 있다면, 나는 조용히 앉아서 자신감을 가지고 그의 답변을 기다릴 것이다. 나는 이를 통해 이 가장 뛰어난 인물의 존경스러운 이름 아래 거짓되게 숨어 있는 부정직의 정체를 분명히 드러낼 수 있을 것이라고 확신한다.

칼빈은 멜란히톤에게 논쟁 중에 있는 논점들에 대한 의견을 공개적으로 선포하라고 거듭 촉구하였다. 1555년 3월 5일자 편지에서, 그가 세르베투스에 대한 처벌을 승인해 준 것에 대해 감사하고 난 다음, 칼빈은 이렇게 말하고 있다.

---

48) *Opera*, IX. 149.

49) 그는 프랑크푸르트에서 1539년에 있었던 회합을 언급하고 있는데, 이는 루터가 사망하기 7년 전이자, 성례상징론자들을 대적하는 그의 마지막 저서가 출판되기 5년 전이었다.

'빵 숭배'에 관한 당신의 지극히 내밀한 견해를 저는 오래전부터 알고 있습니다. 당신은 저에게 보내는 편지에서도 이를 감추지 않으셨습니다. 하지만 당신이 너무 능장을 부리는 점이 저는 못마땅합니다. 이로 인해 당신이 보시는 대로, 교회를 파괴하고자 몰려들고 있는 자들의 광기가 계속되고 있으며, 이는 날이 갈수록 더욱 심해지고 있습니다.

멜란히톤은 1555년 5월 12일자 편지에서 이렇게 답하였다.

나는 어떠한 모호함도 없이 간단명료하게 답하기로 마음먹었습니다. 그리고 나는 내가 하나님과 교회를 위해 이 일을 해야 한다고 판단하고 있습니다. 그리고 내 나이로 볼 때에 내가 추방이나 다른 위험들을 두려워하겠습니까.

같은 해 8월 23일 칼빈은 "저는 당신이 가능한 한 빨리, 하나님과 교회를 위해 감당해야 한다고 생각하는 일들을 완수해 주시리라 기대합니다"라고 써 보내어 감사의 뜻을 표하였다. 그리고 그는 다음과 같이 조금 심한 말도 덧붙였다.

만약 이 경고가 때늦은 수탉의 울음과 같이 당신을 깨우지 못한다면 모든 사람들이 당신이 게으름뱅이라고 부르짖는 것도 무리가 아닙니다. 제가 마음으로부터 존경하는 뛰어난 분이여, 그럼 안녕히.

1557년 8월 3일자의 또 다른 편지에서 칼빈은 필립의 지난 3년간의 침묵에 대해서 불평하면서, 지난번 편지에서의 심한 말들에 대해 사과하고 있다. 하지만 그는 다시금 남자답게 사람들 앞으로 나와서 겁쟁이라는 비난에 대해 맞서라고 촉구하고 있다. 그는 "당신의 이 오점을 하루 빨리 지워 버리는 것이 당신에게 얼마나 중요한 일인가에 관해서 다시금 재론할 필요는 없는 줄 압니다"라고 말하고 있다. 그는 멜란히톤이 루터파 영주들을 권유하여 슈트라스부르크나 튀빙겐, 혹은 하이델베르크, 프랑크푸르트에서 양측의 평화적인 회담을 소집하고, 거기에 경건하고 강직하며 온건한 이들을 대동하고 몸소 참석할 것을 제안하고 있다. 그는 이런 말로 편지를 끝맺고 있다.

만약 당신이 저를 그런 사람들 가운데 한 사람으로 포함시켜 주신다면, 어떤 절박한 사정이 생기더라도 이 일을 가장 중요한 일로 생각하겠습니다. 그리하여 주님께서 우리를 천국에 모으시기 전에 저는 이 지상에서 당신과 정말로 기쁨에 넘치는 만남을 가질 수 있게 될 것입니다. 그리고 우리가 제거할 수 없는 악들에 대해 당신과 함께 개탄함으로써 얼마간 제 마음의 고통을 덜 수 있을 것입니다.

멜란히톤에게 보낸 현존하는 마지막 편지인 1558년 11월 19일 편지에서 칼빈은 다시 한 번 성찬 논쟁을 언급하고 있다. 하지만 그 기조는 무척 부드러우며, 어떤 일도 자신의 마음은 멜란히톤에게서 떼어놓을 수 없을 것이라고 다짐하고 있다. "제가 당신에게 약속한 거룩한 우정과 존경에서 떠나지 않을 것이며 … 무슨 일이 생기더라도 우리 서로를 향한 형제애적인 애정을 성실하게 키워 나갑시다. 사탄의 어떤 궤계도 결코 끊을 수 없는 그런 유대 관계를 말입니다."

멜란히톤이 만약 세르베투스의 처형을 찬성하는 대신에 베스트팔과의 논쟁에서 공개적으로 칼빈을 지지했더라면 자기 자신의 명예에 더욱 보탬이 되었을 것이다. 하지만 그는 신학적인 광기(rabies theologorum)에 싫증이 나 있었으며, 그래서 "빵 숭배"에 관한 신랄한 분쟁에 적극적으로 개입하고자 하지 않았다. 멜란히톤은, 그리스도의 몸이 성례적 **사용** 가운데 임재한다는 데 만족하지 않고 그리스도의 몸이 **빵** 안과 아래에 임재한다고 주장하는 자들의 이론을 빵 숭배라는 용어로 표현하였다. 그는 자신이 상대하는 사람들이 어떤 사람들이라는 것을 알고 있었던 것이다. 그는 작센 궁정이 명예를 지킨다는 생각에서 루터의 교리로부터의 공개적인 이탈을 허용하지 않으리라는 것도 알고 있었다. 신중함, 소심함, 그리고 루터에 대한 존경심이 한데 뒤섞여서 그가 침묵하게 된 동기가 되었다. 그는 자신의 천성적인 약점을 알고 있었고, 그래서 1548년 크리스토퍼 폰 칼로비츠(Christopher von Carlowitz)에게 보낸 편지에서 이렇게 털어 놓았다.

저는 아마도 천성적으로 얼마간 굴종적인 데가 있는 것 같습니다. 지금껏 저는 이런 꼴사나운 노예성을 지속시켜 왔습니다. 이것은 루터가 흔히 자신의 성정을 좇아 행동했고, 이것을 이론의 여지 없이 자신의 위엄이자 공동의 선이라고 생각했던 것과 마찬가지입니다.

하지만 그의 사적인 편지에서 그는 자신의 실제적인 느낌들, "빵 숭배"에 대한 반대, 그리고 그리스도 몸의 편재론에 대한 반대 의사를 숨기지 않았다. 이 주제에 대한 그의 마지막 발언은 하이델베르크에서 기승을 부리고 있던 성찬 논쟁에서 양측을 화해시키고자 애썼던 팔츠의 선제후 프리드리히 3세의 요청에 대한 답신 속에 나타나 있다. 멜란히톤은 스콜라적인 추상적 논리를 경고하였으며, 중용, 평화, 성경적인 단순성을 권하고, "우리가 떼는 떡은 그리스도의 **몸에 참예함**"이라는 바울의 말(고전 10:16)을 사용할 것을 권유하였다. 바울은 "변화한다"거나 "실체적"이라거나 "진정한" 몸이라는 따위의 말은 하지 않았다는 것이다. 그는 1559년 11월 1일에 이런 권고를 하고, 몇 달 후에 세상을 떠났다(1560년 4월 17일).

그 결과 선제후는 양측의 지도자들, 즉 헤스후지우스와 클레비츠를 다 물리치고, 저명한 외국 신학자들을 대학에 초빙하였으며, 자카리아스 우르시누스(Zacharias Ursinus, 멜란히톤의 제자)와 카스파르 올레비아누스(Caspar Olevianus, 칼빈의 제자)에게 하이델베르크 혹은 팔츠 요리문답을 작성하도록 하였다. 이 요리문답은 1563년 1월 19일 발행되었다. 이것은 독일과 네덜란드 개혁파 교회의 표준이 되는 문서가 되었다. 이 문서는 칼빈주의적-멜란히톤주의적인 영적인 실제적 임재론을 명확하고도 강력하게 표현하고 있고 선택설을 가르치고 있지만 영벌이나 유기에 대해서는 한 마디도 언급하지 않고 있다. 이 두 가지 점에서 이 문서는 그 자신이 팔츠 출신이었던 멜란히톤의 특징과 최종적인 교리적 입장을 가장 잘 표현하고 있다.

134. 칼빈과 헤스후지우스

틸레만 헤스후지우스(Tilemann Heshusius, 독일어로는 Hesshus 혹은 Hesshusen)는 1527년 클레베 공국의 니더베젤에서 태어나서 1588년 헬름슈테트에서 숨을 거두었다. 그는 스콜라적인 정통주의에 대한 가장 열정적이고 호전적인 수호자 가운데 한 사람으로서 루터보다 더 루터적이고 교황보다 더 교황적이었다.[50] 그는 경건을 정통 신학과 동일시했으며, 정통을 공간을 차지하지 않는 공재설(illocal con-in-substantiation), 혹은 멜란히톤의 표현을 빌리자면 "빵 숭배”와 동일시하였다. 그는 고슬러, 로스토크, 하이델베르크, 브레멘, 마크데부르크, 츠바이브뤼켄, 예나, 그리고 프로이센에서 영향력있는 위치를 점하였다. 하지만 떠들썩한 성정으로 인해 그는 어디에서나 소동을 벌였고, 함부로 출교의 권한을 휘둘렀으며, 자기 자신도 7번이나 파면당하고 추방을 당하는 기록을 세웠다. 그는 또한 친구인 플라키우스(Flacius), 비간트(Wigand), 그리고 켐니츠(Chemnitz)와 논쟁을 벌였다. 하지만 그는 신자들뿐만 아니라 불신자들도 그리스도의 몸을 문자 그대로 먹는다는 것을 완강하게 고집하면서도, 그리스도의 몸을 이로 씹어 먹는다고 한 베스트팔의 상스럽고 혐오스러운 표현에는 반대하고 자신은 그냥 구두 섭취라는 표현만을 사용하였다. 그는 또한 편재성의 교리를 거부하였으며, 「일치신조」(*Formula of Concord*)에 이를 도입한 것에 문제를 제기하였다.

헤스후지우스는 원래 멜란히톤의 제자이자 식객이었으며, 그의 온건한 견해에 동조하였었다. 하지만 베스트팔과 플라키우스와 마찬가지로 그는 은인을 대적하는 배은망덕한 자가 되었다. 그를 하이델베르크의 교수직과 라인강 유역 팔츠 지방의 루터파 교회 감독직에 천거한 것도 멜란히톤이었다(1558). 여기서 그는 처음으로 엄격한 루터파의 실체적 임재설의 대변자의 모습을 보였으며, 「성찬에서 그리스도 몸의 임재에 관하여」(*On the Presence of the Body of Christ in the Lord's Supper*)라는 책에서 “성례상징론자들”을 공격하였다. 그는 자신의 동료들과 논쟁을 벌였으며, 특별히 멜란히톤파로서 그에 못지않게 거칠고 소란스러운 인물인 클레비츠 집사와 논쟁하였다. 그는 심지어 제단에서 클레비츠의 손에서 성배를 빼앗으려고 하였다. 그는 클레비츠가 루터파의 실제적 임재설의 스콜라적인 표현인 **안에** 그리고 **아래에**라는 표현은 받아들이지 않고 **함께**라는 표

---

50) 멜란히톤을 반대했던 엄수파 루터주의의 또 다른 지도자들로는 Amsdorf(1565년 사망), Westphal(1574년 사망), Flacius(1575년 사망), Judex(1574년 사망), Jimann(1557년 사망), Gallus(1570년 사망), Wigand(1587년 사망) 등이 있다. 멜란히톤의 주요 제자들로는 Eber(1569년 사망), Cruciger(1548년 사망)와 그의 아들(1575년 사망), Camerarius(1574년 사망), Peucer, Krell, Pezel, Pfeffinger, Hardenberg, Major, Menius가 있다. 루터의 가장 뛰어난 점 가운데 하나는 멜란히톤과의 뚜렷한 차이점에도 불구하고 마지막까지 그를 충심으로 존중해 주었다는 것이다. 속 좁은 그의 추종자들은 이러한 너그러움과 관대함을 완전히 결여하고 있다.

현만 받아들이려고 한다는 이유로 클레비츠를 출교시켰다. 경건한 자로 불리던 선제후 프리드리히 3세는 멜란히톤의 승인을 받아 헤스후지우스와 클레비츠 두 사람을 모두 면직시킴으로써 평화를 회복하였다(1559년 9월 16일). 프리드리히 는 그 후에 하이델베르크 요리문답을 작성하라고 명하였으며, 1563년에는 팔츠 에 개혁파 교회를 도입하였다.

다른 한편, 뷔르템베르크의 루터파 성직자들은 브렌츠의 지도 아래 슈투트가 르트 대회에서 루터가 주장한 것이지만 멜란히톤은 반대하였던 그리스도 몸의 편재성 교리에 상징적인 권위를 부여하였다(1559년 12월 19일).

칼빈은 헤스후지우스의 책을 불링거로부터 전달받았다. 불링거는 그에게 논 증은 벌이되 인신공격은 하지 말라고 권고하였다. 그는 한동안 망설이다가 올레 비아누스에게 편지하였다(1560년 11월).

> 그 말 싸움꾼의 수다가 너무 터무니없어서 저는 화도 나지 않을 정도입니다. 그래서 저는 그에게 응답을 해야 할지 말아야 할지 아직도 마음을 정하지 못하였습니다. 저 는 너무나 많은 책자들에 지쳐서, 그의 어리석음을 상대로 제가 며칠간 노력을 할 가치도 없다고 생각합니다. 하지만 저는 이 논쟁에 관한 간략한 분석을 해보았습니 다. 이것은 아마도 곧 출간이 될 것입니다.

그리하여 그의 마지막 논쟁서들 가운데 하나가 1561년 세상에 나왔다.

이 답변서의 시작 부분에서 그는 이미 세상을 떠난 그의 친구 멜란히톤을 너 무도 애틋하게 언급하고 있는데, 이에 대해서는 이미 앞에서 살펴보았었다. 이 러한 칼빈의 우정어린 찬사는 멜란히톤이 죽자마자 그를 격렬하게 공격하였던 헤스후지우스의 비열한 배은망덕과 얼마나 대조를 이루는가.

칼빈은 베스트팔과의 논쟁에서 언급했던 몇 가지 요점들을 반복해서 강조하 면서, 성경과 교부들의 글에 근거하여 그의 지적인 정열과 학식으로써 맛깔스럽 게 헤스후지우스의 논리를 반박하고 있다. 그는 헤스후지우스를 자주색 왕복을 입은 원숭이, 사자 가죽을 뒤집어 쓴 당나귀에 비유하고 있다. 다음이 그 핵심 구절이다.

> 헤스후지우스는 임박한 것으로 보이는 광범위한 만행을 몹시 한탄하고 있다. 그는

마치 자신과 자신의 동료들로부터 야기되는 만행보다 더 거대하고 더 사악한 만행이 다가오고 있다는 듯이 말하고 있는 것이다. 그가 얼마나 맹렬하게 자신이 존경해야 하는 스승 필립 멜란히톤을 조소하고 헐뜯는지 살펴보는 것만으로도 충분하다 … 그것이 학자가 자신이 소유한 극히 조그만 지식이라도 빚지고 있는 스승을 향해, 거기다가 온 교회로부터 그렇게 높이 평가받고 있는 한 인물을 향해 보일 수 있는 경건한 보은이란 말인가….

그에게 몇 가지 겉치레가 있기는 하지만, 그는 단지 자신의 과장된 말투로 베스트팔과 그 패거리들이 주장했던 예전의 어리석고 경솔한 행동들을 팔아먹고 있다. 그는 거만하게 하나님의 전능함에 대해, 하나님의 말씀을 절대적으로 신뢰하고 인간의 이성을 복종시키는 것에 대해 열변을 토하고 있다. 여기서 그는 아마도 다른 자료들에서 알게 된 용어들을 사용하고 있는데, 내 글도 그 중 하나인 것 같다. 나는 그가 유치할 정도의 둔한 우쭐함으로 자기 자신이 멜란히톤과 루터를 결합시키고 있다고 생각하고 있음을 추호도 의심하지 않는다. 그는 바보스럽게도 한 사람의 사상의 정수를 차용해서는, 다른 한 사람의 열정에 필적하는 보다 나은 어떠한 방도도 없이, 과장된 말과 시끄러운 소리로 그것을 대신하고 있다….

베스트팔은 대담하게도 그리스도의 몸이 이로 씹혀진다고 단언하고 있으며, 베렌가리우스(Berengario)의 철회서를 추천을 받아 인용함으로써 이를 확증하고 있다. 이것은 헤스후지우스를 만족시키지 못하였다. 헤스후지우스는 그리스도의 몸을 입으로 먹기는 하지만 이빨은 거기에 닿지 않는다고 주장하고, 그렇게 상스럽게 먹는 데 대해 상당한 반감을 표하였다….

헤스후지우스는 만약 그리스도의 몸이 천국에 있다면 성찬 가운데는 있을 수 없고, 그래서 우리는 그리스도 대신에 오직 그 상징만을 가질 뿐이라고 주장한다. 이는 마치 성찬이 진정한 하나님의 예배자들에게 하나의 천상적인 행위가 아니라고 말하는 것, 말하자면 이들을 세상을 초월하도록 이끌어주는 수단이 아니라고 말하는 것과 같은 어이없는 이야기이다. 하지만 지상에 멈춰 서서 그 코를 한껏 진흙탕 속에 밀어 넣고 있는 헤스후지우스에게 이것이 무슨 상관인가? 바울은 세례 때에 우리가 그리스도로 옷 입는다고 가르치고 있다(갈 3:27). 헤스후지우스는 만약 그리스도가 천국에 머물러 있다면 이것도 불가능하다고 얼마나 날카롭게 주장할 것인가? 바울이 그렇게 말할 때 그는 그리스도께서 하늘로부터 이끌려 지상으로 내려와야만 한다는 생각 따위는 하지 않았다. 왜냐하면 그는 그리스도가 다른 방식으로 우리와 연합되며, 물이 우리 몸을 깨끗하게 하듯이 그의 피가 우리 영혼을 깨끗하게 하기 위해 임재한다는 것을 알고 있었기 때문이다 … 그리스도의 몸이 상징적으로 섭취된다면 그것은 진정으로 섭취되는 것이 아니라는 그의 주장도 이와 비슷한 것이다. 이것은 진정한 상징이 실체의 제시를 배제시킨다는 주장과 같은 것이다.

어떤 사람들은 믿음이라는 용어가 마치 실체와 그 효과를 폐지시켜 버리기라도 한다는 듯이 그 용어에 대해 의심의 눈초리를 보내고 있다. 하지만 우리는 그에 대해 상당히 다른 방식으로 생각해야 할 것이다. 즉 우리가 그리스도께로 연합되는 유일한 길은 우리의 마음을 이 세상 위로 끌어올리는 것이다. 따라서 우리를 그리스도와 연합시키는 끈이 신앙이며, 이 신앙이 우리를 위로 끌어올리고 천국에 그 닻을 내리며, 그렇게 해서 우리가 지어낸 것에 그리스도를 종속시키는 것이 아니라 우리가 위로 올라가 그의 영광 가운데서 그를 찾는 것이다.

이것은 내가 언급했던 논쟁, 즉 신자들만이 그리스도를 받을 수 있는가 혹은 빵과 포도주를 받은 사람은 모두 아무런 예외 없이 그리스도를 받는 것인가 하는 논쟁을 해결할 수 있는 최선의 방식을 제시해 준다. 내가 제시하는 다음과 같은 해결책이 정확하고 명료한 해결책이다. 그리스도는 자신의 살과 피를 모든 사람들에게 내어주지만, 불신자들은 그가 주시는 선물로 나아가는 문을 스스로 가로막기 때문에 자신들에게 제공되고 있는 것을 받아 누리지 못한다는 것이다. 하지만 그렇다고 해서 그들이 주어지는 것을 거부할 때 그들이 그리스도의 은혜를 무효화시키거나 성례의 효과를 어떤 측면에서든 손상시킨다고 추론해서는 안 된다. 그들이 은혜를 모른다고 해서 성찬의 본질이 바뀌는 것은 아니고, 그리스도에 의해 주어진 언약의 징표로 간주되는 빵이 일반적인 빵과 조금도 다르지 않은 세속적인 것이 되는 것도 아니다. 그것은 여전히 그리스도의 살과 피와의 교제를 진정으로 증언한다.

이것이 성례의 복잡한 문제에 대해 칼빈이 마지막으로 다루었을 때의 결론이다. 이후에 그는 이 논쟁을 베자에게로 넘겼고, 베자는 날카롭고 학문적인 두 편의 논문을 써서 헤스후지우스의 「변호서」에 응답하였다.

베스트팔과 클레비츠에 의해 촉발된 성찬 논쟁은 독일 각지에서 믿을 수 없을 정도의 편견, 격정, 그리고 미신 가운데 이루어졌다. 브레멘에서는 티만(John Timann)이 육체적인 임재를 주장하였고, 그리스도 몸의 편재성은 이미 정착된 변할 수 없는 교의라고 주장하였다(1555). 한편 멜란히톤의 친구인 하르덴베르크(Albert Hardenberg)는 이에 반대하다 추방당하였다(1560). 하지만 이후 거기에 대한 반동이 일어나서 브레멘은 북부 독일에서 개혁파 신앙의 중심지가 되었다.

135. 칼빈과 점성술사들

칼빈의 명료하고 날카로우며 자주적인 지성은 당대의 조악한 미신을 앞서고 있었다. 그는 별을 보고 사람의 성품이나 운명을 판단하는 점성술 혹은 점복에 대해 경고하는 글을 썼다. 바빌론에서 시작되어 고대 로마로, 그리고 이교도의 나라 로마로부터 기독교회까지 흘러들어온 이 허위 과학은 다른 미신들이 뿌리째 흔들리고 있었던 바로 그때에 특히 이탈리아와 프랑스에서 성행하고 있었다. 르네상스기의 몇몇 교황들 — 식스투스 4세, 율리우스 2세, 레오 10세, 바울 3세 — 은 이에 심취하였으나 피코 델라 미란돌라는 이를 반박하는 책을 썼다. 국왕 프랑수아 1세는 자신의 주치의를 점성술에 대해 충분히 알지 못한다는 이유로 해임하였다. 페라라의 르네 공작 부인은 심지어 말년에도 점성술사인 루크 구아릭에게 자문을 구하였다. 카트린 드 메디시스(Catherine de Medici)의 궁정은 점성술과 다른 마술에 과도하게 빠져들어서 교회와 국가가 이에 간섭해야만 할 지경이었다.

하지만 더욱 주목할 만한 사실은 멜란히톤 같은 계몽된 학자까지도 별자리를 주의 깊게 살펴서 인간사를 예상하고자 했다는 사실이다. 라일리우스 소키누스는 도대체 멜란히톤이 별들을 더 의지하는지 아니면 그것을 창조하고 다스리는 자를 더 의지하는지 모를 지경이었다. 바로 이 점에서, 루터는 비록 요술과 마귀와의 개인적인 대면을 믿기는 하였으나 자신보다 더 학식있는 동료인 멜란히톤보다 앞선 인물이었으며, 에서와 야곱이 같은 시간에 탄생했다는 성경적인 사실에 의지하여 키케로의 예수 탄생에 대한 점성술적인 계산을 반박하였다. 하지만 그는 자신이 "매춘부 별"이라고 불렀던 혜성들을 하나님의 진노의 표지 혹은 사탄의 역사로 간주하였다. 츠빙글리도 카펠 대참사가 있기 몇 주 전에 나타난 핼리 혜성을 보고 전쟁의 발생과 자신의 죽음을 예견하였다. 고집 세고 이단적인 세르베투스는 점성술을 믿고 실행했으며 그에 대한 변론을 작성하였다

(*Apologetica Disceptatio pro Astrologia*).

칼빈에게서는 이런 모습을 찾아볼 수 없다. 그는 하나님께서 숨기신 것을 밝히려 하고 그의 계시된 뜻 너머에서까지 하나님을 찾으려고 시도하는 것은 불경건한 주제넘은 짓이며 사탄적인 망상이라고 생각하여 배격하였다. 그는 천체의 법칙과 움직임을 연구하는 것은 옳고 적절한 일이라고 말하고 있다.[51] 참된 천문학은 하나님의 지혜와 위엄을 찬양하도록 이끌지만, 점성술은 도덕적인 질서를 뒤집어엎는다. 하나님은 그 자신이 우리에게 주신 것들에 대해 주권적인 분이시며 어떤 자연의 필연성에 얽매여 있는 분이 아니다. 그는 영원한 섭리로써 만물을 예정하셨다. 때로는 한 전투에서 무려 6만 명이나 전사하는데, 그렇다면 이들은 모두 같은 별 아래에서 태어났다는 말인가? 태양이 지구에 영향을 미치고, 비와 폭풍우가 하늘로부터 오는 것은 사실이지만 인간의 사악함은 자신의 뜻에서 발원하는 것이다. 점성술사들은 창세기 1장 그리고 별들을 **징조**라 부르는 선지자 예레미야에 의지하여 자신들의 주장을 펴고 있다. 하지만 칼빈은 "거짓말하는 자의 **징조**를 폐하며 점치는 자를 미치게 하며"라는 이사야 44장 25절을 인용함으로써 이들에게 대응하고 있다. 결론적으로 그는 일체의 점성술 이론과 그 실행을 단지 불필요하고 무용하기만 한 것이 아니고 유해하기까지 한 것이라고 보고 배격하고 있다.

같은 논문에서 그는 연금술사들을 비웃고 있으며, 부수적으로 상당한 정도의 세속 학문에 대한 조예도 보여주었다.

칼빈은 또한 천상의 계급 조직에 대한 위(僞)디오니시우스의 교묘한 사변들을 "말장난에 불과한 것"으로 간주했으며, 그 책 ─ 토마스 아퀴나스와 단테에 의해 재가를 받았다 ─ 의 저자는 마치 하늘로부터 내려와 자신이 직접 본 것들을 설명하는 사람인 것처럼 말하고 있다고 덧붙였다. 하지만 세 번째 하늘까지 갔다 온 바울은 자신이 보고 들은 비밀한 것들을 사람이 언급하는 것은 옳지 않다고 여겼다[52]

칼빈이 만약 당대에 단지 하나의 가설로 알려져 있던 코페르니쿠스의 지동설

---

51) *Institutes*, I. 5장, 2절과 5절을 비교하라. 여기서 그는 천문학을 높이 평가하고 있다.

52) *Institutes*, I. 14장, 4절.

을 수용했더라면 자신의 임무를 보다 수월하게 수행할 수 있었을 것이다.[53]

하지만 이 문제에 있어서 칼빈은 다른 신학자들과 마찬가지로 시대를 앞서지는 못하였다. 그는 "전체 우주가 지구를 중심으로 움직인다"고 믿었고, 창세기 1장에서 태양과 달이 지구와 맺는 관계를 설정하신 하나님의 권위에 대적하여 인간이 억측을 해대는 것은 터무니없는 짓이라고 공표하였다. 루터는 여호수아가 지구가 아니라 태양에게 멈추라고 명령을 내렸다고 증언하는 성경과 천문학 전체를 뒤집어엎으려는 신출내기 천문학자에 대해 경멸을 표하였다. 멜란히톤은 코페르니쿠스 사후 6년 만에 출간된 「물리학 입문」(*Elements of Physics*)이란 논문에서 지동설을 비판하였으며, 그것은 천계가 24시간 만에 한 번씩 지구를 돌고 있다는 우리 눈에 보이는 증거, 지구가 고정되어 있고 태양이 그 주위를 돌고 있다는 시편과 전도서의 말씀에 반한다고 지적하였다. 그는 코페르니쿠스의 주장과 같은 불경건한 가르침을 억제하기 위해서는 엄하게 조처를 취해야 한다고 제안하였다.

하지만 우리는 거의 100년간 신학자들뿐만 아니라 철학자들도 코페르니쿠스의 이론이 우리의 감각이 증언하는 바와 성경의 가르침에 상반된다는 생각에서 그에 반대하였다는 사실을 기억해야 한다. 16세기 말엽에 이르러 갈릴레이(1564-1642)가 코페르니쿠스의 이론을 받아들이고 조야한 망원경으로 목성의 위성들과 금성의 상들을 발견하였을 때, 그는 이단으로 몰려 로마의 종교재판소에 소환되었다. 당시 교황청의 대표적인 신학자였던 벨라르미노(Bellarmino)는

---

53) 코페르니쿠스는 1530년에 자신의 책 *De Orbium coelestium Revolutionibus*를 완성하여 교황에게 헌정하였다. 하지만 이 책은 그 사본을 받았던 뉘른베르크의 오지안더(Osiander)에 의해 1543년에야 출판될 수 있었다. 오지안더는 이 책 서문에서 코페르니쿠스의 발견이 가정에 불과하다고 공표하였다. 코페르니쿠스는 프로이센과 폴란드 국경에 있는 프라우엔부르크에서 임종할 즈음에 자신의 책을 받아볼 수 있었다. 그는 아마도 신앙심이 깊은 사람이었으며, 그의 묘비에 새겨진 기도문이 바로 그의 작품이라고 종종 여겨진다. "저는 바울에게 주어진 은혜를 구하지 않습니다. 베드로에게 주어진 은혜를 구하는 것도 아닙니다. 당신께서 십자가상의 강도에게 보여주신 그 호의만 바랄 뿐입니다." 하지만 이 비문은 Aeneas Sylvius의 시 *De Passione Domini*에서 따온 것으로, Melchior Pyrnesius 박사에 의해 토루인에 있는 코페르니쿠스 기념비에 새겨졌다(1589). 거기서 코페르니쿠스는 십자가에 못 박힌 예수상 앞에 손을 모으고 있는 모습으로 표현되고 있다.

그에게 자신의 오류를 버리고 지구가 천체의 부동의 중심이라고 가르치라는 명령을 내렸다(1616년 2월 26일). 교황 바울 5세의 명을 받은 금서 목록 위원회는 "지구가 축을 중심으로 자전하는 동시에 태양의 주위를 공전하고 있다는 이중 운동 이론은 잘못된 것이며, 성경에도 완전히 모순되는 것이다"라는 칙령을 내리고, 지구가 움직인다고 주장한 코페르니쿠스, 케플러, 갈릴레이 등의 저술들을 정죄하였다. 이 저서들은 베네딕투스 14세 시대까지 금지목록(Index Purgatorius: 정화의 대상이 되는 목록)에 들어 있었다. 자연 과학계에서 코페르니쿠스의 이론이 승리를 거둔 이후에도 존 오웬(John Owen), 존 웨슬리(John Wesley)와 같이 존경할 만한 신학자들은 그것이 자신들의 영감설과 모순된다고 생각하고, 이를 불신으로 이끄는 경향이 농후한 기만적이고 독단적인 가설이라고 거부하였다. "그래도 지구는 움직인다!"

　성경과 과학 사이에 모순이 있을 수는 없다. 왜냐하면 성경은 천문학이나 지질학 혹은 과학 책이 아니기 때문이다. 성경은 이 세상과 인간이 하나님과 어떤 관계에 있는지 가르쳐 주는 종교적인 책이며, 그것이 천체를 묘사할 때는 어떤 과학적인 이론에 대해 찬성이나 반대를 표시함이 없이 현상적인 대중의 언어를 사용하고 있는 것이다.

제 16 장

세르베투스: 그의 삶, 지론, 재판, 그리고 처형

136. 세르베투스에 관한 문헌들

I. Theological Works of Michael Servetus.

DE TRINI-
TATIS ERRORIBUS
LIBRI SEPTEM.
PER MICHAELEM SERUETO, ALIÀS
REUES AB ARAGONIA
HISPANUM
ANNO MDXXXI.

This book was printed at Hagenau in the Alsace, but without the name of the place, or of the publisher or printer. It contains 120 pages.

Dialogo | rum de Trinitate | Libri duo. | De justicia regni Chri | sti, Capitula quatuor. | Per Michaelem Serveto, | aliâs Reves, ab Aragonia | Hispanum. | Anno MDXXXII. Likewise printed at Hagenau. It concludes with the words: "*Perdat Dominus omnes ecclesiæ tyrannos. Amen. Finis.*"

These two works (bound in one volume in the copy before me) were incorporated in revised shape in the *Restitutio.*

CHRISTIANI-
SMI RESTITV-
TIO.

Totius ecclesiæ apostolicæ est ad suæ liminæ vocatie, in integrum restituta cognitione Dei, fidei Christi, iustificationis nostræ, regenerationis baptismi, et cæne domini manducationis. Restituto denique nobis regno cælesti, Babylonis impiæ captivitate soluta, et Antichristo cum suis penitus destructo.

בערת התייא יעמוד מיכאריל הסר

καὶ ἐγένετο πόλεμος ἐν τῷ οὐρανῷ

M. D. LIII.
[Facsimile of title page.]

734   APOLOGIA.

...nima quædam, omnia in se contemplans, et lucide continens: mortalibus olim velata, et per Christum reuelata: quam et plerique dixerunt, fuisse ipsammet animam Christi. Sapientiam nos vere dicimus, instar animæ Christi, rationem diuinam de Christo, personalem Christi substantiam in Deo relucentem, et omnia continentem. In ea primaria luce esse reliqua omnia secundario relucentia, vt in anima tua relucent res aliæ, quæ sunt in ipsa. Vnde est anima nostra vera imago illius sapientiæ Dei, et ab ea vere reformatur. Nec solum dicimus, in sapientia Dei omnia relucere, sed et inde habere suum esse, ex inuisibilibus visibilia facta. Dicimus item, eam a Christo sapientiæ lucem, et in angelos, et in animas nostras se diffundentem, velut speculum lucidum, varias nobis et angelis rerum cognitiones dare. Atque ita quicquid angeli vnquam cognouerunt, a Christo acceperunt, sicut et nos. Benedictus ille sit in secula seculorum, qui sapientiam suam infundens, hanc de se nobis cognitionem dedit. Benedicti sunt in ipso, qui ipsum vere credent esse filium Dei, ab æterno in Deo relucentem, et in æternum regnantem. Amen. Amen.

M. S. V.
1 5 5 3.

[Facsimile of last page.]

This work was printed at Vienne in Dauphiné, at the expense of the author, who is indicated on the last page by the initial letters M. S. V.; i.e. *Michael Servetus Villanovanus.* It contains in 734 octavo pages: 1) Seven books on the Trinity (the ed. of 1531 revised); 2) Three books on Faith and the Righteousness of the kingdom of Christ (revised); 3) Four books on Regeneration and the kingdom of Antichrist; 4) Thirty Epistles to Calvin; 5) Sixty Signs of the reign of Antichrist; 6) Apology to Melanchthon and his colleagues on the mystery of the Trinity and ancient discipline.

One thousand (some say eight hundred) copies were printed and nearly all burnt or otherwise destroyed. Four or five were saved: namely, one sent by Servetus through Frelon to Calvin; one taken from the five bales seized at Lyons for the use of the Inquisitor Ory; a third transmitted for inspection to the Swiss Churches and Councils; a fourth sent by Calvin to Bullinger; a fifth given by Calvin to Colladon, one of the judges of Servetus, in which the objectionable passages are marked, and which was, perhaps, the same with the fourth copy. Castellio (1554) complained that he could not get a copy.

At present only two copies of the original edition are known to exist; one in the National Library of Paris (the Colladon copy), the other in the Imperial Library of Vienna. Willis gives the curious history of these copies, pp. 535–541; comp. his note on p. 196. Audin says that he used the annotated copy which bears the name of Colladon on the title-page, and the marks of the flames on the margins; how it was rescued, he does not know. It is this copy which passed into the hands of Dr. Richard Mead, a distinguished physician in London, who put a Latin note at the head of the work: *"Fuit hic liber D. Colladon qui ipse nomen suum adscripsit. Ille vero simul cum Calvino inter judices sedebat qui auctorem Servetum flammis damnarunt. Ipse indicem in fine confecit. Et porro in ipso opere lineis ductis hic et illic notavit verba quibus ejus blasphemias et errores coargueret. Hoc exemplar unicum quantum scire licet flammis servatum restat: omnia enim quæ reperire poterat auctoritate sua ut comburerentur curavit Calvinus."* (Quoted from Audin.) This must be the copy now in Paris. Dr. Mead began to republish a handsome edition in 1723, but it was suppressed and burnt by order of Gibson, the bishop of London.

In 1790, the book rose like a phœnix from its ashes in the shape of an exact reprint, page for page, and line for line, so that it can only be distinguished from the first edition by the date of publication at the bottom of the last page in extremely small figures — 1790 (not 1791, as Trechsel, Stähelin, Willis, and others, say). The reprint was made from the original copy in the Vienna Library by direction of Chr. Th. Murr, M.D. (See his *Adnotationes ad Bibliothecas Hallerianas, cum variis ad scripta Michaelis Serveti pertinentibus*, Erlangen, 1805, quoted by Willis.) The edition must have been small, for copies are rare. My friend, the Rev. Samuel M. Jackson, is in possession of a copy which I have used, and of which two pages, the first and the last, are given in facsimile.

A German translation of the *Restitutio* by Dr. BERNHARD SPIESS: *Michael Servets Wiederherstellung des Christenthums zum ersten Mal übersetzt.* Erster Bd., Wiesbaden (Limbarth), 1892 (323 pp.). The second vol. has not yet appeared. He says in the preface: *"An Begeisterung für Christus und an biblischem Purismus ist Servet den meisten Theologen unserer Tage weit überlegen [?]; von eigentlichen Lästerungen ist nichts bei ihm zu entdecken."* Dr. Spiess, like Dr. Tollin, is both a defender of Servetus and an admirer of Calvin. He translated the first ed. of his *Institutes* (1536) into German (Wiesbaden, 1887).

The geographical and medical works of Servetus will be noticed in the next sections.

II. CALVINISTIC SOURCES.

Calvin: *Defensio orthodoxæ fidei de sacra trinitate contra prodigiosos errores Michaelis Serveti Hispani, ubi ostenditur hæreticos jure gladii coërcendos esse*, etc., written in 1554, in *Opera*, VIII. (Brunsw., 1870), 453–644. The same volume contains thirty letters of Servetus to Calvin, 645–720, and the *Actes du procès de Mich. Servet.*, 721–872. See also the correspondence of Calvin from the year 1553 in vol. XIV. 58 sqq. (The *Defensio* is in the Amsterdam ed., vol. IX. 510–567.) Calvin refers to Servetus after his death several times in the last ed. of the *Institutes* (I. III. § 10, 22; II. IX. § 3, 10; IV. XVI. 29, 31), in his *Responsio ad Balduini Convitia* (1562), *Opera*, IX. 575, and in his Commentary on John 1 : 1 (written in 1554) : "*Servetus, superbissimus ex gente Hispanica nebulo.*"

Beza gives a brief account in his *Calvini Vita*, ad a. 1553 and 1554, where he says that "Servetus was justly punished at Geneva, not as a sectary, but as a monster made up of nothing but impiety and horrid blasphemies, with which, by his speeches and writings, for the space of thirty years, he had infected both heaven and earth." He thinks that Servetus uttered a satanic prediction on the title-page of his book : "Great war took place in heaven, *Michael* and his angels fighting with [not against] the dragon." He also wrote an elaborate defence of the death-penalty for heresy in his tract *De hæreticis a civili magistratu puniendis, adversus Martini Bellii* [pseudonym] *farraginem et novorum academicorum sectam.* Geneva (Oliva Rob. Stephani), 1554; second ed. 1592; French translation, 1560. See Heppe's *Beza*, p. 38 sq.

III. Anti-Calvinistic.

Bolsec, in his *Histoire de la vie . . . de Jean Calvin* (1577), chs. III. and IV., discusses the trial of Servetus in a spirit hostile alike to Calvin and Servetus. He represents the Roman Catholic view. He calls Servetus "a very arrogant and insolent man," and a "monstrous heretic," who deserved to be exterminated. "*Desireroy*," he says, p. 25, "*que tous semblables fussent exterminez : et l'église de nostre Seigneur fut bien purgée de telle vermine.*" His more tolerant editor, L. F. Chastel, protests against this wish by an appeal to Luke 9 : 55.

IV. Documentary Sources.

The Acts of the process of Servetus at Vienne were published by the Abbé D'Artigny, Paris, 1749 (Tom. II. *des Nouveaux Mémoires*). — *The Acts of the process at Geneva*, first published by J. H. Albert Rilliet: *Relation du procès criminel intenté à Genève en 1553 contre Michel Servet, rédigée d'après les documents originaux.* Genève, 1844. Reprinted in *Opera*, vol. VIII. — English translation, with notes and additions, by W. K. Tweedie: *Calvin and Servetus.* Edinburgh, 1846. German translation by Brunnemann (see below).

V. Modern Works.

* L. Mosheim, the famous Lutheran Church historian (1694–1755), made the first impartial investigation of the Servetus controversy, and marks a reaction of judgment in favor of Servetus, in two monographs, *Geschichte des berühmten Spanischen Arztes Michael Serveto*, Helmstædt, 1748, 4°

(second vol. of his *Ketzergeschichte*); and *Neue Nachrichten von Serveto*, 1750. He had first intrusted his materials to a pupil, HENR. AB. ALLWOERDEN, who published a *Historia Michaelis Serveti*, Helmstadii, 1727 (238 pp., with a fine portrait of Servetus and the scene of his execution): but as this book was severely criticised by Armand de la Chapelle, the pastor of the French congregation at the Hague, Mosheim wrote his first work chiefly from copies of the acts of the trial of Servetus at Geneva (which are verified by the publication of the original documents in 1844), and his second work from the trial at Vienne, which were furnished to him by a French ecclesiastic. Comp. HENRY, III. 102 sq.; DYER, 540 sq.

In the nineteenth century Servetus has been thoroughly discussed by the biographers of Calvin: HENRY (vol. III. 107 sqq., abridged in Stebbing's transl., vol. II.); AUDIN (chs. XL. and XLI.); DYER (chs. IX. and X., pp. 296–367); STÄHELIN (I. 422 sqq.; II. 309 sqq.); and by AMÉDÉE ROGET, in his *Histoire du peuple de Genève* (vol. IV., 1877, which gives the history of 1553–1555). Henry, Stähelin, and Roget vindicate Calvin, but dissent from his intolerance; Dyer aims to be impartial; Audin, like Bolsec, condemns both Calvin and Servetus.

* F. TRECHSEL: *Michael Servet und seine Vorgänger*, Heidelberg, 1839 (the first part of his *Die protest. Antitrinitarier*). He draws chiefly from Servetus's works and from the proceedings of the trial in the archives of Bern, which agree with those of Geneva, published afterwards by Rilliet. His work is learned and impartial, but with great respect for Calvin. Comp. his valuable article in the first ed. of Herzog, vol. XIV. 286–301.

* W. K. TWEEDIE: *Calvin and Servetus*, London, 1846.

EMILE SAISSET: *Michael Servet*, I. *Doctrine philosophique et religieuse de M. S.;* II. *Le procès et la mort de M. S.* In the "Revue des deux Mondes" for 1848, and in his "Mélanges d'histoire," 1859, pp. 117–227. Saisset was the first to assign Servetus his proper place among scientists and pantheists. He calls him "*le théologien philosophe panthéiste précurseur inattendu de Malebranche et de Spinoza, de Schleiermacher et de Strauss.*"

J. S. PORTER (Unitarian): *Servetus and Calvin*, 1854.

KARL BRUNNEMANN: *M. Serv., eine aktenmässige Darstellung des 1553 in Genf gegen ihn geführten Kriminal-processes*, Berlin, 1865. (From Rilliet.)

* HENRI TOLLIN (Lic. Theol., Dr. Med., and minister of the French Reformed Church at Magdeburg): I. *Charakterbild Michael Servets.* Berlin, 1876, 48 pp. 8° (transl. into French by Mme. Picheral-Dardier, Paris, 1879); II. *Das Lehrsystem Michael Servets, genetisch dargestellt*, Gütersloh, 1876–1878, 3 vols. (besides many smaller tracts; see below).

* R. WILLIS (M.D.): *Servetus and Calvin.* London, 1877 (541 pp.), with a fine portrait of Servetus and an ugly one of Calvin. More favorable to the former.

MARCELINO MENENDEZ PELAYO (R. Cath.): *Historia de las Heterodoxos Espanjoles.* Madrid, 1877. Tom. II. 249–313.

DON PEDRO GONZALES DE VELASCO: *Miguel Serveto.* Madrid, 1880 (23 pp.). He has placed a statue of Serveto in the portico of the Instituto antropologico at Madrid.

* Prof. Dr. A. v. d. LINDE : *Michael Servet, een Brandoffer der Gereformeerde Inquisitie.* Groningen, 1891 (326 pp.). Hostile to Calvin, as the title indicates, and severe also against Tollin, but valuable for the literary references, distributed among the chapters.

(Articles in Encyclop., by CHARLES DARDIER, in Lichtenberger's "Encycl. des Sciences religieuses," vol. XI., pp. 570-582 (Paris, 1881); in LAROUSSE's "Grand Dictionnaire universel," vol. XIV. 621-623; ALEX. GORDON, in "Encycl. Brit." XXI. 684-686; by BERNH. RIGGENBACH, in Herzog[2], XIV. 153-161.)

The theology of Servetus is analyzed and criticised by HEBERLE : *M. Servets Trinitätslehre und Christologie* in the "Tübinger Zeitschrift" for 1840 ; BAUR : *Die christl. Lehre v. d. Dreieinigkeit und Menschwerdung Gottes* (Tübingen, 1843), III. 54-103; DORNER : *Lehre v. d. Person Christi* (Berlin, 1853), II. 613, 629, 649-660 ; PUNJER : *De M. Serveti doctrina,* Jena, 1876.

137. 칼빈과 세르베투스

우리는 이제 칼빈의 생애에서 그의 명성에 검은 그림자를 드리운 암울한 장에 이르렀다. 그는 이 사건으로 인해 그가 살던 시대 전체의 분위기이기도 했던 불관용과 박해를 자행한 사람이라는 비난을 받았는데, 이러한 비난에는 정당한 면이 있었다.

세르베투스의 화형과 그 끔찍한 교리(예정론)만으로도 기독교인의 대다수가 칼빈과 그의 신학을 정죄하기에 충분하다. 하지만 그러한 것들로도 칼빈의 보기 드문 덕목들과 사라지지 않을 공적들의 견고한 기초를 무효화시킬 수는 없다. 역사는 오로지 흠 없는 하나의 존재를 알고 있을 뿐이다. 바로 죄인들의 구세주 말이다. 인간의 위대함과 순수함은 약점으로 얼룩져서 그 누구도 우상숭배의 대상이 될 수 없도록 만든다. 큰 몸집은 큰 그림자를 드리우고, 위대한 덕목들은 종종 대단한 악을 동반한다.

칼빈과 세르베투스는 얼마나 대조되는 인물들인가! 두 사람 모두 16세기 사람들 중에 가장 매도를 당한 사람들이지만, 그 정신, 교리, 그리고 목표에 있어서 서로 상대방의 정반대를 향하고 있다. 한 사람은 개혁자이고 다른 한 사람은 파괴자였으며, 한 사람은 정통 신학의 옹호자였고 다른 사람은 대(大)이단이었으며, 한 사람은 세우는 건축가였고 다른 한 사람은 허무는 건축가였다. 두 사람은 사활을 건 투쟁에 돌입하게 되었다. 두 사람은 다 천재적이고 학식도 뛰어났고, 로마의 적그리스도에 철저하게 대항하였으며, 원시 기독교를 복원하는 데 열정적이었다. 하지만 기독교가 무엇인가에 대해서는 정반대의 견해를 가지고 있었다.

두 사람은 나이도 같았고 조숙하고, 대담하고, 독립적인 점도 같았으며, 순전히 지적이고 영적인 힘에 의존한 것도 같았다. 한 사람은 27세라는 젊은 나이에 가장 뛰어난 기독교 신학 체계들 가운데 하나와 기독교 신앙의 변증서들을 저술하였으며, 다른 한 사람은 20살을 갓 넘은 나이에 정통 기독교권의 근본적인 교리를 전복시키고자 하였다. 두 사람 다 절정기에 숨을 거두었으니, 한 사람은 자연사했고 다른 한 사람은 폭력적인 죽임을 당하였다.

칼빈의 저작들은 모든 신학교 도서관에 구비되어 있지만, 세르베투스의 책들은 거의 찾아보기 어렵다. 칼빈은 번성하는 교회들을 남겼고 그의 영향력은 오늘날까지 전체 프로테스탄트 세계에서 감지되고 있지만, 세르베투스는 혜성과도 같이 사라졌고 어떤 분파나 제자도 남기지 못하였다. 아직도 그는 자신을 불태운 장작더미에서 종교적인 박해의 죄악과 어리석음을 웅변적으로 비난하고 있으며, 최근에는 한 프로테스탄트 신학자에 의해 현대 그리스도 중심적 신학의 선구자로 이상화되었다.

칼빈은 하나님의 섭리에 의해 교회를 모든 타락으로부터 정화시키고 그리스도의 교회로 복원시키는 소명을 받았다고 스스로 생각하였고, 세르베투스를 기독교를 파괴하려는 적그리스도의 종으로 간주하였다. 세르베투스 역시 신적인 소명을 받았다고 확신하고 있었고 심지어 자신을 최후의 결전에서 로마의 용과 "제네바의 마술사 시몬"을 대적하는 천사장 미카엘과 동일시하였다.

매혹과 혐오의 신비로운 힘이 이 두 지적인 거인들을 종교개혁의 드라마 속에서 만나게 하였다. 세르베투스는 마치 악마적인 힘에 의해 영감이라도 받은 듯이, 칼빈을 정통 개신교의 교황으로 매도하면서 그의 주목을 받도록 자신을 몰아갔다. 그는 칼빈을 회개시켜서 그 자리에서 물러나도록 만들겠다고 결심하였다. 그는 칼빈이 로마 교회를 떠나자마자 파리에서 삼위일체에 관해 논쟁을 벌이자고 도전하였다. 하지만 그는 약속한 장소와 시간에 나타나지 않았다.[1] 그는 비엔(Vienne: 프랑스 남부 도시)에서 칼빈에게 편지로 퍼부어 대었고, 마침내는 칼빈의 세력권인 제네바에 경솔히 뛰어들어 불길 속에서 사라져 감으로써 그의 이름을 불멸하도록 만들었다.[2]

이 대단한 인물들에 대한 역사가들의 평가는 많은 변화를 겪었다. 세르베투스의 비극에서 칼빈의 대응 방식은 16세기와 17세기의 뛰어난 인물들에 의해 충분히 인정을 받았다[3] 하지만 19세기에는 전적으로 비난을 받았다. 보쉬에(Bossuet) 주교는 모든 기독교인들이 완강한 이단들을 영혼의 살인자라고 보고 그들을 처형하는 것이 정당하다고 주장하는 것에 대해 기꺼이 동의하고 있음을 확언할 수 있었다. 하지만 100년 후에 위대한 역사가인 기번(Gibbon)은 정반대의 여론을 대변하여, "나는 스페인과 포르투갈에서 종교 재판을 받아 화형당한 희생자들보다도 세르베투스 한 사람의 처형에 대해 더 깊이 분개하고 있다"라고 말하였다.[4]

---

1) 이 책의 76절 후반부 참조. 베자는 이 사건을 다음과 같이 보고하고 있다. "얼마 지나지 않아 칼빈이 [1534년에 앙굴렘에서] 파리로 돌아왔는데, 그때에도 불경한 세르베투스가 그 도시에서 거룩한 삼위일체에 대적하여 자신의 이단적인 독을 유포하고 있었기 때문에, 칼빈이 돌아온 것은 마치 하나님의 손에 이끌림을 받은 것 같았다. 세르베투스는 칼빈과 토론하는 기회를 가지는 것보다 더 절실하게 원하는 것은 없다고 고백하였다. 칼빈은 정해진 시간과 장소에서 오랫동안 세르베투스를 기다렸다. 당시에 그는 대적자들의 격앙된 분노를 피해 은신할 필요가 있었기 때문에 이런 기다림은 생명의 위험을 감수한 것이었다. 칼빈은 세르베투스를 만나고자 한 기대를 충족시키지 못하였다. 세르베투스는 반대자를 대면할 용기를 결여하고 있었던 것이다."

2) "스스로 불길 속에 몸을 던진 가련한 광신자 같은 이가 미카엘 세르베투스였다." Coleridge, Table-Talk.

3) 139절에 나오는 판단들을 보라.

4) 기번의 작품 「로마제국 쇠망사」(Smith's ed. V. 552)의 54장에 나오는 각주. 그는 이러한 판단을 내린 근거로 다음 세 가지를 들고 있다. (1) 칼빈의 열심은 사적인 악의와 아마도 질투심[?]으로 인해 독기를 띠게 되었고, (2) 잔혹한 행위는 교회 혹은 국가에 위해가 된다는 핑계로 가려지지 않았으며, (3) 칼빈 자신이 따르고자 했던 행위의 황금률을 위반했다는 것이다. 칼빈주의에 대한 기번의 편견은 "건전한 많은 기독교인들은 하나님이 잔인하고 변덕스러운 폭군이라는 것보다는 성찬용 빵이 하나님이라는 것을 받아들이기가 더 쉬울 것이다"라는 문장 속에 잘 표현되고 있다.

5) James Martineau는 이렇게 말하고 있다. "18년간의 재임 기간 중에, 추기경 토르케마다(Thomas de Torquemada)는 어림잡아 8천8백 명을 산채로 불태워 죽였으며,

칼빈과 토르케마다(Thomas de Torquemada: 스페인 종교재판소장)[5]를 비교하는 것은 터무니없는 일이 될 것이다. 하지만 세르베투스의 화형은 프로테스탄트 박해의 전형적인 예이고, 이로 인해 칼빈은 수많은 사례들을 합리화하는 데 사용될 수 있는 원리를 만든 책임이 있다는 것은 인정되어야 한다. 박해는 로마 가톨릭보다 프로테스탄트에게 있어 더욱 엄격하게 정죄되어야 한다. 왜냐하면 그것은 일관성을 결여하고 있기 때문이다. 개신교는 양심의 자유와 예배의 자유와 함께 생사를 같이해야만 한다.

현대 기독교와 문명의 관점에서 볼 때, 세르베투스의 화형은 결코 정당화될 수 없다. 칼빈을 가장 존경하는 전기 작가들조차도 이 비극에서 칼빈이 행한 행동을 한탄하고 논박하고 있다. 이 사건은 칼빈의 명성에 오점을 남겼고 세르베투스에게는 순교자의 영광을 안겨다 주었다.

하지만 만약 우리가 칼빈의 행동을 16세기의 관점에서 고려해 본다면, 우리는 그가 엄격한 의무감 때문에, 그리고 당시 공중의 법과 지배적인 정서에 맞추어 그렇게 행동했다는 결론에 도달하게 될 것이다. 당시의 법과 정서는 이단과 신성모독에 대해 사형을 내리는 것을 정당화했으며, 종교적인 관용은 진리에 대한 무관심과 연루되는 것으로 생각하여 혐오하였다. 심지어 세르베투스까지도 자신에게 고통을 가져다 준 이 원칙을 인정하였다. 그 자신도 도저히 선도할 수 없는 완고함과 악의는 하나님과 사람 앞에서 죽음을 당해 마땅하다고 말하고 있기 때문이다.[6]

칼빈이 대표적인 불관용의 사람으로 비춰진 것은 그의 불운이었다고 할 수 있다. 그것은 판단상의 잘못이었지 그의 심정의 잘못은 아니었다. 따라서 비록 그

갖가지 방법으로 9만 명을 처벌하였다. 그들이 도덕적인 법을 어기거나 사회에 범죄를 저지른 때문이 아니라, 오직 하나님만 허락하시고 교황은 허락지 않는 신앙에 대한 그들의 사상을 이유로 그렇게 한 것이다. 혹은 유대인들이 배교하지 않으려 한다는 이유로, 혹은 사람들이 자신이 행하지 않은 일을 고백하기를 거부했다는 이유로 그렇게 행하였다." *The Seat of Authority in Religion*, 1890, p. 156. Llorente, *Histoire Critique de l'Inquisition*, IV, 251 이하와 비교.

6) 칼빈에게 보낸 27번째 편지에서. 세르베투스는 여기서 아나니아와 삽비라가 벌을 받은 이야기를 하고 있다. 칼빈은 세르베투스가 이 원칙을 수용한 것을 언급하면서, 그의 일관성 없음을 비난하고 있다. *Opera*, VIII. 462.

행위가 정당화될 수는 없다고 하더라도 그 당시의 시대정신에 따라 용서되어야 한다는 것은 분명하다.[7]

칼빈은 세르베투스에 대한 자신의 견해를 바꾸거나 그에 대한 처분을 후회한 적이 결코 없었다. 그를 처형한 지 9년 후에 칼빈은 보두앵(Baudouin)의 비난에 대항하여 스스로를 변호하면서(1562) 다음과 같이 말함으로써 이 일의 정당성을 주장하였다.

> 세르베투스는 자신의 이단성으로 인해 처벌을 받은 것이었다. 그런데 그게 내 뜻대로 된 일이란 말인가? 확실히 그의 불경건 못지않게 그의 교만이 그를 파괴하였다. 그리고 우리 의회가 나의 권고에 따르기는 했지만 여러 교회들의 의견을 따라 그의 지독한 신성모독을 처벌한 것인데, 그게 어떻게 내 범죄란 말인가? 보두앵이 하고 싶은 만큼 나를 모욕하도록 내버려 두라. 하지만 멜란히톤의 판단에 따르면, 교회에서 이렇게 유해한 괴물을 처치한 데 대해 후손들은 내게 은혜를 입고 있다.[8]

한 가지 점에서는 오히려 칼빈이 시대를 앞서갔다고도 말할 수 있다. 비록 무위에 그치기는 하였지만, 그는 처벌을 완화하여, 화형에 처하는 대신에 참수형에 처하라고 제네바 시의회에 청원했었기 때문이다.

비단 이단들뿐만 아니라 결백한 여인들까지도 마녀로 몰아 참혹하게 고문하고 화형을 시켰던 반(半)야만적인 시대에 그가 이처럼 상대적인 온화함을 보여준 데 대해 인정해 주어야 할 것이다. 우리는 또한 그가 다루어야 했던 사건이 단지 근본적인 이단의 사건이기만 했던 것이 아니라 흉악한 신성모독의 사건이기도 했다는 점을 기억해야 할 것이다. 만약 칼빈이 실수를 했다면, 만약 그가 세르베투스의 진정한 의도를 잘못 이해한 것이었다면, 그것은 판단상의 잘못이었고 당대의 모든 가톨릭과 프로테스탄트들이 범했던 잘못을 그도 범한 것이었다. 또한 세르베투스가 거짓을 유포했다는 것에 대해 유죄 선고를 받았고, 칼빈에게 엄청난 비난을 퍼부었으며, 당시 칼빈의 적수로서 시의회를 좌지우지하고 있었던 리버틴들(Libertines)과 제휴하여 칼빈을 타도하고자 했다는 점도 간과되

---

7) 지금 모든 공정한 역사가들은 이를 용납한다.
8) *Opera*, IX. 575.

어서는 안 될 것이다.

1535년에 종교개혁에 의해 교회법이 철폐되었기 때문에 그 당시 제네바에는 세르베투스의 처벌을 정당화할 수 있는 법이 존재하지 않았다는 주장이 제기되고 있다. 하지만 모세의 율법은 폐지되지 않았고, 오히려 더욱 엄격하게 시행되고 있었으며, 칼빈이 자신의 핵심 주장을 도출해 낸 것도 바로 신성모독에 대한 모세의 율법에서였다.

그러나 다른 한편으로 우리는 칼빈의 행동을 정의와 인도주의의 원칙과 조화시키기 어려운 심각한 상황들이 있었음을 솔직히 시인해야만 한다. 세르베투스가 죽기 7년 전에 칼빈은 만약 그가 제네바에 오기만 한다면 그의 목숨을 살려두지 않겠다는 결심을 표명한 적이 있다. 그는 파렐에게 (1546년 2월 13일) 편지하여 다음과 같이 말하였다.

> 최근에 세르베투스가 제게 편지하였는데, 자신의 말도 되지 않는 망상으로 가득 찬 두꺼운 책도 동봉해서 보내왔습니다. 그는 틀림없이 제가 이 책에서 이전에 들어보지도 못한 놀라운 것들을 발견할 것이라고 허풍을 떨고 있습니다. 그는 제가 동의만 한다면 자기가 이곳으로 오겠다고 제안하고 있습니다. 하지만 저는 그의 안전을 보장하고 싶은 마음이 없습니다. 만약 그가 온다면, 그리고 제 힘으로 가능하기만 하다면, 저는 그가 이곳을 절대로 살아서 떠나게 내버려 두지는 않을 것입니다.[9]

만약 그가 세르베투스의 책이 리옹에 있는 로마 가톨릭 종교재판소의 주목을 받도록 도왔다면, 그것도 이러한 그의 계획과 일맥상통하는 것이었다. 그는 세르베투스가 제네바에 도착하자마자 그를 체포하도록 하였다. 그는 재판이 진행되는 동안 세르베투스에게 개인적인 원한을 나타내기도 하였다. 세르베투스는 제네바의 이방인이었고, 그곳에서 어떠한 범죄도 저지르지 않았다. 칼빈은 조용히 그가 떠나도록 해주었어야 했다. 아니면 볼섹(Bolsec)의 경우에서와 마찬가지로 제네바 영내에서 그를 추방시키는 것으로 족하였다. 그것으로 충분한 처벌이

---

9) *Opera*, VIII. 283. Grotius가 이 불리한 편지를 파리에서 발견했는데, 한동안 논쟁이 있었으나 지금은 일반적으로 진품으로 인정되고 있다. 제네바에 사본이 보관되어 있다.

되었을 것이다. 만약 그가 참수 대신에 추방을 권하였다면 후세 사람들의 비판을 면할 수 있었을 것이다. 후손들은 세르베투스의 화형을 결코 잊지 않을 것이고 또 결코 용서하지도 않을 것이다.

공정한 역사를 위해서 우리는 희생자의 오류뿐만 아니라 승자의 편협함도 정죄해야 한다. 그리고 양심의 확신에 충실한 점에 대해서 우리는 양자를 다 칭송해야 할 것이다. 이단은 오류이고, 불관용은 죄이며, 박해는 범죄 행위이다.

138. 가톨릭의 불관용

여기서는 종교적인 관용과 불관용이라는 주제에 대해 다룰 것이다. 세르베투스 사건이야말로 역사상 이 문제에 대한 가장 흥미롭고 중요한 사건이었다. 그의 신학적인 견해들은 그의 죽음을 초래한 박해의 논리에 비해 볼 때 훨씬 대수롭지 않은 것이었다.

박해와 전쟁은 역사상 사탄이 활동한 장이었다. 하지만 그것은 영웅적인 행위의 전개와 사회적 · 종교적 자유의 진보를 위한 하나님의 섭리에 의해 극복되었다. 박해자들이 없었다면 순교자들도 있을 수 없었다. 모든 교회, 모든 진리, 그리고 모든 선한 운동은 순교자들을 낳기 마련이다. 그들은 극심한 시련을 견뎠으며 일신의 안위와 목숨까지도 거룩한 확신을 위해 희생하였다. 순교자들의 피는 관용의 씨앗이 되고, 관용은 자유의 씨앗이 된다. 그리고 이 자유야말로 하나님이 자신의 형상대로 지으시고 그리스도를 통해 구속해 주신 모든 사람들에게 주시는 가장 귀중한 선물이다.

모든 형태의 박해 가운데 종교적인 박해가 최악이다. 왜냐하면 그것은 하나님의 이름으로 행해지기 때문이다. 종교적인 박해는 양심의 신성한 권리를 침해하고 가장 강력하고 깊은 격정을 불러일으킨다. 증오, 질투, 그리고 인간 심성의 악의, 혹은 진리에 대한 편협성과 잘못된 열정에서 야기되어 말로 글로 이루어지는 박해는 종말의 때에 이르기까지 계속될 것이다. 그러나 불과 칼에 의한 박해는 기독교와 인도주의의 정신에 어긋나며, 근대 문명과도 상반된다. 국가에 대한 범죄는 그 죄질에 따라 벌금, 투옥, 재산 몰수, 추방, 사형과 같은 처벌을 받아야 한다. 교회에 대한 영적인 범죄들은 영적으로 심판을 받아야 하고 권면, 면직, 출교의 처벌을 받아야 하며, 이 처벌들은 범죄자들의 개혁과 회복에 대한 기대를 가지고 행해져야 한다. 이것이 그리스도의 법이다. 이단에 대한 세속적인 처벌은 교회와 국가의 연합에 의한 합법적인 결과이고, 연합 관계가 느슨해질수록 그 엄격함도 약화된다. 법에 의해 확립된 종교는 법에 의해 보호되어야 한다. 따라서 종교의 완전한 자유를 보장하고 있는 미국의 헌법은 의회가 법으로 특정 종교나 교회를 국교로 확립하는 것을 금지하고 있다.[10] 이 둘은 서로 불가분의 관계를 가지는 것으로 간주되었다. 국교는 자기 방어를 위해 그 반대자들을 박해하거나 그들의 자유를 빼앗게 되어 있지만, 자유 교회는 결코 박해를 행할 수 없다. 그러나 국교 내에도 개인적인 기독교적 관대함과 자비가 있을 수 있으며, 자유 교회 안에도 불관용과 편견이 존재할 수 있다. 니케아 이전의 교부들도 니케아 이후의 교부들이나 중세의 교황들, 학자들, 개혁자들에 못지않게 정통에 대한 열망과 이단에 대한 증오를 가지고 있었지만, 이들은 이단에게 영적인 처벌만 가하였다. 미국에서 박해는 불가능하게 되어 있다. 이것은 진리를 위한 열망이나, 증오나 불관용에 대한 격정이 사라졌기 때문이 아니라, 교회와 국가 사이의 연합이 중단되었기 때문이다.

종교적인 박해의 논리는 모세의 율법에서 차용되었다. 모세의 율법은 우상숭배와 신성모독을 죽음으로 다스렸다. "여호와 외에 다른 신에게 희생을 드리는 자는 멸할지니라."[11] "여호와의 이름을 훼방하면 그를 반드시 죽일지니 온 회중이 돌로 그를 칠 것이라. 외국인이든지 본토인이든지 여호와의 이름을 훼방하면 그를 죽일지니라."[12]

국가적이고 세속적인 법 조항들에서 모세의 신정 정치는 "이 세상에 속하지 않는" 그리스도의 왕국에 의해 대체되었다. 신구약 성경의 혼란, 즉 모세의 율법과 그리스도의 복음의 혼란은 교회 안의 많은 악의 근원이 되었다.

신약 성경은 박해의 교리를 지지하는 모습을 전혀 보여주지 않고 있다. 그리스도와 사도들의 전체적인 가르침과 모범은 그것에 정면으로 반대하고 있다. 그

---

10) 미국 헌법 제1조를 보면, "의회는 국교를 확립하거나, 자유로운 종교 활동을 금하는 어떠한 법률도 제정할 수 없다."

11) 출 22:20. 신 13:5-15; 17:2-5 비교.

12) 레 24:16. 왕상 21:10,13 비교.

들은 박해를 당하였지만 자신들은 그 누구도 박해하지 않았다. 그들의 무기는 영적인 것이었지 육적인 것이 아니었다. 그들은 하나님의 것을 하나님께 드렸고 가이사의 것은 가이사에게 바쳤다. 성 아우구스티누스가 압제를 편들어 인용할 수 있었던 유일한 구절은 "사람들을 강권하여 데려오라"(눅 14:23)라는 비유적인 구절뿐이었다. 이 구절을 문자적으로 받아들이면 정반대되는 것, 즉 강제된 구원을 가르치게 될 것이다. 성 토마스 아퀴나스는 신약 성경의 어느 구절도 불관용을 지지하는 것으로 인용하지는 않았지만, 관용을 명하는 구절들(마 13:29,30; 고전 11:19; 딤후 2:24)을 이리저리 해명하려고 하였다. 교회는 결코 그리스도의 이러한 가르침을 완전히 잊어버렸던 적은 없었으며, 심지어 박해의 가장 어두운 시대에도 항상 "교회는 피에 목마르지 않다"(Ecclesia non sitit sanguinem)라는 원칙을 공언하였다. 하지만 교회는 국가로 하여금 자신을 대신하여 처형자의 역할을 하도록 만들었다.

처음 3세기 동안 교회는 박해할 힘도 없었고 박해할 뜻도 가지고 있지 않았다. 순교자 유스티누스(Justinus Martyr), 테르툴리아누스(Tertullianus), 그리고 락탄티우스(Lactantius)는 양심의 자유를 가장 먼저 옹호하였던 사람들이었다. 콘스탄티누스 황제의 관용령(313년)은 모든 사람이 자신이 믿는 바에 따라 종교와 예배를 선택할 수 있는 권리를 지닌다는 근대 이론을 예감하게 하는 것이었다. 하지만 이것은 제국과 교회의 연합을 향한 한 걸음에 불과하였고, 교회는 이전에 이교적인 국교가 지녔던 지위와 세력을 자신의 것으로 취하였다.

교회 내에서 박해의 시대는 콘스탄티누스 황제에 의해 소집되고 강행되었던 최초의 에큐메니컬 공회의와 함께 시작되었다. 이 공의회는 신조에 대한 최초의 서명 동의의 실례와, 서명 동의를 거부한 사람들을 추방하는 최초의 선례를 보여주고 있다. 아리우스(Arius)와 그에게 동의하였던 두 사람의 이집트 주교들이 일리리아로 추방되었다. 제1차 에큐메니컬 공의회와 제2차 에큐메니컬 공의회 사이에(325-381) 제국을 뒤흔들었던 격렬한 아리우스 논쟁이 이루어지는 동안, 양측은 자신들이 득세할 때마다 투옥, 면직, 추방 등의 박해 행위를 아무런 거리낌 없이 자행하였다. 아리우스파도 정통파 못지않게 불관용의 모습을 보여주었다. 이러한 실제적인 관행이 박해를 위한 논리와 공중 법을 위한 기초를 제공하였다.

제2차 에큐메니컬 공의회에서 니케아 신조가 최종적인 승리를 거두고 난 후

테오도시우스 대제에 의해 이단에 대한 처벌 법률이 제정되기 시작하였다. 그는 재임 기간 동안(379-395) 이단에 대해, 특별히 삼위일체 교리를 반대하는 사람들을 대상으로 15개나 되는 가혹한 법령들을 공표하였다. 그들은 공공 예배에 참석할 수 있는 권리를 박탈당하였고, 공직에서 배제되었으며, 어떤 경우에는 사형에 처해지는 위험에 놓여졌다.[13] 그의 경쟁자이자 동료였던 막시무스(Maximus)는 그 이론을 실행에 옮겨서 최초로 이단들의 피를 뿌렸는데, 마니교적인 경향을 보인 스페인 주교 프리스킬리아누스(Priscillianus)와 6명의 추종자들을 고문하고 정죄해서 참형에 처하였다.

밀라노의 암브로시우스(Ambrosius)와 투르의 마르티누스(Martinus of Tours)는 이러한 비인도적인 행위에 항의하였다. 하지만 여론은 곧 이 박해를 승인하였다. 히에로니무스는 신명기 13:6-10에 근거하여 이단에 대한 이러한 사형 제도에 찬성한 것으로 보인다. 9년간이나 마니교 이단에 빠져 있었던 아우구스티누스는 "오직 진리만이 승리하고, 진리의 승리는 사랑이다"라는 자신의 고상한 말과는 상반되게, 도나투스파에 대한 강제적인 처분을 용인하였다. 수세기 동안 교회의 사상을 지배했고 개혁자들의 신학을 형성하였던 이 기독교 교부는, 그리스도가 단호하게 어린아이들을 천국에 포함시켰음에도 불구하고, 모든 세례받지 못한 유아들의 구원을 부인하였다.

초기 교황들 가운데 가장 위대했던 레오 1세도 이단에 대한 사형 제도를 옹호하였고 프리스킬리아누스파들의 처형을 승인하였다. 중세의 대 신학자 토마스 아퀴나스는 박해의 교리에 찬성하였으며, 구약과 이성을 근거로 하여, 이단들은 화폐 변조자들보다도 더 극악한 범죄자들이므로 세속 관리들에 의해 사형에 처해져야 한다고 논증하였다.[14] 이단은 가장 중죄인으로 간주되었고, 영혼을 파괴하기 때문에 살인보다도 더 나쁜 것으로 인식되었다. 이단은 모세 율법에서 우상숭배가 받았던 것과 같은 대접을 받게 되었다.

테오도시우스 법전은 유스티니아누스 법전에서 완성되었으며(527-534), 유스

---

13) 기번은 "테오도시우스는 모든 이단은 하늘과 땅의 최고 권세자들에 대적하는 반역으로 간주했고, 이러한 권세자들은 범죄자의 영혼과 육체 위에 고유의 재판권을 행사할 것이라고 보았다"라고 말한다.

14) *Summa Theol.* Secunda Secundae, Quest. XI.(de haeresi), Art. 3.

티니아누스 법전은 신성 로마 제국으로 넘어가서 기독교 유럽의 입법을 위한 기초가 되었다. 로마는 칼로 세계를 지배한 것보다 더 오래 법률과 십자가로 세계를 다스렸다. 교회법 역시 이단죄를 지은 자들을 화형에 처하도록 정죄하였다. 이 법은 13세기에 유럽에서 일반적으로 받아들여졌다. 지리적으로 고립되어 있던 영국은 보다 독립적이었고, 관습법에 근거하여 사회를 건설하였다. 하지만 헨리 4세와 그의 의회는 이단들을 화형에 처한다는 피비린내 나는 법령을 만들어 내었고, 이 법령에 따라 교구 신부 윌리엄 소트르(William Sawtre)가 화체설을 부인했다는 이유로 스미스필드에서 공개적으로 화형을 당하였으며(1401년 2월 26일), 링컨의 플레밍(Fleming of Lincoln) 주교는 위클리프(John Wycliffe)의 유골들을 불에 태웠다(1428년). 이 법령은 1677년 공식적으로 폐기되기까지 계속해서 실시되었다.

이러한 법적이고 신학적인 기반 위에서 중세 교회는 이교 국가였던 로마 제국 치하에서 발생한 기독교 순교자들보다 더 많은 수의 이단들의 피를 흘림으로써 역사에 오점을 남겼다. 우리는 가장 뛰어난 교황들 중의 하나였던 인노켄티우스 3세가 알비파(Albigenses)와 발도파(Waldenses)에 대해 재가하였던 극심한 숙청 운동만 보아도 상황을 충분히 짐작하고도 남음이 있다. 스페인 종교재판소의 고문과 화형식은 종교 축제 행사들과 함께 거행되었다. 네덜란드에서는 알바 공작의 통치 기간 동안(1567-1573) 5만 명 이상의 프로테스탄트들이 처형당하였다. 피의 메리 치하에서는 스미스필드에서 수백 명의 순교자들이 화형당하였다. 프랑스와 피에몬테에서는 무고한 발도파에 대해 대대적인 박해가 반복되어서, 그 피가 하늘을 향해 복수해 줄 것을 간구하였다.

그 책임을 세속 정부에 돌리는 것은 무익한 일이다. 교황 그레고리우스 13세는 성 바돌로매 대학살 사건을 로마의 교회들에서 <테 데움>(Te Deum) 성가로 기념했을 뿐 아니라, 진노의 천사에 의한 "위그노들의 학살"을 표현하고 있는 메달을 찍어 이를 더욱 신중하고도 영구적으로 기념하였다. 프랑스 주교들은 보쉬에의 지도 아래 루이 14세를 새로운 콘스탄티누스, 새로운 테오도시우스, 새로운 샤를마뉴, 그리고 이단들의 새로운 진멸자로 찬양하였다. 왜냐하면 그가 낭트 칙령을 폐지하였고, 위그노들을 탄압하기 위해 악명 높은 기병들을 동원했기 때문이다.

유명한 박해의 사례들 가운데 우리는 콘스탄츠 공의회의 명령에 의한 후스

(Hus, 1415)와 프라하의 제롬(Jerome, 1416)의 화형, 피렌체에서의 사보나롤라(Savonarola, 1498) 화형, 옥스퍼드에서 이루어진 세 명의 영국인 개혁자들(1556) 화형, 로마에서의 팔레아리오(Aonio Paleario, 1570) 화형, 그리고 역시 로마의 같은 장소에서 이루어진 브루노(Giordano Bruno, 1600)의 화형을 들 수 있다. 이탈리아의 자유주의자들은 브루노가 화형을 당한 장소에 그를 기념하는 상을 세웠다. 세르베투스는 칼빈의 손아귀에 들어오기 전에 이미 로마 가톨릭의 재판소를 통해 화형 선고를 받고 그의 허수아비가 화형을 당하였다.

로마 가톨릭 교회는 불과 검으로 박해할 힘을 잃었고, 그 의지 또한 상당 부분 상실하였다. 몇몇 고위 성직자들은 박해의 원칙을 솔직하게 포기하였고, 특별히 종교적인 자유의 혜택을 충분히 누리고 있던 미국에서 더욱 그러하였다.[15] 하지만 로마 교황청은 박해의 관행이 기반하고 있는 논리를 결코 공식적으로 포기한 적이 없었다. 정반대로 몇몇 교황들은 종교개혁 이후에도 계속해서 그 논리를 인정하였다. 교황 클레멘스 8세는 낭트의 종교 자유 칙령에 대해 "생각할 수 있는 가장 저주 받을 칙령으로서, 모든 사람에게 양심의 자유를 인정하고 있다. 이것은 세상에서 가장 악한 일이다"라고 평하였다. 교황 인노켄티우스 10세는 1648년의 베스트팔렌 조약에 나타난 관용의 조항들을 "정죄하고, 거부하고, 무효화"하였다. 그의 계승자들도 비록 결과적으로 헛수고가 되기는 하였지만 이 조약에 저항하였다. 교황 피우스 9세는 1864년의 오류목록(*Syllabus*)에서 이 시대의 오류들 가운데 특별히 종교적인 관용과 자유의 교리를 정죄하였다.[16] 그리고 이 교황은 1870년의 바티칸 칙령에 의해 공식적으로 무오하다고 선포되었다. 이 칙령은 (호노리우스 1세의 악명 높은 경우에도 불구하고) 성 베드로의 보좌에 올랐던 그의 모든 선임자들과 그의 모든 후계자들까지도 다 포함하고 있다. 레오 13세는 온건하고 조심스럽게 그 오류목록의 주장에 찬성하였다.[17]

---

15) 이들 중에 볼티모어의 추기경 Gibbons도 있다(*The Faith of our Fathers*, Balto., 1890, 36th ed., p. 284 이하).

16) *Syllabus Errorum*, III. 15; VI. 55; X. 78.

17) 1885년 11월 1일자 회칙(*Immortale Dei*)과 1888년 6월 20일자 회칙(*Libertas praestantissimum naturae donum*)을 보라. 이것들은 Schaff, *Creeds of Christendom*, II. 555-602에 수록되어 있다.

139. 프로테스탄트측의 불관용.
세르베투스에 대한 개혁자들의 판단

개혁자들은 자신들의 어머니 교회로부터 박해의 교리를 상속받아, 자신들의 힘이 미치는 한 그것을 실행에 옮겼다. 그들은 불관용으로 불관용과 맞서 싸웠다. 그들은 그 정도나 범위에 있어서는 자신들의 대적자들보다 덜했지만, 불관용이라는 원칙에 있어서는 다르지 않았다. 그들은 교황청의 폭정을 무너뜨리고 종교적인 자유의 발전을 위한 길을 열었다. 하지만 그들은 자신들이 행사한 그 자유를 타인에게는 인정해 주지 않았다. 독일과 스위스의 프로테스탄트 정부들은 자신들의 사법권이 미치는 한도 안에서 로마 가톨릭 신자들로부터 일체의 종교적 세속적 권리를 박탈하였고, 교회, 수도원, 기타 재산들을 압수하였다. 그들은 재세례파들, 반(反)삼위일체론자들, 슈벵크펠트주의자들, 그리고 다른 반대자들을 추방하고, 투옥시키고, 수장시키고, 참수시키고, 교수형과 화형에 처하였다. 작센, 스웨덴, 노르웨이, 덴마크에서는 루터파 이외에는 어떤 종교나 공적인 예배도 허용되지 않았다. 도르트 회의는 아르미니우스파 목회자들과 교사들을 모두 해임시켜서 국외로 추방하였다. 엘리자베스 여왕의 형법과 일련의 통일령들은 교황측이나 프로테스탄트를 막론하고 모든 비국교도들을 근절시키고자 하였고, 영국인이 성공회 이외의 신자가 되는 것을 범죄시하였다. 청교도들은 자신들이 정권을 잡았을 때 자기들에게 동조하지 않는다는 이유로 2천 명의 목회자들을 봉록직에서 쫓아내었다. 그리고 성공회측 사람들은 다시 자신들이 권력을 잡았을 때 이를 똑같이 갚아 주었다. 기번(Gibbon)은 신랄하게 다음과 같이 말하고 있다.

개혁자들은 자신들이 퇴위시켰던 폭군들을 계승하고자 열망하고 있다. 그들은 똑같이 엄격하게 자신들의 신조와 신앙고백을 강제하였다. 그들은 이단들을 처형하는 관리들의 권한을 요구하였다. 호랑이의 본성은 똑같았지만, 그 이빨과 발톱은 점차 빼앗겼다.[18]

---

18) *Decline and Fall of the R.E.*, 54장. 하지만 최악의 불관용은 프랑스 혁명 때 "공포 통치" 기간에 나타났던 것과 같은 불신앙의 불관용이라는 점이 기억되어야 한다.

프로테스탄트 박해는 종교개혁의 근본 원칙을 위반하는 것이다. 개신교는 양심의 자유라는 기반을 떠나서는 결코 존재할 수 없기 때문이다.

그렇다면 우리는 이러한 명백한 모순을 어떻게 설명할 수 있을 것인가? 모든 것에는 그 이유가 있다. 프로테스탄트측의 박해는 자기 방어를 위해, 그리고 살아남기 위한 투쟁의 와중에서 필수적이었다. 시대가 아직 관용을 허용할 만큼 무르익지 못했다. 아직 어린 교회는 관용을 지탱할 힘이 없었다. 이 교회들은 우선 자신들을 포위하고 있는 적들에 대항하여 결속되고 강화되어야 했다. 당시에 광범위한 관용은 전체적인 혼란을 야기시켜 사회의 질서를 어지럽혔을 것이다. 무정부 상태에서 절대 독재 체제까지는 한걸음에 불과하다. 개신교가 루터파와 개혁파 양 진영으로 분열되었던 것이 상황을 더욱 악화시켰다. 이 양 진영이 더 분열되었다면 결국 파멸하고 말았을 것이고 통일된 로마 가톨릭에게 손쉬운 승리를 안겨주었을 것이고, 로마 가톨릭은 이전보다 더 독재적으로 되었을 것이다. 이것이 불관용의 원칙을 정당화해 주지는 못하지만, 불관용이 실행된 이유는 설명해 주고 있다.

개혁자들과 프로테스탄트 영주들과 관리들은 본질적으로 이 불관용적인 태도에 동의하여, 로마 가톨릭과 이단적인 프로테스탄트들에 대해 적어도 투옥, 면직, 추방의 처벌을 내리는 데 동의하였다. 그들은 단지 얼마나 엄중하게 처리할 것인가에 관해서만 의견을 달리하였다. 그들은 모두 교황제가 적그리스도이고 미사가 우상숭배라고 믿었다. 그리고 이단은 하나님과 사회에 대한 죄라고 믿었다. 그리고 삼위일체와 그리스도의 신성에 대한 부인은 가장 큰 이단으로서, 제국의 법에 따라 사형을 받아 마땅하고, (세 가지 영겁의 벌을 내리는 조항을 지니고 있는) 아타나시우스 신조에 따라 영벌에 처해져야 마땅하다고 믿었다. 그리고 세속 정부는 십계명의 두 번째 판 못지않게 첫 번째 판도 보호해서, 신성모독으로부터 하나님의 명예를 지켜야 한다고 믿었다. 그들은 이단에게 엄중하게 대처함으로써 정통에 대한 자신들의 열망을 보여주고자 하였다. 그들은 정통의 유일한 참된 기준이 되는 성경 속의 하나님의 말씀에 따라 자신들이 정통이라는 것을 결코 의심하지 않았다. 그리고 삼위일체와 성육신의 교의와 관련해서 이들은 가톨릭 대적자들과 완전히 뜻을 같이하였고, 그래서 전례없는 대담함과 경멸하는 태도로 이 교의들을 부인했던 세르베투스의 오류에 대해서 똑같이 반대하였다.

이제 지도적인 개혁자들이 세르베투스의 사건에 대해 특별히 언급한 것들을 살펴봄으로써 그들의 생각을 알아보기로 하자. 그들은 가능한 한 완벽하게 칼빈을 변호하고 있다.

루터(Martin Luther)

보름스의 영웅이자 신성한 양심의 권리를 위해 싸운 투사였던 루터는 말로 하는 표현은 가장 격렬했지만 실제 행동에 있어서는 개혁자들 가운데 가장 불관용적인 성향이 덜하였다. 그는 이단을 정죄하는 데 있어서 로마 가톨릭과 가장 유사한 모습을 보였지만, 종교적인 자유를 옹호하는 데 있어서는 개신교 정신에 가장 가까웠다. 그는 중세적인 경건에 깊이 뿌리내리고 있었고, 근대기의 위대한 선지자였다. 1529년까지의 초창기에 그는 종교적인 자유를 주장하는 고상한 생각들을 밝혔다. 그는 "신앙은 강제될 수 없는 자유로운 것이다"라고 말했다. "만약 이단들이 사형 처벌을 받아야 한다면, 사형 집행인이 가장 정통적인 신학자가 될 것이다." "이단은 쇠로 무너뜨릴 수도 없고, 불로 태울 수도 없으며, 물로 수장시킬 수도 없는 영적인 것이다."[19] "이단들을 화형시키는 것은 성령의 뜻에 위배된다." "거짓 선생들이라고 해서 사형에 처해져서는 안 된다. 그들을 추방시키는 것으로 충분하다."[20]

하지만 해가 갈수록 그는 점점 자유를 주장하는 데에는 소극적이었고, 가톨릭과 이단, 그리고 유대인들에 대해서는 더욱 불관용적 태도를 드러내었다. 그는 관리들에게 재세례파들의 설교를 금하라고 강권하였다. 그는 재세례파들 모두가 거짓 선지자들이요 사탄의 사자들이라고 매도하였고, 그들의 추방을 촉구하였다.[21] 그는 1529년 슈파이어 의회(Diet of Speyer)가 남녀를 불문하고 모든 재세례파들을 영적인 심판관들 앞에서 말할 기회도 주지 않은 채 불과 칼로 처형하도록 하는 잔인한 법령을 통과시킬 때 아무런 반대도 하지 않았다.[22] 작센의

---

19) *Werke*, XXII. 90.

20) 이 주제에 관해 그가 마지막으로 관대한 언급을 한 것은 Link에게 보낸 1528년의 편지이다. 같은 해에 그는 자신의 책 *Von Wiedertaufe an zwei Pfarrherrn*에서 침례파 교리에 대해 가차 없이 다루고 있지만, 동시에 그들을 잔혹하게 취급하는 데 대해서는 충심으로 유감을 표하고 있다.

21) *Werke*, XXXI. 214 이하.

선제후는 이 법령을 집행하는 것이 자신의 의무라고 생각하고, 일단의 재세례파들을 자신의 영내에서 처형시켰다. 그와 이웃하고 있는 헤센의 필립(Philip of Hessen)은 동시대의 독일 영주들보다 훨씬 자유주의적인 천성의 소유자였기 때문에, 양심상 신앙의 차이를 향해 칼을 사용할 수가 없었다.[23] 하지만 비텐베르크의 신학자들은 1540년 혹은 1541년경에 프리드리히(Johann Friedrich) 선제후의 문의를 받고 제국의 법률에 따라 재세례파들을 사형시키는 데 동의하는 판단을 내려주었다. 루터는 자신의 이름으로 이 판결을 승인하면서, 그들을 칼로써 벌하는 것이 잔인하기는 하지만, 그들이 하나님의 말씀의 사역을 저주하고 참된 교리를 억압하며 이 세상의 왕국을 파괴하려고 시도하는 것은 더욱 잔인하다고 덧붙였다.

만약 우리가 이 문장을 글자 그대로 엄격하게 이해한다면, 루터는 이단에게 사형을 집행하는 데 동의한 사람으로 간주되어야 한다. 하지만 그는 재세례파들을 두 계층으로 구별하였다. 선동적이거나 혁명적인 자들과 단순한 광신자들로 구분한 것이다. 전자는 마땅히 사형에 처해져야 하지만 후자는 추방되어야 한다는 것이다. 루터는 헤센의 필립에게 보내는 1538년 11월 20일자의 편지에서 그의 영토에서 재세례파들을 내쫓으라고 다급하게 요청하였다. 루터는 재세례파들을 사탄의 자녀들이라고 여겼지만, 칼의 사용에 대해서는 전혀 언급하지 않았다. 따라서 우리는 이 문제와 관련해서 루터에게 좀 더 관대하고 우호적인 해석을 내려 주어야 할 것이다.

동시에 그 구별이 항상 엄격하게 지켜졌던 것은 아니고, 광신자들은 쉽게 범죄자로 돌변하였는데, 특히 1535년 뮌스터 폭동 이후에 그러하였다. 뮌스터 폭동은 지나치게 과장되었고 무고한 사람들을 처형하는 구실이 되었다. 16세기의

---

22) 바로 이 회의에서 루터파 프로테스탄트들이 다수의 결정에 대항해 저항에 돌입했으나, 이들도 재세례파에 대한 잔인한 법령에 대해서는 찬성하였으며, 츠빙글리주의자들을 관용의 대상에서 배제하는 데 대해서도 찬성하였다. 헤센의 필립만이 예외였다. 그는 이 불관용에 대항해서도 저항하였다.

23) 1540년에 필립은 자신은 견해차를 이유로 재세례파들을 처형한 일이 없었으나, 독일의 다른 지역에서는 그러한 이유로 순교를 당한 사람이 1530년까지 무려 2천 명에 달했다고 우쭐거렸다.

재세례파 운동 역사는 전부 새로 씌어져야 하고 신학적인 혐오로부터 풀려나야 한다.

세르베투스와 관련하여 루터는 삼위일체를 반대하는 그의 처음 책만 알고 있었고, 자신의 「탁상담화」(*Table Talk*, 1532)에서 그것을 "끔찍하게 잘못된 책"이라고 평하였다.[24] 루터의 명예를 위해 다행스럽게도 그는 세르베투스의 처형에 찬성하는 판단을 내릴 수 있을 만큼 오래 살지 못하였다. 따라서 우리는 그가 침묵하고 있는 부분에 대해 좀 더 유리한 쪽으로 이해해야 한다.

유대인의 처리에 대한 그의 견해는 더욱 악화되었다. 1523년 그는 유대인들에 대한 가혹한 박해에 대해 격렬하게 항의하였지만, 1543년에는 그들을 기독교권에서 추방하고 그들의 책과 회당, 그리고 개인 주택들 — 그곳에서 그들은 우리의 구세주와 동정녀를 모독했다 — 을 불사르라고 권고하였다. 그는 죽기 며칠 전에 아이슬레벤에서 행한 자신의 마지막 설교에서도 이 충고를 반복하였다.

멜란히톤(Philip Melanchton)

이 고통스러운 주제에 대한 멜란히톤의 기록은 불행하게도 루터의 것보다 더 좋지 않다. 그가 개혁자들 중에서 가장 온건하고 부드러운 사람이었기 때문에 이 사실은 더욱더 의미심장하다고 할 것이다. 하지만 우리는 이 주제에 대해 그가 언급한 것들이 루터가 죽고 난 후 몇 년이 지난 뒤의 것들이라는 것을 기억해야 한다. 그는 우상숭배와 신성모독에 대한 모세의 율법이 십계명과 마찬가지로 기독교 국가들을 구속하고 있고, 이단들의 문제에도 동일하게 적용된다고 생각하였다.[25] 따라서 그는 칼빈과 제네바 의회의 방침을 충분히 그리고 반복적으로 옹호하였으며, 그것들을 따라야 할 모범으로 제시하기까지 하였다! 세르베투스가 화형당한 지 거의 일년이 지난 후인 1554년 10월 14일에 그는 칼빈에게 보낸 편지에서 이렇게 쓰고 있다.

---

24) 멜란히톤이 세르베투스의 견해가 이탈리아에서 큰 호응을 받고 있다고 전해 주었을 때, 루터는 "이탈리아에는 유해한 견해들이 가득했다. 그리고 만일 세르베투스의 견해와 같은 오류가 그곳에 도착했다면 무섭도록 혐오스러운 일들이 일어날 것이다"라고 말했다.

25) *Corpus Reformatorum*, VIII. 520.

존경하고 친애하는 형제여, 나는 당신의 책을 읽어 보았습니다. 그 책에서 당신은 세르베투스의 매우 불쾌한 신성모독을 명확하게 반박하고 있었습니다. 그리고 나는 이 전투에서 당신에게 승리의 면류관을 씌워 주신 하나님의 아들에게 감사합니다. 또한 교회는 현재 당신에게 은혜를 입고 있으며, 후대에도 계속 그러할 것입니다. 나는 당신의 견해에 전적으로 동의합니다. 나는 또한 당신의 관리들이 이 신성모독을 행한 사람을 정식 재판 후에 처형한 것이 옳았다고 단언합니다.[26]

일년 후인 1555년 8월 20일에 멜란히톤은 불링거(Bullinger)에게 다음과 같이 쓰고 있다.

존경하고 친애하는 형제여, 나는 세르베투스의 신성모독에 대한 당신의 답변을 읽어 보았습니다. 나는 당신의 경건과 견해에 동의합니다. 나는 또한 제네바 의회가 신성모독을 결코 중단할 수 없었던 이 완강한 자를 끝장낸 것은 완벽하게 옳았다고 판단합니다. 또한 나는 이 엄중한 처벌에 찬성하지 않는 자들을 의아하게 생각합니다.[27]

3년 뒤인 1557년 4월 10일에 멜란히톤은 (로마 교회로 돌아간 Theobald Thamer와 관련하여 권면하는 중에) 부수적으로 세르베투스의 처형을 다시 언급하면서, 그것을 "모든 후손들이 기억할 만한 훌륭한 모범"이라고 칭하였다. 실제로 그것은 하나의 본보기이기는 하였지만, 본받을 만한 모범은 아니었다.

이단에 대한 사형 처분을 무조건적으로 찬성하고, 헤센의 필립의 중혼을 묵인한 것은 이 위대하고 훌륭한 인물의 명성에 두 개의 오점으로 남았다. 하지만 그것은 판단상의 오류들이었다. 칼빈은 루터파 교회의 이 신학적 지도자에게서 인정을 받고 커다란 위안을 받았다.[28]

부처(Martin Bucer)

독일 개혁자들 가운데 세 번째 위치를 점하는 부처는 온화하고 융화적인 성향

---

26) *Corpus Reformatorum*, VIII. 362(또한 칼빈의 *Opera*, XV. 268 이하).
27) *Corpus Reformatorum*, VIII. 523.
28) 멜란히톤에게 보낸 1555년 3월 5일자 편지. 이 책 137절을 참조.

의 사람이었으며, 슈트라스부르크에서 재세례파들을 박해하는 일을 삼갔다. 그는 세르베투스를 개인적으로 알고 있었는데, 처음에는 그를 친절하게 대했지만 삼위일체에 대한 그의 책이 출간된 이후에는 자신의 강의에서 그 책을 "가장 유해한 책"이라고 논박하였다.[29] 그는 심지어 강단에서 혹은 강의실에서 세르베투스가 능지처참을 당해야 마땅하다고 천명하였다.[30] 이 점에서 우리는 그가 1553년까지 살아 있었다면 전적으로 세르베투스의 처형을 찬성했을 것임을 추론할 수 있다.

스위스 교회들

이 문제에 관해서 스위스의 개혁자들은 독일의 개혁자들보다 더 나았어야 했지만, 실제로는 그렇지 못하였다. 그들은 개혁파 주들에서 로마 가톨릭 신자들을 추방하도록 권하거나 그러한 추방을 승인하였다. 그리고 재세례파들과 반(反)삼위일체론자들에 대한 가혹한 조처에도 찬성하였다. 정부의 명에 따라 잔혹한 빈정거림을 받으며 여섯 명의 재세례파들이 취리히의 림마트 강에 수장되었다(1527년과 1532년 사이).[31] 다른 주들도 재세례파들에게 똑같이 모진 처벌을 내렸다. 개혁자들 가운데 가장 자유주의적이었던 츠빙글리도 그들의 처벌에 반대하지 않았고, 중립 지역과 삼림 지역의 주들에 개신교를 도입하기 위해 강제력을 행사하라고 권하였다. 오키노(Ochino)는 취리히와 바젤에서 추방당하였다(1563).

세르베투스 사건과 관련하여 취리히, 샤프하우젠, 바젤, 그리고 베른의 교회와 관리들은 그의 재판이 진행되는 동안 자문을 요청받고 만장일치로 그의 오류를 정죄하고 처벌을 권고하였다. 하지만 어떤 처벌을 내려야 할지에 대해서는 분명한 입장을 표명하지 않았다.[32]

불링거는 칼빈에게 편지하여 하나님이 제네바 시의회에게 이단의 오염에 대

---

29) 부처가 Ambrosius Blaurer에게 1531년 12월 29일 쓴 편지.

30) 1553년 9월 8일 칼빈은 이렇게 보고하였다. 이것은 1538년 11월 25일 튀빙겐의 Frecht 교수가 Capito에게 보낸 편지에서 확인된다.

31) 26절 참조.

32) 취리히, 샤프하우젠, 바젤, 베른 등지의 행정장관들과 목회자들의 판단에 대해서는 칼빈의 *Opera*, VIII. 808-823에 수록되어 있다.

적하여 진리를 수호하고 신성모독에 대항하여 하나님의 명예를 지킬 수 있는 가장 좋은 기회를 주셨다고 하였다. 그는 자신의 제2 스위스 신앙고백(제30장)에서 신성모독을 행하는 자들에게 칼을 사용하는 것은 관리의 의무라고 가르치고 있다. 샤프하우젠은 전적으로 취리히에 동의하였다. 회의적인 이탈리아인들과 칼빈의 적수들의 본거지였던 바젤 당국까지도 세르베투스를 회개시키려는 모든 노력이 실패로 끝날 경우에는 그에게서 교회에 위해를 가할 수 있는 힘을 박탈해야 한다고 충고하였다. 바젤 출신의 오이콜람파디우스(Oecolampadius)는 세르베투스를 가장 위험한 인물이라고 밝힌 바 있다. 6년이 지난 후 바젤 시의회는 성직자들과 대학의 동의를 받아, 가명을 사용하면서 이곳에 거주하였던 (그리고 1556년 8월 25일 죽은) 천년왕국설을 신봉하던 재세례파 요리스(David Joris)의 시체를 무덤에서 파내어 많은 사람들이 보는 앞에서 그의 초상과 책들과 함께 불에 태우라고 명했다(1559).

  2년 전에 볼섹의 일에 대해 온건한 처분을 권고하였던 베른도 세르베투스의 경우에는 보다 가혹하게 판결하였는데, 그것은 그가 "우리 종교의 모든 필수적인 요소들에 대해 거리낌없이 이의를 제기했기" 때문이었다. 그리고 베른은 제네바 시의회가 "이 해악"으로부터 교회를 구할 수 있는 분별력과 힘을 가지고 있기를 바란다는 입장을 표명하였다. 세르베투스가 죽고 나서 13년이 지난 후에 베른 시의회는 세르베투스와 비슷한 잘못을 범하기는 하였지만 비난은 그보다 덜 받은 발렌티노 젠틸레(Valentino Gentile)를 참수하였다(1566년 9월 10일). 이 처형을 반대하는 사람은 거의 없었다.[33]

  프랑스어권 스위스의 개혁자들은 독일어권 스위스 개혁자들보다 한 걸음 더 나아갔다. 파렐은 화형에 찬성하였고, 좀 더 약한 처벌을 권고하는 칼빈이 그의 철천지원수를 한 사람의 친구로 느낀 탓이 아닐까 염려하였다. 베자는 세르베투스의 처형을 옹호하여 특별한 책을 썼다. 그는 세르베투스를 "불경건과 역겨운 신성모독이 합쳐진 괴물"이라고 규정하였다. 피에트로 마터 베르밀리(Pietro Martire Vermigli)는 그를 "사탄의 적자"라고 불렀으며, 그의 "유해하고 혐오스러운 교리들"과 "참을 수 없는 신성모독 행위들"은 관리들의 엄중한 처벌을 받아 마땅하다고 하였다.

---

33) 131절 참조.

크랜머(Cranmer)

영국의 개혁자들은 불관용의 문제에 있어서 대륙의 개혁자들에게 뒤지지 않았다. 세르베투스의 처형이 있기 몇 년 전에 크랜머 대주교는 젊은 국왕 에드워드 6세를 부추겨 두 사람의 재세례파에 대한 사형 집행·영장에 서명하도록 하였다. 두 사람의 재세례파 가운데 한 사람은 켄트의 조앤 보처(Joan Bocher of Kent)라는 여성이었고, 다른 한 사람은 네덜란드에서 온 외국인 반 파레(George van Pare)였다. 전자는 1550년 5월 2일에, 후자는 1551년 4월 6일에 화형을 당하였다.

16세기에 관용을 주창했던 자들은 바로 박해의 대상이었던 재세례파들과 반삼위일체론자들뿐이었다. 이들의 인도주의를 인정해야 한다.

관용과 자유의 점진적인 승리

불관용의 지배는 17세기 말까지 계속되었다. 그것은 18세기에 들어와서 점차적으로 무너지기 시작해서 여러 사람의 결집된 영향력을 통해 분쇄되었다. 재세례파, 소키누스주의자들, 아르미니우스주의자들, 퀘이커, 장로교파, 독립파와 같은 프로테스탄트 내의 반대자들과, 성공회 광교회파, 그리고 벨(Bayle), 그로티우스(Grotius), 로크, 라이프니츠와 같은 철학자들을 통해 이 일이 이루어졌다. 볼테르(Voltaire)와 프리드리히 대제(Frederick the Great)도 잊어서는 안 된다. 그들은 신자는 아니었지만 성실하고 유력하게 종교적인 관용을 주창했던 사람들이었다. 미국의 프랭클린(Franklin), 제퍼슨(Jefferson), 매디슨(Madison) 등도 잊지 말아야 할 것이다. 프로테스탄트 네덜란드와 프로테스탄트 영국은 세속적이고 종교적인 자유의 원칙들을 법적으로 승인하는 데 있어 선두에 섰다. 그리고 미국의 헌법은 모든 기독교 교파들을 법 앞에서 평등하게 대우하고 이들에게 동등한 권리들을 완전하게 보장해 줌으로써 그 이론을 완성하였다.

이러한 관용의 증진과 더불어 감옥 개혁, 고문과 잔인한 처벌의 폐지, 노예 매매의 철폐, 농노 제도와 노예 제도의 폐지, 가난한 자들과 비참한 자들의 환경 개선을 위한 열정적인 움직임들이 일어났다. 이러한 것들은 비록 때늦은 감이 있지만 기독교 정신의 진정한 소산물인 박애주의적 운동들이었다.

140. 세르베투스의 초기 생애

세르베투스의 출생과 그의 유년기에 대해서 우리는 그가 1553년 4월 비엔 (Vienne)의 로마 가톨릭 법정에서 재판을 받으면서 진술한 내용과 같은 해 8월에 제네바의 칼빈주의 법정에서 진술한 내용에 의존할 수밖에 없다. 이러한 증언들은 그 내용이 빈약하고 내용이 서로 상충되고 있는데, 이것은 기억이 잘못된 탓일 수도 있고 정직성이 결여된 탓일 수도 있다. 제네바에서 그는 칼빈이 자신의 행적을 잘 알고 있었기 때문에 재판관들을 속일 수 없었다. 따라서 나는 제네바에서의 기록을 더 선호할 것이다.

미카엘 세르베토(Michael Serveto), 혹은 더 많이 알려진 라틴어식 이름 세르베투스(Servetus)는 레브스(Reves)[34]라고도 불렸다. 그는 자신의 대적인 칼빈이 태어난 것과 같은 해인 1509년에 아라곤 지방의 빌라–누에바 혹은 빌라노바에서 태어났다(여기서 "빌라노바누스"Villanovanus라는 그의 가명이 나왔다).[35] 그는 제네바의 법정에서 자신이 유서깊은 스페인 귀족 가문 출신이고 자신의 아버지가 법률가이자 공증인이라고 진술하였다. 그가 유대인이나 무어인 혈통이라는 가설은 그가 히브리어와 코란을 잘 알고 있는 데서 추론된 것으로서 아무런 근거가 없다.

그는 체구가 작고 연약하였지만, 조숙하고, 호기심이 많고, 상상력이 풍부하고, 명민하고, 독립적이었으며, 신비주의와 광신주의로 기울었다. 그는 처음에 성직자가 되려는 생각에서 도미니쿠스회 수도원과 사라고사 대학교에서 초기 교육을 받은 것으로 보인다.

그의 아버지는 그를 유명한 툴루즈 법률학교에 보내었고, 거기서 그는 2, 3년간 법학을 공부하였다. 툴루즈 대학은 엄격한 정통주의로서, 루터파 이단이 들

---

34) 그의 첫 번째 책에 수록된 이 이름 Reves는 Serveto의 철자를 바꾸어 축약시킨 것이다. 다른 사람들은 그의 어머니의 처녀 시절 이름에서 유래된 것으로 보기도 한다. 하지만 그 가족에 대해서는 알려진 바가 없다. "Servede"라는 이름은 그의 동시대인들 사이에서는 전혀 사용되지 않았으며, 이는 1597년 전까지는 마찬가지였다. 하지만 Herzog, Guericke, Hase, Dorner, Harnack 같은 근대의 몇몇 작가들이 이 이름을 사용하였다.

35) 장소와 연대에 대해서는 논쟁이 있다.

어오지 못하도록 감시를 철저히 하였다. 하지만 루터가 에르푸르트 대학에 들어가서 성경 전권을 볼 수 있었던 것처럼, 그도 바로 이 대학에서 처음으로 성경 전권을 보았다.

이제 성경은 그의 안내서가 되었다. 그는 성경의 지고성과 자족성이라는 프로테스탄트의 원리를 전적으로 수용했지만, 그것을 자신의 사변적인 상상력에 따라 해석하였으며, 개혁자들이 그러했던 것보다 한층 더 가톨릭 전통에 반대하였다. 개혁자들이 단지 중세의 스콜라적 정통주의에 반대했던 반면, 그는 전체적인 정통주의를 반대했다. 그가 요한계시록을 자신의 사변의 기초로 삼은 점이 바로 그의 신비주의적 성향의 특징이다. 이에 반해 냉철하고 명민했던 칼빈은 한 번도 요한계시록을 주해하지 않았다.

세르베투스는 자신의 첫 번째 책에서 성경이 자신의 철학과 과학의 원천이고, 천 번은 읽어야 한다고 선언하였다. 그는 성경을 하늘에서 내려온 하나님의 선물이라고 칭했다. 성경 다음으로 그는 니케아 이전의 교부들을 존중하였는데, 그들의 한층 단순하고 융통성 있는 가르침 때문이었다. 그는 자신의 첫 번째 책에서 그들을 자유롭게 인용하였다.

그가 개혁자들의 글에서 영향을 받았는지, 받았다면 얼마나 영향을 받았는지 우리는 알지 못한다. 그는 일찍이 스페인어로 번역된 루터의 논문들을 몇 개 읽었을지도 모르지만, 그것들을 인용한 적은 없다.[36]

세르베투스는 프란체스코 수도회 수사이자 황제 카를 5세의 고해 신부인 후안 퀸타나(Juan Quintana)에게 고용되었다. 그는 볼로냐에서 거행된 교황 클레멘스 7세의 대관식에 참석하고(1529), 루터파 종교개혁사에서 획기적인 시대를 연 1530년의 아우크스부르크 회의에도 참여한 것으로 보인다. 아우크스부르크에서 그는 멜란히톤과 다른 지도적인 루터파들을 만났겠지만, 사람들의 관심을 끌기에 그는 너무 어리고 무명의 사람이었다.

1530년 가을에 그는 퀸타나 휘하에서 면직되었는데, 정확한 이유를 알 수는 없지만, 아마도 이단이라는 의심을 받은 데서 기인한 일일 것이다.

우리는 그의 생애에서 개혁자들이 보여준 것과 같은 회심이나 도덕적인 번민

---

36) Tollin은 그가 루터, 멜란히톤, 부처의 책을 읽었고, 특히 에라스무스의 영향을 받았을 것이라고 추측한다.

에 대한 어떤 이야기도 들을 수 없다. 그는 결단코 프로테스탄트가 아니었으니, 루터파도 개혁파도 아니었다. 단지 모든 정통에 과격하게 대항하는 인물이었을 뿐이다. 21살 혹은 22살의 젊은 나이로 대담하게 혹은 건방지게 그는 종교개혁의 개혁자로서 독립적인 길을 가기 시작했다. 그때는 아직 소키누스주의가 생기기도 전이었고, 이들이 있었다고 하더라도 그는 거기에 만족하지 않았을 것이고 그들 또한 그를 오랫동안 관용해 주지 못했을 것이다. 명목상으로 그는 로마 교회에 남았으며, 그 의식들을 따르는 데 아무런 거리낌도 느끼지 않았다. 그는 홀로 섰던 것처럼 홀로 죽었다. 영향을 미치기는 하였으나 학파도 분파도 남기지 않았다.

세르베투스는 독일에서 스위스로 가서 바젤에 얼마간 머물렀다. 거기서 그는 삼위일체와 그리스도의 신성에 대한 자신의 이단적인 사상을 처음으로 공표하였다.

그는 오이콜람파디우스의 마음을 바꾸기 위해 만남과 편지를 통해 끈질기게 그를 괴롭혔다. 하지만 오이콜람파디우스는 놀라움과 혐오감을 느꼈다. 오이콜람파디우스는 1530년 10월에 바젤에 들렀던 자신의 친구들인 부처, 츠빙글리, 그리고 불링거에게 자신이 최근 한 성미 급한 스페인 사람 때문에 골치를 썩고 있는데, 그는 신성한 삼위일체와 우리 구주의 영원한 신성을 부인하고 있다고 말하였다. 츠빙글리는 오이콜람파디우스에게 세르베투스에게 자신의 오류를 깨닫게 해주고, 현명하고 유익한 논증들을 통해 그를 진리로 인도하라고 충고하였다. 오이콜람파디우스는 자신이 이 건방지고 앞뒤를 가리지 않으며 논쟁적인 사람에게 아무런 영향도 미칠 수 없을 것 같다고 말하였다. 츠빙글리는 "이것은 참으로 하나님의 교회에 참을 수 없는 일입니다. 따라서 이런 끔찍한 신성모독이 퍼져나가지 않도록 하기 위해 가능한 것은 무엇이든지 하십시오"라고 답하였다. 츠빙글리는 세르베투스의 괘씸한 책을 본 적이 없었다.

세르베투스는 교묘한 신앙고백을 함으로써 오이콜람파디우스를 만족시키고자 하였다. 하지만 오이콜람파디우스는 그의 설명에 속지 않았고 그에게 "하나님의 아들이 하나님 아버지와 동일하시며 함께 영원하심을 고백하라"고 권고하면서, 그렇게 하지 않으면 그를 기독교인으로 인정할 수 없다고 하였다.

141. 거룩한 삼위일체에 대항한 책

세르베투스는 너무나 교만하고 완고해서 충고를 받아들일 수 없었다. 1531년 초에 그는 "삼위일체의 오류들"에 관한 자신의 책을 출판해 줄 출판업자 한 사람을 확보하였다. 그는 콘라트 쾨니히(Conrad Koenig)라는 사람으로서, 바젤과 슈트라스부르크에 자신의 인쇄소들을 가지고 있었다. 그는 세르베투스의 원고를 알자스 지방 하게나우에 있던 인쇄업자 세케리우스(Secerius)에게 보내었고, 세르베투스는 교정을 보기 위해 그곳을 방문하였다. 세르베투스는 또한 슈트라스부르크에 있던 부처와 카피토도 방문하였는데, 이들은 그를 예의바르고 친절하게 영접하였고, 그의 생각을 돌이키려고 애썼지만 헛수고에 그쳤다.

1531년 7월에 이 책은 저자의 이름을 밝히고 출판되어, 슈트라스부르크, 프랑크푸르트, 그리고 바젤까지 공급되었지만, 이 책이 어디에서 누구에 의해서 출판되었는지는 아무도 알지 못하였다. 바젤이 의심을 받게 되었다.

이 책은 저자의 젊은 나이를 고려할 때 무척이나 독창적인 책으로서, 삼위일체와 성육신에 대한 전통적이고 보편적인 신앙에 대항하는 뛰어난 논문이었다. 문체는 조악하고 모호하여, 칼빈의 그것과 비교할 만한 것이 못 되었다. 칼빈은 같은 나이에 자신의 초기 저술들에서 우아하고 힘 있는 라틴어를 사용함으로써 명료하고 조직적이고 설득력 있는 문장의 거장으로서의 면모를 보였다. 세르베투스는 성경, 니케아 이전의 교부들(테르툴리아누스, 이레나이우스), 그리고 스콜라 신학을 잘 알고 있었다. 그에게는 새롭기는 하지만 아직 제대로 소화되지 못한 사상들도 많았는데, 그는 이것들을 횃불처럼 마구 내어던졌다. 이후에 그는 자신의 첫 번째 책을 개정하여 자신의 마지막 책 안에 포함시켰다. 다음은 삼위일체에 대한 7권의 책 내용을 요약한 것이다.

제1권에서 그는 역사적인 나사렛 예수에서 시작해서, 먼저 이 사람이 예수 그리스도라는 것을 증명하고, 두 번째로는 그가 하나님의 아들이라는 것을 증명하며, 세 번째로 그가 하나님 자신이라는 것을 증명하고 있다. 그는 로고스로부터 시작하는 사람들에 반대하여, 인성에서 시작하고 있는 것이다. 그가 볼 때 로고스로 시작하는 사람들은 참 그리스도를 놓치고 있다. 바로 이 점에서 그는 소키누스주의와 예수의 인성을 강조하는 근대 기독론을 예고하고 있다. 하지만 합리주의적인 의미에서 그런 것은 아니었다. 왜냐하면 그는 하나님이 그리스도 안에 특별하게 내재한다(슐라이어마허와 유사한 주장이다)고 주장하고 있고, 또 (소키누스주의자들과 마찬가지로) 그리스도가 높임을 받은 후에 신화된다고 주장하고 있기 때문이다. 그는 로고스를 하나님의 아들과 동일시하는 것을 거부하고 속성의 교류 교리에도 반대하고 있다. 또한 그는 하나님에 대한 히브리어 이름들을 구별하고 있다. 여호와(Jehovah)는 절대 유일의 영원한 하나님만을 의미하고, 엘로힘(Elohim)이나 엘(El) 또는 아도나이(Adonai)는 하나님의 이름이자 천사, 선지자, 그리고 왕들의 이름이기도 하다는 것이다(요 10:34-36).[37] 요한복음의 서문은 과거의 사실을 말하고 있는 것이지 현재의 사실들을 말하고 있는 것이 아니다. 성경의 다른 모든 곳에서는 인간 그리스도에 대해 말하고 있다. 성령은 히브리어로는 루아흐(ruach)이고 그리스어로는 프뉴마(pneuma)인데, 바람 혹은 숨을 의미하며, 성경에서는 현재의 하나님 자신, 현재의 천사, 현재의 인간 정신, 현재의 신적 충동을 의미한다.

그런 다음 그는 삼위일체 교리를 증명하는 전거 구절들인 요한일서 5장 7절(에라스무스는 이 구절을 자신의 그리스어 성경 초판에서 제외시키고 있지만, 세르베투스는 이 구절을 원래부터 있는 진정한 것으로 보고 포함시켰다)과 요한복음 10장 30절과 14장 11절, 로마서 11장 36절에 대해 그렇지 않다고 교묘하게 설명해 내었다. 성부, 성자, 성령이 함께 언급되고 있는 주요 구절들인 세례 선언문(마 28:19)과 사도적 축도(고후 13:14)를 그는 세 위격으로 이해하지 않고 하나님의 세 가지 성향이라고 이해하고 있다.

제2권에서 그는 로고스, 그리스도의 위격, 그리고 하나님의 영을 다루고 있으며, 특별히 요한복음의 서문을 중요하게 설명하고 있다. 로고스는 형이상학적인 존재가 아니라 신탁이다. 다시 말해 하나님의 음성이자 세상의 빛이다. 로고스는 하나님 안에 있는 하나의 성향 혹은 분배이다. 테르툴리아누스와 이레나이우스도 이렇게 이해하였다. 성육신 전에 로고스는 말씀하시는 하나님 자신이셨고, 성육신 이후에 로고스는 예수 그리스도로서 우리에게 하나님을 알려 주신다.[38] 하나님이 이전에 말씀으로 행하신 모든 것들을 그리스도는 육신을 입고 하신다. 하나님은 죄를 사하고 만물을 그 안으로 모을 수 있도록 그에게 왕국과 권세를

---

37) 그는 그리스도를 여호와가 아니라 엘로힘과 동일시한다.
38) 그는 증거로서 계 19:13을 언급한다.

주셨다.

제3권은 그리스도와 신적 로고스의 관계에 대해 해설하고 있다.

제4권은 신적 성향 혹은 발현에 대해 논의하고 있다. 하나님은 아들과 성령 속에서 나타나셨다. 이 두 가지 신적인 발현이 정통적인 세 위격을 대체하고 있다. 성부의 위치는 명확하지가 않다. 어떤 때는 신성 그 자체로 나타나고, 또 어떤 때는 하나의 성향 혹은 위격으로 나타난다. 그리스도라는 하나의 위격 안에 두 가지 본성이 있다는 정통적인 기독론은 완전하게 부인되고 있다. 하나님은 본성이 없고, 그리스도라는 하나의 위격은 두 본성의 결합이 아니라 하나의 단위이다.

제5권은 하나님에 대한 히브리어 이름들을 사변적으로 설명하고 있는데 별 유익이 없다. 덧붙여 그는 루터파의 칭의 교리가 사람들을 나태하게 하고 선행에 무관심하도록 만든다고 비난하고 있다.

제6권은 그리스도가 하나님에 대한 모든 올바른 지식의 유일한 원천임을 보여준다. 하나님 자신은 우리가 결코 알 수 없는 불가해한 분이지만, 그 아들의 위격 안에 자신을 계시하셨다. 그 아들을 보는 자는 아버지를 보는 것이다.

마지막으로 제7권은 반대 의견들에 대한 대답으로서, 교황의 세속적 권력과 거의 같은 시기에 등장했던 삼위일체의 교리에 대한 새로운 공격을 담고 있다. 세르베투스는 아마도 콘스탄티누스 대제의 기증 일화를 실제 사건으로 믿었던 것 같다.

이 책은 가톨릭과 프로테스탄트들 모두를 격분시켰고, 그들에게 신성모독으로 보였다는 것은 놀랄 만한 일이 아니다. 세르베투스는 삼위일체론자들을 삼신론자요 무신론자라고 지칭하였다. 그는 하나님이 영적인 아내가 있었는가 아니면 아예 성(性)이 없는가와 같은 쓸데없는 질문들을 던졌다.[39] 그는 삼위일체론자들의 세 신을 사탄의 속임수이자, (후기 저술들에서는) 머리가 셋 달린 괴물이라고 말하고 있다.

츠빙글리와 오이콜람파디우스는 이 책이 출판된 지 몇 달 만에 죽었지만, 미리부터 그 내용을 비판하였다. 이 책에 대한 루터와 부처의 견해는 이미 살펴보

---

39) 이것은 하나님에게는 아내가 없고 그래서 아들도 있을 수 없다는 이슬람교도들의 추론을 연상시킨다.

앞다. 멜란히톤은 삼위일체론과 기독론의 문제들의 난점들을 느꼈고, 이후에 이를 둘러싼 논쟁이 있을 것을 예견하였다. 그는 학식있는 친구 카메라리우스(Camerarius)에게 편지하여(1533년 2월 5일) 자신의 판단을 밝히고 있다.

> 당신은 제가 세르베투스에 대해 어떻게 생각하는지 물었습니다. 저는 실로 그가 논쟁에서 충분히 예리하고 명석하다고 생각합니다. 하지만 저는 그가 깊이는 별로 없다고 생각합니다. 제가 보기에 그는 뒤죽박죽된 상상들에 사로잡혀 있고, 자신이 논의하고 있는 주제들에 대해 그 생각하는 것이 충분히 무르익지 않았습니다. 그가 칭의에 대해 말할 때 그는 명백히 어리석은 말을 하고 있습니다. 삼위일체에 관해 언젠가 심각한 어려움들이 발생할 것이라고 저는 항상 염려해 왔습니다. 오 하나님! 다음과 같은 질문들이 장래에 어떤 비극을 몰고 오지 않겠습니까. 로고스가 하나의 위격일까요? 성령도 하나의 위격일까요? 저는, 그리스도께 부르짖으라고 명하며, 그에게 신적인 영예를 돌리고 있는 성경 구절들을 보고 거기서 충분한 위로를 얻고 있습니다.[40]

1532년 레겐스부르크 회의에서 코클라이우스(Cochlaeus)는 퀸타나에게 그곳에서 팔렸던 세르베투스의 책을 살펴보도록 지시하였다. 퀸타나는 즉시 이 책의 발매를 금지할 방안을 강구하였다. 황제는 그 책을 금지하였고, 그 책은 곧 사라졌다.

세르베투스는 1532년에 삼위일체에 관한 두 개의 대화집과 이신칭의에 대한 하나의 논문을 출간하였다. 그는 서문에서 자신의 이전 저술들에서 언급했던 모든 것을 철회하였지만, 그것들이 잘못되었기 때문이 아니라 유치했기 때문이라고 밝혔다. 그는 루터파의 이신칭의 교리를 부인했으며, 성례에 관한 루터파와 츠빙글리파의 견해를 모두 부인하였다. 그는 "교회의 모든 폭군들"에 대한 저주를 퍼부음으로써 그의 책을 끝맺었다.

---

40) *Opera*, ed. Bretschneider, II. 630과, 브렌츠에게 보낸 1533년 7월자 편지, 1533, II, 660.

142. 지리학자로서의 세르베투스

스위스와 독일의 개혁자들로부터 논박을 당한 세르베투스는 프랑스로 가서 미셸 드 빌뇌브(Michel de Villeneuve)라는 가명을 사용하였다. 그래서 그의 진짜 이름과 책들은 20년 후에 비엔과 제네바에 다시 등장하기까지 세상의 시야에서 사라졌다. 그는 수학, 지리학, 점성술, 의학 공부에 열중하였다.

1534년 그는 파리에 있었는데, 젊은 칼빈에게 논쟁을 벌이자고 도전했지만 약속된 장소에 나타나지 않았다.

그는 한동안 리옹에서 유명한 인쇄업자인 멜키오르(Melchior)와 트레첼(Caspar Trechsel)을 위해 교정과 출판 일을 하며 지냈다. 그는 그들을 통해 1535년에 "빌라노바누스"(Villanovanus)라는 이름으로 장대한 규모의 프톨레마이오스 지리학을 편집하여 출판하였다. 그는 여기에 자화자찬하는 서문을 달았는데, 이 서문은 다음과 같은 소망을 피력함으로써 끝을 맺고 있다. "아무도 이 책에 소요된 노력과 재능을 과소평가하지 못할 것이다. 비록 이 일이 즐거운 일이기는 하였으나, 우리의 원고를 이전에 출판된 것들과 대조하는 일은 쉬운 일이 아니었다. 다른 사람의 열성적인 업적을 질투 없이는 대하지 못하는 찌푸린 이마의 조일루스(Zoilus) 같은 자가 아니라면 그 누구도 이 작업을 과소평가하지 못할 것이다." 1541년에 개정판으로 2판이 출판되었다.

콜럼버스와 그 후계자들에 의한 지리상의 발견은 지리학 연구에 강한 자극제가 되었고, 2세기 알렉산드리아의 저명한 지리학자이자 천문학자였던 프톨레마이오스의 작품에 대한 몇몇 편집본들이 출간되었다. 빌뇌브의 판은 1525년 슈트라스부르크에서 50개의 도표와 함께 출판되었던 뉘른베르크의 피르크하이머(Pirkheimer)의 판에 기초하고 있지만, 이전보다 상당히 개선되어 그 저자를 유명하게 만들었다. 당시에 세르베투스가 26살에 불과했다는 점을 고려해 볼 때, 이것은 무척 대단한 작업이라 할 것이다. 일년 후에 칼빈은 마찬가지로 조숙한 나이에 훨씬 더 중요하고 영속적인 「기독교 강요」(*Institutes of the Christian Religion*)를 출판함으로써 세상을 놀라게 하였다.

빌뇌브 판에서 가장 흥미로운 점들은 나라와 민족들에 대한 그의 설명이었다. 다음의 인용문은 원문에 대해 어느 정도 짐작케 할 것이고, 또한 당시의 교회 역사에 대해서도 얼마간 시사해 주는 바가 있다.

스페인 사람은 침착하지 못한 기질을 지니고 있고, 이해력은 충분하지만 불완전하게 배우거나 잘못 배우는 경향이 있다. 그래서 당신은 그 어느 곳에서보다 스페인에서 학식 있는 사람을 찾기가 어렵다는 것을 알게 될 것이다. 반쯤밖에 알지 못하면서도 그는 자신이 넘치게 알고 있다고 생각하고, 항상 자신이 실제로 아는 것보다 더 많이 아는 체한다. 그는 또한 결코 실현되지 않는 거창한 계획을 세우곤 한다. 그리고 대화 가운데서 현학적인 것과 궤변을 즐긴다. 이 나라의 학교와 대학에서 선생들은 공통적으로 라틴어보다는 스페인어를 사용하기를 선호한다. 하지만 일반 사람들은 학문에 별 취미가 없어서 거의 책을 출간하지 않으며, 필요한 책들은 주로 프랑스에서 구입하고 있다 … 사람들은 오래전 무어족 정복자들의 영향을 받아 유래된 야만적인 관념과 습관들을 많이 가지고 있다 … 여성들은 프랑스에서는 야만적이라고 여겨질 풍습을 가지고 있는데, 귀에 구멍을 뚫고 거기에 금으로 된 귀걸이를 하며, 종종 거기에 보석을 박아 넣는다. 그들은 또한 연단과 백연으로 붉게 희게 자신들의 얼굴을 물들이고 1피트나 1피트 반 정도 높이의 나막신을 신고 걸어 다닌다. 그래서 마치 그들은 땅에 발을 딛고 걷는 것이 아니라 땅 위에 좀 떠서 걷는 것처럼 보인다. 사람들은 극도로 절제하며, 여성들은 결코 포도주를 마시지 않는다 … 스페인 사람들은 종교적인 면에서 볼 때 세상에서 가장 미신적인 사람들이다. 하지만 그들은 전쟁터에서는 용감하고, 고난과 어려움을 잘 견딘다. 그리고 이들의 탐험을 위한 항해는 지구 전체에 널리 이들의 이름을 떨쳤다.

영국에는 사람들이 매우 잘 정착해 있으며, 거주민들은 오랫동안 그곳에 살고 있다. 키가 크고, 피부색이 희고, 파란 눈을 가지고 있다. 그들은 싸움터에서 용감하고 뛰어난 활잡이들이다 ….

스코틀랜드 사람들은 다혈질이고, 복수를 하려는 경향이 있으며, 화를 불같이 내는 사람들이다. 하지만 전쟁에 뛰어나고 추위, 배고픔, 피로를 믿을 수 없을 정도로 잘 견딘다. 그들은 잘 생겼으며 옷차림과 언어는 아일랜드 사람들과 같다. 외투를 노란색으로 물들이고 다리를 드러내고 다니며 거친 가죽 샌들로 발을 보호한다. 그들은 주로 생선과 고기를 먹고 살며, 특별히 종교적인 사람들은 아니다 ….

이탈리아인들은 일상생활에서 끔찍한 욕설과 저주를 내뱉는다. 자기들 이외의 모든 사람을 경멸하고 야만족이라고 불렀지만, 그럼에도 불구하고 자기 자신들은 번갈아 가면서 프랑스, 스페인, 독일의 먹이가 되어 왔다….

　독일은 울창한 삼림으로 너무 뒤덮여 있고 늪지대가 상당히 많다. 기후는 겨울에는 끔찍하게 춥고 여름에는 견딜 수 없을 정도로 덥다 … 헝가리는 일반적으로 황소를 많이 산출한다고 알려져 있고, 바이에른에는 돼지가, 프랑켄에는 양파와 무가, 슈바벤에는 창녀가, 보헤미아에는 이단이, 스위스에는 백정이, 베스트팔렌에는 도둑이 많다. 나라 전체에 탐식가와 술 취한 사람들이 가득하다 … 하지만 독일인들은 종교적인 사람들이다. 일단 한번 믿은 것은 쉽게 버리지 않으며, 분파에 현혹되어 이리저리 휩쓸리지 않는다. 그러나 일단 이단에 빠지게 되면 이를 용감하고 끈질기게 방어한다.

독일에 대한 이러한 부정적인 설명은 부분적으로 타키투스에게서 차용된 것으로서, 제2판에서는 상당 부분 수정되고 축소되었다. 2판에서 독일은 "온화한 날씨의 쾌적한 나라"라고 소개되고 있다. 또한 슈바벤 지방 사람들에 대해서는 재주가 뛰어난 사람들이라고 말하고 있고, 자기 동족인 스페인 사람들의 무지와 미신에 대한 악평 역시 삭제되었다.

　그 신학적인 관련성으로 인해 이 지리학 서적에서 가장 흥미로운 부분은 팔레스타인에 대해 묘사하고 있는 부분이다. 그는 초판에서 "이 지역을 너무 뛰어나게 묘사한 것은 허풍에 불과하고 사실과 다르다. 이곳을 방문했던 상인들과 여행객들의 경험에 따르면 이곳은 황량하고 메마른 땅으로 결코 살 만한 곳이 못 된다. 따라서 당신은 이 땅이 약속의 땅이라고 말할지 모르지만, 일상생활과 관련해서 말할 때 이 땅은 전혀 약속이 없는 곳이다"라고 밝혔다. 그는 제2판에서는 피에르 팔미에르(Pierre Palmier) 대주교의 뜻에 따라 이 부분을 삭제하였다. 그럼에도 불구하고, 세르베투스에 대한 재판에서 이 구절은 그에게 비난의 근거로 작용하였다. 왜냐하면 "젖과 꿀이 흐르는 곳"이라고 한 모세의 기록과 명백하게 상충되었기 때문이다.

143. 의사, 과학자, 점성가로서의 세르베투스

필요한 경비를 지원받은 세르베투스는 1536년에 파리로 돌아와서 의학 권위자이자 박사로서의 학위를 취득하였다. 그는 의사로 상당한 명성을 얻었다.

당시 의학계는 두 학파로 양분되어 있었다. 하나는 히포크라테스(Hippocrates)
와 갈렌(Galen)을 따르는 갈렌 학파이고, 다른 하나는 아베로에스(Averrhoes: 이
슬람 철학자로 이븐 루슈드로 불린다)와 아비세나(Avicenna: 이슬람 철학자로
이븐 시나로 불린다)를 따르는 아베로에스 학파였다. 세르베투스는 캠피에르
(Champier)의 제자로서 그리스 학파에 가입하였지만, 아라비아 학파의 진리에
대해서도 열린 시각을 지니고 있었다.

그는 1537년에 시럽과 그 의약적 사용에 관한 박식한 논문을 발간하였다. 이
것은 그의 책 가운데 가장 널리 읽혀진 책으로서, 10년 만에 4판을 인쇄하였다.

그는 혈액이 심장의 우심방에서 폐동맥과 폐정맥을 통해 폐를 거쳐 좌심방으
로 순환하는 것을 발견하였다. 그는 이것을 따로 출판하지 않고 「기독교 복원」이
라는 자신의 저작 속에 포함시켜서, 생명의 원천이 되는 영에 대한 자신의 신학
적인 사변의 한 부분으로 다루었다. 그래서 이 발견은 그의 책과 함께 불타고 매
장되고 말았다. 하지만 거의 100년이 지난 후에 윌리엄 하비(William Harvey,
1578-1658)가 독자적으로 똑같은 발견을 하게 되었다.

세르베투스는 대학에서 지리학과 점성술에 관해 강의하였고, 많은 갈채를 받
았다. 하지만 자신이 지나친 교만과 경멸감으로 대했던 동료들로부터 시기와 악
평을 받기도 하였다.

그는 "점성술을 변호하는 논문"을 써서, 의사들을 무식한 자들이라고 혹독하
게 공격하였고, 의사들은 그를 사기꾼이요 수다쟁이라고 비난하였다. 대학의 이
사회는 의사들 편을 들었고, 파리 의회는 그가 점성술을 강의하고 별을 보고 예
언하는 것을 금하였다(1538).[41]

그는 파리를 떠나 리옹 근방의 작은 마을인 샤를리어로 가서 2,3년간 의술을
베풀었다.

30살 때에 그는 자신이 예전에 받은 세례가 아무런 가치가 없기 때문에 그리
스도의 모범을 따라 재세례를 받아야 한다고 생각하였다. 그는 할례의 유비를
부인하였다. 그는 유대인들의 할례는 유아들에게 베풀었지만 세례는 성인들에

---

41) 이 점에 있어서 세르베투스는 칼빈보다 뒤처졌다. 칼빈은 점성술의 미신적인
성격을 대담하게 공격하였다(135절 참조).

게만 주어졌다고 말한다. 이것은 세례 요한에 의해 행해졌는데, 태어난 지 8일 만에 할례를 받은 그리스도가 공생애를 시작할 때에 세례를 받았다. 약속은 오직 믿는 자들에게만 주어진 것으로, 유아들은 아직 믿음이 없다. 세례는 중생의 시작이고, 천국으로 들어가는 문이다. 그는 칼빈에게 이 주제에 대해 두 번이나 편지하여, 자신의 입장을 따르라고 권고하였다.

그는 자신의 거만한 태도로 인해 너무 사람들의 평판을 잃어 샤를리어도 떠나야만 했다.

144. 비엔에서의 세르베투스. 그의 성경 주석

세르베투스는 이제 도피네 지방의 비엔(Vienne : 빈과 다른 곳)으로 가서 피에르 팔미에르의 후원 아래 의사로 정착하였다. 팔미에르는 파리에서 그의 추종자이자 후원자였는데, 이곳 교구의 대주교직을 맡고 있었다. 세르베투스는 대주교의 관저에 기거하면서 의술 활동을 통해 편히 생활할 수 있었다. 그는 1540년부터 1553년까지 13년간을 비엔에서 살았으며, 아마도 굴곡이 심했던 그의 생애에서 가장 행복했던 시간이었을 것이다. 그는 가톨릭 신앙을 따랐으며, 고위 성직자들과도 좋은 관계를 유지하였다. 아무도 그가 이단이라고 의심하지 않았고, "삼위일체의 오류들"을 다룬 책이 그와 관계가 있다는 것도 몰랐다.

그는 여가 시간을 자신이 좋아하는 문학과 신학 연구를 하는 데 썼으며, 리옹의 출판업자들을 통해 책을 내었다. 우리는 이미 그의 "프톨레마이오스" 제2판을 언급했는데, 그는 서문에서 팔미에르에게 찬사를 보내면서 이 책을 그에게 헌정하였다.

일 년 후에(1542) 그는 파그니누스(Santes Pagninus)의 라틴어 성경을 새롭고 우아하게 편집해 출간하였다. 파그니누스는 학식이 뛰어난 도미니쿠스회 수도사이자 사보나롤라의 제자였으며, 개혁파 교회의 적대자였다.[42] 세르베투스는

---

42) 파그니누스의 초판은 1528년 리옹에서 출판되었었다. 구약 성경의 번역은 뛰어난 히브리어 실력에 기반을 둔 것으로서, Robert Olivetan 같은 프로테스탄트들도 그의 불어판에서 많이 이용하였다.

이 책에 해설적인 주를 달았는데, "오랜 역사적 의미인데도 불구하고 지금까지 간과되어 온 성경의 의미"를 회복시키는 것을 그 목적으로 하였다. 그는 알레고리적인 해석 대신에 모형론(혹은 예표론)적인 해석을 하고, 구약의 예언들을 그 시대에 직접적인 의미를 지니는 것으로 해석하는 동시에 멀리 그리스도에게까지 관련시킴으로써 근대 성경해석을 예고하였다. 그는 시편 2편, 8편, 22편, 그리고 110편을 그리스도의 예표로서의 다윗과 관련시켰다. 그가 이러한 방법론을 칼빈에게서 배운 것 같지는 않으며, 칼빈이 세르베투스에게서 배우지 않은 것은 확실하다. 하지만 세르베투스는 칼빈보다 더 많이 나아간다. 그래서 제2이사야서에 나오는 "여호와의 종"을 하나님의 기름부음 받은 자인 고레스에게 관련시킴으로써 이에 대한 합리적인 해석을 예고하고 있다.

로마 가톨릭은 그의 주석들을 금서 목록에 올렸다(1559). 칼빈은 세르베투스의 재판에서 이것들을 그에게 불리한 증거로 제시하였다. 칼빈은 이 책의 본문이 승인을 받지 않고 다른 판을 그대로 취해 사용하고 세르베투스의 주석만 덧붙인 것임은 알지 못한 채, 세르베투스가 하찮은 것과 불경건한 어리석음으로 거의 모든 페이지를 채워 넣은 책을 출판하게 함으로써 교묘하게 출판업자의 돈을 500리브르나 훔쳤다고 말하였다.[43]

145. 세르베투스의 칼빈 및 푸팽과의 서신 교환

도피네 지역의 비엔에서 자신의 마지막 책을 준비하면서 세르베투스는 장 프렐롱(Jean Frellon)을 통해 칼빈과 서신 왕래를 시작하였다. 프렐롱은 리옹의 학식 있는 출판업자이자 두 사람과 사적인 친구 관계에 있었다.[44] 세르베투스는 자

---

43) Willis는 세르베투스가 심하게 표절을 했다고 비난한다. 그의 책은 1541년 Melchior Novesianus of Cologne의 판을 말 그대로 재판한 것이기 때문이다. 하지만 세르베투스 자신은 본문의 셀 수 없이 많은 곳에서 내용을 수정했노라고 서문에서 공표하고 있다.

44) 프렐롱은 세르베투스를 편집자요 번역가로 고용하였는데, 프렐롱이 칼빈과 우호적인 관계를 유지한 것으로 미루어볼 때 아마 프로테스탄트였을 것이다. 그러나 Henry(III. 129)는 그가 가톨릭교도였다고 가정한다. 헨리는 서신 교환이 일찍이 1540

신의 책이 출판되자 칼빈에게 보내면서 이 책에서 칼빈이 "전에는 결코 들어본 적도 없는 엄청난 것들"을 발견하게 될 것이라고 말하였다.[45] 그는 또한 칼빈에게 세 가지 질문을 제기하였다. 1) 인간 예수 그리스도는 하나님의 아들인가, 어떻게 그럴 수 있는가? 2) 하나님의 나라는 인간 속에 있는가, 인간은 언제 그곳에 들어가는가, 그리고 인간은 언제 거듭나는가? 3) 기독교 세례는 성찬과 마찬가지로 신앙을 전제로 해야 하는가, 그리고 두 성례는 신약 성경에서 무슨 목적으로 제정되었는가?[46]

칼빈은 그 내용을 다 읽을 시간은 없었던 것 같지만, 그 질문들에 대해 다음과 같이 정중하게 답하였다. 1) 그리스도는 그의 신성으로는 영원히 나셨고, 그의 인성으로는 하나님의 지혜가 육신을 입음으로써 하나님의 아들이 되신다. 2) 하나님의 나라는 인간이 거듭날 때 인간 속에서 시작하지만, 중생의 과정은 한 순간에 완성되는 것이 아니라 죽을 때까지 계속된다. 3) 신앙은 세례에 필수적이다. 하지만 성찬에서처럼 개인적인 방식으로 그런 것은 아니다. 왜냐하면 할례의 예표에 따라, 약속은 신자들의 자녀들에게도 주어졌기 때문이다. 세례와 성례는 할례와 유월절과 같이 서로 연관되어 있다. 그는 자세한 내용은 자신의 책을 참조하라고 말하면서, 원한다면 더 설명해 줄 준비가 되어 있다고 말하였다.[47]

세르베투스는 칼빈의 답변에 결코 만족하지 않아 다음과 같은 내용의 글을 그에게 보내었다. 그에 따르면, 칼빈은 하나님의 아들을 두세 명으로 만들었고, 솔로몬이 언급했던 하나님의 지혜는 은유적이고 비인격적인 것으로 만들었고, 물과 성령으로 세례를 받는 순간에 중생이 일어나지만 유아 세례 때는 그렇지 않다고 말한 것이다. 세르베투스는 할례가 세례에 상응한다는 것을 부인하였다. 그는 칼빈에게 5개의 새로운 질문을 던지면서, 자신이 보내준 「기독교 복원」(*The Restitution of Christianity*) 원고에서 세례에 관한 4장을 읽어보라고 했다.[48]

년부터 시작된 것으로 생각한다(III. 129).

45) 137절 마지막 부분에 나오는, 칼빈이 파렐에게 보낸 편지를 참조하라.

46) 칼빈은 *Refutatio Errorum Nich. Serveti, Opera*, VIII. 482-484에서 질문과 답을 제시하고 있다. 세르베투스는 자신의 「기독교 복원」에서 이를 빠뜨리고 있다.

47) *Opera*, VIII. 484.

48) *Opera*, VIII. 486.

세르베투스의 이러한 반대 의견들에 대해 칼빈은 다시 보다 긴 답변서를 보내었다.[49] 칼빈은 세르베투스를 위해 책을 쓸 여유도 없었고, 이런 모든 주제들에 대해 자신의 「기독교 강요」에서 이미 다루기도 했지만, 다시금 보다 상세한 설명을 해주었다.[50]

이때까지만 해도 칼빈에게서 세르베투스를 해치려는 어떠한 의향도 찾아볼 수 없었다. 반대로 우리는 골치 아픈 이방인이자 뚜렷한 대적자의 질문에 자신의 소중한 시간을 그렇게 많이 들여서 답변을 해 준 그의 인내심과 온건함에 경의를 표해야 할 것이다. 세르베투스는 계속해서 편지를 보내어 칼빈을 괴롭혔으며, 비판적인 반대 의견들을 자세히 기술해 넣어서 그의 「기독교 강요」를 돌려보내었다. 칼빈은 "그의 구토로 더러워지지 않은 페이지는 거의 발견하기 어렵다"[51]고 말하고 있다.

칼빈은 세르베투스의 질문들에 답하는 마지막 답변서를 보내었는데 지금 이것은 남아 있지 않다. 이 답변서는 프렐롱에게 프랑스어로 보내는 편지와 동봉되었는데, 이 편지는 보존되어 있다.[52] 이 편지는 1546년 2월 13일자 편지로서, 잘 알려진 칼빈의 가명 샤를 데스페빌(Charles Despeville)이라는 이름으로 씌어졌는데, 그 내용은 다음과 같다.

당신이 지난번 보내준 편지가 제가 떠날 때에 배달되어서 저는 거기에 답할 여유가 없었습니다. 저는 당신이 원하는 대로 돌아와서 제일 먼저 이 일에 착수하였습니다. 하지만 사실 이런 자에게 친절함을 보이고 싶은 생각은 없습니다. 그렇지만 그를 깨우치기 위해 할 수 있는 일이 남아 있다면 한 번 더 해보겠습니다. 하나님이 그 안에서 역사하여 그가 전혀 다른 사람이 될 때에야 깨우침의 기적이 일어날 것입니다. 그가 제게 너무 교만하게 써 보내었기 때문에, 저도 제 평소 습관보다 더 날카롭게

---

49) *Opera*, VIII. 487-495.

50) *Opera*, VIII. 494.

51) *Opera*, VIII. 481.

52) 칼빈이 프렐롱에게 보낸 편지와 프렐롱이 세르베투스에게 보낸 편지는 모두 프랑스어로 된 것으로, 비엔의 대주교의 재판 관련 문서 보관소에 보내져, 1749년 파리에서 Abbé d'Artigny에 의해 처음 출판되었다. 이는 칼빈의 *Opera*, VIII. 833 이하에 수록되어 있다.

쓰지 않을 수 없습니다. 그의 주제넘음을 조금이나마 꺾어 주고자 해서였습니다. 저는 달리 어떻게 할 수가 없었습니다. 확신하건대 그가 그 무엇보다 우선적으로 배워야 할 것은 겸손입니다. 이것은 하나님의 은혜가 아니면 그에게 주어질 수가 없는 덕목입니다. 하지만 우리도 도움의 손을 내밀어야 할 것입니다. 만약 하나님이 그와 우리에게 그런 은혜를 베푸신다면 제가 보내는 답신이 그에게 유익이 될 것이고 저도 기쁘겠습니다. 하지만 만약 그가 지금까지 해왔던 대로 고집한다면, 앞으로 당신이 그를 위해 제 도움을 구하는 것은 당신의 시간만 허비하게 될 것입니다. 왜냐하면 저에게는 더 절박한 일들이 있고, 또 저는 그 일로 인해 더 이상 제 시간을 쓰지 않을 것이고, 그는 저로 하여금 보다 유익한 연구를 하지 못하게 저를 꾀는 사탄이라는 것을 의심치 않기 때문입니다. 따라서 앞으로 특별한 일이 생기지 않는 한, 제가 지금까지 한 일로 만족하시기를 바랍니다.

프렐롱은 특별한 전달자를 통해 이 편지를 세르베투스에게 보내었다. 거기에 그는 메모를 덧붙여 보내었는데, 거기서 그는 세르베투스를 "사랑하는 형제이자 친구"라고 칭하고 있다.

같은 날 칼빈은 이미 인용한 바 있는 유명한 편지를 파렐에게 썼다. 그는 세르베투스가 도저히 어떻게 할 수 없는 위험한 이단이고, 죽어서 마땅한 자라는 확신에 도달하였다.[53] 하지만 칼빈은 세르베투스를 제네바로 불러들이기 위해 도모하지 않았고, 그를 철저히 혼자 내버려두었다. 1548년 그는 비레에게 편지하여 자신이 더 이상 이 지독하게 고집 센 이단자와 관계를 가지지 않을 것이고, 그에게 편지를 보내는 일도 더 이상 없을 것이라고 하였다.

세르베투스는 계속해서 칼빈을 괴롭혔으며, 칼빈에게 보냈던 30통이 넘는 편지들을 자신의 책 「기독교 복원」에 넣어서 출판하였다. 그렇지만 그 편지들의 날짜를 밝히지도 않았고 칼빈의 답변도 싣지 않았다.[54] 세르베투스의 이 편지들에

---

53) 볼섹은 비레에게 비슷한 편지가 보내졌다고 언급하는데, 그런 편지는 발견되지 않았다. 아마도 그 편지는 파렐에게 보내진 편지와 같은 편지였을 것이다. 당시 파렐은 Metz에 있었기 때문에 그 편지가 비레에게 먼저 전달되었을 것이다(Henry, III. 133). 볼섹은 또한 칼빈이 세르베투스의 이단성을 투르농의 추기경에게 알렸지만, 추기경은 이단이 다른 이단을 고발한다는 생각에 웃음을 터뜨렸다고 말하고 있다.

54) *Restitutio*, 577-664. *Opera*, VIII. 645-714에 재수록됨.

는 그의 교만하고 건방진 성품이 잘 나타나 있다. 그는 당대의 가장 뛰어난 신학자에게 편지하면서 배우는 자나 아니면 동등한 자로서의 태도를 취하는 것이 아니라 마치 자기가 더 우월한 자인 것처럼 쓰고 있다. 이 출판된 편지들 가운데 첫 번째 편지에서 그는 칼빈이 그리스도의 아들되심, 로고스, 그리고 삼위일체에 대해 불합리하고 혼란스럽고 모순된 견해들을 가지고 있다고 비난하였다. 두 번째 편지에서 그는 다음과 같이 칼빈에 대해 말하고 있다.

> 당신은 하나님의 아들을 셋으로 만들고 있다. 당신에게는 인성이 한 아들이고, 신성도 하나의 아들이고, 전체 그리스도가 또 하나의 아들이 되고 있다 … 이러한 삼신론적인 관념들은 모두 머리가 셋 달린 용의 환영이다. 이것은 현재 적그리스도적 통치 속에서 현학자들 사이에 쉽게 스며들고 있다. 당신은 용의 영, 짐승의 영, 거짓 선지자들의 영이라는 세 영들에 관해서 읽어본 적이 없는가? 짐승의 삼위를 인정하는 자들은 악마들의 세 영에 사로잡힌 자들이다. 이 세 영들은 어린 양 예수 그리스도에 대항하여 전쟁을 부추기고 있다(계 16). 보이지 않는 삼위일체의 신들은 바빌로니아의 신들이 거짓인 것과 마찬가지로 다 거짓이다. 그럼 안녕히.[55]

그는 하나님을 세 가지 동물이라는 불가능한 괴물로 만들지 말라는 빈번한 경고로 세 번째 편지를 시작하고 있다. 또 다른 편지에서 그는 칼빈을 가리켜 선행을 비방함으로써 하나님께 버림받은 자요 신성모독자라고 칭하고 있다. 그는 칼빈이 신앙, 칭의, 중생, 세례, 그리고 천국에 관해 제대로 알지 못하는 자라고 비난하고 있다.

이것들은 건방지고 약 올리고 무례하기까지 한 그의 편지들의 어투를 잘 보여주는 예이다. 결국에 세르베투스는 칼빈과의 서신 교환을 중단하고 이제는 칼빈의 친구들에게 편지를 보내었다. 칼빈은 이미 오래 전부터 그에게 답장을 보내지 않은 것 같다. 세르베투스는 1543년부터 자신이 죽은 1556년까지 제네바의 목회자였던 아벨 푸팽(Abel Poupin)에게 세 통의 편지를 보내었다. 마지막 편지가 보존되어 있으며, 재판에서 증거로 사용되었다.[56] 이 편지에는 날짜가 밝혀져

---

55) *Restitutio*, 580, 581.
56) 서명이 된 것은 아니지만, 그가 직접 쓴 것은 분명하며, 그의 작품으로 인정되

있지 않지만, 1548년 혹은 그 이후에 씌어진 것이 틀림없다. 세르베투스는 제네바의 개혁파 기독교인들이 하나님도, 진정한 신앙도, 선행도 없는 복음을 가지고 있다고 비난하였다. 그리고 그들이 진정한 하나님 대신에 머리가 셋 달린 케르베로스(Cerberus: 그리스 신화에 나오는 머리 셋 달린 괴물로서, 지옥을 지킨다 : 역자주)를 예배하고 있다고 비난하였다. 그는 이렇게 끝을 맺고 있다.

> 그리스도에 대한 당신의 신앙은 순전히 거짓에 불과하고 아무런 효력도 없다. 당신은 생명력이 없는 줄기이고, 당신의 하나님은 노예화된 의지를 지닌 터무니없는 괴물이다. 당신은 세례를 통한 중생을 거부하고 사람들이 천국으로 들어가는 문을 막고 있다. 당신들에게 저주, 저주, 저주가 있기를!

그는 자신이 이 일 때문에 죽어서 자기 주인의 뒤를 따를 것이라고 예고하면서 이 편지를 끝맺고 있다.

146. 「기독교 복원」

비엔에 머무는 동안 세르베투스는 「기독교 복원」(*The Restitution of Christianity*)이라는 자신의 가장 주된 신학 저작을 준비하였다. 그는 이 책을 출판하기 7년 전인 1546년에 이미 이 책의 상당 부분을 끝마쳤던 것이 분명하다. 왜냐하면 우리가 이미 확인한 대로 바로 그 해에 그가 칼빈에게 원고 사본을 보내어 교정을 받고자 했기 때문이다. 하지만 칼빈은 이 원고를 로잔에 있던 비레에게 보내었고, 그래서 그곳에 보관되게 되었다. 이후에 이 원고는 세르베투스의 재판에서 사용되었고, 이후에 출판된 책과 함께 제네바 시의회에 의해 불태워졌다.[57]

고 있다. Henry는 자신의 책 제3권 끝부분에서 제네바의 고문서 보관소에서 보관된 것을 그대로 모사하고 있다. 이는 *Opera*, VIII. 750n 이하에 재수록되었다. Dyer(p.309)는 "이 편지는 거의 모든 곳에서 저자의 격앙되고 광신적인 망상과 칼빈과 제네바 교회에 대한 그의 증오를 드러내고 있다"고 말하고 있다.

57) 1553년 8월 17일 제네바에서 열린 재판에서 그는 자신이 6년 전에 칼빈의 판단

이 책의 의기양양한 제목만으로도 그 교만하고 과격한 특성을 알 수 있다. 이 제목은 칼빈의 「기독교 강요」를 고려하여 선택된 것이었다. 그는 이 위대한 개혁가에 대항하여 자신을 복원자로 자처하였다. 책의 속표지에 적어 넣은 히브리어 모토 "그때에 네 민족을 호위하는 대군 미가엘이 일어날 것이요"는 다니엘서 12장 1절에서 인용되었고, 그리스어 모토 "하늘에 전쟁이 있으니"는 요한 계시록 12장 7절에서 인용되었는데, 이 구절은 다음과 같은 말로 이어진다. "미가엘과 그의 사자들이 용으로 더불어 싸울쌔 용과 그의 사자들도 싸우나 이기지 못하여 다시 하늘에서 저희의 있을 곳을 얻지 못한지라. 큰 용이 내어 쫓기니 옛 뱀 곧 마귀라고도 하고 사탄이라고도 하는 온 천하를 꾀는 자라."

여기서 책 저자의 기독교식 이름과 천사장의 이름이 동일하다는 것이 중요한 의미를 지닌다. 세르베투스는 적그리스도와의 싸움이 임박했거나 이미 시작되었으며, 자신이 미가엘의 전사 중 하나이거나 아니면 미가엘 자신일 것이라고 생각하였다.[58]

그의 「기독교 복원」은 일종의 선전 포고문이었다. 그는 요한계시록 12장에 나오는 여인이 참된 교회이고, 하나님이 구원하시는 그녀의 아이는 기독교 신앙이라고 이해하였다. 그리고 7개의 머리와 뿔을 가진 거대한 붉은 용은 로마 교황으로서 다니엘, 바울, 요한이 예언한 적그리스도라고 생각하였다. 콘스탄티누스 황제 때에 니케아 공의회가 한 분 하나님을 세 부분으로 나누었던 시기에, 용은 진정한 교회를 광야로 쫓아내기 시작했으며, 1,260일 혹은 1,260년 동안 지배력을 유지하였다(계시록 12:6 참조). 하지만 이제 용의 통치는 종국에 이르고 있다.

세르베투스는 교황과 프로테스탄트 적그리스도의 폭정을 전복시키고 기독교를 원래의 순수성으로 복원시키라는 소명을 하나님께 받았다는 생각에 완전히 사로잡혀 있었다. 그는 책 서문에서 이렇게 말하고 있다.

우리가 맡은 사명은 장엄하고 숭고한 것이며 명료하고 증거가 확실한 것이다. 왜냐

을 알기 위해 그에게 자신의 책을 한 권 보냈었다고 밝혔다. *Opera*, VIII. 734. 칼빈은 1546년 2월 13일에 파렐에게 편지하여, 세르베투스가 자신에게 헛소리로 가득 찬 두꺼운 책을 한 권 보내왔다고 하였는데, 「기독교 복원」을 말하는 것이 분명하다.

58) *Restitutio*, 199.

하면 이는 곧 하나님을 그의 말씀의 실체적인 표명과 성령의 신적인 교제를 통해 사람들에게 알리는 것이기 때문이다. 이 둘은 오직 그리스도 안에 포함되어 있다. 오직 그리스도를 통해서만 우리는 말씀과 성령의 신성이 어떻게 인간에 의해 이해될 수 있는지를 분명하게 깨달을 수 있다 … 우리가 문을 열고 들어가기만 하면 하나님을 볼 것이다. 우리는 이전에는 볼 수 없었던 하나님의 드러난 얼굴을 보고, 또 우리를 비추시는 그의 빛을 보게 될 것이다. 지금이 바로 그 문을 열고 빛의 길로 들어설 때이다. 그러지 않고서는 그 누구도 성경을 읽을 수 없고, 하나님을 알 수도 없으며, 기독교 신자도 될 수 없다.

그런 다음 그는 주제들을 간단하게 요약하고 다음의 기도로 서문을 마무리하고 있다.

오 그리스도 예수, 하늘로부터 우리에게 주어진 바 되어 그 자신 안에 신성을 가시적으로 나타내신 하나님의 아들이시여, 당신을 당신의 종에게 드러내셔서 그 위대한 현현을 진정으로 이해하도록 해주소서. 당신께 탄원하는 저에게 지금 당신의 선한 영과 능력 있는 말씀을 주소서. 제 마음과 펜을 인도하사 당신의 신성의 영광을 선포할 수 있게 하시고, 당신에 관한 참된 신앙을 표현할 수 있게 하소서. 이 일의 원인은 바로 당신이고, 제가 성부로부터 기인하는 당신의 영광과 당신의 영의 영광에 관해 다루게 된 것은 하나님으로부터 오는 어떤 확실한 충동에 의한 것입니다. 저는 이전에 이것을 다루기 시작했고, 지금은 부득이하게 이 일을 다시 하게 되었습니다. 때가 찼기 때문입니다. 저는 지금 그 자체의 확실성과 시대의 명확한 징표들로부터 모든 경건한 자들에게 그것을 밝혀주려고 합니다. 당신은 등잔불을 감추지 말라고 가르치셨습니다. 제가 복음을 전하지 않으면 화가 있을 것입니다. 이는 모든 기독교 신자의 공통의 유익과 연관된 일입니다.

그는 바젤의 출판업자 마리누스(Marrinus)에게 원고를 보냈지만, 마리누스는 1552년 4월 9일자 편지에서 당시 정황으로는 그곳에서 이 책을 안전하게 출판할 수 없다는 이유로 그 출간을 거절하였다. 그래서 그는 비엔의 서적상이자 출판업자였던 아르눌레(Balthasar Arnoullet)와, 잘못된 행동으로 제네바에서 도망쳤던 자신의 처남이자 자기 소유의 인쇄소를 운영하던 게룔트(Guillaume

Guéroult)와 협의하였다. 그는 이 책에 어떤 오류도 없고, 오히려 이 책은 루터, 칼빈, 멜란히톤과 다른 이단들의 교리들을 반박하고 있다고 확언하였다. 그는 속표지에 자신과 그들의 이름, 그리고 출판 장소를 밝히지 않고 출판하는 데 동의하였다. 그는 출판에 필요한 경비를 다 떠맡았고 금화 100달러를 선불로 지불하였다. 당시 프랑스에서는 그 누구도 그의 실제 이름이 세르베투스라는 것을 알지 못하였고, 그가 「삼위일체의 오류들에 관하여」의 저자라는 것도 알지 못하였다.

「기독교 복원」은 알려진 출판사와는 거리가 먼 작은 집에서 비밀리에 인쇄되어 3-4개월의 작업 끝에 1553년 1월 3일 완성되었다. 그 자신이 교정을 보았지만 몇 군데 식자상의 오류가 있었다. 1쇄로 찍은 1,000권의 책은 100권씩 묶어서 500권은 리옹의 활자 주조공인 마르탱(Pierre Martin)에게 보내져서 배편으로 제노바와 베네치아로 발송되었다. 그리고 일부는 샤티용의 서적상 베스테(Jacob Bestet)에게, 나머지 책들은 프랑크푸르트로 보내어졌다. 칼빈은 아마도 그의 친구인 리옹의 프렐롱에게서 1권 이상을 확보한 것으로 보인다.[59]

「기독교 복원」의 제1부는 「삼위일체의 오류들에 관하여」라는 7권의 책의 개정증보판이라고 할 수 있다. 7권의 책들은 5권으로 축약되었고, 뒤이어 예전 책의 6-7권 자리에서는 미카엘과 베드로의 삼위일체에 관한 두 편의 대화가 다루어지고 있다. 「기독교 복원」의 다른 부분은 거의 전체의 3분의 2를 차지하는데(287-734쪽), 새로운 내용으로 되어 있다. 그 가운데는 그리스도 왕국의 신앙과 공의에 관해 다루고 있는 세 권의 책(287-354), 중생과 적그리스도의 통치에 관해 다루고 있는 4권의 책(355-576), 칼빈에게 보낸 30통의 편지(577-664), 적그리스도의 60가지 표지(664-670), 그리고 삼위일체의 신비와 고대의 치리에 관해 멜란히톤에게 보낸 변증문(671-734)이 들어 있다. 칼빈과 멜란히톤은 생존하는 개혁자들 가운데 그가 정통 개신교의 대표자들로 보고 맞선 개혁자들이다.[60]

147. 세르베투스의 신학 체계

---

59) 이러한 사실들은 비엔에서의 재판(裁判)에서 나온 것이다.

60) 츠빙글리, 오이콜람파디우스, 카피토, 루터, 부처는 모두 1552년 이전에 (순서대로) 죽었다.

세르베투스 재판을 다루기 전에, 그의 마지막이자 가장 정교한 저작에 나타난 세르베투스의 견해들을 살펴보아야 한다.

세르베투스의 동시대인들에게 「기독교 복원」은 사벨리우스주의, 아리우스주의, 아폴리나리우스주의, 펠라기우스주의와 같은 이단들이 재세례파적인 오류, 신플라톤주의와 범신론적인 사변과 혼합된 혼잡스러운 복합물로 여겨졌다. 칼빈, 세세(Saisset), 트레첼(Trechsel), 바우어(Ferdinand Baur), 도르너(Isaak Dorner), 하르낙(Adolf von Harnack)와 같은 최상의 판관들은 세르베투스의 체계가 범신론에 뿌리를 두고 있다고 생각하였다. 톨린(Tollin)은 세르베투스가 얼마간 범신론적인 색채를 띠는 표현을 하고 있다는 것은 인정하면서도 그가 범신론자라는 것은 부인하였다. 그는 세르베투스의 신학이 충분히 무르익기 전에 적어도 다섯 단계를 거치고 있다고 지적하였다. 그는 세르베투스의 신학을 "철저하고 광범위한 범그리스도론 혹은 '그리스도 중심주의' "라고 규정하였다.[61]

세르베투스는 신비주의적인 신지학자(theosophist)이자 그리스도범신론자였다. 그는 회의주의자나 합리주의자와는 전연 다르게, 기독교의 절대적인 진리에 대해 아주 강하고 적극적인 확신을 가지고 있었다. 그는 성경을 무오한 진리의 원천으로 간주하였고, 아무런 이견 없이 전통적인 정경을 받아들였다. 이런 점에서 그는 복음주의적인 개신교와 일치하였다. 하지만 그는 원칙과 목표에 있어서는 로마 가톨릭뿐만 아니라 개신교와도 달랐다. 그는 자신이 원시 기독교의 복원자로서 양측보다 더 우월한 위치에 있으며, 가톨릭과 프로테스탄트 신조들의 오류들은 배제하고 진리들은 종합하고 있다고 주장하였다.

성 바울과 아우구스티누스의 가르침에 의해 영감을 받은 복음주의적 종교개혁은 처음에는 실천적인 운동이었다. 이 운동은 편만하던 펠라기우스주의에 반대하여 죄와 은혜에 대한 깊은 인식에서 출발된 것으로서, 번민하는 양심에 용서와 평화를 가져다주는 유일하고 충분한 원천이신 그리스도에게로 사람들을 곧바로 인도했지만, 사도신경의 모든 구절, 특별히 삼위일체와 성육신에 관한

---

61) 그는 세르베투스가 "삼위일체의 오류"에 관해 서로 다른 시기에 7권의 책을 썼다고 추정한다. 1권과 2권은 1528년 툴루즈에서 아직 17살밖에 안 된 학생 시절에, 3권과 4권은 1531년 바젤에서, 마지막 세 권은 슈트라스부르크에서 씌어졌다는 것이다. 그리고 삼위일체에 관한 두 대화집은 그의 신학의 제4 단계를, 「기독교 복원」은 5단계를 나타낸다고 추정한다.

교리들을 그대로 담고 있었다. 하지만 또한 주목해야 할 것이 있다. 멜란히톤은 자신의 「신학총론」(1521) 초판에서 이러한 신비들을 사변의 대상이 아니라 경외의 대상이라는 이유로 생략하였고,[62] 칼빈도 카롤리와의 논쟁에서 성경이 아니라 그리스 철학에서 유래한 니케아 신조와 아타나시우스 신조의 용어들을 가볍게 다루었다는 사실이다.

세르베투스는 성경을 자신의 길잡이로 삼아 개혁자들보다 더욱 철저한 혁명을 꾀하였다. 그는 새로운 신론과 기독론에서 출발하여 보편교회 신조의 근간을 뒤흔들었다. 그의 체계에서 가장 뚜렷한 **부정적** 요소는 세 가지에 대한 부정이다. 니케아 신조에 공표된 정통적인 삼위일체 교의의 부정, 칼케돈 공의회에서 결의된 정통 기독론의 부정, 그리고 재세례파들을 제외하고는 어디서나 시행되던 유아세례의 부정이다. 그는 이것들로부터 교회의 모든 악과 부패가 비롯되었다고 보았다. 처음 두 가지 부정은 이론적인 혁명의 기초가 되었고, 세 번째 부정은 자신이 이 익명으로 출판된 책으로써 수행하라는 소명을 받았다고 생각한 실천적인 혁명의 기초가 되었다.

이 세 가지 부정은 사람들에게 충격적인 신성모독으로 여겨졌기 때문에, 그런 의도가 있었던 것은 아니었지만, 그는 로마 가톨릭뿐만 아니라 프로테스탄트들까지 모든 당대의 정통 기독교인들에게 공포의 대상이 되었다. 그리고 그는 처음에는 비엔에서, 그 다음에는 제네바에서 이중으로 정죄를 받게 되었다. 여기까지는 그의 동시대인들, 특별히 칼빈과 멜란히톤에 의해 그는 제대로 이해되었다. 하지만 그가 니케아와 칼케돈 정통을 대체시켰던 **긍정적인** 요소들은 그 독창성을 제대로 인정받지 못하였고, 오랫동안 정죄받아 온 이단의 단순한 반복으로 여겨졌다.

세르베투스 이전에도 반(反)삼위일체론자들은 존재하였다. 비단 니케아 이전 시대뿐 아니라 16세기에도 있었는데, 특별히 재세례파들 중에 많았다. 헤처(Hetzer), 뎅크(Denck), 캄파누스(Campanus), 멜키오르 호프만(Melchior Hoffmann), 리드(Reed), 마르티니(Martini), 요리스(David Joris) 같은 사람들이 있었다. 하지만 세르베투스는 이들의 산발적인 관념들을 하나의 일관되고 독창

---

62) 1543년 이후의 판들에서 멜란히톤은 삼위일체론과 그리스도의 위격에 관해 논하면서 세르베투스에 반대하였다.

적인 체계로 종합했으며, 여기에 이론적인 토대를 마련하였다.

1. 기독론

세르베투스는 삼위일체에 대항하는 자신의 첫 번째 책과 마찬가지로 「기독교
복원」도 기독론으로 시작하고 있다. 그는 역사적인 나사렛 예수의 인성에서 시
작하여 그의 메시야성과 하나님의 아들되심을 다루었고, 이로부터 그의 신성으
로 나아갔다.[63] 우리는 이것이 공관복음서들의 관점이라고 할 수 있을 것이다. 이
관점은 일반적인 정통적인 방법론, 즉 제4복음서의 서론에 의거하여 그의 신성
으로부터 시작하여 삼위일체 중 제2 위격의 성육신 사건을 통해 그의 인성으로
나아가는 방법론과는 다르다. 이 점에서 그는 근대의 예수의 인성을 강조하는
인본주의적 기독론을 예견하고 있다. 세르베투스에 따르면, 예수는 하나님의 제
1 위격으로부터 나신 것이 아니라, 분리되지도 않았고 분리될 수도 없는 한 하나
님의 본질로부터 나신 것이다. 그는 육신으로는 성령의 구름이 덮음을 통해 동
정녀 마리아에게서 태어났다(마 1:18,20,23; 눅 1:32,35). 복음의 전체적인 목표
는 사람들로 하여금 예수가 그리스도이고 하나님의 아들이라는 것을 믿도록 인
도하는 것이다(요 20:31 비교).[64] 하지만 "하나님의 아들"이라는 용어는 성경에
서 항상 인간 예수를 가리켰지, 한 번도 로고스를 지칭해서 사용된 적이 없다.[65]
그리스도는 하나님의 본체로부터 태어난 하나님의 유일한 참되고 자연적인 아
들이고, 우리는 은혜로 인해 양자된 자녀들이다. 우리는 믿음으로 하나님의 자
녀들이 된다(요 1:12; 갈 3:26; 롬 8:23; 엡 1:5). 더욱이 그는 참으로 틀림없이 하
나님이시다. 하나님의 온전한 본질이 그 안에 나타나고, 하나님이 그 안에 육신
으로 거하신다.[66]

죽을 때까지 세르베투스는 예수를 영원하신 하나님의 아들로 예배하였다. 하
지만 그는 예수가 하나님의 **영원한** 아들이라는 것은 인정하지 않았다. 다만 그

---

63) *Restitutio*, 5.

64) *Restitutio*, 293.

65) *Restitutio*, 689.

66) *Restitutio*, 14. 그는 증거 본문으로 사 9:6; 45:3; 요 20:28; 롬 9:5; 빌 2:5-11을
인용한다.

는 관념적이고 범신론적인 의미에서만 영원하다는 용어를 사용하여, 영원 전부터 전 우주가 하나님의 마음속에 존재했고 신적인 지혜(소피아)와 신적인 말씀(로고스) 안에서 파악되었다고 말하고 있다.

그는 칼케돈적인 이원론을 반대했으며 (아폴리나리우스와 마찬가지로) 그리스도라는 위격의 유기적 통일성을 목표로 하였다. 하지만 (아폴리나리우스가 인간 정신을 신적인 로고스로 대체함으로써 그리스도를 단지 반(半)인으로 만든 반면) 그는 그리스도를 완전한 인성을 지닌 자로 만들었다. 그는 스콜라적이고 정통적인 신학자들을 궤변가이자 진리의 대적자들이라고 부르면서 그들이 하나님의 아들을 둘로 만들었다고 비난하였다. 하나는 불가시적이고 영원한 아들이고 다른 하나는 가시적이고 일시적인 아들이라는 것이다. 그에 따르면, 그들은 예수가 속성의 교류를 통해 두 개의 서로 다른 본성을 가지고 있다고 가르침으로써 예수가 진정한 인간이라는 것을 부인하고 있다.[67] 그리스도는 두 개의 본성으로 이루어져 있지도 않고 두 개의 본성을 가지고 있지도 않다. 그는 제2 위격으로 선재한 적이 없었고, 그의 위격은 그의 잉태와 출생으로부터 시작되었다. 하지만 이 인간 예수는 동시에 하나님과 동일 본질이다($\delta\mu oo\acute{v}\sigma\iota o\varsigma$). 남편과 아내가 그들의 자녀의 육체 안에서 하나이듯이, 하나님과 인간은 그리스도 안에서 하나이다.[68] 그리스도의 육체는 거룩하며 바로 하나님의 본질로부터 비롯되었다.[69] 그리스도의 육체를 신화(神化)시킴으로써 세르베투스는 하나님을 물질화시키고, 그리스도의 실질적인 인성을 파괴하였으며, 범신론적인 신비주의의 미로 속에서 길을 잃었다.

2. 신론

세르베투스의 근본적인 교리는 정통 신학의 세 위격 혹은 삼중 본체설에 대항하는, 신적인 존재의 절대적인 통일성, 단순성, 그리고 불가분리성이었다.[70] 이

---

67) *Restitutio*, 15.

68) *Restitutio*, 269.

69) *Restitutio*, 74; 48, 50, 72, 77과 비교.

70) Tollin은 세르베투스가 단지 토마스 아퀴나스의 견해를 일관되게 따랐을 뿐이라는 것을 보여주려고 시도한다. 토마스 아퀴나스는 이성으로부터 신적인 본질의 단

점에서 그는 유대인들과 이슬람교도들과 공동전선을 펴고 있으며, 코란을 긍정적으로 인용하고 있다. 그는 아타나시우스, 힐라리우스, 아우구스티누스, 다마스쿠스의 요한, 페트루스 롬바르두스, 그리고 삼위일체 교리의 다른 대표자들을 맹렬하게 공격하였다.[71] 하지만 그는 니케아 이전의 교부들, 특히 유스티누스, 알렉산드리아의 클레멘스, 이레나이우스, 그리고 테르툴리아누스는 자신과 같은 견해를 가지고 있다고 주장하였다. 그는 모든 삼위일체론자들을 "삼신론자들"이자 "무신론자들"이라고 불렀다.[72] 그들에게는 하나의 절대적인 하나님이 없고 삼분되고 집합되고 합성된 하나님이 있을 뿐이다. 이것은 생각할 수도 없는 불가능한 하나님이다. 왜냐하면 이런 것은 결코 하나님일 수가 없기 때문이다. 그들은 악마의 세 우상들을 예배하고 있는데, 이것은 그리스 신화에 등장하는 케르베로스와 같이 머리가 셋 달린 괴물이다.[73] 이들의 신들 가운데 하나는 잉태되지 않았고, 둘째는 잉태되었으며, 셋째는 발현하고 있다. 하나는 죽었고, 다른 둘은 죽지 않았다. 왜 성령이 잉태되고 성자가 발현하지 않았는가? 삼위를 개별적으로 고려하지 않고 추상적으로 삼위일체를 구분해 보면, 거기에는 심지어 네 신의 모습이 있다. 세르베투스는 탈무드와 코란이 그러한 비상식과 신성모독을 반대한 점에서 옳았다고 생각한다.

세르베투스는 삼위일체에 대한 교부들과 스콜라 신학자들의 전거가 되는 다음과 같은 본문들을 상세하게 검토하고 있다. 창세기 18장 2절; 출애굽기 3장 6절; 시편 2편 7절; 110편 1절; 이사야 7장 14절; 요한복음 1장 1절; 3장 13절; 8장 58절; 10장 18절; 14장 10절; 골로새서 1장 15절; 2장 9절; 베드로전서 3장 19절;

순성을 입증하였지만, 삼위일체는 오로지 교회의 신앙으로부터 증명해 내었다. Tollin, *Thomas Aquinas, der Lehrer Servet's*, in Hilgenfeld's "Zeitschrift für wissenschaftliche Theologie," 1892.

71) 세르베투스는 아타나시우스와 아우구스티누스를 괴물과 성상을 숭배하는 사람들이라고 불렀다. 그는 아마도 아타나시우스가 참석한 제1차 니케아 공의회(325)를 성상들에 대한 숭배를 인가한 제2차 니케아 공의회(787)와 혼동한 것 같다. 이러한 역사적인 실책에 대해, 칼빈은 "현존하는 모든 것의 검열관"을 자처하는 세르베투스를 호되게 비난하고 있다(*Opera*, VIII. 591 이하).

72) *Restitutio*, 30; 34와 비교.

73) *Restitutio*, 59, 119 등. 전체 기독교권의 신앙심에 충격을 준 이러한 표현들에 대해서는 141절을 참조하라.

히브리서 1장 2절.

하지만 결국 그 자신도 일종의 삼위일체를 가르쳤다. 본체나 위격과 같은 용어 대신에 "성품," "세대," "경륜"과 같은 용어들을 사용하는 차이가 있었을 뿐이다. 다른 말로 하면, 그는 사벨리우스(Sabellius)와 마찬가지로, 계시나 현현의 삼위일체는 믿었지만, 본질이나 본체의 삼위일체는 믿지 않았던 것이다. 그는 제네바에서 재판 중에 있을 때에 위격들의 삼위일체와 그리스도의 영원한 인격을 공언하기까지 하였다. 하지만 그는 "위격"(person)이라는 단어 자체를 본래 의미대로 무대에서 배우들이 사용했던 마스크로 생각했으며, 정통 신학적인 의미에서처럼 영원으로부터 신적인 본질 속에 그 자체의 생명을 가지고 있었고 시간 속에서 인간 그리스도 안에 현신된 뚜렷한 본체(hypostasis) 혹은 진정한 성품(personality)이라고는 이해하지 못하였다.[74]

세르베투스는 플라톤, 필로, 신플라톤주의자들, 그리고 몇몇 그리스 교부들과 마찬가지로 이상적이고, 비가시적이고, 창조되지 않은, 영원한 세계와 실제적이고, 가시적이고, 창조된, 일시적인 세계를 구분하였다. 그는 하나님 안에는 영원으로부터 만물의 형상들(ideas) 혹은 형식들(forms)이 들어 있고, 이것들이 "지혜" 혹은 "로고스," "말씀"(요 1:1)이라고 일컬어진다고 말한다. 그는 이 관념적인 세계를 "하나님의 책"과 동일시했는데, 거기에는 일어나는 모든 일들이 기록되어 있다(신 32:32; 시 139:16; 계 5:1). 그리고 에스겔의 환상에 나타났던 생물들과 눈으로 가득 찬 네 개의 바퀴와도 동일시하였다(겔 1:5, 10:12). 하나님의 눈은 만물, 크고 작은 모든 것, 심지어 우리의 머리카락까지지도(마 10:30) 반영하는 살아 있는 샘이다. 특히 그 이름이 특별한 책에 기록되어 있는 택함받은 자들의 경우는 더욱 그러하다.

세르베투스에 따르면, 하나님의 말씀 혹은 지혜는 씨앗으로서, 거기로부터 그리스도가 태어났고, 그리스도의 탄생은 모든 탄생의 모델이 된다.[75] 말씀은 또한 그리스도의 영혼이라고 일컬을 수 있는데, 이것은 만물의 형상들을 파악한다. 그리스도 안에 생명이 있고, 이 생명은 세상의 빛이었다(요 1:4 이하). 그는 여기

---

74) 칼빈에게 보낸 그의 마지막 답신(*Opera*, VIII. 536)과, 칼빈의 *Institutes*, I. 13장, 22절을 참조하라.

75) *Restitutio*, 146.

서 빛과 천체의 성질에 관한 사변으로 나아가고, 자신의 히브리어 실력을 보여 주고 있다. 그는 하늘을 셋으로 나누는데, 두 개의 하늘은 모세가 창조에 대해 설명하면서 언급한 물과 공기로 이루어진 물질적인 하늘이고[76] 다른 하나의 하늘은 영적인 불의 하늘, 하늘 중의 하늘로서, 바울이 올라간 바 있는 하늘이고(고후 12:2), 하나님과 그리스도가 거하시는 하늘이며, 천사들에게 광채를 주는 하늘이다. 그리스도께서는 유대인들에게도 알려져 있지 않았던 진정한 하늘을 우리에게 드러내 보여주셨다.

만물이 하나님 안에서 하나이고, 그 안에서 존재한다[77] 하나의 근본적인 토대 혹은 원칙이자 만물의 머리가 있으니, 곧 우리 주 예수 그리스도이시다.[78]

제5권에서 세르베투스는 성령론을 다루고 있다. 그는 성령을 말씀과 동일시하고 있는데, 성령은 단지 존재 형식에 있어서만 말씀과 다를 뿐이라고 말하고 있다. 상징적으로 말해, 하나님은 지혜와 말씀의 아버지인 것처럼 또한 성령의 아버지이시다. 성령은 제3의 형이상학적인 존재가 아니라 하나님 자신의 영이시다. 성령을 받는다는 것은 하나님의 기름부음을 받는다는 의미이다. 성령이 우리 안에 거하신다는 것은 하나님이 우리 안에 거하신다는 것이다(고전 3:16; 6:19; 고후 6:16; 엡 2:22). 성령에게 거짓말을 하는 자는 하나님께 거짓말을 하는 것이다(행 5:4). 성령은 하나님 존재의 한 양식이다. 성령은 또한 그리스도의 영이자 아들의 영이라고 불린다(갈 4:6; 롬 8:9; 벧전 1:11). 인간의 영은 신적인 영에서 퍼져 나오는 하나의 불꽃이며, 하나님의 지혜의 한 이미지로서 비록 피조된 것이기는 하지만 그와 유사한 것이다. 하나님은 인간이 태어날 때, 그리고 그가 중생할 때 자신의 영을 인간들에게 불어넣어 주신다.

이 주제와 관련하여, 세르베투스는 인간 안에 있는 생동감 넘치는 영들에 관해 살피기 시작한다. 그리고 이미 우리가 보았던 대로, 그가 최초로 발견한 폐의 혈액 순환에 대해 자세히 설명하고 있다.[79] 그는 한 사람의 의사로서 신학을 연구했으며, 또한 한 사람의 신학자로서 의학을 공부하였다.

---

76) *Restitutio*, 155.

77) *Restitutio*, 161.

78) *Restitutio*, 162.

79) *Restitutio*, 169. 이 책 143절 참조.

그는 또한 성령의 발출(procession)에 대해서도 논의하고 있다. 그는 성령의 발출을 형이상학적이고 영원한 과정이 아니라 역사적인 현현으로 간주하고 있으며, 파송(mission)과 같은 것으로 보았다. 이 점에서 그는 그리스와 라틴 이론들과는 달랐다. 하지만 그가 (오직 성부로부터의 발출과 성부와 성자로부터의 파송을 구분한) 그리스인들을 필리오케(Filioque)를 부인하는 오류를 범했다고 비난한 것은 부당한 비난이었다. 그는 성령이 성부와 성자로부터 발출하는데, 성부로부터 성자를 통해 발출하기 때문에 성부야말로 성령의 진정한 근원이 된다고 말하였다. 하지만 그는 이러한 발출이 오순절로부터 시작되었다고 말한다. 구약 성경에서 성령은 알려지지 않았다는 것을 그는 요한복음 7장 39절과 사도행전 19장 2절로부터 입증하고 있다(하지만 이 구절들은 시 51:13; 삼상 10:6; 16:13; 사 11:2; 61:1; 벧전 1:11과 같은 구절들과 상반된다). 구약 성경에서 영은 단순히 노예의 영이었고 두려움의 영이었지, 양자삼음과 사랑의 영은 아니었다 (롬 8:15; 갈 4:6). 그리스도는 우리를 친구와 형제라고 부르신다(요 15:15; 20:17). 유대인들은 육신과 외적인 것들의 성화만 알았을 뿐이고, 영의 성화에 대해서는 알지 못하였다. 우리가 그리스도로부터 받는 기름부음은 성령의 기름부으심이다(고전 1:21; 요일 2:20, 27). 성령은 중생을 통해 우리의 것이 된다. 우리는 그리스도에 의해 신화되고 신성에 참예하는 자가 된다.

3. 그리스도 범신론자

세르베투스의 사변의 전제와 결론들은 범신론적이다. 그는 모든 것을 포용하는 실체로서의 하나님 개념을 채택하였다.

모든 것은 하나이고 하나는 모든 것이다. 왜냐하면 모든 것은 하나님 안에서 하나이고, 하나님은 모든 것의 실체가 되시기 때문이다.[80]

하나님의 말씀이 본질적으로 인간인 것처럼, 하나님의 성령은 본질적으로 인간의 영이다. 부활의 능력을 통해 육체와 영의 모든 본원적인 요소들은 새롭게 되고, 영화롭게 되고, 불멸의 것이 되었으며, 이러한 모든 것들은 세례와 성찬 가운데서 그리스도에 의해 우리에게 전달된다. 성령은 그리스도의 입에서 나오는 숨결이다(요

---

80) *Restitutio*, 161.

20:22). 하나님이 인간에게 공기와 함께 영혼을 불어넣으시는 것처럼, 그리스도는 그의 제자들에게 공기와 함께 성령을 불어넣으신다 … 돌 속에 있는 신성은 돌이고, 금 속에 있는 신성은 금이며, 나무 가운데 있는 신성은 나무이다. 이는 사물들 고유의 형상에 따른 것이다. 보다 탁월한 방식으로, 인간 안에 있는 신성은 인간이고, 영 안에 있는 신성은 영이다.[81]

하나님은 성령 안에 거하시고, 하나님은 성령이다. 하나님은 불 가운데 거하시고, 하나님은 불이다. 하나님은 빛 가운데 거하시고, 하나님은 빛이시다. 하나님은 마음 속에 거하시고, 하나님은 마음 그 자체이시다.

칼빈에게 보낸 편지 중 하나에서 세르베투스는 이렇게 말하였다. "우주의 본질을 담고 계시기 때문에 하나님은 모든 곳에, 그리고 만물 가운데 계신다. 그러한 지혜로써 그는 우리에게 자신을 불로서, 한 송이 꽃으로서, 하나의 돌로서 보여주신다." 하나님은 항상 무엇인가 되고 있는 과정 속에 계신다. 선뿐만 아니라 악까지도 그의 본질 속에 포함되어 있다. 그는 이사야 45장 7절을 인용하여 "나는 빛도 짓고 어둠도 창조하며 나는 평안도 짓고 환난도 창조하나니 나는 주라 이 모든 일을 행하는 자니라." 악은 선과 단지 방향만 다를 뿐이다.

칼빈이 그를 범신론자라고 비난했을 때 세르베투스는 자신의 견해를 다음과 같은 말로 재진술하였다. "하나님은 그 본질, 현존, 그리고 능력으로써 만물 안에 계시며, 그 자신이 만물을 유지하신다."[82] 칼빈은 이것을 인정했지만, 실질적인 신성이 모든 피조물 속에, 그리고 세르베투스가 재판관들 앞에서 표명한 대로 심지어 그들이 서 있는 길과 악마들 속에도 들어 있다는 추론은 부인하였다.[83] 칼빈에게 한 마지막 답변에서 세르베투스는 그에게 이렇게 말하고 있다. "마술사 시몬과 같이 당신은 하나님을 구석으로 몰아넣고 있다. 나는 하나님이 만물 안에 계시는 모든 것이라고 말한다. 모든 존재는 하나님 안에서 유지된다."[84]

---

81) *Restitutio*, 182.

82) *Opera*, VIII. 518, art. XXXIV.

83) *Opera*, VIII. 550. 그의 「기독교 강요」(I. 13장, 22절)에서 칼빈은 하나님의 아들과 성령을 피조물과 뒤죽박죽으로 혼동하는 것은 세르베투스의 생각 가운데 "가장 저주 받을 일"이라고 하였다.

84) *Opera*, VIII. 548.

세르베투스는 종종 플라톤과 신플라톤주의자들(Plotin, Jamblichus, Proclus, Porphyry)에 동의하여 그들을 언급하고 있다.[85]

하지만 세르베투스의 견해는 일반적인 범신론과는 다르다. 그는 우주적 범신론을 **그리스도 범신론**으로 대체하고 있다. 세계가 위대한 하나님이라고 말하는 대신에, 그는 **그리스도**가 위대한 하나님이라고 말하고 있다.[86] 그렇지만 그는 그리스도라는 말로써 오로지 관념적인 그리스도를 의미할 뿐이다. 왜냐하면 그는 실제적인 그리스도의 영원성을 부인했기 때문이다.

4. 인간론과 구원론[87]

세르베투스는 칼빈에 의해 펠라기우스주의자라고 불렸다. 이것은 몇 가지 조건을 달아야만 옳은 말이 된다. 그는 모든 개혁자들이 가르쳤던 절대적인 예정론과 인간 의지의 노예성을 부인하였다. 그는 악마의 유혹으로 인한 아담의 타락을 인정하였고, 또한 (펠라기우스가 부인한) 유전적인 죄(hereditary sin)를 인정하였다. 하지만 유전적인 죄책(hereditary guilt)은 부인하였다. 유전적인 죄는 어린아이에게는 아무런 책임이 없는 질병과도 같은 것일 뿐이다. (이것은 또한 츠빙글리의 견해이기도 했다.) 선과 악에 대한 지식이 없을 때는 아무런 죄책도 있을 수 없다.[88] 적절한 나이를 먹고 책임을 질 수 있게 되기 전까지, 즉 대략 20살이 되기 전까지는 실제적인 범죄란 불가능하다.[89] 그는 출애굽기 30장 14절, 38장 26절, 민수기 14장 29절, 32장 11절, 그리고 신명기 1장 39절로부터 이러한 내용을 추론해 내었다.

뱀이 인간의 육체에 들어와서 그것을 취하였다. 육체 안에는 가시, 즉 하나님의 법에 위배되는 지체들의 법이 있다. 하지만 이것이 유아들을 정죄하는 것은 아니고, (가톨릭들이 주장하는 것처럼) 세례 시에 없어지는 것도 아니다. 왜냐하면 이것은 거룩한 자들에게도 존재하고, 영과 뱀 사이의 갈등은 생애 전체를 통

---

85) 세르베투스는 또한 동일한 목적을 위해 Philo, Plutarch, Parmenides, Hermes Trismegistus, Zoroaster, 유대교의 랍비들, Aben-Ezra, Moses Egyptius를 인용한다.

86) *Restitutio*, 213, 162.

87) De Regeneratione superna, et de regno Antichristi, in *Restitutio*, 355 이하.

88) *Restitutio*, 387.

89) *Restitutio*, 363 이하.

해 계속되기 때문이다.[90] 그러나 그리스도는 모든 사람에게 도움을 주시고, 유아들과 그들의 천사들에게까지도 도움을 주신다.[91]

타락한 상태에서 인간은 여전히 자유 의지, 이성, 그리고 양심을 가지고 있으며, 이것은 그를 하나님의 은혜와 연결시켜 준다. 인간은 여전히 하나님의 형상이다. 그러므로 살인은 인간에게 있는 신적인 위엄에 대한 공격이다(창 9:6). 모든 사람은 로고스에 의해 계몽된다(요 1:17). 우리는 신적인 기원을 가지고 있다(행 17:29). 인간 의지가 노예성이라는 교리는 대단히 잘못된 것이고, 신적인 은혜를 순전히 기계적인 것으로 만들어 버린다. 그것은 인간을 게으르게 하고, 기도와 금식과 자선을 간과하게 만든다. 하나님은 스스로 자유로우시고 모든 인간에게도 자유를 주시며, 하나님의 은혜는 인간 안에서 자유롭게 역사하신다. 자유의 선물을 노예성으로 바꾸는 것은 우리의 불경건이다.[92] 개혁자들은 전적 타락의 교리로써, 그리고 선행에 대한 경시로써 하나님을 모독하였다. 모든 참된 철학자들과 신학자들은 신성이 인간 속에 심겨져 있고, 인간 영혼이 하나님과 동일한 본질을 가진다고 가르친다.[93]

예정론과 관련해서는, 엄격하게 말해, 하나님에게 이전이나 이후가 없다. 하나님은 시간에 종속되지 않으시기 때문이다. 하지만 하나님은 모든 피조물들에게 공정하고 자비로우시며, 특별히 선택받은 소수의 무리들에게 그러하다.[94] 하나님은 자기 자신을 저주하지 않는 자를 저주하지 않으신다.

세르베투스는 또한 믿음만으로 법정적인 의를 소유하게 된다는 교리를 거부하였다. 이러한 교리는 성화에 해가 된다는 생각에서였다. 그는 인간은 믿음과 선행에 의해 의롭게 된다고 주장했으며, 야고보서 2장과 아브라함의 순종을 그 근거로 들었다. 이 점에서 그는 로마 가톨릭의 이론에 더 공감하는 바가 많았다. 칭의는 의를 덧씌우는 어떤 선언적인 행위가 아니라, 변화되고 의로워진 인간에 의한 효력 있는 행위이다. 사랑은 믿음과 지식보다 더 위대하다. 왜냐하면 하나님은 사랑이시기 때문이다. 사랑은 믿음을 옷 입히고 보전하고 강화시키며 장래

---

90) *Restitutio*, 366.

91) *Restitutio*, 369.

92) *Restitutio*, 568.

93) *Restitutio*, 634 이하.

94) *Restitutio*, 321.

의 영광의 상급을 증대시키는 모든 선행을 포용한다. 사랑하는 사람은 믿는 사
람보다 더 낫다.[95]

5. 성례론[96]

세르베투스는 오직 두 가지의 성례만을 인정했다는 점에서 프로테스탄트들과
일치했지만 그 내용에 있어서는 아주 독창적인 주장을 하였다.

1) 세례의 성례와 관련해서, 그는 로마 가톨릭 교회와 마찬가지로 세례적 중생
을 가르쳤지만, 재세례파들과 함께 유아 세례는 거부하였다.

세례는 하나의 구원 의식이다. 우리는 세례에 의해, 죄 사함을 받고 기독교인
이 되며 제사장과 왕으로서 천국에 들어가게 되는데, 이것은 물을 거룩하게 하
는 성령의 능력을 통해 이루어진다.[97] 그것은 옛사람의 죽음이자 새사람의 탄생
이다. 세례를 통해 우리는 그리스도를 덧입고 그 안에서 새생활을 하게 된다.[98]

하지만 세례 이전에 복음 선포, 성령의 조명, 회개가 선행되어야 한다. 세례 요
한과 그리스도의 가르침에 따르면, 회개는 하나님의 나라에 들어가기 위한 필수
조건이다. 따라서 세르베투스는 누구든지 성인이 되기 전에는 세례를 받기에 적
합하지 않다고 추론한다. 모세의 율법에 따르면 제사장들은 30살이 되기 전에는
기름부음을 받지 못하였다(민 4:3). 요셉이 감옥에서 나와 총리의 자리에 올랐을
때도 30살이었다(창 41:46). 랍비들의 전통에 따르면 아담은 30살로 창조되었다.
그리스도는 요단강에서 30살에 세례를 받았고(눅 3:21-23), 이것이 모든 참된 기
독교인의 세례의 모델이 된다.[99] 그는 유아 때에 할례를 받았으나 이러한 육체의
할례는 마음에 행하는 영적 할례의 예표이지 물세례의 예표는 아니다.[100] 할례는
아직 실제적인 범죄를 행하지 않은 진짜 유아들에게 적합한 것이었지만, 세례는

---

95) *Restitutio*, 342 이하. 세르베투스는 칼빈에게 보낸 편지에서, 선행이 유익한 열
가지 이유를 제시했으며, 푸팽에게 보낸 편지에서는 제네바 교회는 선행이 없는 복음
을 가지고 있다고 비난하였다.

96) *Restitutio*, 411 이하, 483 이하.

97) *Restitutio*, 497.

98) *Restitutio*, 484 이하.

99) *Restitutio*, 412.

100) *Restitutio*, 411.

영적인 유아들을 위한 것이다. 다시 말해 아직 어린아이와 같은 영을 가지고 새로운 생활을 시작하는 책임질 수 있는 사람들을 위한 것이다.

2) 세르베투스는 유아 세례가 자신의 이러한 견해들과 조화될 수 없는 부조리한 것이라 보고 거부하였다. 그는 유아 세례를 악마의 교리, 교황제의 조작물, 기독교를 완전히 전복시키는 것이라고 불렀다.[101] 그는 삼위일체의 교리가 교회 부패의 첫 번째 뿌리라면, 유아 세례는 그 두 번째 뿌리라고 보았다.

삼위일체 교리에 대한 반대만큼이나 유아 세례에 대한 그의 격렬한 반대는 가톨릭과 프로테스탄트들을 격노하게 만들었다. 하지만 이 점에서 그는 가장 광신적인 재세례파들보다 더 많이 나아가긴 했지만, 그들 일파에 속하지는 않았다. 그는 정부에 대한 복종을 거부하고, 공무원직과 군 복무를 거부하는 재세례파의 혁명적인 견해들을 배척하였다.

아이들은 세례에서 우리에게 주어지는 제사장의 직분을 수행하기에 적합하지 않다. 그들은 신앙이 없고, 회개할 수도 없으며, 언약 관계에 들어살 수노 없다. 더욱이 그들은 죄사함을 위한 중생의 씻음을 필요로 하지 않는다. 그들은 아직 실제적인 범죄를 행하지 않았기 때문이다.

아이들은 세례를 받지 않고 죽는다고 하더라도 버려지는 것은 아니다. 아담의 죄는 그리스도의 공덕으로 인해 모든 사람에게서 면제되었다. 아이들은 지상의 교회에서 배제되었기에 죽으면 스올(Sheol)에 가는 것이 당연하다. 하지만 그리스도는 부활의 날에 그들을 일으키사 천국에서 구원하실 것이다. 성경은 이스마엘 족속, 니느웨 족속, 혹은 다른 야만족을 저주하지 않는다. 그리스도는 세례 받지 않은 아이들에게 축복하신다. 어떻게 죄악된 세상의 죄를 짊어지신 가장 자비로운 주님께서 불경건을 범하지 않은 자들을 정죄할 수 있겠는가?[102]

세르베투스는 모든 세례받지 못한 유아들, 심지어 그 부모가 기독교인인 유아들까지도 하늘나라로부터 배제시키는 잔혹한 로마 가톨릭의 교의를 거부한 점

---

101) *Restitutio*, 576. Tollin이 유아세례에 대한 세르베투스의 견해가 세르베투스의 사상체계에서 낯선 하나의 이질적인 묘목이라고 주장한 것은 분명 실수이다. 이것은 세르베투스의 사상에서 분리할 수 없는 것이며 그의 근본적인 교리 중 하나였다.

102) *Restitutio*, 357. 정통주의자들을 부끄럽게 하는 참되고 고귀한 기독교적 정서이다. 그러나 칼빈은 물세례를 구원의 필수 조건으로 삼지 않았으며, 주권적 선택에 의한 유아들의 보편구원 교리에 대해 가능성을 열어 두었다.

에서 츠빙글리, 재세례파, 그리고 제2 스코틀랜드 신앙고백과 일치하였다.

3) 주님의 성찬에 관한 교리에서 세르베투스는 로마 가톨릭, 루터파, 그리고 츠빙글리의 이론과도 다르다. 특이하게도 자신의 가장 커다란 적수였던 칼빈과 근접하였다.[103] 세례와 성찬은 새 사람의 탄생과 양육을 나타낸다. 세례에 의해 우리는 그리스도의 영을 받고, 성찬을 통해 우리는 그리스도의 몸을 받는데, 영적이고 신비한 방식으로 받는다. 세례는 신앙을 불러일으키고 강화시키고, 성찬은 사랑을 강화시키고 우리를 그리스도에게 더욱더 연합시킨다. 이 의식을 소홀히 하면 영적인 인간은 굶주려 죽게 된다. 천국에 속한 사람은 천국의 음식이 필요하다. 천국 음식은 그로 하여금 영생에 이르게 하는 자양분을 공급해 준다(요 6:53).[104]

세르베투스는 성찬에 대한 세 가지의 잘못된 이론을 구분하고, 그 주창자들을 화체론자(로마 가톨릭교도), 공재론자(루터파), 상징론자(츠빙글리주의자)라고 불렀다.

앞의 두 이론이 그리스도의 몸과 피가 육체적으로 임재하고, 모든 참예자들이 그것을 실제로 입으로 섭취한다고 가르친 데 반대하여, 세르베투스는 영적인 음식은 결코 입과 위로 섭취될 수 있는 것이 아니라 오로지 믿음과 사랑의 영적인 기관들에 의해 섭취될 수 있는 것이라고 주장하였다. 츠빙글리와 마찬가지로 그는 요한복음 6장 63절을 제정의 말씀과 그리스도의 살을 먹고 피를 마시는 일에 대한 신비로운 가르침을 이해하는데 있어서 핵심 구절로 언급하고 있다.

그는 화체설이라는 교황청의 교리에 대해 가장 강력하게 반대하였다. 왜냐하면 이것은 떡을 떡이 아닌 것으로 변화시키고, 우리로 하여금 그리스도의 몸을 심지어 야생 동물들, 개, 쥐도 먹는다고 믿도록 만들기 때문이다. 그는 이러한 교의는 사탄적인 기괴함이자 악마의 발명품이라고 칭한다.

상징론자들에 대해서 그는 떡과 포도주가 상징이라는 것은 인정하지만, 하늘에 계신 그리스도가 임재하지 않는다는 생각에는 반대하였다. 떡과 포도주는 실제로 임재하는 그리스도에 대한 상징들이지 임재하지 않는 그리스도에 대한 상

---

103) *Restitutio*, 502 이하. Tollin은 세르베투스가 부처와 칼빈의 성찬론을 예견하였다고 생각한다. 그러나 부처는 성찬 교리를 1530년 「네 도시 신앙고백」에서 진술하였으며, 칼빈은 1540년 *De Caena*라는 논문에서 주장하였다.

104) *Restitutio*, 501 이하.

징은 아니기 때문이다.[105] 그리스도는 살아계신 머리이시고 그의 모든 지체들과 생생하게 연결되어 있다. 몸에서 떨어진 머리는 괴물일 것이다. 그리스도의 실제적인 임재를 부인하는 것은 그의 통치를 파괴하는 것이다.[106] 그리스도는 우리와 영원히 함께 계시기 위해 우리에게 오셨다. 그는 심판의 날이 오기까지 가시적으로 임재하지 않지만, 불가시적으로 또한 실제로 세상 끝까지 우리와 함께 하시겠다고 약속하셨다.[107]

6. 그리스도의 나라와 적그리스도의 통치[108]

우리는 이미 앞에서 세르베투스의 묵시론적인 공상을 살펴보았다. 그는 (그리스도께서 "교회"에 대해서는 오직 두 번밖에 언급하지 않으셨지만) 복음서들에 그렇게 자주 언급되고 있는 하나님의 나라 혹은 천국을 당대의 어떤 가시적인 교회 조직에서도 찾아볼 수 없었다. 참된 교회는 처음 3세기 동안 융성하였지만, 그 다음에는 용에 의해 광야로 내몰렸다. 그곳에서 교회는 하나님이 예비하신 장소를 만나 "1260일" 혹은 1260년 동안(계12:6), 즉 325년에서 1585년까지 유지될 것이다.

부패와 신성모독을 일으키면서 등장한 적그리스도의 통치는 세 가지 사건과 동반해서 시작되었다. 첫째는 니케아에서 있었던 제1차 에큐메니컬 공의회(325)인데, 한 하나님을 세 개의 우상으로 갈라놓았다. 둘째는 콘스탄티누스 대제 치하에서 있었던 교회와 국가의 유착이었다. 이때 왕이 수도사가 되었다. 셋째는 실베스터 치하에서 있었던 교황제의 확립으로서, 이때는 주교가 왕이 되었다.[109] 세르베투스는 파괴적인 결과를 초래하게 되는 유아 세례의 전반적인 시행이 이와 같은 시기에 시작되었다고 본다. 이때로부터 참된 기독교인들이 각처에서 박해를 받았고 함께 모이는 것이 허락되지 않았다. 그들은 광야에 양 떼처럼 흩어졌다.

세르베투스는 적그리스도적인 세력으로서의 교황청에 반대하는 데 있어서 개

---

105) *Restitutio*, 507 이하.
106) *Restitutio*, 508.
107) *Restitutio*, 509.
108) *Restitutio*, 287 이하, 664-670. 앞의 146절과 비교.
109) *Restitutio*, 666.

혁자들에게 전적으로 동의하였다. 하지만 그는 한 걸음 더 나아가서, 프로테스탄트 교회들이 교황청보다 더 낫다고 생각하지도 않았다. 그는 로마 교회를 "야수들 중에 가장 잔인하고 창녀들 중에 가장 뻔뻔하다"라고 하였다.[110]

그는 그리스도의 종말론적인 교훈들, 다니엘서(7장과 12장)와 바울서신(살후 2:3,4; 딤전 4:1), 그리고 특별히 계시록(13-18장)에서 적그리스도 통치의 표지를 60개 이상이나 발견하였다.

하지만 이 통치는 지금 종말을 맞고 있다. 미카엘과 적그리스도와의 전쟁은 하늘과 땅에서 이미 시작되었고, 「기독교 복원」의 저자는 전쟁의 나팔을 불었다. 이 전쟁은 그리스도와 참된 교회의 승리로 끝맺게 될 것이다. 세르베투스는 (1585년) 천년왕국을 볼 때까지 살 수 있었을지도 모르지만, 그 자신은 전투에서 전사하여 첫 부활에 동참하기를 기대하였다.

그는 적그리스도의 통치에 관한 종말론적인 장을 다음과 같은 말로 끝맺고 있다.

> 교황이 적그리스도라고 믿는 사람이라면 누구든지 교황제의 삼위일체, 유아세례, 그리고 교황제의 다른 예식들이 마귀의 교리들이라는 것 또한 참으로 믿을 것이다. 오, 예수 그리스도시여, 하나님의 아들이시여, 가장 자비로운 구원자시여, 이전에 그토록 자주 당신의 백성들을 고난에서 구원해 내셨듯이, 우리 불쌍한 죄인들을 이 적그리스도의 바빌론 유수에서, 그 위선에서, 그 폭정에서, 그리고 우상숭배에서 구원하소서. 아멘.[111]

7. 종말론

세르베투스는 칼빈과 제네바 시의회로부터 영혼의 불멸성을 부인한다는 혐의를 받았다. 이것은 사형당할 만한 이단이었다. 돌레(Etienne Dolet)는 이를 부인했다는 이유로 1546년 8월 2일에 파리의 모베르에서 처형당하였다. 하지만 세르베투스는 이러한 혐의를 부인하였다. 그는 영혼은 불멸하지 않고 죄 때문에 죽어야 마땅하지만, 그리스도께서 은혜로써 영혼에 새 생명을 불어넣으셨다고 가

---

110) *Restitutio*, 462 이하. 393 이하와 666 이하와 비교.
111) *Restitutio*, 670.

르쳤다.[112] 그리스도는 불멸성을 밝히 나타내셨다(딤후 1:10; 벧전 1: 21-25). 이 것은 신자들의 조건적 불멸성을 가르치는 것처럼 보인다. 하지만 그는 모든 죽 은 자의 영혼은 심판을 받기 전에 일정한 정화의 단계를 거치기 위해 음침한 거 처인 스올(Sheol)로 간다고 주장하였다. 이것이 바로 물과 성령의 세례와 구분되 는 피와 불의 세례이다(고전 3:11-15). 선한 사람과 악한 사람은 죽음을 통해 분 리된다. 그리스도에 의해 중생하지 못한 채 죽는 사람은 아무런 소망도 없다. 의 인은 성화 과정 속에서 진보한다. 그들은 우리를 위해 기도하지만(그 여섯 가지 근거로 그는 슥 1:12,13; 눅 15:10; 16:27,28; 고전 13:18을 들어 인용하고 있다), 우리는 그들을 위해 기도할 필요가 없다. 왜냐하면 그들은 우리의 기도를 필요 로 하지 않으며, 그에 대한 어떠한 가르침도 성경에 없기 때문이다.[113]

교황이나 적그리스도의 통치에 이어 그리스도의 천년 왕국의 통치가 이 땅에 서 이루어질 것이다(계 20:4-7). 그리고 첫 번째 부활이 일어날 것이다.

세르베투스는 천년왕국주의자였지만, 유대교적인 의미에서 그런 것은 아니었 다. 세르베투스는 멜란히톤을 비난하고 있는데, 그것은 멜란히톤이 계시록과 성 요한 학파의 가르침에 따라 이 땅에서 그리스도의 영광스러운 통치가 있을 것이 라고 믿는 모든 천년왕국주의자들을 교황파와 함께 조롱했기 때문이다.[114]

전체적인 부활과 심판이 천년왕국 후에 있을 것이다. 사람들은 가장 왕성한 나이인 30살로 부활하게 되는데, 이것은 세례를 통해 중생하는 나이로서, 그리 스도가 세례받고 공생애를 시작한 나이이다.[115] 그래서 그는 칼빈 다음으로 자신 의 가장 큰 대적자였던 멜란히톤에게 이렇게 말하였다. "그때 당신은 당신의 모 든 감각으로 하나님 자신을 보고, 느끼고, 맛보고, 들을 것이다. 만약 당신이 이 것을 믿지 않는다면, 당신은 육체의 부활과 당신의 몸속 기관들의 육체적인 변 화를 믿지 않는 것이다."[116]

전체적인 심판이 있은 후에, 그리스도는 중보적인 통치를 그 영광과 함께 아

---

112) *Restitutio*, 551. 그는 플라톤의 삼분법을 따라 영과 혼을 구분하였다. 몸이 죽 고 나면, 영은 단순한 그림자에 불과하다.

113) *Restitutio*, 718.

114) *Restitutio*, 719.

115) *Restitutio*, 413.

116) *Restitutio*, 718.

버지 하나님께 내어드리고, 하나님은 모든 것 중에 모든 것이 되실 것이다(행
3:21; 고전 15:24-28).

148. 비엔에서의 세르베투스에 대한 재판과 판결

「기독교 복원」이 출판된 지 얼마 지나지 않아, 리옹 출신으로서 프로테스탄트
로 개종하여 당시에 제네바에 머물고 있던 기욤 트리(Guillaume Trie)를 통해, 이
사실이 리옹에 있던 로마 가톨릭 당국에 알려졌다. 트리는 당시 리옹에 있던 열
렬한 로마 가톨릭교도인 자신의 사촌 아르네이스(Arneys)와 서신 교환을 하였
다. 아르네이스는 트리를 가톨릭으로 되돌리고자 하였고, 제네바 교회는 권징이
약하다고 비난하였다. 1553년 2월 26일에 트리는 아르네이스에게 편지하여 제네
바에서는 악덕과 신성모독이 처벌받는데 반해, 프랑스에서는 위험한 이단자가
용인되고 있다고 썼다. 이 이단자는 프로테스탄트뿐 아니라 로마 가톨릭에 의해
서도 화형에 처해져야 마땅한 자로서, 신성한 삼위일체를 모독하고 예수 그리스
도를 우상이라고 부르며 유아 세례를 사탄의 고안물이라고 말하고 있다고 쓰고
있다. 트리는 이 이단자의 이름이 미카엘 세르베투스로서, 현재는 빌뇌브라는
가명을 쓰면서 비엔에서 의사 노릇을 하고 있다고 했다. 이를 증명하기 위해 자
신이 「기독교 복원」의 첫 페이지를 보냈으며 그 출판업자는 비엔의 아르눌레
(Balthasar Arnoullet)라고 밝혔다.[117]

이 편지와 그 후에 트리가 보낸 다른 두 편지는 칼빈에 의해 구술되었거나 아
니면 고무된 것처럼 보인다. 세르베투스는 칼빈이 이 편지에 대해 책임이 있다
고 주장하였다.[118] 하지만 칼빈은 이러한 책임 전가가 중상모략이라고 반박하였

---

117) 그가 견본으로 보낸 것은 표지, 색인, 그리고 아마도 고작 몇 페이지에 불과했
을 것이다. 이것은 빌뇌브(Villeneuve)가 저자라는 것도, 그가 세르베투스와 동일인이
라는 것도 입증하지 못하였다. Trie의 세 편지는 D'Artigny와 Mosheim에 의해 출판되
었으며, 칼빈의 *Opera*, VIII. 835-838, 840-844에도 수록되어 있다.

118) 이것 또한 볼섹과 익명을 사용한 Martinus Bellius의 견해였으며, D'Artigny,
Wallace, Willis, 그리고 v.d. Linde도 이러한 견해를 좇고 있다. 이들은 칼빈이 고의로
또 부당하게 세르베투스를 밀고했다고 비난한다. 하지만 이것은 입증될 수 없으며,

다.[119] 동시에 그는 이 일에 대해 오히려 가볍게 언급하면서, 그렇게 위험한 이단자를 책임 있는 당국에 고발한 것이 그다지 불명예스러운 일이 아니었을 것이라고 생각하였다. 칼빈은 또한 자신이 제네바에서 세르베투스를 체포하도록 했다고 솔직하게 인정하였다.[120] 그는 원칙적으로 볼 때 똑같은 일을 비엔에서는 간접적으로 그리고 제네바에서는 직접적으로 행한 것 사이에서 어떠한 실질적인 차이도 찾아볼 수 없었다. 그는 단지 자신이 교황측의 재판을 야기시킨 사람도 아니고 트리의 편지가 씌어지도록 한 사람도 아니라는 것을 밝힐 뿐이다. 하지만 그는 자신이 증거 자료를 제공했다는 사실에 대해서는 부인하지 않고 있다. 그 자료들은 아주 잘 알려져 있었으며, 세르베투스 재판에서 칼빈에게 보낸 세르베투스의 편지는 **증거물**로 공식적으로 사용되었다. 스스로를 가리켜 무지한 자라고 표현하고 있는 트리가 세르베투스와 그의 책에 대한 정보를 칼빈이나 그 동료들로부터, 혹은 그와의 직접적인 대화나 그가 강단에서 탄핵한 내용에서 얻었다는 것은 의심할 여지가 없다. 우리는 칼빈이 이 탄핵 사건에 **직접적으로** 연루되지는 않았다는 것을 분명히 해야겠지만, 그에게 간접적인 책임이 있음은 부인할 수 없다.[121]

칼빈이 어찌할 도리가 없는 명백한 허위를 포함하고 있다.

119) *Opera*, VIII. 479.

120) *Opera*, VIII. 461.

121) Trechsel은 칼빈이 트리의 편지를 야기시켰다는 것을 결코 입증할 수는 없지만, 칼빈이 아마도 우연히 무의식적인 표현을 통해 그것을 유발시켰을 것이라고 생각한다. 칼빈에게 우호적이지 않은 Dyer는 이 경우를 고찰한 뒤에 다음과 같은 판단을 내리고 있다. "Abbé d'Artigny는 증거가 보여주는 것 이상 나아가서, 트리의 편지가 칼빈의 구술을 받아 적은 것이라고 주장하고 있다. 그리고 그 편지야말로 트리의 이름으로 씌어진 칼빈의 편지라고 부르고 있다. 트리가 칼빈 모르게 그 편지를 썼을 가능성이 있기 때문에, 의심스러운 점에 대해 우리는 칼빈에게 유리하게 해석해야 한다. 칼빈이 세르베투스를 로마 가톨릭 종교재판소에 인계하는 첫 단계를 밟았다는 어떠한 증거도 없다. 하지만 지금 우리가 이와 관련해 설명하려고 하는 것은 적어도 그가 그 일을 도우고 부추겼다는 것을 밝혀줄 것이다." 이것이 입증된다면 "배반의 가장 어두운 장면 중 하나"(이것은 명백한 수사학적 과장이다)일 것이라며 칼빈의 행동을 비난하는 Tulloch 학장에 반대하여, Cunningham 학장은 칼빈이 연루되었다는 혐의를 풀어주기 위해 정교한 논증을 한다(*The Reformers*, pp. 323 이하).

세르베투스의 첫 번째 체포에 칼빈이 간접적으로 연루되었고 두 번째 체포에는 직접적으로 연루되었다는 사실은 변명의 여지가 없으며, 이것은 정통을 수호하기 위한 그의 열정이 지나친 데서 비롯된 것이다.

아르네이스는 이 정보를 로마 가톨릭 당국에 전했다. 이 문제는 당시 리옹의 대주교로서 프로테스탄트에 대한 잔혹한 박해자였던 투르농(Tournon) 추기경과, 프랑스를 위해 로마에서 정식으로 종교재판관으로 훈련을 받은 오리(Matthias Ory)에게 보고되었다. 이들은 즉시 재판 절차를 밟았다.

빌뇌브는 3월 16일에 비엔의 재판정에 소환되었다. 그는 재판관들로 하여금 두 시간이나(아마 그동안 그는 모든 의심받을 만한 자료들을 파기했을 것이다) 기다리게 했으며, 전혀 곤혹스러운 기색 없이 출두하였다. 그는 자신이 비엔에 오래 살았고, 성직자들과 자주 어울리면서도 이단의 혐의를 받은 일이 없었으며, 비난받을 만한 일을 한 적이 없다고 주장하였다. 그의 집을 수색했지만, 그의 유죄를 입증할 어떤 것도 발견되지 않았다. 그 다음 날 아르눌레의 인쇄소를 수색했지만 결과는 마찬가지였다. 아르눌레가 여행에서 돌아오자 그를 재판정에 소환하였지만, 그는 아무것도 아는 바가 없다고 진술하였다.

재판관 오리는 이제 아르네이스에게 제네바에 있는 사촌으로부터 부가적인 증거를 확보하라고 요청하였다. 트리는 3월 26일에 세르베투스의 자필 편지들을 몇 개 보내었는데, 칼빈에게서 힘들게 얻어 냈다고 하였다(칼빈은 확실히 이를 거절했어야 했다). 그는 또한 세르베투스가 유아 세례에 대한 자신의 반대 의견을 여백에 손으로 써넣은 칼빈의 「기독교 강요」 몇 페이지도 동봉하였다. 오리는 아직도 만족하지 않고 특별 사절을 제네바에 파견하여 「기독교 복원」의 원고를 확보하고, 빌뇌브가 곧 세르베투스이고 아르눌레가 그의 출판업자였다는 증거를 확보하고자 하였다. 트리는 즉각 3월 말일에 답장을 보내어 「기독교 복원」의 원고는 약 2년간 로잔에(비레에게) 있었고, 세르베투스는 24년 전에 독일 교회들(바젤과 슈트라스부르크)에서 추방되었던 인물이며, 아르눌레와 게룰트가 그의 출판업자들이었다고 말하였다. 그는 이러한 정보의 출처를 밝힐 수는 없지만(아마도 리옹의 프렐롱일 것이다) 믿을 만한 소식통으로부터 입수한 정보라고 밝혔다.

리옹의 추기경과 비엔의 대주교는 재판관 오리와 다른 성직자들과 협의를 한 다음에 4월 4일에 빌뇌브와 아르눌레를 체포하라는 명령을 내렸다. 그들은 팔레

델피날(Palais Delphinal)의 독방에 투옥되었다. 빌뇌브는 시중들 사람을 두고 친구들을 만날 수 있도록 허용되었다. 오리는 서둘러 비엔으로 파견되어, 그 다음 날 아침에 도착하였다.

저녁 식사 후에 빌뇌브는 성경에 손을 얹고 맹세한 다음에 자신의 이름, 나이, 그리고 이력에 대해 심문을 받았다. 그의 답변 속에는 재판관들을 오도할 만한 그럴듯한 거짓말들이 들어 있어서, 자신이 이단자 세르베투스라는 것을 알아차리지 못하도록 하였다. 그는 자신이 본명을 사용했기 때문에 대학이 그 기록을 가지고 있을 툴루즈에 거주했던 사실에 대해서는 언급하지 않았다. 그는 비록 교정은 많이 보았지만, 의학과 지리학에 대한 책 이외에는 어떤 책도 쓴 일이 없다고 주장하였다. 자신이 유아 세례에 관하여 칼빈의 「기독교 강요」에 몇 가지 기록해 놓은 것들이 증거로 제시되자, 마지못해 자신이 그것들을 기록했음을 시인하였지만, 단지 토론할 목적으로 별 생각 없이 써넣은 것이고, 자신은 거룩한 어머니인 교회의 가르침과 교훈에 복종하여 결코 거기서 벗어날 생각은 해본 적도 없다고 덧붙였다.

4월 6일에 있었던 두 번째 심문에서 그가 칼빈에게 보낸 몇 통의 편지가 제시되었다. 그는 눈물을 글썽이면서 이 편지들이 자신이 25년 전에 독일에 있을 때 씌어진 것들이고, 그때 독일에서는 세르베투스라는 인물에 의해 책이 한 권 출판되었는데, 그가 스페인 사람이기는 하지만 어느 지방 출신인지는 알지 못했다고 공언하였다. 파리에서 그는 학식 있는 사람으로 알려진 칼빈에 대해서 들었으며, 호기심으로 그에게 편지를 보내기 시작하였지만, 자신의 편지들을 절대로 공개하지 말고 형제로서 자신을 교정해 주기 바란다고 간청하였다고 했다.[122] 그는 계속하여 말하기를, 칼빈은 자신이 세르베투스가 아닌가 하고 의심하였지만, 칼빈에게 답신을 보내어 자신은 세르베투스가 아니지만 토론을 계속하기 위해서라면 계속 세르베투스인 척하겠다고 했으며, 결국 두 사람은 사이가 틀어져서 화가 치밀어 서로를 욕하고 약 10년 전에 서신 교류를 중단했다고 하였다. 그는 하나님과 재판관들 앞에서 자신이 교회나 기독교에 반하는 어떤 것이라도 교의화하거나 가르칠 의도가 전혀 없었다고 항변하였다. 그는 다른 편지들이 제시되

---

122) 하지만 세르베투스 자신은 우리가 살펴본 대로, 칼빈에게 보낸 편지 30통을 칼빈의 허락도 받지 않고 자신의 「기독교 복원」에 실었다.

었을 때에도 비슷한 거짓말을 하였다.

세르베투스는 이제 도주하기로 결심하였다. 자신의 하인을 통해 성 피에르 수도원장에게서 300 크라운을 빌린 후에, 아마도 몇몇 친구들의 도움을 받아 도망하기로 한 것 같다. 4월 7일 새벽 4시에 의복을 갖춰 입은 위에 잠옷을 걸쳐 입고 머리에는 벨벳 모자를 쓰고 용변이 마려운 척하여 아무런 의심을 하지 않은 간수로부터 정원으로 나가는 열쇠를 받을 수 있었다. 그는 헛간 지붕에서 담을 넘어 론 강의 다리를 건넜다. 그는 목에 20크라운의 가치를 지닌 금목걸이를 매고 있었고, 6개의 금반지를 끼고 있었으며, 주머니에는 돈이 가득했다.

2시간이 지나고 나서야 그의 탈출이 알려졌다. 경보가 울리고 문은 닫혔으며 이웃집들이 수색당하였지만 아무 소용이 없었다.

그럼에도 불구하고 소추는 계속되었다. 「기독교 복원」이 비엔에서 인쇄되었다는 충분한 증거가 발견되었고, 그 내용이 이단적임을 증명하기 위해 책으로부터 구절들이 추출되었다. 시의 법정은 종교 재판관들의 판결을 기다리지 않고(이 판결은 6개월이 지난 뒤에도 내려지지 않았다) 6월 17일 세르베투스에게 이단 교리를 퍼트리고, 왕의 칙령을 어기고, 왕의 감옥에서 탈출했다는 혐의를 적용하여 1,000 리브르의 벌금을 도피네에 납부하도록 선고하고, 그를 그의 책들과 함께 수레에 실어 장날 큰 거리를 통과하여 형장으로 가서 천천히 타는 불에 산 채로 화형시키라고 판결하였다.[123]

같은 날 그의 허수아비가 불태워지고, 리옹의 메랭(Merrin)에게 보내졌던 다섯 꾸러미의 그의 책들도 비엔으로 옮겨져 와서 함께 불태워졌다.

이 도망자의 재산과 일체의 가재도구가 압수되었다. 그가 의사일과 저술 작업을 통해 모은 재산은 4천 크라운에 달했다. 왕은 이 재산을 도피네의 장군이자 재판장이었던 드 몽지롱(de Montgiron)의 아들에게 하사하였다.[124]

아르눌레는 게룰트에게 속았다는 사실을 증명하고 석방되었다. 게룰트는 도주한 것으로 여겨진다. 아르눌레는 프랑스에 남아 있던 이단 책들을 모두 없앴

---

123) 판결문 전문이 *Opera*, VIII. 784-787에 수록되어 있다. 이는 죄수의 인도를 요구하는 근거로서 제네바 시의회에 전달되었다.

124) 제네바 시의회에 보낸 Montgiron의 편지를 참조하라. 이는 *Opera*, VIII. 791에 수록되어 있다.

다. 1552년에 제네바에 온 저명한 출판업자 슈테팡(Stephens)은 수중에 있던 책들을 전부 포기하였다. 프랑크푸르트로 보내어졌던 책들은 칼빈의 권고에 따라 불태워졌다.

세르베투스에 대한 사형집행이 있고 두 달이 지난 후인 12월 23일에 비엔의 교회 재판소는 그를 정죄하는 판결문을 발표하였다.[125]

149. 세르베투스가 제네바로 도주하지만 체포됨

죽을 뻔한 위험을 한 차례 넘긴 세르베투스는 칼빈이 말한 대로 "숙명적인 광기"에 의해 또 다른 위험을 향해 돌진해 들어갔다. 그가 푸팽(Poupin)에게 보내는 편지에서 암시하고 있는 것처럼, 그는 제네바에서 순교의 영광을 얻고자 열망했는가? 하지만 그는 프랑스에서 순교할 수도 있는 상황에서 도망쳐 나왔었다. 혹은 그는 1534년에 파리에서, 그리고 1546년에 비엔에서 다시금 시도했던 칼빈과의 사적인 만남을 이루어 보고 싶었던 것인가? 하지만 칼빈을 매도하는 편지를 보내고 자신의 탄핵에 대해 칼빈에게 의심의 눈초리를 보내고 나서, 과연 그가 그런 소원을 가졌을지는 의문이다. 혹은 그는 단순히 이탈리아로 가기 위해 그곳을 지나가고자 한 것이 아닐까? 하지만 이 경우에도 그가 이곳에 수 주간 머무를 필요는 없었다. 그리고 그는 사보이를 거쳐서 가든지 해로를 통해 갈 수도 있었다. 아니면 그는 막 공화국의 정권을 장악했던 칼빈의 적수들의 도움으로 "제네바의 교황"을 전복시키려는 소망을 가지고 있었던가?[126]

그는 프랑스에서 약 석 달간을 지체하였다. 그는 처음에는 재판에서 말했던

---

125) *Opera*, VIII. 851-856.

126) Willis(p.284)는 칼빈의 대적자들이 세르베투스를 정치적으로 이용하려는 생각에서 그를 구금하였다고 생각한다. 그는 세르베투스가 있었던 방의 창문들이 못질되어 있었다는 사실에서 이러한 추론을 한다. 그가 문을 통해서 밖으로 나올 수 없었던 것처럼 말이다! 더욱이, 못질이 되어 있었던 창문은 그가 머물렀던 여인숙 방 창문이 아니라, 세르베투스가 재판 때에 진술한 바에 따르면 감옥의 창문이었다. 그는 자신이 외부인들과 아무런 교류를 하지 못했다는 것을 입증하기 위해 그런 진술을 하였다.

대로 스페인으로 가고자 하였지만, 가는 길이 안전하지 못하다는 것을 알고 나폴리로 눈을 돌렸다. 그곳에서 그는 많은 스페인 거주자들 사이에서 의사로서 살아보고자 했다. 그는 새로운 이름으로 손쉽게 그렇게 할 수 있었다.

그는 제네바를 거쳐서 가는 길을 택했다. 그는 1553년 7월 중순에 그곳에 도착했는데, 말은 프랑스 국경에 남겨두고 혼자서 걸어 왔다. 그는 호숫가에 있는 작은 여관(Auberge de la Rose)에 여장을 풀었다. 그의 옷차림과 행동거지, 금목걸이와 금반지는 주목을 끌었다. 여관 주인이 그에게 결혼했느냐고 묻자, 그는 결혼하지 않고도 여자들은 얼마든지 있다고 마치 경박한 기사처럼 말하였다. 이러한 경솔한 대답이 그가 부도덕한 자라는 의심을 불러일으켰고, 이 일은 재판에서도 불리한 증거로 사용되었다. 하지만 그는 육체적인 부상으로 인해 결혼을 할 수도 방탕한 생활을 할 수도 없었기 때문에 그것은 부당한 것이었다.[127]

그는 약 한 달간을 머물고 나서 취리히로 떠나고자 했다. 그는 주인에게 호수 동쪽으로 건너가도록 배를 빌려달라고 요청하였다.

그러나 떠나기 전 그는 8월 13일 주일에 교회에 참석했다가 발각되어서, 한 경관에 의해 시의회의 이름으로 체포되었다.[128]

칼빈은 스스로가 솔직하게 여러 차례에 걸쳐 시인했듯이, 세르베투스의 체포에 책임이 있었다.[129] 이것은 칼빈의 중대한 실수였다. 세르베투스는 이방인이었

---

127) 세르베투스는 8월 23일에 탈장 때문에 성교가 불가능함을 밝혔다. *Opera*, VIII. 769.

128) *Opera*, VIII. 725.

129) *Opera*, VIII. 461, 725, 그리고 파렐에게 보낸 편지(8월 20일)와 슐처(Sulzer)에게 보낸 편지(1553년 9월 8일). 칼빈은 재판 중에 바젤에 있던 슐처에게 편지하였다. "세르베투스가 감옥을 탈출하여 이탈리아에서 거의 4개월을 방랑하였습니다. 마침내 운수 나쁘게도 그는 이곳으로 오게 되었고, 나는 한 행정장관을 부추겨 세르베투스를 체포하여 감옥에 가두도록 했습니다. 나는 이 사실을 숨기려 하지 않습니다. 왜냐하면 내가 할 수 있는 한 이런 완고하고 방종한 자를 조사받도록 하여 그의 부패함이 더 이상 퍼지지 못하도록 하는 것이 내 의무라고 생각하기 때문입니다. 우리는 불경건이 도처에서 활보하여 새로운 오류들이 때때로 일시에 쏟아져 나오는 것을 봅니다. 또한 우리는 하나님께서 자신의 이름의 영광을 옹호하기 위해 칼을 주어 무장하게 한 사람들이 얼마나 게으른지를 목격하고 있습니다." 이탈리아에서 4개월간 방랑했다는 언급은 오류이다. 재판에서 세르베투스는 이 당시 이탈리아에 있었다는 것을 부인하였다.

고 제네바에서 아무런 범죄도 저지르지 않았다. 칼빈은 세르베투스가 작정했던 길을 조용히 갈 수 있도록 허용했어야만 했다. 그런데 왜 그는 그렇게 하지 않았을까? 확실히 그것은 개인적인 악의가 있어서도 아니고 다른 이기적인 이유 때문도 아니었을 것이다. 왜냐하면 이로 인해 그는 당시 위기에 처해 있던 자신의 상황을 더욱 어렵게 만들었을 뿐이고, 당시 권력을 장악하고 있었던 리버틴들(Libertines)에게 패배할 위험을 무릅쓴 것이기 때문이다. 이것은 판단상의 잘못이었다. 그는 세르베투스가 이탈리아 인문주의자들과 회의론자들의 본부인 베네치아로부터 막 도착하여, 자신의 잘못된 사상들을 제네바에 퍼트리려고 한다고 잘못 판단하고 있었다. 그리고 칼빈은, 이렇게 위험한 인물로 하여금 뉘우치고 자신의 주장을 철회하도록 하든지, 아니면 처벌해서라도 이 위험한 인물이 아무런 해도 끼치지 못하도록 만드는 것이 자신의 의무라고 생각하였다. 그는 교리와 치리의 순수함이라는 원칙과 그 존립을 함께하고자 결심하였다. 릴리에(Rilliet)는 세르베투스의 체포를 적절한 정당방위였다고 정당화하여, 다음과 같이 말하고 있다.

칼빈은 자신이 종교개혁의 가장 큰 대적자라고 생각한 사람과 제네바에서 공존하는 어려움을 겪기보다는, 자신의 위치가 어려워지더라도 무엇이든 해야 했다. 만약 세르베투스가 이곳에 자유롭게 거주하게 된다면, 공화국의 심장부에서 소동이 발생할 위험이 있었기 때문에 더욱 그를 제거해야 했다 … 세르베투스를 제네바에 그냥 거주하도록 용인하면 칼빈 자신이 추방당해야 할 상황이었다 … 그에게는 다른 방도가 없었다. 이미 프랑스에서 한 칼빈주의자의 고발로 체포당하고 재판을 받아 화형 선고를 받았던 인물이 그 고발이 시발되었던 도시에서 피난처를 구하도록 둘 수는 없는 일이었다.

150. 1553년 제네바의 정치적 상황

당시 제네바에서의 칼빈의 위치는 매우 어려운 상황에 놓여 있었다. 1553년에 그는 당시 일시적으로 정권을 잡은 애국당과 리버틴들과 더불어 교회 치리 문제를 놓고 필사적인 싸움을 벌이고 있었기 때문이다. 애국당의 지도자였던 페랭

(Ami Perrin)은 당시 총사령관이자 수석 행정장관이었으며, 그의 몇몇 친척들과 친구들은 25인 소의회의 구성원들이었다.[130] 세르베투스에 대한 재판이 진행되는 동안 시의회는 베르텔리에르(Philibert Berthelier)를 치리법원이 내린 출교령에서 보호하면서 교회 치리권을 장악하려 하였다. 외국 난민들은 제네바에 아무런 해를 끼치지 못하도록 무장이 해제되었다. 개혁자 칼빈은 폭력을 당할 수 있는 지경에 이르렀다. 그는 곳곳에서 "이단자"라는 소리를 들었으며 거리에서 모욕을 당하였다.

베자는 이렇게 말하였다. "1553년에 임박한 폭동의 어지러운 분위기가 거칠게 몰아쳐 와 교회와 국가 모두가 극도의 위험에 처해 있었다 … 모든 것이 반역자들의 계획을 수행하기 위해 준비하고 있는 것처럼 보였다. 왜냐하면 그들이 모든 것을 장악하고 있었기 때문이다." 그리고 칼빈은 그해 연말에 한 친구에게 편지해서 이렇게 말하였다. "지난 4년간 분파들은 이미 쇠약해 있는 교회를 전복시키려고 점차로 자신들이 할 수 있는 모든 것을 하였습니다 … 보십시오. 우리 생애 가운데 2년이 마치 우리가 공공연한 복음의 대적자들 가운데 살고 있는 것처럼 지나갔습니다."

심지어 세르베투스가 처형당하고 난 후에도 칼빈과 그의 치리에 대한 시의회의 적의는 근 2년간 지속되었다. 그는 이러한 분투의 와중에서 자신을 다시금 도와달라고 불링거와 취리히의 교회에 도움을 요청했다.[131] 그는 1554년 2월 6일 블라우러(Ambrose Blaurer)에게 편지하여 이렇게 말하였다.

최근 몇 년간 악의에 가득찬 사람들이 모든 상황에서 우리에게 새로운 고민거리들을 제공하기를 그치지 않았습니다. 결국에 이들은 우리의 출교령을 무효화시키기 위해 생각할 수 있는 모든 수단과 방법을 다 동원했습니다. 어느 곳에서나 양측의 대결이 폭력적인 양상을 띠면서 너무 오래 지속되었습니다. 왜냐하면 의회에서나 사람들 사이에서나 자기편을 들려는 열정이 너무 불붙어서 거의 폭동이 날 지경이었기 때문입니다.[132]

___

130) Pernet de Fosses, Gaspard Favre, Claude Vandel, Pierre Vandel, Baptiste Sept. 참고로 *Opera*, VIII. 737, note 6를 보라.

131) 1553년 11월 26일과 12월 30일자 편지, in Bonnet-Constable, II. 422-430.

우리는 세르베투스가 이러한 정황을 알고 있었는지에 대해서는 알지 못한다. 하지만 그는 자신에게는 가장 유리하고 칼빈에게는 가장 불리한 시기에 제네바에 도착하였다. 교황의 멍에보다 칼빈의 멍에를 더 증오하였던 리버틴과 애국당들 가운데서, 세르베투스는 정치적인 목적을 위해서 자신을 기꺼이 이용하려는 지지자들을 자연스럽게 찾을 수 있었다. 이러한 사실에 고무되어 그는 재판에서 그렇게 반항적인 태도를 취하고 칼빈을 능멸하기를 멈추지 않았던 것이다.

세르베투스에 대한 유죄 판결의 최종적인 책임은 제네바 시의회에 있었다. 시의회는 만약 스위스 교회들과 베른 정부의 판결로부터 강하게 영향을 받지 않았더라면 아마도 다른 처분을 내렸을 것이다. 칼빈은 재판 과정에서 신학적인 심문을 맡았지만, 그 결과에는 어떠한 직접적인 영향력도 미치지 못하였다. 그의 논리는 교회가 이단을 신학적으로 정죄하고 탄핵할 수 있으나, 그에 대해 유죄 판결을 내리고 처벌하는 것은 국가에게만 속하는 직무이고, 하나님의 위엄에 대한 공격 행위를 처벌하는 것이 국가의 가장 신성한 의무 가운데 하나라는 것이었다.

칼빈은 이렇게 말하였다. "세르베투스가 자신의 이단성으로 인해 유죄 판결을 받은 이후로, 나는 그의 처벌에 대해 한 마디도 언급한 적이 없다. 모든 정직한 사람들이 이에 대한 증인이며, 내게 악의를 품고 있는 자들에게도 이를 부인할 수 있다면 하라고 하라."[133] 그가 행한 유일한 것이 있는데, 그가 세르베투스에 대한 처벌을 완화했으면 좋겠다는 바람을 표명한 일이다.[134] 그리고 이러한 인도주의적인 정서야말로 이 고통스러운 재판 과정에서 칼빈에게 거의 유일하게 긍정적인 것으로 평가될 수 있는 것이다.

151. 제네바에서의 재판의 제1막

132) Bonnet-Constable, III. 17. 이 책의 108절에 인용된 1554년 10월 15일자 그의 편지와, 취리히의 John Wolf에게 보낸 1554년 12월 26일자 편지와 비교하라.

133) *Opera*, VIII. 461. 세르베투스는 감옥에서의 혹독한 대우에 대해 불평하였지만, 이것은 시의회와 간수의 책임이다.

134) 1553년 8월 20일자 파렐에게 보낸 편지.

세르베투스는 성 피에르 교회 근처에 있는 감옥에 억류되었는데, 이 감옥은 원래 제네바 주교들의 관저였다가 감옥으로 바뀐 곳이다. 그의 개인 재산은 97 크라운과 20크라운 가량 되는 금목걸이와 6개의 금반지(커다란 터키석 반지, 흰 사파이어 반지, 다이아몬드 반지, 루비 반지, 커다란 페루산 에메랄드 반지, 산호로 된 인장반지)였다. 이것들은 피에르 티소(Pierre Tissot)에게 넘겨졌다가 나중에 병원에 기부되었다. 감옥에서는 종이와 잉크를 사용할 수 있었으며, 자기 돈으로 제네바나 리용에서 구할 수 있는 책들도 구해 볼 수 있었다. 칼빈은 그에게 이그나티우스, 폴리카르푸스, 테르툴리아누스, 그리고 이레나이우스의 책들을 빌려주었다. 그러나 그는 1543년의 법령에 따라, 변호사를 둘 수는 없었다. 이 법은 평등의 법률에 위배되며 그 재판의 최악의 모습 가운데 하나라 할 수 있다. 그는 일상적인 고문을 받지는 않았다.

제네바의 법률은 고소인이 피고인과 함께 수감되어야 한다고 규정하였다. 그것은 그 고소가 허위로 밝혀질 경우에 고소인이 피고인 대신에 처벌을 받도록 하기 위함이었다. 이 고소인 역할을 맡게 된 사람은 니콜라 드 라 퐁텐(Nicolas de la Fontaine)이었는데, 그는 프랑스인이고 신학생이자 칼빈의 개인 비서였다. 고소인과 피고인 모두 외국인이었던 것이다. 또 다른 법률은 소의회로 하여금 모든 수감자를 체포 후 24시간 안에 조사하도록 요구하였다. 이 재판에서 니콜라 드 라 퐁텐의 옹호자 혹은 "대변인"은 콜라동(Germain Colladon)이었는데, 프랑스인이었으며 유능한 변호사였던 콜라동은 종교 문제 때문에 제네바로 도주해 와서 칼빈이 제네바를 위해 새로운 헌법을 구성하는 일을 도왔다.

재판은 8월 15일에 시작되어, 중간에 중단되는 일도 있었지만, 두 달 이상 지속되었다. 재판은 프랑스어로 진행되었으며, 법에 따라 주교관에서, 소의회, 시의 통보관, 주지사, 그리고 몇 명의 시민들의 참관 하에 이루어졌다. 이 시민들은 형사 사건을 참관할 수 있는 권리를 가지고 있었지만 그 판결에는 관여하지 않았다. 이들 중에는 칼빈의 혹독한 적수였던 베르텔리에르가 있었다.

세르베투스는 자신의 이름, 나이, 그리고 전력과 같은 기본적인 물음들에 대해 가톨릭 재판정에 섰을 때보다 훨씬 진실되게 대답했으며, 그 과정에서 칼빈이 비엔에서의 형사 소추를 야기시킨 자라고 고발하였다. 그는 자신이 그곳에서 산 채로 불태워지지 않았던 것은 칼빈의 덕이 결코 아니라고 말하였다.

니콜라 드 라 퐁텐이 제출한 고소장은 (칼빈 자신이 우리에게 말해주는 대로)

칼빈이 작성한 38개의 항목으로 되어 있었고, 증거로 제출되었던 세르베투스의 책들을 언급하고 있었다. 특별히 「기독교 복원」이 많이 인용되었는데, 세르베투스가 출판 전에 칼빈에게 보냈던 원고와 출간된 책이 함께 제출되었다.[135]

주된 혐의는 그가 삼위일체, 그리스도의 위격, 유아세례에 관해서 이단적인 사상과 신성모독을 담은 책들을 출간했다는 것이었다. 그는 대답을 회피하거나 정통인 것처럼 들려지도록 대답하였다. 그는 삼위일체를 믿는다고 고백했지만 "위격"(person)이라는 말을 현대 저술가들에 의해 사용되던 것과는 다른 의미로 이해하였다. 그리고 초대교회의 교사들과 사도들의 제자들을 언급함으로써 자신을 변호하였다.[136] 그는 처음에는 자신이 삼위일체를 세 악마 혹은 케르베로스라고 불렀다는 사실을 부인하였다. 하지만 여러 번 부인하기를 거듭하다가 결국에는 이를 인정하였다. 그는 예수 그리스도가 그 신성과 인성에 따라서 하나님의 아들이라고 믿는다고 고백하였다. 그리고 그리스도의 육신은 하늘로부터 왔고 하나님의 본체지만, 그 물질은 동정녀 마리아에게서 왔다고 고백하였다. 그는 영혼이 불멸하지 않다는 견해를 가지고 있다는 혐의에 대해서는 부인하였지만, 유아세례를 "악마적인 조작물이자 기독교를 파괴시키는 극악무도한 허위"라고 불렀다는 것은 인정하였다. 이것은 위험한 고백이었다. 왜냐하면 당시 재세례파들은 반역적이고 혁명적인 견해들을 가진 것으로 의심받고 있었기 때문이다.

세르베투스는 또한 "칼빈에 대한 비판에서 복음의 가르침과 제네바 교회의 가르침을 비방하였다"는 혐의를 받았다. 이에 대해 그는 자신이 이전에 자신을 변호하면서 칼빈에 대항하여 쓴 글들을 통해 칼빈에게 해를 입힐 의도는 전혀 없었으며, 단지 칼빈의 오류와 잘못들을 지적해 주고자 했을 뿐이라고 했다. 그리고 자신은 이러한 칼빈의 오류를 모든 회중들이 보는 앞에서 성경과 합리적인 이성에 의거하여 증명할 준비가 되어 있다고 하였다.

이것은 대담한 도전이었다. 칼빈은 기꺼이 그 도전을 받아들이려고 하였으나

---

135) *Opera*, VIII. 727-731에 그 항목들이 전부 수록되어 있다. 칼빈은 파렐에게 보낸 편지(8월 20일)에서 40개 항목을 언급하지만, 이것이 기호법(표기법)에 의해 38개로 축소되었다.

136) *Opera*, VIII. 738.

시의회는 이를 거부하였다. 그것을 수락함으로써 그 사건이 여론에 의해 좌우될 것을 우려했기 때문이었다. 세르베투스의 친구들은 공개 논쟁에서 세르베투스가 패할 수도 있다는 위험을 무릅쓸 용의가 있었다. 하지만 칼빈에 대한 사적인 반감을 드러내는 것 같은 그러한 부담스러운 사건은 이후에 매우 다행스럽게도 일어나지 않았다.

다음 날인 8월 16일에 그 당시 치리 법원으로부터 출교령을 받고 있었던 베르텔리에르가 공개적으로 세르베투스를 옹호하고 나서서 콜라동과 격렬한 논쟁을 벌였다. 이 부분은 공식적인 기록에는 누락되었고, 공백으로 남긴 채 다음과 같은 말로 갑작스럽게 종결되고 있다. "여기서 그들은 더 이상 나아가지 않았고, 다음 날 정오까지 휴정하였다."

목요일인 8월 17일에 칼빈은 실제적인 고소인으로서 시의회에 출두하였고, 8월 21일에 다시 한 번 출두하였다.[137] 그는 또한 글로써 그의 적수와 논쟁을 벌이기도 하였다. 세르베투스는 학식이나 논쟁에 있어서 칼빈의 상대가 되지 못하였지만, 상당한 기술과 얼마간의 설득력은 보여주었다.

세르베투스는 자신이 편집한 프톨레마이오스의 책에서 팔레스타인을 불모지라고 묘사함으로써(그곳은 그때나 지금이나 불모지이다) 모세의 권위에 도전하였다는 말도 안 되는 혐의에 대해 어처구니없다는 태도로 반박하였다. 그는 자신의 입을 한 번 훔치고 나서 "여기는 잘못된 것이 없으니, 다음으로 넘어 갑시다"라고 말하였다.

라틴어 성경에 대한 그의 메모에서 이사야서 53장에 나오는 하나님의 종을 그리스도라고 하는 대신에 고레스 왕을 의미한다고 주를 달았다는 혐의에 대해, 세르베투스는 예언의 두 가지 의미를 구별함으로써 이에 대처하였다. 하나는 고레스를 가리키는 문자적이고 역사적인 의미이고, 다른 하나는 그리스도를 가리키는 신비적이고 주요한 의미라는 것이다. 그는 니콜라우스 리라누스(Nicolaus Lyranus)를 인용하였지만, 칼빈은 그의 오류를 지적하면서, 그가 제대로 읽지도 않은 책들을 넉살좋게 인용하고 있다고 단언하였다.

세르베투스가 삼위일체를 "케르베로스," "아우구스티누스의 망상"이라고 부

---

137) 이것과 또 추후의 대면에 관해서는 칼빈이 자신의 "변호문"에서 말해주고 있는데, 공식적인 보고문보다 훨씬 더 상세하다. *Opera*, VIII. 743 이하.

르고 삼위일체론자들을 "무신론자들"이라고 칭했다는 지적에 대해, 자신은 자기 자신도 믿고 있는 진정한 삼위일체를 언급한 것이 아니라 자신의 대적자들이 말하고 있는 잘못된 삼위일체에 대해 그렇게 말한 것이라고 하였다. 그리고 그는 니케아 공의회 이전의 가장 오래된 교사들은 그러한 삼위일체를 가르친 적이 없으며, 그런 용어도 사용한 일이 없다고 말하였다. 세르베투스는 그 교사들로 이그나티우스, 폴리카르푸스, 로마의 클레멘스, 이레나이우스, 테르툴리아누스, 그리고 알렉산드리아의 클레멘스를 인용하였다. 칼빈은 순교자 유스티누스, 테르툴리아누스, 오리게네스를 인용함으로써 그의 주장을 반박하였다. 이 사안에서, 칼빈은 세르베투스가 그리스어에 완전히 무지하다고 판단을 하였는데, 그것은 세르베투스가 순교자 유스티누스에 대한 그리스어 인용에 당황하면서 라틴어로 말해줄 것을 요구한 데서 비롯되었다.[138] 이 판단은 물론 부당한 것이었다.

신적인 본질과 피조물의 본질의 관계에 대해 논의하면서, 세르베투스는 "모든 피조물은 하나님의 본질에서 나오고, 하나님은 모든 사물들 속에 계신다"고 선언하였다. 칼빈은 그에게 이렇게 물었다. "이 가련한 사람아, 만약 어떤 사람이 길바닥에 발을 구르면서 당신의 하나님을 짓밟고 있다고 말한다면, 당신은 하나님의 명예가 이토록 훼손당한 데 대해 어떻게 반감을 느끼지 않겠는가?" 이에 대해 세르베투스는 "나는 이 의자와 탁자, 그리고 당신이 내게 보여줄 수 있는 모든 것들이 다 하나님의 본질에서 비롯된 것임을 의심치 않는다"고 대답하였다. 자신의 주장대로라면 하나님은 본질적으로 악마 가운데까지 존재해야 하는 것 아니냐는 지적에 대해, 그는 웃음을 터뜨리고 나서 이렇게 응수하였다. "당신은 이것을 의심할 수 있는가? 나는 만물이 하나님의 일부이고, 사물의 본성은 본질적으로 하나님의 영이라는 것이 보편적인 공리라고 믿는다."[139]

재판의 제1막은 투옥된 자에게 불리한 결과를 낳았지만 그 결과가 그렇게 치명적인 것은 아니었다.

칼빈은 설교단에 설 수 있는 자유를 이용하여, 세르베투스를 지지하고 있는 리버틴들의 노력을 좌절시켰다.

---

138) 칼빈은 "그가 알파벳을 배우는 아이 정도밖에 그리스어를 읽지 못하였다"고 말한다. *Opera*, VIII. 498.

139) *Opera*, VIII. 496.

152. 제네바 재판의 제2막

이 사건은 원래 기소를 담당했던 사람들에게서 떠나 검찰 대표인 클로드 리고(Claude Rigot)에게 넘겨졌는데, 이것은 1543년의 형법에 따른 것이었다. 그래서 재판의 제2막이 시작되었다. 죄수는 다시 심문을 받았고, 30개 항목에 달하는 새로운 기소문이 준비되었다. 이 기소문은 피고인의 실제적인 이단성보다는 그것들의 위험한 실천적 경향과 그가 계속 이것들을 전파하고 있다는 데 더 관심을 두었다.[140]

시의회는 또한 비엔의 재판관들에게 편지하여 그곳에서 그에게 부과되었던 혐의들의 구체적인 항목을 알려달라고 청하였다.

세르베투스는 8월 23일 시의회 앞에서, 자신이 논쟁을 즐기고 부도덕한 인물이라는 새로운 혐의에 대해 현명하고도 솔직하게 변론하였다. 부도덕하다는 혐의에 대해, 그는 자신의 병약함으로 인해 방탕의 유혹으로부터 자신을 지킬 수 있었다고 주장하였다. 그는 항상 성경을 연구하였고 기독교인의 삶을 살고자 노력하였다고 하였다. 그는 자신의 책이 기독교권의 평화를 교란하리라고는 생각하지 않았고, 진리를 증진시키리라고 생각했다고 주장하였다. 그는 자신이 어떤 사악한 목적을 가지고 제네바에 왔다는 것을 부인하였다. 그는 단지 취리히와 나폴리에 가기 위해 제네바를 통과하고자 했을 뿐이라는 것이다.

동시에 그는 시의회에 제출하기 위해 서면으로 청원서를 준비하였다. 이 청원서는 8월 24일에 접수되었다. 그는 몇 가지 근거를 제시하면서 자신에게 씌워진 형사적인 혐의들을 벗겨달라고 요구하였는데, 이는 고려할 만한 가치가 있음에 틀림없다. 그가 제시한 근거들은 다음과 같다. 먼저 콘스탄티누스 대제 이전에는 기독교회에서 이단 사건을 세속 법정에서 다룬 적이 없었다는 것이다. 그리고 자신은 제네바든 다른 곳에서든 법을 어긴 적이 없다는 것과, 자신은 반역자도 난동자도 아니라는 것이다. 또한 자신의 책들은 난해한 질문들을 다루고 있는 것으로서 모두 지식인들을 대상으로 하고 있을 뿐이라는 것이다. 그리고 자신은 이러한 주제들에 대해 오이콜람파디우스, 부처, 카피토 외에는 어느 누구와도 이야기를 나눈 적이 없다는 것이다. 그리고 자신은, 관리들에 대항해 반란

---

140) *Opera*, VIII. 763-766.

을 일으키고 모든 것을 공유하고자 하는 재세례파들을 항상 반박해 왔다는 것이다. 자신이 석방되지 않는 경우에는 현지의 법률과 관습에 정통한 변호사의 도움을 받게 해달라고 요구하였다. 이것은 확실히 매우 합리적인 요구라고 할 수 있다.[141]

검찰 대표는 툴루즈에서 법을 공부한 적이 있는 세르베투스의 주장에 반박하는 두 번째 기소장을 준비하였다. 그는 초대 기독교인 황제들이 이단들을 감독하고 재판했으며, 그들의 헌법과 법령은 반(反)삼위일체론적 이단과 신성모독자들을 사형에 처하도록 하고 있다고 지적하였다. 그는 세르베투스가 재세례파들에 대적하는 글을 썼다는 주장과 자신의 교리를 지난 30년간 어느 누구에게도 전한 적이 없다는 그의 주장이 허위라는 것을 밝혔다. 변호사를 요청한 것은 형법 조례(1543)에 의해 거부되었는데, 이것은 "변호사를 요구할 만한 명확한 무죄 사항이 하나도 없었기" 때문이었다. 증명되어야 할 바로 그것 말이다!

새로운 신문을 통해 흥미로운 점들이 밝혀졌다. 세르베투스는 종교개혁이 루터나 칼빈이 의도한 것보다 훨씬 더 진행될 것이고, 새로운 것들은 항상 처음에는 거부당하지만 이후에는 받아들여진다는 자신의 믿음을 피력하였다. 코란을 사용했다는 어처구니없는 비난에 대해, 그는 자신이 그리스도의 영광을 위해 그것을 인용하였고, 코란에는 좋은 것들이 풍부하며, 아무리 사악한 책 안에서라도 우리는 얼마간 선한 것들을 발견할 수 있다고 응수하였다.

8월 마지막 날에 소의회는 비엔으로부터 회신을 받았다. 비엔에 있는 궁정의 장교가 제네바에 도착하여 빌뇌브에게 내려진 사형선고문을 전달했으며 그를 프랑스로 보내어 이미 그의 허수아비와 책들에게 행해진 화형을 실제로 산 사람에게 집행할 수 있도록 해달라고 요청하였다. 시의회는 비슷한 사건들과 궤를 같이 하여 세르베투스를 내주기를 거부하였지만, 이 재판을 아주 공정하게 처리할 것을 약속하였다. 죄수인 세르베투스 자신은 비엔에서는 화형을 당할 수밖에 없었기 때문에 무죄나 얼마간 가벼운 처벌을 받을 가능성이 있는 제네바에서 재판받는 것을 더 선호하였다. 그는 유대인들처럼 성전에 다녔던 바울의 예를 말하면서 비엔에서 미사에 참석했던 습관을 정당화하였다. 하지만 그는 자신이 죽음에 대한 두려움 때문에 그렇게 하는 죄를 범했다고 고백하였다.[142]

____

141) *Opera*, VIII. 797.

　비엔으로부터의 소식은 아마도 시의회에게 정통을 수호하고자 하는 열망을 자극시켰을 것이다. 그들은 정통을 수호하는데 있어서 로마 교회들보다 뒤처지기를 원하지 않았다. 하지만 문제는 여전히 불확실한 가운데 있었다.

　시의회는 9월 1일에 다시 세르베투스를 칼빈과 대면시켰다. 같은 날 시의회는 칼빈의 강한 저항에도 불구하고 베르텔리에르가 성찬식에 참여하는 것을 허용하였다. 이렇게 해서 시의회는 치리법원에 의한 출교령을 무효화시키고 자신들이 종교적 치리권을 가로챘다.

　몇 시간 후에 감옥 안에서 수사가 재개되었다. 페랭과 베르텔리에르는 심판관으로서 참석하였고, 칼빈과의 논쟁에서 세르베투스를 돕기 위해 왔다. 하지만 성공적이었던 것 같지는 않다. 왜냐하면 그들은 세르베투스가 자신을 더욱 잘 변호할 수 있는 서면 토론을 요청했기 때문이다. 그들은 이 서면 토론을 통해, 이미 위기에 처해 있는 칼빈이 더욱 복잡한 상황에 놓이리라고 기대하였다. 더욱이 그들은 볼섹의 사건에서 칼빈보다 훨씬 관용적인 태도를 보여주었던 스위스 교회에 이 문제를 회부하고자 하였다. 세르베투스는 이러한 회부를 요구하였다. 칼빈은 그것을 좋아하지 않았지만, 공개적으로 반대하지는 않았다.

　시의회는 토론을 거치지 않고, 칼빈이 세르베투스의 책에서 문제가 되는 항목들을 라틴어로 단어 하나하나까지 그대로 뽑아내야 한다고 결정하였다. 그리고 세르베투스도 자신의 답변과 변증을 또한 라틴어로 써야 하고, 칼빈은 다시 이에 대해 답변을 해야 하며, 이 문서들은 스위스 교회에 판결을 위한 기준으로 송부될 것이라고 결정하였다. 이 모든 것은 공정했다.[143]

　같은 날에 칼빈은 세르베투스의 책에서 38개의 항목들을 뽑아내었다. 그는 여기서 출처는 밝혔으나 논평은 붙이지 않았다.

　그런 다음에 칼빈은 놀랄 만한 에너지로 자신의 또 다른 적수에게 포문을 열었다. 그는 9월 2일 시의회에 나타나서 베르텔리에르를 보호하는 데 대해 아주 강력하게 항의하였다. 베르텔리에르는 그 다음 날 성찬식에 참여하여 세속 정부의 권력을 힘입어 칼빈으로 하여금 자신에게 그리스도의 몸과 피를 줄 수밖에 없도록 하고자 했었다. 칼빈은 시의회 앞에서 자신의 양심에 반하는 행동을 하

---

142) *Opera*, VIII. 789.
143) *Opera*, VIII. 796.

느니 차라리 죽는 편을 택하겠다고 선언하였다. 시의회는 양보하지 않았지만, 비밀리에 베르텔리에르에게 현재로는 성찬을 받지는 말라고 충고하였다. 이러한 비밀스러운 충고에 대해 아는 바가 없었고, 또 이 일에 자기 뜻을 관철시키든지 아니면 죽겠다고 결의한 칼빈은 9월 3일 성 베드로 교회의 강단에서 출교당한 자에게 성찬을 베푸는 일은 자신의 목숨을 걸고 거부하겠다는 자신의 결심을 밝혔다. 베르텔리에르는 감히 성찬상에 접근하지 못하였다. 칼빈은 시의회를 상대로 도덕적인 승리를 거두었다.[144]

한편 세르베투스는 24시간 이내에 칼빈이 작성한 38개의 항목들에 대해 시의회가 지시한 대로 서면 항변서를 작성하였다. 그것은 변증적이고, 대담하게 공격적이고, 명쾌하고, 예리하고, 폭력적이고, 신랄한 것이었다. 그는 재판 과정에 칼빈이 개입한 것을 어처구니없는 일이라고 매도하였으며, 그가 성경적인 증거도 없이 소르본의 학자들의 방식을 따라 신앙의 항목들을 주제넘게 작성했다고 비난하였다.[145] 그는 칼빈이 자신을 잘못 이해했든가 아니면 자신의 뜻을 교묘하게 왜곡하였다고 주장하였다. 그는 테르툴리아누스, 이레나이우스, 그리고 위(僞)클레멘스(pseudo-Clement)를 인용하여 자신의 견해를 뒷받침하였다. 그는 칼빈을 마술사 시몬, 범죄적인 고발자, 살인자라고 불렀다.[146] 그는 그런 사람이 교회의 정통 목회자라고 자칭하는 데 대해 조롱하였다.

칼빈은 이틀 만에 2절지로 23쪽에 달하는 문서를 작성하여 이에 답하였다. 이 문서에는 제네바의 14명의 목회자 전부가 서명하였다.[147] 그는 세르베투스가 교부들을 인용한 데 대해 자신도 교부들을 인용함으로써 대응하였고, 거기에 성경 구절들과 견실한 논증들을 덧붙였다. 그리고 결론에서 세르베투스가 "모든 종교를 전복시키려" 한다고 그를 비난하였다.

이 세 개의 문서들은 교리를 둘러싼 논의의 핵심을 담고 있는 것들로서, 9월 5일 화요일에 소의회에 제출되었다.

---

144) 앞의 109절 참조.

145) *Opera*, VIII. 507.

146) *Opera*, VIII. 515.

147) Calvinus, Poupinus, Gallasius, Bernardus, Bourgoinus, Malisianus, Calvetus, Pyrerius, Copus, Baldinus, J. a Sancto Andrea, Faber, Macarius, Colladonus.

9월 15일 세르베투스는 시의회에 청원을 해서, 칼빈이 자신을 박해하고 있다고 공격했으며 감옥에서 필요한 의복도 없이 지내고 있는 자신의 비참한 상황에 대해 불평하였다. 그리고 변호사를 주고 자신의 재판을 200인 대의회로 넘겨줄 것을 요구하였다. 그곳에는 자신을 지지하는 사람들이 다수일 것이라고 기대할 만한 근거들이 있었다.[148] 아마도 (릴리에가 추측하는 대로) 리버틴 당원이었던 간수 클로드 드 주네브(Claude de Genéve)를 통해 페랭과 베르텔리에르가 그에게 이런 것을 제안했을 것이다.

같은 날 소의회는 죄수들의 의복을 개선할 것을 명하였고(하지만 이것은 관계자들의 태만으로 인해 지연되었다), 그에게 세 문서를 보내면서 칼빈에게 마지막 답변을 하도록 허락하였다. 하지만 대의회로 이전시켜 달라는 호소에 대해서는, 자신들 고유의 권한을 포기할 용의가 없었기 때문에 아무런 조치도 취하지 않았다.

세르베투스는 즉각 칼빈과 목회자들이 제출한 문서의 여백과 행간에 자기 입장을 설명하는 주를 붙이는 방식으로 답변을 준비하였다. 이 주석들은 추잡하기 그지없는 욕설로 가득했으며, 마치 미친 사람이 쓴 것처럼 보였다. 그는 칼빈을 거듭해서 거짓말쟁이,[149] 사기꾼, 불쌍하고 천박한 사람, 위선자, 마술사 시몬의 제자 등과 같은 이름으로 부르고 있다. 예를 들어 보면 다음과 같다.

당신은 당신이 살인자라는 사실을 부인하는가? 내가 당신의 행동을 통해 그것을 증명해 보이겠다. 당신이 마술사 시몬이라는 것을 당신은 감히 부인치 못한다. 나는 올바른 신념 위에 견고히 서있기 때문에 죽음도 두려워하지 않는다 … 당신은 성경을 제쳐두고 궤변적인 논쟁만 다루고 있다 … 당신은 자신이 말하고 있는 것을 이해하지 못하고 있다. 당신은 광야의 맹인과도 같이 부르짖는다 … 당신은 거짓말하고, 거짓말하고, 거짓말하는 무식한 중상 모략꾼이다 … 당신은 광기에 사로잡혀 다른 사람을 죽음으로 몰고 가는 박해를 가하고 있다 … 나는 당신의 모든 술수가 여전히 당신 어머니의 자궁 속에 있었더라면 하고 바란다 … 나는 내가 자유롭게 당신의 오류에 관한 목록을 만들 수 있었더라면 하고 바란다. 마술사 시몬이 아닌 사람은 누

---

148) *Opera*, VIII. 797.
149) "mentiris"는 거의 모든 문장에서 나타난다.

구든 칼빈에 의해 펠라기우스주의자들로 간주된다. 그러므로 기독교권에 있었던 사람들은 전부가 칼빈에 의해 정죄를 받는다. 심지어 사도들, 그들의 제자들, 그리고 고대 교회의 박사들과 다른 사람들까지도 마찬가지다. 왜냐하면 마술사 시몬 외에는 자유 의지를 완전히 파괴한 사람이 없었기 때문이다. 당신은 거짓말하고, 거짓말하고, 거짓말하고, 거짓말하는구나, 이 불쌍하고 천박한 사람아.

세르베투스는 "그의 교리가 논증이나 어떤 권위가 아니라 순전히 외치는 소리들의 대응을 접했을 뿐이다"라는 말로써 끝을 맺으면서, 자신은 그리스도를 확실한 보호자로 소유한 사람이라고 주장했다.[150]

그는 이 메모를 9월 18일에 시의회에 보내었다. 칼빈은 이것을 보았지만, 답변할 필요가 있다고 생각하지 않았다. 이런 경우에는 침묵이 말보다 더 나았다.

따라서 두 신학자간의 논쟁은 이렇게 끝을 맺었고, 재판은 프로테스탄트 스위스가 배심원 역할을 해야 하는 사건이 되었다.

153. 스위스 교회의 자문. 세르베투스의 반항적인 태도

9월 4일에 채택된 결의에 따라 소의회는 9월 19일에 세르베투스 사건을 베른, 취리히, 샤프하우젠, 바젤에 있는 개혁교회들의 관리들과 목회자들에게 회부하여 그들의 판단을 구하고자 하였다.

이틀 후에 저노즈(Jaquemoz Jernoz)가 공식사절로 파견되었다. 그는 회람을 위한 편지와 칼빈과 세르베투스 사이에 오고간 신학적인 논쟁이 담긴 문서들, 「기독교 복원」 한 권, 그리고 양자가 인용하였던 가장 중요한 교부들인 테르툴리아누스와 이레나이우스의 저작들을 가지고 갔다.

이 회람의 결과에 따라 세르베투스 사건이 판가름 날 것이다. 세르베투스는 이 과정에서 자신이 승리하거나 적어도 중한 처벌은 면할 것이라는 희망을 가지고, 이런 과정이 채택되기를 바라는 자신의 심정을 밝힌 바 있다. 8월 22일에 그는 제네바에서 추방되는 것도 기꺼워했다. 하지만 9월 22일에는 칼빈을 재판에

---

150) *Opera*, VIII. 553, note.

회부하라고 시의회에 요청하면서 칼빈이 심문받아야 할 혐의들의 목록을 제출하였다. 이렇게 해서 그는 이전에 자신이 부인했던 것, 즉 세속 법정이 종교적인 견해의 문제를 재판할 수 있는 권리를 인정하였다. 그리고 자신의 적수가 같은 운명에 처해지기만 한다면 자신은 기꺼이 그 판단에 자신의 목숨을 걸 용의가 있었다.[151] 그는 칼빈이 정죄되어야 하는 네 가지의 "중대하고 확실한" 이유들 가운데, 칼빈이 "교회 역사상의 모든 박사들에 대항하여 예수 그리스도의 진리를 억압하고 마술사 시몬의 교리를 추종하고자" 했다는 사실을 그 하나로 들었다. 그는 자신의 청원서에서 칼빈은 마술사와 마찬가지로 근절되어야 하고, 칼빈 때문에 자신이 입어야 했던 손해에 대한 보상으로, 그의 재산을 몰수하여 자신에게 주어야 한다고 주장하였다. 릴리에는 "칼빈을 그 직위에서 쫓아내고, 제네바에서 추방하고, 적절한 보복을 가하는 것이 세르베투스가 매진했던 목표였다"라고 말하였다.

하지만 시의회는 그의 청원에 전혀 주목하지 않았다.

10월 10일에 세르베투스는 시의회에 또 다른 편지를 보내어, 그리스도의 사랑 때문에 차마 터키인들에게도 거절하지 못할 그런 정의를 자신에게 베풀어 달라고 호소하였다. 그리고 자신의 편의를 위해 약속되었던 것들이 아무것도 시행되지 않고 있고, 자신은 그 어느 때보다 비참한 상황에 놓여 있다고 불평하였다. 이 청원서는 얼마간 효과가 있었다. 지방 행정 장관 다를로(Darlod)와 장관 클로드 로제(Claude Roset)가 그의 감방을 찾아와서 그를 위해 의복을 제공하였다.

10월 18일에 국가 사절이 네 곳의 타 지역 교회들로부터 회답을 가지고 돌아왔다. 그것들은 프랑스어로 번역되어, 관리들에 의해 검토되었다. 우리는 이미 그 내용을 알고 있다.[152] 교회들은 만장일치로 세르베투스의 신학적인 교리들을 정죄하였고, 칼빈과 그 동료들에게 존경과 애정을 표현하였다. 칼빈과 별로 좋은 관계에 있지 않았고, 2년 전에 볼섹의 경우에 관용을 권고했던 베른조차도 세르베투스를 훨씬 더 위험한 이단이라고 간주하고 이 "해악"을 제거하라고 충고하였다. 하지만 이 교회들 가운데 어느 교회도 명백하게 사형을 제시하지는 않았다. 그들은 처벌 방식을 주권 국가의 재량에 맡겼다. 그러나 베른의 목회자 할

---

151) *Opera*, VIII. 805.

152) *Opera*, VIII. 806 이하.

러(Haller)는 취리히의 불링거에게 편지하여, 만약 세르베투스가 베른 사법당국의 수중에 있다면 그는 의심할 여지 없이 화형에 처해졌을 것이라고 하였다.

154. 세르베투스에 대한 유죄 판결

10월 23일에 시의회는 네 교회에서 온 답신을 신중하게 검토하기 위해 모였지만, 대여섯 명의 의원들이 참여하지 않은 관계로 결정을 내리지 못하였다. 특별히 수석 행정관인 페랭은 병을 핑계로 참석하지 않았다. 세르베투스는 사람들 사이에 어떤 동정심을 유발시키는 데 실패하였고, 교만하고 반항적인 행동으로 자신의 주장을 오히려 훼손시켰다. 세르베투스를 정치적인 목적을 위한 수단으로 사용하고자 했던 리버틴들은 칼빈의 증오스러운 통치로부터 자신들을 보호해 주리라 기대했던 베른의 충고에 실망하고 위협감을 느꼈다.

26일에 열린 시의회 총회는 서약을 거친 모든 고문들을 소집하여 이 불운한 죄수의 운명을 결정하였다. 물론 격렬한 토론이 있었다. 아미 페랭이 사회를 보았는데, 세르베투스를 위해 최후의 노력을 기울였다. 그는 먼저 그의 무죄를 주장하였는데, 그것은 칼빈의 추방과 그 반대파들의 영속적인 승리를 뜻하는 것이었다. 이 일이 좌절되자 페랭은 대안으로 세르베투스를 그의 소원대로 200인 의회로 넘기자고 제안하였다. 하지만 이 제안 역시 거부되었다. 페랭은 당시에 별로 그 옹호자가 없었던 이단에 대한 동정심이나 관용에 대한 사랑보다는 정치적인 열정에 따라 움직였다. 시의회의 다수가 사형 판결로 기우는 것을 감지한 그는 일부 의원들과 함께 의원직을 사임하였다.

시의회는 이 사건에 대한 자신들의 재판권에 대해 추호도 의심하지 않았다. 시의회는 교회들의 만장일치의 판단, 이단과 신성모독에 대한 공중들의 공포, 그리고 기독교권의 제국 법들을 존중해야만 했다. 이것들은 검찰 대표에 의해 시의회에 호소되었다. 판단은 만장일치로 이루어졌다. 화형 대신에 참형에 처했으면 좋겠다는 칼빈의 소원은 무시되었고, 로마 가톨릭의 종교재판소에서의 판결 선고식과 같은 것이 뒤따랐으며, 대단한 모멸감을 주는 종교적인 행사는 하지 않았다.

재판관들은 세르베투스의 범죄 사항들, 즉 거룩한 삼위일체를 머리가 셋 달린 괴물이라고 부른 일, 하나님의 아들을 모독한 일, 유아 세례를 악마의 고안물이자 마법사의 창안물이라고 부인한 일, 기독교 신앙을 공격한 일, 자신이 비엔에서 정죄되고 허수아비로 화형당했다는 것을 언급한 후에도 제네바에 머물면서 그의 비열하고 혐오스런 오류들을 계속 주장했고, 모든 진실한 기독교인들을 삼신론자, 무신론자, 마술사들이라고 불렀고, 악독하고 사악한 고집을 부리며 모든 충고와 훈계를 제쳐두었던 점 등을 열거한 후에 다음과 같은 무서운 판결을 내렸다.

> 우리는 미카엘 세르베투스 당신을 밧줄에 묶어 샹펠로 끌고 가 형장에 묶어 산 채로 불에 태우라고 판결을 내린다. 당신이 손으로 쓴 것과 출판된 것을 막론하고 당신의 책들도 다 불태워질 것이고, 당신 몸이 재로 변할 때까지 불타오를 것이다. 그리하여 혹시 당신과 같은 일을 하고자 하는 사람들에게 본보기 역할을 하는 것으로 당신의 생애를 끝마치게 될 것이다.
>
> 그리고 우리는 장교들에게 지금 우리가 내리는 판결이 제대로 집행되는지 감독할 것을 명한다.[153]

역사에 대한 관심에서 이 재판에 대한 공식적인 보고서를 출판한 릴리에는 칼빈에게 특별한 공감을 하지 않은 채, 이 유죄 평결이 "우리의 양심에 비추어 볼 때는 가증스런 것이지만 당시의 법을 따를 때는 공정했다"라고 말하고 있다. 이처럼 비기독교적이고 야만적인 법률들이 영원히 폐기된 데 대해 하나님께 감사하자.

칼빈은 10월 26일에 파렐에게 이러한 결과에 대해 간략하게 요약하여 알리면서, 다음과 같이 말하고 있다.

> 사절이 스위스 교회들로부터 돌아왔습니다. 그들은 사탄이 이전에 교회를 교란시켰던 악독한 해악들을 지금은 세르베투스가 새로운 형태로 행하고 있고, 그는 결코 용인되어서는 안 될 괴물이라고 말하는 데 의견의 일치를 보였습니다.[154] 바젤 사람들은

---

153) *Opera*, VIII. 827-830. 판결문은 비엔에서와 마찬가지로 일반적으로 적법한 형식을 갖추고 있었다.

현명한 사람들입니다. 취리히 사람들은 모든 일에 가장 열성적입니다 ⋯ 샤프하우젠 사람들도 동의하고 있습니다. 베른 사람들로부터의 적절한 편지에 의회로부터의 편지가 동봉되어 우리를 고무시켰습니다. 코미디언인 카이사르[칼빈은 페랭을 풍자해서 이렇게 불렀다]는 사흘간 병을 핑계로 대다가 마침내 그 참담한 자[세르베투스]를 방면시키기 위해 회의장으로 갔습니다. 그는 아무런 부끄러움도 없이 이 사건을 200인 대의회로 이관시키라고 요구하였습니다. 하지만 세르베투스는 만장일치로 유죄 평결을 받았습니다. 그는 내일 처벌을 받을 것입니다. 우리는 그를 처형하는 방법을 변경시키기 위해 노력하였지만 수포로 돌아가고 말았습니다. 왜 우리가 성공하지 못했는지에 대해서는 나중에 만나서 말씀드리겠습니다.

이 편지는 파렐이 제네바로 오고 있던 도중에 전달되었는데, 그는 바로 그날 제네바에 도착하여 유죄 평결이 내려지는 것을 목격할 수 있었다. 그는 칼빈의 요청에 따라 죄수에게 목사로서 마지막 책무를 수행하기 위해 왔다. 제네바의 어떤 목사도 이 일을 그렇게 잘 해낼 수 없었다.

155. 세르베투스의 처형(1553년 10월 27일)

다음 날 아침 세르베투스가 생각지도 못했던 사형 선고 소식을 들었을 때, 그는 충격을 받아 광인처럼 행동하였다. 그는 신음소리를 내고 스페인어로 "자비, 자비!"라고 울부짖었다.

덕망 있는 노령의 파렐이 아침 7시에 감옥으로 그를 찾아가서 그가 처형될 때까지 그와 함께 있었다. 파렐은 세르베투스에게 잘못을 납득시키려고 애썼다. 세르베투스는 그리스도가 성육신하기 **전에** "하나님의 아들"이라고 불린 성경 구절이 하나라도 있으면 인용해 달라고 요청하였다. 파렐은 그를 만족시킬 수 없었다. 그는 칼빈과의 면담을 성사시켰는데, 칼빈은 이 면담에 대한 기록을 남겼다. 세르베투스는 여전히 거만했지만 겸손하게 용서를 구하였다. 칼빈은 자신이 세르베투스를 상대로 어떤 사적인 싸움을 하고자 한 적이 결코 없었다고 항

---

154) *Opera*, XIV. 657.

변하였다. 그는 다음과 같이 말하였다.

16년 전에 나는 파리에서 당신을 우리 주님께로 돌아오도록 하고자 어떤 고통도 감수하였다. 그때 당신은 빛을 멀리하였다. 나는 편지로 당신을 권면하기를 쉬지 않았지만 이 모든 것이 허사였다. 당신이 내게 얼마나 많은 분노와 격분을 쏟아내었는지 알 수가 없다. 하지만 그 밖의 일에 있어서 나는 나와 관련된 일은 괘념치 않고 있다. 차라리 당신이 모독한 하나님께 자비를 달라고 소리쳐 보는 게 어떤가.

이 말도 파렐의 권고보다 더 효과가 있었던 것은 아니었기 때문에, 칼빈은 자신이 밝히고 있듯이, 스스로 이단에 든 자를 멀리하라는 성 바울의 명령(딛 3:10,11)에 순종하여 그 방을 떠났다. 세르베투스는 이전에 대담하고 공격적이었던 것만큼이나 부드럽고 겸손하게 보였지만, 자신의 신념을 바꾸지는 않았다.

10월 27일 11시에 세르베투스는 감옥에서 시청 정문으로 이송되어, 행정장관인 다를로(Darlod)가 발코니에서 판결문을 읽는 것을 들어야 했다. 마지막 말을 듣고 난 후 그는 "참수를! 자비를! 화형만은 말아 달라! 그렇지 않으면 나는 절망 속에서 내 영혼을 잃게 될 것이다"라고 소리쳤다. 그는 만약 자신이 범죄했다면 그것은 무지로 인한 것이었다고 항변하였다. 파렐은 그를 일으켜 세우고 "당신의 죄를 고백하면, 하나님께서 당신의 영혼에 자비를 베푸실 것이오"라고 말하였다. 이에 세르베투스는 "나는 범죄치 않았소. 내가 사형당할 만한 일을 한 적이 없소"라고 답하였다. 그리고 그는 자신의 가슴을 치면서 하나님께 용서를 간구하고, 그리스도를 자신의 구세주로 고백하면서, 자신을 고발한 자들을 용서해 달라고 하나님께 탄원하였다.[155]

처형장으로 향하는 짧은 길에서, 파렐은 다시금 죄의 고백을 받아내고자 시도하였지만, 세르베투스는 침묵을 지켰다. 세르베투스는 이와 같은 참혹한 마지막 순간에 순교자의 용기와 일관성을 보여주었다.

샹펠은 제네바의 남쪽에 있는 작은 언덕으로서 자연 경관이 아주 뛰어난 곳이다. 이미 그곳에는 화형을 위한 장작더미가 준비되어 있었고 참나무 잎들에 부

---

155) 이것은 확실히 그리스도인의 행동이다. Henry(III. 191)는 세르베투스가 마지막 순간에는 자신의 대적들에게 얼마간의 품위를 보여주었다고 덧붙이고 있다.

분적으로 가리어져 있었다. 장교와 통보관이 자신들의 직위를 나타내는 표지를 하고서 말을 타고, 형 선고를 받은 사내와 노령의 목사를 호송해 왔다. 많지 않은 수의 구경꾼들이 그 뒤를 따랐다. 파렐은 세르베투스에게 사람들에게 기도해 달라고 청하고 스스로도 그 기도에 동참하여 연합하라고 제안하였다. 세르베투스는 침묵으로 이에 순종하였다. 형 집행자는 장작더미 가운데 세워진 말뚝에 쇠줄로 그를 결박하고, 유황을 바른 나뭇잎 한 묶음을 그의 머리에 올리고는 그의 책을 그 옆에 묶었다. 그는 불타오르는 횃불을 보자 자신도 모르게 모국어로 "자비"(misericordias)라고 귀를 찢는 듯한 날카로운 외마디 소리를 내뱉었다. 구경꾼들은 전율을 느끼며 뒤로 물러섰다. 불꽃은 금방 그에게 옮겨 붙어 44년간 파란만장한 삶을 산 그의 몸체를 완전히 태워버렸다. 마지막 순간에 그가 연기와 고통 가운데서 큰 소리로 기도하는 소리가 들렸다. "예수 그리스도여, 영원한 하나님의 아들이시여, 저에게 자비를 베푸소서!"

이것은 그의 신앙고백이기도 했고 동시에 자신의 오류의 고백이기도 했다. 파렐이 말하는 대로, 그는 세르베투스로 하여금 그리스도가 하나님의 **영원한** 아들이라고 고백하도록 만들 수는 없었다.

이 비극은 성 베드로 교회의 시계가 12시를 알릴 때 끝이 났다. 사람들은 조용하게 흩어져 자기들의 집으로 돌아갔다. 파렐은 심지어 칼빈도 찾지 않은 채 즉각 뉴샤텔로 돌아갔다. 이 문제는 대화의 주제로 삼기에는 너무 괴로운 일이었다.

당대의 양심이자 경건의 대명사였던 인물이 이 처형에 찬성하였고, 동정을 느낄 수 있는 여지를 조금도 남기지 않았다. 하지만 200년이 지난 이후에 제네바의 저명한 학자이자 목회자 한 사람이 시민들의 정서를 다음과 같은 말로 반영하였다. "우리의 눈물로 이 장작불을 끌 수 있기를 하나님께 기도하노라." 칼빈 찬미자인 전기 작가 헨리 박사는 만약 19세기의 공정한 기독교인 배심원들이 샹펠에 모인다면 칼빈에게는 "무죄" 판결을, 세르베투스에게는 "정상 참작의 여지가 있는 유죄" 판결을 내릴 것이라고 하였다.

샹펠의 불길은 세르베투스의 이단성뿐만 아니라 칼빈의 불관용까지도 함께 불살랐다.

156. 세르베투스의 성격

　세르베투스는 신학자, 철학자, 지리학자, 의사, 과학자, 그리고 천문학자였으며, 이단 역사상 가장 주목할 만한 인물들 가운데 하나라 할 수 있다. 그는 중간 정도의 체격에 마르고 창백했고, 칼빈과 마찬가지로 그의 눈은 지성으로 빛나고 있었으며, 우울과 광신의 분위기를 풍기고 있었다. 육체적인 문제로 인해 평생 독신으로 살았다. 그는 한 번도 특별한 친구를 둔 적이 없이 홀로 고독하게 살았던 것 같다.

　그의 재능과 학식은 매우 뛰어났기에, 우리는 그를 당대의 이단들보다 훨씬 상위에, 개혁자들과 거의 같은 수준에 위치시킬 수 있다. 그가 한 발견들은 과학 분야에서 그의 이름을 남길 수 있도록 하였다. 그는 라틴어, 히브리어, 그리스어에 정통하였고(비록 칼빈은 그의 그리스어 실력을 얕잡아 보고 있지만), 뿐만 아니라 스페인어, 프랑스어, 이탈리아어에도 정통하였다. 그래서 성경, 초기 교부들의 저서, 그리고 스콜라 신학자들의 글을 잘 읽을 수 있었다. 그는 독창적이고, 사변적이며, 명민한 지성, 뛰어난 기억력, 재치, 번뜩이는 상상력, 학문에 대한 불타는 사랑, 그리고 지칠 줄 모르는 근면성을 가지고 있었다. 그는 소키누스주의(Socinianism)와 유니테리언주의(Unitarianism)의 주요 교리들을 예견했으나, 그것들을 신비적이고 범신론적인 사변들과 연결시켰다. 이러한 그의 사상을 그의 동시대인들은 이해하지 못하였다. 그는 무척 비범한 지각 능력을 소유하고 있었지만, 실제적인 상식은 좀 모자란 사람이었다. 그는 균형과 건전함을 결여하고 있었다. 그의 뇌 속에는 번쩍이는 광기가 깃들어 있었다. 그의 유별난 천재성은 거의 광기에 맞닿아 있었다.

　　뛰어난 재치는 확실히 광기에 가까우니,
　　둘을 나누는 벽은 얇아라.

　그의 문체는 종종 모호하고, 우아하지 못하고, 비약적이고, 산만하고, 반복하는 일이 많았다. 그는 자신의 주장을 지나치게 반복하여 그 효과를 해치는 일도 많았다. 그는 천국에 있는 성인들이 우리를 위해 기도한다는 것을 증명하기 위해 8가지의 논증을 제시하였고, 멜란히톤과 그의 친구들이 사탄에 의해 눈먼 마술사들이라는 것을 보여주기 위해서는 10가지의 논증을, 유아 세례를 반대해서는 20개의 논증을, 묵시록의 짐승과 적그리스도의 통치에 관해서는 60개의 표징을 제시하였다.[156]

사상과 문체에 있어서 세르베투스는, 명료하고 잘 조화되고 질서정연하고 논리적이고 철저하게 건전했던 칼빈과 정반대였다. 칼빈은 자신이 말하고 있는 바가 무슨 뜻인지 모호하게 내버려 두는 법이 없었다.

세르베투스의 도덕적인 성향은, 이단과 악덕을 밀접한 관계에 있는 것으로 생각했던 그의 적대자들이 처음에 그에게 혐의를 두었던 그런 부도덕함과는 거리가 멀었다. 하지만 그는 허영심이 강하고, 거만하고, 도전적이고, 다투기를 즐기고, 복수심이 강하고, 사용하는 언어가 불손하고, 사람을 잘 속이고, 거짓말을 잘했다. 그는 터무니없는 폭력적인 언사로 교황청과 개혁자들을 모욕하였다. 그는 자신이 우상숭배라고 경멸하였던 가톨릭 의식에 수년 동안 참여하였다. 그는 자신이 미사에 참석한 것은 유대교의 성전을 방문하였던 바울의 모범(행 21:26)을 따른 것이었다고 변호하였지만, 후에 제네바에서는 그때 자신은 강제에 못 이겨 그렇게 했으며 죽음에 대한 공포를 이기지 못해 죄를 지었다고 고백하였다. 그는 후에 자신이 인정하게 된 사실들에 대해 감추거나 맹세하면서 부인하였다.[157] 비엔에서 그는 거짓말로 위험에서 벗어나려 했으며 탈출하였다. 제네바에서는 자신의 대적자에게 도전하고, 시의회에 속한 리버틴들의 도움을 받아 칼빈을 몰락시키기 위해 최선을 다하였다.

세르베투스에게 부과된 가장 참혹한 혐의는 신성모독이었다. 불링거는 한 폴란드 사람에게 말하기를, 사탄이 지옥에서 올라온다고 하더라도 이 스페인 사람이 한 것보다 더 삼위일체를 모욕하는 말을 할 수는 없었을 것이라고 하였다. 함께 있었던 베르밀리(Pietro Martire Vermigli)도 이에 동의하여 그런 살아 있는 사탄의 자식은 어디서도 용인되어서는 안 된다고 하였다. 우리는 지금도 몸서리치

---

156) *Restitutio*, 564, 570, 586, 664, 700, 718.

157) Tollin(Charakterbild, 38)은 세르베투스의 모순된 진술들이 단순히 기억을 잘 못한 데서 기인된 것이라고 하고, 또 그것을 네 복음서의 이야기들이 보여주는 차이에 비유함으로써 그의 진실성을 변호한다.

지 않고는 삼위일체 교리에 대항하는 그의 진술들을 읽을 수 없다. 세르베투스는 자신과는 의견이 다른 사람들의 가장 신성한 감정과 신념들에 대해 존경심과 예의를 결여하고 있었다. 하지만 오해는 양측에 다 있었다. 세르베투스는 자기 자신이 믿고 있는 참 하나님을 모독할 생각이 전혀 없었다. 단지 그는 거짓되고 상상력에 기초한 세 신이라고 자신이 잘못 이해하고 있던 그 세 신을 강하게 비난한 것일 뿐이다. 하지만 모든 정통 기독교인들에게 있어서는 성부, 성자, 성령은 진실하고 영원하고 복되신 한 분 하나님이었다.

세르베투스는 자신이 섭리에 따라 교회를 개혁하고 기독교를 복원하도록 부르심을 받았다는 광신적인 망상에 사로잡혀 있었다. 그는 자신이 모든 교부들, 스콜라 신학자들, 그리고 개혁자들보다 더 지혜롭다고 생각하였다. 그는 자신의 망상을 가장 모호한 성경의 마지막 권을 공상적으로 해석함으로써 뒷받침하고자 하였다.

칼빈과 파렐은 그가 회개하기를 거부하는 모습 속에서 단지 어쩔 수 없는 이단자이자 신성모독자의 강퍅함을 보았을 뿐이다. 우리는 거기서 그의 확신의 강도를 인정해야 한다. 그는 자신의 적수들을 용서하였고, 심지어 칼빈에게까지도 용서를 구하였다. 그렇다면 왜 우리는 그를 용서하지 말아야 하는가? 그는 깊은 종교성을 소유하고 있었다. 우리는 성경과 그리스도의 인격에 대한 그의 열정적인 헌신을 높이 사야 한다. 그의 기도와 그의 책에 들어 있는 편린들, 그리고 죽어 가면서 자비를 구한 그의 외침으로 미루어 볼 때, 그가 예수 그리스도를 자신의 주님이자 구세주로 예배했다는 것은 명백하다.[158]

157. 이단자 처형에 대한 칼빈의 변증

우리가 앞에서 살펴본 대로 가톨릭과 프로테스탄트를 막론하고 당시의 여론은 전통적인 가르침, 즉 완고한 이단은 처형함으로써 해를 끼치지 못하도록 해야 한다는 데 찬성하고 있었다. 그리고 이러한 여론은 17세기 말까지 변함없이

---

158) *Restitutio*, 356, 576. 또한 그의 책 시작 부분에 나오는 기도문과 비교하라. 이 책 146절에 인용되어 있다.

유지되어 왔다.

하지만 예외가 있었다. 4세기에 있었던 스페인의 프리스킬리아누스파(Priscillianists)의 처형 사건에서, 진정한 기독교 정신과 인도주의 정신이 밀라노의 암브로시우스와 투르의 성 마르탱(마르티누스)의 입을 통해 분노와 공포의 탄식을 쏟아내었던 것처럼, 16세기에도 세르베투스의 화형에 반대한 사람들이 적지 않았다. 이들 중 대부분은 ― 라일리우스 소키누스, 레나토, 쿠리오, 비안드라타, 알치아티, 그리발도, 젠틸레, 오키노, 카스텔리오 ― 세르베투스의 이단적 견해에 다소간 공감하였던 이탈리아 출신의 난민들과 자유사상가들이었다. 특별히 바젤 대학의 세 교수 ―보르하우스(켈라리우스), 쿠리오, 카스텔리오 ―는 세르베투스의 추종자들이 아닌가 하고 제네바에서 의심을 받았다. 당시 브룩(John von Bruck)이라는 가명으로 바젤에 살고 있던 요리스(David Joris) 같은 재세례파들이 같은 이유로 그의 편을 들었다. 칼빈을 비방하는 글들이 시와 산문의 형태로 쏟아져 나왔나. 그는 새로운 교황, 종교재판관이라고 비난받았으며, 지금까지 종교적인 자유의 피난처였던 제네바는 새로운 로마로 비난받았다. 마치 샹펠의 잿더미에서 100명의 세르베투스가 일어난 것 같았다. 하지만 그들은 모두 세르베투스보다 못한 인물들로서, 반(反)삼위일체론의 창조적인 힘들을 자세히 논하였던 세르베투스의 사변적인 견해들을 이해하지 못하였다.

베자가 말하고 있듯이, 분파들이나 칼빈의 개인적인 적들뿐만 아니라 몇몇 정통적이고 경건한 사람들과 칼빈의 친구들까지도 처벌의 **가혹성**에 대해 불만을 표시하였다. 그리고 이들은 이 일이 프랑스와 다른 지역에서 로마 가톨릭측이 프로테스탄트들을 잔혹하게 박해하는 것을 정당화하고 고무시킬 것을 우려하였다. 이것은 전혀 근거 없는 우려가 아니었다.

이러한 상황 아래에서 칼빈은 자신의 행동을 변호하고 세르베투스의 오류들을 반박하는 것이 별로 유쾌하지는 않지만 자신이 해야 할 의무라고 생각하였다. 불링거 또한 그에게 그 일을 하도록 재촉하였다. 그는 몇 개월 만에 그와 관련하여 책을 저술하였고 1554년 초에 라틴어와 프랑스어로 출간하였다.[159] 이 책은 공식적인 성격을 지녔으며 제네바의 15명의 목회자 모두가 이에 서명하였다.

베자는 아주 뛰어난 능력과 유창한 언변으로 이 논증을 도우고 벨리우스

---

159) 주르킨덴(Zurkinden)은 1554년 2월 10일 베른에서, 슐처(Sulzer)는 2월 26일

(Bellius)의 소논문을 논박하였다.

세르베투스를 반박한 칼빈의 책은 멜란히톤을 완벽하게 만족시켰다. 이 책은 그 시대가 산출한 그의 대적자의 오류를 가장 강력하게 반박하고 있었다. 하지만 그렇다고 하더라도 마지막 순간에 겸손하게 용서를 구했고 폭력에 의한 죽음을 통해 하나님의 심판대에 보내어진 사람에 대한 쓰라린 감정으로부터 자유롭지는 않았다. 다음 구절을 아무런 고통 없이 읽는다는 것은 불가능하다.

> 이단자와 신성모독자를 처형하는 것이 부당하다고 주장하는 자들은 알면서도 자진해서 그들과 같은 죄를 범하는 것이다. 이것은 인간의 권위에 따라 이루어진 것이 아니다. 자신의 교회를 위해 영구적인 규범을 말씀하시고 정하시는 이는 하나님이시다. 우리의 마음을 부드럽게 하는 모든 인간적인 감정들을 그가 소멸시키고, 형제들, 친척들, 그리고 친구들 사이의 온정과 호의적인 감정을 그치라고 명하시는 것, 다시 말해 우리의 거룩한 열망을 아무것이라도 막지 못하도록 그가 인간의 본성을 거의 박탈하시는 것은 무익한 일이 아니다. 하나님이 자신의 명예를 사취당하셨다는 것을 우리로 하여금 알도록 하기 위해서가 아니라면, 그리고 그에게 드려야 할 합당한 신앙심이 다른 모든 인간적인 의무보다 우선되어야 하는 것이 아니라면, 그리고 그의 영광이 주장될 때 인간성이 우리 기억에서 거의 지워져야 하는 것이 아니라면 왜 그렇게 무자비하고 가혹한 처벌이 요청되었겠는가?

기독교인인 관리가 이단을 처형할 권리와 의무를 가진다는 이러한 칼빈의 항변은 그의 신정론적인 이론과 모세 율법의 구속력과 존립을 같이하고 있다. 그의 논증들은 주로 우상숭배와 신성모독을 금하는 유대 율법들로부터 도출되었고, 또 이스라엘의 경건한 왕들의 모범들로부터 나왔다. 하지만 신약 성경으로부터 끌어낸 그의 논증들은 실패였다. 그는 "사람을 강권하여 데려다가 내 집을 채우라"(눅 14:23)는 비유적인 구절들을 해석하는 데 있어 아우구스티누스와 의견을 같이하였다. 하지만 이것은 오직 도덕적인 힘을 언급하는 것이지 물리적인 강제력을 말하는 것이 아니며, 강권적인 구원을 의미하는 것이지 파괴를 말하는 것이 아니다. 바로 이 구절이 이후에 프랑스 주교들에 의해 오용되어 루이 14세

바젤에서 이 책을 받아보았다.

의 가혹한 위그노 박해를 정당화하였다.

칼빈은 악행자들을 처형해야 할 세속 관리의 의무에 대해 말해주는 성경 구절(롬 13:4), 성전에서 악덕 상인들을 축출하는 구절(마 21:12), 아나니아와 삽비라의 처벌에 관한 구절(행 5:1 이후), 엘루마가 소경이 된 사건(행 13:11), 그리고 후메내오와 알렉산더를 사탄에게 내어준 일(딤전 1:20) 등을 인용하고 있다. 그는 가라지 비유와 그물의 비유(마 13:30, 49), 그리고 가말리엘의 지혜로운 충고(행 5:34)로부터 제기되는 반론들에 대해서도 대답하고 있다. 하지만 그는 자신의 논리와 상충되는 구절들, 즉 하늘로부터 불을 불러 내리고 싶어하는 야고보와 요한을 그리스도가 꾸짖으신 사건(눅 9:54), 칼을 뽑은 베드로를 꾸짖은 사건(마 26:52), 그의 왕국은 이 세상에 속한 것이 아니라는 선포의 말씀(요18:36), 그리고 파괴가 아니라 구원이라는 그리스도의 전체적인 정신과 목표를 논파할 수는 없었다.

세네카에 대한 초기 작품과 「기독교 강요」 초기 판들에서 칼빈은 관용에 대한 고상한 정서를 표한 적이 있다. 아우구스티누스가 9년간 함께 지냈던 마니교도들에 대항하여 쓴 글들에서도 이런 모습을 볼 수 있다. 하지만 두 사람 모두 정통에 대한 열망으로 자신들의 견해를 더 나쁜 방향으로 바꾸었다.

칼빈의 「변증」(*Defence*)은 자신의 가장 절친한 친구들조차 전혀 만족시키지 못하였다. 베른의 장관이었던 주르킨덴(Zurkinden)은 1554년 2월 10일자 편지에서 칼빈에게 이렇게 쓰고 있다.

> 저는 당신 책의 전반부, 즉 관리들이 이단자들을 강제하기 위해 검을 사용할 수 있는 권리를 가져야 한다고 말한 부분이 당신 이름이 아니라 시의회의 이름으로 출간되었더라면 좋았겠다고 생각합니다. 그들에게는 자신들의 행동을 변호할 책임이 있었으니까요. 저는 당신이 거의 모든 사람들에게 혐오스러운 이 주제를 맨 먼저 이렇게 공식적으로 다루고 나서 어떻게 진지한 사람들의 호의를 받을 수 있을지 모르겠습니다.[160]

불링거는 1554년 3월 26일자 편지에서 자신의 반대를 부드럽게 나타내었다.

---

160) *Opera*, XV. 22.

저는 당신의 책이 너무 간략하고 그로 인해 난해하며 주제 또한 무거워서, 보다 단순한 많은 사람들에게 별로 받아들여지지 않을까봐 우려가 됩니다. 그런 사람들은 그럼에도 불구하고 당신에게 애정을 갖고 있고 진리를 사랑하고 있습니다. 실로 당신의 문체는 어느 정도 난해한데, 특별히 이 책에서 그러합니다.

칼빈은 1554년 4월 29일자 답장에서 이렇게 말하고 있다.

저는 제가 이 글에서 평소보다 더 간결하게 썼다는 것을 알고 있습니다. 하지만 만약 제가 참된 교리를 신실하고 또 정직하게 변호한 것으로 보인다면, 그것은 제가 기울인 노력에 넘치는 보상일 것입니다. 하지만 비록 당신에게 있는 자연스러운 정직성과 정의감, 뿐만 아니라 저를 향한 당신의 애정이 당신으로 하여금 저를 우호적으로 평가하도록 해주지만, 다른 사람들은 제가 이미 죽은 사람을, 그것도 제 손에 죽은 사람을 제가 펜으로 공격하고 있다고 하면서 저를 잔인함과 흉악함의 괴수라고 호되게 몰아세우고 있습니다. 어떤 사람들은 이단을 처벌하는 문제에 제가 개입되지 않았더라면 좋았겠다고 하면서, 저와 똑같은 상황에 놓인 다른 사람들은 세인의 증오를 피할 수 있는 최선의 방법으로 침묵을 택했으리라고 말합니다. 하지만 그것이 잘못된 일이었다고 하더라도, 제 잘못을 당신과 함께 나눌 수 있어서 다행입니다. 저로 하여금 그렇게 행하도록 충고하고 설득한 사람이 당신이었으니까요. 그러므로 전투를 위해 당신도 준비를 하시는 것이 좋겠습니다.[161]

158. 종교적인 자유를 위한 탄원: 카스텔리오와 베자

이단에 대한 사형을 칼빈이 옹호한 지 한 달 후에, 바젤에 종교적인 자유를 옹호하는 작자 미상의 책이 출현하였다. 이 책은 뷔르템베르크의 크리스토퍼 공작에게 헌정되고 있었다. 이 책은 표면적으로는 벨리우스(Martinus Bellius)라는 사람이 편집하고 그 서문을 썼는데, 그의 실제 이름은 확실히 알려진 바가 없다. 어쩌면 이 책은 슈투트가르트의 마틴 보르하우스(Martin Borrhaus, 1499-1564)

---

161) *Opera*, XV. 124.

가 썼을 것이다. 그는 바젤 대학에서 히브리어를 가르치는 교수로서, 자신의 최초의 보호자인 시몬 켈라리우스(Simon Cellarius, 아우크스부르크의 미카엘 켈라리우스와 혼돈해서는 안 된다)의 이름을 따서 "켈라리우스"라는 이름으로 알려진 인물이었다. 그는 하이델베르크와 비텐베르크에서 공부하였고, 처음에는 츠비카우 예언자들(Zwickau Prophets) 중 하나로, 이후에는 칼슈타트(Carlstadt, 그와 마찬가지로 바젤의 교수로서 생을 마쳤다)와 관련하여 나타났다. 이 책은 제국의 가신조 협정의 전횡에 대항한 정통 루터파의 아성이었던 마크데부르크에서 발간되었다고 잘못 알려졌다. 프랑스어판은 명목상으로는 루앙에서 나온 것으로 되어 있지만, 아마도 카스텔리오의 형제가 인쇄업을 하고 있었던 리옹에서 출간되었을 것이다.

칼빈은 즉시 책의 진정한 저자가 누구인지 의심을 품고는 1554년 3월 28일에 불링거에게 편지하여 이렇게 쓰고 있다.

> 이제 막 책 한 권이 바젤에서 은밀하게 가명으로 발간되었습니다. 이 책에서 카스텔리오와 쿠리오는 이단이 검으로 진압되어서는 안 된다는 것을 입증하고자 하고 있습니다. 그 교회의 목회자들을 환기시켜서, 비록 때가 늦기는 하였지만, 이런 해악이 더 널리 확대되는 것을 막아 주십시오.[162]

며칠 뒤에는 베자가 동일한 책에 관해 편지로 불링거에게 언급하면서 자신의 의견을 밝혔다. 베자는 이 편지에서 출판 장소로 언급되고 있는 가공의 도시 마크데부르크는 라인강 연안의 도시[바젤]이고, 카스텔리오가 진짜 이 책의 저자인데, 이 자는 신앙에서 가장 중요한 항목들을 무용하거나 대수롭지 않은 것으로 다루면서 성경을 아리스토텔레스의 윤리학과 같은 차원에 놓고 있다고 말하고 있다.[163]

하지만 카스텔리오는 이 책의 일부분만 저술했을 뿐이다. 그는 바실리우스 몬트포르티우스(Basilius Montfortius, 즉 Sebastian Castellio)라는 가명을 사용하였다.

---

162) *Opera*, XV. 96.
163) *Opera*, XV. 97.

이 책의 본문은 종교적인 관용을 찬성하는 일련의 증언들로 구성되어 있다. 그것들은 루터(*Von weltlicher Obrigkeit*, 1523), 브렌츠(Brenz, 이단 사상이 지적인 영역에 머무르는 한 오직 하나님의 말씀으로만 처벌해야 한다고 주장하였다), 에라스무스, 프랑크(Sebastian Frank), 몇몇 교회 교부들(락탄티우스, 크리소스토무스, 제롬(히에로니무스), 그리고 아우구스티누스의 반(反)마니교적인 저작들), 브룬스펠트(Otto Brunsfeld, 1534년 베른에서 사망), 우르바누스 레기우스(Urbanus Rhegius, 1541년 사망한 루터파 신학자), 펠리칸(Conrad Pellican, 1556년 사망한 취리히의 히브리어 교수), 헤디오(Caspar Hedio), 호프만(Christoph Hoffmann), 클라인베르크(Georg Kleinberg, 가명), 그리고 심지어 칼빈(『기독교 강요』 초판)의 저작들로부터 발췌된 것들이다. 아마 쿠리오가 이 글들을 모았을 것이다.

책을 끝맺는 결어는 카스텔리오가 썼는데, 이 책의 가장 중요한 부분이다. 그는 불관용을 찬성하거나 반대하는 상이한 성경 구절들과 교부들의 글을 검토하고 있다. 그는 종교적인 관용을 반대하는 자들에 대항하여, 성경 해석에 대해 이견을 보이고 있는 다양한 분파들이 각자 자신들의 원칙만을 고수하면 오로지 한 분파만을 제외하고 다른 모든 분파들은 제거되어야 한다는 결론이 나온다고 주장하고 있다. 그는 성 아우구스티누스가 도나투스주의자들을 다루는 글에서 일관성을 잃었다고 비난하는데, 이것은 바로 본 것이다. 그는 아우구스티누스가 이 때문에 아리우스파 반달족의 침략을 받아 벌을 받았다고 말하고 있다. 사자들이 자신을 풀어준 사람들을 향해 덤벼든 것이다. 박해는 공개적인 이단자들을 쫓아내고 그 자리에 종교적인 위선자들을 양산해 낸다. 메리 여왕의 즉위 후에 영국에서 볼 수 있었던 것처럼 박해는 또 다른 박해를 야기시킨다. 이로 인해 영국의 프로테스탄트들은 스위스로 피난해야 했다. 결론에서 그는 강제와 자유, 불관용과 자비라는 두 개의 서로 상충하는 원칙들이 각각 어떤 결과를 낳게 될지를 보여주는 여러 세기에 걸친 여행을 풍자적인 그림으로 보여주면서, 어떤 쪽이 예수 그리스도의 군대인지에 대한 판단을 독자에게 맡긴다.

카스텔리오는 벨(Pierre Bayle)과 볼테르, 혹은 침례교와 퀘이커를 예견하고 있다. 그는 16세기에 종교적인 자유를 주창한 투사였다. 그는 복음과 종교개혁의 이름으로 종교 자유를 주장하였다. 이러한 주장이 에라스무스의 고향인 스위스 바젤에서 개진된 것은 적절한 일이었다고 할 것이다.

하지만 제네바와 취리히에 있던 스위스 종교개혁의 지도자들은 이러한 종교적인 자유에 대한 옹호에서 오직 가장 위험한 이단성을 볼 수 있었을 뿐이다. 그것이 장차 모든 종류의 오류들을 향해 문을 열고 그리스도의 교회를 극도의 혼란 가운데 빠뜨리지 않을까 우려하였다.

칼빈의 신실한 조력자인 베자는 바젤의 익명의 회의론자에 맞서서 펜을 들어, 이단을 처벌해야 할 기독교 관리의 권리와 책무를 옹호하였다. 그의 작업은 1554년 9월에 책으로 출간되었는데, 이것은 마르티누스 벨리우스의 책이 나온 지 다섯 달 뒤였다. 이것은 처음으로 출간된 베자의 신학 논문이었다(그는 당시 35살이었다).

이 책에는 논쟁적이고 변증적인 부분이 들어 있었다. 논쟁적인 부분에서 베자는 관용의 원칙을 논박하고자 했고, 변증적인 부분에서는 제네바의 행동을 변호하고자 하였다. 그는 오류를 관용하는 것은 진리에 무관심한 것이고, 교회의 모든 질서와 규율을 파괴하는 것이라고 주장한다. 교황청의 강제력을 통한 통일성조차도 무질서 상태보다는 낫다고 말하고 있다. 이단은 살인보다도 더 나쁜데, 왜냐하면 그것은 영혼을 파괴시키기 때문이다. 영적인 힘은 현세적인 처벌과는 아무런 관련도 없다. 하지만 이러한 처벌은 또한 하나님의 종들인 세속 정부의 권리이자 의무이다. 그렇게 해서 하나님께서 온전한 영광을 받으실 수 있는 것이다. 베자는 모세의 율법들과, 신성모독과 거짓 선지자들을 금했던 아사 왕과 요시야 왕의 법령들에 호소하였다. 모든 기독교인 통치자들은 완고한 이단자들을 처벌해 왔다. (325년부터 787년까지의) 에큐메니컬 공의회들은 이단자들을 처벌한 황제들에 의해 소집되고 비준되었다. 공공 예배에 대항해서 가해지는 유해한 오류들을 금하고 처벌할 수 있는 세속 정부의 권위를 부인하는 자는 누구든지 성경의 권위를 손상시키는 것이다. 이에 대한 확증으로 그는 루터, 멜란히톤, 레기우스, 브렌츠, 부처, 카피토, 불링거, 무스쿨루스(Musculus), 그리고 제네바 교회의 글들을 인용하고 있다. 그는 다음과 같은 말로 자신의 논증을 끝맺는다.

이 문제에 대한 세속 정부의 책무는 다음과 같은 세 가지 규율의 제약을 받는다. (1) 세속 정부는 엄격하게 자기 영역에만 머물러야지, 감히 이단 자체를 정의하고자 해서는 안 된다. 그것은 교회에 속하는 고유 영역이다. (2) 세속 정부는 사람이나 이해관계나 상황을 고려해서 판결해서는 안 되고, 오로지 하나님의 영광을 위해서 판결해야 한다. (3) 세속 정부는 이단에 대해 침착하고 규정에 맞게 심문하고 모든 상황에 대해 충분히 숙고하고 난 다음에, 하나님의 영광과 교회의 평화와 하나됨을 가장 잘 지킬 수 있게 해주는 그런 형벌을 선고해야 한다.

이 논리는 이단에 대한 정의나 처벌 방식이나 처벌 정도에 관한 것들을 제외하고는 거의 교황청의 불관용 논리와 다름이 없었고, 별다른 반대의 목소리 없이 오랫동안 개혁교회들에서 받아들여졌다. 하지만 다행스럽게도 세르베투스 화형 이후에 제네바 교회에는 이단에 대한 또 다른 중대한 처벌의 예가 없었다.

칼빈과 베자가 행한 잘못은 그들의 유골과 함께 묻혔지만, 그들이 행한 더 뛰어난 업적은 영원히 살아남을 것이다. 윌리스(Willis) 박사는 비록 단호하게 세르베투스를 옹호했던 인물이지만 다음과 같은 고백을 하였다.

그럼에도 불구하고 칼빈은 근대 자유의 진정한 선구자로 인정되어야 한다. 종교적이면서 자유로운 사람들과 무지는 양립할 수 없다고 주장하면서, 칼빈은 교회 옆에 학당을 세워서 모든 사람에게 교육의 기회를 제공해 주었다. 그는 보다 높은 차원의 문화도 간과하지 않았다.[164]

---

164) *Servetus and Calvin*, 514. 다음에 나오는 161절 참조.

제 17 장

해외에서의 칼빈

159. 칼빈 정신의 보편성

칼빈은 프랑스에서 태어나 교육을 받았다는 점에서는 프랑스인이었고, 스위스에서 시민권을 얻어 사역했다는 점에서는 스위스인이었으며, 그 정신과 목표에 있어서는 세계인이었다.

하나님의 교회가 그의 집이었으며, 이 교회는 민족과 언어를 초월하였다. 세계가 그의 교구였다. 로마 가톨릭을 떠났지만 그는 여전히 진정한 의미에서의 가톨릭 신자였으며 모든 신자들의 하나됨을 위해 기도하고 사역하였다. 그의 친구인 멜란히톤과 마찬가지로 그는 개신교의 분열을 깊이 한탄하였다. 이러한 분열들을 치유하기 위해 그는 10개의 대양이라도 건널 용의가 있었다. 그래서 그는 함께 모여서 개혁파 교회들을 위해 통일된 신경을 작성하자고 램버스 궁으로 멜란히톤과 불링거와 더불어 자신을 초청한 크랜머 대주교에게 회신을 보내었다.[1] 보편 교회를 향한 자신의 열망을 표시한 후에, 그는 계속하여 이렇게 말한다(1552년 10월 14일).

실로 저는 각 교회의 학식 있고 권위 있는 사람들이 어디서라도 만나서 신조의 상이한 조목들을 철저하게 토의한 다음 만장일치의 결정에 의해, 후손들에게 확실한 신앙의 기준을 물려줄 수 있게 되기를 소망합니다. 하지만 현시대의 주된 해악들 가운

---

1) *Opera*, XIV. 306에 실린 크랜머의 초청의 편지를 보라.

데 하나는 교회들이 현저하게 분열되어 있는 현실입니다. 그래서 우리 사이에 인간적인 교제가 확립되었다고 말하기조차 어려운 실정에 있습니다. 하물며 그리스도에게 속한 지체들의 거룩한 교제는 요원하기만 합니다. 모두가 거룩한 교제를 고백하고 있기는 하지만 성실하게 그것을 지키고 있는 이들은 거의 없습니다. 하지만 비록 성직자들이 지나치게 미온적이라는 데 문제가 있다고는 하더라도, 그 책임은 주로 군주들에게 있습니다. 이들은 세속적인 일들에 너무 얽매여 교회의 안녕은 완전히 도외시하고 있을 뿐 아니라 심지어 종교 그 자체까지 소홀히 하고 있습니다. 혹은 이들은 자신들의 나라만 평화로우면 다른 나라에 대해서는 거의 아무런 관심도 없습니다. 그래서 결국 지체들이 분열되고 교회의 몸이 훼손된 채 방치되어 있습니다.

저로 말하자면, 만약 제가 쓸모가 있다면, 저는 이러한 목적을 위해 필요하다면 10개의 바다라도 건너기를 마다하지 않을 것입니다. 단지 영국을 돕는 문제만이라고 하더라도, 그것만으로도 제가 움직일 수 있는 충분한 동기가 될 것입니다. 그러므로 서로 멀리 떨어져 있는 현재의 교회들을 연합하기 위해 성경의 권위에 따라 학식 있는 자들이 함께 합의하려는 목표를 가지고 있다면, 저는 어떤 노력이나 어려움도 주저하지 않고 감내할 작정입니다. 하지만 제가 별로 중요한 인물이 못 된다는 사실이 저로 하여금 적극 나서지 못하게 합니다. 저는 다른 사람들이 이루어 나갈 것들을 위해 기도함으로써 제 몫을 하고자 합니다. 멜란히톤은 너무 멀리 떨어져 있어서 서신 교환을 하는 데도 시간이 많이 걸립니다. 불링거는 아마도 이미 당신께 답신을 보내었을 것입니다. 저는 단지 제가 기꺼이 하고 싶은 이 일을 해 나갈 능력이 있기만 바랄 뿐입니다.[2]

이 멋진 계획은 에드워드 6세의 죽음과 크랜머의 순교로 인해 성사되지 못한 채 무기한 연기되었다. 하지만 이것은 계속해서 경건한 열망(pium desiderium)으로 남게 되었다. 기계적이고 강요된 획일성에 반대하여, 칼빈은 교파의 다양성을 유지하는 영적인 하나됨, 혹은 여러 우리에 흩어져 있으나 한 목자 아래 있는 한 양 떼라는 개념을 제시하였다.[3] 이 개념은 근대에 이르러 복음주의 동맹,

---

2) *Opera*, XIV. 312 이하; Cranmer, *Works*(Parker Soc. ed.), vol. II. 430-433 참조.
3) 요 10:16 "또 이 우리에 들지 아니한 다른 양들이 내게 있어 내가 인도하여야 할 터이니 저희도 내 음성을 듣고 한 무리가 되어 한 목자에게 있으리라." 영어성경

범앵글리칸 동맹, 범장로교 동맹, 범감리교 위원회, 기독청년회, 기독면려회, 기타 유사한 자발적인 연합체들에 의해 구현되고 있다. 이 연합체들은 서로 교파가 다르고 국가가 다른 기독교인들을, 그들의 개별적인 조직과 교파적인 특성에 간섭하는 일 없이, 상호 연대와 협력으로 나아갈 수 있도록 이끌고 있다.

칼빈의 보편성을 보여주는 기념비적인 업적은 그의 막대한 서신들이다. 모두 합치면 적어도 4,271통의 편지로, 이는 칼빈 저술집 최종판 가운데 10권을 차지하고 있다. 그는 베자에게 원고를 남겨 주어서, 하나님의 교회를 위해 유익하다고 생각될 때는 이를 출판할 수 있는 재량권을 주었다. 이에 따라 베자는 칼빈 사후 11년 만인 1575년에 처음으로 그의 편지들을 모아 제네바에서 출간하였다. 이 책은 몇 차례나 중판을 거듭했으며, 점차로 리베(Liebe), 모샤임(Mosheim), 브레즈나이더(Bretschneider), 크로테(Crottet), 보네(Jules Bonnet), 헨리(Henry), 로이스(Reuss), 그리고 허민야드(Herminjard)와 같은 사람들이 여러 도서관에서 발굴해 낸 편지들을 보태어 그 내용이 보다 풍성하게 되었다.

어떤 신학자도 칼빈만큼 양과 능력과 관심 면에서 필적할 만한 서신을 남기지 못했다. 이 편지들에서 칼빈은 종교의 심오한 주제들을 다루고 있다. 그는 신실한 목회자로서 권면하기도 하고, 고통받는 형제들에게는 위로를 주고, 친구들에게는 자신의 속내를 털어 놓으며, 현명한 정치가로서 베른, 사보이, 프랑스와 제네바 사이에 복잡하게 얽혀 있는 어려운 정치적인 문제들을 해결하기도 한다. 그의 편지 상대들에는 당시의 모든 개혁자들이 포함되어 있다. 멜란히톤, 부처, 불링거, 파렐, 비레, 크랜머, 녹스, 베자, 베르밀리, 아 라스코 등이다. 그리고 각국의 군주들도 있으니, 나바라의 마르가리타 여왕, 페라라의 르네 공작부인, 폴란드의 국왕 지기스문트 아우구스투스, 팔츠의 오토 하인리히 선제후, 뷔르템베르크의 크리스토퍼 공작 등이 있다. 또한 정치인과 고위 관리들로 영국의 섭정 서머싯 공작, 폴란드의 라지비우우 공, 프랑스의 콜리니 제독, 그리고 취리히와 베른, 바젤, 장크트갈렌, 프랑크푸르트의 관리들이 있었다. 뿐만 아니라 그는 감옥에 갇힌 수많은 고백자들과 순교자들에게 위로의 편지를 쓰기도 하였다.

(E.V.)은 라틴 불가타 성경을 따라 "one fold"라고 잘못 번역하고 있다. 이것은 교황제와 같은 하나의 외적 기구라는 로마 가톨릭의 사상을 암시하고 있다.

160. 각국에서 온 프로테스탄트들의 피난처로서의 제네바

칼빈은 제네바에 세계 도시적인 성격을 부여했으며, 이것은 오늘날까지도 유지되고 있다. 그를 통해서 제네바는 이미 언급했던 것처럼 개혁파 교회들의 수도가 되었으며, 프로테스탄트 로마라고 불리게 되었다. 스페인의 펠리페 2세는 프랑스 국왕에게 편지하여 이렇게 말하고 있다.

> 제네바는 프랑스에게 있어 모든 불행의 근원입니다. 온갖 이단들의 피난처이고, 로마에게는 최악의 적입니다. 저는 어느 때든 그것을 파괴하는 일을 돕기 위해서라면 제 온힘을 다할 작정입니다.

16세기의 제네바는 17세기 이후에 북아메리카가 보다 큰 범위에서 이룬 지위를 점하고 있었다. 이 도시는 국적을 가리지 않고, 복음적 신앙으로 인해 박해를 받았던 모든 고백자들의 피난처가 되었으며, 성경의 반석 위에 세워진 난공불락의 도덕적 성채였다.

당대에 이방인들을 환대해 준 측면에서 보면, 취리히, 바젤, 그리고 슈트라스부르크가 제네바와 비교될 수 있는 유일한 도시들이었다.

16세기 초엽에 제네바 시 인구는 12,000명이었고, 1543년에는 13,000명을 넘지 않았는데, 1543년에서 1550년에 이르는 7년 만에 20,000명으로 증가하였으니, 이는 매년 1,000명씩 증가했다는 것을 보여준다. 이러한 증가는 주로 프랑스, 이탈리아, 그리고 영국에서 계속적으로 유입된 박해받는 프로테스탄트들에 기인한다. 일부는 또한 스페인과 네덜란드에서 왔다.[4] 이들은 대부분 교육받은 자들로서, 그들 중 적지 않은 수가 학식과 사회적인 위치에서 두드러진 인물들이었다. 코르디에, 콜라동, 에티엔(슈테팡), 마로, 오키노, 카라치올리, 녹스, 위팅엄 등이 그들이다. 이들은 신앙을 위해 자신을 희생한 자들이었으며, 따라서 순교자들의 정신에 따른 고백자로서의 영예를 얻었다. 시로부터 예배드릴 수 있는 장소를 제공받은 이탈리아인들과 영국인들을 위한 특별한 교회들이 생겨났

---

4) 앙리 2세가 통치하던 8년 동안 1,400 가구에 달하는 프랑스인들이 제네바에 정착하였다.

다. 칼빈은 피난민들을 극진히 환대해 주었다. 그는 가능한 한 그들에게 시민권을 주었다. 그들 중 일부는 대의회 의원이 되기까지 하였다. 종교적인 박해를 피해 온 피난민을 모욕하는 행위는 복음을 전하는 목회자를 모욕하는 것과 같은 처벌을 받아야 되는 일로 간주되었다. 이처럼 외국인들에게 주어진 특혜와 특권은 제네바 토착민들의 시기를 유발시켰으며, 이들은 외국인들이 시민권을 취득하고 무기를 소지하는 권리를 갖게 되는 것에 반대하였다. 이러한 배타적인 원주민 보호주의는 칼빈에게 상당한 골칫거리가 되었다.

제네바 소공화국은 계속해서 사보이, 프랑스, 스페인으로부터 침략의 위협을 받았다. 이들은 제네바를 이단의 본거지로 보고 미워하였다. 그와 같은 위기의 시간에 제네바가 자유와 독립을 유지할 수 있었던 것은 상당 부분 칼빈의 지혜와 강인함에 기인하였다. 그는 또한 교회의 교리와 치리 문제에 개입하려는 베른의 계속된 시도에 저항하였다.

제네바는 근대 역사에서 놀라운 측면을 보여주고 있다.

> 제네바는 세 나라의 인재들을 포용하여, 한 사람의 활동가를 통해 하나의 온전한 단일체로 녹여 내었으며, 막강한 적국들 사이에서 외부로부터의 원조도 없이, 단지 그 도덕적인 힘으로 생존하였다. 그곳에는 영토도, 군대도, 재물도, 자원도 없다. 그런 곳에서 이 도시는 예정론의 반석 위에 기독교적인 스토아주의로 건설된 하나의 영적인 도시로 자리잡았다.

161. 제네바 아카데미: 개혁 신학의 최고 학교

국내외의 개혁 신앙을 강화시킨 제네바의 가장 중요한 기관 가운데 하나가 칼빈에 의해 설립된 아카데미였다. 로마 사제들의 무지가 많은 미신과 타락의 원인이었다는 자각에서, 칼빈은 목회자들과 온 국민들의 교육을 위해 열정적으로 일하였으며, 코르디에, 소니에, 카스텔리오, 그리고 베자와 같은 최고의 교사들을 확보하였다.

1428년 이후로 제네바에는 성직자들을 훈련시키기 위한 대학이 있었는데, 그 설립자의 이름을 따서 "베르소넥스(Versonnex) 대학"이라고 불렸다. 하지만 이 학교는 퇴락한 상태에 있었기 때문에 1541년 칼빈이 귀환한 다음 재조직되었다. 수업료는 무료였다. 과도한 인원이 몰리는 것을 방지하고 교육의 혜택을 모든 젊은이들에게 미치도록 하기 위해서 도시의 네 구역에 네 개의 초등학교가 설립되었다. 처음에는 약간의 비용을 거두었으나, 1571년 이후에는 시의회가 베자의 요청을 받아들여 이를 철폐하였다. 그 결과 더 많은 학생들이 참여하게 되었다. 칼빈은 때때로 공립학교 체계의 창시자라고 불린다.

칼빈은 네 명의 교수들과 더불어 정식 대학교를 설립하고자 하였으나, 소공화국의 제한된 자원으로 인해 이 일이 어려워지자, 아카데미를 설립하는 데 만족하였다. 그는 이 일을 위해 직접 집집마다 돌면서 금화 10,024길더를 모금하였는데, 이는 그 당시에 굉장한 액수였다. 몇몇 외국인 거주자들도 후하게 후원해 주었다. 카라치올리가 2,954길더를, 피에르 오르시에르가 312길더를, 마티어 드 라로슈가 260길더를 후원하였다. 제네바 토착민들 가운데서는 자유의 투사였던 보니바르가 자신의 전 재산을 학교에 내놓았다.[5] 시의회는 널찍한 건물을 세웠다. 칼빈은 교과 과정과 학과목을 짜고 교칙을 작성했는데, 이는 세심한 검토를 거쳐서 만장일치로 승인되었다.

아카데미는 1559년 6월 5일에 시의회 모든 의원들과 목회자들, 그리고 600명의 학생들이 참석한 가운데 성 베드로 교회에서 엄숙하게 개원식을 거행하였다. 칼빈은 앞으로 영원히 과학과 종교에 투신하게 될 이 기관에 하나님의 축복을 구했으며, 프랑스어로 간단하면서도 비중 있는 연설을 하였다. 미카엘 로제 장관은 신앙고백서와 학교의 교칙을 낭독하였다. 테오도르 베자가 학장으로 임명되어서 라틴어로 취임사를 했으며, 칼빈의 기도로 이 식을 끝맺었다. 10명의 유능하고 경험 있는 교수들이 칼빈과 함께 문법, 논리학, 수학, 물리학, 음악, 그리고 고대어들과 같은 분야들을 가르치게 되었다. 칼빈도 베자와 함께 신학강좌를 계속하기로 하였다.

이때에 낭독된 교칙은 프랑스어와 라틴어 작문을 크게 중시하였다. 라틴 작가들로는 카이사르, 리비우스, 키케로, 베르길리우스, 오비디우스를 공부하였으며, 그리스 작가들로는 헤로도토스, 크세노폰, 호메로스, 데모스테네스, 플루타르크, 플라톤을 공부하였다. 또한 히브리어 교수직을 따로 두어 바타블(Vatable)

---

5) Senebier, *Hist. lit.* I. 48 이하; Henry, III. 386.

의 제자이자 이전에 엘리자베스 여왕의 가정 교사였던 슈발리에에게 그 자리를 맡겼다. 교수들과 학생들은 사도신경과 신앙고백에 서명해야 했는데, 이 신앙고백에는 예정론이 빠져 있었고 1576년에는 "가톨릭인과 루터파"도 받아들이기 위해서 이를 폐지하였다. 매일 수업을 시작할 때와 끝마칠 때는 경건회를 가졌다.

학교는 놀라울 정도로 성공적이었다. 첫해에 적어도 900명의 젊은이들이 유럽 전역에서 와서 일반 학생으로 입학 허가를 받았으며, 그만큼 많은 수의 프랑스와 영국에서 온 피난민들이 고국에서 전도자와 교사로 사역하기 위해 칼빈의 신학 강의들을 들었다. 이들 가운데는 스코틀랜드의 위대한 개혁자 존 녹스도 있었다.

아카데미는 몇 가지 어려움을 겪기도 하였지만 계속해서 번성하였다. 프로테스탄트 유럽 전역으로부터 학생들이 몰려왔으며, 교수들 가운데는 카조봉(Casaubon), 슈팡겐하임(Spangenheim), 오토망(Hotoman), 투레틴(Francis and Alphonse Turretin), 르클레르(Leclerc), 소쉬르(Pictet de Saussure), 보네(Charles Bonnet) 같은 사람들이 있었다. 이곳은 프랑스의 프로테스탄트 목사들과 교사들을 위한 가장 중요한 훈련장이었으며, 200년 이상에 걸쳐서 개혁 신학과 문학을 가르치는 중심적인 학당이었다. 아카데미에서 주는 학위는 네덜란드에서 각 대학교의 학위와 동등하게 취급되었다. 암스테르담 시는 아르미니우스를 파견하여 베자에게 수학하도록 하였으며(1582), 베자는 그가 나중에 칼빈주의에 대한 강력한 반대의 주역이 될 것을 모르고 그에게 좋은 내용의 추천서를 써주었다.

1859년에 아카데미 300주년 기념식이 제네바에서 거행되었다.

이 아카데미의 복음 사역은 칼빈의 정신에 따라서 제네바의 복음주의 협회와 자유 신학교가 맡아서 성공적으로 수행해 나가고 있다. 자유 신학교의 뛰어난 교수들 가운데는 저명한 종교개혁사가인 메를르 도비녜(Merle d'Aubigné)가 있다.

162. 대륙의 개혁교회들에 미친 칼빈의 영향

칼빈의 도덕적인 힘은 개혁교회 전반에 걸쳐서 미쳤으며, 스위스, 프랑스, 독일, 폴란드, 보헤미아, 헝가리, 네덜란드, 잉글랜드, 스코틀랜드, 미국 같은 나라들에도 영향을 끼쳤다. 양 대륙의 앵글로–색슨족에게 미친 그의 종교적인 영향은 어떤 영국 출신 인물이 끼친 영향보다 큰 것이었으며, 오늘날까지도 계속되고 있다.[6]

칼빈과 프랑스

칼빈은 제네바에 정착한 이후에는 한 번도 프랑스 땅을 밟지 않았으며, 1559년까지는 제네바 시민권도 얻지 않았다. 하지만 그의 마음은 여전히 프랑스에 있었다. 칼빈이 「기독교 강요」를 프랑수아 1세에게 헌정하면서 웅변조의 편지를 썼던 시기로부터, 그는 강렬한 관심을 가지고 프로테스탄트 운동을 추구하였다. 그는 프랑스 종교개혁의 지도자였으며 매 단계마다 자문해 주었다. 그는 파리에 첫 번째로 세워진 프로테스탄트 교회의 목사로 초빙을 받았으나 이를 사양하였다. 그는 위그노들에게 신조문과 교회 정치 조례를 작성해 주었다. "로셸 신앙고백"이라고도 불리는 1559년의 "프랑스 신앙고백"은 그 초안을 칼빈이 작성했다. 그의 제자인 앙투안 드 라 로슈 샹디어(사딜이라고도 불린다)가 그 내용을 보충하여 오늘날의 모양새를 만들었으며, 이는 베자에 의해 1561년의 푸아시 회의 때에 샤를 9세에게 제출되었다. 이 신앙고백은 1571년 라 로셸 대회에서 승인을 받았다. 나바라의 잔 달브레(Jeanne d'Albret) 왕비, 그녀의 아들인 나바라의 앙리 왕자(후에 앙리 4세), 콩데 왕자, 나소의 백작인 루이 공, 콜리니 제독, 샤티용, 그 외의 몇몇 귀족들과 참석한 모든 목회자들이 여기에 서명하였다.[7]

1564년까지의 프랑스 개신교의 역사는 대체로 칼빈의 이름과 함께하고 있다.

---

6) 영국과 대륙의 상류사회에 출입했던 상당히 세련된 한 여성이 칼빈의 영향력에 대해 평가한 내용을 읽어보는 것은 흥미로운 일이다. Baroness Bunsen이라는 여성으로, 그 남편은 이탈리아, 스위스, 영국에서 프로이센의 대사로 활동하고 있었다. 그녀는 한 편지에서(1865년 8월 19일) 이렇게 쓰고 있다. "나는 겨울에 Bungener가 쓴 칼빈의 생애라는 책을 읽었는데, 이 책은 무척 지겨웠지만, 거의 필적할 수 없는 도덕적인 힘의 발휘에서 비롯되는 엄청난 영향력에 대해 다루고 있었다 … 칼빈의 성취는 그 자신만의 특유한 것이다. 그는 영국, 스코틀랜드, 미국의 힘의 창조적인 매개가 되어 왔다. 프랑스 프로테스탄트들은 말할 것도 없다. 그들은 해외로 흩어져서, 자신들이 피신해 간 모든 나라에 좋은 씨앗을 뿌렸다."

7) Schaff, *Creeds of Christendom*, vol. I. 490-501.

그는 스위스 주들과 슈말칼덴 연맹의 군주들을 권유하여 박해받는 프랑스의 위그노들을 위해 중재토록 하였으며, 감옥에 갇힌 자들에게 사절단과 위로의 편지를 보내었다. 칼빈 전기 작가 중 한 사람은 이렇게 말하고 있다.

> 그의 이름이 갖는 무게와 위엄, 그가 지니고 있는 한없는 확신, 그에게로 가거나 그가 보내는 제자들의 열정은 사람들의 일반적인 경험을 초월하고 있다. 각처의 교회들은 그에게 설교자를 보내달라고 청하였으며, 군주들과 귀족들은 정치적인 난제들에 대해 명쾌한 자문을 해달라고 청하였다. 고민에 휩싸인 자들은 가르침을, 박해받는 자들은 보호를, 순교자들은 고난과 죽음을 이겨낼 수 있는 위로와 권면을 구하였다. 마치 아비가 그 자녀들을 굽어 살피듯이 칼빈은 다양하게 뻗쳐 있는 이러한 모든 사람들을 지치지 않는 사랑의 마음으로 돌보았다. 그리고 그는 자신이 소공화국에서 했던 역할들을 고향인 프랑스의 동족들에게도 다 하고자 하였다.[8]

로마 가톨릭 저술가들은 루터에게 농민 전쟁과 30년 전쟁의 책임을 묻듯이, 프랑스의 종교 전쟁에 대해서 칼빈에게 책임을 돌리고 있다. 하지만 종교개혁자들은 말씀과 성령에 의한 개혁을 설파하였지, 검에 의한 혁명을 가르친 것이 아니었다. 16, 17세기의 종교 전쟁들의 주된 원인이 된 것은 로마 가톨릭의 불관용이었다. 보쉬에(Bossuet)는 기즈 가문의 권력을 전복시키려 한 정치적인 쿠데타였던 앙부아즈 음모에 칼빈이 연루되어 있다고 혐의를 두었다(1560). 칼빈은 사실 이 계획에 대해 알고 있었지만, 처음에는 사적으로, 나중에는 공개적으로 그에 대해 반대했었고 그 참혹한 실패를 예견했었다. 그는 계속해서 합법적인 행정 당국에 대해 복종의 원칙을 주장했으며, 폭력적인 수단을 사용하는 데 반대하였다. 그는 이렇게 말하였다.

> 우리가 흘린 첫 번째 핏방울이 피의 강물을 만들어 낼 것이다. 기독교의 이름과 복음의 운동에 이러한 오점을 남기느니 차라리 우리가 100번이라도 죽는 것이 낫지 않겠는가.[9]

---

8) Stä helin, I. 507.

이후에 자기 방어적인 전쟁이 불가피해졌을 때, 그는 마지못해 거기에 동의하기는 하였지만 이때에도 모든 과도한 조치들에 대해서는 반대하였다.[10]

칼빈은 성 바돌로매 대학살 사건을 보고 슬퍼하고 낭트 칙령에 대해 기뻐할 만큼 오래 살지는 못하였다. 하지만 그의 정신은 불타는 가시덤불을 모토로 한 "광야 교회"(출 3:2)와 함께 하였고, 신앙을 지키기 위해 프랑스를 떠났던 위그노들은 스위스, 브란덴부르크, 네덜란드, 영국, 아메리카 대륙과 같은 새로운 정착지에 칼빈에 대한 깊은 존경심을 그대로 옮겨갔다.

칼빈과 발도파

발도파는 오늘날까지 살아남은 유일한 중세의 분파이다. 그것은 이들이 종교개혁과 함께 전진하면서 성경을 그 신앙의 기준으로 고수하였기 때문에 가능하였다.[11] 이들은 1530년에 바젤의 오이콜람파디우스, 슈트라스부르크의 부처와 카피토, 베른의 할러 등에게 자신들의 목회자 두 사람을 대표로 파견하여 종교개혁의 원칙들에 관해 문의하였으며, 프로테스탄트들과 제휴하였다.[12] 이들은 근면하고 도덕적이며 단순하고 실질적인 경건에 있어서 뛰어났으나 그 이단성으로 인해 행정 당국의 주목을 받았다. 이들은 엑스의 의회에 소환되었으며, 그 지도자들은 1540년 11월에 사형 선고를 받았다. 그러나 이 잔혹한 형의 집행은 국왕의 뜻을 확인할 때까지 연기되었다. 1541년 2월에 프랑수아 국왕은 그들의 과거의 죄는 사면해 주었으나, 그들에게 석 달 안에 신앙을 철회할 것을 요구하였다. 그들은 자신들의 신앙을 그대로 고수하였다. 1545년 4월 28일 프로방스의 군사령관 도페드 남작, 잔혹하고 피에 굶주린 리옹의 대주교인 투르농 추기경의 지도 아래 이 선량한 사람들에 대한 잔혹한 대학살이 벌어졌다. 이들의 중심 도

9) Bonnet, II. 382-391에 실린 편지들; 그가 불링거에게 보낸 1560년 5월 11일자 편지; Basnage, *Hist. de la Religion des Egl. réf.*. II. 192-200; Henry, III. 545 이하; Dyer, 478 이하; Stähelin, I. 615- 619.

10) Stähelin, I. 626 이하.

11) 보헤미아 형제단은 모라비아 형제단이라는 새로운 이름으로 존속하였다.

12) Schaff, *Creeds of Christendom*, vol. I. 565 이하. 칼빈은 당시에 발도파에 반대하였다. 이는 발도파가 공덕을 강조하면서, 그리스도에 대한 믿음을 통한 칭의론의 여지를 남기지 않았기 때문이다.

시인 메린돌과 카브리에레스와 28개의 마을들이 파괴되었고, 여성들은 폭행을 당하였으며, 대략 4천 명의 사람들이 학살되었다.

많은 수의 발도파들은 도주하였다. 카르팡트라의 훌륭하고 인간적인 주교 사돌레토는 이들을 친절하게 받아 주었으며, 이들을 위해 국왕에게 중재의 역할을 하였다. 4천 명의 사람들이 제네바로 갔다. 칼빈은 이들을 위한 기부금 모집을 시작하고, 거처할 곳과 일거리를 제공하였으며, 아직 프랑스에 남아 있는 발도파 사람들을 위해 스위스 주들로 하여금 프랑수아 국왕에게 중재하도록 하기 위해 온갖 노력을 다하였다. 그는 이 일을 위해 베른, 취리히, 아라우를 여행하였다. 그는 심지어 파리까지 가고자 하였으나, 병으로 인해 그 뜻을 이루지는 못하였다. 스위스 주들은 강한 어조로 국왕에게 편지를 보내었으나, 국왕은 이를 내정 간섭이라고 배척하였다. 비레는 스위스 주들과 슈말칼덴 연맹이 발행한 추천서를 가지고 프랑스 왕궁을 방문하였으나, 마찬가지로 아무런 소득도 얻지 못하였다.[13]

그 후 발도파와 프랑스어권 스위스 사이에는 우호적인 교류가 계속되었으며, 발도파의 가장 유능한 목회자들은 제네바와 로잔에서 교육을 받았다. 1655년에 나온 발도파의 신앙고백서는 칼빈주의적이었으며, 1559년에 나온 프랑스 신앙고백에 근거하고 있다.[14] 피에몬테의 산악 지방에서 여러 차례 박해를 겪은 후에 발도파는 1848년 자유를 획득하였으며, 이후로, 특히 1879년 이후로 이들은 이탈리아에서 열렬한 전도자들이 되었다. 로마에까지 이들의 교회가 생겼으며 피렌체에는 신학교가 세워져 융성하였다.

독일에서의 칼빈

칼빈은 독일에서 3년간 사역하였다. 그는 루터파 교회에 깊은 연대감을 느꼈으며, 루터의 결점들에도 불구하고 그에 대한 깊은 존경심을 지녔다. 그는 멜란히톤의 절친한 친구였으며, 루터파와 로마 가톨릭 신학자들의 세 차례에 걸친 회담에도 참석하였다. 칼빈은 그 저자인 멜란히톤이 설명하고 개정한 아우크스부르크 신앙고백서(1541년 개정판)에도 서명한 적이 있다. 그는 대단한 관심을

---

13) Baum, Beza, I. 240 이하; Stä helin, I. 509-512; Dyer, 193-198.
14) Schaff, *Creeds of Christendom*, vol. III. 757-770.

가지고 독일에서의 종교개혁의 진전을 한 단계 한 단계 지켜보았다. 이는 그의 서신들과 다양한 저작들에 나타나 있다.

칼빈은 독일에서 하나의 분리된 개혁파 교회를 위해 사역한 것이 아니고, 스위스와 루터파 교회들의 자유로운 연합을 위해 일하였다. 하지만 플라키우스, 베스트팔, 헤스후지우스와 같은 엄격한 루터파의 광신적인 편협성은 반발을 불러일으켜, 온건파들 혹은 멜란히톤파 루터파들의 상당수를 개혁파로 내몰았다.

팔츠에 세워진 개혁파 교회는 경건한 선제후 프리드리히 3세 치하에서 멜란히톤파와 칼빈주의자들의 협력의 결과물이었다. 하이델베르크 요리문답은 멜란히톤의 제자인 우르시누스와 칼빈의 제자인 올레비아누스의 공동 작업이었다. 이 요리문답은 1563년에 출간되었는데, 이는 멜란히톤 사후 3년이고, 칼빈이 죽기 1년 전이었다. 이것은 팔츠뿐 아니라 독일과 네덜란드 개혁파 교회들의 주요한 신앙고백이 되었다.[15] 이 요리문답은 칼빈의 성찬론과 선택론을 가장 잘 표현해 주고 있으며, 유기와 누락에 대한 언급은 현명하게도 생략하고 있다. 이 점에서 칼빈 자신의 요리문답을 그대로 좇고 있는 것이다. 잘 알려져 있는 첫 번째 질문은 보석과도 같은 것으로서, 선택 교리의 긍정적이고 위안이 되는 측면을 잘 보여준다.

문: 삶과 죽음에 있어서 그대의 유일한 위안은 무엇입니까?

답: 육체와 영혼을 지닌 제가 삶과 죽음에 있어서 나 자신만의 것이 아니라 나의 신실하신 구세주 예수 그리스도에게 속해 있다는 것입니다. 그분은 귀중한 보혈로써 나의 모든 죄를 완전히 사하셨으며, 나를 사탄의 모든 권세로부터 구속하셨습니다. 그리고 나를 보전하사 하늘에 계신 아버지의 뜻이 아니라면 제 머리에서 머리카락 한 올도 떨어지지 않게 하십니다. 그렇습니다. 모든 것이 저의 구원을 위해 협력함에 틀림없습니다. 그러므로 그분은 자신의 성령을 통해서 저에게 영생을 주시며, 저로 하여금 지금부터 진심으로 그에게 나아가는 삶을 살도록 이끄십니다.

칼빈주의와 장로교회의 정치 체제는 간접적으로 루터파 교회에까지 확산되어서 거기서 다시금 루터파의 영향을 받아 변형되었다.

---

15) Schaff, *Creeds of Christendom*, vol. I. 529 이하.

브란덴부르크의 선제후이자 프로이센 왕들과 독일 황제들의 선조인 지기스문트는 보다 온건한 형태의 칼빈주의 신앙을 받아들였다(1613).[16] "위대한 선제후"(the great Elector)이자 프로이센 군주제의 시조인 프리드리히 빌헬름(Friedrich Wilhelm)은 베스트팔렌 조약을 통해 개혁파 교회를 공인하였다(1648). 그리고 낭트 칙령이 철회되자(1685) 박해받는 위그노들을 그의 영지에 환대해 들임으로써 이들에 대한 자신의 입장을 밝혔다. 많은 수의 위그노들이 이곳에 정착하였다. 국왕 프리드리히 빌헬름 3세는 종교개혁 300주년 때에(1817) 프로이센의 루터파와 개혁파 교회들의 복음주의 연합을 도입하였다. 이 연합에 대한 주된 옹호자들 가운데 슐라이어마허가 있었다. 그는 칼빈주의 목회자의 아들이자, 모라비안 신자였으며, 독일 신학의 혁신자였다. 슐라이어마허의 신학은 루터파적인 요소와 개혁파적인 요소가 결합된 것으로, 이전의 편협한 신앙고백주의보다 한층 진보된 모습을 보였다.

우리는 다음과 같은 사실을 덧붙일 필요가 있다. 비록 이원론적 구조로 되어 있는 칼빈의 엄격한 예정론은 독일인들에게 결코 받아들여질 수 없겠지만, 그의 성례론은 루터파 교회 안에서 크게 발전하였으며, 성찬에서 그리스도가 영적으로 또한 실제로 임재하며, 성찬을 통해 그리스도를 누릴 수 있다는 신비에 관한 만족할 만한 이론을 위한 굳건한 토대를 제공한 것으로 보인다.

칼빈과 네덜란드

네덜란드는 처음에는 독일로부터, 그리고 그 후에는 스위스와 프랑스로부터 종교개혁을 도입하였다. 칼빈주의자들은 루터파와 재세례파보다 수적으로 더 많았으며, 개혁파 교회는 네덜란드의 국교가 되었다.

1523년 두 명의 아우구스티누스 수도회 수도사들이 브뤼셀에서 이단 혐의로 화형당하였으며, 루터는 이들을 최초의 복음 순교자들로 기념하는 감동적인 찬송가를 만들었다. 이것이 카를 5세와 펠리페 2세의 치세 기간에 휘몰아 친 무서운 박해의 전조였다. 이 박해가 끝나고 결국 네덜란드는 국가적으로 독립을 이루었을 뿐 아니라 세속적인 자유와 종교적인 자유도 확립하게 되었다. 80년간의 이 위대한 투쟁 기간 동안, 처음 3세기 동안 로마 황제들 치하에서 순교를 당한

---

16) Schaff, *Creeds of Christendom*, vol. I. 555 이하.

기독교인들보다 더 많은 수의 프로테스탄트 신자들이 자신들의 신앙 양심을 지키기 위해 스페인 사람들에게 죽임을 당하였다. 전쟁 영웅이자 진보적인 칼빈주의자였던 오렌지의 윌리엄(William of Orange)은 어느 광신자의 손에 암살당하였다(1584).[17] 그의 둘째 아들로 엄격한 칼빈주의자였던 마우리츠(Maurits, 1625년 사망)가 나머지 전쟁을 수행하여 끝마쳤다. 끔찍한 만행들이 남자들, 여자들, 아직 태어나지도 않은 아이들을 상대로 저질러졌으며, 특별히 1567년–1573년 사이에 저 집요한 추적자인 알바의 공작의 통치 때에 일어난 일들은 상상을 초월하는 것이었다. 모틀리(J.L. Motley)의 기록으로부터 인용해 보자.

성경을 읽고, 성상들을 의심의 눈초리로 바라보며, 성체에 그리스도의 몸과 피가 실제로 임재함을 조롱한다는 죄목으로, 카를 5세의 칙령에 따라 불태워지고, 교살되고, 교수형에 처해지고 산 채로 매장당한 네덜란드인들의 수가 전문가들에 따르면 10만 명으로 추산되며, 최소한 5만 명은 넘는 것으로 계산되었다. 베네치아의 사절 나비게로(Navigero)는 네덜란드와 프리슬란트에서의 희생자만 해도 3만 명에 이른다고 하였는데, 이는 양위 10년 전이자 1550년의 그 악한 칙령이 반포되기 5년 전인 1546년의 일이었다.[18]

알바의 공작이 행한 것에 대해서 모틀리는 이렇게 말하고 있다.

네덜란드에서 돌아오는 길에 그는 자신이 그곳을 다스리는 동안 그 지방사람 18,600명을 처형했다고 자랑하였다. 전쟁에서 죽은 자들, 오랜 병으로 죽은 자들, 아사한 자들, 그리고 학살당한 자들의 수는 계산할 수도 없다 … 자신에게 맡겨진 [포르투갈] 원정을 마친 후에 그는 만성적인 열병에 걸렸다. 종국에는 너무 몸이 쇠약해져서 아무것도 먹지 못하고 여인의 젖으로 겨우 연명하였다. 이것은 70년간 말 그대로 피를 마셔온 인물이 맞는 두 번째의 유순한 유아기였다. 그는 1582년 12월 12일 숨을 거두었다.[19]

---

17) J.L. Motley, *The Rise of the Dutch Republic*, III. 617.

18) J.L. Motley, *The Rise of the Dutch Republic*, I. 114.

19) J.L. Motley, *The Rise of the Dutch Republic*, II. 497.

「벨기에 신앙고백」과 「하이델베르크 요리문답」과 함께, 성경은 프로테스탄트 신자들의 영적인 안내서였고, 스페인의 독재를 물리치고 승리할 수 있도록 한 영웅적인 용기의 원천이었으며, 네덜란드로 하여금 정치적·상업적·문학적으로 높은 위치를 차지하도록 이끌어 주었다.[20]

1561년의 「벨기에 신앙고백」은 브레스(Guido de Brés)에 의해 작성되었으며, 칼빈의 제자인 프랑수아 유니우스(Francois Junius)에 의해 수정되었다. 이 신앙고백은 네덜란드와 벨기에의 개혁파 교회들의 공인된 신조가 되었다.

17세기 초엽에 스콜라적인 칼빈주의에 대한 필연적이고도 신중한 하나의 반동으로 아르미니우스주의가 출현하였다. 하지만 이것은 1619년 도르트 회의에서 격퇴되었고, 이 회의는 무조건적 선택, 제한적 속죄, 전적 타락, 불가항력적 은혜, 성도의 견인이라는 5가지 규범을 채택하였다. 미국의 네덜란드 개혁교회는 아직도 도르트 신경을 채택하고 있다. 그러나 아르미니우스주의가 비록 일시적으로 축출되기는 하였지만, 마우리츠 사후에 네덜란드로 복귀할 수 있도록 허용되어서, 점차로 교회에서 세력을 얻게 되었다. 이는 스튜어트 왕조 치하에 있던 영국 교회에도 폭넓게 침투해 들어갔다. 또 감리교의 대 부흥 운동을 통해 새로운 활력을 얻었다. 이 부흥 운동을 통해 아르미니우스주의는 전 세계에 걸쳐 선교와 전도의 불길을 붙이게 되었고, 앵글로-아메리칸 교회들에서 칼빈주의의 가장 무서운 경쟁 상대가 되었다. 칼빈 사후에 존 웨슬리보다 더 자기를 부인하는 삶을 살면서 결실 있는 사도적 사역을 풍성하게 감당한 인물은 없었다. "온 세계가 그의 교구였다." 하지만 웨슬리는 이 위대한 앵글로-아메리칸 부흥운동에 있어, 조지 휫필드의 도움을 받았는데, 그는 칼빈주의자이자 진정한 복음전도자였다.

칼빈주의는 하나님의 주권과 값없이 주시는 은혜를 강조하지만, 아르미니우스주의는 인간의 책임을 강조한다. 전자는 구원의 은혜를 선택된 자들에게만 제한하지만, 후자는 신앙을 지닌 모든 사람들에게로 확장시킨다. 양측은 다 그 주장하는 바에 있어서는 옳지만, 부정하는 것에 있어서는 다 잘못이다. 만약 하나의 중요한 진리가 똑같이 중요한 다른 진리를 배척해야만 한다면, 그것은 오류가 되고 양심에 대한 지배력을 잃고 말 것이다.

---

20) *History of the United Netherlands*, Ⅳ. 548.

성경은 칼빈주의보다 훨씬 인간적이며, 아르미니우스주의보다는 훨씬 신적이며, 이 둘 다보다 훨씬 기독교적인 신학을 우리에게 보여주고 있다.[21]

163. 영국에 미친 칼빈의 영향

칼빈과 영국 교회

칼빈은 파렐에게 보내는 1539년 3월 15일자 편지에서 잉글랜드의 종교개혁에 대해 처음으로 언급하고 있다. 이 편지에서 그는 헨리 8세에 대해 다음과 같이 평가하고 있다.

> 왕은 어중간하게 현명한 사람입니다. 그는 결혼한 신부들과 주교들을 면직시킬 뿐만 아니라 심한 처벌을 내리면서 이를 금하고 있습니다. 그는 계속해서 매일 미사를 드리고, 7개의 성사도 그대로 유지하고자 합니다. 이런 식으로 해서는 훼손되고 찢긴 복음을 소유하게 될 뿐이고, 교회는 계속해서 불필요하고 하찮은 것들로 가득 찰 것입니다. 거기다가 그는 성경을 일반인들이 읽을 수 있는 언어로 번역하여 나라 전체에 통용될 수 있도록 만들지도 않고, 최근에는 새로운 칙령을 내려서 사람들에게 성경읽기를 금하였습니다. 그는 최근에 성찬상의 빵에 그리스도가 육체적으로 임재한다는 것을 부인했다는 이유로 훌륭하고 학식있는 이[존 램버트]를 화형에 처하였습니다. 하지만 우리 동료들은 비록 이런 잔악한 행위로 마음이 많이 상하였지만, 이 나라의 상황을 주시하는 일을 멈추지 않을 것입니다.

에드워드 6세의 왕위 승계와 함께 칼빈은 영국의 종교개혁에 직접적인 영향력을 행사하기 시작하였다. 그는 1548년 10월 22일에 서머싯 섭정에게 장문의 편지를 보내어 교훈적인 설교와 엄격한 치리를 도입하고, 시급한 악습들을 폐하며, 신조를 작성하고 어린이들을 교육시키기 위한 요리문답을 마련할 것을 권고하였다. 그의 제안은 대부분 받아들여졌다. 폴란드의 왕에게 보낸 편지에서와 마찬가지로 이 편지에서도 그가 교회의 주교제도나 예배 의식에 대해서 어떠한

---

21) Schaff, *Creeds of Christendom*, I. 502 이하와 508 이하.

반대도 하지 않았다는 점은 주목할 만하다. 크랜머 대주교의 요청에 따라 그는 또한 에드워드 6세에게도 편지하였으며, 자신의 이사야서 주석을 그에게 헌정하였다. 그는 서머싯 공이 왕에게 소개한 사적인 사절을 통해 이것들을 보내었다. 크랜머와 서신교환을 한 점에 대해서는 이미 언급하였다.[22] 개혁된 교회들이 함께 사용할 수 있는 하나의 일치된 신조를 마련하는 것이 불가능하다는 것을 깨달은 칼빈은 영국교회에 맞는 신조를 작성하라고 대주교에게 권고하였다.

이러한 신조는 1553년에 처음 나타났으며, 이후에 엘리자베스 여왕 치하에서 1563년 41개의 조항이 39개 조항으로 줄여졌다. 이 신조는 삼위일체론, 이신칭의, 교회론에 있어서는 아우크스부르크 신앙고백의 영향을 받았고, 성찬론, 예정론에 있어서는 칼빈의 영향을 받았음을 보여주고 있다. 하지만 예정론에서 유기에 대해서는 지혜롭게도 언급하지 않고 있다(17조).[23]

메리 여왕의 통치기에 많은 지도적인 프로테스탄트들이 제네바로 피신하였다가, 이후에 엘리자베스 여왕 치하에서 교회의 고위직을 차지하였다. 이들 가운데는 거의 칼빈과 베자의 작품이라고 할 수 있는 제네바 성경을 영어로 번역한 사람들도 있었는데, 이 성경은 17세기 중반까지 매우 널리 사용되다가, 1611년 출판된 킹 제임스 성경에 의해 점차 대체되었다.

엘리자베스 여왕 통치기에 칼빈의 신학적인 영향력은 최고조에 달하였고, 이는 로드(William Laud) 대주교 때까지 계속되었다. 그의 「기독교 강요」는 최종판이 나오자마자 금방 번역되었으며, 번역자가 살아 있는 동안 6차례에 걸쳐 개정판을 내었다. 대학들은 이 책을 교재로 사용했으며, 중세기의 페트루스 롬바르두스의 「명제집」(*Sentences*)이나 토마스 아퀴나스의 「신학대전」만큼 권위를 인정받았다. 우리는 "현명한" 리처드 후커(Richard Hooker)와 샌더슨 주교가 칼빈에게 높은 존경심을 표한 데 대해서는 이미 살펴보았다. 로드 대주교에 대한 찬미자이자 그의 전기 작가인 헤일린(Heylyn)은 "칼빈의 책 「기독교 강요」는 대개의 경우 그 시대 젊은 신학자들이 학문의 기초로 삼은 토대였다"라고 말하고 있다. 하드윅(Hardwick)은 엘리자베스 시대 후반기에 대해 언급하면서, "근 30년간에 이르는 기간 동안, 칼빈의 유기의 이론까지 포함하는 보다 극단적인 칼빈

---

22) 이 책 159절.
23) Schaff, *Creeds of Christendom*, I. 613 이하와 633 이하.

주의 학파의 견해가 거의 모든 도시와 교구를 장악하였다"[24]라고 단언하고 있다.

1595년의 「램버스 신경」 9개조와, 1615년의 어셔(James Ussher) 대주교의 「아일랜드 신경」은 칼빈주의의 무조건적 선택과 유기 교리에 대해 가장 강력한 상징적 표현을 하고 있지만, 이후의 스튜어트 왕조 때에는 그 권위를 상실하였다.[25]

하지만 칼빈은 항상 성공회의 학자들 사이에서 성경 주석가로서 중요한 위치를 유지하였다. 그의 영향력은 복음주의 계열에서 다시금 재연되었으며, 위안과 힘을 얻기 위해 하나님의 은혜에 절대적으로 의지하는 그의 정신은 영어로 된 최고의 찬송가들, 특히 토플레이디(A. M. Toplady)의 "만세반석 열리니"에 잘 나타나 있다.

칼빈과 스코틀랜드 교회

보다 강하고 보다 지속적으로 칼빈이 영향을 미친 것은 스코틀랜드 교회였다. 이곳에서는 교리뿐만 아니라 치리와 교회 조직에까지 칼빈의 영향력이 미쳤다.

스코틀랜드 장로교회는 오로지 그리스도만을 그 수장으로 하고 있으며, 제네바 개혁교회의 딸이라 할 수 있다. 그러나 그 규모와 중요성에 있어서는 그 어머니 교회를 능가하고 있다. 그리고 전체적으로 볼 때 유럽에서 가장 융성한 개혁교회이며, 전체적인 지성, 관대함, 전도열에 있어서 국내외 어떤 교파에도 뒤지지 않는다.

스코틀랜드 종교개혁의 영웅은 칼빈보다 4살이나 연상이면서도 겸손하게 그 발 아래 앉았으며 칼빈보다 더 칼빈적인 사람이 되었다. 루터가 독일인 중의 독일인이었던 것처럼 스코틀랜드인 중의 스코틀랜드인이라 할 수 있는 존 녹스(John Knox)는 피의 메리 여왕 시대에 5년간(1554–1559) 피난 생활을 하면서 대부분의 기간을 제네바에서 체류하였는데, 이때 그곳에서 "사도 시대 이후에 가장 완벽한 그리스도의 학교"[26]를 발견하였다. 이 모델을 좇아 그는 불굴의 용기

---

24) *A History of the Articles of Religion*(1859), p. 167.

25) Schaff, *Creeds of Christendom*, I. 658 이하.

26) 이 책 110절.

와 정력으로 스코틀랜드 국민들을 중세적인 반야만 상태로부터 근대 문명의 빛
으로 이끌었다. 그리고 루터, 츠빙글리, 칼빈 다음으로 프로테스탄트 종교개혁
사에서 위대한 인물이 되었다.[27]

17세기에 스코틀랜드 장로교와 영국의 청교도주의는 한데 결합되어서 보다
과격한 개혁을 이루어 내었으며, 교리, 치리, 예배에 있어 청교도적 칼빈주의의
엄격한 원칙들을 수립하게 되었다. 1647년의 웨스트민스터 표준 문서들은 이후
로 장로교회와, 부분적으로는 영국과 미국의 회중교회 혹은 독립교회, 그리고
정통 침례교회를 치리하는 기준이 되었으며, 신학과 교회 생활이 발전함에 따라
요구되는 대로 변화와 적응을 해오고 있다.[28]

---

27) Schaff, *Creeds of Christendom*, I. 669-685.

28) Schaff, *Creeds of Christendom*, I. 685-813.

제 18 장

칼빈 생애의 마지막 장

164. 칼빈의 최후와 죽음

칼빈은 2차 귀환 이후에 제네바에서 23년간, 즉 1541년 9월부터 1564년 5월 27일까지 사역하였다.[1] 그는 생애의 절정기에, 가장 그의 역할이 필요할 때에, 그의 지력을 온전히 소유한 채 하나님의 부르심을 받은 것이다. 그는 유능하고 훌륭한 후계자, 모세의 율법과 그리스도의 복음에 기초한 모범적인 개혁파 교회, 오늘날까지 스위스와 프랑스의 복음주의 설교자들을 훈련시키고 있는 번성하는 아카데미, 그리고 3세기 이상이 지난 지금까지 막대한 영향력을 행사하고 있는 수많은 저서들을 남겼다.[2]

그는 생애 마지막 때까지 사역을 계속하였다. 저술 활동, 설교, 강의를 해나가면서 치리 법원과 목사회에도 출석하고, 세계 각지에서 오는 프로테스탄트 피난민들을 영접하고 자문해 주는 일을 하였으며, 모든 방면의 사람들과 서신 교류도 계속하였다. 그는 축적되는 육체적인 질병들에도 불구하고 이 모든 일들을 감당하였다. 두통, 천식, 소화불량, 열병, 담석증, 통풍이 그의 연약한 육체를 소

---

1) 같은 해에(1564년) 미켈란젤로가 사망하고, 셰익스피어와 갈릴레이가 태어났다. 1536년부터 1538년까지의 2년간의 첫 번째 체류 기간까지 포함하여, 칼빈은 제네바에서 25년간 지냈다.

2) 어느 스코틀랜드 신학자의 말대로, 그는 "55년 정도밖에 살지 못했지만, 그 기간 동안에 수 세기가 걸려야 해낼 수 있는 업적을 이루어 내었다." Tweedie, l.c., p. 57.

진시켰지만 그의 강인한 정신력을 꺾지는 못하였다.

더 이상 걸을 수 없게 되자 그는 사람들의 도움을 받아 의자에 앉은 채로 교회로 옮겨졌다. 1564년 2월 6일에 그는 마지막 설교를 하였다. 4월 2일 부활절에 그는 마지막으로 교회에 참석하여 베자가 집전하는 성찬에 참예하였다.

4월 25일 그는 유언장을 작성하였다. 이는 겸손과 하나님에 대한 감사로 가득 차 있는 하나의 특별한 문서로서, 칼빈은 여기서 자신의 무가치함을 고백하고, 은혜로 인한 무조건적 선택과 그리스도의 충만한 공로에 대한 전적인 확신을 피력하면서, 모든 신학적 논쟁을 뒤로 한 채 천국에서의 하나됨과 평화를 기대하고 있다.[3]

루터의 경우에는 법률적인 모든 형식을 무시한 채, "나는 천국과 지상과 지옥에 다 잘 알려진 사람이다"라는 말로 자신의 유언장을 시작하고 있다. 그리고 "이 글은 하나님의 공증인이자 복음의 증인인 마르틴 루터 박사가 썼노라"라고 끝맺었다.

4월 26일 칼빈은 마지막으로 시청에서 네 사람의 행정장관과 소의회의 모든 의원들을 만나고 싶어하였다. 하지만 의원들은 그의 건강을 고려하여 그의 집으로 방문하겠다고 제안하였다. 이들은 4월 27일 엄숙한 침묵 속에 그의 집으로 왔다. 이들이 그의 주변에 모였을 때, 칼빈은 온 힘을 모아서 중간에 끊어짐 없이 구약 시대의 족장과도 같이 그들에게 말하였다. 그동안 그들이 보여준 친절과 헌신에 대해 감사하고, 때때로 자신이 화를 분출한 데 대해 용서를 구하였고, 그리스도의 순전한 교리와 치리를 보전하라고 권면하였다. 이에 감동하여 사람들은 눈물을 흘렸다.

4월 28일에도 칼빈은 이와 같은 방식으로 제네바의 모든 목회자들을 집으로 초청하여 엄숙한 권면과 애정이 넘치는 관심을 표하는 말을 건네었다. 그는 자신이 행한 모든 잘못들에 대해 그들의 용서를 구하고 그들의 신실한 도움에 대해 감사를 표하였다. 그는 모두의 손을 일일이 붙잡아 주었다. 베자는 "그들은 무거운 마음으로 눈물을 머금은 채 자리를 떠났다"고 말하고 있다.

이러한 장엄한 광경은 목격자들과 화가들에 의해 제대로 기록되었다.[4]

---

3) Beza, *Vita*, in *Opera*, XXI. 162 이하.

4) 임종시에 의원들에게 말을 건네고 있는 칼빈을 그린 Hornung의 그림을 참조하라.

성령강림절 성찬을 거행하기 이틀 전인 5월 19일 칼빈은 제네바의 목사들을 집으로 초청하여 자신을 침실 옆의 식당으로 옮겨 달라고 하였다. 그곳에서 그는 그들에게 "이번이 여러분을 식탁에서 만나는 마지막 시간이 될 것이요"라고 말하여 사람들을 침울하게 만들었다. 그러고 나서 그는 기도를 드리고, 음식을 조금 먹었으며, 상황이 허락하는 한도 내에서 명랑하게 대화를 나누었다. 식사가 끝나기 전에 그는 침실로 옮겨졌다. 이때 그는 미소를 띠며 "비록 내 몸은 떨어져 있지만 이 벽이 내가 여러분과 영적으로 함께 하는 것을 막지는 못할 것이요"라고 말하였다.

이후로 그는 침상에서 다시는 몸을 일으키지 못하였지만 비서에게 구술하는 일을 멈추지 않았다.

당시 80세에 이른 파렐은 칼빈의 만류에도 불구하고 그에게 작별을 고하기 위해 뇌샤텔에서 먼 길을 왔다. 그는 칼빈 대신에 자기가 죽고 싶다고 하였다. 칼빈이 죽은 지 10일 후에 파렐은 파브리에게 편지하여(1564년 6월 6일) 이렇게 썼다.

오, 어찌하여 그 대신에 나를 데려가지 않으셨는가. 그가 몇 년간만이라도 더 건강을 유지해서 우리 주 예수 그리스도의 교회를 섬길 수 있었더라면! 이 사람을 만나게 해주시고 그의 뜻과 달리 제네바에 그를 붙잡아 둘 수 있게 나에게 넘치는 은혜를 허락하신 하나님께 감사를 드린다네. 제네바에서 그는 이루 말할 수 없는 사역을 행하고 성과를 거두었다네. 하나님의 이름으로, 나는 여러 차례에 걸쳐서 그에게 죽음보다 더 힘겨웠던 짐을 져달라고 강요함으로써 그를 괴롭혔지. 그래서 그는 때때로 나에게 부탁하기를, 보다 자기 본성에 맞는 방식으로 하나님을 섬길 수 있게 해달라고 하였다네. 하지만 그는 하나님의 뜻을 깨닫고서는 자기 자신의 의지를 희생하고, 우리가 그에게 기대한 것보다 더 많은 일들, 다른 사람들을 능가했을 뿐만 아니라 자기 자신의 능력까지도 뛰어넘는 일들을 이루어 내었다네. 참으로 그는 영광스러운 생애를 행복하게 끝마쳤다네!

칼빈은 마지막 때에 계속 기도하고, 성경, 특별히 시편에서 위안이 되는 구절들을 암송하면서 보내었다. 그는 때때로 극단적인 고통을 겪었다. 그는 종종 이렇게 소리쳤다. "나는 비둘기 같이 슬피 울며"(사 38:14), "내가 잠잠하고 입을 열지 아니함은 주께서 이를 행하신 까닭이니이다"(시 39:9), "당신께서 저를 상하게 하시지만, 당신께서 하시는 일이오니 제게는 만족하나이다." 그의 목소리는 천식으로 갈라졌으나, 그의 눈은 여전히 빛났으며, 그의 정신도 마지막까지 맑고 강하였다. 그는 자신을 만나고 싶어하는 사람들을 모두 맞아들였지만, 자신에게 말을 걸기보다는 자신을 위해 기도해 줄 것을 청하였다.

그가 임종하던 날에 그는 오히려 덜 힘들어하면서 말을 하였다. 그는 저녁 8시경 지는 해와 함께 평화롭게 잠들었으며, 주님의 안식에 들었다. 베자는 이렇게 말한다.

> 나는 그에게서 떠난 지 얼마 되지 않아서 하인의 전갈을 받고는, 한 형제와 함께 즉시 그에게로 달려갔다. 그는 이미 사망한 뒤였는데, 그는 너무나도 평온하고, 손발에 아무런 경련도 없었으며, 심지어 깊은 숨도 내쉬지 않았다. 그는 마지막까지 정신을 잃지 않았으며 얼마간 말도 할 수 있었다. 실로 그는 죽어 있다기보다 잠들어 있는 것처럼 보였다.[5]

그는 54년 10개월 17일을 살다 갔다. 그의 제자이자 친구인 베자는 계속해서 이렇게 말하고 있다.

> 이리하여 가장 빛나는 광채요 교회의 등불이었던 그는 지는 해와 함께 천국으로 갔다. 그날 밤과 그 다음 날 도시 전체는 말할 수 없는 슬픔과 비탄으로 가득했다. 공화국으로서는 가장 지혜로운 시민을 잃었고, 교회는 신실한 목자를 잃었으며, 아카데미는 견줄 수 없는 스승을 잃었기 때문이다. 모두가 하나님 다음으로 최고의 위로자요 그들 모두의 아버지가 되는 사람의 상실을 애도하였다. 다수의 시민들이 그의 침실로 몰려들었고 좀처럼 그들을 시신으로부터 떼어놓을 수 없었다. 이들 가운데는 몇몇 외국인들도 있었다. 프랑스 주재 영국 여왕의 대사는 칼빈을 만나러 제네바에 왔다가 이제는 그의 시신이라도 보고 싶어하였다. 처음에는 모든 사람들의 접근이 허용되었으나, 과도하게 호기심의 대상이 되고 대적들에게 중상모략의 기회를 줄 수도 있다는 점 때문에, 그의 친구들은 주일인 다음 날 아침 관습에 따라 그의 시신을

---

5) *Opera*, XXI. 815.

세마포로 싸서 나무로 된 관에 안치하였다. 오후 2시에 시신은 플랭 팔레의 공동묘지로 운구되었는데, 귀족, 목사, 교수, 교사, 거의 모든 시민들이 진정으로 애도하면서 그 뒤를 따랐다.[6]

칼빈은 이미 자신의 장례식에서 일체의 허식을 행하지 말고 무덤에 어떤 묘비도 세우지 말라고 금했었다. 그는 모세가 그랬듯이 사람들의 우상숭배의 대상이 되지 않기를 바랐다. 이것은 인간을 겸손하게 하고 하나님을 높이는 그의 신학과도 일치하는 것이다.

하지만 베자는 라틴어와 프랑스어로 적절한 송가를 지어서, "파렌탈리아"(Parentalia, 즉 아버지의 장례식에 드리는 글)라고 칭했다.

존경하는 칼빈이 먼지로 돌아가나니
그에게서 덕을 배울지라
퇴락하는 로마가 가장 두려워 할 그가
이제 선인들의 통곡 속에 숨졌도다
비열한 자들에게 공포의 대상인 그가
너무나도 초라하고 조그만 무덤 속에 누워있구나
이름도 씌어지지 않은 채로.
겸손이 항상 칼빈과 함께 있어,
그가 살아 있는 동안 그와 동행하였고,
그가 죽은 지금도 그와 함께 묻혔구나.
이처럼 은혜로운 자가 묻힌 무덤이여, 행복하여라.
그 유해 위를 덮고 있는 대리석이 부럽도다!

제네바 종교개혁 300주년이 되는 1835년에 화려한 기념 메달이 주조되었는데, 한쪽 면에는 칼빈의 이름과 그의 출생과 사망 연도와 함께 그의 초상을, 다른 한쪽에는 칼빈의 강단과 함께 "보이지 아니하는 자를 보는 것같이 하여 참았으며"(히 11:27)라는 성경 구절을 넣었다. 그리고 그 테두리에는 "육체는 쓰러졌으나

---

6) *Opera*, XXI. 47-50.

그 정신은 강건하도다. 신앙의 승리자, 교회의 개혁자, 제네바의 목사요 수호자"
라는 글이 새겨졌다.

그의 사망 300주년(1864)에 제네바에 있는 그의 추종자들은 외국의 원조에 힘
입어서, 그를 기념하여 "종교개혁 기념관"을 세웠다. 이는 장려한 건물로서, 복
음주의 동맹의 원칙 위에 기초를 두고 설립되었으며, 순수한 복음의 설교와 모
든 의로운 운동을 위해 헌정되었다.

온 세계의 개혁파 교회들이야말로 대리석보다 더 오래 지속되는 칼빈의 기념
비이다.

모든 종교개혁자들 가운데 츠빙글리가 제일 먼저 죽었다(1531). 그는 한창때
에 전쟁터에서 떨리는 입술로 "그들이 육체는 죽일 수 있으나 영혼은 죽이지 못
할 것이다"라는 말을 남기고 숨졌다. 스위스 종교개혁의 별이 그와 함께 졌으
나, 그것은 곧 다시 떠오르기 위해 진 것에 다름 아니다.

그 뒤를 이어 루터가 숨졌다(1546). 그는 자신의 출생지인 아이슬레벤에서 생
을 마쳤다. 그는 당시의 혼란상에 혐오를 느끼고 세상과 삶에 지쳐 있는 상태였
으나, "하나님이 세상을 이처럼 사랑하사 독생자를 주셨으니"라는 귀중한 구절
을 반복해서 암송하면서 복음에 대한 굳건한 신앙을 지켰다. 그리고 시편 31편
에 나오는 구절로써, 자신을 구속하신 신실하신 하나님의 손에 자신의 영혼을
의탁하였다.

멜란히톤은 칼빈과 마찬가지로 집에서 숨을 거두었다(1560). 그가 마지막까지
가장 가슴 아파한 것은 교회의 분열상이었다. 이로 인해 그는 엘베 강의 강물만
큼이나 많은 눈물을 흘렸다. 그는 죽어서 무엇보다 죄로부터 해방되고, 또한 "신
학자들의 맹렬함"에서 놓여나고자 하였다. 그는 이사야 53장, 요한복음 1장과
17장의 말씀에서 커다란 위안을 얻었으며, 자신의 사위(Peucer)가 원하는 바가
있느냐고 물었을 때 "천국 외에는 아무것도 없다"고 답하였다.

스코틀랜드의 칼빈인 존 녹스는 "결코 인간을 두려워하지 않은" 인물이었다.
그는 친구인 칼빈보다 8년을 더 살았으며(1572년까지), 마찬가지로 시편과 이사
야 53장, 그리고 주님의 제사장적 기도에서 마지막 위안을 찾았다. 역사의 흐름
을 주관하시는 하나님의 섭리는 종교개혁자들의 훌륭한 후계자들을 발탁하셨
다. 이들은 종교개혁자들의 사역을 충실하게 보전하고 이어 나갔는데, 츠빙글리
를 계승한 불링거, 루터의 계승자 멜란히톤, 칼빈의 계승자 베자, 녹스의 계승자

멜빌이 그들이다.

칼빈 특유의 재능과 통솔력 덕택으로 그가 어떠한 간섭도 없이 행사할 수 있었던 특별한 감독권은 그의 죽음과 함께 중단되었다. 베자는 1564년 5월 29일에 그의 후계자로 선출되었는데, 그 직함은 제네바 교회 사안들의 조정자(moderateur)로서 그 임기는 단지 일년에 불과하였다.[7] 하지만 그 자신이 더 이상 이 무거운 짐을 감당할 수 없다고 느낀 1580년까지 그는 매년 재선되었다. 하지만 그 이후에도 그는 외국의 교회들과 서신을 교류하는 일은 계속하고자 하였다. 베자는 지칠 줄 모르는 활동력을 스위스와 프랑스에 양분하여 쏟아 부었으며, 이 두 나라에서의 종교개혁의 발전에 막대한 영향력을 행사하였다. 그는 위그노파 왕자인 앙리 4세가 프랑스 왕위를 계승하는 것을 지켜보았다. 그는 왕이 복음주의적 신앙을 포기하는 것을 보고는 한탄하였으며, 프로테스탄트 신앙에 합법적인 지위를 제공한 낭트 칙령이 반포되자 기뻐하였다. 그리고 마지막 종교개혁자로서 종교개혁의 정신을 17세기 초엽까지 전달하였다. 베자의 신학은 칼빈의 폭넓은 칼빈주의로부터 다음 세대의 보다 편협하고 스콜라적이며 타락전예정설적인 칼빈주의로의 변천을 보여준다. 이러한 후대의 편협한 칼빈주의에 대한 반동으로 네덜란드와 영국뿐만 아니라 프랑스와 제네바에서까지 아르미니우스주의가 발생하였다.

165. 칼빈의 유언과 고별사

칼빈의 유언(1564년 4월 25일)(출처: Beza, *Vita Calvini*)

하나님의 이름으로 기도합니다. 주후 1564년 4월 25일에 제네바의 시민이자 공증인인 나, 피에르 셔날랏(Pierre Chenalat)은 제네바 교회에서 하나님의 말씀을 전한 목사이자 이곳 시민인 존경하는 장 칼빈의 부름을 받았음을 증거하고 선언합니다. 그는 몸은 쇠약했으나 정신은 맑은 상태였습니다. 그는 유언장을 작성하고 싶다고 밝히면서 자신의 유언장의 성격에 대해 설명했으며 제가 응해

---

7) 그 자신이 1564년 6월 2일 목사들과 교수들의 모임 앞에서 연설하면서 이와 유사한 변화를 제안하였다. Annales, in *Opera*, XXI. 816.

주기를 부탁했습니다. 그리고 자신이 열거하고 구술하는 대로 받아쓰기를 원했습니다. 나는 즉각 그렇게 했으며, 그가 구술하는 그대로 받아 적었으며, 그의 말에 일체 가감한 일이 없으며, 그가 구술한 그대로 기록했음을 밝힙니다.

　주님의 이름으로 기도합니다. 제네바 교회의 하나님 말씀의 사역자인 나 장 칼빈은 각종 질병으로 괴로움을 당하고 있는 가운데, 하나님께서 곧 나를 이 세상에서 데려 가시기로 정하셨다고 느껴 다음과 같이 제 유언을 작성하기로 마음을 먹었습니다. 무엇보다 먼저, 나에게 자비를 베풀어 주신 하나님께 감사를 드립니다. 그분은 나를 창조하셔서 이 땅에 보내 주셨으며, 내가 빠져 있던 우상숭배의 깊은 암흑으로부터 나를 구해 내셨을 뿐 아니라 복음의 빛 속으로 인도해 주셨으며, 정말이지 당치도 않는 나를 구원의 교리에 참예하는 자로 삼으셨습니다. 그리고 동일한 자비와 은혜로, 배척당하고 근절당해 마땅할 나의 잘못과 죄를 관대히 참아 주셨을 뿐만 아니라 나에게 말할 수 없는 자비와 친절을 베푸사 하나님의 복음의 진리를 설교하고 전파하는 일에 나를 사용하고자 계획하셨습니다. 내가 증언하고 선포하건대, 나는 그분께서 복음을 통해 나에게 전해 주신 바로 그 신앙 가운데서 여생을 보내고자 합니다. 그리고 나는 그의 은혜로 양자 삼으심 외에는 내 구원을 위한 다른 방도가 전혀 없으며, 오직 거기에만 내 구원이 달려있다는 것을 고백합니다. 나의 온 영혼으로 하나님께서 예수 그리스도를 통해 나에게 행하신 자비를 받아들입니다. 예수 그리스도의 죽으심과 수난의 공로로 내 죄를 구속하셨고, 또 이러한 방법으로 내 모든 죄와 허물을 대속하셔서 그것들을 기억도 하지 않으십니다. 내가 또한 증언하고 선포하는 바는, 인류의 죄를 위해 흘려주신 구세주의 보혈로 기꺼이 나를 씻으시고 정케 해주셨으며, 그리하여 내가 그의 보호 하에 하나님의 심판대 앞에 설 수 있다는 것입니다.
　나는 또한 선언합니다. 주님께서 내게 베푸신 은혜와 선하심에 분량을 좇아서, 나는 설교하는 일이나 저술과 주석 작업 모두를 통해 그분의 말씀을 순전하고 정결하게 전하고, 거룩한 성경을 충실하게 해석하고자 노력했습니다. 나는 또 증언하고 선포합니다. 내가 복음의 대적자들과 벌인 모든 신앙의 투쟁과 논쟁 중에 나는 어떠한 속임수도 쓰지 않았고, 사악하고 현학적인 기교도 부리지 않았으며, 오직 진리를 수호하는 일에 정직하고 성실하게 임했다는 것입니다. 그렇지만 슬프도다! 나의 열의와 정열(감히 이런 용어를 사용할 수 있다면)은 너무나 서투르고 보잘것이 없어서 나의 직무를 감당함에 있어서 무수하게 실패를 경험했음을 고백합니다. 그리고 하나님께서 그분의 한없는 선하심으로 도우지 않으셨다면 나의 모든 열정은 헛되이 소진되고 말았을 것입니다. 아니, 나는 심지어 이렇게 고백합니다. 만약 그와 같은 선하심으로 나를 도와주지 않으셨다면 주님께서 내게 허락해 주신 정신적인 재능들은 그의 심판 자리에서 나의 죄와 나태함을 더욱더 입증해 주는 증거가 되었을 것입니다. 이러한 모든 근거들로 해서, 나는 구원을 위해 오직 하나님께서 자비의 아버지시라는 사실을 의지하는 것 이외에 다른 어떤 것도 의지하지 않음을 증거하고 선언합니다. 스스로 가련한 죄인임을 시인하는 나에게 그분은 바로 아버지로서의 자신을 보여주실 것입니다. 나의 시신은 제가 이생을 떠난 후에, 기쁜 부활의 그날이 오기까지 (교회와 시의 관례에 따라서) 땅에 묻히기를 바랍니다.

하나님께서 내게 주신 얼마 안 되는 재산에 관해서 나는 이 유언장에서 처리하고자 합니다. 나는 사랑하는 동생 앙투안 칼빈을 제 상속인으로 지명합니다. 하지만 이것은 경의를 표하는 것일 뿐입니다. 그에게 남기는 것은 바라니우스 (Varanius)에게서 선물로 받았던 은잔인데, 앙투안이 이에 만족하기를 바랍니다. 나머지 모든 유산은 그가 위탁했다가 그 자신이 임종할 때에 그의 자녀들에게 남겨 주기를 바랍니다. 소년 학당에 내 유산 가운데 금화 10개를 기증하고, 가난한 이방인들과, 샤를 콩스탕(Charles Constans)의 딸이자 내게도 딸 같았던 요안나에게도 각기 같은 금액을 남깁니다. 내 동생의 아들들인 사무엘과 장에게는 내 동생의 임종 시에 각기 금화 400개를 주기 바랍니다. 그리고 그의 딸들인 안나, 수산나, 그리고 도로시에게는 각기 300개의 금화를 남깁니다. 이들의 형제인 다비드에게는 소년 시절의 경솔함과 조급한 언동을 책하는 의미에서 금화 25개만 남깁니다. 이 정도가 하나님께서 내게 주신 재산의 전부입니다. 내 생각에는 나의 모든 장서와 동산, 가정용품들과 재화와 물건들을 합치면 이 정도 금액이 될 것 같습니다. 하지만 만약 그 금액이 이보다 더 많으면 남는 것은 내 동생의 아들, 딸들에게 균등하게 나누어 주도록 하십시오. 만약 다비드가 하나님의 선하심으로 말미암아 품행이 나아진다면 그도 포함하도록 하십시오. 하지만 총액이 위에서 언급한 금액보다 많다고 할지라도, 내 부채를 정리하고 나면 얼마 되지 않을 것 같습니다. 내 부채는 이미 언급한 내 동생이 성실하고 정직하게 처리하리라 믿고 그에게 맡겼습니다. 이러한 이유로 해서, 나는 내 동생을 이 유언서의 집행인으로 임명하고자 합니다. 그리고 그와 함께 나의 각별한 친구인 노르망(Lawrence Normand)을 지명하여, 두 사람으로 하여금 너무 엄격하게 법에 얽매임 없이 나의 재산 목록을 만들도록 하십시오. 나는 또 그들에게 나의 동산들을 처분해서 돈을 마련하여, 나 장 칼빈이 1564년 4월 25일 위와 같이 기록하고 설명하고 구술한 그대로 내 유언을 집행할 권한을 부여합니다.

공증인인 나 셔날랏이 이상과 같은 유언장을 기록한 후에 장 칼빈이 즉각 친필로 동의를 표하여 이를 확증하였습니다. 다음 날, 즉 같은 해 4월 26일에 칼빈이 나에게 다음의 사람들을 불러올 것을 지시했습니다. 제네바 교회에서 하나님의 말씀을 맡아 사역하는 목회자들과 설교자들인 베자, 쇼베(Raymond Chauvet), 콥(Michael Cop), 에녹(Lewis Enoch), 콜라동(Nicholas Colladon), 보르데세(James Bordese), 그리고 저명한 예술 교수 스크림거(Henry Scrimger)와 같은 제네바 시민들을 불러오도록 해서, 칼빈은 이들 모두가 있는 자리에서 위에 기록된 유언장을 자신이 구술했음을 증언하고 선언하였습니다. 그리고 이들을 증인으로 불렀으므로, 이들 앞에서 위의 내용을 낭독하도록 하였습니다. 나는 분명하고 명료한 목소리로 그렇게 했음을 선언합니다. 유언장을 읽고 나서 그는 이것이 자신의 유언임을 증거하고 선언하였으며, 이대로 비준되기를 바란다는 뜻을 표명하였습니다. 이를 증언하고 확증하기 위해 그는 그들 모두가 친필로써 이에 서명해 줄 것을 요청하였습니다. 이 일은 앞에서 언급한 해와 달에, 제네바 시의 캐넌 거리(Canon Street)라 불리던 곳에 위치한 유언자의 자택에서, 즉각적으로 이루어졌습니다. 나는 이상과 같은 유언장을 내가 썼음을 확실하게 확증하기 위하여 내 친필로 거기에 서명하였으며, 고위 관리의 인장으로 이를 봉인하였습니다.

피에르 셔날랏

제네바 행정장관들과 의원들에게 한 칼빈의 고별사(1564년 4월 27일)

이 유언을 마친 뒤에, 칼빈은 네 명의 행정장관과 전체 의원들에게 통지를 하여, 숨을 거두기 전에 의회에서 한 번 더 모두에게 이야기를 하고 싶다고 하면서, 다음 날 사람들이 자기를 그곳으로 데려다 주기를 바랐다. 의원들은 차라리 자신들이 칼빈에게로 가겠다는 답을 보내면서, 제발 몸을 돌보라고 청하였다.

그 다음 날 전체 의원들이 칼빈에게 와서 서로 인사를 나눈 다음, 칼빈은 자기가 가야 하는데 이렇게 모두를 오게 해서 미안하다는 말과 함께, 자신이 이런 만남을 오랫동안 소망해 왔지만 죽음을 확실히 예감하게 되기까지 이렇게 미루어 왔음을 서두에 밝히면서, 이렇게 말을 이어갔다.

"존경하는 의원 여러분, 아무런 자격이 없는 사람에게 그토록 많은 영예를 허락해 주신 데 대해 말할 수 없는 감사를 드립니다. 그리고 셀 수 없이 많은 저의 결점들을 항상 인내로써 용납해 주심도 감사합니다. 저는 항상 이것이야말로 저를 향한 여러분의 특별한 선의를 대변해 주는 가장 강력한 증거라고 생각해 왔습니다. 그리고 비록 제가 책무를 수행하면서 수많은 싸움을 싸웠고, 다른 모든 사람들처럼 갖가지 모욕에 시달려야 했지만, 이 가운데 어떤 것도 여러분의 잘못 때문에 일어난 일이 아니라는 것을 밝힙니다. 그리고 만약 어떤 것이든지 제가 해야 할 일을 하지 못한 것이 있다면, 바라건대 제 마음이 아니라 제 능력이 부족했던 탓으로 돌려주십시오. 참으로 저는 공화국의 유익을 위해 충심으로 노력했다고 말씀드릴 수 있습니다. 비록 제가 제 책무를 충분하게 수행했다고 할 수는 없다 할지라도, 항상 제 능력껏 최선을 다하여 공공의 이익을 도모하였습니다. 그리고 바로 주님께서 때때로 제 수고를 유익한 것으로 만들어 주셨다는 것을 인정하지 않는다면 저는 위선자라는 비난을 받아 마땅합니다. 하지만 거듭 부탁하기는, 제가 수행했어야 마땅한 많은 일들 가운데 공적이든 사적이든 너무 적은 일들만 실행했음을 너그러이 용서해 주십시오. 또한 분명하게 밝혀야 할 것은, 또 다른 이유로 제가 여러분에게 많은 빚을 지고 있다는 것입니다. 다름 아니라 여러분들이 때때로 지나치게 발휘된 제 격렬한 성정을 끈기 있게 잘 받아주신 것입니다. 이러한 제 허물을 하나님께서도 용서해 주셨으리라 믿습니다. 하지만 제가 여러분께 전해드린 교리와 관련해서는, 제게 맡겨진 하나님의 말씀을 경솔하거나 불확실하게 가르친 것이 아니라 순전하고 충실하게 가르쳤다는 것을 밝히는 바입니다. 그렇지 않다면 그분의 진노가 제 머리 위에 이르렀을 것임을 알고 있을 뿐 아니라, 가르치는 제 수고가 그분을 기쁘시게 못하리라는 것을 저는 잘 알고 있기 때문입니다. 저는 하나님 앞에서, 그리고 여러분 앞에서 이 점을 더욱 기꺼이 증언합니다. 사탄이 그 습관대로 사악하고 변덕스럽고 경솔한 사람들을 휘저어 제가 여러분께 가르친 순전한 교리를 오염시키려 할 것이 분명하기 때문입니다."

그런 다음 그는 주님께서 그들에게 베푸신 커다란 축복을 언급하면서 이렇게 말하였다. "저는 하나님의 전능하신 손길이 얼마나 크고 많은 위험으로부터 여러분을 구해 주셨는지 가장 잘 증언할 수 있는 사람입니다. 더군다나 여러분의 현재 상황을 보십시오. 번영하고 있든지 역경 중에 있든지 저는 여러분들이 왕들과 나라를 세우시는 분은 그분밖에 없으며, 그런 이유로 그분은 사람들이 자신에게 예배하기를 원하신다는 것을 기억하시기 바랍니다. 다윗 자신이 깊은 평화를 누리고 있을 때 죄에 빠졌으며, 하나님께서 특별한 선하심으로 도움의 손길을 내밀어 주시지 않았더라면 결코 다시 일어날 수 없었을 것이라고 선언했던 것을 기억하십시오. 그렇게 강하고 권세가 있었던 사람도 그랬다면 우리 같은 소인배들의 경우야 어떠하겠습니까? 여러분에게는 겸손한 마음이 대단히 필요합니다. 그래야만 항상 하나님의 보호하심만 의지하면서 여러분 앞에 놓여진 길을 조심스럽게 걸어갈 수 있습니다. 확실히 여러분이 이미 종종 경험한 바대로, 비록 여러분의 안전이 위태롭다고 할지라도 그분의 도우심에 힘입어 여러분은 강하게 설 수가 있을 것입니다. 그러므로 만약 여러분이 번영 중에 있다면, 사악한 자들이 그러는 것처럼 교만하지 않도록 조심하시기를 바랍니다. 대신에 겸손하게 하나님께 감사를 돌리십시오. 그렇지만 만약 여러분이 역경 가운데 있고 죽음이 사방에서 여러분을 둘러싸고 있다면 죽은 자까지도 살리시는 그분 안에서 소망을 잃지 마시기 바랍니다. 그때는 여러분이 특별히 하나님의 시험을 받고 있다고 생각하십시오. 오직 그분만을 높이는 법을 더더욱 배울 수 있을 것이라고 생각하십시오. 만약 이 공화국이 강건하게 보전되기를 바란다면, 그분께서 여러분에게 허락해 주신 거룩한 자리가 더럽혀지지 않도록 특별히 경계하십시오. 왜냐하면 그분만이 지고의 하나님이시고, 왕 중의 왕이시며, 주 중에 주이시기 때문입니다. 그분은 자신을 영화롭게 하는 자들은 영화롭게 하시지만, 자신을 멸시하는 자들은 물리치십니다. 그러므로 그분의 가르침에 따라 그분께 예배하십시오. 그리고 이것을 더욱더 배워야 할 것은, 우리는 항상 우리가 행해야 할 책무를 잘 이행하지 못하기 때문입니다.

나는 여러분 각자의 기질과 성격을 알고 있고, 여러분이 권고를 필요로 한다는 것을 압니다. 아무리 뛰어난 사람이라도 모든 일에 완벽한 사람은 없습니다. 우리 각자가 자신을 돌아보아 각자 부족한 부분을 찾아내어, 주님께 도움을 청하도록 합시다. 이 세상의 충고에는 얼마나 부정이 만연한지 여러분 모두 알고 있습니다. 어떤 사람들은 냉정하고, 또 다른 사람들은 공공의 이익에 무관심해서 자기 자신의 일에만 온통 관심을 쏟습니다. 어떤 사람들은 자기가 사랑하는 사람들만 만족시키고, 또 다른 사람들은 하나님의 뛰어난 은사들을 합당하게 사용하지 않습니다. 여봐란 듯이 자기 자신을 과시하고, 자만심이 지나쳐서, 자신들의 모든 의견들이 다른 사람들의 인정을 받아야 한다고 주장하는 사람들도 있습니다. 권고하노니, 연장자들은 젊은 형제들을 시기하지 마시기 바랍니다. 하나님의 선하심을 통해 그들이 뛰어난 은사들을 부여받아 얼마나 빛을 발하고 있는지 볼 수 있을 것입니다. 젊은이들이여, 겸양으로 행하고, 모든 불손함을 멀리하기를 권고합니다. 누구도 이웃을 훼방하지 말 것이며, 속이는 것과 모든 악감을 피하십시오. 공화국의 법을 집행함에 있어서, 이런 악감들이 많은 사람들을 바른 길에서 벗어나게 만들었습니다. 각자가 자기 자신의 영역을 넘어서지 않고 잘 지킨다면 여러분은 이런 것들을 피할 수 있을 것이며, 모두가 자기에게 맡겨진 분야에서 성실하게 처신할 수 있을 것입니다. 민사 소송을 판결할 때는 절대 불공평이나 증오가 없도록 하고, 누구라도 올바르지 못한 책략을 사용함으로써 정의를 왜곡시키지 말고, 누구라도 추천장을 써주어 법률이 충분히 발휘되지 못하게 하지 말 것이며, 아무 사람도 정의롭고 선한 것을 떠나지 마시오. 누구라도 어떤 사악한 마음으로 미혹된다면, 자신의 지위를 허락하신 그분을 높이고 성령의 도우심을 탄원하면서 그것에 대해 확고하게 저항하기를 바랍니다."

"마지막으로, 저는 다시금 제 부족함을 용서해 주기를 여러분에게 간청합니다. 저는 제 부족함을 인정하고 그것을 하나님과 그 천사들, 그리고 제가 너무나 존경하는 여러분 앞에 고백합니다."

이와 같이 말하고 나서, 그는 그들에게 하나님의 은사들을 더욱 덧입혀 달라고, 성령으로 그들을 인도해 달라고, 공화국 전체의 안위를 지켜달라고 전능하신 하나님께 기도하였다. 그런 다음 그는 그들 모두와 악수하고, 슬픔과 눈물 속에 그들을 떠났으며, 그들은 마치 자신들 모두의 부모에게서 유언을 듣는 것 같은 느낌을 받았다.

제네바 목회자들에게 한 칼빈의 고별사(1564년 4월 28일)

4월 28일, 제네바의 목회자인 우리는 그의 요청을 받고 그에게로 갔다. 그는 이렇게 말하였다.

"형제들이여, 내가 죽은 뒤에도 이 사역을 지속시키고 낙담치 마십시오. 주님은 이 공화국과 교회를 적의 위협으로부터 구해 주실 것입니다. 불화를 멀리하고, 서로 간의 사랑으로 서로를 포용하십시오. 주님께서 여러분들을 배치시키신 이 교회에 여러분이 무엇을 빚지고 있는지 거듭거듭 생각하시고, 그 어떤 이유로든 이 일을 그만두지 않도록 하십시오. 실로 이 일에 지쳐서 도망치는 것은 어렵지 않을 것입니다. 하지만 그런 사람들은 주님께서는 속지 않는다는 것을 경험을 통해 알게 될 것입니다. 제가 처음 이 도시에 왔을 때 복음이 설파되었지만 상황은 엄청난 혼란 가운데 있었습니다. 마치 기독교가 성상들을 무너뜨리는 것 외에는 어디에도 존재하지 않는 것 같았습니다. 그리고 저에게 대단한 모욕을 준 악의적인 사람들이 적지 않았습니다. 하지만 주 우리 하나님께서 본성상 전혀 담대하지 못한(저는 사실을 말하는 것입니다) 저를 너무나 굳건하게 해주셔서 그들의 어떠한 시도도 저를 굴복시키지 못하였습니다.

이후에 저는 청빙에 응하여 슈트라스부르크에서 이곳으로 돌아왔습니다. 그렇지만 제 마음은 내키지 않았었는데, 그것은 제가 결국 아무런 결실을 맺지 못할 것이라고 생각했기 때문입니다. 주님께서 결정하신 것을 알지 못했기 때문에 저는 제 앞에 놓인 엄청난 어려움들 외에는 아무것도 보지 못했던 것입니다. 하지만 이 사역을 진행해 나가면서, 저는 주님께서 참으로 제 수고를 복되게 하셨다는 것을 마침내 알게 되었습니다. 여러분 또한 이 소명을 견지하여 확립된 질서를 유지시키고, 동시에 사람들로 하여금 계속해서 교리를 지킬 수 있도록 하기 위해 애써야 하지 않겠습니까? 사악한 자들과 반항하는 자들이 있기 때문입니다. 여러분이 아시다시피, 사태는 웬만큼 진정되었습니다. 그러므로 만약 여러분의 나태함으로 인해 사람들이 파멸에 이른다면 여러분은 하나님 앞에 그 죄가 더욱 클 것입니다. 형제들이여, 말하건대 저는 여러분과 참되고 신실한 애정으로 밀접한 유대관계를 맺고 살아왔으며, 이제, 그와 같은 관계 속에서 여러분을 떠나려 합니다. 만약 제가 병중에 있는 동안 조금이라도 여러분을 언짢게 했다면 용서를 바랍니다. 그리고 제가 병석에 있을 때 여러분에게 지워진 짐을 충실히 져주신 데 대해 마음 깊이 감사를 드립니다."

이렇게 말하고 난 뒤, 그는 우리 모두와 악수를 하였다. 모두가 너무나 슬픈 마음으로, 그리고 젖은 눈으로 그와 작별하였다.

166. 칼빈의 성품과 습관

칼빈은 애정보다는 존경과 경의를 받는 유형의 사람이며, 친밀한 교제를 나누기가 어려운 사람이지만 일단 사귀게 되면 더 깊은 교제를 나누는 인물이다. 그에 대해 알게 되면 될수록 더욱더 그에게 감탄하고 그를 존경하게 된다. 세르베투스 사건에서 보여준 그의 행동을 보고 그의 성품을 판단하거나 예정론만 가지고 그의 신학을 평가하는 사람들은 태양의 흑점만 보고 태양 자체는 보지 못하는 자들이다. 그의 실수들을 모두 감안한다고 하더라도 그는 하나님께서 기독교 역사에서 들어 사용하셨던 가장 위대하고 뛰어난 사람들 가운데 하나임에 틀림없다.

다른 교파와 학파의 역량있는 평가자들은 그를 가장 뛰어난 "그 신학자," "종교개혁의 아리스토텔레스," "개혁파 교회의 토마스 아퀴나스," "기독교 민주주의의 리쿠르고스(스파르타의 입법가)," "제네바의 교황"이라고 불렀다. 그는 교회·지도자로서 그레고리우스 7세와 인노켄티우스 3세에 비견되었다. 그의 신학에 일체 동의하지 않은 회의론자 르낭(Joseph-Ernest Renan)까지도 그를 "당대 최고의 기독교인"이라 칭했다. 역사상 그처럼 탁월한 이론과 실천을 겸비한 인물은 없었다. 하지만 그는 또한 불관용적인 종교재판관이자 박해자이기도 하였으며, 그의 손은 이단자의 피로 물들었다.[8] 이러한 특징들을 종합해 보아야만 칼빈의 전체적인 모습을 알 수 있을 것이다. 한 가지라도 빼게 되면 그를 제대로 보지 못하고 오해하게 될 것이다. 그는 항상 사람들에게 경탄과 아울러 존경까지도 자아낼 것이지만, 결코 대중들의 인기를 누리지는 못할 것이다. 그의 무덤으로 순례 여행하는 이들도 없을 것이다. 1909년 그의 탄생 400주년은 1883년의 루터 탄생 400주년이나 1884년의 츠빙글리 탄생 400주년만큼 뜨겁게 기념될 것 같지 않다. 하지만 그가 스위스, 프랑스, 네덜란드, 특히 영국과 미국의 앵글로색슨족에게 남긴 족적은 결코 지워질 수 없을 것이다.

칼빈의 풍채는 바울과 마찬가지로 보잘것없었다. 이 땅에서의 그의 장막은 그

---

8) 별로 믿을 만한 것은 아니지만 Baudouin의 말을 따르면, 제네바의 그의 적수들은 심지어 "칼빈과 함께 천국에 가느니 차라리 베자와 함께 지옥에 가겠다"라는 속담을 만들어 내었다.

의 강력한 정신을 덮기에는 모자람이 있었다. 그는 중키에 안색은 검었고, 몸은 말랐으며, 창백하고, 쇠약하며, 건강도 좋지 않았다. 하지만 그는 윤곽이 뚜렷한 얼굴, 잘 생긴 입, 뾰족한 수염, 검은 머리, 높은 코, 두드러진 이마, 그리고 최후까지 그 안광을 잃지 않은 불타는 눈을 지니고 있었다. 그는 온통 뼈와 신경으로 이루어진 사람처럼 보였다. 베자에 따르면 그는 죽었을 때 잠자는 것처럼 보였다고 한다. 그의 연약한 육체를 통해 넘치는 지성과 의지가 비쳐 나왔다. 그의 초상화가 몇 점 있는데, 제네바 대학 도서관에 있는 유화가 최고의 작품이다. 이 그림에서 그는 학자 가운을 입고 강의하는 자세를 취하고 있는데 입을 약간 벌린 채 한 손은 성경 위에 얹고 다른 한 손은 들고 있다.

그는 자신이 천성적으로 겁이 많고 소심하다고 하지만, 위험에 부닥쳤을 때 용기를 내었으며 약함 속에서 그의 강함을 드러내었다. 그는 멀리 떨어져 있을 때는 위험을 두려워하지만 그 위험이 닥쳤을 때는 두려움이 없는 그런 부류의 사람이었다. 리버틴파와의 투쟁에서 그는 한 치도 물러서지 않았으며, 수 차례 생명의 위험을 감수하였다. 그의 습관과 취미는 단순하고, 정연하고, 절도가 있었고, 옷은 아주 깨끗하게 입었으며, 극도로 삼가고 절제하는 생활을 하였다. 오랜 기간 동안 그는 하루에 한 끼만 먹고 잠도 지나치게 적게 잤다.

칼빈의 지적인 재능은 최고의 수준이었으며 철저하게 훈련을 받았다. 그는 기억력이 좋고, 지각이 뛰어나고, 명민한 이해력과 날카로운 이성, 그리고 건전한 판단력을 지녔으며, 언어에 통달하였다. 그는 르네상스의 고전 문화를 습득하였으나, 그 현학성과 도덕적 취약성은 받아들이지 않았다. 그는 고전 문화를 신학과 경건에 종속시켰다. 그는 아우구스티누스와 루터에 필적하는 창조적인 천재나 새로운 사상의 창설자는 아니었으나, 학자로서, 세련되고 유창한 저술가로서, 체계적이고 논리적인 사상가로서, 그리고 조직가이자 행정가로서는 이 두 사람과 자신의 동시대인들 모두를 능가하였다. 그의 재능은 충분히 천재적이었다고 할 수 있다. 그의 지성은 요한보다는 바울의 모습을 띠었다. 그에게는 어떠한 신비적인 기질도 없었고 상상력도 빈약하였다. 그러나 그는 자신의 책무에 관계된 일은 결코 잊어버리는 적이 없었으며, 오래 전에 한 번밖에 만나지 않은 사람이라도 알아보았다. 그는 글을 쓸 때와 같이 말을 할 때도 명료하고 정확하고 순수하고 설득력이 있었으며, 라틴어와 프랑스어 모두에 능숙하였다. 그는 결코 무디고 지루한 글을 쓴 적이 없다. 그의 판단은 항상 명확하고 확고했으며,

너무나 정확해서 베자는 그것이 종종 마치 예언과도 같았다고 말하고 있다. 그의 충고는 항상 건전하고 유용한 것이었다. 그의 달변은 마치 불타는 논리의 흐름이었다. 하지만 그는 예화를 들어서 설명하는 능력을 결여하고 있었는데, 이러한 예화의 사용은 특히 대중을 상대로 할 때는 종종 치밀한 논증보다 더 효과적이다.

칼빈의 도덕적이고 종교적인 성품은 "지혜의 시작"이신 하나님에 대한 경외심에 기반을 두고 있다. 그는 타인에게 엄격하였으나, 자기 자신에 대해서는 더욱 엄격하였다. 그는 히브리 선지자들의 모습을 닮았다. 그는 기독교의 엘리야라고 불릴 수 있을 것이다. 그의 상징은 하나님께 불타는 심장을 바치는 손이었다. 제네바 시의회는 그의 성품의 "대단한 위엄"에 감명을 받았다. 이러한 이유로 인해 그는 언제라도 쉽사리 자신에게 달려들 수 있었던 제네바의 수많은 적수들을 제압할 수 있는 힘을 지닐 수 있었다. 그의 지속적인 유일한 목표는 하나님의 영광과 교회의 개혁이었다. 그의 눈에는 하나님만이 위대한 분이고, 인간은 그저 지나가는 그림자에 불과하였다. 그는 인간은 아무것도 아니며 하나님과 그리스도는 모든 것이라고 말하였다. 그는 항상 엄격한 의미에서의 의무감에 따라 살았으며, 이는 세르베투스 처형 때도 마찬가지였다. 「기독교 강요」 최종판 서문에서 그는 이렇게 말하고 있다.

> 나 자신의 양심과 천사들과 하나님께서 내 증인이시다. 나는 교회에서 교사직을 맡은 이후로 경건의 순수한 교리를 유지함으로써 교회에 유익을 주고자 하는 것 이외에는 다른 어떠한 목표도 가진 적이 없었다. 그런데도 나만큼 비난과 중상을 받은 인물도 없다는 생각이 든다.[9]

부나 명예에도 그는 관심이 없었다. 그는 부정한 돈이나 세속적인 야망을 초월한 사람이었다. 그의 유일한 열망은 최선을 다해 하나님을 섬기고자 하는 순전하고 거룩한 열망뿐이었다. 그는 자신의 급료 인상을 계속 거절하였으며, 가난한 자들과 피난민들을 위한 것 외에는 일체의 선물들도 거절하였다. 그는 항

---

9) 그는 1555년 10월 18일 Christopher Piperin에게 보낸 편지에서 이러한 중상모략에 대해 언급하였다. *Opera*, XV. 825, 826.

상 가난한 자들과 피난민들을 염두에 두었으며, 힘이 닿는 데까지 그들을 도왔다. 그는 단지 금화 250크라운을 유산으로 남겼는데, 그의 가구들과 도서들을 다 합친다면 약 300크라운에 달할 것이다. 그는 그 가운데 10크라운은 학교에, 10크라운은 가난한 난민들을 위한 병원에, 10크라운은 사촌의 딸에게 남기고, 그 나머지는 모두 자신의 동생인 앙투안과 그 자녀들에게 유산으로 남겼다. 사돌레토 추기경은 변장을 하고 (1547년경) 제네바를 지나가면서 칼빈이, 주교 관저에서 하인들을 거느리고 살지 않고, 매우 소박한 집에 살면서 직접 문을 여는 모습을 보고는 놀랐다.[10] 교황 피우스 4세는 칼빈의 죽음에 대해 듣고는 이런 헌사를 바쳤다.

> 이 이단자의 장점은 물욕이 전혀 없는 사람이라는 것이다. 만약 내게도 그와 같은 봉사자가 있다면 나의 지배력이 바다에서 바다 끝까지 미칠 것이다.

이런 점에서 모든 종교개혁자들은 사도들의 참된 계승자들이었다. 이들은 모두 가난했지만 많은 사람들을 부요하게 하였다.

칼빈은 이러한 미덕에 부분적으로 그림자를 드리우는 결점들도 가지고 있었다. 그는 성미가 급하고, 화를 잘 내고, 비판적이고, 모순되는 것을 보면 참지 못하고, 로마 가톨릭교도들과 이단자들에 대해 불관용적이고, 어느 정도 가혹하고 까다로운 사람이었고, 복수심도 없지는 않았다. 그는 부처에게 보낸 편지에서, 그리고 임종시에 자신 안에 있는 "분노의 야수"를 길들이기 힘들었음을 고백하고, 자신의 약점을 용서해 달라고 청하였다. 그는 자신이 종종 "과도하게 분노" 한 것을 참아 준 의원들에게 감사를 표하였다. 그의 불관용은 그의 확신의 강렬함과 진리를 향한 그의 열망에서 비롯되는 것이었다. 이것은 불행하게도 세르베투스의 비극에서 정점에 달하였다. 비록 이 일이 그 당시의 법률과 여론에 의해 정당화될 수 있는 일이라고 할지라도, 비판받고 정죄되어야 마땅한 사건이다. 관용은 근대적인 미덕이다.

칼빈은 종종 논쟁적인 글에서 자신의 대적자들을 상대로 경멸적이고 비정한

---

10) 이 사건은 Drelincourt, Bungener 등에 의해 전해졌으며, 제네바 사람들은 그대로 믿었다.

표현을 사용하였다. 이 일이 옹호될 수는 없는 것이지만, 그는 당시의 많은 사람들처럼 상스럽고 저속한 욕설을 사용한 일은 결코 없었다.[11]

그는 종종 냉정하고 가정적인 애정과 사회적인 애정이 결핍되어 있다고 비판을 받았지만, 이것은 상당히 부당한 비판이다. 그의 결혼과 가정생활에 관해 쓴 글과 아내와 하나뿐인 아이의 죽음에 대해 쓴 편지는 정반대의 사실을 보여주고 있다.[12] 이러한 비난은 영원한 유기라는 그의 암울한 교리로부터 잘못 유추된 것이다. 하지만 이 교리는 그 자신에게도 그리 유쾌한 것이 아니었으며, 만약 그렇지 않았더라면 그가 이를 "끔찍한 교리"라고 칭하지도 않았을 것이다. 경험에 따르면, 오늘날에도 가장 엄격한 형태의 칼빈주의가 상냥하고 우호적인 성향의 기독교인들에게서 나타나는 예가 적지 않다. 그는 엄숙하고, 위엄이 있고, 내성적이며, 낯선 사람들을 가까이 하지 않았으나, 베자가 전하는 바처럼 사람들 사이에서는 명랑했으며, 인간의 자연적인 나약함에서 비롯되는 악행들에 대해서는 너그러웠다. 그는 친구들을 동등한 존재로, 공손함과 남성적인 솔직함으로, 또한 사랑이 넘치는 자애로움으로 대하였다. 그들 모두가 이 사실에 대해 증인이며, 이들 또한 그만큼이나 그에게 진실했으며 애정이 깊었다.

프랑스 순교자들은 자기들로 하여금 인내심과 용기를 가지고 투옥과 고문을 이겨낼 수 있도록 힘을 준 데 대해 감사를 표하는 편지를 그에게 보내었다. 기조 (Guizot)는 "그는 사람들의 비위를 맞추려 하지 않고도 최상의 인물들로부터 헌신적인 사랑을 받았고 모든 이들의 존경을 받았다"고 말하고 있다. 트위디 (Tweedie)는 이렇게 말한다. "그는 죄나 죽음이 아니고서는 끊을 수 없는 끈들로써 사람들을 자신에게 묶어 낼 수 있는 신비롭고도 설명할 수 없는 그런 힘을 지니고 있었다. 그들은 그의 입술에서 나오는 한 마디 한 마디를 다 소중히 여겼다."

그의 충실한 친구들 가운데는 당대의 최고의 남자와 여자들이 상당수 포함되어 있었다. 이들은 서로 다른 성품과 기질을 소유하고 있었으며, 파렐, 비레, 베자, 부처, 그리나이우스, 불링거, 녹스, 멜란히톤, 마르가리타 여왕, 그리고 르네 공작 부인과 같은 사람들이 이에 속한다. 엄청난 양의 그의 편지들은 그의 지성

---

11) 이 책 118절과 비교.
12) 이 책 92절 참조.

뿐만 아니라 그의 심성까지도 잘 보여주는 기념비적인 것으로, 그에 대한 모든 중상모략에 대해 충분한 논박이 되고 있다. 예정론과 자유 의지에 관해 상이한 견해를 가졌는데도 불구하고 그는 세상을 떠난 친구인 멜란히톤에 대해 얼마나 따뜻하게 언급하고 있는가.

> 지금은 하나님의 품 안에서 그리스도와 함께 살고 있는 당신에게 호소합니다. 그곳에서 당신은 우리가 당신과 함께 거룩한 안식에 동참하게 될 때까지 우리를 기다리고 있습니다. 일에 지치고 골치 아픈 일들에 짓눌릴 때 당신은 내 가슴에 다정하게 머리를 기대고 '이 품 속에서 죽을 수만 있다면!' 이라고 수백 번 말하지 않았습니까. 이후로 저는 우리가 함께 있을 수 있다면 하고 수천 번이나 소망했던 것입니다.

루터가 츠빙글리주의자들과 취리히 사람들에게 최후의 세찬 비난을 퍼부었을 때(1544) 그가 불링거에게 "루터가 얼마나 위대한 인물이고 그의 은사가 얼마나 뛰어난 것인가"를 잊지 말라고 권면해 준 것은 또 얼마나 멋진가. 그리고 그의 오랜 친구인 파렐에게 보낸 작별의 편지(1564년 5월 2일)는 얼마나 감동적인가.

> 잘 계시오, 나의 가장 절친하고 진실된 형제여! 당신이 이 세상에서 나보다 더 오래 사는 것이 하나님의 뜻이니만큼, 부디 우리의 우정을 잊지 말고 사십시오. 우리의 우정은 하나님의 교회에 유익했으므로, 그 열매가 천국에서 우리를 기다리고 있습니다. 저로 인해 슬퍼하지 말고 기도해 주십시오. 이제는 숨을 쉬는 것도 힘이 들어서, 저는 매순간마다 마지막이 되기를 바라고 있습니다. 그리스도를 위해 살다가 죽는 것으로 제게는 충분합니다. 그분은 삶과 죽음 모두에서 그를 따르는 자들의 상급이 되십니다. 다시 한 번 형제여, 작별을 고합니다.

칼빈은 또한 자연과 예술의 아름다움을 느낄 줄 모르는 자라는 부당한 비난도 받았다. 실제로 그가 자신이 살고 있던 지역의 아름다움에 관해 구체적으로 언급한 것을 찾기는 어렵다. 아름다운 레만 호숫가, 론 강의 속삭임, 샤모니에 위치한 거산들의 눈 덮인 봉우리에 대한 어떠한 언급도 없다. 하지만 다른 종교개혁자들의 저술들에도 마찬가지로 그러한 언급은 거의 없으며, 스위스의 아름다움은 18세기 말엽에 할러, 괴테, 실러가 주목할 때까지 그 진가를 제대로 인정받지 못하였다. 그러나 칼빈은 창조의 경이에 대해 생생하게 감지하고 있었으며 이에 대해 적어도 한 번 이상 언급하였다. 그는 이렇게 말하고 있다.

> 이 세상이라는 아름다운 극장 어디에서나 자신을 드러내고 있는 하나님의 작품들로부터 경건한 기쁨을 얻는 일을 소홀히 여기지 말도록 하자.

그리고 그는 다음과 같은 점을 지적하고 있다.

> 하나님께서는 마치 거대하고 화려한 저택을 꾸미시듯이, 하늘과 땅을 최대한으로 풍성하고 다양하고 아름다운 모습으로 장식하셨다. 절묘하게 많은 것들로써 구비해 주셨으며, 인간에게 뛰어난 아름다움과 무수하고 위대한 특권들을 허락하사 구별하셨으므로, 우리는 인간에게서 그의 걸작품을 볼 수 있는 것이다.[13]

그는 루터와 츠빙글리와 같이 음악과 시에 취미가 있었다. 그는 슈트라스부르크와 제네바에서 회중 찬송을 도입했으며, 이에 대해 그는 "심장에 불을 붙여서, 기도하고 싶은 열정으로 타오르게 하는 뛰어난 방법"이라고 묘사하였다. 이것은 이후에 개혁파 교회들의 예배에서 가장 중요한 한 부분이 되었다. 그는 또한 시편의 내용으로 몇 개의 시가를 만들었으며, 자신의 생애 전체를 바쳐서 섬겼던 구세주를 위한 감미로운 찬송을 작사하였다.

---

13) *Institutes*, I. 14장, 20절. 창조에 관한 이 장 전체에 하나님이 만드신 우주의 아름다움과 질서에 대한 찬양으로 가득 차 있다.

제 19 장

테오도르 베자

167. 회심하기까지 베자의 생애

Sources : Beza's Correspondence, mostly unprinted, but many letters are given
in the *Beilagen zu* Baum's *Theodor Beza* (see below), and in Herminjard's
Correspondance des réformateurs dans les pays de langue française (vols. VI.
sqq.) ; and his published works (the list to the number of ninety is given
in the article " Bèze, Théodore de," in Haag, *La France Protestante*, 2d
ed. by Bordier, vol. II., cols. 520–540). By far the most important of
them are, his *Vita J. Calvini*, best ed. in Calvin's *Opera*, XXI., and his
Tractationes theologicæ (1582). He also had much to do with the *Histoire
ecclésiastique des églises réformées au royaume de France*, best ed. by Baum,
Cunitz, and Rodolphe Reuss (the son of Edward Reuss, the editor of
Calvin), Paris, 1883–1889. 3 vols. small quarto.

Antoine de La Faye : *De vita et obitu Th. Bezæ*, Geneva, 1606. — Friedrich
Christoph Schlosser : *Leben des Theodor de Beza und des Peter Martyr
Vermili*, Heidelberg, 1809. — *Johann Wilhelm Baum : *Theodor Beza
nach handschriftlichen Quellen dargestellt*, Leipzig, I. Theil, 1843, with
Beilagen to bks. I. and II. II. Theil, 1851, with *Anhang die Beilagen
enthaltend*, 1852 (unfortunately this masterly book only extends to
1563). — *Heinrich Heppe : *Theodor Beza.* *Leben und ausgewählte
Schriften*, Elberfeld, 1861 (contains the whole life, but is inferior in
style to Baum). — Art. *Beza* by Bordier in *La France Protestante*.

Jérome Bolsec : *Histoire de la vie, mœurs, doctrine, et déportements de Théodore
de Bèze*, Paris, 1582; republished by an unnamed Roman Catholic in
Geneva, 1835, along with Bolsec's " Life of Calvin," to counteract the
effect of the celebration of the third centennial of the Reformation. It
has no historical value, but is a malignant libel, like his so-called " Life
of Calvin," as this specimen shows : " *Bèze, toute sa jeunesse, a été un très-
débauché et dissolu, sodomite, adultère et suborneur de femmes mariées* [Bolsec
elsewhere asserts that Claudine Denosse was married when Beza seduced

her], *larron, trompeur, homicide de sa propre géniture, traître, vanteur, cause et instigateur d'infinis meurtres, guerres, invasions, brûlemens de villes, palais et maisons; de saccagemens de temples, et infinies autres ruines et malheurs"* (ed. 1835, p. 188).

Much use has been made of the allusions to Beza in HENRY M. BAIRD's *Rise of the Huguenots* (New York, 1879), and *Huguenots and Henry of Navarre* (1886), also of the article on "Bèze, Theodore de," in Haag, *La France Protestante*, mentioned above. See also Principal CUNNINGHAM: *The Reformers*, Edinburgh, 1862; "Calvin and Beza," pp. 345–413 (theological and controversial).

스위스 종교개혁의 역사는 칼빈의 신실한 친구이자 계승자인 테오도르 베자를 언급하지 않고서는 끝이 날 수 없다. 그는 17세기 초엽까지 제네바와 프랑스에서 사역하였다.

유서 깊은 부르고뉴 공국에 베즐레 마을이 자리잡고 있다. 이곳은 한때 대회합이 이루어졌던 곳으로서, 1146년에 루이 7세와 그의 봉신들이 이곳에 왔을 때, 이들에게 베르나르가 이교도들의 손에서 예수의 무덤(Holy Sepulchre)을 탈환해야 할 책무에 대해 너무나도 설득력 있게 설교해서 국왕과 그의 기사들이 이곳에서 십자군 원정을 하기로 맹세하였던 것이다. 44년이 지난 뒤에(1190년) 같은 장소에서 프랑스의 필립 아우구스투스와 영국의 사자왕 리처드(Richard the Lionheart)도 이와 유사한 탄원을 듣고 똑같은 맹세를 하였다.

마을은 성 주변에 형성되어 있었는데, 이 성에는 1519년 부유한 지방 행정관이자 공국의 명문가 후손인 피에르 드 베자(Pierre de Besze)[1]가 살고 있었다. 그의 아내 마리 부르델로는 사랑스러운 여자로 학식 있고 인정 많기로 유명하였다. 이들은 이미 아들 둘과 딸 넷을 두고 있었는데, 바로 그 해 1519년 6월 24일에 세상 끝날까지 그 이름을 떨칠 또 다른 아들이 태어났다. 이 아들은 테오도르라는 세례명을 받았다. 이렇게 해서 미래의 종교개혁자가 좋은 가문에서 태어났으니, 이 사실은 그가 이후에 국왕들과 영주들, 그리고 귀족들과 사교계 인사들 앞에서 프로테스탄트 신앙을 변증할 때마다 지적된 사실이다.

하지만 장차 그가 감당해야 할 역할을 위한 섭리적인 준비는 이러한 출생의

---

1) Besze는 베자의 서명에 나타나는 옛 철자이다. 근대 프랑스어로는 Béze, 영어와 독일어로는 라틴식인 Beza를 사용한다.

테오도르 베자

상황 너머까지 확장되었다. 좋은 양육이 뒤따랐다. 그의 어머니는 그가 세 살이 채 안 되어서 돌아가셨는데, 이때 테오도르는 이미 아버지 집에 살고 있지 않았다. 그의 삼촌 중 하나인 파리 의회의 의원 니콜라스 베자가 그를 파리로 데려가서 양자로 삼았기 때문이다. 니콜라스는 테오도르를 너무나 사랑하여, 그가 배울 나이가 되자 돈과 영향력을 사용하여 최고의 교사들을 구해 주었다. 소년은 조숙했으며, 삼촌은 그의 공부가 진전되는 것을 보고 기쁨을 감추지 못하였다. 하루는 오를레앙에서 온 왕실 추밀원 의원 한 사람을 식사에 초대하였다. 대화가 테오도르의 장래 문제에 이르자, 손님은 이 소년을 가르칠 최상의 인물로 오를레앙의 그리스어 학자인 멜키오르 볼마르를 추천하였다. 그는 칼빈의 스승이기도 했다. 삼촌은 이 말을 유심히 듣고 테오도르를 그곳으로 보내어 볼마르 문하에서 교육받도록 하였다. 이것은 1528년의 일로서, 테오도르는 겨우 아홉 살이었다. 테오도르는 1535년까지 볼마르와 함께 생활하였는데, 처음에는 오를레앙에서, 나중에는 부르주에서 지냈다. 그러는 동안 그에게서 많은 것을 배웠을 것은 의심의 여지가 없다. 볼마르에게 배운 것 중 일부는 그의 아버지나 보베 지역에 있던 프루아몽의 시토회 수도원장이었던 삼촌 클로디우스의 마음에 전혀 들지 않았다. 볼마르는 당대의 많은 진지한 학자들과 마찬가지로 로마 교회와의 관계를 끊고 루터에 의해 주창되어 프랑스에 일대 소동을 일으키기 시작한 새로운 사상을 받아들였기 때문이다. 그의 삼촌 클로디우스는 형 니콜라스가 1532년 11월 29일에 죽자 테오도르의 교육을 감독할 책임을 맡았다. 볼마르는 이러한 새로운 사상들을 지지한다는 것이 알려져서 결국 1535년 독일로 도망할 수밖에 없었다. 이렇게 해서 이 미래의 개혁자는 가장 예민하고 민감한 시기에 그리스도의 의(義) 안에서 믿음에 의한 칭의의 교리를 배우게 되었고, 로마 교회의 부패상에 관해 많은 이야기를 들었으며, 로마 교회가 자신의 가르침과 다른 생각을 가진 사람들을 죽이기 위해 행한 박해들을 목격하였다.

그가 새로운 사상의 옹호자가 될 것이라는 생각은 그 아버지와 삼촌뿐 아니라 테오도르 자신에게도 전혀 없었다. 그를 위해 예비된 길은 삼촌 니콜라스가 출중함을 보였던 법률관계 일이었다. 이 목적을 위해 그는 오를레앙의 대학에 보내졌다. 비록 매우 어렸지만 그는 주목을 끄는 학생이었다. 그는 독일파에 가입하여, 빠른 시일 내에 사람들의 총애를 받았다. 당시에 대학의 학생들은 출신에 따라 파벌을 이루고 있었는데, 부르고뉴는 독일의 일부로 간주되었었다. 하지만 그는 단지 좋은 교우 관계를 유지하는 데만 몰두하지 않았다. 그는 열심히 공부하여서, 1539년 8월 11일에 변호사 자격증의 영예를 획득하였다.

이렇게 해서 20살이 된 베자는 파리로 와서 아버지의 바람대로 법학을 더 공부하게 되었다. 하지만 자신이 법학 공부에 별 뜻이 없다는 판단이 들고 이것이 도무지 극복될 수 없는 것이라고 생각했기 때문에, 베자는 결국 먼저 삼촌을 설득한 다음 아버지를 설득하여 문학을 공부할 수 있게 되었다. 이는 이후에 개혁파 교회에 아주 큰 도움이 되었다. 하지만 이 당시에도 그는 자신이 장차 어떤 일을 하게 될지 조금도 눈치채지 못하였다. 그는 삼촌 클로디우스의 영향력으로 두 개의 성직을 차지하여 그로부터 상당한 수입을 거두어 들였으며, 1541년에는 형의 죽음으로 한층 풍족해졌다. 문벌이 좋고, 학자이자, 재치가 있는 사람이고, 시인이고, 미남이고, 친절하고, 호감을 주는 그는 당시 최상류 파리 사람들과 동등하게 어울렸으며, 공인된 지도자 중 하나였다.

그가 혼탁한 생활을 벗어나지 못했다는 것은 그 자신도 고백한 바가 있지만, 큰 죄를 범한 일은 없다고 분명하게 밝혔다.[2] 1544년 그는 친구이자 저명한 법률가들인 로랑 노르망디와 장 크레스팽이 지켜보는 가운데, 한 시민의 딸인 클로딘 데노즈와 비밀 결혼식을 올렸다. 이때 그는 상황이 좋아지면 그녀와 공개적인 결혼식을 올리겠다고 선언하였다. 그가 비밀 결혼식을 한 것은 봉록이 나오는 성직을 그대로 유지하기 위해서였다. 그러나 그는 그녀를 진정으로 사랑했으며, 그녀가 자신에게 그러했듯이 그녀에게 충실하였다. 그가 교제를 나누는 사람들 사이에서 이 두 사람의 관계는 크게 문제될 것이 없었다. 이들이 40년간을 함께 행복하게 산 것을 보면 이들이 진정한 사랑을 좇아 산 것이지 스쳐 지나가는 연애 감정에 휩쓸린 것은 아니라는 것을 알 수 있다.

1548년 그는 유명한 시 모음집인 「유베닐리아」(*Juvenilia*)를 출간하였다. 이 책은 그를 당대의 제일가는 라틴 시인의 반열에 올려놓았으며, 많은 사람들이 이를 칭송하였다. 그는 이 책을 볼마르에게 헌정하였다. 그는 누군가가 자신의 시를, 그것도 도덕적인 이유로 검열하리라고는 꿈에도 생각지 못했다. 그렇지만 정확히 바로 그런 일이 일어났다. 쓸데없는 호기심에 사로잡힌 사람들이 그가 의도하지도 않았던 의미들을 행간에서 찾아내고, 그가 생각으로도 범한 적이 없

---

2) Baum, I. 60-63.

는 죄들을 짜낸 것이다. 그리고 이후에 그가 개신교를 표명하자 이 사태는 더욱 험악해졌다. 그가 개혁파 교회의 지도자가 되었기 때문에, 자유사상가들과 방종하게 사는 사람들, 그리고 옛 신앙을 고수하는 사람들은 그가 세속적이고 화려한 생활을 하던 시절에 자신들의 언어를 사용하였으며 자신들만큼이나 이교적이고 부도덕하였다는 사실을 지적하였다.

그의 책은 가까스로 팔려 나가기 시작하고, 그에 대한 칭송도 조금씩 들려오기 시작하자, 베자는 중병이 들었다. 죽음에 직면한 베자는 각종 양심의 가책에 시달렸다. 자신이 내심으로는 프로테스탄트 신자였음에도 불구하고 신실한 가톨릭 교회의 아들인 양 교회의 봉록을 받는 이중성을 보였다는 점, 자신의 진실한 의견을 숨기는 겁쟁이였다는 점, 4년 전에 비밀리에 결혼한 여성에게 자발적으로 한 약속을 지키는 데 태만했다는 점, 그리고 사적인 생활과 공적인 생활에서의 일반적인 일들에 대한 것이었다. 그는 볼마르의 가르침도 상기하였다. 이 세상은 매우 공허하게 여겨졌으며, 칭송과 명예도 넌더리가 났다.

그는 보다 높고, 보다 순결하고, 보다 고귀한 삶으로의 부르심에 귀기울였으며, 이에 순종하였다. 그리고 아직 채 병에서 회복되지 않았음에도 불구하고 그는 부친과 조국을 뒤로 하고, 부와 명예도 버리고, 그에게 영광과 시련을 안겨 주었던 도시를 떠나 클로딘 데노즈와 함께 스위스 국경을 넘어[3] 1548년 10월 23일에 제네바 시에 이르렀다. 그가 필시 이 도시에 매료되었는데, 그것은 자신의 비밀 결혼식의 증인 중 하나였던 그의 절친한 친구인 장 크레스팽이 자신과 마찬가지로 종교적인 이유로 이곳으로 피난을 와서 살고 있었고, 장 칼빈도 거기 살고 있었기 때문이다.

베자는 개혁파 교회에 참여하게 된 그 순간부터 영리하고 재치있고 자유로운 르네상스 시인의 모습에서 벗어나서 교회 모든 일에 있어 지도자이자 개신교의 핵심 인사 중 하나가 되었다.[4]

---

3) 그는 Thibaud de May라는 가명을 사용하였다.

4) 그는 프로테스탄트였기 때문에 파리를 떠난 사실로 인해 파리 의회로부터 사형 선고를 받았으며, 그의 전 재산을 국가에 몰수당하였다(1550년 5월 31일). 1564년 그는 프랑스 개혁교회의 수장이었음에도 불구하고 왕의 특별 명령에 의해 재산을 되돌려 받았다.

168. 로잔에서의 베자, 그리고 독일 영주들에게 파견된 사절로서의 베자

칼빈을 만나고 나서 베자가 가장 먼저 한 일은 교회에서 클로딘 데노즈와 결혼하는 일이었다. 그러고 나서 그는 생계를 위해 직업을 찾았다. 그는 한동안 크레스팽과 인쇄업을 할까 생각했다. 하지만 튀빙겐에 있던 볼마르를 만나고 돌아오는 길에 로잔을 지나면서 피에르 비레의 환대를 받고 설득을 당하여, 1549년 11월 6일에 그곳 학당에서 그리스어 교수가 되어,[5] 상당히 유용하고 영향력있는 경력을 쌓기 시작했다. 그는 로마서와 베드로 서신들에 대해 공개 강의를 통하여 성경적인 지식뿐만 아니라 자신의 열정을 보여주었다. 그리고 그는 클레망 마로가 시작한 시편 번역을 계속해 나가고, 아브라함의 희생 제사에 대해 고전적으로 구성한 드라마도 출판함으로써 자신이 아직도 시인이고, 그것도 르네상스 시인이며, 이는 일반적인 의미에서가 아니라 오직 종교적인 의미에서(부흥이 아니라 재생의 의미에서) 그러하다는 것을 보여주었다.[6] 이것들은 모두 프랑스어로 이루어졌다.

로잔에 머무는 동안 베자는 전염병을 앓았다. 칼빈은 1551년 6월 15일자 편지에서 파렐에게 이에 대해 쓰면서, 베자의 성품을 칭찬하고 있다.

저를 형제보다 더 사랑하고 아버지와 같이 존경하는 그의 사랑을 갚지 않는다면 저는 사람도 아닐 것입니다. 하지만 저는 그가 한창때에 갑자기 세상을 떠날 경우 교회가 입게 될 손해를 더 걱정하고 있습니다. 저는 그가 성품이 아름답고 고상하며 행동거지가 정결하며 도량이 넓어 모든 의로운 사람들에게 사랑을 받는 사람이라는 것을 알고 있기 때문입니다. 하지만 저는 우리의 기도가 응답되어 그가 우리에게 돌아오게 되기를 바랍니다.

---

5) 그와 함께 라틴어를 가르친 교수는 저명한 Francois Hotman인데, 그는 후일 제네바에 법률 학교를 창설하였다.

6) 이 연극은 로잔 아카데미의 학생들에 의해 공연되었으며, 여러 나라 언어로 번역되었다.

그 당시 로잔은 베른의 지배를 받고 있었다. 따라서 로잔은 제네바와 베른의 동맹 관계에 각별한 관심을 가지고 있었으며, 1년간의 공백기를 겪고 나서 1557년 이 동맹이 재개되었을 때 베자는 이를 하나님의 섭리로 간주하였다. 1557년 봄에 이웃에 있는 발도파에 대한 박해가 시작되자, 베자와 파렐은 박해받는 자들을 위한 관심에서 독일인 성직자들의 지명을 받고 베른으로부터 특별한 허가를 받아 스위스와 독일의 프로테스탄트 영주들을 방문하기 시작했다. 이들은 프로테스탄트 신자들을 연합시켜 프랑스 왕에게 호소하고자 하였다. 베자는 이때 38살이었으며, 8년간 교사와 설교자로 성공적으로 사역한 경험이 있었다. 따라서 그는 성숙한 나이에 이르렀고 세인들의 인정도 받고 있었다. 하지만 그가 특별히 선택을 받은 것은 그의 귀족적인 배경과 궁정 생활에 익숙한 과거 때문이었다. 그는 자신에게 안성맞춤인 일을 시작하는 사람처럼 이 일을 흔쾌히 받아들였다. 이렇게 해서 베자는 프랑스의 개신교를 위해 독특하고도 매우 귀한 사역들을 제공하는 여정의 첫걸음을 내딛게 되었다.

이 두 사람의 사절은 가는 곳마다 호의적인 인상을 남겼다. 루터파들은 비록 처음에는 공공연한 칼빈의 찬미자요 추종자인 이들을 의심의 눈초리로 바라보았지만 나중에는 각별히 반겨 주었다. 이들이 자신들의 목표를 이루었고, 따라서 프로테스탄트 영주들과 주들이 연합하여 비록 그 효과는 크지 않다 하더라도 박해받는 발도파를 위해 프랑스 왕에게 호소할 것이라고 생각하면서 기쁨에 차서 돌아왔을 때, 이들은 1557년 5월 14일 괴팅겐에서 자신들의 성찬론에 관해 밝히면서 루터파과 의견이 일치되는 면들은 강조하고 이견이 있는 부분들은 간과한 바가 있었는데, 이에 대해 명확하게 해명하라는 요구에 직면하였다.[7] 이 일은 평화를 이루려는 노력에서 비롯된 것이었다. 이들은 무익한 논쟁에 빠져서 자신들의 기독교적인 사역을 그르치는 것은 부끄러운 일이라고 생각했고, 그러한 생각은 옳았다. 그러나 신학적 반감으로 인해 이들은 친구들로부터 진리에 충실치 못했다는 비난을 받게 되었다! 하지만 칼빈이 나서서 베자의 행동을 변호해 주자 곧 논란이 그치게 되었다.

이렇게 해서 베자의 명성은 대체로 큰 손상을 입지 않았으며, 적어도 칼빈의 눈으로 볼 때 거의 분명하였다.

---

7) Baum, I. 405-409.

1557년 9월 4일 저녁에 파리에서 3, 4백 명의 프로테스탄트들이 성찬식을 거행하기 위해 생 자크 거리에 조용히 모였다가 폭도들의 습격을 받았다. 이들은 모욕과 폭행을 당하면서 감옥으로 끌려갔다. 이들의 운명은 각처의 프로테스탄트들을 깊이 동요시켰으며, 베자는 몇몇 동료들과 함께 이전처럼 협조를 구하기 위해 다시금 프로테스탄트 주들과 영주들에게 파견되었다. 그들이 도움을 주기로 약속하고도 즉각적으로 그것을 실행하지 않았기 때문에, 그는 그 다음 해에 다시 그들을 방문해야 했다. 하지만 앙리 2세는 프로테스탄트 통치자들의 호소에 거의 관심을 기울이지 않았다.

169. 제네바에서의 베자

1558년 제네바 시는 고등학교를 설립하였으며, 베자는 칼빈의 제안에 따라 그리스어 교수직에 초빙되었다. 비레와 동료들에게는 아주 유감스러운 일이었지만, 그는 이를 수락하였다. 그는 다양한 이유들 때문에 이렇게 결정하였는데, 그 가운데 가장 핵심적인 것은 비레가 로잔에 제네바 교회의 치리를 도입하여 세움으로써 야기된 어려움 — 이로 인해 결국 베른과의 사이가 틀어졌고 로잔의 통치자와도 불화하게 되었다 — 에서 벗어나고 싶었고, 프로테스탄트 진영을 연합시키고자 한 그의 선의에서 비롯된 골칫거리들로부터도 벗어나고 싶은 열망 때문이었다. 그리고 아마도 칼빈 옆에서 일해보고 싶은 마음도 컸을 것이다. 그는 칼빈을 정말 깊이 존경하고 있었으며, 그의 교리들을 단호하고도 진심으로 지지하였다. 베자는 명예롭게 로잔을 떠나 제네바로 갔으며, 그곳 형제들에게서 따뜻한 신뢰를 받았다. 1559년 6월 5일 학당이 문을 열자, 그는 교장직을 맡게 되었다. 이렇게 해서 40살에 그는 최종적인 거주지에서 마지막 사역들에 착수하게 되었다. 그 이후로 그는 칼빈의 사역과 불가분의 관계를 갖게 되었으며, 제네바에서 아무리 멀리 그리고 자주 떨어져 있더라도, 그의 마음은 항상 제네바에 있었다.

칼빈의 추천에 따라 베자는 제네바 시민권을 획득하였으며, 곧(1559년 3월 17일) 이곳 교회 중 하나를 맡아 목회하게 되었다.[8] 하지만 새로운 일을 맡게 될수록 그의 능력과 열정이 발현되었다. 학당과 교회는 그의 빈틈없는 보살핌 아래 융성하였으며, 칼빈은 자신의 새 동역자가 무척 귀중한 존재라는 것을 알게 되었다. 곧 그의 외교적 능력이 요구되었다. 파리 의회의 의장 안 뒤 부르(Anne du Bourg)가 앙리 2세 앞에서 대담하게 자신의 프로테스탄트 신앙을 고백하여 체포되는 사건이 일어났다. 칼빈은 이 소식을 듣고 베자를 팔츠의 선제후 프리드리히 3세에게 파송하여 그의 관심을 촉구하였다. 그 결과로 선제후는 뒤 부르를 하이델베르크에 있는 대학의 법학 교수로 초빙하였다. 하지만 이러한 중재안은 아무런 소용이 없었다. 뒤 부르는 재판을 받고 1559년 12월 23일 처형되었다.

이 일을 마치고 돌아온 지 얼마 되지 않아서 베자는 1560년 7월 20일 다시금 파견되었다. 하지만 사안은 아주 다른 것이었다. 기즈 가에 의해 세력을 박탈당한 콩데 왕자(Prince de Condé)는 네락(Nérac)으로 도망쳤다. 그는 나바라의 왕 동생 앙투안 드 부르봉–방돔을 프로테스탄트 진영에 합류시키고자 하였다. 칼빈은 서신을 통해 이미 이 결단력이 부족하고 변덕이 심한 왕에게 감동을 준 바가 있지만, 콩데는 동생을 설득하여 베자를 불러오게 하였다. 베자는 달변과 궁정에 맞는 행동거지로 왕의 마음을 사로잡았고, 왕은 이제 다시는 미사를 드리지 않겠고 프로테스탄트 운동을 위해서 자신이 할 수 있는 일이라면 무엇이든 하겠다고 선언하였다. 그러나 그의 열심은 너무 짧은 기간만 지속되었다. 자신의 형제인 부르봉의 추기경이 도착하자마자 그와 왕비 잔 달브레 — 이후에 신실한 프로테스탄트 신자가 되었다 — 는 네락의 코르들리에 수도원에서 미사를 드렸다. 앙투안이 약속을 지키지 않고 곧 가톨릭파의 수중에 떨어질 것이라고 판단한 베자는 10월 17일에 조용히 그를 떠나, 많은 위험을 뚫고 11월초에 제네바에 도착하였다. 이 여행은 3주나 걸렸으며, 대부분 밤에 이루어졌다.[9]

170. 푸아시 회의에서의 베자[10]

---

8) 비레는 1559년 1월 13일 그를 따라 제네바로 가서 그의 동역자가 되었다.

9) Baum, II. 122. 안타깝게도 이에 대한 베자의 기록은 남아 있지 않다.

10) Baum, II. 168-419에 푸아시 회의의 전말이 정확하게 다루어지고 있지만, 여기서는 간략하게 살펴볼 수밖에 없다.

베자는 이제 프랑스의 모든 개혁파 신자들로부터 가장 탁월한 웅변가요 칼빈 다음으로 저명한 신학자로 인식되었다. 그는 많은 뛰어난 사역들을 통해 이러한 지도적인 위치를 점하게 되었다. 따라서 황태후 카트린이 프랑스 가톨릭의 고위 성직자들과 프로테스탄트의 가장 학식있는 목사들을 모아 토론회를 개최하고자 했을 때, 파리의 목사들은 콩데 왕자, 콜리니 제독, 나바라 왕의 동의 하에 베자에게 어서 와서 자신들의 지도자가 되어 달라고 간청하였다. 처음에 그는 이를 사양하였다. 하지만 재차 더욱 시급한 요청이 오자 이에 응하여 1561년 8월 22일에 파리로 갔다. 이는 1548년 10월 급히 이곳을 떠난 후 13년 만의 일이었다. 예비적인 만남은 파리 남부 수마일 떨어진 곳에 위치한 센 강변의 유명한 생제르맹-앙-레 성에서 이루어졌다. 그는 8월 23일 이곳에 모습을 드러내었다. 그날 저녁에 그는 나바라 국왕의 거처로 불려가 황태후와 기타 고위 관리들이 배석한 가운데 로렌의 추기경과 첫번째 토론을 벌였다. 주제는 화체설이었다. 추기경은 베자의 상대가 되지 못하였고, 무력한 변론을 펼치다가, 교리가 화해를 방해해서는 안 된다는 말만 남기고 더 이상의 토론을 포기하였다.

1561년 9월 9일 화요일에, 이 회의에 참석했던 양측은 3마일 가량 떨어진 푸아시에 있는 수녀들의 커다란 식당에서 모였다. 여기서 실제적인 어떠한 논쟁도 펼칠 수 없다는 것이 곧 명백해졌다. 가톨릭 측이 모든 이점들을 장악하고 마치 재판관처럼 행동하였다.[11] 토론이 어떻게 진행되든지 간에 가톨릭측의 승리라는 판결이 내려질 것은 기정사실이 되어 있었다. 그럼에도 불구하고 베자와 그 일행들은 형식적인 논쟁에 임해서, 용감하게 자신들의 의견을 주장하였다. 그들은 먼저 자신들의 독특한 방식대로 무릎을 꿇었고, 베자는 칼빈의 제네바 예배 의식에서 사용되는 죄의 고백으로 시작하는 기도를 하였다. 그런 다음 그는 회중들에게 양측의 일치점과 차이점에 관해 설명하였고, 청중들은 조용히 경청하였다. 하지만 그가 성찬식에서 그리스도의 몸은 마치 천국이 땅에서 멀리 떨어져

---

11) 프로테스탄트 신자들은, 주교들이 소송 당사자이면서 동시에 재판관일 수는 없고, 논쟁 중인 문제들은 오직 하나님의 말씀에 의해 결정되어야 하며, 양측이 서명하지 않은 회의록은 인정되어서는 안 된다는 것을 요구하였는데, 이는 전적으로 정당한 것이었음에도 불구하고 모두 거부되었다. 12명의 프로테스탄트 목회자들은 모두 뛰어난 사람들이었지만 마치 피고석에 불려나온 피의자와 같은 취급을 받는 모욕을 당하였다. 이들과 고위 성직자들 사이에 난간이 설치되어 있었다.

있는 것만큼이나 성찬식의 떡에서 멀리 떨어져 있다고 하자, 가톨릭 고위 성직자들은 "신성모독이다!"라고 부르짖었고, 한동안 커다란 소동이 있었다. 베자는 이 불쾌한 말을 듣고도 계속해서 성찬에서의 그리스도의 영적인 임재를 주장하는 소견을 밝혔다. 하지만 소란이 너무 심해서 그의 말은 잘 들리지 않았다. 그렇지만 황태후는 소란에 굴복하지 않고 베자의 말을 듣고자 하였고, 그래서 그는 말을 마칠 수 있었다. 위그노들은 자신들이 승리를 거두었다고 주장하였지만 로마 가톨릭은 위그노들이 간단히 완벽한 패배를 당하였다는 소문을 퍼뜨렸다. 가톨릭 고위 성직자들은 핵심 요지들을 서면으로 제출할 것을 요구하였으며, 이에 대해 그들은 9월 16일에 답신을 보내었다. 로렌의 추기경이 대변인이었다. 프로테스탄트들은 즉각 답변할 준비가 되어 있었지만, 그들에게는 답변할 수 있는 기회가 주어지지 않았다.

9월 24일에 세 번째 회의가 열렸지만, 이번에는 커다란 식당이 아니라 수녀원장의 작은 방에서 모였다. 네 번째 회의도 9월 26일 같은 장소에서 열렸다. 하지만 회의는 무질서한 토론장이 되어 버렸으며, 이 회의가 무익하다는 것은 모든 사람들에게 명백해 보였다. 황태후는 양자간의 의견의 일치를 볼 수 있으리라 생각하고, 그러한 합의를 도출하기 위해 최선을 다한 것이 사실이었다. 하지만 그 모든 것이 허사였다. 그녀가 그러한 기대를 했다는 것은 그녀의 종교적인 이해가 얼마나 피상적인 것이었는지를 여실히 보여주었다.

베자는 11월 초순까지 생제르맹에 머물렀다.[12] 그때 너무 피곤에 지치고 중병에 걸릴 우려가 있어서 그는 파리에서 휴식을 취하고자 하였다. 그곳에서 그는 이복형의 방문을 받았으며, 부친의 감동적이고 자애에 넘치는 편지도 받아보았다. 그의 아버지는 아들이 얼마나 영예로운 위치에 있는지 알게 되면서, 그가 이단 사상을 고수하고 있는 점을 용서하였고, 꼭 만나보고 싶다는 소망을 표하였다. 베자는 베즐레를 향해 출발하였으나, 중도에서 위기에 처한 프로테스탄트들이 그의 도움을 시급히 필요로 하고 있다는 전언을 들었다. 프랑스 전역에서 프로테스탄트들을 대상으로 한 폭력 사태가 벌어졌다는 것이다. 그래서 언제나 개인적인 문제보다 공적인 책무를 우선시했던 베자는 파리로 되돌아갔으며, 이후

---

12) 나바라의 왕인 콩데와 콜리니의 요청에 응하느라 그가 제네바를 떠나 있는 기간이 한층 연장되었다.

로 그의 아버지를 만나러 갈 수 있는 기회는 두 번 다시 찾아오지 않았다.

171. 위그노 지도자들의 자문관으로서의 베자

12월 20일에 각 의회의 대표들, 왕자들, 추밀원 의원들이 종교 문제에 대해 임시적으로나마 어떤 법령을 제안하기 위해 소집되었다. 이들은 1562년 1월에 회합을 가지게 되었다. 그렇게 해서 1562년 1월 17일 "일월 칙령"이라고 알려진 유명한 법률이 반포되었다. 이로 인해 위그노 신자들은 몇 가지 법적인 권리를 인정받게 되었는데, 그 중 가장 중요한 것은 낮에는 성 바깥에서 모여 예배를 드릴 수 있다는 것이었다.[13] 하지만 이들이 빼앗겼던 교회 건물들은 반환되지 않았으며, 새로운 건물을 짓는 것도 금지되었다.

비록 이 칙령이 프로테스탄트들의 권리에 훨씬 미치지 못하는 것들을 허용해 주고 있기는 하지만, 베자는 이것을 받아들이라고 권고하였으며, 이들은 이에 순종하였다.

1562년 1월 27일에 베자는 카트린의 명을 받아 다시금 생제르맹으로 가서 성상을 사용하는 문제와 성인 숭배에 대한 문제에 대해 가톨릭 신학자들과 토론하였다. 이전과 마찬가지로, 프로테스탄트와 로마 가톨릭 사이의 큰 간격이 드러났으며, 어쨌든 프로테스탄트들의 견해에 나름의 근거가 있음을 보여주었다는 점을 제외하고는 이 회의도 유익이 없었다. 그러나 3월 1일에 기즈의 공작이 바시 지방의 한 헛간에서 평화롭게 예배를 드리고 있던 수백 명의 비무장 프로테스탄트들을 학살했다는 놀라운 소식이 널리 퍼졌을 때, 이들은 평화를 지키고자 하는 소망을 품게 되었다. 당시 왕의 궁정이 몽소(Monceaux)에 있었으므로, 베자는 그곳에 파리 프로테스탄트들의 대표로 출두하여 나바라 왕에게 일월 칙령을 위반한 이 가증스러운 사건을 처벌하라고 요구하였다. 황태후는 이 요구를 호의적으로 받아들이면서 그대로 조처하겠다고 약속하였다. 하지만 왕은 이에 대해 거칠게 반응하면서 모든 책임을 프로테스탄트들에게 돌렸다. 기즈 공작을 향해 돌을 던짐으로써 자신들에 대한 공격을 유발시켰다는 것이다. 이에 대해

---

13) Baird, I. 576 이하.

베자는 "그렇다면 그는 돌을 던진 사람들만 처벌해야 했습니다"라고 말하였다. 그러고 나서 그는 다음과 같은 유명한 말을 덧붙였다.

> 폐하, 제가 대표하고 있는 하나님의 교회에 속한 사람들은 누가 때리면 참아야 하고 때리지 말아야 하는 것이 맞습니다. 하지만 또한 교회는 이미 여러 차례의 망치질을 견디어 낸 모루(anvil)라는 사실을 기억하시는 것이 좋을 것입니다.[14]

이제 내란이 발생하여, 콩데와 기즈가 서로 대립하였다. 그리고 원하지 않았지만 베자는 이에 상당히 관련될 수밖에 없었다.

싸움이 소강상태에 빠져 있을 때 제3차 개혁파 교회 전국대회가 4월 25일에 오를레앙에서 열렸다. 베자는 여기에 참석하였으며, 그가 번역한 시편이 거리에서 불려졌다.

기즈 가는 국왕 샤를에게 그 영내에서 이단들을 박멸하도록 적극적인 조처를 취해 달라는 청원을 한 바 있었다. 1562년 5월 20일 콩데의 왕자는 기즈 가의 청원에 대항하는 중대한 답변서를 발표하였다. 이 답변서는 실제로 베자가 작성한 것으로서, 그 논증과 설득력에 있어서 하나의 걸작이었다.

동맹군을 필요로 했던 콩데는 베자를 독일과 스위스로 보냈다. 베자는 먼저 슈트라스부르크에 들렀다가 바젤을 거쳐서 마침내는 9월 4일 금요일에 제네바에 도착하였다. 그와 칼빈 사이에 얼마나 진지한 대화가 이루어졌을 것인가! 그의 많은 친구들은 프랑스 개신교의 지도자가 되어 돌아온 그를 얼마나 반갑게 맞이했을 것인가!

베자는 이전의 생활 방식으로 돌아갔다. 2주일이 지나고 그가 막 학당과 제네바 교회를 위한 계획들을 실행할 만하다고 느끼기 시작할 무렵, 콜리니의 동생이요 독일 영주들의 대리인인 사절이 당델로(D'Andelot)에서 급히 도착하여 프랑스에 새로운 전란이 발생했다는 사실을 알렸다. 베자는 처음에는 고향에 머물고자 하였다. 자신의 존재가 위그노 군에게 별 도움이 되지 못할 것이라고 생각했기 때문이다. 하지만 칼빈이 그에게 가도록 권고하여, 그는 그곳으로 가서 7개월간 위그노 군대와 함께하였다. 그는 구휼품과 회계를 담당하였다. 그는 콩데

---

14) Barid, II. 28에서 인용; Baum, II. 567 참조.

를 따라서 1562년 12월 19일 드뢰(Dreux) 전투에도 참여하였는데, 여기서 콩데가 포로로 잡혔다. 그가 전투에 적극적으로 참여하였다는 사실이 비난의 대상이 되었다. 그는 자신이 제일선에 선 것은 사실이지만, 무력을 행사한 일은 없다고 부인하였다. 그는 당시 민간인 복장을 하고 있었다. 그 후 그는 콜리니와 함께 노르망디로 퇴각하였다. 영국으로부터 오리라고 기대되었던 원군은 결국 오지 않았고, 그래서 그가 런던으로 가기로 결정되었다. 군 생활에 너무나 지친 베자는 런던에서 제네바로 직행할 것을 심각하게 고려하였다. 하지만 1563년 3월 12일의 평화 칙령으로 콩데가 풀려나고 전투가 종료되었으므로, 베자는 영국으로 가지 않아도 되었다.

이러한 예상치 못한 일이 일어나게 된 것은 골치 아픈 한 사건에서 비롯되었다. 1563년 2월 18일 기즈의 공작이 한 광신적인 위그노 신자에 의해 암살되었다. 그는 고문을 당하면서, 베자가 자신을 사주하여 자신이 이 일로 죽으면 낙원에 갈 뿐만 아니라 성인들 가운데 높은 지위를 차지하게 될 것을 약속했다고 자백하였다. 후에 이 자는 이 중상 모략이 사실이 아니었다고 번복하였으나, 베자는 이에 관해 공식적인 대응을 할 책임을 느꼈다. 그는 자신이 기즈 공에 대해 엄격한 법률적인 조처 외에 다른 것을 주장한 일이 있는지에 대해서는 자신의 말을 들은 모든 사람들이 증인이라고 하였다. 그리고 자신이 암살범에게 했다는 약속에 대해서는, 자신은 성경을 너무 잘 알고 있기 때문에 누구라도 공로에 의해서 낙원에 들어갈 수 있다고 말하지 않는다고 반박하였다.

평화가 이루어졌기 때문에 베자는 고향으로 돌아갈 수 있게 되었다. 하지만 프랑스의 상황이 아주 불안정한 상태에 놓여 있었기 때문에 그의 마음은 무거웠다. 그러나 자신이 더 머무르면서 할 일도 없었기 때문에, 그는 전장과 진영에서 자문관으로서, 목회자로서 헤아릴 수 없는 공헌을 한 데 대해 위그노 지도자들의 감사와 칭송을 받으면서 프랑스를 떠났다. 위그노 군의 장군들과 목회자들과 귀족들에게 둘러싸인 채 환성과 한숨 속에서 베자는 1563년 3월 30일 오를레앙을 떠난 것이다. 그 전 주일에 그는 고별 설교를 했는데, 거기서 그는 평화 조약이 위그노들에게 별 유익을 가져다주지 못했다고 실망을 표하였다.

돌아오는 길에 그는 베즐레를 통과하였다. 그의 아버지는 이미 죽고 없었으나, 그곳에서 그는 유년 시절을 회상하며 감개무량했을 것이다. 이곳에서 그는 자신의 아내가 슈트라스부르크에서 콩데의 장모와 함께 안전하게 지내고 있다는 소식을 듣게 되었다. 그래서 그는 발길을 돌려서 슈트라스부르크로 가 아내와 합류하여서, 함께 고향으로 돌아왔다. 이들은 1563년 5월 5일 제네바에 도착하였다.

이들은 여행하면서 자신들이 끊임없는 위험 속에 처해 있다는 것을 알았지만, 자신들의 대적들이 자신들이 네덜란드로 오기만을 기다리고 있다는 것은 알지 못했다. 그해 6월에 브뤼셀에서는, 베자와 칼빈 사이에 언쟁이 있었기 때문에 베자가 제네바로 돌아오지 않을 것이라는 소문이 떠돌았다. 당시 네덜란드의 섭정이었던 파르마의 마르가레테는 번뜩이는 생각을 하여, 만약 그가 네덜란드 땅에 들어서면 생포하든지 죽일 것이며, 그를 생포하든지 죽이는 자에게는 1천 플로린의 상금을 내리겠다고 하였다. 하지만 그러한 기회는 찾아오지 않았으며, 반대로 베자는 제네바로 가는 최단 거리를 택했다.

172. 칼빈의 계승자로서의 베자(1586년까지)

베자는 이미 죽음의 그림자가 드리워 있던 칼빈의 환대를 받았다. 이 위대한 개혁자가 믿음을 가지고 자신의 속내를 터놓을 수 있는 사람은 베자 외에는 아무도 없었다. 그리고 자신이 떠날 때가 가까웠기 때문에, 칼빈은 그를 더욱더 의지하였다. 이들의 우정은 존경과 애정에 기초하였으며, 결코 흔들리지 않았다. 이 두 사람의 관계는 츠빙글리와 불링거의 관계와 유사하였으며, 교회를 위해 무척이나 유익하였다.

베자는 자신이 칼빈의 후계자가 되리라는 것을 충분히 짐작하고 있었다. 그래서 칼빈이 죽기 전의 시간들은 베자가 자신의 새로운 임무를 맡을 준비를 하는 기간이 되었다. 마침내 때가 이르러 칼빈이 세상을 떠났다. 베자는 칼빈의 장례를 주관하였으며, 곧 자신의 후원자요 친구요 선임자인 칼빈에 대한 고전적 전기를 집필하였다. 시의회는 그를 칼빈의 후계자로 선임하였고, 제네바 목사회는 그를 의장(1년 임기의 moderator)으로 선출하여 1580년 그가 은퇴하기를 간청하기까지 그 직위를 유지하도록 하였다. 그는 시정과 교회 일 모두에서 칼빈의 지도력을 계승하였다. 그는 설교도 하고 학생들에게 강의도 하였다. 그는 프랑스에서 온 난민들을 받아들였고 다른 나라에서 오는 방문객들도 수용하였다. 그는 매일매일 일어나는 수많은 일들에 대해 자문해 주었다. 그는 막대한 양의 서신 교류도 행하였다. 그리고 여기저기서 계속 벌어지는 논쟁에도 참가하여 오키노와 카스텔리오 같은 "이단들," 혹은 안드레애(Andreae)와 젤네커(Selnecker) 같은 루터파들을 상대해야만 하였다.

이러한 지도력을 행사하는 데 그보다 적절한 인물은 없었을 것이다. 베자가 비록 신학적인 지식과 통찰력에 있어서는 칼빈에 미치지 못하였지만, 궁정 생활에 대한 지식과 경험에 있어서, 그리고 행동거지에 있어서는 칼빈보다 더 나았다. 그는 세계 각처에서 제네바로 몰려드는 프로테스탄트 학자들과 순교자들을 영접하는 데 참으로 적합한 인물이었다. 그래서 신학교는 그의 영향력 아래 세계에서 가장 유명하게 되었고, 작은 도시 공화국은 대륙 프로테스탄트 진영의 실질적인 수도가 되었다.

끊임없이 공적인 업무에 시달렸지만 용기와 신앙으로 자신의 짐을 감당하고 있던 그는 갑자기 사적인 성격의 미묘한 일을 처리하도록 요청을 받았다. 1568년 제네바에 역병이 돌아 그의 이복형제인 니콜라스가 사망하였다. 니콜라스는 부친의 뒤를 이어 베즐레의 행정관으로 있으면서 위그노에 가담하였다가 베즐레가 로마 가톨릭의 수중에 들어가자 아내인 페레트 트리볼레와 함께 제네바로 피난해 왔었다. 그는 제네바에 온 지 며칠 되지 않아 죽고 말았다. 베자는 자신이 부르고뉴로 가서 두 조카들을 위해 유산의 일부라도 확보할 수 있는지 알아보는 것이 자신의 의무라고 생각하였다. 그리고 이 일은 많은 어려움 끝에 성공적으로 이루어졌다.

1571년, 8년간의 부재 기간이 지난 후에 그는 다시금 프랑스로 오라는 부름을 받았다. 이번에는 콜리니와 베아른(Béarn)의 어린 왕자가 로셀(La Rochelle)에서 열리는 프랑스 개혁교회 제7차 전국대회에 참석해 달라고 그를 부른 것이었다. 목사회는 그를 보내지 않으려고 했으나, 공화국 행정장관들의 뜻을 듣고는 이에 굴복하였다. 베자 자신도 별로 가고 싶은 뜻이 없어서 몇 번이나 부름에 불응하였지만, 교회의 치리 문제와 관련하여 제안된 개혁들에 대한 스위스 교회들의 공식적 견해를 밝혀야만 할 위기 상황이 있었기 때문에 결국 프랑스로 갔다. 이 대회는 4월 2일부터 17일까지 계속되었는데, 그는 이 대회의 의장으로 선출되었다. 개정된 신앙고백문이 작성되었고, 세속 지도자들의 권위를 높여달라는 요구에 대해서도 단호한 응답이 이루어졌다. 제네바로 돌아가는 길에 그는 니스메에서 개최된 또 다른 대회에 참여하여, 특별히 기존의 교회 규율에 대해 반대하는 자들을 반박하는 역할을 하였다.

1572년 8월 24일은 주일이자 성 바돌로매 축일이었는데, 이날 너무도 많은 프로테스탄트들이 파리에서 학살되었고, 그로부터 며칠간 프랑스 각처에서 충격적인 일들이 반복적으로 일어났다.[15] 9월 1일에 첫 번째 피난민들이 제네바에 출현하였는데, 이들은 상처투성이였다. 하룻동안 금식과 기도를 하도록 선포되었고, 베자는 스위스 청중들에게 굳건하게 서서 상처받은 형제들에게 필요한 것들을 제공해 주라고 권면하였다. 제네바에서만 4천 리브르가 모금되어 고통당하는 사람들을 위해 사용되었다.[16]

1574년 베자는 사전 약속을 통해 슈트라스부르크에서 콩데의 앙리를 만나서 성공적으로 타협을 이끌어 내었으며, 그 결과로 장 카지미르가 위그노들을 돕기 위해 군대를 이끌고 오게 되었다.

하지만 베자의 충고가 시 당국자들에 의해 항상 신중하게 고려되었던 것은 아니었다. 그들은 자신들의 도시가 위그노들의 음모에 공모했다는 이유로 보복을 당할까봐 더 노심초사하였다. 그들에게는 베자보다 자신들의 도시가 더 중요했기 때문이다. 같은 해인 1574년 12월 베자는 마콩과 샬롱이 이끄는 군사 원정을 지지하였는데 이는 무위로 돌아갔고, 관리들은 이 일에 대해 온건하지만 강경하게 그에게 책임을 물었고, 그가 너무도 신중하지 못하게 행동했다고 지적하였다.[17]

1580년 11월 26일 체결된 플레익스 평화 조약(the Peace of Fleix)은 프랑스에 일시적인 평화를 가져다주었다. 베자는 이때에 나바라의 국왕 앙리에게 편지를 써 보냄으로써 자신의 용기와 성실성을 보여주었다. 이 편지에서 그는 국왕과 그의 궁정이야말로 개혁이 시급하게 요청되는 곳이라는 사실을 왕에게 거리낌 없이 알렸다. 왕이 이 비난을 선의로 받아들였다는 것은 베자가 존경을 받고 있

---

15) 학살된 사람들의 총계는 약 3만 명에 이른다.

16) Heppe, 248. Baird(II. 554-557)는 제네바가 피난민들을 받아들인 데 대해 생생하게 묘사하고 있으며, 그렇게 함으로써 그 도시가 얼마나 샤를 9세에게 보복을 당할 위험에 노출되었는지를 보여주고 있다.

17) Baird, *The Huguenots and Henry of Navarre*, I. 50.

었다는 하나의 증거가 되며, 왕이 실상은 개혁을 시도하지도 않았다는 사실은 왕이 경솔했다는 것을 보여주는 증거가 된다.[18]

173. 베자와 루터파 사이의 회의들

　루터파와 개혁파 사이의 뿌리 깊은 신학적 차이들은 오랫동안 불명예가 되어 왔다. 이미 기록했듯이, 베자는 젊은 시절부터 이러한 차이들을 최소화하고자 애써왔지만, 나이가 들면서 더욱더 이러한 노력을 기울이게 되었다. 뷔르템베르 크의 프리드리히 백작은 루터파였지만 양측의 화해를 도모하려는 사람으로서 자신의 영토 안에 있는 도시인 몽벨리아르(Montbéliard 혹은 Mömpelgard)에서 회의를 소집하였다. 이 도시에는 위그노 피난민들이 많이 거주하고 있었지만 루 터파들은 이들과 교제하고자 하지 않았다. 백작은 양측의 지도자들 사이에 토론 이 이루어지면 사태가 개선될 것이라고 기대하였다. 그래서 그는 칼빈주의의 가 장 유능한 옹호자라고 정평이 나 있던 베자를 불렀던 것이다. 이 회의는 1586년 3월 21일에 시작되어 폭넓게 문제들을 다루었지만, 별다른 소득을 거두지 못하 였다. 베자는 아름다운 화해의 정신을 보여주었으나 루터파의 지도자인 안드레 애는, 유명한 마르부르크 회의(1529)에서 루터가 츠빙글리에게 보여주었던 바로 그러한 정신에 입각해서, 헤어질 때 베자의 손을 잡기를 거부하였다(3월 29일).[19]

　이처럼 인색한 대접에도 굴하지 않고 베자는 몽벨리아르를 떠나서 독일의 여 러 궁정들을 방문하여, 그들로 하여금 위그노들이 예배드릴 수 있는 권리를 회 복시켜 줄 것을 프랑스에 탄원하도록 다시 한 번 설득하였다. 왜냐하면 플레익 스 평화조약은 오래 지속되지 못하였고, 프랑스는 다시금 끔찍한 내전에 빠졌기 때문이다.

---

18) Baird, *The Huguenots and Henry of Navarre*, I. 213 이하.

19) Heppe, 287. 비록 형제로 맞아들일 수는 없었지만, 안드레애는 같은 인간으로 서 베자에게 애정의 표시로 손을 내미는 관대함은 보여주었다. 이런 생색내는 듯한 행동에 대해 제네바의 개혁자가 즉각 거절한 것은 당연한 일이었다. Baird, *The Huguenots and Henry of Navarre*, I. 401.

몽벨리아르 회의는 1588년 4월 15일부터 18일까지 열렸던 베른 회담에서 다시금 재현되었다. 이 회담에서 베른 근교의 부르크도르프의 목회자로서 악명높은 논쟁가였던 후버(Samuel Huber)와 베자가 루터파와 칼빈주의를 각각 대변하였다. 이것은 베자의 마지막 공개 논쟁이었는데, 이제까지의 다른 많은 논쟁들에서와 마찬가지로 다시 한 번 승리를 거두었다. 사실상, 그의 승리는 다른 논쟁에서의 승리들보다 한층 더 분명한 것이었다. 베른 시의회가 베자와 칼빈주의에 대해 전반적으로 허위 진술을 한 혐의로 후버를 정죄하였기 때문이다.

신실하고 사랑스러운 아내를 잃은지 얼마 되지 않아 무거운 마음으로 베자는 제네바를 떠났다. 그리고 다시 돌아왔을 때 그는 공적인 사안들이 위기에 처해 있는 것을 알게 되었다. 관리들은 시 재정 때문에 가능한 한 긴축 운용을 해야 한다고 생각하여 이미 아카데미에서 교수 두 사람을 해임시켰으며, 경비 절감을 위한 다른 조처들도 계획하고 있었다. 베자는 이러한 극단적인 조처가 학교에 큰 타격을 줄 것을 알고 있었으므로, 노령인데다가 몸도 많이 쇠약하였지만 신학 강좌들을 맡아서, 이 위기를 벗어나기까지 2년 이상의 기간 동안 이를 지속하였다. 그리고 이러한 추가적인 사역에 대해서 그는 어떠한 보상도 받고자 하지 않았다.

174. 베자와 앙리 4세

그의 긴 생애 동안 베자는 지속적인 신앙적 기쁨 이외에는 별다른 기쁨을 누리지 못하고 많은 슬픔을 당하고 살았다. 그는 프랑스의 개혁파 교회의 운명에 따라 울고 웃었는데, 교회의 상황은 대체로 좋지 않았다. 그럼에도 그는 조그마한 진보가 나타날 때마다 용기를 내었다. 그는 프로테스탄트 신자인 나바라의 앙리가 왕위에 올랐을 때 큰 희망을 가졌었다(1589). 하지만 1593년 초여름에 국왕이 신앙과 도덕성을 그다지 중요하게 생각하지 않으며 평화와 국가의 번영을 위해 자신의 신앙을 포기하기로 마음을 정했다는 소식이 제네바에 들려왔다. 안타깝도다, 그들의 희망이여! 베자는 크게 마음이 상해서, 왕에게 편지를 보내, 왕이 이제 막 감행하려고 하는 이러한 변화가 불러올 영원한 결과들에 대해 공포하였다.[20] 그러나 베자는 앙리가 결국은 대적들의 간계에서 벗어나, 치명적인 일은 벌이지 않을 것이라고 확신하였다. 그런데 베자의 편지가 도착하기 전에 왕은 그 일을 감행하고 말았다. 생 드니(St. Denis)에 있는 유서 깊은 수도원 교회에서 1593년 7월 25일 나바라의 앙리 왕, 즉 잔 달브레(Jeanne d'Albret)의 아들이자 프랑스 왕위에 오른 유일한 위그노 신자였던 왕은 자신의 종교를 버리고 로마 가톨릭의 사도적 신앙을 수호하기로 엄숙히 맹세하였다.

베자는 이러한 배교 소식을 듣고 깊은 슬픔에 빠졌다. 하지만 왕이 다양한 방식으로 자신의 옛 신앙의 동료들에게 호의를 베풀고 있다는 것을 알게 되었을 때, 그리고 특별히 1598년에 왕이 낭트 칙령을 반포하였을 때, 베자는 왕에 대해 보다 희망적인 생각을 갖게 되었다. 낭트 칙령은 프랑스의 프로테스탄트 신자들에게 로마 가톨릭과 거의 동일한 지위를 확보해 주었다. 1599년 왕은 샤를 엠마뉴엘과의 전쟁의 와중에서 제네바 근처까지 접근하였다. 제네바는 이때가 왕에게서 자신들을 보호해 주겠다는 약속을 받아낼 수 있는 기회라고 보았다. 특히 제네바는 인근에 생 카트린이라 불리는 요새를 건축한 사보이 공의 침략으로부터 왕이 자신들을 보호해 주기를 바랐다. 이 일을 위해 제네바 시는 베자를 중심으로 한 사절단을 파견하였고, 왕과 베자 사이의 대담은 두 사람 모두에게 명예로운 것이었다. 왕은 기쁘게 이러한 약속을 해주었고, 그 다음 해에 사보이 공의 요새가 파괴되었다. 왕은 또한 제네바를 방문하여 환대를 받았다.

175. 베자의 말년

베자의 생애도 이제 그 종말에 다다르고 있었다. 세월의 무게가 무거운 짐이 되어, 그는 점차 육체적으로 쇠약해졌으며, 부분적으로 청력도 잃었다. 기억력도 너무 약해져서 과거의 일만 기억할 뿐 최근의 사건들은 오래 기억하지 못하였다. 그는 체질적으로 유난히 강건해서, 65년 동안 아프다는 소리가 들린 적이 거의 없었는데, 이제 그것이 무너지고 있는 것이다. 그래서 그는 지혜롭게도 자신이 오랫동안 감당해 왔던 책무들을 하나씩 내려놓기 시작했다. 1586년에 그는 매일 설교하던 일을 면하게 되었고, 이때부터 1600년까지 주일날에만 설교하였

---

20) Heppe, 294-299에 있는 편지를 보라.

다. 1598년 그는 아카데미 일에서도 물러났고, 자신의 장서들을 팔아, 그 수익금 중 일부인 상당한 금액을 자신의 아내에게 주고 또 일부는 가난한 자들에게 주었다. 1600년에 그는 아카데미에서 마지막으로 공적인 예배를 집전하면서, 마지막 설교를 하였다. 이는 16세기의 개혁자가 17세기에 행한 유일한 설교였다.

때로는 그의 노련한 기지가 번뜩이는 일도 있었다. 그가 프랑수아 드 살레(Francois de Sales)의 논증에 굴복하여 로마 가톨릭으로 개종했다는 어이없는 소문에 대해 그가 답했을 때가 그러했다. 사건의 전말은 이랬다. 프랑수아는 베자를 개종시키려는 특수한 목적을 가지고 1597년 제네바로 왔다. 이때 프랑수아는 30살의 아주 정열적이고 재능이 뛰어난 인물로, 다른 많은 경우에 성공을 거두고 있었다. 하지만 예의를 갖추고 그의 말을 들어준 이 노쇠한 개혁자는 만만한 상대가 아니었다. 논쟁으로 뜻을 이루지 못하자 이 사제는 돈으로 자신의 목적을 이루기로 마음먹고는, 베자에게 교황의 이름으로 금화 4천 크라운을 매년 연금으로 주겠다고 제안하였다. 4천 크라운은 베자의 전 재산의 두 배에 달하는 금액이었다. 이렇게 해서 사건은 정점에 달하였고, 베자는 "나를 떠나시오. 나는 너무 늙고 귀가 멀어서 그런 말은 도대체 들을 수가 없소이다"[21]라고 공손하지만 신랄하고 단호한 힐책으로 그를 물리쳤다.

하지만 일부 지역에서는 베자가 굴복했다는 소문이 퍼졌다. 소문이 확산되면서 베자와 제네바의 다른 많은 프로테스탄트들이 교황청 아래 들어가기 위해 로마로 향하고 있다는 말까지 덧붙여졌다. 거기다가 이들의 행로까지 언급되었고, 급기야는 1597년 9월 중순의 어느 날 저녁에 시에나의 신자들은 성문 옆에서 이 위대한 지도자를 맞이하기 위해 기다렸던 것이다! 하지만 그는 오지 않았다. 그러자 사람들은 그가 죽었으며, 죽기 전에 가톨릭 교회와 화해하고 종부 성사를 받았다고 하였다.

베자의 친구들은 이런 말도 안 되는 이야기들을 듣고 그냥 웃음으로 넘겼다. 하지만 베자는 두 가지 사실을 확실히 밝히기로 마음을 먹었다. 첫째는 자신이 죽지 않았다는 사실이고, 둘째는 자신이 여전히 가장 엄격한 칼빈주의에 속하는 프로테스탄트라는 사실이다. 그리고 그는 아주 노련한 방식으로 신랄한 풍자시를 지어 그 소문의 거짓됨을 폭로하였다.

---

21) Heppe, 314.

1600년에 프랑수아가 제네바 사람들과 공개 토론을 갖고자 하였을 때, 베자는 그러한 토론이 얼마나 무익한지를 잘 알고 있었기 때문에 이를 금하였다. 그러자 개혁자들은 자신들의 대적들을 만나기를 두려워한다는 말들이 퍼졌다.

이미 언급했던 앙리 4세의 방문은 다시금 그의 노련한 시적 감성에 불을 지폈다. 그는 6절로 되어 있는 「프랑스와 나바라의 저명한 국왕 앙리 4세에게」(*Ad inclytum Franciae et Navarrae regem Henricum IV*)라는 시를 썼는데, "이것은 그의 마지막, 백조의 노래였다."[22]

위험하고 불안한 시대 상황에 지친 베자는 영원한 안식을 희구하였다. 그는 선한 싸움을 싸웠고 신앙을 지켰으며 면류관을 받아 쓸 준비가 되어 있었다. 1605년 10월 13일 주일날 그는 이 땅을 떠났다.

베자는 자신의 유언장에서[23] 칼빈이 묻혀 있는 플랭 팔레(Plain Palais) 공동묘지의 아내 옆에 자신을 묻어달라고 하였다. 하지만 그의 시신을 로마로 옮겨가겠다는 사보이측의 위협 때문에 관리들의 명에 따라 그는 제네바 시내의 성 베드로 교회 수도원에 묻혔다.

대륙의 여섯 명의 위대한 개혁자들, 즉 루터, 멜란히톤, 츠빙글리, 불링거, 칼빈, 베자 가운데 베자야말로 당대의 최고 기준에 맞는 가장 완벽한 신사였다. 그는 에너지가 넘치는 사람이었으며, 항상 온화한 것은 아니었다. 그렇지만 그는 궁신들을 다룰 줄 알았고, 재치가 넘쳤으며, 당대의 최고 학자들에 필적하는 고전 지식도 보여주었다. 하지만 이러한 것들은 목표를 이루는 수단으로서만 가치를 지녔으며, 그가 마음속에 지녔던 최고의 목표는 제네바와 프랑스의 개혁교회의 보존이었다.

그의 공적인 생애는 비범한 것이었다. 사도 바울과 마찬가지로 그는 "여러 번 여행에 강의 위험과 강도의 위험과 동족의 위험과 이방인의 위험과 시내의 위험과 광야의 위험과 바다의 위험과 거짓 형제 중의 위험을 당하고 또 수고하며 애쓰고 여러 번 자지 못하고 주리며 목마르고 여러 번 굶고 춥고 헐벗었노라. 이외의 일은 고사하고 오히려 날마다 내 속에 눌리는 일이 있으니 곧 모든 교회를 위하여 염려하는 것이라" (고후 11:26-28)고 말할 수 있을 것이다. 이 재주 많은

---

22) Heppe, 310.
23) Heppe, 304-306.

인물은 교회에 참으로 빛나는 섬김을 바친 것이다. 그의 세심한 돌봄으로 제네바 시는 평화와 번영을 누렸으며, 아카데미는 융성하였고 그 학생들은 각처로 나가서 하나님의 말씀을 전하였다. 프랑스의 개혁파 교회는 베자에 의해 건설되었다. 칼빈은 그의 제자이자 친구인 베자를 통해 다시 한 번 그의 인생을 살았고, 그것은 어떤 면에서는 보다 용감한 생애였다고 할 수 있다.

베자의 가정생활을 일별하는 것은 즐거운 일이다. 그와 같은 사람들이 가정생활을 제대로 누리는 일은 드문 일이다. 하지만 베자는 40년간이나 아내의 사랑과 헌신을 받았다. 이들에게는 아이가 없었으나 그는 부성애를 발휘하여 아내의 조카인 쥬느비에브 데노즈를 입양해서 잘 교육시켰고, 동생의 자녀들을 아버지의 마음으로 돌보아 주었다. 아내가 죽은 지(1589) 채 1년도 안 되어 친구들의 권고를 좇아 한 제네바 시민의 미망인인 카트린 델 피아노와 재혼한 것도 그의 가정적인 면모를 보여주는 점이라 할 것이다. 그는 또한 그녀의 손녀도 양녀로 맞아들였다. 그는 항상 넉넉하게 살았던 것 같으며, 여하튼 그의 유언장은 그가 상당한 재산을 소유했다는 것을 보여준다.

176. 베자의 저술들

베자의 이름은 그의 성경적 지식과 관련하여 가장 높이 평가될 것이다. 실로 많은 연구자들은 그가 오직 이 분야에서만 주목할 만한 공헌을 하였다고 생각할 것이다. 언셜체(uncial: 기원전 3-8세기에 그리스어와 라틴어 필사에 사용되었고, 지금은 대문자보다 둥근 맛이 있는 옛 글자체)로 된 그리스어 신약 성경 사본들에 관해 조금이라도 아는 사람은 누구나 베자 사본을 들어본 적이 있을 정도이다. 그리고 신약 성경 출판의 역사를 안다면 베자가 편집한 신약 성경과, 주해를 붙인 그의 라틴어 번역판에 대해 들어보았을 것이다. 언셜 글자체의 D로 알려져 있는 베자 사본은 또한 코덱스 칸타브리기엔시스(Codex Cantabrigiensis)로도 알려져 있는데, 복음서와 사도행전을 담고 있는 사본으로서, 원래는 일반

---

24) Scrivener, *Introduction to the Criticism of the New Testament*, 3d ed. 120-127 에 상세하게 설명되어 있다.

서신들도 들어 있었던 6세기경의 사본이다.[24] 그 필사자는 그리스어를 몰랐던 골 (Gaul: 이탈리아 북부, 프랑스, 벨기에, 네덜란드, 스위스, 독일을 포함한 옛 로마의 속령) 지방 출신이었던 것으로 보인다.

베자는 1562년 아드레(Des Adrets)에 의해 리옹이 함락되었을 때 이곳에 있는 성 이레나이우스 수도원에서 이것을 손에 넣을 수 있었다. 하지만 그는 자신의 그리스어 성경에서는 이것을 사용하지 않았다. 왜냐하면 이 사본은 다른 사본들과 너무 많은 차이를 보였기 때문이다. 그러나 이러한 차이들은 종종 고대 라틴어나 시리아어판에 의해 지지를 받고 있다. 그는 이 사본을 1581년 케임브리지 대학에 기증하였으며, 현재 최고의 보고들과 함께 전시되고 있다.

베자는 또한 바울 서신들의 언셜 사본도 소유하고 있었는데, 이 사본도 6세기경의 것으로 추정된다. 그가 이것을 어떻게 입수하게 되었는지에 대해서는 알려져 있지 않다. 그는 단지 (1582년 자신의 신약 성경 제3판의 서문에서) 이 사본이 프랑스의 보베 근처 클레르몽에서 발견되었다고 말하고 있을 뿐이다. 이것도 전쟁의 와중에 얻은 또 다른 행운이 아닌가 생각된다. 그가 죽은 후에 이 사본은 팔렸으며, 결국은 파리의 왕립(현재는 국립) 도서관 소유가 되어서 지금까지 그곳에 보존되어 있다.[25] 베자는 이 사본을 얼마간 사용하였다. 이러한 두 개의 사본들에는 아주 오래된 라틴어판이 붙어 있었다.

저명한 그리스어 신약 성경 편집자들 가운데서도 베자는 두드러지는 인물이었다. 그는 슈테팽의 그리스어 성경을 4권의 2절판 책으로 출판하였다. 이것들은 1565년, 1582년, 1589년에 출판되었는데, 여기에는 라틴어 번역, 라틴 불가타, 관주까지 달려 있었다. 그는 또한 몇 개의 8절판 판들도 발행하였는데, 여기에도 라틴어 번역과 함께 여백에 간략한 각주를 실었다(1565, 1567, 1580, 1590, 1604).[26]

특별히 영어 성경을 사용하는 사람들의 관심을 끄는 것은 베자가 「킹 제임스 번역 성경」(Authorized Version)과 긴밀한 관계를 갖고 있었다는 사실이다. 킹 제임스 성경 편찬자들은 그의 그리스어 성경 판들과 더불어, 각주가 달린 그의

---

25) 같은 책, 163-166에 상세히 설명되어 있다.

26) Schaff, *Companion to the Greek Testament*, 237-238과, *Revision of the N.T.* 28 이하.

라틴어 번역판까지도 계속해서 사용하였다. 베자는 이미 「제네바 성경」(1557년과 1560년)의 번역자들에게도 불가피하게 영향을 미친 바 있는데, 이 성경은 다시 「킹 제임스 성경」에 영향을 미치게 되었다. 베자는 16세기 말엽에 의심의 여지 없이 대륙 최고의 주석가였다. 그러므로 그의 라틴 번역본과 각주들이 미치는 영향은 대단히 유익한 것이었다. 하지만 그렇기 때문에 우리는 킹 제임스 성경에 나타나는 많은 오류들에 대해서 그 또한 책임이 있음을 인정해야 할 것이다.

베자는 칼빈 이후 개혁파 교회의 중심적인 신학자였다. 커닝엄(Cunningham)은 원래의 칼빈주의가 보다 더 딱딱하고 기계적인 스콜라적 형태의 칼빈주의로 전이되는 데 베자가 일조하였으며, 그래서 결국 의식하지 못하는 사이에 칼빈주의에 대한 반동인 아르미니우스주의가 등장하는 길을 열어 준 셈이라는 것을 밝힌 바 있다. 아르미니우스는 베자가 담당하고 있던 제네바 아카데미의 학생이었기 때문이다. 베자는 신학 체계를 특이한 표로 그려서 설명을 달아 그의 「신학 논문집」(*Tractationes theologicae*, 아래에 언급되어 있음)에 담아 출판하였다. 헤페(Heppe)가 이 표를 재인쇄하였다.

베자 자신은 그렇게 인정하지 않았으나 그가 출판한 가장 중요한 작품은 유명하고 매우 귀중한 「프랑스에 있던 영국 개혁교회의 역사」이다. 이 책은 원래 앤트워프에서 1580년에 3권으로 발행되었다. 이 책의 최고 편집본은 바움(Baum, 1881년 사망), 쿠니츠(Cunitz, 1886년 사망), 그리고 로이스(Rodolphe Reuss)가 파리에서 1883년–1889년에 4절판 책 3권으로 펴낸 것이다. 이 책의 상당 부분은 당대의 작품들, 특별히 크레스팽(Crespin)의 「순교사」(*Histoire des Martyrs*)와 드 라 플랑세(Regnier de la Plancée)의 책으로 추정되는 「프랑스 국가의 역사」(*Histoire de l'estat de France*)에서 발췌한 내용인데, 베자는 그 출처를 밝히지 않고 있다. 근대적인 시각에서 볼 때 나타나는 이러한 결함은 그 편집 과정을 살펴보면 큰 문제가 되지 않는다. 이 책이 나오게 된 과정은 다음과 같다. 베자는 프랑스 전역의 교회들이 대회의 권고에 따라 후손들을 위해 자신들의 역사를 기술하고 있다는 보고를 받았다. 그래서 그는 이것들을 한데 모아 정리하고, 그 가운데 자서전적인 내용들을 많이 삽입하였다. 하지만 그는 이런 작업들을 진행하기 위해 이름이 알려지지 않은 사람들을 고용해서 도움을 받아야 했으므로, 이 책의 저자로 자신의 이름을 넣기를 사양하였다.

베자의 「칼빈의 생애」(*Life of Calvin*)는 프랑스어로 씌어졌는데, 곧 그 자신에 의해 라틴어로 번역되었다(제네바, 1565). 이 책은 위대한 개혁자를 가까이 알고 깊이 존경한 사람이 그려낸 정확하고 호의적인 작품으로서, 그 가치는 헤아릴 수가 없을 정도이다. 그 내용은 이 책에서도 많이 참고하였다. 베자의 책은 당시의 어떤 개혁자에 대한 전기보다 단연 뛰어난 것이다.

베자는 「신학 논문집」이라는 제목 아래 자신의 여러 글들을 묶어 1570년 제네바에서 출판하였는데, 제2판은 1582년에 3권의 2절판 책으로 나왔다. 이 책들에는 이미 검토한 바 있는 「이단 논박론」을 포함한 그의 주요 논문들이 다 들어 있다. 이 책의 첫 부분은 나중에 1658년 「오푸스쿨라」(*Opuscula, in quibus pleraque Christianae religionis dogmata adversus haereses nostris temporibus renovatas solide ex verbo Dei defenduntur*)라는 새로운 제목으로 다시 출판되었다.

1573년에 그는 신학 주제들에 관한 서신들을 묶어 「신학 서간집」(*Epistolarum Theologicarum*)을 출간하였다. 이 서신들은 1556년부터 1572년 사이에 다양한 사람들에게 씌어진 것들이다. 이 서간집은 작은 이탤릭체로 인쇄되었는데, 사람들에게 많은 인기를 끌었기 때문에 1597년 하노버에서 3판이 나왔다. 하지만 출간된 그의 서신들보다 훨씬 많은 수의 서신들이 여전히 인쇄되지 않은 원고로 남아 있다.

1577년 그는 「하나님의 율법」(*Lex Dei, moralis, ceremonialis, et politica, ex libris Mosis excerpta, et in certas classes distributa*)을 출판하였다. 이 책은 단지 오경의 법률적 부분들을 분류해 놓은 것으로, 아무런 주석이나 주해를 달지 않고 있다. 명백히 그것은 모세의 율법이 여전히 구속력을 갖는다는 생각에서 비롯된 것이다.

1581년 베자는 다노(Daneau)와 살나(Salnar)와 함께 「신앙고백의 조화」(*Harmonia Confessionum Fidei*)를 발행하였다. 이 책은 복음주의 교회들 사이의 기독교적 연합을 증진시키려는 목적에서 계획된 것이었다.[27]

베자가 시인이었다는 것은 앞에서 이미 언급하였다. 흔히 「유베닐리아」(*Juvenilia*)라고 불리는 그의 「포에마타」(*Poëmata*)는 1548년 파리에서 발간되었는데, 풍자시, 비명, 애가, 전원시를 담고 있다. 이 시들은 그 표현 방식에 있어서

---

27) Schaff, *Creeds*, I. 354; II. 193 이하를 보라.

는 고전적이고, 분위기는 에로틱하지만, 볼섹과 같은 비방자들이 주장하는 것처럼 그렇게 심한 것은 아니었다. 앞에서 언급한 적이 있는 그의 「아브라함의 제사」(*Abraham's Sacrifice*)는 프랑스어로 씌어졌는데(제네바, 1550), 이후에 이탈리아어(피렌체, 1572)와 영어(런던, 1577), 그리고 라틴어(제네바, 1597)로 번역되었다. 이 책은 「포에마타」와 함께 1597년 제네바에서 재출간되었다. 더욱 중요한 것은 그의 시편 번역인데, 이는 클레망 마로(Clément Marot)가 시작한 것을 그가 완성한 것이었다. 이 일은 칼빈의 요청에 따라 시작되어, 각 부문별로 나누어 출판되다가, 1560년 제네바에서 마침내 완결되었다.

발행인 후기

필립 샤프의 교회사(전8권)를 처음 접한 것은 1973년 총신대 신학과 1학년 때였다. 그리고 그때부터 내가 반드시 이 책을 번역하겠다고 생각했었다. 그 후 기독교 출판을 시작하고, 언젠가 샤프의 교회사를 완간하리라고 뜻을 세웠다. 이제 뜻을 품은지 31년만에 샤프의 교회사를 완간하게 되었다. 그렇게도 읽고 싶었던 샤프의 교회사! 첫 독자로서 교회사를 읽고 교정하며 보낸 시간은 참으로 행복하였다. 하고 싶은 일을 하며, 즐거움도 얻으며, 사업으로 하니 이보다 더 좋을 수는 없다. 물론 고전 출판이 반드시 이익이 나는 것은 아니다. 그러나 고전 출판은 그 자체로서 보상이다. 우리 세대와 후세들에게 선물이요, 기여요, 유산이다. 100여년 전에 출판된 이 책이 지금도 계속 인쇄되고 있다. 100년 전 활판 그대로 단지 옵셋 인쇄로 지금도 발행되고, 계속 읽힌다는 것은 얼마나 놀라운 일인가! 우리나라는 문법, 기술 면에서 그것이 불가능했지만 2000년부터는 이제 가능하다고 본다. 우리가 좋은 책을 남기면 우리의 믿음의 후손들은 큰 유익을 얻게 될 것이다. 현재 기독교 출판사들에서 발행되는 교회사 책들은 외래어 표기법에 따른 것이 거의 없다. 샤프 교회사는 가능한 한 외래어 표기법에 맞추었다. 그래도 부족한 점이 있을 것이다. 그동안의 노고를 생각하여 너그러이 양해하여 주시기 바란다. Soli Deo Gloria !

2004년 12월

박 명 곤

💬 **독자 여러분들께 알립니다!**

'CH북스'는 기존 '**크리스천다이제스트**'의 영문명 앞 2글자와
도서를 의미하는 '**북스**'를 결합한 출판사의 새로운 이름입니다.

필립 샤프 교회사전집 8

스위스 종교개혁

1판 1쇄 발행 2004년 12월 25일
1판 중쇄 발행 2025년 2월 27일

지은이 필립 샤프
옮긴이 이길상, 박종숙, 박경수
발행인 박명곤 **CEO** 박지성 **CFO** 김영은
기획편집1팀 채대광, 이승미, 이정미, 김윤아, 백환희, 이상지
기획편집2팀 박일귀, 이은빈, 강민형, 이지은, 박고은
디자인팀 구경표, 유채민, 윤신혜, 임지선
마케팅팀 임우열, 김은지, 전상미, 이호, 최고은

펴낸곳 CH북스
출판등록 제406-1999-000038호
전화 070-4917-2074 **팩스** 0303-3444-2136
주소 서울시 강서구 마곡중앙6로 40, 장흥빌딩 10층
홈페이지 www.hdjisung.com **이메일** support@hdjisung.com
제작처 영신사

ⓒ CH북스 2004